海船船员适任考试培训教材
符合《海船船员培训大纲（2016版）》培训要求

船舶辅机

(操作级)

郑学林　任福安　宋立国　主编
涂志平　袁健　副主编
袁涌　主审

ⓒ 郑学林　任福安　宋立国　2021

图书在版编目(CIP)数据

船舶辅机：操作级 / 郑学林，任福安，宋立国主编. — 大连：大连海事大学出版社；北京：人民交通出版社股份有限公司，2021.3 (2021.8 重印)
海船船员适任考试培训教材
ISBN 978-7-5632-4151-4

Ⅰ. ①船… Ⅱ. ①郑… ②任… ③宋… Ⅲ. ①船舶辅机—职业培训—教材 Ⅳ. ①U664.5

中国版本图书馆 CIP 数据核字(2021)第 050085 号

大连海事大学出版社出版

地址：大连市凌海路1号　邮编：116026　电话：0411-84728394　传真：0411-84727996
http://press.dlmu.edu.cn　E-mail:dmupress@dlmu.edu.cn

大连金华光彩色印刷有限公司印装　　　大连海事大学出版社发行
2021年3月第1版　　　　　　　　　　2021年8月第2次印刷
幅面尺寸：184 mm×260 mm　　　印张：40.5　　　字数：1030 千
责任编辑：苏炳魁　　　　　　　　　责任校对：张　华　李继凯
封面设计：张爱妮　　　　　　　　　版式设计：张爱妮

ISBN 978-7-5632-4151-4　　　定价：122.00 元

前　言

为有效履行《1978年海员培训、发证和值班标准国际公约》马尼拉修正案，进一步规范海船船员培训行为，提高培训质量，根据《中华人民共和国船员条例》《中华人民共和国船员培训管理规则》规定，交通运输部编制了《海船船员培训大纲(2016版)》，自2017年4月1日起施行[交通运输部办公厅关于发布《海船船员培训大纲(2016版)》的通知(交办海〔2017〕33号)]。

为了更好地指导帮助船员进行适任考试前的培训，进一步提高船员适任水平，大连海事大学出版社、人民交通出版社股份有限公司组织全国有丰富教学、培训经验和航海实际经验的专家共同编写了与《海船船员培训大纲(2016版)》相适应的"海船船员适任考试培训教材"。本套教材编写采用图文并茂的形式，改变了长期以来以文字为主的教材编写方式，满足《海船船员培训大纲(2016版)》对船员适任培训的要求，教材知识点紧扣培训大纲，具有权威、准确、系统、实用的特点，重点突出船员适任和航海实践需掌握的知识，旨在培养船员具备在实践中应用知识的能力，并可作为工具书帮助船员上船工作使用。

本套教材分为驾驶专业、轮机专业和电子电气专业教材。

驾驶专业教材包括：《船舶操纵与避碰(管理级)》《航海学(管理级)》《船舶结构与货运(管理级)》《船舶管理(管理级)》《航海学(操作级)》《船舶操纵与避碰(操作级)》《船舶管理(操作级)》《船舶结构与货运(操作级)》《航海英语(操作级)》《GMDSS英语阅读(操作级)》《GMDSS综合业务》《值班水手业务》。

轮机专业教材包括：《轮机英语(管理级)》《主推进动力装置(管理级)》《船舶辅机(管理级)》《船舶电气与自动化(船舶电气)(管理级)》《船舶电气与自动化(船舶自动化)(管理级)》《船舶管理(管理级)》《船舶动力装置》《轮机英语(操作级)》《主推进动力装置(操作级)》《船舶辅机(操作级)》《船舶电气与自动化(船舶电气)(操作级)》《船舶电气与自动化(船舶自动化)(操作级)》《船舶管理(操作级)》《值班机工业务》。

电子电气专业教材包括：《电子电气员英语》《船舶电气》《船舶机舱自动化》《信息技术与通信导航系统》《船舶管理》《电子电气员英语听力与会话》《电子技工业务》《电子技工英语》《电子技工英语听力与会话》。

本套教材在编写、出版工作中，得到了各海事管理机构、中国海事服务中心、各航海院校、海员培训机构、航运企业等单位的关心和大力支持，特致谢意。

大连海事大学出版社
人民交通出版社股份有限公司
2020年7月

编者的话

本书根据《STCW公约马尼拉修正案》《中华人民共和国海船船员适任考试和发证规则》以及《海船船员培训大纲(2016版)》中"750kW及以上船舶二三管轮"与船舶辅机相关的内容和要求编写。

本书紧扣《海船船员培训大纲(2016版)》的要求,同时也兼顾船舶轮机员的工作实际,既可作为适任考试培训用书,也可作为船舶轮机员日常工作的参考用书。

第一章基础理论知识由大连海事大学任福安老师编写,第二章船用泵和第三章船舶辅助管系由大连海事大学宋立国老师编写,第四章活塞式空气压缩机、第五章船舶制冷装置和第八章船舶海水淡化装置由上海海事大学郑学林老师编写,第六章船舶空气调节装置和第九章船用辅助锅炉由青岛船员学院涂志平老师编写,第七章船舶液压设备由江苏南通航运职业技术学院袁健老师编写。全书由郑学林、任福安、宋立国共同统稿,上海海事局袁涌主审。

本书在编写过程中得到了航海院校、航运企业有关专家的大力支持与帮助,同时也得到了多个其他领域的专家和朋友的支持和协助,在此深表感谢!限于编者水平,书中难免有不妥之处,恳请读者批评指正。

编 者
2020年8月

目 录

第一章　基础理论知识 ·· 1
　第一节　机械制图基础 ·· 1
　第二节　工程热力学基础 ·· 83
　第三节　传热学基础 ··· 160
　第四节　仪表与量具 ··· 180
　第五节　单位及单位换算 ·· 265
第二章　船用泵 ·· 275
　第一节　基础知识 ·· 275
　第二节　往复泵 ·· 281
　第三节　齿轮泵 ·· 289
　第四节　螺杆泵 ·· 298
　第五节　离心泵 ·· 306
　第六节　旋涡泵 ·· 326
　第七节　喷射泵 ·· 329
第三章　船舶辅助管系 ··· 332
　第一节　管系的基本知识 ·· 332
　第二节　舱底水系统 ··· 338
　第三节　压载水系统 ··· 341
　第四节　船舶消防系统 ·· 344
　第五节　机舱供水系统 ·· 354
　第六节　船舶通风系统 ·· 356
第四章　活塞式空气压缩机 ·· 363
　第一节　基础理论 ·· 363
　第二节　活塞式空气压缩机的结构和控制 ·· 367
　第三节　活塞式空气压缩机的管理 ·· 373
第五章　船舶制冷装置 ··· 376
　第一节　理论知识 ·· 376
　第二节　蒸气压缩式制冷装置的设备 ··· 387
　第三节　蒸气压缩式制冷装置的管理 ··· 409
第六章　船舶空气调节装置 ·· 427
　第一节　理论知识 ·· 427
　第二节　船舶空调装置的主要设备 ·· 434
　第三节　船舶空调装置的自动控制 ·· 441

第四节　船舶空调装置的管理……………………………………………… 449
第七章　船舶液压设备……………………………………………………………… 454
　　第一节　液压元件…………………………………………………………… 455
　　第二节　液压舵机…………………………………………………………… 502
　　第三节　起货机、锚机和绞缆机、救生艇筏释放装置…………………… 524
第八章　船舶海水淡化装置………………………………………………………… 548
　　第一节　概述………………………………………………………………… 548
　　第二节　真空沸腾式海水淡化装置的工作分析…………………………… 552
　　第三节　板式换热器真空沸腾式海水淡化装置实例……………………… 555
第九章　船用辅助锅炉……………………………………………………………… 562
　　第一节　锅炉的性能参数和结构…………………………………………… 562
　　第二节　船舶辅锅炉燃油系统及其管理…………………………………… 578
　　第三节　锅炉汽、水系统及其管理………………………………………… 592
　　第四节　船用辅助锅炉的运行和维护管理………………………………… 601
　　第五节　船舶热油锅炉……………………………………………………… 619
　　第六节　船舶废气锅炉的管理……………………………………………… 625
附录　常用液压元件图形符号……………………………………………………… 632
参考文献……………………………………………………………………………… 638

第一章 基础理论知识

第一节 机械制图基础

一、基本知识

(一) 机械图样

机械图样是设计和生产过程中的重要文件之一,用来指导生产和进行技术交流,为了方便技术交流,对图样进行科学管理,国家制定并颁布了一系列有关《机械制图》的国家标准,简称"国标",其代号为"GB","GB/T"为推荐使用的国标。每个工程技术人员均应熟悉并严格遵守有关的国家标准。

1. 图纸幅面和格式

在绘制技术图样时,应优先采用国家标准规定的基本幅面尺寸,其中 A0 号幅面最大,A4 号幅面最小。必要时也允许加长幅面,但应该按基本幅面短边的整数倍增加。

在图纸上必须用粗实线画出图框。图框有两种格式,分为不留装订边和留有装订边两种。同一产品中所有图样均应采用同一种格式。

2. 标题栏

每张图都必须有标题栏,标题栏通常位于图框的右下角,看图的方向与看标题栏的方向要一致。

3. 比例

比例是指图中图形与其实物相应要素的线性尺寸之比。比例分为原值、放大、缩小三种。

(1) 原值比例:比值为 1 的比例,即 1:1;

(2) 放大比例:比值大于 1 的比例,比如 2:1;

(3) 缩小比例:比值小于 1 的比例,即 1:2。

画图时应尽量采用 1:1 的比例画图,这样可以方便地从图中看出机件的真实大小。不论缩小或放大,在图样上标注的尺寸均为机件设计要求的尺寸,而与比例无关。

需要注意,局部放大图的比例是指局部放大图中图形与其实物相应要素的线性尺寸之比。

4.字体

(1)图样和技术文件中书写的汉字、数字和字母都必须做到:字体工整、笔画清楚、间隔均匀、排列整齐。

(2)图样中的汉字应采用长仿宋体汉字,并应采用国家正式公布推行的简化字;字的大小应按字号规定,字体号数与字体的高度相对应;长仿宋体汉字的特点是:横平竖直,起落有锋,粗细一致,结构匀称。

(3)字体的高度应符合国家标准的规定。

(4)在图样中,字母和数字可写成斜体或直体;斜体向右倾斜,与水平基准线成75°;在技术文件中字母和数字一般应写成斜体;字母和数字分 A 型和 B 型,B 型的笔画宽度比 A 型宽,我国采用 B 型。

(5)用作指数、分数、极限偏差、注脚的数字及字母,一般应采用小一号字体。

5.图线

绘图时必须采用国家标准规定的线型、尺寸和画法,国家标准规定的机械制图中常用的图线有 9 种,如表 1.1.1-1 所示为机械制图的图线形式及应用。

表 1.1.1-1　机械制图的图线形式及应用

图线名称	图线形式	图线宽度	主要用途举例
粗实线	———————	b	可见轮廓线、可见棱边线、相贯线、螺纹牙顶线、螺纹长度终止线、齿顶圆、剖切面起讫和转折处的剖切符号等
粗虚线	— — — — —	b	允许表面处理的表示线
细实线	———————	约 b/2	尺寸线、尺寸界线、尺寸线的起止线、剖面线、辅助线、指引线、基准线、可见过渡线、重合断面的轮廓线、短中心线、螺纹的牙底线等
波浪线	〜〜〜〜〜	约 b/2	断裂处的边界线、视图和剖视的分界线
双折线	〜/\〜	约 b/2	断裂处的边界线、视图与剖视图的分界线
细虚线	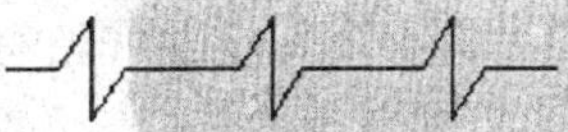 - - - - -	约 b/2	不可见轮廓线、不可见过渡线、不可见棱边线等
细点画线	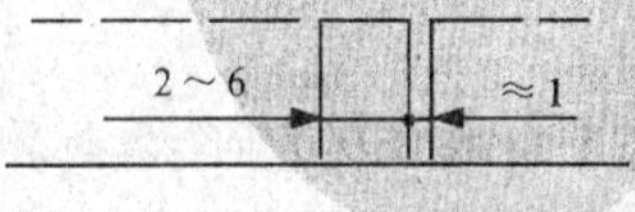 — · — · — (2~6, ≈1)	约 b/2	轴线、对称中心线、齿轮的分度圆及分度线、孔系分布的中心线、刨切线等
粗点画线	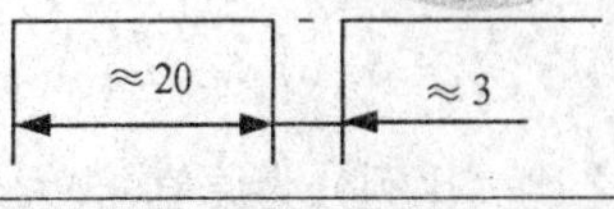 — · — · — (≈20, ≈3)	b	有特殊要求的线或表面的表示线(限定范围表示线)
双点画线	 — ·· — ·· — (≈15, ≈3)	约 b/2	相邻辅助零件的轮廓线、中断线、可动零件的极限位置的轮廓线、轨迹线等

机械制图中的图线宽度 b 应根据图样的类型和尺寸大小在国家标准规定的数系中选择,一般粗实线的宽度 b 取 0.5~0.7 mm。

如图 1.1.1-1 所示为机械设计制图中常用图线的应用示例。

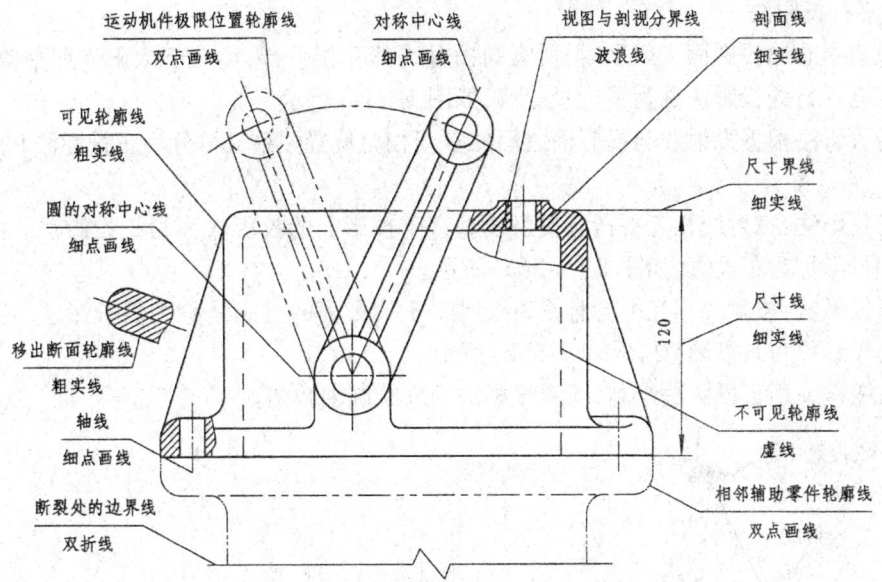

图 1.1.1-1　机械设计制图中常用图线的应用示例

此外,应注意以下几点:

(1)在同一图样中,同类图线的宽度应基本一致,虚线、点画线、双点画线的线段长度和间隔应各自大致相等。

(2)除非另有规定,两条平行线的最小间隔不得小于 0.7 mm。

(3)实线、虚线、点画线、双点画线互相相交时,应在画线处相交。

(4)绘制轴线、对称中心线、双点画线以及作为中断处的双点画线,均应超出轮廓线 2~5 mm。

(5)细点画线的首端和末端应是长画,而不是短画。

(6)当图形较小,绘制点画线或双点画线有困难时,可用细实线代替。

(7)当细虚线直线处于粗实线的延长线上时,粗实线应画到分界点,而细虚线应留有间隙。

(8)当粗实线与细虚线重叠时,应画粗实线。

(9)当细虚线与点画线重叠时,应画细虚线。

(二) 投影法与三视图

1. 投影法

在工程上常采用各种投影方法绘制工程图样。投影法是指投射线通过物体向选定的面上投射,并在该面上得到图形的方法。

工程上常用的表达物体的投影法可分为中心投影法和平行投影法,而平行投影法又分为正投影法和斜投影法。

(1)中心投影法

所有投射线都从投射中心出发的投影法称为中心投影法,如图 1.1.1-2 所示。

用中心投影法得到的物体的投影与物体相对于投影面的位置有关,投影不能反映物体的真实大小,但是图形富有立体感。中心投影法类似于用灯光照射物体,通常用于绘制建筑物的透视图。

(2)平行投影法

当投射中心离投影面无限远时,所有的投射线都互相平行,类似于太阳光照射物体,这种投射线相互平行的投影法称为平行投影法,如图 1.1.1-3 所示。

平行投影法根据投射线与投影面之间的空间相对位置关系又可分为正投影法和斜投影法两种。

①正投影法:投射线相互平行且投射线垂直于投影面的投影法称为正投影法。由正投影法得到的投影称为正投影,如图 1.1.1-3(a)所示。

②斜投影法:投射线相互平行且投射线倾斜于投影面的投影法称为斜投影法。由斜投影法得到的投影称为斜投影,如图 1.1.1-3(b)所示。

机械图样采用正投影法绘制,而斜投影法用来绘制轴测图。

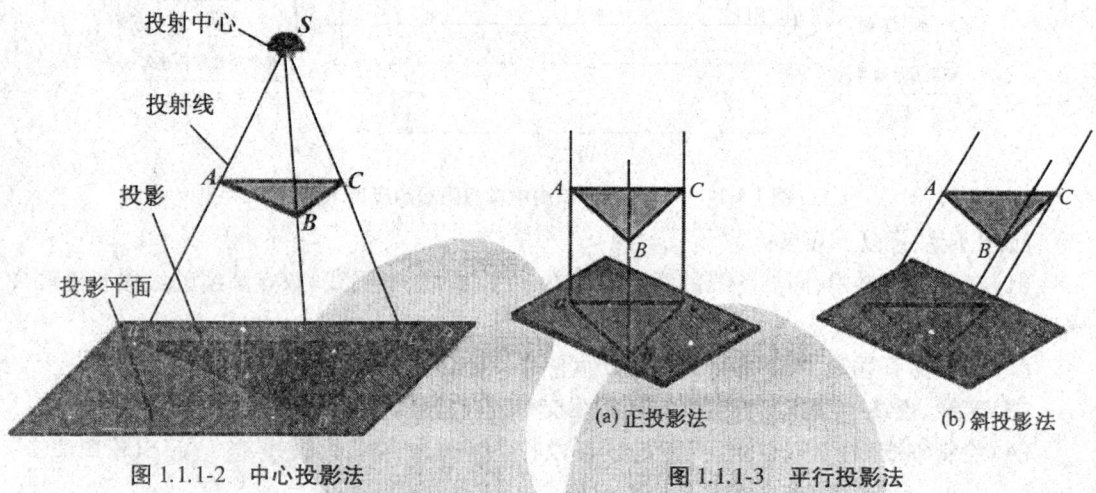

图 1.1.1-2　中心投影法　　　　　　图 1.1.1-3　平行投影法

工程图样通常采用正投影法,正投影法具有以下投影规律:

①真实性

真实性是指当直线段平行于投影面时,直线段的投影反映直线段的实长;当平面图形平行于投影面时,平面图形的投影反映平面图形的实形。

②积聚性

积聚性是指当直线段垂直于投影面时,直线段的投影积聚为一个点;当平面图形垂直于投影面时,平面图形的投影积聚为一个直线段。

③类似性

类似性是指当直线段倾斜于投影面时,直线段的投影为缩小的类似形,即直线段的投影仍为直线段,但比实际长度短;当平面图形倾斜于投影面时,平面图形的投影也为缩小的类似形,即平面图形的投影仍为类似的图形,但比实际面积小。

2.三视图

(1)三视图的形成

由三个相互垂直的投影面组成三投影面体系,这三个投影面分别为:

①正立投影面,简称正面,用符号 V 表示;
②水平投影面,简称水平面,用符号 H 表示;
③侧立投影面,简称侧面,用符号 W 表示。

将物体放在三投影面体系内,用正投影法分别向三个投影面投影,则得到物体的三面投影,即:正面投影(V 面上的投影)、水平投影(H 面上的投影)和侧面投影(W 面上的投影),如图 1.1.1-4(a)所示。

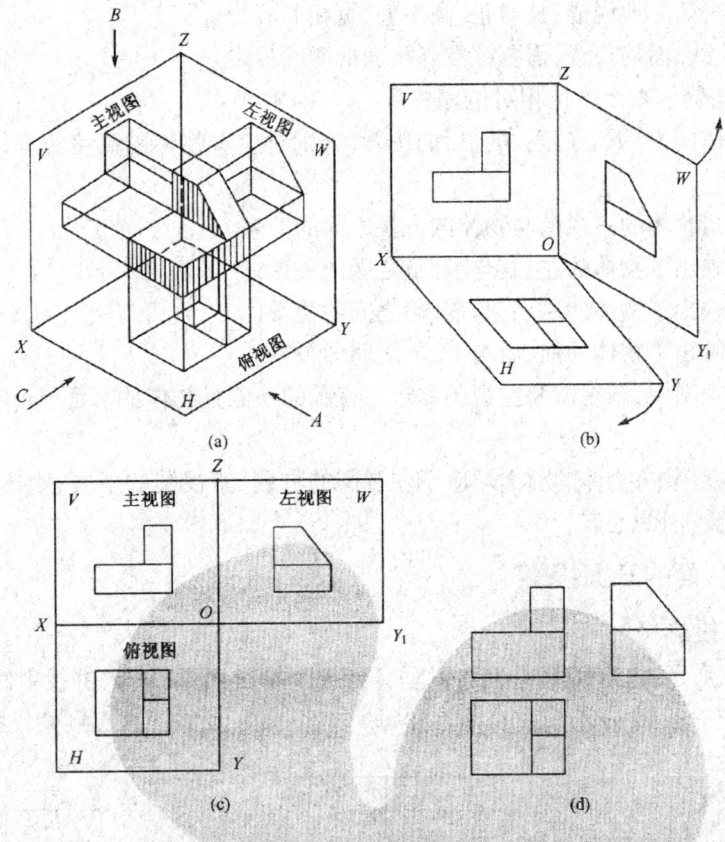

图 1.1.1-4 三视图的形成

在机械制图中,把人的视线设想为一组平行的投射线,则物体在投影面上的投影就称为视图。物体的正面投影,也就是从前向后看物体所画的视图,称为主视图;物体的水平投影,也就是从上向下俯瞰物体所画的视图,称为俯视图;物体的侧面投影,也就是从左向右看物体所画的视图,称为左视图。

为了便于画图,必须将空间的三个相互垂直的投影面展开,如图 1.1.1-4(b)所示,使之处于同一平面上,如图 1.1.1-4(c)所示,这样便得到物体的三个视图,简称为三视图,如图 1.1.1-4(d)所示。V 面上的视图即为主视图,它反映物体的长和高;H 面上的视图即为俯视图,它反映物体的长和宽;W 面上的视图即为左视图,它反映物体的宽和高。

(2)三视图的投影规律

从三视图的形成可以知道,物体的三个视图是一个物体的三面投影,因此,这三个视图之间必然存在着一定的内在联系和规律。

一个物体有长、宽、高三个方向的尺寸,在每个视图中只能反映其中两个方向的尺寸,其中,主视图反映了物体(投影体)的主要特征,它表示出了物体的正面形状,尺寸上也反映出了物体的长度和高度;俯视图表示出了物体的顶面形状,尺寸上也反映出了物体的长度和宽度;左视图表示出了物体的左面形状,尺寸上也反映出了物体的高度和宽度。

因此,三个视图间的投影规律可概括为:

①主视图与俯视图都反映出了物体的长度,而且长对正;

②主视图与左视图都反映出了物体的高度,而且高平齐;

③俯视图与左视图都反映出了物体的宽度,而且宽相等。

以上三点也可简单地说成:长对正、高平齐、宽相等。

确定空间点、线、面的位置,需要该点、线、面的两面投影。

(3)三视图与物体六个方位相对位置关系

方位是指物体的上、下、左、右、前、后的位置,分别对应着物体的高度方向、长度方向和宽度方向。

方位关系是指物体的三视图与物体的方位之间的关系。

①主视图反映出了物体的左、右与上、下之间的关系;

②俯视图反映出了物体的左、右与前、后之间的关系;

③左视图反映出了物体的前、后与上、下之间的关系。

在物体的三视图中,俯视图和左视图靠近主视图的一侧是物体的后面、远离主视图的一侧是物体的前面。

在物体的三视图中,物体的前面对应于左视图的右侧、俯视图的下方;物体的后面对应于左视图的左侧、俯视图的上方。

(三)点、线、面的三面投影

1.点的三面投影

如图 1.1.1-5 所示,由空间点 A 分别引垂直于三个投影面 H、V、W 的投射线,与投影面相交,得到 A 点的三个投影 a、a'、a''。空间点的每一个坐标值,反映了该点到某投影面的距离。

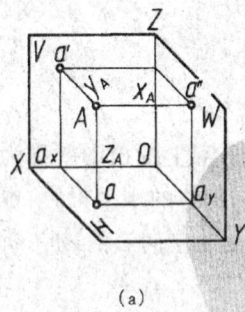 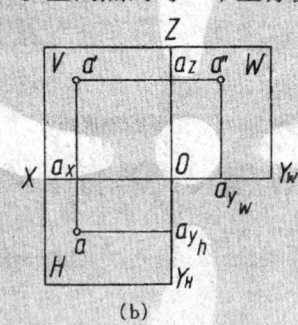 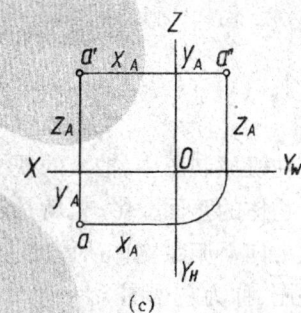

图 1.1.1-5　点的投影

由图 1.1.1-5 可知,点的三面投影规律为:

(1)点的正面投影与水平投影的连线垂直于 OX 轴,即 $a'a \perp OX$。

(2)点的正面投影与侧面投影的连线垂直于 OZ 轴,即 $a'a'' \perp OZ$。

(3)点的水平投影与侧面投影具有相同的 y 坐标值。

2.直线的三面投影

直线的投影可由属于该直线的两点的投影来确定。一般用直线段的投影来表示直线的投影,即做出直线段上两端点的投影,则该两点的同面投影连线即为直线段的投影。

根据直线在投影面体系中对三个投影面所处的位置不同,可将直线分为一般位置直线、投影面平行线和投影面垂直线三类。其中后两类统称为特殊位置直线。

①一般位置直线:一般位置直线是指与三个投影面都倾斜的直线;

②投影面平行线:投影面平行线是指与一个投影面平行、与另外两个投影面都倾斜的直线;

③投影面垂直线:投影面垂直线是指与一个投影面垂直、与另外两个投影面则必然都平行的直线。

下面介绍空间各种位置直线的投影特性。

(1) 一般位置直线的三面投影

由于一般位置直线同时倾斜于三个投影面,故有如下投影特点,如图 1.1.1-6 所示:

①直线的三面投影都倾斜于投影轴,它们与投影轴的夹角均不反映直线对投影面的真实倾角;

②直线的三面投影的长度都短于实长,其投影长度与直线对各投影面的倾角有关。比如,图 1.1.1-6 中的线段 AB 的三面投影的长度分别为

$$ab = AB\cos\alpha, a'b' = AB\cos\beta, a''b'' = AB\cos\gamma$$

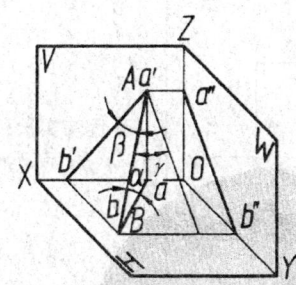
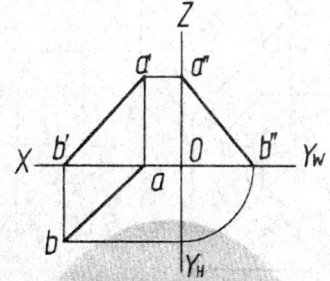

图 1.1.1-6　一般位置直线的投影

(2) 投影面平行线的三面投影

投影面平行线分为三种:

①与正面(V 面)平行的直线称为正平线;

②与水平面(H 面)平行的直线称为水平线;

③与侧面(W 面)平行的直线称为侧平线。

由于投影面平行线与一个投影面平行,故投影面平行线有如下投影特点:

①投影面平行线在其所平行的投影面上的投影,投影长度反映该空间直线段的实长,投影与相应投影轴的夹角反映该空间直线段与相应投影面的夹角;

②投影面平行线在除其所平行的投影面以外的另两个投影面上的投影,投影长度都小于该空间直线段的实长,投影与投影面上的两投影轴分别垂直、平行。

如表 1.1.1-2 所示为投影面平行线的立体图、投影图及其投影特性。

表 1.1.1-2 投影面平行线的立体图、投影图及其投影特性

名称	立体图	投影图	投影特性
正平线	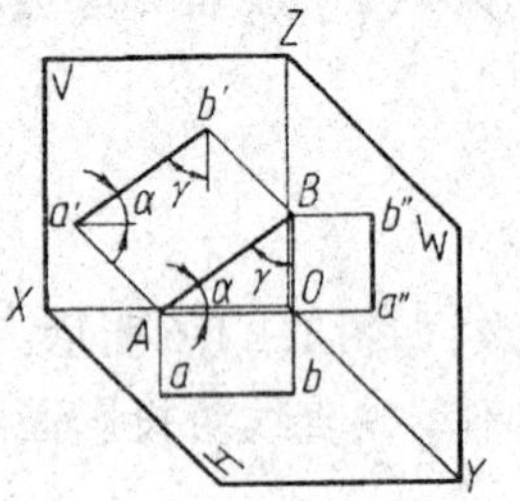	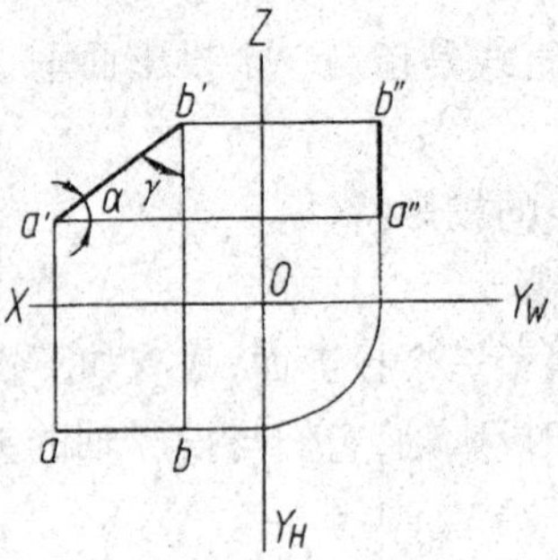	1. $a'b'$ 反映实长和实际倾角 α、γ； 2. $ab // OX$，$a''b'' // OZ$，长度缩短
水平线	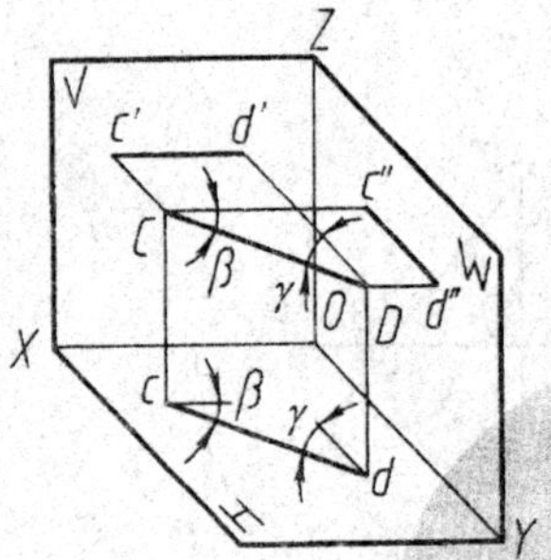	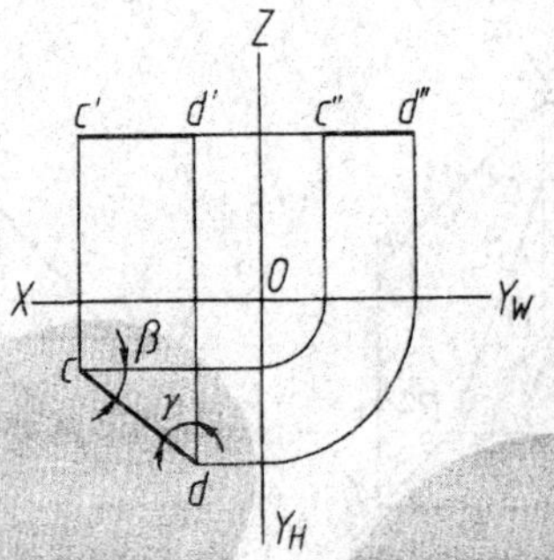	1. cd 反映实长和实际倾角 β、γ； 2. $c'd' // OX$，$c''d'' // OY_W$，长度缩短
侧平线	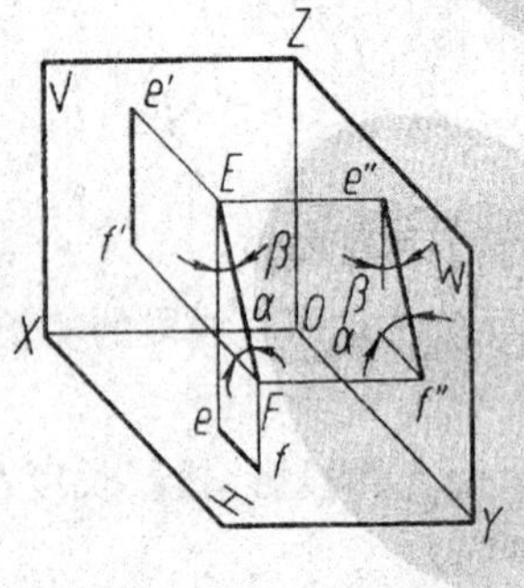	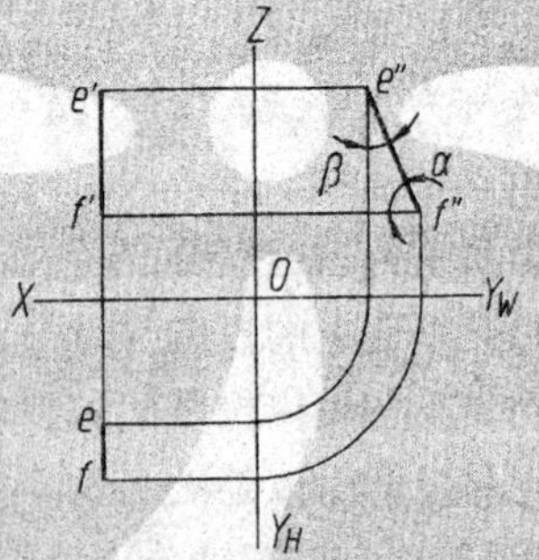	1. $e''f''$ 反映实长和实际倾角 α、β； 2. $e'f' // OZ$，$ef // OY_H$，长度缩短

(3) 投影面垂直线的三面投影

投影面垂直线分为三种：

① 与正面（V 面）垂直的直线称为正垂线；

② 与水平面（H 面）垂直的直线称为铅垂线；

③ 与侧面（W 面）垂直的直线称为侧垂线。

由于投影面垂直线与一个投影面垂直,则与另外两个投影面必然都平行,故投影面垂直线有如下投影特点:

①投影面垂直线在其所垂直的投影面上的投影积聚为点;

②投影面垂直线在其所平行的两个投影面上的投影,投影长度都反映该空间直线段的实长,并垂直或平行于相应的投影轴。

如表1.1.1-3所示为投影面垂直线的立体图、投影图及其投影特性。

表1.1.1-3 投影面垂直线的立体图、投影图及其投影特性

名称	立体图	投影图	投影特性
正垂线	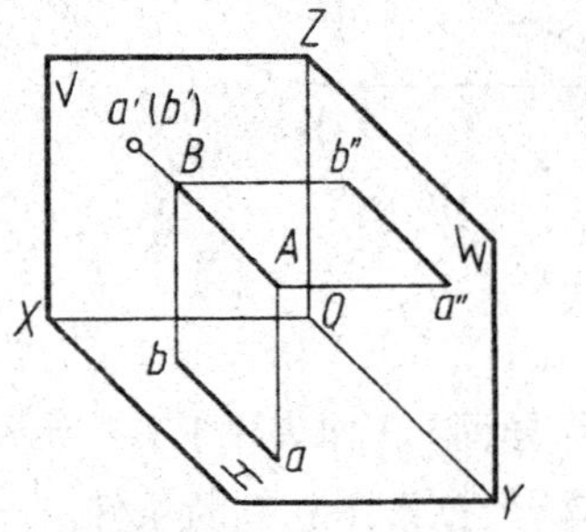	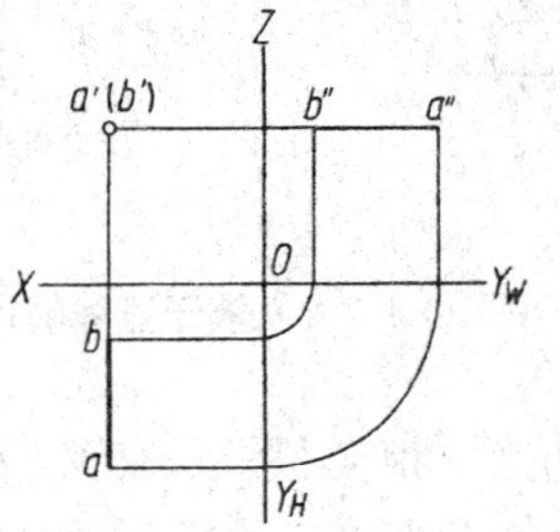	1.$a'(b')$积聚成一点; 2.$ab // OY_H$,$a''b'' // OY_W$,都反映实长
铅垂线	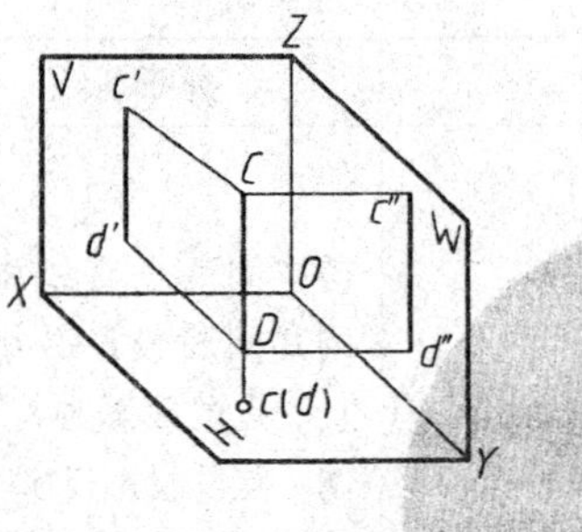	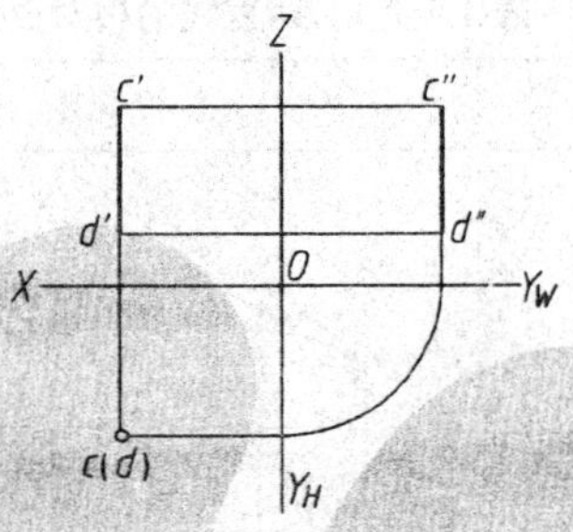	1.$c(d')$积聚成一点; 2.$c'd' // OZ$,$c''d'' // OZ$,都反映实长
侧垂线	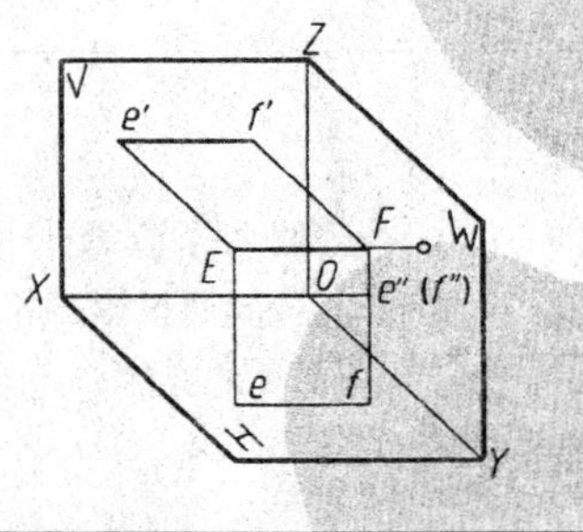	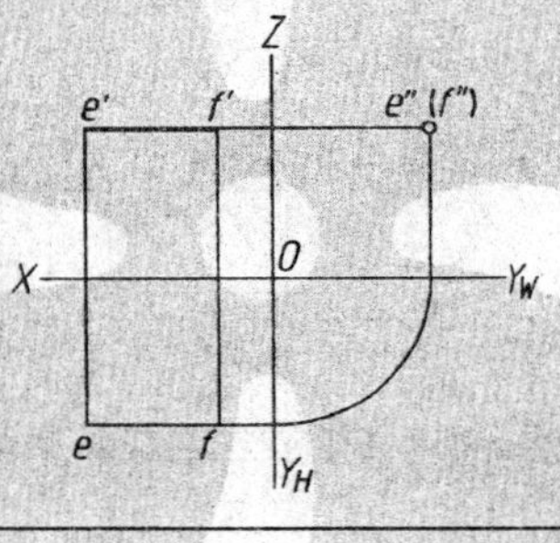	1.$e''(f'')$积聚成一点; 2.$ef // OX$,$e'f' // OX$,都反映实长

(4)点与直线的从属关系

点与直线的从属关系有点从属于直线和点不从属于直线两种情况。

空间直线段上的点的三面投影具有从属性和定比性。从属性是指空间直线段上的点,其投影必在该直线段的同面投影上。定比性是指空间直线段上的点将空间直线段所分割的两部分线段之比,投影后保持不变。

因此,判别点在直线上的方法是:

①若点在直线上,则该点的投影必在该直线的同面投影上,并将线段的同面投影分割成与空间线段相同的比例。

如图1.1.1-7所示,点C在直线AB上,则c在ab上、c'在$a'b'$上、c''在$a''b''$上,且

$$AC/CB = ac/cb = a'c'/c'b' = a''c''/c''b''$$

②点的投影有一个不在直线的同面投影上,则该点必不在此直线上。

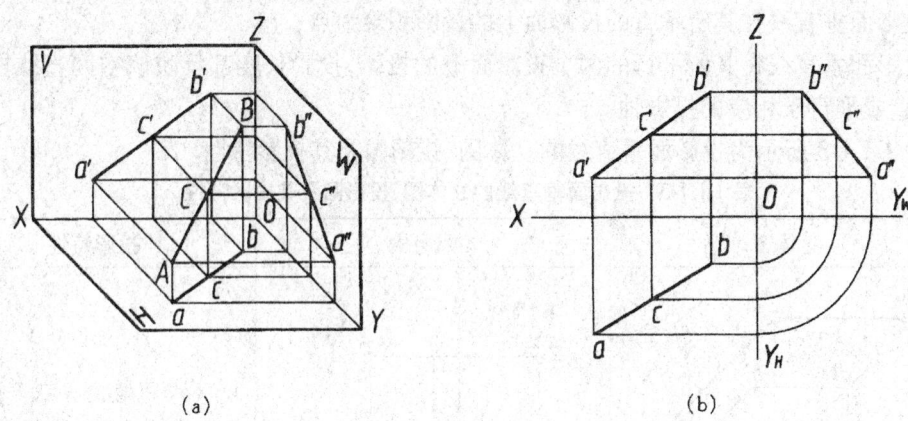

(a)　　　　　　　　　　　　　(b)

图 1.1.1-7　从属于直线的点

(5)两条直线的相对位置

两条直线的相对位置有三种情况:相交、平行、交叉(亦称异面)。如表 1.1.1-4 所示为两条直线的相对位置,表中列出了两条直线的三种情况时的立体图、投影图和判断条件。

表 1.1.1-4　两直线的相对位置

名称	立体图	投影图	判断条件
相交			若空间两条直线相交,则其同面投影必相交,且交点的投影必符合空间一点的投影规律
平行			空间两条直线平行,则其各同面投影必相互平行;反之亦然
交叉			同面投影可能相交,但"交点"不符合空间一个点的投影规律;"交点"是两条直线上的一对重影点的投影,用其可帮助判断两条直线的空间位置

3.平面的三面投影

根据平面在投影面体系中对三个投影面所处的位置不同,可将平面分为一般位置平面、投影面垂直面和投影面平行面三类。其中后两类统称为特殊位置平面。

①一般位置平面是指与三个投影面都倾斜的平面。

②投影面垂直面是指与一个投影面垂直、与另外两个投影面都倾斜的平面。

③投影面平行面是指与一个投影面平行、与另外两个投影面则必然都垂直的平面。

下面介绍空间各种位置平面的投影特性。

(1)一般位置平面的投影

如图 1.1.1-8 所示为一般位置平面的投影,三角形 ABC 倾斜于 V、H、W 面,是一般位置平面。它的三个投影都是 $\triangle ABC$ 的类似形(边数相等),且均不能直接反映该平面对投影面的真实倾角。由此可知,处于一般位置平面的投影特性:三面投影都是缩小了的类似形。

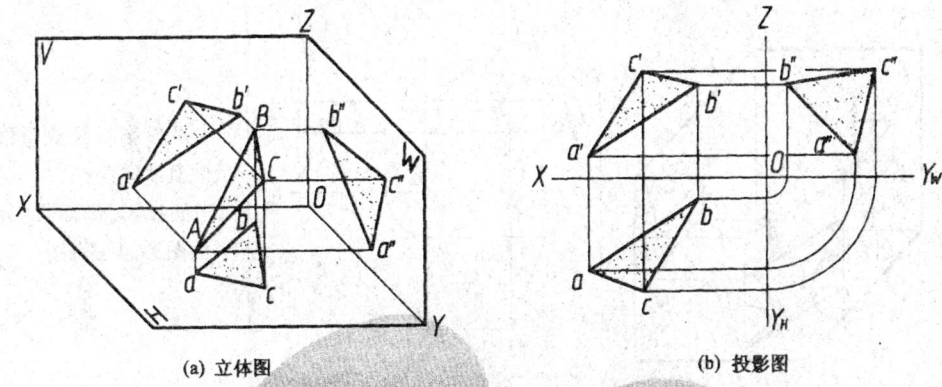

图 1.1.1-8　一般位置平面的投影

(2)投影面垂直面的投影

投影面垂直面分为三种:

①与正面(V 面)垂直的平面称为正垂面;

②与水平面(H 面)垂直的平面称为铅垂面;

③与侧面(W 面)垂直的平面称为侧垂面。

由于投影面垂直面与一个投影面垂直,与另外两个投影面都倾斜,故投影面垂直面有如下投影特点:

①投影面垂直面在其所垂直的投影面上的投影积聚为直线;

②投影面垂直面在除其所垂直的投影面以外的另两个投影面上的投影,均为缩小了的类似形。

如表 1.1.1-5 所示为投影面垂直面的立体图、投影图及其投影特性。

表 1.1.1-5　投影面垂直面的立体图、投影图及其投影特性

名称	立体图	投影图	投影特性
正垂面	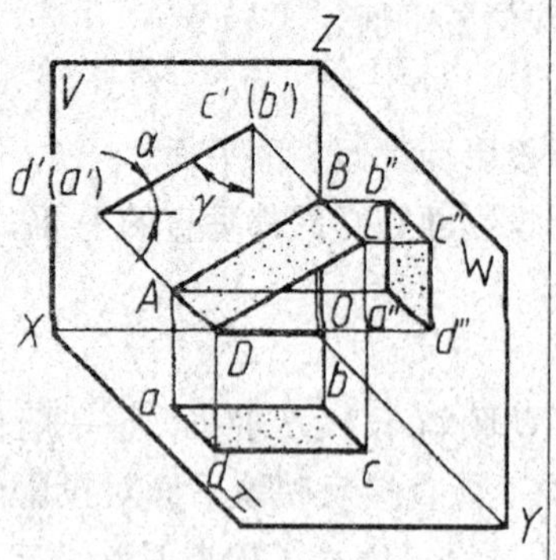	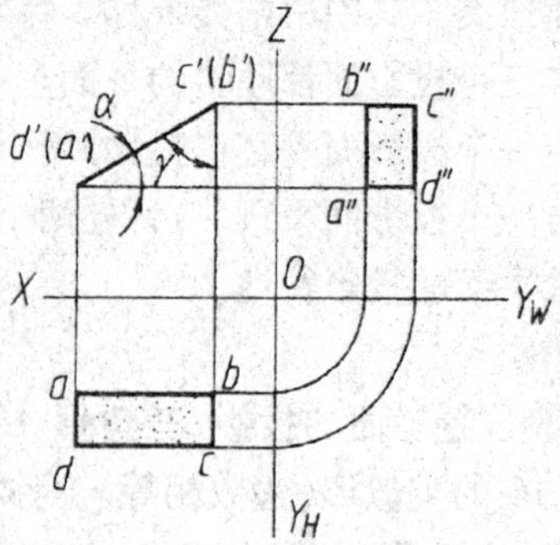	1.正面投影积聚成直线，并反映真实倾角； 2.水平投影、侧面投影仍为平面图形，面积缩小
铅垂面	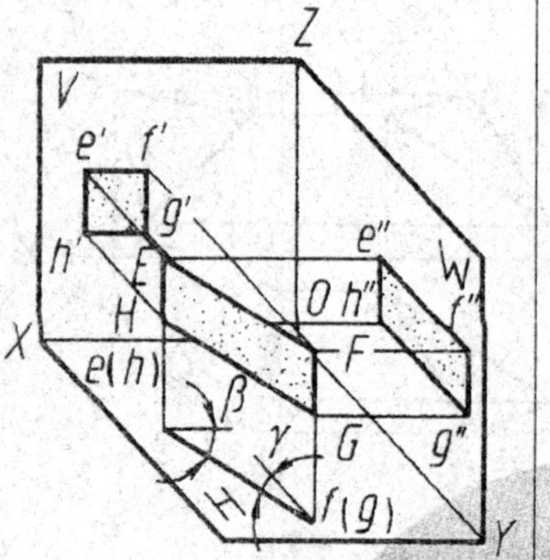	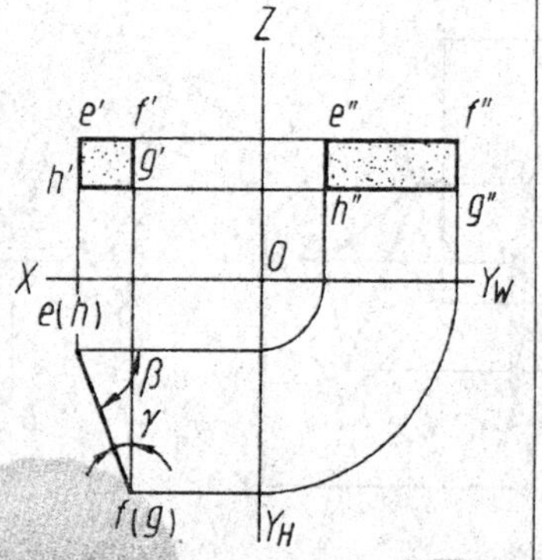	1.水平投影积聚成直线，并反映真实倾角； 2.正面投影、侧面投影仍为平面图形，面积缩小
侧垂面	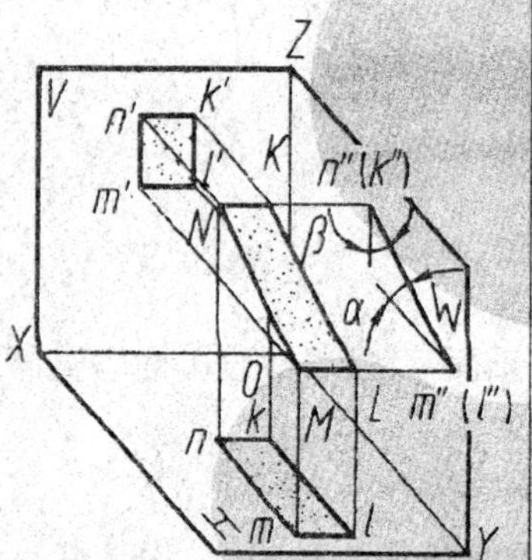	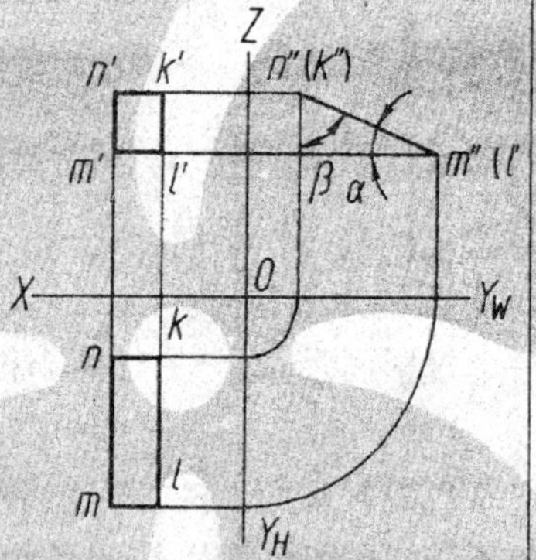	1.侧面投影积聚成直线，并反映真实倾角； 2.正面投影、水平投影仍为平面图形，面积缩小

(3) 投影面平行面的投影

投影面平行面分为三种：

①与正面（V面）平行的平面称为正平面；

②与水平面（H面）平行的平面称为水平面；

③与侧面（W面）平行的平面称为侧平面。

由于投影面平行面与一个投影面平行，则与另外两个投影面必然都垂直，故投影面平行线有如下投影特点：

①投影面平行面在其所平行的投影面上的投影，反映该空间平面的实形；

②投影面平行面在其所垂直的两个投影面上的投影，都积聚为直线，并垂直或平行于相应

的投影轴。

如表 1.1.1-6 所示为投影面平行面的立体图、投影图及其投影特性。

表 1.1.1-6 投影面平行面的立体图、投影图及其投影特性

名称	立体图	投影图	投影特性
正平面	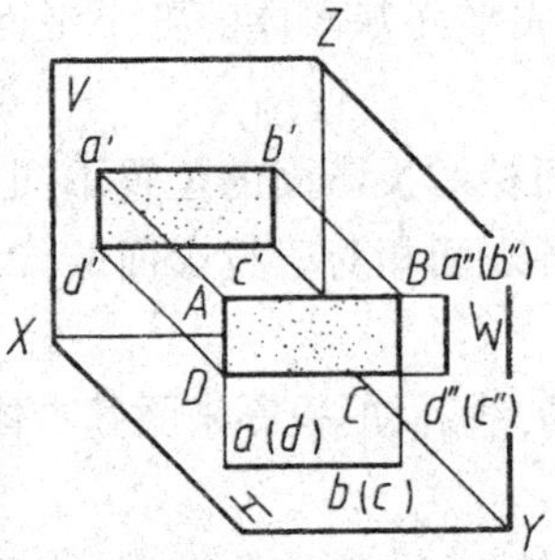	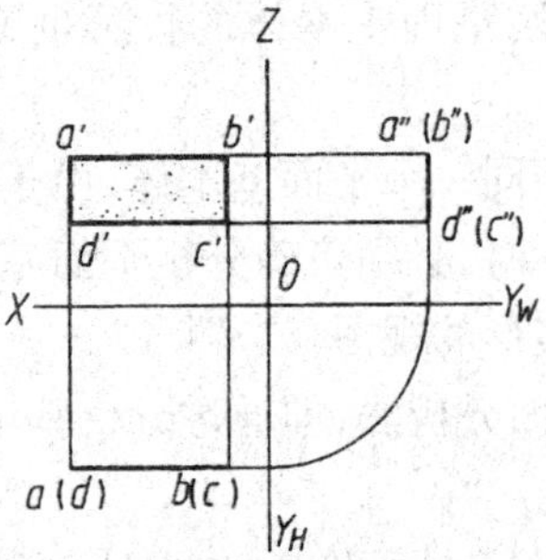	1.正面投影反映实形； 2.水平投影平行 OX，侧面投影平行 OZ，并分别积聚成直线
水平面	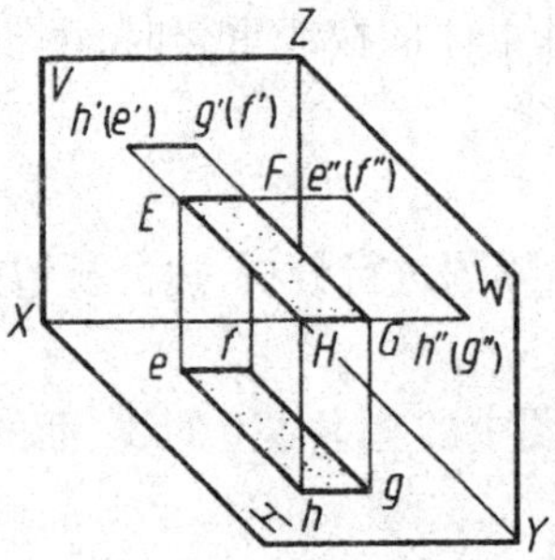	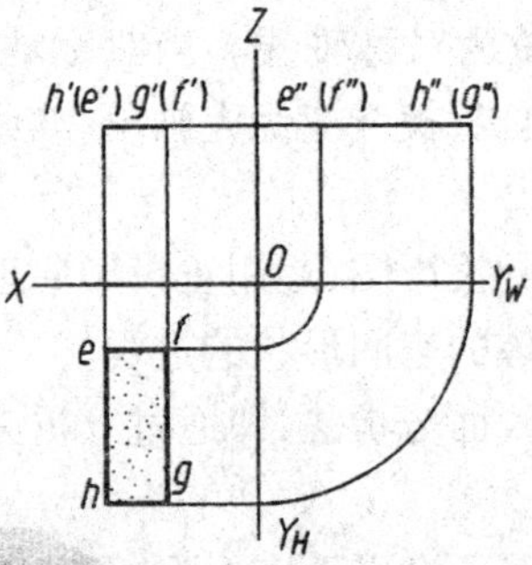	1.水平投影反映实形； 2.正面投影平行 OX，侧面投影平行 OY_W，并分别积聚成直线
侧平面	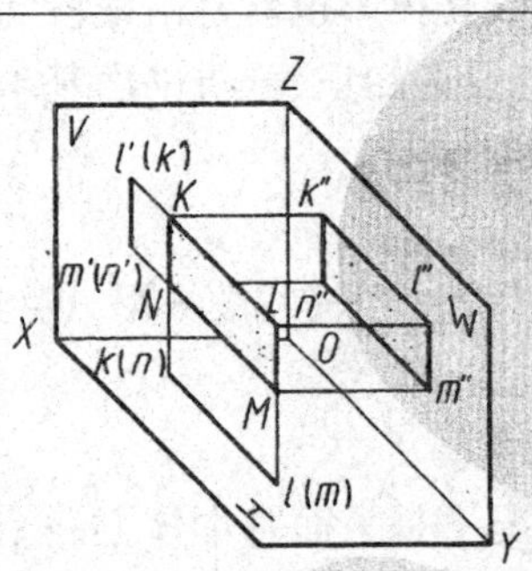	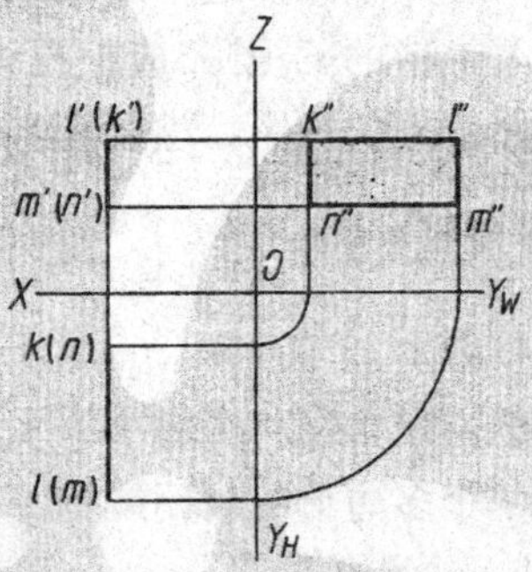	1.侧面投影反映实形； 2.正面投影平行 OZ，水平投影平行 OY_H，并分别积聚成直线

（四）基本体的投影、截切和相交

立体的表面是由若干个面（平面、曲面）所组成的。若立体表面所有的面均为平面，则称为平面立体；若立体表面所有的面均为曲面，或既有平面也有曲面，则称为曲面立体。

工程制图中通常把棱柱、棱锥、圆柱、圆锥、球、圆环等简单的立体称为基本体，如图 1.1.1-9 所示为基本体种类。

(a)四棱柱　(b)三棱锥　(c)六棱柱　(d)圆柱　(e)圆锥　(f)圆球　(g)圆环

图 1.1.1-9　基本体种类

1. 平面基本体的投影

(1) 平面基本体的图样

常见的平面基本体有棱柱、棱锥等，如图 1.1.1-9 所示。

由于平面基本体的表面是由若干个平面所组成的，所以，平面基本体也就可以看成是由若干个平面图形所围成的，因此，平面基本体的投影也就是围成平面基本体的各个平面图形的投影。

在三投影面体系中，对于同一个平面基本体，由于各表面相对投影面的位置不同，所以投影的形状也不同。因此，画图时，必须正确分析平面基本体各表面相对于投影面的位置，一般先画投影有积聚性、能反映实形的视图。

基本体画图的方法是线面分析法，即通过分析基本体上的线、面的投影来画基本体的三个视图。

常见的平面基本体都有一个或两个对称平面，画投影图时，一般都用细点画线将对称平面画出，并超出图形 2~5 mm，称为对称轴线。当对称轴线与基本体的棱线重合时，由于棱线是基本体表面上的固有的线，所以，棱线应优先画出（实线或虚线）。

(2) 平面基本体的读图

所谓读图是指根据已知的投影图，运用正投影原理，对投影图进行分析，边分析边想象，从而构想出投影图所表达的物体的空间形状的过程。

基本体读图的方法也是线面分析法，即通过分析三个视图中的基本体上的线、面的投影关系来构想基本体的空间形状。

平面基本体的表面是由若干个平面多边形所组成的，所以其投影也就是由线段和封闭多边形所组成的，因此，读平面基本体的三视图，应根据线、面的投影知识，分析平面基本体投影图中的这些线段和多边形封闭线框的投影特性及其空间含义。

① 投影图中的线段的空间含义

平面基本体投影图中的每一条线段，可能是平面基本体上某一条棱线的投影，也可能是有积聚性的某一个平面图形的投影。

② 投影图中的封闭线框的空间含义

平面基本体投影图中的一个多边形的封闭线框，一般情况下是平面基本体上一个平面的投影，但也可能是一个立体或一个孔的投影。

根据各种位置平面的投影特性，在某一个视图上的一个多边形封闭线框，在另两个视图上的对应的投影只能有两种可能，一种可能是类似图形的多边形封闭线框，另一种可能是直线（即该平面有积聚性），即不是类似图形就是直线。

若某一视图上的一个多边形封闭线框，在另两个视图上的对应的投影都是类似的多边形封闭线框，则该多边形封闭线框所代表的平面一定是一般位置平面。

若某一视图上的一个多边形封闭线框，在另两个视图上的对应的投影都是直线段，则该多边形封闭线框所代表的平面一定是与该投影面平行的平面。

若某一视图上的一个多边形封闭线框，在另两个视图上的对应的投影分别是一个类似的多边形封闭线框和一个直线段，则该多边形封闭线框所代表的平面一定是与该投影面垂直的平面。

平面基本体的投影图中，相邻的两个多边形封闭线框，一般情况下是代表两个不同的平面，这两个平面有上下、左右、前后的相对位置的区别。

下面以平面基本体中的正六棱柱和正三棱锥为例,介绍平面基本体的投影和图样。

(3)正六棱柱的投影和图样

正六棱柱的投影和图样如图 1.1.1-10 所示。

绘制正六棱柱的图样时,应先画正六棱柱在水平投影面(H 面)上的投影(为正六边形),然后再根据投影规律和棱柱的高度画出其他两个投影面(V 面和 W 面)上的投影。

(4)正三棱锥的投影和图样

正三棱锥的投影和图样如图 1.1.1-11 所示。

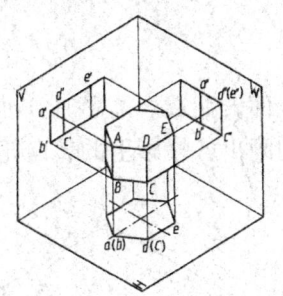 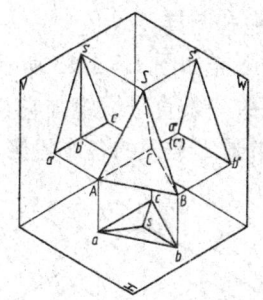

图 1.1.1-10　正六棱柱的投影　　图 1.1.1-11　正三棱锥的投影

绘制正三棱锥的图样时,应先画出正三棱锥的底面三角形在各个投影面上的投影,然后再画出锥顶 S 在各个投影面上的投影,最后在各个投影面上连接各个棱线。

2. 曲面基本体的投影

(1)曲面基本体的图样

常见的曲面基本体有圆柱、圆锥、圆球和圆环等,如图 1.1.1-9 所示。

常见的曲面基本体也称回转体,它们都可认为是由一条动线绕一个固定轴线回转而成的。该动线称为母线,母线在回转过程中的每一个具体位置称为素线,在视图中的极限位置的素线称为转向素线(也称为转向轮廓线)。母线上的每一个点绕固定轴线回转而形成的垂直于固定轴线的圆,称为纬线圆。

曲面基本体画图的方法当然也是线面分析法,即通过分析曲面基本体上的线、面的投影来画曲面基本体的三个视图。

回转体的那个固定轴线即为曲面基本体的对称轴线,画投影图时,一般应用细点画线将此对称轴画出,并超出图形 2~5 mm。

(2)曲面基本体的读图

曲面基本体读图的方法当然也是线面分析法,即通过分析三个视图中的曲面基本体上的线、面的投影关系来构想曲面基本体的空间形状。

从回转体的投影图中可以看出,当回转体的轴线垂直于某一投影面时,回转体在与轴线垂直的投影面上的投影,是一个或几个同心圆,即至少有一个投影为圆,因此,将这个投影称为回转体的特征投影;此时,回转体在另外两个投影面上的投影则为全等图形,它们反映了回转体的具体形状,因此,将它们称为定形投影。

读回转体的投影图时,无论是否是常见的回转体的投影,都应先找特征投影,然后对照另外两个投影来确定回转体的形状。

若轮廓素线对应的投影是平行于轴线的直线,则其立体形状为圆柱。

若轮廓素线对应的投影是与轴线相交的直线,则其立体形状为圆锥。

若轮廓素线对应的投影还是圆,且其半径与特征投影的半径相同,则其立体形状为圆球。下面以曲面基本体中的圆柱、圆锥、圆球和圆环为例,介绍曲面基本体的投影和图样。

(3)圆柱的投影和图样

圆柱的投影和图样如图 1.1.1-12 所示。

圆柱的表面是由一条直的母线绕与它平行的轴线回转而成的。圆柱表面是由圆柱面(曲面)和上、下两个全等的圆底面(平面)所组成的。画图时,应先画出圆柱在水平投影面(H面)上的投影(一个圆),然后再画出圆柱在其他两个投影面(V面和W面)上的投影(均为一个矩形)。

(4)圆锥的投影和图样

圆锥的投影和图样如图 1.1.1-13 所示。

圆锥的表面是由一条直母线绕与它相交的轴线回转而成。画图时,应先画出圆锥底面圆的各个投影,然后再画出锥顶的各个投影,最后分别画出各投影上的转向轮廓素线,从而完成圆锥的各个投影。

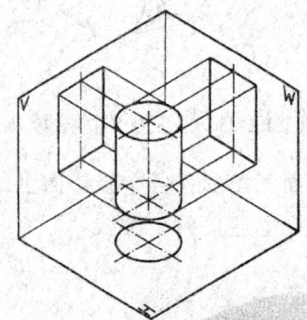

图 1.1.1-12　圆柱的投影

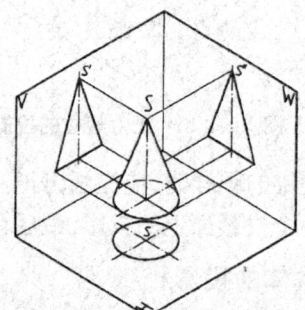

图 1.1.1-13　圆锥的投影

(5)圆球的投影和图样

圆球的投影和图样如图 1.1.1-14 所示。

圆球的表面是由一个圆母线绕一个过其圆心且与其在同一平面上的轴线回转而成的。画图时,应先确定球心在三个投影面上的投影位置,然后再分别画出在三个投影面上的圆球表面的投影(均为与圆球等直径的圆)。

(6)圆环的投影和图样

圆环的投影和图样如图 1.1.1-15 所示。

圆环的表面是由圆环面所围成的,圆环面也是由一个圆母线绕与其在同一平面上的轴线回转而成的,但该轴线位于圆母线的圆外,不通过圆母线的圆心。

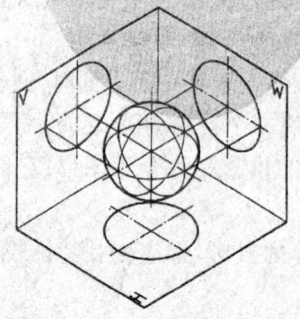

图 1.1.1-14　圆球的投影

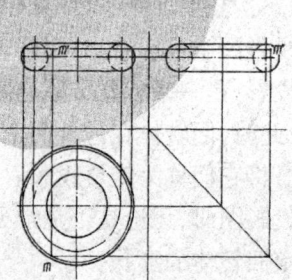

图 1.1.1-15　圆环的投影

3. 平面与立体表面的截切

（1）截交线及其性质

如图1.1.1-16所示，平面与立体相交并截掉立体的某些部分称为平面对立体的截切；与立体相交的平面称为截平面；截平面与立体表面的交线称为截交线；截交线围成的平面图形称为截断面。

截交线有如下的性质：

①截交线是截平面与立体表面的共有线，截交线上的点是截平面与立体表面的共有点；

②因为立体表面是封闭的，因此，截交线也必定是封闭的；

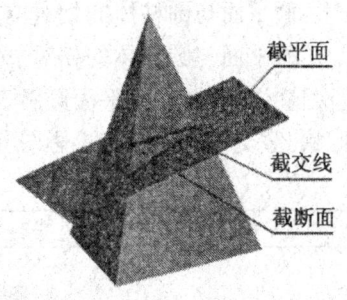

图1.1.1-16 截交线与截断面

③截交线的形状取决于立体表面的形状和截平面与立体的相对位置。

需要强调的是，在画图和读图时必须分清截交线和截交线的投影。

（2）平面立体的截交线

截平面截切平面立体所形成的交线为封闭的平面多边形，该多边形的每个顶点都是截平面与平面立体的每个棱线相交所形成的交点，该多边形的每条边都是截平面与平面立体的棱面或顶面、底面相交所形成的交线。

因此，根据截交线的性质，确定平面立体截交线的问题，可归结为确定截平面与平面立体表面的共有点、共有线的问题。

确定截平面与平面立体所形成的截断面的投影，其实质就是确定截平面与平面立体的截交线的投影。通常，确定截平面与平面立体的截交线的投影有两种方法，即棱线法与棱面法。

①棱线法：确定截平面与平面立体棱线之交点的方法。

②棱面法：确定截平面与平面立体表面之交线的方法。

（3）曲面立体的截交线

确定截平面与曲面立体的截交线的一般步骤与方法如下。

①分析截交线的形状

截平面与曲面立体的表面相交，其截交线的形状取决于曲面立体的表面形状以及截平面与曲面立体的相对位置。

截平面与曲面立体的截交线一般都是封闭的平面图形，多为封闭的平面曲线图形。

②分析截交线的投影

分析截平面与投影面的相对位置，明确截交线的投影特性（如积聚性、类似性等）。

③画出截交线的投影

由于截交线上的每一点都是截平面与曲面立体的共有点，所以，画截交线投影的基本方法是在曲面体上取若干条辅助线（素线或纬线圆），并确定它们与截平面的交点，然后判断可见性，最后将这些点的同面投影光滑连接起来，即得到截交线的投影。

如果截交线的投影形状是矩形、三角形或圆等，则截交线的投影就比较容易画出。

如果截交线的投影形状是椭圆等非圆曲线，一般要先确定截交线的大小、范围、虚实分界等重要的特殊点，然后再在这些特殊点之间求出一些中间点，最后光滑地连接起来。

下面以曲面基本体为例，介绍曲面立体的截交线的投影。

(4)曲面基本体的截交线

①圆柱的截交线

截平面与圆柱体的相对位置不同,其截交线的形状也是不同的。

截平面与圆柱体的相对位置可分为三种情况,即截平面平行于圆柱体的轴线、截平面垂直于圆柱体的轴线、截平面倾斜于圆柱体的轴线,如表1.1.1-7所示给出了这三种情况下的空间形状、截交线的形状和投影图等。

表1.1.1-7 圆柱的截交线

截平面位置	平行于轴线	垂直于轴线	倾斜于轴线
空间形状			
截交线形状	矩形	圆	椭圆
投影图	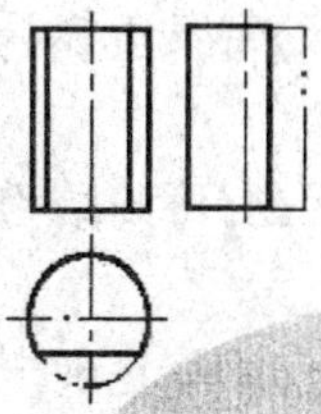	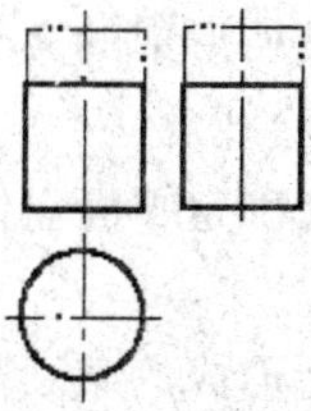	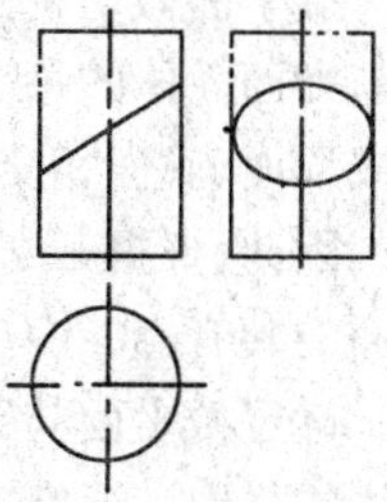

②圆锥的截交线

截平面与圆锥体的相对位置不同,其截交线的形状也是不同的。

截平面与圆锥体的相对位置可分为五种情况,如表1.1.1-8中所列。表1.1.1-8中还给出了这五种情况下的空间形状、截交线的形状和投影图等。

表1.1.1-8 圆锥的截交线

截平面位置	过锥顶	与轴线垂直	倾斜于轴线且 $\theta > \varphi$	与轴线平行或 $\theta < \varphi$	平行某一素线
空间形状					
截交线形状	三角形	圆	椭圆	双曲线和直线	抛物线和直线
投影图	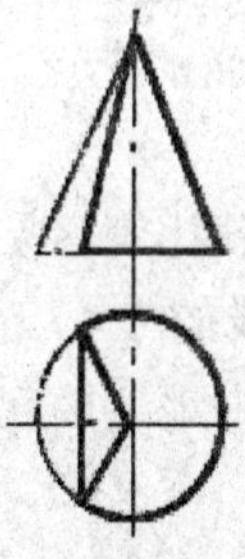	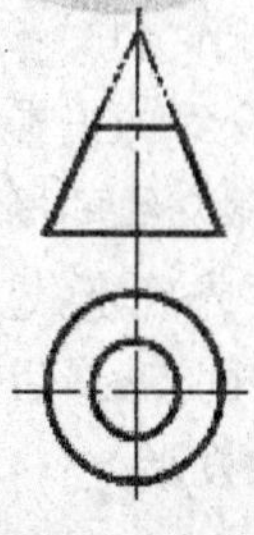		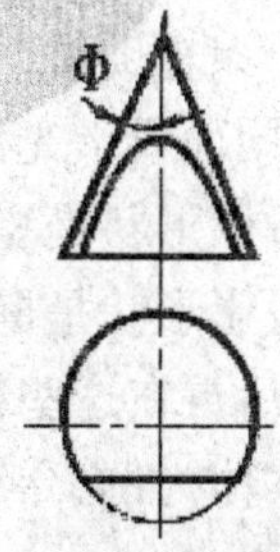	

③圆球的截交线

截平面与圆球的截交线是圆。

当截平面平行于某投影面时,截交线在该投影面上的投影为反映实形的圆,截交线在另两个投影面上积聚成直线。

当截平面垂直于某投影面时,截交线在该投影面上的投影积聚为直线,截交线在另两个投影面上的投影一般情况为椭圆(也可能一个为反映实形的圆,另一个为积聚直线)。

当截平面倾斜于三个投影面时,截交线在三个投影面上的投影均为椭圆。

如表 1.1.1-9 所示为常见的圆球截交线。

表 1.1.1-9　常见的圆球截交线

截平面位置	与投影面平行(比如水平面)	与投影面垂直(比如正垂面)
空间形状		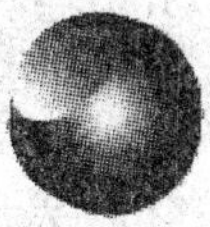
截交线形状	圆	圆
投影图	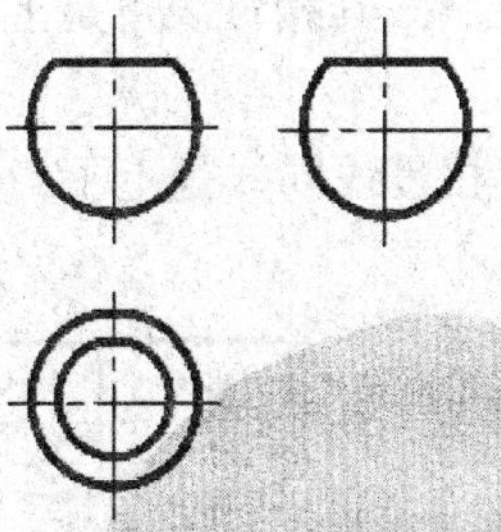	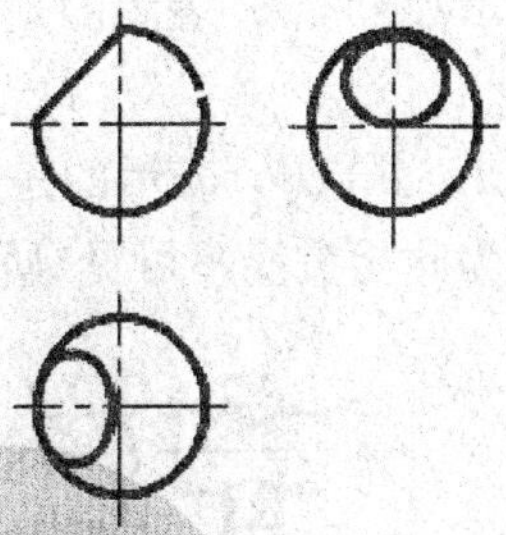

4. 两个曲面体的相交

在此仅讨论曲面基本体——回转体的相交及其特性。

(1)相贯线及其基本性质

两个回转体的相交,称为相贯;两个回转体表面的交线,称为相贯线。

相贯线有如下基本性质:

①相贯线是两个回转体表面的共有线,也是两个相交立体的分界线;相贯线上的所有点都是两个回转体表面的共有点。

②由于立体的表面是封闭的,因此,相贯线在一般情况下是封闭的空间曲线;在特殊情况下,相贯线还可能是平面曲线,甚至可能是直线。

③相贯线的形状取决于相交的两个回转体的各自形状和大小以及两个回转体之间的相对位置。

需要强调的是,在画图和读图时必须分清楚相贯线和相贯线的投影。

(2)确定相贯线的方法

①表面取点法

两个回转体相交,如果其中有一个是轴线垂直于投影面的圆柱,则相贯线在该投影面上的投影就积聚在圆柱面在该投影面上的积聚圆周上,这样,就可以在相贯线上取一些点,确定相贯线上的这些点在其他投影面上的位置,从而确定并画出相贯线在其他投影面上的投影。这种按已知曲面立体表面上的点在某一个投影面上的投影,确定其在其他投影面上的投影的方法,称为表面取点法。

②辅助平面法

假想地作一个辅助平面,使其与相贯的两个回转体相交,然后分别做出辅助平面与两个回转体的截交线,这两条截交线的交点必为两个回转体表面的共有点,即为相贯线上的点。

若假想地做出一系列辅助平面,即可得到相贯线上的若干个点,依次连接各点,就可得到相贯线。

③相贯线的近似画法

当不要求精确画相贯线时,轴线垂直相交的两个圆柱的相贯线允许以圆弧代替,该圆弧的圆心在小圆柱的轴线上,半径为大圆柱的半径,圆弧向大圆柱的轴线方向凸出。

(3)轴线垂直相交的两个圆柱的相贯线

两个轴线互相垂直而相交的圆柱,在零件上是最常见的,它们的相贯线一般有如图1.1.1-17所示的三种形式。

如图1.1.1-17(a)表示的是两个实心圆柱相交,其中铅垂圆柱的直径较小,而水平圆柱的直径较大,其相贯线是上下对称的两条封闭的空间曲线。

如图1.1.1-17(b)表示的是圆柱孔与实心圆柱相交,其相贯线也是上下对称的两条封闭的空间曲线。

如图1.1.1-17(c)表示的是两个圆柱孔相交,其相贯线同样是上下对称的两条封闭的空间曲线。因为此相贯线不可见,所以用虚线表示。

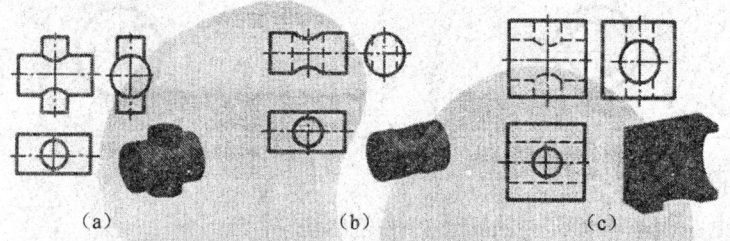

图1.1.1-17 两圆柱相贯线的常见情况

(4)相贯线的特殊情况

在一般情况下,两个回转体的相贯线是空间曲线,但在某些特殊情况下,也可能是平面曲线或直线。

①当两个回转体轴线相交,且公切于同一个圆球时,则它们的相贯线为两个椭圆。此时,若这两个回转体轴线都平行于同一个投影面,则它们的相贯线就是垂直于这个投影面的两个椭圆,这两个椭圆(相贯线)在这个投影面上的投影为相交的两条直线。

如图1.1.1-18所示的圆柱与圆柱相交、圆柱与圆锥相交、圆锥与圆锥相交,其轴线都分别相交,且平行于正投影面(V面),并公切一个圆球,因此,它们的相贯线都是垂直于正投影面(V面)的两个椭圆;在正投影面(V面)上,连接它们正面投影的转向轮廓素线的交点,可得到两条相交直线,这两条相交直线即为它们相贯线的正面投影。

②同轴两个回转体的相贯线是垂直于轴线的圆。

如图1.1.1-19所示,圆柱与圆球相交、圆锥与圆球相交,其轴线都分别重合,且垂直于水平投影面(H面),因此,它们的相贯线都是平行于水平投影面(H面)的两个圆(与轴线垂直)。

③轴线平行的两个圆柱的相贯线是两条平行的素线,如图1.1.1-20所示。

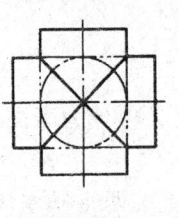 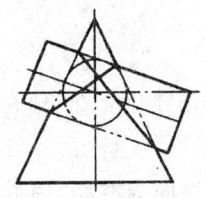 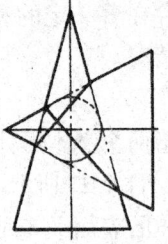

(a) 圆柱与圆柱　　　　(b) 圆柱与圆锥　　　　(c) 圆锥与圆锥

图 1.1.1-18　相贯线的特殊情况（1）

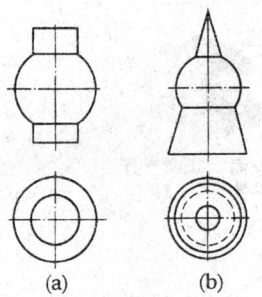 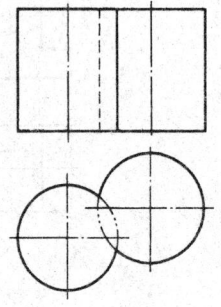

图 1.1.1-19　相贯线的特殊情况（2）　　　图 1.1.1-20　相贯线的特殊情况（3）

（5）过渡线

由于零件上的铸造、锻造圆角的存在，表面相交时产生的相贯线就不是很明显，但仍然可以看得清楚，这种线通常称为过渡线。

在图样中，过渡线的画法与相贯线的画法基本相同，只是在表示时有些细小的差别。

①过渡线用细实线绘制；

②当两个曲面相交时，过渡线与圆角处不接触，应留有少许间隙。

（五）组合体的视图

1.组合体的组成方式及其视图特点

（1）组合体的组成方式

由两个或更多个基本体组成的物体称为组合体。组合体的组成方式是多种多样的，但归纳起来，组合体的组成方式可分为切割和叠加两种基本形式，常见的组合体基本上都是这两种基本形式的综合，如图 1.1.1-21 所示为组合体的组成方式。

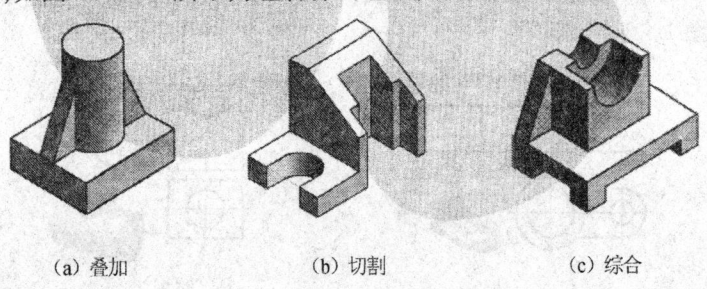

(a) 叠加　　　　(b) 切割　　　　(c) 综合

图 1.1.1-21　组合体的组成方式

（2）组合体的视图特点

因为组合体是基本体的组合，因此，当基本体组合在一起之后，组成组合体的基本形体的相邻表面之间就存在着一定的相互连接关系。这种形体之间的表面连接关系一般可分为平行、相切、相交等情况。

①表面平行

表面平行是指两个基本形体表面间的同方向的相互关系,又可分为表面平齐和表面不平齐两种情况,如图1.1.1-22所示。

当两个基本体的表面平齐时,两个表面为共面,因而视图上的两个基本体之间无分界线;如果两基本体的表面不平齐时,其分界处必然有分界线,在视图上则必须画出分界线。

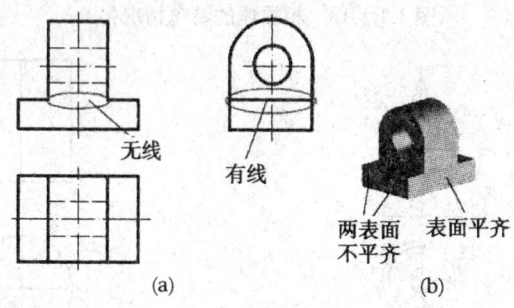

图1.1.1-22 表面平行

②表面相切

当两个基本形体的表面相切时,两个表面的相切处是光滑过渡,所以在视图中,两个表面的相切处一般不画线,如图1.1.1-23所示。

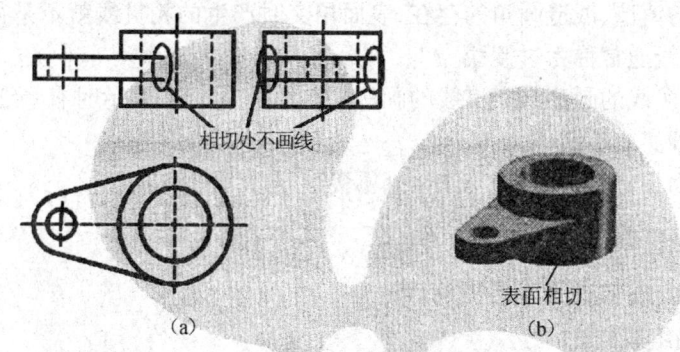

图1.1.1-23 表面相切

(3)表面相交

当两个基本形体的表面相交时,相交处会产生不同形式的交线,在视图中则必须画出这些交线的投影,如图1.1.1-24所示。

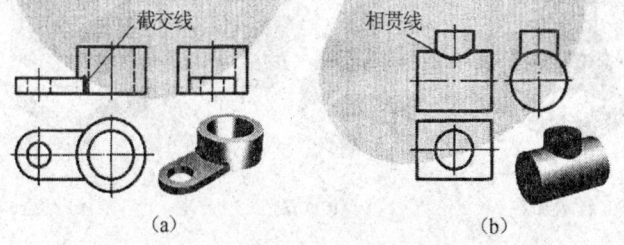

图1.1.1-24 表面相交

2.读组合体的三视图

(1)读组合体三视图的基本方法

组合体的读图方法与组合体的画图方法一样,都是形体分析法并辅以线面分析法。

组合体的画图方法是利用形体分析法将组合体的各组成形体按它们的相对位置和表面关系画成由线框和线条组成的视图;而读图则是画图的反过程,就是根据组合体的视图,对视图中所画的线框和线条经过分析和想象,得到组合体的形状。

①形体分析法

形体分析法是解决组合体问题的基本方法。

所谓形体分析就是将组合体按照其组成方式分解为若干基本形体,以便弄清楚各基本形体的形状、它们之间的相对位置和表面间的相互关系,这种方法称为形体分析法。在画图、读图和标注尺寸的过程中,常常要运用形体分析法。

如图 1.1.1-25 所示为组合体的形体分析过程,分析组合体是由哪几部分组成的,各组成部分之间的相对位置以及组合形式等。

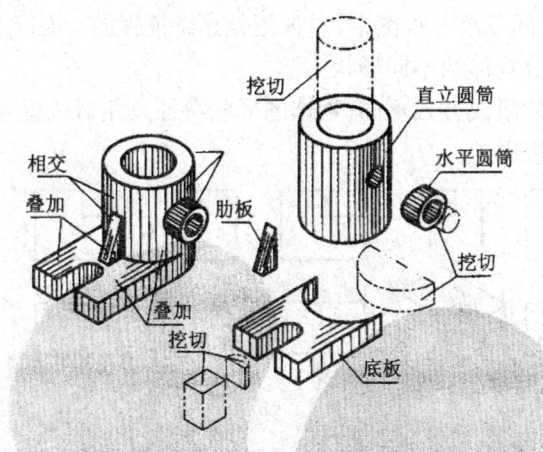

图 1.1.1-25　组合体的形体分析过程

②线面分析法

一般情况下,当一个基本体被多个平面切割,形体形状不规则或在某视图中形体结构的投影关系重叠时,应用形体分析法往往难于读懂,这时就需要再辅以线面分析法,即运用线、面投影理论来分析物体的表面形状、面与面的相对位置以及面与面之间的表面交线,并借助立体的概念来想象物体的形状。

(2)读三视图的基本原则

形体分析法是读图的基本方法。一般是从反映物体形状特征的主视图着手,对照其他视图,初步分析出该物体是由哪些基本体以及通过什么连接关系形成的。然后按投影特性逐个找出各基本体在其他视图中的投影,以确定各基本体的形状和它们之间的相对位置,最后综合想象出物体的总体形状。

①几个视图联系起来看

一般情况下,一个视图不能完全确定物体的形状。特别是组合体,一个视图不能确定组成组合体的各形体的形状以及相邻表面间的相互关系。所以,看图时必须几个视图联系起来看。比如,物体的主视图均相同,但实际上它们可能是由形状不同的形体位于不同的相对位置,或形状相同的形体位于不同的相对位置所组成的。

如图 1.1.1-26 所示的五组视图,它们的主视图都相同,但实际上是五种不同形状的物体。

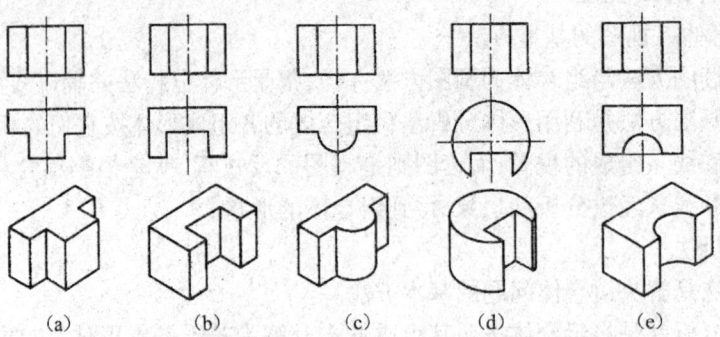

图 1.1.1-26　主视图相同的不同形状的物体

②寻找特征视图

所谓特征视图,就是能把物体的形状特征及相对位置反映的最充分的那个视图。找到了这个视图,再配合其他视图,就能较快地认清物体了。

如图 1.1.1-27 所示的三组三视图中,左视图就是特征视图,而三组视图中的主视图和俯视图都是相同的,无法区分物体的不同形状。

但是,由于组合体的组成方式不同,物体的形状特征及相对位置并非总是集中在一个视图上,有时是分散于各个视图上。

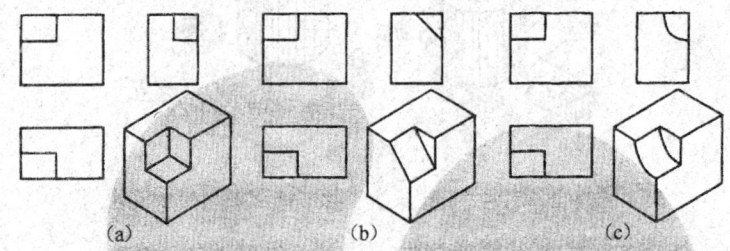

图 1.1.1-27　主视图和俯视图都相同的不同形状的物体

例如,图 1.1.1-28 中的支架就是由 A、B、C、D 四个形体叠加构成的,其主视图反映了形体 A、B 的主要特征,左视图反映了形体 C 的主要特征,而俯视图则反映了形体 D 的主要特征。所以,在读图时,要抓住反映特征较多的视图。

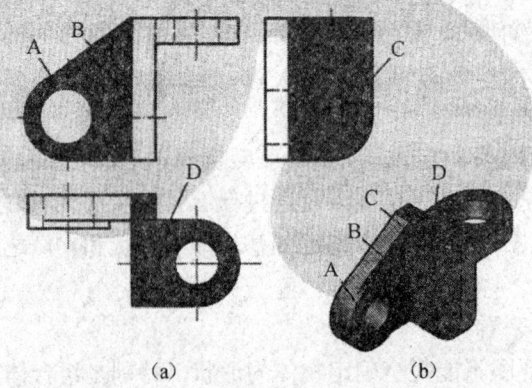

图 1.1.1-28　不同视图反映不同形体的主要特征

③在形体分析的基础上进行线面分析

读图时,必须以主视图为中心,找出视图间的线框和线条的相互关系,在形体分析的基础上进行线面分析。只有这样,才能明确各组成形体表面之间的关系、相对位置以及基本体的切割情况。

视图中每一个投影面上的每一个封闭线框,都是物体上不与该投影面垂直的一个表面的投影;这个面可能是平面,也可能是曲面,还可能是平面与曲面相切而形成的组合面;这个面可能是外表面,也可能是内表面。当平面图形平行于某投影面时,其在该投影面上的投影则反映实形;当平面图形倾斜于某投影面时,其在该投影面上的投影必是缩小了的类似形。利用这一特性,可以想象各面的空间形状。

视图中的任何一条粗实线或虚线,可能是:a.有积聚性的平面或曲面的投影;b.两个表面(平面、曲面)交线的投影;c.曲面的转向轮廓线(或转向素线)。

视图中的任何一个封闭线框,可能是:a.物体上某一个平面的反映实形的投影;b.物体上某一个面(平面、曲面)投影所得到的缩小了的类似形;c.物体上的一个平面与曲面相切而形成的组合面。

(3)组合体读图的一般步骤

组合体读图的一般步骤如下:

①分线框、对投影

从主视图入手,对照其他视图,根据封闭线框将组合体分解为简单的几个部分形体。

②想形体、辨位置

用形体分析法,根据各部分形体在三个视图中的投影,想象出各部分形体的空间形状、具体结构和位置。一般先解决大的、主要的形体,或是明显的形体。

③线面分析攻难点

对形状复杂的部分形体,需要运用线、面投影理论来分析物体的表面形状、面与面的相对位置以及面与面之间的表面交线,并借助立体的概念来想象物体的形状。

④综合起来想整体

按视图中各部分形体的相对位置关系和表面之间关系,综合起来想象出物体的整体形状。

(六)视图上标注的尺寸

视图只能表达出组合体的形状,要确定组合体上各部分的真实大小及相对位置,必须标注尺寸,而且尺寸的标注应做到以下几点:

①正确:所标注的尺寸不仅数值正确,而且要符合有关机械制图国家标准的尺寸标注的规定。

②完整:尺寸必须标注齐全,不得遗漏,不应重复。

③清晰:尺寸布置要整齐、清晰。同一形体的尺寸标注要相对集中,便于看图。

1.视图上标注尺寸的规则

(1)基本规则

国家标准中规定了图样中的尺寸注法,其基本规则如下:

①机件的真实大小应以图样上所注的尺寸数值为依据,与图形的大小及绘图的准确度无关。

②图样中(包括技术要求和其他说明)的尺寸,以毫米(mm)为单位时,不需标注单位符号

(或名称),如采用其他单位时,则应注明相应的单位符号(或名称)。

③图样中所标注的尺寸,为该图样所示机件的最后完工尺寸;否则应另加说明。

④机件的每一个尺寸,一般只标注一次,并应标注在反映该结构最清晰的图形上。

(2)尺寸的组成要素

图样中,一个完整的尺寸,一般应由尺寸界线、尺寸线、尺寸数字和尺寸终端(箭头或斜线)等四个尺寸要素构成,如图 1.1.1-29 所示。尺寸在图样中的排布要清晰、整齐、匀称。

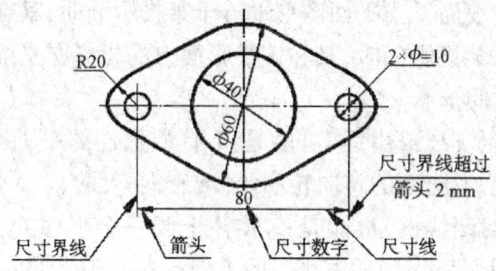

图 1.1.1-29　尺寸标注示例

(3)圆、圆弧、圆球以及角度的尺寸标注

①标注圆或大于半圆的圆弧尺寸时,应标注圆或圆弧的直径,并在尺寸数字前加注直径符号"ϕ";

②标注等于半圆或小于半圆的圆弧尺寸时,应标注圆弧的半径,并在尺寸数字前加注半径符号"R";

③标注圆球面的直径或半径时,应在直径符号"ϕ"或半径符号"R"前再加注符号"S";

④直径尺寸应尽量标注在非圆视图上,而半径尺寸则必须标注在圆形视图上;

⑤标注弧长时,应在尺寸数字的左方加注符号"⌒"(旧标准为在尺寸数字的上方加注符号"⌒");

⑥标注角度时,尺寸界线应沿径向引出,尺寸线画成圆弧,尺寸数字要水平书写。

2.基本体标注的尺寸

由于组合体是由基本体经过叠加、切割而成的,所以,要掌握组合体标注的尺寸,必须先熟悉和掌握基本体的尺寸标注方法。如图 1.1.1-30 所示为常见基本体的尺寸标注方法。

一般情况下,基本体的尺寸均应标出其长、宽、高三个方向的尺寸。但是,由于基本体的形状各异,所需尺寸的数量和标注形式也是不同的,并非每个基本体都需要标注出三个方向的尺寸。通常情况下,平面基本体的尺寸标注需要两个视图即可,而回转体的尺寸标注只需一个视图即可。另外,在标注正方形的尺寸时,可在正方形边长尺寸的数字前加注符号"□",或用 $B\times B$ 的形式,B 为正方形的边长。

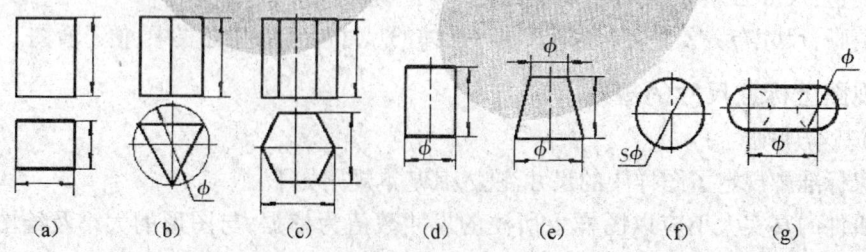

图 1.1.1-30　常见基本体的尺寸标注方法

(1) 棱柱的尺寸标注

棱柱的尺寸由两部分组成，其一是棱柱底面的定型尺寸，其二是棱柱的高度尺寸。一般情况下，棱柱只需要在两个视图中标注出定型尺寸和高度尺寸即可，另一个视图可以省略，如图1.1.1-30所示。

标注正三棱柱底面的定型尺寸时，只需标注底面正三角形的外接圆直径"ϕ"即可；标注正六棱柱底面的定型尺寸时，只需标注底面正六边形的对角线长度（或对边的距离）即可，如图1.1.1-30所示。

(2) 棱锥的尺寸标注

棱锥的尺寸也是由两部分组成的，其一是棱锥底面的定型尺寸，其二是棱锥顶点的定位尺寸。一般情况下，棱锥只需要在两个视图中标注出定型尺寸和定位尺寸即可，另一个视图可以省略。

同棱柱的尺寸标注类似，标注正三棱锥底面的定型尺寸时，只需标注底面正三角形的外接圆直径"ϕ"即可；标注正六棱锥底面的定型尺寸时，只需标注底面正六边形的对角线长度（或对边的距离）即可。

(3) 棱台的尺寸标注

棱台的尺寸是由三部分组成的，即棱台两个底面的定型尺寸和棱台的高度尺寸。同棱柱的尺寸标注类似，一般情况下，棱台也只需要在两个视图中标注出两个底面的定型尺寸和高度尺寸即可，另一个视图可以省略。

(4) 圆柱的尺寸标注

圆柱的尺寸是由两部分组成的，其一是圆柱底面的定型尺寸，其二是圆柱的高度尺寸。一般情况下，圆柱只需要在非圆视图上标注出底面的定型尺寸（底圆的直径）和圆柱的高度尺寸即可，另两个视图可以省略，如图1.1.1-30所示。

(5) 圆锥的尺寸标注

圆锥的尺寸也是由两部分组成的，其一是圆锥底面的定型尺寸，其二是圆锥顶点的定位尺寸。同圆柱的尺寸标注类似，一般情况下，圆锥只需要在非圆视图上标注出底面的定型尺寸（底圆的直径）和圆锥顶点的定位尺寸即可，另两个视图则可以省略。

(6) 圆台的尺寸标注

圆台的尺寸是由三部分组成的，即圆台两个底面的定型尺寸和圆台的高度尺寸。同圆柱的尺寸标注类似，一般情况下，圆台只需要在非圆视图上标注出两个底面的定型尺寸（两个底圆的直径）和圆台的高度尺寸即可，另两个视图则可以省略，如图1.1.1-30所示。

(7) 圆球的尺寸标注

圆球的尺寸只有一个，即圆球的直径。圆球的尺寸标注只需要在一个视图中标注出圆球的直径即可，但在直径符号"ϕ"前必须加注符号"S"，即圆球的直径符号为"$S\phi$"，另两个视图则可以省略，如图1.1.1-30所示。

(8) 圆环的尺寸标注

圆环的尺寸也是由两部分组成的，其一是圆环的圆母线的直径，其二是圆环的圆母线绕轴线回转的回转直径。圆环的尺寸标注只需要在一个视图中标注出圆环的圆母线直径及其回转直径即可，另两个视图则可以省略，如图1.1.1-30所示。

3. 组合体标注的尺寸

(1) 组合体应标注的尺寸

对于组合体一般应标注出以下三种类型的尺寸。

①定型尺寸,即确定组合体各组成部分形状大小的尺寸。

②定位尺寸,即确定组合体各组成部分相对位置的尺寸。

由于定位尺寸是确定相对位置的,所以标注定位尺寸时,必须在长、宽、高三个方向分别选出尺寸基准。每个方向都应有一个尺寸基准,以便确定各基本形体在各方向的相对位置。

尺寸度量的起点称为尺寸基准。尺寸基准的确定既与组合体的形状有关,又与其作用、工作位置以及加工制造有关,通常选组合体的底面、重要端面、对称平面以及主要回转体的轴线等作为尺寸基准。

③总体尺寸,即组合体外形的总长、总宽、总高的尺寸。

组合体的尺寸标注一般按定型尺寸、定位尺寸、总体尺寸的顺序进行。

(2)组合体标注尺寸的基本要求

①尺寸标注要完整

为了表达组合体的真实大小,视图中所注的尺寸应完整,既无遗漏,又无重复,而且每个尺寸只能标注一次。需要注意的是,如果组合体的定型尺寸、定位尺寸已经标注完整,再标注总体尺寸就会多余,这时就要对已标注的定型尺寸、定位尺寸进行适当的删减。

②尺寸标注要清晰

标注尺寸时,除了要求完整外,为了便于读图,还要求标注得清晰。

(3)切割体和相贯体标注的尺寸

基本形体上的切口、开槽或穿孔等,一般只标注截切平面的定位尺寸和开槽或穿孔的定型尺寸,而不标注截交线的尺寸,如图 1.1.1-31 所示。

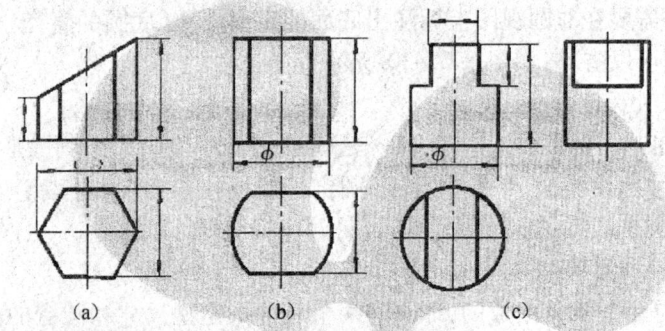

图 1.1.1-31　切割体标注的尺寸

两个基本形体相贯时,应标注两个基本形体的定型尺寸和表示相对位置的定位尺寸,而不应标注相贯线的尺寸,如图 1.1.1-32 所示。

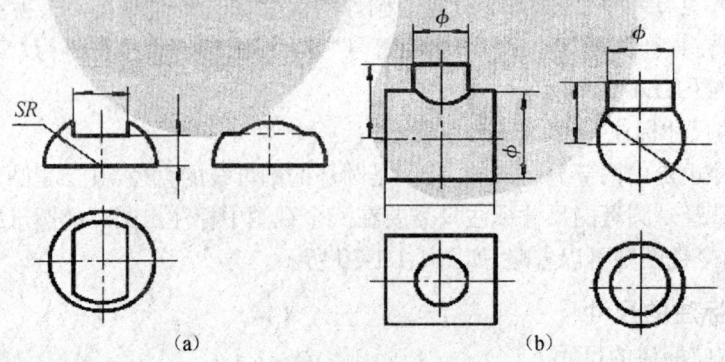

图 1.1.1-32　相贯体标注的尺寸

二、物体的表达方法

(一) 视图的种类及其应用

视图主要用于表达机件的外部轮廓、结构、形状。按国家标准中的规定,视图分为:基本视图、向视图、局部视图和斜视图等四种。在视图中一般只画出机件的可见部分,必要时才画出其不可见部分。

1. 基本视图

(1) 基本视图的形成

机件向基本投影面投影所得到的视图称为基本视图。根据国家标准的规定,在前述的三个投影面(正投影面、水平投影面、侧投影面)的基础上,再增加三个投影面,构成正六面体方箱,这正六面体方箱的六个面均为基本投影面。

将机件放在正六面体方箱的中间,将机件向六个投影面投影,所得到的六个视图均为基本视图,分别称为主视图、俯视图、左视图、右视图、仰视图、后视图。

基本视图的形成、六个基本视图的名称、展开后的位置等如图 1.1.2-1 所示。

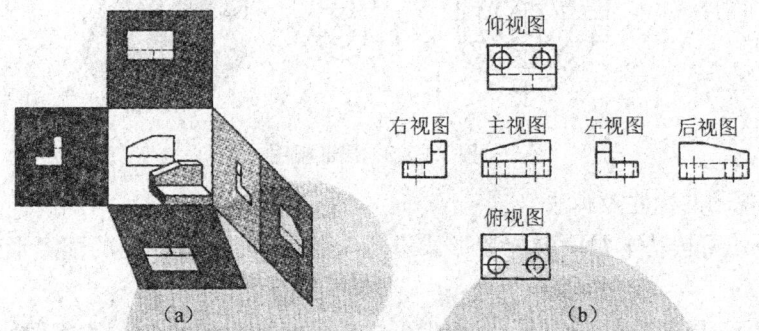

图 1.1.2-1 基本视图

(2) 基本视图的特点

六个基本视图之间仍然符合"长对正、高平齐、宽相等"的投影规律。制图时应根据机件的形状和结构特点,选用其中必要的几个基本视图。当基本视图按图 1.1.2-1 配置,而且各视图中间又无其他图形隔开时,视图的名称不做标注。

2. 向视图

(1) 向视图的形成

在实际制图时,若不能按如图 1.1.2-1 所示配置视图,或各视图不画在同一张图纸上时,应在视图的上方标出视图的名称"X"(这里的"X"为大写的拉丁字母代号),并在相应的视图附近用箭头指明投影方向,且注上同样的字母,如图 1.1.2-2 所示,这种视图称为向视图。

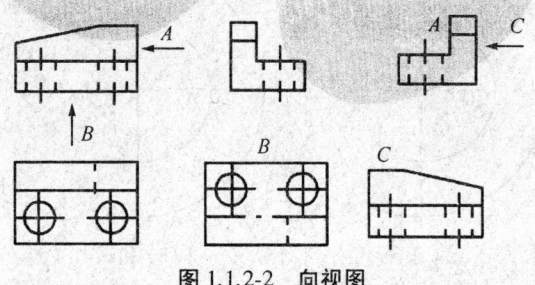

图 1.1.2-2 向视图

(2)向视图的特点

向视图是可以自由配置的视图。为了合理布置图面或因受图纸幅面限制,视图可以自由地配置在适当的位置。

3.局部视图

(1)局部视图的形成

将机件的某一部分向基本投影面投射所得到的视图,称为局部视图,如图 1.1.2-3 所示。

为了表达机件的局部形状,而又没有必要画出机件完整的基本视图时,通常可采用局部视图。

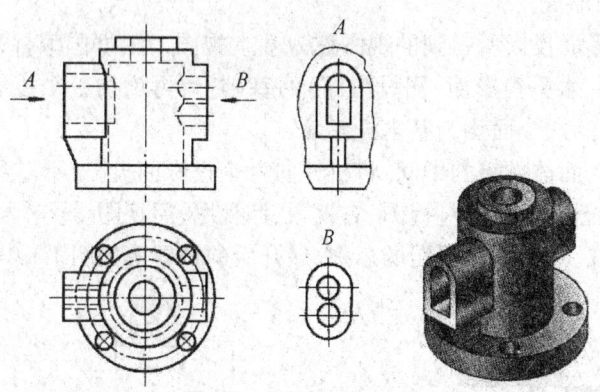

图 1.1.2-3　局部视图

(2)局部视图的标注及画法

①局部视图可按基本视图的配置形式进行配置,也可按向视图的配置形式进行配置并标注。

一般情况下,局部视图按向视图的配置形式进行配置并标注,在局部视图的上方标出视图的名称"X"(这里的"X"为大写的拉丁字母代号),并在相应的视图附近用箭头指明投射方向,且注上同样的大写拉丁字母代号"X"。局部视图也可按基本视图的配置形式进行配置,此时,若中间没有其他图形隔开,则不必标注。

②局部视图的断裂边界应以波浪线或双折线来表示。

因局部视图只画了机件的局部形状,所以,其断裂边界用波浪线或双折线绘出,以表示局部。当所表示的局部结构是完整的且外轮廓又封闭时,断裂边界线可省略不画。当用波浪线作为断裂边界线时,波浪线不应超过断裂机件的轮廓线,同时,应画在机件的实体上,不可画在机件的中空处。如图 1.1.2-4 所示为一块用波浪线断开的空心圆板的正误对比画法。

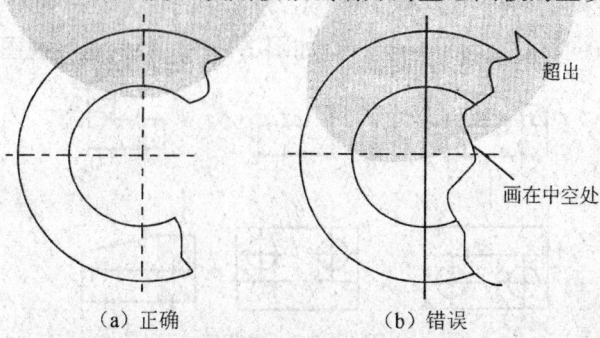

(a)正确　　　　(b)错误

图 1.1.2-4　一块用波浪线断开的空心圆板的正误对比画法

③局部视图的特殊画法。

对于对称结构的机件,将其视图只画一半或四分之一的画法也符合局部视图的定义,可将其视为是以细点画线作为断裂边界的局部视图的特殊画法,此时应在细点画线的两端画出两条与其垂直的细实线,如图 1.1.2-5 所示为对称机件的局部视图。

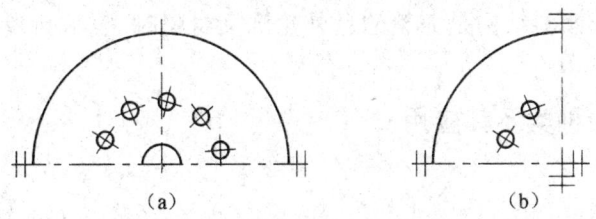

图 1.1.2-5　对称机件的局部视图

4.斜视图

(1)斜视图的形成

将机件向不平行于基本投影面的平面上投影所得到的视图,称为斜视图,如图 1.1.2-6 所示。斜视图主要用于表达机件上倾斜结构的实形,此时,投影平面与机件倾斜表面平行,如图 1.1.2-6 中所示 A 向。

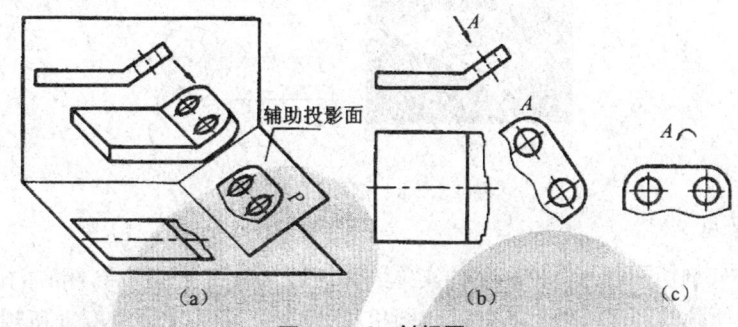

图 1.1.2-6　斜视图

(2)斜视图的标注及画法

①必须在视图的上方标出视图的名称"X"(这里的"X"为大写的拉丁字母代号),并在相应的视图附近用箭头指明投射方向,且注上同样的大写拉丁字母代号"X"。

②斜视图一般按投影关系(箭头所指的方向)配置,如图 1.1.2-7(a)所示;必要时也可将斜视图平移,配置在其他适当的位置,如图 1.1.2-7(b)所示。

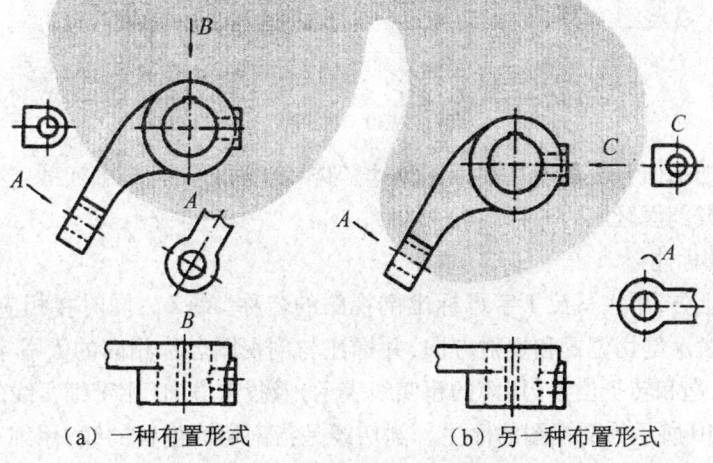

(a)一种布置形式　　　　　　(b)另一种布置形式

图 1.1.2-7　斜视图的布置形式

③在不致引起误解时,也允许将斜视图旋转后画出,旋转方向用圆弧箭头表示,其指向应与旋转方向一致,表示视图名称的大写拉丁字母代号"X"应靠近旋转符号的箭头端,如图1.1.2-7(b)所示。

④画出局部倾斜结构的斜视图后,通常用波浪线断开,不画其他视图中已表达清楚的部分。当所表示的局部倾斜结构是完整的且外轮廓又封闭时,表示断裂边界的波浪线可不必画出。

(二)剖视图的种类及其应用

1.剖视图

(1)剖视图的形成

为了清晰表达机件的内部结构和形状,假想地用一个剖切平面剖开机件,将处在观察者与剖切平面之间的部分移去,而将其余部分向投影面投射所得到的图形,称为剖视图,简称剖视。如图1.1.2-8所示为剖视图的形成。

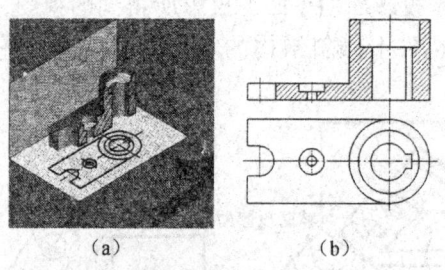

图1.1.2-8 剖视图的形成

(2)剖面符号

在剖视图中,剖切平面与机件相切的实体剖面区域,应画上与其材料相应的剖面符号。因机件的材料不同,所画的剖面符号也不相同。画机械图样时,应采用国家标准所规定的剖面符号。

在机械图样中,使用最多的是金属材料。我国标准规定,金属材料的剖面符号是相互平行、间隔均匀相等的细实线,这种剖面符号通常称为剖面线。剖面线应以适当角度绘制,一般与主要轮廓或剖面区域的对称线成45°角,如图1.1.2-9所示。

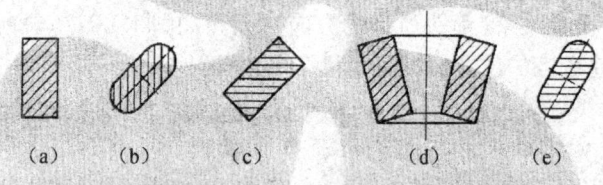

图1.1.2-9 剖面线

非金属材料的剖面符号是相互平行、间隔均匀相等、双向交叉的细实线,这些细实线一般也应与主要轮廓或剖面区域的对称线成45°角。

(3)剖视图的标注

在剖视图的上方,用大写拉丁字母标出剖视图的名称"X-X";同时在相应的视图上用剖切符号和剖切线表示剖切位置和投射方向,并标注与剖视图名称相向的大写字母"X"。剖切符号是剖切面起、迄和转折位置(用短的粗实线表示)及投射方向(用带细实线的箭头表示)的符号,如图1.1.2-10所示为剖视图的标注。剖切线是指剖切面位置的线,用细点画线表示,画在剖切符号之间,可省略不画。

如图1.1.2-10所示：①当剖视图按投影关系配置，中间又无其他图形隔开时，可省略表示投射方向的箭头；②当单一剖切平面通过机件的对称平面或基本对称平面，且视图按投影关系配置，中间又没有其他图形隔开时，可省略全部标注；③当单一剖切平面的剖切位置明确时，局部剖视图不必标注。

(4) 剖视图应注意的几个问题

①剖切平面位置一般选择所需表达的内部结构的对称面，并且平行于基本投影面。

②对于剖视图，由于将机件的剖开是假想的，并不是真把机件切掉一部分，所以，除了将一个视图画为剖视图之外，不应影响其他视图的剖切和完整性。

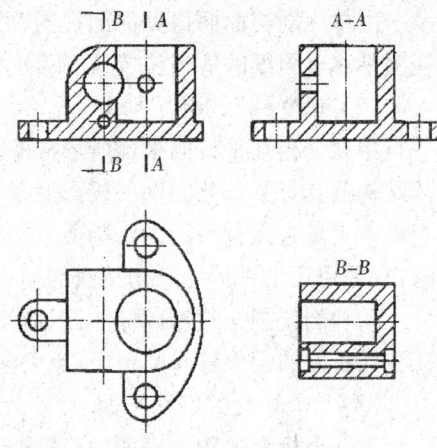

图 1.1.2-10 剖视图的标注

③机件剖切后，留在剖切平面之后的可见部分，一般也应向投影面投影，所以，应特别注意空腔中线、面的投影。

④剖视图中，在完整表达机件的形状、结构的前提下，除了必要的虚线外，一般不再画虚线，即凡已表达清楚的结构，虚线则省略不画。

⑤一个机件若有数个剖视(断面)图时，各剖视(断面)图上同种材料的剖面符号的绘制应相同(比如金属材料剖面符号的斜线方向相同、间隔大致相等等)。

2.剖切面的种类

(1) 单一剖切平面

单一剖切平面是指仅用一个剖切平面剖开机件。如图1.1.2-11中的"A-A"剖视图就是用倾斜的单一剖切平面剖切得到的，这种剖切方式应用得较多。

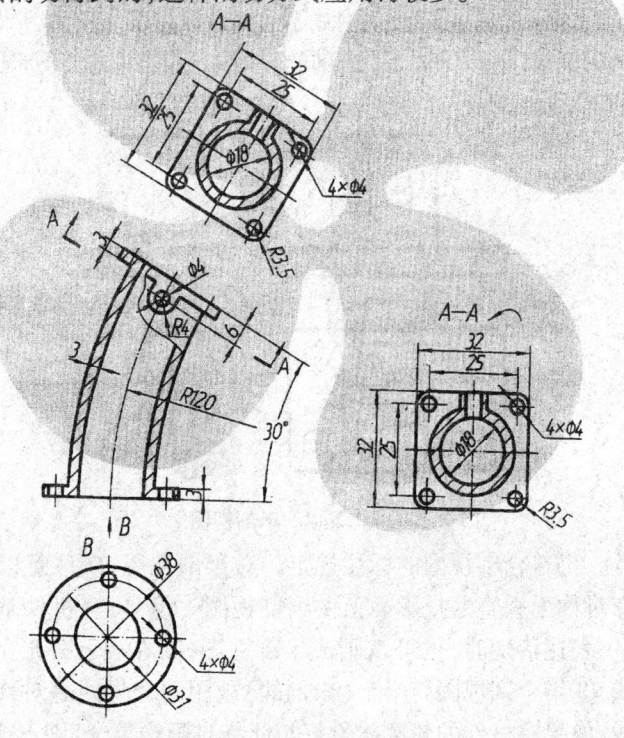

图 1.1.2-11 单一剖切平面

由单一剖切面而得到的剖视图,可按投影关系配置在与剖切符号相对应的位置,也可将剖视图平移至图纸的适当位置,在不致引起误解时,还允许将图形旋转。

(2)几个平行的剖切平面

用几个相互平行的平面所形成的阶梯状的剖切面来剖切机件,将被阶梯状的剖切面剖开的结构及其有关部分向同一投影面投影,由此而得到的视图称为阶梯剖视图,简称为阶梯剖。当机件上具有几种不同的结构要素(如孔、槽等),且它们的中心线排列在相互平行的平面上时,宜采用几个平行的剖切平面剖切。

阶梯剖视图必须加以标注,但应注意:①剖切符号的转折处不允许与图上的轮廓线重合;②在转折处如因位置有限,且不致引起误解时,可以不注写字母。

(3)几个相交的剖切平面

用几个相交的剖切平面(交线垂直于某一基本投影面)剖开机件,将被倾斜剖切平面剖开的结构及其有关部分旋转至与选定的投影面平行,然后进行投影,由此而得到的视图,称为旋转剖视图,简称为旋转剖。需要注意的是,凡是没有被剖切平面剖到的结构,均按原来的位置画出它们的投影。

3.剖视图的种类

常用的剖视图有七种,即:全剖视图、半剖视图、局部剖视图、斜剖视图、旋转剖视图、阶梯剖视图和复合剖视图。

(1)全剖视图

假想地用剖切面将机件完全剖开所得到的剖视图,称为全剖视图,简称为全剖。全剖视图可以由单一剖切面和其他几种剖切面剖切获得。全剖视图主要用于内部形状比较复杂的不对称机件。

(2)半剖视图

当机件具有对称平面时,在垂直于机件对称平面的投影面上投影所得到的图形,可以以对称轴线为界,一半画成剖视,另一半画成(未剖的)视图,这样得到的图形,称为半剖视图,简称为半剖,如图 1.1.2-12 所示。

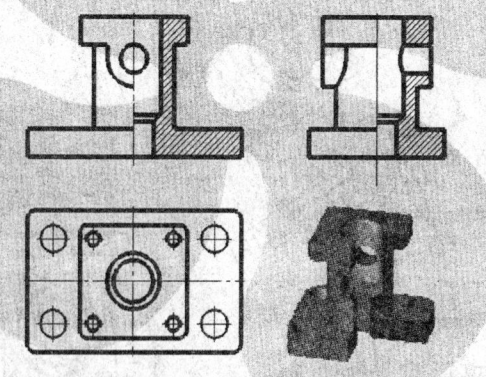

图 1.1.2-12 半剖视图

半剖视图的标注,仍符合剖视图的标注规定。对半剖视图,应注意以下几点:①只有当机件对称时,才能在与对称面垂直的投影面上做半剖视图。但是,当机件基本对称,而不对称的部分已在其他视图中表达清楚时,也可以画成半剖视图;②在表示外形的那半个(未剖的)视图中,一般不画虚线;③半个剖视图与半个(未剖的)视图的分界线是对称轴线,不能画成粗实线,应画为细点画线;如果有机件的轮廓线恰好与此细点画线重合,则不能采用半剖视图,此时应采用其他类型的剖视图,比如可采用局部剖视图。

(3)局部剖视图

假想地用剖切平面剖开机件的某一局部,由此所得的视图,称为局部剖视图,简称为局部剖视,如图 1.1.2-13 所示。局部剖视图的标注,仍符合剖视图的标注规定。一般情况下,局部剖视不需要标注,但要用波浪线或双折线作为剖开部分和未剖部分的分界线。

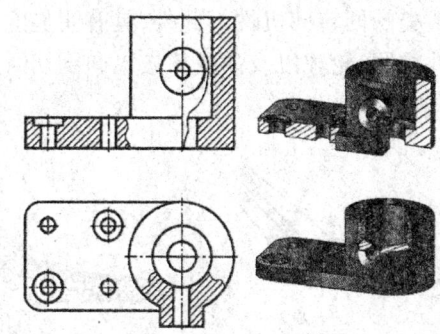

图 1.1.2-13　局部剖视图

局部剖视图是一种比较灵活的表达方法,不受图形是否对称的限制。局部剖视图一般用于:①当机件个别部分的内部结构尚未表达清楚,但又不宜做全剖视时,可采用局部剖视;②当机件的轮廓线与其对称中心线重合而不能采用半剖视时,可采用局部剖视;③必要时,允许在剖视图中,再作一次简单的局部剖视,这时两者的剖面线应同方向、同间隔,但需要相互错开。

此外,对局部剖视图应注意以下几点:①在局部剖视图中,作为剖开部分与未剖部分分界线的波浪线不应与其他的图线重合;当遇到可见的孔、槽等空洞结构时,也不应使波浪线穿空而过;波浪线也不允许画到外轮廓线之外;②当被局部剖切的结构为回转体时,允许将该结构的中心线作为局部剖视与视图的分界线;③虽然局部剖视是一种比较灵活的表达方法,但在一个视图中,局部剖视图的数量不宜过多,以免使图形过于破碎。

(4)斜剖视图

假想地用不平行于任何基本投影面的单一剖切平面来剖开机件,然后将剖开的结构及其有关部分向与剖切平面平行的投影面投影,由此而得到的视图,称为斜剖视图,可简称为斜剖。如图 1.1.2-14 所示为斜剖视图。

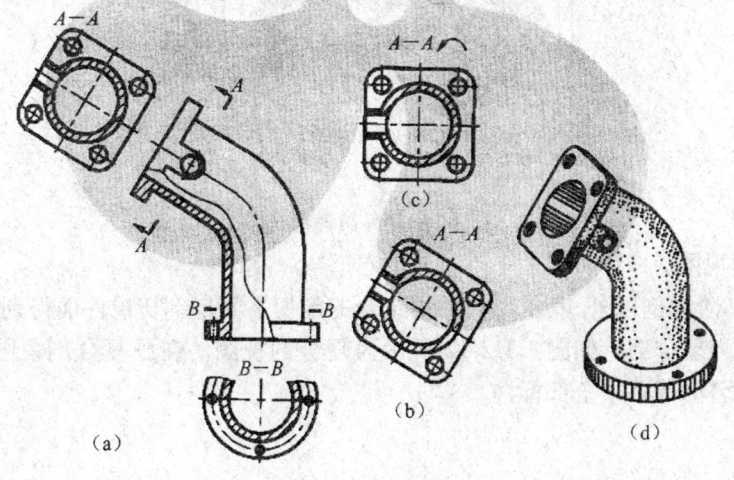

图 1.1.2-14　斜剖视图

斜剖视图必须标出剖切位置,并用箭头指明投射方向,注明剖视名称,如图1.1.2-14所示。

(5) 旋转剖视图

假想地用几个相交的剖切平面(交线垂直于某一个基本投影面)剖开机件,将被倾斜剖切平面剖开的结构及其有关部分旋转至与选定的投影面平行,然后进行投影,由此而得到的视图,称为旋转剖视图,简称为旋转剖。旋转剖视图如图1.1.2-15所示。

旋转剖适用于端盖、盘状类的回转体机件。此外,具有明显的回转轴线的机件也常采用旋转剖。国家标准规定,若机件的肋、轮辐以及薄壁等按纵向剖切时,它们不画剖面符号,而用粗实线与相邻部分分开。

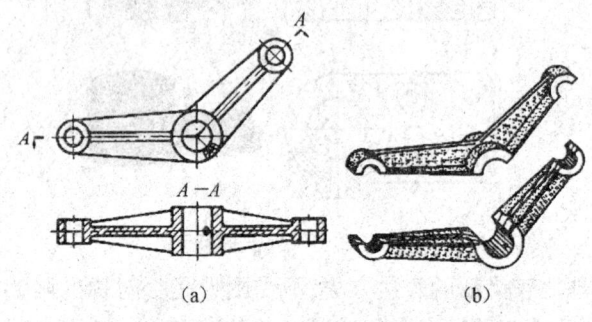

图 1.1.2-15　旋转剖视图

(6) 阶梯剖视图

假想地用几个相互平行的平面所形成的阶梯状的剖切面来剖切机件,将被阶梯状的剖切面剖开的结构及其有关部分向同一投影面投影,由此而得到的视图,称为阶梯剖视图,简称为阶梯剖。

有些机件的内容层次多,用一个剖切平面不能全部表达内部的结构和形状,若采用阶梯剖,所得到的剖视图就清晰多了。如图1.1.2-16所示为两个平行平面的阶梯剖视图。

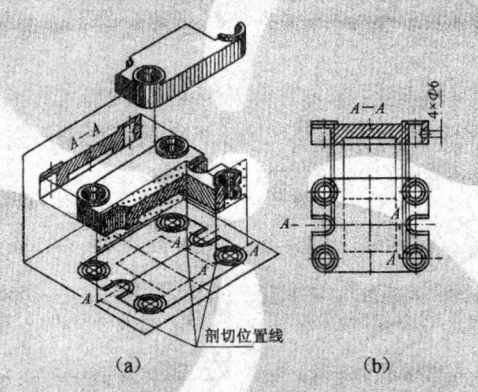

图 1.1.2-16　阶梯剖视图

(7) 复合剖视图

除旋转剖和阶梯剖以外,其他形式的用组合的剖切平面来剖切机件而得到的视图,称为复合剖视图,简称为复合剖。如图1.1.2-17所示为复合剖视图。在画复合剖视图时,剖切位置、投影方向、剖视名称等必须全部标注。

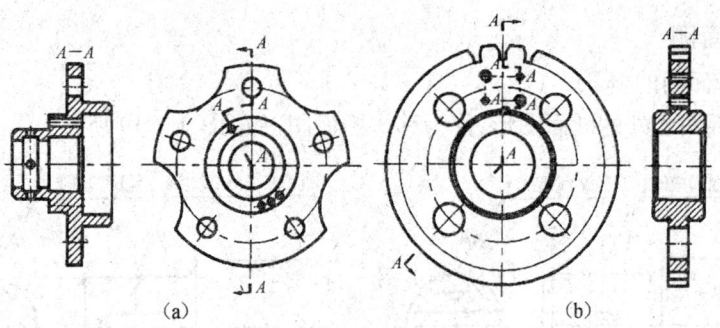

图 1.1.2-17　复合剖视图

4.剖视图标注的尺寸

视图的尺寸标注的基本原则和方法,同样适用于剖视图。但对剖视图上标注的尺寸,还应注意以下几点:

(1)在同一轴线上的圆柱或圆锥的直径尺寸,一般尽量标注在剖视图上,避免标注在投影为同心圆的视图上。

(2)当采用半剖视或局部剖视后,有些尺寸不能完整地标注出来,此时一般将尺寸线略引过圆心或轴线或对称线,但仍标注出完整尺寸。

(3)一般把内部结构尺寸标注在剖视图上,而把外部结构尺寸标注在(未剖的)视图上。

(4)若必须在剖面线区域内标注尺寸时,则将剖面线断开以注写尺寸数字。

(三)断面图的种类及其应用

1.断面图

假想地用一个剖切平面将机件的某处断开,仅画出该剖切平面与机件相接触部分的图形,这种图形称为断面图,如图 1.1.2-18 所示。断面图通常用于表达机件上某一部分的断面形状,比如机件上的肋、轮辐、键槽、小孔、杆件以及型材等的断面形状。

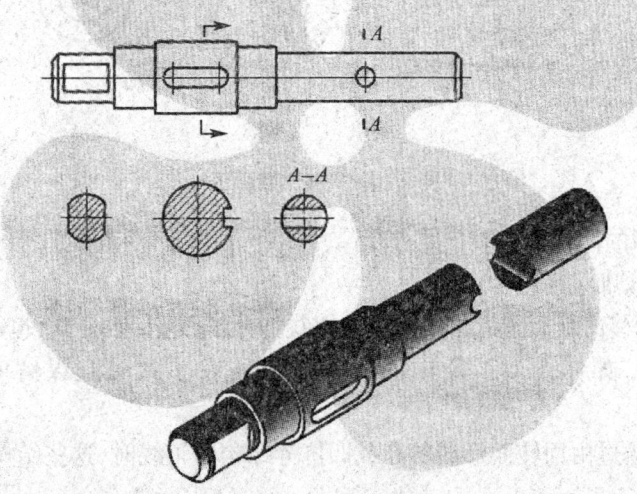

图 1.1.2-18　断面图

应特别注意断面图与剖视图之间的区别。断面图只画出机件被剖切处的断面形状,而剖视图除了画出机件被剖切处的断面形状之外,还必须画出机件被剖切后留下部分的投影。机械图样中的断面图可分为移出断面图与重合断面图两类。

2.移出断面图

(1)移出断面图的概念

画在机件视图之外的断面图形,称为移出断面图,如图1.1.2-19所示。

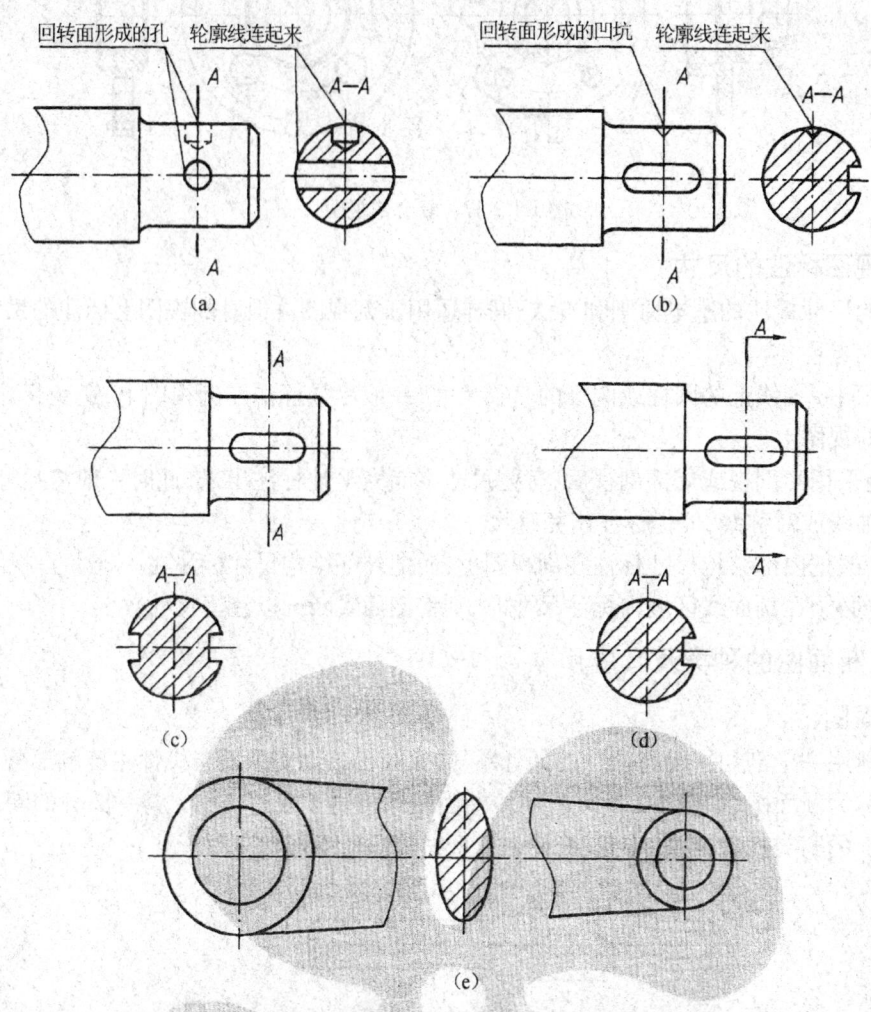

图1.1.2-19 移出断面图

(2)移出断面图的图样

①移出断面的轮廓线用粗实线绘制。

②为便于看图,移出断面图应尽量画在剖切线的延长线上;必要时,也可以将移出断面图画在其他适当位置,如图1.1.2-18中的 A—A 断面;在不致引起误解时,也允许将图形旋转。

③当剖切平面通过由回转面形成的孔或凹坑等结构的轴线时,这些结构按剖视图画出,如图1.1.2-19所示。

④剖切平面一般应垂直于被剖切部分的主要轮廓线;当遇到如图1.1.2-20所示的肋板结构时,可用两个相交的剖切平面,分别垂直于左、右肋板进行剖切,这时所画的移出断面图,中间一般是断开的。

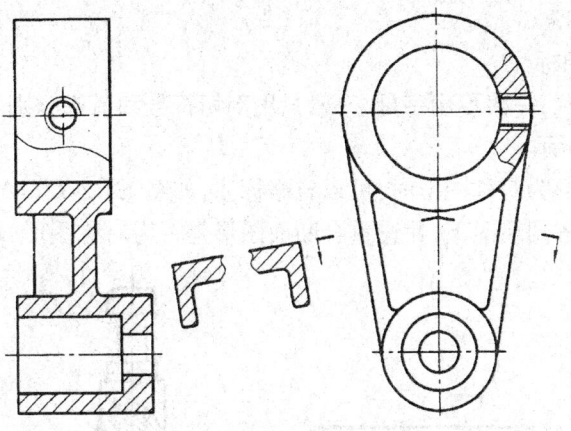

图 1.1.2-20　两个相交剖切平面剖切出的移出断面图

(3)移出断面图的标注

①视图上的移出断面一般用剖切符号表示剖切位置,用箭头表示投影方向,并注上大写的拉丁字母"X",同时,在移出断面图的上方,用同样的大写的拉丁字母以"X-X"的形式标出相应的名称,如图 1.1.2-18、图 1.1.2-19 所示。

②当移出断面图画在剖切线的延长线上时,如对称则不必标注,若不对称则须用剖切符号表示剖切位置和投射方向,如图 1.1.2-18 所示。

③当移出断面图按投影关系配置时,则不必标注箭头,如图 1.1.2-19 所示。

④当移出断面图配置在其他位置时,若对称则不必标注箭头,如图 1.1.2-19(c)所示;若不对称则应画出剖切符号(包括箭头),并用大写字母标注断面图名称,如图 1.1.2-19(d)所示。

⑤配置在视图中断处的对称断面图,则不必标注,如图 1.1.2-19(e)所示。

3.重合断面图

(1)重合断面图的概念

画在机件视图之内的断面图形,即将剖切后的断面图形重叠在机件的视图上,这样的断面图称为重合断面图,如图 1.1.2-21 所示。

因重合断面图是重叠画在视图之上的,所以一般多用在断面形状较简单的情况下。

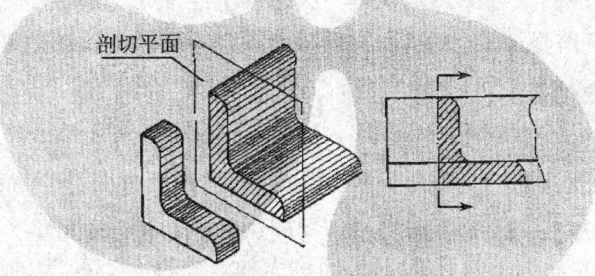

图 1.1.2-21　重合断面图的概念

(2)重合断面图的图样

①重合断面图的轮廓线用细实线绘制。

②当机件视图中的轮廓线与重合断面图的轮廓线重叠时,机件视图中的轮廓线仍连续画出,不可间断,如图 1.1.2-22(a)所示。

③必须注意,因重合断面图是将断面图形画在机件视图之内,所以,只能在不影响图形清

晰的情况下采用。

(3) 移出断面图的标注

①重合断面标注时,一律不用字母,一般只用剖切符号和箭头分别表示剖切位置和投影方向,如图 1.1.2-22(a)所示。

②当重合断面图形为对称图形时,可以省略标注,如图 1.1.2-22(b)所示。

③在不致引起误解的情况下,无论重合断面图形是否为对称图形,均可省略标注。

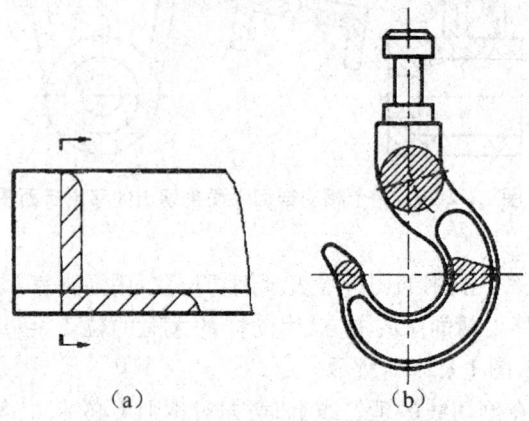

图 1.1.2-22 重合断面图

(四) 轴测图

前面介绍的视图是物体在相互垂直的两个或三个投影面上的多面正投影。多面正投影图的优点是能够正确、完整、准确地表示物体的形状和大小,而且作图简便,度量性好,所以在工程实践中得到广泛应用。

物体的三视图能准确地表达物体的结构、形状和大小,具有良好的度量性,但由于三视图中的每一个视图只能反映物体两个方向的尺寸,故直观性差,缺乏立体感,要看懂视图就要有一定的空间想象力,将三个视图联系起来看才行。

为了便于看图,有时需要采用立体感强的轴测图来表示物体。轴测图是一种能同时反映出物体长、宽、高三个方向尺度的单面投影图,这种图形富有立体感,直观性好,并可沿坐标轴方向按比例进行度量。但由于轴测图是在单一投影面上绘制的立体图,往往不易确切地表达机件各个部分的尺寸,同时作图也较烦琐,所以轴测图常用来作为读图的辅助性图样。

1. 轴测投影的基本知识

(1) 轴测图的形成

将物体连同确定物体位置的直角坐标系,选取适当的投影方向,用平行投影法投射到某一选定的投影面上所得的具有立体感的图形称为轴测投影图,简称轴测图。

如图 1.1.2-23 所示为轴测图的形成,P 平面称为轴测投影面;S 称为轴测投射方向;空间直角坐标系中的三个直角坐标轴 OX、OY 及 OZ 在轴测投影面上的投影 O_1X_1、O_1Y_1、O_1Z_1 称为轴测投影轴,简称轴测轴。

轴测轴之间的夹角 $\angle X_1O_1Y_1$、$\angle Y_1O_1Z_1$、$\angle Z_1O_1X_1$ 称为轴间角,如图 1.1.2-23 所示,其中任何一个不能为零,三个轴间角之和为 360°。

轴测轴上的单位长度与相应投影轴上的单位长度之比,称为轴向变形系数。OX 轴、OY 轴、OZ 轴上的变形系数分别用 p、q、r 表示,如图 1.1.2-23 可以看出:

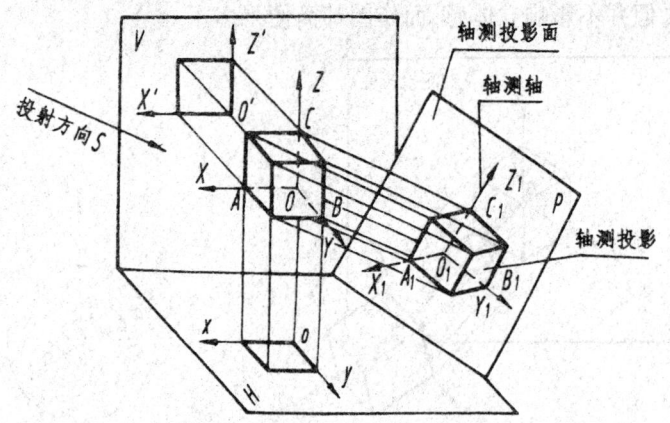

图 1.1.2-23 轴测图的形成

$$p = \frac{O_1A_1}{OA} \quad q = \frac{O_1B_1}{OB} \quad r = \frac{O_1C_1}{OC}$$

(2)轴测投影的基本性质

①物体上互相平行的线段,在轴测图中仍然互相平行。

②物体上两个平行的线段,或同一条直线上的两个线段,其长度的比值在轴测图中保持不变。

③物体上平行于轴测投影面的直线和平面,在轴测图中反映实长和实形。

由于物体上与坐标轴平行的线段,在轴测图中仍然平行于相应的轴测轴,而且它们的轴向变形系数也与相应轴测轴的轴向变形系数相同。这样,凡是与坐标轴平行的线段,就可以在轴测图上沿着轴测轴进行度量和作图,这就是"轴测"的含义。如果线段不平行于坐标轴,则不能将线段的长度直接度量到轴测图上,而要应用坐标法定出其两端点在轴测坐标系中的位置,然后连成线段的轴测投影。为使图形清晰,轴测图中一般不画细虚线。

(3)轴测图的种类

依投射线与投影面的关系,轴测投影可分为两种:用正投影法得到的轴测投影叫正轴测投影;用斜投影法得到的轴测投影叫斜轴测投影。当然,轴测图就分为正轴图和斜轴图两大类。当投影方向垂直于轴测投影面时称为正轴测图,当投影方向倾斜于轴测投影面时称为斜轴测图。

每类轴测图再根据轴向变形系数不同,又可分为三种:

①若 $p=q=r$,即三个轴向变形系数相同,简称正(或斜)等测;

②若有二个轴向变形系数相等,如 $p=r\neq q$,简称正(或斜)二测;

③如果三个轴向变形系数都不相等,即 $p\neq q\neq r$,简称正(或斜)三测。

工程上用得较多的是正等测和斜二测。下面简单介绍正轴测投影中的正等轴测投影(正等轴测图)和斜轴测投影中的斜二等轴测投影(斜二等轴测图)。

2.正等轴测图(等角投影图)

如图 1.1.2-24 所示为正等测的形成,使三个坐标轴 OX、OY、OZ 处于对轴测投影面倾角都相等的位置,也就是将图中立方体的对角线 AO 放成垂直于轴测投影面,并以 AO 的方向作为投影方向,所得到的轴测投影就是此正方体的正等测投影。

如图 1.1.2-25 所示为正等测的参数,正等测的轴间角都是 $120°$,各轴向变形系数相等,都是 0.82。绘图时,为了方便起见,一般都把轴向变形系数简化为 1,即 $p=q=r=1$,这样所得图形放大了 1.22 倍,但并不影响立体感,而作图却简便得多了。

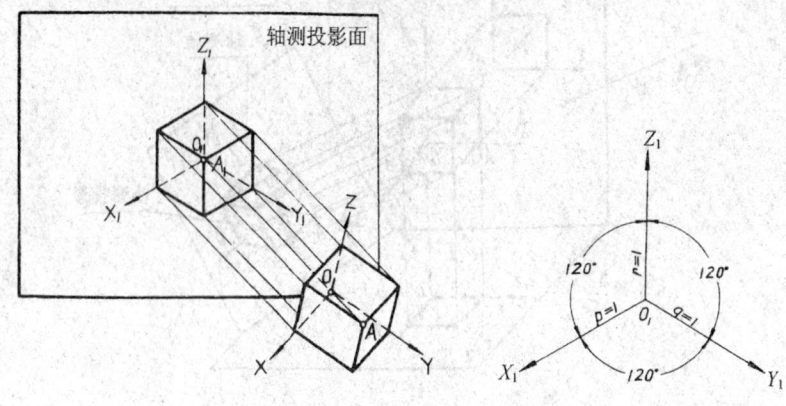

图 1.1.2-24　正等测的形成　　　　图 1.1.2-25　正等测的参数

由于正等测的投影方向垂直于投影面,所以它的作图要符合正投影特性。画轴测投影图时,首先对物体进行形体分析,根据物体的形状特点选定直角坐标系、确定坐标轴,然后画出轴测轴(一般使 O_1Z_1 为铅垂方向),再按轴测轴方向及轴向变形系数做出形体上各点及主要轮廓线的轴测投影,最后将形体上各点的轴测投影做相应的连线,即得形体的轴测投影。

画图时应先画形体上主要表面,后画次要表面;先画顶面,后画底面;先画前面,后画后面;先画左面,后画右面。这样可以避免多画不必要的图线。

画轴测投影的基本方法是坐标法。但在实际作图时,还应根据形体的形状特点不同而灵活采用其他作图方法。若轴向变形系数均取 1,则与坐标轴平行的线段,均按实长度量画到轴测图中相应的线段上;凡与坐标轴不平行的线段,按其两端点的坐标定出其位置,然后连接起来(这时长度要发生变化)。

如图 1.1.2-26、图 1.1.2-27、图 1.1.2-28 所示为几个组合体的三视图及正等轴测投影图。

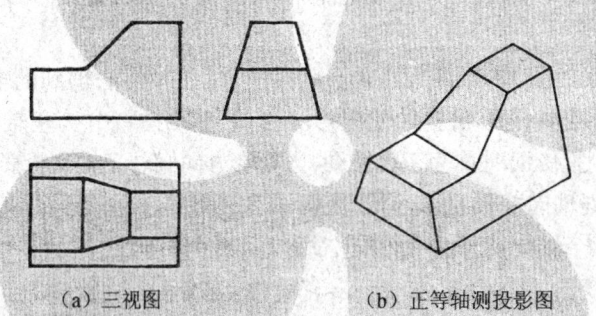

(a) 三视图　　　　　(b) 正等轴测投影图

图 1.1.2-26　某切割型组合体的三视图及正等轴测投影图

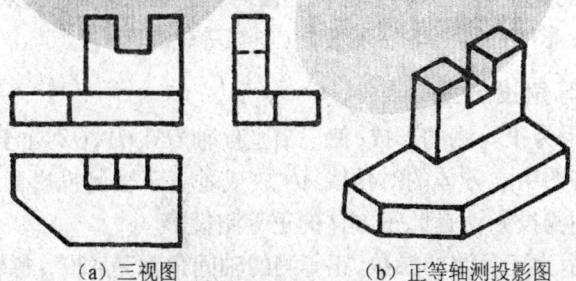

(a) 三视图　　　　　(b) 正等轴测投影图

图 1.1.2-27　某叠加型组合体的三视图及正等轴测投影图

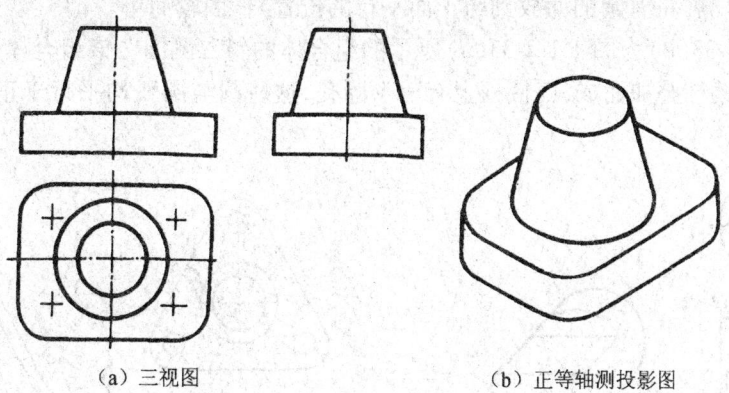

（a）三视图　　　　　　　（b）正等轴测投影图

图 1.1.2-28　某曲面组合体的三视图及正等轴测投影图

3. 斜二等轴测图

将物体的某一个坐标面平行于轴测投影面，用斜投影方法将物体向该投影面投影所得到的投影图称为斜二测图，如图 1.1.2-29 所示为斜二测图的形成。

由于 XOZ 坐标面平行于轴测投影面，这个坐标面的轴测投影反映实形，其轴间角 $\angle X_1 O_1 Z_1 = 90°$，这两根轴的轴向变形系数 $p = r = 1$。$O_1 Y_1$ 与水平线成 $45°$，其轴向变形系数 $q = 0.5$，如图 1.1.2-30 所示。

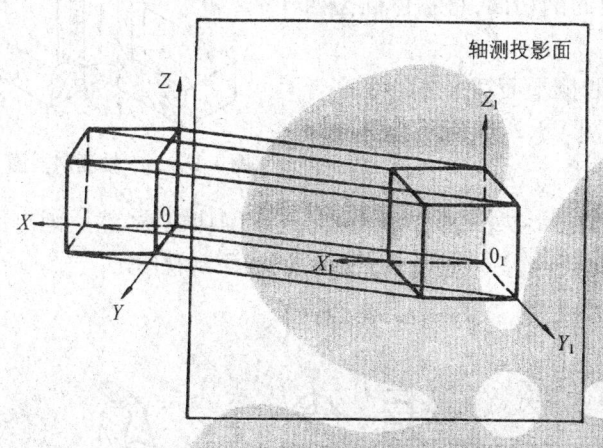

图 1.1.2-29　斜二测图的形成

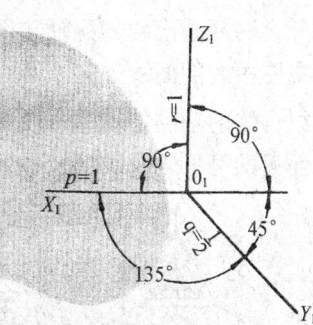

图 1.1.2-30　斜二测的轴测轴与轴间角

凡是平行于 XOZ 坐标面的平面图形，在斜二测图中，其轴测投影反映实形。利用这一特点，在做单方向形状较复杂物体的立体图时，采用斜二测简便易画；在作带有圆的立体图时，应尽量使圆平面平行于 XOZ 面，这样可以避免画椭圆，使作图简单、快捷。

凡与正面平行的圆，其在斜二测上的投影仍是圆，凡与侧面和水平面平行的圆，其在斜二测上的投影为椭圆，如图 1.1.2-31 所示。

如图 1.1.2-32（b）为图 1.1.2-32（a）所示的曲面立体的斜二测图。该曲面立体为切割圆柱体，在一个方向上有若干个圆或

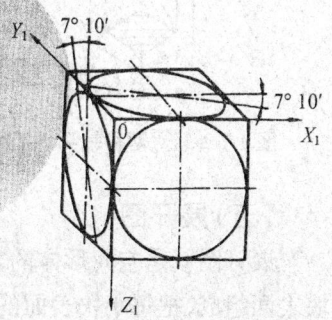

图 1.1.2-31　三个坐标面上圆的斜二测

圆弧,采用斜二测(将有圆的面放到与正面平行的位置)作图较简单。

如图1.1.2-33(b)为图1.1.2-33(a)所示的组合体的斜二测图。该组合体为一个空心圆柱与带圆角的三棱柱叠加而成,三棱柱上有三个圆孔,这些圆与圆弧均平行于正面,在斜二测中反映实形。

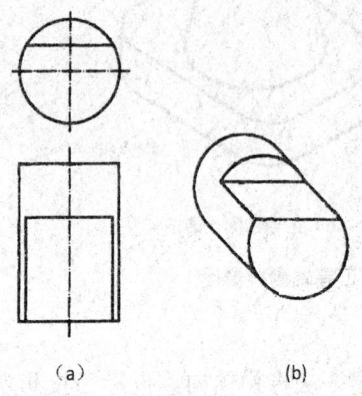

图1.1.2-32 切割圆柱体的斜二测图

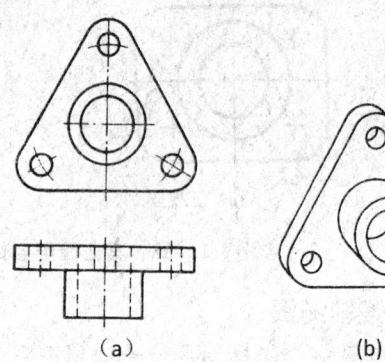

图1.1.2-33 组合体的斜二测图

4.轴测剖视图

为了表示物体的内部形状,可采用轴测剖视图。这种图示法通常假想用分别平行于两个坐标面的剖切面,将物体剖去四分之一。

如图1.1.2-34所示为采用正平面和侧平面切去靠近观察者的四分之一后画出的剖视轴测图。如图1.1.2-35所示为两种轴测剖视图中的剖面线方向。

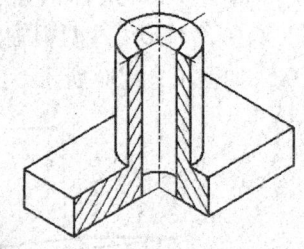

图1.1.2-34 轴测剖视图

组合体的轴测剖视图一般先画出整体形状,再按剖视意图,选取剖切位置,然后画出剖面及剖面后的可见轮廓线,最后加深。如图1.1.2-36所示为某机件的轴测剖视图。

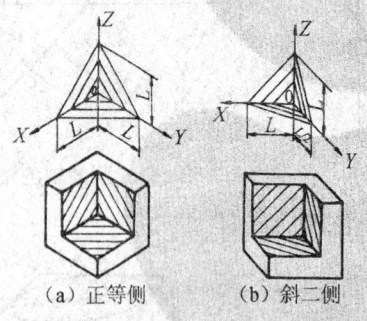

(a)正等测 (b)斜二测

图1.1.2-35 两种轴测剖视图中的剖面线方向

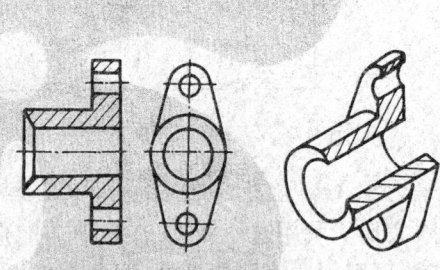

图1.1.2-36 某机件的轴测剖视图

(五)展开图

展开图就是空间形体的表面在平面上摊平后得到的图形。立体表面可看成是由若干个小块表面组成,把每小块表面的实际形状和大小无褶皱地摊开在同一平面上,称为立体表面展开,展开后所得到的图形称为展开图。

对于用板料制作的机件,除需要用多面正投影图表示机件的形状外,还要用平面展开图表示机件制作前板料的形状。依据机件的多面正投影图绘制展开图,实质上就是求取表面的真实形状。画机件的展开图就是要求画出它的各个表面的实形,并将它们顺序地连画在一起。

虽然机件是不同形状的,但它们的表面不是平面就是曲面。构成机件的表面可分为两类,即可展表面和不可展表面。凡是在理论上能够完全准确地展开成平面图形的表面称为可展表面;否则,则称为不可展表面。平面及相邻两素线为互相平行或者相交直线的曲面(如柱面、锥面等)属于可展曲面;以曲线为母线的曲面和相邻两素线为互相交叉直线的曲面(如球面、环面、正螺旋面等)为不可展曲面。

可展表面的展开图比较容易获得,平面即为其实形,如图 1.1.2-37 所示为三棱柱表面的展开图,如图 1.1.2-38 所示为四棱锥表面的展开图;圆柱面用平行线法绘制其展开图,如图 1.1.2-38 所示为圆柱表面的展开图;锥面用放射线法绘制其展开图,如图 1.1.2-39 所示为圆锥表面的展开图。

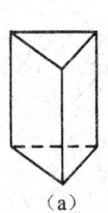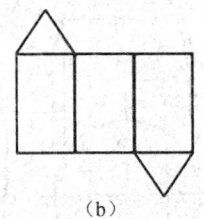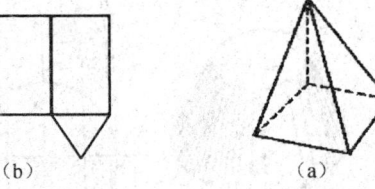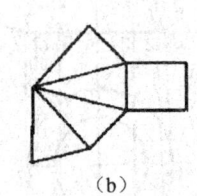

图 1.1.2-37　三棱柱表面的展开图　　　　图 1.1.2-38　四棱锥表面的展开图

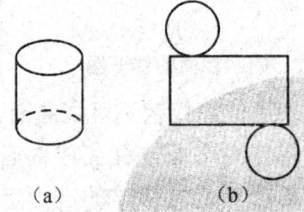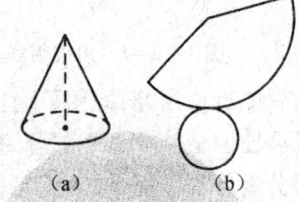

图 1.1.2-39　圆柱表面的展开图　　　　图 1.1.2-40　圆锥表面的展开图

如图 1.1.2-41 所示为用平行线法绘制斜口圆筒的展开图。先将圆筒表面分为若干等分,确定出各等分处素线的实长;然后将圆筒底面圆周展为直线,在直线的各相应等分点处画出各素线的实长,用曲线连接各素线的上端点即得到斜口圆筒的展开图。

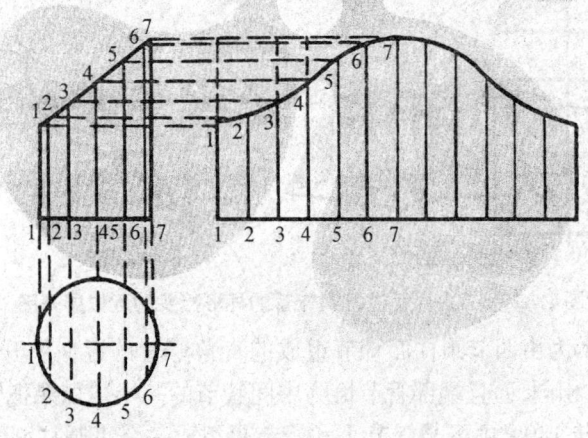

图 1.1.2-41　用平行线法绘制斜口圆筒的展开图

如图 1.1.2-42 所示为用放射线法绘制顶部截切的圆锥筒的展开图。圆锥表面展开后各素线相交于一点，因而称为放射线法。放射线法的绘制原理与平行线法类似。

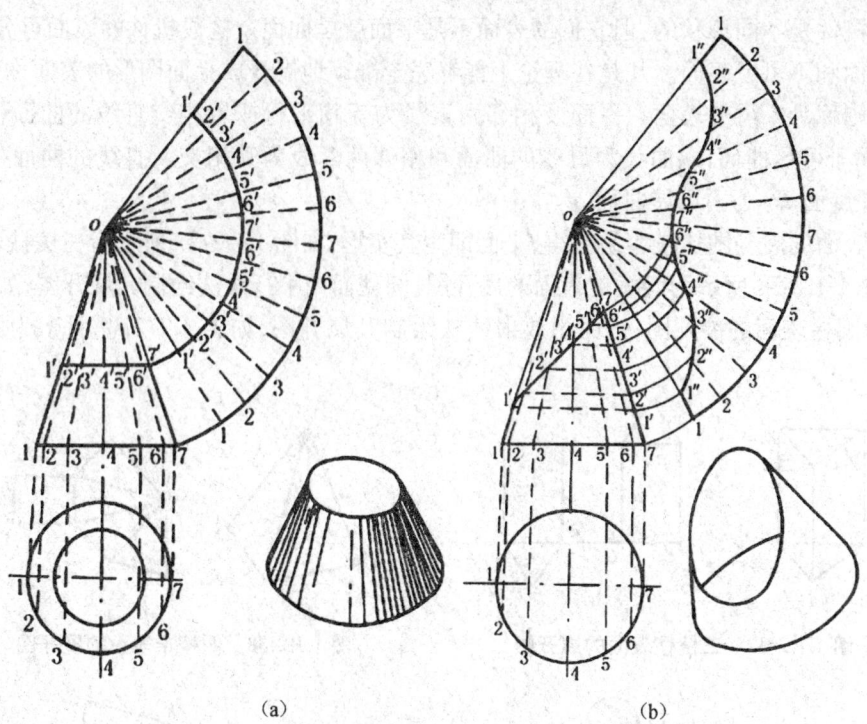

图 1.1.2-42 用放射线法绘制顶部截切的圆锥筒的展开图

不可展曲面只能近似展开，即用平面或可展曲面来近似地代替不可展曲面，画其近似展开图。通常将不可展曲面分割成若干部分，把每个部分看作为平面或柱面或锥面将其近似地展开。若将每个部分看作为平面，通常用三角形法。三角形法是将形体的表面近似地看作为由许多边与边相邻接的三角形构成，求出各个三角形的真实形状，然后将它们拼接在一起。

如图 1.1.2-43 所示为由圆管过渡到方管的异形接头的近似展开图，其表面展开图可用三角形法画出。

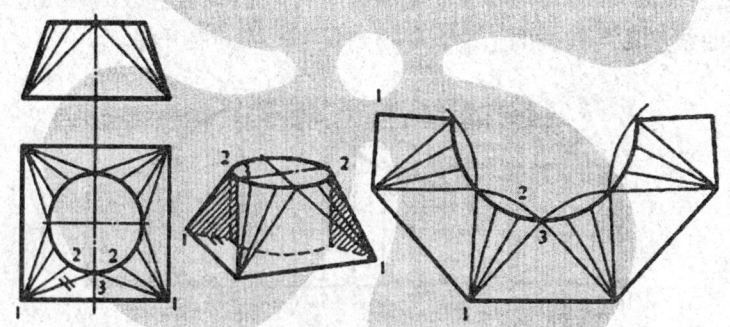

图 1.1.2-43 由圆管过渡到方管的异形接头的近似展开图

如图 1.1.2-44 所示为由四节圆柱面管节组成的直角弯管的近似展开图，管节Ⅰ和管节Ⅳ相同，管节Ⅱ和管节Ⅲ相同，而且端部管节恰为中间管节的一半。如果把管节Ⅱ和管节Ⅳ分别绕它们各自的轴线旋转180°，则可与管节Ⅰ和管节Ⅲ组成一个直圆柱面管，这样，对于每一个管节按图 1.1.2-41 的圆筒面展开的方法做出其展开图。

而圆筒直角弯管则是一段由无穷多个圆环线段组成的不可展曲面，其近似展开图可用若

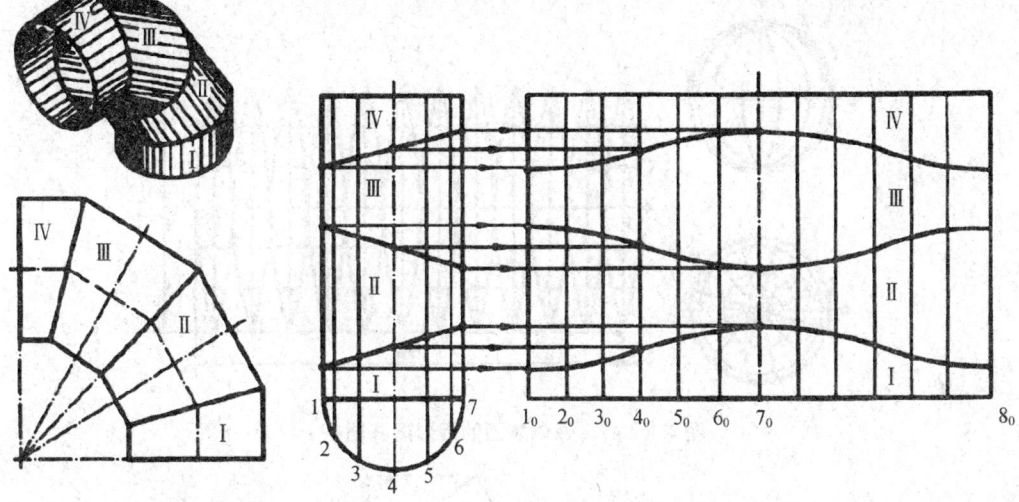

图 1.1.2-44　由四节圆柱面管节组成的直角弯管的近似展开图

干节圆柱面的展开图代替。如图 1.1.2-45 所示为圆筒直角弯管及近似展开图,为如图 1.1.2-44 所示的四节圆柱面管节组成的直角弯管,其近似展开图及画法与图 1.1.2-44 所示相同。

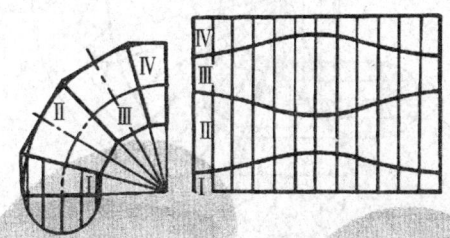

图 1.1.2-45　圆筒直角弯管及近似展开图

球体的表面是典型的不可展曲面,可以将球体的表面分为若干等份,再将每一等份近似地看作为圆柱面或圆锥面而将其展开。如图 1.1.2-46 和图 1.1.2-47 是球体表面的近似展开图的两种形式。

如图 1.1.2-48 所示为圆管与圆锥管正交接头的近似展开图(注意,图中的圆管的展开图只画出了对称的一半)。

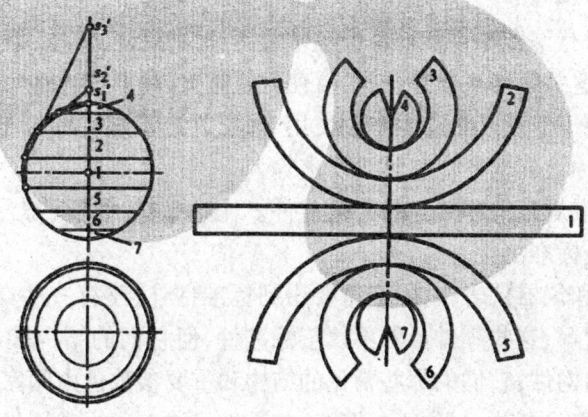

图 1.1.2-46　球体表面的近似展开图(1)

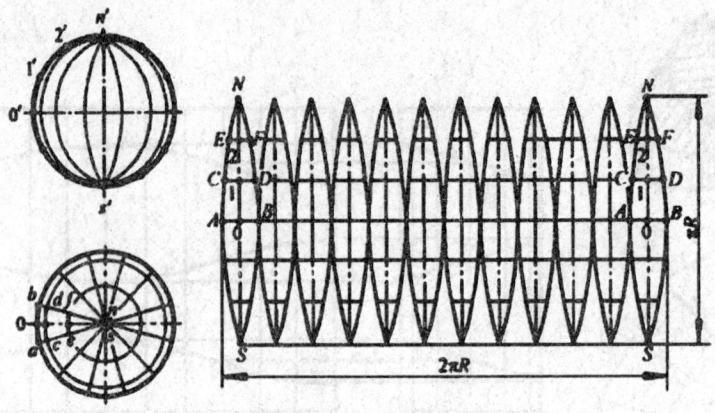

图 1.1.2-47　球体表面的近似展开图(2)

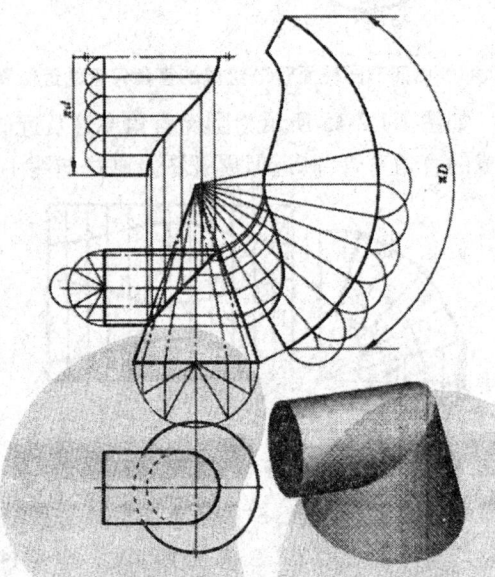

图 1.1.2-48　圆管与圆锥管正交接头的近似展开图

三、标准件和常用件

在机器与设备中，有许多零件和部件会经常使用，比如螺钉、螺栓、螺母、垫圈、键、销、滚动轴承及弹簧等。由于这些零部件使用广泛，且使用量很大，需要成批地大量生产。为了提高产品质量和生产效率，便于专业化批量生产和使用，国家制定了相应的标准，统一规定了它们的结构形式、尺寸系列、标记或代号以及加工要求等。

完全符合国家标准规范的零部件称为标准件。比如螺钉、螺栓、螺母、垫圈、键、销等都是标准零件，滚动轴承是标准部件。

在各种机械设备和仪器仪表中，除经常要用到标准件外，还有一些经常使用的零件，比如齿轮、蜗轮、蜗杆、弹簧等，这些零件虽然不属于标准件，但它们的结构和尺寸部分地实现了标准化，故统称为标准结构件，它们的那些常见的结构和重要参数也由国家标准规定，同时，国家标准还规定了它们的简化画法，以便于制图，这些零件习惯上称为常用件。下面介绍船舶轮机工程中经常用到的一些标准件和常用件的基本要素、种类、用途及符号等。

(一) 螺纹

螺纹是指在回转体(如圆柱、圆锥、圆台等)表面上,沿螺旋线所形成的具有相同断面的连续凸起和沟槽。一个平面图形(如三角形、矩形、梯形等)在回转体(如圆柱、圆锥、圆台等)的表面上绕其轴线做螺旋运动,则此平面图形运动所形成的轨迹就是螺纹。

螺纹有内、外之分,在回转体外表面上的螺纹称为外螺纹,在回转体内表面上的螺纹称为内螺纹。螺纹是螺栓、螺钉、螺母等标准件上的主要结构。螺纹的加工方法通常是车削、碾压,或使用丝锥与板牙等螺纹加工工具。

1.螺纹的基本要素

螺纹的牙型、公称直径(大径)、螺距、线数和旋向称为螺纹五要素。只有将内、外螺纹旋合在一起形成螺纹副,才能起到相应的连接或传动作用。内、外螺纹实现旋合的条件就是内、外螺纹的螺纹五要素都必须相同。在螺纹的五个要素中,螺纹牙型、公称直径(大径)和螺距是决定螺纹最基本的要素,又称为螺纹的三要素。

(1)牙型

在通过螺纹轴线的断面上,螺纹的轮廓形状称为螺纹牙型。螺纹凸起的顶端称为螺纹的牙顶,螺纹沟槽的底部称为螺纹的牙底,螺纹的牙顶与牙底之间的垂直距离称为牙型高度。相邻两牙侧面间的夹角称为牙型角。牙型有标准牙型和非标准牙型之分。标准牙型包括三角形、梯形、锯齿形等。非标准牙型有方型等。不同牙型的螺纹有不同的用途。

常用的标准螺纹主要有三角螺纹、管螺纹、梯形螺纹、锯齿形螺纹等。其中,三角形螺纹最为常见,故称它为普通螺纹(公制普通螺纹牙型角为60°)。

(2)公称直径

螺纹的直径分为大径、中径和小径等三种,如图 1.1.3-1 所示。

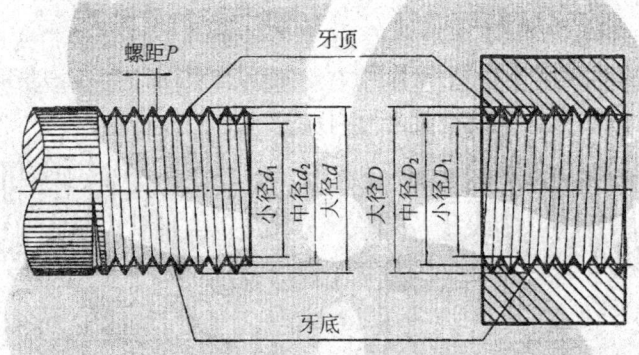

图 1.1.3-1　螺纹的各部分名称

螺纹的大径是指与外螺纹牙顶或内螺纹牙底相重合的假想圆柱面的直径。外螺纹的大径用 d 表示,内螺纹的大径用 D 表示。

螺纹的小径是指与外螺纹的牙底或内螺纹牙顶相重合的假想圆柱的直径。外螺纹的小径用 d_1 表示,内螺纹的小径用 D_1 表示。

螺纹的中径是一个设计直径,是一个假想圆柱的直径,该圆柱的母线(称中径线)通过牙型上的沟槽和凸起宽度相等的位置,此假想圆柱称为中径圆柱。外螺纹的中径用 d_2 表示,内螺纹的中径用 D_2 表示。

螺纹的公称直径一般是指螺纹的大径,只有管螺纹是例外。管螺纹的公称直径是指管子的通孔直径。

(3) 线数

螺纹有单线螺纹与多线螺纹之分。沿一条螺旋线所形成的螺纹,称为单线螺纹;沿两条或两条以上在轴向等距分布的螺旋线所形成的螺纹,称为多线螺纹,如图 1.1.3-2 所示。

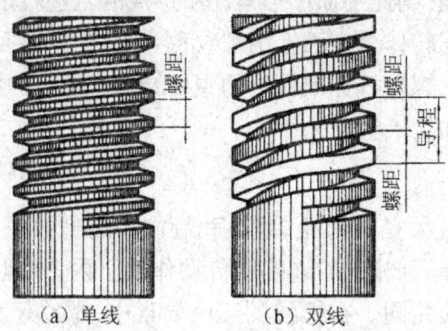

图 1.1.3-2　螺纹的线数、螺距和导程

连接螺纹多为单线螺纹,而传动螺纹常见多线螺纹。线数又称头数,通常用 n 表示。

(4) 螺距和导程

相邻两牙在中径线上对应两点间的轴向距离,称为螺距,用 P 表示。同一条螺旋线上的相邻两牙在中径线上对应两点间的轴向距离称为导程,用 L 表示。螺距与导程如图 1.1.3-2 所示,二者的关系为:

$$导程(L) = 螺距(P) \times 线数(n)$$

(5) 旋向

因螺旋线的旋向有左旋与右旋之分,故螺纹也有左旋螺纹和右旋螺纹之分。螺纹的旋向判别方法与螺旋线的旋向判别方法相同。

将左手和右手的拇指伸直、其余四指蜷曲,若具有螺纹的螺旋体沿蜷曲四指的指向旋转时,螺旋体向右手拇指所指的方向运动,则为右旋螺纹;螺旋体向左手拇指所指的方向运动,则为左旋螺纹;如图 1.1.3-3 所示为螺纹旋向的判别。

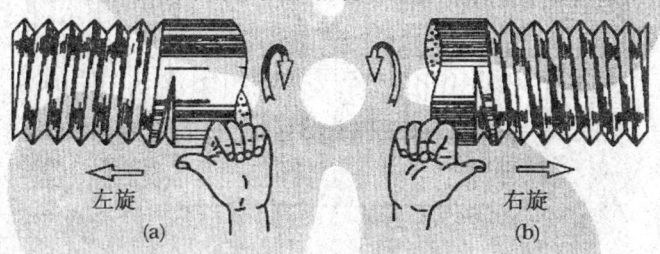

图 1.1.3-3　螺纹旋向的判别

或者,把螺旋体以前进方向向上竖立,则螺纹的左边高即为左旋螺纹,螺纹的右边高即为右旋螺纹,如图 1.1.3-4(a)所示。

或者,沿螺旋体的轴线方向看,若螺旋体顺时针方向旋转时螺旋体向前运动(顺时针旋入),则为右旋螺纹;若螺旋体逆时针方向旋转时螺旋体向前运动(逆时针旋入),则为左旋螺纹;如图 1.1.3-4(b)所示。

工程上常用的是右旋螺纹。右旋螺纹顺时针为拧紧,逆时针为拧松。左旋螺纹在工程上也有其特殊的用途,例如车床主轴与三爪卡盘的连接即为左旋螺纹,其目的是为了防止在旋转过程中出现连接松动或脱离现象。左旋螺纹是顺时针为拧松,逆时针为拧紧。

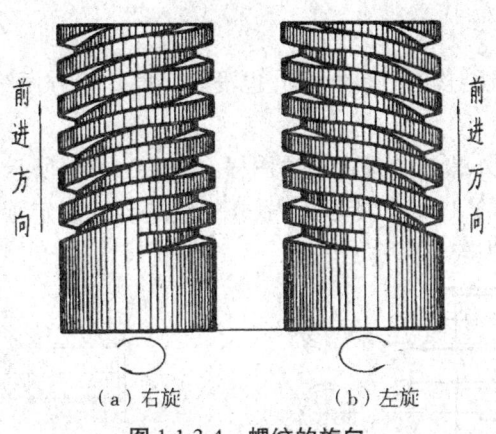

图 1.1.3-4　螺纹的旋向

2. 螺纹的种类

工程上常用的是单线、右旋的螺纹。由于螺纹的应用极为广泛,因此螺纹的分类方法也有许多种,这里只做简单介绍。

(1) 按标准化程度分类

螺纹按其参数的标准化程度分为标准螺纹、特殊螺纹和非标准螺纹。在螺纹的五个要素中,螺纹牙型、公称直径(大径)和螺距是决定螺纹最基本的要素(又称为螺纹的三要素),因此,国家标准对螺纹的牙型、公称直径(大径)、螺距做了规定,并且把此三项都符合国家标准的螺纹,称为标准螺纹;把牙型符合标准,而公称直径(大径)和螺距不符合标准的螺纹,称为特殊螺纹;把牙型不符合标准的螺纹,称为非标准螺纹。

(2) 按用途分类

按螺纹的用途,通常可将螺纹分为连接螺纹和传动螺纹两大类。连接螺纹又可分为普通螺纹和管螺纹。连接螺纹的牙型为三角形;传动螺纹的牙型有梯形、锯齿形等。

① 普通螺纹

牙型为等边三角形,牙型角为60°的螺纹,称为普通螺纹。在普通螺纹中,公称直径相同的螺纹可具有几个不同的螺距。其中,螺距最大的称为粗牙普通螺纹,其余皆称为细牙普通螺纹。

在标注细牙螺纹时,必须标注出螺距。由于细牙螺纹比粗牙螺纹的螺距小,所以细牙螺纹多用于细小的精密零件和薄壁零件上。

② 管螺纹

牙型为等腰三角形,牙型角为55°的螺纹,称为管螺纹。管螺纹是英制螺纹,公称直径为管子内径。

按螺纹是制作在柱面上还是锥面上,还可将管螺纹分为圆柱管螺纹和圆锥管螺纹。前者用于低压场合,而后者则用于高温、高压或密封性要求较高的管连接。

③ 梯形螺纹

牙型为等腰梯形、牙型角为30°的螺纹称为梯形螺纹。梯形螺纹广泛用于传力或传导螺旋,如机床的丝杠、螺旋举重器等。

④ 锯齿形螺纹

工作面的牙型斜角为3°、非工作面的牙型斜角为30°的螺纹称为锯齿形螺纹。锯齿形螺纹仅能用于单向受力的传力螺旋。

3.螺纹的图样

用正投影法表达螺纹结构时,绘图烦琐,也没有必要。为方便绘图和读图,国家标准规定了螺纹的画法。

如图 1.1.3-5 所示为外螺纹的规定画法图样,如图 1.1.3-6 所示为内螺纹的规定画法图样(内螺纹一般用剖视),如图 1.1.3-7 所示为内、外螺纹旋合的规定画法图样,如图 1.1.3-8 所示为圆锥螺纹的规定画法图样。

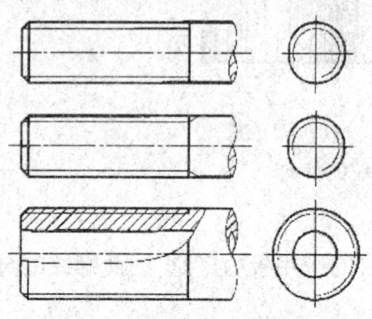

图 1.1.3-5 外螺纹的规定画法图样

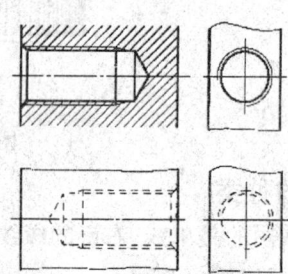

图 1.1.3-6 内螺纹的规定画法图样

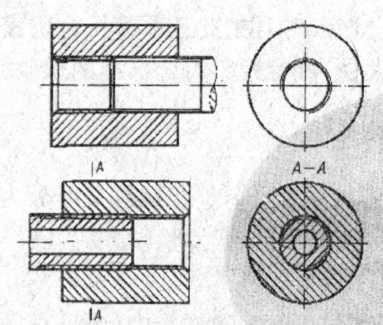

图 1.1.3-7 内、外螺纹旋合的规定画法图样

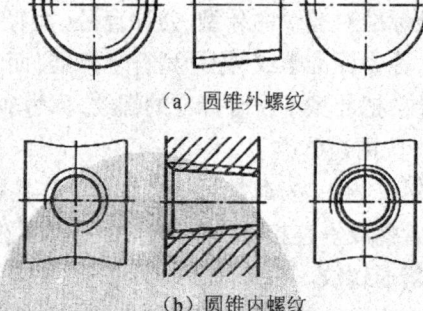

（a）圆锥外螺纹

（b）圆锥内螺纹

图 1.1.3-8 圆锥螺纹的规定画法图样

4.螺纹的规定标记

螺纹的完整标记内容和一般格式为:

|螺纹特征代号| |公称直径|×|螺距或导程| |旋向|-|螺纹公差带代号|-|旋合长度代号|

（1）螺纹特征代号

国家标准规定标准螺纹应在图上标写出相应的特征代号,常用的标准螺纹的特征代号如表 1.1.3-1 所示。

表 1.1.3-1 常用标准螺纹的特征代号

螺纹种类	特征代号	螺纹种类		特征代号
普通螺纹	M	非螺纹密封管螺纹		G
梯形螺纹	T_r	螺纹密封管螺纹	圆锥外螺纹	R
锯齿形螺纹	B		圆锥内螺纹	R_c
60°圆锥管螺纹	NPT		圆柱内螺纹	R_p

(2)公称直径

螺纹的公称直径一般是指螺纹的大径,只有管螺纹是例外。管螺纹的公称直径是指刻有外螺纹的管子通孔直径,而不是指螺纹的大径,应从螺纹大径用指引线的方式引出标注,用英寸表示,如图 1.1.3-9 所示。

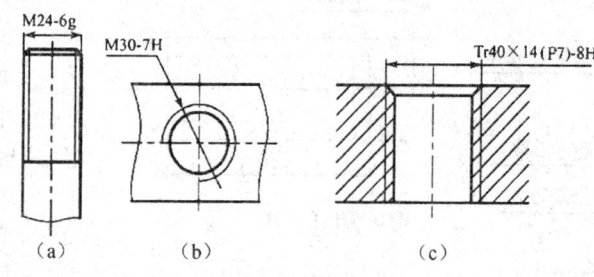

图 1.1.3-9 公制螺纹的标注

(3)螺距或导程

单线螺纹为螺距。多线螺纹为导程(P 螺距)。普通粗牙螺纹和管螺纹的螺距可省略不标,因为它们相对于一个公称直径,只有一个确定的螺距值。

(4)旋向

左旋螺纹的标写代号为"LH",右旋螺纹不标写代号。

(5)螺纹公差带代号

螺纹公差带代号是为了说明螺纹允许的尺寸公差,包括中径公差和顶径公差。公差带代号由数字和字母组成,其数字表示公差等级,其字母为表示基本偏差的基本偏差代号,如 6H(内螺纹)、6g(外螺纹)等。普通螺纹公差带代号是由中径公差带代号和顶径公差带代号两部分组成,当中径和顶径公差带代号相同时,只需标写一次。

为了减少刀具、量具的规格,普通螺纹公差带按短、中、长旋合长度给出了精密、中等和粗糙三种精度,选用时可按下列原则考虑:精密级用于要求配合性质变动较小的精密螺纹;中等级用于一般用途螺纹;粗糙级用于制造螺纹有困难的场合,比如在热轧棒料上和深孔内加工螺纹。

大量生产的紧固件螺纹,推荐选用的公差带为 6H(内螺纹)、6g(外螺纹);一般用途的螺纹,优先选用公差带为 6G、5H、6H、7H(内螺纹)以及 4h、6e、6g、6f(外螺纹);内外螺纹公差带可任意组合。梯形螺纹只标写中径公差带代号,顶径公差带代号不标写。圆柱管螺纹,国家标准只对其外螺纹规定了 A(精密)、B(粗糙)两级,而内螺纹可不标写公差等级。圆锥内、外管螺纹的公差带代号,国家标准规定可不标写。有关基本偏差、尺寸公差、公差等级、公差带等的概念,详见本节后面的相关内容。

(6)旋合长度代号

普通螺纹的旋合长度分为三种,即:短旋合、中等旋合、长旋合,其标写代号分别为"S""N""L"。中等旋合长度时可以不标写旋合长度代号。

5.螺纹的标注

公制(米制)螺纹,如普通螺纹、梯形螺纹等,其标记应直接标注在大径的尺寸线或其引出线上,如图 1.1.3-9 所示。如表 1.1.3-2 所示列举了常用标准螺纹的标注。

表 1.1.3-2 常用标准螺纹的标注

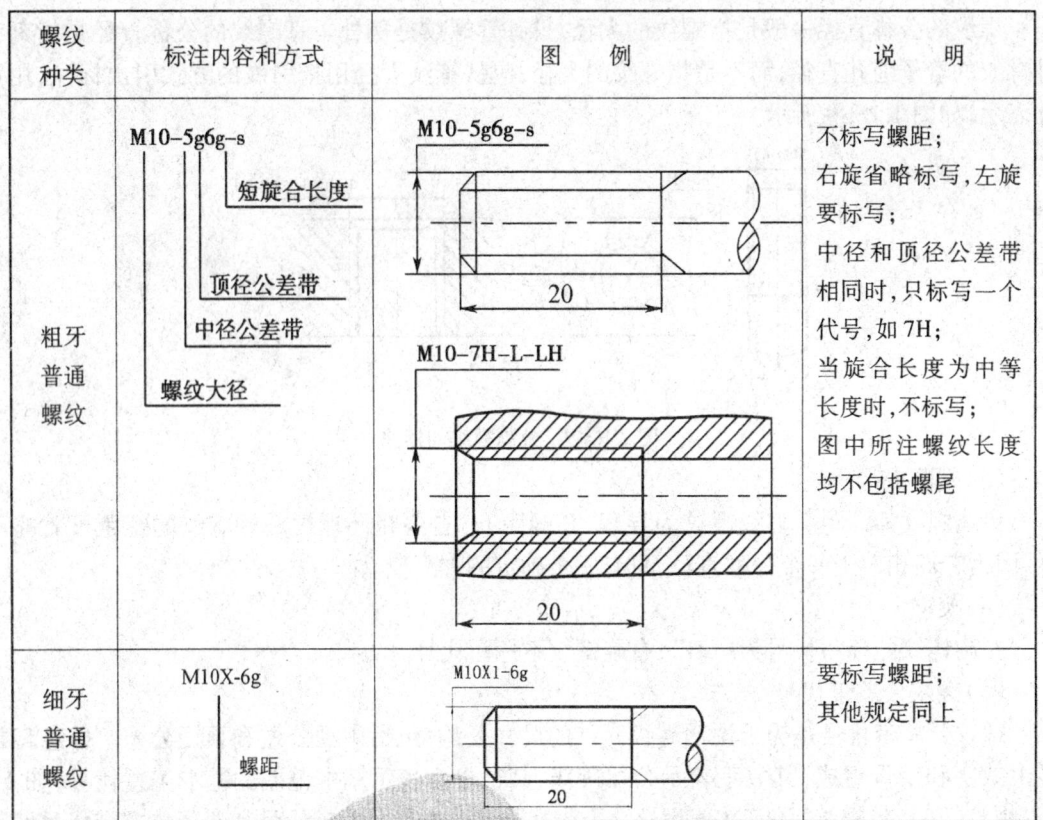

管螺纹必须采用指引线标注,且指引线应从大径引出,管螺纹的标记一律标注在引出线上。对于特殊螺纹和非标准螺纹,与一般的零件设计相同,不但要画出详细的结构形状,包括螺纹牙型,而且还应标注加工、检验所需要的全部尺寸和有关要求。

旋合螺纹在装配图上标注时,应注出螺纹种类、公称直径及内、外螺纹的公差带代号,且两公差带代号用斜线分开,斜线前面为内螺纹公差带代号,后面为外螺纹公差带代号,如图 1.1.3-10(a)所示。

管螺纹在装配图上标注时,必须将内、外螺纹的标记注出,如图 1.1.3-10(b)所示。

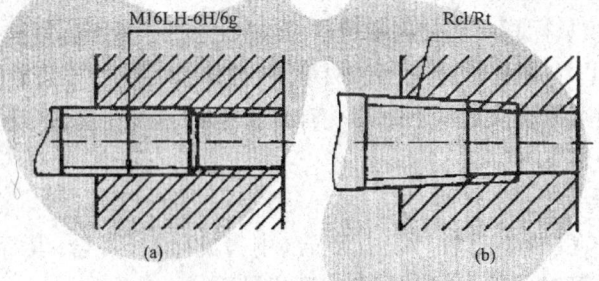

图 1.1.3-10 旋合螺纹的标注

(二) 螺纹紧固件

常见的螺纹紧固件有:螺栓、双头螺柱、螺钉、螺母、垫圈等,它们都属于标准件。螺纹紧固件的连接画法可根据从国家标准中查得的各螺纹紧固件的尺寸来画,但通常简化成比例画法,即将螺纹紧固件的各部分尺寸与螺纹大径联系起来近似画出。在装配图中螺纹紧固件的连接

画法也可采用简化画法。在装配图中,螺纹紧固件的图样应遵守以下规定:

(1)两个零件的接触表面只画一条公共轮廓线,不得特意加粗;非接触表面应画两条线,以表示有间隙。

(2)为区分零件,相邻两个金属零件的剖面线应方向相反,或者方向一致、间隔不等;而同一个零件在各剖视图中其剖面线的方向和间隔应相同。

(3)对于紧固件和实心零件(如螺钉、螺栓、螺母、垫圈、键、销等),若剖切平面通过它们的基本轴线时,则这些零件都按不剖绘制,即仍按外形画出;需要时,可采用局部剖视。

(4)双头螺柱旋入端的螺纹终止线应与机体表面的螺孔端面线平齐;螺钉的螺纹终止线应高出螺孔的端面线。

1. 螺栓连接

螺栓连接的紧固件有螺栓、螺母和垫圈,如图 1.1.3-11 所示。在装配图中,螺栓连接常采用简化画法,如图 1.1.3-12 所示。按规定,在简化画法中,六角头螺栓、六角螺母的倒角及双曲线可省略不画,如图 1.1.3-12 所示。需要注意的是,在简化画法中,当螺母、螺栓的六方倒角省略不画后,螺栓上螺纹端面的倒角也省略不画。

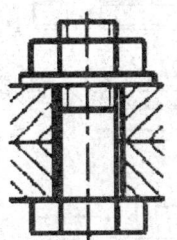

图 1.1.3-11　螺栓连接　　　图 1.1.3-12　螺栓连接的简化画法图样

2. 螺柱连接

双头螺柱两端均加工有螺纹,一端和被连接件旋合,一端和螺母旋合。双头螺柱连接也常采用简化画法,如图 1.1.3-13 所示。按规定,在简化画法中:(1)六角螺母的倒角及双曲线可省略不画;(2)对于不穿通的螺孔,可以不画出钻孔深度,仅按螺纹部分的深度画出。

3. 螺钉连接

螺钉头部结构有圆柱头和沉头螺钉等。螺钉连接的比例画法,其旋入端与螺柱相同,被连接板孔部画法与螺栓相同。螺钉连接也常采用简化画法,如图 1.1.3-14 所示。按规定,在简化画法中:(1)对于不穿通的螺孔,可以不画出钻孔深度,仅按螺纹部分的深度画出,如图 1.1.3-14 所示;(2)对于一字槽螺钉,螺钉头部的螺纹槽(起子槽)画成加粗的粗实线,且与水平成45°角。

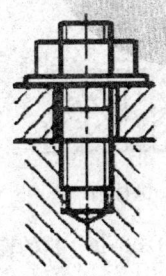
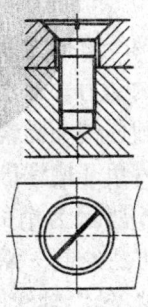

图 1.1.3-13　双头螺柱连接的简化画法图样　　　图 1.1.3-14　一字槽螺钉的简化画法图样

(三)键

键主要用于轴和轴上的传动零件(如齿轮、皮带轮等)间的连接,实现周向固定,起传递运动和动力的作用。如图 1.1.3-15 所示,将键嵌入轴上的键槽中,再把齿轮装在轴上,当轴转动时,通过键连接,齿轮也将和轴同步转动,达到传递动力的目的。

常用的键有普通平键、半圆键和钩头楔键等。普通平键又有 A 型、B 型和 C 型三种。如表 1.1.3-3 所示为常用键的图例、标记示例及连接画法图样。普通平键和半圆键的两侧面为工作面,所以在连接画法图样中,键与键槽侧面不留间隙;键的顶面是非工作面,与轮毂的键槽底面应留有间隙,画有两条线。钩头楔键连接,键的顶面和底面同为工作面,与键槽没有间隙。

图 1.1.3-15 键连接

表 1.1.3-3 常用键的图例、标记示例及连接画法图样

名 称	图 例	标记示例	连接画法图样
普通平键		GB/T 1096—2003 键 $b\times h\times L$	
半圆键		GB/T 1099—2003 键 $b\times h\times L$	
钩头楔键		GB/T 1096—2003 键 $b\times h\times L$	

(四)销

销主要用于两个零件之间的连接和定位,有时也用来传递较小的动力。常用的销有圆柱销、圆锥销和开口销三种。圆柱销和圆锥销用于连接两个零件。开口销经常要与六角开槽螺母配合使用。

如图 1.1.3-16 所示为销的连接画法图样。销的连接按一般投影方法绘制。需要注意的是,销被横向剖切时应画剖面线,销沿轴线剖切时不画剖面线。

用圆柱销和圆锥销连接和定位的两个零件上的销孔是在装配时一起加工的,在零件图上

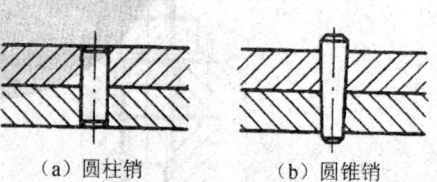

(a) 圆柱销　　　　　(b) 圆锥销

图 1.1.3-16 销的连接画法图样

应注明:"装配时作"或"与××件配作"。

圆锥销的公称尺寸是指小端直径。

(五) 滚动轴承

如图 1.1.3-17 所示为滚动轴承的结构,一般由外圈、内圈、滚动体和保持架四部分组成。外圈装在机体或轴承座内,一般固定不动。内圈装在轴上,与轴紧密配合在一起,且随轴一起旋转。滚动体装在内、外圈之间的滚道中,有滚珠、滚柱、滚锥等几种类型。保持架是用以均匀分隔滚动体,防止它们相互之间的摩擦和碰撞。

滚动轴承是标准件,国家标准中给出了三种画法,即通用画法、特征画法和规定画法。通用画法和特征画法统称为简化画法,在同一图样中一般只采用其中的一种画法。

图 1.1.3-18 所示为深沟球轴承的三种画法图样。在通用画法的剖视图中,当不需要确切地表示滚动轴承的外形轮廓、载荷特性、结构特征时,可用矩形线框及位于线框中央正立的十字形符号表示。在特征画法的剖视图中,如需较形象地表示滚动轴承的结构特征时,可采用在矩形线框内画出其结构要素符号的方法表示。

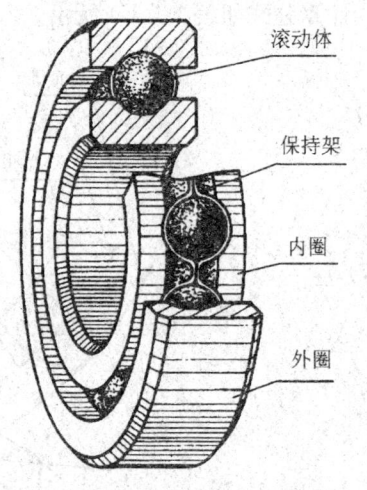

图 1.1.3-17 滚动轴承的结构

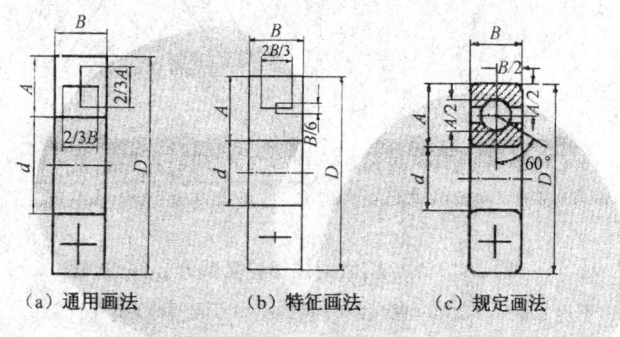

(a) 通用画法　　(b) 特征画法　　(c) 规定画法

图 1.1.3-18 深沟球轴承的画法图样

(六) 齿轮

常见的传动齿轮有三种:圆柱齿轮、锥齿轮和蜗轮蜗杆,圆柱齿轮传动用于两个轴线平行的传动,锥齿轮传动用于两个轴线相交的传动,蜗轮蜗杆传动用于两个轴线垂直交叉的传动,如图1.1.3-19 所示。

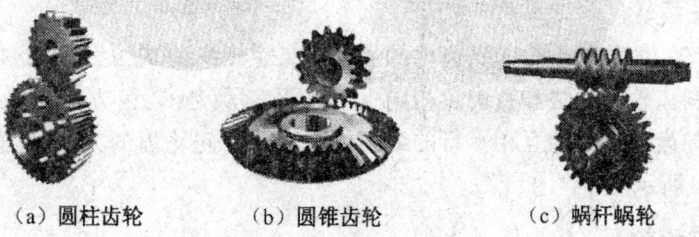

(a) 圆柱齿轮　　(b) 圆锥齿轮　　(c) 蜗杆蜗轮

图 1.1.3-19 常见的齿轮传动形式

1. 直齿圆柱齿轮

直齿圆柱齿轮各部分的名称及参数包括：齿数 z、齿顶圆直径 d_a、齿根圆直径 d_f、分度圆直径 d、齿高 h、齿顶高 h_a、齿根高 h_f、齿距 p、齿厚 s、齿槽宽 e、模数 m、齿形角 α 等，如图 1.1.3-20 所示为圆柱齿轮的画法图样。已知模数 m 和齿数 z 时，齿轮轮齿的其他参数均可以计算出来，计算公式如表 1.1.3-4 所示。

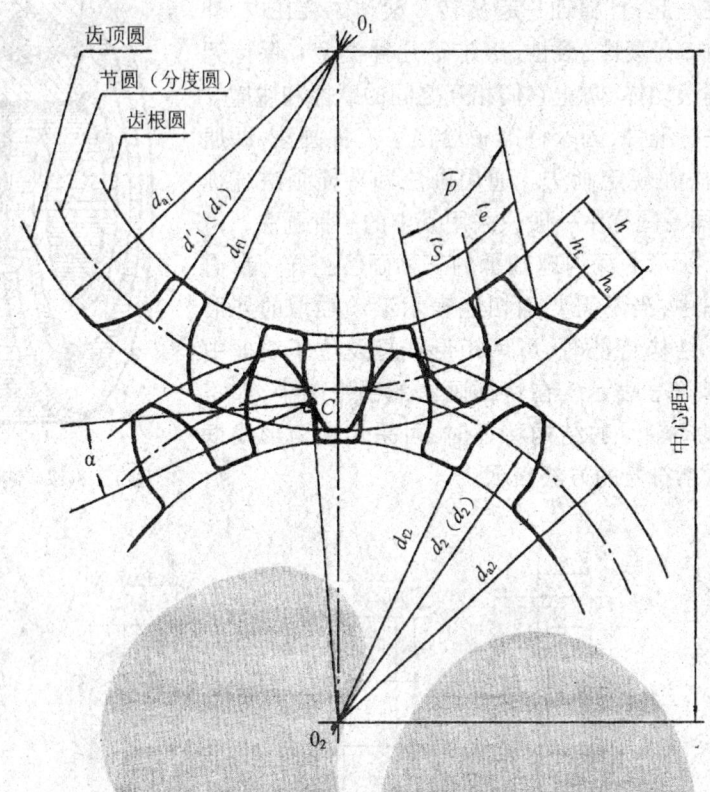

图 1.1.3-20　直齿圆柱齿轮各部分名称和代号

表 1.1.3-4　直齿圆柱齿轮各几何要素的尺寸计算

基本几何要素：模数 m；齿数 z						
名称	齿距	齿顶高	齿根高	齿高	分度圆直径	齿顶圆直径	齿根圆直径
代号	p	h_a	h_f	h	d	d_a	d_f
计算公式	$p=\pi m$	$h_a=m$	$h_f=1.25m$	$h=2.25m$	$d=mz$	$d_a=m(z+2)$	$d_f=m(z-2.5)$

2. 斜齿圆柱齿轮

斜齿圆柱齿轮，简称斜齿轮。斜齿轮的齿在一条螺旋线上，螺旋线和轴线的夹角称为螺旋角，用 β 表示。斜齿轮的画法和直齿轮相同。当需要表示齿轮轮齿方向时，可在平行于轴线的视图中，画三条与齿向一致的互相平行的细实线来表示齿轮轮齿的方向，但直齿不需要表示，如图 1.1.3-21(c)所示。

3. 直齿圆锥齿轮

直齿圆锥齿轮的基本形体结构由前锥、顶锥、背锥等组成。如图 1.1.3-22 所示为直齿圆锥齿轮啮合的画法图样。安装准确的标准锥齿轮，两分度圆锥相切，两分锥角互为余角。

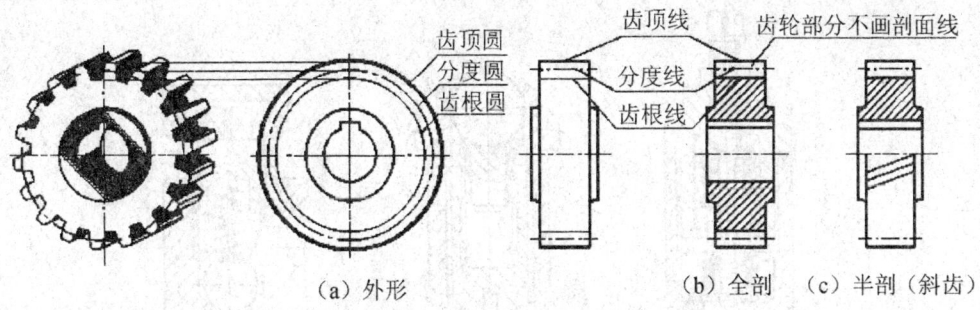

(a)外形　　　　　　　　(b)全剖　　(c)半剖（斜齿）

图 1.1.3-21　圆柱齿轮的画法图样

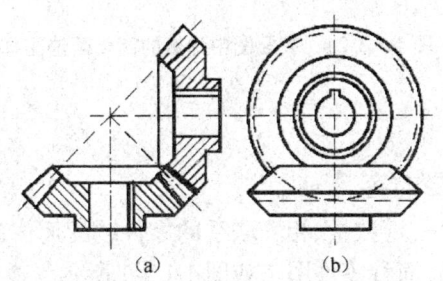

(a)　　　　(b)

图 1.1.3-22　直齿圆锥齿轮啮合的画法图样

（七）弹簧

弹簧是机械、电气设备中常用的零件,其种类很多,这里以应用最为广泛的圆柱螺旋压缩弹簧为例作简单介绍。

国家标准中对弹簧的画法做了规定。如图 1.1.3-23 所示为圆柱螺旋压缩弹簧的画法图标。注意:(1)在平行于螺旋弹簧轴线的投影面的视图中,弹簧各圈的轮廓规定画成直线;(2)有效圈数在 4 圈以上的螺旋弹簧中间部分可以省略,此时允许缩短图形的长度;(3)螺旋弹簧均可画成右旋,不论右旋与左旋,对必须保证的旋向都要在"技术要求"中注明。

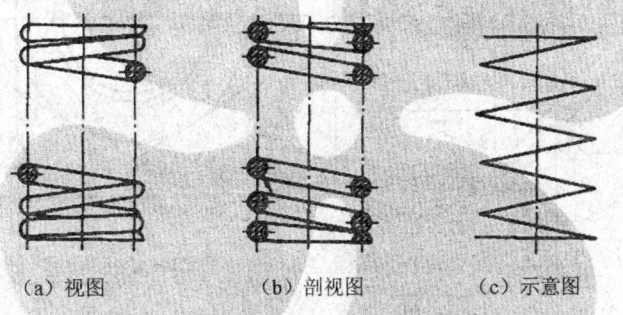

(a)视图　　　　(b)剖视图　　　　(c)示意图

图 1.1.3-23　圆柱螺旋压缩弹簧的画法图样

如图 1.1.3-24 所示为装配图中弹簧的简化画法图样。注意:(1)在装配图中,弹簧被看作实心物体,被弹簧挡住的结构一般不画出,可见部分应从弹簧的外轮廓线或从弹簧钢丝断面的中心线画起,如图 1.1.3-24(a)所示;(2)在剖视图中,当弹簧丝直径在图形上等于或小于 2 mm 时,其剖面可以涂黑,如图 1.1.3-24(b)所示;或采用示意画法,如图 1.1.3-24(c)所示。

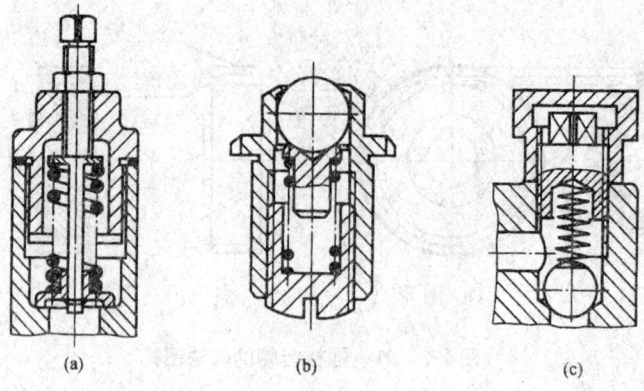

图 1.1.3-24 装配图中弹簧的简化画法图样

四、零件图

(一)零件图及其主要内容

一台机器或部件都是由一定数量、相互联系的零件装配而成的。生产和检验这些零件所依据的图样称为零件工作图,简称零件图。如图 1.1.4-1 所示为球阀阀盖的零件图。零件图是表达机械零件结构形状、尺寸和技术要求的图样,是产品设计、制造、检验、维修和管理的依据。

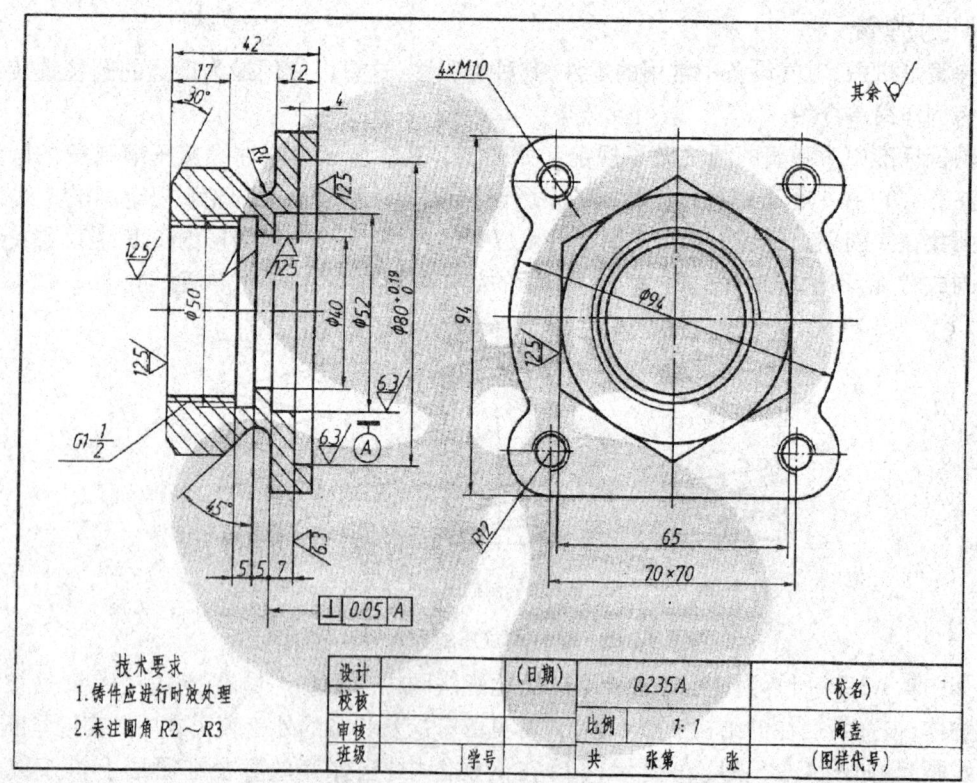

图 1.1.4-1 球阀阀盖的零件图

零件图不仅反映了设计者的设计意图,而且表达了零件的各种技术要求,如尺寸精度、表面粗糙度等。工艺部门要根据零件图进行毛坯制造、工艺路线、工艺装备等设计。所以零件图是制造和检验零件的重要依据。从图 1.1.4-1 所示的球阀阀盖的零件图可知,一张完整的零件图应包括以下四项主要内容。

(1) 一组视图

用一组视图,包括视图、剖视图、断面图、局部放大图等,正确、完整、清晰、简便地表达出零件的结构形状。

(2) 完整的尺寸

零件图上的尺寸不仅要标注得完整、清晰,而且还要注得合理,能够满足设计意图,适宜于加工制造,便于检验。

根据图中标注的尺寸,要能够唯一确定零件的大小及各部分的相对位置。

(3) 技术要求

用文字或符号说明对零件制造、检验等的要求,比如:尺寸公差、表面粗糙度、形状和位置公差、热处理要求等(表面处理、修饰、试验与验收的说明以及铸造圆角、未注倒角、圆角的统一说明等)。零件制造后,要满足这些要求才能算是合格产品。

(4) 标题栏

说明零件的名称、材料、数量、比例、图样的编号以及制图、审核人的姓名、日期等。

(二)零件图的视图表达

零件的形状结构要用一组视图来表示,这一组视图并不只限于三个基本视图,可采用各种手段,以最简明的方法将零件的形状和结构表达清楚。

零件图的视图表达,是在分析零件结构形状特点的基础上,选用适当的表达方法,完整、清晰地表达出零件各部分的结构形状。

主视图是视图表达的关键。

1.主视图

主视图是一组图形的核心,画图和看图一般都从主视图开始。主视图选择的是否合理,直接关系到看图和画图是否方便,选择时通常应先确定零件的安放位置,再确定主视方向。

主视图应符合下述三个原则:

(1)形状特征最明显

投影方向要能较多地反映零件的形状特征和相互位置特征,能将组成零件的各形体间的相互位置和主要形体的形状、结构表达得最为清楚。

(2)以加工位置为主视图

应尽可能符合该零件在机床上的主要加工位置,即尽可能按照零件在主要加工工序中的装夹位置选取主视图。

(3)以工作位置选取主视图

应尽可能按该零件在机器或部件上的工作位置选取主视图,这样容易想象出零件在机器或部件中的作用。

2.其他视图

一般情况下,对一个零件的形状和结构等的完整描述,仅靠一个主视图是不够的,还需要根据零件中主视图尚未表达清楚的结构形状,确定其他视图的形式、数量和表达方法,比如局部视图、剖视图和断面图等,两者之间有密切的联系。

其他视图的选择应重点考虑以下几点。

(1)根据零件的复杂程度和内外结构的情况,全面考虑所需要的其他视图,比如可选择另外的基本视图或剖视图、断面图、局部视图、斜视图、简化画法等,直到把零件各组成部分的形状和相对位置表达清楚为止。

应该注意的是,所选择的每个视图,都应该有其所表达的明确的重点内容;同时,在表达清楚的前提下,所采用的视图的数目应尽可能地少,以避免烦琐和重复。

(2)优先考虑使用基本视图,优先考虑在基本视图上做剖视。

(3)合理布置视图位置,既要使图样清晰匀称、便于标注尺寸及技术要求,又要充分利用图幅,使零件视图的表达方案简明合理。

(三)零件图上标注的尺寸

零件图尺寸标注的要求是:正确、完整、清晰、合理。零件图上标注的尺寸要符合制造工艺,适合加工方法的要求。要符合加工工艺要求,要尽可能按机械加工工序配置尺寸,符合加工过程,并便于测量。

1.主要尺寸与非主要尺寸

凡直接影响零件使用性能和安装精度的尺寸,称为主要尺寸。主要尺寸包括零件的规格性能尺寸、有配合要求的尺寸、确定位置的尺寸、连接尺寸和安装尺寸等,一般都有公差要求。仅满足零件的机械性能、结构形状和工艺要求等方面的尺寸,称为非主要尺寸。零件图上的重要尺寸必须直接注出,主要尺寸应直接从主要基准标注,以保证设计要求。

2.尺寸基准

尺寸基准就是标注尺寸的起点。根据基准的作用不同,尺寸基准主要分为设计基准和工艺基准,如图1.1.4-2所示。

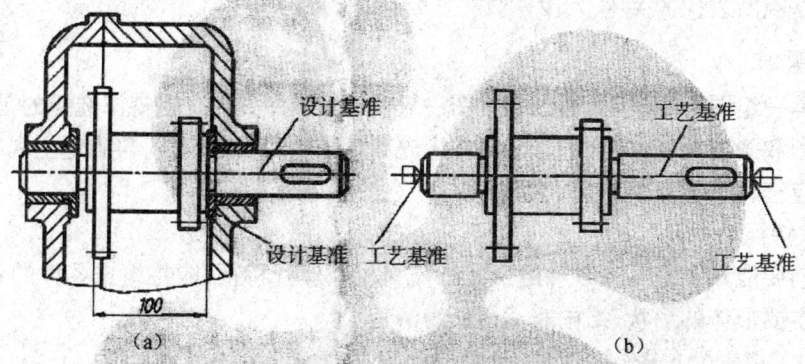

图1.1.4-2 设计基准与工艺基准

(1)主要基准

每一个零件的长、宽、高三个方向的尺寸都至少有一个尺寸基准。

同一方向上可以有多个尺寸基准,但此时,其中必定有一个是主要的,称为主要基准,其余的称为辅助基准。

(2)设计基准

设计基准是根据零件在机器中的作用和结构特点,为保证零件的设计要求而选定的基准。设计基准用于确定零件在机器中的正确位置,比如,零件的轴线、对称面、重要的定位面、重要的端面、底面等常被用作设计基准。

(3)工艺基准

工艺基准是指零件在加工和测量过程中所依据的基准。工艺基准用于加工制造时确定零件在机床或夹具中位置,以及测量某些尺寸时确定零件在量具中位置。

(4)基准重合原则

主要基准应与设计基准和工艺基准重合,工艺基准应与设计基准重合,这一原则称为基准重合原则。一般情况下,应尽量使工艺基准与设计基准相重合,当工艺基准与设计基准不重合时,主要尺寸基准要与设计基准重合,要按设计基准标注尺寸,即在满足设计要求前提下,力求满足工艺要求。

零件中,可作为设计基准或工艺基准的线或面主要有:对称平面、主要加工面、安装底面、端面、孔轴的轴线等。

3.尺寸链

通常将标注零件同一方向各部分尺寸的一连串排列的尺寸数据,形象地称为尺寸链。这些尺寸的排列形式,也称为尺寸配置。尺寸配置的形式有三种:基准型、连续型和综合型,如图1.1.4-3所示。

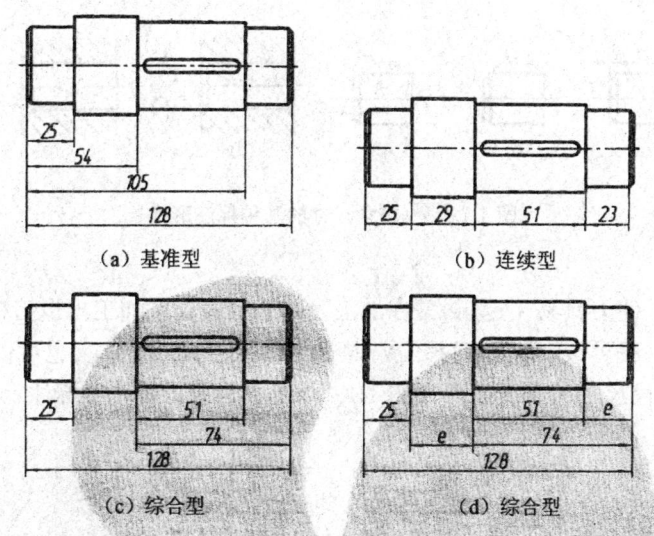

图1.1.4-3 尺寸配置的形式

基准型尺寸配置是指零件同一方向的各部分尺寸,任一尺寸的标注均从基准开始,如图1.1.4-3(a)所示。这种尺寸配置也称为坐标式尺寸排列形式,其优点是任一尺寸的加工误差不影响其他尺寸的加工精度。

连续型尺寸配置是指零件同一方向的各部分尺寸按其在零件上位置顺序连续不间断地排列标注,如图1.1.4-3(b)所示。这种尺寸配置也称为链接式尺寸排列形式,其特点是零件某方向的总尺寸误差为该方向的各段尺寸误差之和。

所谓综合型尺寸配置是指在标注零件同一方向的各部分尺寸时,选择若干尺寸按基准型配置,再选择若干尺寸按连续型配置,即将基准型尺寸配置和连续型尺寸配置综合应用的一种尺寸配置形式,如图1.1.4-3(c)所示。在综合型尺寸配置中,在保证尺寸完整、清晰的基础上,应留有几个非重要尺寸空出不标注,如图1.1.4-3(c)所示,这样,各尺寸的加工误差都累加到这几个空出未标注的尺寸[即图1.1.4-3(d)所示的尺寸e]上。显然,这种尺寸标注最为合理。

零件图上不应出现封闭尺寸链。封闭尺寸链是指首尾相接、形成封闭回路的一组尺寸。因无法同时保证所有尺寸的精度,所以标注尺寸时不能标注成封闭的尺寸链。

4.零件上常见结构要素标注的尺寸

(1)圆角和倒角

阶梯的轴和孔,为了在轴肩、孔肩处避免应力集中,常以圆角过渡。轴和孔的端面上加工成45°或其他度数的倒角,目的是为了便于安装和操作安全,其尺寸标注如图1.1.4-4所示。如图1.1.4-5所示为倒角尺寸的几种标注形式。对于无尺寸要求而只需倒钝的倒角可在技术要求中用文字说明,如"锐边倒钝"。

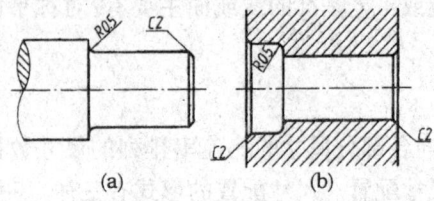

图1.1.4-4 轴、孔的倒角及圆角的尺寸标注

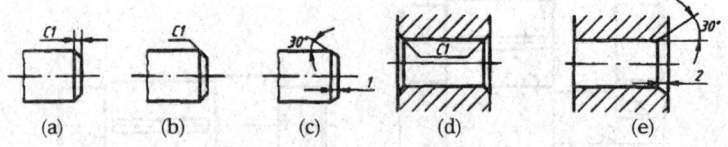

图1.1.4-5 倒角尺寸的几种标注形式

(2)退刀槽

在加工中,为了使刀具易于退出,常在加工表面的台肩处先加工出退刀槽。零件图中应标出退刀槽的尺寸,一般可按"槽宽×直径"或"槽宽×槽深"的形式标注,也可以把退刀槽的宽度尺寸与退刀槽的直径尺寸单独标出。如图1.1.4-6所示为退刀槽尺寸标注示例。

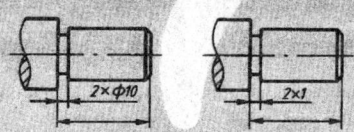

图1.1.4-6 退刀槽尺寸标注示例

(3)键槽

在零件图上,轴上的键槽尺寸用轴直径与键槽深度之差表示,如图1.1.4-7(a)所示;轮毂上的键槽尺寸用轴直径与键槽深度之和表示,如图1.1.4-7(b)所示。

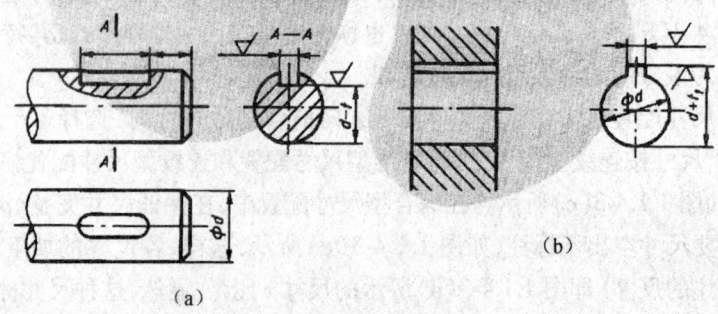

图1.1.4-7 轴和轮毂上键槽的画法和尺寸标注

(4)常见的孔

在零件图上,零件上常见孔的尺寸标注方法,如表 1.1.4-1 所示。

表 1.1.4-1　零件上常见孔的尺寸标注方法

结构类型		简化标注方法	一般标注方法
螺孔	通孔	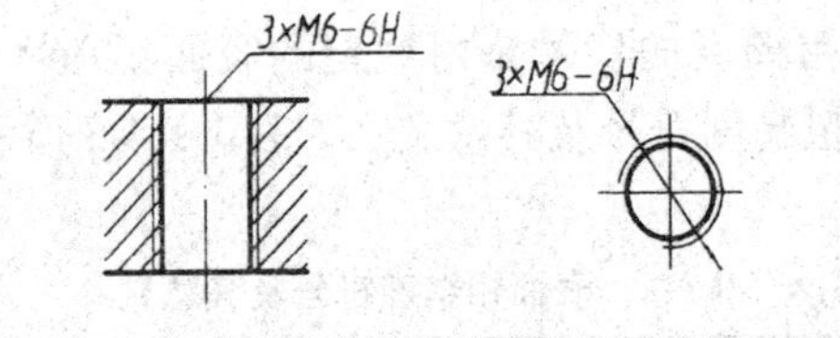3×M6-6H 3×M6-6H	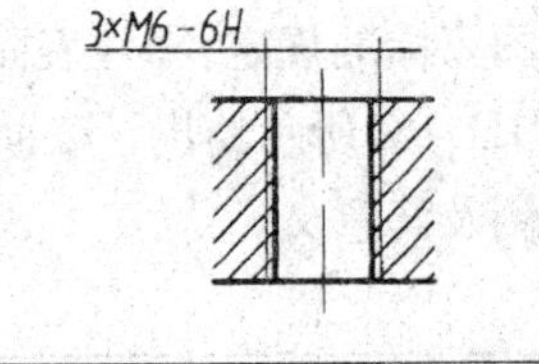3×M6-6H
	不通孔	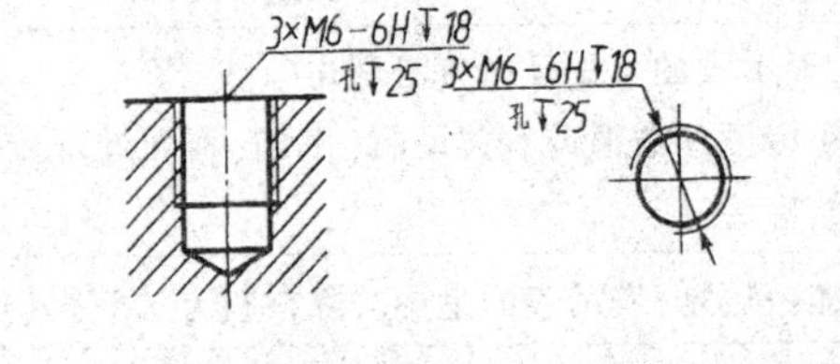3×M6-6H↧18 孔↧25 3×M6-6H↧18 孔↧25	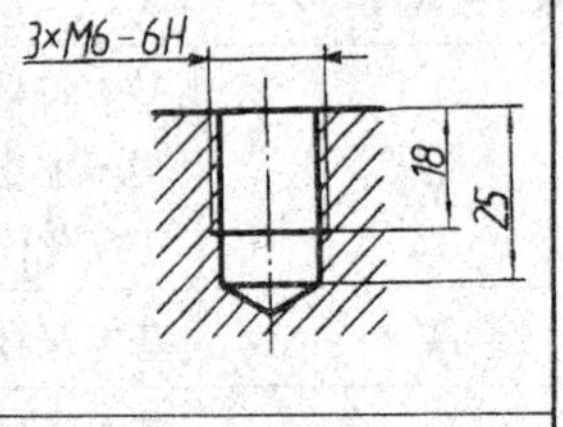3×M6-6H 18 25
沉孔	锥形沉孔	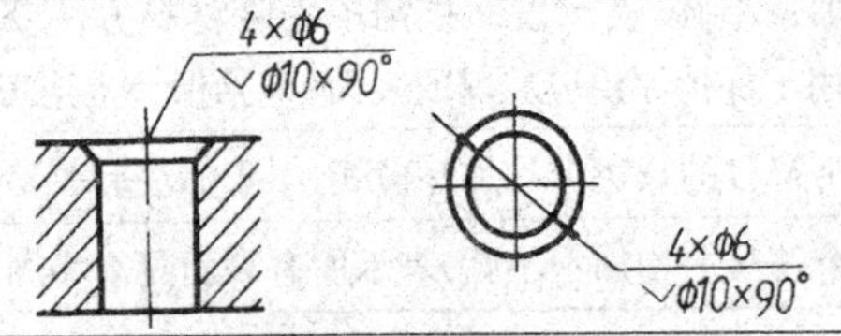4×Φ6 ⌵Φ10×90° 4×Φ6 ⌵Φ10×90°	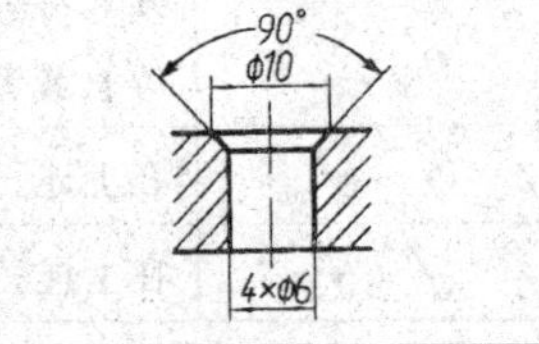90° Φ10 4×Φ6
	柱形沉孔	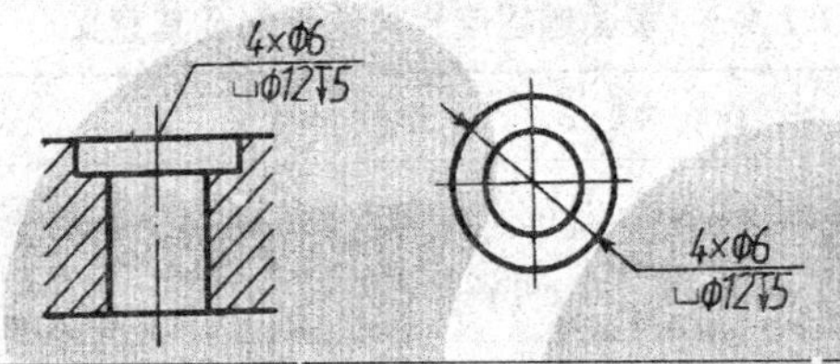4×Φ6 ⌴Φ12↧5 4×Φ6 ⌴Φ12↧5	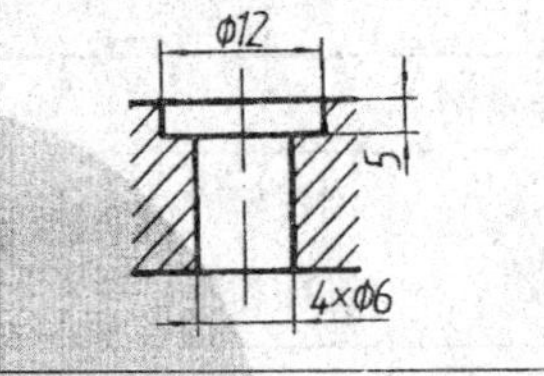Φ12 5 4×Φ6

(四)零件图上的技术要求

清晰正确地读懂零件图,除了要了解零件图所包含的内容、想象出视图所表达的零件的结构形状以及正确理解零件图中所标注的各种尺寸外,还要为能够正确精准地加工出设计所要求的零件,正确理解零件图上的技术要求。

零件图上的技术要求主要包括:表面粗糙度、尺寸公差、配合、表面形状和位置公差、材料及其热处理等。

1.表面粗糙度

零件表面无论采用何种加工方法都不可能绝对光滑,经放大后都存在着微观的高低不平。零件表面上具有较小间距和峰谷所组成的微观几何形状的特征,这种微观的高低不平程度,称为表面粗糙度。

(1)表面粗糙度的评价参数

表征和比较零件表面微观高低不平程度的量,称为表面粗糙度的评价参数,通常从下列三项中选取:

①轮廓算术平均偏差,用符号 R_a 表示,单位为微米(μm);

②微观不平度十点高度,用符号 R_z 表示,单位为微米(μm);

③轮廓最大高度,用符号 R_y 表示,单位为微米(μm)。

工程上常采用的(优先选用的)是轮廓算术平均偏差 R_a,其定义为在取样长度 L_r 内,被测表面轮廓上各点至基准线之间距离绝对值的算术平均值。显然,轮廓算术平均偏差 R_a 的数值越小,则表示零件表面越光滑;而轮廓算术平均偏差 R_a 的数值越大,则表示零件表面越粗糙。

(2)表面粗糙度的代号

国家标准规定,零件表面粗糙度的代号是由规定的表面粗糙度符号和有关参数值组成。如表 1.1.4-2 所示给出了表面粗糙度符号及其意义。如表 1.1.4-3 所示给出了表面粗糙度代号的示例及其意义。

表 1.1.4-2　表面粗糙度符号及其意义

表面粗糙度符号	符号意义及说明
∨	基本符号,表示表面可用任何方法获得 当不加注粗糙度参数值或有关说明(例如:表面处理、局部热处理状况)时,仅适用于简化代号标注
∀	基本符号加一短划,表示表面是用去除材料方法获得(例如:车、铣、钻、磨等)
∀	基本符号加一小圆,表示表面是用不去除材料方法获得(例如:铸、锻、冲压变形等),或者用于保持原供应状况的表面(包括保持上道工序的状况)
∨ ∀ ∀	在上述三个符号的长边上均加一横线,用于标注有关参数和说明
∨ ∀ ∀	在上述三个符号上均加一小圆,表示所有表面具有相同的表面粗糙度要求

表 1.1.4-3　表面粗糙度代号的示例及其意义

代号示例	示例代号意义
3.2 ∨	用任何方法获得的表面粗糙度,R_a 的上限值为 3.2 μm(因轮廓算术平均偏差 R_a 是最常用的表面粗糙度评价参数,故其符号 R_a 可省略不注写,下同)
3.2 ∀	用去除材料的方法获得的表面粗糙度,R_a 的上限值为 3.2 μm
3.2 ∀	用不去除材料的方法获得的表面粗糙度,R_a 的上限值为 3.2 μm
3.2 max ∨	用任何方法获得的表面粗糙度,R_a 的最大值为 3.2 μm
3.2 max ∀	用去除材料的方法获得的表面粗糙度,R_a 的最大值为 3.2 μm
3.2 max ∀	用不去除材料的方法获得的表面粗糙度,R_a 的最大值为 3.2 μm

(3)表面粗糙度的标注

如表 1.1.4-4 所示为图样上的表面粗糙度标注示例。

在图样中,表面粗糙度代(符)号标注在零件的可见轮廓线、尺寸线、尺寸界线或它们的延长线上;符号的尖端从材料外指向表面;代号中的数字及符号的标注方向与尺寸数字方向一致。在同一个图样上,每一表面一般只标注一次代号,并尽可能地标注在该表面的轮廓线上或靠近有关尺寸线上;当地方狭小或不便标注时,代号可以引出标注。当零件的大部分表面有相同的表面粗糙度要求时,其代(符)号可以统一标注在图样的右上角,并加注"其余"两字,且应比图形上其他代(符)号大1.4倍;若零件的所有表面有相同的表面粗糙度要求时,其符号、代号可在图的右上角统一标注,且符号应较一般的代号大1.4倍。

需要特别提醒注意的是:

①表面粗糙度评价参数轮廓算术平均偏差 R_a 在代号中用数值表示,单位为微米(μm);

②轮廓算术平均偏差 R_a 的上限值与轮廓算术平均偏差 R_a 的最大值是有区别的,比如表1.1.4-3 中的 3.2 与 3.2 max 的含义是不同的。

表1.1.4-4 图样上的表面粗糙度标注示例

标注图例	标注说明
	代号中数字的方向必须与尺寸数字的方向一致;对其中使用最多的一种代(符)号可以统一标注在图样右上角,并加注"其余"两字,且应比图形上其他代(符)号大1.4倍
	当零件所有表面具有相同的粗糙度时,其代(符)号可在图样的右上角统一标注,且符号应较一般的代号大1.4倍
	零件上连续表面及重复要素(孔、槽、齿等)的表面粗糙度只标注一次
	螺纹的表面粗糙度代号的标注方法
	各倾斜表面的表面粗糙度代号的标注方法,符号的尖端必须从材料外指向表面
	用细实线相连不连续的表面粗糙度只标注一次

2.尺寸公差

从一批规格尺寸相同的零件(或部件)中,任取一个零(部)件,不经选择或修配,就能顺利装配成完全符合规定要求的产品。零件所具有的这种性质称为零件的互换性。

零件的互换性主要是通过规定零件的尺寸公差、表面形状和位置公差以及表面粗糙度等技术要求来实现的。

在实际生产中,为了使零件具有互换性,需要给尺寸一个变动范围,这个尺寸变动范围的大小,称为尺寸公差(简称公差)。

(1)基本术语

如图1.1.4-8所示为与公差有关的基本术语及其含义。

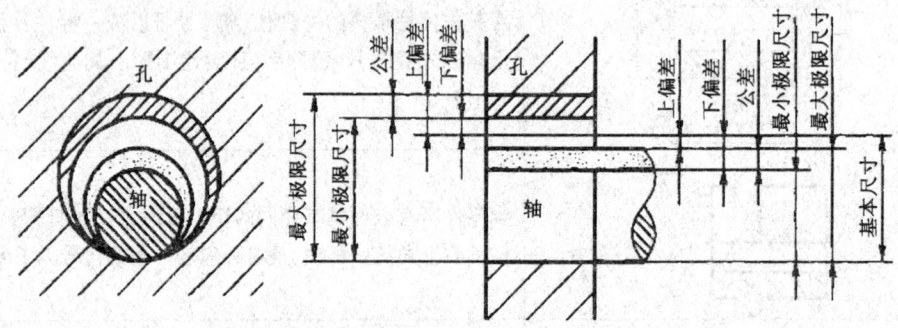

图1.1.4-8 与公差有关的基本术语及其含义

①基本尺寸、实际尺寸、极限尺寸

基本尺寸是指一个零件的设计中所给定的尺寸,是根据零件的结构、功用和工艺所设计的尺寸。

实际尺寸是指零件通过测量而获得的尺寸,例如通过测量某一孔或轴的直径而获得的该孔或轴直径的实际大小。

极限尺寸是指一个零件的某一尺寸(例如孔或轴的直径)所允许的大小变化范围的两个极端,分为最大极限尺寸和最小极限尺寸。

②尺寸偏差、上偏差、下偏差

尺寸偏差是指某一尺寸(实际尺寸、极限尺寸等)减去其基本尺寸所得到的代数差。尺寸偏差数值可以是正值、负值、零。

尺寸偏差中,最大极限尺寸减其基本尺寸所得的代数差,称为上偏差;最小极限尺寸减其基本尺寸所得的代数差,称为下偏差。即

$$上偏差 = 最大极限尺寸 - 基本尺寸$$
$$下偏差 = 最小极限尺寸 - 基本尺寸$$

国家标准规定:

孔的上偏差代号为ES,孔的下偏差代号为EI;轴的上偏差代号为es,轴的下偏差代号为ei。

③基本偏差

基本偏差是指上偏差和下偏差中,绝对值较小的那一个尺寸偏差,即

$$当 |上偏差| > |下偏差| 时,基本偏差 = 下偏差$$
$$当 |上偏差| < |下偏差| 时,基本偏差 = 上偏差$$

由于尺寸偏差为代数值,上偏差和下偏差都有可能是正值或负值,所以基本偏差有正号或负号。

④尺寸公差

尺寸公差,简称公差,是允许尺寸的变动量。

尺寸公差是一个不为零、无正号及负号的数值。

$$尺寸公差 = |最大极限尺寸 - 最小极限尺寸|$$

$$尺寸公差 = |上偏差 - 下偏差|$$

⑤零线

零线是表示基本尺寸的一条直线,以其为基准确定尺寸的偏差。

(2)标准公差

标准公差是由国家标准规定的公差值。标准公差的代号用符号"IT"和数字组成。标准公差的大小由两个因素决定:一个是公差等级,另一个是基本尺寸。

公差等级表示尺寸的精确程度,公差等级的数字越大,表示公差越大,尺寸的精度就越低;公差等级的数字越小,表示公差越小,尺寸的精度也就越高。

国家标准规定,标准公差共分 20 个公差等级,分别为:IT01、IT0、IT1～IT18。

在这 20 个标准公差等级中,IT01 的尺寸精度最高,IT18 的尺寸精度最低。一般情况下:IT01～IT4 用于块规和量规;IT5～IT12 用于配合尺寸;IT13～IT18 用于非配合尺寸。

同一基本尺寸的每一公差等级,都有一个确定的标准公差值。基本尺寸相同时,公差等级越小(尺寸精度越高),标准公差值就越小。公差等级相同时,基本尺寸越小,标准公差值就越小。

在选用公差等级时,应在保证使用要求的前提下,尽可能选用较低的公差等级,以便降低零部件的加工成本。

一般机器的配合尺寸中:孔选用 IT6～IT12;轴选用 IT5～IT12。当公差等级高于 8 级时,孔应选用比轴低一级的公差等级。

(3)公差带

①公差带与公差带图

公差带是指由代表上偏差与下偏差的两条直线,或是由代表最大极限尺寸与最小极限尺寸的两条直线所限定的一个区域,如图 1.1.4-9(a)所示。为了便于分析,一般将公差带与基本尺寸的关系画成简图,称为公差带图,如图 1.1.4-9(b)所示。以零线(表示基本尺寸)作为确定偏差的一条基准直线,零线以上称为正偏差,零线以下称为负偏差。

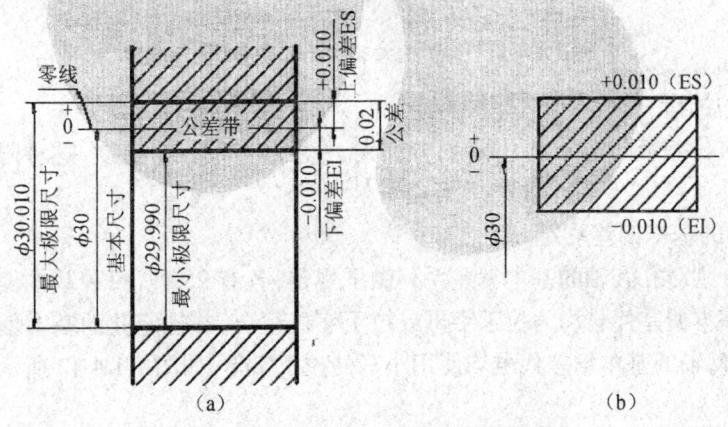

图 1.1.4-9 公差带与公差带图的概念

②公差带的确定

公差带的确定如图 1.1.4-10 和图 1.1.4-11 所示。如图 1.1.4-11 所示为确定轴的公差带大小和位置的示意图。

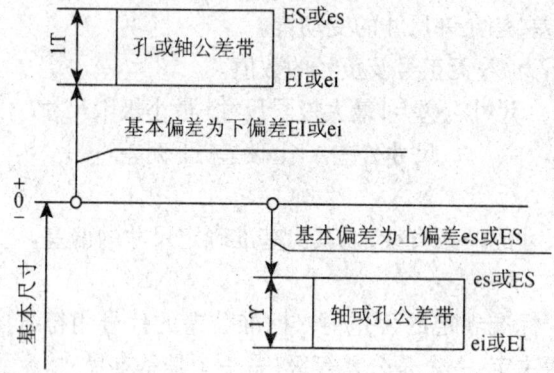

图 1.1.4-10 公差带的确定

国家标准规定,公差带是由标准公差和基本偏差组成的,标准公差决定公差带的大小(高度),基本偏差确定公差带(相对于零线的)位置。由此,基本偏差也理解为用以确定公差带相对于零线位置的上偏差和下偏差中靠近零线的那个尺寸偏差(上偏差或下偏差)。显然,当公差带位于零线下方时,其基本偏差为上偏差;当公差带位于零线上方时,其基本偏差为下偏差,如图 1.1.4-10、图 1.1.4-11 所示。

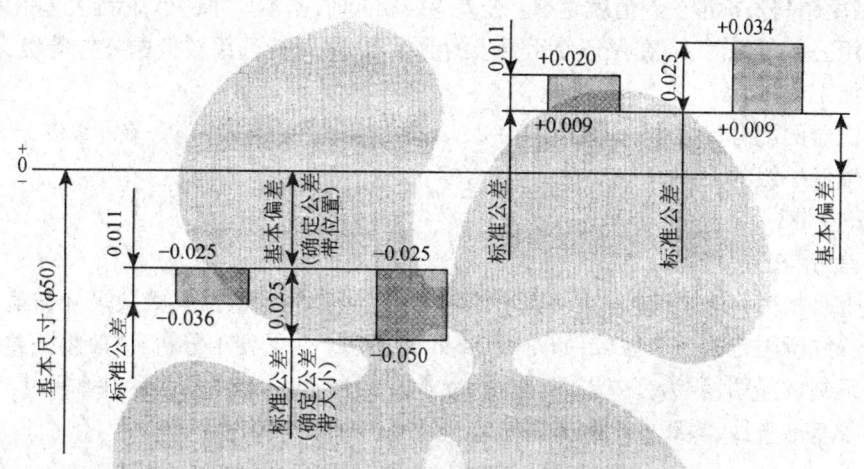

图 1.1.4-11 轴的公差带大小和位置的示意图

③公差带的选择

国家标准对公差带的选择作了限制,分优先、一般和常用三个层次,这种限制主要是从经济性考虑的。

(4)孔和轴的基本偏差系列

国家标准分别对孔和轴的基本偏差系列做了规定,各有 28 种,每种基本偏差均用代号表示。孔和轴的基本偏差代号均为拉丁字母或拉丁字母组合,并规定孔的基本偏差代号均使用大写的拉丁字母,轴的基本偏差代号均使用小写的拉丁字母,如图 1.1.4-12 所示为基本偏差系列示意图。

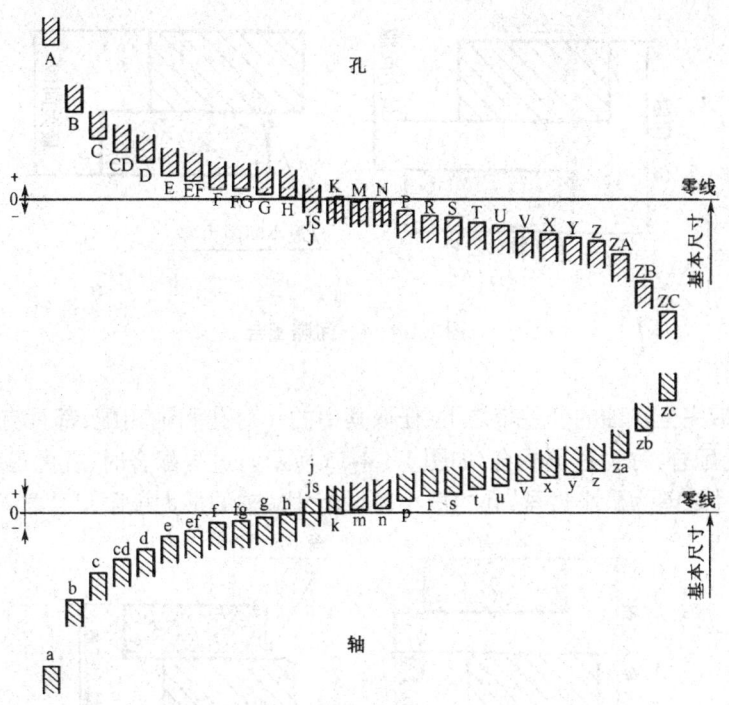

图 1.1.4-12　基本偏差系列示意图

（5）孔和轴的公差带代号

孔和轴的公差带代号，由基本偏差代号和公差等级代号组成，如图 1.1.4-13 所示。

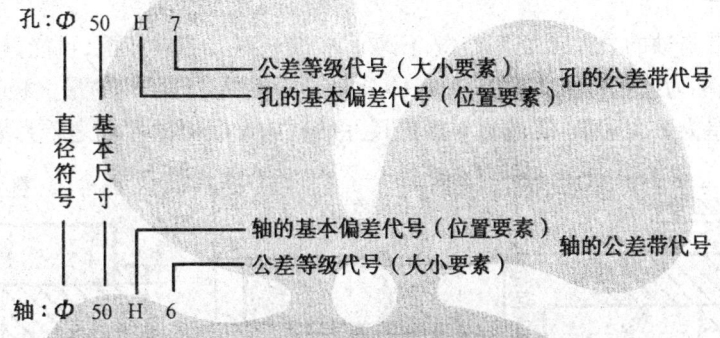

图 1.1.4-13　孔和轴的公差带代号

3.配合

基本尺寸相同、相互结合的孔和轴的公差带之间的关系，称为配合。

（1）配合的分类

根据孔和轴装配时出现间隙和过盈的情况，其配合的性质是不同的，配合分为间隙配合、过盈配合和过渡配合三大类。

①间隙配合

孔的公差带完全在轴的公差带之上，任取其中的一对孔和轴相配，都具有间隙（包括最小间隙等于零）的配合，称为间隙配合，如图 1.1.4-14 所示。间隙配合时，孔的最小极限尺寸减轴的最大极限尺寸之差为最小间隙；孔的最大极限尺寸减轴的最小极限尺寸之差为最大间隙。

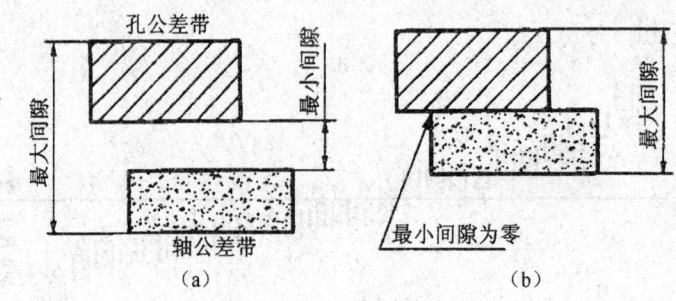

图 1.1.4-14 间隙配合

② 过盈配合

孔的公差带完全在轴的公差带之下,任取其中的一对孔和轴相配,都具有过盈(包括最小过盈等于零)的配合,称为过盈配合,如图 1.1.4-15 所示。过盈配合时,孔的最大极限尺寸减轴的最小极限尺寸之差为最小过盈,孔的最小极限尺寸减轴的最大极限尺寸之差为最大过盈。

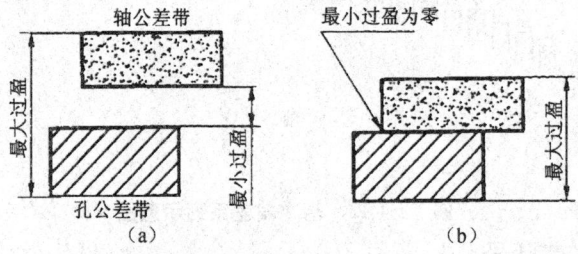

图 1.1.4-15 过盈配合

③ 过渡配合

孔的公差带与轴的公差带相互交叠,任取其中的一对孔和轴相配,可能具有间隙也可能具有过盈的配合,称为过渡配合,如图 1.1.4-16 所示。过渡配合时,孔的最大极限尺寸减轴的最小极限尺寸之差为最大间隙,孔的最小极限尺寸减轴的最大极限尺寸之差为最大过盈。

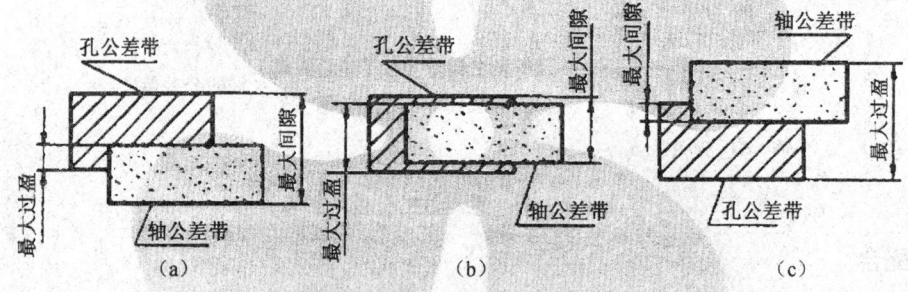

图 1.1.4-16 过渡配合

(2)基准配合制度

当基本尺寸确定后,为获得孔与轴的不同配合,可通过改变孔或轴的公差带来实现。但是,若孔和轴两者的公差带都任意变动,则情况变化太多,不利于零件的设计和制造。

由此,在实际加工生产中,逐渐产生了这样一种配合制度,即在加工相互配合的一对孔和轴时,将其中的一个(孔或轴)定为基准件,另一个零件为非基准件,让基准件的基本偏差不变,而通过改变非基准件的基本偏差来实现不同的配合,这种配合制度就称为基准配合制度。国家标准规定了两种基准配合制度,即"基孔制配合"和"基轴制配合"。关于基准配合制度的选择,一般情况下应优先采用基孔制。

滚动轴承的外圈与轴承座孔处的配合,采用基轴制;而滚动轴承的内圈与轴的配合,则采用基孔制。

①基孔制配合

基孔制是指基本偏差一定的孔的公差带与不同基本偏差的轴的公差带形成各种配合的一种基准配合制度。基孔制配合是在同一基本尺寸的孔与轴的配合中,将孔的公差带位置固定,通过变动轴的公差带位置,以得到各种不同的配合,如图1.1.4-17所示为基孔制配合。基孔制配合中的孔,称为"基准孔",其基本偏差定为H。

当轴的基本偏差为a到h时,则轴与孔的配合为间隙配合;当轴的基本偏差为j到zc时,则轴与孔的配合为过渡配合或过盈配合,如图1.1.4-18所示为基孔制配合的公差带示意图。

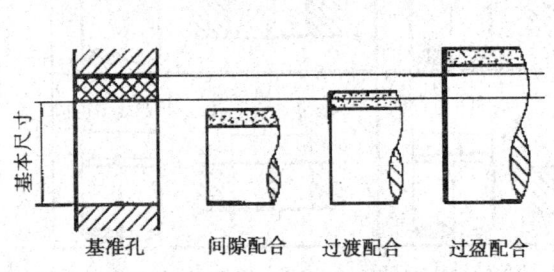

图1.1.4-17 基孔制配合

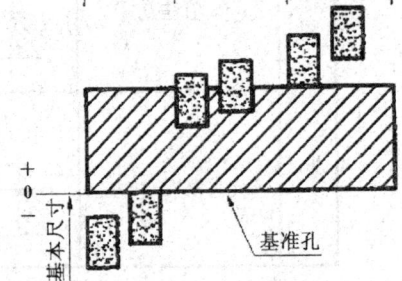

图1.1.4-18 基孔制配合的公差带示意图

②基轴制配合

基轴制是指基本偏差一定的轴的公差带,与不同基本偏差的孔的公差带形成各种配合的一种基准配合制度。基轴制配合是在同一基本尺寸的孔与轴的配合中,将轴的公差带位置固定,通过变动孔的公差带位置,以得到各种不同的配合,如图1.1.4-19所示为基轴制配合。基轴制配合中的轴,称为"基准轴",其基本偏差定为h。

当孔的基本偏差为A到H时,则孔与轴的配合为间隙配合;当孔的基本偏差为J到ZC时,则孔与轴的配合为过渡配合或过盈配合,如图1.1.4-20所示为基轴制配合的公差带示意图。

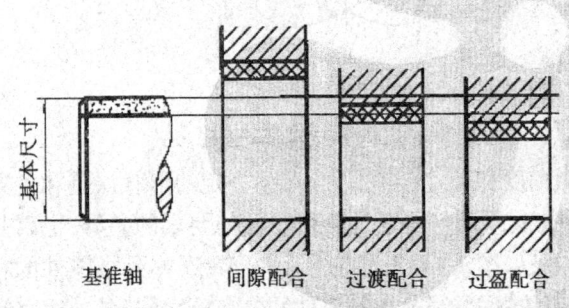

图1.1.4-19 基轴制配合

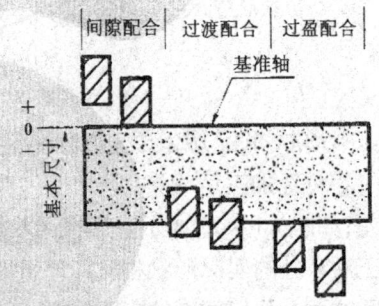

图1.1.4-20 基轴制配合的公差带示意图

(3)配合代号及标注

配合代号由相互配合的孔与轴的公差带的代号组合而成,用分数形式表示,分子为孔的公差带代号,分母为轴的公差带代号。比如:H8/f7、K7/h6等。显然,当孔的代号为H时,则孔为基准孔,此配合是基孔制配合;当轴的代号为h时,则轴是基准轴,此配合是基轴制配合。

在零件图中,线性尺寸的公差有三种标注方法,即:①代号注法:只标注公差带代号;②数值注法:只标注上、下偏差(只注写上、下偏差的代数值,且按上、下排列);③代号数值注法:既标注公差带代号,又标注上、下偏差,但偏差值(只注写上、下偏差的代数值,且按上、下排列)用括号括起来。表 1.1.4-5 给出了零件图中这三种标注方法的示例。

表 1.1.4-5 零件图中尺寸公差的标注

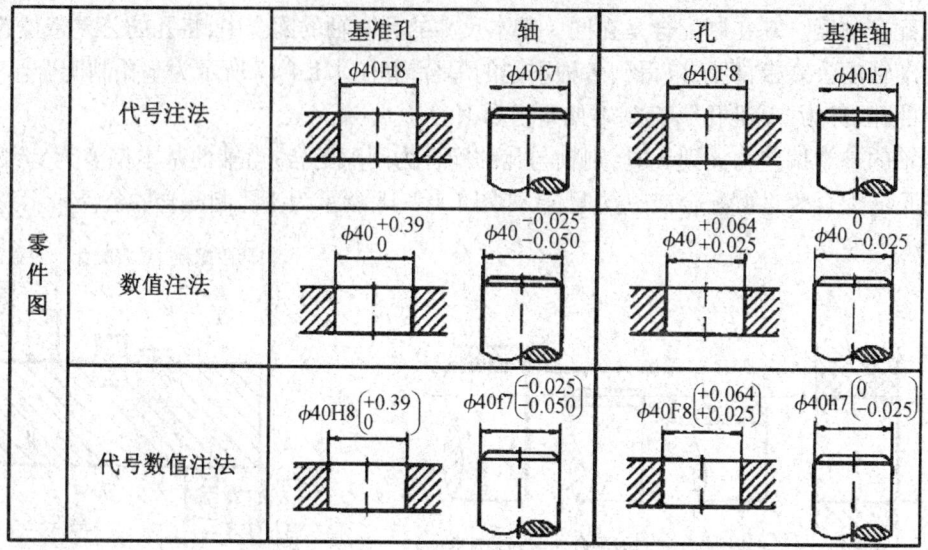

在装配图上,一般只标注配合代号。配合代号用分数形式表示,分子为孔的公差带代号,分母为轴的公差带代号。对于与轴承等标准件相配的孔或轴,则只标注非标准件(配合件)的公差带代号。如图 1.1.4-21 所示给出了装配图上配合标注的示例。

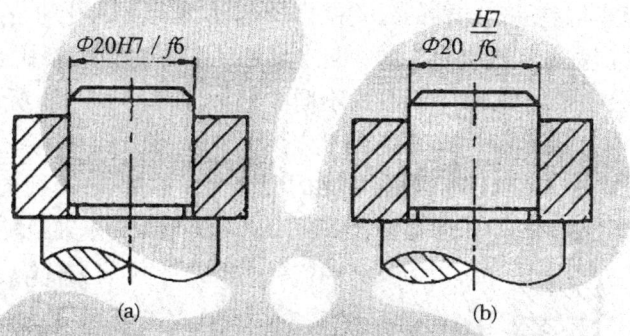

图 1.1.4-21 装配图上配合标注的示例

4.形状和位置公差(形位公差)

零件经加工后,不仅会产生一定的表面粗糙度和尺寸误差,还会产生一定的形状误差和位置误差,如图 1.1.4-22 所示。形状误差是指零件的实际几何要素与其理想几何要素的差异,也就是加工后零件的实际形状相对其理想形状的误差,如图 1.1.4-22(b)所示。位置误差是指零件的相关联的两个几何要素的实际位置相对于其理想位置的差异,比如零件的各表面之间、各轴线之间或表面与轴线之间的实际相对位置与其理想相对位置的误差,如图 1.1.4-22(c)所示。

(a)正确装配　　(b)形状误差　　(c)位置误差

图 1.1.4-22 形状误差和位置误差

形状和位置公差,简称形位公差,是指零件的形状误差和位置误差的允许变动量,也就是零件的实际形状和实际位置相对于其理想形状和理想位置的允许变动值。

(1)形位公差的分类、名称及符号

形状和位置公差(形位公差)的分类、名称和符号如表1.1.4-6所示。

表 1.1.4-6　形位公差的分类、名称和符号

公差		特征项目	符号	有无基准要求
形状	形状	直线度	—	无
		平面度	▱	无
		圆度	○	无
		圆柱度	⌭	无
形状或位置	轮廓	线轮廓度	⌒	有或无
		面轮廓度	⌓	有或无
位置	定向	平行度	∥	有
		垂直度	⊥	有
		倾斜度	∠	有
	定位	位置度	⌖	有或无
		同轴度	◎	有
		对称度	≡	有
	跳动	圆跳动	↗	有
		全跳动	⌰	有

(2)形位公差代号及标注

形位公差代号由指引线、框格、形位公差符号、公差值、基准符号和其他有关符号组成,如图1.1.4-23所示。

①指引线为带箭头的实线,箭头指向公差带方向或直径,另一端与一框格相连。

②框格内含3格(或2格);第一格标写形位公差符号;第二格标写形位公差的数值或有关符号;当形位公差有基准要求时,第三格标写表示形位公差基准位置的基准符号内的拉丁字母(此时,在基准所在处应标注基准符号,基准符号为实线圆圈,圆圈内写有拉丁字母);当形位公差无基准要求时,第三格可省略。

③框格为实线绘制,框格高度为其内标写的数字高度的两倍。

形位公差代号的标注如图1.1.4-24所示。图样中,形位公差采用代号标注,当无法采用代号时,允许在技术要求中用文字说明。

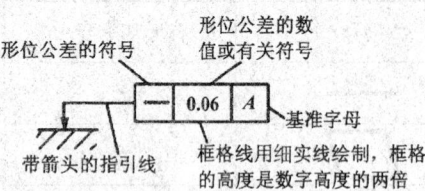

图 1.1.4-23 形位公差代号

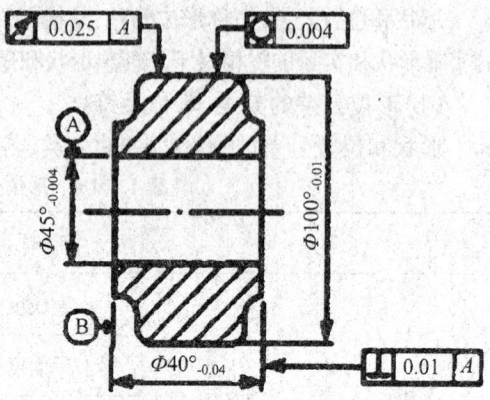

图 1.1.4-24 形位公差代号的标注

(五) 读零件图

1. 读零件图的目的

读零件图(看零件图)的目的是：

(1) 对零件有一个概括的了解，如名称、材料等。

(2) 想象出零件的形状。

(3) 对零件各部分的大小有大致的了解。

(4) 明确零件在设备中的作用及零件各部分的功能。

(5) 分析出各方向尺寸的主要基准。

(6) 明确零件制造的主要技术要求。

(7) 确定正确的加工方法。

2. 读零件图的方法及步骤

读零件图(看零件图)的方法和步骤主要有以下几点。

(1) 看标题栏，概括了解

从零件图的标题栏中了解零件的名称、材料、绘图比例等信息，对该零件有一个概括的了解和初步的认识。

(2) 分析图样画法，明确视图关系

所谓视图关系是指视图表达方法和各视图之间的投影联系。

先分析零件图采用的图样画法，如选用的视图、剖切面的位置及投射方向等，进而可以明确各视图之间的投影联系。

(3) 分析视图，想象零件的结构、形状

看视图时应从主视图入手，结合其他视图，运用形体分析法和线面分析法，综合视图表达中所选用的各种表达方法，利用各视图的对应关系，想象出零件的结构及内、外部形状。读零件图是在组合体读图基础上的进步与提高，要结合零件结构的功能要求及零件的工艺结构，弄清该零件的总体形状和局部结构。

(4) 看尺寸，分析尺寸基准

结合图样所表达的零件的形状，从三个方向了解图样中所标注的尺寸，确定各方向的尺寸基准。要确定图样中标注尺寸所选用的基准，首先要找到设计基准，还要看尺寸标注得是否齐全、合理,是否符合标准等。了解、确定零件各部分的定型尺寸、定位尺寸及零件的总体尺寸。

(5)看技术要求

零件图上的技术要求主要有表面粗糙度、极限与配合,形位公差及文字说明的加工、制造、检验等要求。这些要求是制订加工工艺、组织生产的重要依据,要深入分析理解。

(6)综合读图

最后把所读懂的零件的结构、形状、尺寸以及技术要求等内容综合起来,想象出零件的全貌,掌握零件的结构特点和工艺要求。

五、装配图

装配图是表达机器(或部件)的图样,是机械设计和生产中的重要技术文件之一。装配图通常用来表达机器(或部件)的工作原理、传动系统,以及各组成部分(零、部件)间的相互位置、连接方式和装配关系等。如图 1.1.5-1 所示为某一滑动轴承的装配图。

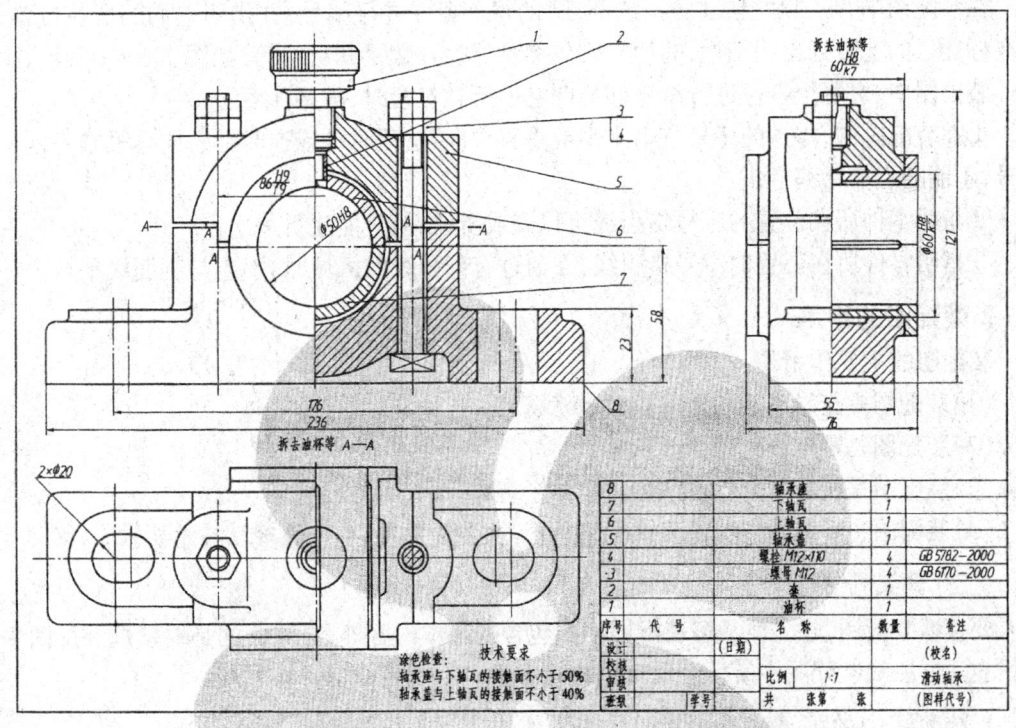

图 1.1.5-1 某一滑动轴承的装配图

(一)装配图的内容及作用

1.装配图的内容

装配图通常包含以下内容。

(1)一组视图

综合应用各种表达方法(包括剖视、断面等)的一组视图,用于完整、清晰地表达机器或部件的工作原理、各零件间的装配关系(包括配合关系、连接方式、传动关系及相对位置)以及主要零件的基本结构形状。

如图 1.1.5-1 所示的某一滑动轴承的装配图中采用了三个基本视图,由于结构基本对称,所以三个视图均采用了半剖视,这就比较清楚地表示了轴承盖、轴承座和上下轴衬的装配关系。

(2)必要的尺寸

在装配图中,应标注与机器(或部件)的性能、规格以及装配、检验、安装等有关的尺寸,如图1.1.5-1中所标注的尺寸。

(3)技术要求

用文字或符号说明机器(或部件)的性能以及装配、检验、调整、试验使用等所必须满足的技术条件和要求等,如图1.1.5-1所示。

(4)标题栏

与零件图类似,装配图中的标题栏用于说明所表达的机器(或部件)的名称、规格、图号、比例等以及绘图与审核人员的签名,如图1.1.5-1所示。

(5)零件的序号和明细栏

在装配图中,必须对组成机器(或部件)的每个零件进行编号,并指明它们的所在位置,还要在标题栏的上方列出明细栏,写明零件的名称、代号、数量和材料等,如图1.1.5-1所示。

装配图中,对每个零件进行编号和指明它们所在位置时,需要注意:

①在装配图中,零件的序号应沿水平或垂直方向、按顺时针或逆时针方向排列整齐地依次编号,不能随意交错编号;

②指明零件所在位置的序号指引线可以画成折线,但只能曲折一次;

③指明零件所在位置的序号指引线,在通过有剖面线的区域时,不应与剖面线平行。

2.装配图的作用

装配图的主要作用是:

(1)装配图是指导产品制造的重要技术资料。

(2)装配图是零件设计的主要依据。

(3)装配图是机器或部件维修的重要参考资料。

(4)装配图主要表达机器或部件的结构形式、装配关系、工作原理和技术要求。

(二)读装配图

要读懂装配图,除了要了解装配图中所包含的基本内容外,更重要的是要掌握装配图中的视图表达方法和装配图中所标注尺寸的准确含义。

1.装配图中的视图表达方法

前面介绍的机件的各种表达方法,如视图、剖视图、断面图及简化画法等,都适用于装配图的表达。但是,由于装配图所表达的对象已不是单个零件,而是机器(或部件),所以,选取表达方法时应从整体考虑。根据装配图的特点,装配图通常有以下几种表达方法。

(1)装配图中的规定画法

①接触面和配合面的画法

在装配图中,相邻两个零件的接触表面,或基本尺寸相同且相互配合的工作面,只画一条轮廓线;但是,如果两个相邻零件的基本尺寸不相同,即使间隙很小,也必须画成两条线以表示各自的轮廓,如图1.1.5-2(a)、图1.1.5-2(b)所示。

②剖面线的画法

在装配图中,相邻的两个或多个零件的剖面线应有所区别。在装配图中,当只是两个零件相邻时,这两个零件的剖面线方向应相反。当多个零件汇集在一起时,任意两个相邻零件的剖面线可采用剖面线方向相反,或者剖面线方向一致而间距不同,或间距相同而位置错开的画法,如图1.1.5-2(c)所示。但是,需要注意的是:在装配图中,同一零件在各剖视图、断面图中的剖面线方向和间距必须一致。

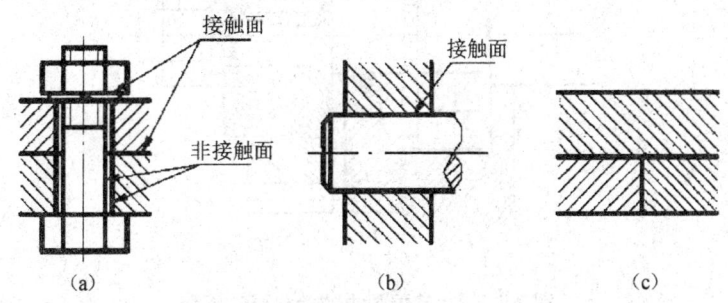

图1.1.5-2　接触面和非接触面画法图样

③实心零件和标准件的画法

在装配图中,对于一些标准件(如螺钉、螺栓、螺母、垫圈、销、键等)和一些实心零件(如轴、拉杆、钩、手柄、实心球等),若剖切平面通过它们的轴线或对称平面时,在剖视图中按不剖绘制;若这些零件上有销孔、凹槽、键槽等结构需要表达时,则可采用局部剖视图来表达内部的局部小结构,如图1.1.5-3所示。

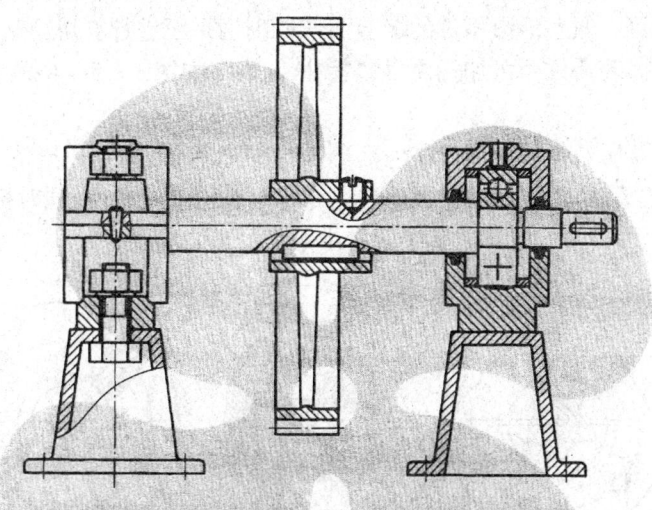

图1.1.5-3　剖视图中不剖零件的画法图样

(2)装配图中的简化画法

①在装配图中,对于若干规格完全相同,而且有规律分布的零件或部件组,比如螺栓连接等螺纹紧固件的连接情况,可只在一处或几处详细地画出一组或几组,其余则只需以细点画线表示其中心位置即可,如图1.1.5-4所示为装配图中的简化画法图标。

②在装配图中,对于零件的工艺结构,如小圆角、倒角、退刀槽、拔模斜度等可以不画,六角螺栓和螺母的头部可以按照简化画法画出,如图1.1.5-4所示。

③在装配图中,对于薄的垫片等不易画出的零件可将其涂黑,如图1.1.5-4所示的垫片的画法。

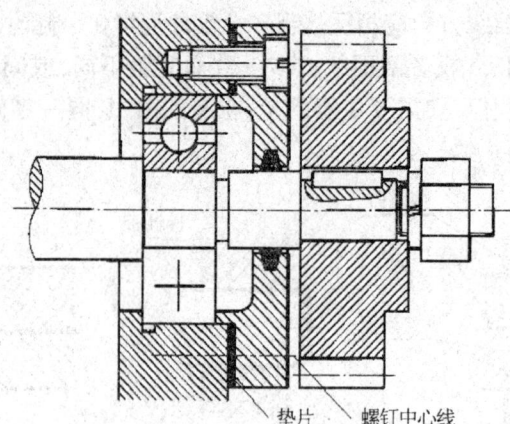

图 1.1.5-4 装配图中的简化画法图标

④在装配图中,由于零件之间相互装配,必然会有一些零件的轮廓被另一些零件遮挡,被遮挡的轮廓一般不需要画出(如被弹簧挡住的结构一般不画出,可见部分应从弹簧的外轮廓线或从弹簧钢丝断面的中心线画起)。

(3)装配图中的特殊表达方法

①拆卸画法

在装配图中,当某些零件的图形遮住了其后面的需要表达的零件,或在某一视图上不需要画出某些零件时,可以假想地沿零件的结合面选取剖切平面进行剖切绘制,也可以假想地将某些零件拆卸后绘制,若需说明可加标注,如"拆去××等",如图 1.1.5-1 中的俯视图。

②单独画法

在装配图中,若所选择的视图已将大部分零件的形状、结构表达清楚,但仍有少数零件的某些方面还未表达清楚时,可以单独画出这些零件的视图或剖视图,同时标明零件和视图的序号及投影方向,如图 1.1.5-5 所示的转子油泵中泵盖的 B 向视图。

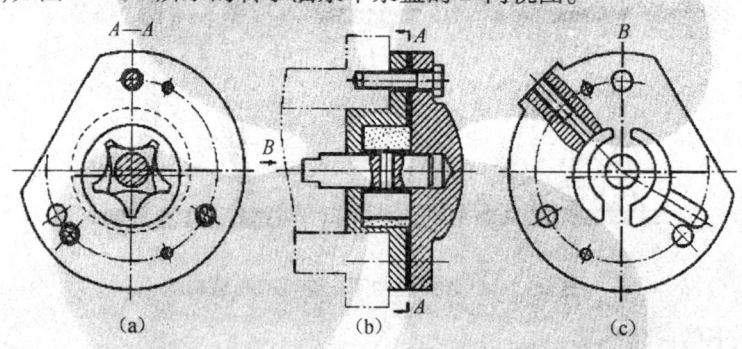

图 1.1.5-5 转子油泵

③假想画法

在装配图中,为了表示机器(或部件)的作用,或者为了表示机器(或部件)与相邻的零件或部件的连接关系及安装方法等,可以用细双点画线将与其相邻的其他零件或部件的部分轮廓绘出。当需要表示运动零件的运动范围或运动的极限位置时,可在运动零件的一个极限位置绘制运动零件的视图,再在该运动零件的另一个极限位置,用细双点画线绘出该运动零件的外形轮廓,如图 1.1.5-6 所示的车床尾座手柄。

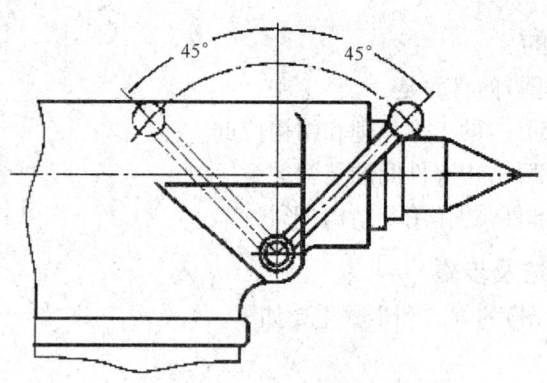

图 1.1.5-6 车床尾座手柄

④夸大画法

在装配图中,绘制直径或厚度小于 2 mm 的孔、薄片、小间隙、细丝弹簧等以及圆锥销(孔)深度时,若按实际比例绘制,将很不清楚,这时可以采用夸大画法,但要按实际尺寸标注。

⑤展开画法

在装配图中,为了清楚表达某些空间重叠关系时,可以假想地将空间重叠关系按一定的顺序在同一平面上展开,并在该平面上绘制视图。比如多级传动箱,为了清晰表示齿轮传动的顺序和装配关系,可以假想地把空间轴按传动顺序在同一平面上展开,在该平面上画出剖视图。

2. 装配图中标注的尺寸

由于装配图不直接用于制造零件,所以,在装配图中不需要标注出每个零件的全部尺寸,一般只标注与装配、检验、安装、运输和使用等有关的尺寸。在装配图中,一般只标注出特性尺寸(规格尺寸、性能尺寸)、装配尺寸、安装尺寸、外形尺寸和其他重要尺寸等五大类尺寸。

(1) 特性尺寸

特性尺寸也称为规格尺寸、性能尺寸。特性尺寸是说明机器(或部件)的规格或性能的尺寸,它是在设计时确定的尺寸,也是了解和选用机器(或部件)时的主要依据。如图 1.1.5-1 中的 $\phi 50 H8$ 即为特性尺寸。

(2) 装配尺寸

装配尺寸是保证部件正确装配,并说明配合性质及装配要求的尺寸,主要是机器(或部件)中零件之间装配关系的尺寸,包括配合尺寸和重要的相互位置尺寸。如图 1.1.5-1 中的 $86\dfrac{H9}{f9}$、$60\dfrac{H9}{f9}$ 以及连接轴承座、轴承盖的螺栓中心距等都是装配尺寸。

(3) 安装尺寸

安装尺寸是表示将机器(或部件)安装到基础(地基)上或与其他设备相连时所需要的尺寸。如图 1.1.5-1 中的地脚螺栓孔的尺寸等就是安装尺寸。

(4) 外形尺寸

外形尺寸是表示机器(或部件)的总长、总宽及总高的尺寸,也就是机器(或部件)整体轮廓大小的尺寸。外形尺寸反映了机器(或部件)的体积大小,即该机器(或部件)在包装、运输和安装过程中所占空间的大小。如图 1.1.5-1 中的 236、121 和 76 即为外形尺寸。

(5) 其他重要尺寸

除以上四类尺寸外,在机器(或部件)的装配或使用中必须说明的一些重要尺寸,如运动零件的极限位移尺寸等。

3.读装配图的目的

读装配图(看装配图)的目的是:
(1)了解机器(或部件)的工作原理和结构特点。
(2)了解机器(或部件)中零件间的装配关系。
(3)分析机器(或部件)的作用及结构、形状。

4.读装配图的方法及步骤

读装配图(看装配图)的方法和步骤主要如下。

(1)概括了解

①了解部件的用途、性能和规格

从装配图的标题栏中可以得到该机器(或部件)的名称。从装配图中所标注的尺寸,结合生产实际知识和产品说明书等有关资料,可以了解该机器(或部件)的用途、适用条件和规格等。

②了解部件的组成

从装配图的明细栏以及视图中的序号,可以了解组成该机器(或部件)的零件名称、数量、规格及位置等。

(2)对视图进行初步分析

首先明确装配图的表达方法、投影关系和剖切位置,再结合图中所标注的尺寸,可以想象出机器(或部件)的主要零件的主要结构形状。

(3)分析工作原理和连接关系

分析机器(或部件)的工作原理和连接关系是读装配图的重要环节。

读装配图时,要对装配图中的各视图进行详细的分析,根据其表达手段进一步理解各视图的表达意图。读装配图时,应先从主视图入手,沿各条传动干线,按投影关系找到各个零件的轮廓,并确定它们的准确位置。

要先弄清楚运动部件及其运动情况,比如,哪些是运动件?运动形式如何?运动是怎样传递的?等等,再对其与其他零件间的连接和固定情况进行分析,找出其固定方式和连接关系等。对固定不动的零件,要弄清楚它们的固定与连接方式,继而分析清楚与其相关的零件在部件中的地位和作用等。

(4)分析零件结构

在分析机器(或部件)的工作原理和传动关系的过程中,对各零件的轮廓及其在机器(或部件)中所起的作用已有了基本了解。此时应对各零件的结构形状准确地加以分析判断,这样也能有助于更深入地理解机器(或部件)的工作原理和性能。一般先从机器(或部件)主要零件开始,然后再看其他零件。

(5)归纳总结

为了加深对装配图所表达的机器(或部件)的正确认识,应在上述分析的基础上进行归纳总结,认真思考下述问题,以达到读装配图的目的和要求。

①机器(或部件)的传动系统、润滑方法、密封装置;
②机器(或部件)中的零件间的连接、固定、定位和调整;
③机器(或部件)的装配关系、拆装方法和顺序;
④机器(或部件)的工作原理、性能和使用特点;
⑤机器(或部件)的对外连接和安装方式。

第二节 工程热力学基础

热力学是研究热能和其他形式能量之间相互转换规律的学科。工程热力学是热力学的一个分支,是从工程应用的角度研究热能和机械能之间的相互转换规律。

一、基本概念

工程热力学研究的内容主要包括:热能与机械能相互转换的媒介物——工质的性质;热能与机械能相互转换的过程;提高热力设备和装置经济性的有效途径和方法。

(一)工质的概念及应用

在热能动力装置中,热能与机械能的相互转换是通过媒介物实现的,这种媒介物称为工质。如四冲程内燃机(如图 1.2.1-1 所示)的工质为燃气,蒸汽轮机动力装置(如图 1.2.1-2 所示)的工质为水和水蒸气,蒸气压缩制冷装置(如图 1.2.1-3 所示)的工质为制冷剂。作为工质的物质应具有良好的膨胀性和良好的流动性。

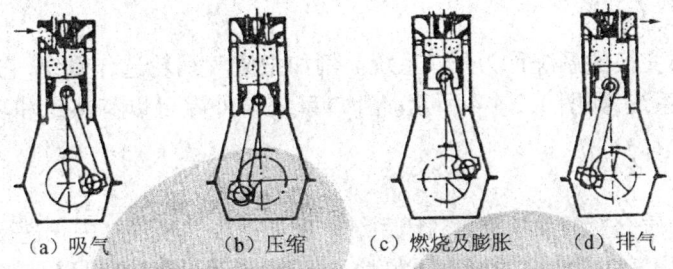

图 1.2.1-1 四冲程内燃机工作原理示意图

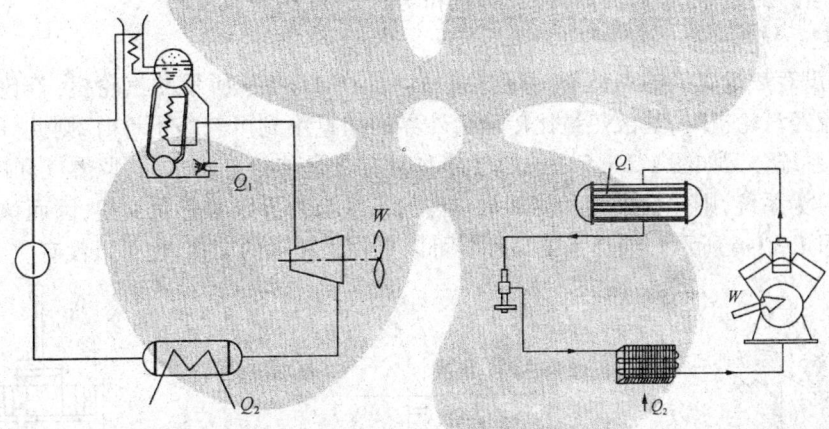

图 1.2.1-2 蒸汽轮机动力装置示意图　　图 1.2.1-3 蒸气压缩制冷装置示意图

四冲程内燃机的工质完全处于气态,而蒸汽动力装置和蒸气压缩制冷装置的工质在进行主要的热、功转换过程时(分别在汽轮机和压缩机中)也是处于气态。空气和燃气可当作理想气体看待,而水蒸气和制冷剂蒸气则是不可视为理想气体的实际气体。因此,研究和掌握工质的性质是十分必要的。

(二)热力学系统

1.热力学系统的概念

如图1.2.1-2所示的蒸汽轮机动力装置示意图为例,其中的汽轮机、冷凝器和水泵等,从热力学的观点来看,都是相互作用的实现能量转换或传递的热力设备。为了进行热力学分析,首先要在相互作用的各种热力设备中划分一个(或几个)热力设备作为研究对象。在热力学中,这种被划分出来的研究对象称为热力学系统,简称系统。

热力学系统之外的其他热力设备统称为外界。一般情况下,热力学系统与外界的相互作用有三种,即:热力学系统与外界的物质交换、功交换和热量交换。按照热力学系统与外界之间的这三种相互作用的特点,与热力学系统发生作用的外界可分为质源、功源和热源三种。

系统与外界的分界面称为边界。边界在图上通常用虚线标出,它可以是真实的,例如取压缩空气瓶内的空气为系统,瓶的内壁面就是真实的边界;也可以是设想的,例如取废气涡轮内的空间为系统,则进、出口处的边界是设想的。

2.热力学系统的分类

在热力学中,按照热力学系统与外界的相互作用,即热力学系统与外界的物质交换、功交换和热量交换的特点,把热力学系统分为开口系统、封闭系统、绝热系统和孤立系统等。

(1)开口系统

与外界有物质交换的系统称为开口系统。例如把废气涡轮选作系统,它有工质的流入和流出,这就是开口系统,如图1.2.1-4所示。开口系统与外界可以有热量和功的交换,也可以没有。

(2)封闭系统

与外界没有物质交换的系统称为封闭系统。例如把柴油机气缸中正在进行膨胀的燃气选作系统,尽管燃气会从气缸与活塞的缝隙间漏泄一点,但漏泄量极小,可以足够精确地看作与外界没有物质交换,这就是封闭系统,如图1.2.1-5所示。封闭系统是由闭合表面包围的质量恒定的物质集合。封闭系统与外界可以有热量和功的交换,也可以没有。

(3)绝热系统

与外界没有热量交换的系统称为绝热系统。如图1.2.1-4所示的汽轮机,若包以绝热材料,当工质流经汽轮机时,其散热量比传输给外界的功量小到可忽略不计时,则此开口系统可认为是绝热系统。又如图1.2.1-5中的燃气膨胀时有热量传给冷却水,若取燃气和冷却水(通常称为冷源)为系统,则包括燃气和冷却水在内的系统与外界没有热量交换,因而该系统为绝热系统,如图1.2.1-6所示。绝热系统与外界可以有物质和功的交换,也可以没有。

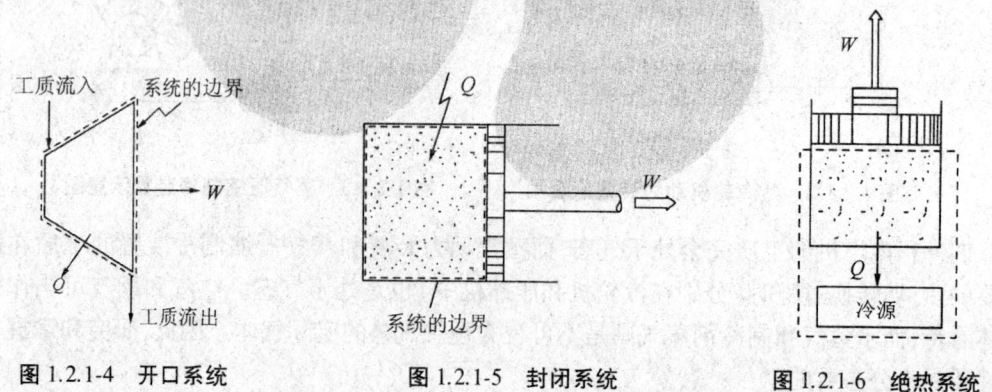

图1.2.1-4 开口系统　　　图1.2.1-5 封闭系统　　　图1.2.1-6 绝热系统

(4)孤立系统

与外界既没有物质交换，也没有热量和功的交换的系统称为孤立系统。如果把所有发生相互作用的各种设备作为一个整体，并把这个整体选定为所研究的系统，虽然这个系统内部的各部分可以有物质交换、热量和功的交换，但这个系统作为一个整体与外界没有任何相互作用，那么这个系统就是孤立系统。

需要注意的是，把热力学系统分为开口系统、封闭系统、绝热系统和孤立系统，是根据热力学系统与外界之间有无物质交换、功交换和热量交换来进行划分的，不具有完全的排他性。任何一个热力学系统与外界之间都有可能有或没有物质的交换、有可能有或没有功的交换、有可能有或没有热量的交换，所以，一个热力学系统既可能是开口系统或封闭系统，也可能是绝热系统，也可能是孤立系统。

开口系统与外界之间一定有物质交换，但没有限制与外界之间是否一定有无热量和功的交换，所以，开口系统也可能是绝热系统（开口系统与外界之间无热量交换时）。但开口系统一定不会是封闭系统，也一定不会是孤立系统。

封闭系统与外界之间一定没有物质交换，但也没有限制与外界之间是否一定有无热量和功的交换，所以，封闭系统也可能是绝热系统（封闭系统与外界之间无热量交换时），也可能是孤立系统（封闭系统与外界之间无热量和功的交换时）。但封闭系统一定不会是开口系统。

绝热系统与外界之间一定没有热量交换，但没有限制与外界之间是否一定有无物质和功的交换，所以，绝热系统也可能是封闭系统（绝热系统与外界之间无物质交换时），也可能是开口系统（绝热系统与外界之间有物质交换时），也可能是孤立系统（绝热系统与外界之间无物质和功的交换时）。

孤立系统与外界之间一定没有物质交换、热量交换和功的交换，所以孤立系统一定是封闭系统，也一定是绝热系统，但一定不是开口系统。

另外，在热力学分析中，热力学系统属于哪种系统，还与所选取的热力学系统的范围有关。如前所述，若把柴油机气缸中正进行膨胀的燃气作为一个热力学系统，如图1.2.1-5所示，则该热力学系统为封闭系统；若取燃气和冷却水（接收燃气膨胀时传递来的热量）作为一个热力学系统，如图1.2.1-6所示，则该热力学系统为绝热系统，同时也是封闭系统；若取燃气、冷却水（接受燃气膨胀时传递来的热量）和接受燃气膨胀时所做的功的装置（通常称为功源）作为一个热力学系统，则该热力学系统为孤立系统，同时也是绝热系统和封闭系统。

3.与热力学系统相互作用的外界

在热力学中，按照热力学系统与外界的相互作用，即热力学系统与外界的热量交换、功交换和物质交换的特点，把与热力学系统发生作用的外界，分为热源、功源和质源三种。

(1)热源

与热力学系统进行热量交换的外界，称为热源。实际热能装置（如动力装置、制冷装置等）的运行通常需要两个热源，通常把温度高的热源称为高温热源，简称热源；把温度低的热源称为低温热源，简称冷源。

动力装置从高温热源吸热，将吸热量的一部分放给低温热源，其余部分转变为机械功；而制冷装置则以消耗外界机械功为代价，从低温热源吸热（从而得到低于环境的温度），并将其与由功转变的热一起放给高温热源。一般认为热源的热容量无限大，即其温度不因吸热或放热而变化。

在热力学分析中，可以有某一范围的温度连续变化的无穷多个高温热源和（或）低温热源。习惯上，系统从热源吸热为正值，系统向热源放热为负值。

(2)功源

与热力学系统进行功的交换的外界,称为功源。功源与封闭系统交换的功是直接通过系统中的工质膨胀或压缩引起的容积改变来实现的,称为"容积功"。功源与开口系统交换的功通过转轴传递,称为"轴功"。习惯上,系统对外界(功源)做功为正值,外界(功源)对系统做功为负值。

(3)质源

与热力学系统进行物质交换的外界,称为质源。

(三)热力学平衡态

1.热力学平衡态的概念

为了对系统中能量转换的情况进行分析计算,首先需要对系统的热力学状态进行描述。在热力学中,把描述系统宏观特性的物理量称为"系统的热力学状态参数",简称"状态参数"。为了简化对系统热力学状态的描述,只用很少几个状态参数来描述系统,从而提出了热力学平衡态这一重要概念。

先讨论两个具体例子:(1)在一个与外界隔热良好的量热器内,将冷热程度不同的水加以混合,冷水将变热,热水将变冷;经过足够长的时间,水的冷热程度便均匀一致,而且此后不随时间而变,则认为该系统处于热平衡;(2)如图 1.2.1-7 所示,在与外界隔热良好的封闭气缸内用活塞将压力不同的两种气体 A 和 B 分隔开,设 A 的压力大于 B 的压力。若活塞与气缸间无摩擦,则活塞将向右移动,A 的压力下降,B 的压力升高;经过足够长的时间,A 和 B 便达到某一平衡压力,活塞停止移动,而且此后 A 和 B 将保持这一压力不变,即该系统处于力平衡

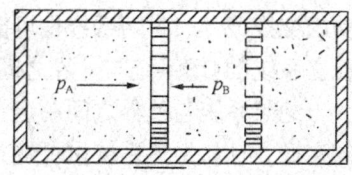

图 1.2.1-7 力平衡

对不发生化学反应的系统,同时具备了热平衡和力平衡,系统就处于"热力学平衡态"。处于热力学平衡态的系统,只要不受外界的影响,它的状态就不会随时间而改变,平衡不会自发地破坏,这是热力学平衡态的特点。上面讨论的两个例子也说明了非平衡态若没有外界条件的影响,总会自发地趋于平衡态的。

系统的平衡态与非平衡态相比较,前者的描述最为简单。这是因为:其一,平衡态与时间无关;其二,处于平衡态的系统,其内部的压力和冷热程度都是均匀一致的。对应于系统的每一平衡态,有一个而且只有一个压力和一个描述系统冷热程度的状态参数——温度;反之,非平衡态则不仅与时间有关,而且系统内部状态也是不均匀的,因此描述系统的非平衡态极其复杂。大多数热力设备在稳定运行时所处的状态,只要系统选得恰当,均可看作平衡态。因此,平衡态是工程热力学的一个重要的基本概念。本节只讨论处于平衡态的系统,以后,凡不致混淆时,所提到系统的状态均指平衡态。

2.热力学平衡态与稳态、均匀态的比较

(1)热力学平衡态与稳态的比较

若系统内的状态参数不随时间而变,则该系统处于稳态。通常,处于稳态的系统不一定处于平衡态。

例如,一根金属棒一端与热的电炉接触,另一端与冷的冰接触,当这根棒内任意一点的温度不随时间而变时,则该系统处于稳态。但该系统内部各点的温度并不是均匀一致的,因而处

于非平衡态。既然处于非平衡态,为什么各点温度不随时间而变呢?这是因为系统与外界有热的相互作用。

(2)热力学平衡态与均匀态的比较

若封闭系统的各种状态参数在空间的分布都是均匀一致的,则该系统称为均匀系统。系统中每个均匀的部分称为"相"。所以,均匀系统是由单相组成的。由两个或两个以上的相所组成的系统为非均匀系统。例如,由水和水蒸气组成的系统就是两相的非均匀系统,在两相(液相和汽相)的分界面上,密度发生突变。

在大多数情况下,处于平衡态的系统为均匀系统。但非均匀系统在一定条件下也能处于平衡态。例如,由水和水蒸气组成的两相系统,在给定压力的条件下,存在着一个对应的温度,使水汽两相系统处于平衡态;又如,由冰、水和水蒸气组成的三相系统存在着唯一的一个平衡态,这就是水的三相点(压力为 0.000 611 MPa,温度为 0.01 ℃)。

3.热力学平衡态的判别

引起热力学系统状态变化的原因可能是外部的,也可能是内部的。即使对没有外界影响的封闭系统而言,只要系统中有压力差或冷热程度不均匀,系统的状态就会自发地发生变化,因而处于非平衡态。

力差或冷热程度不均匀是系统状态发生变化的推动力,在热力学中称为"不平衡势"。当热力学系统内部存在不平衡力时,在力差(如压力差)的推动下,系统内部各部分间将发生相对位移,因而热力学系统的状态不可能保持不变,只有不存在力差才有可能达到平衡,这种平衡称为力学平衡。可见,力差是驱动热力学系统状态变化的一种不平衡势,热力学系统内部不存在力差,满足力学平衡,是热力学系统处于热力学平衡态的必要条件之一。同样,当热力学系统内部各部分工质的冷热程度不均匀,即热力学系统内部各部分工质的温度不一致时,在温差的推动下,热量将自发地从高温处传向低温处,因而热力学系统的状态也不可能保持不变,只有不存在温差才有可能达到平衡,这种平衡称为热平衡。可见,温差是驱动状态变化的另一种不平衡势,热力学系统内部不存在温差,满足热平衡,是热力学系统处于热力学平衡态的另一个必要条件。

总之,热力学系统处于平衡态的条件就是系统内部不存在不平衡势。当热力学系统内部压力均匀一致,则系统处于力学或机械平衡状态;当热力学系统内部冷热均匀一致,则系统处于热平衡状态。在不发生化学反应的热力学系统内,如同时满足力学平衡条件和热平衡条件,则热力学系统处于热力学平衡态。

需要指出的是,不平衡势是驱动热力学系统状态变化的根本原因,而状态参数不随时间改变仅仅是表面现象。判断热力学系统是否处于热力学平衡态,必须从本质上进行分析,不能只看表面现象。

(四)热力学状态参数

1.热力学状态参数的概念及特性

(1)热力学状态参数的概念

在热力学中,把描述系统宏观特性的物理量称为"系统的热力学状态参数",简称"状态参数"。由前面的讨论可知,对处于平衡态的任何一个系统,只需用确定的压力(压强)和温度等很少几个热力学状态参数来描述它。

在工程热力学里,常用的热力学状态参数有六个,分别是:压力(压强)p、温度 T、容积(体积)V、内能(热力学能)U、焓H和熵S。工程热力学里之所以引用这些状态参数,是因为它们全部直接或间接地与系统的能量或能量转换有关。工程上把可直接观察和测量的热力学状态参数称为基本状态参数,它们是压力(压强)p、温度T、容积(体积)V。

(2)热力学状态参数的特性

热力学状态参数的数值由热力学系统的状态唯一确定。当系统从初态变为终态时,状态参数的变化量,只与系统的初、终状态有关,而与变化的途径无关。因此,状态参数是系统状态的单值函数。在热力学中,还有一类参数,它们的变化量不仅与系统的初、终状态有关,而且还与变化的途径有关,这类参数不是状态参数,而是路径参数。功和热量是这类参数的例子。

系统的状态参数依照其特性可分为两类:"尺度量"和"强度量"。尺度量是描述系统总体特征的状态参数,如系统的容积V、内能U、焓H、熵S等,其数值为系统中各部分数值的总和,具有可加性。对于均匀系统,尺度量的数值与系统的质量成正比。

强度量是描述系统内各点特征的状态参数,如系统的压力p、温度T、比容(比体积,即单位质量的体积)v、比内能(比热力学能,即单位质量的热力学能)u、比焓(单位质量的焓)h、比熵(单位质量的熵)s等,其数值与系统的质量无关,具有不可加性。

对于均匀系统,强度量的数值在空间的分布是均匀一致的。在非平衡态的系统中,强度量的数值在空间的分布不是均匀一致的,如压力差和温度差,这就是不平衡势。

(3)热力学状态参数的充分与必要条件

热力学状态参数的数值由系统的状态唯一确定。当系统从初态变为终态时,状态参数的变化量,只与系统的初、终状态有关,而与变化的途径无关。因此,状态参数是系统状态的单值函数或点函数,状态参数的微元变量是全微分。这是判断某一参数是否为状态参数的充分和必要条件。

在热力学中,还有一类参数,它们的变化量不仅与系统的初、终状态有关,而且与变化的途径有关。这类参数不是状态参数,而是路径函数。功和热量是这类参数的例子。

2.常见的热力学状态参数

(1)压力(压强)

在工程热力学中,把工质指向系统表面(真实的容器壁或假想的分界面)单位面积上的垂直作用力,称为压力(即压强)。分子F运动理论把气体压力看作是气体分子撞击壁面的宏观表现。实际上,容器内的气体分子非常之多,撞击也非常频繁,因此就产生了一个持续的有一定大小的压力,这个压力就是大量分子撞击壁面的平均结果。

①压力(压强)的单位

压力(压强)p的单位是由压力(压强)的定义式来确定的:

$$p = \frac{P}{f}$$

式中,P为工质指向表面的垂直作用力,f为表面面积。由于力P和面积f选用的单位不同,压力单位也不同。根据中华人民共和国法定计量单位(简称法定单位)规定,力P的单位为牛顿(N),面积f单位为平方米(m^2),压力单位则为牛顿/平方米(N/m^2),称为"帕",符号为Pa。由于Pa这一单位所表示的压力太小,实际应用时可用MPa(兆帕,1 MPa=10^6 Pa)作为压力的单位。

②大气压力(大气压强)

大气压力(大气压强)是由地面上几百公里高的空气层的重量引起的,以符号p_b表示。大气压力的大小随纬度、高度以及空气温度和水蒸气含量而变化。历史上,物理学中把纬度45°平均海平面上常年大气压力的平均值定为标准大气压,以符号 atm 表示。现已规定

$$1 \text{ atm} = 0.101\ 325 \text{ MPa}$$

③表压力(表压强)、真空度、绝对压力(绝对压强)

系统的压力可用压力表(压强表)测定,并以大气压力作为测量的基准。由压力表测得的压力数值称为"表压力(表压强)",以 p_g 表示。系统的实际压力数值称为"绝对压力(绝对压强)",以 p 表示。用压力表测得的压力数值不是绝对压力,而是绝对压力与当地大气压力的差值,即:

$$p_g = p - p_b$$

对于绝对压力低于当地大气压力的系统,工程上用当地大气压力与绝对压力的差值来表示该系统的真空状态,称为"真空度",以符号 p_v 表示,即:

$$p_g = p - p_b$$

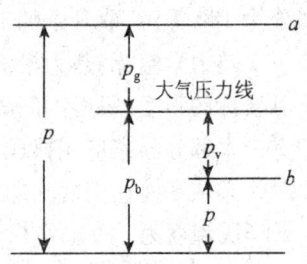

图 1.2.1-8 表压强、真空度和绝对压强的关系

表压力和真空度都是表示绝对压力与当地大气压力的相对差值,前者是表示绝对压力比大气压力高出多少的压力值,而后者则是表示绝对压力比大气压力低多少的压力值,如图 1.2.1-8 所示。由于当地大气压力是会变化的,作为系统的状态参数应该是绝对压力,而不是表压力或真空度。

在工程计算中,当 $p_g \gg p_b$ 时,由于当地大气压力变化不大,所以可近似地认为 $p_b = 0.1$ MPa。但当被测压力较小,其数值与当地大气压力相近时,则不能将大气压力看作常数,而应测定大气压力的具体数值。

(2)温度

①温度的概念

表征物体冷热程度的物理量称为温度。人们通常用温度来表示物体冷热的程度,感觉越热,温度越高;反之,感觉越冷,温度越低。

从分子运动论看,物体温度与组成该物体的分子能量有关,随着温度升高,分子运动加剧。具体来说,温度与物体内分子的平均动能成正比。这符合通常所观察到的热现象。比如,有两个具有不同分子平均动能的物体相接触,由于接触面分子相互碰撞的结果,能量就由分子平均动能较大的物体传递给平均动能较小的物体,直到两个物体的平均动能相等为止。可见,温度的微观本质就是物体内部分子和原子不规则热运动的度量,物体温度越高,其内部分子的热运动就越剧烈。

从热力学角度来看,温度是描述热平衡物体宏观特性的物理量。温度概念的建立和温度的测定都是以热平衡现象为基础的。有甲、乙两个热力学系统,一个较热,另一个较冷,但它们都处于各自的平衡态;若使甲、乙之间发生热的相互作用而进行热传递,则它们原有的平衡态就被破坏;经过足够长的时间以后,两个系统将达到热平衡。

现有甲、乙、丙三个系统,若甲和乙处于热平衡,且甲和丙也处于热平衡,则经验表明:乙和丙必处于热平衡。若两个系统分别与第三个系统处于热平衡,则这两个系统之间彼此也必定处于热平衡。这就是热平衡定律。热平衡定律是热力学的一个基本定律。

根据热平衡定律,处在同一热平衡状态的所有热力系统,无论它们是否接触,必定具有某一个共同的宏观特性,描述这个宏观特性的物理量称为"温度"。热平衡定律不仅给出了温度

的热力学定义,而且指明了温度比较的方法。因为处于同一热平衡状态的一切物体都有相同的温度,所以在比较各个物体的温度时,不必使它们直接接触,而只需将一个作为标准的物体分别与各个物体处于热平衡即可。这个作为标准的物体称为"温度计"。

②温标

要定量地确定温度,必须对不同的温度给以具体的数量标示。温度的数值表示方法叫作温标。常用的温标有以下三种:

摄氏温标:在标准大气压力下,纯水的冰点规定为 0 ℃,沸点为 100 ℃,在这两点之间均分为 100 等份,取其中的 1 份称为 1 摄氏度,记作:1 ℃,摄氏温标用符号℃表示。

华氏温标:在标准大气压力下,纯水的冰点规定为 32 ℃,沸点为 212 ℃,在这两点之间均分为 180 等份,取其中的 1 份称为华氏 1 度,记作 1 ℉,华氏温标用符号℉表示。

热力学温标:热力学温标又称绝对温标,也称开氏温标,它是以摄氏零下 273.15 ℃作为绝对温标的零度,每度的间隔与摄氏温标相同,1 ℃记作 1 K,开氏温标用符号 K 表示。

大部分国家应用摄氏温标,英、美等国家采用华氏温标,工程热力学计算中常用绝对温标,因此必须掌握它们之间的换算。根据上述三种温标的定义,如果已知摄氏温度为 t ℃,则相当于华氏温度为

$$t\ ℉ = \frac{9}{5}t\ ℃ + 32$$

若已知摄氏温度为 t ℃,则绝对温度为

$$t\ K = t\ ℃ + 273.15$$

(3)容积(体积)和比容(比体积)

一定质量的工质所占有的空间称为工质的容积(体积),用 V 表示,单位是立方米(m^3)。单位质量工质的容积(体积)称为比容(比体积),用符号 v 表示,单位为立方米/千克(m^3/kg)。容积和比容均为工质的热力学状态参数。一立方米工质所具有的质量称为密度,用符号 ρ 表示,单位为千克/立方米(kg/m^3)。

可见,比容(比体积)v 和密度 ρ 互为倒数,即

$$\rho = \frac{1}{v} \quad 或 \quad v = \frac{1}{\rho}$$

(4)内能(热力学能)和比内能(比热力学能)

物质内部具有多种能量,如由原子结合成为分子的化学能、原子内部的原子能以及分子无规则运动的热能等。工程热力学研究的是热能与机械能之间的相互转换,因此把工质所具有的热能称为内能(热力学能),用符号 U 表示,单位是焦(J)。单位质量工质的内能称为比内能(比热力学能),用符号 u 表示,单位是焦/千克(J/kg)。

工质的内能(热力学能)是由分子无规则热运动所具有的内动能(包括分子的平动动能、转动动能和分子内部原子的振动动能)和分子间相互作用力产生的内势能两部分组成。前者是温度的函数,后者取决于容积(或比容),因此工质的内能(或比内能)是温度和容积(或比容)的函数,即

$$U = \Phi(T, V)$$

由此可见,工质的内能(或比内能)是由状态参数——温度和容积(或比容)所决定的,因此内能 U 和比内能 u 也为工质的热力学状态参数。在热力学的计算中,往往只用到内能 U 或比内能 u 的变化量,因此,它们为零值的基准态可以人为地选定。

(5)焓和比焓

工质在流经开口系统时,由于其比内能 u 和压力 p 与比容 v 的乘积 pv(称为比流动功)总是同时出现,因此,在热力学中把这两者之和称为比焓,用符号 h 表示,单位是焦/千克(J/kg),即

$$h = u + pv$$

对于 m 千克处于平衡态的工质,则有

$$H = mh = mu + pmv = U + pV$$

式中,H 称为 m 千克工质的焓,单位是焦(J)或千焦(kJ)。

因为内能 U、比内能 u、容积 V、比容 v 和压力 p 均为工质的状态参数,因此焓 H 和比焓 h 也为工质的热力学状态参数。

在热力学的计算中,往往只用到焓 H 或比焓 h 的变化量,因此,它们为零值的基准态也可以人为地选定。

(6)熵和比熵

①熵的引入

在一个微元可逆过程(可逆过程将在下小节介绍)中,m kg 工质从热源吸收的微元热量 dQ 除以工质吸热时热源的绝对温度 T 所得的商,定义为工质在绝对温度 T 时熵 S 的增量 dS,即

$$dS = \left(\frac{dQ}{T}\right)_{rev} \quad kJ/K \tag{1.2.1-1}$$

熵 S 的单位是千焦/开(kJ/K)。

对于均匀系统,因为 $dQ = mdq$,将上式两边除以 m 得

$$ds = \left(\frac{dq}{T}\right)_{rev} \quad kJ/(K \cdot kg) \tag{1.2.1-2}$$

s 为单位质量工质的熵,称为比熵,单位是千焦/(开·千克)[kJ/(K·kg)] 或焦/(开·千克)[J/(K·kg)]。dq 为单位质量工质从热源吸收的微元热量,单位是千焦/千克(kJ/kg)。

熵和比熵均为工质的热力学状态参数。

若可逆过程工质从状态 1 变为状态 2,其熵和比熵的变化量为

$$\Delta S = S_2 - S_1 = \int_1^2 \left(\frac{dQ}{T}\right)_{rev} \quad kJ/K$$

$$\Delta s = s_2 - s_1 = \int_1^2 \left(\frac{dq}{T}\right)_{rev} \quad kJ/(K \cdot kg)$$

在热力学的计算中,往往只用到熵 S 或比熵 s 的变化量,因此,它们为零值的基准态也可以人为地选定。

②熵的含义

"熵"字的中文意义是热量被温度除所得的"商",熵(Entropy)的希腊原名的意义是"转变",指热量可以转换为功的程度,即热量的转换能力。由经验得知,热量转换为功的能力与热源的绝对温度有关,热源温度越高,系统在可逆过程中从热源吸收的热量可转换为功的那一部分所占比例就越大。由熵的定义式(1.2.1-1)可以看出,当在可逆过程中系统从热源吸收的热量相同时,热源的绝对温度越高,则系统的熵增就越小,热量转换为功的能力就越强。可见热量的转换能力与系统在可逆吸热中熵的增量成反比关系。当系统在可逆过程中从温度为

T_0 的环境(大气或海水)吸收热量时,熵的增量达极大值,因此系统从环境吸收的热量,其转换能力为零。

由式(1.2.1-2)可见,对于可逆过程,若 $dq>0$,则 $ds>0$,即系统从热源吸热,工质比熵增加;若 $dq<0$,则 $ds<0$,即系统向热源放热,工质比熵减少;若 $dq=0$,则 $ds=0$,即系统与热源绝热,工质比熵不变;反之亦然。因此,对于可逆过程,我们可以根据工质比熵的变化来判断系统与外界热传递的方向。

需要强调的是,以上根据工质比熵的变化来判断系统与外界热传递的方向,或根据系统与外界热传递的方向来判断工质比熵的变化,仅适用于可逆过程,对于不可逆过程则不一定成立。

(五)准静态过程和可逆过程

当系统与外界发生功和热量的交换时,封闭系统内的工质或流经开口系统的工质的热力学状态必将发生变化,这种工质的热力学状态的变化过程称为"热力过程"。

1.准静态过程

系统的平衡态描述起来最简单。如果过程中系统所经历的每一中间状态均为平衡态,则这种过程中系统状态的描述自然是最简单的。但是,状态的变化意味着系统原平衡态的破坏。从原平衡态的破坏到新平衡态的建立需要一定的时间。

在热力学中,把恢复平衡所需要的时间称为"弛豫时间"。只要过程进行的时间比弛豫时间长得多,则过程所经历的每一中间状态可以足够准确地看作平衡态。如果过程进行得足够缓慢,系统从初始平衡态变化到终了平衡态的过程中所经历的每一中间状态足够接近平衡态,那么这一过程就称为"准静态过程",又称为"准平衡过程"。

一般来说,实际过程中系统的每一中间状态都处于非平衡状态(如膨胀或压缩过程中系统各处压力不均匀,加热或放热过程中系统各处温度不均匀等)。但是,只要控制外界条件,使过程进行得足够缓慢,则过程中系统所经历的中间状态就会足够接近平衡状态。过程进行得越缓慢,过程中系统所经历的中间状态就越接近平衡状态,过程就越接近准静态过程,即实现准静态过程的充要条件是过程进行的时间比"弛豫时间"长得多。

在轮机工程中,绝大多数热力设备中进行的实际热力过程虽然表面上似乎进行得很快,比如柴油机的压缩或膨胀过程,活塞运动的平均速度一般为每秒几米,但气体中使压力不平衡趋向平衡的压力波的速度为音速,一般为每秒几百米,因此过程进行的时间远大于"弛豫时间",气缸内各处的压力在过程中的每一步都来得及趋于均匀一致,这样的过程完全可以看作是准静态过程。因此,研究准静态过程是有实际意义的。

2.常见的不可逆因素

准静态过程的概念解决了过程中系统状态的描述问题,这对过程的分析计算无疑是很重要的。但这还不够,因为过程是在外界对系统的作用下发生的,因此,还要研究过程对外界所产生效应的性质,即过程的不可逆性。由经验可知,实际过程的不可逆因素主要有:耗散效应、有限温差下的热传递、自由膨胀和不同工质的混合等四种。当然,在工程实际中,还有其他的不可逆现象。但是,对于不考虑化学反应和电磁等效应的系统,其过程的不可逆因素主要就是以上四种。

所有的不可逆因素,归纳起来都是由系统的非平衡态和与工质黏性有关的耗散效应所引起的。如温度不平衡引起有限温差下的热传递,压力不平衡引起自由膨胀等。在黏性流体的流动中,存在着流体的宏观动能通过黏性摩擦变为热的现象(即耗散效应)等。

(1)耗散效应

通过摩擦使功变为热的现象称为耗散效应。功可以通过摩擦自发地(无条件地和全部地)变为热,而热不可能自发地变为功。因此,耗散效应是不可逆的。除摩擦外,电流通过电阻时的热效应、磁滞发热和固体的非弹性变形的热效应等,也是耗散效应。

(2)有限温差下的热传递

热可以自发地从高温物体传到低温物体,而不可能自发地从低温物体传到高温物体。因此,在有限温差下的热传递是不可逆的。

(3)自由膨胀

工质在膨胀时克服外界作用在移动边界上的压力,将对外界做膨胀功。如果移动边界上的压力为零,则膨胀功为零,这种膨胀称为自由膨胀。

如图 1.2.1-9 所示为自由膨胀,在一刚性的、与外界绝热的容器中有一个隔板,隔板把容器分为两部分:左边充有气体,右边为绝对真空。将隔板抽出,气体立即向真空膨胀。由于右边原为绝对真空,对膨胀过程的气体没有压力,因而气体没有对外界做功,这是典型的自由膨胀的例子。待足够长时间后,气体均匀分布在整个容器内达到平衡态。一旦整个容器内的气体达到平衡态后,右边的气体不可能自发地回到左边,而使右边恢复绝对真空。可见自由膨胀是不可逆的。

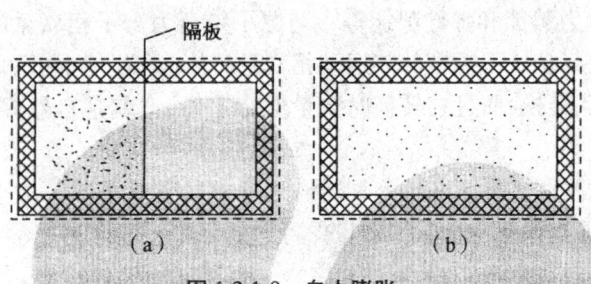

图 1.2.1-9　自由膨胀

(4)不同工质的混合

如图 1.2.1-10 所示为不同工质的混合,在容器中,隔板左边充有一种气体,右边充有另一种气体。隔板抽出后,左右两边的气体均会自发地向对方扩散,直至两种不同的气体在整个容器内均匀混合。但均匀混合的不同气体不可能自发地分离。可见,不同工质的混合是不可逆的。

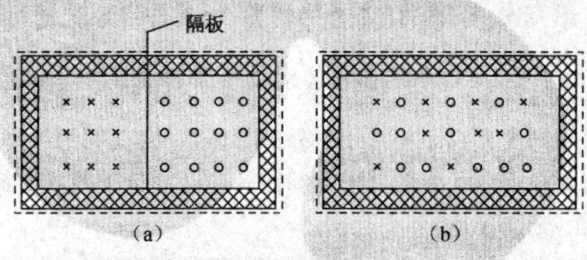

图 1.2.1-10　不同工质的混合

3.可逆过程

系统进行一个过程后,无论包含几个不可逆因素,还是作为理想极限情况不包含任何不可逆因素,都可以使系统回到其初态。问题是,在系统回到初态的同时能否消除原过程中外界所发生的一切变化,使外界也恢复自己的初态。

可逆过程定义为:系统进行了一个过程后,若系统和外界均能恢复到各自的初态,则这样的过程称为可逆过程。系统进行了一个过程后,若仅仅系统能恢复初态,而在外界遗留了不可逆的变化,则这样的过程为不可逆过程。凡是包含不可逆因素的过程,均为不可逆过程;而不包含任何不可逆因素的过程,才是可逆过程。

准静态过程为系统内部平衡的过程。可逆过程为没有任何不可逆因素的过程,即系统内部平衡和无耗散效应的过程。因此,这两个过程之间的关系可表达为:无耗散效应的准静态过程为可逆过程。可见,可逆过程必定是准静态过程,而准静态过程不一定是可逆过程。

准静态过程和可逆过程在热力学状态图(如 $p-v$ 图、$T-s$ 图、$p-h$ 图、$h-s$ 图等)上可以用一条连续曲线表示;而非准静态过程和不可逆过程在热力学状态图上则不能用一条连续曲线表示,只能用一条虚线大概表示非准静态过程和不可逆过程的变化。

二、热力学第一定律

热力学第一定律的实质是能量转换和守恒定律在热力学系统中的具体应用,它揭示了能量转换在数量上的守恒规律。

(一)热力学第一定律的实质及表达形式

1.热力学第一定律的实质

根据人们的实践经验和精确实验,自然界存在着各种形式的能量,如与物体宏观运动相联系的机械能(动能、重力势能和弹性势能等)、与原子结合为分子相联系的化学能、与原子核反应相联系的核能以及与分子不规则的热运动相联系的热能等。各种形式的能量不能被创造也不能被消灭,只能相互转换,而且在转换时数量保持守恒,这就是自然界的普遍规律之一——能量转换和守恒定律。

热力学第一定律阐明了能量在传递和转换过程中的数量关系。对于孤立系统,热力学第一定律可表述为:在孤立系统内能量的总量保持不变。对于任意热力学系统,热力学第一定律可表达为

$$\text{输入系统的能量} - \text{系统输出的能量} = \text{系统中储存能量的变化量} \tag{1.2.2-1}$$

根据上式,可将能量分为传递中的能量和系统中的储存能量两大类。传递中的能量,即通过系统边界传递的能量,有两种形式——功和热量,它们不是状态参数,而是过程的函数。系统的储存能量,从宏观来看,当系统的状态一定时就有一个确定的数值,因而是一个状态参数。在工程热力学中,为讨论方便,将储存能量分为两类:一类是以系统相对于其外部参照系的参数(外部参数)来描述的能量,比如系统作整体运动所具有的动能 $\frac{1}{2}mw_g^2$ 和重力势能 mgh,其中的系统整体速度 w_g 和高度 h 都是相对于其外部参照系而言的;另一类是以系统内部的状态参数来描述的能量,它是系统内工质的分子运动和其他微观运动模式所确定的能量,这也就是热力学中所定义的内能(热力学能)。

历史上,有人企图制造一种不耗费任何能量却又不断循环做功的机器,这种机器称为第一类永动机。实践证明,第一类永动机是造不成的,因为这种机器从根本上违反了能量转换和守恒定律,所以,热力学第一定律又可表述为:第一类永动机是造不成的。

2.热力学第一定律的表达形式

(1)封闭系统的热力学第一定律

对外界为热源和功源的内含质量为 m kg 工质的封闭系统,如图 1.2.2-1 所示,若热源给系

统的加热量为 Q（此为输入系统的能量）、系统对功源所做的膨胀功为 W（此为系统输出的能量）、系统内能的变化量为 $\Delta U = U_2 - U_1$（此为系统中储存能量的变化量），根据能量转换和守恒定律，按式(1.2.2-1)，可得封闭系统热力学第一定律的三种一般表达式。

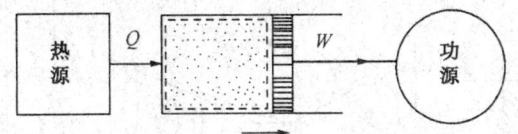

图 1.2.2-1　封闭系统与外界的能量传递

对于质量为 m kg 工质的封闭系统，则有

$$Q = \Delta U + W \quad (1.2.2\text{-}2)$$

对于单位质量工质的封闭系统，则有

$$q = \Delta u + w \quad (1.2.2\text{-}3)$$

对于单位质量工质封闭系统的一个微元过程，则有

$$\mathrm{d}q = \mathrm{d}u + \mathrm{d}w \quad (1.2.2\text{-}4)$$

以上三个公式为封闭系统热力学第一定律的三种一般表达式。公式中的量都是代数值，并且

① $q>0$，表示热源对系统加热；$q<0$，表示系统向热源放热。

② $\Delta u>0$，表示系统比内能增加；$\Delta u<0$，表示系统比内能减少。

③ $w>0$，表示系统对功源做功；$w<0$，表示功源对系统做功。

上述三式是由普遍适用的能量转换和守恒定律直接应用于封闭系统而导出的，所以适用于任何工质（理想气体或实际气体及其液态）的任何过程（可逆过程或不可逆过程）。

需要指出，判断系统内能的变化，不能只看系统与外界的热量交换或系统与外界的功交换，而应看两者的综合结果。例如，某容器中装有一定质量的热水，热水向周围大气放出热量 10 kJ，同时功源通过搅拌器对热水做功 15 kJ，则热水内能的变化量应为

$$\Delta U = Q - W = -10 - (-15) = 5 \text{ kJ}$$

即热水内能增加，增加量为 5 kJ。

(2) 开口系统的热力学第一定律

在热能动力装置和制冷装置中，汽轮机、锅炉、冷凝器和压缩机等热力设备均有工质的流入和流出，对这类有工质流入流出的热力设备，应作为开口系统进行分析和研究。

一般情况下，开口系统的能量转换关系是极其复杂的，本节仅讨论工程中的常见情况。首先，只讨论位置和形状都不随时间而变化的开口系统。其次，仅讨论工质在开口系统中的流动为一元稳定流动的情况。所谓一元流动，是指与流动方向垂直的同一截面上的各点，工质的状态参数和流速都是相同的，工质的状态参数和流速仅沿流动方向作一元的变化；而稳定流动是指开口系统内的任一点的状态参数和流速均不随时间而变化。显然，这种工质在其中做一元稳定流动的开口系统与外界的热源、功源和质源所交换的热量、功量和质量均不随时间而变化。船舶动力装置处于稳定工况下，其气体或蒸汽的流动都可近似地看作是一元稳定流动。

如图 1.2.2-2 所示，工质以一元稳定流动流经开口系统。工质在进口截面 1-1 处的截面积、压力、比容、比内能和流速分别为 f_1、p_1、v_1、u_1 和 w_{g1}，工质在出口截面 1-2-2 处的截面积、压力、比容、比内能和流速分别为 f_2、p_2、v_2、u_2 和 w_{g2}。通过真实边界，外界加给系统中单位质量流动工质的热量为 q，系统中单位质量流动工质对外界做的轴功为 w。

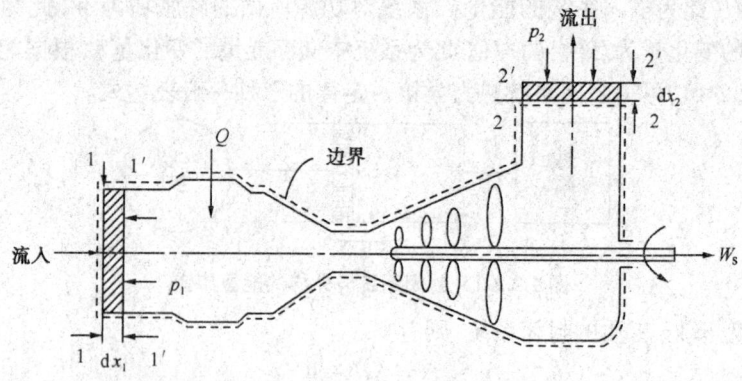

图 1.2.2-2 开口系统与外界的能量传递

设有 dm kg 工质经进口截面 1-1 进入系统流到截面 1′-1′,在流动过程中必须克服沿途的压力,因而外界必须对流入的工质做功,在 $p_1 f_1$ 力的作用下移动了 dx_1,所以做功为

$$p_1 f_1 dx_1 = p_1 dV_1 = p_1 v_1 dm$$

这种功称为流动功或推进功。

对于 1 kg 工质而言,进入系统的能量分别为:①比流动功 $p_1 v_1$;②比内能 u_1;③比流动动能 $w_{g1}^2/2$;④单位质量加热量 q。对于 1 kg 工质而言,系统输出的能量分别为:①比流动功 $p_2 v_2$;②比内能 u_2;③比流动动能 $w_{g2}^2/2$;④比轴功 w_s。

因为讨论的是一元稳定流动的开口系统,系统的储存能量不随时间而变化。所以,根据热力学第一定律,输入系统的能量=系统输出的能量,可得

$$q = h_2 - h_1 + \frac{1}{2}(w_{g2}^2 - w_{g1}^2) + w_s$$

或

$$q = \Delta h + \frac{1}{2}\Delta w_g^2 + w_s \tag{1.2.2-5}$$

对于一个微元流动过程,上式可写为

$$dq = dh + \frac{1}{2}dw_g^2 + dw_s \tag{1.2.2-6}$$

工质流经开口系统而引起的流动动能的变化量与外界发出的轴功之和,称为技术功,用 W_t 表示,单位是焦(J)或千焦(kJ),即

$$W_t = \frac{1}{2}m\Delta w_g^2 + W_s$$

单位质量的技术功称为比技术功,用 w_t 表示,单位是千焦/千克(kJ/kg),即

$$w_t = \frac{1}{2}\Delta w_g^2 + w_s$$

因此,式(1.2.2-5)和式(1.2.2-6)可写为

$$q = \Delta h + w_t \tag{1.2.2-7}$$

$$dq = dh + dw_t \tag{1.2.2-8}$$

式(1.2.2-5)~式(1.2.2-8)即为一元稳定流动开口系统的热力学第一定律的数学表达式,也称为稳定流动能量方程。它们适用于任何工质(理想气体或实际气体及其液态)的任何过程(可逆过程或不可逆过程)。稳定流动能量方程说明,外界加给系统的热量用于增加流动工

质的焓值以及对外界做技术功（增加流动工质的动能和对外界做轴功）。稳定流动能量方程很重要，在工程上经常用到。

(3) 稳定流动能量方程应用简介

在船舶轮机中，可取为开口系统的热力设备或装置主要有：换热器（如锅炉、冷凝器等）、喷管和扩压管、产生功的装置（如蒸汽轮机、燃气轮机）、消耗功的装置（如泵、压缩机）和节流装置（如膨胀阀）等。这些设备或装置除起动、停车和机动操作外，在稳定运行时均可看作一元稳定流动的开口系统。将稳定流动能量方程应用于这些设备，采用允许的简化条件，就可得到这些设备简明的能量传递或转换关系。

① 换热器

换热器的任务是使其中流动的工质与外界进行热量交换。换热器的种类很多，如锅炉、冷凝器、蒸发器、空气冷却器和回热器等。换热器与外界没有轴功 w_s 交换，进出口的工质流速变化不大，因而流动动能的变化 $\Delta w_g^2/2$ 与加热量 q 相比小到可以忽略不计，即系统与外界没有技术功交换。将稳定流动能量方程应用于换热器，则有

$$q = \Delta h = h_2 - h_1$$

可见，工质流经换热器时所吸收的单位质量热量全部用于增加工质的比焓；反之，工质流经换热器时所放出的单位质量热量全部来自工质比焓的减少。

② 喷管和扩压管

喷管是一种使流动工质加速从而增加其流动动能的管道。扩压管是使工质沿流动方向增加压力的管道。因为工质在喷管和扩压管中的流速都很高，来不及与外界进行热量交换，即 $q=0$；而且喷管和扩压管与外界都没有轴功交换，即 $w_s=0$；因而系统与外界交换的技术功全部以工质流动动能的变化出现。将稳定流动能量方程应用于喷管和扩压管，则有

$$\frac{1}{2}\Delta w_g^2 = -\Delta h = h_1 - h_2$$

可见，工质在喷管中增加的动能全部来自工质焓值的减少。对扩压管则是工质减少的动能全部用于增加工质的焓值。

③ 汽轮机

汽轮机可分为蒸汽轮机和燃气轮机，柴油机上带动增压器的废气涡轮的工作原理与燃气轮机类似。它们都是由喷管和工作叶片两个主要部件组成，工质流经喷管时，压力降低，动能增加，气流喷射到叶轮上将动能转化为轴功输出，所以汽轮机是发出功的设备。

工质在汽轮机内流速很高，来不及与外界进行热交换，即 $q=0$；而且工质在汽轮机进出口的流速变化不大，动能的变化可略去不计，即 $\Delta w_g^2/2=0$；因而汽轮机对外界所做的技术功全部以轴功的方式输出。将稳定流动能量方程应用于汽轮机，则有

$$w_s = -\Delta h = h_1 - h_2$$

可见，汽轮机输出的轴功等于工质的绝热焓降。

④ 泵和压缩机

工质在泵和压缩机中的流动是汽轮机的逆过程。它们是消耗外界的轴功使工质压力升高的装置。泵使用液态工质，压缩机使用气态工质。上述关于汽轮机的讨论全部适用于泵和压缩机，只是此时计算出的轴功为负值而已。

⑤ 节流

工质在管道中流过一个小孔时，由于流道断面缩小，工质流速增加，压力降低。当工质流

过小孔后,流道断面突然扩张到原来的尺寸,工质的流速降低,压力升高。由于工质流经小孔前后断面的突然收缩和扩大,流动工质中产生了大量的涡漩,因而工质内部摩擦很剧烈。这样,压力就不能恢复到原来的数值。按照小孔直径与管道直径比值的不同,压力降低的数值也不同,这种现象称为节流。

把小孔前、后的空间取为开口系统,由于节流前、后工质动能的变化量与其焓的数值相比可略去不计,即 $\Delta w_g^2/2=0$;又由于工质流经小孔时流速较大,来不及与外界进行热交换,即 $q=0$;另外,工质流经小孔时与外界没有轴功交换,即 $w_s=0$。将稳定流动能量方程应用于节流,则有

$$h_1 = h_2$$

由此可见,节流前、后工质的焓值相等。因为节流过程中,工质内部有旋涡,所以节流过程不仅是不可逆的,而且是非准静态的,节流过程在热力学状态图(如 $p-v$ 图、$T-s$ 图、$p-h$ 图等)上不能用一条连续实线表示,只能用一条虚线表示。

(二)热量和功

热量和功都不是状态参数,它们都是系统与外界通过边界传递的能量,因而是过程的函数。通过热力系统,热量与功可以相互转换,并在数量上守恒。但热量与功也有着本质上的区别,功是规则能量的传递方式,而热量是不规则热运动的能量传递方式。

1.热量

(1)热量的概念

系统与外界因存在温差而通过边界传递的能量称为热量。习惯上规定:系统从外界吸热为正值,系统向外界放热为负值。由于热量为传递中的能量,它只有在通过边界时出现,一旦这种传递中的能量通过了边界,它便"消失"并转化为系统或外界的能量。因此,说系统"具有"多少热量是没有意义的。热量不是系统的状态参数,它是系统状态变化过程的函数。

由经验可知,热量总是自发地从高温处传递到低温处,温差是热量传递的驱动力。因为温度是物体内部分子和原子不规则热运动剧烈程度的度量,所以,热量是不规则热运动的能量传递方式。在国际单位制中,热量的单位为焦(J)或千焦(kJ)。

(2)热量与 $T-s$ 图

以绝对温度 T 为纵坐标,以比熵 s 为横坐标可建立温-熵图($T-s$ 图),如图1.2.2-3所示。系统的初态 $1(T_1,s_1)$ 用点1表示,终态 $2(T_2,s_2)$ 用点2表示,从初态1到终态2的某一可逆过程可用曲线1-2表示(不可逆过程用虚线表示)。

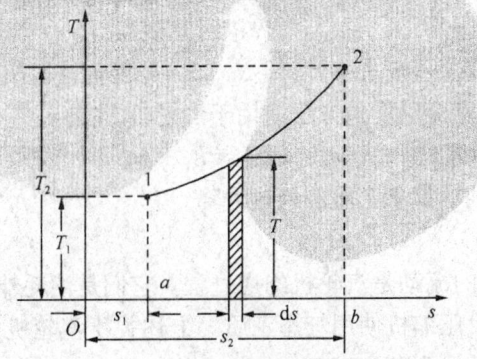

图1.2.2-3 工质的温熵图

根据比熵定义式(1.2.1-2) $ds=dq/T$ 可得 $dq=Tds$,可见,在微元可逆过程中,系统单位质

量工质吸收的微元热量 dq 在 $T-s$ 图上可用阴影线的微元面积表示。因此，在过程 1-2 中，系统单位质量工质吸收的热量为

$$q = \int_{s_1}^{s_2} Tds = 面积\ 12ba1$$

可见，用 $T-s$ 图上过程曲线下的面积来表示可逆过程中系统的单位质量工质的吸热量是非常方便和形象的，因此，$T-s$ 图又称为示热图。$T-s$ 图在热力学分析中是十分有用的。

从 $T-s$ 图上还可以看出，从初态 1 到终态 2，过程可以沿着不同的途径进行，因而就对应着不同的热量。可见，热量不是状态参数，而是过程的函数。

2. 功

(1) 功的概念

在封闭系统中，工质由于容积的改变而通过边界与外界交换的功，称为容积功，用 W 表示。单位质量的容积功称为比容积功，用 w 表示。工质膨胀时工质对外界做的容积功称为膨胀功，工质压缩时外界对工质做的容积功称为压缩功。习惯上规定：系统对外做功为正，而外界对系统做功为负。

与热量类似，功也是传递中的能量，它只有在通过边界时出现，一旦这种传递中的能量通过了边界，它便"消失"了并转化为系统或外界能量。因此，说系统"具有"多少功也是没有意义的。功也不是系统的状态参数，它是系统状态变化过程的函数。在国际单位制中，功的单位为焦（J）或千焦（kJ）。

(2) 容积功与 $p-v$ 图

如图 1.2.2-4 所示，设封闭气缸内有 1 kg 工质，工质从初态 1 沿过程 1-A-2 膨胀到终态 2，为了分析的直观和方便，我们用以压力 p 为纵坐标、以比容 v 为横坐标的 $p-v$ 图上的曲线来表示气缸内的压力随比容变化的关系。若不计活塞与气缸壁之间的摩擦，则工质作用在活塞上的总压力为 pf（f 为活塞面积），并随时与作用在活塞上的外力相等，即为可逆过程。当工质做微元膨胀时，活塞向右移动距离为 dx，此时系统对外界做的微元功为 d$w = pf$dx，而 fdx 为工质在微元膨胀时比容的变化量，即 d$v=f$dx，所以，系统中单位质量工质在该微元膨胀过程中对外界所做的功（比膨胀功）dw 为

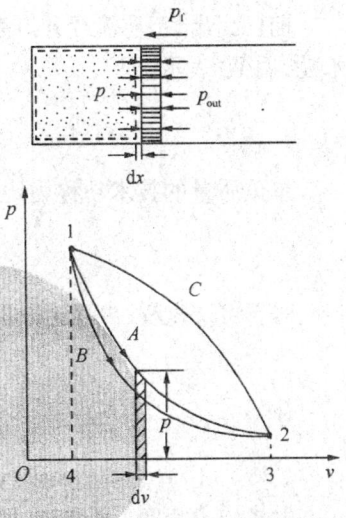

图 1.2.2-4　工质在气缸中的膨胀

$$dw = pdv \qquad (1.2.2-9)$$

整个过程中系统对外界做的比膨胀功 w 为

$$w = \int_1^2 pdv = 面积\ 1A2341$$

可见，系统对外界所做比膨胀功的数值大小，可由 $p-v$ 图上过程曲线 1-A-2 下面的面积 1A2341 表示。

从式（1.2.2-9）可以看出，当 d$v>0$ 时，d$w>0$，即工质膨胀时，系统对外界做功；反之，当 d$v<0$ 时，d$w<0$，即工质被压缩时，外界对系统做功。

从 $p-v$ 图上还可以看出，从初态 1 到终态 2，过程可以沿着不同的途径进行，因而就对应着不同的比膨胀功。可见，功不是状态参数，而是过程的函数。

$p-v$ 图在热力学分析中也是十分有用的。$p-v$ 图上的任意一点表示工质的一个平衡态，$p-v$ 图上的曲线表示可逆过程(用虚线表示不可逆过程)。$p-v$ 图上由曲线或直线围成的面积表示系统与外界交换的功，如上所述的容积功，故 $p-v$ 图又称为示功图。

(3) 封闭系统可逆过程的热力学第一定律

从封闭系统热力学第一定律的三种一般表达式：

$$Q = \Delta U + W \qquad q = \Delta u + w \qquad dq = du + dw$$

可以看出，当初、终状态给定时，状态参数——内能的变化量为定值，与过程无关，功和热量则随过程的不同而有不同的数值，说明功和热量不是状态参数，是过程函数。

对可逆过程，因为 $dw = pdv$，所以封闭系统可逆过程热力学第一定律可表述为

$$Q = \Delta U + \int_1^2 p dV \tag{1.2.2-10}$$

$$q = \Delta u + \int_1^2 p dv \tag{1.2.2-11}$$

$$dq = du + pdv \tag{1.2.2-12}$$

(4) 技术功与 $p-v$ 图

前已指出，工质流经开口系统而引起的流动动能的变化量与外界发出的轴功之和，称为技术功，用 W_t 表示，即

$$W_t = \frac{1}{2} m \Delta w_g^2 + W_s$$

单位质量的技术功称为比技术功，用 w_t 表示，即

$$w_t = \frac{1}{2} \Delta w_g^2 + w_s$$

对于可逆过程，由理论分析可知

$$dw_t = \frac{1}{2} d w_g^2 + dw_s = -vdp \tag{1.2.2-13}$$

$$w_t = \frac{1}{2} \Delta w_g^2 + w_s = -\int_{p_1}^{p_2} vdp \tag{1.2.2-14}$$

由式(1.2.2-14)可见，在可逆流动过程中，压力降低($dp<0$)，系统对外做技术功($w_t>0$)；压力升高($dp>0$)，则外界对系统做技术功($w_t<0$)；定压流动($dp=0$)，系统与外界无技术功交换($w_t=0$)。

如图 1.2.2-5 所示，比技术功可用 $p-v$ 图上可逆流动过程曲线 1-2 与纵坐标之间的面积 12561 表示。

(5) 开口系统可逆过程的热力学第一定律

从开口系统一元稳定流动的热力学第一定律的数学表达式

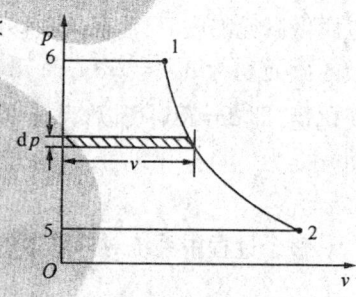

图 1.2.2-5　可逆过程的技术功

$$Q = \Delta H + W_t \qquad q = \Delta h + w_t \qquad dq = dh + dw_t$$

可得可逆的一元稳定流动开口系统热力学第一定律的数学表达式

$$Q = \Delta H - \int_{p_1}^{p_2} V dp \tag{1.2.2-15}$$

$$q = \Delta h - \int_{p_1}^{p_2} v \mathrm{d}p \qquad (1.2.2\text{-}16)$$

$$\mathrm{d}q = \mathrm{d}h - v\mathrm{d}p \qquad (1.2.2\text{-}17)$$

三、热力学第二定律及卡诺定理

在能量的传递和转换过程中,热力学第一定律阐明了它们之间的数量关系。但过程进行的方向性,即过程的不可逆性,热力学第一定律并没有涉及。这个无论在自然界还是在工程应用中都是十分重要的问题,则是由热力学第二定律来阐明的。

(一)循环及其经济性指标

1.循环的概念

功变热和热变功,从本质上说,它们是两种根本不同的转换。经验表明,通过摩擦,功可以自发地全部转换为热,而热却不能通过摩擦自发地全部转换为功。

热变功的根本途径是依靠工质的膨胀。为了持续不断地将热转换为功,工程上是通过热机来实现的。工质在热机的气缸中仅仅完成一个膨胀过程是不能满足要求的。为了能重复地进行膨胀过程,工质在每次膨胀之后必须进行压缩,以便又回到初态。

工质从初态出发,经过一系列状态变化又回到初态,这种闭合过程称为"循环"。工质经过一个循环后,工质的所有热力学状态参数都没有改变,但是,工质在循环的过程中可能与外界发生了热或功的交换。任何一个循环都是由若干过程所组成的。全部由可逆过程组成的循环称为可逆循环,只要含有一个不可逆过程组成的循环就称为不可逆循环。在热力学状态图(如 $p\text{-}v$ 图、$T\text{-}s$ 图、$p\text{-}h$ 图和 $h\text{-}s$ 图等)上,可逆循环用一条闭合实线表示;不可逆循环中的可逆过程用实线表示、不可逆过程用虚线表示。循环分为正循环和逆循环,正循环是指沿顺时针方向进行的循环,而逆循环是指沿逆时针方向进行的循环。

2.循环的经济性指标

循环的经济性指标可用工作系数来表示,其定义为

$$\text{工作系数} = \frac{\text{收益(或效果)}}{\text{代价}}$$

实现一个循环,根据不同目的,循环经济性指标(工作系数)的表达形式也不同。

(1)正循环及其经济性指标

如图1.2.3-1所示的 $p\text{-}v$ 图上由 $a\text{-}b\text{-}c\text{-}d\text{-}a$ 组成的循环和 $T\text{-}s$ 图上由 $A\text{-}B\text{-}C\text{-}D\text{-}A$ 组成的循环,都是沿顺时针方向进行的循环,这种循环称为正循环。

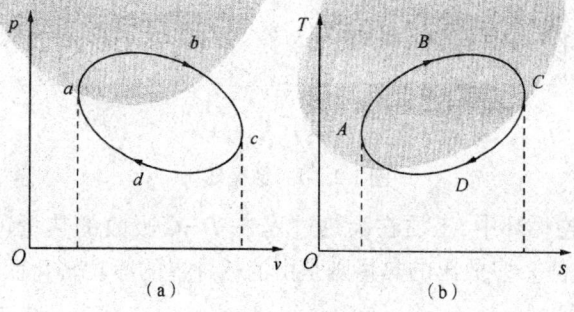

图1.2.3-1 正循环

由 $p\text{-}v$ 图可见,在正循环中,工质在膨胀过程 $a\text{-}b\text{-}c$ 对外做的功(正值)大于压缩过程 $c\text{-}d\text{-}a$ 所接受的来自外界的功(负值),两者的代数和为正,说明循环之后得到了净功。

由 $T\text{-}s$ 图可见,在正循环中,工质在吸热过程 $A\text{-}B\text{-}C$ 所吸收的热量(正值)大于放热过程 $C\text{-}D\text{-}A$ 所放出的热量(负值),多吸收的热量必转换成为对外做的净功。

设在一个循环中,由高温热源加给单位质量工质的热量为 q_1,单位质量工质放给低温热源的热量为 q_2(取绝对值),则系统与外界所交换的单位质量工质的净热量为 $q=q_1-q_2$;单位质量工质对外做的功为 w_1,单位质量工质所接受的来自外界的功为 w_2,则系统与外界所交换的单位质量工质的净功为 $w=w_1-w_2$;经过一个循环,工质又回到初态,比内能没有变,即 $\Delta u=0$。

按照热力学第一定律:$q=\Delta u+w$,则有:$q_1-q_2=w$,即在一个循环中,外界加给每单位质量工质的净热量等于每单位质量工质对外界所做的净功。因此,这种沿顺时针方向进行的循环(正循环)是把热能转换为机械能的循环,称之为动力循环或热机循环。

热机循环的经济性指标为热机在每循环中对外发出的净功与从高温热源吸收的热量之比,称为热机循环的热效率,用 η_t 表示,即

$$\eta_t = \frac{W}{Q_1} = \frac{Q_1-Q_2}{Q_1} = 1 - \frac{Q_2}{Q_1}$$

或

$$\eta_t = \frac{w}{q_1} = \frac{q_1-q_2}{q_1} = 1 - \frac{q_2}{q_1} \qquad (1.2.3\text{-}1)$$

热效率是衡量热机性能的重要指标之一,它说明工质从高温热源吸收的热量有多少转换为功。显然,提高热效率具有重大的实际意义,因为它牵涉到节能和减轻废气对环境的污染。从式(1.2.3-1)可以看出,若 $q_2=0$,则 $\eta_t=1$,即工质在循环中没有向低温热源放热,工质在热机中便可将吸收的热量持续不断地百分之百转换为功,这虽然不违反热力学第一定律,但实践证明是不可能的。按热力学观点,热效率的影响因素和所能达到的最大值,实质上就是在循环中热变功的条件和限度。

(2)逆循环及其经济性指标

如图1.2.3-2所示的循环都是沿逆时针方向进行的,这种循环称为逆循环。由 $p\text{-}v$ 图可见,在逆循环中,工质在膨胀过程 $a\text{-}d\text{-}c$ 对外做的功(正值)小于压缩过程 $c\text{-}b\text{-}a$ 所接受的来自外界的功(负值),两者的代数和为负,说明循环之后消耗了外界净功。

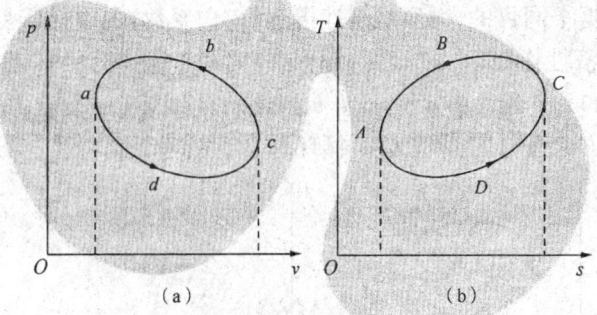

图1.2.3-2 逆循环

由 $T\text{-}s$ 图可见,在逆循环中,工质在吸热过程 $A\text{-}D\text{-}C$ 吸收的热量(正值)小于放热过程 $C\text{-}B\text{-}A$ 放出的热量(负值),多放出的热量则是由消耗外界的净功转化而来的。工质从低温热源吸热,向高温热源放热。

设工质从低温热源吸收的单位质量热量为 q_2,向高温热源放出的单位质量热量为 q_1(取

绝对值),外界对单位质量的工质做的净功为 w(取绝对值),则在这种沿逆时针方向进行的循环中有

$$q_1 - q_2 = w \quad \text{或} \quad q_1 = q_2 + w$$

因此,这种沿逆时针方向进行的循环(逆循环)是通过消耗机械能,从而把热量从低温物体传递到高温物体的循环。

若逆循环的目的是从低温物体吸收热量从而维持低于环境的温度,则称其为制冷循环。制冷循环的经济性指标则是每循环中从低温物体吸收的热量与消耗外界净功之比,称为制冷循环的制冷系数,用 ε 表示,即

$$\varepsilon = \frac{Q_2}{W} = \frac{Q_2}{Q_1 - Q_2} \quad \text{或} \quad \varepsilon = \frac{q_2}{w} = \frac{q_2}{q_1 - q_2} \tag{1.2.3-2}$$

若逆循环的目的是向高温物体供热从而维持高于环境的温度,则称其为热泵循环。热泵循环的经济性指标则是每循环中供给高温物体的热量与消耗外界净功之比,称为热泵循环的供热系数,用 ε_h 表示,即

$$\varepsilon_h = \frac{Q_1}{W} = \frac{Q_1}{Q_1 - Q_2} \quad \text{或} \quad \varepsilon_h = \frac{q_1}{w} = \frac{q_1}{q_1 - q_2} \tag{1.2.3-3}$$

(二)热力学第二定律

1.热力学第二定律的实质

符合热力学第一定律的能量转换过程并不是全都可以实现的。大量的事实证明,能量的传递和转换过程是有方向、条件和限度的,这在热力学第一定律中并没有涉及。比如,当两个温度不同的物体接触时,热量总是自发地从高温物体传向低温物体,从而使两个物体的温度趋于均匀,自发的热量传递过程是有方向性的。再比如,行驶中的汽车刹车时,汽车的动能通过摩擦全部转换为热能而散失到环境中去,汽车随之停止前进;反之,对汽车轮胎加热,补偿其散失的热能,汽车却不能恢复到原来的行驶状态。这说明自发的能量转换是有方向性的。这是因为热能是分子热运动所具有的能量,它是不规则运动的能量,而机械能则是物体整体运动所具有的能量,因而是规则运动的能量;规则运动的能量转换为不规则运动的能量可以自发地进行,机械能可以通过摩擦自发地全部转换为热能;而将热能转换为机械能,即把不规则运动的能量转换为规则运动的能量,则不能自发地进行,只能通过工质的受热膨胀来实现。

另外,热能转换为机械能也是有条件的、有限度的。比如热机循环,由热力学第一定律可知,因为第一类永动机是造不成的,所以热机的热效率不可能大于1;但是,若工质在循环中不向低温热源放热,那么热机的热效率则等于1,即工质在热机中可将吸收的热量持续不断地百分之百转换为功,显然这并不违反热力学第一定律,但实践证明是不可能的。按热力学观点,热效率的影响因素和所能达到的最大值,实质上就是在循环中热变功的条件和限度。热力学第二定律就是在研究如何提高热机热效率的实践中被发现并逐步发展起来的。

无论在自然界还是在工程应用中,能量传递和转换过程进行的方向、条件和限度都是十分重要的问题,这也正是热力学第二定律所研究的问题,其中能量传递和转换过程进行的方向是根本的问题。

热力学第一定律及热力学第二定律是能量传递和转换必须遵守的普遍规律,人们只能认识它,运用它,而不能违反或改变它。根据热力学第二定律可以找到提高动力装置的热效率和制冷装置的制冷系数的基本途径。

2. 热力学第二定律的表述

热力学第二定律的表述(说法)有很多种,看似内容不同,但实质相同,都是在阐明能量传递和转换过程进行的方向、条件和限度。

(1) 开尔文说法

热力学第二定律的开尔文说法:"不可能从单一热源吸取热量使之完全变为有用的功,而不产生其他变化。"热力学第二定律的这一说法阐明了热能和机械能相互转换时的方向性,它也为人们的日常生活经验和无数事实所证实。机械能可以通过摩擦自发地全部转换为热能,而人们从来没有见到热能能够自发地全部转换为机械能。需要注意的是,不能把热力学第二定律这一说法理解为:"不可能从单一热源吸取热量,使之完全变为有用的功。"理想气体的定温吸热过程,就能够把从单一热源吸取的热量全部转换为对外界做功,不过在这一过程中产生了"其他变化",这就是理想气体的容积膨胀。

对于热机循环,因为工质完成一个循环时本身恢复原状,没有发生什么变化,所以,既然不可能把从高温热源中吸取的热量全部用来对外界做功,那么就必须将其中的一部分传给另一个低温热源。因此,工质在热机循环中要实现将热能转换为机械能,至少要有两个热源,热效率不可能达到100%,这就是在循环中热变功的条件和限度。这个结论是从热力学第二定律直接得出的,对于由任意过程组成的任意工质的热机循环都适用。

对任意工质的任意循环,其热效率均为 $\eta_t = (1 - q_2/q_1) < 1$,所以,为提高热效率可以设法减少放给低温热源的热量,但不可能减少到零。

上述结论已被热机制造和使用正反两方面的经验所证实。从热机制造和使用的成功经验来看,所有热机的热效率都低于100%。从反面来看,假定单一热源的热机能够造成,那么就可以利用周围环境作为单一热源,从那里不断吸取热量而做功,而周围环境的内能实际上可以认为是取之不尽的,所以这种单一热源的热机又称为第二类永动机。历史上有人企图制造第二类永动机,虽然这并不违反热力学第一定律,但都失败了。这是因为它从根本上违反了热力学第二定律。因此,热力学第二定律也可以表述为:"第二类永动机是造不成的。"

(2) 克劳修斯说法

热力学第二定律的克劳修斯说法:"不可能把热量从低温物体传到高温物体,而不产生其他变化。"热力学第二定律的这一说法阐明了热量传递的方向性,它为人们的日常生活经验和无数事实所证实。需要注意的是,不能把热力学第二定律这一说法理解为:"不可能把热量从低温物体传到高温物体。"事实上,制冷装置就可以把热量从零下十几摄氏度的冷库中传到20~30℃的冷却水中,但必须在制冷装置中消耗功,并将这个功转换为热量也传给冷却水。这里的功变热就是"其他变化"。

将热力学第二定律这一说法应用到制冷循环可以看出,经过一个循环,工质恢复了原状,实现了把热量从低温物体传向高温物体,这就必然在外界产生其他变化(比如消耗了功,并将功转换为热量传给了高温物体)。这一结论是从热力学第二定律直接得出的,对于由任意过程组成的任意工质的制冷循环都适用。

关于热量传递的方向性,应该这样理解:"热量能够自发地从高温物体传向低温物体,也能够在有其他变化(比如功变热)的条件下从低温物体传向高温物体。"

(三) 卡诺循环与逆向卡诺循环

1. 卡诺循环

全部由可逆过程组成的循环称为可逆循环,完成可逆循环的热机称为可逆热机;只要含有一个不可逆过程组成的循环就称为不可逆循环,完成不可逆循环的热机则称为不可逆热机。卡诺循环是两个热源间的可逆循环,它是由两个定温过程和两个绝热过程,即定温吸热、绝热膨胀、定温放热和绝热压缩等四个可逆过程所组成的可逆循环。完成卡诺循环的热机则称为卡诺逆热机。

如图1.2.3-3所示为卡诺热机中所进行的卡诺循环。如图1.2.3-3所示,工质被封闭在气缸活塞中,并在高温热源和低温热源间进行可逆循环。因为组成可逆循环的各过程均应是可逆过程,除工质内部和外部无摩擦外,还对过程条件做出了限制。首先,移去绝热盖板,将高温热源移至气缸盖上,工质从高温热源吸热,如图1.2.3-3(a)所示;为使吸热过程是可逆过程,工质的温度在吸热过程中应始终等于高温热源的温度,故该吸热过程应为定温吸热过程。吸热过程结束时,移去高温热源并将绝热盖板移至气缸盖上,如图1.2.3-3(b)所示,工质则进行膨胀,其温度将由高温热源的温度降低为低温热源的温度;为使工质的膨胀过程为可逆过程,必须防止工质与周围环境之间的有限温差传热,故该膨胀过程为绝热膨胀过程。同理,工质向低温热源的放热过程应为定温放热过程,且工质的温度等于低温热源的温度,如图1.2.3-3(c)所示。定温放热之后,为使工质恢复至初态,压缩过程也必须是绝热的,如图1.2.3-3(d)所示。

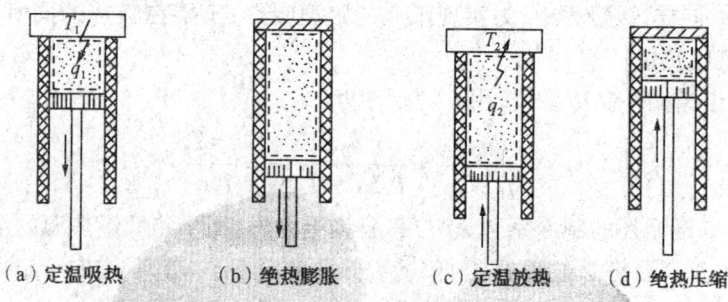

(a)定温吸热　(b)绝热膨胀　(c)定温放热　(d)绝热压缩

图1.2.3-3　卡诺热机中所进行的卡诺循环

如图1.2.3-4所示为卡诺循环的$T-s$图,在该图上:

4-1为定温吸热过程,工质从温度为T_1的高温热源吸收单位质量热量为:q_1=面积$41ba4=T_1\Delta s$。

1-2为绝热膨胀过程,工质对外做功,其温度由T_1经绝热膨胀后降为T_2(需要注意,在4-1的定温吸热过程中,工质在吸热的同时也对外做功,其做功量等于其吸热量)。

2-3为定温放热过程,工质向温度为T_2的低温热源放出单位质量热量为:q_2=面积$23ab2T_2\Delta s$。

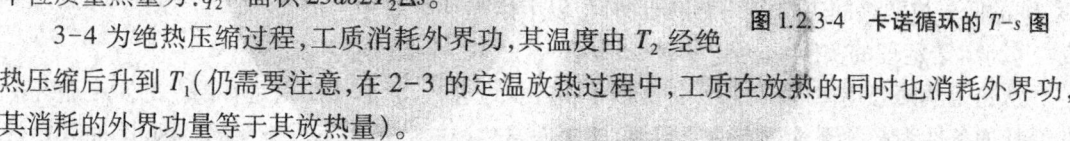

图1.2.3-4　卡诺循环的$T-s$图

3-4为绝热压缩过程,工质消耗外界功,其温度由T_2经绝热压缩后升到T_1(仍需要注意,在2-3的定温放热过程中,工质在放热的同时也消耗外界功,其消耗的外界功量等于其放热量)。

因此,卡诺循环的热效率(用η_c表示)为

$$\eta_c = 1 - \frac{q_2}{q_1} = 1 - \frac{T_2\Delta s}{T_1\Delta s} = 1 - \frac{T_2}{T_1} \qquad (1.2.3-4)$$

可见,卡诺循环热效率η_c仅与高温热源的温度T_1和低温热源的温度T_2有关,与工质性质无关。高温热源温度T_1越高、低温热源的温度T_2越低,卡诺循环热效率η_c就越高。

由上式可知:若$T_1=T_2$,则$\eta_c=0$,这说明单一热源热机是不存在的;因为$T_1<\infty$,$T_2>0$,所

以,$\eta_c<1$,这说明热能不可能全部连续地变为机械功。

2.逆向卡诺循环

沿卡诺循环相反的方向进行的循环,称为逆向卡诺循环。如图1.2.3-5所示为逆向卡诺循环在T–s图上的表示。

在如图1.2.3-5所示的逆向卡诺循环的T–s图上:

1—2为绝热压缩过程,工质消耗外界功,其温度由T_1经绝热压缩升至T_2。

2—3为定温放热过程,工质向温度为T_1的高温热源(环境或冷却水)放出单位质量热量为:q_1=面积$23ab2=T_1\Delta s$,需要注意,该过程中,为实现工质的定温放热,工质在放热的同时也需要消耗外界功,消耗的外界功量等于其放热量。

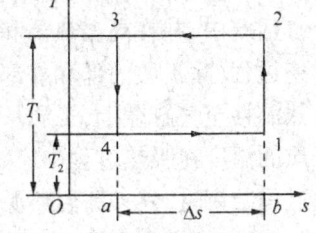

图1.2.3-5 逆向卡诺循环在T–s图上的表示

3—4为绝热膨胀过程,工质对外做功,其温度由T_2经绝热膨胀降到T_1。

4—1为定温吸热过程,工质从温度为T_2的低温热源(冷库)吸收单位质量热量为:q_2=面积$41ba4=T_2\Delta s$,同样,该过程中,为实现工质的定温吸热,工质在吸热的同时也对外做功,对外做功量等于其吸热量。

因此,逆向卡诺循环制冷系数(用ε_c表示)为

$$\varepsilon_c = \frac{q_2}{q_1-q_2} = \frac{T_2\Delta s}{T_1\Delta s - T_2\Delta s} = \frac{T_2}{T_1-T_2} \tag{1.2.3-5}$$

可见,逆向卡诺循环的制冷系数ε_c与高温热源的温度T_1和低温热源的温度T_2有关,与工质的性质无关。高温热源温度T_1越低,低温热源的温度T_2越高,逆向卡诺循环的制冷系数ε_c就越高。

因为$T_2<T_1$,由上式可知$\varepsilon_c<\infty$,这说明把热量从低温物体传递到高温物体必须消耗外界机械功。

(四)卡诺定理

1.卡诺定理的表述及实质

(1)卡诺定理的表述

卡诺定理是一个非常重要的定理,它表述为:"在温度T_1的高温热源和温度T_2的低温热源之间工作的一切可逆热机,其热效率均相等,与工质的性质无关;在温度T_1的高温热源和温度T_2的低温热源之间工作的一切热机循环,以卡诺循环热效率为最高。"

(2)卡诺定理的实质

从热力学第二定律可以看出,功变热可以自发地进行,而热变功则是有条件的。在循环中热变功的条件为必须至少要有两个热源,即向低温热源的放热是不可避免的。因此,循环热效率必然小于100%,这就是循环中热变功的限度。对任意工质的任意循环,其热效率$\eta_t=1-q_2/q_1<1$,即放给低温热源的热量可以设法减少,但不可能减少到零。

根据卡诺定理,两个给定热源之间的所有循环中,以卡诺循环的热效率为最高。因为卡诺循环是两个热源之间的可逆循环,由于摩擦和有限温差的传热,实际循环都是不可逆循环,因此实际循环的热效率必小于相同热源条件下卡诺循环的热效率。可见,在相同热源条件下,卡诺循环的热效率是一切实际循环热效率所能趋近的极限。所以,可以得到提高循环热效率的

一个基本途径是:尽量避免和减少过程的不可逆性,使实际循环接近卡诺循环。

另外,根据卡诺定理,两个给定热源之间所有的卡诺循环的热效率均相等,与工质的性质无关,而标志热源特性的唯一状态参数就是它的温度,因此热源的温度是影响热效率的基本因素。因此,以理想气体为工质而推导出的卡诺循环热效率的公式(1.2.3-4)可推广应用于任意工质。从式(1.2.3-4)可以得到提高循环热效率的另一个基本途径为:尽可能提高高温热源的温度 T_1 和降低低温热源的温度 T_2。现代热能动力装置就是沿着这条基本途径发展的。

2. 卡诺定理对实际工作的指导意义

(1) 提高热能动力装置热效率的基本途径

卡诺循环中的绝热压缩和绝热膨胀过程已被实际热能动力装置所采用,但定温吸热和定温放热过程由于工质性质和技术等原因无法得到有价值的应用,即能够按照或近似按照卡诺循环工作的实际热机至今还没有制造出来。因此,各种实际热能动力装置所遵循的理想(可逆)循环,其高温热源和低温热源一般都由温度不同的无穷多个热源所组成。但我们可以找出工质从高温热源吸热的平均温度 T_{m1} 和向低温热源放热的平均温度 T_{m2},将这种理想循环等效成卡诺循环。

如图1.2.3-6所示,将一任意理想循环 a-b-c-d-a 等效成卡诺循环 1-2-3-4-1。T_{m1} 为吸热过程 a-b-c 的平均温度,T_{m2} 为放热过程 c-d-a 的平均温度。因此,这种理想循环的热效率可表示为

$$\eta_t = 1 - \frac{T_{m2}}{T_{m1}} \quad (1.2.3\text{-}6)$$

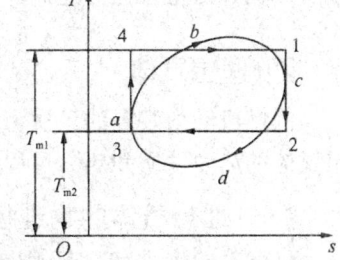

图1.2.3-6 等效卡诺循环

式(1.2.3-6)说明,提高工质的平均吸热温度 T_{m1}、降低工质的平均放热温度 T_{m2},可提高循环热效率。

按卡诺定理,在温度 T_1 的高温热源和温度 T_2 的低温热源之间工作的一切热机循环,以可逆循环热效率为最高。而实际循环由于受摩擦和有限温差的传热等因素影响,都是不可逆循环,因此,实际循环热效率必小于相同热源条件下的可逆循环热效率。

综上所述,提高热能动力装置热效率的基本途径是:

①尽可能提高工质从高温热源吸热时的平均进热温度,向高温方向发展。

②尽可能降低工质向低温热源放热时的平均放热温度,尽量使其低至接近环境温度。

③尽量避免和减少过程的不可逆性,使实际循环尽量接近可逆循环。

关于如何将这些提高热效率的基本途径付诸实施,将在以后的各节中逐步加以介绍。

(2) 提高制冷装置制冷系数的基本途径

可以证明,在给定冷却水 ε_c(高温热源)温度 T_1 和冷库(低温热源)温度 T_2 的条件下,以逆向卡诺循环的制冷系数 ε_c 为最高。

如图1.2.3-7所示,因为逆向卡诺循环也是由可逆过程组成的可逆循环,所以逆向卡诺循环中工质与高、低温热源的传热是无温差的,而实际的传热过程是有温差的:工质向冷却水(高温热源)T_1 放热,其温度要比 T_1 高 5~10 ℃;工质从冷库(低温热源)T_2 吸热,其温度要比 T_2 低 5~10 ℃。因此,即使不考虑摩擦等因素,仅考虑传热温差的影响,实际循环的单位质量制冷量比逆向卡诺循环少了面积 411′4′4,实际循环消耗的单位质量外界功比逆向卡诺循环多了面积 233′2′2 和面积 411′4′4,这就证明了"在给定冷却水(高温热源)温度 T_1 和冷库(低温

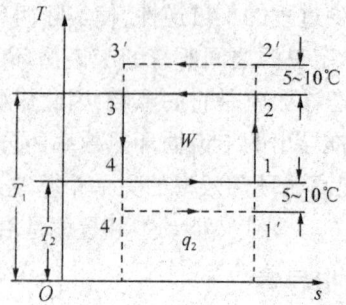

图 1.2.3-7 逆向卡诺循环与实际循环的比较

热源)温度 T_2 的条件下,以逆向卡诺循环的制冷系数 ε_c 为最高。"

综上所述,提高制冷装置制冷系数的基本途径是:

①在满足冷藏对象温度要求的条件下,应选择较高的库温。

②在可选择的情况下,选择低温的冷却介质。

③尽量避免和减少过程的不可逆性,如减小冷凝器、蒸发器的传热温差和各种摩擦损失,使实际循环尽量接近可逆循环。

四、理想气体

内燃机动力装置的工质为空气和燃气,它们可以被视为理想气体。因此我们有必要对理想气体的热力性质和热力过程进行分析和研究。

(一) 理想气体的物理模型

自然界的物质有三态:固态、液态和气态。在固体中,分子与分子之间的距离最近,因而分子之间的内聚力也最大。这时,分子不做平移运动,仅在它的平衡位置附近振动。液体中分子间的内聚力就小一些,这时分子已有平移运动,但这种运动由于分子间的距离比较近而受到很大的限制。当物质由液态转变为气态之后,它的体积大为增加,因而分子间的距离也大为增加,分子间的内聚力大为减小。同一种气态物质,其容积随温度的升高和压力的降低而增加,分子间的内聚力也随之相应地进一步减小。

工程上通常把刚从液态转变过来的气态物质称为蒸汽,而把距离液态较远的气态物质称为气体。由于气体距离液态较远,分子间的距离较大,分子本身的体积与气体所占的容积相比小到可以忽略不计,分子间的内聚力也小到可以忽略不计。根据这种情况,气体分子运动理论对理想气体的分子模型做了抽象的假设:气体的分子如同弹性小球,分子间的内聚力和分子本身的体积可以忽略不计,这种气体称为"理想气体"或"完全气体"。

气体分子运动理论应用力学定律研究了理想气体的分子运动,建立了气体分子运动论的基本方程。根据这个基本方程推导出的气体诸定律和状态方程,均与实验定律相吻合,从而证明理想气体的概念在一定程度上反映了客观情况。不过,理想气体与实际气体之间终究是有差别的。能否把某一状态的气体看作理想气体,一方面决定于它和理想气体的分子模型接近的程度,一般说来,同一种气体,当它的温度越高或压力越低,即距离液态越远时,越接近理想气体;另一方面决定于计算所要求的准确度。由于理想气体的定律和状态方程非常简单,便于计算,船舶动力装置中所用的空气和燃气以及空气调节设备内的空气中所含的水蒸气均可按理想气体进行计算,所以研究理想气体有很大的实用价值。

但蒸汽动力装置中的蒸汽(指水蒸气)以及蒸汽压缩制冷装置中的制冷剂蒸汽(泛指包括水蒸气在内的各种蒸汽),由于偏离理想气体的分子模型甚远,不能按适用于理想气体的方程进行分析。

(二)理想气体的热力性质

1. **气体的实验定律**

当气体的热力学状态发生变化时,基本状态参数之间存在一定的关系。实验表明,气体的基本状态参数之间遵循下列三个定律:

波义耳-马略特定律:同一种气体在温度 T 保持不变的条件下,其绝对压力 p 与比容 v 成反比。

盖·吕萨克定律:同一种气体在压力 p 保持不变的条件下,其比容 v 与绝对温度 T 成正比。

查理定律:同一种气体在比容 v 保持不变的条件下,其绝对压力 p 与绝对温度 T 成正比。

这三个实验定律都是在一个基本状态参数不变的条件下,反映其他两个基本状态参数之间的关系的。后经证明,这三个实验定律只有对理想气体才是绝对准确的。

克拉贝隆根据气体的上述三个实验定律推导出气体的三个基本状态参数(压力 p、比容 v、温度 T)之间的关系为

$$pv = R_g T$$

式中,R_g 为只与气体的性质(气体的种类)有关,而与气体所处状态无关的常数,称为气体常数。

上式是由克拉贝隆提出来的,故又称为克拉贝隆方程。它反映了气体三个基本状态参数之间的关系。只要已知三个基本状态参数中的任意两个,就可由此式确定出第三个基本状态参数。但是,精确的实验表明,实际气体的压力 p、比容 v、温度 T 之间的关系与上式并不完全吻合,有时甚至偏差很大。只有对理想气体,此式才是绝对准确的。

2. **理想气体的热力学定义**

在热力学中,把三个基本状态参数完全符合 $pv=R_g T$ 且比内能(比热力学能)仅为温度的函数的气体,称为理想气体。凡不符合这两个条件的气体,均称为实际气体。

3. **理想气体状态方程**

理想气体的三个基本状态参数(压力 p、比容 v、温度 T)之间的关系

$$pv = R_g T \qquad (1.2.4\text{-}1)$$

称为理想气体状态方程,它反映了理想气体三个基本状态参数之间的关系。只要已知理想气体三个基本状态参数中的任意两个,就可由理想气体状态方程求出第三个基本状态参数。

理想气体状态方程中,压力 p 的单位是帕(Pa),比容 v 的单位是立方米/千克(m^3/kg),温度 T 的单位是开(K),则气体常数 R_g 的单位是焦/(千克·开)[J/(kg·K)]。

对于 m kg 的理想气体,有 $mpv=mRT$,而 $mv=V$(立方米),则

$$pV = mR_g T$$

若已知容器的容积为 V,气体压力为 p,气体温度为 T,并已知气体常数 R_g,由上式则可计算出容器中气体的质量 m。

4. **气体常数与通用气体常数**

理想气体状态方程式中的 R_g 为只与气体的性质(气体的种类)有关,而与气体所处状态

无关的常数,称为气体常数。

理论分析表明,千摩尔质量为 M(kg/kmol)的气体,其气体常数为

$$R_g = \frac{8\ 314}{M} \text{ J/(kg·K)}$$

若写为

$$R = M \cdot R_g = 8\ 314 \text{ J/(kmol·K)}$$

则 R 是一个既与状态无关,也与气体种类无关的普适恒量,称为通用气体常数。不同气体的气体常数 R_g 的数值,等于通用气体常数 R 除以该气体的千摩尔质量 M。

摩尔是国际单位制中度量物质的量的基本单位。其定义为:摩尔是一个系统的物质的量,该系统中所包含的基本单元数与 0.12 kg C_{12} 的原子数目相等。因摩尔单位太小,常用摩尔的一千倍即千摩尔作为度量单位,用符号 kmol 表示。

5.理想气体的比热容

物体在准静态过程中温度升高 1 K 所需要的热量,称为该物体的热容量,用符号 W 表示,单位是焦/开(J/K)。单位物量物体的热容量,称为比热容量,简称比热容。

(1)质量比热容、容积比热容、千摩尔比热容

根据比热容的定义,按照物量单位,比热容可分为三类:质量比热容、容积比热容和千摩尔比热容。

质量比热容:取 1 kg 质量作为物量单位时,其比热容称为"质量比热容",用符号 c 表示,单位是焦/(开·千克)[J/(K·kg)]。

容积比热容:取标准状态下 1 m³ 气体容积(称为 1 标准立方米,记作 1 Nm³,1 Nm³ = 1/22.414 kmol = M/22 414 kg)作为物量单位时,其比热容称为"容积比热容",用符号 c' 表示,单位是焦/(开·标准立方米)[J/(K·Nm³)]。

千摩尔比热容:取 1 kmol 作为物量单位时,其比热容称为"千摩尔比热容",用符号 Mc 表示,单位为焦/(开·千摩尔)[J/(K·kmol)]。

质量比热容、容积比热容、千摩尔比热容三者之间的关系为

$$Mc = M \cdot c = 22.4c'$$

式中,M 为该物体的千摩尔质量。

在工程实践中,应用质量比热容较为普遍,因此下面的讨论以质量比热容为主。

(2)定压比热容、定容比热容

气体比热容除了与气体性质有关外,还与加热过程的性质有关。在热工计算中,一般只给出两种特定过程的比热容:

定压比热容:加热过程中压力保持不变的定压过程的比热容,称为"定压比热容"。定压质量比热容用 c_p 表示。

定容比热容:加热过程中比容保持不变的定容过程的比热容,称为"定容比热容"。定容质量比热容用 c_v 表示。

因为定压加热过程中,工质的容积膨胀对外做功需要能量,而定容过程则不需要,故定压比热容一般大于定容比热容,即 $c_p > c_v$。

(3)真实比热容、平均比热容

实验表明,理想气体的比热容仅为温度的单值函数,可表示为

$$c = a + bt + et^2 + ft^3 + \cdots$$

把气体温度由 t 升高到 $t+dt$ 所需的单位质量热量 dq 与 dt 的比值称为气体温度 t 时的"真实质量比热容",即:$c = \dfrac{dq}{dt}$。

把气体温度由 t_1 升高到 t_2 所需的单位质量热量 q 与温差 (t_2-t_1) 的比值称为气体由温度 t_1 到 t_2 的"平均质量比热容",用符号 c_m 表示,即:$c_{m_1}^{2} = \dfrac{q}{t_2-t_1}$。

利用比热容可以计算气体由温度 t_1 升高到 t_2 所需要的热量。

由于气体的比热容与气体的温度有关,所以,按比热容随温度变化的曲线关系计算热量最为准确。当温度变化范围不大时,按比热容随温度变化的直线关系 $c=a+bt$ 计算的热量误差很小,在实际计算中也是允许的。只有当温度变化范围很窄或粗略计算时,为计算简便才允许用定比热容进行热量计算。

(4) 影响比热的因素

综上所述,理想气体的比热容与下列因素有关:
① 与气体性质有关。
② 与加热过程的性质有关。
③ 与气体的温度有关。

需要指出的是,实际气体的比热容还与气体的压力有关。

6. 理想气体的内能和焓

(1) 理想气体的内能

由理想气体的分子模型可知,理想气体分子间的内聚力为零,因此由分子之间内聚力而具有的内势能为零。理想气体仅有内动能,而内动能仅与温度有关。所以,理想气体比内能仅为温度的单值函数,即 $u=f(T)$,因此,理想气体比内能的变化量 du 也应仅取决于温度变化量 dT。

对定容过程,因 $dv=0$,所以 $dw=pdv=0$,则 $dq_v=du$,即封闭系统的定容过程的加热量全部用于增加系统的内能;而定容过程的加热量为 $dq_v=c_v dT$,所以

$$du = c_v dT \qquad (1.2.4-2)$$

上式为理想气体比内能变化量的计算公式,它仅取决于初、终态的温度值,而与过程是否定容并无关系。对实际气体则仅适于定容过程。

(2) 理想气体的焓

对于理想气体,$u=f(T)$,$pv=R_g T$,所以,$h=u+pv=u+R_g T=\varphi(T)$,即理想气体比焓也仅为温度的单值函数,因此,理想气体比焓的变化量 dh 也应仅取决于温度的变化量 dT。

对于定压的可逆一元稳定流动,因 $dp=0$,所以 $dw_t=-vdp=0$,则 $dq=dh$,即对系统的定压加热量全部用于增加流动工质的焓;而定压过程的加热量为 $dq_p=c_p dT$,所以

$$dh = c_p dT \qquad (1.2.4-3)$$

上式为理想气体比焓变化量的计算式,它仅取决于初、终态的温度值,而与过程是否定压并无关系。对实际气体则仅适于定压过程。

7. 理想气体的迈耶方程

对于理想气体,由比焓的定义式:$h=u+pv=u+R_g T$,及式(1.2.4-2)和式(1.2.4-3)可得

$$c_p = c_v + R_g \qquad 或 \qquad c_p - c_v = R_g$$

上式称为理想气体的迈耶方程。

迈耶方程说明,在同一温度下同种气体的定压比热容总是大于定容比热容,即 $c_p > c_v$,且两者之差在数值上等于该气体的气体常数 R_g。

若已知某气体的定压比热容,可由迈耶方程求得其定容比热容;反之亦然。

若理想气体的定压比热容与定容比热容之比为 k(称为绝热指数),即 $c_p/c_v = k$,由迈耶方程可得

$$c_p = kc_v \qquad c_v = \frac{R_g}{k-1} \qquad c_p = \frac{kR_g}{k-1}$$

8. 理想气体的热力学第一定律

对于理想气体,因为 $du = c_v dT$、$dh = c_p dT$,所以,适用于理想气体任何过程(可逆过程或不可逆过程)的热力学第一定律可写为

封闭系统:

$$dq = c_v dT + dw \qquad q = \int_{T_1}^{T_2} c_v dT + w \qquad Q = \int_{T_1}^{T_2} mc_v dT + W$$

开口系统:

$$dq = c_p dT + dw_t \qquad q = \int_{T_1}^{T_2} c_p dT + w_t \qquad Q = \int_{T_1}^{T_2} mc_p dT + W_t$$

对可逆过程,因为 $dw = pdv$、$dw_t = -vdp$,所以,适用于理想气体可逆过程的热力学第一定律可写为

封闭系统:

$$dq = c_v dT + pdv \qquad q = \int_{T_1}^{T_2} c_v dT + \int_{v_1}^{v_2} pdv \qquad Q = \int_{T_1}^{T_2} mc_v dT + \int_{V_1}^{V_2} pdV$$

开口系统:

$$dq = c_p dT - vdp \qquad q = \int_{T_1}^{T_2} c_p dT - \int_{p_1}^{p_2} vdp \qquad Q = \int_{T_1}^{T_2} mc_p dT - \int_{p_1}^{p_2} Vdp$$

(三)理想气体的热力过程

研究热力过程的目的是要找到工质状态变化和热功转换的规律以及热功转换的数量关系。下面将对理想气体热力过程进行分析,通过定容、定压、定温和绝热四种典型过程的讨论,总结出多变过程的普遍规律。下面讨论的各种过程,如不加说明,均指可逆过程。

热力过程的分析方法和一般步骤如下:

(1)根据热力过程特点,分析得到该热力过程的过程方程;热力过程的过程方程一般写为压力 p 与比容 v 之间的函数关系,即: $p = f(v)$。

(2)根据热力过程特点,过程方程 $p = f(v)$ 以及理想气体状态方程 $pv = R_g T$,分析得到该热力过程初、终状态的基本状态参数之间的关系。

(3)将该热力过程表示在 p-v 图和 T-s 图上。

(4)对该热力过程中工质比内能变化量 Δu、比焓变化量 Δh、比容积功 w、比技术功 w_t 和单位质量热量 q 进行分析计算。

1. 理想气体的四个典型热力过程

(1)定容过程

比容保持不变的过程为定容过程,过程方程为:v = 常数。在理想气体的定容过程中,理想气体的绝对压力与其绝对温度成正比。

在 p-v 图上,理想气体的定容过程是一条垂直线,如图 1.2.4-1 中线段 1-2 或 1-2′所示。理想气体在定容加热时,其温度升高、压力增加,故线段 1-2 为理想气体的定容加热过程;反之,理想气体在定容放热时,其温度降低、压力减小,故线段 1-2′为理想气体的定容放热过程。

在 T-s 图上,理想气体的定容过程是一条向上翘曲的曲线(指数曲线),如图 1.2.4-2 中曲线 1-2 或 1-2′所示,1-2 为理想气体的定容加热过程,1-2′为理想气体的定容放热过程。在 T-s 图上,将理想气体的某一定容过程线沿水平方向平移,可得到一簇理想气体的定容过程线,越靠近右侧的定容过程线,其比容越大,即:理想气体的定容过程线向右水平移动时,其比容增大,如图 1.2.4-2 所示。因为定容过程中 $dv=0$,所以比膨胀功 w 为零;比技术功 w_T 在 p-v 图上可用面积 12561 表示,如图1.2.4-1 所示;单位质量热量在 T-s 图上可用过程曲线下的面积 12341 表示,如图 1.2.4-2 所示。

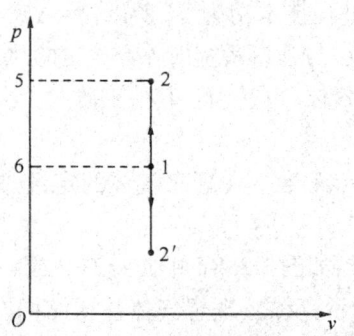

图 1.2.4-1　p-v 图上的定容过程

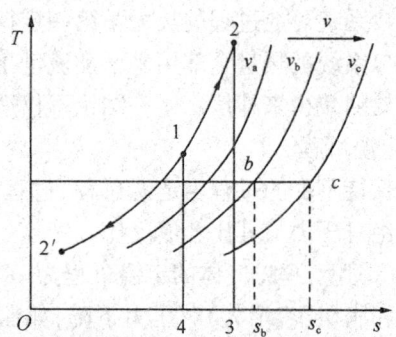

图 1.2.4-2　T-s 图上的定容过程

由封闭系统可逆过程的热力学第一定律可知,因定容过程的膨胀功为零,所以,$q=\Delta u$。可见,外界加入封闭系统的热量全部用来增加系统的内能;反之,封闭系统向外界放出的热量全部由系统内能的减少来补偿。这一结论不仅适用于理想气体,也适用于其他工质。

(2)定压过程

压力保持不变的过程为定压过程,过程方程为:$p=$常数。在理想气体的定压过程中,理想气体的比容与其绝对温度成正比。

在 p-v 图上,理想气体的定压过程是一条水平线,如图 1.2.4-3 中线段 1-2 或 1-2′所示。理想气体在定压加热时,其温度升高、比容增大,故线段 1-2 为理想气体的定压加热过程;反之,理想气体在定压放热时,其温度降低、比容减少,故线段 1-2′为理想气体的定压放热过程。

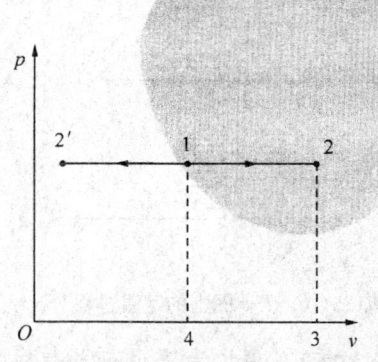

图 1.2.4-3　p-v 图上的定压过程

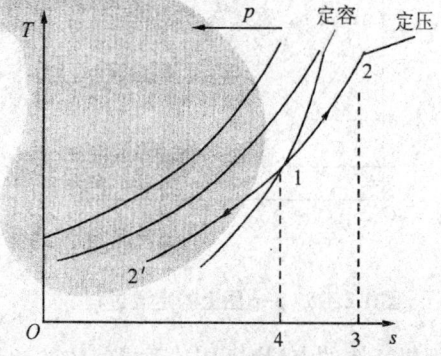

图 1.2.4-4　T-s 图上的定压过程

在 T-s 图上,理想气体的定压过程是一条向上翘曲的曲线(指数曲线),如图 1.2.4-4 中曲线 1-2 或 1-2′所示,1-2 为理想气体的定压加热过程,1-2′为理想气体的定压放热过程。在

T-s 图上，将理想气体的某一定压过程线沿水平方向平移，可得到一簇理想气体的定压过程线，越靠近左侧的定压过程线，其压力越大，即：理想气体的定压过程线向左水平移动时，其压力增加，如图 1.2.4-4 所示。在 T-s 图上，理想气体的定容过程线和定压过程均为向上翘曲的曲线（指数曲线），但由于在同一温度下同种理想气体的定压比热总是大于其定容比热，即 $c_p > c_v$，所以，同一温度下理想气体的定容过程线比定压过程线的斜率大，即理想气体的定容过程线要比定压线过程陡，如图 1.2.4-4 所示。理想气体定压过程中的比膨胀功 w 在 p-v 图上可用面积 12341 表示，如图 1.2.4-3 所示；比技术功 w_t 为零；单位质量热量在 T-s 图上可用过程曲线下的面积 12341 表示，如图 1.2.4-4 所示。

由封闭系统理想气体可逆过程的热力学第一定律可知，在定压过程中，外界加给系统的热量一部分用于增加系统的内能，其余部分用于系统对外界做膨胀功。

由开口系统可逆过程的热力学第一定律，因定压过程技术功为零，所以，$q = \Delta h$。可见，外界加入开口系统的热量全部用来增加流动工质的焓；反之，开口系统向外界放出的热量全部由流动工质焓的减少来补偿。这一结论不仅适用于理想气体，也适用于其他工质。

（3）定温过程

温度保持不变的过程为定温过程，过程方程为：$pv =$ 常数。在理想气体的定温过程中，理想气体的绝对压力与其比容成反比。

在 p-v 图上，理想气体的定温过程为一等边双曲线，如图 1.2.4-5 中曲线 1-2 或 1-2′ 所示。理想气体膨胀（比容增大）时压力下降，如曲线 1-2 所示；反之，理想气体被压缩（比容减小）时，压力增加，如曲线 1-2′ 所示。

在 p-v 图上，将理想气体的某一定温过程线沿水平方向平移，可得到一簇理想气体的定温过程线，越靠近右侧的定温过程线，其温度越高，即：理想气体的定温过程线向右水平移动时，其温度升高。

在 T-s 图上，定温过程为一水平线，如图 1.2.4-6 中曲线 1-2 或 1-2′ 所示，1-2 为定温加热过程，1-2′ 为定温放热过程。

如图 1.2.4-5 所示，理想气体定温过程中的比膨胀功 w 为在 p-v 图上可用面积 12341 表示，比技术功 w_t 在 p-v 图上可用面积 12561 表示，比膨胀功与比技术功相等。

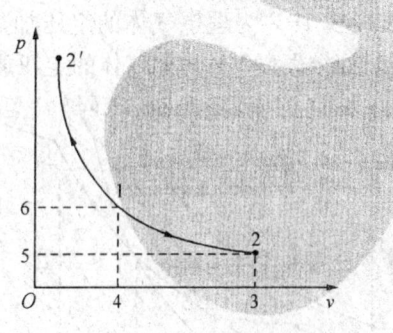 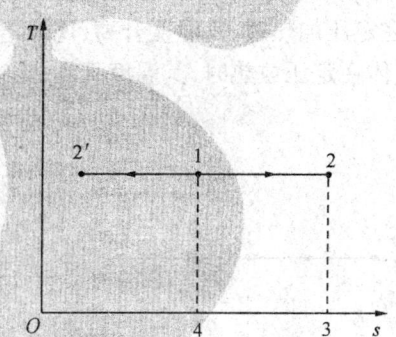

图 1.2.4-5　p-v 图上的定温过程　　图 1.2.4-6　T-s 图上的定温过程

在理想气体的定温过程中，理想气体的比内能和比焓的变化量均为零，即理想气体的定温过程也是等内能和等焓过程。由理想气体可逆过程的热力学第一定律，理想气体定温过程中单位质量热量：$q = w = w_t$，在 T-s 图上可用面积 12341 表示，如图 1.2.4-6 所示。

可见，在理想气体定温过程中，外界加给封闭系统的热量全部用于系统对外界做膨胀功；

反之,外界对系统的压缩功全部转换为热量放给了外界。所以,理想气体的定温膨胀过程为吸热过程、定温压缩过程为放热过程。由于外界加的热量与对外做的膨胀功在数量上相等,系统的内能没有变化,对理想气体而言,温度也没有变化。这就是在理想气体的定温过程中对理想气体加热,而理想气体的温度仍保持不变的原因。

(4)绝热过程

在过程中的每一时刻,系统与外界均不发生热量交换,即:$dQ=0$ 或 $dq=0$,这样的过程称为绝热过程。理想气体绝热过程的过程方程可写为:$pv^k=$常数,式中,k 为定压比热与定容比热之比,$k=c_p/c_v$,称为绝热指数,其数值随气体的种类和温度而变。因为 $c_p>c_v$,所以 $k>1$。若近似地取比热为定值,则 k 也是定值。对于空气和燃气:$k=1.4$。

根据理想气体绝热过程的过程方程($pv^k=$常数)和理想气体状态方程($pv=R_gT$),可得理想气体绝热过程的初、终状态参数之间的关系。

在理想气体的绝热过程中,理想气体的绝对压力与其比容的 k 次方成反比。在 $p-v$ 图上,理想气体的绝热过程是一条不等边双曲线,如图1.2.4-7中曲线1-2或1-2'所示。理想气体绝热膨胀时,其压力和温度均降低,如曲线1-2所示;反之,理想气体被绝热压缩时,其压力和温度均升高.如曲线1-2'所示。

因为 $k>1$,所以在压力 p 和比容 v 相同时,在 $p-v$ 图上的理想气体绝热过程线的斜率的绝对值总是大于理想气体定温过程线的斜率的绝对值,即:理想气体的绝热过程线要比定温过程线为陡,如图1.2.4-7所示。

在 $p-v$ 图上,将理想气体的某一绝热过程线(定熵过程线)沿水平方向平移,可得到一簇理想气体的绝热过程线(定熵过程线),越靠近右侧的绝热过程线(定熵过程线),其比熵越大,即:理想气体的绝热过程线(定熵过程线)向右水平移动时,其比熵增加。

因为理想气体绝热过程中,其比熵不变,即 $s=$常数,所以,理想气体的绝热过程亦可称为定熵过程。理想气体的绝热过程(定熵过程)在 $T-s$ 图上是一条铅垂线,如图1.2.4-8中曲线1-2或1-2'所示。曲线1-2为理想气体的绝热膨胀过程,曲线1-2'为理想气体的绝热压缩过程。

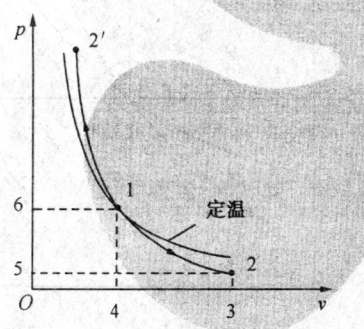
图1.2.4-7 $p-v$ 图上的绝热过程

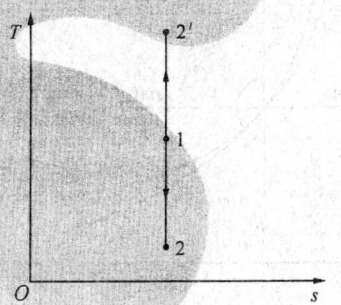
图1.2.4-8 $T-s$ 图上的绝热过程

理想气体绝热过程的比膨胀功 w 在 $p-v$ 图上可用面积12341表示,如图1.2.4-7所示。当理想气体绝热膨胀时,比膨胀功 w 为正值,表示理想气体对外界做膨胀功;当理想气体绝热压缩时,比膨胀功 w 为负值,表示外界压缩理想气体所消耗功。理想气体绝热过程比技术功 w_t 在 $p-v$ 图上可用面积12561表示,如图1.2.4-7所示。在理想气体的绝热过程中,技术功为膨胀功的 k 倍。

在绝热过程中,因 $q=0$,根据热力学第一定律可知:$\Delta u = -w$、$\Delta h = -w_t$,可见,在绝热过程中,封闭系统对外界做的膨胀功完全是系统内能减少的结果,开口系统对外界做的技术功完全是系统焓减少的结果;反之,外界对封闭系统作的压缩功全用来增加系统的内能,外界对开口系统做的技术功全用来增加系统的焓。这一结论无论对可逆和不可逆过程,或是理想气体和其他工质都是成立的。

2.理想气体的多变过程

前面介绍的理想气体的四个基本过程,都有一个状态参数不变,因而,这四个过程是理想气体状态变化过程的四种特殊情况。

理想气体状态变化的一般过程称为多变过程。理想气体多变过程的过程方程可写为:$pv^n=$常数,式中的指数 n 是一个在给定过程中保持不变的某一定值,称为多变指数,其数值的取值范围是 $-\infty \sim +\infty$。

由于当多变指数 n 取为某一数值时,就表示一个特定的理想气体热力过程,因此,理想气体的多变过程是无穷多个这种特定过程的统称,前面介绍的四个理想气体的基本过程都是理想气体多变过程的特例。

(1)当多变指数 $n=0$ 时,过程方程变为:$p=$常数,此时即为理想气体的定压过程。
(2)当多变指数 $n=1$ 时,过程方程变为:$pv=$常数,此时即为理想气体的定温过程。
(3)当多变指数 $n=k$ 时,过程方程变为:$pv^k=$常数,此时即为理想气体的绝热过程。
(4)当多变指数 $n=\pm\infty$ 时,过程方程变为:$v=$常数,此时即为理想气体的定容过程。

根据理想气体多变过程的过程方程($pv^n=$常数)和理想气体状态方程($pv=R_g T$),可得理想气体多变过程的初、终状态参数之间的关系。

当多变指数 n 取不同数值时,理想气体多变过程在 $p-v$ 图和 $T-s$ 图上的表示如图 1.2.4-9 和图 1.2.4-10 所示,在两图中分别画出了多变指数 $n=0$(定压过程)、$n=1$(定温过程)、$n=k$(绝热过程)和 $n=\pm\infty$(定容过程)等四条理想气体的过程线。

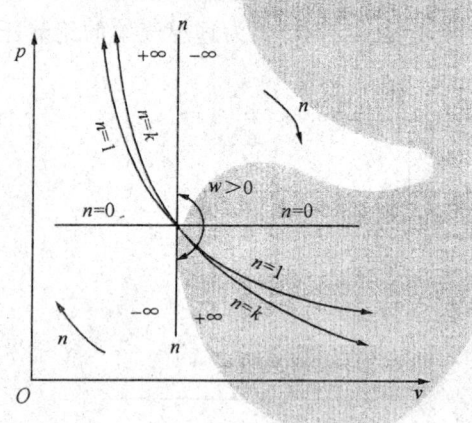

图 1.2.4-9 $p-v$ 图上的多变的过程

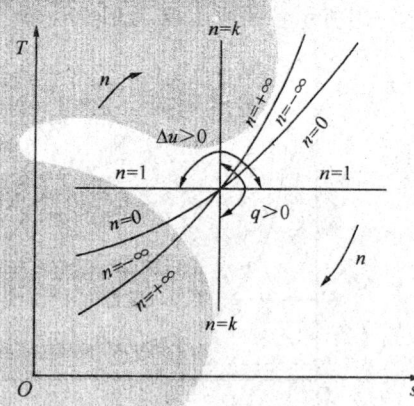

图 1.2.4-10 $T-s$ 图上的多变过程

在 $p-v$ 图和 $T-s$ 图上,理想气体的多变过程以理想气体定容过程线($n=\pm\infty$)为分界线,n 从 $-\infty$ 沿顺时针方向增大到 $+\infty$。据此可以判断出,当多变指数 n 取不同的数值时,其理想气体的多变过程在 $p-v$ 图和 $T-s$ 图上的大致位置。例如,多变指数 $n=1.3$ 的理想气体的膨胀过程线一定在理想气体的定温膨胀线($n=1$)和绝热膨胀线($n=k=1.4$)之间。

在 $p-v$ 图上,如图 1.2.4-9 所示,以理想气体的定容过程线分界,向右方进行的理想气体的各过程,其单位质量膨胀功为正(即系统对外界做功,$w>0$);向左方进行的理想气体的各过程,其单位质量膨胀功为负(即外界对系统做功,$w<0$)。

在 T-s 图上,如图1.2.4-10所示,以理想气体的定温过程线分界,向上方进行的理想气体的各过程,其比内能增加(即 $\Delta u>0$);向下方进行的理想气体的各过程,其比内能减小(即 $\Delta u<0$);

在 T-s 图上,如图1.2.4-10所示,以理想气体的绝热过程线分界,向右方进行的理想气体的各过程,其单位质量热量为正(即系统从外界吸热,$q>0$);向左方进行的理想气体的各过程,其单位质量热量为负(即系统向外界放热,$q<0$)。

理想气体多变过程的比膨胀功 w 在 p-v 图上可用过程线下的面积表示;比技术功 w_t 在 p-v 图上可用过程线左侧的面积表示;技术功为膨胀功的 n 倍。

理想气体多变过程的单位质量热量 q 在 T-s 图上可用过程线下的面积表示。理论分析可知:

$$q = c_n(T_2 - T_1) = \frac{n-k}{n-1}c_v(T_2 - T_1)$$

式中,$c_n = \frac{n-k}{n-1}c_v$ 为多变过程的质量比热。由此式可知:

(1)当多变指数 $n=0$(理想气体定压过程)时,$c_n = kc_v = c_p$;

(2)当多变指数 $n=1$(理想气体定温过程)时,$c_n = \infty$;

(3)当多变指数 $n=k$(理想气体绝热过程)时,$c_n = 0$;

(4)当多变指数 $n=\pm\infty$(理想气体定容过程)时,$c_n = c_v$。

(5)当多变指数 $1<n<k$ 时,$c_n<0$。

在理想气体封闭系统的多变过程中,单位质量加热量 q 中,$\frac{n-1}{n-k}q$ 用于理想气体比内能的增加,$\frac{1-k}{n-k}q$ 用于理想气体对外所做的比膨胀功;在理想气体开口系统的多变过程中,单位质量加热量 q 中,$\frac{kn-k}{n-k}q$ 用于理想气体比焓的增加,$\frac{n-nk}{n-k}q$ 用于理想气体对外输出的比技术功。

研究气体的多变过程有重要的实际意义。比较深入的研究发现,压缩机、柴油机和其他热力设备中的工质状态变化过程,往往并不符合前述四种基本过程中的任何一种。例如,气体在压缩机中的压缩过程既不是绝热过程,也不是定温过程,而是 $1<n<k$ 之间的某一多变过程。柴油机的膨胀或压缩过程是一个既有吸热又有放热的复杂过程,这时可以把它分为几个阶段,每一阶段可当作 n 取适当数值的多变过程,在分别计算每一阶段多变过程之后再加以综合。

例如,某增压柴油机在压缩过程中,将进入气缸时的 $p_1 = 0.14$ MPa、$t_1 = 40$ ℃、$v_1 = 0.642$ m³/kg 的空气,压缩至 $p_2 = 4$ MPa、$v_1 = 0.05656$ m³/kg。实际的压缩过程可看作是一个 $n=1.38$ 的多变压缩过程,压缩终点的温度经计算为 $T_2 = 788$ K;若压缩过程为绝热过程,则压缩终点的温度经计算为 $T_2 = 827$ K。可见,$n=1.38$ 的多变压缩过程的终点温度要比绝热压缩过程低。这是因为在实际的压缩过程中,压缩空气向气缸壁等部件放出热量所造成的。在柴油机起动时,如果事先没有暖缸,则压缩过程放热会更多,多变指数 n 会进一步降低,就有可能使压缩终点的温度低到燃油喷入不能自燃的程度,因而发生起动困难等故障。

3.封闭系统理想气体热力过程能量转换的特征

封闭系统中的理想气体热力过程,按其能量转换特征的不同,可分为以下六种情况。

(1) $-\infty < n < 1$ 的多变过程

外界加给系统的热量,一部分用于增加系统的内能,其余部分用于对外界做膨胀功;反之,系统对外界放出的热量,一部分来自系统内能的减少,其余来自外界对系统做的压缩功。$n=0$ 的定压吸热或定压放热过程就属此种情况。

(2) $n=1$ 的定温过程

外界加给系统的热量,全部用于对外界做膨胀功;反之,系统对外界放出的热量,全部来自外界对系统做的压缩功。

(3) $1 < n < k$ 的多变过程

系统对外界做的膨胀功,一部分来自系统内能的减少,其余来自外界加给系统的热量;反之,外界对系统做的压缩功,一部分用于增加系统的内能,其余部分用于对外界放热。比如,柴油机膨胀冲程的初期,工质的内能减少、"后燃"使吸热多于放热,合起来用于对外做功;反之,压缩冲程的后期,工质接受的压缩功使内能增加,同时对外放出部分热量。

(4) $n=k$ 的绝热过程

系统对外界所做的膨胀功,全部来自系统内能的减少;反之,外界对系统做的压缩功,全部用于增加系统的内能。

(5) $k < n < +\infty$ 的多变过程

系统的内能减少,一部分用于对外界做膨胀功,其余部分用于对外放热;反之,系统的内能增加,一部分来自外界对系统做的压缩功,其余来自外界加给系统的热量。

比如,柴油机膨胀冲程的后期,燃气内能减少,主要用来对外做功,少量对外放热;反之,柴油机压缩冲程最初,空气温度低于缸壁而吸热、同时受压缩均使内能增加。

(6) $n=\pm\infty$ 的定容过程

外界加给系统的热量,全部用于增加系统的内能;反之,系统对外放出的热量,全部来自系统内能的减少。

五、水蒸气

在以汽轮机为主机的船舶中和以柴油机为主机的油船中,均设有蒸汽动力装置,即使在以柴油机为主机的一般船舶中,也设有蒸汽锅炉和造水装置,它们的工作与水蒸气的热力性质和过程有关。

本节虽然讨论的是水和水蒸气,但对于其他纯物质的液体和蒸气,也同样具有与水和水蒸气类似的 $p-v$ 图和 $T-s$ 图及类似的热力性质。

(一) 水蒸气的基本概念

在有些情况下,水蒸气可作理想气体看待(如在内燃机燃气中的水蒸气和在大气中的水蒸气)。但在蒸汽动力装置和热交换器中的水蒸气,距液态不远,而且往往伴随着物质的相变,因而不能看作理想气体。

1. 饱和温度与饱和压力

由液态物质转变为气态物质的过程称为汽化;反之,由气态物质转变为液态物质的过程称为液化或凝结。

如图 1.2.5-1 所示为气缸中液体的蒸发,底部装有水,上部为水蒸气,用活塞把水和水蒸气封闭在气缸内。水分子和水蒸气分子都在不停地做无规则的热运动。水中的分子,有的分子移动动能大,有的分子移动动能小,其中总有一批分子移动动能大到足以克服水的表面张力而飞向上部的汽空间。水中动能大的分子飞出后,水中分子的平均动能要下降,水温相应地降低,汽化速度减小。要维持水的继续汽化,就必须对水加热。加热后使水温回升,则汽化速度又加快。因此,水的汽化速度取决于水的温度,当水温不变时,单位时间从水面飞出的分子数目不变。但是,另一方面,由于水分子不断进入汽空间,汽空间水蒸气的分子数不断增加,致使水蒸气的压力不断增大。汽空间的水蒸气分子同样也在做不规则的热运动,其中有的分子也会通过水面返回到水中,随着水蒸气压力的不断增大,返回到水中的水蒸气分子数逐渐增加,可见,液化的速度取决于汽空间水蒸气的压力。

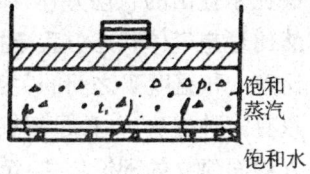

图 1.2.5-1 气缸中液体的蒸发

达到一定状态时,汽化和液化这两种方向相反的过程就会达到动态平衡。此时,两种过程仍在不断进行,但总的结果是状态保持不变,即水量不再减少,汽空间水蒸气的分子也不再增加。这种处于动态平衡的状态称为饱和状态,此时汽、液的温度相同,称为饱和温度,用符号 t_s 表示;此时水蒸气的压力称为饱和压力,用符号 p_s 表示。

饱和温度 t_s 与饱和压力 p_s 为一一对应关系。当饱和温度 t_s 一定时,饱和压力 p_s 也一定;反之,当饱和压力 p_s 一定时,饱和温度 t_s 也一定。饱和温度 t_s 越高,饱和压力 p_s 也越高;反之,饱和压力 p_s 越高,饱和温度 t_s 也越高。

利用饱和温度随压力的升高而升高、随压力的降低而降低的这一特性,可保持蒸汽锅炉较高的正常工作压力,可使饱和蒸汽具有较高的温度,以利于燃油舱、柜等的加热;远洋船舶上的真空造水装置则是利用冷却主机后的 50~60 ℃ 的冷却水作为热源而使处于较高真空度下的海水在低温下沸腾,汽化的水蒸气经冷凝而成为淡水;蒸气压缩制冷装置中的制冷剂液体经节流降压降温,可在低温下蒸发,从而从冷库中吸热,气态的制冷剂蒸气经绝热压缩升压升温,在高于环境温度下向环境放热而冷凝;高压锅可缩短煮食时间,也可用于医疗器具的高温消毒。

2. 蒸发与沸腾

液体汽化的方式有两种:蒸发与沸腾。只通过液体表面进行的汽化,称为蒸发。蒸发可在任何温度下进行。在液体内部和表面同时进行的汽化,称为沸腾。沸腾只有在液体温度 t 达到液体压力 p 所对应的饱和温度 t_s 时才能进行。

置于大气中的水,只要大气中所含水蒸气的分压力小于大气温度对应的饱和压力,蒸发现象就会发生;如果水蒸气分压力等于大气温度对应的饱和压力,蒸发现象就不会发生。若将水加热到水面上大气压力(也是水的压力)对应的饱和温度 t_s,水就开始沸腾。这是因为水中生成气泡的饱和压力正好等于水的压力,具备气泡产生和存在的力学条件,于是沸腾现象就发生了。若水温低于水的压力所对应的饱和温度 t_s,则不具备这个力学条件,就不可能发生沸腾。可见,只有水温等于水的压力下的饱和温度 t_s 时,水才可能沸腾。

3. 水蒸气的状态参数

水蒸气的物理性质较理想气体复杂得多,不能用简单的数学式表达出来。由于不能略去分子本身的体积和分子相互之间的作用力,水蒸气等实际气体的状态方程,不能用 $pv = R_g T$ 来描述,而且其内能不仅是温度的函数,还与比容有关。

由于研究实际气体热力性质和工程计算的需要,长期以来,很多学者对于实际气体的状态方程进行了研究,提出了各种各样的实际气体状态方程。其中,最具有代表性的是 1873 年范德瓦尔提出的状态方程,但通过对该方程进行分析,并与实际结果比较,表明范德瓦尔方程虽然比理想气体状态方程更接近实际气体,但是仍不能准确表述实际气体基本状态参数压力 p、比容 v 和温度 T 之间的关系,所以不适宜作为工程计算的基础。建立实际气体的状态方程大致有三种方法:一种是根据实验数据整理成纯经验公式;另一种是根据理论修改理想气体状态方程而建立的理论公式;第三种是根据理论和实验相结合而建立的半经验公式。目前一般采用后一种方式,但这种半经验公式仍然十分复杂,因而一般不适宜直接用于工程计算。

实际气体的比热 c 也不仅仅是温度 T 的函数,而是温度 T 和比容 v 的函数,而且 $c_p - c_v \neq R_g$。由于实际气体的比热计算十分复杂,在工程上对实际气体通常不用比热计算热量。

实际气体的熵 S、内能 U 和焓 H 是不能用实验直接测量的。为了找到不可直接测量的熵 S、内能 U 和焓 H 与可直接测量的压力 p、比容 v 和温度 T 之间的关系式,可根据热力学第一定律和第二定律,首先建立实际气体状态参数间的基本关系式,再利用状态参数全微分的数学条件,最后导出熵 S、内能 U 和焓 H 的变化量分别与压力 p、比容 v 和温度 T 之间的一般关系式。对于某给定的工质,只要有了其压力 p、比容 v 和温度 T 之间的关系和比热的数据,代入上述一般关系式中,便可求得该工质熵 S、内能 U 和焓 H 的变化量的具体计算公式。

由于各种实际气体的状态方程、比热的关系式和导出的熵 S、内能 U 和焓 H 等变化量的计算公式都十分复杂,所以求解水蒸气的热力参数,一般不采用理想气体常用的解析法,而是采用图表法。水蒸气图表是多年来采用理论分析与实验相结合的方法,得出水蒸气热力性质的复杂公式,再计算得到结果并经实验验证后编制出来供工程实际使用的。

(二)水的定压汽化过程及其特点

1. 水的定压汽化过程

蒸汽锅炉在正常运行时,水是在定压下吸热汽化而变为水蒸气的。下面将从定压汽化过程开始来讨论水蒸气的性质。如图 1.2.5-2 所示为水在容器中的定压汽化,以活塞上放一定重物的装有水的容器为例,来说明定压下水的汽化过程,它与锅炉中实际的定压加热过程在本质上是一样的。

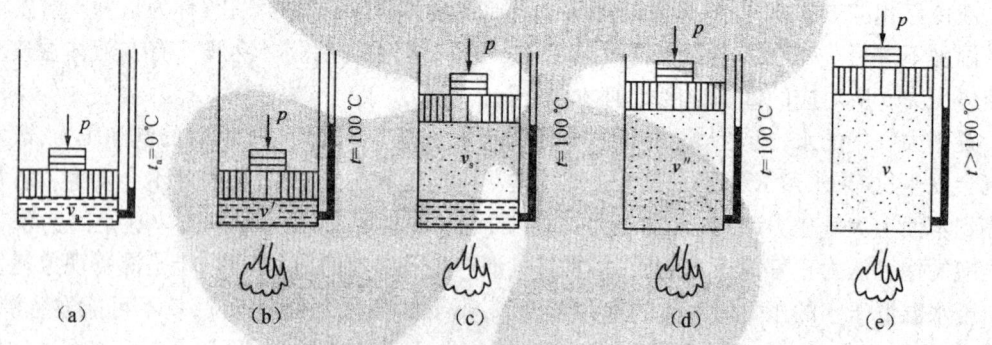

图 1.2.5-2 水在容器中的定压汽化

设容器中装有 1 kg 水,压力 $p = 0.101\ 325$ MPa,初始温度 $t_1 = 0$ ℃,在如图 1.2.5-3 所示的 p-v 图和 T-s 图上,该状态点以点 a 表示。

(1) 水的定压预热

水在定压加热时,由于受热膨胀,水的比容略有增加,故在 p-v 图中,水的定压加热线自左向右水平移动。在图 1.2.5-3 所示的 p-v 图中,水的状态自点 a 向点 b 水平移动。水在定压加热时,水的温度不断升高,其熵也不断增大,故在 T-s 图中,水的定压加热线自左向右逐渐上升。在图 1.2.5-3 所示的 T-s 图中,水的状态自点 a 向点 b 逐渐上升。

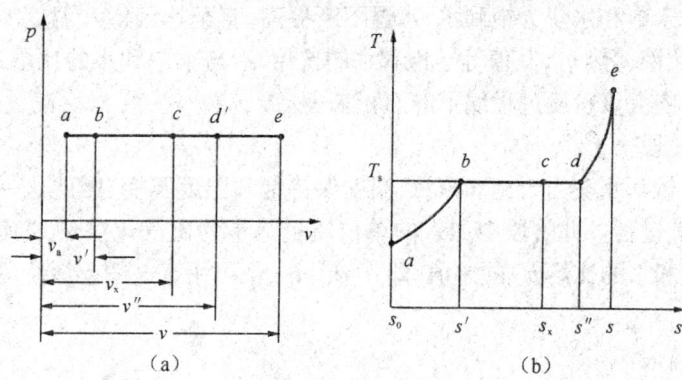

图 1.2.5-3　在 p-v 图和 T-s 图上的水定压汽化过程

当水的温度上升到 100 ℃时,水就开始沸腾。一定压力下水沸腾时的温度即为该压力下的饱和温度(即沸点)t_s(100 ℃就是压力 p=0.101 325 MPa 下的饱和温度),这种处于饱和温度下的水,称为饱和水。一定压力下温度 t 低于该压力下饱和温度 t_s 的水,称为未饱和水(也称为过冷水),饱和温度 t_s 与水温 t 之差 Δt($\Delta t=t_s-t$)称为该未饱和水(过冷水)的过冷度。在压力 p=0.101 325 MPa 下,温度低于 100 ℃的水都是未饱和水(过冷水)。

在如图 1.2.5-3 所示的 p-v 图和 T-s 图上,饱和水的状态点以点 b 表示。从点 a(未饱和水状态)到点 b(饱和水状态)称为水的定压预热阶段。

(2)水的定压汽化

在定压下对饱和水继续加热,它就逐渐汽化而变为水蒸气,在此汽化过程中,水和蒸汽的温度均为饱和温度 t_s,并保持不变。这一汽化过程在 p-v 图和 T-s 图中均为自左向右的水平线。在图 1.2.5-3 所示的 p-v 图和 T-s 图中,水的状态自点 b 向点 d 水平移动。

当容器中最后一滴水刚好变为蒸汽时,蒸汽温度仍为饱和温度 t_s,这时的蒸汽称为干饱和蒸汽,简称饱和蒸汽。在如图 1.2.5-3 所示的 p-v 图和 T-s 图上,饱和蒸汽的状态点以点 d 表示。从点 b(饱和水状态)到点 d(饱和蒸汽状态)称为饱和水的定压汽化阶段。饱和水没有完全变成饱和蒸汽之前,容器中为饱和水和饱和蒸汽的混合物,这种混合物称为湿饱和蒸汽,简称湿蒸汽。

(3)水的定压过热

在定压下对干饱和蒸汽继续加热,蒸汽的温度 t 从饱和温度 t_s 逐渐升高。当蒸汽温度 t 已超过该压力下的饱和温度 t_s 时,这种蒸汽称为过热蒸汽,蒸汽的温度 t 与该压力下的饱和温度 t_s 之差 Δt($\Delta t=t-t_s$)称为该过热蒸汽的过热度。

过热蒸汽的定压加热过程,在 p-v 图中为自左向右的水平线,在 T-s 图中为自左向右逐渐上升的曲线。在如图 1.2.5-3 所示的 p-v 图和 T-s 图上,点 e 为过热蒸汽的某一状态点,从点 d(饱和蒸汽状态)到点 e(过热蒸汽状态)称为饱和蒸汽的定压过热阶段。

2.水的定压汽化过程的特点

(1)水的定压汽化过程的三个阶段

通过上述的分析可知,未饱和水在定压下加热变为过热蒸汽的过程中经历了定压预热、定压汽化和定压过热等三个阶段。

①定压预热阶段

在此阶段中,未饱和水变为饱和水,水温不断提高,直至达到饱和温度。此阶段中加入的单位质量热量为比液体热 q_L,其值等于饱和水的比焓 h' 与未饱和水的比焓 h 的差值,即:$q_1 = h'-h$,也可用 $T-s$ 图上该阶段过程线下的面积来表示。

②定压汽化阶段

在此阶段中,饱和水变为干饱和蒸汽,温度保持饱和温度不变,因此这一阶段既是定压又是定温的相变加热过程。此阶段中加入的单位质量热量为比汽化潜热 r,其值等于干饱和蒸汽的比焓 h'' 与饱和水的比焓 h' 的差值,即:$r=h''-h'$,也可用 $T-s$ 图上该阶段过程线下的面积来表示。

③定压过热阶段

在此阶段中,饱和蒸汽变为过热蒸汽,温度从饱和温度开始逐渐升高。此阶段中加入的单位质量热量为比过热 q_{sup},其值等于过热蒸汽的比焓 h 与干饱和蒸汽的比焓 h'' 的差值,即:$q_{sup}=h-h''$,也可用 $T-s$ 图上该阶段过程线下的面积来表示。

(2)水在定压汽化过程中的五种状态

未饱和水在定压下加热变为过热蒸汽的过程中经历了未饱和水、饱和水、干饱和蒸汽、湿蒸汽和过热蒸汽等五种状态。

①未饱和水

水温 t 低于其压力 p 所对应的饱和温度 t_s 的水,称为未饱和水或过冷水,并以 $\Delta t=t_s-t$ 表示这种过冷水的过冷度。处于平衡态的未饱和水是单相均匀系统。未饱和水的压力 p 和温度 T 是两个相互独立的状态参数,因此,由压力 p 和温度 T 便可确定其状态。因为水的压缩性很小,所以压力 p 对比容 v、比内能 u、比焓 h 及比熵 s 的影响不大。水的热胀冷缩也较小,因而温度对比容的影响也不大。

由于饱和温度 t_s 与饱和压力 p_s 为一一对应关系,且饱和温度 t_s 越低时,则饱和压力 p_s 也越低,所以,就一定的温度而言,也可以说,未饱和水是其压力 p 高于其温度 t 所对应的饱和压力 p_s 的水(又可称其为压缩水)。

②饱和水

水温 t 等于其压力 p 所对应的饱和温度 t_s 的水,称为饱和水。饱和水是处于平衡态的单相均匀系统。饱和水的压力 p 和温度 T 不再是两个相互独立的状态参数。热力学理论和经验都表明,只要用一个状态参数(压力 p 或温度 T)就可确定饱和水的状态。

由于饱和温度 t_s 与饱和压力 p_s 为一一对应关系,且饱和温度 t_s 一定时,则饱和压力 p_s 也一定,所以,就一定的温度而言,也可以说,饱和水是其压力 p 等于其温度 t 所对应的饱和压力 p_s 的水。

③干饱和蒸汽

水温 t 等于其压力 p 所对应的饱和温度 t_s 的蒸汽,称为干饱和蒸汽,简称饱和蒸汽。与饱和水相似,干饱和蒸汽也是处于平衡态的单相均匀系统,其压力 p 和温度 T 也不是两个相互独立的状态参数,而且只要用一个状态参数(压力 p 或温度 T)就可确定干饱和蒸汽的状态。同样,由于饱和温度 t_s 与饱和压力 p_s 为一一对应关系,且饱和温度 t_s 一定时,则饱和压力 p_s 也一定,所以,就一定的温度而言,也可以说,干饱和蒸汽是其压力 p 等于其温度 t 所对应的饱和压力 p_s 的蒸汽。

④湿蒸汽

饱和水和饱和蒸汽的混合物,称为湿蒸汽。湿蒸汽是处于平衡态的双相(液相和气相)非均匀系统,其中饱和水的比容远小于饱和蒸汽的比容,比内能、比焓和比熵也是如此。因此,这些状态参数在气、液两相的界面上发生突变。湿蒸汽的压力 p 和温度 T 也不是两个相互独立的状态参数,其中饱和水和饱和蒸汽的状态如上所述,分别只要一个状态参数(压力 p 或温度 T)就可分别确定。但要确定湿蒸汽的状态,还必须给定其中饱和蒸汽与饱和水所占的比例。工程上通常给出湿蒸汽的干度 x,它表示 1 kg 湿蒸汽中含 x kg 的饱和蒸汽、$(1-x)$ kg 的饱和水。

⑤过热蒸汽

温度 t 高于其压力 p 所对应的饱和温度 t_s 的蒸汽,称为过热蒸汽,并以 $\Delta t = t - t_s$ 表示其过热度。处于平衡态的过热蒸汽是单相均匀系统。过热蒸汽的压力 p 和温度 T 是两个相互独立的状态参数,因此,由压力 p 和温度 T 可确定其状态。同样,由于饱和温度 t_s 与饱和压力 p_s 为一一对应关系,且饱和温度 t_s 越高,则饱和压力 p_s 也越高,所以,就一定的温度而言,也可以说,过热蒸汽是其压力 p 低于其温度 t 所对应的饱和压力 p_s 的蒸汽。

过热蒸汽的压力越低,或过热度越高,其热力性质就越接近理想气体。

3. 水蒸气的 p-v 图和 T-s 图

在 0.000 611 2 MPa $< p <$ 22.115 MPa 范围内,分别用不同的压力对水进行定压加热汽化过程,可在 p-v 图和 T-s 图上画出一系列定压加热线。它们全都经历上述五种状态和三个阶段,如图 1.2.5-4 所示为水蒸气的 p-v 图和 T-s 图。这样就可绘制出水蒸气的 p-v 图和 T-s 图。

水几乎是不可压缩的,所以对水绝热压缩所消耗的功很少,根据热力学第一定律,内能的增加也很少,温度也就几乎没有提高。因此,在 T-s 图上,不同压力下的未饱和水的定压线几乎都是靠在一起并和下界限重合的,只有当压力极高时,才和下界限有一定的分离。

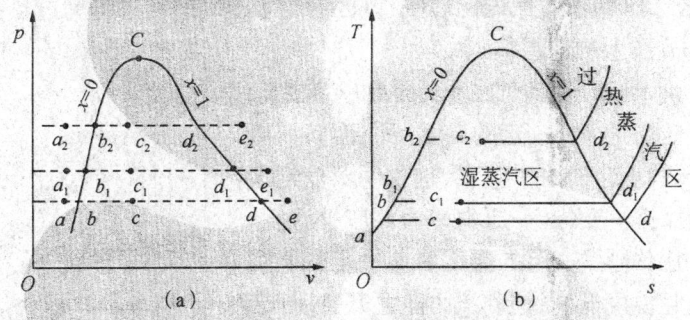

图 1.2.5-4　水蒸气的 p-v 图和 T-s 图

(1)饱和水线、干饱和蒸汽线、临界点

在如图 1.2.5-4 所示的水蒸气 p-v 图和 T-s 图上,标有饱和水线、干饱和蒸汽线和临界点。

①饱和水线

饱和水线是各个压力下饱和水状态点的连线,又称下界线,沿此线 $x=0$。当压力升高时,饱和水的比容 v' 随压力 p 的升高而略有增加,所以,在水蒸气的 p-v 图上,饱和水线向右上方倾斜。同样,当压力升高时,饱和温度也升高,比液体热增加,且饱和水的比熵 s' 也随压力 p 的升高而增加,所以,在水蒸气的 T-s 图上,饱和水线也向右上方倾斜。

②干饱和蒸汽线

干饱和蒸汽线是各个压力下饱和蒸汽状态点的连线,又称上界线,沿此线 $x=1$。当压力升高时,干饱和蒸汽的比容 v'' 随压力 p 的升高而明显地减少,所以,在水蒸气的 $p-v$ 图上,干饱和蒸汽线向左上方倾斜。由于饱和水的比容 v' 是随压力 p 的升高而略有增加的,而干饱和蒸汽的比容 v'' 则是随压力 p 的升高而明显地减少,所以,在水蒸气的 $p-v$ 图上,饱和水线要比干饱和蒸汽线陡。由于干饱和蒸汽的比熵 s'' 也是随压力 p 的升高而减小的,所以,在水蒸气的 $T-s$ 图上,干饱和蒸汽线也是向左上方倾斜的。

③临界点

无论在水蒸气的 $p-v$ 图上还是水蒸气的 $T-s$ 图上,饱和水线都是向右上方倾斜的,而干饱和蒸汽线都是向左上方倾斜的,所以,随着压力 p 的升高,饱和水线和干饱和蒸汽线必将交于一点,此交点称为临界点。

由于比汽化潜热 r 随压力 p 的升高而减小,所以,随着压力 p 的升高,同压 p 或同温 T 下的饱和水与干饱和蒸汽的状态点就越来越接近,当压力达到 $p_C = 22.115$ MPa,它们就重合为一点,此点即为临界点。临界点上的比汽化潜热为零,即汽化在一瞬间完成。

水的临界点基本状态参数为: $p_C = 22.115$ MPa; $t_C = 374.12$ ℃; $v_C = 0.003147$ m³/kg。

(2) 未饱和水区、湿蒸汽区、过热蒸汽区

在如图 1.2.5-4 所示的水蒸气 $p-v$ 图和 $T-s$ 图上,饱和水线和干饱和蒸汽线还把水和水蒸气分为未饱和水、湿蒸汽和过热蒸汽等三个区。

①未饱和水区

未饱和水区位于饱和水线左侧的一个较狭窄的范围内,该区内的水的状态均为未饱和水状态。

②湿蒸汽区

湿蒸汽区位于饱和水线与干饱和蒸汽线之间,该区内的水蒸气的状态均为湿蒸汽状态。

③过热蒸汽区

过热蒸汽区位于干饱和蒸汽线的右侧,该区内的水蒸气的状态均为过热蒸汽状态。

(3) 水蒸气 $p-v$ 图上的定温线

如图 1.2.5-5 所示画出了水蒸气在 $p-v$ 图上的定温线。

当 $t < t_c$(临界点温度)时,一定的温度 t 下,湿蒸汽区的定温线为与定压线重合的水平直线,这说明蒸汽定温压缩液化时,压力保持不变,这一压力称为对应于温度 t 下的饱和压力。由图可见,一定的温度对应一定的饱和压力,即 $p_s = f(t)$;且温度升高,饱和压力随之升高。

由于水的压缩性极小,因此未饱和水区的定温线几乎是垂直的,说明水在定温压缩时,即使压力升高很多,其比容也减小很少。在过热蒸汽区,定温线的形状类似于一般双曲线,比容越大则压力越小,压力越大则比容越小。

当 $t > t_c$ 时,物质仅以气态存在。

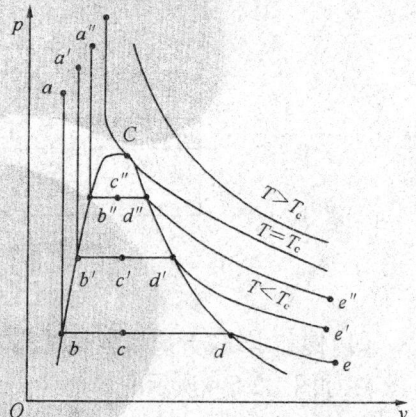

图 1.2.5-5 水蒸气在 $p-v$ 图上的定温线

(三) 水蒸气的基本热力过程

蒸气热力过程的分析任务与理想气体热力过程的分析任务基本相同,就是要分析:(1)初态和终态的状态参数;(2)过程中热量、膨胀功、技术功、焓的变化量和熵的变化量。

但是,蒸气热力过程的分析与计算方法与理想气体热力过程的分析与计算方法则不完全

相同。这是因为蒸气的性质复杂,不存在简单的状态方程,更没有像理想气体那样的一些简单公式便于分析和计算。一般来说,对于蒸气热力过程,都不能用分析方法求得初、终状态参数的数值。此外,蒸气的定压比热 c_p、定容比热 c_v 分别是温度 T、压力 p 和温度 T、比容 v 的复杂函数,因此热量不便用比热和温差求得。

通常情况下,蒸气的热力过程分析与计算都是以人们通过长期的试验研究和分析计算所制成的蒸气表和参数图为工具的。比如,水蒸气的热力过程,通常是使用水蒸气表或水蒸气的 h-s 图;而制冷剂的热力过程,通常是使用制冷剂蒸气表或制冷剂的 p-h 图等。

虽然本节讨论的是水蒸气的热力过程,但是,实际气体的蒸气热力过程的分析与计算方法基本上是类似的,比如下面讨论的蒸气压缩制冷循环及其制冷剂的热力过程等。

在研究蒸气的热力过程时,一般可采用以下三个步骤:

(1)根据已知的蒸气初始状态的两个独立的状态参数,从蒸气表或参数图(比如水蒸气表或水蒸气的 h-s 图)中查得蒸气初始状态的其他状态参数。

(2)根据蒸气热力过程的过程条件和已知的一个蒸气终了状态参数,确定蒸气的热力过程终了时的状态,并从蒸气表或参数图中查得蒸气终了状态的其他状态参数。

(3)根据已查得的蒸气初、终状态参数,计算蒸气热力过程的热量、膨胀功、技术功、焓的变化量和熵的变化量等。

与理想气体的热力基本过程类同,水蒸气的基本热力过程也是定容、定压、定温、绝热四个过程,其中定压和绝热两个过程在热力工程中经常遇到。下面讨论的各种过程,如不加说明,均指可逆过程。

1.水蒸气的定容过程

根据水蒸气已知的两个独立的初始状态参数、一个终了状态参数,以及 $v_1=v_2$,利用水蒸气表或水蒸气的 h-s 图,便可确定水蒸气的其他初、终状态参数。

在水蒸气的定容过程中,$dv=0$,即 $v_1=v_2$,所以,水蒸气的单位质量膨胀功为零,即 $w=0$;水蒸气的单位质量技术功为 $w_t=v(p_1-p_2)$。

在水蒸气的定容过程中,蒸汽与外界交换的热量,可按封闭系统可逆过程的热力学第一定律计算,因为水蒸气定容过程的膨胀功为零,所以水蒸气的单位质量热量为 $q=u_2-u_1$。

2.水蒸气的定压过程

根据水蒸气已知的两个独立的初始状态参数、一个终了状态参数,以及 $p_1=p_2$,利用水蒸气表或水蒸气的 h-s 图,便可确定水蒸气的其他初、终状态参数。

在水蒸气的定压过程中,$dp=0$,即 $p_1=p_2$,所以,水蒸气的单位质量膨胀功为 $w=p(v_2-v_1)$。水蒸气的单位质量技术功为零,即 $w_t=0$。

按热力学第一定律可知,无论封闭系统还是开口系统,水蒸气定压过程的单位质量热量均为 $q=h_2-h_1$。

水蒸气的定压过程在热力工程中经常遇到。例如,水在锅炉中的加热、汽化和过热过程,汽轮机排汽在冷凝器中的凝结过程,给水在回热器中的预热,以及回热用的抽汽在回热器中的冷却和凝结过程等都是定压过程。

如图 1.2.5-6 所示为水蒸气定压加热过程,蒸汽从初态 1(湿蒸汽状态,压力为 p_1,干度为 x_1)定压加热到终态 2(过热蒸汽状态,温度为 t_2),每千克蒸汽在定压过程中吸收的热量 q 等于蒸汽比焓的变化量,即比焓差(h_2-h_1)。

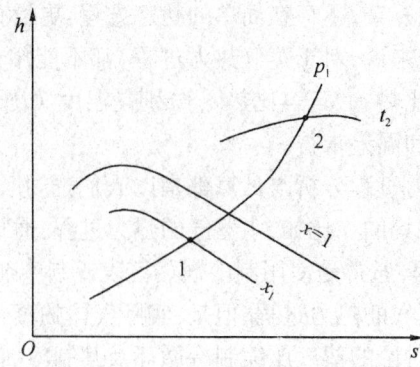

图 1.2.5-6 水蒸气定压加热过程

3. 水蒸气的定温过程

对于水蒸气的定温过程,求蒸汽的初、终状态参数的方法与水蒸气的定容过程和水蒸气的定压过程的方法相同。由于水蒸气的比内能不仅与温度有关,而且与比容有关,所以水蒸气的定温过程不是定内能过程。在水蒸气的定温过程中,水蒸气的单位质量热量可用比熵的定义式积分计算,即 $q=T(s_2-s_1)$。

在水蒸气的定温过程中,水蒸气的单位质量膨胀功可用封闭系统可逆过程的热力学第一定律计算;水蒸气的单位质量技术功可用开口系统可逆过程的热力学第一定律计算。

4. 水蒸气的绝热过程

水蒸气绝热过程求蒸汽初、终状态参数的方法与上述的三个水蒸气基本热力过程的方法相同。在水蒸气的绝热过程中,因为 $q=0$,所以,水蒸气的单位质量膨胀功为 $w=u_1-u_2$;水蒸气的单位质量技术功为 $w_t=h_1-h_2$。

蒸汽在汽轮机内膨胀时并不吸收热量。若不计热损失,同时假定没有摩擦损失,就可以认为是一个可逆绝热过程;由于在这个过程中蒸汽的比熵 s 值不变,所以在水蒸气的 $h-s$ 图上,这个过程(可逆绝热过程)为一条垂直线,如图 1.2.5-7 中的实线 1-2 所示。在计算时,若已知新蒸汽的压力 p_1 和温度 t_1,便可在水蒸气的 $h-s$ 图上确定初始状态点 1,然后作一条垂直线与排汽压力 p_2 线相交于点 2,点 2 即为蒸汽在汽轮机内可逆绝热膨胀过程的终了状态点,于是便可读出蒸汽初始状态的比焓 h_1 和终了状态的比焓 h_2;若忽略汽轮机进出口处的蒸汽的动能差,则单位质量蒸汽通过汽轮机做出的轴功即等于蒸汽的单位质量技术功,为 $w=w_t=h_1-h_2$。

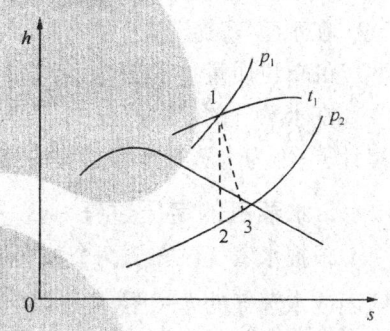

图 1.2.5-7 水蒸气的绝热过程

若考虑汽轮机内的摩擦,则蒸汽在汽轮机内进行的过程为不可逆绝热过程。在这一过程中,比熵 s 是增加的。在用水蒸气的 $h-s$ 图进行计算时,应由汽轮机进口蒸汽初态点 $1(p_1,t_1)$ 作一向右倾斜的直线与排汽压力 p_2 线交于点 3,点 3 为蒸汽在汽轮机内不可逆绝热膨胀过程的终了状态点,此时单位质量蒸汽在汽轮机内所做的轴功为 $w'_t=h_1-h_3$。

将 w'_t 与 w_t 之比称为绝热效率(又称相对内效率),用符号 η_{oi} 表示,则

$$\eta_{oi}=\frac{w'_t}{w_t}=\frac{h_1-h_3}{h_1-h_2}$$

六、气体和蒸气的流动

喷管和扩压管是热能动力装置中所用到的重要部件,它们都是利用工质的流动来进行工作的。例如,在汽轮机、燃气轮机和废气涡轮中,使高温高压的水蒸气、燃气或废气通过喷管,将焓转变为动能,产生高速气流推动工作叶片,使这些动力设备运转而对外提供动力。又如在叶轮式压缩机中,经叶轮工作叶片提速后的气流流经扩压管,降低气流的动能来增加气流的焓值,达到减速增压的目的。

(一)喷管和扩压管的截面变化规律

喷管的作用是使高压气体进行膨胀以获得高速气流。扩压管的作用是使高速气流的速度降低而使气流的压力升高。

气体在喷管和扩压管中流动时,与外界既无热量交换,也无轴功交换。因此,通常将气体在喷管和扩压管中的流动看作是一元稳定的可逆绝热流动来进行分析讨论。所谓一元稳定流动,就是与流动方向垂直的同一截面上各点的状态参数和速度都是相同的,而且不随时间而变化。在船舶动力装置处于稳定工况下,气体或蒸汽的流动都可近似地看作是一元稳定流动。一元稳定的可逆绝热流动应遵循下列基本方程:(1)基于质量守恒的一元稳定流动的连续性方程;(2)基于能量一元稳定的可逆绝热流动守恒的稳定流动的能量方程;(3)可逆绝热流动的过程方程;(4)声速方程,由物理学可知,声速 c 是微弱扰动的气态工质中所产生的纵波(压力波)的传播速度,对理想气体有: $c=\sqrt{kpv}=\sqrt{kR_gT}$,可见,声速的大小是由工质的种类和工质的状态参数来确定的。工质在流动中,其状态参数不断地发生变化,因此声速也在不断地变化。

通过应用以上基本方程对一元稳定的可逆绝热流动进行分析,可得

$$\frac{df}{f} = (Ma^2 - 1)\frac{dw_g}{w_g} \tag{1.2.6-1}$$

式(1.2.6-1)称为气流流通截面变化率方程,它反映了气体流速变化率(dw_g/w_g)与流道截面变化率(df/f)之间的关系,是讨论喷管和扩压管截面变化规律的依据。

上式中的 Ma 为气体流速 w_g 与当地音速 c 之比,即 $Ma=\dfrac{w_g}{c}$,称为马赫数。当 $Ma<1$ 时,气体流速小于当地音速,称为亚音速流动;当 $Ma>1$ 时,气体流速大于当地音速,称为超音速流动;当 $Ma=1$ 时,气体流速等于当地音速。

1.喷管的截面变化规律

对于喷管来说,流速是沿着流动方向不断增加的,即 $dw_g>0$,这时,式(1.2.6-1)中 df 的正负号与 (Ma^2-1) 的正负号相同。

(1)进口流速为亚音速

当喷管进口流速为亚音速时,因 $Ma<1$,则 $(Ma^2-1)<0$,因此,$df<0$,即亚音速喷管是收缩形的,如图1.2.6-1(a)所示。

(2)进口流速为超音速

当喷管进口流速为超音速时,因 $Ma>1$,则 $(Ma^2-1)>0$,

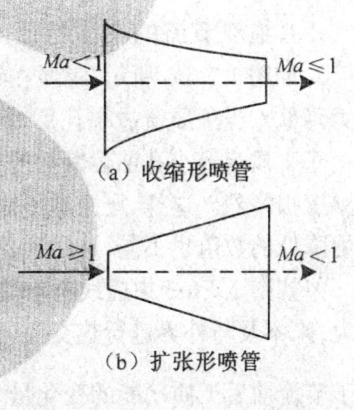

(a) 收缩形喷管

(b) 扩张形喷管

(c) 缩放形喷管

图1.2.6-1 吸管截面的变化规律

因此，df>0，即超音速喷管是扩张形的。这是由于超音速气流膨胀时，比容增加率大于流速增加率，因此截面面积必须逐渐增大，如图 1.2.6-1(b)所示。

(3) 进口流速为亚音速、出口流速为超音速

如果气流从亚音速一直膨胀到超音速，则喷管应是缩放形的。当气流速度小于当地音速时，喷管截面面积逐渐减小；当气流速度大于当地音速时，截面积逐渐增大，即亚音速段收缩，超音速段扩张。这种缩放形喷管又称为拉伐尔喷管，如图 1.2.6-1(c)所示。

在缩放形喷管的最小截面处，即 df=0 处，由式(1.2.6-1)可得 Ma=1，即在最小截面处，流速恰等于当地音速，这一截面称为临界截面。

2. 扩压管的截面变化规律

对于扩压管来说，流速沿流动方向是不断下降的，即 dw_g<0，这时，式(1.2.6-1)中 df的正负号与(Ma^2-1)正负号相反。

(1) 扩压管进口流速为亚音速

当扩压管进口流速为亚音速时，因为 Ma<1，则会使 (Ma^2-1)<0，因此，df>0，即亚音速扩压管的截面积应逐渐增大，如图 1.2.6-2(a)所示。

(2) 扩压管进口流速为超音速

当扩压管进口流速为超音速时，因为 Ma>1，则会使 (Ma^2-1)>0，因此，df<0，即超音速扩压管的截面积应逐渐减小，如图 1.2.6-2(b)所示。

(3) 扩压管进口流速为超音速、出口流速为亚音速

当进口流速从超音速一直减速到亚音速时，扩压管截面积应先减小后增大而形成缩放形，如图 1.2.6-2(c)所示。

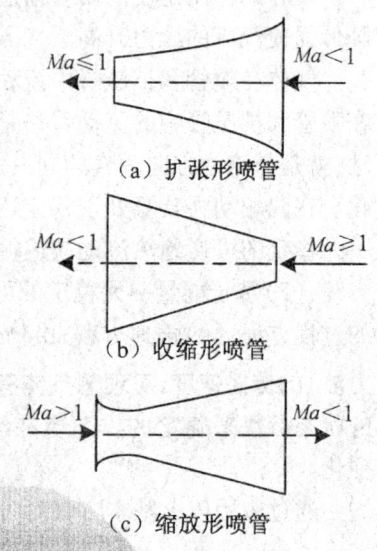

图 1.2.6-2 扩压管截面的变化规律

(二) 绝热节流

1. 绝热节流的典型特征

如图 1.2.6-3 所示，工质在管道中流过一个小孔时，由于流道断面缩小，工质流速增加，压力降低。当工质流过小孔后，流道断面突然扩张到原来的尺寸，工质的流速降低，压力升高。由于工质流经小孔前后断面的突然收缩和扩大，流动工质中产生了大量的涡漩，因而工质内部摩擦很剧烈。这样，压力就不能恢复到原来的数值。按照小孔直径与管道直径比值的不同，压力降低的数值也不同，这种现象称为节流。

如图 1.2.6-3 中虚线所示，把小孔前后的空间取为开口系统。由于工质流经小孔时流速较大，来不及与外界进行热交换，所以，节流过程通常可认为是一个绝热过程，即 $q=0$。同时，由于节流前后工质动能的变化量与其焓的数值相比可略去不计，即 $\frac{1}{2}(w_{g2}^2-w_{g1}^2)=0$。另外，由于工质流经小孔时与外界没有轴功交换，即 $w_s=0$，根据开口系热力学第一定律式可知

$$h_1 = h_2$$

即节流前后工质的焓值相等。

但需要注意，绝热节流过程并非等焓过程。因为节流过程中，工质内部有涡漩，所以节流

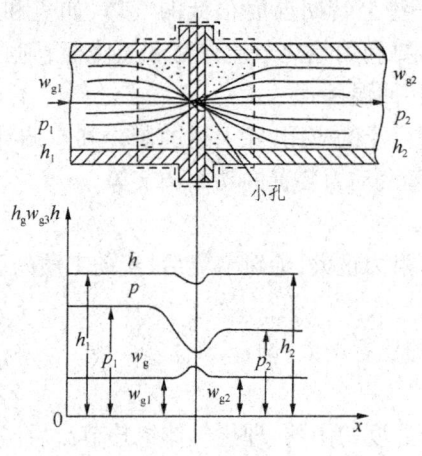

图 1.2.6-3　绝热节流

过程不仅是不可逆的,而且是非准静态的。节流过程在 p-v 图上不能用实线表示,而只能用虚线表示。

2.绝热节流前后各状态参数的变化

(1) 温度

绝热节流一般会引起流动工质的温度变化,称为绝热节流的温度效应,又称为焦耳-汤姆逊效应。理想气体的焓仅为温度的函数,所以理想气体绝热节流后温度不变,即 $T_2=T_1$。理想气体的内能也仅为温度的函数,所以理想气体绝热节流后内能也不变,即 $u_2=u_1$。实际气体的焓不仅与温度有关,而且还与压力有关,是温度和压力的函数,所以实际气体绝热节流后温度可能不变,可能降低,也可能升高。

实际气体(包括其液态)的绝热节流温度效应与流动工质的种类、节流前的初态以及节流压力降有关。实际气体绝热节流后,若温度升高,即 $T_2>T_1$,称为节流热效应;若温度降低,即 $T_2<T_1$,称为节流冷效应;若温度不变,即 $T_2=T_1$,称为节流零效应,这时的温度称为转回温度。

试验和热力学理论均表明(如图 1.2.6-4 所示):对任一给定的实际气体,有一最大转变压力 p_n,在 $p>p_n$ 范围内,绝热节流均为热效应;在 $p<p_n$ 范围内,对应于任一压力 p,有两个转回温度,其值较大者称为上转回温度 T_H,而较小者称为下转回温度 T_L。高于上转回温度 T_H 或低于下转回温度 T_L,绝热节流为热效应;在上转回温度 T_H 和下转回温度 T_L 之间绝热节流为冷效应。将各个压力下的上转回温度各点和下转回温度各点连成一条曲线,称为转回温度曲线,这条曲线与纵坐标之间的区域为冷效应区,这个区域之外则为热效应区。

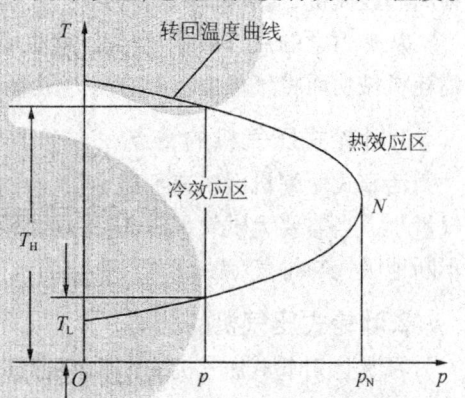

图 1.2.6-4　转回温度曲线示意图

绝热节流冷效应是工程上获得低温的常用方法,广泛地应用于船舶的制冷和空气调节中。例如,在蒸气压缩制冷装置中,将 30 ℃ 的 R12 饱和液体(对应的饱和压力为 0.744 90 MPa)经膨胀阀绝热节流为终压 $p_2=0.100\ 4$ MPa 的湿蒸气,终温 $t_2=-30$ ℃。大多数实际气体在压力不太大时,上转回温度一般很高,而下转回温度又很低,故在常温下节流一般都处于冷效应区,节流后温度下降。但也有一些上转回温度很低的气体,如氢和氦,其上转回温度(压力很低时)分别为 202 K 和 25 K。要利用绝热节流使氢和氦降温,则必须用其他方法对它们预先冷却,使其温度低于各自的上转回温度。

绝热节流在工程上有着广泛的应用,除上述的制冷和空调外,还常用于压力调节、流量调节、湿蒸汽的干度测量以及蒸汽动力装置的功率调节等。

(2) 压力

绝热节流过程中的摩擦阻力很大,绝热节流后,流动工质的压力降低,即:$p_2<p_1$。

(3) 比容

绝热节流后,流动工质的比容增大,即:$v_2>v_1$。

(4) 内能

理想气体的内能也仅为温度的函数,理想气体绝热节流后温度不变,所以理想气体绝热节流后内能也不变,即:$u_2=u_1$。实际气体的内能不仅与温度有关,而且还与压力有关,是温度和压力的函数,所以实际气体绝热节流后内能可能不变,可能降低,也可能升高。

(5) 焓

前已分析,绝热节流前后流动工质的焓相等,即:$h_2=h_1$。

(6) 熵

绝热节流是一种典型的不可逆过程,绝热节流过程中有明显的耗散效应(摩擦阻力很大),绝热节流后,流动工质的熵增加,即:$s_2>s_1$。

七、压缩机的热力过程

压缩机是制造压缩气体的设备。按动作原理和结构,压缩机可分为活塞式压缩机和叶轮式压缩机。叶轮式压缩机又分为离心式压缩机和轴流式压缩机两种。

船上使用的压缩机有:主、副机起动所需的两级活塞式空气压缩机;用于冷库制冷和空气调节的单级活塞式制冷压缩机;用于柴油机增压的废气涡轮增压器,即离心式空气压缩机;各种离心鼓风机、通风机等。

从热力学的观点来看,空气压缩机、制冷压缩机和各种风机等的作用是一样的,它们都是消耗机械功而将气体由较低的压力压缩到较高的压力,只不过工作压力范围不同而已。

1.叶轮式压气机的特点

活塞式压缩机因转速不高、间歇性的吸气与排气以及有余隙容积的影响,所以单位时间供气量小。当需要大供气量时,应采用叶轮式压气机。这是因为叶轮式压气机转速很高,能连续不断地吸气与排气,无余隙容积,它的机件不大而排量很大,且工作稳定。

2.叶轮式压气机的分类

习惯上,叶轮式压气机按其出口压力 p_g(表压力)的高低分为:通风机($p_g=0.0002\sim0.015$ MPa)、鼓风机($p_g=0.015\sim0.04$ MPa)和压缩机($p_g\geq0.04$ MPa)。

叶轮式压气机按其结构形式可分为径流式(即离心式)和轴流式两种。它们的结构形式不同,但工作原理是相同的。

3.叶轮式压气机的工作原理

叶轮式压气机的工作原理与活塞式压缩机不同,但按热力学的观点分析,气体的状态变化过程却完全一样,都是气体接受了外界的机械功而被压缩的过程。只是在叶轮式压气机中分为两步,第一步通过工作叶片把机械能传给气体以增加其动能,第二步气流在导向叶片和扩压管中降低速度,使压力升高。

船上采用的废气涡轮增压器就是以废气涡轮来带动的离心式压气机。如图 1.2.7-1 所示,压缩机转子被带动旋转后,空气沿轴向进入叶轮叶片之间,旋转着的叶片使空气在离心力作用下被高速甩出叶轮,高速气流进入沿叶轮外围所布置的有叶扩压器,速度降低,压力升高,然后再经过断面渐大的蜗壳,速度进一步降低,压力进一步升高,最后从排气口排出。

如图 1.2.7-2 所示为多级轴流式压气机构造简图,空气从左下方的进口处流入压气机,经过收缩器 1 时流速得到初步增加。进口导向叶片 2 使气流改为轴向流动,同时还起扩压管的作用,使压力得到初步升高,转子 7 由外力(通常为电动机、汽轮机或燃气轮机)驱动高速旋转。装在转子上的工作叶片 3 推动气流,使之获得很高的流速。高速气流进入装在机壳上的导向叶片 4 间的通道(起扩压管作用),它的速度降低而压力升高。气流每经过一级(由一排工作叶片和一排导向叶片所构成),压力便提高一步,最后经扩压器 6 进一步提高压力,高压气流从右下方出口排出压气机。

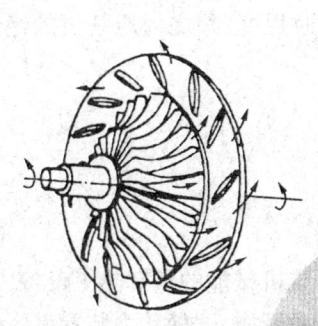

图 1.2.7-1 离心式压缩机

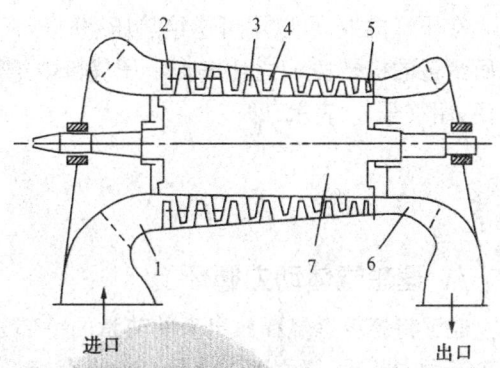

图 1.2.7-2 多级轴流式压缩机结构简图

1—收缩器;2,4—导向叶片;3,5—工作叶片;6—扩压器;7—转子

4.叶轮式压气机的耗功

由稳定流动能量方程式可知,叶轮式压气机压缩 1 kg 气体时所消耗的机械功 w_c 为

$$w_c = q - \Delta h - \Delta w_g^2/2$$

通常,由于气流在叶轮式压气机中的流速较大,流经的时间很短,压缩过程中气体的放热 q 与压缩过程中气体焓的变化量 Δh 相比很小,所以,可以近似认为气体在叶轮式压气机中的压缩过程是绝热的,即 $q \approx 0$;另外,压缩机进口和出口气体流动动能的差值 $\Delta w_g^2/2$ 与压缩过程中气体焓的变化量 Δh 相比也很小,也可忽略不计,即 $\Delta w_g^2/2 \approx 0$,则可得

$$w_c = -\Delta h = h_1 - h_2$$

此式对任意工质的可逆或不可逆绝热过程均适用。

对于定比热理想气体的可逆绝热压缩过程,叶轮式压气机和单级活塞式压缩机在可逆绝热压缩时消耗机械功的计算公式相同。

5.叶轮式压气机的绝热效率

如图 1.2.7-3 所示为 T-s 图上的压缩机绝热压缩过程,压气机的可逆绝热压缩过程在 T-s 图中可用垂直线 1-2 来表示。由于理想气体的比焓 h 是温度的单值函数,在图 1.2.7-3 中,因为 $T_1 = T_3$,所以 $h_1 = h_3$,即 $h_1 - h_2 = h_3 - h_2$;又因为点 3 和点 2 在一条等压线上,而等压线下的面积 43254 即为定压加热量,正好等于比焓的变化量,故压缩 1 kg 气体所消耗的机械功为:$w_c = h_1 - h_2$ = 面积 432154。

可逆绝热压缩是叶轮式压气机的理想工作状况。实际上,压气机的实际压缩过程是存在着摩擦的不可逆过程,这就使压缩终点的比熵值增加。如果不可逆绝热压缩到相同的终压,则实际压缩过程的终点在图 1.2.7-3 中应为点 2′,其压缩过程曲线可用虚线 1-2′ 来表示。压气机实际绝热压缩过程压缩 1 kg 气体所消耗的机械功为:$w_c' = h_1 - h_2' = h_3 - h_2'$ = 面积 4322′64。

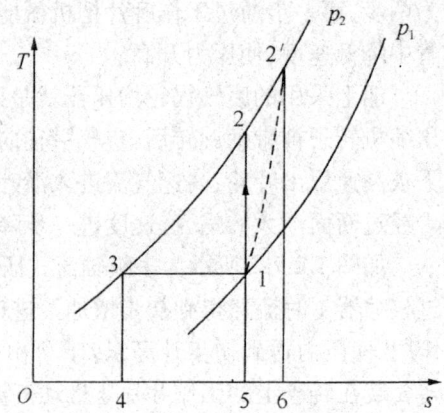

图 1.2.7-3　T-s 图上的压缩机绝热压缩过程

在相同的初态和相同的终压条件下,显然,压缩 1 kg 气体,可逆绝热压缩(理想状况)所消耗的机械功小于不可逆绝热压缩(实际状况)所消耗的机械功,即 $|w_c| < |w_c'|$,且 $|w_c'| - |w_c|$ = 面积 522′65。

在压气机中,可以用可逆绝热压缩时压气机所消耗的机械功 w_c 与不可逆绝热压缩时压气机所消耗的机械功 w_c' 之比来衡量压气机中绝热压缩过程的不可逆程度,称之为压气机的绝热效率,用符号 η_c 表示,即

$$\eta_c = \frac{w_c}{w_c'} = \frac{h_1 - h_2}{h_1 - h_2'}$$

八、理想气体动力循环

能够将燃料燃烧释放出来的热量的一部分,连续不断地转换成机械能的整套热工设备,称为热能动力装置,简称动力装置。如果直接将燃料的燃烧产物作为工质,这种动力装置称为内燃动力装置(或称为内燃机),如往复式内燃机、燃气轮机和火箭发动机等。如果只是利用燃烧产物来加热循环的工质(如蒸汽动力装置中利用燃气加热水),则这种动力装置称为外燃动力装置(或称外燃机)。

按照动力装置所用工质的不同,还可以分为气体动力循环及蒸汽动力循环两大类。内燃机、燃气轮机以及它们两者所组成的联合装置,都是用空气和燃气作为工质而进行工作循环的,称为气体的动力循环。分析气体动力循环的目的在于找出提高动力装置经济性——循环热效率的方法。

(一)往复式内燃机的实际循环和理想循环

1.往复式内燃机的实际工作循环

(1)往复式内燃机的工作特点及分析方法

在往复式内燃机中,燃料直接在气缸中燃烧,工质的一系列热力过程都是在气缸内完成的,由于这种动力装置具有热效率高、功率范围广、便于移动等特点,因此被广泛地用作各种运输车辆、舰船和发电站的原动机。

工程上,往复式内燃机依据使用的燃料,可分为柴油机、汽油机、煤油机等,常简称为内燃机。特别是柴油机,因其热效率高,目前被大多数船舶用做主推进动力装置。

由热力学第二定律可知,在给定的热源和冷源之间,以卡诺循环的热效率为最高。卡诺循环中工质的定温吸热和定温放热过程对气体而言不易实现;而卡诺循环的高热效率要求热

源温度和冷源温度的差别要大。这就需要有较大的压力差(要求最大压力高)和很大的容积压缩比(要求气缸尺寸大)。可见,若以卡诺循环作为内燃机循环,那么机器必然大而重。因此,内燃机不是按卡诺循环工作的。

内燃机中的工质由于燃烧发生了化学变化,不可能再回到它原来的状态。所以,内燃机的往复运动虽然属于机械循环工作的,但不是按热力循环工作的。由于工质的化学变化及部件间的摩擦和传热等因素,内燃机的实际工作过程极其复杂,难于分析和找出提高热效率的途径。

在热力学中,常把内燃机(以及其他动力装置)的实际工作过程简化为理想的热力循环,然后对该理想循环进行热力计算分析。也就是先暂且不考虑各种不可逆因素,而把实际工作过程合理地理想化成相应的可逆热力过程,并抓着工质的状态变化这个决定因素来进行分析。当然,这种分析方法,并没有考虑许多实际存在的不可逆因素,其分析结论与动力装置的实际工作情况是有差别的。但是,这种分析方法及其结论,仍有很大的指导意义和实用价值。利用这种分析方法得到结论,是在最理想的可逆条件下得出的,因此,它是该动力装置工作性能的最高标准,同时也可以作为比较同类动力装置工作完善程度的客观标准,实际工作性能越接近它,则该装置的工作就越完善;并且,根据这种分析方法得到的结论,可以找出影响动力装置工作性能的主要因素,明确进一步改进的方向;而且,在得到的结论的基础上,可以进一步分析各种实际因素的影响程度,从而对理想循环的结论加以修正,就可以应用到实际循环的分析计算中去。

理想化方法分析动力循环的一般步骤是:

①分析动力循环的工作过程及特点,把实际工作过程合理简化成可逆理想循环,并将理想循环表示在 p-v 图和 T-s 图上。

②确定理想循环中各典型状态点(各过程线交点)的状态参数,将它们表示为工质的初态参数和循环特性参数的函数。

③进行理想循环的性能分析,确定表征循环整体性能的各种指标,比如循环的净热量、循环的净功、热效率等,并进一步分析循环特征参数对循环热效率的影响。

往复式内燃机有四冲程和二冲程两种。往复式内燃机的进气、压缩、燃烧和膨胀、排气这四个工作过程,若是由活塞在四个行程内完成的,则称为四冲程内燃机;若是由活塞在两个行程内完成的,则称为二冲程内燃机。

(2)四冲程内燃机的实际工作循环

内燃机气缸中,工质的压力随容积变化的关系可用示功图表示。由示功图可分析内燃机的实际工作过程和工作循环,进而进行理想化得到内燃机的理想循环。

如图 1.2.8-1 所示为机械喷射式四冲程内燃机的实际示功图。

①吸气过程

如图 1.2.8-1 所示中的 0-1 线表示吸气过程。在此过程中,由于进气系统中存在流动阻力,气缸内工质压力略低于大气压力,只有这样才能使气体进入气缸。

②压缩过程

如图 1.2.8-1 所示中的 1-2 线表示压缩过程。在压缩过程进行的前一阶段,高温气缸壁对空气加热,$q>0$,压缩过程的多变指数 $n>k$;而后一阶段,由于被压缩的空气温度高于缸壁温度,这时空气向缸壁放热,$q<0$,$n<k$。压缩过程的平均多变指数 $n=1.34\sim1.37$,工质放热多于吸热。压缩终点压力为 $3\sim5$ MPa。压缩终点温度应该超过燃油自燃点(柴油为 335 ℃左右),为

600~700 ℃，以便燃油喷入后即能自行燃烧。

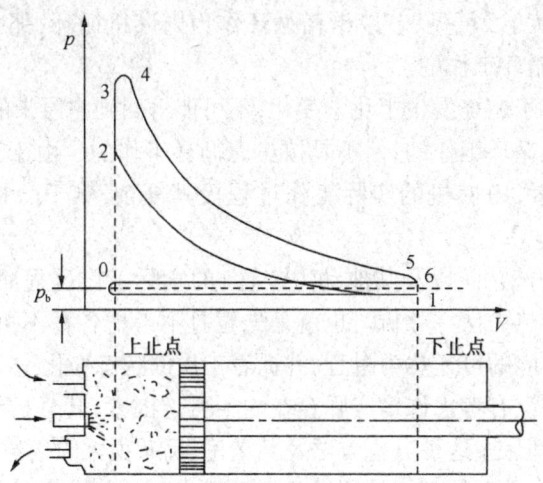

图 1.2.8-1　机械喷射式四冲程内燃机的实际示功图

③燃烧过程

如图 1.2.8-1 所示中的 2-3-4 线表示燃烧过程。通常在压缩过程终了前，一部分燃油由高压油泵提前喷入气缸，当压缩终了时，这部分燃油已被空气加热而迅速燃烧，因而在活塞处于上止点附近，其运动速度变得很小的情况下，压力迅速上升至 5~8 MPa，这一过程接近于定容燃烧过程。后来喷入气缸中的燃油继续燃烧，同时活塞也向下止点移动，这时燃烧过程接近于定压燃烧过程，燃烧终了时温度可达 1 400~1 800 ℃。

④膨胀过程

如图 1.2.8-1 所示中的 4-5 线表示膨胀过程。在整个膨胀过程，工质的压力和温度均下降。然而，由于气缸容积的限制，工质在膨胀终点（即活塞下行至下止点附近）时的压力并没有降低至大气压力，一般为 0.25~0.45 MPa。同时，在整个膨胀过程中，多变指数 n 也是在变化的。膨胀初始阶段，由于后燃的影响，工质吸热量大于工质向气缸壁的放热量，为吸热过程，$q>0,n<k$；后一阶段，工质对缸壁继续放热而后燃停止，为放热过程，$q<0,n>k$。整个膨胀过程究竟是吸热还是放热过程，决定于膨胀过程中后燃的影响程度。

对于机械喷射式内燃机的混合加热循环来说，在膨胀过程中，由于后燃加给工质的热量大于工质向缸壁的放热量，是一个吸热过程，$q>0,n<k$，一般 $n=1.2~1.38$。

⑤排气过程

如图 1.2.8-1 所示中的 5-6 线为排气过程。活塞下行至下止点附近位置时，排气阀开启，废气在压差作用下排入大气中，气缸内压力迅速下降到略高于大气压力，这时活塞位置几乎没有移动。如图 1.2.8-1 所示中的 6-0 线亦为排气过程。这时活塞上行，将气缸中的废气排入大气中。由于排气系统有流动阻力，排气压力略高于大气压力。

综上所述，往复式内燃机的实际工作循环并不是一个封闭循环，而是由大气吸入新鲜空气后经过压缩、燃烧和膨胀做功之后以废气的形式排入大气中，第二个循环需要重新吸入新鲜空气。此外，往复式内燃机的各个工作过程都不是可逆过程。

2.往复式内燃机的理想循环

为了便于研究分析，将往复式内燃机实际工作循环理想化，使它变成一个可逆理想循环，进而寻找影响往复式内燃机循环热效率的主要因素。现将实际过程做如下理想化：

(1) 不计吸气和排气过程,将内燃机的工作过程看作是气缸内工质进行状态变化的封闭循环。如图 1.2.8-1 所示的示功图中,0-1 线和 6-0 线为进、排气的数量变化过程,工质状态几乎没有发生变化;而且,在进气过程中工质对活塞做的功与排气过程中活塞对工质所做的功可近似地认为相等从而相互抵消;此外,点 6 与点 1 的状态相差不大,因此,取消这两个过程对循环热效率的影响不大。

(2) 略去喷入的燃油质量,认为在循环的各个过程中工质质量不变,始终由一定质量的工质在气缸中进行着可逆的封闭循环。

(3) 假定在整个循环中,工质的化学成分不变,比热也不变,因此把燃烧过程看作是由外界对工质的加热过程,并认为 2-3 是定容加热过程,3-4 是定压加热过程。

(4) 略去压缩过程和膨胀过程中工质与气缸壁之间的热量交换,认为压缩过程和膨胀过程都是可逆绝热过程。

(5) 用定容放热过程来代替废气排入大气的实际放热过程,认为工质从膨胀终点开始定容放热,其压力降低,直到压缩始点,完成一个热力循环。

做了上述简化之后,可以得到往复式内燃机理想循环。如图 1.2.8-2 所示为机械喷射式内燃机理想循环的 p-v 图和 T-s 图,图中,1-2 为绝热压缩过程;2-3 为定容加热过程;3-4 为定压加热过程;4-5 为绝热膨胀过程;5-1 为定容放热过程。

由于加热过程兼有定容和定压加热,所以称为混合加热理想循环。混合加热理想循环是当代大多数往复式内燃机遵循的理想循环。当加热过程只有定容加热时则称为定容加热理想循环,当加热过程只有定压加热时则称为定压加热理想循环。

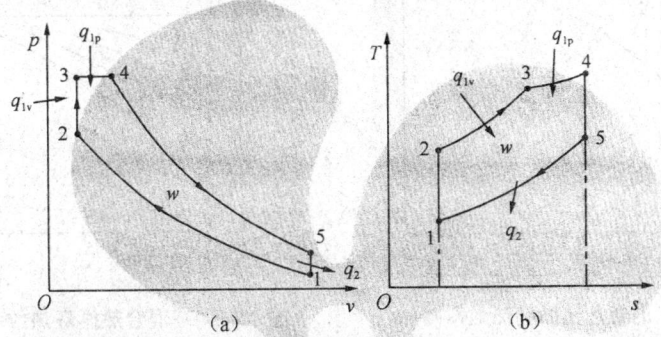

图 1.2.8-2　机械喷射式内燃机理想循环的 p-v 图和 T-s 图

(二) 影响往复式内燃机理想循环热效率的主要因素

1. 混合加热理想循环(萨巴德循环)

由于柴油不易挥发,机械喷射式柴油机首先将新鲜空气压缩到远超过柴油自燃点的高温,再喷射进行燃烧和膨胀做功,因此也称为压燃式内燃机。如图 1.2.8-2 所示也为四冲程压燃式内燃机理想循环,由于兼有定容加热和定压加热,故称为混合加热理想循环。

混合加热理想循环在定容加热过程 2-3 中加入的单位质量热量为 $q_{1v}=c_v(T_3-T_2)$,在定压加热过程 1-3-4 中加入的单位质量热量为 $q_{1p}=c_p(T_4-T_3)$,在定容过程 5-1 中放出的单位质量热量为 $q_2=c_v(T_5-T_1)$,则循环的热效率为

$$\eta_t = 1 - \frac{q_2}{q_1} = 1 - \frac{T_5 - T_1}{(T_3 - T_2) + k(T_4 - T_3)} \tag{1.2.8-1}$$

引入下列表征往复式内燃机循环特性的参数:

$\varepsilon = \dfrac{v_1}{v_2}$，称为压缩比；

$\lambda = \dfrac{p_3}{p_2}$，称为定容升压比，定容加热量越大，$\lambda$ 就越大；

$\rho = \dfrac{v_4}{v_3}$，称为定压预胀比，表示绝热膨胀过程前工质的膨胀程度，定压加热量越大，ρ 就越大。

将式(1.2.8-1)中的温度 T_2、T_3、T_4、T_5 均用 T_1 和以上三个循环特性参数来表示，最后可得热效率与特性参数 ε、λ、ρ 之间的关系式为

$$\eta_t = 1 - \dfrac{1}{\varepsilon^{k-1}} \cdot \dfrac{\lambda \rho^k - 1}{(\lambda - 1) + k\lambda(\rho - 1)} \tag{1.2.8-2}$$

从此式可以看出，影响混合加热理想循环的热效率的主要因素是循环的压缩比 ε、定容升压比 λ 和定压预胀比 ρ。

当定容升压比 λ 和定压预胀比 ρ 不变时，提高压缩比 ε，混合加热理想循环的热效率 η_t 提高，热效率 η_t 随压缩比而变化的关系如图 1.2.8-3 所示。

当压缩比 ε 不变时，提高定容升压比 λ 或降低定压预胀比 ρ，混合加热理想循环的热效率 η_t 提高，其相互关系如图 1.2.8-4 所示。

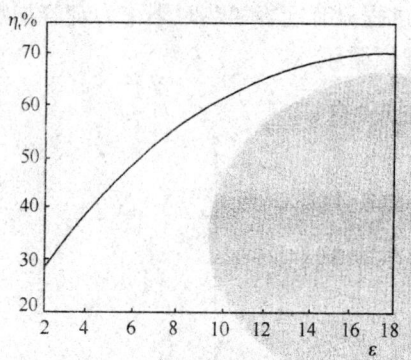

图 1.2.8-3 混合加热循环热效率随压缩比而变化的关系

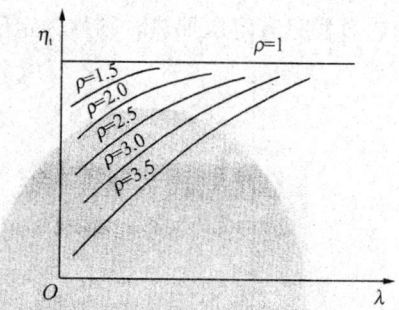

图 1.2.8-4 混合热循环热效率随定容升压比和定压预账比的变化曲线

总之，混合加热理想循环的热效率 η_t 随压缩比 ε 的提高、定容升压比 λ 的提高和定压预胀比降低 ρ 的降低而提高。

2. 定容加热理想循环(奥托循环)

汽油机的特点是汽油和空气先在气缸外部充分混合，然后被吸入气缸。汽油机的吸气过程吸入的是汽油与空气的可燃混合物，在活塞压缩至上止点时，由电火花塞点火而迅速燃烧，故又称为点燃式内燃机。由于其燃烧迅速，燃烧时活塞位移极小，可以近似认为是定容燃烧过程。燃烧后的气体膨胀做功，然后排入大气。将汽油机的实际工作循环理想化后，可以得到汽油机理想循环——定容加热理想循环，又称奥托循环。

如图 1.2.8-5 所示为定容加热理想循环(奥托循环)的 p-v 图和 T-s 图，图中，1-2 为绝热压缩过程；2-3 为定容加热过程；3-4 为绝热膨胀过程；4-1 为定容放热过程。

定容加热理想循环也可以看作是加热量全部被分配在定容加热过程的混合加热理想循环

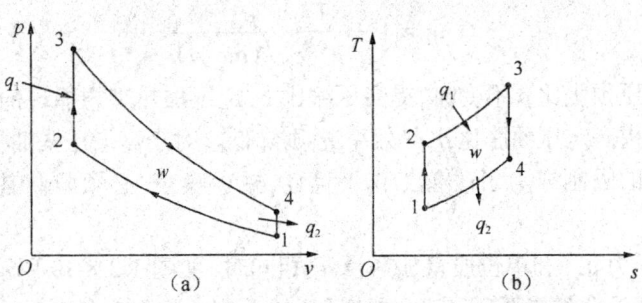

图 1.2.8-5　定容加热理想循环的 $p-v$ 图和 $T-s$ 图

的一个特例,此时,定压预胀比 $\rho=1$,将 $\rho=1$ 代入混合加热理想循环热效率 η_t 的表达式 (1.2.8-2)中,可得定容加热理想循环的热效率 η_t 为

$$\eta_t = 1 - \frac{1}{\varepsilon^{k-1}}$$

由此式可知,定容加热理想循环的热效率 η_t 只随压缩比 ε 的增加而提高。但是,对于按定容加热循环工作的汽油机来说,由于压缩的是空气与汽油的可燃混合气体,如果压缩比太高,在压缩过程中可燃混合气体温度就会超过它的自燃点而在点火前自行燃烧,发生"爆燃",不但热效率 η_t 会降低,还会影响机器的正常运行及寿命,所以汽油机的压缩比提高受到限制,通常为 $\varepsilon=6\sim10$。

由于汽油机压缩比 ε 较柴油机压缩比 ε 要低得多,其循环的平均加热温度就比柴油机的低,这就是汽油机循环热效率一般比柴油机循环热效率低的原因。

3.定压加热理想循环(狄塞尔循环)

早期柴油机的转速都很低,都是应用压缩空气将燃油射入气缸中,使之分散成雾状,被气缸内的高温空气加热后进行燃烧。由于雾化质量很好,滞燃期很短,因而燃油的提前喷射就不是很有必要,燃烧过程主要是在活塞离开上止点后进行。这时一边进行燃烧,一边进行膨胀,在整个燃烧过程中气缸内的压力变化不大,可以近似认为是定压燃烧过程。

若将整个实际工作循环理想化,可得空气喷射式柴油机的理想循环——定压加热理想循环,又称狄塞尔循环。近年来,有些高增压柴油机及汽车用高速柴油机也是按定压加热循环工作的。如图 1.2.8-6 所示为定压加热理想循环(狄塞尔循环)的 $p-v$ 图和 $T-s$ 图。图中,1-2 为绝热压缩过程;2-3 为定压加热过程;3-4 为绝热膨胀过程;4-1 为定容放热过程。

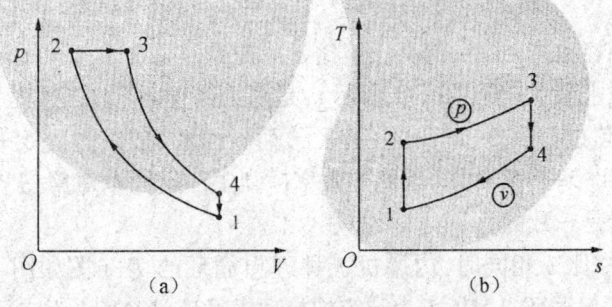

图 1.2.8-6　定压加热理想循环的 $p-v$ 图和 $T-s$ 图

同样可以认为定压加热理想循环是定容升压比 $\lambda=1$ 时的混合加热理想循环的一个特例,将 $\lambda=1$ 代入式(1.2.8-2),便可得到定压加热理想循环的热效率 η_t 为

$$\eta_t = 1 - \frac{1}{\varepsilon^{k-1}} \cdot \frac{\rho^k - 1}{k(\rho - 1)}$$

由此式可见,当定压预胀比 ρ 不变时,提高压缩比 ε,定压加热理想循环的热效率 η_t 提高。若压缩比 ε 不变时,提高定压预胀比 ρ,热效率 η_t 则降低。对于高增压柴油机和汽车用高速柴油机,因受机件强度的限制或为了改善工作平稳性,减少噪声,必须限制其循环的最高压力和温度。

在循环最高压力 $p_{\max}$ 和单位质量加热量 q_1 相同时(如图 1.2.8-10 所示),定压加热循环的平均加热温度高于混合加热循环,定压加热循环的平均放热温度低于混合加热循环,因此,定压加热循环的热效率比混合加热循环高。这就是部分高增压柴油机及汽车用高速柴油机采用定压加热循环工作的原因。需要指出的是,并不是任何条件下定压加热循环的热效率都比混合加热循环高。比较条件不同,结论可能相反。

(三)提高往复式内燃机理想循环热效率的途径

根据卡诺定理,提高热能动力装置热效率的基本途径是:尽可能提高工质从高温热源吸热时的平均进热温度,向高温方向发展;尽可能降低工质向低温热源放热时的平均放热温度,尽量使其低至接近环境温度;尽量避免和减少过程的不可逆性,使实际循环尽量接近可逆循环。

通过上面的分析已经知道,混合加热理想循环的热效率取决于压缩比 ε、定容升压比 λ 和定压预胀比 ρ,并且随压缩比 ε 的提高、定容升压比 λ 的提高和定压预胀比 ρ 的降低而提高。

由于在实际柴油机的工作中,为了使喷入气缸的燃油得到充分燃烧,对于吸入的每千克新鲜空气,喷油量是一定的,而燃油的燃烧值又是一定的,故对 1 kg 工质而言,加入的热量 q_1 是一定的,所以,以下都是以 1 kg 工质加热量 q_1 不变为前提条件在 T-s 图上进行分析。

1. 提高压缩比

下面分析当单位质量加热量 q_1 不变(q_{1v} 和 q_{1p} 亦不变)时,压缩比 ε 对热效率 η_t 的影响。

如图 1.2.8-7 所示,混合加热循环 123451 的加热量为 q_1=面积 $234ba2$,放热量为 q_2=面积 $51ab5$。提高压缩比 ε 后,得到新的循环 1'2'3'4'5'1,新循环的加热量为 q'_1=面积 $2'3'4'b'a2'$,放热量 q'_2 为 q'_2=面积 $5'1ab'5'$。

因为加热量是不变的,即 q'_1=q_1,面积 $2'3'4'b'a2'$=面积 $234ba2$,而从 T-s 图上可以看出,面积 $5'1ab'5'$<面积 $51ab5$,即 q'_2<q_2,由此可得

$$\eta'_t = 1 - \frac{q'_2}{q'_1} > \eta_t = 1 - \frac{q_2}{q_1}$$

即在加热量 q_1 不变的条件下,提高压缩比 ε 可提高混合加热理想循环的热效率 η_t。

以上结论从本质上看(如图 1.2.8-7 所示),是因为新循环(加热过程 2'-3'-4')的平均加热温度比原循环(加热过程 1-2-1-3-4)提高了,而新循环(放热过程 5'-1)的平均放热温度比原循环(放热过程 1-5-1)降低了,因此热效率提高了。这同本章第三节讨论卡诺循环和卡诺定理时得出的结论是一致的。

在加热量 q_1、压缩比 ε 相同时,内燃机三种理想循环的 T-s 图如图 1.2.8-8 所示,其中,123451 为混合加热理想循环,124'5'1 为定容加热理想循环,124"5"1 为定压加热理想循环。

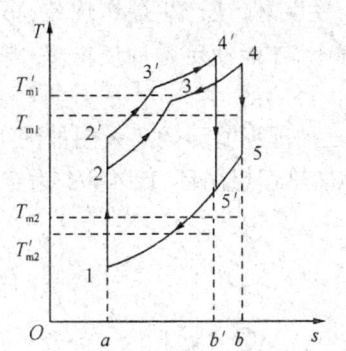 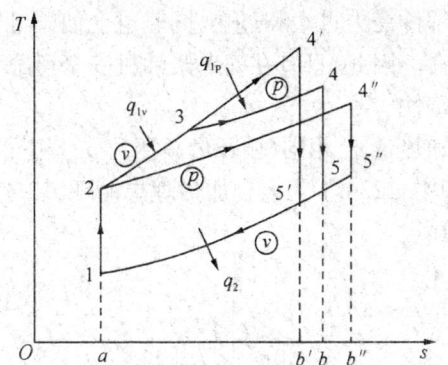

图 1.2.8-7 压缩比对热效率的影响　　图 1.2.8-8 在压缩比和加热量一定时三种理想循环热效率的比较

由图 1.2.8-8 可以看出,定容加热理想循环的放热量最小、定压加热理想循环的放热量最大,而加热量相同,根据热效率公式 $\eta_t = 1 - q_2/q_1$ 可知,定容加热理想循环的热效率 $\eta_{t,v}$ 最高,定压加热理想循环的热效率 $\eta_{t,p}$ 最低,混合加热理想循环的热效率 η_t 介于两者之间。

从平均吸热温度和平均放热温度来看,由图 1.2.8-8 也可以看出,定容加热理想循环的平均吸热温度最高、平均放热温度最低,而定压加热理想循环的平均吸热温度最低、平均放热温度最高,根据热效率公式 $\eta_t = 1 - T_{m2}/T_{m1}$ 可得: $\eta_{t,v} > \eta_t > \eta_{t,p}$。

因此,仅从热力学分析来看,定容加热理想循环比定压加热理想循环更有利。事实上,如前所述,三种理想循环的压缩比是各不相同的。

对于按混合加热循环工作的柴油机,因被压缩的空气不能自行燃烧,压缩比不受限制,因此可以有较大的 ε 值。但是对于压缩比较高的柴油机来说,再提高 ε,不但 η_t 的提高不显著(如图 1.2.8-3 所示),而且会使压缩终点压力 p_2 以及气缸内最高压力 p_3 过高,引起柴油机各部件受力过大,而不得不采用粗大的机件,使全机过于笨重,同时也增加了运动部件的磨损。现代柴油机的压缩比 ε 通常为 12~22。

2.增加定容加热量、减少定压加热量

下面分析当压缩比 ε 和单位质量加热量 q_1 不变时,定容和定压加热量的分配比例对热效率 η_t 的影响。

如图 1.2.8-9 所示,循环 123451 的总加热量为 q_1=面积 234ba2,放热量 q_2 为 q_2=面积 51ab5。增加定容加热量 q_{1v}(定容升压比 λ 增加)、减少定压加热量 q_{1p}(定压预胀比 ρ 降低)后,得到新循环 123′4′5′1,新循环的总加热量为 q'_1=面积 23′4′b′a2,放热量为 q'_2=面积 5′1ab′5′。

因为总加热量是不变的,即 $q_1' = q_1$,面积 23′4′b′a2 = 面积 234ba2,而放热量不同,面积 5′1ab′5′<面积 51ab5,即 $q_2' < q_2$,由此可得

$$\eta'_t = 1 - \frac{q'_2}{q'_1} > \eta_t = 1 - \frac{q_2}{q_1}$$

即在压缩比 ε 和总单位质量加热量 q_1 不变的条件下,增加定容加热量 q_{1v}、减少定压加热量 q_{1p},可提高混合加热理想循环的热效率。其本质原因同样是平均加热温度的提高和平均放热温度的降低使热效率 η_t 提高。

在压缩比 ε 和总单位质量加热量 q_1 一定时,虽然定容加热量所占的比例越大,热效率越高,但比例过大的话,由于压力升高比增大会使这一循环的最高压力和最高温度过高而引起柴

油机各部件受力过大和过热，同时也会使柴油机工作平稳性变坏，或产生爆燃现象，影响机器使用寿命。因此，只有在确保柴油机安全可靠工作的前提下，才能使定容加热量多一些，以提高其经济性。

在加热量 q_1 相同、循环最高压力 p_{max} 相同时，内燃机三种理想循环的 $T-s$ 图如图 1.2.8-10 所示，图中，123451 为混合加热理想循环，$12'4'5'1$ 为定容加热理想循环，$12''4''5''1$ 为定压加热理想循环。

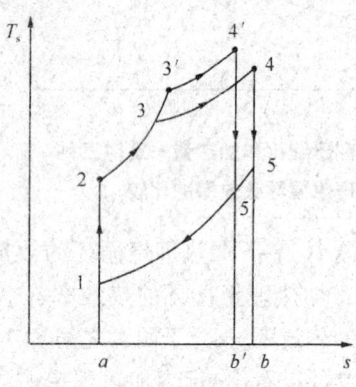
图 1.2.8-9　总加热量的分析对热效率的影响

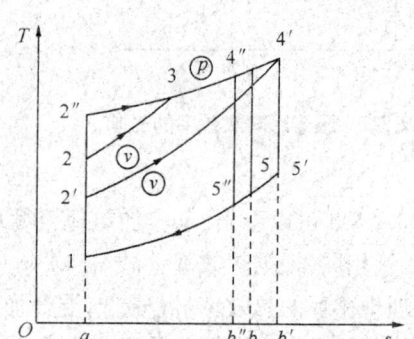
图 1.2.8-10　在循环最高压力和加热量一定时三种理想循环热效率的比较

由图 1.2.8-10 可以看出，定压加热理想循环的放热量最小、定容加热理想循环的放热量最大，而加热量相同，根据热效率公式 $\eta_t = 1 - q_2/q_1$ 可知，定压加热理想循环的热效率 $\eta_{t,p}$ 最高，定容加热理想循环的热效率 $\eta_{t,V}$ 最低，混合加热理想循环的热效率 η_t 介于两者之间。

从平均吸热温度和平均放热温度来看，由图 1.2.8-10 也可以看出，定压加热理想循环的平均吸热温度最高、平均放热温度最低，而定容加热理想循环的平均吸热温度最低、平均放热温度最高，根据热效率公式 $\eta_t = 1 - T_{m2}/T_{m1}$ 可得：$\eta_{t,p} > \eta_t > \eta_{t,V}$。

可见，在 p_{max} 一定时，定压加热理想循环的压缩比和热效率最高，定容加热理想循环的压缩比和热效率最低。

（四）往复式内燃机循环的平均压力和功率

在气缸中往复式内燃机的燃烧过程是周期进行的，所以工质在燃烧过程中的温度较高，特别是柴油机，它是现代热机中热效率最高的一种热机，因此在船舶上及其他方面得到广泛的应用。随着近代船舶吨位的增加和航速的提高，对于船舶柴油机的功率也要求增加。但是，由于受气缸容积和其他方面的限制，功率的提高并不是轻而易举的。

1. 往复式内燃机循环的平均压力及其影响因素

（1）平均压力的概念及其意义

设内燃机气缸中有质量为 m 千克的气体，每一循环中所做的总功为 mw 焦耳，气缸工作容积（即活塞排量）为 V_s 立方米，则单位气缸容积在每一循环中所做的功为

$$p_t = \frac{mw}{V_s} \quad N/m^2 \qquad (1.2.8-3)$$

由此式可以看出，p_t 的单位与压力的单位相同，因此，把 p_t 称为内燃机理想循环的平均压力。

如图 1.2.8-11 所示的 $p-V$ 图中，以气缸工作容积 V_s 为底边做矩形面积，使之等于示功图面积，则该矩形的高度就是平均压力 p_t。可见，理想循环的平均压力 p_t 代表单位气缸容积的

做功能力。有了平均压力 p_t 这个参数，就可以比较两台气缸容积不同的内燃机的做功能力，平均压力 p_t 值大，就说明其单位气缸容积做功能力大。平均压力 p_t 是衡量各类内燃机做功能力的一个重要指标，平均压力 p_t 的大小主要取决于工作循环进行的完善程度。

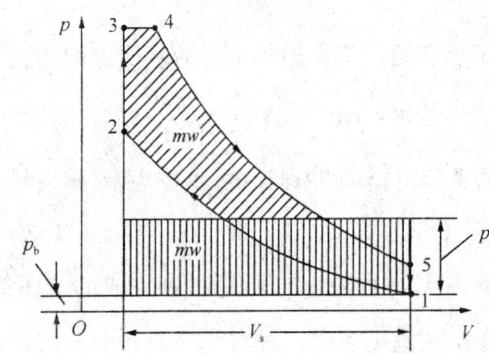

图 1.2.8-11　内燃机理想循环的 p-V 图与平均压力

(2) 平均压力的影响因素

若吸入气缸的气体压力为 p_1，温度为 T_1，则由气体状态方程 $p_1 V_s = mRT_1$ 可得气缸工作容积 V_s 中的气体质量为 $m = \dfrac{p_1 V_s}{RT_1}$，由热效率的定义 $\eta_t = w/q_1$ 得 $w = q_1 \eta_t$，则式(1.2.8-3)可写为

$$p_t = \frac{p_1 q_1 \eta_t}{RT_1} \tag{1.2.8-4}$$

可见，影响平均压力大小的因素有：单位质量气体的加热量 q_1、热效率 η_t、压缩始点气体的压力 p_1 和压缩始点气体的温度 T_1。

(3) 提高平均压力的方法

由式(1.2.8-4)可知，增加单位质量气体的加热量 q_1，提高热效率 η_t，以及提高压缩始点气体的压力 p_1 和降低压缩始点气体的温度 T_1，都可以提高平均压力 p_t。

关于单位质量气体的加热量 q_1，我们已经知道，对于吸入一定量的空气而言，为了使喷入的燃油得以完全燃烧，喷油量是一定的，因此单位质量气体的加热量 q_1 也是基本不变的；热效率 η_t 的提高值很小，对平均压力 p_t 影响不大。因此，影响平均压力 p_t 的主要因素是压缩始点气体的压力 p_1 和温度 T_1。压缩始点气体的压力 p_1 越高、温度 T_1 越低时，空气的密度就越大，进入气缸的空气量 m 就越多，就能使更多的燃油喷入气缸完全燃烧，产生较大的加热量 Q_1，产生较大的循环功 mw，因而使平均压力 p_t 增加。所以，提高压缩始点气体的压力 p_1 和降低压缩始点气体的温度 T_1 是提高平均压力 p_t 的有效方法。

实际上，提高压缩始点气体的压力(进气压力) p_1 和降低压缩始点气体的温度(进气温度) T_1，就是提高压缩始点气体的密度(进气的密度)。所以，影响平均压力 p_t 的最主要因素就是进气的密度。提高进气密度，就可以增加气缸的充气量，使更多的燃油完全燃烧，从而大幅度提高内燃机的功率。

2. 往复式内燃机的指示功率和有效功率

(1) 指示功率

内燃机气缸中的工质在单位时间内对活塞做的功,称为指示功率,用符号 N_i 表示,单位为千瓦(kW)。

内燃机每个气缸中的工质在每一工作循环中对活塞所做的功为

$$W = mw = p_t V_s = p_t \frac{\pi D^2}{4} S \quad \text{J}$$

式中,D 为气缸直径,单位为米(m);S 为冲程长度,单位为米(m);$V_s = \pi D^2 S/4$ 为活塞排量,单位为立方米(m^3)。

若内燃机每分钟的转数为 n,冲程数为 τ,则每秒钟完成的工作循环数为 $\frac{2n}{60\tau}$。因此,缸数为 i 的内燃机理想循环的指示功率为

$$N_i = p_t V_s \frac{2ni}{60\tau} = p_t \frac{\pi D^2 S}{4} \frac{2ni}{60\tau} \quad \text{W} \tag{1.2.8-5}$$

对于二冲程内燃机,$\tau = 2$;四冲程内燃机,$\tau = 4$。

(2) 有效功率

内燃机的指示功率只能反映气缸内部的功率大小,它不能完全从曲轴上输出,因为还要扣除活塞与气缸、曲轴与轴承之间的摩擦损失以及带动配气机构、水泵、油泵等所消耗的功率。实际上从内燃机轴上输出的功率,称为有效功率,用符号 N_e 表示,单位为千瓦(kW)。有效功率可用测功器测量。有效功率的数值比指示功率小,有效功率与指示功率之比为机械效率,用符号 η_e 表示。

有效功率也可写为

$$N_e = \eta_e N_i$$

在额定负荷下,内燃机的机械效率为 $0.75 \sim 0.90$。

(3) 提高内燃机指示功率的主要途径

由式(1.2.8-5)可知,内燃机的指示功率 N_i 随 i、n、V_s 和 p_t 的增加,以及 τ 的减少而提高。虽然增加缸数 i、气缸直径 D、冲程长度 S 以及减少冲程数 τ 可以提高内燃机的功率,但是,这些参数改变的幅度受到多种因素的限制。

内燃机转速 n 的增加可以增大内燃机做功频率,提高功率。目前新型船用低速柴油机大多降低转速以获得更高的经济性。但是,转速增加会使磨损增加,内燃机的惯性力增加,使内燃机寿命缩短,可靠性变差。对于船用主机还受到螺旋桨效率的限制,因而这种方法也是有限度的。因此,提高内燃机循环的平均压力 p_t 是提高内燃机指示功率 N_i 的主要途径。

现代柴油机为了提高平均压力进而提高功率,就是利用增压的方法,采用专门的压缩机(如废气涡轮增压器),先将空气由大气压力压缩到较高的压力 p_1,再经过空气冷却器降低空气的温度 T_1,然后送入柴油机气缸中。这样,在柴油机的气缸容积不变的条件下,可以充入更多的空气,从而可多喷油,发出更大的功率。

所谓增压,就是用提高气缸进气压力的方法,使进入气缸的空气密度增加,从而可以增加喷入气缸的燃油量,以提高内燃机的平均压力。目前船用柴油机的增压系统主要有机械增压、废气涡轮增压和复合增压三种形式。机械增压是指增压器直接由柴油机驱动,显然这种增压形式将消耗柴油机的有效功率,并且随着增压压力的提高,柴油机所消耗的功率

也随之增大,因此机械增压一般只适于增压压力小于(0.15~0.17)MPa的低增压柴油机。废气涡轮增压是指利用柴油机排出的废气吹动涡轮机,由涡轮机带动增压器,显然,这种增压形式可以从废气中回收部分能量,不仅提高了柴油机的功率,还提高了动力装置的经济性,因而获得广泛应用。复合增压是指既采用涡轮增压又采用机械增压的一种联合增压形式。由于空气在增压器中被压缩时压力和温度是同时升高的,这就影响了空气密度的增加和增压的效果。因此,在增压器后都设有中冷器以降低空气温度,提高空气密度。通常中冷器都是以海水来冷却的。中冷的另一个作用是降低柴油机的循环平均温度。

(五)布雷顿循环(焦耳循环)

布雷顿循环(Brayton cycle)也是一种气体动力循环,有时也被称为焦耳循环。理想的布雷顿循环包括四个过程,分别是可逆绝热(等熵)压缩过程、可逆定压加热过程、可逆绝热(等熵)膨胀过程和可逆定压放热过程。布雷顿循环可以是开式循环,也可以是闭式循环。即有两种类型的布雷顿循环,一种是对大气开放并使用内燃室,另一种是循环封闭并使用热交换器。最初的布雷顿发动机使用活塞式压缩机和活塞膨胀机,但现代的燃气涡轮发动机和吸气式喷气发动机也遵循布雷顿循环。

1.燃气轮机装置的工作原理及特点

往复式内燃机的压缩、燃烧和膨胀都在同一个气缸里依次重复地进行,工作的间歇性以及活塞往复运动时的惯性力对提高转速的影响等使发动机功率受到很大的限制。如果让压缩、燃烧和膨胀分别在压气机、燃烧室和燃气轮机里进行,就构成了一种新型的内燃动力循环装置——燃气轮机装置。

如图1.2.8-12所示为燃气轮机装置的组成。空气首先进入轴流式压气机1,压缩后的空气进入燃烧室2,一部分空气直接参与燃料燃烧,成为高温燃气,并与另一部分空气混合,然后进入燃气轮机3中膨胀做功,最后排到大气中去。

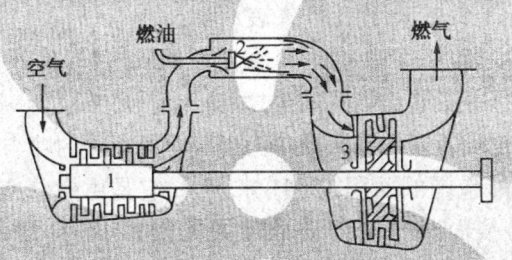

图1.2.8-12 燃气轮机装置的组成
1—轴流式压气机;2—燃烧室;3—燃气轮机

由于燃气轮机没有曲柄连杆机构,允许有较高的转速,因此其装置重量比同功率的往复式内燃机轻得多。此外,由于往复式内燃机气缸尺寸的限制,气体不能在其中进行完全膨胀,而燃气轮机中气体可充分膨胀,使其压力降至稍高于大气压力。

但是,由于燃气轮机部件是在高温下连续地工作,因此,进入第一排叶片的燃气温度要受到叶片材料耐热强度的限制,燃气轮机装置工作循环的最高温度要比内燃机工作循环的最高温度低,热效率也就远低于往复式内燃机。随着科学技术的发展,金属耐热性正在不断提高,叶片的冷却技术也在不断改进,因而燃气初温就可以得到提高,装置热效率也会随之提高。

2. 定压加热燃气轮机装置的理想循环

针对如图 1.2.8-12 所示的燃气轮机装置,由于其加热过程是在定压下进行的,因此其遵循的理想循环称为定压加热燃气轮机装置的理想循环,也称为布雷顿循环。

如图 1.2.8-13 所示为定压加热燃气轮机装置理想循环(布雷顿循环)的 p-v 图和 T-s 图。图中,1-2 为压气机中的绝热压缩过程;2-3 为燃烧室中的定压加热过程;3-4 为燃气轮机中的绝热膨胀过程;4-1 为大气中的定压放热过程。

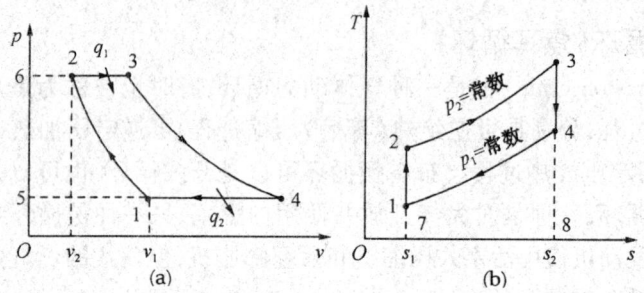

图 1.2.8-13　定压加热燃气轮机装置理想循环的 p-v 图和 T-s 图

3. 燃气轮机理想循环的热效率及其影响因素

如图 1.2.8-13 所示的定压加热燃气轮机装置理想循环(布雷顿循环):

在压气机中的绝热压缩过程 1-2 中,压缩机所消耗的比技术功在 p-v 图上可用面积 12651 来表示,若用比焓(取绝对值)来表示即为:$w_1 = h_2 - h_1$。

在燃烧室中的定压加热过程 2-3 中,对单位质量工质的加热量,在 T-s 图上为定压加热线 2-3 线下的面积,它等于加热终点与始点的比焓差,即:$q_1 = h_3 - h_2 = c_p(T_3 - T_2)$。

在燃气轮机中的绝热膨胀过程 3-4 中,工质流经燃气轮机进行绝热膨胀所做的比技术功在 p-v 图上可用面积 34563 来表示,用比焓来表示为:$w_2 = h_3 - h_4$。

在大气中的定压放热过程 4-1 中,单位质量工质的放热量,在 T-s 图上为定压放热线 4-1 线下的面积,也等于此过程中工质比焓的减少,即:$q_2 = h_4 - h_1 = c_p(T_4 - T_1)$。

所以,定压加热燃气轮机装置的循环净功为燃气轮机所做的功与压气机所消耗功之差,在 p-v 图上可用封闭过程线所包围的面积 12341 来表示,它是由燃烧室吸收的热量减去在大气中的放热量之后的净热转换而来的,在 T-s 图上可用面积 12341 表示,即 $w = w_2 - w_1 = q_1 - q_2$。

因此,定压加热燃气轮机装置的理想循环热效率 η_t 为

$$\eta_t = 1 - \frac{q_2}{q_1} = 1 - \frac{T_4 - T_1}{T_3 - T_2}$$

将绝热过程 3-4 和 1-2 中的热力学状态参数间的关系代入上式,可得定压加热燃气轮机装置的理想循环热效率 η_t 为

$$\eta_t = 1 - \frac{T_1}{T_2}$$

此式也可用压气机的增压比 $\beta = \dfrac{p_2}{p_1}$ 表示,即

$$\eta_t = 1 - \frac{1}{\beta^{\frac{k-1}{k}}}$$

从上式可以看出,定压加热燃气轮机装置的理想循环的热效率 η_t 取决于气体的绝热指数 k 和压气机的增压比 β 值。

因为工质是空气,$k=1.4$,所以定压加热燃气轮机装置的理想循环的热效率 η_t 只与压气机的增压比 β 有关。压气机的增压比 β 增大,定压加热燃气轮机装置的理想循环的热效率 η_t 也增大。实际上,压气机的增压比 β 通常为 5~20。

九、蒸气压缩制冷循环

在现代船舶上,为了储藏船员食品、运输冷藏货物以及夏季舱室内要进行空气调节等,都需要由低于外界环境的温度来保证。对物体进行冷却,使其温度低于周围环境温度,并维持这个低温,称为制冷。要产生和保持这一低温,就必须从被冷却物体移出热量。在工程上让制冷剂在系统中进行制冷循环的设备称为制冷装置。由热力学第二定律可知,制冷装置必须以消耗机械功或其他形式的能量为代价才能达到制冷目的。

(一)蒸气压缩制冷的理想循环

根据卡诺定理可以知道,逆向卡诺循环是制冷装置的最理想循环。若采用理想气体为工质,则由于其定温过程在工程上无法得到实现,因此也就无法实现以理想气体为工质的逆向卡诺循环。

蒸气压缩制冷循环实现了制冷剂气、液两相交替变化。若保持冷凝压力和蒸发压力恒定,可使冷凝温度和蒸发温度也不变,因而在理论上可实现逆向卡诺循环,以取得较高的制冷系数。又因制冷剂在相变时具有较大的比汽化潜热值,使单位质量制冷剂的制冷量较大,从而使制冷装置的结构较紧凑。这是蒸气压缩制冷循环得到广泛应用的原因。

1. 蒸气压缩制冷的逆卡诺循环

如图 1.2.9-1 是在给定的环境温度 T_1 和冷库温度 T_2 之间的蒸气压缩制冷逆卡诺循环的装置示意图和 T-s 图。

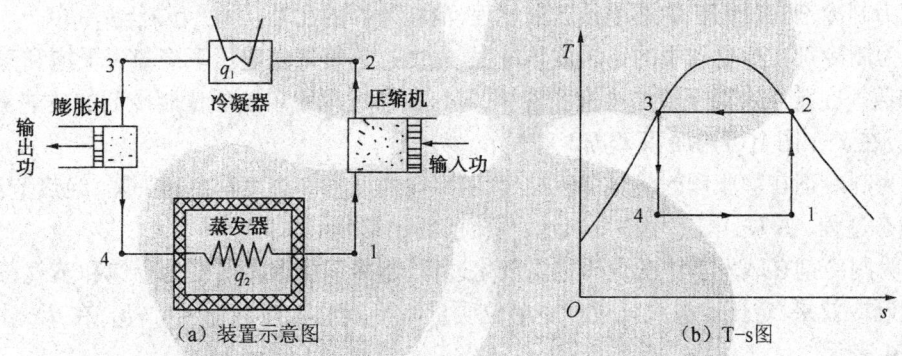

图 1.2.9-1 蒸气压缩制冷逆卡诺循环

如图 1.2.9-1 所示中:

1-2 为制冷剂在压缩机内的绝热压缩过程,消耗外界的比轴功为 $w_c = h_2 - h_1$。

2-3 为制冷剂在冷凝器中的定压定温冷凝放热过程,制冷剂由饱和蒸汽变为饱和液体,单位质量制冷剂放热量为 $q_1 = h_2 - h_3$。

3-4 为制冷剂在膨胀机中的绝热膨胀过程,对外界做的比轴功为 $w_e = h_3 - h_4$。

4-1 为制冷剂在蒸发器中的定压定温蒸发吸热过程,单位质量制冷剂的吸热量为 $q_2 = h_1 - h_4$。

可见,蒸气压缩制冷的逆卡诺循环的制冷系数为

$$\varepsilon_C = \frac{q_2}{w_c - w_e} = \frac{q_2}{w} = \frac{q_2}{q_1 - q_2} = \frac{T_2}{T_1 - T_2} \qquad (1.2.9\text{-}1)$$

ε_C 是温度 T_1 与 T_1 间所有制冷循环中制冷系数的最大值。

但是,由 T-s 图可见,其压缩过程和膨胀过程都处在湿蒸气区,这样由于液体的不可压缩性,会产生液击而造成压缩机机件的损坏。可见,采用蒸气为工质的逆向卡诺循环也是无法实现的。

2. 蒸气压缩制冷的理想循环

为了实现蒸气压缩制冷循环,必须对图 1.2.9-2 所示的循环进行如下改进:

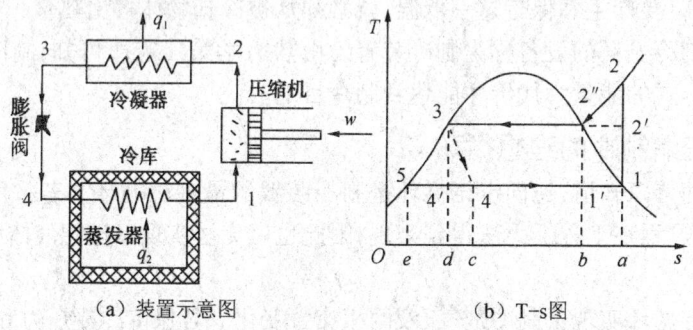

图 1.2.9-2 蒸气压缩制冷理想循环

(1) 用膨胀阀代替膨胀机,以简化装置。

(2) 压缩机吸入的是干饱和蒸汽(实际上为了保证"干压",吸入的是过热蒸气)。

改进后的循环称为蒸气压缩制冷理想循环,其装置示意图以及循环的 T-s 图如图 1.2.9-2 所示,这个装置主要由压缩机、冷凝器、膨胀阀和蒸发器四大部件组成。

如图 1.2.9-2 所示的蒸气压缩制冷循环的工作过程如下:

1-2 为制冷剂在压缩机中的绝热压缩过程,消耗外界的比轴功 w_c 为 $w_c = h_2 - h_1$。

2-3 为制冷剂在冷凝器中的定压放热过程,先由过热蒸气在定压下冷却为干饱和蒸气,再由干饱和蒸气在定压定温下凝结为饱和液体,定压放热过程中单位质量制冷剂的放热量 q_1 为 $q_1 = h_2 - h_3$,在 T-s 图上可用面积 $23da2$ 来表示。

3-4 为制冷剂在膨胀阀的绝热节流过程,制冷剂的压力和温度都急速下降,绝热节流过程是非准静态过程,在 T-s 图上用虚线表示,节流前后比焓相等,即 $h_3 = h_4$。

4-1 为制冷剂在蒸发器中的定压定温汽化过程,制冷剂由湿蒸气变为干饱和蒸气,这个过程中产生制冷效果,定压定温汽化过程中单位质量制冷剂的吸热量 $q_2 = h_1 - h_4$,在 T-s 图上用面积 $41ac4$ 表示。

如图 1.2.9-2 所示在 T-s 图上用 12341 表示的制冷循环,由于没有考虑在压缩机、冷凝器和蒸发器中的实际过程的不可逆性,所以称为蒸气压缩制冷的理想循环。

3. 蒸气压缩制冷理想循环的制冷系数

如图 1.2.9-2 所示的蒸气压缩制冷理想循环的每个循环中,单位质量制冷剂吸热量为: $q_2 = h_1 - h_4$,所消耗的外界的比净功就是压缩机消耗的比轴功,即: $w = w_c = h_2 - h_1$。

由于这一理想循环 12341 并不是全由可逆过程所组成的,其中在膨胀阀中的绝热节流过程 1-3-4 为非准静态过程,所以这一循环的比净功 w 不能用 T-s 图上 12341 所包围的面积

表示。

根据热力学第一定律,如图 1.2.9-2 所示的 T-s 图上的 12341 循环有

$$w = q_1 - q_2 = 面积\ 23da2 - 面积\ 41ac4 = 面积\ 1234'1 + 面积\ 4'4cd4'$$

因为 $h_3 = h_4$,所以 $h_3 - h_5 = h_4 - h_5$,即:面积 $53de5$ = 面积 $54ce5$,于是有:面积 $534'5$ = 面积 $4'4cd4'$,因此,这一循环的比净功 w 可以用面积 12351 表示,即

$$w = 面积\ 1234'1 + 面积\ 534'5 = 面积\ 123451$$

于是,如图 1.2.9-2 所示的蒸气压缩制冷理想循环的制冷系数为

$$\varepsilon = \frac{q_2}{w} = \frac{h_1 - h_4}{h_2 - h_1} = \frac{面积\ 41ac4}{面积\ 12351} \tag{1.2.9-2}$$

如图 1.2.9-2 所示,用实际的节流过程 3-4 替代理想的绝热膨胀过程 3-4′,制冷量减小了(减少量如面积 $4'4cd4'$),耗功增加了(增加量如面积 $534'5$);用"干压"代替逆卡诺循环的"湿压",制冷量增加了(增加量如面积 $1ab1'1$),耗功量也增加了(增加量如面积 $122''1'1$)。总之,与原逆卡诺循环相比,耗功增加很大(增加量如面积 $534'5$+面积 $122''1'1$),而制冷量增加很小(增加量如面积 $1ab1'1$-面积 $4'4cd4'$),所以,蒸气压缩制冷理想循环的制冷系数 ε 较逆卡诺循环的制冷系数 ε_c 有显著的降低。

4. 单级压缩双蒸发器的制冷循环

船舶制冷装置(及家用冰箱)往往需要用一台压缩机同时保持肉库(冷冻室,-15 ℃左右)和菜库(冷藏室,5 ℃左右)的低温。如图 1.2.9-3 所示为单级压缩机双蒸发器制冷系统,其相应的 T-s 图及 p-h 图如图 1.2.9-4 所示。

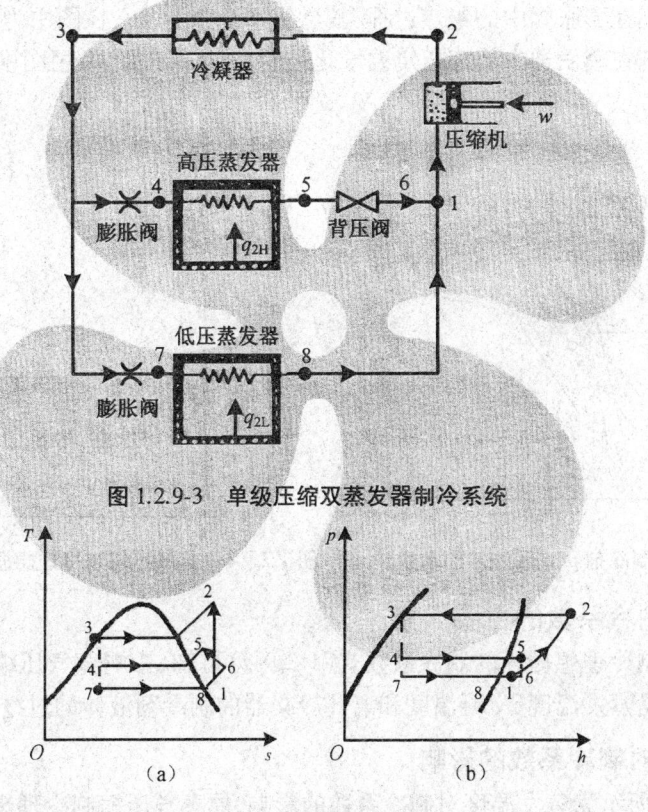

图 1.2.9-3 单级压缩双蒸发器制冷系统

图 1.2.9-4 单级压缩双蒸发器制冷系统的 T-s 图及 p-h 图

菜库(冷藏室)中的蒸发器称为高压蒸发器,肉库(冷冻室)中的蒸发器称为低压蒸发器。每个蒸发器前各有一个膨胀阀,以便制冷剂节流降压降温,并自动控制制冷剂的流量。低压蒸发器的蒸发压力由压缩机的吸入压力来控制;高压蒸发器的蒸发压力由蒸发器后面的背压阀来控制,使之具有较高的蒸发温度。该制冷系统的其他部分与前述的单级压缩单蒸发器的制冷装置相同。

(二)制冷剂 p-h 图的特征及应用

用 T-s 图来分析蒸气压缩制冷循环时,有关耗功制冷量和放热量都用相应的面积来表示。用面积来进行对比,较为形象,但用来进行分析计算,却很不方便。

制冷剂的压-焓图(p-h 图)是以 $\log p$ 为纵坐标,以 h 为横坐标的半对数坐标图。在制冷剂的压-焓图(p-h 图)上,蒸气压缩制冷循环的有关功量和热量都可用横坐标上相应线段的长度来表示,因而更为直观和方便。所以,应用各种制冷剂的 p-h 图进行分析计算在制冷工程上得到了广泛的应用。

如图 1.2.9-5 所示为制冷剂 p-h 图的结构示意图,图中除绘有饱和液体线($x=0$)、饱和蒸汽线($x=1$)和临界点 C 之外,还绘有四组定参数线:定干度线、定温线、定熵线和定比容线。

如图 1.2.9-6 为蒸气压缩制冷理想循环在 p-h 图上的表示,图中:

1-2 为制冷剂在压缩机中的绝热压缩过程,$w_c = h_2 - h_1$,可用图中点 1 与点 2 之间的水平距离表示。

2-3 为制冷剂在冷凝器中的定压放热过程,$q_1 = h_2 - h_3$,可用图中线段 2-3 的水平距离表示。

3-4 为制冷剂在膨胀阀中的绝热过程,其焓值不变,$h_3 = h_4$,在图中为垂直线。

4-1 为制冷剂在蒸发器中的定压定温气化过程,$q_2 = h_1 - h_4$,可用图中线段 4-1 的水平距离表示。

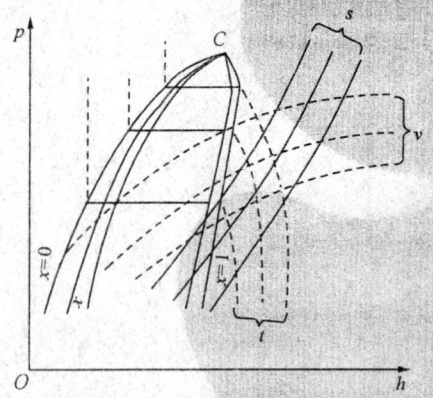

图 1.2.9-5 制冷剂 p-h 图的结构示意

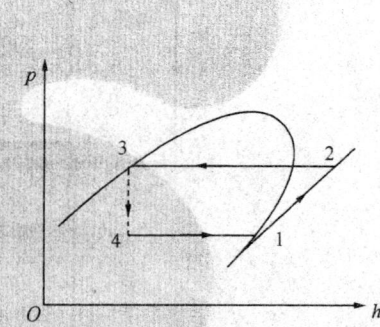

图 1.2.9-6 蒸气压缩制冷理想循环在 p-h 图上的表示

(三)影响制冷系数的主要因素

由蒸气压缩制冷理想循环的制冷系数式(1.2.9-2)可知,影响蒸气压缩制冷理想循环制冷系数的主要因素是蒸发温度、冷凝温度和离开冷凝器的制冷剂液体的过冷度。

1.蒸发温度对制冷系数的影响

如图 1.2.9-7 所示为蒸发温度对制冷系数的影响,原蒸气压缩制冷理想循环为 12341,当冷凝压力不变,把蒸发温度由 T_1 提高到 T_1',则构成新的蒸气压缩制冷理想循环 1'234'1'。

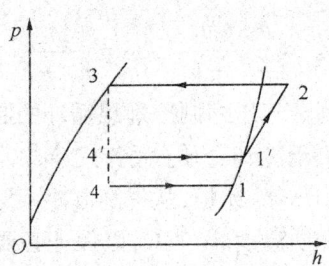

图 1.2.9-7 蒸发温度对制冷系数的影响

原蒸气压缩制冷理想循环的制冷系数为

$$\varepsilon = \frac{h_1 - h_4}{h_2 - h_1}$$

新的蒸气压缩制冷理想循环的制冷系数为

$$\varepsilon' = \frac{h_1' - h_4'}{h_2 - h_1'}$$

由图 1.2.9-7 可见 $\quad h_1' - h_4' > h_1 - h_4 \quad h_2 - h_1' < h_2 - h_1$

显然

$$\varepsilon' = \frac{h_1' - h_4'}{h_2 - h_1'} > \varepsilon = \frac{h_1 - h_4}{h_2 - h_1}$$

可见,提高蒸发温度可以提高蒸气压缩制冷理想循环的制冷系数。

但工程实际中,蒸发温度主要取决于制冷对象的温度要求,不能随意变动。但在制冷对象允许的情况下,取较高的蒸发温度有利于提高制冷循环的制冷系数。一般蒸发温度比冷库温度低 5~7 ℃,以保证传热的需要。

2. 冷凝温度对制冷系数的影响

如图 1.2.9-8 所示为冷凝温度对制冷系数的影响,原蒸气压缩制冷理想循环为 12341,若蒸发温度不变,降低冷凝温度,则构成新的蒸气压缩制冷理想循环 12′3′4′1。

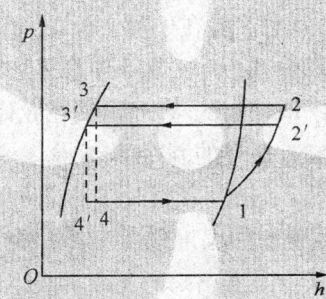

图 1.2.9-8 冷凝温度对制冷系数的影响

原蒸气压缩制冷理想循环的制冷系数为

$$\varepsilon = \frac{h_1 - h_4}{h_2 - h_1}$$

新的蒸气压缩制冷理想循环 12′3′4′1 的制冷系数为

$$\varepsilon' = \frac{h_1 - h_4'}{h_2' - h_1}$$

由图 1.2.9-8 可见 $\quad h_1 - h_4' > h_1 - h_4 \quad h_2' - h_1 < h_2 - h_1$

显然

$$\varepsilon' = \frac{h_1 - h_4'}{h_2' - h_1} > \varepsilon = \frac{h_1 - h_4}{h_2 - h_1}$$

可见,降低冷凝温度可以提高蒸气压缩制冷理想循环的制冷系数。

但工程实际中,冷凝温度取决于冷却介质(大气或冷却水等)的温度,不能随意变动。但在允许选择冷却介质温度时,比如冰箱、冰柜,从提高制冷系数出发,应放置在房间温度较低的地方,一般冷凝温度要高于冷却介质温度 5~7 ℃,以保证必要的传热温差。

3.过冷度对制冷系数的影响

如图 1.2.9-9 所示为过冷度对制冷系数的影响,原蒸气压缩制冷理想循环 12341 中,进入膨胀阀的制冷剂为饱和液体状态,若使进入膨胀阀的制冷剂液体为过冷液体,而其他条件不变时,则构成新的蒸气压缩制冷理想循环 123′4′1。

原蒸气压缩制冷理想循环的制冷系数为

$$\varepsilon = \frac{h_1 - h_4}{h_2 - h_1}$$

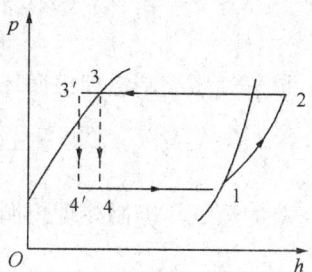

图 1.2.9-9 过冷度对制冷系数的影响

新的蒸气压缩制冷理想循环 12′3′4′1 的制冷系数为

$$\varepsilon' = \frac{h_1 - h_4'}{h_2 - h_1}$$

由图可见,在这两种蒸气压缩制冷理想循环中,压缩机消耗的比轴功相等,均为(h_2-h_1);而新的蒸气压缩制冷理想循环的单位质量制冷量为(h_1-h_4'),比原蒸气压缩制冷理想循环的单位质量制冷量(h_1-h_4)增加了(h_4-h_4')。因此,新的蒸气压缩制冷理想循环比原蒸气压缩制冷理想循环的制冷系数大,而且过冷度越大,制冷系数增大越多。

4.提高制冷系数的主要途径

综合分析,提高蒸发温度、降低冷凝温度和加大离开冷凝器的制冷剂液体的过冷度都可以提高蒸气压缩制冷理想循环的制冷系数。但在工程实际中,蒸发温度主要取决于制冷对象的温度要求,而冷凝温度则取决于冷却介质(大气或冷却水等)的温度,二者一般都不能随意变动。当然,在制冷对象允许的情况下取较高的蒸发温度,在允许选择冷却介质温度时取较低的蒸发温度,都有利于提高蒸气压缩制冷循环的制冷系数。

目前,提高蒸气压缩制冷理想循环制冷系数的最有效的办法,是加大离开冷凝器的制冷剂液体的过冷度。制冷剂液体离开冷凝器的温度取决于冷却介质的温度,过冷度一般都很小。多数制冷装置专设一个回热器,使从冷凝器出来的制冷剂液体通过回热器进一步冷却,以增大过冷度。回热器的冷却介质通常为离开蒸发器的低温低压蒸气。

十、湿空气

由于海洋、江河、湖泊等水分的蒸发,空气中总含有一定量的水蒸气。因为水蒸气在空气中含量很小,而且变化不大,所以在某些情况下往往忽略它的影响。例如,以空气作为柴油机或燃气轮机动力装置的工质时,通常就不考虑其中含有少量水蒸气的影响。但是在某些情况下,空气中的水蒸气对人们的生活和生产却有很大的影响,如潮湿空气会使人感觉不舒服,使食品容易腐烂。而干燥空气也会使人感到不适,食品会因失去必要的水分而干缩,等等。利用空气调节装置可以将对人不适宜的空气状态,调整为适宜的状态。因此有必要了解湿空气的热力性质,并掌握其加热、冷却和加湿等过程。

(一)湿空气的基本概念

1. 干空气与湿空气

含有水蒸气的空气称为湿空气,完全不含水蒸气的空气称为干空气。湿空气是由干空气和水蒸气组成的混合气体。干空气可视为理想气体,而存在于大气中的水蒸气,其压力通常是很小的,所以它的比容很大,分子间的距离是足够远的,可以作为理想气体处理。这种由理想气体组成的混合气体称为理想混合气体。因此,湿空气为理想混合气体(事实上,干空气本身就是理想混合气体)。湿空气这种干空气和水蒸气的混合气体是一种较特殊的理想混合气体,其中的水蒸气的含量可能因凝结而减少,也可能由于水的蒸发而增加,这正是湿空气与不凝结性气体组成的混合气体的不同之处。

2. 道尔顿分压定律

理想混合气体是由若干不同的理想气体所组成的,各组成气体的温度都相等,且都等于混合气体的温度 T;各组成气体所占容积也都相等,都等于混合气体的总容积 V。

若令理想混合气体中的某组成气体处在混合气体的温度 T 之下,并单独占据整个容积 V,这时该组成气体的压力 p_i 必小于理想混合气体的压力 p,则此时的压力 p_i 称为该组成气体的分压力。试验证明,理想混合气体的压力等于各组成气体分压力的总和,这称为道尔顿分压定律,即

$$p = p_1 + p_2 + \cdots + p_n = \sum_{i=1}^{n} p_i$$

式中,p 为理想混合气体的压力;$p_1, p_2 \cdots p_n$ 为各组成气体的分压力。

同样,理想混合气体的各组成气体处于理想混合气体的压力 p 和温度 T 时所单独占据的容积 V_i 称为各组成气体的分容积,则理想混合气体的容积 V 等于各组成气体分容积 V_i 的总和,此称为分容积定律,也称为亚美格分容积定律,即

$$V = V_1 + V_2 + \cdots + V_n = \sum_{i=1}^{n} V_i$$

此定律可由理想气体状态方程和道尔顿分压定律推导出来。

由道尔顿分压定律可知,干空气分压力 p_a 与水蒸气分压力 p_v 之和为湿空气的总压力,简称为湿空气压力 p_b(大气压力),即

$$p_b = p_a + p_v$$

3. 饱和空气与未饱和空气

(1)饱和空气

在一定的温度和压力下,湿空气中可以含有不同量的水蒸气,但水蒸气的含量不能超过某一最大可能的数值。如果湿空气中水蒸气的含量达到这一最大数值,就称这种空气为饱和空气。此时,湿空气中水蒸气的分压力达到了最大值——湿空气温度下的水蒸气饱和压力,称为水蒸气饱和分压力。因此,饱和空气为湿空气中水蒸气分压力等于湿空气温度下的水蒸气饱和压力时的湿空气。因为饱和空气中的水蒸气为饱和蒸汽,所以饱和空气是由饱和水蒸气和干空气组成的混合气体。

(2)未饱和空气

湿空气中水蒸气的含量没有达到最大数值时,就是未饱和空气。未饱和空气为湿空气中

水蒸气分压力小于湿空气温度下的水蒸气饱和压力时的湿空气。此时的水蒸气为过热蒸汽,所以未饱和空气是由过热蒸汽和干空气组成的混合气体。

通常情况下,湿空气是处于未饱和状态的,即为未饱和空气。通过一定的途径,未饱和空气可以变为饱和空气。如果使未饱和空气保持温度不变,且使之与水接触,由于水的蒸发,湿空气中的水蒸气分压力 p_v 不断增大,当增大到该温度下的饱和压力 p_s 时,过热水蒸气变成同温度下的饱和蒸汽,如图 1.2.10-1 中 1-2 过程所示,未饱和空气就变为同温度下的饱和空气。

如果把未饱和空气在与水隔绝的情况下定压冷却,当湿空气温度下降到水蒸气分压力 p_v 所对应的饱和温度时,湿空气中的水蒸气便由过热蒸汽变为同压下的饱和蒸汽,如图 1.2.10-1 中 1-3 过程所示,未饱和空气就变为同压下的饱和空气。

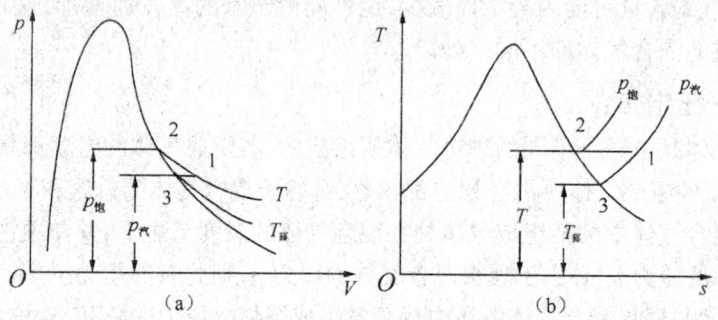

图 1.2.10-1　湿空气中水蒸气状态的 p-v 图和 T-s 图

4. 绝对湿度与相对湿度

湿度是表征湿空气中水蒸气含量的物理参数。表征湿空气湿度的方式有多种,常用的有绝对湿度、相对湿度及含湿量等。

（1）绝对湿度

单位体积的湿空气中所含水蒸气的质量称为湿空气的绝对湿度,其单位为 $kg_{水蒸气}/m^3_{湿空气}$,由于湿空气中的水蒸气质量很少,通常用 1 kg 的千分之一为单位,即为 $g_{水蒸气}/m^3_{湿空气}$。可见,湿空气的绝对湿度即为湿空气中水蒸气的密度。

若体积为 $V\ m^3$ 的湿空气中含有 m_v kg 的水蒸气,则该湿空气的绝对湿度即该湿空气中水蒸气的密度 ρ_v 为

$$\rho_v = \frac{m_v}{V}\ kg_{水蒸气}/m^3_{湿空气}$$

$$= 1\ 000\ \frac{m_v}{V}\ g_{水蒸气}/m^3_{湿空气}$$

在一定体积的湿空气中,水蒸气的含量越多,则该湿空气的绝对湿度就越高。在一定的压力和一定的温度条件下,湿空气中能够含有的水蒸气是有限的,若该体积空气中所含水蒸气超过这个限度,则水蒸气就会凝结而从湿空气中析出。很显然,在一定的温度和压力下,当湿空气为饱和湿空气时,其绝对湿度达到最大值。

湿空气的绝对湿度只是表达了单位体积的湿空气中所含水蒸气质量的多少,并不能反映出空气的干湿程度,不能说明湿空气的饱和程度或吸收水分的能力。通常所说的空气的干湿程度是指水在其中的蒸发速率而言,而相对湿度与蒸发速率直接有关,因此,相对湿度能确切地表述湿空气的干湿程度。

(2) 相对湿度

把湿空气中水蒸气分压力 p_v 与湿空气温度下的水蒸气的饱和压力 p_s 之比，称为相对湿度，用 φ 表示，即

$$\varphi = \frac{p_v}{p_s}$$

由此式可见，当相对湿度 $\varphi = 1$ 时，$p_v = p_s$，湿空气中水蒸气为饱和蒸汽，即相对湿度 $\varphi = 1$ 的湿空气为饱和空气；当相对湿度 $\varphi < 1$ 时，$p_v < p_s$，湿空气中水蒸气为过热蒸汽，即当相对湿度 $\varphi < 1$ 的湿空气为未饱和空气；当相对湿度 $\varphi = 0$ 时，$p_v = 0$，则表示不含有水蒸气，此时为干空气。可见，不论湿空气温度如何，相对湿度 φ 表述了湿空气接近饱和空气的程度。

通常所谓空气的干湿程度，是指水在其中的蒸发速率而言：蒸发迅速，人们感到干燥；蒸发缓慢，则感到潮湿。相对湿度与蒸发速率直接有关：相对湿度 φ 值越大，蒸发速率越小；相对湿度 φ 值越小，则蒸发速率越大。因此，相对湿度 φ 确切地表述了湿空气的干湿程度。用温度计和露点测定仪分别测出湿空气温度 t 和露点 t_d，查饱和蒸汽表可得湿空气中水蒸气的饱和分压力 p_s 和实际分压力 p_v，代入上式中即可获得湿空气的相对湿度 φ。相对湿度 φ 也可由干湿球温度计测得的干球温度与湿球温度来确定。

5. 干球温度与湿球温度及露点

(1) 干球温度与湿球温度

如图 1.2.10-2 所示为干湿球温度计，左侧温度计测得的温度称为干球温度，也就是空气的温度，用 t 表示；右侧温度计的测温包用浸在水中的纱布包住，它所测得的温度称为湿球温度，用 t_w 表示。

当空气的相对湿度 φ 小于 100% 时，纱布上的水分不断蒸发，并吸收汽化潜热，使纱布上的水温下降，因而与周围空气形成温差，空气即向纱布上的水传递热量。空气与水的温差越大，传递的热量就越大。当水温降到某一数值时，空气传给水的热量恰等于水分蒸发所消耗的热量时，水温不再下降，这个温度就是湿球温度 t_w，它反映出的是纱布中水的温度。

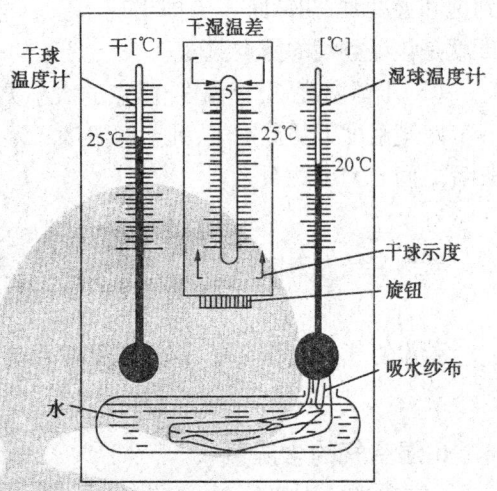

图 1.2.10-2 干、湿球温度计

空气的相对湿度 φ 越小，则纱布上的水分蒸发越快，湿球温度 t_w 就越低于空气的温度 t；反之，相对湿度 φ 越大，则纱布上的水分蒸发越慢，湿球温度 t_w 就越接近于空气的温度 t。当相对湿度 φ 等于 100% 时，纱布上的水分则不会蒸发，故湿球温度 t_w 就等于空气的温度 t，即 $t_w = t$。可见，相对湿度 φ 与空气的干球温度 t 及其湿球温度 t_w 之间存在一种函数关系，即：$\varphi = f(t, t_w)$，将此函数关系制成数据表（干湿球温度计上就带有此表），当测得湿空气的干球温度 t 和湿球温度 t_w 后，可由干球温度和干球温度与湿球温度之差从表中查得该湿空气的相对湿度 φ 值。

(2) 露点

如果把未饱和空气在与水隔绝的情况下定压冷却，当湿空气温度下降到水蒸气分压力 p_v

所对应的饱和温度时,湿空气中的水蒸气便由过热蒸汽变为同压下的饱和蒸汽,未饱和空气就变为同压下的饱和空气。若未饱和空气变为同压下的饱和空气后,如继续冷却,湿空气中的水蒸气则开始凝结生成水滴或露珠。此开始结露的温度称为露点温度,简称露点。所以,露点就是湿空气中水蒸气分压力 p_v 下的饱和温度,用 t_d 表示。

白天气温高,水分蒸发,夜间气温下降,大气被定压冷却,当温度降到露点时,大气中的水蒸气就会结露。露点是湿空气的一个重要状态参数。在空气调节中,为了减少湿空气中水蒸气的含量,可设法使湿空气冷却到温度低于露点,水蒸气便以水滴形式析出。

露点对锅炉的运行管理有较大的影响,锅炉尾部的受热面(例如空气预热器低温段)的腐蚀,就是由于受热面的金属温度低于烟气中水蒸气和二氧化硫气体的露点。一旦出现结露,如果水蒸气和二氧化硫气体凝结,在受热面上将形成硫酸,就会造成严重腐蚀。防止腐蚀的主要原则是设法避免烟气中的水蒸气结露。

露点测定仪的结构如图 1.2.10-3 所示,在一个镀有镜面的特制玻璃瓶 A 内装有部分乙醚液体,在乙醚中插入一根水银温度计 F,B 为测温包,手握橡皮球气泵 D 经管子 C 通入乙醚中。当动作气泵 D 时把空气压入乙醚中,使乙醚加速蒸发便会冷却玻璃瓶 A 的外壁面,使之降温。在靠近外壁面的湿空气中的过热蒸汽降温到饱和温度时,在镜面 A 上即出现水珠。这时温度计 F 上所示温度就是该湿空气的露点温度。

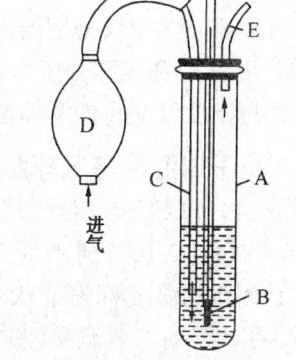

图 1.2.10-3 露点测定仪的结构

(3)干球温度、湿球温度、露点的大小关系

对某温度下的湿空气,其干球温度 t、湿球温度 t_w、露点温度 t_d 三者之间的大小关系为

$$t \geq t_w \geq t_d$$

若湿空气为未饱和空气,其干球温度 t 最高、露点温度 t_d 最低而湿球温度 t_w 居中,即

$$t > t_w > t_d$$

若湿空气为饱和空气,其干球温度 t、湿球温度 t_w 和露点温度 t_d 均相同,即

$$t = t_w = t_d$$

6.湿空气的含湿量

(1)含湿量的概念

一定体积的湿空气中,水蒸气的质量 m_v 与干空气的质量 m_a 之比,称为湿空气的含湿量,用 d 表示,其单位为 kg$_{水蒸气}$/kg$_{干空气}$,由于湿空气中的水蒸气质量很少,通常用 1 kg 的千分之一为单位,即为 g$_{水蒸气}$/kg$_{干空气}$。

$$d = \frac{m_v}{m_a} \text{kg}_{水蒸气}/\text{kg}_{干空气} = 1\,000 \frac{m_v}{m_a} \text{g}_{水蒸气}/\text{kg}_{干空气}$$

$$= 1\,000 \frac{\rho_v}{\rho_a} \text{g}_{水蒸气}/\text{kg}_{干空气}$$

需要强调的是,含湿量 d 不是以 1 kg 湿空气作为衡量基准的,而是以 1 kg 干空气作为衡量基准的。这是因为,对湿空气加工处理时,湿空气中所含的水蒸气的质量往往会发生变化的,因而被加工处理的湿空气的质量也随之变化,但考虑到湿空气中的干空气质量总是不变的,所以,用 1 kg 干空气作为计算基准可给分析计算带来方便。据此,对湿空气加工处理时,

根据含湿量 d 的变化,便可确定湿空气加工处理过程中所含的水蒸气质量的变化。

可以把含湿量 d 理解为与 1 kg 干空气相混合的水蒸气质量。含湿量 d 若采用 $g_{水蒸气}$/$kg_{干空气}$ 为单位,则表示在 $(1+0.001d)$ kg 湿空气中含有 d g 水蒸气。

用含湿量计算湿空气中所含水蒸气的质量是很方便的,但含湿量不能直接表述湿空气的干湿程度。能确切地表述湿空气干湿程度的是湿空气的相对湿度。

(2) 含湿量与水蒸气分压力的关系

由于湿空气可视为理想气体,对水蒸气和干空气分别有 $p_v=\rho_v R_v T$、$p_a=\rho_a R_a T$,根据道尔顿分压定律和含湿量的定义可得

$$d = 623 \frac{p_v}{p_b - p_v}$$

由此式可见,当湿空气的压力 p_b(大气压力)一定时,湿空气的含湿量 d 与水蒸气分压力 p_v 之间有一一对应的关系,即给定水蒸气分压力 p_v,则有与之相对应的含湿量 d;反之,给定含湿量 d,则有与之相对应的水蒸气分压力 p_v。

因此,当水蒸气分压力 p_v 一定时,对湿空气加热或冷却,若含湿量 d 保持不变,则其水蒸气分压力 p_v 不变。

(3) 含湿量与相对湿度的关系

根据相对湿度的定义可知 $p_v=\varphi p_s$,因此上式可写为

$$d = 623 \frac{\varphi p_s}{p_b - \varphi p_s}$$

可见,当已知湿空气的压力 p_b(大气压力)和温度(干球温度)t(由 t 查饱和蒸汽表可得水蒸气的饱和分压力 p_s)时,其相对湿度 φ 与含湿量 d 之间的关系便可由此式来确定。

由此式可知,当湿空气的压力 p_b 和温度 t 一定时,若其含湿量 d 保持不变,则其相对湿度 φ 则不变。但是,当湿空气的压力 p_b 和含湿量 d 一定时,对湿空气进行加热或冷却,则湿空气的相对湿度 φ 要发生变化,温度升高,其相对湿度 φ 变小。

7. 湿空气的比焓和比熵

需要特别强调的是,与含湿量的定义目的一样,为了在对湿空气的加工处理时的分析计算方便,湿空气的比焓和比熵的定义不是以 1 kg 湿空气作为衡量基准的,而是以 1 kg 干空气作为衡量基准的。

1 kg 干空气的焓(即干空气的比焓 h_a)与 $0.001d$ kg 水蒸气的焓(即 $0.001d \times h_v$,h_v 为水蒸气的比焓)之和,称为湿空气的比焓,用符号 h 表示,即以 1 kg 干空气为基准的湿空气比焓为

$$h = h_a + 0.001d \cdot h_v$$

类似地,1 kg 干空气的熵(即干空气的比熵 s_a)与 $0.001d$ kg 水蒸气的熵(即 $0.001d \times s_v$,s_v 为水蒸气的比熵)之和,称为湿空气的比熵,用符号 s 表示,即以 1 kg 干空气为基准的湿空气比熵为

$$s = s_a + 0.001d \cdot s_v$$

(二) 湿空气的典型过程

1. 空气调节装置工作概况

空气调节装置中的主要设备有滤器、加热器、冷却器、加湿器和风机等,如图 1.2.10-4 所示为空气调节装置示意图。

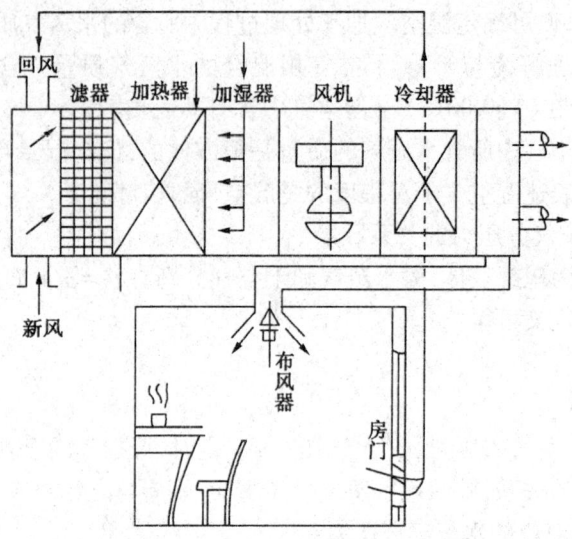

图 1.2.10-4 空气调节装置示意图

夏季,加热器和加湿器停止工作,由风机将一部分舱室内的空气(称为回风)和外界新鲜空气(称为新风)混合吸入。混合风经滤器去掉灰尘后,进入壁面温度低于露点的冷却器进行降温去湿。然后把这种经过降温去湿的空气通入各舱室,以维持舱室内空气处于适宜状态。冬季,冷却器停止工作,混合风进入加热器使温度升高,再向它喷水或喷水蒸气,使其含湿量增加。然后把这种经过升温加湿的空气通入各舱室,以维持舱室内的空气处于适宜状态。

可见,空气调节装置对空气的加工处理,就是对不同状态的湿空气升温或降温、加湿或去湿的过程。在冬季,由于舱室对外界放热以及室内居住人员的呼吸和湿物体所散发出的水蒸气,由空气调节装置送入室内的湿空气焓值 h 下降,含湿量 d 上升,是一个冷却加湿过程。在夏季,由于外界对舱室加热以及室内居住人员的呼吸和湿物体所散发出来水蒸气,由空气调节装置送入室内的湿空气焓值 h 和含湿量 d 都上升,是一个焓、湿均增的过程。

在对湿空气加工处理时,往往需要分析湿空气的某些状态参数,并研究湿空气在设备中的状态变化过程。湿空气的 h-d 图是研究湿空气状态变化不可缺少的工具,为此,在讨论湿空气的典型过程之前,先简单介绍湿空气的 h-d 图。

2. 湿空气的 h-d 图

(1)湿空气的 h-d 图的结构

湿空气的 h-d 图的横坐标为湿空气含湿量 d,纵坐标为湿空气比焓 h。为了使曲线清楚起见,纵坐标与横坐标的交角不是直角,而是 135°,但因通过坐标原点的水平线以下部分没有用,因此将斜角横坐标 d 上的刻度投影到水平轴上,如图 1.2.10-5 所示。

湿空气的 h-d 图中绘有下列各曲线。

①定焓线

湿空气的 h-d 图中的定焓线为一束互相平行并与水平线成 45°角的向右下方倾斜的直线,如图 1.2.10-5 所示。

②定含湿量线

湿空气的 h-d 图中的定含湿量线是一组与纵坐标轴平行的垂直线。

③定温线

湿空气的 h-d 图中的定温线可以近似地认为是一束斜率基本相同的直线,如图 1.2.10-6

所示。但严格地说,温度越高,定温线的斜率越大。

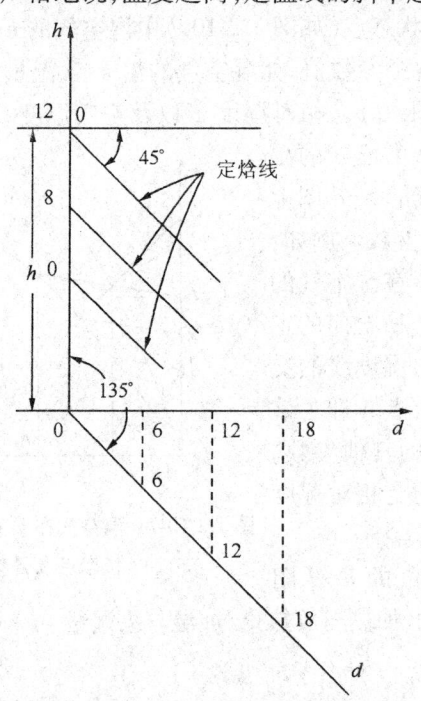

图 1.2.10-5　h-d 图的斜角坐标系　　图 1.2.10-6　h-d 图上的定温线与定相对湿度线

④定相对湿度线

湿空气的 h-d 图中的定相对湿度线是一束向上凸出的曲线,如图 1.2.10-6 所示。由于含湿量一定时,相对湿度随温度的降低而增大,所以定相对湿度线的值,自上而下逐渐增大,最下面一条定相对湿度线是极限情况,$\varphi=100\%$,表征湿空气处于饱和状态的相对湿度。$\varphi=100\%$ 线以上各点表示湿空气中的水蒸气是过热的。$d=0$ 的线就是纵坐标轴,也是 $\varphi=0$ 的线,表征干空气状态。

(2) 热湿比

湿空气从初态点 $1(h_1, d_1)$ 无论经过何种过程到达终态点 $2(h_2, d_2)$,均可用该过程焓值的变化量 $\Delta h = h_2 - h_1$ 与含湿量的变化量 $\Delta d = d_2 - d_1$ 的比值,来表示湿空气变化过程的特征和进行的方向,这个比值称为热湿比,用符号 ε 来表示,即

$$\varepsilon = \frac{\Delta h}{0.001 \Delta d}$$

由于 Δh 和 Δd 都有正值和负值,因此 ε 也有正值和负值;又因为 Δh 和 Δd 都有零值,所以 ε 有零值,也有正、负无穷大。

在冬季,由于舱室对外界放热以及室内居住人员的呼吸和湿物体所散发出的水蒸气,由空气调节装置送入室内的湿空气焓值 h 下降,含湿量 d 上升,其 ε 值一般为 -2 500 左右。在夏季,由于外界对舱室加热以及室内居住人员的呼吸和湿物体所散发出来水蒸气,由空气调节装置送入室内的湿空气焓值 h 和含湿量 d 都上升,其 ε 值一般为 8 000 ~ 16 000。

(3) 湿空气的 h-d 图的应用

当大气压力 p_b 一定时,在湿空气的参数中,t、p_s 和 d_s 之间为单值关系,t_d、p_V 和 d 之间为单值关系,h 和 t_w 之间为近似单值关系。知道了这些单值关系中的一个参数,就可在 h-d 图上

直接查得具有单值关系的其他参数。

比如，在湿空气的 $h-d$ 图上，若已知空气的状态点(如图 1.2.10-7 中湿空气的 $h-d$ 图上的点 A)，从湿空气的 $h-d$ 图上，可查得湿空气的各个参数值，如湿空气的焓 h、含湿量 d、空气温度(干球温度)t、湿球温度 t_w、露点 t_d、水蒸气分压力 p_v、相对湿度 φ 以及空气温度 t 下水蒸气饱和分压力 p_s 和饱和空气含湿量 d_s 等。反之，由已知的湿空气的任意两个相互独立的参数，就可在湿空气的 $h-d$ 图上确定湿空气的状态点，进而查得湿空气的其他参数。例如，已知某未饱和空气的干球温度 t 和湿球温度 t_w，在湿空气的 $h-d$ 图上，如图 1.2.10-7 所示，先分别找出 t 和 t_w 所对应的定温线，然后找出 t_w 的定温线与 $\varphi=100\%$ 的定相对湿度线的交点，过该交点做定焓线与 t 的定温线相交于点 A，点 A 即为该未饱和空气的状态点，进而可查该未饱和空气的其他参数。过状态点 A 作等含湿量线(垂线)与 $\varphi=100\%$ 的定相对湿度线的交点所对应的温度，即为该未饱和空气的露点 t_d。

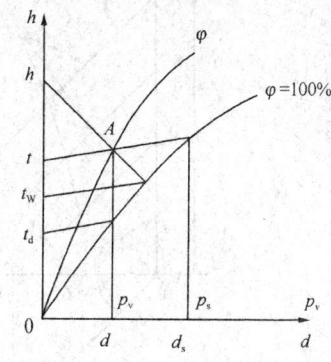

图 1.2.10-7　湿空气在 $h-d$ 图上的状态点及各参数

显然，将湿空气状态变化过程表示在湿空气的 $h-d$ 图上，就可以方便地分析和计算湿空气参数的变化、加热与放热量、加湿与去湿量。

3.湿空气的混合过程

船舶上常将一部分舱室内的空气与外界新鲜空气混合后，由通风机吸入，经空气调节设备处理后，再送入舱室。这样要比只从外界吸入新风经济得多。

例如，冬天室内的空气温度比室外高，混合后，可使加热器消耗的蒸汽量减少；而在夏天，因为使用空气调节装置，室内空气温度低于外界空气温度，吸入部分回风与新鲜空气混合后，可减少制冷装置的热负荷，节约能量。

如图 1.2.10-8 所示为混合后湿空气的状态点，在湿空气的 $h-d$ 图上，设已知新风的状态为点 1(h_1,d_1)，其干空气质量为 $m_{a,1}$，回风的状态为点 2(h_2,d_2)，其干空气质量为 $m_{a,2}$。设混合后的状态为点 3(h_3,d_3)，通过对混合前后干空气质量、水蒸气质量和湿空气焓值的分析可得

$$\frac{d_3-d_1}{d_2-d_3}=\frac{h_3-h_1}{h_2-h_3}=\frac{m_{a,2}}{m_{a,1}}$$

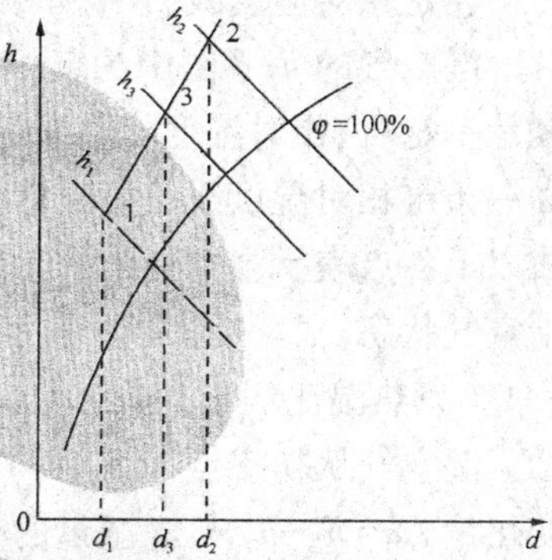

图 1.2.10.8　混合后湿空气的状态点

由此可知，从新风状态到混合风状态的 1-3 过程与从回风状态到混合风状态的 2-3 过程具有相同的热湿比 ε。可见，在湿空气的 $h-d$ 图上，从新风状态到混合风状态的 1-3 过程与从回风状态到混合风状态的 2-3 过程具有相同的斜率，状态点 3 一定在状态点 1 和状态点 2 两点所连的直线上。状态点 3 在状态点 1 到状态点 2 直线上的位置取决于回风量(回风的干空气质量)$m_{a,2}$ 与新风量(新风的干空气质量)$m_{a,1}$ 的比值。

当回风量 $m_{a,2}$ 等于新风量 $m_{a,1}$ 时，状态点 3 位于线段 1-2 的中点。回风量 $m_{a,2}$ 大于新风量 $m_{a,1}$ 时，状态点 3 靠近回风状态点 2，从而得出

$$\frac{m_{a,2}}{m_{a,1}}=\frac{d_3-d_1}{d_2-d_3}=\frac{\text{线段 13 的长度}}{\text{线段 23 的长度}}$$

因此,若需确定混合后湿空气的状态参数时,只要先在湿空气的 h-d 图上确定参与混合的回风和新风两个状态点,然后把这两个状态点连成直线,再根据回风量(回风的干空气质量)与新风量(新风的干空气质量)的比值,即可确定混合后的状态点。

4. 湿空气的加热过程

冬季,混合后的湿空气经过加热器被定压加热时,由于其中的水蒸气质量未变,这一过程为定含湿量过程,如图 1.2.10-9 所示,在湿空气的 h-d 图上用垂线 1-2 表示。

湿空气被定压加热时,因为含湿量 d 和湿空气压力 p_b 不变,所以湿空气中水蒸气的分压力 p_v 和露点 t_d 都不变。此外,在定含湿量过程中,由于其中的水蒸气的质量和分压力不变,湿空气的潜热也没有变化,外界加给湿空气的热量全部用来增加其显热(表现为湿空气的温度升高),所以,定含湿量过程也是定潜热过程。湿空气被定压加热后,湿空气的温度 t 升高,但相对湿度 φ 减小。$(1+0.001d)$ kg 湿空气在定含湿量 d 的加热过程(图 1.2.10-9 中的过程 1-2)中所吸收的热量为 $q=h_2-h_1$。

5. 湿空气的冷却过程

夏季,混合后的湿空气经冷却器冷却时,如图 1.2.10-10 所示,若冷却器壁面温度为 t_2 高于该湿空气露点温度 t_d(即图 1.2.10-10 中的 t_2'),则该冷却过程为定含湿量过程,即图 1.2.10-10 中的 1-2 过程线。

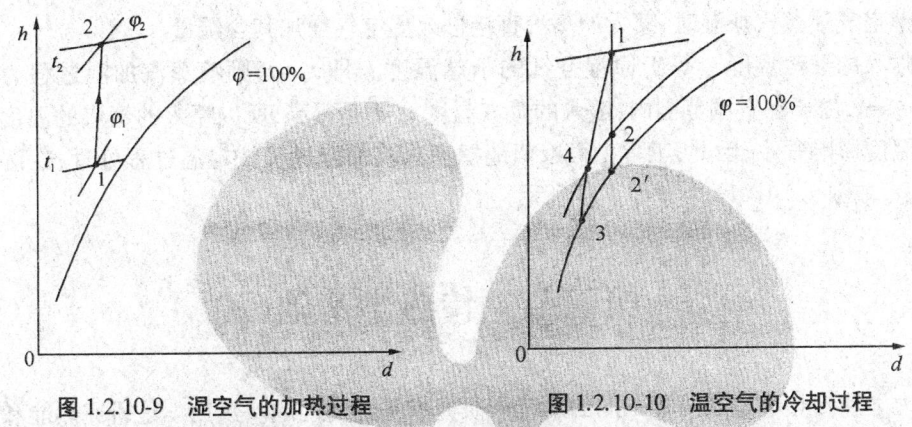

图 1.2.10-9　湿空气的加热过程　　　图 1.2.10-10　湿空气的冷却过程

若冷却壁面温度为 t_3,低于湿空气露点温度 t_d(即图 1.2.10-10 中的 t_2'),则该冷却过程按图 1.2.10-10 中 122'3 进行,湿空气中水蒸气就有一部分凝结成水而泄走,致使湿空气的含湿量 d 减小。这种冷却过程就不是定含湿量过程,而是一种焓、湿均减的过程。

在冷却器中,实际测出的出口状态参数并不是状态点 3,而是状态点 1 和状态点 3 连线上的某一状态点 4。这是因为,湿空气流经冷却器时只有贴近壁面流动的一部分湿空气被冷却到点 3 的状态,其余部分湿空气则不断地与点 3 状态的湿空气混合。所以状态点 4 必然在状态点 1 和状态点 3 连线上。冷却器的管距越小,管中纵向排数越多,趋于状态点 3 的湿空气的量就越多,冷却器出口处的湿空气状态点 4 就越接近状态点 3。

6. 湿空气的加湿过程

湿空气经加热器加热后,因相对湿度降低而变得干燥,因此需要进行加湿处理。空气调节装置中的加湿过程可分为喷水加湿和喷蒸汽加湿两种。

（1）喷水加湿过程

湿空气在空气调节装置中被喷水加湿时,喷入的水则蒸发为水蒸气而使湿空气的含湿量增加。若未加湿前湿空气的状态为 (h_1,d_1)，加湿后状态变为 (h_2,d_2)，则以 1 kg 干空气为基准，加入的水的质量为 $m_w = 0.001(d_2-d_1)$ kg，随加入的水带进湿空气的焓为 $h_2 - h_1 = 0.001(d_2-d_1)h_w$。在低压下，由于水的比焓 h_w 较之比汽化潜热小很多，而 $0.001(d_2-d_1)$ 的值也很小，所以 $0.001(d_2-d_1)h_w \approx 0$，则 $h_1 \approx h_2$，因此，工程上可近似地把喷水加湿过程按定焓过程处理，在湿空气的 h–d 图上，如图 1.2.10-11 中的过程 1–2 所示。

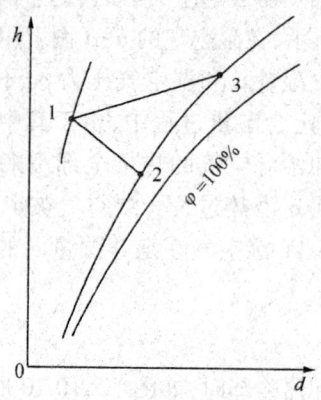

图 1.2.10-11　湿空气的加温过程

（2）喷蒸汽加湿过程

对湿空气喷蒸汽加湿时，喷入的蒸汽直接进入湿空气增加其含湿量。

若喷入的蒸汽温度 t_v 等于原湿空气的干球温度 t，即 $t_v = t$，则喷蒸汽加湿过程为定温过程。若 $t_v \neq t$，由于在空调范围内，喷入的蒸汽温度 t_v 不是很高，所以喷入的蒸汽的温度对原湿空气的温度影响很小，因此，工程上可近似地把喷蒸汽加湿过程按定温过程处理，在湿空气的 h–d 图上，如图 1.2.10-11 中过程 1–3 所示。

第三节　传热学基础

热力学和传热学是从两种不同的角度来研究有关热的问题。热力学是研究热能和其他形式能量之间相互转换的规律，而传热学则是研究在温差作用下的热能传递的规律。

一、基本概念

传热学是研究由温差引起的热量传递规律的科学。根据热力学第二定律，热量可以自发地由高温物体向低温物体传递，所以，只要有温差存在，就有热量传递的发生，就有热量自发地由高温物体传向低温物体，或者从物体的高温部分传向低温部分。

传热学的研究对象是热能的传递过程。在工程技术中，经常遇到的实际传热问题可以分为两大类：第一类是满足或确定设备所应有的热传递速率，例如，对各种热交换器，要求增强传热以减少其尺寸和重量，而对保温层，如冷库壁，则要求削弱传热，以减少不必要的冷量损失，节约制冷量；第二类是研究热能传递设备所要求的温度分布，以满足设备正常运行的需要，例如，内燃机的气缸内壁在某一时刻的温度值不得高于某一限定值，因此在气缸外壁采用水冷的方法，以保证内燃机的正常运行。因此，对于轮机管理人员，应该掌握传热学的基本概念和知识，了解各种热力设备中热传递的规律，以正确地进行管理，并且能够提出进一步改进热力设备的途径和方法。

(1) 温度场

温度场是指物体内部温度的分布规律。前面已指出,热传递现象只有在物体或空间内部各点温度不同的条件下才能发生,研究热传递过程首先要研究热传递系统内部温度的分布规律。一般情况下,物体内部的温度分布既随空间变化,也随时间变化,是空间坐标(x,y,z)和时间τ的函数,即$t=f(x,y,z,\tau)$,这是温度场的最一般形式的数学描述。因此,温度场是各时刻物体中各点温度分布的总称。

温度场按物体中各点的温度是否随时间而变化分为非稳态温度场(随时间变化)和稳态温度场(不随时间变化)。例如,当柴油机在起动或停机等变工况下运行时,活塞受燃气温度影响,其温度分布不仅与坐标位置有关,而且随时间变化,这时活塞内部温度场是非稳态温度场。但当柴油机运行工况不变时,高温燃气和进入气缸的新鲜空气相接触的气缸内壁,温度是周期性变化的。但是由于周期很短,其温度的波动仅在一薄层内;而与冷却水接触的气缸外壁,温度是稳定不变的,因而整个气缸壁内部的温度可以当作稳态温度场来分析研究。如图1.3.1-1 所示为某一瞬时活塞内部的温度分布和气缸内部的稳态温度场。

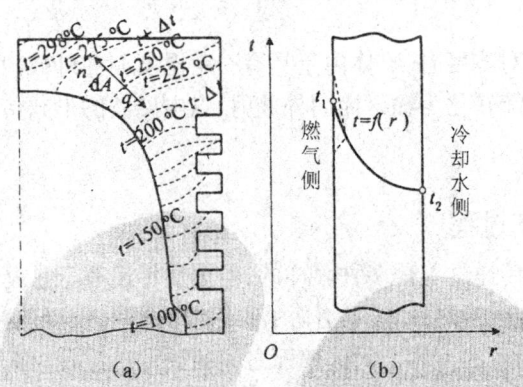

图 1.3.1-1 某一瞬时活塞内部的温度分布和气缸内部的稳态温度场

(2) 温度梯度

温度场中,同一瞬时温度相等的点连成的面称为等温面。等温面与任一平面的交线称为等温线。等温线与另一条温度不同的等温线是不可能相交的,等温线只能是封闭曲线或者终止于物体的边界面上。

在图 1.3.1-1(a) 中,微元面积 dA 处于温度为 t 的等温面上,通过 dA 的热流量必定与温度为 t 等温面垂直,即为等温面的法线方向 $\vec{n}$,并向着温度较 t 为低的方向传递。可见热流线是与等温线相垂直的。

在温度场中,温度在空间上改变的大小程度用温度梯度 $\mathrm{grad}t$ 表示。它是在等温面法线方向 $\vec{n}$ 上的单位长度的温度增量,它是一个矢量,其数学表达式为

$$\mathrm{grad}t = \lim_{\Delta n \to 0} \frac{\Delta t}{\Delta n} = \frac{\partial t}{\partial n} \; \mathrm{K/m}$$

式中,$\dfrac{\partial t}{\partial n}$ 表示温度 t 在法线方向 $\vec{n}$ 的导数,指向温度增大的方向为正。热传递的方向是由高温向低温,可见热流的方向与温度梯度方向相反。

(3) 热流量

单位时间内通过某截面积的热量，称为热流量，用符号 Q 表示，单位为瓦(W)。

(4) 热流密度

通过单位面积的热流量，称为热流密度，用符号 q 表示，单位为瓦/平方米(W/m^2)。

二、热传递的基本方式

热传递现象相当复杂，为了便于分析，按照热传递过程中物质运动的特点，热传递可分为三种基本方式：热传导、热对流和热辐射。

(1) 热传导

不同温度的物体之间通过直接接触，或同一物体不同温度的各部分之间，当没有宏观相对位移时，由分子、原子或自由电子等微粒的热运动来传递热能，这种热传递方式称为热传导。

(2) 热对流

温度不同的流体与固体壁面之间，或流体中不同温度的各部分之间，由流体微团的宏观相对位移来传递热能，这种热传递方式称为热对流。

(3) 热辐射

当物体温度高于绝对零度时，物体由于具有一定温度而向外放射辐射能，辐射能通过电磁波向外传播。物体将热能转化为辐射能向外放射，以电磁波的形式传递热能，这种热传递方式称为热辐射。

三、热传递的基本过程

工程实际中的热量传递过程是多种多样的，但热量传递有三种基本的热传递过程，即导热过程、对流换热过程和辐射换热过程。物体内部或物体之间，仅以热传导方式进行的热传递过程，称为导热过程。运动着的流体与固体壁面之间的热传递过程，称为对流换热过程。在对流换热过程中，既包括壁面与流体直接接触的热传导和流体本身的热传导，还包括流体内部的热对流，即对流换热是以热传导和热对流两种热传递方式来传递热量的。不同温度的物体之间，依靠热辐射方式进行的热传递过程，称为辐射换热过程。

如图 1.3.3-1(a) 所示为柴油机气缸内高温燃气对气缸套外冷却水的传热过程示意图，如图 1.3.3-1(b) 所示为该传热过程的局部放大图，图上标出了各处的温度符号。柴油机气缸内的高温燃气通过缸壁向冷却水的传热过程可分为三部分：高温燃气对气缸套内壁的热传递过程，是既有辐射换热又有对流换热的复杂换热过程；从气缸的内壁到外壁，则是只有金属固体的导热过程；从气缸外壁到冷却水则是对流换热过程。

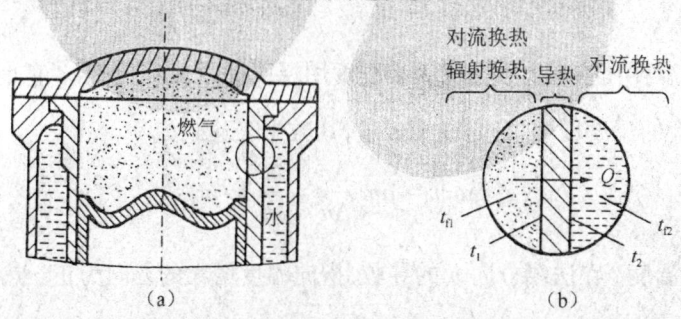

图 1.3.3-1　柴油机气缸内高温燃气对气缸套外冷却水的传热过程示意图

鉴于导热、对流换热和辐射换热是热量传递的基本过程，任何一个传热过程都可以看作是它们的某种组合，它们的热传递特性决定了任何一个传热过程的效果，为此，下面分别介绍这三种基本的换热过程。

(一) 导热过程

物体各部分之间不发生相对位移时，由分子、原子或自由电子等微观粒子的热运动而进行的热量传递过程称为导热过程。只要有温度差，无论固体、液体或气体中都会有导热现象。同理，在固体与液体、固体与气体以及液体与气体的界面上也有导热现象。通常在固体中才有纯热传导方式的热传递过程，而在气体和液体中的热传递过程通常伴随有流体宏观微团的热对流。

1. 导热的傅里叶定律

1822年，法国数学物理学家傅里叶总结了固体导热的实践经验，认为导热所传递的热流量 Q 与温度梯度 $\mathrm{grad}\,t$ 的绝对值和垂直于热流的截面面积 A 成正比。由于热流的方向与温度梯度的方向相反，则

$$Q = -\lambda \cdot A \cdot \mathrm{grad}\,t \quad \text{W} \quad \text{或} \quad q = \frac{Q}{A} = -\lambda \cdot \mathrm{grad}\,t \quad \text{W/m}^2$$

式中，Q 为导热热流量；q 为导热热流密度；λ 为导热系数，单位为瓦/(米·开)[W/(m·K)]；A 为垂直于热流的截面面积，单位为平方米(m^2)；$\mathrm{grad}\,t$ 为温度梯度，单位为开/米(K/m)。

以上公式即为傅里叶导热定律的数学表达式。

2. 物体的导热系数

(1) 导热系数的定义

导热系数 λ 是表明物体导热能力的物理量。导热系数的定义可由傅里叶导热定律的数学表达式得到，即

$$\lambda = -\frac{q}{\mathrm{grad}\,t} \quad \text{W/(m·K)}$$

由此式可以看出，导热系数 λ 是在单位温度梯度作用下，物体内部所传导的热流密度值。

(2) 不同物质的导热系数

不同物质的导热系数 λ 值差异很大。以物质的种类来区分，导热系数 λ 值的大小以金属为最大，非金属固体次之，液体更次之，而气体为最小。其中，银的导热系数 λ 值最大，银的导热系数 λ 值为 418 W/(m·K)；而哥罗仿气体的导热系数 λ 值最小，哥罗仿气体的导热系数 λ 值为 0.006 W/(m·K)。

紫铜是很好的导热材料，其导热系数 λ 值为 395 W/(m·K)，可用作冰箱的蒸发器管。以氟利昂11作发泡剂的聚氨基甲酸乙酯($\rho = 147 \text{ kg/m}^3$)，其导热系数 λ 值为 0.012 W/(m·K)，是作冰箱箱体隔热的好材料。

工程上用的各种材料的导热系数值都是通过实验确定的，可查有关手册。

(3) 导热系数随温度的变化规律

各种物质的导热系数 λ 值都是温度的函数，但由于物质的结构、比重、湿度的不同，有些物质的导热系数 λ 值随温度上升而增大，有些物质的导热系数 λ 值却随温度的上升而下降。水在 0 ℃到 120 ℃范围内，导热系数 λ 值随温度升高而增大；而在 120 ℃到 1 300 ℃范围内，导热系数 λ 值却随温度的升高而减小。

但大多数物质的导热系数 λ 值随温度的变化都有一定的规律性。总体来说,金属的导热系数 λ 值随温度升高而减小,非金属固体的导热系数 λ 值随温度升高而增大,液体的导热系数 λ 值随温度升高而减小,气体的导热系数 λ 值随温度升高而增加。

多孔性物质的导热系数 λ 值是固体与空隙内气体的导热系数 λ 值的组合值,因此与其密度 ρ 有关。例如冰的导热系数 λ 值为 2.22 W/(m·K),空气的导热系数 λ 值为 0.024 W/(m·K),而密度为 $\rho=50\sim250$ kg/m³ 的雪或霜,其导热系数 λ 值为 0.03~0.175 W/(m·K)。

大多数建筑用材料和隔热的热绝缘材料的气隙或小孔是对外开口的,很容易因毛细管作用而吸湿受潮。在小孔中吸有水分后,其导热系数 λ 激剧增大,这是因为水分的质传递方向与导热方向一致的缘故。例如,干砖的导热系数 λ 值为 0.349 W/(m·K),水的导热系数 λ 值为 0.58 W/(m·K),而湿砖的导热系数 λ 值则为 1.05 W/(m·K)。

(二)对流换热过程

运动着的流体与固体壁面之间的热传递过程,称为对流换热过程。对流换热是热对流和热传导两种热传递基本方式同时起作用的一种复杂的热传递过程。因此,对流换热过程远比导热过程复杂。

由于对流换热是运动着的流体与固体壁面之间的热传递,因此,不仅是流体与固体壁面的温差和固体壁面与流体的接触面积(换热面积)影响着对流换热量,而且一切与流体流动和固体壁面有关的各种因素,如流体的热物性、流体流动的动力因素、流体流动的状态、换热壁面的热状态以及换热壁面的几何因素等,也都影响着对流换热的效果。

对流换热过程涉及流体的运动和热传递两个方面,所以,对流换热就必须遵循流体运动的基本定律,即质量守恒定律和动量定律;也必须遵循热传递的基本定律,即能量守恒定律。此外,还必须遵循流体与固体壁面之间的换热规律。因此,对流换热过程的数学描述将包括基于质量守恒定律的连续性微分方程、基于动量定律的动量微分方程、基于能量守恒定律的能量微分方程和基于流体与固体壁面之间换热规律的换热微分方程。可见,对流换热过程的数学描述是异常复杂的,通过数学分析得到对流换热的精确解是非常困难的,甚至是不可能的。目前,对流换热的研究还是以实验研究为主,并采用实验研究和理论分析相结合的方法,建立相关的经验公式,提供给实际工程应用。

1. 牛顿冷却公式

1707 年,英国物理学家牛顿提出了对流换热过程的计算公式,现称为牛顿冷却公式,即

$$Q = \alpha A(t_w - t_f) \text{ W} \quad \text{或} \quad q = \alpha(t_w - t_f) \text{ W/m}^2$$

式中,Q 为对流换热热流量;q 为对流换热热流密度;α 为对流换热系数,单位为瓦/(平方米·开)[W/(m²·K)];A 为对流换热面面积,单位为平方米(m²);t_w 为固体壁面的温度,单位为开(K);t_f 为流体的温度,单位为开(K)。

实际上,影响对流换热过程的因素很多。牛顿冷却公式并没有给出对流换热热流量 Q 或对流换热热流密度 q 与影响因素之间的具体关系,它只是将对流换热的复杂性转移到对流换热系数 α 上去了。因此,研究对流换热就要分析影响对流换热系数 α 的各种因素以及求解对流换热系数 α 的各种方法。

2. 对流换热系数

对流换热系数的定义可由牛顿冷却公式得到,即

$$\alpha = \frac{q}{\Delta t} \text{ W}/(\text{m}^2 \cdot \text{K})$$

式中，$\Delta t = |t_w - t_f|$ 为固体壁面温度 t_w 与流体温度 t_f 之间温差的绝对值；q 为热流密度，约定恒取正值；α 为对流换热系数，简称换热系数，其单位为瓦/(平方米·开)[W/(m²·K)]。

由此式可见，换热系数 α 在数值上等于流体与壁面温差为 1 K 时，单位壁面面积与流体之间交换的热流量，且恒取正值。

3. 影响对流换热系数的主要因素

由于对流换热是运动着的流体与固体壁面之间热传递，因而除两者的温差之外，一切有关流体流动和固体壁面的种种因素，也都将影响换热系数的大小。所以，对流换热系数 α 的大小不仅与流体的热物性有关，还与流体流动的动力因素、流体流动的状态、流体的热物性换热壁面的热状态以及换热壁面的几何因素等有关。

(1) 流体流动的动力因素

流体流动的动力因素是指流体运动产生的原因。对流换热按流体流动的动力因素可分为强迫对流和自然对流两大类。强迫对流是指由于风机或水泵等机械设备所产生的外力迫使流体相对于壁面而产生的运动；自然对流则是由流体冷、热各部分的密度差产生的浮升力而引起。强迫对流时，整个流体有整齐的宏观运动，因而流体的流速将对对流换热系数 α 的大小产生很大的影响。而自然对流时，流体内部不存在整齐的宏观运动，因而浮升力的大小则是影响对流换热系数 α 大小的主要因素。

(2) 流体流动的状态

流体流动的状态是指流动的形态或结构。由流体力学可知，流动状态有层流、紊流以及处于两者之间的过渡状态。层流时，由于流体微团平行于壁面有规则地成层状运动，没有横向脉动，因而沿壁面法线方向的热传递只能依靠分子的热传导。而紊流时，流体微团除沿主流方向运动外，还存在强烈的横向脉动，因而沿壁面法线方向的热传递不仅依靠分子的热传导，而且还依靠流体微团的横向脉动，并且以后者为主。由此可见，热传递在层流和紊流中的机理是不同的。显然，流动状态也是影响对流换热系数 α 大小的主要因素。

(3) 流体的热物性

对流换热是流体内部的热传导和流体微团传递能量的复合过程。因此，流体本身的热物性对对流换热系数 α 的大小有很大的影响。影响对流换热系数 α 的流体热物性参数主要有：导热系数 λ、比热 c、动力黏度 μ 和密度 ρ 等。

(4) 换热壁面的热状态

换热壁面的热状态是指壁温 t_w 的大小，它对对流换热系数 α 的影响，可用下面两种情况予以说明：

液体有相变：当壁温 t_w 明显高于周围液体的饱和温度 t_s 时，壁面上会形成大量气泡而发生汽化沸腾现象，这是有相变的对流换热过程。有相变时，传递的热量包含了液体的潜热，而且气泡的运动对液体也会产生强烈的扰动。因此，对流换热的机理则更为复杂。与无相变时比较，对流换热系数 α 要大得多。

液体无相变：若壁温 t_w 与流体温度 t_f 相差甚大，则要考虑大温差所引起的流体内部各部分热物性参数的不同对对流换热系数 α 的影响。

(5) 换热壁面的几何因素

换热壁面的形状、大小以及相对于流动方向的位置等均为换热壁面的几何因素。壁面的几何因素不同,流体的流动情况也随之变化,从而引起对流换热系数 α 的变化。例如,流体横掠过不同断面或不同直径的管道时就会具有不同的对流换热系数 α。即使流体流过同样断面和大小的管道,当流动方向与管轴线夹角不同时,对流换热系数 α 也会不同。

(三)辐射换热过程

不同温度的物体之间,依靠热辐射方式进行的热传递过程,称为辐射换热过程。热辐射是热量传递的三种基本方式之一。任何温度高于 0 K 的物体,每时每刻都在以热辐射的方式向外界辐射能量。与此同时,物体又在每时每刻接受其他物体以热辐射的方式向它辐射的能量。辐射换热是物体之间以热辐射方式进行热量交换的总的效果。辐射换热的强弱取决于该辐射换热系统内有关物体表面的形状、温度、发射率以及它们之间的相对位置、距离等因素。由于辐射换热过程的分析和计算较为复杂,下面仅简单介绍有关辐射及辐射换热的基本概念。

1. 热辐射的本质

物体中的原子内部,处于束缚态的电子从高能态能级向低能态能级跃迁时,使电场发生变化;电场的变化引起相应磁场的变化;而磁场的变化又激起电场的变化。这样,电子跃迁所释放的能量就以交替变化的电磁波向四周放射出去,这种能量就叫作辐射能。因此,辐射能是原子内部复杂运动的结果。可见物体的温度只要高于绝对零度,它便不可避免地发射出辐射能,物体的温度越高则发射的辐射能量越多。由于电磁波的传播是以光速进行的,而又不需要任何中间介质,因此,热辐射是不依赖任何介质、用电磁波来传递热能的一种热传递方式,辐射换热是可以在真空中以光速进行的热传递过程。

电磁波包括波长从 10^{-8} μm 到几千米的各种波。根据不同波长范围的电磁波效应和用途,人们把它们分为宇宙射线、γ 射线、X 射线、紫外线、可见光、红外线和无线电波等,如图 1.3.3-2 所示。热射线的波长主要位于 0.4~100 μm 的范围内,其中包括可见光(波长 0.4~0.7μm)和红外线的一部分(波长 0.7~25 μm 的近红外线和波长 25~100 μm 的远红外线)。可见光是人们比较熟悉的电磁波,其直线传播、投射、反射和折射等有关规律同样适用于热射线。但是,由于波长不同,可见光和一般工程上的热射线在某些情况下将表现出不同的特性,不能混淆。

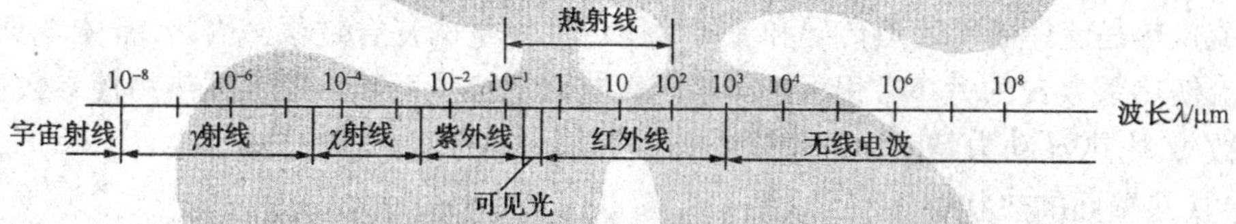

图 1.3.3-2 电磁波谱

2. 物体的吸收比、反射比率和穿透比

如图 1.3.3-3 所示,当辐射能 Q 投射到一个物体上时,一般说来,部分能量 Q_a 被物体吸收,部分能量 Q_r 被物体反射,其余能量 Q_d 透过物体。因此,若令 $\alpha = Q_a/Q$,称为物体的吸收比;$\rho = Q_r/Q$ 称为物体的反射比;$\tau = Q_d/Q$,称为物体的穿透比,根据能量平衡,则有

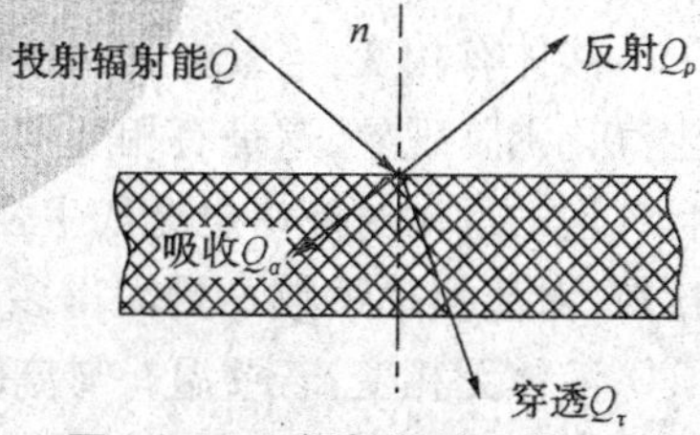

$$\alpha + \rho + \tau = 1 \quad (1.3.3\text{-}1)$$

图 1.3.3-3 辐射能的吸收、反射和透射

对红外线来说,吸收比主要取决于物体表面的粗糙度,无论物体表面是什么颜色,无论物

体表面是平滑面还是磨光面,其反射比都要比粗糙面高好几倍。这是因为红外线射到凸凹不平的壁面上会形成多次反射和吸收,使总的吸收量增大。对红外线来说,黑漆、白漆与黄漆等,其吸收比均为 0.90~0.95。

而对可见光来说,物体表面颜色的深浅对可见光的吸收比影响较大。比如对太阳辐射,由于可见光约占一半的能量,所以黑漆的吸收比为 0.96,而白漆的吸收比仅为 0.12~0.16。

实验证明,气体对于辐射能几乎不反射。因此,气体的反射比 $\rho=0$,所以 $\alpha+\tau=1$。而当辐射能投射到固体或液体的表面时,在进入表面很小距离内即被吸收完毕。例如,金属导体的该距离仅为 1 μm 的数量级,非导体的该距离也仅为 1 mm 左右。因而,可以认为固体和液体的穿透比 $\tau=0$,其 $\alpha+\rho=1$,这说明:凡是善于吸收的物体(α 比较大),就不善于反射(ρ 比较小);善于反射的物体,则不善于吸收。

3. 绝对黑体、绝对白体与绝对透明体

由式(1.3.3-1)可知,如果某物体的吸收比 $\alpha=1$,则该物体的反射比和穿透比必为零,即 $\rho=0$、$\tau=0$。这说明所有落在物体上的辐射能全部被该物体吸收,没有被反射和穿透的能量,这一类物体称为"绝对黑体",简称为"黑体"。

同样,如果某物体的反射比 $\rho=1$,则该物体的吸收比和穿透比必为零,即 $\alpha=0,\tau=0$。这说明所有落在物体上的辐射能全部被该物体反射,没有被吸收和穿透的能量,这一类物体称为"绝对白体",简称为"白体"。

如果某物体的穿透比 $\tau=1$,则该物体的吸收比和反射比必为零,即 $\alpha=0,\rho=0$。这说明所有落在物体上的辐射能全部穿透该物体,没有被该物体吸收和反射的能量,这一类物体称为"绝对透明体",简称为"透明体"。

自然界中并没有绝对黑体、绝对白体和绝对透明体,这些概念都是为了研究辐射现象的方便而假定的。绝对黑体对研究热辐射具有重要意义。绝对黑体是个理想化的概念,所有的物体表面在一定程度上都要反射一定数量的辐射能,所以一个完全的黑体是不存在的。

4. 辐射力与光谱辐射力

物体每单位表面积在单位时间内所放射出去地从 $\lambda=0$ 到 $\lambda=\infty$ 的一切波长的辐射总能量称为"辐射力",用符号 E 表示。若某物体面积为 A,所放射的能量为 Q,则辐射力为

$$E=\frac{Q}{A}\ \mathrm{W/m^2}$$

若在波长为 λ 到 $\lambda+\mathrm{d}\lambda$ 的范围内,物体辐射力为 $\mathrm{d}E$,则 $\mathrm{d}E$ 除以该波长间隔 $\mathrm{d}\lambda$ 所得的商,称为波长为 λ 时的"光谱辐射力",用符号 E_λ 表示,即

$$E_\lambda=\frac{\mathrm{d}E}{\mathrm{d}\lambda}\ \mathrm{W/m^2}$$

5. 物体的发射率

辐射换热最重要的是确定实际物体的辐射力。实际物体的辐射力 E 与同温度下绝对黑体的辐射力 E_0 之比值,称为实际物体的发射率(习惯上称为黑度),用符号 ε 表示,即

$$\varepsilon=\frac{E}{E_0}$$

实际物体的发射率(黑度)表征着实际物体辐射力接近黑体辐射力的程度。同一物体的发射率(黑度)随本身的温度 T 和表面状态(如粗糙度、氧化程度等)而异。工程上常用材料的

发射率(黑度)值可查有关手册。需要注意的是,同一材料的发射率(黑度)值变化范围很大,由于表面状态不可能得到确切描述,所以引用这类数据时需多加斟酌。

6.遮热板的应用

由于辐射换热是通过电磁波来实现的,因此,只要用任何不能透过热射线的薄板都能有效地削弱辐射的热传递。这种能减少辐射换热的板称为遮热板。

如图 1.3.3-4 所示为两个表面 1、2 之间插入遮热板 3 的示意图。分析计算表明,遮热板的发射率(黑度)越低,则辐射换热量减少的就越多;在两个表面间插入与表面 1、2 发射率(黑度)相等的薄板,其辐射换热量将减少一半。在实际工程中,为了有效地削弱辐射换热,通常采用发射率(黑度)较低的金属薄板作为遮热板。

应用遮热板是削弱辐射换热的有效措施,在工程上被广泛采用。例如,在锅炉的炉门上装有减少辐射热损失的遮热板,以减少对锅炉工的热辐射并降低炉舱温度;在测量管道中的燃气温度时,在温度计外面套上遮热套可以减小测量误差;在一些高温管道外表包以多层铝箔制成的遮热板,以减少辐射热损失等。

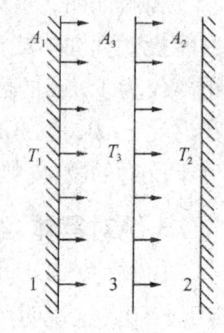

图 1.3.3-4 遮热板

遮热板之所以能减少辐射传热,是因为对受射物体来说,遮热板成了发射物体,而遮热板的温度低于原发射物体的温度;发射物体与受射物体间的温度降落,原来是一次降落的,有了遮热板就分为多次降落,这样传给受射物体的热量也就减少了。

(四)内燃机气缸内高温燃气对气缸套外冷却水的传热过程

如图 1.3.3-5(a)所示为内燃机气缸内高温燃气对气缸套外冷却水的传热过程,如图 1.3.3-5(b)所示为该传热过程的局部放大图,图上标出了各处的温度符号。柴油机气缸内的高温燃气通过缸壁向冷却水的传热过程可分为三部分:

(1)高温燃气对气缸套内壁的热传递过程,由于高温燃气的温度很高,且与气缸套内壁的温差较大,所以应考虑它们之间的辐射换热,因此,该热传递过程是既有辐射换热又有对流换热的复杂换热过程。

(2)从气缸的内壁到外壁,则是只有金属固体的导热过程。

(3)从气缸外壁到冷却水的热传递过程,由于气缸套外壁的温度不是很高,且与冷却水的温差较小,所以可不考虑它们之间的辐射换热,因此,气缸外壁到冷却水的热传递过程则是对流换热过程。

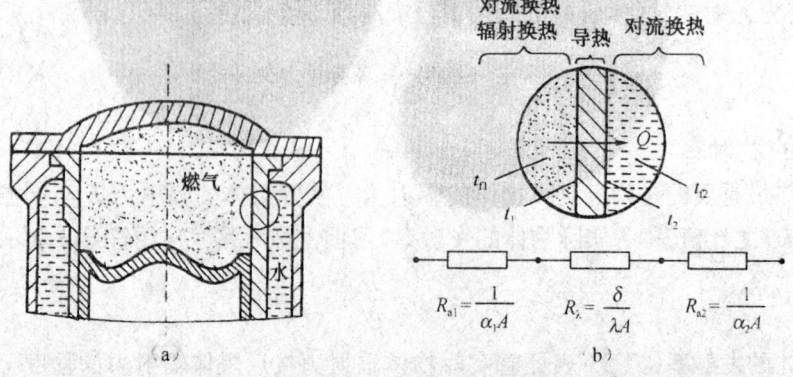

图 1.3.3-5 内燃机气缸内高温燃气对气缸套外冷却水的传热过程示意图

由高温燃气传递给气缸内壁的总热流量 Q_1 为高温燃气传递给气缸内壁的对流换热热流量 Q_c 和辐射换热热流量 Q_r 之和,即

$$Q_1 = (\alpha_c + \alpha_r)A(t_{f1} - t_{w1}) = \alpha_1 A(t_{f1} - t_{w1}) \text{ W}$$

式中,α_c 为高温燃气对气缸内壁的对流换热系数,α_r 为辐射换热的当量换热系数,A 为换热面积,α_1 为高温燃气对气缸内壁的总换热系数。

当整个系统达到热稳定状态时,t_{f1}、t_{w1}、t_{w2}、t_{f2} 不随时间而变化,高温燃气传递给气缸内壁的热流量 Q_1,等于通过气缸壁的导热热流量 Q_2,也等于气缸外壁面传递给冷却水的对流换热热流量 Q_3,即 $Q_1 = Q_2 = Q_3 = Q$,因此可得

$$Q = kA(t_{f1} - t_{f2}) \text{ W}$$

式中,k 为传热系数。

四、强化传热的基本途径

强化传热主要有增加传热面积、加大传热温差和提高传热系数等三种途径。

(一)增加传热面积

增加传热面积能正比地增大传热量。为了使结构紧凑,采用加肋壁的办法,可以让传热的基础面积不变,合理地增大肋片面积将有效地增大传热系数。这样可以使换热设备在尺寸重量改变不大的情况下增大传热量。但应该注意,必须把肋壁加在对流换热系数 α 值较小的一侧。

(二)加大传热温差

改变热流体或冷流体的平均温度就能改变传热温差。例如,开足滑油冷却器或淡水冷却器的海水阀门或清除海水管路内的污垢,可加大海水流量以达到增加传热温差,增强传热的效果。

(三)提高传热系数

提高传热系数可以从以下几个方面入手。

1.清除传热壁面两侧的污垢以减少导热热阻

由于污垢的导热系数远低于金属换热面,例如 1 mm 厚的水垢层相当于 40 mm 厚钢板的导热热阻,而 1 mm 厚的烟灰层相当于 400 mm 厚钢板的热阻。由此可见,在船用锅炉中为了使锅炉正常运行必须用吹灰器定期吹灰,定期用排污装置排污以减少沉积水垢。按运行周期停炉清洗。

2.改变流体的流动情况

(1)增加流速

增加流速,使层流变为紊流,会使对流换热系数 α 增高。但必须注意,增加流速的同时会使流动阻力增加,多消耗泵功。

(2)加插入物

在管内或管间加装绕花丝等插入物,可以达到增强扰动、强化传热的目的。

(3)依靠外加能量的作用

用机械振动的方法可以使对流换热系数 α 提高;对流体施加超声波,使流体增加脉动而强化传热;外加静电场,对流体加以高电压而形成一个非均匀的径向静电场,可使换热面附近产生电介质流体的对流混合作用,从而强化传热。实验表明,此法对自然对流换热、膜态沸腾和膜状凝结换热的强化效果均较显著。

3. 改变流体的物性

由导热和对流换热两种换热方式的机理可知，流体的导热系数 λ 和定压比热 c_p、密度 ρ 越大，换热也就越强。把手放在低于手温的同温度空气和水中，放在水中的手明显感到较凉，表明失热多。从流体的种类来分，水冷器就比风冷器的体积小得多。

在流体内加入某种添加剂可改变其物性而强化传热，添加剂可以是固体或液体，它与换热介质组成气-固、液-固以及气-液等混合流动系统。例如：

（1）气流中加入少量固体微粒，如石墨、砂、铅粉、玻璃球等，形成气-固悬浮二相流，由于固体微粒的比热 c_p 和密度 ρ 比气体大几百倍，同时由于固体微粒的扰动作用和辐射作用，从而显著地增强了传热。

（2）液体中加入固体微粒，如油中加入聚苯乙烯悬浮颗粒使热边界层变薄而增强换热。

（3）在蒸汽中喷入液滴，如水蒸气中喷入硬脂酸、油酸等液滴，可以产生珠状凝结以增强换热。在风冷设备中将水喷在气流中，使换热面形成水膜蒸发会有效地增强传热。

（4）在液体中注入气体或蒸汽，如化工设备中的载气蒸发器，当液体在壁面沸腾时，注入的气体形成的大量气泡冲击壁面可强化沸腾传热。同时还可降低壁温使某些化工液料不会因温度过高而变质。

4. 改变换热面的表面状况

换热表面的性质以及几何形状与大小都对对流换热系数 α 有很大的影响，可以采用以下方法来强化换热。

（1）增加表面粗糙度

人工使换热壁面粗糙度加大对管内的受迫对流换热、沸腾和凝结换热都有增强作用。

（2）改变换热面的几何形状与大小

为了增大对流换热系数 α，可以采用各种异形管。例如蒸汽锅炉中省煤器用的麻花管；制冷装置冷凝器用的低肋螺纹管；制淡水用沟槽管、波纹管；板翅式换热器的各种板翅以及板式换热器的各种波型板片等。由于表面形状的变化，流体在运动中将会不断改变方向和流速，使流体在低雷诺数 Re 下就呈紊流状态，从而使流体在流动阻力增加不是太大的情况下，使对流换热系数 α 显著增加。例如，波纹板式换热器的传热系数 k 比壳管式换热器高出 1~3 倍。

（3）改进换热壁面结构或性能

通过粉末金属烧结、电火花加工形成多孔金属可使沸腾换热增强。通过离子喷镀聚四氟乙烯或渗氮等方法对壁面改性可使水蒸气在壁面形成珠状冷凝，水蒸气凝化成霜的速度变缓，以增强传热。

总之，随着生产和科技的发展，增强换热的方法和技术也会日益增多。

五、削弱传热的基本途径

为了削弱某些设备与外界的换热量，通常采用隔热措施。比如，对于热设备要求保温，而对于制冷及运输冷冻物品的设备则需要保冷以节省制冷量等。实际工程中所采用隔热措施通常是应用热绝缘层来削弱热量传递。

（一）热绝缘

所谓热绝缘就是隔离冷、热物体，使冷、热物体间不发生热量传递。实际上，使物体与外界之间绝对没有热量传递是做不到的。在工程实际中，只能尽可能地削弱或减小热量的传递。

削弱传热的基本途径就是应用热绝缘层,以增加导热热阻来削弱热量传递。所谓热绝缘层就是指一切用来减少与外界进行热交换的辅助层。

1.热绝缘的目的

不同的场合所应用的热绝缘层的目的是不同的,但概括起来可归纳为以下三种。

(1)节约燃料

从经济观点来看,包扎热绝缘材料所消耗的资金,要比不包扎而多消耗的燃料费少得多。

(2)满足工程技术条件的要求

制冷工程中的冷库外表面包以热绝缘层,可以避免浪费制冷量。

(3)改善劳动条件

锅炉和蒸汽管道的外表面通常均包扎热绝缘层以降低机炉舱温度和防止人员烫伤。劳动保护的要求规定,热设备的绝缘层外表温度不得超过50 ℃。

2.对热绝缘材料的要求

凡导热性能低的材料都可以被用作热绝缘材料。材料的导热性能以导热系数 λ 值的大小来表示。一般来讲,通常将导热系数 λ 值小于 0.14 W/(m·K)的材料称为隔热材料或热绝缘材料。

根据用途的不同,可选用不同性能的热绝缘材料。但作为热绝缘材料通常应具备以下三个基本性能:(1)导热性能差;(2)具有一定的机械性能,如抗压和抗拉强度等;(3)具有一定的不吸水性和耐高热的能力。

热绝缘材料的特点之一是孔隙多,当温度升高时,孔隙中的空气对流和辐射换热就要加强,从而使导热系数增大。热绝缘材料吸水后不应改变原有形状。可能的话,最好采用不吸湿的材料。热绝缘材料吸收水分后,由于水分迁移方向与传热方向相同,因而导热系数会迅速上升,所以防水层必须设置在热绝缘层的外侧。

3.工程上常用的热绝缘材料

热绝缘材料的种类很多,按材料的形成可分为:

(1)天然材料:如石棉、云母和软木等。

(2)人工合成材料:如石棉绳、玻璃绒和矿渣棉等。

通常,不同的热绝缘材料有不同的隔热特性,因此,不同的使用场合要选用不同的热绝缘材料,比如:

(1)高温隔热条件时,可选用石棉、硅石和硅藻土制品等热绝缘材料。

(2)常温和低温隔热条件时,可选用软木、玻璃纤维、超细玻璃棉和珍珠岩等热绝缘材料。

(3)低湿条件下防潮要求较高时,可选用泡沫树脂和泡沫塑料等热绝缘材料。

(二)圆筒壁的临界热绝缘直径

对平壁传热而言,在平壁上加厚热绝缘层,就能削弱平壁传热。但是,对圆筒壁传热,增加圆筒壁外的热绝缘层的厚度,不是在任何情况下都会削弱传热的。对圆筒壁的热绝缘,为了合理选用热绝缘材料,必须了解圆筒壁的临界热绝缘直径的概念。

对于某一外径的圆筒壁,当在其外壁覆盖某一厚度的某种材料的热绝缘层时,其传热量可能不会减少反而增加,并且随着该热绝缘层厚度的增加,其传热量也逐渐加大;当该热绝缘层厚度达至某一数值时,即该热绝缘层的外径达到某一数值时,其传热量达到最大值;此时,若继续加厚该热绝缘层,则传热量开始减少。我们将传热量为最大值时的该热绝缘层的外径称为圆筒壁的临界热绝缘直径,用符号 d_{cr} 表示。

理论分析表明,若热绝缘材料的导热系数为 λ,绝缘层外表面向周围大气的总换热系数 α,则圆筒壁的临界热绝缘直径 d_{cr} 为:

$$d_{cr} = \frac{2\lambda}{\alpha} \tag{1.3.5-1}$$

假设圆筒壁的内径为 d_1、外径为 d_2,热绝缘层的外径为 d_x,$d_1 < d_2 < d_x$,则:

(1) 如果圆筒壁的外径 d_2 小于 d_{cr} ($d_2 < d_{cr}$),当 $d_x < d_{cr}$ 时,传热量随 d_x 的增加而增大;当 $d_x = d_{cr}$ 时,传热量为最大;当 $d_x > d_{cr}$ 时,传热量才开始随 d_x 的增加而减小,当 d_x 增加到某一数值 d_3 时,其传热量与无此热绝缘层时的传热量相同(即此热绝缘层无热绝缘作用),当 $d_x > d_3$ 时此热绝缘层才开始真正起到热绝缘的作用。

例如,因为电线的外径 d_2 小于其 d_{cr},所以,外包绝缘层作为电绝缘的同时,还能增加电线的散热作用,而使电线的温度比不包绝缘时为低。

(2) 如果圆筒壁的外径 d_2 大于 d_{cr} ($d_2 > d_{cr}$),当 d_x 增加时,传热量减少,此热绝缘层起到了热绝缘的作用。

需要强调的是,由式(1.3.5-1)可知,临界热绝缘直径 d_{cr} 取决于绝缘材料的导热系数 λ 及绝缘层外表面向周围大气的总换热系数 α。也就是说,临界热绝缘直径 d_{cr} 与选用的材料有关。某一外径 d_2 的圆管道,对某种热绝缘材料来说,其外径 d_2 可能小于其临界热绝缘直径 d_{cr},而对另一种热绝缘材料来说,其外径 d_2 就可能大于其临界热绝缘直径 d_{cr}。所以,在圆管道外壁覆盖热绝缘层时,应合理选用热绝缘材料,除满足技术要求和使用要求外,还要让它真正起到热绝缘的作用。

比如,石棉的导热系数为 $\lambda = 0.151$ W/(m·K),玻璃棉的导热系数为 $\lambda = 0.039\,8$ W/(m·K),若取 $\alpha = 12$ W/(m²·K),则对石棉 $d_{cr} = 0.025$ m,对玻璃棉 $d_{cr} = 0.006\,6$ m。由此可见,对于外径为 $d_2 = 20$ mm 的热管道来说,若包石棉的厚度不够大,反而会比裸管的热损失更大。若包玻璃棉由于 d_{cr} 已小于 20 mm,不会遇到临界热绝缘层的问题,只要包上玻璃棉就可以减少热损失。

(三) 轮机工程中的热绝缘

在船舶轮机工程中,很多装置和设备都用到热绝缘。在船舶轮机中,凡是需要隔热的装置、设备或其零部件,通常都是采用施加热绝缘层来削弱热量传递的。

从不同场合应用的热绝缘层的目的来看,既有为了节约燃料(如船舶锅炉和蒸汽管道上包扎热绝缘层,减少热量散失等),也有为了满足工程技术条件的要求(如船舶伙食冷库的外表面、冷藏舱的外表面以及输送冷介质管道的外表面等包上隔热的绝缘层,可以避免浪费制冷量等)和改善劳动条件(如船舶锅炉和蒸汽管道的外表面通常均包扎热绝缘层以降低机舱温度和防止人员烫伤等)。由于船舶环境的特殊性,理想的船用热绝缘材料,除需具有导热系数小、易成形、耐振、不变形、不吸水、不受潮等性能外,还应满足相对密度小、不自燃、耐火、无怪味、不被鼠咬虫蛀以及价格低廉和易于购得等要求。

需要强调的是,在敷设热绝缘层来削弱热量传递时,要注意正确选择热绝缘材料。除了根据温度条件和防潮要求选择热绝缘材料外,还要注意传热壁面的截面形状。前已指出,在平壁上只要加厚热绝缘层,就能削弱平壁的传热,但对圆筒形壁面上加厚热绝缘层,不是在任何情况下都会削弱传热的,此时要注意临界热绝缘直径问题。在船舶轮机中,绝大多数的管道都是圆形截面的管道。在圆管上敷设热绝缘层时,如果热绝缘材料选择的不恰当或热绝缘层的厚度不够时,敷设的热绝缘层不仅不能起到削弱传热的作用,反而会增强传热。另外,还应指出,上面只讨论了材料本身的热绝缘性。当把材料加装在物体上时,由于掺和物和加装方法不同,材料的热绝缘性能就会发生变动。在这种情况下,正确估计热绝缘性能的好坏,不能只根据材料本身的导热系数,而应考虑整个结构的导热系数。整个结构的导热系数可用近似方法来计算,但其精确数值只能由实验来测定。

六、热交换器

凡是把热量从热流体传递给冷流体的热力设备均称为热交换器,或称换热器。

(一)热交换器的类型

热交换器按其换热方式和结构的不同,通常分为三大类:间壁式、混合式和回热式。

(1)间壁式换热器

用固体壁将冷、热流体分开,热流体通过间壁将热量传递给冷流体,这种类型的热交换器,称为间壁式换热器。

(2)混合式换热器

冷、热流体在其中直接接触混合,使热流体温度下降(热流体放热)、冷流体温度升高(冷流体吸热),最终冷、热流体的温度均匀一致,从而实现了热量从热流体向冷流体的传递,这种类型的热交换器,称为混合式换热器。

(3)回热式换热器

固体壁面先被热流体加热(热流体放热)、再被冷流体冷却(冷流体吸热),这样周期地进行,就实现了热量从热流体向冷流体的传递,这种类型的热交换器,称为回热式换热器。船用热交换器的绝大多数都是间壁式换热器类型,因此本节只讨论间壁式热交换器的种类、结构、工作原理及性能特点。

(二)间壁式热交换器的种类

在间壁式热交换器中,冷、热两种流体由固体壁相隔,互不混合地进行热量交换,两种流体的压力可以相差较大。它是应用最广泛的热交换器。间壁式热交换器按其用途,可称作冷凝器、燃油加热器、造水蒸发器、空气冷却器以及滑油冷却器等。

间壁式热交换器按传热表面的结构形式可分为管式和板式两种。管式热交换器又分为壳管式、肋片管式和套管式;板式热交换器又分为板翅式、平行板式和螺旋板式。

间壁式热交换器按冷、热两种流体相互间的流动方向的不同可分为顺流式、逆流式、叉流式和混合流式。

间壁式热交换器按流程(亦有称作管程)的次数又分为单流程、双流程和多流程。

1.冷、热流体的流动方向

(1)顺流式

在间壁式热交换器中,冷、热两种流体做平行且同方向流动,如图1.3.6-1(a)所示,这样的换热器称为顺流式热交换器。

(2)逆流式

在间壁式热交换器中,冷、热两种流体做平行但反方向流动,如图1.3.6-1(b)所示,这样的换热器称为逆流式热交换器。

(3)叉流式

在间壁式热交换器中,冷、热两种流体沿相互垂直的方向流动,如图1.3.6-1(c)所示,这样的换热器称为叉流式热交换器。

（4）混合流式

在间壁式热交换器中，冷、热两种流体做平行同向、平行反向、相互垂直这三种方式组合形式的流动，如图1.3.6-1(d)、(e)、(f)所示，这样的换热器称为混合流式热交换器，又称为杂流式热交换器。

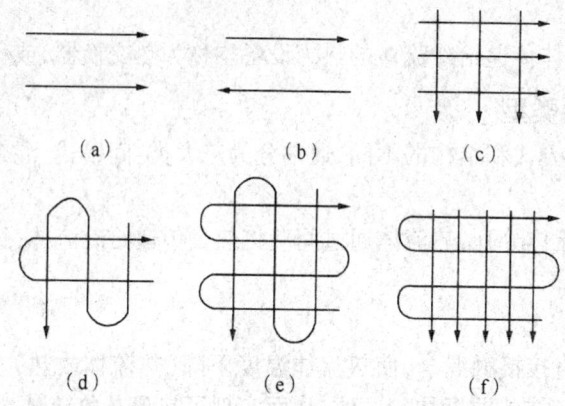

图1.3.6-1　热交换器按流动方向分类

2.冷、热流体的流程

如图1.3.6-2所示为冷、热两种流体在间壁式热交换器中的流程(亦有称作管程)，图中t'_1、t''_1分别表示热流体的进口温度和出口温度，t'_2、t''_2分别表示冷流体的进口温度和出口温度。

（1）单流程

在间壁式热交换器中，冷、热两种流体均一次性通过全部换热面积，如图1.3.6-2(a)所示，这样的换热器称为单流程热交换器。

（2）双流程

在间壁式热交换器中，换热面被分隔成两个部分，冷流体和热流体依次流过换热面的这两个部分，从而形成两次回路，如图1.3.6-2(b)所示，这样的换热器称为双流程热交换器。

（3）多流程

在间壁式热交换器中，换热面被分隔成三个部分以上，冷流体和热流体依次流过换热面的这几个部分，从而形成多次回路，如图1.3.6-2(c)所示，这样的换热器称为多流程热交换器。

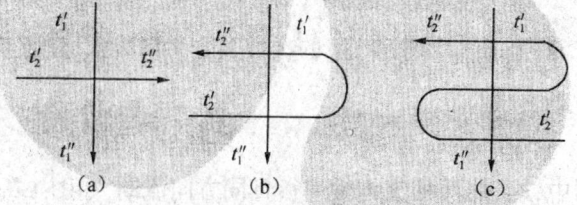

图1.3.6-2　热交换器按流程次数分类

（三）间壁式热交换器的结构及性能特点

间壁式热交换器依其传热表面的结构形式可分为管式和板式两种。

1.管式热交换器

管式热交换器结构坚固，易于制造，适应性强，在工业应用上有比较悠久的历史。目前，在船上和汽车上使用的热交换器中,管式热交换器仍占多数。管式热交换器的常见形式有壳管式、肋片管式和套管式。

(1)壳管式热交换器

在壳管式热交换器中,换热面由一束管子组成,管子末端固定在特殊的管板上,然后封闭在一个壳体之中,如图1.3.6-3所示,图中,1′、1″分别表示热流体的进口和出口,2′、2″分别表示冷流体的进口和出口。

壳管式热交换器在工作时,一种流体在管内流过,另一种在管外(壳内)流过。为了提高传热效果,在壳内常设有挡板以保证管外流体的流向和速度。为提高管内流体流速以提高对流换热系数,在盖板中央设一个隔板,可使管中流体速度提高一倍,称之为双流程。还有做成三流程、四流程的热交换器。

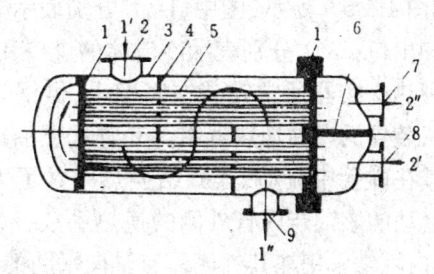

图 1.3.6-3 壳管式热交换器

1—管板;2—管程进口;3—外壳;4—折流板;5—管子;
6—隔板;7—管程出口;8—管程进口;9—壳程出口

船上广泛地用这种热交换器作冷凝器、滑油冷却器、燃油加热器及造水机蒸发器等。

(2)肋片管式热交换器

肋片管式热交换器应用在换热的两种流体的对流换热系数相差悬殊的情况。

例如汽车用的冷却水散热器,如图1.3.6-4所示,管中热流体为水,而管外冷流体为空气。显然,空气侧的热阻要比水侧大得多。这种热交换器用加肋片办法来减少空气侧热阻,以提高整个热交换器的传热系数。

在肋片管式热交换器中,管子有圆管和扁管之分,而肋片形式则多种多样,有的肋片是与管子一体滚轧出来,如图1.3.6-5所示;有的则是将各种形式肋片绕在管子上,如图1.3.6-6所示。如图1.3.6-6(a)所示为根部带皱褶的绕片管,如图1.3.6-6(b)所示为不断螺旋线绕丝管,如图1.3.6-6(c)所示为L型绕片管。

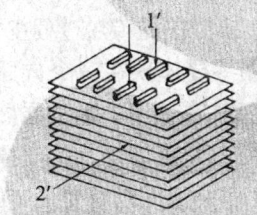 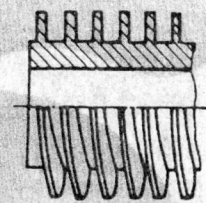

图 1.3.6-4 肋片管式热交换器　　图 1.3.6-5 矩形截面的滚轧螺纹管

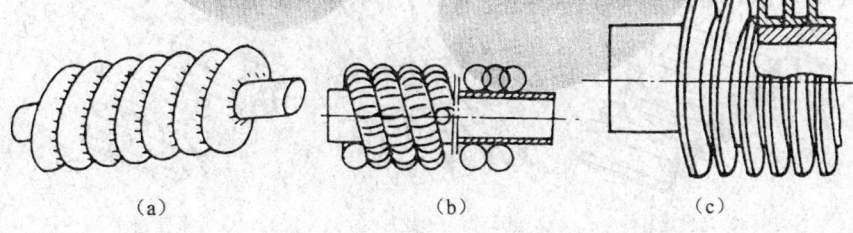

图 1.3.6-6 管外绕有各式肋片

(3) 套管式热交换器

在套管式热交换器中,一种流体从较细的管子内流过,另一种流体则从大、小管子所形成的夹套中流过,如图 1.3.6-7 所示,图中,1′、1″分别表示热流体的进口和出口,2′、2″分别表示冷流体的进口和出口。

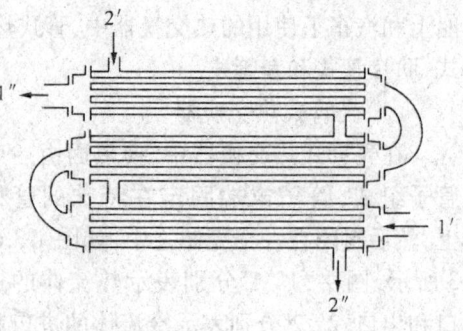

图 1.3.6-7 套管式热交换器

这种热交换器通常安装在竖壁上,做锅炉装置和柴油机装置的燃油加热器用。套管式燃油加热器的水蒸气在内管中流动,其凝结换热系数远大于在套管间流动的燃油与内管外侧的换热系数。为了增强传热,内管常采用在其外侧具有轴向平肋的特别管子,以提高加热器的传热量。

2. 板式热交换器

板式热交换器被认为是最有发展前途的热交换设备之一。它有板翅、平行板和螺旋板等型式。

(1) 板翅式热交换器

板翅式热交换器的结构如图 1.3.6-8 所示。它由隔板 1、翅片 2 和封条 3 三部分组成,在相邻两隔板之间设置翅片和封条组成一个夹层,称为通道。将这些夹层根据流动方式叠加起来,钎焊成一体,即组成板束。如图 1.3.6-9 所示为冷、热流体做逆流换热时的板束组合图。

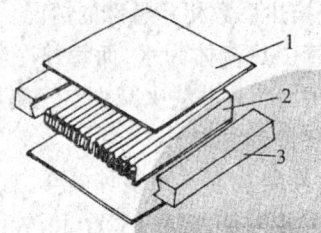 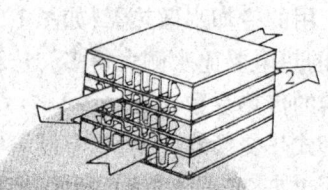

图 1.3.6-8 板翅式热交换器的结构　　图 1.3.6-9 冷、热流体做逆流换热时的板束组合图
1—隔板;2—翅片;3—封条

翅片是板翅式热交换器的最基本元件。板翅式热交换器中的传热过程主要是通过翅片的导热和翅片与流体之间的对流换热来完成的。翅片的作用主要体现在三个方面,一是扩大传热面积,提高热交换器的紧凑性;二是由于翅片的特殊结构,流体在通道中形成强烈的扰动,这就使热边界层不断地破裂,从而有效地降低热阻,提高传热系数;三是由于翅片的支撑加固作用,可使板束形成有机的整体,尽管隔板和翅片都很薄,但却具有一定的强度以承受一定的压力。

根据不同的工质、组态(气相或液相)和不同的对流换热形式(有相变或无相变),可以采用不同的翅片形式。如图 1.3.6-10 所示为常用的几种翅片。图 1.3.6-10(a) 所示为光直翅片,图 1.3.6-10(b) 所示为锯齿形翅片,图 1.3.6-10(c) 所示为多孔翅片。

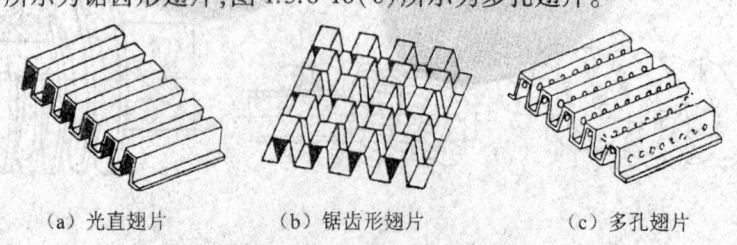

(a) 光直翅片　　(b) 锯齿形翅片　　(c) 多孔翅片

图 1.3.6-10 常用的几种翅片

（2）平行板式热交换器

平行板式热交换器是由冲压的型板组合而成的热交换器。如图 1.3.6-11 所示为此种热交换器的解剖图，图中，1'、1"分别表示热流体的进口和出口，2'、2"分别表示冷流体的进口和出口。

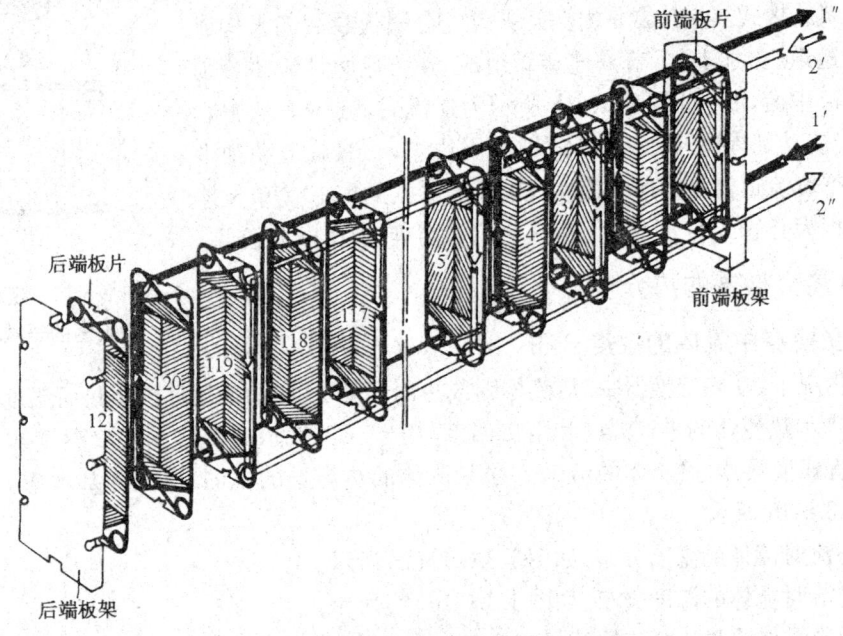

图 1.3.6-11　平行板式热交换器的解剖图

型板板片被冲压成特殊波纹形状以构成流体通道，如图 1.3.6-12 所示。如图 1.3.6-13 所示为人字形型板。型板角上开有流体通道孔，板片四周和通道孔周围装有密封垫片。密封垫片是板式热交换器的重要构件。装配时，首先用黏结剂把垫片黏在板片四周和通道孔周围的密封槽中。若板角通道孔的密封槽中装有密封垫片，则流体不能进入该型板；若不装垫片，则允许流体进入该型板。按换热量的要求，将若干块型板叠合起来，并用前后端板架及连接螺栓将全部板片压紧，相邻型板之间就形成流体通道。借助型板角孔是否安装垫片，使相邻两通道中分别流过冷、热两种流体。

由于型板的特殊形状，板片间的流道方向和截面不断发生变化，因而增大了流体在通道中的扰动，如图 1.3.6-14 所示，从而有效地降低热阻，提高换热系数。板式热交换器结构紧凑、拆装方便、容易清洗，但缺点是密封垫片损坏时容易漏泄，不耐高温。

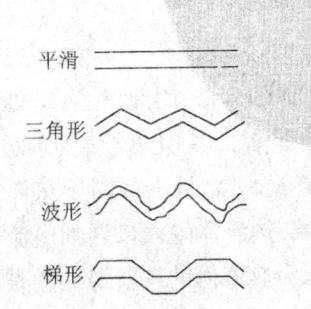

图 1.3.6-12　由不同开头型板构成的通道

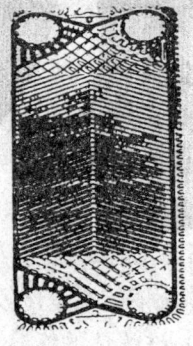

图 1.3.6-13　人字形型板

图 1.3.6-14　流体在通道中强烈扰动示意图

(3) 螺旋板式热交换器

如图 1.3.6-15 所示为螺旋板式热交换器的结构原理图，图中，$1'$、$1''$ 分别表示热流体的进口和出口，$2'$、$2''$ 分别表示冷流体的进口和出口。螺旋板式热交换器是由两张平行的金属板卷制起来构成两个螺旋通道，再加上、下盖及连接管组成。冷、热两种流体分别在螺旋通道中流动。如图 1.3.6-15 所示为逆流式，流体 $1'$ 从中心进入，螺旋流动到周边流出；流体 $2'$ 则由周边进入，螺旋流动到中心流出。螺旋流道污垢的形成速度大约是壳管式的 1/10。单位体积换热面积为壳管式的 3 倍。但清洗与检修困难，承压能力较低。

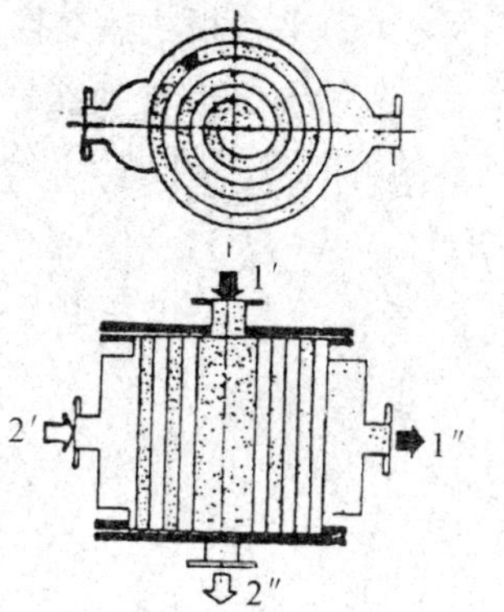

(四) 热交换器的热分析

1. 热交换器中流体的温度分布

一般情况下，在热交换器中，热流体因放热而温度下降，而冷流体因吸热而温度升高，通常用 t_1'、t_1'' 表示热流体的进口温度和出口温度，用 t_2'、t_2'' 表示冷流体的进口温度和出口温度。单流程壳管式换热器，按流体的流动方向和流体的热容量的不同，有四种基本形式的温度分布，如图 1.3.6-16 所示。

图 1.3.6-15 螺旋板式热交换器的结构原理图

(1) 顺流时流体的温度分布，如图 1.3.6-16(a) 所示。

(2) 逆流时流体的温度分布，如图 1.3.6-16(b) 所示。

(3) 当冷流体沸腾或冷流体的热容量非常大的情况下，冷流体的温度可认为保持不变，不管是顺流还是逆流，冷流体的温度分布都表示为水平线，如图 1.3.6-16(c) 所示。

(4) 当热流体被冷凝或热流体的热容量非常大的情况下，热流体的温度可认为保持不变，无论是顺流还是逆流，热流体的温度分布都表示为水平线，如图 1.3.6-16(d) 所示。

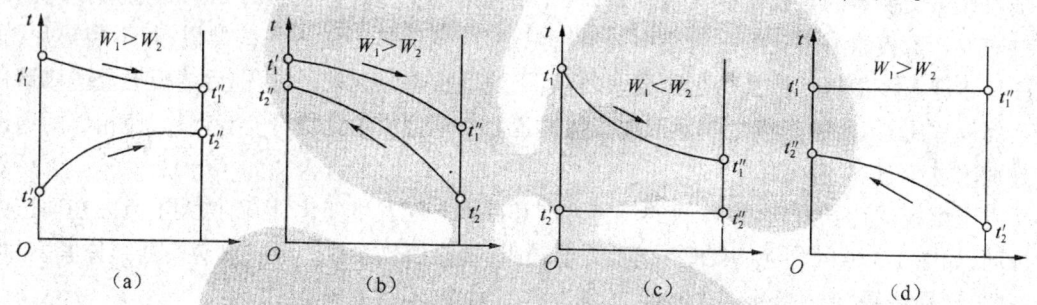

图 1.3.6-16 单流程壳管式换热器的温度分布

2. 顺流与逆流热交换器的比较

从图 1.3.6-16 可以看出，在顺流时，热流体的入口遇到冷流体的入口，因此，在入口处具有最大的温差。流体在流动过程中，热流体被逐渐冷却，冷流体被逐渐加热，使冷、热流体的温差越来越小，到出口处为最小。不管换热面积有多大，冷流体的终温 t_2'' 总是不会高于热流体的终温 t_1''。从图 1.3.6-16 可以看出，在逆流时，在热交换器的一端，热流体的入口遇到冷流体的出口，而在另一端则相反，因此，冷、热流体的温差比较均匀。因为热流体的入口遇到的是已经被加热的冷流体。若换热面足够大时，冷流体的终温 t_2'' 是可以高于热流体的终温 t_1'' 的。

顺流和逆流热交换器传热能力的基本差别，可以从图 1.3.6-16 上看出，若将热交换器的换热面积伸展至无穷大，顺流时冷、热流体将以相等的温度离开换热面；而逆流时，其中任何一个流体的出口温度将会达到另一个流体的进口温度。因此，在换热面积相等、流体物性及进口温度相同的情况下，虽然顺流时的初温差比较大，但随着流体的流动，温差越来越小，从整个换热面平均温差来看，逆流时的平均温差较顺流时大，即逆流热交换器比顺流热交换器的传热能力要大，所以逆流式热交换器应用较广。不过，当一种流体为定温时，顺流换热器与逆流换热器的传热能力相同。纯粹的顺流和逆流，只有在套管式热交换器或螺旋板式热交换器中才能实现。

3. 平均温差

从图 1.3.6-16 所示的热交换器中流体的温度分布可以看出，热、冷流体的温差随传热壁面的位置而变化，这给热交换器的热计算带来麻烦。通过对热交换器的热平衡分析，可得热交换器中热、冷流体的平均温差 Δt_m 为

$$\Delta t_m = \frac{\Delta t_{max} - \Delta t_{min}}{\ln \frac{\Delta t_{max}}{\Delta t_{min}}}$$

式中，Δt 为热交换器中换热面两端的每一端的温差，Δt_{max} 为两者中的较大者，Δt_{min} 为两者中的较小者。因此式中含有对数项，所以，由此式得到的平均温差 Δt_m 称为对数平均温差。

对于顺流热交换器，热、冷流体的进口在换热面的同一端，而热、冷流体的出口在换热面的另一端，很明显，换热面的热、冷流体进口这一端的温差大于换热面另一端的温差，即：$\Delta t_{max} = t_1' - t_2'$，$\Delta t_{min} = t_1'' - t_2''$。

对于逆流热交换器，换热面的一端为热流体的进口和冷流体的出口，温差为 $(t_1' - t_2'')$；而换热面的另一端为热流体的出口和冷流体的进口，温差为 $(t_1'' - t_2')$，而 Δt_{max} 则为这两者中的较大者，Δt_{min} 则为这两者中的较小者。

无论顺流换热器还是逆流换热器，当 $\frac{\Delta t_{max}}{\Delta t_{min}} \leq 2$ 时，均可以采用算术平均温差

$$\Delta t_m = \frac{1}{2}(\Delta t_{max} + \Delta t_{min})$$

来代替对数平均温差，误差不超过 +4%。算术平均温差总是比对数平均温差大一些。

对于叉流和混流等几种常见的流动方式，其对数平均温差，可按逆流时的对数平均温差值乘以修正系数 $\varepsilon_{\Delta t}$ 计算，修正系数 $\varepsilon_{\Delta t}$ 可通过传热学手册中的相关曲线获得。

严格来说，对数平均温差与实际情况还是有差别的。因为在获得对数平均温差式的推导过程中，假设了流体的比热和传热系数沿整个换热面为常量，而实际上，流体的比热是随换热面温度的变化而变化的，传热系数不仅受换热面入口的影响，而且还随流体的黏度和导热系数的变化而变化。

4. 热平衡分析

热交换器的热平衡分析，主要分为设计热平衡分析和校核热平衡分析。在设计热交换器时，热平衡分析的目的是确定换热面积，即给定某一换热量，确定换热面为多大时才能满足传递给定换热量的要求。对于已制成的热交换器，换热面积是已知的，这时进行校核热平衡分析的目的就是确定热交换器的换热量，或确定冷、热流体的出口温度是否符合设计要求。无论是设计计算还是校核热平衡分析，都需要进行下列分析。

（1）传热量

$$Q = k \cdot A \cdot \Delta t_m \quad W$$

(2)热流体放热量

$$Q_1 = c_1 \cdot \dot{m}_1 \cdot \Delta t_1 = c_1 \cdot \dot{m}_1 \cdot (t_1' - t_1'') \text{ W}$$

(3)冷流体吸热量

$$Q_2 = c_2 \cdot \dot{m}_2 \cdot \Delta t_2 = c_2 \cdot \dot{m}_2 \cdot (t_2'' - t_2') \text{ W}$$

(4)热平衡

$$\frac{W_1}{W_2} = \frac{t_2'' - t'}{t_1' - t''}$$

以上各式中,Q 为热交换器的传热热流量;k 为热交换器的传热系数;A 为热交换器的换热面积;Δt_m 为热交换器的平均温差,通常取为对数平均温差;Q_1、c_1、$\dot{m}_1$、t_1'、t_1''、W_1 分别为热流体的放热热流量、比热、质量流量、进口温度、出口温度和热容量;Q_2、c_2、$\dot{m}_2$、t_2'、t_2''、W_2 分别为冷流体的吸热热流量、比热、质量流量、进口温度、出口温度和热容量。

第四节 仪表与量具

一、温度计

习惯上,把测量温度的仪器、仪表和装置都称为温度计。温度计是船舶轮机中最重要的测量仪表之一。

(一)温度计的种类及特点

描述物体冷热程度的宏观物理量称为温度。由于温度本身是一个抽象的物理量,因此,温度的测量也与其他物理量的测量有很大的不同。比如,长度、质量和时间等物理量,它们的测量很简捷,通过直接与标准量进行比较即可获得。但温度的测量则不能如此进行,必须通过测量某些随温度的变化而变化的物体的性质来间接地测量温度。

我们知道,物体的性质和所发生的物理现象都与温度有关,比如几何尺寸、密度、黏度、弹性、导电率、导热率、热容量、热电势以及辐射强度等,通过测出其中某个参数的变化就可以间接地获得被测物体的温度,这就是温度计测温的基本原理。

依据温度测量的基本原理,寻找测量温度的方法有如下特殊要求:

(1)所选择的物理参数,其数值变化应只与温度有关,而与其他因素无关或关系不大,即要求所选择参数仅是温度的单值函数。

(2)所选择的物理参数,其与温度之间的函数关系必须是稳定的,并且要简单明了,同时其随温度的变化应该是连续的。

(3)所选择的温度计的测温介质,应能够迅速与被测介质达到热平衡,温度的跟踪性要好。

事实上,完全满足以上要求是不可能的。但是,人们从大量的实践中,已经找到比较成熟且基本满足以上要求的测温方法。归纳起来,主要都是利用物体的热膨胀性、热电变换、热电阻、热辐射以及熔点、硬度、颜色等随温度变化的物理效应和化学效应来实现温度测量的,比如:

(1)利用物质的热胀冷缩现象测量温度,比如测量介质为固体的双金属片温度计、测量介质为液体(酒精、水银等)的玻璃管液体温度计、测量介质为气体的气体温度计等,这类温度计的应用很普遍，也是最早被采用的温度计。

（2）利用物体的热电效应随温度变化的现象测量温度，比如热电偶温度计。

（3）利用物体的导电率随温度变化的现象测量温度，比如电阻温度计。

（4）利用物体的热辐射强度随温度变化的现象测量温度，比如光学高温计、光电高温计和辐射高温计等。

此外，还有利用物体的磁化率随温度变化现象制造的磁温度计、利用正向电压随温度变化现象制造的二极管温度计等。

以上所有这些测温方法所制造的温度计已广泛应用于工业生产及科学研究。除此之外，人们正在努力寻找新的测量方法以满足不断发展的测温要求。例如寻找或推广将超声波技术、激光技术、射流技术以及微波技术等现代科技手段用于科研和生产部门的温度测量中。

各种温度测量技术、各种温度计目前已在各行各业各部门都得到了广泛的应用，并随着社会的进步和技术的发展，也逐渐形成新的温度测量技术、诞生新种类的温度计。目前受科学技术发展的推动，所涉及的温度范围就越来越广，因而特高温度和超低温度的测量问题也显得越来越突出。

测量温度的方法很多，但归纳起来，通常可分为两大类：一是与被测温度的物体相接触的直接测量法，二是与被测温度的物体不相接触的间接测量法。

直接测量法中，测量温度的元件与被测量的物体直接接触，当敏感元件与被测量的物体呈热平衡时，根据温度的定义，此时敏感元件给出的就是被测量物体的温度。采用直接测量法测量温度的温度计也称为接触式温度计，比如前述的热膨胀温度计、热电偶温度计、热电阻温度计等均属此类。

间接测量法中，测量温度的元件与被测量的物体不直接接触，而是通过辐射等原理来测量被测物体的温度。采用间接测量法测量温度的温度计也称为非接触式温度计，比如前述的光学高温计、光电高温计和辐射高温计等均属此类。

由于任何一种温度计的适用测温范围都是有限的，所以温度计的选择与应用是测温工作的重要内容之一。应根据不同的测量要求和特点，在工作和测量温度范围内，合理选择更加适合其特定温度区间的、满足特性要求的温度仪表。

目前，温度计的种类繁多、型号各异，即使同一类型温度计可能由于温度计材料或工作介质的不同，其适用范围和工作性能也大不一样。如表 1.4.1-1 所示为目前常用温度计的类型、适用温度范围、测量精度及特点。

需要说明的是，间接测量温度的方法近年来非常受到重视，并且发展很快。比如热辐射法、激光法和光子偏振法等，其中，辐射法已有悠久的历史，其温度测量范围很宽，高、中、低温度都能应用，而且准确度也在不断提高。目前，间接测量温度的方法在高温测量应用较多，比如光学高温计、光电高温计、红外高温计、光谱高温计、比色高温计等。此外，间接测量温度的方法具有一系列独特的优点，比如响应时间可以达到毫秒级、不会干扰被测量对象的原有热状态、可以远距离测量以及可以测量热容量极小的物体等，这些优点都是其他方法无可比拟的。因此，可以预见，在船舶的热力系统和安全系统中，间接测量温度的方法必将获得进一步的应用。

下面介绍几种目前轮机工程中常见的直接测量法即接触式温度计的原理、特性、用途及维护。

（二）膨胀式温度计

常用的膨胀式温度计有玻璃管式液体（水银、酒精）温度计、双金属片温度计和压力表式温度计。

1. 玻璃管式液体温度计

玻璃管式液体温度计是最常见的温度测量装置之一,也是我们日常生活和工程实际当中见到最多的一种温度计,比如空气温度计、体温温度计等均为这种类型。玻璃管式液体温度计的液体工作介质常用的是酒精或水银,故也称为酒精温度计、水银温度计。

表 1.4.1-1 目前常用温度计的类型、适用温度范围、测量精度及特点

类型	温度计或传感器类型		测温范围(℃)	精度(%)	特 点
接触式温度计	热膨胀式	水 银	-50 ~ 650	0.1 ~ 1	操作方便,价廉,一般无较大误差;易损坏,不能远传、自控
		双金属	-80 ~ 600		机械强度大,耐振,价廉,能报警和自控;但不能离开测量点测量
	压力表式	液体	-30 ~ 600	1	耐振,坚固,价廉;感温部体积大
		气体	-20 ~ 350		
		蒸汽			
	热电阻式	铂电阻	-260 ~ 600	0.1 ~ 0.3	测温精度高,能远距离多点测量和记录、报警、自控,结构复杂;不能测高温,感温部体积大,须注意环境温度的影响
		镍电阻	-50 ~ 300	0.2 ~ 0.5	
		铜电阻	-50 ~ 150	0.1 ~ 0.3	
		半导体热敏电阻	-50 ~ 350	0.3 ~ 1.5 / 0.4 ~ 1.0	体积小,响应快,灵敏度高;但线性差,受环境温度的影响
	热电偶式	镍铬-康铜	0 ~ 600	0.4 ~ 1.0	测温精度高,能远距离多点测量,种类多,适应性强,结构简单,经济,应用广泛;需冷端补偿,在低温段测量精度较低
		镍铬-镍硅	0 ~ 1 000	0.2 ~ 0.5	
		铂铑$_{10}$-铂	200 ~ 1 400		
		铂铑$_{30}$-铂铑$_6$	200 ~ 1 600		
非接触式温度计	光学高温计		700 ~ 3 000	1	可携带使用,可简便地测 1 000 ℃ 以上的高温,辐射率影响小;不能做远距离测量、记录、报警和自控
	辐射高温计		800 ~ 3 500	1	测温范围广,能做远距离测量、报警和自控;环境条件影响测量精度,连续测高温须水冷却或气冷却
	红外辐射测温仪		-10 ~ 1 300		适用低温及红外线范围,响应时间短,灵敏度高
其他	示温涂料	碘化银	-35 ~ 2 000	<1	测温范围大,经济方便,特别适用于大面积连续运转零件上的测温;精度低,人为误差大
		二碘化汞			
		氯化铁			
		液晶			

玻璃管式液体温度计的基本结构如图 1.4.1-1 所示,它是由液体工作介质、薄壁玻璃包和带有毛细管的玻璃杆茎所组成的。玻璃包和玻璃杆茎使液体工作介质与外界隔离。温度计玻璃杆茎底部的测温包具有较大的容积,它容纳了大部分的液体工作介质;当液体工作介质受热时体积增大,液体工作介质就沿玻璃杆茎内的毛细管上升,到达一个适当位置时停止上升,该位置具有刻度即可读出温度数值;玻璃杆茎顶部的玻璃腔是为了防止温度超出温度计测量范围而设置的。

玻璃管式液体温度计的测量精度主要取决于液体工作介质的体积膨胀系数。液体体积膨胀系数的定义是:一定质量的液体,在压力保持不变的条件下,温度每升高一个单位温度所引起的液体体积的相对变化量。可见,当相同的温度变化时,液体工作介质的体积膨胀系数越

大,则液体在毛细管中上升的高度就越大,即温度计就越灵敏、测量精度就越高。通常选用的液体工作介质一般为酒精、水银。酒精的体积膨胀系数比水银大,约为水银的6倍。酒精的工作范围为-70~+65℃,水银的工作范围为-40~+300℃。另外,玻璃杆内的毛细管的直径也是影响温度计灵敏度的一个重要因素,毛细管的直径越小,则液体在毛细管中上升的高度就越大,但毛细作用对测量精度的影响也增大。毛细管的尺寸是根据测温包的尺寸、液体工作介质的种类以及温度计测量范围要求等所决定的。

玻璃管式液体温度计具有价格低廉、使用方便、读数直观、性能稳定和精度高等优点,被广泛用于科学研究、工业生产以及日常生活等各个领域。它的缺点是测温范围窄、易破损、不能远程传递和记录,使其在自动控制和自动调节中的应用受到限制。

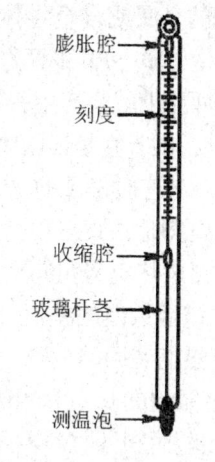

图 1.4.1-1　玻璃管式液体温度计的基本结构

2.双金属片温度计

双金属片温度计的结构如图 1.4.1-2 所示。它是由两种线膨胀系数不同的金属片焊接而成的。当温度升高时,由于两种金属片的长度变化量不同,致使双金属片向热膨胀系数小的一侧弯曲,通过类似于弹簧管式压力表上所用的传动机构,带动指针偏转,即可示出温度数值。

多数情况下,双金属片温度计都作为温度自动记录仪使用,也可用于遥控测量。

3.压力表式温度计

压力表式温度计的工作原理因与压力表的工作原理相同,故称为压力表式温度计。如图 1.4.1-3 所示,一种在制冷系统中遥测温度所用的膨胀式温度计,它的感温元件是测温包;测温包与毛细管、弹簧管组成一个封闭空间,内装有液体工作介质;当测温包中的液体工作介质随温度变化发生热胀冷缩时,液体工作介质的压力就发生变化,致使弹簧管发生形变,通过机械传动机构,带动指针偏转,即可指示温度的数值。

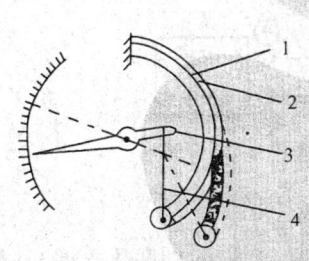

图 1.4.1-2　双金属片温度计的结构
1—双金属片(热膨胀系数较大);
2—双金属片(热膨胀系数较小);
3—指针(或记录笔);4—传动杆

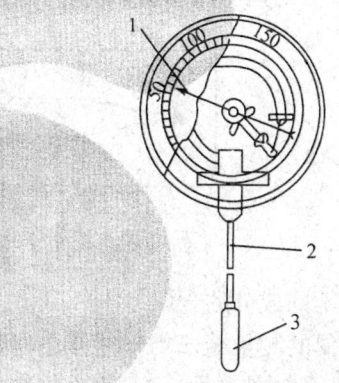

图 1.4.1-3　压力表式温度计
1—压力表;2—毛细管;3—测温包

(三)热电偶温度计

1.热电偶测温的基本原理

热电偶测温的基本原理是热电效应。如图 1.4.1-4 所示为闭合回路的热电效应,如果把两种不同的金属或合金导体 A 和 B 组合成闭合回路,就构成了简单的热电偶回路。当 A 和 B 的两个连接点处的温度 T、T_0 不同时,比如 $T>T_0$,则在这个闭合回路中就会产生一定大小的电动势 $E_{AB}(T,T_0)$,这个物理现象被称为热电效应,由于它是德国物理学家塞贝克 1821 年在观察铋-铜和铋-锑电路的电磁效应时发现的,故也称为塞贝克效应,这个电动势被称为热电势。

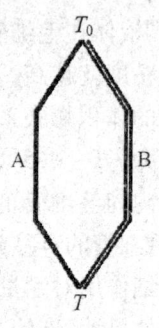

图 1.4.1-4 闭合回路的热电效应

热电势是由接触电势和温差电势两部分所组成的,理论分析表明,热电偶回路的热电势可写为某一关于温度的函数在两个连接点处温度 T 与 T_0 时的该函数值的差值,即 $E_{AB}(T,T_0)=f(T)-f(T_0)$,并由此得出以下结论:(1)热电偶回路的热电势大小只与组成热电偶的材料及两端的温度有关,与电阻丝的长短和粗细无关;(2)只有不同的材料才能产生热电势、构成热电偶,而相同材料不可能产生热电势;(3)只有热电偶两端的温度不同时才会产生热电势;(4)当材料选定以后,热电势大小仅与两端的温度有关。

可见,当热电偶回路中的两种材料选定后,若设法使其两个端点中的一个端点的温度恒定,则热电偶回路中的热电势就仅是另一个端点温度的函数。比如若使温度 T_0 恒定,$f(T_0)$ 即为常量,则热电势 $E_{AB}(T,T_0)$ 就与温度 T 建立了一一对应关系,由热电势 $E_{AB}(T,T_0)$ 的大小即可得到温度 T 的大小,这就是热电偶测温的原理。

当温度 T_0 取为定值后,把热电势 $E_{AB}(T,T_0)$ 与温度 T 之间的关系列成专门的表格,称为热电偶分度表。不同的热电偶具有不同的分度表。分度表中的数值由于 T_0 值的不同也是不同的,通常 T_0 取为 0 ℃,而许多低温热电偶的 T_0 值则取为 0 K。热电偶分度表中的数值是人们根据大量的科学试验总结出来的。

在热电偶回路中,A 和 B 两种导体称为热电极,T 端称为测量端(或工作端),T_0 端称为参比端(或自由端)。

2.热电偶温度计的组成结构

如图 1.4.1-5 所示为典型的热电偶温度计的组成结构。热电偶温度计主要是由热电偶、补偿导线、参比端恒温器和显示仪表等组成。

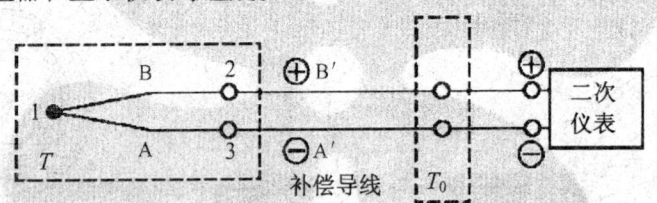

图 1.4.1-5 典型的热电偶温度计的组成结构

两种不同成分的金属导体 A 和 B,一端连接在一起就构成了测温元件即热电偶,其接点 1 即为热电偶的测量端,2 和 3 为热电偶的参比端;热电偶测量端 1 放置在被测温度为 T 的介质中;A'和 B'为补偿导线,它是用于将热电偶参比端 2 和 3 延伸到远离热电偶测量端 1 的参比端恒温器(其温度恒定为 T_0)中,以避免当热电偶测量端 1 的温度发生变化时,对热电偶参比端 2 和 3 的温度造成影响。由测量仪表测量回路中的热电势的大小,根据热电偶分度表即可获得被测介质的温度。其显示仪表的作用就是用来指示或记录被测温度的测量值。

3.热电偶温度计的特点

热电偶是一种热电型的温度传感器,它将温度信号转换为电势(毫伏)信号,配以测量电势信号的仪表或变换器,就可以实现温度的测量和温度信号的转换。

热电偶是目前应用最广泛的温度测量元件,它既可以用于流体温度的测量,也可以用于固体温度的测量;既能测量静态温度,也能测量动态温度。此外,它还具有以下明显的优点:

(1)结构简单、制作方便、价格便宜,不仅有定型的标准化产品,而且也可以自行制作。

(2)测温范围宽,从 1 K 到 3 000 K 的温度范围内,每个温区都有各种不同型号的热电偶可供选择使用。

(3)测温精度较高,高温区的复现性和稳定性很好。

(4)体积小、热容量小、热惯性小。

(5)由于它直接输出电势信号,所以便于信号的远距离传输和自动记录、控制,更有利于集中检测、记录和控制。

4.热电偶的种类

从理论上讲,凡是材质不同的两种金属材料均可组成热电偶,但在实际工程中却并非如此。制作热电偶的材料,一般要求其物理化学性质要稳定、电阻温度系数要小、机械性能要好,这样所组成的热电偶其灵敏度就高、复现性就好;此外,还希望热电偶的热电势与温度之间最好能成线性关系。目前,被选作制作热电偶的材料已有很多种,制作的热电偶已有 300 余种,但由于不同的材料具有不同的特性,因而所组成的热电偶在不同温度范围内所表现出的性能就有较大的差异。一般来说,热电偶的灵敏度随温度降低而明显下降,这也是用热电偶测量低温的主要困难。

常用热电偶可分为标准热电偶和非标准热电偶两大类。所谓标准热电偶是指国家标准规定了其热电势与温度的关系、允许误差,并有统一的标准分度表的热电偶,且有与其配套的显示仪表可供选用。非标准热电偶在使用范围或数量级上均不及标准热电偶,一般也没有统一的分度表,主要用于某些特殊场合的测量。另外,根据使用的习惯还有以下几种不同的分类方法:

(1)按其热电势与温度之间的关系以及使用性能,分为常用热电偶和特殊热电偶。

(2)按其适应的温度范围不同,分为高、中温热电偶和低温热电偶。

(3)按其结构型式不同,分为铠装式、插入式和裸线式热电偶。

目前,我国已全部按 IEC(国际电工委员会)的国际标准来生产标准化热电偶,并指定 S、R、B、K、E、J、T 共七种标准化热电偶为我国的统一设计型热电偶。它们分别是:S 型为铂铑$_{10}$-铂(PtRh10-Pt),R 型为铂铑$_{13}$-铂(PtRh13-Pt),B 型为铂铑$_{30}$-铂铑$_6$(PtRh30-PtRh6),K 型为镍铬-镍硅(NiCr-NiSi),E 型为镍铬-康铜(NiCr-CuNi),J 型为铁-康铜(Fe-CuNi),T 型为铜-康铜(Cu-CuNi)。

一般来说,铂铑$_{10}$-铂热电偶(S 型)、铂铑$_{13}$-铂热电偶(R 型)、铂铑$_{30}$-铂铑$_6$热电偶(B 型)以及镍铬-镍硅热电偶(K 型)用于中、高温度的测量,而铜-康铜热电偶(T 型)、镍铬-康铜热电偶(E 型)以及铁-康铜热电偶(J 型)用于中、低温度的测量。此外,目前镍铬-金铁热电偶在中、低温度的测量,尤其是在低温测量中应用很广。另外,热电偶绝缘管的选择也十分重要。绝缘管的材料应选择电阻率高、化学性能稳定、高温下与热电偶材料不发生作用的材料,例如熔融石英、氧化铝、氧化铍等。

5.几种常见的热电偶及其特性

(1)铂铑$_{10}$-铂(PtRh$_{10}$-Pt)热电偶(S 型热电偶)

铂铑$_{10}$-铂热电偶(S 型热电偶)的正极为铂铑合金丝(铂 90%,铑 10%),负极为纯铂丝。

其物理化学性能稳定,测量精度高,常用于精密温度测量和作为基准温度计使用。可用于中、高温区的温度测量,通常使用范围为300~1 300 ℃,短期可达1 600 ℃。但灵敏度较低,室温下灵敏度仅为几个 μV/℃变化,且价格昂贵,较少在中低温度下使用。

(2)镍铬-镍硅(NiCr-NiSi)热电偶(K型热电偶)

镍铬-镍硅热电偶(K型热电偶)以镍铬为正极、镍硅为负极。其化学性能稳定,灵敏度高(室温下为41 μV/℃变化),成本低,价格低廉,非常适合于中、高温度的测量,常用的工作范围为100~1 000 ℃,短期可达1 300 ℃。镍铬合金的名义成分是90%镍和10%铬及少量硅等,镍硅合金的名义成分为97%镍和3%硅及少量钴等。

(3)铜-康铜(Cu-CuNi)热电偶(T型热电偶)

铜-康铜热电偶(T型热电偶)以铜为正极、康铜为负极。由于铜丝和康铜丝容易做到材质均匀,同时其性能稳定、复现性好,而且价格也便宜,所以铜-康铜热电偶被广泛用于液氮温区(80 K)至室温的测量。在室温下,其灵敏度可达40 μV/℃,在液氮温度下,其灵敏度为16 μV/℃。在中、低温区,铜-康铜热电偶通常是首选的测温仪表之一。铜丝具有高纯度(99.999%以上),康铜的成分是60%铜和40%镍。

(4)镍铬-康铜(NiCr-CuNi)热电偶(E型热电偶)

镍铬-康铜热电偶(E型热电偶)以镍铬为正极、康铜为负极,它综合了镍铬-镍硅热电偶和铜-康铜热电偶的一些优点,可以适用于80 K~500 ℃的温区。它的最大优点是灵敏度高,室温下可达70 μV/℃,因此镍铬-康铜热电偶对测量小温差是非常有利的。

(5)镍铬-金铁热电偶

几乎所有的热电偶的热电势都随着温度的降低而减小,同时灵敏度也下降,热电偶的这一特性对于低温测量是非常不利的,所以,一般热电偶都只能用于80 K以上温区。而镍铬-金铁热电偶却较好地克服了这一缺点,可以工作在1~300 K温区,温度为1时灵敏度为10 μV/K,是康铜的30倍。此外它还具有稳定性好、热导率低的优点,这对低温测量也是非常有利的。

镍铬-金铁热电偶的正极为镍铬、负极为金铁。金铁丝是在纯金中掺入微量的铁原子融合而成的,随着掺入的铁原子的比例增加,镍铬-金铁热电偶在低温段的灵敏度下降而在高温段灵敏度上升(以10 K为交界点)。

6.热电偶的测温

在温度测量工作中,经常会遇到一些温度测量问题,比如温度的多点检测、多处显示、平均温度测量等,通过合理地布置热电偶的测温线路就可以满足这些不同的要求。

(1)多支热电偶共用一台显示仪表

在温度测量中,尤其是船舶轮机中的温度测量,大多是为了监测机械运行工况是否正常而进行的。通常情况下,这种测温只是作定期检测,而无须进行连续观测,因此,为了简化控制台面并减少显示仪表的数目,常常将分度号相同而被测温度值相近的若干支热电偶,通过一个切换开关共用一台显示仪表,轮流(或按要求)显示各支热电偶检测的温度,同时,这样也使这些热电偶具有相同的系统误差。

多支热电偶共用一台显示仪表的测温线路如图1.4.1-6所示,图中的两种线路相比较,常用的是图1.4.1-6(b)的形式,由于该线路设置了一支辅助热电偶,实现了热电偶参比端的温度补偿,从而可以节约大量的补偿导线。线路中的切换开关可以为手动型,也可为自动型,根据测量要求可随时或定期按顺序将各支热电偶分别与显示仪表接通,分别对相应的测量点进行测量。

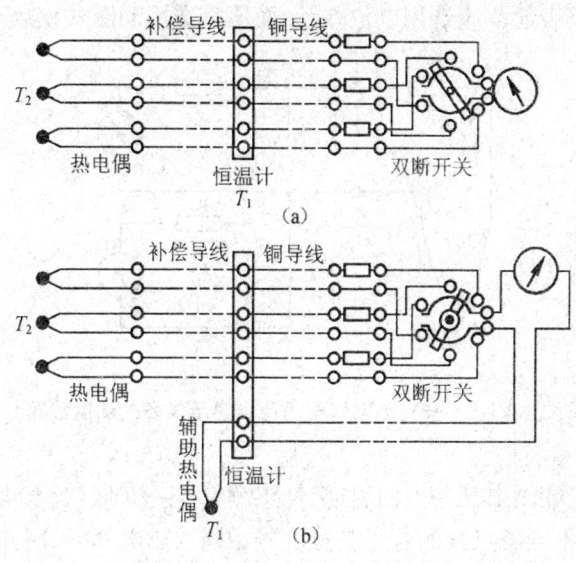

图 1.4.1-6 多支热电偶共用一台显示仪表的测温线路

对于具有多通道、可自动扫描的显示仪表,只要将各支热电偶按仪表不同通道接入即可,无须外接转换开关。同时还可人为选择扫描起、讫点以及扫描速度和时间间隔,以满足不同的测量和显示要求。

应用这种测温线路时应注意的是:

①线路中所用各支热电偶的分度号应一致,并且还应与显示仪表所标明的热电偶分度号相同。

②接线时应特别注意热电偶正、负极性,不得接反。

③线路中的外接电阻是用以调整每一支热电偶测量线路的总电阻值,以使每一支热电偶测量电路的总电阻值相等,并且应等于显示仪表所规定的外接电阻值。

如图 1.4.1-7 所示为热电偶温度计,船上常用的测量柴油机气缸排气温度的温度计,在操作台上设有切换开关,使用一个表头就可以读出每一个气缸的排气温度,该表头实际上是一个毫伏表,但其刻度为温度刻度,这样就可以显示温度值。

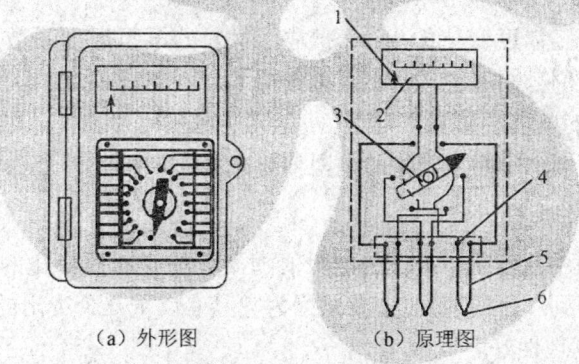

图 1.4.1-7 热电偶温度计

1—温度指针;2—表盘;3—切换开关旋钮;4,5,6—热电偶

(2)一支热电偶配用两台显示仪表

在实际工程现场测温时,有时需要将一支热电偶产生的热电势输送到两台显示仪表,以实现分别在两处(比如现场和控制室)同时显示同一温度,此时的测温线路如图 1.4.1-8 所示。

此时测温线路的显示仪表通常应选用电位差计,而不宜选用动圈式仪表。

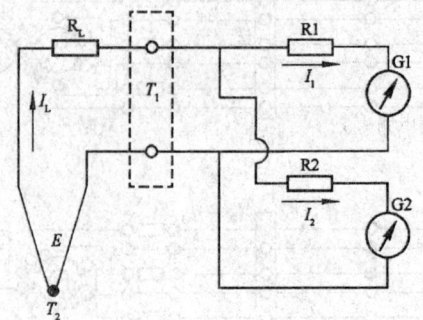

图 1.4.1-8　一支热电偶配用两台显示仪表的测温线路

(3) 平均温度的测量

由于热电偶测温仅能测出某一点的温度,若想测量某一区域(比如某一壁面)的平均温度时,可将布置在该区域不同测点处的若干支分度号相同的热电偶,采用并联法或串联法连接至同一台显示仪表,以获得平均温度。当然,此方法获得的是这些热电偶测得温度的平均值,也就是这些测点处温度的平均值。测点的数目和各测点的位置,应根据被测对象的温度分布情况和测量要求进行恰当地选择,以真正反映被测对象的平均温度。

(四) 热电阻温度计

在实际工程中,温度的测量除了广泛使用热电偶之外,热电阻温度计也是应用非常广泛的一种测温仪表。尤其在工业生产中,中低温度的测量大多都采用热电阻温度计。

1. 热电阻测温的基本原理

物理学指出,各种材料的电阻值都随着温度的变化而变化。在热电阻温度计中,热电阻是测量温度的敏感元件,它之所以能够用来测量温度,就是因为用来制作热电阻的导体或半导体都具有电阻值随温度的变化而变化的性质。也就是说,导体或半导体的电阻值是温度的函数,只要事先知道了这种函数关系,那么,若把导体或半导体的电阻值测量出来,就可以得到热电阻本身的温度,从而就可以得到该热电阻所处的环境或介质的温度。这就是热电阻温度计测量温度的基本原理。

不同材料的电阻值随温度变化的大小,通常用材料的电阻温度系数 α 来表示,其物理意义是:材料在单位温度变化时,其电阻值的相对变化量。一般来说,纯金属和合金的电阻温度系数为正值,而半导体的电阻温度系数则为负值。实验证明,大多数金属当温度升高 1 ℃ 时,其电阻值要增加 0.4%~0.6%,而半导体的电阻值要减小 3%~6%。

2. 热电阻温度计的特点

热电阻温度计是利用导体或半导体的电阻值随温度的变化而变化的特性来实现测温的。热电阻温度计之所以得到广泛的应用,主要是因为它具有以下几个突出的优点:

(1) 测量精度高,复现性好。

(2) 灵敏度高,输出信号强,便于显示仪表的识别、检测。

(3) 由于热电阻温度计是电信号的传递,所以更有利于实现远距离的检测和控制,也更易于实现巡检、自控、越限报警和自动显示、记录等功能。

热电阻温度计由热电阻、显示仪表和连接导线所组成。根据热电阻材料的不同,热电阻温度计测温范围在 0.3~900 K 之间。此外,由于热电阻阻值的测量是通过给予一定的工作电流,以测量该电流流过热电阻时所产生的电压降来反映电阻值的。而加入的工作电流的大小对测量灵敏度影响很大,所以所加的工作电流就不能太小。但是,若工作电流太大,则在热电阻上的功率消耗就会增大,消耗的电功率转变成热能(称焦耳热)就会影响被测温度场,造成测温的附加误差。所以,在用热电阻进行精密测量时,应全面考虑所选用热电阻材料的室温电阻以及工作电流对温度测量的准确度和灵敏度的影响。

3. 对热电阻材料的要求

尽管大多数的导体或半导体,其电阻值均随温度的变化而变化,然而,并不是所有的导体或半导体都能作为测温热电阻。因此,根据实际测温的需要,用来做热电阻的材料必须有以下的特定要求。

(1) 材料的电阻温度系数 α 要大

材料的电阻温度系数 α 越大,则其制成的温度传感器的灵敏度就越高。材料的电阻温度系数 α 与材料的纯度有关,材料的纯度越高,其电阻温度系数 α 值就越大;反之,材料的杂质越多,其电阻温度系数 α 值就越小,且不稳定。

(2) 材料的电阻率要大

材料的电阻率越大,则其制成的温度传感器的体积就越小,其热惯性也就越小,因而对温度变化的响应就越快。

(3) 在整个测量范围内,材料应具有稳定的物理、化学性质。

(4) 材料的电阻与温度之间的关系最好是近于线性或为平滑的曲线,而且这种关系应有良好的重复性。

(5) 易于加工复制,且价格便宜。

显然,全面符合以上这些要求的热电阻材料是很难找到的。所以,应当根据具体的测温要求,从不同的侧重角度选择合适的材料。

目前应用最广泛的金属电阻材料是铂和铜。同时,随着低温和超低温技术的发展,目前可用作热电阻材料的还有合金、碳以及半导体材料——锗等多种新型热电阻材料。

4. 金属电阻温度计

一般来说,纯金属和合金具有正的电阻温度系数,其电阻值随其温度的升高而增加。金属电阻温度计就是利用这一性质进行工作的。一般来说,铂、铜、铟、铁、镍等几种金属材料都可以作为热电阻体,但由于很难得到纯净的铁和镍,而且它们的特性曲线也不是很平滑,因此在实际工程当中很少应用。工业中应用最多的是铂和铜这两种金属材料的热电阻。

(1) 铂电阻温度计

由于铂具有很高的化学稳定性,且容易提纯,便于加工,所以它是热电阻温度计中最常用的材料。铂电阻(WZB)系用高纯铂丝制成,其优点是测温精度高,线性和稳定性好,性能可靠,电阻温度系数大,测温范围在 $-260 \sim 600\,°\mathrm{C}$。由铂丝作敏感栅制成的温度片可测 $-18.3 \sim 600\,°\mathrm{C}$ 的机件表面温度。铂电阻的缺点是在还原气体中易被侵蚀变脆。

铂电阻温度计主要是由铂电阻丝、石英管、U形玻璃管、引线及耐热绝缘的防护套管等组成。通常引线之间的绝缘要求大于 $5 \times 10^9 \, \Omega$($500\,°\mathrm{C}$ 以下)。电阻器与保护套管的热接触往往用加一定量的氦气的办法来实现。热接触不良会增加自然效应和响应时间。

(2) 铜电阻温度计

铜电阻(WZG)一般用于 $-50 \sim +150\,°\mathrm{C}$ 的测温,在该测温范围内,其电阻值与温度有良好的线性关系。同时,铜的电阻温度系数 α 高于其他金属,而且价格相对便宜,并易于提纯。

铜电阻的缺点是电阻率低,因而铜电阻丝必须做得细又长,从而使它的机械强度降低;另外,铜电阻在高温下容易氧化。所以,铜电阻适用于在低温及无侵蚀性的介质中工作。

(3)合金电阻温度计

合金类似很不纯的金属元素,一般说来,合金对温度的变化是不灵敏的,但也有例外的情形,比如纯金属掺入微量磁性金属组织的合金就会出现一些反常现象。在锗、铂等金属中加入微量的铁、钴等磁性金属,在极低温度下,其电阻与温度关系会表现出与纯金属不同的特性。微量杂质的作用使合金具有很大的正电阻温度系数,比如含 0.5%(原子比)铁的铑-铁合金可以制成一种很有用的低温温度计,可以弥补铂电阻温度计在低温下灵敏度降低的缺点。

5.半导体电阻温度计

由于纯金属或合金电阻温度计随着温度的下降,其电阻值减小,灵敏度也随之下降,到极低温度时甚至无法使用。而半导体电阻温度计具有负的电阻温度系数,当温度降低时,不仅其电阻值增加,而且更重要的是它的灵敏度也随之增大。这种特性对于低温测量是极为理想的。半导体电阻温度计除了灵敏度高以外,还有体积小、热容量小的优点,可作为精密温度测量工具,也可在工业上应用。

(1)锗电阻温度计

锗是最常用的半导体材料,纯锗在低温下的电阻率太高,对温度的灵敏度也不高,因此,必须掺杂微量的杂质以提供载流子,通常所加的杂质为锑、砷和铟等。通常所说的锗电阻都是指含杂质的锗。

锗电阻是迄今所研究过的半导体材料中最理想的低温测量元件,它的电阻与温度关系很稳定,重复性很好,标定一次可长期使用,而且它的测量精度可达到 0.005 K。由于锗电阻相对金属电阻温度计在低温下具有显著的优点,许多国家将锗电阻温度计作为 4.2~20 K 之间的标准测量仪表。

(2)热敏电阻温度计

热敏电阻通常是由两种以上过渡金属(Mn、Ni、Cu、Fe、Co 等)氧化物的粉末按一定比例混合在 1 000~1 300 ℃高温下烧结而成的多晶半导体。热敏电阻与半导体电阻一样具有负的电阻温度系数,随温度降低,不仅阻值增加,而且电阻的变化率也急剧增加,因此热敏电阻的测量灵敏度较高。

半导体热敏电阻具有以下特点:

①成本低、体积小、重复性好,可满足不同测量对象的要求。

②电阻温度系数大,灵敏度高,可测量 0.001~0.005 ℃微小的温度变化。

③可制成杆形、圆形、珠形、垫圈形和薄片形等多种形式,直径可小至 0.5 mm;体积小,热惯性小,响应速度快,时间常数小到 ms 级,适用于动态温度测量。

④元件本身的电阻值可达 3~700 kΩ,当用于远距离测温时,可忽略导线电阻的影响。

⑤抗腐蚀性好,适合用于腐蚀性介质中的温度测量。

⑥在-50~350 ℃温度范围内的稳定性较好。

⑦对环境温度敏感,老化快,互换性差,测量时易受到干扰,使用时须经常进行校正。

由于半导体热敏电阻温度计的特点,尤其是其性能不是很稳定且互换性差,从而导致其测量精度不高,目前较多应用在精度要求不高的场合(比如,作为家用空调系统的温控元件等),以及用于腐蚀性介质的温度测量。

（五）热辐射温度计

热辐射温度计是根据物体的热辐射随其温度的变化规律来测量物体温度的。这种测量方式的特点是感温元件不与被测物体直接接触，因此它就具有几个突出的优点，比如：

（1）不扰乱被测物体的温度场。

（2）由于是非接触测温，因而就可以不受高温气体的氧化和腐蚀。

（3）测温范围广，从理论上讲，这种温度计的测温上限是无限的。

（4）由于是非接触测温，这种温度计不必与被测物体达到热平衡，它与被测物体是以辐射换热的方式传热，这种换热方式的速度和光速一样快，因而热惯性小，灵敏度高。

（5）可对远距离物体、带电物体及其他不可接触物体或高速运动物体等进行温度测量。

正是因为以上的优点，具有比其他测温技术更为显著的优越性，所以目前热辐射温度计得到越来越广泛的应用。

热辐射测温仪表按其测温的工作原理不同，可分为全辐射测温仪、单色测温仪、亮度测温仪、比色测温仪、三色测温仪等。按其测温范围可分为 700～3 200 ℃的高温测温仪、100～700 ℃的中温测温仪、100 ℃以下的低温测温仪。

1. 全辐射温度计

全辐射温度计是以热辐射的斯蒂芬—波尔兹曼定律为测温原理的。它利用热电传感元件，通过测量物体热辐射的全部波长的总能量来确定物体的表面温度。

2. 单色温度计

单色温度计是通过测量物体热辐射中的某一波长范围（λ 到 $\lambda+d\lambda$）内所发出的辐射能量来确定物体的表面温度。通常根据所设计的温度计的测温范围来确定所需要的测量波段，并选用一定的滤光片将此波段以外的热射线全部滤掉，由此还可以大大削弱其他光源对测温结果的影响。

单色温度计的测温误差，除与被测物体的黑度有关外，还与所使用的测温波长有关。理论分析表明，黑体定标的单色温度计所使用的测温波长越短，由物体的黑度所引起的测温误差越小。所以，单色温度计一般工作于短波区。由于热辐射的峰值辐射波长随温度的升高而向短波方向移动，因而，单色温度计适用于高温测量。

3. 比色温度计

比色温度计是通过测量物体热辐射中的两个不同波长范围（λ_1 到 $\lambda_1+d\lambda_1$、λ_2 到 $\lambda_2+d\lambda_2$）内所发出的辐射能量的比值来确定物体的表面温度。

比色温度计的测温误差取决于所使用的两个测温波长 λ_1、λ_2 以及这两个测温波长所对应的被测物体的黑度 ε_1、ε_2，且 ε_1 与 ε_2 相差越小，则测温误差就越小；若 ε_1 与 ε_2 相等，则被测物体的温度就等于黑体定标的比色温度计的读数温度。因此，对于比色温度计，提高测量精度的关键是选择适当的两个测温波段，以使得这两个测温波段的被测物体的黑度相差为最小。显然比色温度计采用的方法可以大大减小被测物体的黑度对测温误差的影响。

4. 三色温度计

三色温度计是依次取三个不同波长的波段，通过测量这三个波段内所发出的辐射能量，将第一、第三波段辐射能量之积除以第二波段辐射能量的平方，由所得之商来确定物体的表面温度。理论分析表明，三色测温可以使其测量结果与被测物体的黑度无关，因而就可以提高热辐射测温的精度。

5. 红外热像仪

热像仪能把物体自身发出的热辐射转换成可见的图像,这种图像称为热像图或温度图。由于热像图中包含了被测物体的热状态信息,因而通过热像图的观察和分析,可获得被测物体表面或近表层的温度分布及其所处的状态。

现有的热成像技术基本上都是使用两类热像仪,即光机扫描热像仪和非机械扫描热像仪。其中,非机械扫描热像仪又分为热释电热像仪、红外扫描热像仪、红外摄像热像仪等多种形式。由于这种测温方法简便、直观、精确、有效,且不受测温对象的限制,因而它在温度测量技术中有着广阔的应用前景。目前国内研制和使用的红外热像仪以光机扫描热像仪和热释电热像仪为主。

(六)其他温度计简介

1. 二极管温度计

物理学指出,二极管在稳定的正向电流的条件下,其正向电压随温度的降低而增加。半导体二极管温度计正是利用此原理而制成的。

二极管的正向电压 U 与温度 T 之间的关系,在较大的温度范围内都表现出良好的线性关系,因此,用这种温度计的测温和定标都比较简单。只要在这个温度范围内选定两个温度点,就可利用线性关系得到温度的分度。另外,二极管温度计的灵敏度较高,用一般的测压技术,其测温的准确度就可达到 0.1 ℃。一般来说,当温度降低到某一温度以下时,二极管的正向电压 U 与温度 T 之间的关系就失去了线性。但当非线性关系时,有的二极管的灵敏度却变得更高(比如硅二极管),这对低温测量则更加有利。

半导体二极管的优点是:(1)可用于 1~400 K 温度范围的测量;(2)灵敏度高;(3)与半导体电阻温度计相比,受磁场的影响较小;(4)价格低廉。

半导体二极管的缺点是:(1)复现性差;(2)体积较大;(3)不能做点的温度测量。

2. 电容温度计

电容温度计的测温原理是利用电容器介质的介电常数随温度显著变化的特性来测温的。它不受磁场影响,即使在 150 kGs 的强磁场下,影响也仅在 ±1 mK 以内。

电容温度计在 0.1~72 K 的温度范围内,电容—温度关系是单调函数。尤其是在 5.2 K 以下时,电容—温度关系为线性,此时的灵敏度也很高。在液氦温度下自热很小(约为 70 pW),并随温度的降低而降低。热响应快,重复性为 ±13 mK 左右。但稳定性不好,存在瞬时电容漂移,所以应将组件密封放置在套管内。

3. 示温涂料

示温涂料是利用某些物质的颜色随温度的变化而变化的特性来进行测温的。比如复盐碘化汞(HgI_2)和碘化亚铜(Cu_2I_2),当温度达到 70 ℃ 时就从红色变成了黑色。

通常要求示温涂料的颜色随温度而变化的过程必须是不可逆的。一般来说,示温涂料的测温精度为 ±(5~8)℃。变色温度与所处温度的延续时间有关,延续时间越长,变色温度就越低。因此,有时要用变色温度—时间关系曲线校正测试结果。

在零件表面上,示温涂料的涂膜应越薄越好,一般为 0.03~0.05 mm。当同时使用多种具有不同变色温度的示温颜料以能一次观察零件的温度分布时,示温涂料可以涂成宽度约为

10 mm 的带状条纹。此外,尽管示温涂料对零件的传导换热影响甚微,但是,它对零件的辐射换热的影响却不能忽略不计。因此,示温涂料最好以狭窄条状或点状涂在零件表面上。由于示温涂料不宜接触高温燃气及摩擦面,故其使用受到了一定限制。

为了便于进行零件温度分布的实际观察,还可以通过选取某种具有多点温度下相继变色的物质,或者可以通过混合多种具有单个变色温度的颜料而制取示温涂料。

4. 变色温度指示器

根据某些物质的颜色随温度的变化而变化的特性而制成的示温片和示温带,用变色来测试或指示物体的表面温度,称为变色温度指示器。测温时,只需将表面温度指示器(示温片或示温带)黏附在被测机件的干燥表面,并保持良好的接触;当被测表面温度达到该指示器所代表的温度时,便显示出数字或图形,根据该指示器标出的温度数值,便可判断机件表面温度。表面温度指示器的测温范围一般为 40～260 ℃。

示温蜡片是利用某些物质在不同温度下能够发生熔化或变色的特性来进行测温的。使用时,可根据机件额定工作温度选择相应的示温蜡片粘贴在监测部位,当被测部位温度超过示温蜡片额定温度时,示温蜡片即溶化脱落,从而可发现过热现象。另外,如果需要了解机件表面温度的变化,则可在机件的相应部位贴上 2～3 种在其温度变化范围内的不同温度的示温片,即可反映出温度的细微变化。

此外,还有根据以上同样原理制成的携带式的结构简单的测温笔,它是根据画在机件表面上的笔痕的变色时间长短来判定温度范围的。

二、压力计

习惯上,把测量流体压强的仪器、仪表及装置称为压力计或压力表。压力表是船舶动力装置中最重要的仪表之一。下面介绍几种在船舶轮机中常见的压力计及压力表。

压力计的种类很多,根据工作原理可分为液柱式压力计、弹性式压力计、电气式压力计和活塞式压力计等四大类。液柱式压力计是利用液体静力平衡的原理制成的;弹性式压力计是利用弹性元件在压力的作用下产生的变形来测量压力的;电气式压力计是在上述两种压力计的基础之上将压力引起的液柱的变化或弹性元件的变形转换成电量而测量压力的;活塞式压力计是用来校验压力表的。

测量表压力的仪器称为压力计或压力表;而测量大气压力的仪表则称为气压表、测量负压力(真空)的仪表则称为真空表。测量两个压力之差的仪器称为差压计。差压计根据其工作原理同样也可分成液柱式差压计、弹性式差压计和电气式差压计等三类。在自动检测中,应用得最多的是电气式压力计和差压计。

(一) 液柱式压力计

液柱式压力计因其结构简单、使用方便、价格低廉且测量精度较高,故至今仍被广泛地用于测量低压、负压、压差等。其缺点是玻璃管易碎、体积偏大、读数不方便等。

1. 测压管

测压管是一种最简单的液体压力(压强)测量仪器,它是利用一端开口的玻璃管连接在管道或容器的侧壁,根据玻璃管内液面上升的高度,便能测得管道或容器中液体压力的数值。

如图 1.4.2-1 所示为测压管,若测压管内液面上升的高度为 h,已知液体的密度为 ρ(或已知液体的重度 γ,$\gamma=\rho g$,g 为重力加速度),则点 A 的表压力为 $p_\text{表}=\rho g h=\gamma h$;若大气压力为 p_a,

则该点的绝对压力为 $p=p_a+\rho gh = p_a+\gamma h$。可见,只要用标尺量出测压管内液面上升的高度 h 值,再乘以液体的重度 γ,即得该点的表压力。

为了减小测压管内液面上升时,受毛细管现象的影响,规定测压管的内径不得小于 5 mm,一般采用内径为 10 mm 左右的玻璃管作为测压管。测压管通常用来测量较小的压力,一般小于 9 800 Pa,不适用于测量较大或微小的压力。在测量较大及微压或气体压强时,必须加以改造。此外,这种测压计只能用于测量液体的压力,不能用于测量气体或蒸汽的压力。

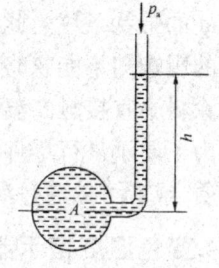

图 1.4.2-1 测压管

2. U 形管压力计

U 形管压力计一般用来测量压力不是很大的流体的压力,比如柴油机的扫气压力、锅炉鼓风机的风压力等。

U 形管压力计是一个两端开口的 U 形玻璃管,如图 1.4.2-2 所示,管内盛有比被测流体的密度大的工作液体。此液体同时起两个作用:一个作用是把处于不同压力下的流体间隔开来(如图 1.4.2-2 所示即把被测流体与大气间隔开来),另一个作用是以其液位差来表示被测压力的数值。工作液体可根据所测流体的种类和所测压力的大小适当选择,比如,测量液体的压力时通常采用水银;而当测量气体的压力时,若所测压力较大则通常采用水银,若所测压力较小则通常采用水或酒精。

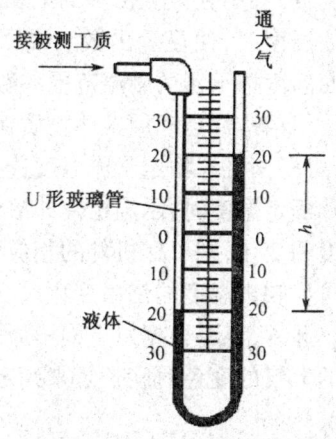

图 1.4.2-2 U 形管压力计

一般 U 形管压力计读数刻度的最小单位是 1 mm,有些精度高的液柱式压力计配有光学放大读数装置,读数精度可以提高。另外,采用密度较小的液体作工作液体,可以提高压力计的灵敏度和测量精度。

用 U 形管压力计测量压力时,将 U 形管的一端与被测压力处相接,另一端开口与大气相通,根据 U 形管内两处液面的高度,便可计算出被测压力的大小。

如图 1.4.2-3 所示为 U 形管压力计测量压力,被测液体的密度为 ρ_1,工作液体的密度为 ρ_2。当需测压力点 C 的压力大于大气压力时,U 形管左管的工作液面下降,右管的工作液面上升,如图1.4.2-3(a)所示,若测得如图所示的左、右两管工作液面的高度为 h_1、h_2,则点 C 的表压力 $p_{C表}$ 为 $p_{C表}=\rho_2 gh_2-\rho_1 gh_1$。

当点 C 的压力小于大气压力,即该点为真空状态时,U 形管左管的工作液面上升,右管的工作液面下降,如图 1.4.2-3(b)所示,若测得如图所示的左、右两管工作液面的高度为 h_1、h_2,则点 C 的真空 $p_{C真}$ 为 $p_{C真}=\rho_2 gh_2+\rho_1 gh_1$。

U 形管压力计既可用于测量液体的压力,也可用于测量气体的压力。当被测流体是气体时,由于气体的密度 ρ_1 很小,$\rho_1 gh_1$ 项可以略去不计,因此,图 1.4.2-3(a)所示的点 C 的表压力 $p_{C表}$ 和图 1.4.2-3(b)所示的点 C 的真空 $p_{C真}$ 分别为 $p_{C表}=\rho_2 gh_2$、$p_{C真}=\rho_2 gh_2$。

3. 差压计

差压计是用于测量两点间压力差的仪器。为了测量流量、管路中的流动阻力损失等经常需要使用这种仪器。如图 1.4.2-4(a)所示为用来测量较大的压强差,而图 1.4.2-4(b)所示为用来测量较小的压强差。

如图 1.4.2-4(a)中,若两个容器或管道两个断面 1 和 2 的垂直距离为 H,其内液体相同,密度为 ρ_1,差压计内工作液体的密度为 ρ_2(工作液体可用水银),工作液体的液面高度差为 h,则两容器或管道两断面 1 和 2 的压力差为 $p_1-p_2=(\rho_2-\rho_1)gh+\rho_1gH$。如果点 1 和 2 在同一水平面上,即 $H=0$,则 $p_1-p_2=(\rho_2-\rho_1)gh$。如果所测的是气体的压力差,则 $p_1-p_2=\rho_2gh$。

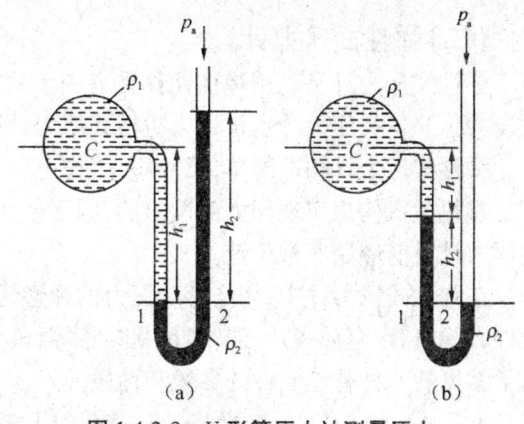

图 1.4.2-3　U 形管压力计测量压力

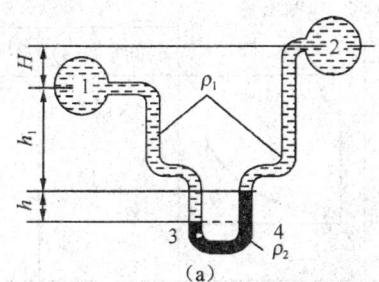
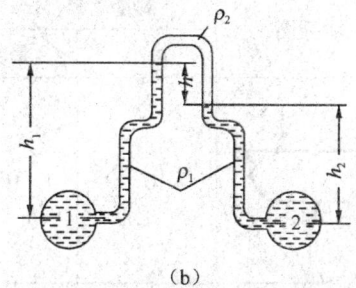

图 1.4.2-4　差压计

如图 1.4.2-4(b)所示为测量压力差较小时的倒 U 形管差压计,当两个容器或管道两个断面 1 和 2 在同一水平面上时,其压力差为 $p_1-p_2=\rho_1g(h_1-h_2)=\rho_1gh$。并由此可见,压力差与空气的压力无关。另外,在压力差较小时,工作液体的密度 ρ_1 越小,则 h 值越大,其测量的精度就越高。

4. 斜管微压计

在测量微小的压力时,为了提高测量精度,常采用斜管微压计。其读数的最小单位是 0.1 mm,测量精度在 0.5 级~1 级之间。

斜管微压计是把如图 1.4.2-5(a)所示单管杯式压力计的单管倾斜放置而成的,如图 1.4.2-5(b)所示。若斜管与底板的夹角为 α,斜管读数为 l,则容器液面与斜管液面的高度差为 $h=l\cdot\sin\alpha$,由于 $\alpha<90°$,则 $\sin\alpha<1$,故 $l>h$,显然这样就提高了读数的精度。在图 1.4.2-5(b)中,如果所测的是气体,则所测气体的表压力为 $p=\rho gh=\rho gl\sin\alpha$。

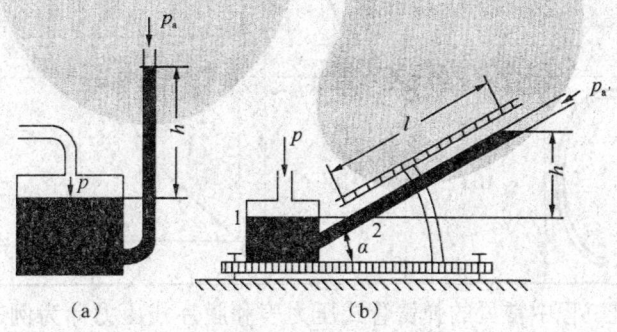

图 1.4.2-5　斜管微压计

(二)弹性式压力计

弹性式压力计是利用弹性元件受力产生的变形,再经过机械机构放大转变为可直接读出的压力值。这类压力计也被称为机械式压力计或压力表。

弹性式压力计构造简单、尺寸小、工作可靠、量程宽,价格比较便宜,精度也相当高。此外,它是靠机械机构来实现压力值读出的,因而使用方便,直读性好,也不需配套二次仪表。弹性式压力计目前应用非常广泛。

在弹性式压力计中,用作感受压力的弹性元件是弹性式压力计的核心元件。常用的弹性元件有弹簧管、金属膜片、波纹管、蜗卷管等,虽然种类繁多,但工作原理相似。如表 1.4.2-1 给出了常见的几种弹性元件的参数和性质。

表 1.4.2-1 常见的几种弹性元件的参数和性质

名称	示意图	测量范围(MPa)		输出量特性	动态性质	
		最小	最大		时间常数(s)	自振频率(Hz)
平薄膜		10^{-3}	10^2		$10^{-5} \sim 10^{-2}$	$10 \sim 10^4$
波纹膜		10^{-6}	1		10^{-2}	$10 \sim 10^2$
挠性膜		10^{-8}	10^{-1}		$10^{-2} \sim 1$	$1 \sim 10^2$
波纹管		10^{-6}	1		10^{-2}	$10 \sim 10^2$
单圈弹簧管		10^{-4}	10^3		--	$10^2 \sim 10^3$

下面以船舶轮机工程中常见的弹簧管式压力表和膜片式压力计为例,对弹性式压力计的构造和工作原理作一简单介绍。

1.弹簧管式压力表

(1)弹簧管式压力表的结构及工作原理

弹簧管式压力表的外形、结构及工作原理简图如图1.4.2-6所示。制冷装置中所采用的压力表,往往还刻有对应于不同压力时的制冷剂的饱和温度值。

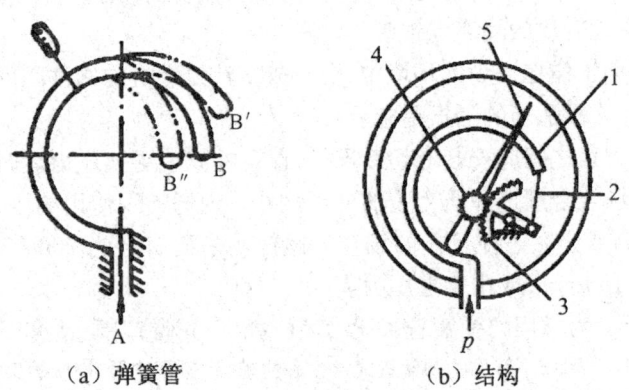

（a）弹簧管　　　　　　（b）结构

图1.4.2-6　弹簧管式压力表的外形、结构及工作原理简图
1—弹簧管；2—连杆；3—扇形齿轮；4—小齿轮；5—指针

弹簧管是该压力表的核心元件,它是一根椭圆形截面的空心金属管子,弯成圆弧状；管子的一端封闭(图中的B端),作为自由端；另一端固定(图中的A端),但开口用于接入被测流体,是被测流体的输入端。当具有压力的流体由输入端(图中的A端)通入时,椭圆形截面管子的内部受压后有变圆的趋势,使弯弧状的弹性管向外伸张,自由端(图中的B端)就会产生位移。当被测流体的压力大于当地的大气压力时,自由端B则向外移动,比如移动到B′；反之,当被测流体的压力小于当地的大气压力时,自由端B则向内移动,比如移动到B″。管内被测流体的压力与大气压力相差的越大,则位移量也就越大。

弹簧管自由端的位移量很小,一般都需要进行放大并转换为指针的回转角。如图1.4.2-6所示的连杆、扇形齿轮等传动机构是弹簧管式压力表中常见的传动放大机构,弹簧管自由端的位移通过连杆带动扇形齿轮转动,扇形齿轮带动固定仪表指针的中心小齿轮转动,由此拨动指针即可指示出被测流体的压力值。

弹簧管式压力表的种类也很多,有单圈的弹簧管式压力表,也有多圈的弹簧管式压力表,可用于高压、中等压力、低压以及真空的测量。

(2)弹簧管式压力表的选用

弹簧管式压力表根据测量精度可分为普通压力表和精密压力表,普通压力表的精度一般为2.5级~1级,精密压力表的精度一般为0.4级~0.1级。

在选择和使用弹簧管式压力表时,应注意以下几点。

①应根据所测压力的误差要求,正确选择压力表的精度等级。一般工业用压力表2.5级或2.5级已足够,科研或精密测量用0.5级或0.35级的精密压力计或标准压力表。

②对于稳定压力的测量,应选择被测压力小于压力表满量程(压力表的上限)的2/3的压力表；对于波动压力的测量,被测压力最好不要超过压力表满量程的1/2,且在每秒内波动压力的变化不应超过压力表满量程的1/10。但无论何种情况,被测压力都不应低于压力表满量程的1/3。

③从取样点到压力表的信号管路应尽可能短,且取压管的内径不应小于3~5 mm；否则会

增加测量的延迟时间。

④若被测流体为液体时,压力表应安装在与测压点位于同一水平高度的位置上;否则就必须要考虑因液位差而引起的附加压力对测量值加以修正。

⑤不同规格的压力表,都有与其相适应的温度和相对湿度的许用范围。

⑥被测流体不应对压力表的材料(铜和铜合金)有腐蚀作用。当测量具有腐蚀性流体的压力时,应加装有中性介质的隔离保护装置。

⑦若压力表长期工作在振动的环境中,会造成指针传递机构构件间的摩擦,影响测量精度和使用寿命,因此应采取适当的隔振措施。

⑧取压管与压力表之间应安装有切断阀门,以备检修或更换压力表时使用。

⑨要根据使用场合合理选择压力表的外形尺寸。现场指示使用的压力表一般表面直径为100 mm;在标准较高或照明条件较差的场合一般使用表面直径为200~250 mm 的压力表;盘装压力表的直径为150 mm,或用矩形压力表。

如表1.4.2-2 所示为常用的弹簧管式压力表的规格、测量范围、精度等级等。

表1.4.2-2 常见的弹簧管式压力表的规格、测量范围、精度等级等

类型	型号	结构	公称直径(mm)	测量范围(MPa)	精度等级	用途
普通压力表	Y40	径向	40	0~0.1 0~0.16 0~0.25 0~0.4 0~0.6	2.5	测量对铜合金无腐蚀的液体、气体、蒸汽的压力
	Y40Z	轴向无边				
	Y60	径向	60	0~0.1 0~0.16 0~0.25 0~0.4 0~0.6		测量对铜和铜合金无腐蚀的液体、气体、蒸汽的压力或真空度
	Y60T	径向带后边				
	Y60TQ	径向带前边				
	Y60Z	轴向无边				
	Y60ZQ	轴向带前边				
	Y100	径向	100	0~1 0~1.6 0~2.5 0~4 0~6	1.5	
	Y100T	径向带后边				
	Y100ZQ	轴向带前边				
	Y100TQ	径向带前边				
	Y150	径向	150	-0.1~0 -0.1~0.06 -0.1~0.15 -0.1~0.3 -0.1~0.5		
	Y150T	径向带后边				
	Y150ZQ	轴向带前边				
	Y150TQ	径向带前边				
	Y260	径向	260	-0.1~0.9 -0.1~1.5 -0.1~2.4		

续表

类型	型号	结构	公称直径（mm）	测量范围（MPa）	精度等级	用途
精密压力表（可作标准压力表）	YB-160A	径向	160	-0.1~0	0.25 0.4	可校普通压力表或精密测量液体、气体、蒸汽的压力或真空度 附注：型号中的最后的字母 A 表示仪表零点可调；B 表示仪表带有镜面；C 表示仪表带镜面且零点可调
	YB-160B	径向		0~0.1		
	YB-160C	径向中压		0~0.16		
				0~0.25		
				0~0.4		
				0~0.6		
				0~1		
				0~1.6		
				0~2.5		
	YB-160	径向		0~4		
				0~6		
				0~10		
				0~16		
				0~25		
				0~40		
				0~60		

符号说明：通常情况下，压力表的仪表型号中常用汉语拼音的第一个字母表示某种含义，比如，Y 表示压力，Z 表示真空度（或阻尼），B 表示标准（或防爆），J 表示精密（或矩形），A 表示氨表，X 表示信号（或电接点），P 表示膜片，E 表示膜盒；仪表型号中的数字表示表盘的直径尺寸（单位为毫米），尺寸后的符号表示压力表的结构或配接的仪表。

2.电触点式压力表

如图 1.4.2-7 所示为电触点式压力表的构造示意图。

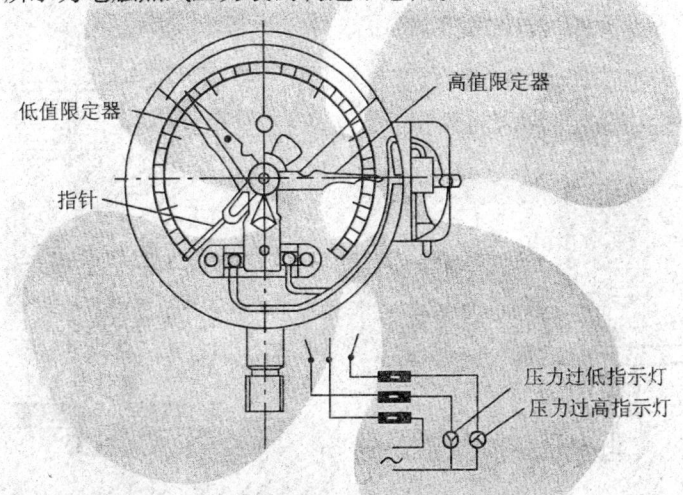

图 1.4.2-7　电触点式压力表的构造示意图

电触点式压力表其实也是一个弹簧管式压力表，只是在普通的弹簧管式压力表上加装了接触器和压力高限与压力低限的限定器。

当所测压力降低到压力低限时，压力表指针上所附的接触器就与低值限定器接触；而当所测压力达到压力高限时，压力表指针上所附的接触器就与高值限定器接触。从而使相应的控制电路起作用，并通过指示灯显示或蜂鸣器报警。

限定器的压力高限与压力低限可根据需要加以调整和设定。

3.平均压力计与最高压力计

在船舶内燃机上所采用的平均压力计和最高压力计,可以用来判断内燃机各缸的负荷是否均匀,并可用来分析内燃机的工作状况。

如图1.4.2-8所示为平均压力计的结构图。它主要是由接头1、测压器3和指示仪表11等组成。内燃机气缸内燃气的脉动压力通过接头1并经过滤后,进入测压器3的气室,在这里进行扩散和均衡,然后进入安装在气室中的毛细管,使脉动压力再一次受到阻尼后进入指示仪表11。这样,便可测得内燃机气缸中的燃气在测量期间内的平均压力,该压力值由仪表11的指针示出。指示仪表11系普通的弹簧管式压力表,可按所需的测量范围选用适当量程的压力表。

最高压力计的结构图如图1.4.2-9所示。它主要由接头(连接螺母1、端接头2和转动手轮10)、止回装置(止回阀体3、阀座4、止回阀5和衬套6)和指示仪表11等组成。当止回阀5的下腔内的压力大于上腔内的压力时,止回阀5就会打开;当下腔内的压力下降时,止回阀5就会关闭,使上腔内得以保持所测得的最大压力。为了消除进入上腔中的具有最大压力值燃气的高温和脉动对指示仪表的影响,因此使高压燃气先通过节流圈7和蛇形管8,然后再接入指示仪表11中,使其指针指示出最高压力值。指示仪表11也是一只普通的弹簧管式压力表。

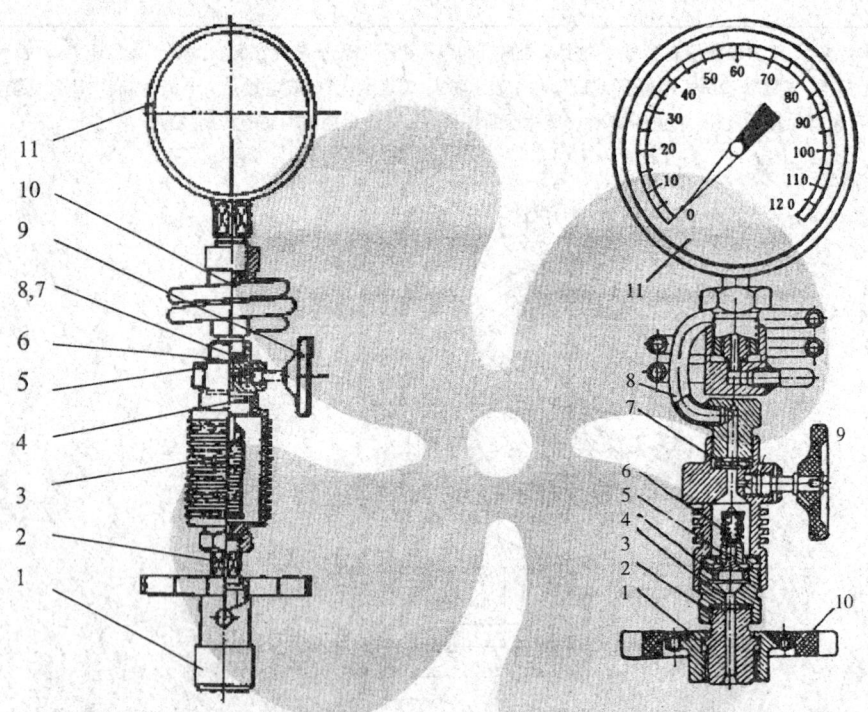

图1.4.2-8 平均压力计的结构图　　　　图1.4.2-9 最高压力计的结构图

1—接头;2—滤网;3—测压器;4、7、8—垫圈;5—放气阀;　　1—连接螺母;2—端接头;3—止回阀体;4—阀座;5—止回阀;6—衬套;
6—通道;9—手轮;10—蛇形管;11—指示仪表　　　　　　　　7—节流圈;8—蛇形管;9—放气阀;10—转动手轮;11—指示仪表

4.膜片式压力表

膜片式压力表的工作原理与弹簧管式压力表的工作原理相同,只是将弹簧管换成了金属膜片。被测压力作用在一块平的或有波纹的金属膜片上,使膜片变形向上弯曲,通过连杆、扇形齿轮和小齿轮,带动指针转动即可指示出压力值。由于膜片的变形位移量很小,因此这种压力表的测量范围也较小,通常用于低压和微压的测量。

(三)常用的电气压力计和差压计简介

按照机电变换器形式的不同,常用的电气式压力计和差压计可分为电阻应变片式、电感式、霍尔效应式、压电式及电容式等几种类型。

1.电阻应变片式压力计

电阻应变片式压力计的工作原理是利用弹性元件将压力的变化转换成电阻的变化来进行测量的,即测量应变片在压力作用下所产生的应变而引起的电阻的变化。应变片是由金属导体或半导体制成的电阻体,其阻值随压力所产生的应变而变化。电阻应变片式压力计通常配备应变仪进行压力测量。

2.电感式压力计

电感式压力计的工作原理是利用弹性元件将压力的变化转换成位移量,再利用磁感应原理将位移量转换成电路中电感量的变化。电路中的电感常用线圈和铁芯构成,分为可变气隙电感和可动铁芯电感两种。通常,电感式压力计另配有测量电路,其作用是将电感量的变化转换为电压(或电流)信号,以便于送入放大器放大,再由指示仪表或记录仪表指示或记录。

如图1.4.2-10所示为YDC型电感式压力计的结构。它由弹簧管和差动变压器组成,弹簧管1的自由端和差动式变压器的铁芯2相连。当压力使弹簧管1产生位移时,弹簧管1带动铁芯2在变压器中运动,从而使差动变压器的两个二次侧线圈4和5的感应电势发生变化。当这两个二次侧线圈4和5差接时,就有一个与弹簧管1自由端位移成正比的电压输出。测出这个电压输出,再通过标定及换算即可得到所测的压力。

YDC型压力计常与ECP、ECX等系列的电子差动仪器配合使用。

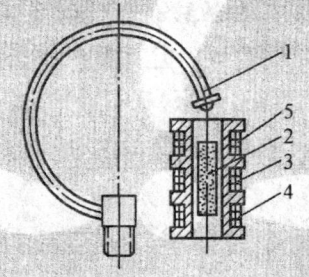

图1.4.2-10　YDC型电感式压力计的结构
1—弹簧管;2—铁芯;3——次侧线圈;4,5—二次侧线圈

3.霍尔效应压力计

在一块矩形金属板(或半导体片)的相对应的两端通以控制电流时,若没有磁场的作用,则其另一相对应的两端的电极将处于相同的电位;当有磁力线垂直穿过金属板(或半导体片)时,则其另一相对应的两端就会产生电位差,这一现象称为霍尔效应,这个电位差称为霍尔电势,能产生霍尔效应的金属板(或半导体片)称为霍尔元件。

霍尔效应压力计就是利用弹性元件在压力作用下的位移来改变通过霍尔元件的磁感应强度,从而改变霍尔电势,然后通过标定换算得压力值。由于霍尔电势只有在控制电流稳定的情况下才与磁感应强度成正比,因此,测量系统中必须具备一个稳定的电压源来供给控制电流。

4.压电式压力计

压电式压力计的工作原理是利用某些晶体材料的压电效应将压力转换成电量而进行测量的。有些晶体材料,当受压力作用而发生机械变形时,在其相对的两个侧面上会产生异性电荷,这种现象称为压电效应。有压电效应的材料称为压电材料,目前广泛使用的压电材料有石英、钛酸钡等。

压电材料制成的压电元件,在压力的作用下,其表面产生电荷,电荷数的多少与压力的大小成正比。所以,测得压电元件的压电量(电荷数),即可获得压力值。

压电式压力计的特点是:体积小,结构简单,不需外加电源,灵敏度和响应频率高,适用于动态压力的测量。其测量范围可从 0~700 Pa 到 0~70 MPa,精度可达 0.1%。

5.差压计

电气式差压计的种类虽然繁多,但其结构及工作原理与电气式压力计相似,其区别仅在于:压力计的弹性元件是在单一压力的作用下发生变形,而差压计的弹性元件则是在压力差(两个压力之差)的作用下发生变形。差压计根据其弹性元件的类型,可分为膜片式和双波纹管式;根据机电变换器的类型,可分为差动变压器式和电容式。

三、转速表

习惯上,把测量各种旋转物体转速的仪器、仪表及装置称为转速表,也称为转速仪、转速计。转速表也是船舶动力装置中最重要的仪器仪表之一。转速是计算船舶动力装置功率的重要参数之一,所以,转速的测量也是船舶动力装置的功率测量的主要组成部分之一。

(一)转速的概念及其测量方式

1.转速

由理论力学可知,角速度 ω 是表示物体转动快慢和转动方向的物理量,在国际单位制中,角速度 ω 的单位为弧度每秒(rad/s 或 1/s)。但工程上习惯用转速 n 来表示物体转动的快慢。转速 n 是指旋转物体上的一点(非转轴上的点)在一分钟内围绕其转轴所转动的周圈数,其单位为转每分钟(r/min),显然,某点旋转 1 周圈就是该点的转角变化 2π 弧度,则转速 n 与角速度 ω 之间的关系为

$$\omega = \frac{2\pi n}{60} = \frac{\pi n}{30} \text{ rad/s}$$

2.转速测量的方式

概括地说,转速测量的方式可分为三大类,即:计数式、模拟式和同步式。

计数式转速测量的方法是通过某种方法数出旋转体在一定时间内的总转数来计算转速;模拟式转速测量的方法是通过测量由瞬时转速引起的某种物理量(如离心力、发电机的输出电压)的变化来计算转速;同步式转速测量的方法是利用另一旋转体或已知频率的闪光与被测旋转体的旋转同步来测出转速。

如表 1.4.3-1 所示为转速测量方式的测量方法、适用范围及特点等。

表 1.4.3-1　转速测量方式的测量方法、适用范围及特点

测量方式		测量方法	适用范围	特点	备注
计数式	机械式	通过齿轮转动数字轮	中、低速	简单，价廉	与秒表并用，也可在机构中加入计时器
	光电式	利用来自被测旋转体上光线，使光电管产生脉冲	中、高速；最高可测 25 000 r/min	没有扭矩损失，简单	数字式转速计
	磁电式	利用磁电转换器将转速变换成电脉冲	中、高速		数字式转速计
模拟式	机械式	利用离心力与转速的平方成正比的关系	中、低速	简单	陀螺测速仪
	发电机式	利用电机的直流或交流电压与转速成正比的关系	最高可测 10 000 r/min	可远距离指示	测速发电机
	电容式	利用电容充放电回路产生与转速成比例的电流	中、高速	无扭矩损失	
同步式	机械式	转动带槽的圆盘，目测与旋转体同步的转速	中速	无扭矩损失	
	频闪式	利用已知频率闪光测出与旋转体同步的频率	中、高速	无扭矩损失	

（二）转速表的分类

目前，转速表的分类和命名方式有很多种，常用的有按工作原理、按使用方式、按记数方式、按记录方式、按表盘的刻度特点等。

1. 转速表按工作原理分类

常见的按工作原理进行分类和命名的转速表有：

（1）离心式转速表：根据角速度与惯性离心力的关系而制成的转速表。

（2）振动式转速表：利用特制的弹簧片组与其相应的转速谐振效应制成的转速表。

（3）电动式转速表：带有机电换能器的转速表，属于这类转速表的有带电机传感器的电动式转速表和电脉冲式转速表。

（4）磁感应式转速表：根据电磁感应原理制成的转速表。

（5）频闪式转速表：根据频闪测速原理制成的转速表。

2. 转速表按使用方式分类

常见的按使用方式进行分类和命名的转速表有以下两类。

（1）固定式转速表与便携式转速表

固定式转速表是指将其安装在某种机器或设备上使用，并通过传动机构与被测旋转体的转轴相连的转速表。

便携式转速表也称为手持式转速表，它是指便于携带的、可单独使用的、可以随时随地用来测量各种机器或设备转速的转速表。

（2）接触式转速表与非接触式转速表

接触式转速表是指测量转速时需要与被测旋转体直接接触或相连接的转速表。比如，固定式转速表可采用各种形式的传动装置，如齿轮变速机构、弹性联轴节、软轴等，与被测旋转体的转轴相连；某些便携式（手持式）转速表则是利用橡皮连接头或金属连接头把转速表的转轴与被测转旋转体的轴连接起来，这些都属于接触式转速表。

非接触式转速表是指测量转速时不需要与被测旋转体直接接触或相连接的转速表。比如，频闪式转速表是采用闪光与被测旋转体转速同步的方法来测量转速的；电子记数式转速表是采用光电器或磁电传感器测试旋转体，将转速转换成电信号后输送给转速数字显示仪的，它们都属于非接触式转速表。

3.转速表的其他方式分类

（1）转速表按记数方式分类

常见的按记数方式进行分类和命名的转速表有：

定时式转速表：它的特点是利用计时机构控制记数机构，因为测量转速的时间为一定值（3 s 或 6 s），故称为定时式转速表。

电子记数式转速表：这种转速表是利用电子记数原理制成的。由转速传感器（光电式、磁电式、激光式等）和数字显示仪两部分组成。

（2）转速表按记录方式分类

人工记录式转速测量仪：人工手动记录与测试转速。

自动记录式转速测量仪：用于自动记录被测转速。

（3）转速表按表盘的刻度特点分类

转速表表盘上的刻度，有的转速表是均匀分布的，也有一些转速表则是不均匀分布的；有的转速表标有零点标线，也有一些转速表则没有零点标线，而是以其能测量的最小转速值为刻度的起点，但是以其能测量的最大转速值为刻度的终点。表盘上刻度的起点至刻度的终点所表示的转速值范围，即为该转速表的量程。

表盘上只刻有一个量程范围的转速表，称为单量程转速表；表盘上刻有多个量程范围，并可以通过一个旋钮或按键进行量程转换的转速表，称为多量程转速表。

（三）离心式转速表

离心式转速表是目前常用的机械式转速表之一，也是应用最早的一种转速表。由于离心式转速表具有结构简单、使用方便、价格低廉等优点，所以，尽管其测量精度较低，但目前仍被广泛地使用着。不过，由于离心式转速表的测量方法为接触式，在测量过程中会消耗旋转体的部分功率，因而其使用范围受到一定的限制。

1.离心式转速表的结构及工作原理

离心式转速表是利用一定质量的旋转体所产生的离心力与旋转体的旋转角速度成比例的原理而制成的测量仪表，主要由传动、机芯和指示器三部分组成。离心式转速表外形图如图1.4.3-1 所示，离心式转速表的结构如图 1.4.3-2 所示。

离心式转速表在测量转速时，转速表的旋转轴随被测旋转体一起以同样的转速旋转，若转速表内的质量为 m 的重物随转速表的旋转轴以同样的转速一同转动，则由理论力学可知，该重物所产生的离心力 F 的大小与转速 n 的平方成正比。离心式转速表转速测量的实质是离心力的测量。

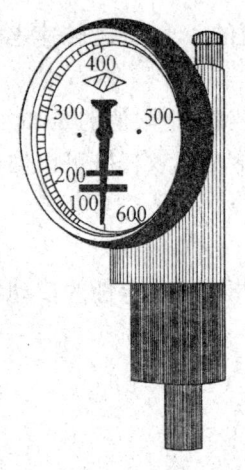 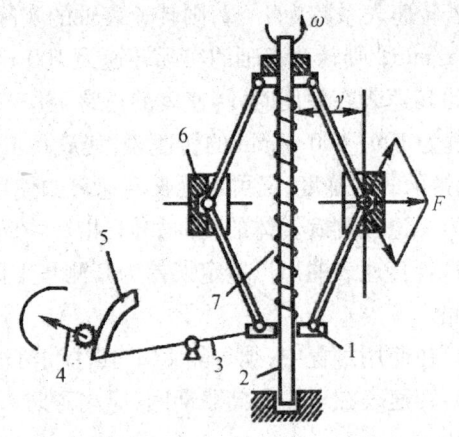

图 1.4.3-1　离心式转速表外形图　　　　图 1.4.3-2　离心式转速表的结构

1—滑块；2—转轴；3—杠杆；4—指针；5—传动齿条；6—重块；7—弹簧

在图 1.4.3-2 中，当重块 6 在转轴 2 的带动下旋转时，在离心力 F 的作用下，重块 6 就向外散开，并使得滑块 1 向上移动，通过传动齿条 5 带动指针 4 转动；与此同时，向上运动的滑块 1 压缩弹簧 7，直至弹簧的反作用力与拉杆所受的离心力 F 在转轴轴向的分力相平衡时，指针 4 就停止转动；根据指针转过的角度，就可以指示出转速 n 的大小。指针的位置与转轴的旋转速度 ω（转速 n）一一对应。因此，可在经过标定的刻度盘上直接读出被测旋转体的转速的大小。

离心式转速表的测量范围一般为 30～20 000 r/min，测量误差为 ±1%。使用时，只要将转速表旋转轴顶在被测旋转体上，靠摩擦力的带动便可工作，直接读出转速值。

2.便携离心式转速表的使用

便携离心式（手提式）转速表往往制成多量程的，即转速表装有变速器，借以改变被测旋转体的转速。在多量程的转速表表盘上，通常对应其量程的组数刻有对应的若干列刻度标识；也可以利用各量程范围的倍数关系，减少表盘上的刻度标识列数。

使用便携离心式转速表测量旋转体的转速时应注意：

（1）应根据被测旋转体的转速来选择适当的调速盘的挡数，不能用低速挡来测量高转速。

（2）转速表轴与被测旋转体轴接触时，应使两轴心对准、对直，动作要缓慢，同时在测量过程中应始终使两轴线保持在同一条直线上。

（3）在测量过程中，转速表轴与被测旋转体轴不要顶得过紧，以两轴相接触不产生相对滑动为原则。

（4）通常情况下，指针偏转的方向与被测旋转体的旋转方向无关。

（5）转速表在使用前应先加注润滑油（钟表油），通常是从转速表的外壳或调速盘上的注油孔注入。

3.固定离心式转速表的使用

使用固定离心式转速表测量旋转体的转速时应注意：

（1）首先应注意转速表表盘上的转速表系数，转速表系数的定义是：

$$\text{转速表系数} = \frac{\text{转速表轴的实际转速}}{\text{被测旋转体的转速}}$$

比如，若转速表系数为 1∶1，则转速表的示值即为被测旋转体的转速，也就是转速表轴的转速;若转速表系数为1∶2,则转速表轴的实际转速为转速表示值的一半,即若转速表的示值为 200 r/min,则转速表轴的实际转速为 100 r/min。

(2)转速表在使用时,转速表的正常工作范围应选在该转速表测量上限值的 80% 左右,比如,量程为 100~600 r/min 的转速表,其最高工作转速应选为 480 r/min,这样既可以保证转速表表针指示的准确度,又可以延长转速表的使用寿命。

(3)无论被测旋转体的转向如何,指针均向同一方向指示。

(4)若转速表的出厂鉴定误差为其测量上限值的 2%,则指针指示不稳定性的摆动幅度为 1/2 小格。

(5)在使用过程中,须每隔 12 h 加注润滑油 1 次。

(6)转速表在运输和储藏期间,应注意防震、防潮。

(四)定时式转速表

定时式转速表也称为钟表式转速表,它是除离心式转速表外,另一种常用的机械式转速表。定时式转速表是一种精密的机械式转速表。它具有精度高、携带方便等优点,在国内外获得广泛使用。

1.定时式转速表的工作原理

定时式转速表的工作原理是利用在一定的时间间隔内(比如 3 s、6 s 等)记录下旋转体转过的周圈数来测量旋转体的转速的。它测量的是一段时间内的旋转体转速的平均值,并由指针在表盘上直接指示出被测旋转体的转速值。为了测定时间间隔,转速表装有定时机构,并由此而得名。

定时式转速表的测量范围可达 5 000 r/min,测量精度为 $\pm(0.1\% \sim 0.5\%)$。

2.定时式转速表的使用

常用的定时式转速表有两种,即双盘式和单盘式。单盘定时式转速表如图 1.4.3-3 所示。使用时,将套在表盘上的橡胶接头 4 与被测旋转体相连接;用手握紧表壳 5,将表盘 2 端平,使表轴和被测轴的轴心在同一条直线上;揿压按钮 3,然后松开,使表机构开始工作,同时打开计数器开始计数;经过一定的时间间隔(比如 3 s 或 6 s)后,表机构停止工作,并关闭计数器,指针 1 即在表盘上指示被测旋转体的转速。

如图 1.4.3-3 所示的单盘定时式转速表,长针轴与转轴的传动比为 1∶100,短针轴与长针轴的传动比为 1∶10。长针刻度盘均匀地标刻了 100 个小格,每小格的分度值为 10 r/min。短针刻度盘均匀地标刻了 10 个小格,每小格的分度值为 1 000 r/min。该定时式转速表在 6 s 时间间隔内所测量的转速值,是经放大(比输入值扩大了 10 倍)、平均后再折合成每分钟的转速值,按 r/min 进行刻度的。

(五)其他转速计简介

1.光电式转速计

光电式转速计是将物体的转动变换为光通量的变化,再通过光电转换元件将光通量的变化转换成电量的变化。光电式转速计不需要辅助电源就能把被测对象的非电量信号转换为易于测量的电信号,属于非电量测量的方法。

目前已有多种测量转速用的光电转换元件(传感器)和光电式转速计可供选用,其测速范围可达每分钟几十万转,它不仅使用方便,而且对被测旋转体无干扰。

光电转换元件的工作原理是光电效应。从物理学可知，光可以被看成是一连串的具有一定能量的粒子（称为光子）所构成的。所以，当金属或半导体表面受到光的照射时，它的表面层便受到一连串具有能量的光子的轰击，这些物质中的电子的动能便增大，因而产生以下三个现象，一是电子逸出表面，二是物质的导电率发生变化，三是在某个方向上产生电动势，它们也分别被称为外光电效应、内光电效应和阻挡层光电效应，这三个现象统称为光电效应。

根据外光电效应制成的光电转换元件有光电管、光电倍增管等；根据内光电效应制成的光电转换元件有光敏电阻以及由它构成的光导管；根据阻挡层光电效应制成的光电转换元件有光电池和光电晶体管。

光电式转速计主要是利用光电管将光脉冲变成电脉冲。

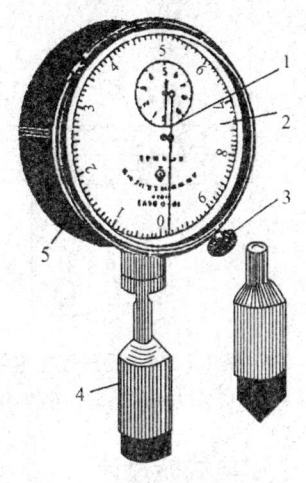

图 1.4.3-3　单盘定时式转速表
1—指针；2—表盘；3—按钮；
4—橡胶接头；5—表壳

光电管是在玻璃泡内安装两个电极，一为光电阴极，一为光电阳极。将光电材料贴附在玻璃泡内壁，或者涂敷在半圆形的金属片上，便构成光电阴极；在阴极的前面，装有单根直立或环状的金属丝，它就是光电阳极。当光电阴极受到光线的照射时，便向外发出电子；若在光电阳极上接上正电位，则光电阴极所发出的电子被光电阳极吸引，从而形成光电流。如果光源发出的是光脉冲，则光电管形成电脉冲。由光电管构成的转速计分反射型和透射型两种。

反射型光电管转速计的工作原理如图 1.4.3-4 所示。在转轴 7 的表面，沿圆周方向间隔均匀地贴上金属箔或反射纸带，形成黑间隔（没贴金属箔或反射纸带）与白间隔（贴有金属箔或反射纸带）均匀相间的反射面，并将传感器对准此反射面，光源 1 发射的光线经过透镜 2 成为均匀的平行光，照射在半透明膜片 5 上；一部分光线透过膜片，而另一部分光线则被反射，经透镜 3 聚光成一点，照射在转轴 7 表面上的黑白相间的反射面上。当转轴 7 转动时，反射面上的白间隔（贴有金属箔或反射纸带）将光线反射，而黑间隔（没贴金属箔或反射纸带）则不能反射。被白间隔反射的反射光再经透镜 3 照射到半透明膜片 5 上，透过半透明膜片并经透镜 4 聚焦后，照射在光电管 6 的光电阴极上，使光电管 6 的光电阳极产生光电流。由于转轴 7 表面上的反射面是黑间隔与白间隔均匀相间的，因此转轴 7 转动时将获得与转速及黑白间隔数有关的光脉冲，使光电管 6 产生相应的电脉冲。当黑白间隔数一定时，该电脉冲数与转速成正比。电脉冲送至数字测量电路，即可计数和显示。

透射型光电管转速计的工作原理如图 1.4.3-5 所示。转轴 1 上安装有带孔的圆盘 2；圆盘 2 的一边设置光源 3，另一边设置光电管 4；若圆盘随转轴 1 转动，则每当光源 3 发出的光线通过圆盘 2 的小孔照射到光电管 4 时，光电管就产生一个电脉冲。当转轴 1 连续转动时，光电管 4 就输出一列与转速及圆盘 2 上的孔数成正比的电脉冲数。在孔数一定时，该列脉冲数就与转速成正比。电脉冲送入测量电路进行放大和整形，再送入频率计即可显示，也可以专门设计一个计数器进行计数和显示。

若想使同一转的脉冲数增加，可将圆盘上的孔改为槽。若想获得线光源，可在光源与圆盘之间放置开有同样窄槽的光栅。

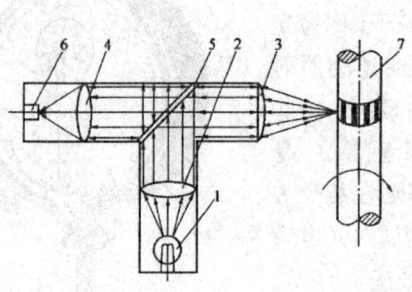 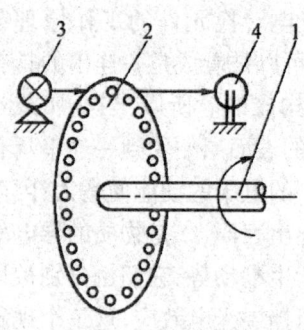

图 1.4.3-4　反射型光电管转速计的工作原理　　　　图 1.4.3-5　透射型光电管转速计的工作原理
1—光源；2,3,4—透镜；5—半透明膜片；6—光电管；7—转轴　　　　1—转轴；2—圆盘；3—光源；4—光电管

2. 磁电式转速计

磁电式转速计的工作原理是电磁感应，是利用电磁感应原理将物体的转速（转动的频率）转换为感应电势的频率。磁电式转速计是不需要辅助电源就能把被测对象的机械能转换为易于测量的电信号，也属于非电量电测量的方法。

磁电式转速计是一种有源转速计，有时也称为感应式转速计。由于它有较大的输出功率，故配用的电路比较简单，性能也比较稳定，其工作频率一般为 5~500 Hz。但是，由于磁电式转速计对被测转轴有一定的阻力矩，并且低速时其输出信号较小，所以，磁电式转速计不适合用于低转速和小扭矩转轴的转速测量。磁电式转速计通常分开式和闭式两种。另外，感应电势的幅值也与转速有关，因而通过测定感应电势的大小，也同样可测定转速，但这种方法实际上用得很少，而改用发电式转速表。

3. 发电式转速表

与磁电式转速计相同，发电式转速表的工作原理也是电磁感应，利用电磁感应原理将物体的运动转换为感应电势的输出。与磁电式转速计不同的是，发电式转速表是让被测转轴带动测速发电机，通过测量测速发电机所输出的感应电动势的大小（而不是感应电动势的频率）来确定被测转轴的转速。

发电式转速表通常是由测速发电机和显示仪表组成。测速发电机的转子与被测转轴相连接，当测速发电机的转子随被测转轴一起转动并切割磁力线时，在转子线圈中就感应出电动势。当磁通量一定时，感应电动势的大小与转速成正比，因此，根据感应电动势的大小即可确定被测转轴的转速。感应电动势的大小通常由磁电式伏特表来测量，但其表盘刻度并不是 V（伏特，电势的单位），而是 r/min（转每分钟，转速的计量单位）。

测速发电机有直流和交流两种。但由于直流发电机的整流子容易产生干扰信号，同时也比较容易出故障，所以最好应采用交流测速发电机。测速发电机在使用时容易受环境温度、环境湿度及电方面的干扰，所以其误差一般为 1% ~ 2%，其测速范围一般为 5 000 r/min 以下，另外，发电式转速表在测速时要吸收掉一部分被测转轴的旋转功率，所以，一般在稳定转速的测量中使用得不多，但在瞬变转速的测量中发电式转速表却有反应快、信号易于采集记录等优点。

在船舶轮机中，用于测量推进器转速的发电式转速表，通常带有 4 个指示器或 7 个指示器，使用时应注意：指示器的安装要远离磁场和蒸汽管；在电路中并联时的极性必须使指针的偏转与推进器的转向相对应。当船舶前进时，转速表的测量误差不应超过表盘上限的 0.8%；当船舶后退时，转速表的测量误差不应超过表盘上限的 1.2%。

四、流量计

习惯上,把测量流体流量的仪器、仪表及装置统称为流量计。单位时间内通过某一空间表面的流体的量,称为流量,也称为瞬时流量,用符号 q 来表示。流量可以用体积、质量或重力来计量,因此,流量又分为体积流量、质量流量和重力流量。

单位时间内通过某一空间表面的流体的体积,称为体积流量,用符号 q_V 来表示,单位为立方米每秒(m^3/s)。单位时间内通过某一空间表面的流体的质量,称为质量流量,用符号 q_m 来表示,单位为千克每秒(kg/s)。单位时间内通过某一空间表面的流体的重力,称为重力流量,用符号 q_g 来表示,单位为牛顿每秒(N/s)。对于均质流体,体积流量 q_V、质量流量 q_m、重力流量 q_g 三者之间的关系为:$q_m = \rho q_V$,$q_g = g q_m = \rho g q_V$,式中,ρ 为的密度,单位为千克每立方米(kg/m^3);g 为的密度,单位为米每二次方秒(m/s^2)。

通常情况下,对于液体一般用体积流量,而对于气体一般用质量流量。

在计量流量时,有时还需要知道在某一段时间内流体通过某截面处的总体积或总质量。某一段时间内通过某一空间表面的流体的总量,称为累积流量,因该总量可以用该段时间内的瞬时流量对时间积分而得到,故也称为积分流量。某一段时间内通过某一空间表面的流体的总量(即累积流量)除以该时间段的时间间隔,称为平均流量。

流量计也是船舶动力装置中最重要的、最常用的仪器仪表之一。流量测量对船舶运营的经济性和安全性都是十分重要的。下面先介绍流量的概念以及目前常用的流量测量的方法及特点,然后介绍几种在船舶轮机中最常见的流量计。

(一)流量计的种类及特点

测量流量最简便和精确的方法是采用体积法或重量法测量。用体积法测量时,使用带有体积刻度的量箱和秒表分别测量体积和时间,则可按前述的体积流量 q_V 的定义计算出其体积流量 q_V。用重量法测量时,测得一定时间内流过的均质液体的质量或重力,即可得到其质量流量 q_m 或重力流量 q_g。

船舶柴油机燃油消耗量的测量可以采用如图 1.4.4-1 所示为体积法测量装置的原理示意图。其测量腔由 A、B、C 三个标准玻璃容器组成,为了提高测量精度,这三个标准玻璃容器的每个容器的刻度线都标志在玻璃细管上,测量时可根据需要选用一个或几个容器使用。测量前,将三通旋塞1置于"供油"(a)位置,调整稳压腔2上部的放气旋塞3,使稳压腔2内的燃油液面恰好上升到

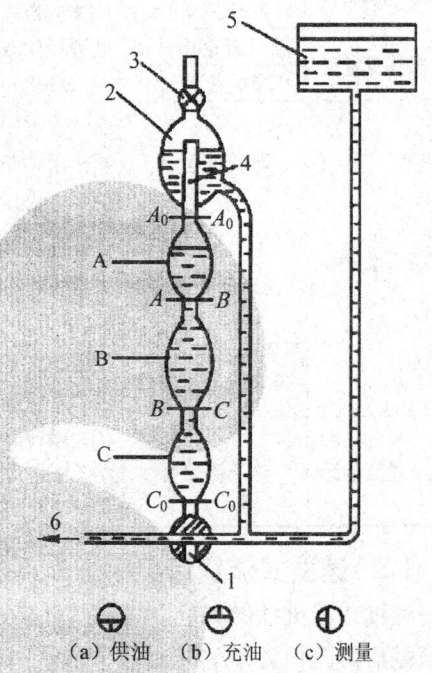

图 1.4.4-1 体积法测量装置的原理示意图
1—三通旋塞,三个工作位置;2—稳压腔;3—放气旋塞;
4—连通管;5—日用油箱;6—通向发动机

超过腔中的连通管4的顶部;再将三通旋塞1置于"充油"(b)位置,当测量腔中燃油液面略高于 A_0-A_0 刻度线时,即将三通旋塞1旋回"供油"(a)位置。测量时,将三通旋塞1置于"测量"(c)位置,这时,测量腔中燃油的液面开始下降,待测量腔中的燃油液面下降到 A_0-A_0 刻度线

时,按下秒表按钮开始计时;当测量腔中的燃油液面下降到选定体积的刻度线(比如,选用一个容器测量时的 A-B 刻度线;选用两个容器测量时的 B-C 刻度线;选用三个容器测量时的 C_0-C_0 刻度线)时,立即停止计时,同时将三通旋塞 1 置于"供油"(a)位置。

若测得的柴油机消耗体积为 V_τ 升(L)的燃油所需的时间为 τ 秒(s),则柴油机的燃油消耗量可按下式计算

$$G = 3.6 \times \frac{V_\tau \cdot \rho_\tau}{\tau} \quad \text{kg/h}$$

式中,G 为燃油消耗量,单位为千克每小时(kg/h);ρ_τ 为测量时燃油温度下的燃油密度,单位为千克每立方米(kg/m^3)。

流量测量的体积法和重量法因其费工费时且效率低,通常仅用于测量流量不是太大的场合。另外,由于这两种方法的测量精度很高,所以一般也用于其他类型流量计的校准。

在工程上通常采用可直接读出流量数值的流量计。目前常用的流量计按其测量方法可分为速度式、容积式、压差式和恒压式等几大类,如表 1.4.4-1 所示为常见流量计的种类。

表 1.4.4-1 常见流量计的种类

流量计种类	典型流量计	机械变换原理	机电变换器
速度式流量计	涡轮流量计 叶轮流量计	叶轮或涡轮被流体冲转,其转速与流体的流速成正比	涡轮的转速通过磁电式变换器变换成电量
容积式流量计	椭圆齿轮流量计 腰轮流量计	椭圆齿轮或腰轮被流体冲转,每转一周排出一定量的流体	椭圆齿轮或腰轮的转速通过磁电式或光电式变换器变换成电量
压差式流量计	靶式流量计	通过管道中的靶,使流量变换为压差作用在靶上,压差的大小与流量的平方根成正比	作用在靶上的力,通过弹性圆筒和应变片转换成电量
	节流式压差流量计	流体通过节流装置(孔板、喷嘴、文丘里管等),在其前后产生压力差,压力差与流量成比例。	节流装置前后的压力差通过差动变压器转换成电量
	膜式压差流量计	流体通过节流阀,节流阀前后产生压力差使膜片发生位移	膜片的位移通过差动变压器或电容变换器转换成电量
恒压式流量计	浮子流量计	浮子或冲塞上下压差保持不变,但浮子被流体冲起的高度与流量有关	浮子冲起的高度通过差动变压器转换成电量

(二)速度式流量计

速度式流量计的测量方法是以直接测量流体的流速 v 作为计算流量的依据。若测得某管道横截面的面积为 A,该横截面上流体的平均流速为 v_a,而该截面上流体某一点流速为 v,则管道内流体的体积流量 q_V 为 $q_V = v_a A = kvA$,式中,k 为该截面的平均流速 v_a 与该点流速 v 的比值,即 $k = v_a/v$,它与该截面的流速分布有关。因此,速度式流量计的测量准确度,不仅取决于仪器本身的准确度,而且还与管道横截面上的流速分布有关。

1. 涡轮流量计

(1)涡轮流量计的工作原理

船舶使用的燃油流量计多为涡轮流量计。涡轮流量计相当于在管道中安装了一个水涡轮,当被测流体通过时,被测流体冲击涡轮叶片使涡轮旋转,在一定的黏度下,在一定的流量范

围内,涡轮转速与流量成正比,通过对转速的计算即可得到累计流量和瞬时流量。

将涡轮转速转换成电脉冲信号进行处理有以下两种方法。

磁阻方法:用导磁不锈钢制作叶片,顺次切割管壁上的检测线圈,周期性改变检测线圈磁阻,从而使磁通量发生周期性变化,检测线圈产生与流量成正比的脉冲信号。该方法适用于清洁、有润滑性的液体和气体,不含固体颗粒(防磨损)流体。

感应方法:转子用非导磁材料制成,将一块磁钢埋在涡轮内腔,当磁钢在涡轮带动下旋转时,固定于壳体上的检测线圈中感应出电脉冲信号。该方法如适当选材可用于非润滑性气体,含微小颗粒和腐蚀性流体,以及液态气体突然汽化等原因而可能造成涡轮突然高速旋转的场合。

如图 1.4.4-2 所示为涡轮流量计的结构,是通过磁电变换器来计量转速而测出流量数值的。涡轮流量计的前导流架 1 和后导流架 4 的作用是导直流体,使流速分布符合要求,同时也作为涡轮 2 的支承架。涡轮 2 用导磁的不锈钢制成,并随流体的运动而转动。涡轮 2 已经仔细平衡,装于轴承上,其惯性和摩擦力都很小。涡轮 2 旋转时,将周期地改变磁电变换器 3 中磁路的磁阻,从而输出与流量成正比的脉冲信号,经放大后,若输送到频率计,则可以测得瞬时流量;若输送到计数器,则可测得某一段时间内的累积流量。其误差极小,灵敏度极高。

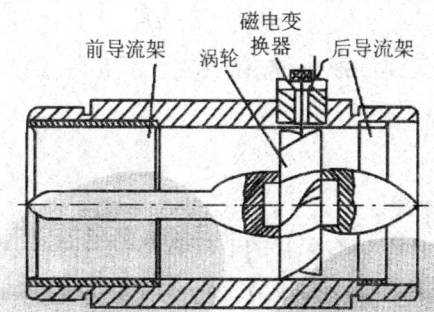

图 1.4.4-2 涡轮流量计的结构
1—前导流架;2—涡轮;3—磁电变换器;4—后导流架

(2)涡轮流量计的特性

涡轮流量计的特性通常用仪表常数 ξ 与流量 q_V 之间的关系来表述。所谓仪表常数,就是单位时间内输出电脉冲数 N 与流量 q_V 之比,即 $\xi=N/q_V$。以仪表常数 ξ 为纵坐标、以流量 q_V 为横坐标而画得的涡轮式流量计的仪表常数 ξ 与其流量 q_V 之间的关系曲线,称为涡轮流量计的特性曲线。

在理想的情况下,涡轮流量计的特性曲线应为一条水平直线。但是,由于涡轮阻力矩的存在,实际的特性曲线并非直线。当流量很小时,流速较慢,涡轮的转动力矩较小,因此涡轮阻力矩的作用较为明显,则仪表常数 ξ 值较小。在流动状态从层流过渡到紊流时,由于层流状态的流体黏性摩擦力矩小于紊流状态的黏性摩擦力矩,则涡轮的转速即行增大,因此特性曲线会出现峰值。当流量较大时,由于流速高,涡轮的转动力矩远远大于阻力矩,因此特性曲线就接近于直线。在涡轮流量计的设计和使用时,应使涡轮流量计工作在特性曲线的直线部分,此时其精度可达 0.5%,重复性可达 0.1%。

涡轮流量计的特性受流体黏度的影响较大,黏度越大的流体,仪表常数 ξ 达到稳定状态所要求的流量也就越大。但是,无论哪一种流体,只要流量超过某一定值,仪表常数 ξ 都会达到稳定状态。此外,流体黏度对特性曲线的影响也与管道的直径有关,直径越粗,其影响越小;反之则影响越大。

鉴于上述原因,一般在涡轮流量计的出厂说明书上,都规定了不同管道直径的涡轮流量计在测量不同黏度流体时的最小量程。同时,为了保证测量的精度,通常取最小量程为最大量程的50%以上。此外,由于管道中放有涡轮,将会产生压力损失,涡轮流量计的压力损失 Δp 与流量 q_V 的平方成正比。

(3)安装使用时的注意事项

应根据被测流量的大小、被测流体的物理特性、温度变化范围以及工作压力范围等来选择使用适用的涡轮流量计。安装使用涡轮流量计时应注意以下几个要点:

①为保证涡轮流量计内流速分布均匀,流量计前要有长度不小于15倍管道直径的直管段、流量计后要有长度不小于5倍管道直径的直管段,必要时可加整流器。

②为使支承涡轮的轴承不致迅速磨损,涡轮流量计前应加装过滤器,以清除杂质,不让杂质进入流量计。

③使用时应注意不能超过规定的最高温度、最高压力和最高转速;当用于高温蒸汽流量的测量时,不允许冲刷蒸汽通过流量计,必须加装旁路;流量计应加装逆止阀,以防止倒转。

④流量计必须水平安装,流体流动的方向必须与流量计壳体所标注的箭头一致,流量计的轴线必须与管道的轴线一致。

⑤在测量易汽化或含有气体的液体时,必须装有消气器,使测量值纯属液态流体的流量,以提高测量的精度。

2.涡街流量计

(1)涡街流量计的工作原理

在流动的流体中放置一个有对称形状的非流线型的柱体时,在它的下游两侧就会交替出现漩涡,且两侧漩涡的旋转方向相反,并轮流地从主体上分离出来,在下游侧形成"涡街",称为"卡门涡列"。

当旋转方向相反的漩涡之间的距离 h 与旋转方向相同的漩涡之间的距离 l 满足 $h/l=0.281$ 的关系时,则非对称卡门涡列运行稳定。

大量的试验证明,漩涡形成的振动波频率与柱体附近流体的流速成正比、与柱体的特征尺寸成反比。显然,当柱体的形状、尺寸确定后,就可以通过测量振动波频率来计算流体的流速,进而获得流体的流量。

频率检测的常用方法有:

①热敏元件:漩涡发生时,发热体(热电阻通电)的散热条件发生变化。

②压敏器件:漩涡发生时,柱体的两侧有压力差。

③压电晶体:漩涡发生时,压电晶体产生电势。

工业上的涡街流量计一般是应用在流体流动的雷诺数介于 500 ~ 100 000。

(2)安装使用时的注意事项

安装使用涡街流量计时应注意以下几个要点。

①不宜测量腐蚀性较强、含有悬浮物或纤维的流体。

②在满足要求的流量计量程范围内,宜选择口径较小者。

③应保证在漩涡发生的柱体处不产生空穴现象。在漩涡发生的柱体处,由于节流现象而使流体的静压下降,当被测液体的静压低于该流体在工作温度下的饱和蒸汽压时,液体则汽化,这种暂时的汽化现象即为空穴现象。

④流量计前要有长度不小于20倍管道直径的直管段、流量计后要有长度不小于5倍管道直径的直管段,且直管段内壁不应有凸凹。

⑤涡街流量计的压力损失小、结构简单、维护方便,不受流体的压力、温度、黏度和密度的影响,对于大口径管道的流量测量(如烟道排气和天然气等)则更为方便,但要求的流量计前后的直管段较长。

3.其他速度式流量计简介

(1)电磁流量计

电磁流量计是根据法拉第电磁感应定律来进行流量测量的一种日益应用广泛的速度式流量计。电磁流量计的主要特点是:

①对被测流体的电导率有一定的要求,一般要求电导率应大于10^{-3} s/m,而与被测流体的温度、压力、黏度、密度等对导电率无影响的流体的参数无关。

②被测流体的磁导率应接近于1。

③不能测量气体、蒸汽及石油产品,也不能测量铁磁介质。

④应避免安装在有较强电磁场的地点。

⑤由于在测量管道中没有任何阻碍被测流体流动的部件,所以几乎没有压力损失。

⑥被测流体的最大流速一般应不大于10 m/s。

(2)超声波流量计

超声波流量计是根据声波在流体中的传播规律来测量流体的流速,进而获得流体的流量的。

此外,其他用于测量流体流速的仪器设备,如热线风速仪、毕托管等均可用于流体流量的测量。

(三)容积式流量计

容积式流量计是通过测量一定时间内的流经流量计的流体的固定体积的数量来实现对流体流量的测量。若固定体积为$V(m^3)$,每秒钟流经流量计的流体的固定体积V的数量为n,则流体的流量q_V为$q_V = nV(m^3/s)$。

容积式流量计用于测量累积流量时,其准确度很高,一般情况下,相对误差为±(0.1~0.5)%。而用于测量瞬时流量时,由于容积式流量计内部有运动部件,其惯性较大,所以造成测量误差较大。流体流量的大小和流体的黏度对容积式流量计的测量准确度的影响较小,所以,容积式流量计适合用于小口径、高黏度流体的流量测量。

由于容积式流量计的内部有运动部件,所以在安装使用时应注意在流量计的入口前加装过滤器,防止杂物进入将运动部件卡死;应留有旁路,以便于经常清洗;同时应注意流体的温度和清洁度,不能超过流量计的使用限度。

使用容积式流量计时应特别注意其滑漏量及流量的上限和下限,以减小测量误差。由于齿轮等运动部件与壳体间存在间隙,所以,在流量计进、出口压力差的作用下,就存在着通过间隙的滑漏量,从而引起测量误差。尤其是在小流量时,滑漏量相对较大。一般情况下,只有在流量计量程的15%~20%以上使用时,才能保证测量的精度。当流量超过额定值时,由于流量计的进、出口压力差增大,其误差将增大。此外,过大的流量也会造成转动部件的磨损甚至损坏。特别是湿式气体流量计,大流量会引起液面波动,造成误差增大。

除了提高加工精度和材料的耐磨性外,为提高流量计的测量准确度,目前已出现了伺服容积流量计。其工作原理为:流量计的转动部分由伺服电机带动,用微差压感受元件测量进、出口的差压,用差压信号调节伺服电机转速,保持差压为零,以减少滑漏量。这种伺服流量计准确度大于±0.1%以上,但结构复杂、设备庞大。

1. 椭圆齿轮流量计

椭圆齿轮流量计用于测量液体,特别是高黏度液体的流量。椭圆齿轮流量计的结构及工作原理如图1.4.4-3所示。它是由一对相互啮合的椭圆齿轮1和2、月牙形计量液腔3和4以及计数机构等组成。相互啮合的一对椭圆齿轮在液体压力差的作用下交替地相互带动绕各自的轴旋转,每转一周,排出4份齿轮与仪表壳体之间形成的月牙形孔腔体积的液体。齿轮转轴可与机械部分相连,也可采用齿轮转速的电量变送,测得齿轮转速即可得到体积流量。

椭圆齿轮流量计实质上相当于一个液压马达,在流量计进、出口的液流压力差(p_1-p_2)的作用下工作。在图1.4.4-3(a)的位置,作用在椭圆齿轮1上的作用力互相平衡,有效转矩为零,椭圆齿轮2在压力差的作用下产生一个转矩,做顺时针方向回转,并带动齿轮1做逆时针方向回转;当转到图1.4.4-3(b)的位置时,齿轮2上的转矩已经减小,而齿轮1上的转矩已经产生;当转到图1.4.4-3(c)的位置时,椭圆齿轮2上的转矩为零,齿轮1上的转矩增至最大。因此,在每一位置上两个椭圆齿轮所产生转矩的总和基本上是一定值。齿轮每转一圈,月牙形计量液腔3和4各充液两次、排液两次。所以,通过流量计的液体体积正比于它的转数。

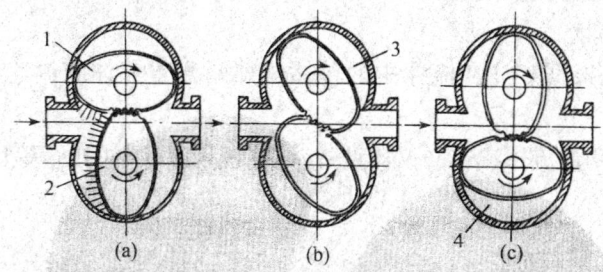

图1.4.4-3 椭圆齿轮流量计的结构及工作原理
1,2—相互啮合的一对椭圆齿轮;3,4—计量液腔

椭圆齿轮流量计的常用计数机构是机械式的,它通过齿轮传动、棘轮棘爪机构推动数字盘转动,从而获得累计转数值,再利用标定指示流量值。在自动化检测中,常将齿轮的转动速度通过光电变换器或磁电变换器转换成电脉冲信号,而后利用光电转速表或数字式频率计测出转速值,通过标定换算得到流量值。椭圆齿轮流量计一般用作测量某一定时间内的液体总流量。由于它的输出轴上的载荷很小,因此,被测液体在流量计前后的压差也很小,故容积效率很高,测量误差较小,精度可达±0.5%,同时测量范围也很大。

由于椭圆齿轮流量计是用测量体积的方法来测量流量的,因此,从原理上来讲,流量的大小及流体黏度的大小对测量的精度影响很小,这是它比其他流量计优越的地方。但是,由于实际上齿轮与腔室之间存在间隙,因而会造成泄漏现象,使仪表指示值与实际流过的液体体积之间存在误差。该误差与被测流体的流量大小及黏度有关。如前所述,对于同一种黏度的液体,流量越小其相对误差越大,因此,使用时应注意被测流量的下限值。但是,对一定的流量计,测量流量也不应过大,过大会使齿轮迅速转动而磨损。

此外,流体流过椭圆齿轮流量计会产生压力损失,对于低黏度的液体,压力损失Δp与流量q_V的平方成正比;对于高黏度的液体,压力损失Δp与流量q_V成直线关系。由于椭圆齿轮流量计的精度与流速的分布无关,因此使用时无须加导直器。

2.腰轮流量计

腰轮流量计的结构如图1.4.4-4所示,它是由一对转动过程中始终相切的腰轮、计量液腔以及计数机构等组成。它的工作原理与椭圆齿轮式流量计相同,只是腰轮式流量计内的腰轮上没有齿,所以,它对流体中的固体杂质没有椭圆齿轮式流量计那么敏感。

腰轮流量计可用于液体流量的测量,特别适合用于测量高黏度的液体,也可用于测量大流量的气体。

3.刮板流量计

刮板流量计的结构如图1.4.4-5所示。在压力差的作用下转子3转动,转子3上有4个可以内、外滑动的刮板1,转子3带动刮板的滚轮在中心静止的凸轮2的外缘滚动,转子3每转一周有4份两刮板与壳之间的固定体积的流体排出,从而可测得体积流量。

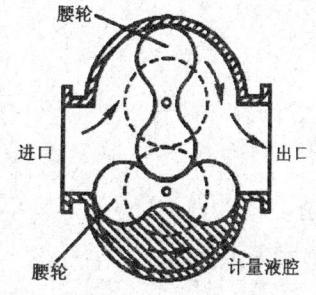

图1.4.4-4 腰轮流量计的结构
1,2—腰轮;3—计里液腔

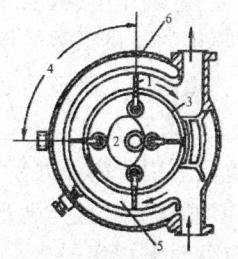

图1.4.4-5 刮板流量计的结构
1—刮板;2—凸轮;3—转子;4—计量液腔;5—流动的液体;6—静止的液体

4.湿式气体流量计

湿式气体流量计的结构如图1.4.4-6所示。气体从位于水面3以下中心位置的进气口1进入,推动转翼4转动,从出口2排出,每转一周有4份一个转翼所包围的固定体积的气体排出。

湿式气体流量计在使用时必须保持流量计水平放置和水面3位置的恒定。

湿式气体流量计可用于高准确度的气体体积流量的测量。

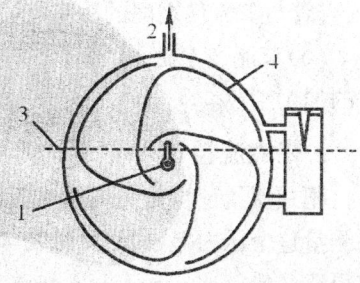

图1.4.4-6 湿式气体流量计的结构
1—进气口;2—气体出口;3—水面;4—转翼

(四)压差式流量计

由流体力学可知,当流体流过某一物体时会产生压力损失,即在该物体的前、后会产生压力差Δp,该压力差Δp与流量q_V有关。若测得该压力差Δp即可通过计算获得流体的流量q_V。压差式流量计即是根据此原理而制成的。

目前常见的压差式流量计主要有节流式和靶式两种。节流式流量计的工作原理是在管道内安装节流装置(比如孔板、喷嘴等),通过检测节流装置前、后的压力差来获得流量。靶式流量计的工作原理是在管道内安装一个靶子(比如圆盘、多孔板等),通过检测靶子所受的力(由靶子前、后的压力差而形成)来获得流量。

1. 节流式流量计

节流式流量计由节流装置、压力传送管道、差压仪表等组成。节流装置包括节流件、取压装置、前后直管段、安装法兰等。节流装置分为标准节流装置和非节流装置。标准节流装置应根据流量测量节流装置国家标准和鉴定规范进行设计、制造、安装、使用。

节流件的形式有多种,如孔板、喷嘴、文丘里管、文丘里喷嘴等。目前最常用的是孔板和孔嘴。孔板是指沿开孔轴线旋转对称的圆形薄板,全名为"同心薄壁锐缘孔板"。孔板节流件的取压方式主要有两种:(1)角接取压:孔板两侧的压力由孔板与管道形成的角顶处取出,可采用单独钻孔或环室方式取压;(2)法兰取压:在特定法兰上单独钻孔取压。标准喷嘴由两个圆弧曲面入口收缩部分和圆筒体组成。喷嘴节流件的取压方式为角接取压。

标准孔板与标准喷嘴相比较:
(1)孔板比喷嘴的压力损失大,适合用于清洁的流体。
(2)喷嘴比孔板的测量误差小,精度高,可用于有污垢的流体。
(3)与孔板相比,喷嘴的流量系数的稳定性好。
(4)与喷嘴相比,孔板的加工制造简单,价格便宜。

标准节流装置的适用条件为:
(1)标准节流装置只适用于内径大于50 mm的圆形截面管道。
(2)管道内为单相均质流体,且充满管道作连续稳定流动,流速小于音速。
(3)流体流经节流件时无相变。
(4)流体的流动为充分发展的紊流。
(5)节流件上、下游的直管段的长度有一定的要求;若在节流件上、下游安装温度计套管时,套管与节流件之间的距离也应满足相应的值。
(6)节流件上游10倍管道内径范围内的管道,其内壁的相对粗糙度需查资料,以确定管道的加工工艺。

2. 靶式流量计

靶式流量计也是利用流体流经一个物体会产生压力差的原理而制成的。但靶式流量计不是测量这个压力差,而是测量物体(靶子)由于这个压力差所产生的作用力,进而通过计算来获得流量的。

在管道中放置一个靶子(比如圆盘),当管道中有液体流动时,靶子就被流动的液体所冲击。由于液体流过靶子时有压力损失,靶前、靶后的压力不一样。假定靶前的压力为 p_1、靶后的压力为 p_2,靶子的面积为 A,则作用在靶子上的力为 $P=(p_1-p_2)A$。通过理论分析可知,对于一定的流体及一定结构尺寸的靶式流量计,体积流量 q_V 与作用在靶子上的力 P 的二分之一次方成正比。因此,只要测得靶子上的作用力 P,就可获得流体的体积流量 q_V。根据上述的原理,在管道中放置圆盘,将圆盘上的作用力通过弹性元件和机电变换器转换成电信号,就制成了靶式流量计。

影响靶式流量计测量精度的因素有很多,归纳起来,主要有:管道的直径、管道直径与靶子直径之比、被测流动的雷诺数、靶的形式及尺寸精度等。这些影响因素,目前大多尚无法用数学分析来描述,只能通过现场标定来修正。

通常情况下,一个确定的靶式流量计都有一个界限雷诺数,所测量的液体流动,其雷诺数应高于这个界限雷诺数。若靶式流量计工作在这个界限雷诺数以下,即测量高黏度小流量时,其测量值一般都需要加以修正。此外,温度对靶式流量计的精度也有影响,因此在高温测量时,通常需引入热膨胀修正系数。

(五)恒压式流量计

目前,常用的恒压式流量计是浮子流量计。浮子流量计的工作原理如图 1.4.4-7 所示。在一个竖直安装的锥形管内放有一浮子(或冲塞),浮子的密度大于被测流体的密度。当锥形管内没有流体流动时,浮子因自重而落于锥形管的下方。当锥形管内有流体自下而上流动时,流体流经浮子与锥形管管壁之间的环形缝隙后,浮子上下形成一压力差,使浮子获得一向上的升力。当上升力大于浮子的重力与浮力之差时,浮子上升。随着浮子的上升,浮子与锥形管管壁之间的环形缝隙的面积增大,缝隙中流体的流速下降,于是作用在浮子上的上升力也就减小,直至上升力与浮子的重力、浮力相平衡,此时,浮子将稳定在某一高度上。流经锥形管内的流体的流量越大,则浮子上升的高度就越高。理论分析表明,在一定的条件下,流过浮子流量计的流量与浮子上升的高度成正比。因此,只要测得浮子上升的高度,就可以得到流量值。

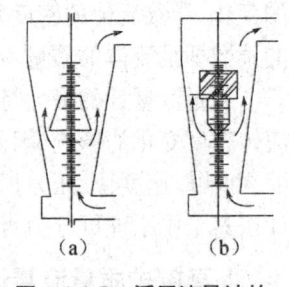

图 1.4.4-7 浮子流量计的工作原理

当浮子流量计用于低压系统时,可采用透明的锥形管,并标注刻度,以直接观察浮子升起的高度,并直接从刻度值上直接读出流量,如图 1.4.4-7 所示。另外,为了保证浮子在锥形管内的对中,以不致偏心或偏斜而影响测量的精度,可使用导向钢丝,如图 1.4.4-7(a)所示;或在浮子上开斜槽,如图 1.4.4-7(b)所示,使浮子在流体的作用下产生旋转。

当浮子流量计用于高压系统时,浮子则应装在金属管中,再通过磁电感应系统将浮子的升高量转换成电参量,经测量仪表测出流体的瞬时流量,或用计数器测量某一段时间内流量的总和。

如图 1.4.4-8 所示为差动变压器式浮子流量计的结构,它由测量部分和差动变压器部分所组成。测量部分主要由锥形管 1 和浮子 2 构成。浮子 2 浮动的高度,通过差动变压器转换成电量。浮子 2 的升高或降低,使拉杆 4 带动差动变压器的铁芯 5 运动,从而使差动变压器的两个二次侧线圈 6 和 7 的感应电动势发生变化。当线圈差接时,线圈的输出电压正比于铁芯 5 的位移,因而也正比于浮子 2 高度的变化。

在根据浮子的上升高度计算流体的流量时要用到一个重要的参数:流量系数 β。影响流量系数 β 的因素很多,如流体的黏度、锥形管与浮子的直径比、浮子的形式、流速分布的不均匀系数等,但最主要的是被测流体的黏度。浮子流量计的测量精度主要取决于流量系数 β。浮子流量计的流量系数 β 很难用数学分析式来描述,通常是采用试验的方法来确定。影响流量系数 β 的综合因素是流体流动的雷诺数。当浮子的形状一定时,若流体流动的雷诺数大于某一界限值后,β 为常数。

另外,使用浮子流量计时还应注意其出厂标定时的

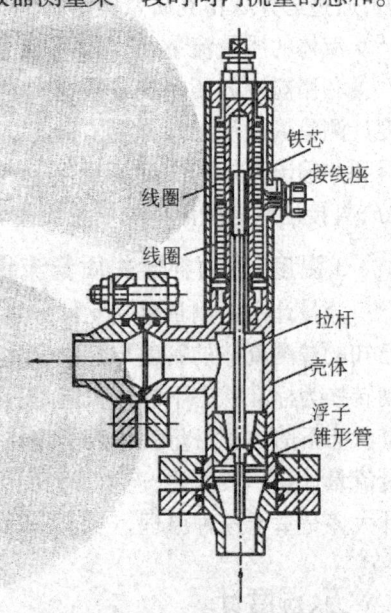

图 1.4.4-8 差动变压器式浮子流量计的结构

1—锥形管;2—浮子;3—壳体;4—拉杆;
5—铁芯;6,7—线圈;8—接线座

流体的密度、温度及压力与被测流体间的差异,特别是流体的密度,当它们不一样时,则需要对测量值加以修正。

(六)质量流量计

前面介绍的几种流量计得到的都是体积流量,由于测量过程中会引起流体的温度及压力的变化,导致流体的密度发生变化,从而在计算流体的质量时会产生误差。而质量流量计得到的读数即是流体的质量流量。

质量流量计的最大特点就是其测量值不受被测流体的压力、温度等参数的变化所引起的流体密度变化的影响,因而其流量测量的准确性就有了很大的提高。质量流量计具有测量精度高、响应速度快、压力损失小等特点,目前正逐渐被用于流体流量的精密测量中。质量流量计按其工作原理可分为直接式、推导式和温度、压力补偿式三大类。

1.直接式质量流量计

若流量计中的测量感受元件的输出信号反应的直接就是流体的质量流量,这一类质量流量计就称为直接式质量流量计。

若某管道的横截面面积为 $A(m^2)$,该横截面上的流体流动的平均流速为 $v(m/s)$,流体的密度为 $\rho(kg/m^3)$,则该管道中的流体流动的质量流量为 $q_m = \rho v A(kg/s)$。如果管道的横截面面积 A 为常量,则测得 ρv 就可以得到质量流量 q_m。而 ρv 实际上就是单位体积流体的动能,所以,测得单位体积流体的动能就可获得质量流量。直接式质量流量计的种类很多,在此不一一介绍。

2.推导式质量流量计

若流量计中的测量感受元件分别检测流体的体积流量和流体的密度,将这两个信号输出后,通过运算后得到质量流量并输出和显示,这一类质量流量计称为推导式质量流量计。

流体的质量流量 q_m 与体积流量 q_v 之间的关系为:$q_m = \rho q_v$,式中,ρ 为流体的密度。

利用前述的压差式或速度式等流量计测量输出用于计算体积流量 q_v 的信号,同时利用密度计测量输出用于计算流体密度 ρ 的信号,将这两类输出信号输入到运算器,经过运算后即可得到并输出流体的质量流量 q_m。当然,有些结构形式的压差式流量计也可通过测量压力差 Δp,直接运算得到流体的质量流量 q_m。

3.温度、压力补偿式质量流量计

流量计中的测量感受元件分别检测流体的体积流量、温度、压力,将这些信号输出后,根据已知的被测流体的密度与其温度和压力之间的函数关系,经过运算,将测得的体积流量数值自动转换为标准状态下的体积流量;而确定的流体,其标准状态下的密度值是一个定值;这样,标准状态下的体积流量就代表了流体的质量流量。这一类质量流量计称为温度、压力补偿式质量流量计。一般来说,连续观测温度和压力要比连续观测密度容易。工业上使用的质量流量计大多是基于这种原理。

五、湿度计

由于海洋、江河、湖泊等水分的蒸发,空气中总含有一定量的水蒸气。因为水蒸气在空气中含量很小,而且变化不大,所以在某些情况下往往忽略它的影响。例如,以空气作为柴油机或燃气轮机动力装置的工质时,通常就不考虑其中含有的少量水蒸气的影响。但是在某些情况下,空气中的水蒸气对人们的生活和生产却有很大的影响,如潮湿空气会使人感觉不舒服,

使食品容易腐烂。而干燥空气也会使人感到不适,食品会因失去必要的水分而干缩,等等,而利用空气调节装置可以将对人不适宜的空气状态加工为适宜的状态。

含有水蒸气的空气称为湿空气,完全不含水蒸气的空气称为干空气。在一定的温度和压力下,湿空气中可以含有不同含量的水蒸气,但水蒸气的含量不能超过某一最大可能的数值。如果湿空气中水蒸气的含量达到这一最大数值,就称这种空气为饱和空气。湿空气中水蒸气的含量没有达到最大数值时,就是未饱和空气。湿空气接近饱和空气的程度可用湿空气的相对湿度 φ 来衡量。相对湿度 $\varphi=1$ 的湿空气为饱和空气;相对湿度 $\varphi=0$ 则表示不含有水蒸气,此时为干空气;而 $0<\varphi<1$ 的湿空气为未饱和空气。

人们通常所说的空气的干湿程度,是指水在空气中的蒸发速率;水在空气中蒸发迅速,人们就会感到干燥;水在空气中蒸发缓慢,则就感到潮湿。相对湿度与蒸发速率直接有关:相对湿度 φ 值越大,蒸发速率就越小;相对湿度 φ 值越小,则蒸发速率就越大。因此,相对湿度 φ 确切地表述了湿空气的干湿程度。

通常情况下,湿空气的湿度测量都是指湿空气的相对湿度的测量。测得湿空气的相对湿度,再根据湿空气的压力和温度,即可得到湿空气的含湿量。当然,测得湿空气的含湿量,再根据湿空气的压力和温度,也可得到湿空气的相对湿度。习惯上,把测量空气湿度的仪器、仪表及装置称为湿度计。

测定湿空气湿度的仪表和测定方法通常有:干湿球温度计法、露点测湿法、电阻湿度计法、毛发湿度计法及称量法等。空气湿度的测量在船舶轮机工程中,尤其是在空气调节装置中是非常重要的。

(一) 干、湿球温度计

1. 干、湿球温度计的结构及工作原理

干、湿球温度计是由两支完全相同的玻璃棒温度计所组成,其中一支称为干球温度计,而在另一支头上包一层湿纱布,则称为湿球温度计,如图 1.4.5-1 所示为干、湿球温度计。

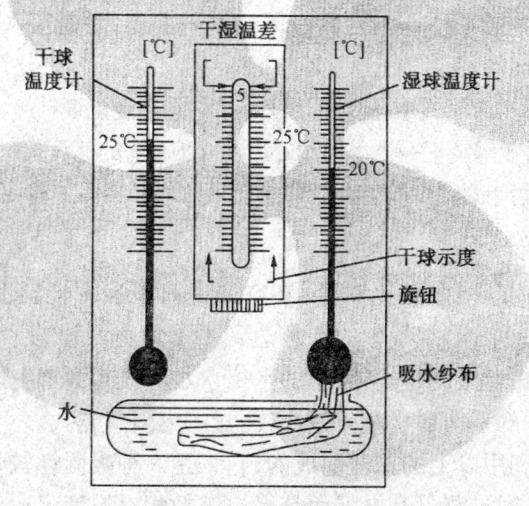

图 1.4.5-1 干、湿球温度计

在图 1.4.5-1 中,左侧的温度计为干球温度计,其测得的温度称为干球温度,也就是湿空气的温度,用 t 表示;右侧的温度计为湿球温度计,其测温包用浸水的湿纱布包住,为了保持纱布及水银球(或酒精球)的湿润,纱布的另一端应浸入盛水容器中,它所测得的温度称为湿球温

度,用 t_w 表示。

当湿球温度计测温包上的纱布未浸水湿润(干燥状态)时,两支温度计的温度指示应完全一样。当纱布浸水湿润之后,根据湿空气的相对湿度的不同,湿球温度计的读数就会发生一定的变化。当湿空气的相对湿度 φ 小于 100%时,由于纱布上的水分不断地蒸发,并吸收汽化潜热,致使纱布上的水温下降,因而与周围空气形成温差,湿空气即向纱布上的水传递热量。空气与水的温差越大,传递的热量就越大。当水温降到某一数值,湿空气传给水的热量恰等于水分蒸发所消耗的热量时,水温不再下降,这个温度就是湿球温度 t_w,它反映出的是纱布中水的温度。

空气的相对湿度 φ 越小,则纱布上的水分蒸发得就越快,则湿球温度 t_w 就越低于空气的温度 t;反之,相对湿度 φ 越大,则纱布上的水分蒸发得就越慢,湿球温度 t_w 就越接近于空气的温度 t(即干球温度)。当相对湿度 φ 等于 100%时,纱布上的水分则不会蒸发,故湿球温度 t_w 就等于空气的温度 t,即 $t_w=t$。可见,相对湿度 φ 与空气的干球温度 t 及其湿球温度 t_w 之间存在一种函数关系,将此函数关系制成数据表(干、湿球温度计上就带有此表),当测得湿空气的干球温度 t 和湿球温度 t_w 后,可由干球温度 t 和干球温度与湿球温度之差 $\Delta t=t-t_w$ 从表中查得该湿空气的相对湿度 φ 值。

很明显,空气越干燥,则干、湿球温差 Δt 值越大;反之则越小。

2.干、湿球温度计使用时的注意事项

在使用干、湿球温度计测量空气的相对湿度时,应重点注意以下几点。

(1)干、湿球温度计在使用前(未湿润时)应保证两者读数差不大于 0.1 ℃。

(2)湿球上的纱布,宽为水银球柱高的 1.3~1.5 倍,其长度要比水银球柱高度大 10~15 mm,并在水银球柱上方 3 mm 处扎紧,且将纱布抹平;同时贴在水银球下扎牢,但又不宜过紧以免影响纱布吸水。

(3)测量过程中,湿球应始终保持良好的湿润,纱布要清洁,尽可能用蒸馏水湿润。

(4)在测量时,应待水银液柱稳定后方可开始读数。

(5)读数时,观察者的视线应与液柱面在同一水平面上,要避免人对着温度计呼吸和人体辐射热而影响测量的准确性。

目前空调工程中多采用通风式干、湿球温度计(又称阿斯曼湿度计)。它与普通干、湿球温度计的区别是在 2 支温度计的上部装了一个小风扇,使空气以一定的速度(≥2.5 m/s),流过干、湿球温度计的温包,同时 2 支温度计的温包处装有能防止热辐射的金属保护管,以便提高测量的精度。

(二)电阻式湿度计

有多种金属盐(比如氯化锂、氯化钙等)在空气中有很强的吸湿性,吸湿使这些金属盐中的水分增加,直到盐中的水分与空气中的水分达到平衡为止。盐的平衡含水量与空气的相对湿度一一对应。空气的相对湿度越大,盐中的平衡含水量就越大,而盐的电阻就越小;反之,空气的相对湿度越小,盐中的平衡含水量就越小,而盐的电阻就越大。

电阻式湿度计就是利用以上的原理制成的,它采用一种吸湿性较强的物质,利用其吸湿后导电性发生变化的特性,通过测量其电阻而获得空气的相对湿度。

常见的氯化锂湿度计是在一个塑料圆棒的上面,平绕两根互不相连的金属丝,或在同一平面上布设一对梳状的电极丝,然后涂上一层氯化锂与多孔性塑胶的混合溶液。氯化锂是吸湿物质,它吸收空气中的水分。氯化锂吸收的水分不同,其导电性能也不同,从而两根金属丝间电阻也就发生变化。空气的相对湿度 φ 影响着吸湿物质氯化锂所吸收的水分的多少,从而也就影响着两根金属丝间的电阻的变化。所以，通过仪表测量两根金属丝间的电阻变化，就可以计算获得空气的相对湿度 φ 值。

氯化锂感湿元件简单、体积小、灵敏度高，可测出相对湿度 φ 值在 ±0.14% 范围内的变化，而且反应速度快。在 0.5 m/s 风速下，吸湿时的反应速度比毛发式快 11 倍，放湿时快 1 倍多。其缺点是需按使用温度进行校正，而且使用日久后，氯化锂涂料还会脏污或剥落，因而需要定期检查，并加以清洁或换新。使用时，不要用手触或擦拭感湿元件，以免影响工作性能。电阻式湿度计可用于远距离测量、自动记录和控制。

(三) 毛发式湿度计

人的头发、尼龙丝（或薄膜）在空气的相对湿度发生变化时会产生伸缩，例如，精选脱脂后的毛发在湿度变化 10% 时，其长度会变化 2%。

毛发式湿度计就是利用此现象制成的。将一束脱脂处理后的毛发一端固定，当空气的相对湿度发生变化时，脱脂毛发束的另一端将其所发生的长度变化以位移信号传递，比如直接牵动杠杆机构，以带动指针，指示出空气的相对湿度 φ 值；或者将位移信号转换成电开关动作，与加湿电磁阀及除湿电磁阀配合使用，则可以作为湿度自动控制器来调节控制空气的湿度；或者通过转换器将位移信号转换成电信号，便于远距离传输，并可用于自动记录与控制等。

(四) 露点测湿法

用温度计测出湿空气的温度 t、用露点测定仪测出湿空气的露点 t_d，查饱和蒸汽表可得湿空气中水蒸气的饱和分压力和实际分压力，再根据湿空气相对湿度 φ 的定义即可获得湿空气的相对湿度 φ。

露点测湿法准确度高，测量范围宽，计量用的精密露点仪准确度可达 ±0.2% ℃，甚至更高。但是，用现代的光电原理制成的露点仪价格昂贵，并常和标准湿度发生器配套使用。

此外，需要注意的是，露点温度 t_d 并不是前面提到的湿球温度 t_w，两者是不同的概念，一般情况下，两者的数值也是不相等的。

对某一温度下的湿空气，其干球温度 t、湿球温度 t_w、露点温度 t_d 三者之间的大小关系为：$t \geq t_w \geq t_d$；若湿空气为未饱和空气，其干球温度 t 最高、露点温度 t_d 最低而湿球温度 t_w 居中，即：$t > t_w > t_d$；若湿空气为饱和空气，其干球温度 t、湿球温度 t_w 和露点温度 t_d 均相同，即：$t = t_w = t_d$。

六、密度计

习惯上，将测量物质密度的仪器、仪表及装置称为密度计。当然，密度计有时也可用来测量相对密度（比重），过去也称之为比重计。

密度和重度是物质的两个重要属性。某物质单位体积所具有的质量，称为该物质的密度，用符号 ρ 表示，单位为 kg/m³。物质的密度 ρ 表示该物质在空间上的密集程度。某物质单位体积所具有的重力，称为该物质的重度，用符号 γ 表示，单位为 N/m³。物质的重度与密度的关系为：$\gamma = \rho g$，式中，g 为重力加速度，单位为 m/s²。工程上一般认为水的密度 ρ 和重度 γ 为常量，常取 4 ℃ 蒸馏水的 $\rho = 1\,000$ kg/m³ 和 $\gamma = 9\,800$ N/m³ 作为计算值。

过去将一种物质的重度与取作标准的另一种物质的重度之比值，称为该物质的比重。根据物质的重度与密度的关系可知：两种物质的重度之比等于其密度之比，所以，比重现称为相对密度，即一种物质的密度与取作标准的另一种物质的密度之比值。因为纯水和空气的密度是最常见的液体和气体，而且它们的密度也是已知的，所以取作标准的物质通常是纯水和空气。固体和液体物质的比重是指该物质的重度与标准大气压下、4 ℃ 的纯水的重度之比值；或者说,固体和液体物质的相对密度是指该物质的密度与标准大气压下、4℃的纯水的密度之比值。气体物质的比重是指该物质的重度与标准状态下的空气的重度之比值;或者说,气体物质的相对密度是指该物质的密度与标准状态下的空气的密度之比值。

若固体和液体物质的相对密度(比重)大于1,则表示任意大小的该物质放入水中都会漂浮在水面上,而不会完全没入水中或沉到水底;反之,若固体和液体物质的相对密度(比重)小于1,则表示任意大小的该物质放入水中都将沉到水底,而不会漂浮在水面上或潜浮在水中。气体物质的相对密度(比重)也代表着其在空气中类似的性质。

需要注意,密度和重度都是有量纲的量,而相对密度(比重)是无量纲的量。由于物质的密度、重度及相对密度(比重)之间有确定的相互关系,所以,测量出这三者当中的任何一个量,即可获得另外两个量。通常是测量物质的密度。

密度计按其用途分为液体密度计、气体密度计、固体密度计等。常用的测量液体密度的密度计(或比重计)有浮子式密度计、静压式密度计、振动式密度计和放射性同位素密度计等。浮子式密度计也称为浮计。

(一)液体密度的测量方法

液体的密度和重度测量的最简便和直接的方法是体积法和重量法。

1. 体积法

用体积法测量时,使用带有体积刻度的容器(比如量入式的烧杯、容量瓶等)盛得一定体积的均质液体,再用天平秤得该体积液体的质量(事先应先秤得空载容器的质量);或者先秤得一定质量的均质液体,再测得它的体积;然后,根据密度、重度及比重的定义,即可计算获得该液体的密度、重度和比重。

2. 重量法

用重量法测量时,使用带有体积刻度的容器(比如量入式的烧杯、容量瓶等)盛得一定体积的均质液体,再用重力计测得该体积液体的重力(事先应先测得空载容器的重力);或者取得一定重力的均质液体,再测得它的体积;然后,根据密度、重度及比重的定义,即可计算获得该液体的密度、重度和比重。

3. 液柱平衡法

如图1.4.6-1所示为测量液体密度的液柱平衡法,利用的是连通器原理。如图1.4.6-1(a)所示的连通器,内部装有密度为 ρ_1 的均质液体,由于连通器左、右两部分容器中液体的表面压力相等(或两侧都开口通大气),因此两侧液面位于同一水平面上。

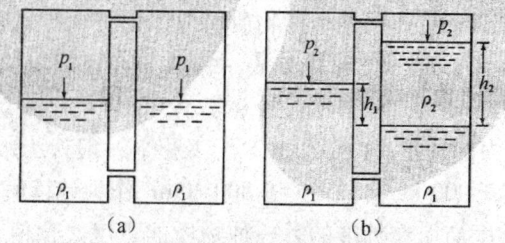

图1.4.6-1 测量液体密度的液柱平衡法

若在连通器的右侧容器中注入一定量的另一种与原液体互不掺混的密度为 ρ_2 且 $\rho_2<\rho_1$ 的液体,待液体平衡时,虽然连通器左、右两部分容器中液体的表面压力仍相等,但两侧液面却不在同一水平面上,而是右侧容器中的液面较高、左侧容器中的液面较低。若以这两种互不掺

混的液体的分界面为基准面,则连通器左、右两部分容器中的两种液体的液面高度之比,等于这两种液体的密度之比的倒数,即

$$\frac{h_1}{h_2} = \frac{\rho_2}{\rho_1}$$

式中,h_1 为左侧容器中密度为 ρ_1 的液体在分界面以上的高度,h_2 为右侧容器中密度为 ρ_2 的液体在分界面以上的高度。

显然,若已知一种液体的密度值,只要测出 h_1、h_2 的高度值,即可获得另一种液体的密度值。若这两种液体中一种液体为标准大气压下、4 ℃ 的纯水,则测出 h_1、h_2 的高度值,即可获得另一种液体的相对密度(比重)。若被测液体的密度小于水的密度,则在连通器中先装入一定量的水(即密度为 ρ_1 的液体为水),待水平衡后再倒入一定量的被测液体(即密度为 ρ_2 的液体为被测液体);若被测液体的密度大于水的密度,则在连通器中应先装入一定量的被测液体(即密度为 ρ_1 的液体为被测液体),待被测液体平衡后再倒入一定量的水(即密度为 ρ_2 的液体为水)。待液体平衡后,测量 h_1 与 h_2 的数值。

(二)浮子式密度计

1.浮子式密度计的结构

浮子式密度计也称为浮计。浮计按其测量密度的范围分为重表和轻表两种,用于测量比纯水密度大的液体密度的浮计称为重表,用于测量比纯水密度小的液体密度的浮计,称为轻表。

如图 1.4.6-2 所示为浮计(轻表)结构示意图,它是由压载室 B、躯体 A 和干管 C 等三部分所组成。躯体 A 是一个圆柱形的中空玻璃管,其下端即装满小铅丸等重物的压载室,以使浮计的重心下降,以保证浮计浸入被测量的液体时能呈铅垂的平衡状态。同时,不同重力大小的重物可以调整浮计的平均密度(重度),以测量不同密度的液体,从而就形成了不同量程和不同分度的浮计。但任何一个浮计的平均密度都小于其测量的液体的平均密度。重物的上部用隔板结构或胶固物封紧。干管 C 是顶端封闭的细长圆柱管,其下端同躯体 A 的上端熔接,内壁紧贴着刻有浮计用途和单位的分度表。

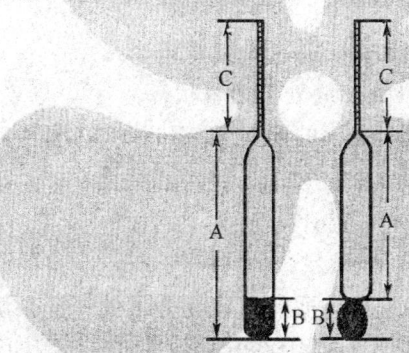

图 1.4.6-2 浮计(轻表)结构示意图

重表的结构与轻表的结构是类似的,压载室也是圆柱形的中空玻璃管,而躯体 A 则是细长的圆柱管。即轻表的形状是上细下粗(如图 1.4.6-2 所示),而重表的形状是上粗下细;但无论轻表还是重表,最下面都是重锤(压载室)。此外,重表压载室内的重物要比轻表的重(或多)。

轻表和重表上的刻度都是不均匀的(上疏下密),而且刻度值都是下面的数值大而上面的数值小(上小下大),其示数表示被测液体的密度,其单位一般为 g/cm^3。因 $1\ kg/cm^3 = 1\ 000\ g/cm^3$,故其刻度值也可认为是无量纲(单位)的比重数值。

浮计的刻度以其浸入纯水中达到平衡状态时与水面相接之处为基准刻度线,其值为 $1(g/cm^3)$。重表的刻度是自此基准刻度线向下,刻度值由 $1(g/cm^3)$ 逐渐加大;而轻表的刻度则是自此基准刻度线向上,刻度值由 $1(g/cm^3)$ 逐渐减小。

自重相等的重表和轻表,当浸入水中达到平衡状态时,它们所受到的浮力相等(等于自身的重力),即排开水的体积相等;而重表的基准刻度线 $1(g/cm^3)$ 在其全部刻度的最上端,轻表的基准刻度线 $1(g/cm^3)$ 在其全部刻度的最下端,所以,重表的下端必须做得细又长,轻表的下端则必须做得粗而短(即前述的重表与轻表的形状)。

2. 浮子式密度计的工作原理

当浮计部分浸入被测量的液体时,不仅受到地球引力即重力的作用,还受到被测液体的浮力的作用。浮计的重力是一定的,当浸入被测量的液体时它将根据其所受的浮力的大小而上浮或下沉;当重力大于浮力时,浮计则会下沉,浮计的浸入部分增加,导致浮力增加;而当重力小于浮力时,浮计则上浮,浮计的浸入部分减小,导致浮力减小。一个功能完好的浮计在浸入被测液体足够长时间后应处于漂浮状态(当然在测量液体的密度时,被测液体的密度不能超过浮计的量程),此时浮计所受到的向上的浮力大小等于浮计自身的向下的重力的大小。

根据阿基米德原理,浮计浸入被测液体时所受到的浮力的大小,等于浮计所排开的液体的重力的大小。因此可知,被测液体的密度 ρ 与浮计浸入被测液体中的体积 V 成反比。若浮计的截面尺寸一定,则被测液体的密度 ρ 与浮计浸入被测液体中的深度成反比。

当浮计浸入被测液体处于平衡状态时,浮计浸没于被测液体中的深度取决于被测液体的密度,显然,被测液体的密度越小,则浮计浸没的深度越深;而被测液体的密度越大,则浮计浸没的深度越浅。所以,浮计上的刻度读数是下大上小,在浮计上的刻度与液面重合处,即可读出液体的密度数值。

当然,浮计上标刻的读数也认为是无量纲(单位)比重值,所以浮计也被称为比重计。此外,若浮计上标刻的读数是经标定的液体的某种浓度,此时的浮计即变为浓度计。

3. 使用时的注意事项

在使用浮子式密度计测量液体的密度时,应特别注意以下几点。

(1) 浮计浸入被测液体中要保证浮计始终处于铅垂状态。

(2) 浮计浸入被测液体时,一开始会有小的上、下浮沉运动,必须待浮计处于自然平衡状态时读取其刻度值。

(3) 浮计浸入被测液体测量时,不能让浮计的底部(压载室)与容器的底部接触,浮计处于自然平衡时应为悬浮状态,浮计的底部(压载室)与容器的底部有一定的距离。

(4) 应根据被测液体密度的大小,选择合适的量程和分度的浮计来测量。可先大概估计被测液体的密度,选用几只不同量程的浮计试用比较,最后确定测量用的浮计。

(三) 静压式密度计

静压式密度计的工作原理是将液体密度的测量转换为液体静压力(静压强)的测量。现有的静压式密度计按其测量方式分为液柱测压式和差压式两种。

1. 液柱测压式密度计

根据流体静力学基本方程,静止液体当中任意一点的静压力(静压强) p 为

$$p = p_0 + \rho g h$$

式中，p_0 为静止液体自由表面上的气体压力（压强），单位为 Pa；ρ 为静止液体的密度，单位为 kg/m³；g 为重力加速度，单位为 m/s²；h 为该点距静止液体自由表面的垂直深度，单位为 m。

当静止液体自由表面通大气时，其上的相对压力（相对压强）为零，即 $p_0=0$，则静止液体当中任意一点的相对静压力 p 为 $p=\rho g h$。由此可见，一定高度液柱的静压力与该液体的密度成正比，因此，可根据压力测量仪表测出高度为 h 的液柱的静压力数值，由 $\rho=p/(gh)$ 来换算出液体的密度。这就是液柱测压式密度计的工作原理。

测量压力的方式和仪表有很多种，在此不再赘述（参见本小第二部分）。比如，膜盒（或膜片）是一种常用的压力测量元件，用它直接测量液体的液柱静压的密度计，称为膜盒（或膜片）静压式密度计。

另外，还有一种常用的液柱测压式密度计称为单管吹气式密度计，它的工作原理也是通过测量一定高度液柱的静压力来换算液体的密度，只是它以测量气压来代替直接测量液柱的压力。将一根吹气管插入被测液体液面以下的某一深度，将压缩空气引入吹气管，调整压缩空气的压力，当吹气管的底部管口开始有气体不断地逸出时，此时吹气管内空气的压力就等于吹气管底部管口处液柱高度（即吹气管的插入深度）的压力，由空气的压力值便可换算出液体的密度。

2.差压式密度计

根据流体静力学基本方程，静止液体当中任意两点的静压差为

$$\Delta p = \rho g \Delta h$$

式中，ρ 为静止液体的密度，单位为 kg/m³；g 为重力加速度，单位为 m/s²；Δh 为两点的垂直距离，单位为 m。

由此可见，静止液体当中相差一定高度的两点静压差与该液体的密度成正比，因此，可根据测量压力差的仪表（差压计）测出高度为 Δh 的两点的静压力差值 Δp，由 $\rho=\Delta p/(g\Delta h)$ 来换算出液体的密度。这就是差压式密度计的工作原理。差压计的种类也有很多，可参见本小第二部分。

与液柱测压式密度计相比，差压式密度计有其独特的优势。液柱测压式密度计的特点是测量一定高度液柱的静压力数值，且要求该液柱的自由表面为大气压力。当被测液体的液面通大气时，可将液柱测压式密度计从液面插入液体中的一定深度来测量其静压力数值。但多数情况下是需要从被测液体中取出一定量的样品，在容器中形成一定高度的液柱来测量液柱底部的静压力数值的。这样，所测量的那一点的静压力数值大小以及当地大气压力的数值大小都对测量的精度有一定的影响。

而差压式密度计的特点是测量静止液体中相距一定高度的两点的静压力差值，它对被测液体自由表面上的气体压力以及测量点的静压力数值大小都没有任何要求，这样就更便于现场直接测量，并且测量精度也有很大的提高。

（四）其他液体密度计简介

1.振动式密度计

振动式密度计的基本原理是基于振动系统的固有频率（或称自然频率）和周期与振体的质量和系统的弹性有关，而与外界的干扰及其振幅等无关。理论分析表明，单自由度振动系统的固有频率 f 和周期 T 只与均质振体的密度 ρ、体积 V 和弹性系数 k 有关。所以，对于弹性系数 k 一定的振动系统，若振体的体积 V 已知，则测定该振动系统的固有频率 f 或周期 T，即可得到振体的密度 ρ。

振动式密度计测量液体的密度，通常是在空心的振体内充以一定体积的被测液体后，通过

测定该振体的固有频率(或周期),或测量固有频率(或周期)的改变量,进而换算出被测液体的质量或密度。

目前,国内外使用的数字式液体密度计大多使用的是 U 形振荡管,就是在一个 U 形的玻璃管内充以一定体积的被测液体,然后给该 U 形玻璃管一个初始干扰,使其受激后发生振动,通过测量其振动周期 T 而获得该被测流体的密度 ρ。

振动式密度计的特点是:不受空气浮力、重力和人为因素的影响,因而测量精度比较高;测量所需的被测液体的量很少,一般每次测量仅需 0.1~2 毫升(mL);测量速度较快,适合用于现场测量。但被测液体的黏度、含气量及均一性等对测量结果有影响,需用专门的方法消除这些影响。此外,还由于每次测量时所用的被测液体的量很少,所以测量后的清洁非常重要;否则,被测液体和清洁溶剂的残留对下次测量会有影响。

2. 放射性同位素密度计

放射性同位素密度计的测量原理为:在测量仪器内设置放射性同位素辐射源,它的放射性辐射线(比如 γ 射线)在穿透一定厚度的被测液体后,被辐射线检测器所接收。一定厚度的被测液体对放射性辐射线的吸收量与该被测液体的密度有关,而辐射线检测器所接收的信号则与该吸收量有关,因此,辐射线检测器所接收的信号经变换、分析、换算后便可得到被测液体的密度。

七、盐度计

海水盐度是海水中含盐量的标度。通常将测量海水盐度的仪器、仪表和装置称为海水盐度计。在船上,海水盐度计常用于海水淡化装置中所造淡水的盐度测量和控制。

(一)盐度的概念及测量方法

海水的含盐量是海水的重要特性,而海水盐度则是海水含盐量的定量量度。海水盐度简称盐度。盐度是海水最重要的理化特性之一,它与温度和压力构成海水的三大基本参数。

实际上,盐度表示的是海水中盐类物质的质量分数。几十亿年来,来自陆地的大量化学物质溶解并储存于海洋中。据测定,海水中含量最多的化学物质有 11 种,其中排在前三位的是钠、氯和镁。海水的含盐量与沿岸径流量、降水及海面蒸发等密切相关。地球上盐度最高的海域为红海,而盐度最低的海域为波罗的海。南北纬 30~40°的海水盐度为全球最高,而赤道较低。

海水盐度的基本含义是海水中所溶解的所有物质的质量与海水质量的比值,此种含义的盐度也被称为绝对盐度。由于海水中所溶解的物质不仅种类繁多,而且有些物质在烘干、提取过程上发生变化,其质量很难测定,因而造成绝对盐度不仅不能直接测量,而且间接测量也非常困难,不具有实际意义。

自 1901 年的第二次北欧国际海洋学会首次给出了可实际测量的海水盐度的定义及其测量方法之后,随着海洋科学的发展和测量技术的进步,不仅海水盐度的测定方法不断地变化和改进,而且对盐度值测量准确性的要求也越来越高,为了保证测量的简便、准确以及历史数据的统一,先后对盐度的测定作了几次修订。

目前采用的是实用盐度,符号为 S,它是无量纲(单位)的量。联合国教科文组织(UNESCO)、国际海洋考察理事会(ICES)、海洋研究科学委员会(SCOR)和国际海洋物理科学学会(IAPSO)等四个国际组织通报建议于 1982 年 1 月 1 日起采用 1978 年的实用盐度标度,并出版了《国际海洋用表》,表中规定了计算实用盐度的方法。

1978 年实用盐标是用电导的方法测定海水的盐度。由物理学可知,当导体的两端有电势差时,导体中就有电流通过,而一段导体中的电流与其两端的电势差成正比,其比例系数称为电导。电导的倒数称为这段导体的电阻。电阻与导体的性质和几何形状有关,试验表明,对于粗细均匀的导体,当导体的材料与温度一致时,导体的电阻与它的长度成正比、与它的横截面面积成反比,其比例系数称为电阻率。电阻率与导体材料的性质有关,不同材料的导体其电阻率不同。电阻率的倒数称为电导率。而海水的电导率取决于海水的温度、压力和盐度,因此,通过测定海水的电导率和温度及压力就可以确定海水的盐度。电导测盐的方法精度高,速度快,操作简便。

(二)海水盐度计

测量海水盐度的仪器称为海水盐度计,简称盐度计。由于海水的电导率能反映海水总离子浓度,而且测量简便、准确,并易于实现自动化测量,因此,自实用盐标确定以来,统一用海水的电导率来测量海水盐度。

1. 海水盐度计的种类

以电导法为原理的盐度计,按用途分为实验室盐度计和现场盐度计两种。这些盐度计都是由电导率传感器、测量电路及数据处理装置等组成。电导率传感器又分为电极式和感应式两种。电极式盐度计的电流极对电导池内的海水施加电流,电位极则测量电导池内的海水电压降,从而测出电导率。感应式盐度计是通过电导池内外单区海水回路把两个同轴环形变压器耦合起来,测其与海水电导率成比例的感应强度来达到测盐目的。

由于海水盐度是海水的电导率、温度和压力的函数,因此,现场盐度计的测量电路又有带自动温度、压力补偿和不补偿两种,而后者则是直接把电导率、温度、压力的测量值输入计算机而获得盐度。不同的观测任务和目的对海水盐度测定的准确度和分辨率的要求不同。目前对海水盐度的测定分为三个等级标准:

(1)等级1:准确度为±0.02,分辨率为0.005;

(2)等级2:准确度为±0.05,分辨率0.01;

(3)等级3:准确度为±0.2,分辨率为0.05。

2. 海水盐度的测量

电导法测盐的基本原理在于水溶液的导电性随其含盐量的增加而增加,即含盐量越多,则其导电性就越好,或者说其电导率就越大,或者说其电阻率就越小。所以,盐度计的基本测量线路都是基于水溶液的导电性测量的。

盐度计的基本测量接线原理图如图1.4.7-1所示。如图1.4.7-1(a)所示的方式称为串联测定方式,其测量的是通过电极的电流;如图1.4.7-1(b)所示的方式称为并联测定方式,其测量的是电极两端的电位差;如图1.4.7-1(c)所示的方式称为电桥测定方式,它以电极作为测量电桥的一臂,根据两个电极间的水的电阻值的变化来测定电桥的偏离程度。这三种方法目前得到了普遍的应用。

盐度计常用于船上的海水淡化装置中作为所造淡水盐度的连续测量仪表,并能在淡水含盐量超过既定标准时发出声、光报警,同时使不合格的淡水自动返回蒸馏器或泄入舱底。

海水淡化装置中盐度检测系统的盐度传感器,如图1.4.7-2所示,通常都是使用电极式的,装在海水淡化装置的凝水管中,电极表面镀有铂或铑。当凝水不断地流过传感器时,在两个电极间即会有电流通过。为防止盐度传感器的电极因黏附异物而短路,传感器每使用一个月左右应进行一次清洁。清洁时应以软布擦拭,切勿用硬物刮刷,以免电极表面的铂铑层受到损坏。

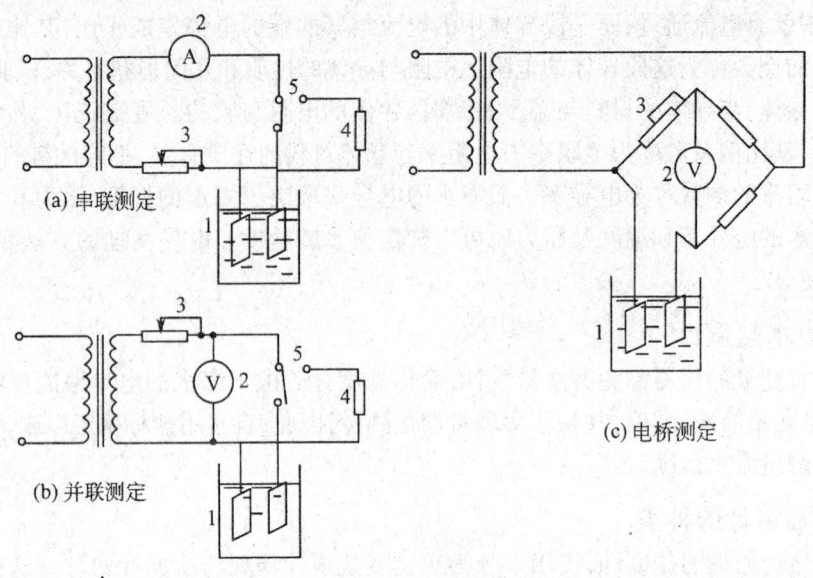

图 1.4.7-1　盐度计的基本测量接线原理图

1—电极；2—测量仪表；3—调整电阻；4—试验用标准电阻；5—转换开关

如图 1.4.7-3 所示为 SL-30 型盐度计的控制面板。其调整方法如下：先接通电源开关 K_1，电源指示灯 XD_1 亮。然后将温度修正旋钮对准 50 ℃，再将报警电位器 R_{13} 按逆时针方向转到底，接着按下实验按钮 K_4，这时的盐度传感器即与测量电路脱开，而专门供调试用的固定电阻 R_3 则接入电路。如果盐度计指示准确，毫伏计指针应指在 50 mg/L 处；否则调节 R_{12} 校准。最后，慢慢按顺时针方向转动电位器 R_{13}，直至报警红灯 XD_2 亮。警报响，即可松开实验按钮 K_4，调整即告完成。

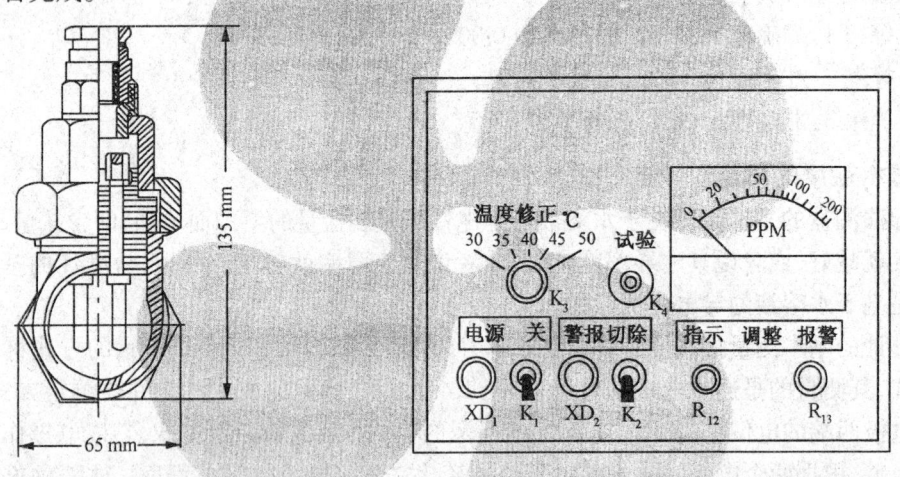

图 1.4.7-2　盐度传感器　　　　图 1.4.7-3　SL-30 型盐度计的控制面板

八、塞尺

塞尺是一种测量间隙的薄片量尺，又称厚薄规、间隙片、测微片等。塞尺是用于检验间隙的测量器具之一，主要用来检验机床特别紧固面与紧固面、活塞与气缸、活塞环槽与活塞环、十字头滑板与导板、进气和排气阀顶端与摇臂、齿轮啮合间隙等两个结合面之间的间隙大小。

(一)塞尺的结构

塞尺是由许多具有不同厚度级差的薄钢片所组成的量规。因薄钢片的数量很多,所以将其分组,并按组别将一定数目的薄钢片制成一把一把的塞尺,每把塞尺中的每个薄钢片都具有两个平行的测量平面,且都有厚度标记,以供组合使用,如图1.4.8-1所示为塞尺实物示意图。

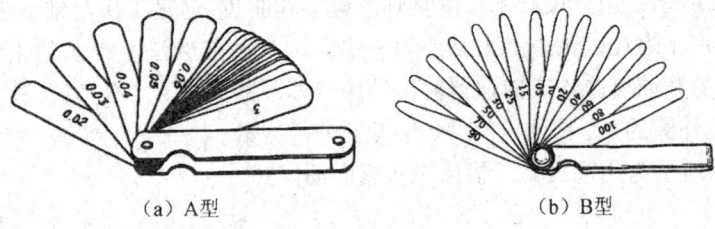

(a) A型　　　　　　　　　　(b) B型

图1.4.8-1　塞尺实物示意图

塞尺一般用不锈钢制造,最薄的为0.02 mm;最厚的为3 mm。在0.02~0.1 mm间,各钢片厚度级差为0.01 mm;在0.1~1 mm间,各钢片的厚度级差一般为0.05 mm;1 mm以上,钢片的厚度级差为1 mm。

钢片的形状通常分为类型A、B两种类型,如图1.4.8-1所示。塞尺的常见规格如表1.4.8-1所示。

表1.4.8-1　塞尺的常见规格

A型	B型	塞尺片长度 (mm)	片数	塞尺的厚度(mm) 及组装顺序
组别标记				
75A13	75B13	5	13	0.02;0.02;0.03;0.03;0.04; 0.04;0.05;0.05;0.06;0.07; 0.08;0.09;0.10
100A13	100B13	100		
150A13	150B13	150		
200A13	200B13	200		
300A13	300B13	300		
75A14	75B14	75	14	1.00;0.05;0.06;0.07;0.08; 0.09;0.19;0.15;0.20;0.25; 0.30;0.40;0.50;0.75
100A14	100B14	100		
150A14	150B14	150		
200A14	200B14	200		
300A14	300B14	300		
75A17	75B17	75	17	0.50;0.02;0.03;0.04;0.05; 0.06;0.07;0.08;0.09;0.10; 0.15;0.20;0.25;0.30;0.35; 0.40;0.45
100A17	100B17	100		
150A17	150B17	150		
200A17	200B17	200		
300A17	300B17	300		

在用塞尺检验被测间隙尺寸是否合格时,可以用通止法判断,也可由检验者根据塞尺与被测表面配合的松紧程度来判断。测量时,根据被测间隙的大小,将一片或数片重叠在一起塞进间隙内。比如,用0.06 mm的一片能插入间隙,而0.07 mm的一片不能插入间隙,那就说明该间隙在0.06~0.07 mm之间,所以塞尺也是一种界限量规。

(二)塞尺的使用方法

(1)用干净的布将塞尺测量表面擦拭干净,不能在塞尺沾有油污或金属屑末的情况下进行测量;否则将影响测量结果的准确性。

(2)塞尺使用时可用一片或数片重叠插入间隙,以稍感拖滞为宜。

(3)将塞尺插入被测间隙中,来回拉动塞尺,感到稍有阻力,说明该间隙值接近塞尺上所标出的数值;若拉动时阻力过大或过小,则说明该间隙值小于或大于塞尺上所标出的数值。

(4)进行间隙的测量和调整时,先选择符合间隙规定的塞尺插入被测间隙中,然后一边调整,一边拉动塞尺,直到感觉稍有阻力时拧紧锁紧螺母,此时塞尺所标出的数值即为被测间隙值。

如图 1.4.8-2 所示为用直尺和塞尺测量轴的偏移和曲折,这是主机与轴系法兰的定位检测工作之一。将直尺贴附在以轴系推力轴或第一中间轴为基准的法兰外圆的素线上,用塞尺测量直尺与之连接的柴油机曲轴或减速器输出轴法兰外圆的间隙 Z_1、Z_2,以及法兰间的间隙 Y_1、Y_2,并依次在法兰外圆的上、下、左、右四个位置上进行测量。

如图 1.4.8-3 所示为用塞尺检验机床尾座紧固面间隙。

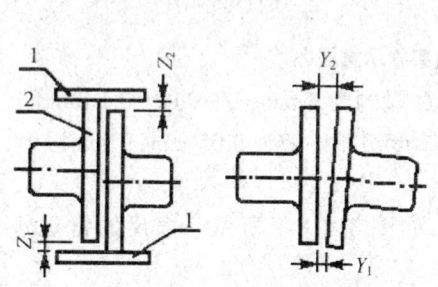 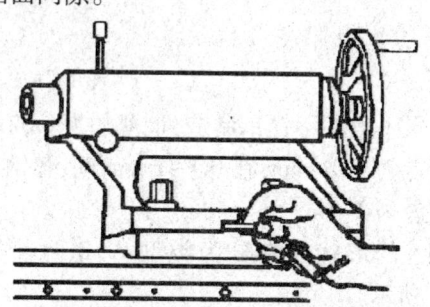

图 1.4.8-2 用直尺和塞尺测量轴的偏移和曲折　　图 1.4.8-3 用塞尺检验机床尾座紧固面间隙
1—直尺;2—法兰

(三)塞尺使用时的注意事项

(1)塞尺使用前必须先清除塞尺和工件上的污垢与灰尘。

(2)应根据间隙的大小合理选用塞尺的片数,片数越少越好。

(3)测量时动作要轻,不允许在测量过程中剧烈弯折塞尺,或用较大的力硬将塞尺插入被检测间隙;否则将损坏塞尺的测量表面或零件表面的精度。

(4)不允许用塞尺测量温度较高的工件。

(5)使用完后,应将塞尺擦拭干净,并涂上一薄层工业凡士林,然后将塞尺折回夹框内,以防锈蚀、弯曲、变形而损坏。

(6)存放时,不能将塞尺放在重物下,以免损坏塞尺。

九、游标卡尺

游标卡尺(简称卡尺)是一种带有测量卡爪并用游标读数的通用量尺。它是一种常用的长度量具,具有结构简单、使用方便、精度中等和测量的尺寸范围大等特点,所以应用非常广泛。游标卡尺是一种中等精度的长度量具。它可以测量 0~2 000 mm 工件的内外尺寸(如长度、宽度、内径和外径等),包括孔距、深度和高度等。但是,由于它的测量精度不是很高,所以只能适用于测量公差等级为 IT10~IT15 的零件。

(一)游标卡尺的结构

游标卡尺的类型虽然较多,但结构大同小异,都是由主尺、副尺和量爪等三个主要部分所组成的。具有固定量爪的尺身上有类似于钢尺一样的刻度,称为主尺。主尺的刻线间距为 1 mm。主尺的长度决定了游标卡尺的测量范围。具有活动量爪的游框(也称尺框)套在主尺上,可在尺身上移动,其上也有刻度,称为副尺,也称为游标。副尺的刻线间距取决于游标卡尺的精度。

此外,测量范围为 0~125 mm 的游标卡尺一般还带有测量深度的深度尺;而测量范围大于等于 200 mm 的游标卡尺一般还带有可将游框作微小调整的微动装置。

1. 三用游标卡尺

如图 1.4.9-1 所示为三用游标卡尺,测量范围为 0~125 mm 的游标卡尺,一般制成具有刀口形的上、下量爪并带有深度尺的型式,其组成部件如图 1.4.9-1 所示。

下量爪(外测量爪)7 用来测量工件的外径或长度,上量爪(内测量爪)2 用来测量孔径或槽宽,深度尺 5 用来测量工件的深度。因其可直接测量工件的外径、内径和深度,故称为三用游标卡尺。深度尺 5 固定在游框 3 的背面,能随着游框在尺身的导向凹槽中移动。测量深度时,应把尺身尾部的端面靠紧在零件的测量基准平面上。

测量时,先松开紧固螺钉 4,然后移动游框 3,使其得到需测量的尺寸,再用紧固螺钉 4 锁紧,以防尺寸变动。小尺寸的游标卡尺大多制成这种型式。

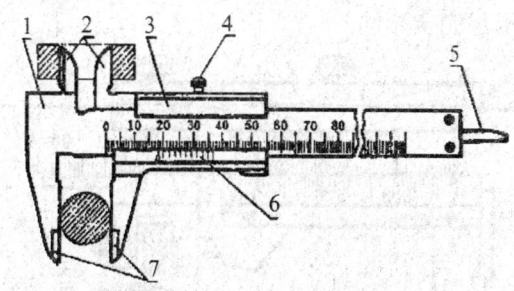

图 1.4.9-1　三用游标卡尺

1—尺身(主尺);2—上量爪(内测量爪);3—游框(尺框);4—紧固螺钉;5—深度尺;6—游标(副尺);7—下量爪(外测量爪)

2. 双面量爪游标卡尺

如图 1.4.9-2 所示为双面量爪游标卡尺,测量范围为 0~200 mm 和 0~300 mm 的游标卡尺,可制成具有内、外测量面的下量爪和具有刀口形的上量爪的型式。

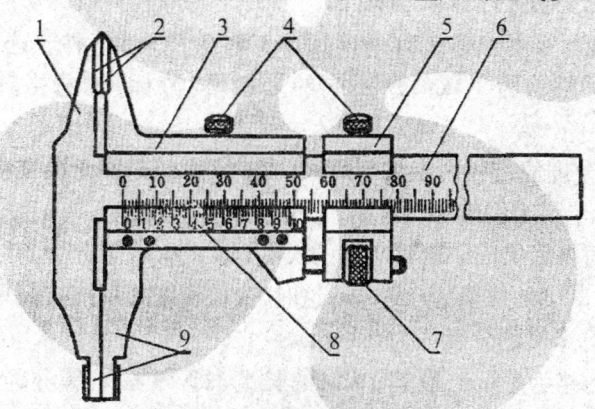

图 1.4.9-2　双面量爪游标卡尺

1—尺身(主尺);2—上量爪;3—游框(尺框);4—紧固螺钉;
5—微动装置;6—主尺刻度;7—微动螺母;8—游标(副尺);9—下量爪

在图 1.4.9-2 中,为了调整方便,在其游框 3 上增加了可随游框 3 一起移动、并可将游框 3 作微小调整的微动装置 5。使用时需注意,移动游框 3 时,应将紧固螺钉 4 的两个螺钉都松开;当游框 3 移动到某一需要的位置后,旋紧微动装置 5 上的螺钉将旋紧微动装置 5 固定在尺身上,而游框 3 上的螺钉仍保持松开状态;此时用手指转动微动螺母 7,活动量爪就随同游框 3 一起作微量的前进或后退,即微调游标 8 的尺寸。微动装置的作用是使游标卡尺在测量时用力均匀,便于调整测量压力,减少测量误差。上量爪 2 用来测量工件的外径或长度;下量爪 9 既可用来测量工件的外径或长度,也可用来测量孔径或槽宽,但在用下量爪测量孔径或槽宽时,游标卡尺的读数必须加上两个下量爪的厚度,一般为 10 mm。

必须强调的是,下量爪的结构并不是所有的双面量爪游标卡尺都是一样的,有的卡尺用下量爪测量内孔跟用上量爪测量外径一样,游标卡尺的读数并不需要加上、下量爪的厚度,而是卡尺显示多少就读多少。使用时应特别注意看清其结构,以正确读数。

3. 单面量爪游标卡尺

如图 1.4.9-3 所示为单面量爪游标卡尺,测量范围为 0~200 mm 和 0~300 mm 的游标卡尺可制成如图 1.4.9-3 所示的只有一对具有内、外测量面的下量爪的型式,而测量范围大于 300 mm 的游标卡尺,则只制成这种仅带有下量爪的型式。这种卡尺除没有上量爪外,其余结构与功能与双面量爪游标卡尺完全相同。

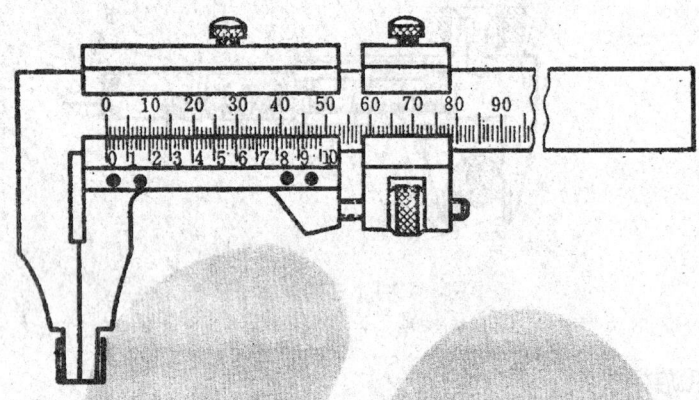

图 1.4.9-3 单面量爪游标卡尺

(二)游标卡尺的刻度方式及分度值

游标卡尺的分度值,常用的有 0.1 mm、0.05 mm 和 0.02 mm 三种。这三种分度值的游标卡尺的主尺刻度相同,每格均为 1 mm,所不同的是副尺(游标)的总格数与主尺相对的格数不同。

游标卡尺的读数分度值是利用主尺与副尺(游标)间的刻度距离之差来确定的。下面以 0.1 mm 分度值的游标卡尺为例来加以说明,它有两种刻度方式:

(1)主尺刻度的每格为 1 mm,取其 9 格的长度(即 9 mm)等分为 10 等份刻度在副尺(游标)上,则副尺(游标)刻度的每格为 0.9 mm;这时,主尺刻度的每格与副尺(游标)刻度的每格相差 0.1 mm,则该游标卡尺的分度值为 0.1 mm。

(2)主尺刻度的每格为 1 mm,取其 19 格的长度(即 19 mm)等分为 10 等份刻度在副尺(游标)上,则副尺(游标)刻度的每格为 1.9 mm,这时,主尺刻度的 2 格与副尺(游标)刻度的 1 格相差 2.0−1.9 =0.1 mm,因此该游标卡尺的分度值也为 0.1 mm。与上一种刻度方式相比,它增大了副尺(游标)刻度线的间距,使副尺(游标)的刻度线条更加清晰,更容易看准读数。

分度值为 0.05 mm 和 0.02 mm 的游标卡尺的刻度方法也是相同的。分度值为 0.05 mm 的游标卡尺是将主尺刻度的 19 格的长度(即 19 mm)等分为 20 等份刻度在副尺上,或将主尺刻度的 39 格的长度(即 39 mm)等分为 40 等份刻度在副尺上;而分度值为 0.02 mm 的游标卡尺是将主尺刻度的 49 格的长度(即 49 mm)等分为 50 等份刻度在副尺上。

(三)游标卡尺的读数原理及读数方法

游标卡尺的测量读数是由主尺的读数和副尺(游标)的读数两部分组成的。如图 1.4.9-2 和图 1.4.9-3 所示,当游标卡尺的活动量爪与固定量爪贴合时,副尺(游标)的"0"刻度线(简称游标零线)对准主尺上的"0"刻度线,此时量爪间的距离为 0。当游框向右移动到某一位置时,固定量爪与活动量爪之间的距离,就是零件的测量尺寸,如图 1.4.9-1 所示。此时所测量尺寸的整数部分,可在游标零线左边的主尺刻线上读出来,而比 1 mm 小的小数部分,可由副尺(游标)读出。

1.游标卡尺的读数原理

前述的三种分度值以及两种刻度方式的游标卡尺,其读数原理和读数方法都是相同的。下面以前述的第一种刻度方式、分度值为 0.1 mm 的游标卡尺为例,介绍游标卡尺的读数原理和读数方法。这种游标卡尺的主尺刻度线的每格为 1 mm,副尺(游标)刻度线的每格为 0.9 mm。

如图 1.4.9-4(a)所示,当游标零线与主尺零线对准(两爪合并)时,副尺(游标)上的第 10 刻线正好指向等于主尺上的 9 mm,而副尺(游标)上的其他刻线都不会与主尺上的任何一条刻度线对齐。当游标向右移动 0.1 mm 时,则游标零线后的第 1 根刻度线与主尺的刻度线对齐;当游标向右移动 0.2 mm 时,则游标零线后的第 2 根刻度线与主尺的刻度线对准;依次类推,若游标向右移动 0.5 mm,则游标上的第 5 根刻度线与主尺的刻度线对齐,如图 1.4.9-4(b)所示。由此可知,当游标向右移动不足 1 mm 的距离时,其距离值虽不能直接从主尺上读出,但可以找到与主尺刻度线对齐的副尺(游标)上的刻度线,则副尺(游标)上该刻度线左侧的格数(该刻度线与游标零线间的格数)与游标卡尺的分度值(比如 0.1 mm)之乘积,即为该距离的大小。比如,如图 1.4.9-4(b)所示的尺寸即为:$5\times0.1=0.5$(mm)。

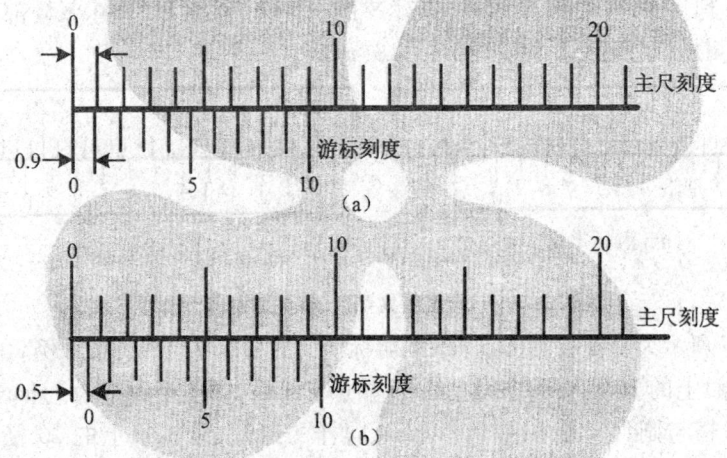

图 1.4.9-4 游标卡尺的读数原理

2.游标卡尺的读数方法

在游标卡尺上读数,概括来说就是:以游标零线为准线,主尺读整数,副尺读小数。若游标零线恰好与主尺刻度线对齐,则按游标零线的位置直接在主尺上读出被测尺寸的数值;否则:

(1)首先看游标零线的左边,在主尺上读出被测尺寸的整数部分。

(2)其次看游标零线的右边,在副尺(游标)上找出与主尺刻度线对齐的刻度线,数出副尺

（游标）上该刻度线左侧的格数（该刻度线与游标零线间的格数），则该格数与游标卡尺分度值的乘积即为被测尺寸的小数部分。当然，目前大多数的游标卡尺，其副尺上的刻度值已按其分度值标记，可由与主尺刻度线对齐的那根副尺刻度线直接读出小数部分，而不用先数格数再乘分度值了。

（3）最后将第一步的整数与第二步的小数相加，即得被测尺寸的数值。

游标卡尺测量的尺寸均以毫米（mm）计。

3.游标卡尺的读数示例

如图 1.4.9-5(b)给出了按前述第一种刻度方式、分度值为 0.1 mm 的游标卡尺（主尺每格为 1 mm，副尺每格为 0.9 mm）两个读数示例。

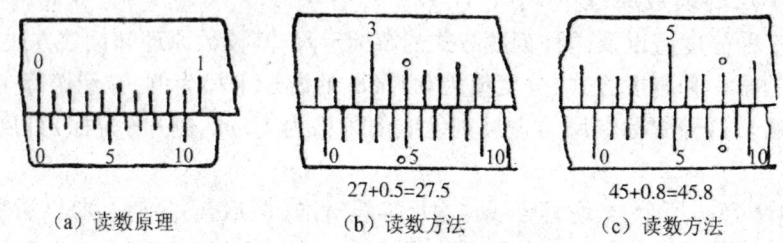

图 1.4.9-5　分度值为 0.1 mm 的游标卡尺（1）

如图 1.4.9-6 所示为按前述第二种刻度方式、分度值也为 0.1 mm 的游标卡尺的游标零位和读数示例。如图 1.4.9-6(a)可见，副尺（游标）上的 10 格对准主尺上的 19 格（19 mm），即主尺每格为 1 mm，而副尺每格为 1.9 mm，主尺 2 格与副尺 1 格相差 0.1 mm。其读数原理并未改变，但却增大了副尺刻度线的间距，使副尺的刻度线线条更加清晰，更容易看准读数。如图 1.4.9-6(b)所示为其读数示例，游标零线在 2～3 mm 之间，游标零线左边的主尺刻度线是 2 mm，因此，所测尺寸的整数部分是 2 mm；再观察副尺（游标）上的刻度线，可以看出副尺（游标）上的第 3 根刻度线与主尺刻度线是对齐的，因此，所测尺寸的小数部分为 3×0.1＝0.3（mm）；两者相加，则所测尺寸为 2+0.3＝2.3（mm）。

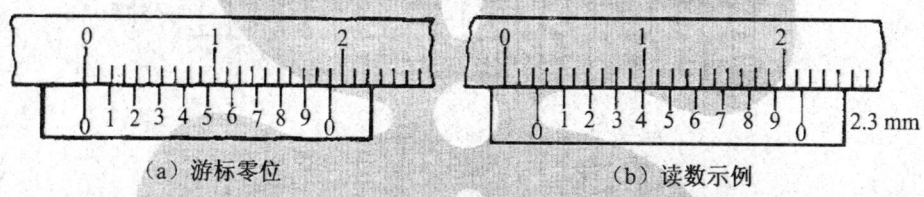

图 1.4.9-6　分度值为 0.1 mm 的游标卡尺（2）

如图 1.4.9-7 所示为分度值为 0.05 mm 的游标卡尺的游标零位和读数示例。由图 1.4.9-7(a)可见，副尺（游标）上的 20 格对准主尺上的 39 格（39 mm），即主尺每格为 1 mm，而副尺每格为 1.95 mm，主尺 2 格与副尺 1 格相差 0.05 mm（同样的道理，若副尺上的 20 格对准主尺上的 19 格，即主尺每格为 1 mm，而副尺每格为 0.95 mm，则主尺 1 格与副尺 1 格仍相差 0.05 mm）。图 1.4.9-7(b)为其读数示例，游标零线在 32～33 mm 之间，副尺（游标）上的第 11 根刻度线与主尺刻度线是对齐的，因此，所测尺寸的整数部分为 32 mm，小数部分为 11×0.05＝0.55（mm），则所测尺寸为 32+0.55＝32.55（mm）。

如图 1.4.9-8 所示为分度值为 0.02 mm 的游标卡尺的游标零位和读数示例。由图 1.4.9-8(a)可见，副尺（游标）上的 50 格对准主尺上的 49 格（49 mm），即主尺每格为 1 mm，而副尺每

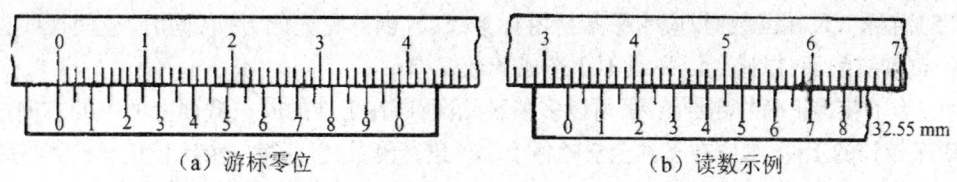

(a) 游标零位　　　　　　　　　　　(b) 读数示例

图 1.4.9-7　分度值为 0.05 mm 的游标卡尺(1)

格为 0.98 mm，主尺 1 格与副尺 1 格相差 0.02 mm。如图 1.4.9-8(b)所示为其读数示例，游标零线在 123~124 mm 之间，副尺(游标)上的第 11 根刻度线与主尺刻度线是对齐的，因此，所测尺寸的整数部分为 123 mm，小数部分为 $11\times0.02=0.22$(mm)，则所测尺寸为 $123+0.22=123.22$(mm)。

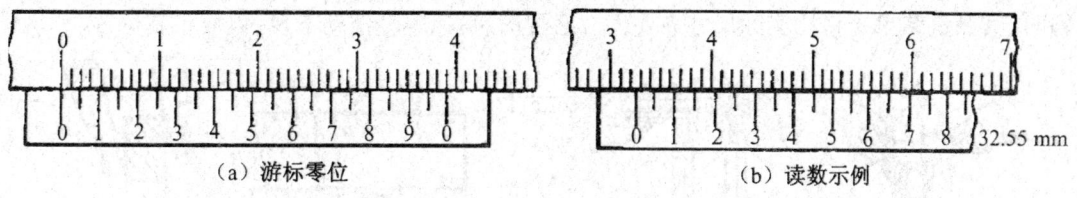

(a) 游标零位　　　　　　　　　　　(b) 读数示例

图 1.4.9-8　分度值为 0.05 mm 的游标卡尺(2)

实际上，由图 1.4.9-6、图 1.4.9-7、图 1.4.9-8 可见，目前大多数游标卡尺的副尺上所标注的刻度值，并不是其刻度线序号(或格数)的数值，而是刻度线序号(或格数)与游标卡尺分度值之积的 10 倍值，这样就可以很方便地读出所测尺寸的小数部分，而不再需要进行上述的与分度值有关的换算了。

(四) 游标卡尺的使用

如图 1.4.9-9 所示为三用游标卡尺测量外径、孔径和深度的用法示例。

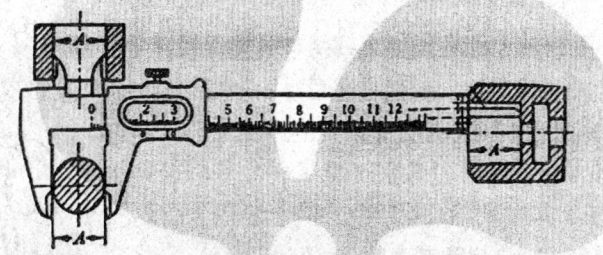

图 1.4.9-9　三用游标卡尺测量外径、孔径和深度的用法示例

正确使用和保养游标卡尺应重点注意以下几点。

(1) 使用游标卡尺测量前，应把游标卡尺擦拭干净，并检查游标卡尺的两个测量面和测量刀口是否平直无损；然后合并量爪，检查量爪两结合面是否贴合(应无明显的间隙)，并检查主尺的零位刻度线与游标的零位刻度线是否对齐。

(2) 移动游框时，其活动要自如，不应有过松或过紧现象，更不能有晃动现象；用固定螺钉固定游框时，卡尺的读数不应有所改变；在移动游框时，不要忘记松开其固定螺钉，亦不要过松以免掉落丢失。

(3) 使用游标卡尺测量工件时，不允许过分地施加压力，所施压力应使两个量爪刚好接触工件的表面。如果所施压力过大，不仅会使量爪弯曲或磨损，而且量爪在过大压力的作用下所产生弹性变形会使测量的尺寸不准确(外尺寸将小于实际尺寸，内尺寸将大于实际尺寸)。

(4) 使用中应注意保护量爪的测量面；不得用卡尺去测量铸件表面、锻件表面以及运动着的工件表面。

(5) 游标卡尺在读数时,应水平端持游标卡尺,且朝着亮光的方向;同时,应使视线正对着卡尺的刻度线表面,以避免因视线不正造成读数误差。

(6) 为了获得正确的测量结果,可以多测量几次,即在工件的同一截面上的不同方向进行测量。对于较长的工件,则应在工件全长的各个部位进行测量,以获得一个比较正确的测量结果。

(7) 游标卡尺是中等精度的量具,若因条件所限而必需要用游标卡尺去测量精度要求高的工件时,最好先用块规将游标卡尺校对一下,并记住这把游标卡尺的误差,并在测量时将这个误差考虑进去。

(8) 测量工件的外尺寸时,应使量爪贴靠在被测工件的表面;同时,卡尺必须放正,卡尺两测量面的连线应垂直于被测工件的表面,不得歪斜,以免产生误差,如图1.4.9-10所示,卡尺歪斜时,其测量结果 a 将比实际尺寸 b 要大。必要时,可以轻轻摇动卡尺,以放正其位置。

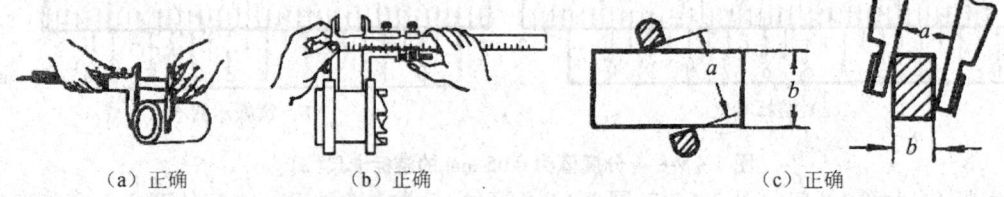

(a) 正确　　　　(b) 正确　　　　　　(c) 正确

图 1.4.9-10　游标卡尺测量外形尺寸

测量时,先把卡尺的活动量爪张开,使两个量爪能自由地跨在工件的两侧,把固定量爪贴靠在工件上,然后移动游框,用轻微的压力使活动量爪贴紧工件,然后拧紧固定螺钉以固定游标,再读出测量的工件尺寸。若卡尺带有微动装置,应先拧紧微动装置上的固定螺钉,然后转动调节螺母,使量爪接触零件,再拧紧游框上的固定螺钉以固定游标,最后读取测量的工件尺寸。

必须注意,决不可把卡尺的两个量爪只调节到接近甚至小于所测尺寸时,强行把卡尺卡到工件上去。这样做会使量爪变形,或使测量面过早磨损,导致卡尺失去应有的精度。

(9) 测量工件的内尺寸时,应使量爪分开的距离小于所测内尺寸,待量爪进入工件内孔后,再慢慢张开量爪并使其轻轻接触工件的内表面,如图1.4.9-11所示,然后将游框上的固定螺钉拧紧使游框固定后,再轻轻取出卡尺来读数。

图 1.4.9-11　游标卡尺测量内孔尺寸

取出量爪时必须注意,用力要均匀,要使卡尺沿着孔的中心线方向滑出,不可歪斜,以避免量爪受到扭伤(变形和不必要的磨损),也避免使游框产生位移,影响测量精度。

当测量圆孔的内径尺寸时,应注意使卡尺的两个测量刃位于孔的直径位置处,不能偏歪。如图1.4.9-12所示为使用带有刀口形的量爪和带有圆柱面形的量爪测量内孔的直径,当量爪不在孔的直径位置处时,其测量结果 d 将比实际孔径 D 要小。

当用下量爪的外测量面测量内尺寸时,一定要注意考虑量爪的厚度,即游标卡尺上的读数,加上两个量爪的厚度,才是被测工件的内尺寸。测量范围在500 mm以下的游标卡尺,两量爪的总厚度一般为10 mm。但当量爪磨损和修理后,其厚度就可能会变小,读数时也要把这个因素考虑进去。

当用游标卡尺测量内孔的深度时,应使主尺端面紧贴工件端面,并使尺子尖端贴住内孔的底面,然后读出尺寸。

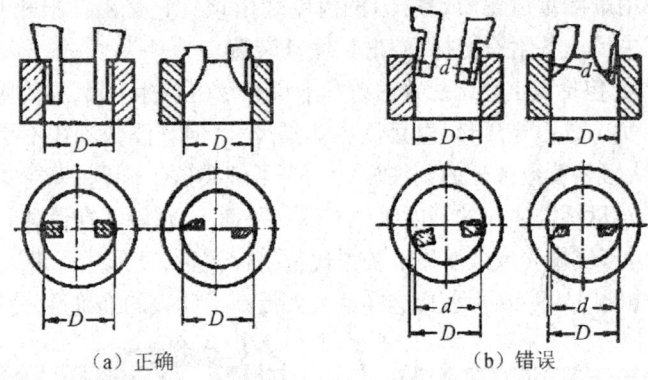

(a) 正确　　　　　　　　　　(b) 错误

图 1.4.9-12　游标卡尺测量内孔径

（10）测量平面沟槽时,应当使用量爪的平面测量刃进行测量,尽量避免使用端部测量刃和刃口形量爪测量。而对于圆弧形沟槽的尺寸,则应当使用刃口形量爪进行测量,而不应当使用平面形测量刃进行测量,如 1.4.9-13 所示。

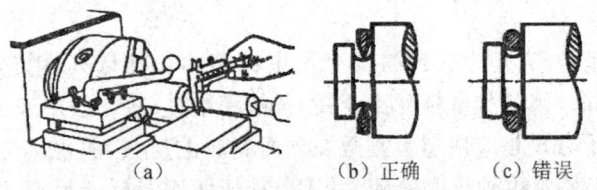

(a)　　　　(b) 正确　　　(c) 错误

图 1.4.9-13　游标卡尺测量沟槽

此外,在测量沟槽的宽度时,还要注意放正游标卡尺,应使卡尺两个测量刃的连线垂直于沟槽,不能歪斜,如 1.4.9-14 所示;否则也将使测量结果不准确(可能大也可能小)。

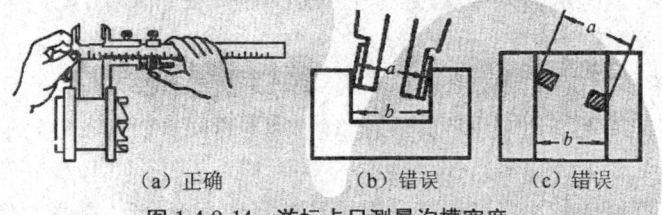

(a) 正确　　　　(b) 错误　　　　(c) 错误

图 1.4.9-14　游标卡尺测量沟槽宽度

（五）其他游标卡尺简介

除以上介绍的普通游标卡尺外,还有一些专用游标卡尺,比如高度游标卡尺、深度游标卡尺、齿厚游标卡尺等,它们的读数原理和方法与普通游标卡尺相同。

高度游标卡尺用于测量工件的高度和精密划线,其结构特点是用质量较大的基座代替了固定量爪,而可移动的尺框则通过横臂装有测量高度和划线用的量爪。高度游标卡尺的测量工作应在平台上进行。当量爪的测量面与基座的底平面位于同一平面时,比如在同一平台平面上,主尺与游标的零线是相互对准的。因此,在测量高度时,量爪测量面的高度,就是被测量工件的高度尺寸,它的具体数值,与游标卡尺一样可在主尺(整数部分)和游标（小数部分）上读出。用高度游标卡尺划线时,应先调好划线高度,再用紧固螺钉把游框锁紧,然后在平台上进行调整,调整后可以进行划线。

深度游标卡尺用于测量工件的深度尺寸,如台阶高低、槽的深度等。它的结构特点是游框的两个量爪连成一起成为一个带游标的测量基座,基座的端面和尺身的端面就是它的两个测量面。使用深度游标卡尺测量时,应先把测量基座轻轻地压在工件的基准面上,两个端面必须都接触工件的基准面。

齿厚游标卡尺用来测量齿轮(或蜗杆)的齿厚和齿顶。它是由两根相互垂直的主尺组成，在水平主尺与垂直主尺上各附有游标、游框和微动装置。

传统的游标卡尺，包括以上介绍的普通游标卡尺和专用游标卡尺，在使用时都存在一个共同的问题，就是读数不太方便，虽然可以直接读出测量尺寸，但其读数刻线不是很清晰，容易读错，有时不得不借助放大镜将读数部分的刻线放大。为了解决这个问题，现在的游标卡尺采用了无视差结构，使游标的刻度线与主尺的刻度线处在同一平面上，消除了在读数时因视线倾斜而产生的视差。有的卡尺装有测微表或数字显示装置代替游标读数，就形成了带表卡尺(如图 1.4.9-15 所示)和数显卡尺(如图 1.4.9-16 所示)，这样就大大提高了读数的准确性，使用也非常方便。

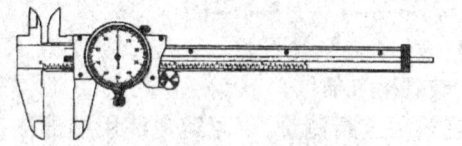

图 1.4.9-15　带表卡尺　　　　图 1.4.9-16　数显卡尺

十、千分尺

千分尺又称分厘卡，它是一种比游标卡尺更精密的长度量具，用它测量长度可以准确到 0.01 mm 或 0.001 mm。因其测量精度比较高，属精密量具，故一般用来测量公差等级为 IT6~IT10 的零件尺寸。千分尺是应用螺旋测微原理而制成的量具，故也称为螺旋测微器或螺旋测微仪。千分尺也是一种常用的长度量具，因其测量精度比游标卡尺高，并且使用比较灵活，因此，当加工精度要求较高时多使用千分尺。

国家标准中规定：外径千分尺是利用螺旋副原理对尺架上两个测量面间分隔的距离进行读数的外尺寸测量器具，其分度值为 0.01 mm 和 0.001 mm。分度值为 0.001 mm 的称为微米千分尺(过去有的地区将分度值为 0.001 mm 的称为千分尺，而将分度值为 0.01 mm 的称为百分尺)。

千分尺的种类虽然很多，比如外径千分尺、内径千分尺、深度千分尺、螺纹千分尺以及公法线千分尺等，但它们的结构大体相似，读数原理也基本相同。通常所说的千分尺一般都是指外径千分尺，它也是工程上使用最多、应用最广泛的一种千分尺。外径千分尺常用于测量或检验零件的外径、凸肩厚度以及板厚、壁厚等(测量孔壁厚度的千分尺，其量面呈球弧形)。

(一)千分尺的结构

千分尺一般都是由尺架、测微机构、测力机构和制动机构等几个部分组成。如图 1.4.10-1 所示为 0~25 mm 测量范围的外径千分尺的结构。尺架 1 的一端装有固定量砧 2，另一端装有测微装置。固定量砧和活动量砧(测微螺杆)的测量面上都镶有硬质合金，以提高测量面的使用寿命。尺架 1 的两侧面覆盖着绝热板 12，使用千分尺时，手拿在绝热板上，以防止人体的热量影响千分尺的测量精度。

1.千分尺的测微机构

如图 1.4.10-1 所示中的 3~9 是千分尺的测微机构部分。带有刻度的固定套管 5 用螺钉固定在螺纹轴套 4 上，而螺纹轴套 4 又与尺架 1 结合成一体。在固定套管 5 的外面有一个带刻度的活动套管 6，它用锥孔通过接头 8 的外圆锥面再与活动量砧(测微螺杆)3 相连。测微螺杆 3 的一端是测量杆，并与螺纹轴套上的内孔定心间隙配合；中间是精度很高的外螺纹，与螺纹轴套 4 上的内螺纹精密配合，可使测微螺杆 3 旋转自如并且其间隙极小；测微螺杆 3 另一端的外圆锥与内圆锥接头 8 的内圆锥相配，并通过顶端的内螺纹与测力机构 10 连接。

第一章 基础理论知识

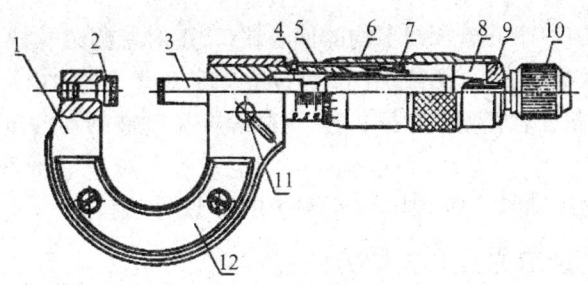

图 1.4.10-1　0~25 mm 测量范围的外径千分尺的结构

1—尺架；2—固定量砧；3—活动量砧（测微螺杆）；4—螺纹轴套；5—固定套管；6—活动套管；7—调节螺母；8—接头；9—垫片；10—测力机构；11—锁紧手柄；12—绝热板

当测力机构 10 的外螺纹旋紧在测微螺杆 3 的内螺纹上时，测力机构 10 就通过垫片 9 紧压接头 8，而接头 8 上开有轴向槽，有一定的胀缩弹性，能沿着测微螺杆 3 上的外圆锥胀大，从而使活动套管 6 与测微螺杆 3 和测力机构 10 结合成一体。

当用手旋转测力机构 10 时，就带动测微螺杆 3 和活动套管 6 一起旋转，并沿着精密螺纹的螺旋线方向运动，使千分尺两个量砧的测量面之间的距离发生变化。

2.千分尺的测力机构

如图 1.4.10-1 所示中的 10 为千分尺的测力机构，其内部结构如图 1.4.10-2 所示。千分尺的测力主要依靠的是一对棘轮的相互作用。棘轮 4 与转帽 5 联结成一体，而棘轮 3 可压缩弹簧 2 在轮轴 1 的轴线方向移动，但不能转动。弹簧 2 的弹力是控制测量压力的，螺钉 6 使弹簧压缩到千分尺所规定的测量压力。当手握转帽 5 顺时针旋转测力机构时，若测量压力小于弹簧 2 的弹力，转帽的运动就通过棘轮传给轮轴 1（其带动测微螺杆旋转），使千分尺两个量砧的测量面之间的距离继续缩短，即继续卡紧零件；当测量压力达到或略微超过弹簧的弹力时，棘轮 3 与 4 在其啮合斜面的作用下，压缩弹簧 2，使棘轮 4 沿着棘轮 3 的啮合斜面滑动，转帽的转动就不能带动测微螺杆旋转，同时发出嘎嘎的棘轮跳动声，表示已达到了额定测量压力，由此达到控制测量压力的目的。

当转帽 5 逆时针旋转时，棘轮 4 是用垂直面带动棘轮 3，不会产生压缩弹簧的压力，从而就能始终带动测微螺杆移动，使测微螺杆的测量面离开被测零件。

3.千分尺的制动机构

千分尺的制动机构就是测微螺杆的锁紧装置，千分尺的制动机构结构如图 1.4.10-3 所示。

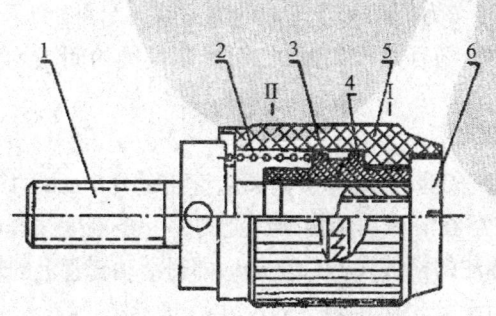

图 1.4.10-2　千分尺的测力机构的内部结构

1—轮轴；2—弹簧；3,4—棘轮；5—转帽；6—螺钉

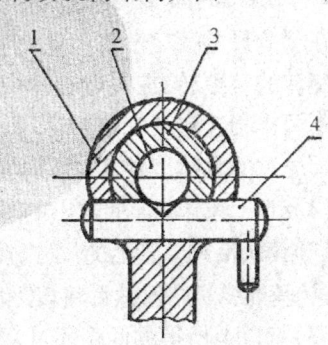

图 1.4.10-3　千分尺的制动机构结构

1—尺架；2—测微螺杆；3—固定套管；4—制动轴

制动轴4的圆周上,有一个开着深浅不均的偏心缺口,正对着测微螺杆2。当制动轴以缺口的较深部分正对着测微螺杆2时,测微螺杆2就能在固定套管3内自由活动,当制动轴转过一个角度,以缺口的较浅部分对着测微螺杆2时,测微螺杆2就被制动轴压紧在轴套内不能运动,达到制动的目的。

制动轴4的转动用锁紧手柄(即图1.4.10-1中的11)控制。

(二)千分尺的读数原理和读数方法

1.千分尺的读数原理

外径千分尺的读数是利用一套螺旋读数机构,它包括一对精密的螺纹(如图1.4.10-1所示中的测微螺杆3与螺纹轴套4)和一对读数套管(如图1.4.10-1所示中的固定套管5与活动套管6)。

用千分尺测量零件的尺寸时,要把被测零件置于千分尺的两个量砧的测量面之间测量,所以,两个量砧的测量面之间的距离就是零件的测量尺寸。

当测微螺杆(活动量砧)在螺纹轴套中旋转时,由于螺旋线的作用,测量螺杆就沿轴向移动,使两个量砧的测量面之间的距离发生变化。若测微螺杆按顺时针的方向旋转一周,两个量砧的测量面之间的距离就缩小一个螺距。同理,若按逆时针方向旋转一周,则两个量砧的测量面之间的距离就增大一个螺距。

常用千分尺测微螺杆的螺距为0.5 mm。因此,当测微螺杆顺时针旋转一周时,两个量砧的测量面之间的距离就缩小0.5 mm。当测微螺杆顺时针旋转不到一周时,其缩小的距离就小于一个螺距,它的具体数值,可从与测微螺杆连结成一体的活动套管的圆周刻度上读出。活动套管的圆周上刻有50个等分刻度线,因当活动套管旋转一周时,测微螺杆就推进或后退0.5 mm,所以,活动套管每转过它本身圆周刻度的一小格时,两个量砧的测量面之间的移动距离就是:0.5 mm/50 = 0.01 mm。由此可知,千分尺上的螺旋读数机构可以准确地读出0.01 mm,也就是说千分尺的分度值0.01 mm。

若活动套管转过不到它本身圆周刻度的一小格时,两个量砧的测量面之间的移动距离就是小于0.01 mm,其值可由它转过的在其本身圆周刻度小格内的位置大概估值,即测量尺寸的千分之几毫米也可估测,所以称为千分尺。若在固定套管上也刻上类似于游标卡尺上的游标刻度,利用游标卡尺一样的游标读数原理,则测量尺寸的千分之几毫米也可以准确地读出,即该千分尺的分度值为0.001 mm,此千分尺即为微米千分尺。

2.千分尺的读数方法

在千分尺的固定套管上刻有轴向中线,作为活动套管读数的基准线。另外,为了计算测微螺杆旋转的整数转,在固定套管中线的两侧,刻有两排刻度线,每排刻度线的间距均为1 mm,但上下两排相互错开0.5 mm。

千分尺的具体读数方法具体如下:

(1)读出固定套管上露出的刻线尺寸,一定要注意不能遗漏应读出的0.5 mm的刻线值。

(2)读出活动套管上的尺寸,此时要注意看清活动套管圆周上的哪一条刻度线与固定套筒的中线(基准线)对齐,然后将该刻度线所标注的格数乘上0.01 mm,即得活动套管上的尺寸。

(3)将以上所得的两个尺寸相加,即为千分尺所量测得的尺寸。

3.千分尺的读数示例

如图1.4.10-4(a)所示,在固定套管上读出的尺寸为8 mm,在活动套管上读出的尺寸为

27(格)×0.01 mm =0.27 mm,两数相加即得被测零件的尺寸为 8.27 mm。

如图 1.4.10-4(b)所示,在固定套管上读出的尺寸为 8.5 mm(此时千万要注意:不能遗漏应读出的 0.5 mm),在活动套管上读出的尺寸为 27(格)×0.01 mm =0.27 mm,两数相加即得被测零件的尺寸为 8.77 mm。

如图 1.4.10-4(c)和如图 1.4.10-4(d)所示也是千分尺的测量结果,请读者自己分析并读出数值。

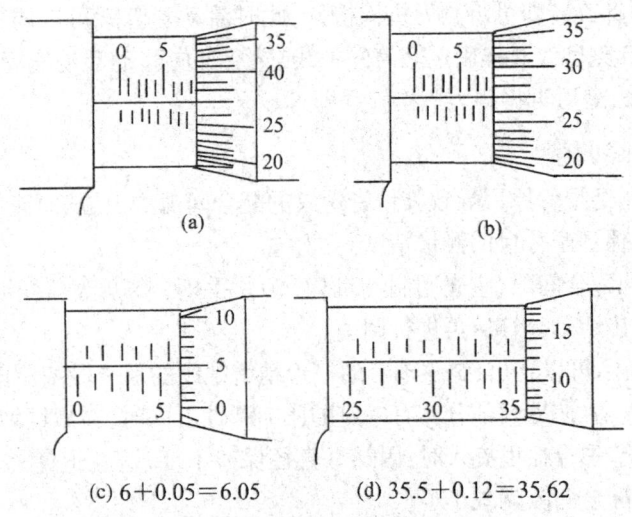

图 1.4.10-4 千分尺的读数

(三) 千分尺的使用

因为千分尺测微螺杆的移动量为 25 mm,所以常用的千分尺的测量范围一般为 0~25 mm。为了使千分尺能测量更大的长度尺寸以满足工程实际的需要,就把千分尺的尺架做成了各种大小的尺寸,因而就形成了不同测量范围的千分尺。测量上限大于 300 mm 的千分尺,也可把固定量砧做成可调或可更换式的。

千分尺是一种应用广泛的精密量具,按其制造精度,可分为 0 级和 1 级两种,0 级精度较高,1 级次之。千分尺的制造精度,主要是由它的示值误差和两个量砧测量面的平面平行度公差的大小决定的。从千分尺的精度要求可知,用千分尺测量 IT6~IT10 级精度的零件尺寸较为合适。

千分尺在使用过程中,由于磨损,特别是使用不妥当时,会使千分尺的示值误差超差,所以应定期进行检查,并进行必要的拆洗或调整,以便保持千分尺的测量精度。

1.千分尺的零位校正

千分尺如果使用不当,就会造成零位走动,从而使测量结果不正确。所以,千分尺在使用时必须先校对千分尺的零位。

校对千分尺的零位就是先将千分尺的两个量砧的测量面擦拭干净,然后转动测微螺杆使它们贴合在一起(指 0~25 mm 的千分尺,若测量上限大于 25 mm 则应在两个量砧的测量面之间放入校准棒或相应尺寸的量块),检查活动套管圆周上的 0 刻度线是否对准固定套管上的中线(基准线),以及活动套管的端面是否正好使固定套管上的 0 刻度线露出来。若两者的位置都是正确的,则千分尺的零位正确;否则就需要进行校正,使之对准零位。

若只是活动套管的 0 刻度线没有对准固定套筒的中线且偏差很小,可将千分尺的专用扳手插入固定套管的小孔内,把固定套管转过一点,使之中线对准活动套管的 0 刻度线即可;若偏差较大则不可如此,而应该松开测力机构去调整固定套管。

若活动套管的轴向位置不正确(比如,活动套管的端部盖住固定套管上的 0 刻度线,或固定套管上的 0 刻度线露出太多,或固定套管上的 0 刻度线与 0.5 刻度线错误等),则必须松开测力机构进行固定套管的调整。

先用制动机构(锁紧手柄)将测微螺杆锁住,然后将千分尺的专用扳手插入测力机构中的轮轴的小孔内,逆时针旋转即可将测力机构松开,此时活动套管就可以调整了。调整时,应先转动活动套管使其 0 刻度线对准固定套筒的中线,然后轴向移动活动套管以使固定套管上的 0 刻度线正好露出来,最后再将测力机构旋紧即可。

2. 千分尺的间隙调整

千分尺会因使用磨损等原因导致其精密螺纹的配合间隙增大,从而使示值误差超差,此时则必须进行调整,以保证千分尺的测量精度。

调整精密螺纹的配合间隙,应先用制动机构(锁紧手柄)将测微螺杆锁住,再用专用扳手把测力机构松开,拉出活动套管后再进行调整。

如图 1.4.10-1 所示可以看出,螺纹轴套的接近精密螺纹的那一段壁厚比较薄,且连同螺纹部分一起开有轴向直槽,使螺纹部分具有一定的胀缩弹性。同时,在螺纹轴套的圆锥外螺纹上旋着调节螺母,当调节螺母往里旋入时,因螺母直径保持不变,这就迫使外圆锥螺纹的直径缩小,于是精密螺纹的配合间隙就减小了。

调整了调节螺母后,应先松开制动机构(锁紧手柄)进行试转,看螺纹间隙是否合适。若间隙过小会使测微螺杆活动不灵活,此时可把调节螺母松出一点;若间隙过大则会使测微螺杆松动,此时可把调节螺母再旋进一点。如此反复调整调节螺母,直至间隙调整好后,再把活动套管安装上,对准零位后将测力机构旋紧。

经上述调整的千分尺,除必须校对零位外,还应当用标准检定量块检验该千分尺的 5 个尺寸的测量精度,在确定了千分尺的精度等级后,才能用于实际测量使用。

3. 千分尺的用法及注意事项

千分尺是精密量具,使用和保养时应重点注意以下几点。

(1)千分尺的两个量砧的测量面应保持干净,使用前应进行间隙检查、零位检查和活动度检查。

把千分尺的两个量砧的测量面擦拭干净,然后转动测力机构,使两个量砧的测量面接触(这是指 0~25 mm 的千分尺,对测量上限大于 25 mm 的千分尺,应在两个量砧的测量面之间放入校准棒或相应尺寸的量块),此时两个量砧的测量面之间(或量砧的测量面与校准棒或量块之间)应没有间隙和漏光现象,并且活动套管上零线应与固定套管上的基准线对齐;否则应进行间隙调整和零位校准。

转动测力机构时,活动套管应能自由灵活地沿着固定套管活动,应没有任何轧卡和不灵活的现象。若有活动不灵活、轧卡等的现象应及时送去检修。

(2)测量前,应把零件的被测量表面擦拭干净,以免有脏物的存在而影响测量的精度。

(3)测量时,千分尺必须先放正,然后再开始进行测量。

使用千分尺测量零件时,应使测微螺杆与零件的被测量尺寸的方向一致。比如,测量外径时,测微螺杆应与零件的轴线垂直,不得歪斜,如图 1.4.10-5 所示为在车床上使用外径千分尺测量工件。

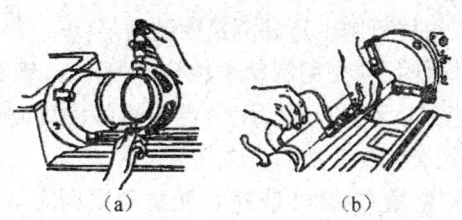

图 1.4.10-5　在车床上使用外径千分尺测量工件

（4）单手使用外径千分尺时，可先用大拇指和食指（或中指）捏住活动套筒，然后用小指勾住尺架并压向手掌上；将千分尺移向零件，在零件上放正后，再将大拇指和食指移向转动测力机构，然后转动测力机构开始测量，如图 1.4.10-6(a) 所示。

双手使用外径千分尺时，应一只手捏在尺架两侧面的绝热板上，用另一只手的大拇指和食指转动测力机构进行测量，如图 1.4.10-6(b) 所示。

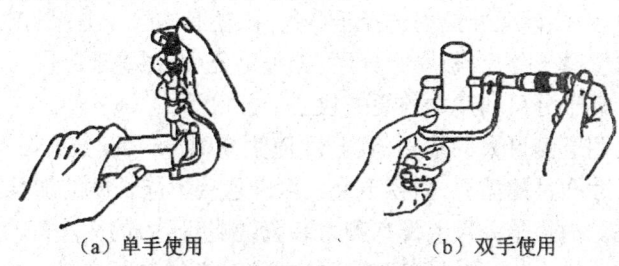

（a）单手使用　　　　　（b）双手使用

图 1.4.10-6　千分尺的正确使用

（5）测量时，应当手握测力机构的转帽来转动活动量砧（测微螺杆），使量砧表面保持标准的测量压力，即听到"嘎嘎"的声音，表示压力合适，此时可以开始读数。要避免因测量压力不合适而产生测量误差。

测量时，可在旋转测力机构的同时，轻轻地晃动尺架，以使量砧的测量面与零件的表面有良好的接触。

（6）测量时，绝不允许用力旋转活动套管来增加测量压力，这会使测微螺杆过分压紧零件表面，致使精密螺纹因受力过大而发生变形，损坏千分尺的精度。有时用力旋转活动套管后，虽然因活动套管与测微螺杆间的连接不牢固而使对精密螺纹的损坏并不严重，但是，活动套管打滑后，千分尺的零位就走动了，因而尺寸的测量就不准确了。

（7）千分尺是精密量具，不允许手握千分尺的活动套管晃动和挥舞使尺架旋转，以快速推进测微螺杆，如图 1.4.10-7(a) 所示，这样会破坏千分尺的内部结构。更不允许把千分尺当卡钳或榔头使用。

（8）不得使用千分尺测量运动中的工件，比如图 1.4.10-7(b) 所示的测量旋转运动中的工件，这样很容易使千分尺的量砧测量面严重磨损，而且测量也不准确。

对于超过常温的工件，不要使用千分尺进行测量，以免产生读数误差。不得使用千分尺测量表面粗糙的零件，这样容易使量砧测量面过早磨损。绝对不允许用千分尺测量带有研磨剂的表面，以免损伤量砧测量面的精度。

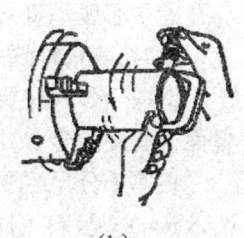

（a）　　　　　（b）

图 1.4.10-7　千分尺的错误使用

(9) 读数时,最好不要把千分尺从零件上取下来读数,而应在零件上进行读数,读数后再放松活动量砧,取出千分尺,这样可减少量砧测量面的磨损。

如果必须取下千分尺读数时,应先用制动机构(锁紧手柄)锁紧测微螺杆后,然后再轻轻将千分尺从零件上滑下。把千分尺当卡规使用是错误的,因为这样做不但容易使测量面过早磨损,而且会使测微螺杆或尺架发生变形而失去精度。

(10) 在读取千分尺上的测量数值时,应特别注意观察固定套管基准线上的小数的数值(要注意看是否露出 0.5 mm 的刻度线)。若大于 0.5 mm,读数时切勿遗漏。

(11) 为了获得正确的测量结果,可在同一位置上再测量一次。尤其是测量圆柱形零件时,应在同一圆周的不同方向测量几次,检查零件外圆有没有圆度误差,再在全长的各个部位测量几次,检查零件外圆有没有圆柱度误差等。

(12) 千分尺使用完毕后,应用清洁的棉纱擦拭干净,然后涂上防锈油,放入盒中。

(四) 其他千分尺简介

千分尺的种类很多,除前面介绍的外径千分尺外,还有内径千分尺、内测千分尺、三爪内径千分尺、深度千分尺、壁厚千分尺、板厚千分尺、尖头千分尺、螺纹千分尺、公法线长度千分尺以及读数精度较高的杠杆千分尺和读数方便的数显千分尺等。

内径千分尺主要用于测量大的孔径,其分度值为 0.01 mm,读数方法与外径千分尺相同。为了适应测量不同尺寸孔径的需要,内径千分尺可以连接不同长度的加长测量杆,加长测量杆也可以相互连接加长。内径千分尺上没有测力装置,测量压力的大小完全靠手中的感觉。内径千分尺的示值误差比较大,在测量精度较高的内径时必须进行校准。内径千分尺除可用来测量内径外,也可用来测量槽宽、机体两个内端面之间的距离等的内尺寸。但 50 mm 以下的尺寸不能测量,需用内测千分尺。

内测千分尺主要用于测量小尺寸内径、槽的内侧面宽度,其特点是容易找正内孔直径,且测量方便。内测千分尺的分度值一般为 0.01 mm。内测千分尺的读数方法与外径千分尺相同。但是,需要注意的是,内测千分尺活动套管上的刻线尺寸与外径千分尺相反,它的测量方向和读数方向也都与外径千分尺相反。

三爪内径千分尺适用于测量中小直径的精密内孔,尤其适于测量深孔的直径。需要注意的是,三爪内径千分尺的零位,必须在标准孔内进行校对。

深度千分尺用以测量孔深、槽深以及台阶高度等,其结构除了用基座代替尺架和固定量砧外,其余与外径千分尺无多大区别。深度千分尺的分度值一般也为 0.01 mm,其读数原理与读数方法与外径千分尺也完全相同。深度千分尺的测量杆一般为可更换的形式,更换后用锁紧装置锁紧即可。深度千分尺的零位校对应在精密平面上进行。用深度千分尺测量孔深时,应把基座的测量面紧贴在被测孔的端面上,同时,零件的这一端面不仅要求光洁平整而且还要求与孔的中心线垂直,这样才能够使深度千分尺的测量杆与被测孔的中心线平行,以保证测量精度。此时,测量杆端面到基座端面的距离,就是孔的深度。

壁厚千分尺主要用于测量精密管形零件的壁厚,其分度值为 0.01 mm。壁厚千分尺的测量面镶有硬质合金,可提高使用寿命。

板厚千分尺主要用于测量板料的厚度尺寸,其分度值一般为 0.01 mm(有的分度值为 0.05 mm)。板料可插入深度一般为 50~200 mm。

尖头千分尺主要用来测量零件的厚度、长度、直径及小沟槽,比如钻头和偶数槽丝锥的沟槽直径等。尖头千分尺的分度值为 0.01 mm。

螺纹千分尺主要用于测量普通螺纹的中径,其结构与外径千分尺完全相似,所不同的只是螺纹千分尺带有几副可调换的特殊测量头,测量头的角度与螺纹牙型角是相同的。螺纹千分尺的分度值为 0.01 mm,其测量范围、测量螺距的范围、可调换的特殊测量头的副数等有多种组合可供选择。

公法线长度千分尺主要用于测量外啮合圆柱齿轮的两个不同齿面公法线长度,也可以在检验切齿机床精度时,按被切齿轮的公法线检查其原始外形尺寸。公法线长度千分尺的结构与外径千分尺完全相似,所不同的只是公法线长度千分尺是用两个带精确平面的量钳(测量面)来代替原来的量砧测量面。公法线长度千分尺的分度值为 0.01 mm,其 0~150 mm 测量范围按 25 mm 分段,测量模数 $m \geqslant 1$ mm。

杠杆千分尺又称指示千分尺,它是由外径千分尺的固定套管部分和杠杆卡规中的指示机构组合而成的一种精密量具。杠杆千分尺既可以像千分尺那样用作长度的绝对测量,也可以用作长度的相对测量。杠杆千分尺分度值有 0.001 mm 和 0.002 mm 两种。杠杆千分尺不仅读数精度较高,而且因其测量力由小弹簧产生,比普通千分尺的棘轮装置所产生的测量力稳定,同时其弓形架的刚度也较大,因此,杠杆千分尺的实际测量精度也比较高。用杠杆千分尺作长度的相对测量前,应按被测工件的尺寸,用量块调整好零位。测量时,应按动退让按钮,让活动测杆的测量面轻轻接触工件,不可硬卡,以免测量面磨损而影响精度。测量工件直径时,应摆动量具,以指针的转折点读数为正确的测量值。

同传统的游标卡尺一样,传统的千分尺也存在着读数不太方便、读数刻线不是很清晰、容易读错等问题。为了读数的方便和读数准确性的提高,目前也出现了装有测微表或数字显示装置的千分尺。如图 1.4.10-8 所示为数显外径千分尺。

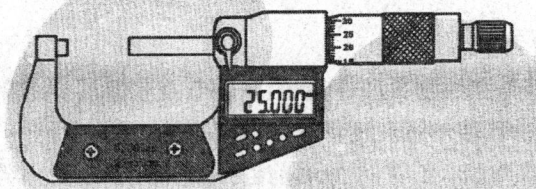

图 1.4.10-8　数显外径千分尺

十一、扭矩仪

功率是表征机械和动力机械设备性能的一个重要参数,对不同的机械,其功率的含义是不同的。比如,机床的功率是指切削功率,即各切削分力所消耗功率的总和;压缩机和风机的功率则是指单位时间所吸收的功;内燃机和汽轮机的功率则是指单位时间发出的功。

功率的测定方法当然也应根据具体的测试对象及功率的含义来确定。对于大多数以轴作为输入(或输出)装置的动力机械来说,其轴功率一般由轴输入(或输出)的扭矩与轴的旋转角速度的乘积而获得,即

$$Ne = M_n \cdot \omega = \frac{M_n \cdot n}{9\,550} \text{ kW}$$

式中,Ne 为轴输入(或输出)的功率,单位为 kW;M_n 为轴输入(或输出)的扭矩,单位为 N·m;ω 为轴的旋转角速度,单位为 rad/s;n 为轴的转速,单位为 r/min。

转速的测量可采用本小节前述的各种转速测量的方式进行,而扭矩的测量则要通过扭矩仪或测功器来进行测量。

(一)扭矩测量的基本原理

由材料力学可知,在弹性范围内,一根圆轴在受到扭矩 $M_n(N\cdot m)$ 的作用时,其表面的剪应力 $\tau(Pa)$ 和剪应变 $\gamma(rad)$ 分别为

$$\tau = \frac{M_n}{W_n} \qquad \gamma = \frac{\tau}{G} = \frac{M_n}{GW_n}$$

式中,W_n 为该圆轴的抗扭截面模量,单位为 m^3,对于截面形状和尺寸一定的轴,其值为常量;G 为材料的剪切弹性模量,单位为 Pa。

由此可见,当圆轴的材料和截面形状及尺寸一定时,剪切弹性模量 G 和抗扭截面模量 W_n 均为定值,则圆轴表面的剪应变 γ 与扭矩 M_n 为线性关系,即只要测得了圆轴表面的剪应变 γ,就可得到作用在圆轴上的扭矩 M_n。

由材料力学可知,一根圆轴在受到扭矩 $M_n(N\cdot m)$ 的作用时,其相距为 $L(m)$ 的两个横截面之间的相对扭转角 θ 的大小为

$$\theta = \frac{LM_n}{GJ_n}$$

式中,G 为材料的剪切弹性模量,单位为 Pa;J_n 为该圆轴截面的极惯性矩,单位为 m^4,对于截面形状和尺寸一定的轴,其值为常量。

由此可见,当圆轴的材料和截面形状及尺寸一定时,剪切弹性模量 G 和截面极惯性矩 J_n 均为定值,若两个横截面之间的距离 L 确定,则这两个横截面之间的相对扭转角 θ 与扭矩 M_n 为线性关系,即只要测得了相距为 L 的两个横截面之间的相对扭转角 θ,就可得到作用在圆轴上的扭矩 M_n。

(二)扭矩的测量方式及分类

目前,扭矩的测量都是利用测量轴、特制的联轴节或实际传动轴等传递扭矩的零件,通过测量其在扭矩的作用下所产生的扭转变形来测量扭矩的。

扭矩传感器是扭矩仪的核心器件,尽管目前各种测量扭矩的扭矩传感器的形式与结构各异,但都是基于前述的原理,即通过测量圆轴表面的剪应变 γ(或剪应力 τ),或者测量圆轴某一长度的相对扭转角 θ 来实现扭矩测量的;同时,无论测量哪一个参数,也都是通过机电变换器将其转换为电量,而后对它进行测量再经换算来确定扭矩的。所以,现有的测量扭矩的扭矩仪或扭矩传感器按其所测量的参数分为两大类,即剪应力或剪应变式与相对转角式。而每一类中,按其测量方式和机电变换器的类型,又分为电阻应变片式、相位差式、钢弦式等,如图 1.4.11-1 所示。

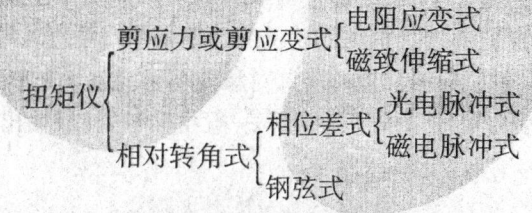

图 1.4.11-1 扭矩仪的分类

我国目前用得最广的扭矩仪是电阻应变片式、相位差式和钢弦式三种。

(三)电阻应变式扭矩仪

电阻应变式扭矩仪是利用应变片将由扭矩产生的剪应变转换成电量来进行测量的。应变片可以直接贴在需要测量扭矩的传动轴上,也可以贴在一根特制的传动轴上制成应变片式扭

矩传感器,用于各种需要测量扭矩和功率的传动测试台架上。

在测量扭矩的过程中,不论应变片直接贴在传动轴上还是贴在专用的轴上,其测量技术的关键都是应变片的贴片位置及方向和旋转体上电信号的传递这两个问题。

1.应变片的贴片位置及方向

电阻应变式扭矩仪或传感器是利用应变原理来测量扭矩的。由材料力学可知,当被测圆轴受到扭矩作用时所产生的剪应力其最大值位于轴的外圆周面上,两个主应力分别是与轴线成 45°和 135°的夹角。因此,可把应变片贴在主应力的方向上,测出其应变值,从而得到扭矩值。

虽然剪应变是角变形,而应变片不能直接测得剪应变,但从电桥的加减特性可知,只要沿被测轴偏角 45°和 135°方向上(如图 1.4.11-2 所示)贴片,将这两个应变片分别接在电桥相邻的两个桥臂中,则应变仪指示仪表的读数(应变量)就是剪应变值,由该剪应变值再根据标定曲线就可换算得到被测轴扭矩值。

在实际工程应用中,为了提高扭矩仪的综合技术指标,常采用下述措施:

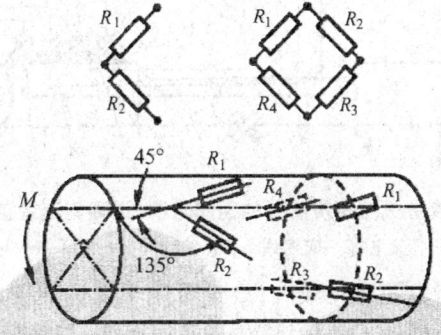

图 1.4.11-2　应变片的贴片方式

(1)在被测轴上选取适当的截面,在该截面的圆周方向以 90°的间隔布置四只应变片(如图 1.4.11-2 所示),其贴片方向仍沿与轴线成 45°和 135°的方向,并以全桥方式接入到应变仪电路中,以提高测量的灵敏度。

(2)当被测轴为细长轴,轴径很小,贴片位置受到限制且只承受扭矩时,为了避免圆周方向四个应变片布置时的空间位置拥挤,可沿轴线在不同的截面上贴片。

2.旋转体上电信号的传递

旋转体上电信号的向外传递问题是一个具有普遍意义的技术问题,应变式扭矩仪电信号的传递就是其中较为典型的一例。目前,旋转体上电信号的向外传递主要使用两种方式,一种是集流装置的形式,另一种是电磁波发射的形式。

集流装置形式的电信号向外传递就是采用各种结构形式的集流装置将电信号从旋转轴上传出。这种形式的电信号传递因其结构简单,所以在实际测量中应用的较为广泛。一般集流装置可分为两个部分,即安装在旋转轴上的旋转部分和安装在旋转轴外的固定部分,按这两个部分是否接触,集流装置分为接触式与非接触式两种。集流装置按其结构形式分为很多种,常用的有:接触式中的电刷-滑环集流装置、水银集流装置,以及非接触式中的感应式集流装置。

随着无线电发射技术和接收技术在测试中的应用,近年来开始越来越多地利用近程遥测装置进行扭矩的测量。在旋转轴上安装固定电磁波发射装置,应变片接到发射装置上,将电信号转换成被调制的载波信号后,经发射装置的天线发射出去,由接收装置的天线接收、解调、还原成与被测量相关的信号。

(1)电刷-滑环集流装置

电刷-滑环集流装置分为径向电刷-滑环集流装置和端面电刷-滑环集流装置两种,其结构形式虽不同,但信号传输的原理是一样的。集流装置的关键部件是集流环。

如图 1.4.11-3 所示为应变片式扭矩传感器的径向电刷-滑环集流装置示意图。在扭矩轴 1 的外径上装一绝缘环 3,应变片组 2 的引线连接在绝缘环 3 的滑环 4 上,电刷 5 被紧压在滑环上,这样应变的电信号就通过电刷连接在测试仪器上。绝缘环 3、滑环 4、电刷 5 构成径向刷式集流环。在应变测量中,因应变片的电阻变化十分微小,所以集流装置在旋转过程中的接触电阻变化一定也要十分微小,这样才不致引入较大的测量误差,为此常采用以下措施:滑环采用低电阻值的银或镀银铜环,电刷多用银石墨电刷,电刷与滑环间还要保持适当的压力并要求防尘。另外,对滑环表面光洁度、不圆度的加工都有较高要求。

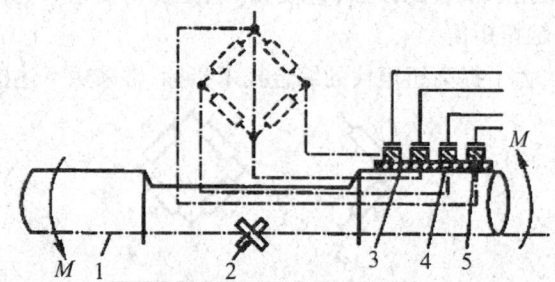

图 1.4.11-3　应变片式扭矩传感器的径向电刷-滑环集流装置示意图
1—扭矩轴;2—应变片组;3—绝缘环;4—滑环;5—电刷

径向刷式集流环的接触电阻变化较大,故仅可用于低速转轴的测量。如果将电刷与滑环的接触面由轴的圆周面转移到轴的端面,则构成了端面刷式集流环,如图 1.4.11-4 所示。对于直径尺寸较大的旋转轴,这种结构的电刷其相对滑动线速度低于径向刷式集流环,易于实现一滑环多电刷的布置(如图 1.4.11-4 中为两电刷),从而降低了接触电阻,故适用于转速较高的工作状态。端面刷式集流环装置虽然不失为在旋转轴上传输电信号的一种有效方法,但却不易用于应变片式扭矩传感器。这是由于扭矩传感器往往是布置在原动机与负载之间,无自由端面可供使用。

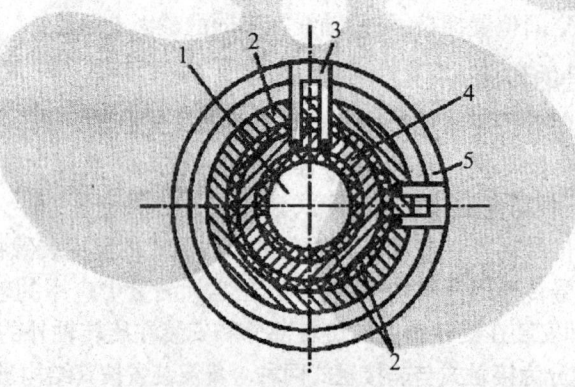

图 1.4.11-4　端面刷式集流环
1—旋转轴;2—滑环;3—电刷;4—绝缘环;5—固定套筒

如图 1.4.11-5 所示为某一种端面电刷-滑环集流装置的结构图,由套筒 1、绝缘环 2、滑环 3、电刷 4 构成端面刷式集流环。套筒有各种尺寸,套在被测轴上或专用的弹性轴上。应变片通过导线接到滑环上,滑环的端面有与之相接触的电刷4,电刷靠簧片5压紧在端面上,并与外壳6相连。为了防止电刷在振动的影响下离开滑环,电刷应有一定的预紧力。应变产生的电信号就是通过电刷和端面接触传递出去的。套筒与外壳在测量过程中做相对运动,所以中间装有轴承7。

一般情况下,对于半桥测量,集流环有三副(如图1.4.11-5所示);对于全桥测量,集流环有四副(如图1.4.11-3所示)。

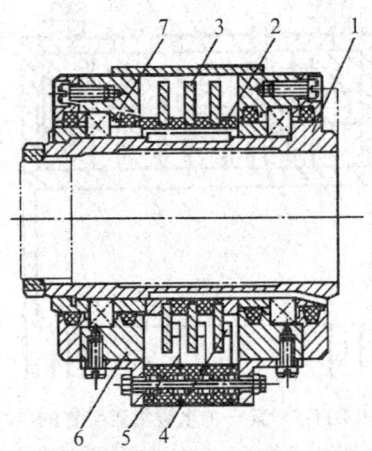

图1.4.11-5 某一种端面电刷-滑环集流装置的结构图
1—套筒;2—绝缘环;3—滑环;4—电刷;5—簧片;6—外壳;7—轴承

集流环的关键零件是电刷和滑环。对于一般用途的集流装置,滑环用紫铜制成,电刷用石墨-铜合金制成。对于测量精度较高的集流装置,滑环用纯银或蒙乃尔合金(60%~71%Ni,25%~35%Cu,1%~3%Mn,1%Fe,1%Si)制成,电刷用石墨-银合金制成。为使电刷在测量中始终压在滑环上,簧片5采用弹性极好的铍青铜制成。

电刷-滑环集流装置结构简单,坚固耐用,维修方便,但是它的接触电阻易受振动影响而波动,从而影响到测量精度。

(2)水银集流装置

如图1.4.11-6所示为水银槽式集流环,以水银作为运动部件与固定部件之间的导电介质。图中,扭矩轴1上的四个应变片2引线分别连接到被绝缘层5隔开的内运动环3上,外固定环7上的引线6与仪表电路相连接,在内、外环的间隙中充满液体水银层4作为导电介质。由铝锰青铜制成的内运动环3与外固定环7的表面经特殊处理后与汞有很好的亲润性,当内运动环3随扭矩轴1转动时可保持良好的导电性。这种水银集流环的内、外环接触电阻比前述刷式集流环小一个数量级,在运动过程中其接触电阻的变化量很小,所以可用于每分钟数千转的高速转轴的扭矩测量。

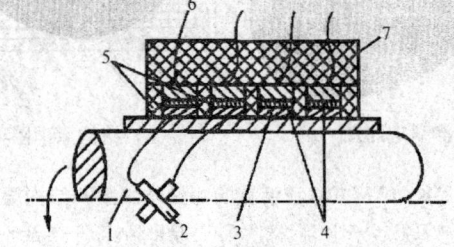

图1.4.11-6 水银槽式集流环
1—扭矩轴;2—应变片;3—内运动环;4—水银层;5—绝缘层;6—引线;7—外固定环

如图 1.4.11-7 所示为某一种水银集流装置的结构图。图中，内套 1 固定在被测轴或特制的弹性轴上，与轴一起转动。内套 1 上有内绝缘环 4 及表面经过处理的铜制内接触环 5，应变片的引出线接在其上。外壳体 2 与内套 1 之间装有滚动轴承 3。外壳上装有外绝缘环 6 和外接触环 7。内、外接触环之间有 0.2~0.7 mm 的间隙，其中通过注孔 8 注入水银，内、外接触环则借水银接通。外接触环 7 通过螺塞 9 用导线与测量仪表相连。

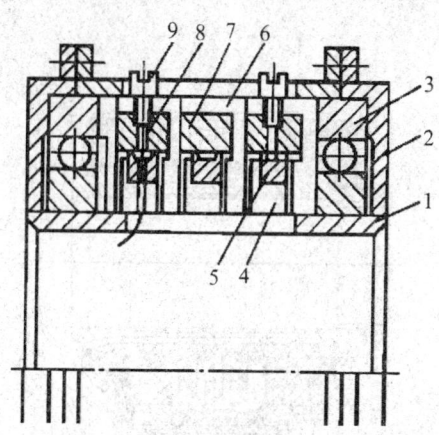

图 1.4.11-7 某一种水银集流装置的结构图

1—内套；2—外壳体；3—滚动轴承；4—内绝缘环；5—内接触环；6—外绝缘环；7—外接触环；8—注孔；9—螺塞

水银集流装置的优点是接触电阻稳定，噪声小。但其制造精度高，密封要求高。另外，水银蒸气的慢泄漏，尤其是若在高温下工作则容易蒸发逸出，不仅是长时间运转后需要补充水银，而且对人体有毒害，因而其使用受到限制。

（3）感应式集流装置

感应式集流装置是利用电磁感应的原理将集流装置旋转部分的电信号耦合到集流装置的固定部分上去的，它去除了这两个部分的各种接触点，因而称无接触集流装置，也称变压器式集流装置。如图 1.4.11-8 所示为感应式集流装置的测量电路图和结构原理图。

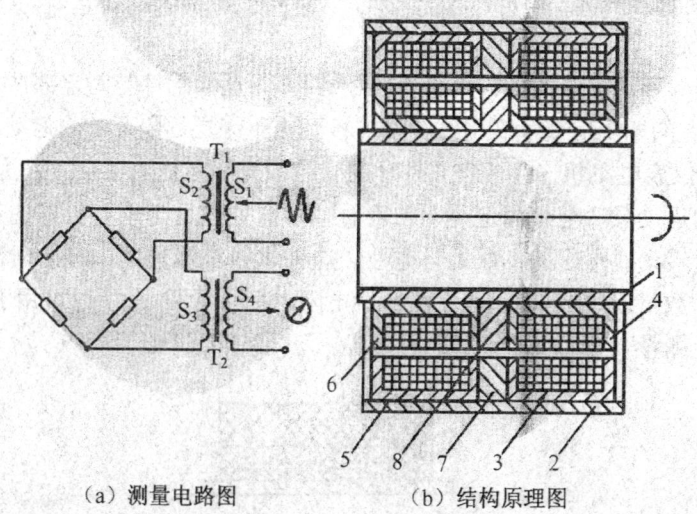

（a）测量电路图　　　　（b）结构原理图

图 1.4.11-8　感应式集流装置的测量电路图和结构原理图

1—内套筒；2—外套筒；3，4，5，6—槽形环；7，8—屏蔽环

如图 1.4.11-8(a) 所示为测量电路图。贴在被测轴上的四个应变片接成电桥，四个接点分

别接到两个变压器 T_1 和 T_2 上。T_1 为供桥变压器，它的一次侧线圈 S_1 接到测量仪表的振荡电路或其他电源上，二次侧线圈 S_2 将交流载波电压供给电桥。T_2 为输出变压器，它的一次侧线圈 S_3 接在电桥的输出端，二次侧线圈 S_4 与应变仪或其他测量仪器的放大电路相连。

如图 1.4.11-8(b) 为结构原理图。图中，集流装置的内套筒 1 和外套筒 2 上，分别装有纯铁槽形环 3、4、5、6，变压器的线圈 S_1、S_2、S_3 和 S_4 就绕在其中。为了防止两个变压器的相互干扰，中间用非磁性材料制成的屏蔽环 7、8 隔开。内、外套筒也用非磁性材料制成，内套筒 1 固定在被测轴上，随轴一起转动，外套筒 2 固定在台架上。

感应式集流装置的优点是无接触电阻的影响，其体积小，惯性也小。其缺点是易受外电磁场的干扰。

3. 应变式扭矩传感器

目前，应变式扭矩传感器的主要技术指标大致是：扭矩过载能力为 20%~25%；非线性度为 0.2%~1.0%；滞后量为 0.2%~1.0%；零点漂移量为 0.01%/℃~0.02%/℃；较低转速时集流环接触电阻的变化所引起的误差为 0.3%~0.5%。应变式扭矩传感器的最高工作转速受到集流环电刷与滑环间的滑移线速度的限制，且与扭矩的量程有关，量程越大，允许的最高工作转速越低，为 1 500~9 000 r/min。

如图 1.4.11-9 所示为常见的 BMR-13 型应变式扭矩传感器的结构和接桥方式。

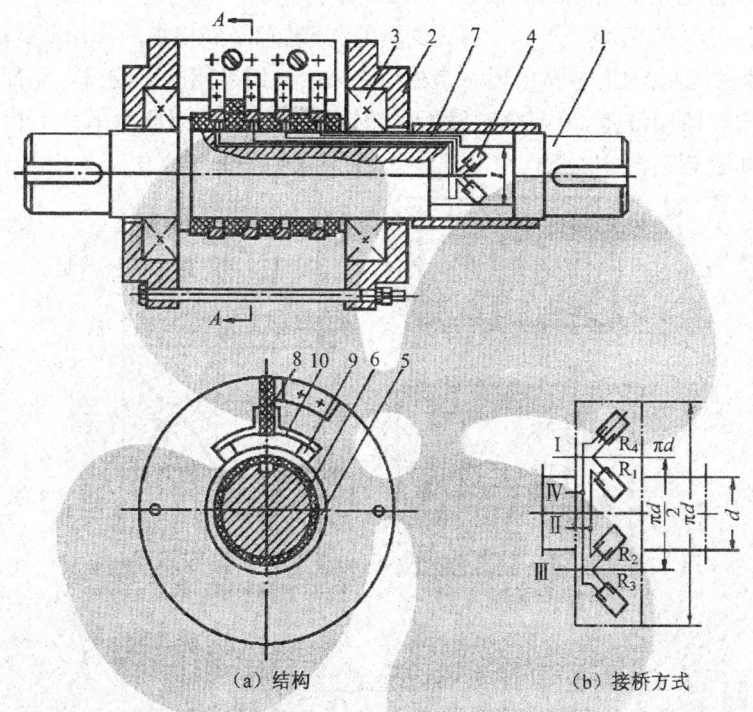

图 1.4.11-9 常见的 BMR-13 型应变式扭矩传感器的结构和接桥方式

1—弹性轴；2—外壳；3—轴承；4—应变片；5—铜环；6—绝缘环；7—引出导线；8—电刷支架；9—电刷；10—弹簧钢片

测量扭矩用的弹性轴 1 安放在轴承 3 中，传感器靠外壳 2 安装在测试台架上。弹性轴 1 的两端铣有键槽，用键与动力及负载相连。弹性轴 1 的最敏感段贴有四片应变片 4，贴片处轴径 d 的确定既要保证足够的输出灵敏度，又要保证足够的强度。弹性轴通常用 40Cr 合金钢或铍青铜制成。为保证贴片处的应变均匀，贴片处的长度取 $1d$~$1.5d$。弹性轴其他各处的直径视结构而定,但必须大于贴片处的直径 d。

弹性轴 1 安装四个相互隔开的铜环 5,且以绝缘环 6 与弹性轴 1 隔开。应变片 4 通过嵌在轴槽中的导线 7 与铜环 5 相接。外壳 2 上装有电刷支架 8,电刷 9 由石墨-铜合金制成,用弹簧钢片 10 压在铜环 5 上。四个电刷分别接入应变仪或其他测量仪器的接线柱上。

应变式扭矩仪的测量仪表大多采用应变仪,测出应变后利用标定换算得到扭矩值;有的应变式扭矩仪使用专用的二次仪表,比如 DN 型扭矩测量仪。

(四) 相位差式扭矩仪

1. 相位差式扭矩仪的工作原理

如前所述,材料和尺寸一定的圆轴在扭矩 M_n 的作用下,圆轴上间隔一定距离的两个横截面之间将产生一个相对扭转角 θ,并且,在弹性变形范围内,该相对扭转角 θ 与扭矩 M_n 成正比。这样,如果在这两个横截面上各安装一个机电信号变换器,则两个信号变换器产生的电信号之间将有一个相位差 $\Delta\varphi$,且相位差 $\Delta\varphi$ 正比于相对扭转角 θ 角。由于相对扭转角 θ 角正比于扭矩 M_n,所以相位差 $\Delta\varphi$ 也正比于扭矩 M_n。因而,测得相位差 $\Delta\varphi$,即可获得扭矩 M_n。相位差式扭矩仪就是根据此原理而制造的。

相位差式扭矩仪的工作原理如图 1.4.11-10 所示。在转轴 1 的相距为 l 的两个横截面上,装有两个构造和性能完全相同的传感器 2 和 3。该传感器一般为磁电式或光电式传感器。使用时,转轴每转一转,传感器就产生一列脉冲信号,当转轴受到扭矩的作用而产生扭转变形时,上述两个传感器所输出的信号间出现一个相位差 $\Delta\theta$,使用专用电子测量电路即可精确测得这个相位差 $\Delta\theta$,由于该相位差 $\Delta\theta$ 与该轴段所受扭矩 M_n 成正比,因此测出这个相位差 $\Delta\theta$ 后,根据标定曲线就可获得扭矩 M_n 值。

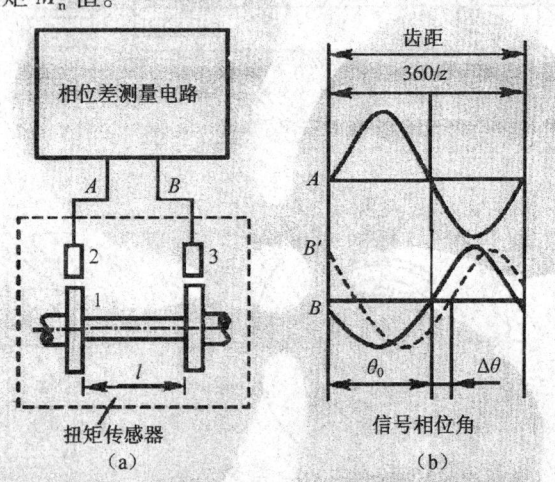

图 1.4.11-10 相位差式扭矩仪的工作原理
1—转轴;2,3—传感器

2. 相位差式扭矩传感器

常用的相位差式扭矩传感器有光电式和磁电式两种。无论是光电式的还是磁电式的,相位差式扭矩传感器都是由两列输出的脉冲信号之间的相位差来确定扭矩的,并且两列输出的脉冲信号的频率均与转轴的转速成正比,由其中的任意一列输出信号的频率都可以用来确定转轴的转速。因此,它们均能同时测量扭矩和转速,这对需要测取功率的检测极为方便。

目前,商品化的相位差式扭矩传感器都有与之配套的二次仪表,可用数字直接显示出扭矩值和转速值,其测量范围 1 牛顿·米(N·m)到数千牛顿·米(N·m)。

相位差式扭矩仪工作可靠、抗干扰能力强、稳定性好、测量精度高,因而在动力机械测试中得到了广泛应用。另外,产生脉冲信号的光电管(光电式扭矩传感器)和线圈(磁电式扭矩传感器)均安装在固定不动的壳体上,因而其信号输出装置就比较简单,更适宜于高速下的扭矩测量。

(1) 光电式相位差扭矩传感器

如图 1.4.11-11 所示为光电式相位差扭矩传感器的结构图。图中,弹性轴 1 上相隔一定距离安装了两个分度盘 2 和 3,分度盘上均匀地开了 20 个孔或槽。在分度盘的外面,壳体 4 上安装了两个光电管 5 和 6。两个分度盘之间设有光源 7,它与光电管 5、6 位于同一条直线上。弹性轴 1 以滚动轴承 8 支承在壳体 4 上。测量时,弹性轴 1 带着分度盘 2、3 转动,当分度盘上的孔或槽转到与光源、光电管成同一直线时,光线照射到光电管上,光电管就产生一个电脉冲;当分度盘转到将光线遮没时,光电信号则即行消失。于是,弹性轴 1 每旋转一周,两个光电管就各发出 20 个电脉冲。

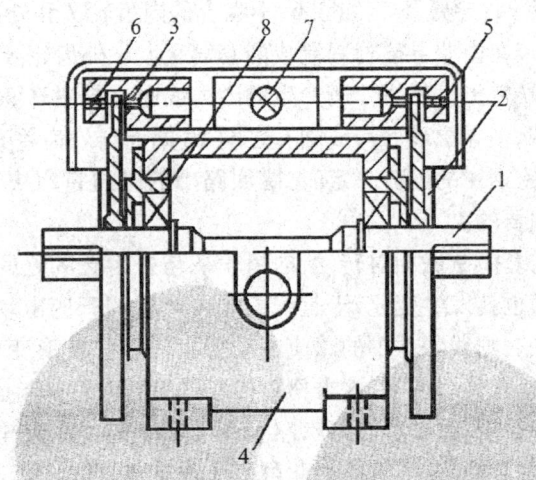

图 1.4.11-11　光电式相位差扭矩传感器的结构图
1—弹性轴;2,3—分度盘;4—壳体;5,6—光电管;7—光源;8—轴承

如果两个分度盘为相互对正安装,则这两列电脉冲之间没有初始相位差;如果两个分度盘错开一定角度,则不受力时这两列电脉冲之间就有一个初始相位差 φ_0。两个分度盘不论用哪一种方法安装,当弹性轴 1 受扭矩作用后,由于轴的扭转变形使两个分度盘相互转过一个角度 θ,因而两列电脉冲之间的相位差增加 $\Delta\varphi_0$。

比如,若两个分度盘错开 3°安装,则其产生的两列电脉冲的初始相位差为 $\varphi_0 = 60°$;受扭矩作用后,两分度盘的相对转角若为 1.5°,则两列电脉冲相位差的增量为 $\Delta\varphi = 30°$。此时,实际相位差为 $\varphi_0 + \Delta\varphi = 90°$。

由于只有相位差的增量 $\Delta\varphi$ 才能反映出扭矩的大小,因此,在测量和显示仪表中必须扣除初始的相位差。

(2) 磁电式相位差扭矩传感器

如图 1.4.11-12 所示为磁电式相位差扭矩传感器的结构图。图中,弹性轴 1 由高强度的弹性材料铍青铜制成,通过滚动轴承 2 支承在传感器的壳体 3 上。弹性轴 1 的两端铣有键槽,利用键与被测动力轴及负载相连。

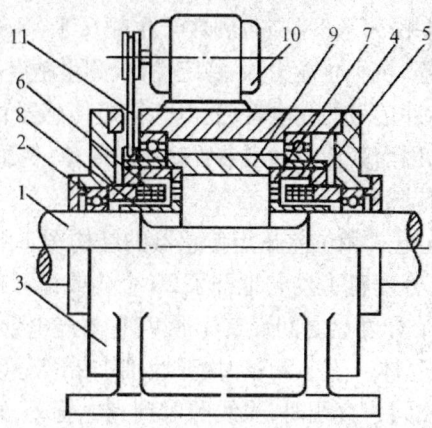

图 1.4.11-12　磁电式相位差扭矩传感器的结构图

1—弹性轴；2—轴承；3—壳体；4—磁钢；5—导磁环；6—线圈；7—内齿轮；8—外齿轮；9—套筒；10—电机；11—V 形带

　　磁电式变换器由磁钢 4、导磁环 5、线圈 6、不啮合的内齿轮 7 和外齿轮 8 构成。磁钢 4、内齿轮 7 和导磁环 5 都固定在由非导磁材料制成的套筒 9 上。外齿轮 8 固定在弹性轴 1 上。线圈架 6 固定在壳体 3 的端盖上。磁钢 4 所产生的磁力线通过导磁环 5、线圈 6、外齿轮 8、内齿轮 7 形成一个闭合磁回路。导磁环 5 与线圈 6 之间、线圈 6 与外齿轮 8 之间、内齿轮 7 与外齿轮 8 之间均有气隙。当磁钢 4 的磁势一定时，磁回路中的磁通将取决于磁阻的大小。在上述回路中，气隙的磁阻是主要的。

　　测试时，弹性轴 1 与套筒 9 做相对转动，内齿轮 7 与外齿轮 8 之间的气隙在变化，回路中的磁阻也跟着变化，磁通也就发生变化，于是线圈 6 内产生的感应电动势也在变化。由于内、外齿轮的齿形是正弦形的，则线圈 6 中的感应电动势也按正弦波形变化，变化的频率与内、外齿轮的齿数及其相对转速有关。通常，这类扭矩传感器中的齿轮是制成 60 齿或 120 齿，这时，当弹性轴与套筒相对转动一周时，电信号就变化 60 或 120 周。在齿轮齿数一定时，电信号的周期就取决于弹性轴与套筒的相对转速，由此可引出转速测量信号。

　　由于弹性轴上装有两组磁电变换器，所以产生两列电信号。当弹性轴未受扭矩时，如果两对内、外齿轮是完全相对应地安装，则两列电信号之间就没有初始相位差；如果两对内、外齿轮错开一定角度安装，则两列电信号之间就有一个初始相位差 φ_0。如图 1.4.11-12 所示的磁电式相位差扭矩传感器的两对内、外齿轮是错开半个齿安装，所以其两列电信号之间的初始相位差为 $\varphi_0 = 180°$。

　　当弹性轴承受扭矩 M_n 后发生扭转变形时，由于两组磁电变换器是相隔一定距离安装的，因此其两个外齿之间就会产生一个与扭矩 M_n 成正比的相对扭转角 θ，因而就导致两列电信号之间的相位差发生变化，其增量为 $\Delta\varphi$。由于 $\Delta\varphi$ 正比于相对扭转角 θ，因而也就正比于扭矩 M_n。

　　由上可知，内、外齿轮的相对运动是产生电信号的不可缺少的条件。由此就产生一个问题，当测量高速传动轴的扭矩时，弹性轴高速转动，虽然装有内齿轮的套筒静止不动，但两者之间的相对运动仍很大，那么磁电式传感器所感应出的电信号仍较强；但是，当测量低速传动轴的扭矩时，弹性轴低速转动，若套筒静止不动，则两者之间的相对运动就很小，那么磁电式传感器所感应出的电信号就较弱；另外，当需要对弹性轴进行静态标定时，弹性轴是静止不转的，若套筒静止不动，则无信号输出。为解决这一问题，在壳体上安装一个电机 10，电机 10 转动时可通过 V 形带 11 带动套筒转动，套筒的转动方向与弹性轴的转动方向相反。这样就使弹性轴在受静态扭矩作用或在低速时有足够的输出信号。为了保证测量的精度，通常在测量转速

第一章 基础理论知识

低于 400 r/min 的传动轴的扭矩时,均应起动电机带动套筒作逆向的转动。但是要注意,这时的信号变化频率已不再是被测转轴的转速,因而必须另外引入转速的信号。

3. 数字式扭矩仪

相位差式扭矩仪的测量电路分为模拟式测量电路和数字式测量电路两类。目前的相位差扭矩仪大多都采用数字式测量电路,直接以数字显示出扭矩值,故而又被称数字式扭矩仪。

模拟式测量电路是将两列信号通过双稳触发器变换成一列脉冲,其宽度就是两列信号的相位差 $\Delta\varphi$,然后通过平均值检波器输出一个相应于此脉冲列的平均电压值,送入电压指示电表显示,如图 1.4.11-13 所示为相位差式扭矩仪的模拟式测量电路。若脉冲的周期为 T,脉冲的宽度为 $\Delta\varphi$,则输出电压的平均值为 $U=A\Delta\varphi/T$,A 为脉冲的最大幅值。可见,当脉冲的周期 T 和幅值 A 一定时,输出电压的平均值 U 和相位差 $\Delta\varphi$ 成比例。

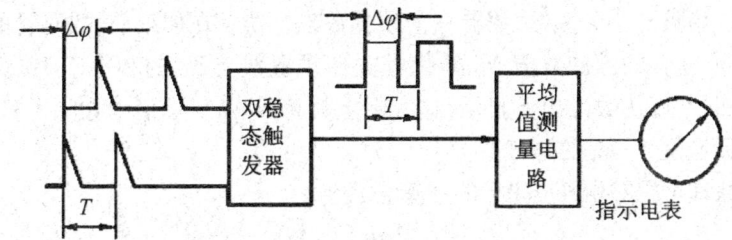

图 1.4.11-13 相位差式扭矩仪的模拟式测量电路

数字式扭矩仪采用的是数字式测量电路,以数字直接显示出扭矩值。目前,尽管数字式扭矩仪的类型很多,但其工作原理都大致相同。

如图 1.4.11-14 所示为某一数字式扭矩仪测量电路的方框图和波形图。两组信号 1 和 2 分别通过整形放大电路 A 和 B,将正弦波转化为方形波。方形波进入鉴相双稳态触发电路 C,并以其负向越零作为鉴相双稳态触发脉冲,信号 1 作为开门信号,信号 2 作为关门信号。这样,鉴相器的输出也是一个矩形波,其脉冲宽度就是两个信号的相位差 $\varphi_0+\Delta\varphi$。将此相位差信号与由时间脉冲发生器 D 所产生的 1×10^6 Hz 的时间脉冲信号一起送入与门 E。当有相位差脉冲时,与门 E 打开,时间脉冲信号通过;当相位差脉冲消失时,与门 E 关闭,时间脉冲信号不能通过。这样,就得到了与相位差 $\varphi_0+\Delta\varphi$ 成正比的时间脉冲。

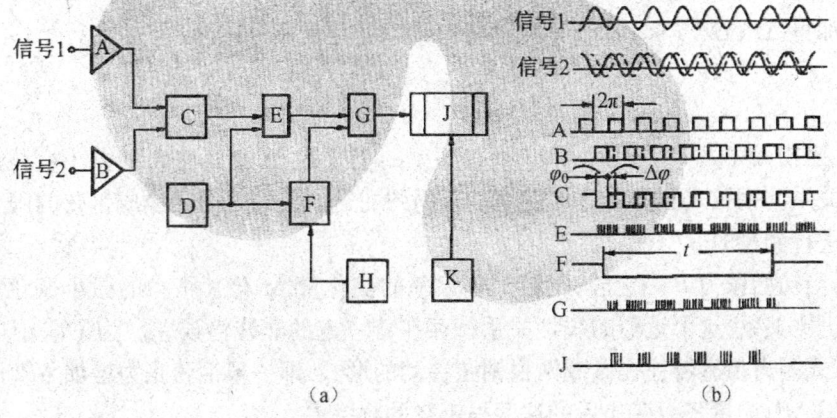

图 1.4.11-14 某一数字式扭矩仪测量电路的方框图和波形图

1,2—整形放大电路;3—鉴相电路;4—时间脉冲发生器;5,6—与门;
7—定时电路;8—时间系数开关;9—计数器;10—零位调整开关

为了使计数器能直接显示扭矩值,用定时电路 F 控制与门 G。当定时信号接通时,与门 G 打开,则由与门 E 送入的时间脉冲通过与门 G;当定时信号截止时,与门 G 关闭。在这段时间 t 内,通过与门 G 的时间脉冲信号数与相位差 $\varphi_0 + \Delta\varphi$ 和定时时间 t 成正比。定时信号 t 的大小由系数开关 H 控制,其改变系数可使定时时间 t 改变,从而就改变了进入与门 G 的时间脉冲累计量 N。

为了使显示的扭矩值能代表转轴实际所承受的扭矩,系数开关 H 的改变系数是在扭矩传感器标定时获得的,即在扭矩传感器上加一个已知的扭矩,然后调整扭矩仪上的系数开关,直至数码管上显示出该已知扭矩值,这时,系数开关上的系数值就能够保证显示的读数代表实际的扭矩值。每台传感器的系数是不一样的,传感器出厂时均有标定。

从与门 G 出来的时间脉冲数送入计数器 J 进行计数。这时应考虑到与门 G 送来的脉冲数中有一部分是初始相位差所包含的脉冲数 N_0,数码管的显示数据中不应包含这一部分值。为此采用了零位调整开关 K,给计数器一个预置数来补偿。在加载前,数码管的显示数值就是初始相位差 φ_0 所包含的脉冲数值 N_0,零位开关使预置数与 N_0 的和等于 10^4。由于一般仪器的数码管仅有四位,万位数溢出不显示,这实际上就将 N_0 从显示值中扣除了。加载后,直接读出的扭矩值实际上是 $N-N_0$ 的脉冲数。

由上述的原理可得被测扭矩 M_n 的计算公式为

$$M_n = \frac{2\pi k}{f_c t z}(N - N_0)$$

式中,k 为弹性轴的转换常数(其值与弹性轴的直径及剪切弹性模量有关),f_c 为时间脉冲频率,t 为时间系数,z 为传感器中齿轮的齿数,N 为通过与门的时间脉冲总数,N_0 为相当于初始相位差的时间脉冲数。

由此可知,当传感器一定时,k、z、初始相位差 φ_0 一定。如果时间脉冲频率也一定,则数码管显示的数值 $N-N_0$ 与被测扭矩 M_n 之间只有一个时间系数 t 可以被人为地调整。若标定时确定了时间系数 t,则测量时显示的数值就代表了真实的被测扭矩值 M_n。

(五)钢弦式扭矩仪

1.钢弦式扭矩仪的测量原理

理论分析表明,一根张紧的钢弦,其固有频率 f_0 与钢弦的张力有关;当钢弦的张力有一个微小的增加量 $\Delta P(\Delta P/P \ll 1)$ 时,钢弦的固有频率变化量 Δf 可近似地写为

$$\Delta f \approx \frac{1}{2}\frac{\Delta P}{P}f_0$$

可见,当初始张力 P 一定时,钢弦固有频率的变化量 Δf 与其张力的微小变化量 ΔP 近似地成正比关系。钢弦式测力传感器就是基于钢弦的这个关系将力转换成钢弦的固有频率的变化而对其进行测量的。

但是,当初始张力 P 一定时,钢弦固有频率的变化量 Δf 与其张力的微小变化量 ΔP 只是近似地成正比关系,这个近似的线性关系就存在着一定的非线性误差。为了减小这个非线性误差,钢弦式测力传感器往往做成两根钢弦差动的形式,即一根钢弦张力增加 ΔP,而另一根钢弦张力减小 ΔP,测量张力变化后的这两根钢弦的频率差。

理论分析表明,若两根钢弦的初始固有频率相同,均为 f_0,则张力增加 $\Delta P(\Delta P/P \ll 1)$ 后的钢弦的固有频率 f_1 与张力减小 $\Delta P(\Delta P/P \ll 1)$ 后的固有频率 f_2 分别的差值可近似地

写为

$$\Delta f = f_1 - f_2 \approx \frac{\Delta P}{P} f_0$$

此式说明,当初始张力 P 一定时,差动的两根相同钢弦的固有频率的差值 Δf 与其张力的微小变化量 ΔP($\Delta P/P \ll 1$)也是近似地成正比关系,但与前面的单根钢弦相比,此时的非线性误差大大减小。

2.钢弦的激振方式和信号变换方式

通常,钢弦式测力传感器的钢弦是在电磁力的作用下起振的,起振后将钢弦的振动频率转换成电量来进行测量。钢弦的激振方式和信号变换方式有两种:间歇式激振及变换与连续等幅激振及变换。

如图 1.4.11-15 是连续自激式振荡电路的原理图。长度为 l 的钢弦 1 放于磁感应强度为 B 的磁场中,当钢弦通以电流 i 时,钢弦因受力而振动,钢弦振动则会切割磁力线而产生感应电动势 e,感应电动势的频率就是钢弦振动的频率。感应电动势经放大器 3 放大后,送入测量电路进行测量和显示。为了维持等幅振荡,从放大器的输出端取出信号电流通过反馈电路 4 供给钢弦。理论分析表明,如图 1.4.11-15 所示的自激振荡电路就像一个普通的 LC 电子振荡器,可以激发钢弦作稳定的等幅振荡。

如图 1.4.11-16 是另一种连续激振和变换的工作原理图。当线圈 3 通以脉冲电流后,铁芯 2 产生磁场,作用于钢弦使之振动。于是,钢弦与磁铁之间的间隙就发生变化,则磁阻发生变化,致使线圈 5 中的磁通量发生变化,从而产生感应电动势。感应电动势的频率就是钢弦振动的频率,将它送入放大器放大,然后送入测量仪表显示。同样,为了维持等幅振动,从放大器的输出端引入正反馈信号供给线圈 3。

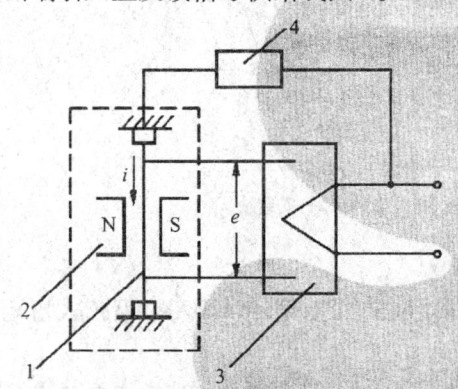
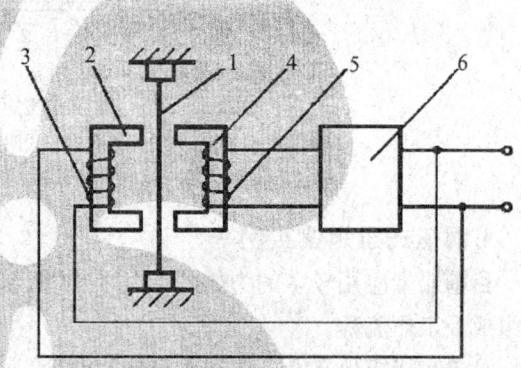

图 1.4.11-15 连续自激式振荡电路的原理图
1—钢弦;2—磁钢;3—放大器;4—反馈电路

图 1.4.11-16 另一种连续激振和变换的工作原理图
1—钢弦;2—铁芯;3,5—线圈;4—永久磁铁;6—放大器

3.钢弦式扭矩传感器

如图 1.4.11-17 所示为钢弦式扭矩传感器的工作原理图。在被测轴或特制的弹性轴 1 上,相隔一定距离安装两个卡环 2 和 3。卡环 2 上有凸台 A_2、B_2,而卡环 3 上有凸台 A_3、B_3。在 A_2 与 A_3 之间及 B_2 与 B_3 之间安放两个变换器,其中各有一根钢弦 4 和 5。当轴 1 承受扭矩时,两个卡环间的轴发生扭转变形,使两个卡环所在的横截面产生相对扭转,卡环 2、3 也随之一同扭转,致使钢弦 4、5 的张力发生变化,一根钢弦的张力变大(称为拉弦)、另一根钢弦的张力变小(称为压弦)。由于两卡环的相对转角与扭矩成正比,因此由卡环导致的钢弦的张力变化量也

与扭矩成正比。两根钢弦的固有频率的差值随其张力的变化就代表了扭矩的变化。

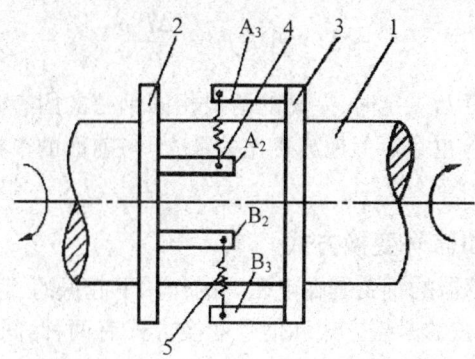

图 1.4.11-17 钢弦式扭矩传感器的工作原理图

1—转轴;2,3—卡环;4,5—钢弦

如图 1.4.11-18 所示为钢弦式扭矩传感器中变换器的结构。钢弦 1 上绕有软铁丝 2,用于调整钢弦的传感系数。钢弦 1 用夹紧装置 6 夹紧,并用凸轮 5 调节其初始的张紧程度。激振用的电磁铁和接收用的磁钢 7 用绝缘的环氧树脂 8 隔开。极靴 3 上绕有线圈组 4,其中一个线圈用于接受来自放大器的反馈电流以使钢弦振荡,另一个线圈用于感应出频率为钢弦固有频率的电动势送给放大器。导线通过接线柱 9 引出。上述零件均装在变换器的壳体 11 内,整个变换器通过安装块 12 安装在轴的卡环上。

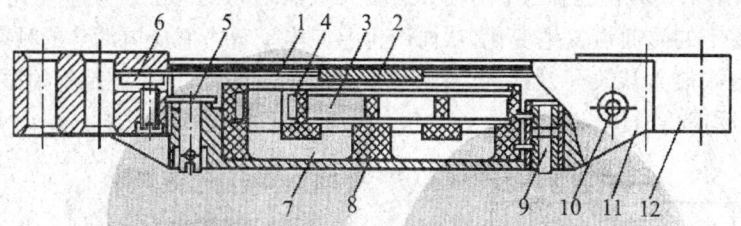

图 1.4.11-18 钢弦式扭矩传感器中变换器的结构

1—钢弦;2—软铁丝;3—极靴;4—线圈组;5—凸轮;6—夹紧装置;7—磁钢;
8—环氧树脂;9—接线柱;10—定位装置;11—壳体;12—安装块

4.钢弦式扭矩仪实例

目前船上应用较多的为如图 1.4.11-19 所示的非接触式马哈克(MAIHAK)钢弦式扭矩仪的组成及工作流程。

马哈克扭矩仪有滑环式和非接触式两种。非接触式扭矩仪主要由检测、数据和能量传递以及显示部分组成,如图 1.4.11-19 所示。其检测部分主要是两根相同型号的 MDS31 钢弦传感器,它们频率变化相反,以补偿测量误差。该扭矩仪的电力由一个布置在轴旁的变压器提供。钢弦低频振荡信号经振荡器的载波频率调制后,从发射天线传到接收天线。发射天线既是传递扭矩频率信号的装置,同时也是传递测速光栅的转速脉冲信号的装置。接收天线接收到的频率信号,在连接箱中进行高频分离和解调,并对其需要的低频测量信号放大,然后与转速的脉冲信号一起由电缆输入到接收器 MDS800 中,一台微型计算机对测量信号进行计算和处理,最后输入到存储器中,同时也将测得的转速、扭矩及轴功率等以数字的形式显示出来。

最后需要提醒注意的是,由于扭矩仪是安装在原动机与负载之间的仪器设备,它起着传递扭矩的作用,因此,在安装时,扭矩仪的轴心线要绝对保证与原动机的轴心同轴。这就对各轴

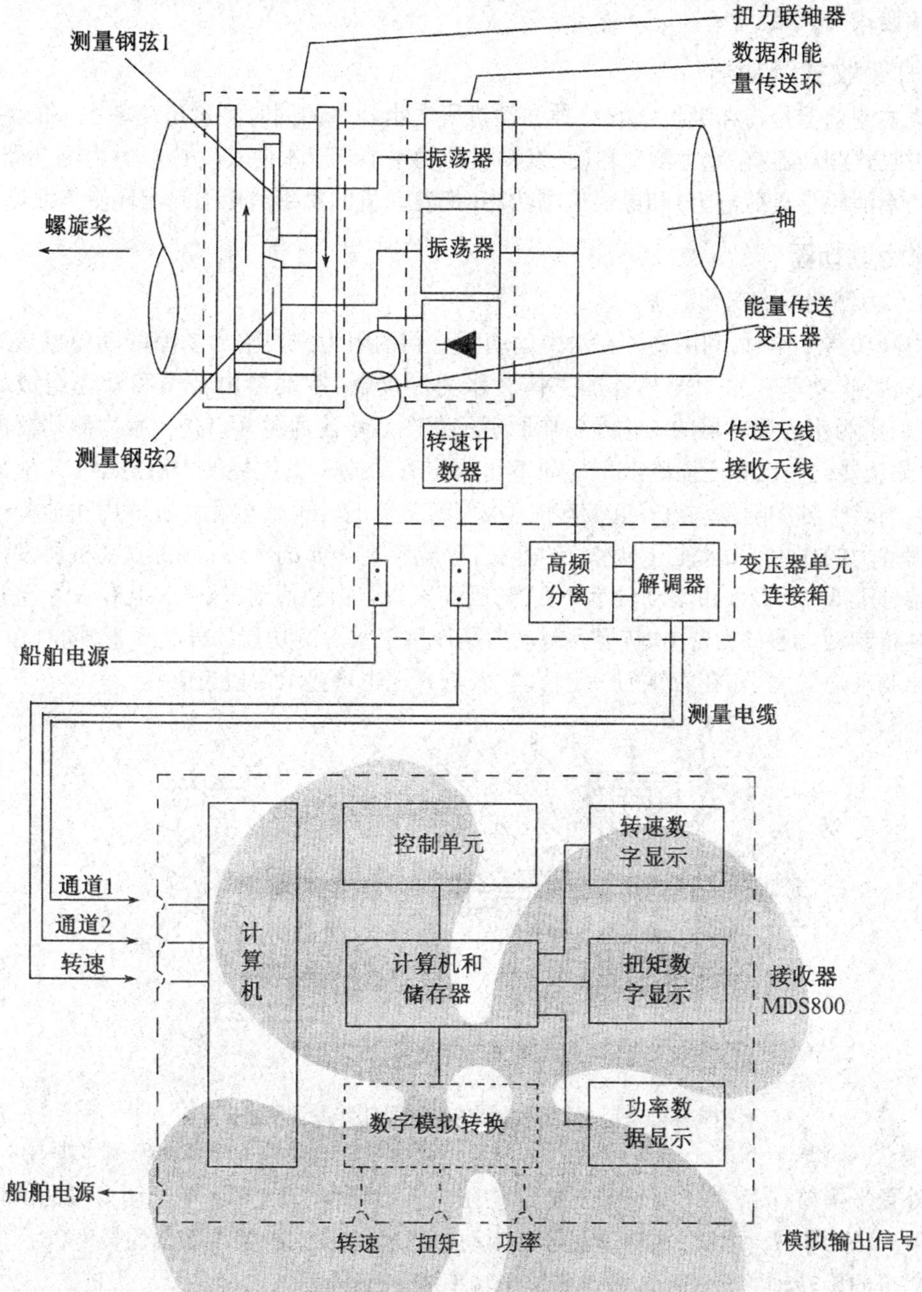

图 1.4.11-19 非接触式马哈克钢弦式扭矩仪的组成及工作流程

的同心度、平衡度、轴端面的垂直度等均提出了很高的要求,同时,还要考虑振动对扭矩仪的影响。否则,扭矩仪的弹性轴就会产生附加力矩,这不仅会影响到测量的精度,而且还会造成弹性轴的疲劳损伤。因此,无论什么类型的扭矩仪,都必须严格按照其说明书的要求并由熟练的技术人员来进行安装。

十二、测功器

由发动机输出轴上所发出的功率称为有效功率,它是船舶动力装置的一个重要的性能参数,其测量一般是在测功器上完成的。测量发动机有效功率的设备或装置称为测功器,分为吸收式和传递式两大类。

(一)吸收式测功器

吸收式测功器是指在吸收(消耗)掉发动机所发出功率的同时测量出功率大小的测功器。常用的吸收式测功器有:水力测功器(把发动机的功率消耗于水使其发热)、电力测功器(把发动机的功率消耗于负荷电阻)和电涡流测功器(把发动机的功率消耗于涡流环使其发热)。

1.水力测功器

(1)水力测功器的工作原理

水力测功器工作时,利用物体在水中运动所受到的阻力来对输出功率的动力机械施加反扭矩,从而吸收功率。水力测功器的主体为水力制动器,制动器由转子和外壳组成。如图1.4.12-1所示为水力测功器的结构及工作原理示意图。水流通过入口进入水力测功器的水腔中,水力测功器壳内设有定搅棒1,转子轴5上固定有动搅棒2,搅棒的作用是增加水对旋转轴的阻力。当转子轴5随发动机一起旋转时(水力测功器的转子轴与发动机轴用联轴节连接),在离心惯性力的作用下,水被甩向水腔的外缘,形成厚度为 h 的水环,并将发动机所发出的扭矩传递给外壳3。外壳3由滚动轴承4支撑,因而可以自由地摆动,外壳3上有一力臂10。测力机构9将制动力通过力臂10转换为制动力矩作用于水力测功器的外壳3上,同时在表盘8上指示出制动力的大小(在力臂为一定值时,表盘8上也可显示为扭矩值)。

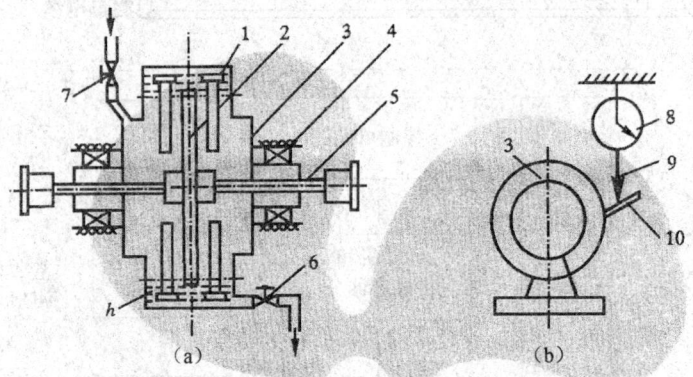

图 1.4.12-1 水力测功器的结构及工作原理示意图

1—定搅棒;2—动搅棒;3—外壳;4—滚动轴承;5—转子轴;6—出水阀门;7—进水阀门;8—表盘;9—测力机构;10—力臂

当外壳平衡时,测功器对旋转轴所施加的阻力矩(或称制动力矩)等于动力机械的输出扭矩 $M_n(N \cdot m)$,即 $M_n = P \times R$,式中,$P(N)$ 为制动力的大小,$R(m)$ 为传动臂的长度(力臂)。进而再由测得的旋转轴的转速 n 即可得到输出功率 $N_e(kW)$。

在实际的测功器结构中,力臂不是简单的一根长为 R 的杆,而是一套由齿轮、杠杆等部件组合的复杂的磅秤机构。通过这套机构可以从测功器上的表盘指针直接读出所测的力矩值。有些水力测功器则采用压力传感器来感受力 P,不仅使测量的精度得到了提高,而且还易于实现电控。

在主轴转速一定的条件下,水层的厚度越大,则测功器对发动机所施加的阻力矩就越大,而水层厚度可以通过进水阀和排水阀来控制,这样,发动机的输出功率经水分子间相互摩擦变成热量而消耗掉。摩擦所产生的热则导致水温的升高,如果水温过高,就会在水中产生气泡,这样就会使测功器工作不稳定,因此,一般排水温度要限制在 50~70 ℃。

(2)水力测功器的特性曲线

水力测功器的特性曲线就是它的工作范围曲线,该曲线给出了在不同的转速条件下,水力测功器所能吸收的功率的范围。

如图 1.4.12-2 所示为水力测功器的特性曲线,图中的封闭曲线由五个线段所组成,各线段表示的含义如下。

OA 段:最大水层厚度线;此时,测功器中水层的厚度为最大值,即 $h=h_{max}$,这一段曲线是一条三次方曲线,它表明测功器所吸收的功率随转速 n 的增加而增加,转速较小时,吸收功率增加的比较缓慢,当转速稍大后,测功器所吸收的功率 N_e 将随转速 n 的增加而急剧增加。AB 段:最大制动扭矩线;最大制动扭矩受测功器中的转动部件强度的限制。

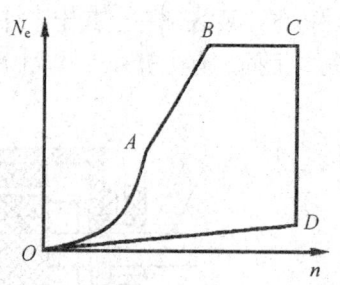

图 1.4.12-2 水力测功器的特性曲线

沿着 AB 线,若要通过提高转速来增大其吸收功率的能力,则必须减小测功器内的水层厚度。BC 段:等功率线;它表明水温达到最高允许值时,测功器所能吸收的功率。沿 BC 线,减小水层的厚度就可以增加转速。CD 段:最高转速线;最高转速受测功器中转动部件离心力负荷的限制。DO 段:空载线;此时水力测功器中水层的厚度 h 为零,该线段由空气阻力及转动部件轴承的摩擦阻力所决定。

测功器的特性曲线 $OABCDO$ 所包围的区域表示了该水力测功器所能吸收的功率范围。只要某一被测发动机的输出功率特性曲线完全落在该区域之内,就可以选用该水力测功器来对其进行功率的测量。

(3)水力测功器的特点

水力测功器具有结构简单、工作可靠、价格便宜、功率储备大、使用方便等特点。但是,由于水力测功器在低速时所吸收的功率与转速的三次方成正比,因此,当发动机的转速较低时,其制动力矩也比较小,这是水力测功器的缺点。通常,为了测量较低转速的发动机的输出功率,往往选用的水力测功器的最大吸收功率要远远大于发动机的额定功率。

2.电力测功器

电力测功器既可当作发电机,用于吸收发动机的输出功率以完成对其输出功率的测量;又可作为电动机,用于驱动发动机。

当电力测功器用于功率测量时,直流电力测功器的转子随同发动机一起旋转,电枢绕组切割定子绕组所组成的磁场,在电枢绕组中产生相应的感应电势和感应电流,即将发动机所发出的动能转变为发电机的电能,该电能一般通过电路中的负载电阻而消耗掉。

当电力测功器作为电动机使用时,电枢绕组有电流流过,此时,它在磁场中将受到电磁力的作用而转动,产生驱动力矩,带动发动机运行。与水力测功器相比,电力测功器有许多优点,特别是在低速时,其制动力矩与转速的平方成正比,因此,在低速运行时也有较大的制动力矩,故而测量精度较高。另外,它还可以作为电动机倒拖发动机,这对于发动机实验的进行很有必要,因为利用它可进行发动机的冷磨合和起动,并且可以很方便地测定发动机的机械效率。电力测功器分为交流与直流两种。

交流电力测功器可以将测功器发出的电能回收而加以利用,因此常用于大功率发动机的长时间实验(如耐久实验);而直流电力测功器则由于结构方面的限制,其功率容量均较小,只能满足中、小功率发动机试验,并且,在一般情况下,测功器发出的电能都消耗在其负载电阻上而不加以利用。

(1) 直流电力测功器

电力测功器一般都采用平衡的工作方式。如图 1.4.12-3 所示为平衡式直流电力测功器的结构简图。它主要是由转子1、电枢绕组4、外壳2和激磁绕组3组成。它与普通发电机或电动机的主要区别在于其定子外壳2被支撑在摆动的轴承上,可以绕轴线自由摆动。在定子外壳2上固定有力臂6,它与机械式测力机构5或力传感器相连,用以测定扭矩。

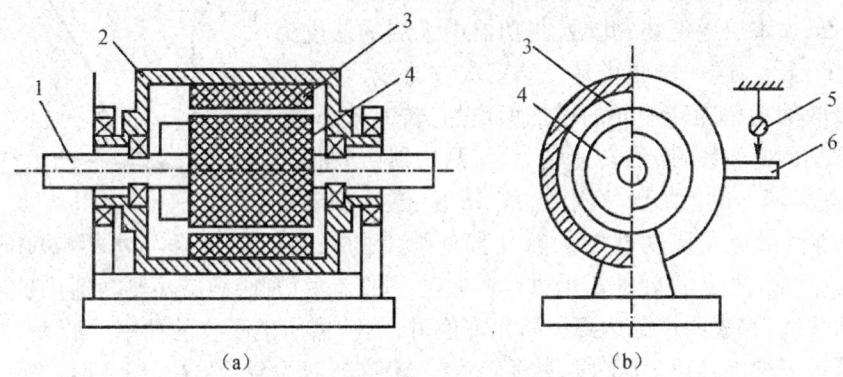

图 1.4.12-3　平衡式直流电力测功器的结构简图
1—转子;2—外壳;3—激磁绕组;4—电枢绕组;5—测力机构;6—力臂

直流电力测功器的转子随同动力机械一起旋转时,电枢绕组切割定子绕组所形成的磁场,在电枢绕组中产生的感应电势为 $E=C_n \cdot \Phi \cdot n$,式中,Φ 为磁极的磁通量,n 为电枢转速,C_n 为常数。当电枢绕组有电流流过时,它在磁场中将受到电磁力的作用。①若此时的直流电力测功器是作为发电机使用,其电枢绕组所受的电磁力产生与转向相反的电磁力矩(此为制动力矩),该力矩传递给外壳,此时,外壳将产生一个与该力矩大小相等、方向相反的阻力矩,该阻力矩的大小即可用测力机构测出。②若此时的直流电力测功器是作为电动机使用,则电枢绕组所受的电磁力产生与转向相同的电磁力矩(此为驱动力矩),该力矩可直接用于发动机的起动或倒拖实验。

使用直流电力测功器时,不仅需要三相交流电动机提供直流电,以便向直流电机的电枢及激磁绕组供电,而且还需要有大功率的负载电阻,用于吸收电功率。此外,在有些情况下,若希望对电能进行回收,还要考虑将测功器电机输出的直流电变为交流电反馈回电网。因此,使用直流电力测功器的费用比较昂贵。

(2) 交流电力测功器

直流电力测功器在测量功率时无法直接将原动机的功率转变为电能加以利用或输送到电网中去,这是一种能量的浪费。为了解决能量的回收问题,一种方案是在直流测功器装置中再设置交流机组,用直流发电机带动直流电动机,再由该直流电动机拖动交流发电机发电并网来完成能量回收的任务。另一种方案是直接采用交流电力测功器。

但是,在电力测功器中应用交流电机所存在的问题是,交流电机在较大范围内的转速及负荷调节比直流电机的调节要困难得多,需要配备专用的装置。当测功器作为发电机使用时,原动机的转速必须高于发电机的同步转速才能发电,因此,若要在较宽的转速范围内都可以向电网反馈电能,就必须配置变频设备,这将使测功器的成本更加提高。

目前,在测功器中采用了一种新型的交流调速电机,它是一种可控硅无整流子电机,简称 SCR 电机。该电机具有直流电机的调速性能,即只要改变电压或激磁电流的大小就可以在广阔的范围内进行无级调速,并且调速精度高、反应速度快。采用 SCR 电机的测功器既可作电动机又可作发电机反馈电能,并且它的转速-扭矩、转速-功率的特性可以任意调节,是一种理想的测功器。

3. 电涡流测功器

置于交变磁场中的金属内部会感应出闭合电流,这种闭合电流就称为电涡流。电涡流测功器就是利用电涡流的形成吸收动力机械的输出功率。

如图 1.4.12-4 所示为电涡流测功器的结构示意图。电涡流测功器主要是由定子磁轭 1、感应子 2、涡流环 3 和激磁线圈 4 组成。电涡流测功器产生制动力的原理是:当激磁线圈通以

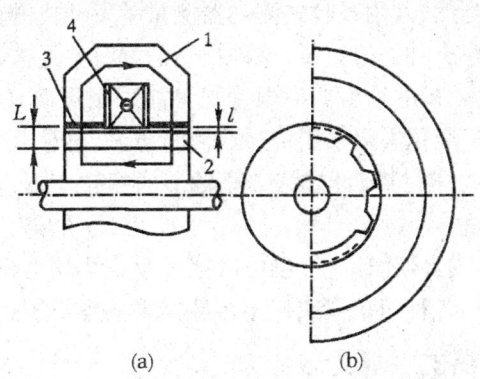

图 1.4.12-4　电涡流测功器的结构示意图
1—定子磁轭;2—感应子;3—涡流环;4—激磁线圈

直流电时,磁力线便由感应子、空气间隙、涡流环、定子磁轭等形成闭合回路。在磁力线回路中,磁轭和感应子均由高导磁材料制成,而涡流环由高导磁低电阻值的材料制成,其磁阻和电阻均很小,因此整个磁路中磁阻的大小主要取决于空气间隙的厚度变化。感应子的外圆制成凹凸齿状,在齿顶处的空气间隙 l 很小,其磁通密度就很大;而齿槽处的空气间隙 L 较大,其磁通密度就很小。当感应子旋转时,由于磁阻的变化,使穿过涡流环的磁通密度不断地增减,于是就在涡流环的表面产生了强烈的电涡流,在此过程中电能就被转化为热能,因此,也就必须对涡流环进行冷却。与电力测功器相同,由于定子磁轭是固定在外壳上的,所以在外壳上就将产生一个与感应子的力矩大小相等而方向相反的阻力矩,该阻力矩的大小同样可用测力机构测出。

电涡流测功器具有结构简单、控制方便、测量精度高、有很宽的转速范围和功率范围等特点,并且只用很少的电能就可以控制较大的制动力矩,其消耗的功率仅占制动功率的 0.5% ~ 1%,因此不仅可供发动机作为测功设备,并且能满足燃气轮机的测功要求。电涡流测功器的工作转速范围在 1 000~25 000 r/min,最大制动功率可达数兆瓦(MW),并且很容易实现自动控制。但是,这种测功器只能吸收原机的功率使其全部转化为热能,而不能发出电力,也不能作为电动机以驱动发动机工作。

(二) 传递式测功器

很明显,吸收式测功器一般只用于发动机的试验或台架测试,而对于实际运行中的发动机则不能使用。另外,利用吸收式测功器测出是在某一稳定工况下的平均扭矩,而对于扭矩的变化则不能反映。

如前所述,发动机的有效功率 N_e(kW)与发动机输出轴上的有效扭矩 M_n(N·m)及此时轴的转速 n(r/min)的关系为:

$$Ne = \frac{M_n \cdot n}{9\,550}\ \text{kW}$$

可见,只要测得发动机输出轴的转速和扭矩即可得到发动机的有效功率。在船舶轮机工程中,测量扭矩和转速的主要目的是为了计算发动机的有效功率。

传递式测功器就是指在不影响发动机正常运行的情况下完成对其输出功率测量的测功器。这种方式的功率测量是利用对发动机输出轴的扭矩测量和转速测量来完成的。这时的扭矩测量就要由前述的扭矩仪或扭矩传感器来进行,由于它们并不吸收发动机输出的功率,所以也称为传递式扭矩测量。当然,利用吸收式测功器测量了发动机的功率后,再根据发动机输出轴的转速也可获得发动机输出轴的扭矩值,这种扭矩的测量方式被称为吸收式扭矩测量。

在船舶上,对运转的发动机的输出功率测量则只能采用传递式测功器。实船测量运行中的发动机的输出扭矩或扭矩变化必须采用传递式测量方式,即使用扭矩仪或扭矩传感器测量内燃机的输出轴、中间轴(或螺旋桨轴)或特殊联轴节的扭转变形以确定其扭矩值,进而确定发动机所发出的功率。

当然,在发动机的试验或台架测试中,也可以把吸收式测功器只作为负载(吸收发动机所发出的功率),而采用前述的各种扭矩仪或扭矩传感器来测量扭矩。

(三) 几种常见测功器的性能比较

测功器的低速制动力矩是评价测功器的一个重要指标。如图1.4.12-5所示为三种吸收式测功器的低速制动力矩的比较。由图中的曲线可以很明显地看出,就低速制动性能来说,电涡流测功器最佳,电力测功器次之,水力测功器最差。

如表1.4.12-1所示列出了几种常见测功器的一般特性指标,不仅便于对它们进行比较,也可用作选择测功器时的参考。关于测功器的其他性能及详细分析可参阅其他专门资料。

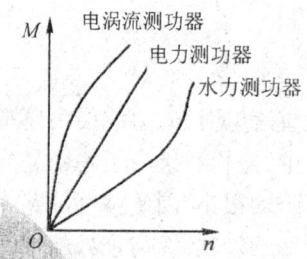

图1.4.12-5 三种吸收式测功器的低速制动力矩比较

表1.4.12-1 几种常见测功器的一般特性指标

测功器名称	综合结构尺寸	应用功率范围	测量精度	适用转速范围	对安装及操作的要求	成本	低速制动力矩	工作稳定条件	其他说明
水力测功器	中	各种功率	1%~2%	中等转速	安装保养简单,操作方便	低	小	进水压头平稳	
电力测功器	大	中小功率	0.5%~1%	中等转速	安装保养简单,操作方便,调节精细	高	中	电网电压稳定	可以回收能量
电涡流测功器	小	各种功率	2%(普通级) 0.5%~1% (精密级)	中高转速	冷却水和转子轴承精度等级要求高,精细保养	高	大	电网电压稳定	易于实现自动控制
各种扭矩仪	最小	各种功率	1%~2%	各种转速	安装要求高,否则引起附加力矩	较高			不吸收功率,用于现场运行时测量

第五节　单位及单位换算

一、国际单位制中的常见单位

1. 国际单位制简介

单位制(System of Units)是指由选定的一组基本单位和由定义方程式与比例因数确定的导出单位组成的一系列完整的单位体制。基本单位是可以任意选定的,由于基本单位选取的不同,组成的单位制也就不同,如米制、英制、工程制、国际单位制等。

单位制的形成和发展与科技的进步、生产的发展密切相关。早在17—18世纪,人们就开始感觉到计量单位及计量制度的混乱对科技和生产发展的影响。1795年,法国科学家创立了以米为基本单位的计量制度(米制),1875年,由17个国家正式签署了"米制公约",为米制的传播和发展奠定了国际基础,米制成为国际上最早公认的单位制。随着科技的发展,米制中又派生出许多适于各种科技领域的不同单位制,如厘米、克、秒制,米、千克力、秒制等。

随着科学技术的发展,国际间的交往也日益频繁,各种单位制的并存不仅对国际贸易有阻碍作用,而且也不利于各国之间的科学文化交流,因此,为避免由于单位制不同而引起的混乱和烦琐的换算,统一单位制已成为世界各国的共同要求。

1948年召开的第九届国际计量大会做出了决定,要求国际计量委员会创立一种简单而科学的、供所有米制公约组织成员国均能使用的实用单位制。1954年第十届国际计量大会决定采用米(m)、千克(kg)、秒(s)、安培(A)、开尔文(K)和坎德拉(cd)作为基本单位。国际计量委员会在1956年将经过21个国家同意的以这六个单位为基本单位的实用计量单位制草案拟命名为国际单位制,并拟以国际通用符号SI来表示。1960年的第十一届国际计量大会正式通过了此草案,并正式命名为"国际单位制",且规定其符号为"SI"。在1974年的第十四届国际计量大会上,又决定将"物质的量"的单位摩尔(mol)增补为国际单位制的基本单位。因此,目前的国际单位制中共有七个基本单位。

国际单位制由于其先进、实用、简单、科学,并适用于文化教育、科学技术和经济建设各个领域,故已被世界各国及国际组织广泛采用。1977年中国明确规定要逐步采用国际单位制,1984年中国颁布的《中华人民共和国法定计量单位》就是以国际单位制为基础而制定的。

2. 国际单位制的基本单位

在国际单位制中,基本量共有7个,基本量的单位称为基本单位。常见的长度、质量和时间在国际单位制中均为基本量,它们的单位也是国际单位制中的基本单位,分别为:米(m)、千克(kg)和秒(s)。

如表1.5.1-1所示列出了国际单位制中的基本量、基本单位及单位符号。

表 1.5.1-1　国际单位制的基本单位

量的名称	单位名称	单位符号
长度	米	m
质量	千克（公斤）	kg
时间	秒	s
电流	安［培］	A
热力学温度	开［尔文］	K
物质的量	摩［尔］	mol
发光强度	坎［德拉］（烛光）	cd

注：［］内的字，是在不致混淆的情况下，可以省略的字；（）内的字，为前者的同义语。

3.国际单位制的辅助单位

国际单位制中有两个辅助单位，即弧度和球面度，如表 1.5.1-2 所示。

表 1.5.1-2　国际单位制的辅助单位

量的名称	单位名称	单位符号
［平面］角	弧度	rad
立体角	球面度	sr

注：［］内的字，是在不致混淆的情况下，可以省略的字。

4.国际单位制的导出单位

国际单位制中(SI)的导出单位是由 SI 基本单位按定义式导出的，其数量很多，主要分为三大类：(1)用 SI 基本单位表示的 SI 导出单位；(2)具有专门名称的 SI 导出单位；(3)用 SI 辅助单位表示的 SI 导出单位。

具有专门名称的 SI 导出单位总共有 19 个，其中有 17 个是以杰出科学家的名字命名的，如牛顿、帕斯卡、焦耳等，以纪念他们在本学科领域里做出的贡献，同时，为了表示方便，这些导出单位还可以与其他单位组合表示另一些更为复杂的导出单位。如表 1.5.1-3 所示列出了国际单位制中具有专门名称的导出单位。

表 1.5.1-3　国际单位制中具有专门名称的导出单位

量的名称	单位名称	符号	其他表示示例
力，重力	牛［顿］	N	$kg \cdot m/s^2$
压力，压强，应力	帕［斯卡］	Pa	N/m^2
功，能［量］，热量	焦［尔］	J	$N \cdot m$
功率，辐［射能］通量	瓦［特］	W	J/s
频率	赫［兹］	Hz	s^{-1}
电荷［量］	库［仑］	C	$A \cdot s$
电位，电压，电动势	伏［特］	V	W/A
电容	法［拉］	F	C/V

(续表)

量的名称	单位名称	符号	其他表示示例
电阻	欧[姆]	Ω	V/A
电感	亨[利]	H	V·s/A
电导	西[门子]	S	$Ω^{-1}$, A/V
磁通[量]密度,磁感应强度	特[斯拉]	T	W_b/m^2
磁通量	韦[伯]	Wb	T·m^2
光通量	流[明]	lm	cd·sr
[光]照度	勒[克斯]	lx	lm/m^2
摄氏温度	摄氏度	℃	
[放射性]活度	贝克[勒尔]	Bq	s^{-1}
吸收剂量	戈[瑞]	Gy	J/kg
剂量当量	希[沃特]	Sv	J/kg

注:[ ]内的字,是在不致混淆的情况下,可以省略的字;( )内的字,为前者的同义语。

二、法定计量单位

我国于1984年2月27日由国务院颁布并开始正式实施了《中华人民共和国法定计量单位》,并规定我国的计量单位一律采用《中华人民共和国法定计量单位》,法定计量单位按1984年国家计量局公布的《中华人民共和国法定计量单位使用方法》执行。

我国的法定计量单位包括:

(1)国际单位制的基本单位(如表1.5.1-1所示);

(2)国际单位制的辅助单位(如表1.5.1-2所示);

(3)国际单位制中具有专门名称的导出单位(如表1.5.1-3所示);

(4)国家选定的非国际单位制中的单位(如表1.5.1-4所示);

(5)由以上单位构成的组合形式的单位;

(6)由词头和以上单位构成的十进倍数和分数单位(词头如表1.5.1-5所示)。

表1.5.1-4 国家选定的非国际单位制单位

量的名称	单位名称	单位符号	换算关系和说明
时间	分	min	1 min=60 s
	[小]时	h	1 h=60 min=3 600 s
	天(日)	d	1 d=24 h=86 400 s
平面角	[角]分	(″)	1″=(π/648 000)rad
	[角]秒	(′)	1′=60″=(π/10 800)rad
	度	(°)	1°=60′=(π/180)rad
			(π 为圆周率)
旋转速度	转每分	r/min	1 r/min=(1/60)s^{-1}
长度	海里	n mile	1 n mile=1 852 m(只用于航程)

续表

量的名称	单位名称	单位符号	换算关系和说明
速度	节	kn	1 kn = 1 n mile/h = (1 852/3 600) m/s（只用于航程）
体积	升	L,(l)	$1\ L = 1\ dm^3 = 10^{-3}\ m^3$
能	电子伏	eV	$1\ eV \approx 1.602\ 189\ 2 \times 10^{-19}\ J$
级差	分贝	dB	
线密度	特[克斯]	tex	1 tex = 1 g/km
质量	吨	T	1 t = 1 000 kg
	原子质量单位	u	$1\ u \approx 1.660\ 565\ 5 \times 10^{-27}\ kg$

注：1.周、月、年(年的符号为 a)为一般常用的单位。2.[ ]内的字，是在不致混淆的情况下，可以省略的字。3.( )内的字，为前者的同义语。4.角度单位度、分、秒的符号不处于数字后时，用括号。5.升的符号中，小写字母 l 为备用符号。6.r 为"转"的符号。7.人民生活和贸易中，质量习惯称为重量。8.公里为千米的俗称，符号为 km。

表 1.5.1-5　用于构成十进倍数和分数单位的词头

所表示的因数	词头名称	词头符号
10^{18}	艾[可萨]	E
10^{15}	拍[它]	P
10^{12}	太[拉]	T
10^{9}	吉[咖]	G
10^{6}	兆	M
10^{3}	千	k
10^{2}	百	h
10^{1}	十	da
10^{-1}	分	d
10^{-2}	厘	c
10^{-3}	毫	m
10^{-6}	微	μ
10^{-9}	纳[诺]	n
10^{-12}	皮[可]	p
10^{-15}	飞[母托]	f
10^{-18}	阿[托]	a

注：1.[ ]内的字，是在不致混淆的情况下，可以省略的字。2.10^4 称为万，10^8 称为亿，10^{12} 称为万亿，这类数词的使用不受词头名称的影响，但不应与词头混淆。

三、轮机工程中常用的国际单位与工程单位、英制单位的换算

如前所述，我国自 1984 年 2 月 27 日起已全面推行我国的法定计量单位。这个法定单位是以国际单位制的单位为基础，适当增加了国家选定的非国际单位制中的单位所构成的。但

由于船舶的特殊性,目前船舶上常用的单位制有工程单位制、英美习惯单位制和国际单位制,因而就涉及三种单位制之间的单位换算。下面先简单介绍工程单位制和英美习惯单位制,然后给出轮机工程中常用单位的三种单位制之间的换算关系。

(一)工程单位制(MSF 制)

在工程单位制中,选用长度、力和时间作为基本量,它们相应的单位分别为:米(m)、公斤力(kgf)和秒(s)。

在工程单位制中,质量为导出量,其单位为导出单位,按牛顿第二定律($F=ma$)

$$力 = 质量 \times 加速度$$

可以导出质量的单位:公斤力·二次方秒每米($kgf \cdot s^2/m$)。

在工程单位制中,压力(压强)为导出量,其单位为导出单位:公斤力每二次方米(kgf/m^2),但由于这个单位太小,工程上多以公斤力每二次方厘米(kgf/cm^2)作为压力(压强)的常用单位。

在工程单位制中,功为导出量,其单位为导出单位:公斤力·米($kgf \cdot m$)。

在工程单位制中,热量是基本量,它的单位是卡(cal)或千卡(kcal)。

1 卡(cal)或 1 千卡(kcal)表示在标准大气压下,1 克或 1 千克的纯水温度升高 1 ℃ 所需要的热量。热量和功之间的单位用被称为功热当量(符号用 A 表示)的数据进行换算,根据实验结果,功热当量 A 为

$$A = 1/427 \text{ 千卡每公斤力每米} \quad [kcal/(kgf \cdot m)]$$

(二)英美习惯单位制(USCS 制)

在 USCS 制中,选用长度、力和时间作为基本量,它们相应的单位分别为英尺(ft)、磅力(lb)和秒(s)。

在 USCS 制中,质量为导出量,其导出单位按牛顿第二定律 $F=ma$ 可得为:磅力·二次方秒每英尺($lbf \cdot s^2/ft$)。

在 USCS 制中,压力(压强)也为导出量,其导出单位为:磅力每二次方英寸(lbf/in^2)。

在 USCS 制中,功为导出量,其导出单位为:磅力·英尺($lbf \cdot ft$)。

在 USCS 制中,热量是基本量,它的单位是英热单位,用符号 Btu 表示,它表示 1 磅质量的纯水温度升高 1 ℉(1 ℉相当于 5/9 ℃)所需的热量,功热当量为

$$A = 1/778 \text{ 英热单位每磅力每英尺} \quad [Btu/(lbf \cdot ft)]$$

(三)三种单位制之间的单位换算

在轮机工程实践中,经常要用到一些常见量的国际单位、工程单位和英美习惯单位制之间的单位换算,比如:

1 海里(naut.mile)= 6 080 英尺(ft)= 1 852 米(m)

1 码(yd)= 3 英尺(ft)

1 英尺(ft)= 12 英寸(in)= 0.304 8 米(m)

1 英寸(in)= 2.54 厘米(cm)

1 英加仑(UKgal)= 4.546 升(L)

1 美加仑(USgal)= 3.785 升(L)

1 英吨(T)= 2 240 英磅(lb)= 1 016 千克(kg)

1 美吨(shT)= 2 000 英磅(lb)= 907.2 千克(kg)

1 公制马力(Ps) = 0.735 5 千瓦(kW)

1 英制马力(HP) = 0.745 7 千瓦(kW)

1 公斤力(kgf) = 9.8 牛顿(N) = 2.204 6 磅力(lbf)

1 千卡(kcal) = 4 186.8 焦耳(J)

下面用表格形式给出轮机工程中常用的国际单位、工程单位和英美习惯单位制之间的单位换算关系。

1.长度

如表 1.5.1-6 所示为长度单位换算关系。

表 1.5.1-6 长度单位换算关系

毫米 mm	厘米 cm	米 m	公里 km	英寸 in	英尺 ft	码 yd	海里 n mile
1	0.1	0.001	0.000 001	0.039 37	0.003 28	0.001 09	
10	1	0.01	0.000 01	0.393 70	0.032 80	0.010 93	
1 000	100	1	0.001	39.370 1	3.280 84	1.093 61	0.000 54
	100 000	1 000	1	39 370.1	3 280.84	1 093.61	0.539 62
25.4	2.54	0.025 4	0.000 03	1	0.083 33	0.027 78	
304.8	30.48	0.304 8	0.000 30	12	1	0.333 33	0.000 16
914.4	91.44	0.914 4	0.000 91	36	3	1	0.000 49
		1 852	1.852		6 080	2 026.67	1

2.面积

如表 1.5.1-7 所示为面积单位换算关系。

表 1.5.1-7 面积单位换算关系

平方米 m^2	平方厘米 cm^2	平方毫米 mm^2	平方码 yd^2	平方英尺 ft^2	平方英寸 in^2
1	10 000	10^6	1.1960	10.763 9	1 550.1
1×10^{-4}	1	100	1.196×10^{-4}	1.076×10^{-3}	0.155 0
1×10^{-6}	0.001	1			
		83.6×10^4	1	9	1 296
0.863 1	8 631		0.111 1	1	144
6.452×10^{-4}	6.451 6	645.16	7.716×10^{-4}	6.9×10^{-3}	1

3.体积

如表 1.5.1-8 所示为体积单位换算关系。

表 1.5.1-8 体积单位换算关系

立方厘米 cm^3,cc,mL	升 L,dm^3	立方米 m^3	立方英寸 in^3	立方尺 ft^3	英加仑 UKgal	美加仑 USgal
1	1×10^{-3}	1×10^{-6}	0.061	3.531×10^{-5}	2.2×10^{-4}	2.642×10^{-4}
1×10^3	1	1×10^{-3}	61.024	0.035 3	0.220	0.264
1×10^6	1×10^3	1	6.102×10^4	35.315	219.98	264.18
16.387	0.016 4	1.639×10^{-5}	1	0.579×10^{-3}	3.605×10^{-3}	4.329×10^{-3}

续表

立方厘米 cm^3, cc, mL	升 L, dm^3	立方米 m^3	立方英寸 in^3	立方尺 ft^3	英加仑 UKgal	美加仑 USgal
2.832×10^4	28.317	0.028 32	1 728.0	1	6.299	7.481
4 546	4.546	4.546×10^{-3}	277.4	0.160 5	1	1.201
3 785	3.785	3.785×10^{-3}	231.0	0.133 7	0.832 7	1

4. 质量

如表 1.5.1-9 所示为质量单位换算关系。

表 1.5.1-9 质量单位换算关系

克 g	千克(公斤) kg	公吨 t	英磅 lb	英吨 T	美吨 shT
1	1×10^{-3}	1×10^{-6}	$2.204\,6 \times 10^{-3}$	$0.984\,2 \times 10^{-6}$	1.102×10^{-6}
1×10^3	1	1×10^{-3}	2.204 6	$0.984\,2 \times 10^{-3}$	1.102×10^{-3}
1×10^6	1 000	1	2 204.6	0.984 2	1.102 3
453.59	0.4536	4.536×10^{-4}	1	4.464×10^{-4}	5.1×10^{-4}
1.016×10^6	1.016×10^3	1.016	2 240	1	1.120
9.07×10^5	9.07×10^2	0.907 2	2 000	0.892 9	1

5. 重度

如表 1.5.1-10 所示为重度单位换算关系。

表 1.5.1-10 重度单位换算关系

公斤力每立方米 kgf/m^3	克力每立方厘米 gf/cm^3	磅力每立方英寸 lbf/in^3	磅力每立方英尺 lbf/ft^3
1	0.001	0.000 036	0.062 428 4

注:$1 gf/cm^3 = 1 tf/m^3$。

6. 力

如表 1.5.1-11 所示为力单位换算关系。

表 1.5.1-11 力单位换算关系

牛顿 N	达因 dyn	公斤力 kgf	磅力 lbf
1	1×10^5	0.101 972	0.224 8
1×10^{-5}	1		
9.8		1	2.204 6

7. 速度

如表 1.5.1-12 所示为速度单位换算关系。

表 1.5.1-12 速度单位换算关系

厘米每秒 cm/s	米每秒 m/s	节(海里每小时) kn(n mile/h)	公里每小时 km/h	英尺每秒 ft/s	英里每小时 mile/h
1	1×10^{-2}	0.019 4	0.036	0.032 8	0.022 4
1×10^2	1	1.943 9	3.6	3.280 8	2.237 0

续表

厘米每秒 cm/s	米每秒 m/s	节(海里每小时) kn(n mile/h)	公里每小时 km/h	英尺每秒 ft/s	英里每小时 mile/h
51.44	0.514 4	1	1.852	1.687 8	1.150 8
27.78	0.277 8	0.540 0	1	0.911 4	0.621 4
30.48	0.304 8	0.592 5	1.097	1	0.186 8
44.70	0.447 0	0.869 0	1.609 3	1.466 7	1

8. 压力(压强)

如表 1.5.1-13 所示为压力(压强)单位换算关系。

表 1.5.1-13　压力(压强)单位换算关系

帕斯卡 Pa	巴 bar	公斤力每平方厘米 kgf/cm²	标准大气压 atm	毫米汞柱 mm Hg	米水柱 m H₂O	磅力每平方英寸 lbf/in²
1	1×10⁻⁵	1.019 7×10⁻⁵	0.986 9×10⁻⁵	7.501×10⁻³	1.019 7×10⁻⁴	1.450×10⁻⁴
1×10⁵	1	1.019 7	0.986 92	750.06		14.503 8
9.806 7×10⁴	0.980 7	1	0.967 84	735.56	10	14.223 3
1.013 25×10⁵	1.013 25	1.033 3	1	760.0	10.333	14.696 0
133.322	0.013 4	1.360×10⁻³	1.315 8×10⁻⁵	1		0.019 34
6 869.76	0.068 95	0.070 31	0.068 05	5.163 8		1

注:1 mm 汞柱(1 mmHg) = 1 托(Torr);1 Pa = 1 N/m²;1 MPa = 10⁶ Pa = 10 bar = 10.197 kgf/cm²;1at(工程大气压) = 1 kgf/cm² = 736 mmHg;1bar = 10⁵ Pa = 10⁵ N/m²;1 psi = 1bf/in²。

9. 流量

如表 1.5.1-14 所示为流量单位换算关系

表 1.5.1-14　流量单位换算关系

毫升每秒 mL/s	升每分钟 L/min	立方米每小时 m³/h	英加仑每分钟 UK gal/min	美加仑每分钟 US gal/min	立方英寸每秒 in³/s	立方英尺每小时 ft³/h
1	60×10⁻³	3.6×10⁻³	13.197×10⁻³	15.851×10⁻³	61.024×10⁻³	127.14×10⁻³
16.667	1					
	16.667	1				
		4.54	1			
		3.785		1		

10. 扭矩

如表 1.5.1-15 所示为扭矩单位换算关系。

表 1.5.1-15　扭矩单位换算关系

牛顿米 N·m	公斤力米 kgf·m	公斤力厘米 kgf·cm	磅力英尺 lbf·ft
1	0.101 972	10.197 2	7.377 66
9.806 7	1	100	
0.098	0.01	1	

11. 角速度

如表 1.5.1-15 所示为角速度单位换算关系。

表 1.5.1-15 角速度单位换算关系

转每分钟 r/min	转每秒 r/s	弧度每秒 rad/s	度每分钟 °/min	度每秒 °/s
1	0.016 67	$\pi/30$	360	6

注:1 rad = 57.296°。

12. 功、能和热量

如表 1.5.1-17 所示为功、能和热量单位换算关系。

表 1.5.1-17 功、能和热量单位换算关系

焦耳 J	千瓦时 kW·h	公斤力米 kgf·m	千卡 kcal	磅力英尺 lbf·ft	英热单位 Btu
1	$0.277\ 8\times10^{-6}$	0.102 0	$0.238\ 8\times10^{-3}$	0.736 3	$0.947\ 8\times10^{-3}$
3.6×10^6	1	3.671×10^5	859.845	$2.655\ 2\times10^6$	3 412.14
9.806 7	2.724×10^{-6}	1	$2.342\ 3\times10^{-3}$	7.233	$9.294\ 7\times10^{-3}$
4 186.8	1.163×10^{-3}	426.935	1	3 088.026	3.968 3
1.355 8	3.766×10^{-7}	0.138 3	$0.323\ 8\times10^{-3}$	1	$1.285\ 1\times10^{-3}$
1 055.056	2.931×10^{-4}	107.586	0.252 0	778.17	1

注:1 尔格(erg) = 10^{-7} 焦耳(J);1 J = 1W·s;1 W·h = 3 600 W·s;1 cal = 4.186 05 J。

13. 功率

如表 1.5.1-18 所示为功率单位换算关系

表 1.5.1-18 功率单位换算关系

瓦特 W	千瓦 kW	公斤力米每秒 kgf/s	公制马力 Ps	磅力英尺每秒 lbf·ft/s	英制马力 HP
1	0.001	0.102 0	$1.359\ 6\times10^{-3}$	0.737 6	$1.341\ 0\times10^{-3}$
1 000	1	102	1.359 6	737.6	1.341 0
9.806 7	$9.806\ 7\times10^{-3}$	1	0.013 3	7.233	0.013 15
735.499	0.735 5	75	1	542.476	0.986 3
1.355 8	$1.355\ 8\times10^{-3}$	0.138 3	1.843×10^{-3}	1	1.818×10^{-3}
745.7	0.745 7	76.04	1.013 9	550	1

14. 热功率和机械功率

如表 1.5.1-19 所示为热功率和机械功率单位换算关系。

表 1.5.1-19 热功率和机械功率单位换算关系

千卡每秒 kcal/s	千瓦 kW	公制马力 Ps	公斤力米每秒 kgf·m/s	英热单位每秒 BTU/s	英制马力 HP	磅力英尺每秒 lbf·ft/s
1	4.186	5.692 0	426.900	3.968 3	5.614 1	3 087.77

注:1 W = 1 J/s;1 kgf/s = 9.806 65 W。

15. 动力黏度

如表 1.5.1-20 所示为动力黏度单位换算关系。

表 1.5.1-20　动力黏度单位换算关系

牛顿秒每平方米 $N \cdot s/m^2$ 帕秒 $Pa \cdot s$	公斤力秒每平方米 $kgf \cdot s/m^2$	公斤力秒每平方厘米 $kgf \cdot s/cm^2$	泊(达因秒每平方厘米)P	厘泊 cP	公斤力小时每平方米 $kgf \cdot h/m^2$	牛顿小时每平方米 $N \cdot h/m^2$
1	0.102	1.02×10^{-3}	10	1 000	28.3×10^{-6}	278×10^{-6}

16. 运动黏度

如表 1.5.1-21 所示为运动黏度单位换算关系

表 1.5.1-21　运动黏度单位换算关系

厘泊 cSt	泊 St	二次方米每秒 m^2/s	二次方英尺每秒 ft^2/s
1	1×10^{-2}	1×10^{-6}	0.000 010 76

注：$1 St = 1 cm^2/s$。

17. 换热系数

如表 1.5.1-22 所示为换热系数单位换算关系。

表 1.5.1-22　换热系数单位换算关系

焦耳每平方米小时摄氏度 $J/(m^2 \cdot h \cdot ℃)$	千卡每平方米小时摄氏度 $kcal/(m^2 \cdot h \cdot ℃)$	卡每平方厘米秒摄氏度 $cal/(cm^2 \cdot s \cdot ℃)$	英热单位每平方英尺小时华氏度 $BTU/(ft^2 \cdot h \cdot ℉)$	瓦特每平方米开尔文 $W/(m^2 \cdot K)$
1	2.389×10^{-4}	$6.614\ 4 \times 10^{-9}$	4.893×10^{-5}	2.778×10^{-4}

注：$W/(m^2 \cdot K)$ 为 SI 单位。

18. 导热系数

如表 1.5.1-23 所示为导热系数单位换算关系。

表 1.5.1-23　导热系数单位换算关系

千卡每米小时摄氏度 $kcal/(m \cdot h \cdot ℃)$	卡每厘米小时摄氏度 $cal/(cm \cdot h \cdot ℃)$	焦耳每厘米秒摄氏度 $J/(cm \cdot s \cdot ℃)$	英热单位每英尺小时华氏度 $BTU/(ft \cdot h \cdot ℉)$	英热单位每英寸小时华氏度 $BTU/(in \cdot h \cdot ℉)$	瓦特每米开尔文 $W/(m \cdot K)$
1	2.778×10^{-3}	1.163×10^{-2}	0.671 96	8.063 5	1.163

注：$W/(m \cdot K)$ 为 SI 单位。

19. 比热容(比热)

如表 1.5.1-24 所示为比热容(比热)单位换算关系。

表 1.5.1-24　比热容(比热)单位换算关系

焦耳每千克开尔文 $J/(kg \cdot K)$	焦耳每千克摄氏度 $J/(kg \cdot ℃)$	千卡每千克摄氏度 $kcal/(kg \cdot ℃)$
1	1	239×10^{-6}
4 186.8	4 186.8	1

第二章 船用泵

第一节 基础知识

船上需要输送海水、淡水、污水、滑油和燃油等各种液体。泵就是用来输送液体的机械(有的也用来输送其他液体,如挖泥船的泥浆泵或抽送气体的真空泵等)。据资料统计,一艘柴油机驱动的货船,需要36~50台各种类型的泵,其数量占全船机械数量的20%~30%,能耗占全船总能耗的5%~15%,造价为全船设备费用的4%~8%。

由流体力学可知,液体的机械能有位能、动能和压力能三种形式,它们之间可以相互转换。液体不可能自动从机械能较低处流到机械能较高处,而且液体在管路中运输的过程还要克服管路阻力而损失一部分能量。例如,锅炉给水需要提高液体的位能和压力能;将压载水驳出舷外需要提高液体的位能和动能;冷却水的供应和各种油类的驳送需要克服管路阻力,并使液体流动起来。从功能来说,泵是用来提高液体机械能的设备。

一、泵的分类

船用泵的数量很多,为便于使用管理和维护保养,应对泵进行分类介绍。

1. 按用途分类

(1) 主动力装置用泵

对柴油机船,一般包括主海水泵、低温冷却水泵、高温冷却水泵、喷油器冷却水泵、主滑油泵、滑油驳运泵、燃油供给泵、燃油增压泵、燃油驳运泵等。

(2) 辅助装置用泵

主要包括柴油发电机的淡水泵;辅锅炉给水泵、燃油泵;制冷装置冷却水泵;海水淡化装置的海水泵、凝水泵、真空泵;舵机和其他甲板机械的液压泵等。

(3) 船舶安全及生活设施用泵

主要包括消防泵、压载泵、舱底泵、通用泵、日用淡水泵、日用海水泵等。

(4) 特殊船舶专用泵

某些特殊用途的船舶,还需设有为其特殊营运要求而专门设置的泵,例如油船的货油泵、挖泥船的泥浆泵等。

2. 按工作原理分类

如图 2-1-1 所示为船用泵按工作原理分类图,主要有三大类。

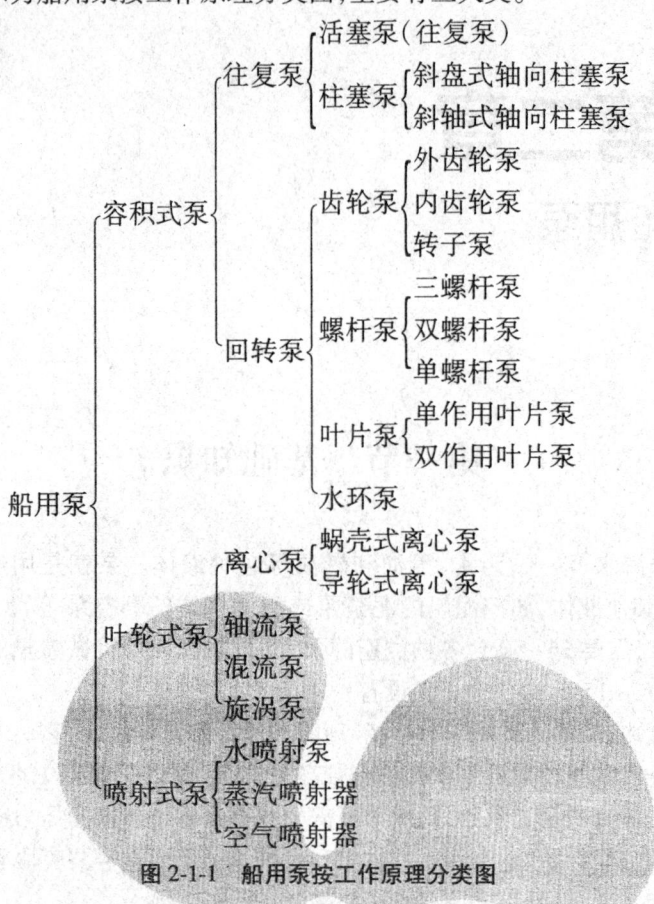

图 2-1-1 船用泵按工作原理分类图

(1) 容积式泵

容积式泵是通过工作部件的运动使工作容积周期性地增大和缩小而吸排液体的泵,它靠工作部件的挤压使液体的压力能增加。根据运动部件的运动方式,容积式泵又可分为往复泵和回转泵两类。往复泵主要有活塞泵和柱塞泵;回转泵主要有齿轮泵、螺杆泵、叶片泵和水环泵。

(2) 叶轮式泵

叶轮式泵是靠叶轮带动液体高速回转而把机械能传递给所输送的液体。根据泵的叶轮和流道结构不同,又可分为离心泵、轴流泵、混流泵和旋涡泵。

(3) 喷射式泵

喷射式泵是靠工作流体产生的高速射流引射流体,然后再通过动量交换而使被引射流体的能量增加。根据所用工作流体的不同,有水喷射泵、蒸汽喷射泵和空气喷射泵。

后两类非容积式泵(叶轮式泵和喷射式泵)亦称为动力式泵,是指靠增加流体动能而使流体能量增加的泵。

船用泵除按用途和工作原理分类外,还可按泵轴方向分为立式泵和卧式泵;按吸口数目分为单吸泵和双吸泵;按原动机的种类分为电动泵、汽轮机泵、柴油机泵和机带泵。

二、泵的性能参数

通常使用流量、扬程、转速、功率、效率和允许吸上真空度等参数表征泵的性能、比较泵的优劣,选用合适的泵。这些参数称为泵的性能参数。泵铭牌上标注的参数是额定工况(设计工况)下的数值。泵工作时性能参数不一定等于铭牌上的标注值,可参考说明书并根据泵装置的条件进行计算。

1.流量

流量是指泵在单位时间内所输送的液体量,分为体积流量和质量流量。体积流量常用 Q 表示,国际单位是 m^3/s。船用水泵常用 m^3/h 为单位,小型油泵还可用 L/min 为单位;质量流量常用 G 表示,国际单位是 kg/s,常用单位还有 t/h、kg/min。

质量流量和体积流量的关系为

$$G = \rho Q \quad \text{kg/s} \tag{2-1-1}$$

式中,ρ—液体的密度,kg/m^3。

2.扬程

泵的扬程是指单位重力液体通过泵后所增加的机械能,常用 H 表示,单位是 m。

单位重力液体的机械能又称能头,它包括压力能、位能和动能。因此,泵的扬程即为泵使液体所增加的总能头。

如图 2-1-2 所示为泵装置简图,泵铭牌上标注的扬程是额定扬程,即泵在设计工况时的扬程。泵的工作扬程可用泵排出口和吸入口的能头之差来求出,即

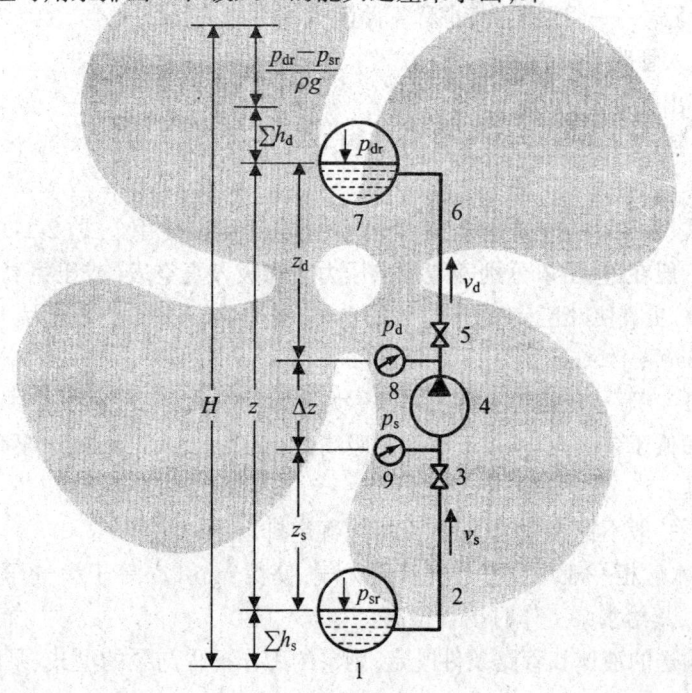

图 2-1-2 泵装置简图

1—吸入容器;2—吸入管;3—吸入阀;4—泵;5—排出阀;6—排出管;7—排出容器;8—排出压力表;9—吸入压力(真空)表

$$H = \frac{p_d - p_s}{\rho g} + \Delta z + \frac{v_d^2 - v_s^2}{2g} \quad \text{m} \tag{2-1-2}$$

式中，p_d——泵排出口处的压力，简称排出压力，Pa；

p_s——泵吸入口处的压力，简称吸入压力，Pa；

Δz——泵排出口和吸入口中心处的高度差，m；

v_s、v_d——泵吸、排口处的平均流速，m/s；

ρ——液体的密度，kg/m³；

g——重力加速度，9.8 m/s²。

当泵的吸、排管直径相同（$v_d \approx v_s$）且吸、排口压力表间的垂直距离很近（$\Delta z \approx 0$）时，泵的工作扬程 H 就近似地由吸、排口之间的压力差来决定，即

$$H \approx \frac{p_d - p_s}{\rho g} \quad \text{m} \tag{2-1-3}$$

泵的工作扬程还可根据所在管路的特性求出，即

$$H = \frac{p_{dr} - p_{sr}}{\rho g} + z + \sum h \quad \text{m} \tag{2-1-4}$$

式中，p_{dr}——排出液面上的压力，Pa；

p_{sr}——吸入液面上的压力，Pa；

$z = z_s + \Delta z + z_d$——吸入液面至排出液面的高度，m；

z_s——吸上高度（泵吸入口中心至吸入液面的高度），m；

z_d——排出高度（泵排出口中心至排出液面的高度），m；

$\sum h = \sum h_s + \sum h_d$——管路阻力，也称管路阻力损失能头，m；

$\sum h_s$——吸入管路阻力，m；

$\sum h_d$——排出管路阻力，m。

公式（2-1-3）和（2-1-4）为工程上计算扬程的常用公式，下面对这两个公式进行讨论和说明。

(1) 使用公式（2-1-3）的前提是吸、排管内径相同；否则要使用公式（2-1-2）计算。

(2) 船用泵一般在进、出口分别安装排出压力表和吸入真空表（或压力真空表），所以管理中使用公式（2-1-3）更方便，但应注意压力表的单位，常用单位的换算关系为：1 MPa = 10^6 Pa ≈ 10 kgf/cm² ≈ 10 bar ≈ 145 psi。

(3) 公式（2-1-4）等号右侧的前两项之和称为管路静能头。

(4) 吸入液面低于泵吸入口时，z_s 称为正吸高，取正值；吸入液面高于泵吸入口时，z_s 称为流注高度，取负值。

(5) 容积式泵一般不标注额定扬程，而标注额定排出压力。

(6) 船舶油、水舱柜一般均设有透气管通大气，使得 p_{dr} 和 p_{sr} 等于大气压；锅炉、压力水柜等装置的 p_{dr} 很大，其给水泵工作时扬程很高。

(7) 如果所输送的液体和管路条件既定，则泵的工作扬程与泵的型式、泵的位置无关。

3. 转速

泵的转速是指泵轴每分钟的回转数，用 n 表示，单位是 r/min。大多数泵是由原动机直接传动，两者转速相同；但电动往复泵需经减速机构传动，泵比电动机的转速低。

4. 功率和效率

泵的输出功率又称有效功率,是指泵在单位时间内传给液体的能量,用 P_e 表示,可由下式求得

$$P_e = gGH = \rho g QH \quad \text{W} \tag{2-1-5}$$

泵的输入功率也称为轴功率,是指原动机传给泵轴的功率,用 P 表示。

输出功率和输入功率之比称为泵的效率,用 η 表示。

$$\eta = \frac{P_e}{P} \tag{2-1-6}$$

泵的能量损失包括以下三种:

(1)由于漏泄、吸入液体中含有气体等造成的流量损失,用容积效率 η_v(实际流量 Q 与理论流量 Q_t 之比)来衡量,即

$$\eta_v = \frac{Q}{Q_t} \tag{2-1-7}$$

(2)液体在泵内流动因摩擦、撞击、旋涡等水力损失造成的扬程损失,用水力效率 η_h(实际扬程 H 与理论扬程 H_t 之比)来衡量,即

$$\eta_h = \frac{H}{H_t} \tag{2-1-8}$$

不考虑泵本身的流量损失和扬程损失,泵传给液体的功率称为水力功率,用 P_h 表示。

$$P_h = \rho g Q_t H_t \tag{2-1-9}$$

(3)由运动部件的机械摩擦所造成的能量损失,用机械效率 η_m(水力功率 P_h 与轴功率 P 之比)来衡量,即

$$\eta_m = \frac{P_h}{P} \tag{2-1-10}$$

由此可得

$$\eta = \frac{P_e}{P} = \frac{\rho g Q H}{P} \cdot \frac{Q_t H_t}{Q_t H_t} = \eta_v \eta_h \eta_m \tag{2-1-11}$$

泵的配套功率是指所配原动机的额定输出功率,用 P_M 表示。原动机若是通过传动装置与泵相连接,要考虑传动效率;另外,考虑到泵运转时可能超负荷等情况,泵的配套功率应大于额定轴功率。

5. 允许吸上真空度

泵工作时吸口处的真空度达到一定程度,所输送液体就会因泵内最低压力降到其温度所对应的饱和压力 p_v 而汽化,使泵不能正常工作。泵工作时所允许的最大吸入真空度即称"允许吸上真空度",用 H_s 表示,单位是 MPa 或 m。

泵的允许吸上真空度是泵吸入性能好坏的重要标志,也是管理中限制吸入真空度过高的依据。它主要与泵的类型和结构有关。因为液体进泵后压力进一步降低的程度不同,泵内压降小的泵其允许吸上真空度就大。此外,大气压力 p_a 降低、液体温度升高(使饱和蒸汽压力 p_v 提高)或泵流量增大(使泵内压降增大),都会使允许吸上真空度减小。

泵铭牌上标示的 H_s 是由制造厂在标准大气压(760 mmHg)下用常温(20 ℃)清水在额定工况下试验得出。按国标规定,试验时逐渐增加泵的吸入真空度,容积式泵以流量比正常工作

时下降3%时所对应的吸入真空度作为 H_s 的标定值。叶轮式泵则以扬程或效率下降规定值为临界状态,再留一定余量,以必需气蚀余量 Δh_r 的形式标示(详见第本章第五节)。

水泵通常标注的是允许吸上真空高度,用 $[H_s]$ 表示。

$$[H_s] = H_s/\rho g \quad \text{m} \tag{2-1-12}$$

允许吸上真空高度 $[H_s]$ 可用来推算水泵的最大允许吸上高度(许用吸高)。

泵在吸入常温清水且吸入液面为大气压时,许用吸高可以用允许吸上真空高度 $[H_s]$ 减去吸入速度头和吸入管路阻力损失的水头来测算。

$$[z_s] = \frac{H_s}{\rho g} - \frac{v_s^2}{2g} - \sum h_s \quad \text{m} \tag{2-1-13}$$

三、泵正常工作条件

泵正常工作条件就是指泵能够正常吸入和排出液体的条件。了解泵的正常工作条件,不仅对泵的正确安装和使用管理有重要意义,同时也有助于分析各类泵不能正常吸、排的原因。

1. 正常吸入条件

(1) 必须能在吸入口形成足够低的吸入压力

只有形成足够低的吸入压力,液体才能在吸入液面压力的作用下,克服吸高、吸入管路中的速度头和管路阻力而进入泵内。

如果不能满足该条件,则液体根本吸不上来。管理中可在泵正常工作时记下吸入压力,如果吸入条件不变而吸入真空度降低,这可能是由于:

①泵内密封不良或元件损坏造成内部严重漏泄。

②吸入管漏气。

③吸入管口或滤器露出液面。

如果吸入条件不变而吸入真空度增大则可能是由于:

①滤器阻塞。

②吸入管路的阀未开足。

③所输送的油液温度降低。但如果输送的液体为水时,温度变化时黏度变化很小,对管路阻力影响甚微,不会导致真空度增大。

(2) 吸入口处的真空度不得大于泵的允许吸上真空度

吸入口处的真空度小于泵的允许吸上真空度,这样才能保证泵内最低吸入压力大于液体的饱和压力;否则液体就会汽化,使泵不能正常工作。即要求

吸入真空度 $\quad\quad\quad p_a - p_s \leq H_s$ (2-1-14)

或吸入真空高度 $\quad (p_a - p_s)/\rho g \leq [H_s]$ (2-1-15)

式中,p_a——大气压力,Pa;

p_s——吸入口压力,Pa。

如果不能满足该条件,有可能是因为下述原因导致液体汽化:

①吸入液面压力太低。

②吸高过大。

③吸入管路阻力太大。

④液体温度升高。

液体温度越高越容易汽化。当液体温度变化的泵(如锅炉给水泵)因水温升高导致吸入失常时,应降低泵的转速或降低水温。

管理中,如果需要对管路系统进行改造或维修,应尽量减小吸入管路的长度,选用较大的管径,并尽可能减少弯头和各种附件。

2.排出条件

(1)必须能产生足够高的排出压力

泵的排出压力由管路特性所决定,主要取决于排出液面上的压力、排出高度和排出管路阻力。

(2)容积式泵的排出压力不超过额定排出压力,叶轮式泵的扬程不超过封闭扬程

容积式泵排出压力超过额定值可能造成安全阀开启、原动机过载、密封失效或部件损坏。叶轮式泵关闭排出阀时的扬程称为封闭扬程,封闭扬程为泵的最大扬程。如果叶轮式泵所需要的工作扬程超过封闭扬程,就不能排出液体。

管理中可在泵工作正常时记下排出压力,若其他条件未变而排出压力变低,则通常因为泵的流量减小使得管路阻力降低;如果排出压力过高,若非排出液面压力或排出高度过大,则多是因排出阻力太大。管理中应开足排出管路上的阀门,防止排出管路或滤器堵塞。

第二节 往复泵

一、往复泵的工作原理

如图2-2-1所示为单缸单作用往复泵的工作原理简图,它主要由活塞7、泵缸8、吸入阀3和排出阀5等部件组成。

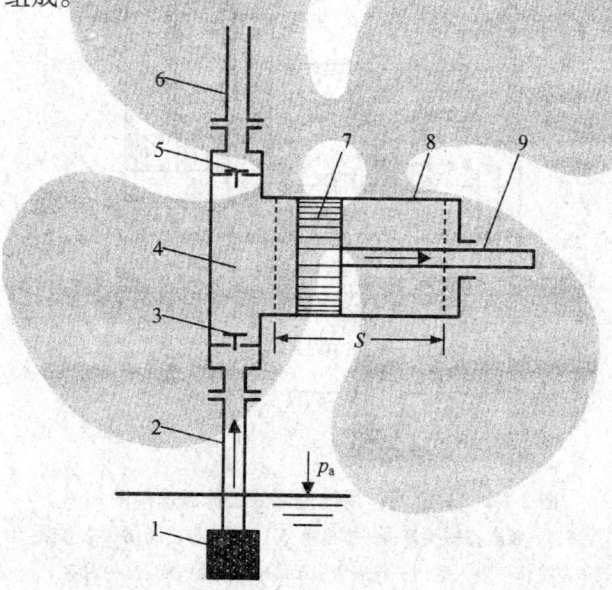

图2-2-1 单缸单作用往复泵的工作原理简图

1—吸入滤器;2—吸入管;3—吸入阀;4—阀箱;5—排出阀;6—排出管;7—活塞;8—泵缸;9—活塞杆

活塞 7 与活塞杆 9 由原动机经传动机构带动,在泵缸 8 中做直线往复运动。活塞左侧的泵缸空间称为工作腔。工作腔经吸入阀 3 与吸入管 2 相连通,并经排出阀 5 和排出管 6 相连通。吸入管伸入到被输送的液面以下,其下端装有吸入滤器 1。排出管 6 则通到需用液体的处所。

假设泵工作前吸入管、阀箱和工作腔内全部为空气。当活塞从左止点向右止点(图中虚线位置)移动时,工作腔容积增大、压力降低。排出阀 5 上下压差增大,保持关闭;吸入阀 3 下方与上方的压差增大,该压差便会克服吸入阀的阻力而将吸入阀打开,使吸入管与工作腔相通,吸入管内压力降低,管内的液面也随之升高。活塞向右移动时进行吸入过程。当活塞向左移动时,工作腔容积减小、压力升高。吸入阀 3 关闭,排出阀 5 在工作腔内压力达到一定程度后开启,工作腔内的空气被排至排出管。活塞向左移动时进行排出过程。

这样,活塞连续地往复运动,吸入管、阀箱和工作腔内的空气将逐渐地被排往排出管,同时液体将逐渐充满上述空气空间时,泵便开始吸排液体。

二、往复泵的作用数

往复泵曲轴每转理论上排送液体的体积相当于泵缸平均工作容积的倍数,称为泵的作用数,也可将曲轴每转(活塞往复运动一次)吸排液体的次数称为作用数。往复泵可按作用数分为单作用泵、双作用泵、三作用泵和四作用泵等。

1. 单作用泵

如图 2-2-1 所示为单缸单作用往复泵。

2. 双作用泵

如图 2-2-2 所示为单缸双作用往复泵的工作原理简图。

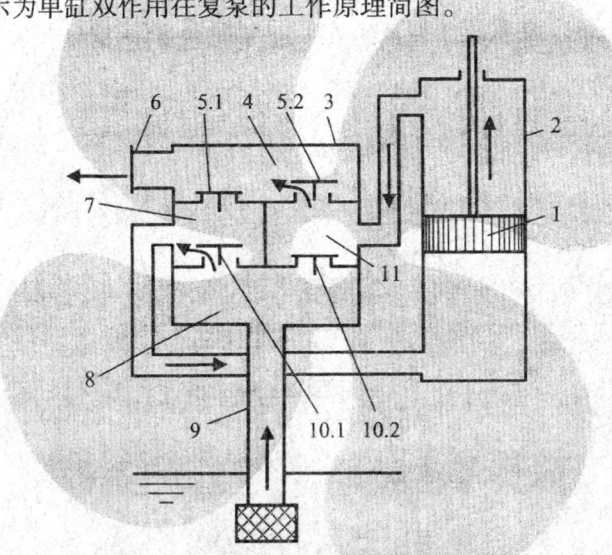

图 2-2-2 单缸双作用往复泵的工作原理简图
1—活塞;2—泵缸;3—阀箱;4—排出室;5.1,5.2—排出阀;6—排出管;
7—左室;8—吸入室;9—吸入管;10.1,10.2—吸入阀;11—右室

活塞 1 在泵缸 2 内将泵缸分隔成上、下工作腔,分别通阀箱 3 的右室 11 和左室 7。阀箱 3 被两个水平隔板分为三层腔室,其中上层为排出室 4,与排出管 6 相通;中层又被竖隔板分为左室 7 和右室 11;下层为吸入室 8,与吸入管 9 相通。左室 7 和右室 11 的下部隔板上装有吸

入阀10.1和10.2,上部隔板上装有排出阀5.1和5.2。

当活塞上行时,下工作腔容积增大,与之相通的左室7内的压力也随之降低,吸入阀10.1开启。与此同时,泵缸上部空间容积减小、压力升高,排出阀5.2被顶开,将气体排入排出室4内。当活塞下行时,吸入阀10.2和排出阀5.1开启,进行类似的吸排作用。这样,该泵在曲轴每转中就有两次吸排过程。当转速、泵缸尺寸和活塞行程相同时,其流量约为单作用泵的两倍,并且排出管供液比较均匀。

3.三作用泵

三作用泵的曲轴带有三个互成120°夹角的曲柄,每个曲柄驱动一个单作用泵。它能实现比双作用泵更为均匀的排液。

4.四作用泵

为了减少泵的外廓尺寸,大流量泵通常采用四作用泵,它由两个并联的双作用泵构成,其两个曲柄间的夹角为90°。

三、往复泵的结构

如图2-2-3所示为国产2DSL(型号含义:2—缸数;D—电动;S—水泵;L—立式)型电动双缸四作用往复泵。它主要由电动机1、齿轮减速器2、曲柄连杆机构3、泵缸4以及滑油泵5等组成。

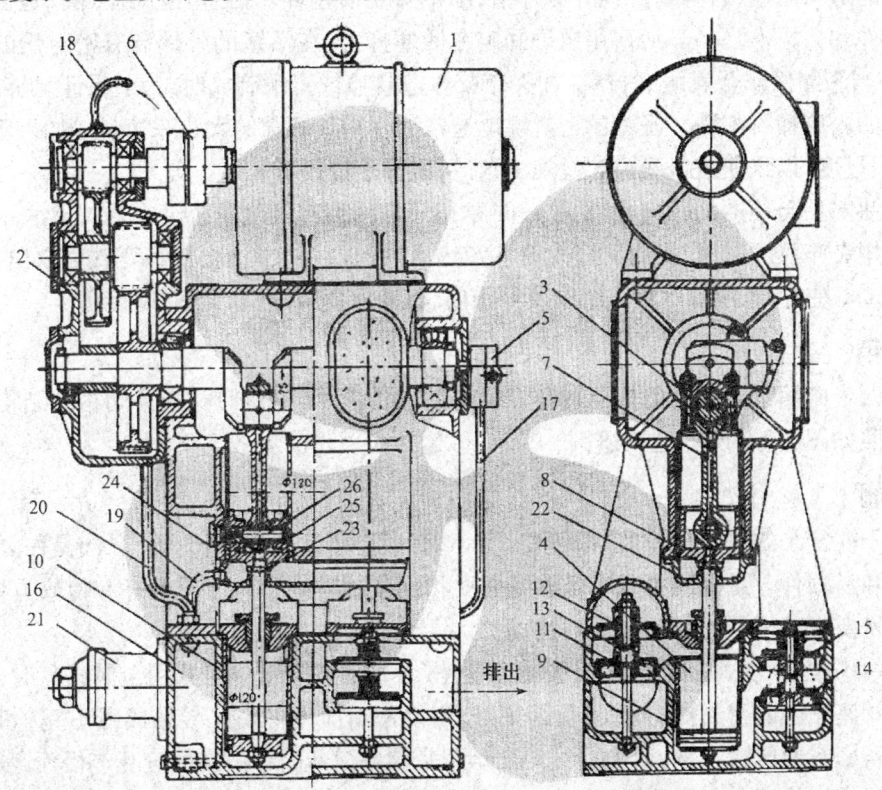

图2-2-3 国产2DSL型电动双缸四作用往复泵

1—电动机;2—齿轮减速器;3—曲柄连杆机构;4—泵缸;5—滑油泵;6—联轴器;7—连杆;8—十字头;9—活塞;10—水缸;11,14—吸入阀;12,15—排出阀;13—固定螺栓;16—滑油箱;17,18,19,20—油管;21—安全阀;22—油盘;23—锁紧螺母;24—堵头;25—定位弹簧圈;26—十字头销

1. 电动机

电动机采用一般防滴式交流电机。电机的转向必须与泵体上的方向标志相一致,以防止由曲轴带动的泵反转而不能正常供液。

2. 齿轮减速器

齿轮减速器位于电机的输出轴侧,由电机经挠性联轴器 6 带动回转。减速器共分两级,采用圆柱齿轮,轮轴由滚珠轴承来支承。

3. 曲轴

曲轴是一根整轴,由三个滚珠轴承(其中最后一个是自位轴承)支承工作。轴上有两个曲柄。曲柄间夹角为 90°,以减少流量和功耗的波动。曲轴上的曲柄销与连杆 7 的大端相连,连杆小端则经十字头 8 与活塞杆相连。这样,曲轴的回转运动就经连杆、十字头和活塞杆的传动,使活塞 9 在泵缸 4 内做往复运动。

4. 缸体

缸体由铸铁浇铸而成,中间镶有内套。内套常用铜材料制成,以防海水腐蚀。

5. 活塞及活塞环

活塞的材料是铜或铸铁,外周开有环槽,用于安装活塞环。活塞环亦称胀圈,是往复泵重要的密封件和易损件之一。活塞用螺母固定在活塞杆上,在活塞的外周装有密封用的活塞环(胀圈)。当胀圈用非金属耐磨材料(如夹布胶木、塑料)或青铜制成时,为了保证足够的弹力,可在胀圈的内侧加衬弹簧。胀圈的密封性能通常都用搭口间隙的大小来衡量。如果胀圈工作过久,磨损过度,以致使搭口间隙超过规定数值,则应予以换新。

新装活塞环与环槽的轴向间隙、径向间隙和开口间隙应符合要求。往复式舱底水泵的活塞环常采用夹布胶木制成,换新时应先将它在热水中浸泡一段时间,待其变软后取出,将开口撑开到 8 mm 左右,等冷却后放入缸内及环槽内,检查各处间隙值,合适才可装入。

6. 阀箱

该泵四个阀箱位于泵缸的前、后侧,分别与泵缸的上、下工作腔相连。阀箱的结构和工作原理可参照如图 2-2-2 所示的描述。

7. 泵阀

对应于往复泵的每个工作腔,都各有一个(或一组)吸入阀和排出阀。泵阀是往复泵重要的密封件和易损件。泵阀除要求有足够的强度和刚度、结构简单、工艺性好和检修方便外,性能上主要是要求关得严、关得轻、关得快、阻力小。

(1)关闭严密。关闭不严会使自吸能力变差,容积效率降低。当采用金属阀盘时,应经常检查其与阀座贴合的密封面(阀线)是否完好,当该密封面出现伤痕导致阀线不完整时,应予以研磨。若密封面压痕太深,研磨前可先光车。泵阀各弹簧的自由高度应基本相等,张力应接近。如果弹簧工作过久失去弹性,自由高度减少 5% 以上,应予换新。根据 GB/T 11034—2008 的要求,泵阀与阀座的接触面必须进行密封试验,即将两者组装后倒置,注煤油检查,5 min 内应该不漏。

(2)关闭时撞击要轻,撞击声小。撞击严重会加剧阀的磨损。试验得出泵阀撞击轻的条件是:

$$h_{max} \cdot n \leqslant 600 \sim 650 \qquad (2\text{-}2\text{-}1)$$

式中,h_{max}——阀的最大升程,mm;

n——泵的转速,r/min。

一般允许泵阀升程 h 随流量的增加而增加,只有在泵超速运转时才限制升程。所以,流量越大则阀的最大升程 h_{max} 也越大,撞击相应加重。

(3)关闭要快,迅速及时。阀的转速越高,最大升程越大,则关阀的相对滞后越严重,会降低泵自吸能力和容积效率。

(4)阻力要小。这不仅可以提高泵的水力效率,而且吸入阀阻力小还可使泵的允许吸上真空度增大。泵阀的阻力即阀前后的水头损失,主要是压力头损失,而位置头和速度头损失很小。

泵阀的构造种类很多,按构造和形状的不同主要有盘阀、环阀、锥阀和球阀等,如图 2-2-4 所示为泵阀型式。

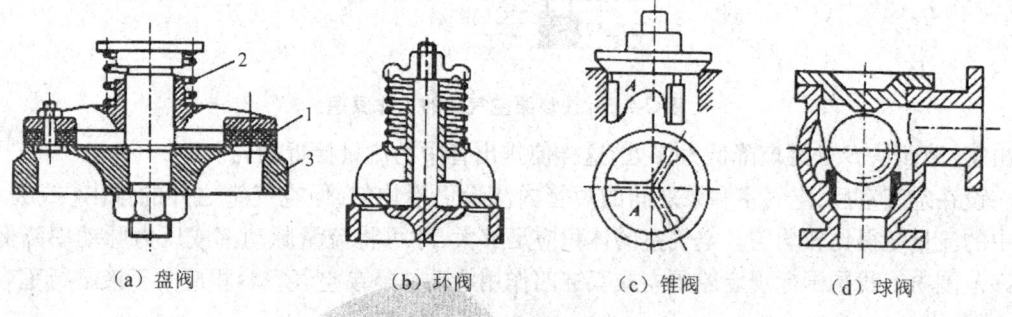

(a)盘阀　　(b)环阀　　(c)锥阀　　(d)球阀

图 2-2-4　泵阀型式
1—阀盘;2—弹簧;3—阀座

8.润滑设施

小型往复泵采用飞溅润滑。如图 2-2-3 所示的往复泵由曲轴自由端带动齿轮润滑油泵 5,实现压力润滑。滑油压力一般为 0.08~0.12 MPa,油温一般不大于 70 ℃。新装或大修后的往复泵初次使用时,应将电动机瞬时点动一下,防止因相序不对而反转。

9.安全阀

往复泵必须设安全阀,在排出压力过高时自动开启。使排出室和吸入室相通,从而防止排压过高而损坏泵体、管路或因过载而毁坏电机。安全阀一经跳起,故障消除后,往往也会使安全阀内漏,必须对安全阀立即进行检修。GB/T 11034—2008 规定安全阀的开启压力应为泵的额定排出压力的 1.10~1.15 倍。当泵排出管路阀门关闭时,安全阀的排放压力一般应不大于泵额定压力加上 0.25 MPa。

10.空气室

往复泵由于活塞变速运动,会造成吸、排管路中流量和压力脉动。解决这种脉动的方法之一就是装设空气室。空气室是一个部分充有空气的容器,设在泵的吸口或排口附近,如图 2-2-5 所示为往复泵空气室的工作原理,分别包括吸入空气室和排出空气室。

当往复泵的瞬时流量大于平均流量时,排出管阻力较大,泵的排出压力较高,空气室内气体被压缩,部分液体进入空气室储存,空气室内液面位于 B 处;而当瞬时流量小于平均流量时,排出管阻力较小,排出压力较低,空气室内的气体膨胀,压迫已储存在空气室内的液体流向

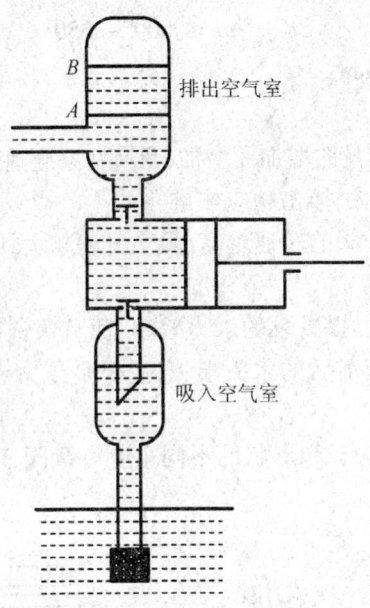

图 2-2-5 往复泵空气室的工作原理

排出管,液面从 B 处逐渐降低为 A 处,这样使排出管中的流量接近均匀。

设在空气室后,空气室和泵之间的短管内流量仍不均匀,但空气室之外的排出(或吸入)管中的流量变得比较均匀。空气室的体积应足够大,才可将流量脉动率或压力脉动率降低到允许范围内。我国国标规定船用立式双缸四作用电动往复泵空气室容积应大于液缸行程容积的 4 倍。

在压力作用下,排出空气室内的气体逐渐溶入液体中。排出空气室内空气量会逐渐减少,稳压作用会持续降低,因此,排出空气室应适时补气。而泵在正吸高下工作时,吸入空气室(不常用)会因气体从液体中逸出导致气体量逐渐增多。吸入空气室短管下端常做成斜切口或特殊形状,当吸入空气室液面降低时,少量气体就经斜切口随液体被吸出。所以吸入空气室内的气体虽然会增多,但一般不需刻意放气。

四、往复泵性能特点

1. 自吸能力强

泵的自吸能力是指排出泵缸及吸入管路内的空气,将液体从低于泵处吸上,并开始排送液体的能力。自吸能力可由自吸高度和吸上时间来衡量。泵在排送气体时能在吸口造成的真空度越大,则自吸高度越大;造成足够真空度的速度越快,则吸上时间越短。泵自吸能力与泵的结构型式和密封性能有关。往复泵为改善密封性能提高自吸能力,起动前一般应在缸内灌满液体。

2. 理论流量与工作压力无关

理论流量只取决于转速、泵缸尺寸和作用数。实际流量小于理论流量的原因是:

(1)泵阀关闭不严;活塞环、活塞杆填料有漏泄。

(2)吸入时液体压力降低,溶解在液体中的气体逸出,压力太低时液体还可能汽化,空气也可能从轴封处漏入。

(3)活塞换向时泵阀关闭滞后造成内漏。

3.额定排出压力与泵的尺寸和转速无关

额定排出压力主要取决于轴承的承载能力、密封性能、泵的强度及原动机功率。往复泵起动前必须先开排出阀。为防止排压过高导致泵损坏或过载,必须装设安全阀。

以上 1~3 点是容积式泵共有的。此外,往复泵还有以下特点。

4.流量不均匀

电动往复泵的曲轴做匀速回转运动,经曲柄连杆机构的传动,导致活塞运动速度不均匀(与曲柄转角的正弦函数成正比),这就使得往复泵的瞬时流量不均匀。如图 2-2-6 所示为作用数不同的电动往复泵的瞬时理论流量曲线。可见,单作用泵流量很不均匀,因为它在活塞回

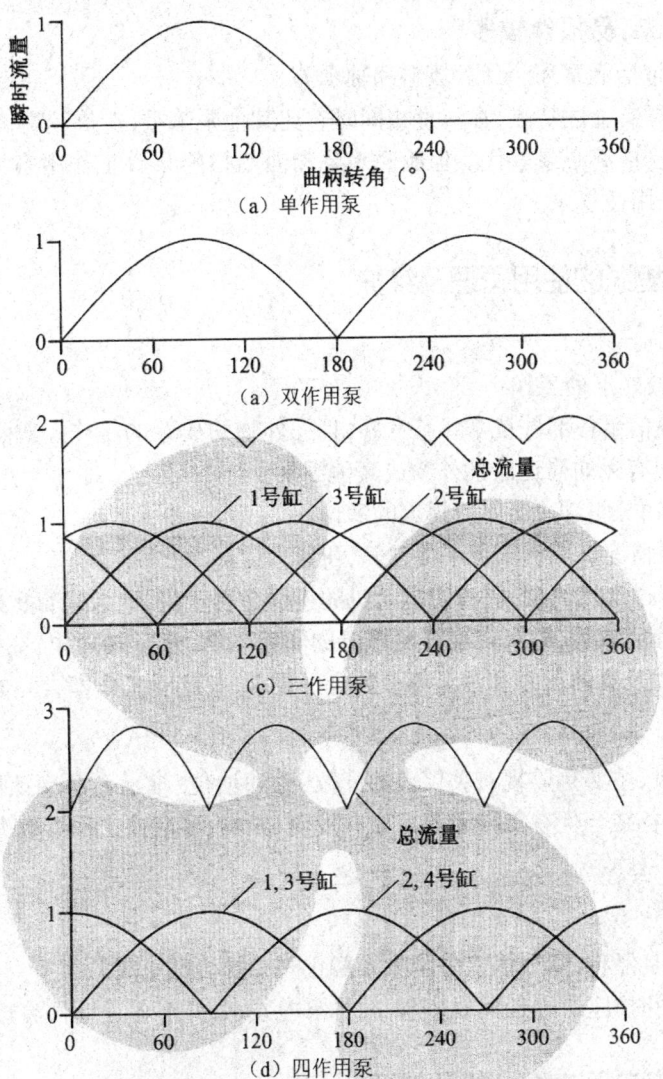

图 2-2-6 作用数不同的电动往复泵的瞬时理论流量曲线

行时不排液。双作用泵虽然在两个行程中都有排出,但流量仍然很不均匀。三作用泵的流量是由三个相位差成 120° 的单作用泵流量叠加而成,其均匀性不仅优于单、双作用泵,而且比双缸四作用泵好。四作用泵的流量是由两组相位差成 90° 的双作用泵流量曲线叠加而成。

为了减轻流量和压力波动,常采用多作用泵或装设空气室。

5. 转速不宜太快

电动往复泵转速一般不大于 200~300 r/min,最高不超过 500 r/min,高压小流量泵最高不超过 600~700 r/min。若转速过高,泵阀迟滞造成的容积损失就会相对增加;而且泵阀撞击会加重,使阀的磨损和噪声加剧;此外,液流和运动部件的惯性力也将随之增加。由于转速不宜太高,故往复泵既定流量的尺寸和重量相对较大,适用流量受到限制。

6. 对液体污染度敏感

往复泵排送含固体杂质的液体时,泵阀容易磨损和泄漏。如果作舱底水泵用,应加装吸入滤器。

7. 结构较复杂,易损件较多

易损件主要包括活塞环、泵阀、填料和轴承等。

由于往复泵具有上述特点,在流量相同时它比其他泵笨重,造价较高,管理维护比较麻烦,因此在许多场合已被离心泵取代。但舱底水泵和油船扫舱泵等工作中容易吸入气体,需要自吸能力强,仍常采用往复泵。

五、电动往复泵的使用管理及维护

1. 起动

泵起动前应做好下列工作:

(1)检查并确信泵各部件技术状态良好,且无外物妨碍泵的工作。对刚检修过的泵,应盘车 1~2 转,以查明有无妨碍运转的外物或其他因素。

(2)检查滑油量,使滑油箱保持规定的油位。

(3)检查填料情况。填料压盖不得歪斜,压紧力应适中。

(4)对刚检修过电机的泵,应查明电动机的接线是否正确,绝缘是否良好。

上述准备工作完成后,即可依次开足排出阀和吸入阀,然后接通电源,使泵起动。若泵运转正常,吸、排压力及滑油压力和油温等参数合乎要求,则起动工作即告完成。

2. 运转管理

对运转中的泵,主要是监视有关仪表的读数、滑油油位、轴承和各摩擦件是否发热和存在异响,以及填料和各结合处有无漏泄等。如有发热、异响、漏泄或工作参数失常等情况,均应及时加以处理。

3. 停车

切断电源,使泵停转,然后依次关闭吸入截止阀和排出截止阀。

当泵长期停用时,应通过各泄放螺塞,放尽泵内残水,并对各运动件涂敷油脂。

六、往复泵的常见故障分析及处理

往复泵的常见故障现象、原因和处理方法如表 2-2-1 所示。

表 2-2-1 往复泵的常见故障现象、原因和处理方法

故障现象	故障原因	处理方法
1.不能供液或流量不足	(1)吸入容器无液体	容器充注液体
	(2)吸入阀未开足或温度高导致汽化	开足吸入阀或降低温度
	(3)吸入管漏气	消除漏气
	(4)吸入滤器堵塞	清洗滤器
	(5)泵阀损坏、泄漏或搁起	维修或换新泵阀,清除搁起物
	(6)活塞环、缸套或填料磨损	维修或换新
	(7)安全阀泄漏或弹簧太松	维修或换新
2.安全阀顶开或电机过载	(1)排出截止阀未开或排出管路堵塞	开足排出阀或消除堵塞
	(2)排出压力太高但安全阀失灵	降低排压,校验安全阀
	(3)轴承、填料太紧或活塞因故咬死	调整间隙、松紧或修换
	(4)泵缸中有异物卡死	拆检
3.异响	(1)泵缸中有敲击声,可能是泵缸中有异物或活塞固定螺帽松动	拆检
	(2)泵缸中有摩擦声,可能是活塞环断裂或填料过紧	拆检
	(3)泵阀撞击,可能是弹簧断裂或弹性不足	换新弹簧
	(4)传动部件摩擦间隙过大	调整或换新
4.摩擦部件发热	(1)间隙过小	调整间隙
	(2)润滑不足	改善润滑
	(3)摩擦表面不干净	清洗滑油滤器和摩擦表面
5.阀箱有异响	(1)泵阀弹簧断裂或弹性不足	换新弹簧
	(2)泵阀升程过大	降低升程
	(3)泵阀阀盘压盖螺帽松动	上紧

第三节 齿轮泵

一、齿轮泵的结构和工作原理

齿轮泵是常见的回转式容积泵,其主要工作部件是互相啮合的齿轮。按其啮合的方式可分为外齿轮泵、内齿轮泵以及转子泵等,按齿轮的形式可分为直齿轮泵、斜齿轮泵以及人字齿轮泵等。

1.外齿轮泵

(1)工作原理

如图 2-3-1 所示为外齿轮泵的工作原理简图。齿轮1、2 的齿顶和两端面分别被泵体3 和

前、后端盖(图中未示出)所包围。由于相互啮合的轮齿 A、B、C 的分隔,吸入口 4 与排出口 5 彼此隔离。当齿轮按图示方向回转时,齿 C 逐渐退出啮合,其所占据的齿间的容积逐渐增大,从吸入口 4 吸入液体。随着齿轮的回转,一个个吸满液体的齿间转过吸入腔,沿泵体 3 内壁转到排出腔,依次啮合。啮合时齿间容积减小,压力升高,液体经排出口 5 排出。齿轮泵如果反转,其吸、排方向就相反。

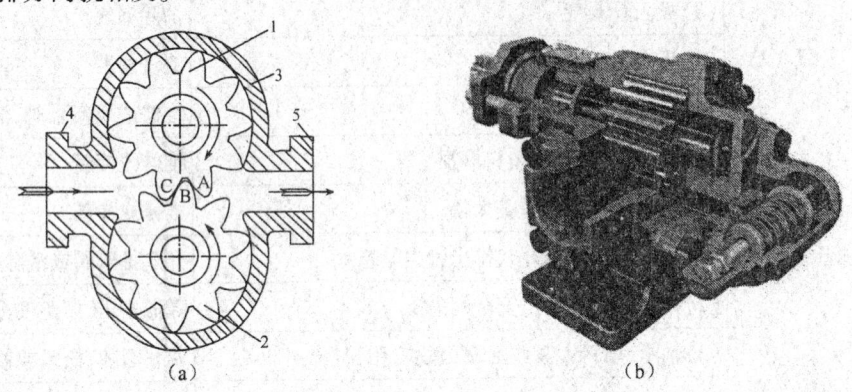

图 2-3-1 外齿轮泵的工作原理简图
1—主动齿轮;2—从动齿轮;3—泵体;4—吸入口;5—排出口

(2)困油现象
①困油现象产生原因

齿轮泵困油现象产生的原因可通过如图 2-3-2 所示来说明。外啮合齿轮泵的轮齿一般都采用重叠系数大于 1 的渐开线齿形。图 2-3-2(a)中表示一对齿刚啮合时,前一对齿尚未脱开,它们之间形成的封闭容积 $V=V_a+V_b$。齿侧间隙使 V_a 和 V_b 相通。当齿轮按图示方向回转时,如图 2-3-2(d)所示,V_a 逐渐减小,V_b 逐渐增大,它们的总容积 V 先逐渐减小,当转到图 2-3-2(b)所示对称位置时最小;再继续回转时,V 逐渐增大,到前一对齿将脱开啮合的瞬间[如图 2-3-2(c)所示],V 最大。由此可见,在部分时间内相邻两对轮齿同时处于啮合状态,它们与端盖间形成的封闭空间容积先减小然后增大,这就是齿轮泵的困油现象。

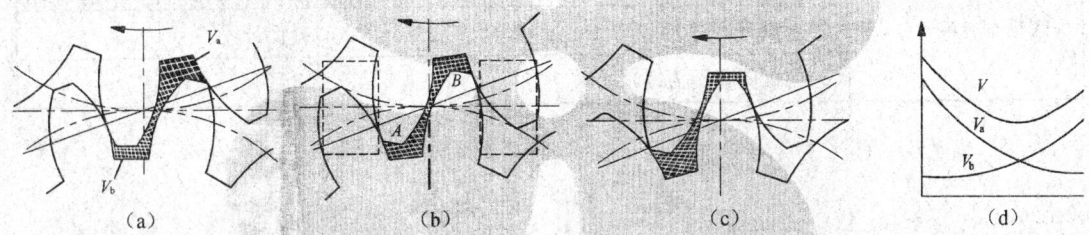

图 2-3-2 齿轮泵困油现象示意图

②困油现象的危害

困油现象会降低齿轮泵工作性能和使用寿命,主要表现为:

a.当封闭容积减小时,其中的油从密封间隙强行挤出,产生噪声和振动;同时封闭容积中油压急剧升高,使轴承受到额外的径向力,功率损失增加。

b.当封闭容积增大时,其中的油压下降,溶于油中的气体析出产生气泡,这些气泡被带到吸入腔,使泵的容积效率降低,振动和噪声加剧。

③困油现象的解决方法

目前普遍采用开卸荷槽的办法来消除困油现象,具体又可以三种形式:

a.对称卸荷槽法。即在与齿轮端面接触的固定部件内侧加工出两个卸荷槽,如图2-3-2(b)的虚线所示。容积V最小时两对啮合齿的啮合点A、B正好在两个卸荷槽的内边缘上,这时V与两个卸荷槽都不通。容积V逐渐减小到最小值时,始终通过右卸荷槽与排出腔相通,其中油液得以挤出;而齿轮转过图2-3-2(b)所示位置,容积V逐渐增大时,通过左卸荷槽与吸入腔相通,使油得以补入。

b.非对称卸荷槽法。中、高压齿轮泵齿侧间隙很小,当齿轮转过图2-3-2(b)所示位置时,容积V_a仍在继续减小,其中压力仍会升高,挤出油液产生的噪声和振动还是较大。为更好地解决这个问题,可使同一端盖上的两个卸荷槽一起向吸入侧移过适当距离,这样就延长了V_a与排出腔相通的时间。当然,这同时也会推迟V_b与吸入腔相通的时间。由于齿侧间隙较小,V_b中的真空度会稍有增大,不过影响很轻微。

c.单卸荷槽法。即只在排油侧开设偏向中心线的卸荷槽,使封闭容积存在期间始终与排油卸荷槽相通,而当封闭容积与吸油腔相通时正好脱离卸荷槽。

采用非对称卸荷槽和单卸荷槽的齿轮泵噪声更低,对容积效率影响并不大,但不允许泵反转使用。

正齿轮泵、斜盘式轴向柱塞泵、单作用叶片泵及内曲线式液压马达等机械都会产生困油现象,而斜齿轮泵及人字齿轮泵则不会产生困油现象。

(3)结构实例

如图2-3-3所示为国产CB-B型外啮合式齿轮泵的结构图。主动齿轮7和从动齿轮9分别用键安装在主动轴6和从动轴8上,轴的两端由滚针轴承10支承。齿轮的齿顶和端面分别被泵体2和前端盖3、后端盖1包围。端盖、泵体由定位销12定位,用6根螺栓固定在一起。

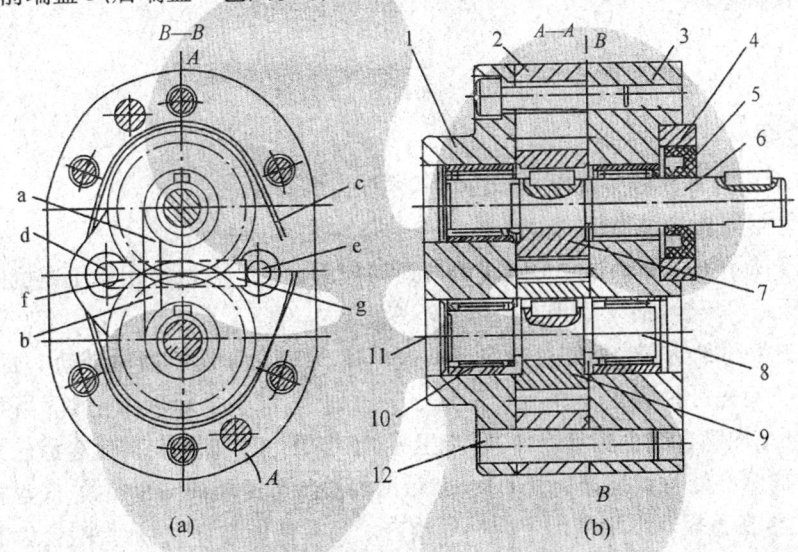

图2-3-3 国产CB-B型外啮合式齿轮泵的结构图

1—后端盖;2—泵体;3—前端盖;4—轴封套;5—油封;6—主动轴;7—主动齿轮;8—从动轴;9—从动齿轮;10—滚针轴承;11—闷盖;12—定位销

泵体2上铣有油槽c,将端面漏油引回吸入腔,可降低泵体与端盖间的油压力,防止外泄。部分端面油可进入各轴承腔帮助润滑,漏往轴承腔的油又可经前、后端盖上铣有的油槽a、b吸回吸入腔。闷盖11和油封5可防止轴承腔漏入空气或向外漏油。CB-B型齿轮泵端面间隙为0.025~0.06 mm,齿顶间隙为0.13~0.26 mm。

油封又叫旋转轴唇形密封圈，是工作压力不高的回转泵的泵轴常采用的密封形式。如图2-3-4所示，它由弹性体、金属骨架和弹簧组成。弹性体由皮革、橡胶或聚四氟乙烯等制成，其内径比轴径略小，装在轴上靠内侧唇边的过盈量抱紧轴表面。弹簧常置于弹性体内侧唇边的外缘，用以增加唇边与转轴间的接触压力，并补偿唇边的磨损，有的型式也可省去弹簧。包在弹性体内的骨架用来增加弹性体的机械强度和刚性。

标准型油封耐压≤0.5 MPa，耐压型国内产品可达1~3 MPa，德国产品可达10 MPa。使用线速度<15 m/s；油温不大于120~200 ℃，依所用弹性体的材料而不同。油封结构简单紧凑，拆装方便，对轴的振动和偏心适应性好，最大漏泄量仅1滴/小时，停机时不漏，但摩擦功率稍大。转轴或轴套与油封弹性体接触面的粗糙度应较小。安装时唇缘朝向油液侧，接触面应涂敷油液或油脂，可用专用工具推入，务必防止偏斜。

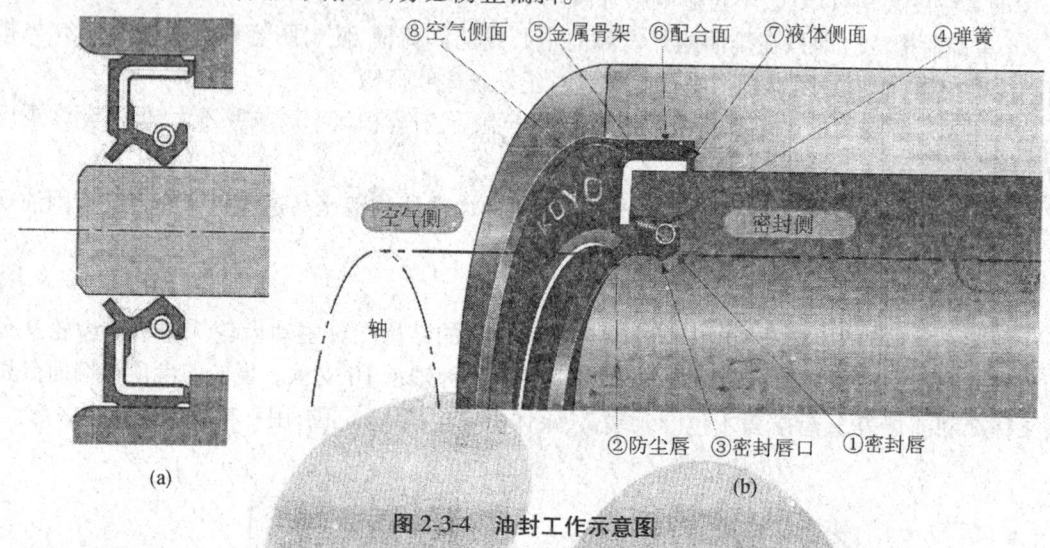

图2-3-4 油封工作示意图

2.内齿轮泵

内齿轮泵有带月牙形隔板的渐开线齿形和摆线齿形两种。

(1)带月牙形隔板的可逆转内齿轮泵

如图2-3-5所示为一种带月牙形隔板的可逆转内齿轮泵。它可被用作压缩机曲轴带动的滑油泵，即使压缩机反转，油泵吸排方向仍然不变。

图2-3-5中齿环3与右侧的圆盘和泵轴做成一体，泵轴由压缩机曲轴带动。而图2-3-5中左侧的底盘6上有月牙形隔板2和与泵轴偏心的短轴，短轴上面套着齿轮1。当泵轴带齿环转动时，与齿环呈内啮合的齿轮随之转动，产生吸、排作用，工作原理与外啮合齿轮泵类似。

底盘6背面圆心处有被弹簧压紧的钢球，帮助底盘与带齿环的圆盘贴紧；底盘背面还有一偏心的销钉4，卡在盖板5下半部的半圆形环槽内。当泵轴逆时针旋转时，啮合齿的作用力传到底盘6的偏心短轴上，产生逆时针转向的转矩，使底盘转至其背面的销钉卡到半圆形环槽的右端为止；这时，齿轮与齿环的相对位置如图2-3-5(b)中所示，泵下吸上排。当泵轴改为顺时针转动时，啮合齿传至偏心短轴上的力产生顺时针转向的转矩，使底盘6转180°，直至其背面的销钉卡到半圆槽的左端为止；这时齿轮与齿环的相对位置变成图2-3-5(c)中右下图所示那样，泵的吸排方向仍保持不变。

与外齿轮泵相比，带月牙形隔板的内齿轮泵结构紧凑；吸油区圆心角大，吸入性能好；流量脉动小；啮合长度较长，工作平稳；还可采用特殊齿形或在齿环的各齿谷中开径向孔导油，显著减轻或消除困油现象,故噪声很低。其缺点是制造工艺较复杂且漏泄途径多,容积效率比外齿轮泵低。

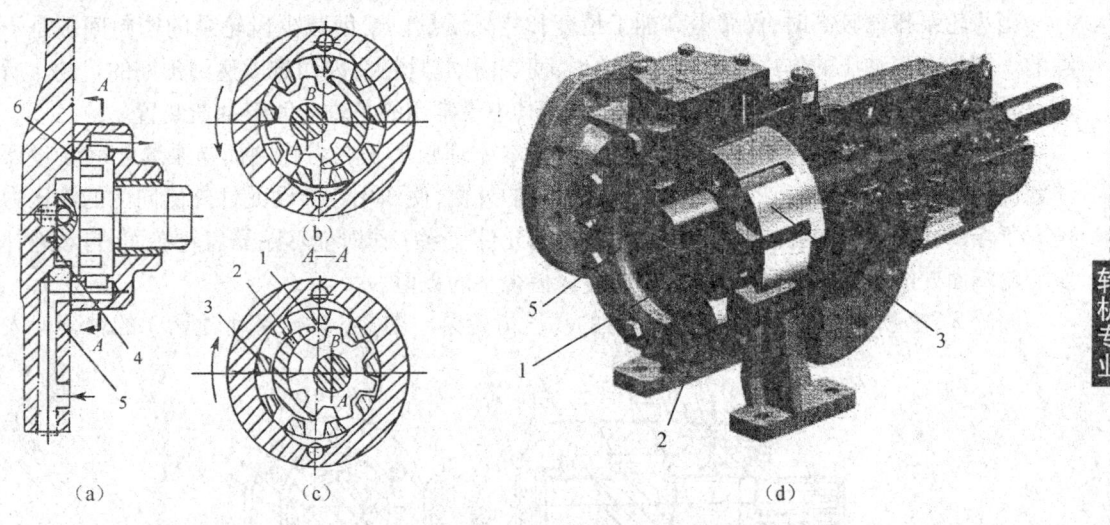

图 2-3-5　一种带月牙形隔板的可逆转内齿轮泵

1—齿轮;2—月牙形隔板;3—齿环;4—销钉;5—盖板;6—底盘

(2) 转子泵

如图 2-3-6 所示为转子泵,是一种有摆线齿形的内齿轮泵。其外转子比内转子多一个齿,两者的圆心 O_2、O_1 偏心,转向相同,转速不同。转子相邻两齿的啮合线与泵盖、缸体形成若干个密封腔。当转轴带动内、外转子转动时,密封腔的容积发生变化,通过泵体上的吸、排口即可吸、排油。

转子泵吸口的圆心角大(接近 145°),且为侧向吸入,不受离心力影响,故吸入性能好,允许高速运转,常用转速为 1 500~2 000 r/min,最高可达 10 000 r/min 以上;而且齿数少,工作空间容积较大,结构简单紧凑;此外,由于两个转子同向回转,且只差一个齿,故相对滑动速度很小,运转平稳,噪声小,寿命长。转子泵的缺点是流量和压力脉动较大;而且密封性较差,η_v 较低。

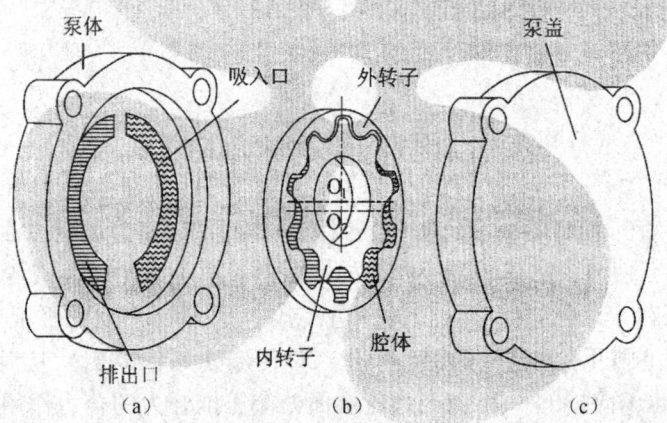

图 2-3-6　转子泵

(3) 高压齿轮泵

普通齿轮泵工作压力不能太高;否则会因为内泄漏太多而使容积效率太低。此外,泵工作时径向力也会显著增加,而使轴承寿命缩短。因此,高压齿轮泵一般在结构上采取以下两方面措施：

①采用间隙自动补偿装置，防止容积效率过低

当齿轮泵排压较高时，仅靠提高加工精度和装配质量以帮助减少齿轮泵的密封间隙是不够的。因为在高油压的作用下端盖将会变形，使端面间隙增大，因而难以达到预期的目的。所以，高压齿轮泵就需要采用液压间隙补偿装置，其中最常用的是轴向间隙补偿装置。

轴向间隙补偿装置的具体型式很多，但其基本原理则都是在齿轮端面与泵体之间夹设浮动元件，并在工作时将排出的压力油引至该元件的外侧，使作用在浮动元件外侧向内的液压力稍大于浮动元件内侧向外的液压力，以使该浮动元件在泵工作时能够贴靠齿轮端面，自动地补偿齿轮端面处的磨损，从而使轴向间隙始终保持很小的数值。

如图 2-3-7 所示为带有轴向间隙补偿的高压齿轮泵。图 2-3-7 中浮动轴套 3 的轴颈伸入

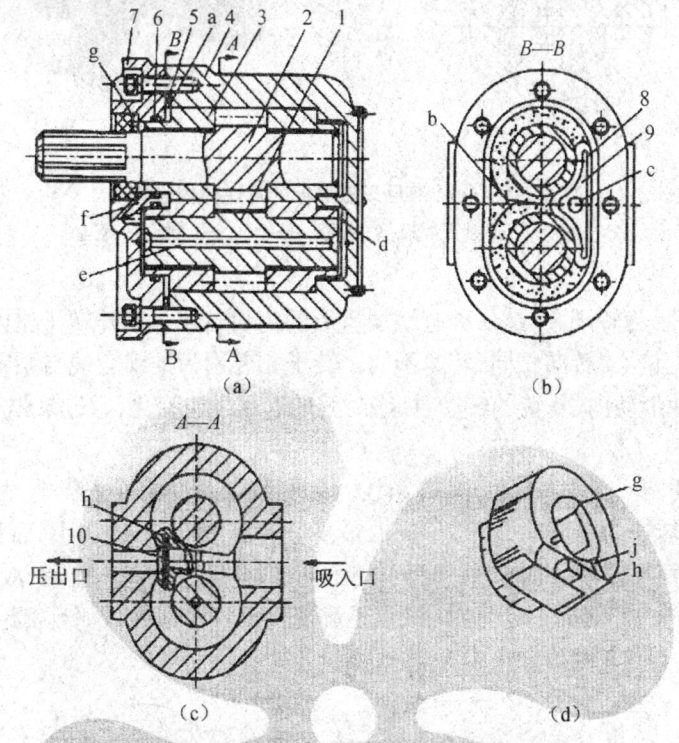

图 2-3-7　带有轴向间隙补偿的高压齿轮泵
1—从动齿轮；2—主动齿轮；3—浮动轴套；4—泵体；5,6,8—密封圈；7—盖板；9—平板；10—弹簧钢丝

到盖板 7 中，构成 8 字形的封闭油腔 a，并用密封圈 5 和 6 加以密封。压力油从排油腔经通道 b 引入 a 腔，推动轴套使其紧贴在齿轮 1 和 2 的端面上。由于齿轮端面液压力的合力作用点偏向排出一侧，故在轴套外侧靠近吸入口的一边，装设一块特殊形状的平板 9，并在该板周围布置密封圈 8，而板上则开有沟通吸油腔的小孔 c，以便形成一个低压区，从而使轴套上液压压紧力的合力作用点也偏向排出一侧，并与齿轮端面处液压推开力的合力作用点接近。密封圈 6 和 8 除密封作用外，还可利用其弹力，防止泵起动时端面间隙太大。

轴颈的润滑油依靠端面漏泄从 j 槽引到 g 槽。内漏泄的油液经孔道 d、e、f 引回吸油腔。为了使加工和安装比较容易，在两个浮动轴套的平面接缝之间有一个不大的间隙。为能在轴套装好后消除这条缝隙，在轴套上钻有盲孔 h，安装时插入弹簧钢丝 10，它能使轴套相对转动，彼此挤紧。此外，卸荷槽也开在轴套上。

这种泵的工作压力一般可达 10 MPa,最大可达 13.5 MPa,容积效率在 0.9 以上。另外,还有能同时补偿轴向和径向间隙的内齿轮泵,其最大工作压力可达 29.4 MPa,容积效率约为 96%。

②减小径向力,提高轴承寿命

具体措施可有:

a.采用较少的齿数(一般为 6~14),以便在保持所要求流量的前提下能够减少齿宽和齿轮直径,从而减小径向力,并加强齿的强度。

b.减小泵排出腔在周向所占的角度。有时,为使排出口具有足够的通流面积而将其轴向尺寸相应放大,做成椭圆形。

c.采取平衡径向力的措施。如图 2-3-8 所示为齿轮泵径向力的液压平衡,是一种泵的端盖或轴承座圈上开设压力平衡槽,借以平衡径向液压力的方法。也可仅在靠近吸入口一两个齿的地方保持较小的齿顶间隙,而使其余齿保持较大的齿顶间隙,这就使作用在这些齿顶上的液压力基本接近排出压力,从而使大部分径向力得以平衡。然而,上述这些方法都将使容积效率降低。

d.改善轴承的润滑和冷却条件。这种方法主要利用齿轮泵的困油现象,使困油空间因容积减小而挤出的油液,通过轴承座圈上的凹槽注入轴承,然后从轴承座圈后面流出,再汇入排出腔,如图 2-3-9(a)所示。或者利用困油空间容积增大时的吸油作用,通过轴承座圈上的凹槽从轴承吸油,同时使泵吸入腔的油液从轴承座圈后面吸入轴承,如图 2-3-9(b)所示,从而改变轴承的润滑和冷却条件。两者相比,因后者油温较低,冷却效果较好,故更为常用。

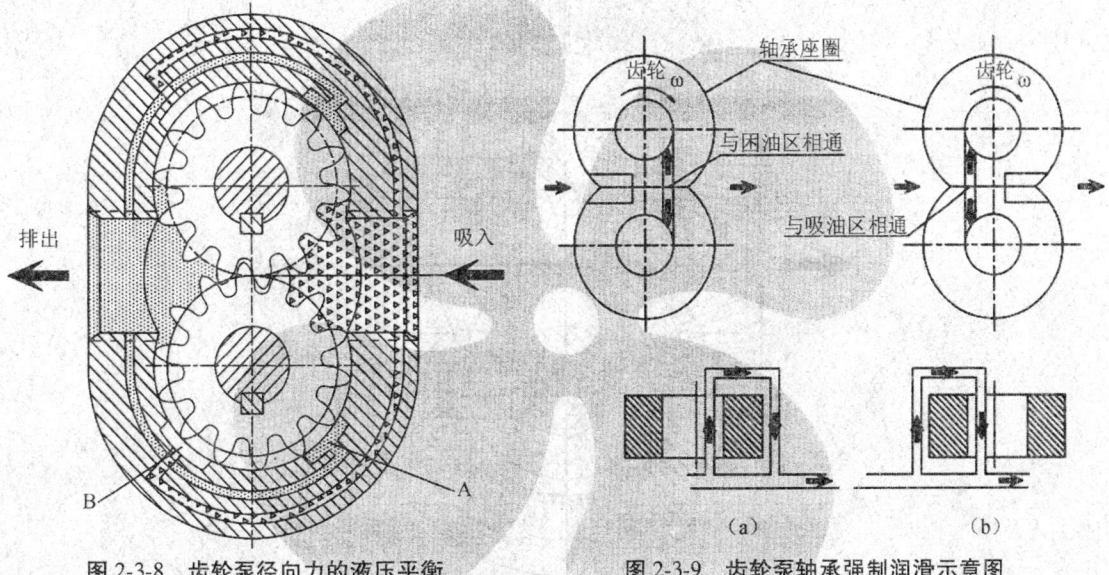

图 2-3-8　齿轮泵径向力的液压平衡　　　图 2-3-9　齿轮泵轴承强制润滑示意图

e.采用承载能力较高的滑动轴承或带隔离圈的高精度滚针轴承;也可使滑动轴承带有挠性支座,以使支座能随泵轴一起变形,从而使两者保持更为均匀的接触。

二、齿轮泵的性能特点

1.有自吸能力

齿轮泵排气时密封性很差,故自吸能力不如往复泵。齿轮泵内部摩擦面多,起动前必须保证泵内有油,防止干转磨损并可改善密封性能。

2. 理论流量与工作压力无关

理论流量取决于工作部件的尺寸和转速。实际流量小于理论流量的影响因素包括:密封间隙、排出压力、吸入压力、油温和黏度等。密封间隙包括齿顶与泵体之间的径向间隙、齿轮之间的啮合间隙、齿轮与端盖之间的轴向间隙。其中,通过轴向间隙的漏泄量占总漏泄量的70%~90%,对容积效率的影响最大。

齿轮泵的流量连续但有脉动。齿数越少,流量脉动率越大。中低压齿轮泵为提高流量均匀性,齿数多为13~20。高压齿轮泵齿数一般为6~14。

3. 额定排出压力与流量无关

额定排出压力主要取决于轴承的承载能力、密封性能、泵的强度及原动机功率。按额定排出压力可分为:低压齿轮泵(<2.5 MPa)、中压齿轮泵(6.3~16 MPa)和高压齿轮泵(20~31.5 MPa)。为防止泵的工作压力超过额定值,一般在出口装设安全阀。

如图 2-3-10 所示,齿轮泵工作时会产生径向力。由于齿顶间隙的漏泄,齿轮外周的液体压力是从排出腔到吸入腔逐级降低的,液体压力的合力 F_0 大致上通过齿轮中心指向吸入端;而啮合齿因传递转矩而在主、从动齿轮上所产生的径向力 F_m、F'_m 大小相同,方向相反。这样,主、从动齿轮所受径向力的合力 F_1、F_2 方向不同,且从动齿轮的径向力较大。齿轮泵工作时泵轴受径向力会使泵轴弯曲,轴承径向负荷加大。

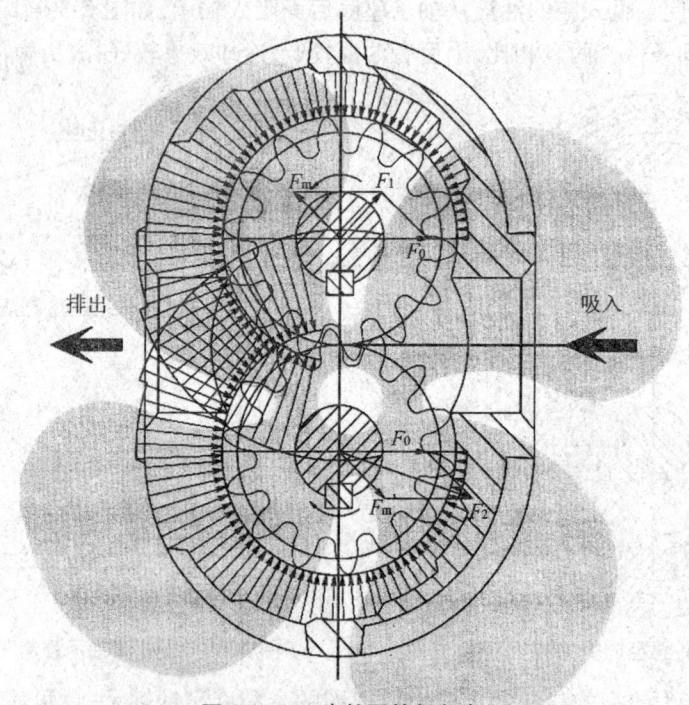

图 2-3-10　齿轮泵的径向力

4. 可由电动机直接传动,结构简单,易损件少

5. 摩擦面较多,用于运送油类

在船上,齿轮泵一般被用作滑油泵、驳油泵、液压系统辅助泵等。

三、齿轮泵的使用管理及维护

1. 注意转向正确

除专门设计成可逆转的以外,因为以下原因,齿轮泵一般不允许反转运行。
(1) 吸、排口直径不同。
(2) 卸荷槽是非对称形式或单卸荷槽。
(3) 设有单向作用的安全阀。

齿轮泵和电动机应保持良好对中,联轴节不同心度一般应不大于 0.05 mm。由于泵轴工作时有弯曲变形,最好能使用挠性连接。

2. 不许干转

新泵或拆检后的泵起动前应向泵内灌油。

3. 防止超出额定排出压力

超出额定排出压力会使原动机过载,轴承负荷过重,并使工作部件变形,磨损和漏泄量增加,严重时甚至造成卡阻。

4. 防止吸入压力过低

当吸入真空度增加时,油中气体的析出量增加,容积效率会降低。若吸入真空度大于允许吸上真空度,会产生气穴现象。

不含轻馏分的油在工作温度范围内的饱和蒸气压很低,在通常吸入压力下不会汽化。但矿物油在常温和大气压下溶有 6%~12% 的空气(水中仅为 2%)。压力低于某数值时溶于油中的气体会大量逸出,该压力称为空气分离压,它随液体种类和空气的溶解量而异,温度高则空气分离压也高。当吸入压力过低导致泵内最低压力低于空气分离压时,油在低压区会析出许多气泡,使流量降低;当气泡随油来到高压区时,空气重新溶入油中,形成局部真空,四周的高压油液就会以高速流过来填补,产生液压冲击,并伴随剧烈的噪声,这种情况称为气穴现象。

5. 防止吸入空气

吸入空气不但会使流量减少,而且是产生噪声的主要原因。除保持吸入油面有足够高度外,还要防止吸入管漏气。如果泵工作时噪声很大,可在吸入管各接口处逐个浇油检查,如果噪声下降,则说明该处漏气。

6. 油液应保持合适的温度和黏度

油温太高或黏度太低则漏泄量增加,还容易产生气穴现象;黏度过高同样也会使吸入困难,造成容积效率降低。

7. 保持适当的密封间隙

齿轮泵漏泄量与密封间隙的立方成正比。其主要的内漏途径为轴向间隙。可通过压铅丝法测量轴向间隙的大小。必要时可改变端盖与泵体之间的垫片厚度来调整轴向间隙;间隙过大时可将泵体与端盖结合面磨去少许。

8. 注意保持吸入滤器清洁

四、齿轮泵的常见故障分析及处理

齿轮泵常见故障和处理方法如表 2-3-1 所示。

表 2-3-1 齿轮泵常见故障和处理方法

故障现象	故障原因	处理方法
1.不能排油或流量不足	(1)泵不能转动或转速太低	检查电源、电机,泵解体检修
	(2)电机反转	重新接线
	(3)吸入管或吸入滤器堵塞	检查管路,清洗滤器
	(4)吸入管口露出液面	加油到正常液位
	(5)吸入管漏气	检查,消除漏点
	(6)吸、排截止阀关闭	全开阀
	(7)泵内间隙过大或安全阀漏泄	解体检修
	(8)起动前泵内无油	灌油
2.泵磨损太快	(1)油液含磨料性杂质	加强过滤
	(2)长期空转	防止空转
	(3)排出压力过高	降低排出压力
	(4)泵装配失误,中心线不正	检修校正
3.工作噪声太大	(1)吸入滤器堵塞	清洗滤器
	(2)吸入滤器容量太小	换用大容量滤器
	(3)吸入管太细或堵塞	检查或更换管路
	(4)漏入空气	检查管路,消除漏点
	(5)油箱内有气泡	检查回油管,防止发生气泡
	(6)油位太低	加油到正常液位
	(7)泵产生机械摩擦	解体检修

第四节 螺杆泵

螺杆泵是船上常用的回转式容积泵,它利用螺杆的回转来吸、排液体。根据泵内工作螺杆的数目,有单螺杆泵、双螺杆泵和三螺杆泵。

一、螺杆泵的结构和工作原理

1.三螺杆泵的结构和工作原理

如图 2-4-1 所示为立式双吸三螺杆泵的结构图。它主要由固定在泵体 6 中的缸套 1、2,以及安插在缸套中的一根主动螺杆 4 和两根从动螺杆 3、5 组成。各啮合螺杆之间以及螺杆与缸套内壁的间隙都很小,并可借啮合线从上到下形成Ⅰ、Ⅱ、Ⅲ、Ⅳ等多个彼此分隔的容腔。随着螺杆的转动,吸入容腔(如图 2-4-1 中Ⅰ、Ⅳ)逐渐增大而吸入液体,然后封闭。该封闭容腔沿轴向不断向上推移,移到与排出腔相通(如图 2-4-1 中Ⅱ、Ⅲ)时其容积减小,向排出管排出液体。与此同时,在螺杆两端不断形成新的吸入容腔。因此,随着螺杆的转动,液体就会不断地吸入和排出。

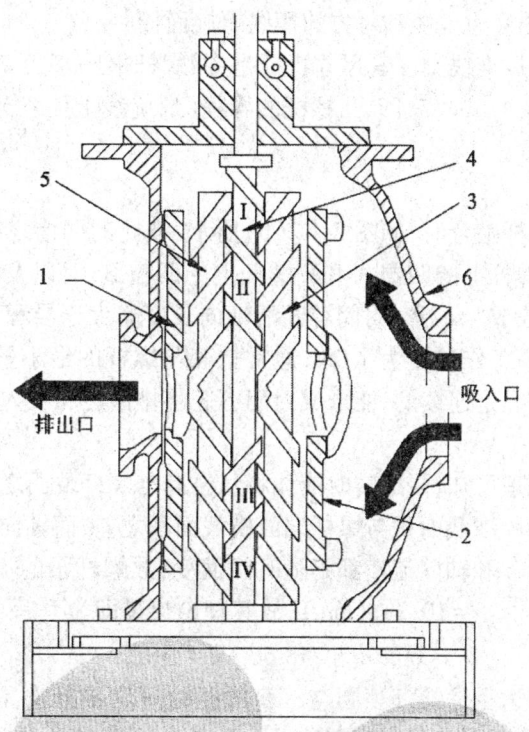

图 2-4-1　立式双吸三螺杆泵的结构图
1,2—缸套;3,5—从动螺杆;4—主动螺杆;6—泵体

如图 2-4-2 所示为三螺杆泵的几何形状和密封,从图 2-4-2(a)所示的横剖面来看,三螺杆泵的主动螺杆是凸螺杆,从动螺杆是凹螺杆,它们都是双头螺杆,其形状可设想为是由三个互相啮合的各有两个齿的极薄齿轮,在沿轴向移动的同时又转动而形成。凸螺杆的根圆与凹螺杆的顶圆就是啮合齿轮的节圆,直径为 d_H。

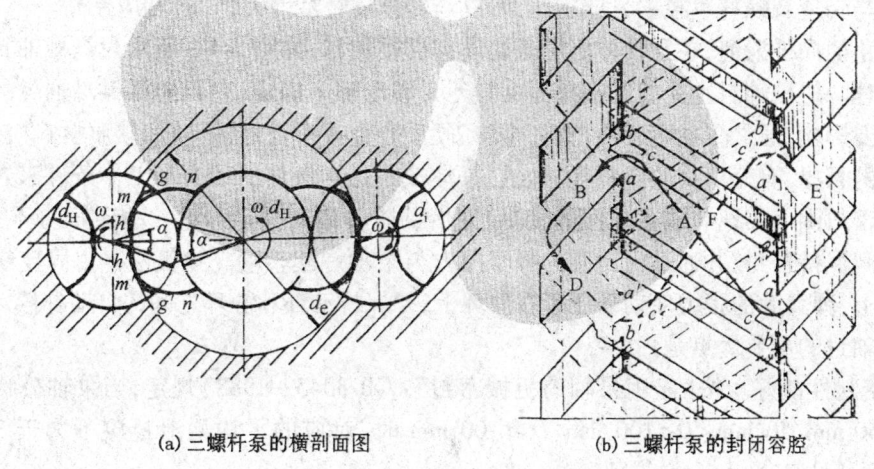

(a) 三螺杆泵的横剖面图　　　(b) 三螺杆泵的封闭容腔

图 2-4-2　三螺杆泵的几何形状和密封

在回转过程中节圆相对滚动。凸螺杆的齿廓线 mn 与凹螺杆转动时顶圆上的点 g 的轨迹一致,是点 g 生成的一段外摆线(一个圆沿另一个圆外侧滚动而无滑动时,其圆周上或圆外一点的轨迹称为外摆线);凹螺杆的齿廓线 gh 则是由凸螺杆顶圆上的点 m 生成的一段外摆线;整个齿形左、右对称。这样,凹、凸螺杆在回转过程中不仅彼此的顶圆和根圆相切,而且由点 m、m' 和 g、g' 等所形成的棱边也能和对方的摆线螺旋面接触。

三螺杆一般都采用标准线型。其尺寸特征是:凹螺杆根圆直径 d_i、节圆直径 d_H 与凸螺杆顶圆直径 d_e 三者之比是 $1:3:5$;凹、凸螺杆的导程(螺旋线上任意点沿螺旋线旋转一周所移动的轴向距离) $t = \frac{10}{3} d_H$。

凸螺杆和两根凹螺杆啮合时,如图 2-4-2(b) 所示,彼此的凹槽之间存在着像 abc、$a'b'c'$ 等三角形相通的缺口,凸螺杆上的凹槽 A 和凹螺杆上的凹槽 B、C,以及螺杆后面的槽 D、F、E 相互连通,构成的封闭容腔成"∞"形,封闭容腔的轴向长度略大于导程。为避免吸、排两端直接沟通,理论上螺杆的最小工作长度为 $1.09t$,通常缸套与螺杆的最小长度取 $(1.2 \sim 1.5)t$。摆线齿形的三螺杆泵其啮合线是连续的,能形成封闭容腔将排出腔和吸入腔完全隔开,这样的螺杆泵称为密封型螺杆泵。

从螺杆泵的工作原理可知,泵运转时液体将从缸套与螺杆端面之间的空隙部分连续流出,其过流面积 A 是缸套内腔横截面积与螺杆端面横截面积之差,而轴向流速则为导程 t 与转速 n 的乘积。由于过流面积 A 和轴向流速都不随时间而变,故螺杆泵的流量十分均匀。标准型三螺杆泵 $A = 1.243 d_H^2 (mm^2)$,$t = 10/3 d_H (mm)$,故其理论流量即为

$$Q_t = 60Atn = 248.6 d_H^3 n \times 10^{-9} \quad m^3/h \tag{2-4-1}$$

螺杆泵的主要内漏途径是螺杆顶圆与缸套的径向间隙 δ;其次是啮合螺杆之间的啮合间隙。由于内部有漏泄,螺杆泵各封闭容腔的压力是从排出端向吸入端递减的。泵的额定排压越高,为增加封闭容腔的数目以减少漏泄,其螺杆的长径比应越大。通常当额定排出压力 $p_D = 1.5 \sim 2.0$ MPa 时,螺杆长 $L = (1.5 \sim 2.0)t$;$p_D = 5 \sim 7.5$ MPa 时,$L = (3 \sim 4)t$;$p_D = 15 \sim 20$ MPa 时,$L = (6 \sim 8)t$。

在螺杆泵中,三螺杆泵的密封性能较好,$\eta_v = 0.75 \sim 0.95$。螺杆泵内漏泄量与径向间隙的立方以及螺杆直径、工作压差成正比,而与螺杆的有效长度及液体黏度的平方根成反比。因为理论流量与转速及螺杆直径立方成正比,所以当转速或直径增大时,η_v 相应提高。

为防止油向外漏泄,在泵轴伸出端盖处设有机械轴封,如图 2-4-3 所示为机械轴封的结构和工作原理。机械轴封主要的动密封面由静环 2 和动环 3 构成,它们的材料对轴封的性能和寿命有重要影响,通常分别由硬质材料(金属、硬质合金或陶瓷材料等)和软质材料(浸渍过金属或树脂的石墨、有充填物的塑料等)做成,具体按泵排送液体的种类和工作条件来选。静环通过静环密封圈 1 实现与端盖之间的密封,并借助防转销 8 固定不动。动环靠动环密封圈 4 与泵轴之间保持密封,并通过密封圈的静摩擦力与泵轴一起转动。弹簧座 6 由固定螺钉 7 固定在泵轴上,弹簧 5 的张力使动环压紧在静环上,并保持动环和静环之间的自动补偿。

机械轴封的主要优点是:

(1)密封性能好。按"船用泵轴的机械密封"(GB 3345—1988)规定,当泵轴公称直径分别为 $D \leq 50$ mm、50 mm $< D < 100$ mm、$D \geq 100$ mm 时,对应的平均漏泄量应不大于 3 mL/h、5 mL/h、8 mL/h。

(2)使用寿命长。安装和使用条件恰当时,使用期应不短于一年。

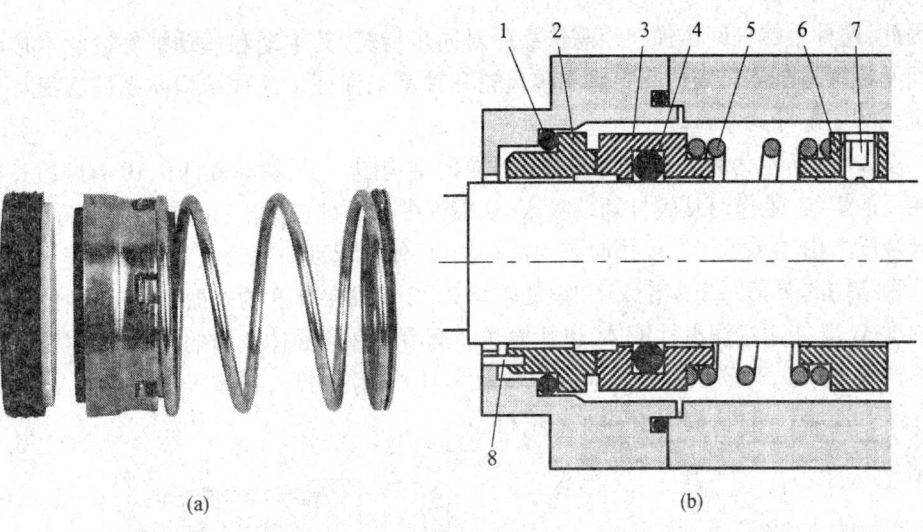

图 2-4-3　机械轴封的结构和工作原理
1—静环密封圈；2—静环；3—动环；4—动环密封圈；5—弹簧；6—弹簧座；7—固定螺钉；8—防转销

（3）摩擦功耗少，仅为软填料密封的 1/3～1/5。

（4）轴或轴套基本不被磨损。

（5）适用范围广。选用不同的结构设计和密封材料，可分别适用于高温、高压及有毒或有腐蚀性等各类流体。

但机械轴封对使用条件的要求较严格，主要包括：

（1）泵轴要直，表面粗糙度小。

（2）轴承应有良好的定位能力，以限制泵轴振动。

（3）静环与动环间之间必须实现液膜润滑。

三螺杆泵一般在出口都装有安全-调压阀，结构如图 2-4-4 所示。由图可见，安全-调压阀主要包括阀座、阀体、阀片、阀杆、弹簧、调节螺栓和锁紧螺母。螺杆泵排出端与阀的入口旁通。当入口压力大于弹簧调定压力时，阀片推动阀杆上移，入口和出口联通。当需要调整安全阀设定值时，均匀上紧两个锁紧螺母即可。

2.双螺杆泵的结构和工作原理

双螺杆泵有密封型和非密封型两种。密封型双螺杆泵螺旋的常用齿形由渐开线和摆线组合而成。若螺杆的螺旋表面渗氮处理，轴颈表面镀铬，则即使输送含固体微粒的液体也能可靠工作。

非密封型双螺杆泵近年来使用日渐增多。它采用的是两根直径相同、单头螺旋、齿形为矩形或梯形的螺杆。这种螺杆泵其螺杆横剖面的齿形不符合齿轮啮合定律，故不能形成连续的啮合线，从而将吸、排端完全隔开。为减少因此而引起的漏泄，需增加螺旋的导程数以增加漏泄路径长度；为了螺杆不致太长，只好减小螺旋的升角，从而导致螺杆自

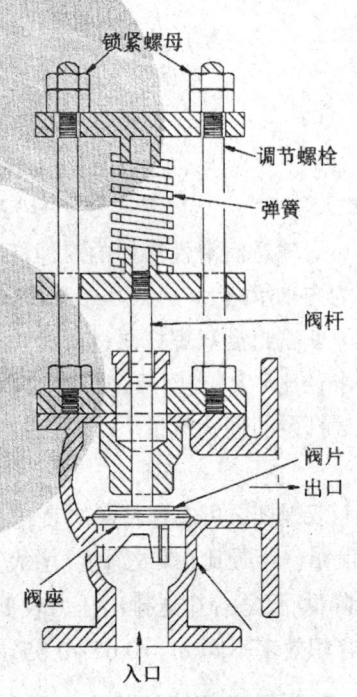

图 2-4-4　安全-调压阀结构图

锁。因此,这种泵螺杆间传递扭矩需依靠一对同步齿轮,其主动和从动螺杆彼此不接触,两根螺杆间及螺杆与泵体之间的间隙靠同步齿轮和轴承来保证。这种结构使螺杆磨损甚少,即使干转也无磨坏螺杆的危险。

如图2-4-5所示为卧式非密封型双螺杆泵的结构图。主、从动螺杆9、10有两段长度相等、旋向相反的螺纹,工作时从螺杆两端吸入,从螺杆中部的排口排出,可使轴向液压力基本平衡,而径向液压力由轴承承受。停用时泵内能存液,以便再起动时保持良好的自吸能力。

这种结构的泵其同步齿轮13和滚动轴承2、12装在泵体8的外面,设有单独的润滑系统,属外轴承式,既能输送润滑性液体,也能输送非润滑性和含固体杂质的液体。螺杆两端共设有四个填料函本体6,其软填料5之间设有截面为H形的液封环,在吸入压力低于大气压时能将排出液体引入填料函,从而润滑和冷却填料。

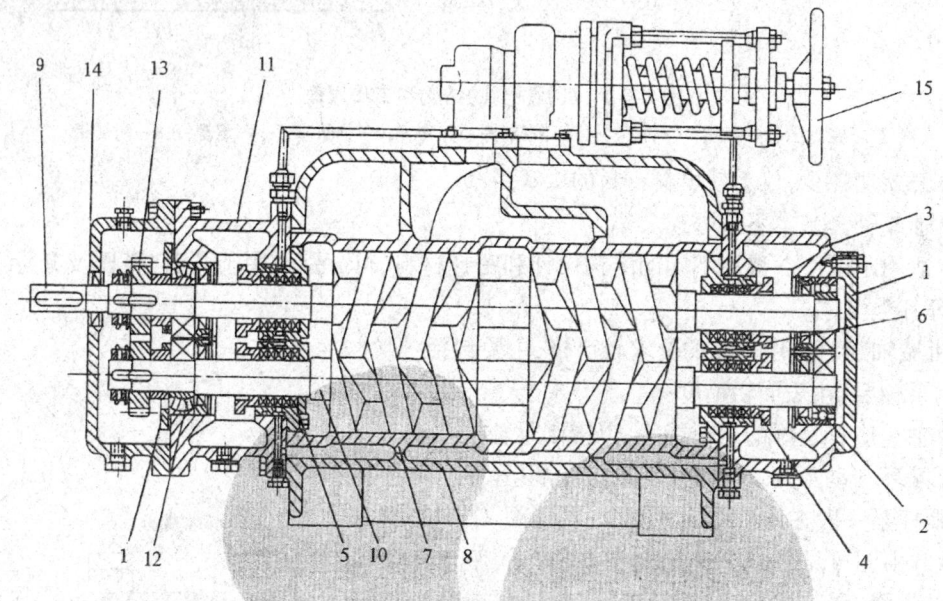

图2-4-5 卧式非密封型双螺杆泵的结构图

1—压盖;2,12—滚动轴承;3,11—填料函;4—填料压盖;5—软填料;6—填料函本体;
7—衬套;8—泵体;9,10—主、从动螺杆;13—同步齿轮;14—齿轮箱;15—安全阀

只输送润滑性液体的双螺杆泵可将同步齿轮和滚动轴承装在泵体内部,仅须设一处轴封,称为内轴承式。

非密封型双螺杆泵过流面积 $A = 60\lambda R^2 (\text{mm}^2)$,式中 λ 为过流面积系数,当螺纹根圆与顶圆半径比 r/R(表明螺纹深度)为0.4、0.5、0.6、0.7时,λ 分别近似取为2.1、1.9、1.7、1.4。这样,双螺杆泵的理论流量

$$Q_T = 60\lambda R^2 th \times 10^{-9} \quad \text{m}^3/\text{h} \tag{2-4-2}$$

双螺杆泵可在保持泵缸直径不变的情况下,换用导程或半径比 r/R 不同的螺杆获得不同的流量。半径比(螺纹深度)增大虽可增加流量,但会使螺旋面之间的间隙增大,使容积效率 η_v 降低,仅适合排送排出压力较低或黏度较高的液体。双螺杆泵根据其为非密封型或密封型而容积效率不同,$\eta_v = 0.65 \sim 0.85$。

3.单螺杆泵的结构和工作原理

如图2-4-6所示为单螺杆泵的结构图。其螺杆1用金属制成,其截面是半径为 R 的圆,螺

杆可视为由圆心 O_1 以螺距 t 绕半径为 e、轴线为 K 的圆柱体旋转而成,如图 2-4-6(c)所示,属单头螺纹。泵缸 2 由丁腈橡胶制成,其截面是由两个中心距为 $4e$、半径为 R 的半圆弧用两段长 $4e$ 的直线连接而成。整个泵缸可视为由这样的截面以两倍于螺杆的螺距 $T=2t$ 绕 O 轴旋转而成,内表面呈双头螺纹。

单螺杆泵螺杆和泵缸的啮合也能将吸、排口完全隔断,属于密封型螺杆泵。当泵运转时,螺杆与泵缸之间与右端吸口相通的工作容积不断增大而吸入液体,然后形成与吸口隔离的封闭容腔(轴向长度为 T),继而左移与排口相通,该空间容积又不断减小,从而排出液体。

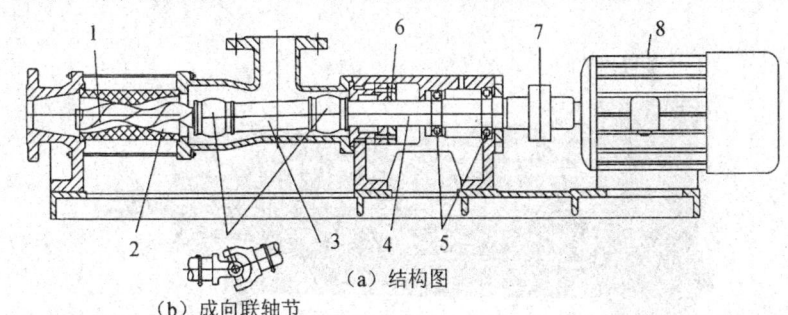

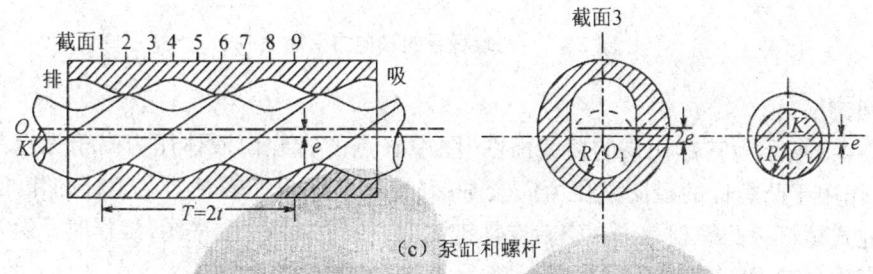

图 2-4-6 单螺杆泵的结构图
1—螺杆;2—泵缸;3—万向轴;4—主动轴;5—轴承;6—填料函;7—联轴节;8—电动机

单螺杆泵过流面积 $A=8eR$ (mm^2),其理论流量

$$Q_t = 480eRTn \times 10^{-9} \quad \text{m}^3/\text{h} \tag{2-4-3}$$

单螺杆泵导程数较少,密封性稍差,$\eta_v = 0.65 \sim 0.75$。

单螺杆泵运转时泵缸和主动轴 4 的轴线位置不变,而螺杆轴线 K 相对于泵缸轴线 O 则以 e 为半径,按与螺杆相反转向做圆周运动,故主动轴与螺杆间需设万向轴 3。万向轴两端连接万向联轴节,如图 2-4-6(b)所示。

二、螺杆泵的受力分析

1. 轴向力

三螺杆泵在尚未开始排液的空转期间,主动螺杆通过棱边的啮合线向从动螺杆传递转矩以克服其摩擦扭矩,这时传给从动螺杆的力会产生指向排出端的轴向力。而在开始排送液体后,会因螺杆两端液压力不同而产生指向吸入端的轴向推力,主动螺杆所受轴向液压力比从动螺杆大。常用的轴向力平衡措施有以下几种。

(1)设止推轴承

止推轴承通常装在轴向推力较大的凸螺杆上,而凹螺杆则靠螺杆端面承受轴向力。这种方法适用于工作压力小于 1.6 MPa 的泵。

(2) 采用双吸形式

即每根螺杆都由两段长度相等、旋向相反的螺旋组成,泵从两端吸入,中间排出。这样不仅可平衡轴向力,同时还可降低吸入流速,改善吸入性能,适用于大流量泵。

(3) 采用液力平衡装置

如图 2-4-7 所示为三螺杆泵的轴向力平衡,凸螺杆在排出端带有平衡活塞,其背后设泄油管将漏油泄回吸入腔,保持低背压。于是平衡活塞受向右的作用力,可将螺杆所受的大部分轴向力平衡。同时将排出端的高压油通过泵套和后盖上的均压槽引到主、从动螺杆端部平衡螺杆上的轴向力。

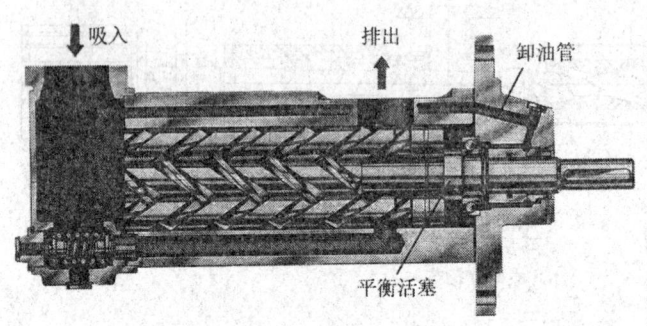

图 2-4-7 三螺杆泵的轴向力平衡

2. 径向力

如图 2-4-8 所示为三螺杆泵的横截面图,图中画点的容腔内液体压力高于无点的容腔。由图可见,作用于凸螺杆的径向液压力完全平衡;空转时两根凹螺杆对凸螺杆的作用力也对称。因此立式螺杆泵凸螺杆无论在空转或是排油时,径向力都完全平衡,工作时不会弯曲,对轴承也不产生径向力。

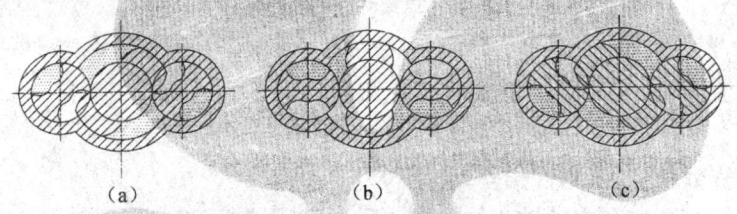

图 2-4-8 三螺杆泵的横截面图

凹螺杆只有一边啮合,由图 2-4-8 可见,同一截面处两边凹槽中的液压力不同,因此,凹螺杆排液时会产生径向力。两根凹螺杆所受径向力大小相同、方向相反,由衬套工作面承受,比压不大,对凹螺杆的磨损和变形影响甚微。

三、螺杆泵的性能特点

螺杆泵具有容积式泵的共同性能特点。它有自吸能力;其理论流量取决于运动部件的尺寸和转速,不能用节流法,即关小排出阀调节流量;也靠"挤压"排送液体,所能产生的排出压力与运动部件的尺寸和转速无直接关系,主要受密封性能、结构强度和原动机功率的限制,应设安全阀。同时它又有回转泵无须泵阀、转速高和结构紧凑的优点。此外,螺杆泵还有以下优点:

1. 工作性能稳定
不困油，流量均匀，工作平稳，噪声和震动很轻。

2. 吸入性能好
因为从轴向吸入液体不受离心力妨碍，故允许吸上真空高度可高达 8~8.5 m 水柱。

3. 流量范围大
三螺杆泵常用转速为 1 450~1 750 r/min，透平驱动的可高达 10 000 r/min 以上，流量范围为 0.6~750 m³/h；非密封型双螺杆泵常用流量为 5~2 000 m³/h；单螺杆泵由于采用橡胶泵缸，转速一般不超过 1 500 r/min，液体黏度大时流量应较小，目前多为 0.3~40 m³/h，最大可达 200 m³/h。

4. 三螺杆泵允许的工作压力高
三螺杆泵轴承不受径向液压力，而且密封性好，η 高，故额定排压可达 20 MPa，特殊的可达 40 MPa。单螺杆泵和非密封型双螺杆泵轴承受径向液压力，额定排压不宜太高，前者多不大于 2.4 MPa，后者多不大于 5 MPa。

5. 对所送液体搅动少，水力损失很低
故适用的黏度范围宽(为 1~104 mm²/s)，非密封型双螺杆泵甚至可排送黏度高达(4~10)×104 mm²/s 的液体。除三螺杆泵适合输送润滑性好的清洁油类外，单螺杆泵、双螺杆泵可输送非润滑性或含固体杂质的液体。

6. 零部件少，重量和体积相对较小，磨损轻，维修工作很少，使用寿命长
螺杆泵的缺点是螺杆轴向尺寸较长，刚性较差；加工工艺要求较高，价格一般比其他回转泵高。

在船上，三螺杆泵因为工作可靠且很少需要维修，常用作主机的滑油泵；并且因为流量范围大并能适用于高压，可用作液压泵。此外，三螺杆泵也可用作主机燃油泵，近年使用范围扩大，甚至用它作为驳油泵。双螺杆泵除用作各种油泵外，也可用作压载泵、消防泵、卫生水泵和锅炉给水泵等。单螺杆泵因为对液体的搅动小可用作油水分离器的污水泵；因为对杂质不敏感可作为焚烧炉的输送泵、粪便输送泵、渣油泵、污油泵等。

四、螺杆泵的使用管理及维护

(1) 螺杆泵虽有自吸能力，但除非密封性双螺杆泵以外，也和齿轮泵一样应防止干转，以免螺杆和缸套的工作表面严重磨损。单螺杆泵如断流干转，则橡胶制成的泵缸很快会烧毁。因此，初次使用或拆检装复后，应向泵壳内灌入所排送的液体。工作中应严防吸空。停用断电后，应等泵停转再关吸入阀，以免泵内液体被吸走。

(2) 三螺杆泵应排送洁净液体，吸入管路必须装 40~60 目滤器，使用中应及时清洗。新装管路中的焊渣、铁锈等固体杂质应仔细清除。工作时如有异常声响，应立即停车检查。

(3) 螺杆泵一般都有固定的转向，反转会使吸、排方向改变，推力平衡装置就会失去作用。

(4) 螺杆泵起动时一般应先将吸、排截止阀全开。双泵并联备用时，如果在供油不能中断的情况下(例如主机滑油泵)需换用备用泵，而出口未设单向阀，可只开备用泵吸入阀，将其调压阀调松后轻载起动，然后将调压阀调紧至泵排压达到工作压力后，再开排出阀参与排油；停另一台泵时可边关排出阀边调松调压阀。不许长时间全关排出阀通过调压阀回流运转，也不应靠调压阀大流量回流使泵适应小流量的需要；否则节流损失严重，会使所排液体温度升高，

甚至使泵高温变形而损坏。

（5）螺杆较长，刚性较差，在拆装、存放时应防止弯曲变形。较大的泵安装时重心线尽可能通过船体肋骨。吸、排管路应固定牢靠，并与泵的吸、排口对中，以免强行牵动泵体。泵的联轴节应对中良好。螺杆拆装起吊时要防止受力弯曲。较长的备用螺杆应垂直固定存放，以免放置不平而变形。使用中应防止油温过高，以免螺杆因膨胀而顶弯。

（6）油温太低、黏度过高及吸入滤器堵塞造成泵吸入真空度过大，或吸油带入大量空气，都会导致气穴现象，产生液体噪声。联轴节对中不良或泵过度磨损，也会引起工作噪声。

（7）机械轴封是较精密的部件，拆装时要防止损伤密封元件。安装时应在轴或轴套上涂上滑油。按正确次序装入各旋转件后，可用以下方法检查动环的密封环松紧合适否：用手推压动环使弹簧压缩，松手后动环应能靠弹簧力缓缓滑出。太松则漏泄量会过大；太紧则主密封面磨损后动环不能自动滑出，达不到间隙补偿的效果。

第五节　离心泵

一、离心泵的工作原理

如图 2-5-1 所示为单级蜗壳式离心泵，主要由泵壳 3 和叶轮 1 组成。螺线形的泵壳亦称蜗壳，包括蜗室 8 和扩压管 5 两部分。叶轮通常由 5~7 个弧形叶片 2 和前、后圆形盖板构成，用键和螺帽 7 固定在泵轴 6 的一端。轴的另一端穿过填料函伸出泵壳，由原动机驱动右旋回转。螺帽 7 通常采用左旋螺纹，以防反复起动因惯性而松动。

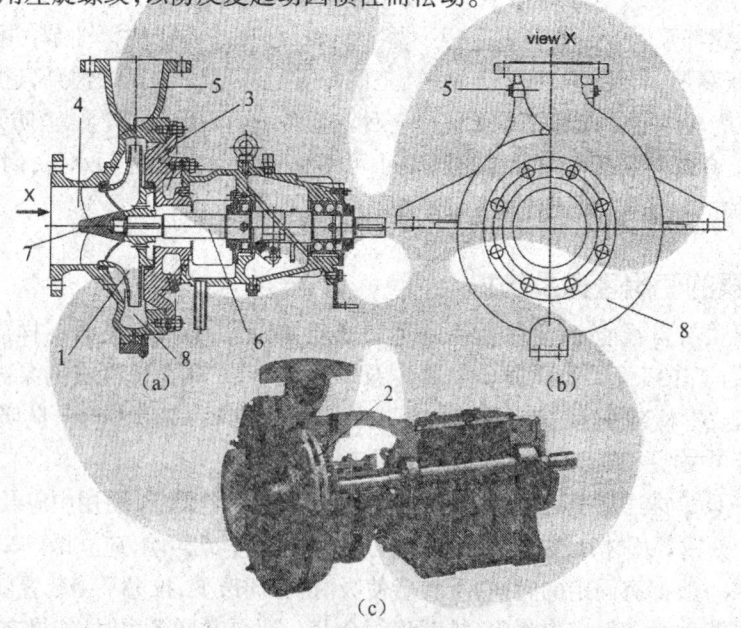

图 2-5-1　单级蜗壳式离心泵
1—叶轮；2—叶片；3—泵壳；4—吸入接管；5—扩压管；6—泵轴；7—螺帽；8—蜗室

原动机带动离心泵高速旋转，预先充满在泵中的液体受叶片的推压，随叶轮一起高速回转，产生离心力，从叶轮中心向圆周甩出，在叶轮中心处形成低压，液体便在吸入压力作用下，由吸入接管 4 吸入叶轮。从叶轮流出的液体,压力和速度都增大了许多,蜗壳将它们平稳汇聚并导向扩压管。在扩压管中液体流速降低,大部分动能变为压力能,然后进入排出管。叶轮不停地回转,液体的吸排、便连续地进行。

如图 2-5-1 所示的蜗壳由叶轮外周的蜗室和蜗室后部的扩压管组成。蜗室平稳收集从叶轮流出的高速液体,扩压管使流速平稳降低,大部分动能转换为压力能。

二、离心泵的一般结构

1.叶轮

叶轮是将原动机的机械能传递给被排送液体的部件,有开式、半开式和闭式三种形式,如图 2-5-2 所示为离心泵的叶轮形式。图 2-5-2(a)叶轮只有叶瓣和部分后盖板为开式叶轮,图 2-5-2(b)叶轮只有后盖板为半开式叶轮,图 2-5-2(c)叶轮兼有前、后盖板为闭式叶轮。闭式叶轮工作时液体漏失少,效率较高,使用普遍,而开式和半开式叶轮因液体易漏失,多用于输送含有固体颗粒或黏度较高的液体。

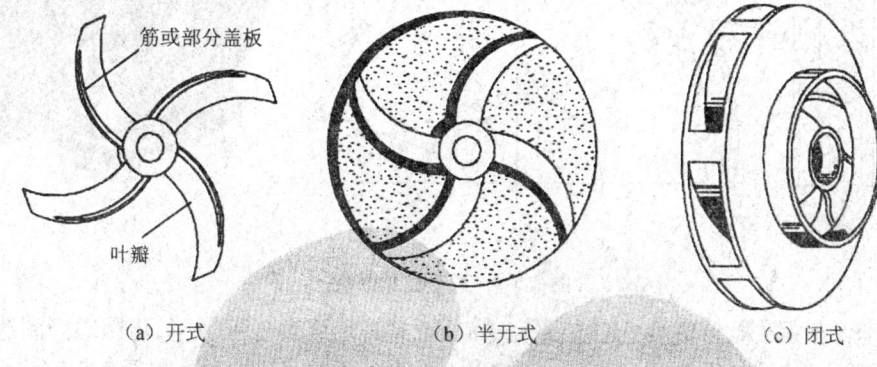

图 2-5-2 离心泵的叶轮形式

叶轮又有单侧吸入和双侧吸入两种。为避免叶轮进口流速过高,抗气蚀性能变差,离心泵吸入管流速常取为 3 m/s 左右。在流量小于 300 m³/h,吸入管径不大于 200 mm 时,多用结构简单的单吸式叶轮。当流量较大、吸入管径大于 200 mm 时,多采用双吸式叶轮,以使叶轮外径不致过大。如图 2-5-3 所示为双吸式离心泵。双吸式叶轮安装时应谨防装反;否则成为前弯叶片,运行时负载变大。

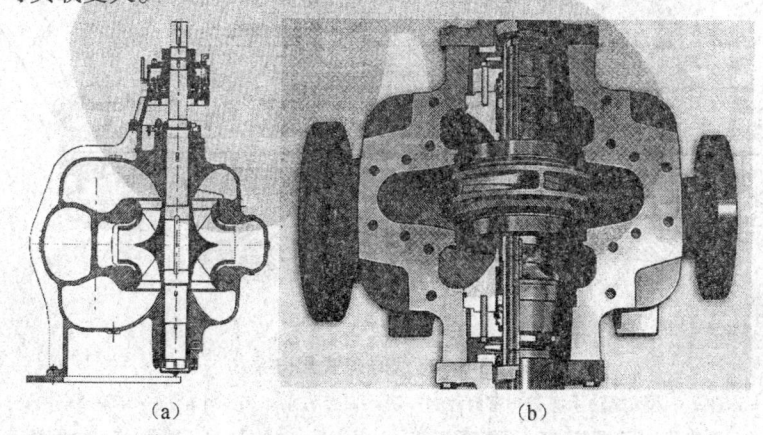

图 2-5-3 双吸式离心泵

2. 压出室

离心泵的压出室主要有蜗壳和导轮两种。蜗壳与导轮的作用：一是汇集叶轮出口处的液体，引入到下一级叶轮入口或泵的出口；二是将叶轮出口的高速液体的部分动能转变为静压能。一般单级和中开式多级泵常设置蜗壳，分段式多级泵则采用导轮。蜗壳和导轮需避免管路阻力损失过大。

如图 2-5-4 所示为离心泵的导轮，导轮有两个圆环形壁面及夹在其中的若干导叶，导叶的流道正好对准叶轮外周，其 BH 段平顺收集自叶轮流出的液体，HC 后的扩压段能使液体流速降为叶轮出口流速的 15%～30%。离开导叶的液体经一个环形空间即进入设在导轮背面的反导叶流道，而被引入下一级叶轮的进口。

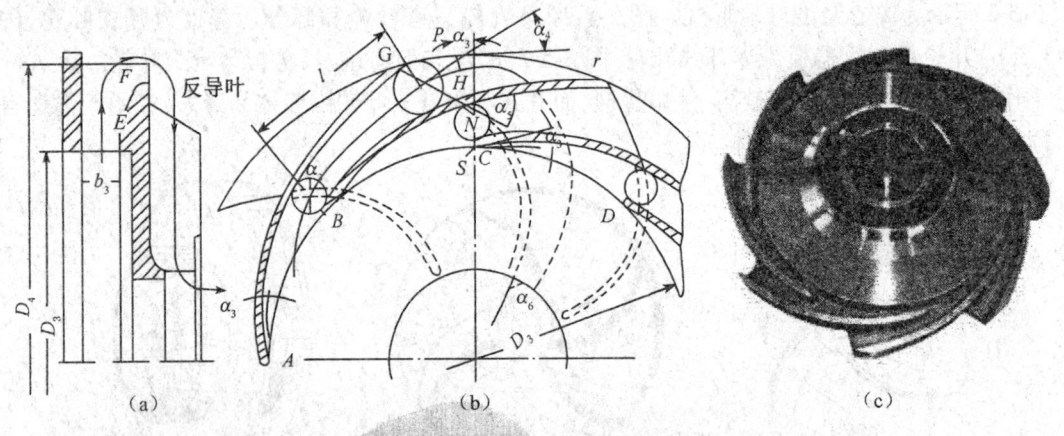

图 2-5-4　离心泵的导轮

虽然理论上蜗壳比导轮水力性能更完善，蜗壳式离心泵高效区较宽，但因蜗壳制造工艺较复杂，目前单、双级离心泵多采用蜗壳，三级以上的离心泵多采用导轮，如图 2-5-5 所示为多级导轮式离心泵。这种泵由各级叶轮、导轮和径向剖分的各段泵壳沿轴向组装而成，又称分段式多级泵。

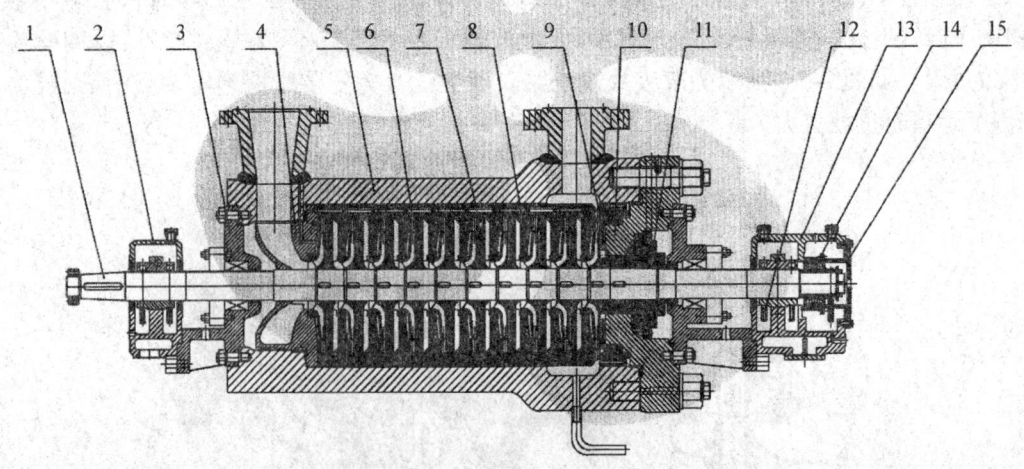

图 2-5-5　多级导轮式离心泵

1—泵轴；2—驱动端轴承座；3—密封腔；4—吸入口；5—泵体；6—叶轮；7—导轮；8—内壳；
9—平衡套；10—泵盖；11—平衡活塞；12—油环；13—轴承座；14—轴承；15—轴承盖

3. 密封环

为减少离心泵排出的液体从叶轮与泵壳之间漏回吸入口,造成流量和扬程损失。如图 2-5-6(a)所示,在叶轮入口处的泵壳和叶轮之间须装设耐磨密封环,保证其密封间隙,维持离心泵较高的容积效率。

密封环也叫阻漏环或口环,常用铜合金制成,有平环和曲径环两类,安装在叶轮与泵壳上的密封环分别称为动环和静环,如图 2-5-6(b)所示。曲径环阻漏效果好,但制造和装配工艺要求较高,多用于扬程较高的单级离心泵。船用离心泵通常只装有静环,工作中应定期检查密封间隙并使其保持在说明书或相关要求之内,如磨损超差须及时更换。

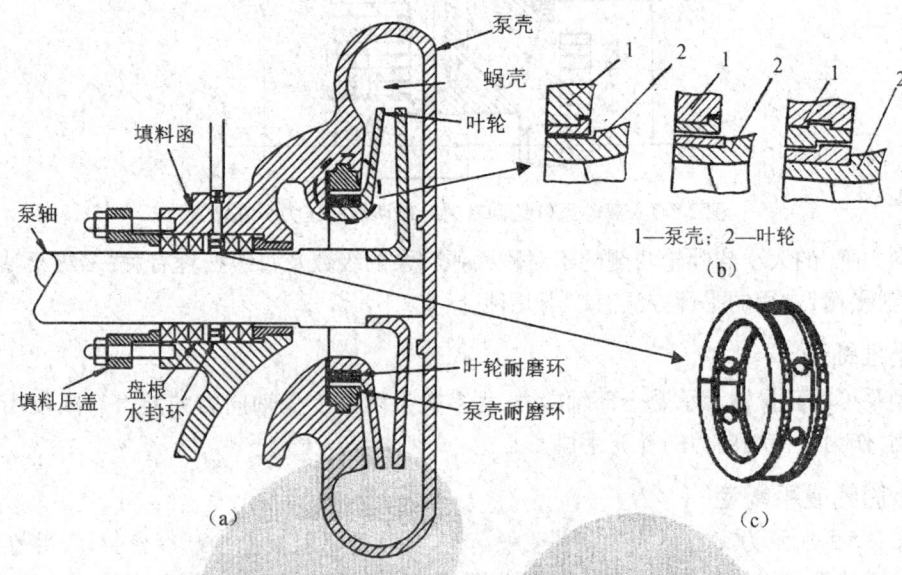

图 2-5-6 带水封环填料轴封和密封环的离心泵

4. 轴封

轴封装于泵轴伸出泵壳处,用来阻止排液由此漏出或空气由此漏入。离心泵轴封主要有填料轴封(如图 2-5-6 所示)和机械轴封,机械轴封被船用离心泵普遍使用,其结构和特点已在回转泵中介绍,不做重复。填料轴封也叫盘根,由较柔软的线状物浸渍、填充各种润滑剂如油脂、石墨等编织成截面呈正方形、长方形或圆形的条状物并填充在密封腔体内,从而实现密封。根据不同的使用环境应选用不同品质的填料,以满足耐磨、耐腐蚀、耐高温等要求。

如图 2-5-6(c)所示为带水封环的填料轴封,在填料之间加装了由两个断面呈 H 形的半圆环合成的水封环。在外界空气压力大于填料密封内侧压力时,将压力水通过装于水封环上部轴封壳上的水封管引入,然后沿泵轴向两端渗出,既能防止空气吸入泵内,又能给泵轴和填料以适当的润滑和冷却。密封水的压力一般以高出密封内腔压力的 0.05~0.1 MPa 为宜,离心泵输送洁净液体时,可直接从泵的排出侧引出。泵运转中保持填料轴封稍有滴漏,但不大于 60 滴/分钟。漏泄量太大可对称地适当压紧填料压盖,但要避免压得过紧使填料发热。填料老化变硬后应及时更换。

三、离心泵的轴向力平衡

如图 2-5-7 所示为离心泵叶轮回转时叶轮两侧的压力分布情况。由图可见,在密封环半径 r_w

以外,叶轮两侧的压力对称,而在密封环半径之内,作用在进口侧的压力 p_1 较低,两侧的压差可由面积 $abdc$ 来表示。因此,单吸式叶轮工作时将受到由叶轮后盖板指向进口端的轴向力 F_a。虽然液体在叶轮中变向流动时会产生与 F_a 方向相反的水动力,但其与 F_a 相比数值较小。

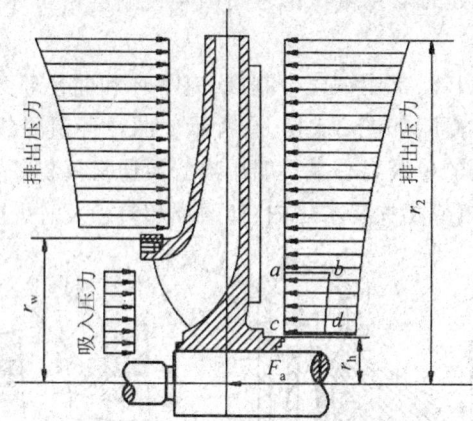

图 2-5-7 离心泵叶轮回转时叶轮两侧的压力分布情况

轴向力 F_a 的大小与叶轮两侧的不对称面积和泵的级数及每级扬程有关,多级泵轴向力较大,须设法平衡,常用的平衡方法有以下几种。

1. 止推轴承

小型泵可用止推轴承承受全部轴向力,大多数泵因其承受轴向力的能力有限仅用它做轴向定位用,作为平衡轴向力的补充手段。

2. 平衡孔或平衡管

如图 2-5-8 所示为离心泵的平衡孔或平衡管,在叶轮后盖板上加装后密封环,并在后密封环以内的后盖板上均匀开出若干个圆形的平衡孔(其总的通流面积为密封环间隙通流面积的 3~6 倍),使后盖板密封环内的压力与吸入侧压力大致相等,以平衡轴向力。

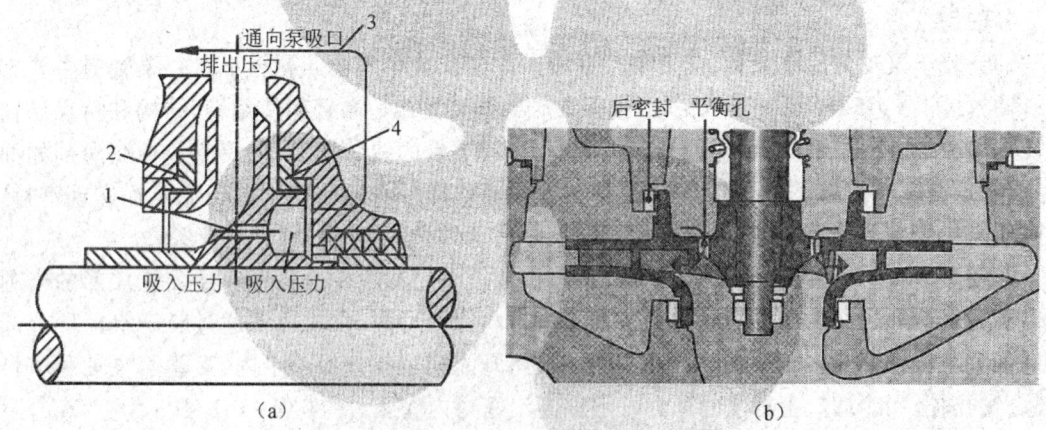

图 2-5-8 离心泵的平衡孔或平衡管
1—平衡孔;2—前密封环;3—平衡管;4—后密封

因从平衡孔漏回叶轮吸口的液体会干扰主流,使泵的容积效率和水力效率都降低。所以,可将图 2-5-8 中平衡孔用平衡管代替,用平衡管将叶轮后密封环内的液体引回叶轮吸口,既可平衡轴向力,也不会使水力效率降低。

3. 双吸叶轮或叶轮对称布置

如图 2-5-3 所示的双吸式离心泵,因叶轮形状对称,故两侧压力基本平衡。叶轮为偶数的多级离心泵,每级叶轮尺寸相同,扬程相等,叶轮对称布置,即可平衡轴向力。

上述 2、3 项平衡轴向力方法,由于叶轮两侧密封环制造和磨损情况难免有差别及叶轮加工误差,轴向力不能绝对完全平衡,仍需设止推轴承。

4. 平衡盘

多级离心泵因轴向力较大,可用液力自动平衡装置(平衡盘)平衡轴向力,如图 2-5-9 所示为离心泵的平衡盘示意图。

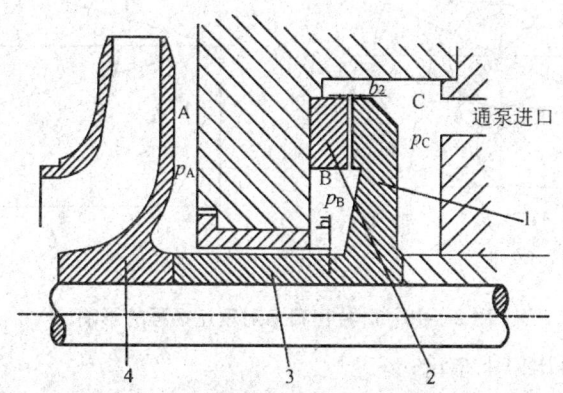

图 2-5-9 离心泵的平衡盘示意图
1—平衡盘;2—平衡板;3—平衡套;4—末级叶轮

在末级叶轮 4 外侧有平衡板 2 固定在泵壳上,紧靠着它的平衡盘 1 用键装在泵轴上,随轴一起回转。泵工作时,压力较高的 A 空间有少量液体经平衡套的径向间隙 b_1 流到空间 B,压力由 p_A 降为 p_B,再经平衡板与平衡盘之间的轴向间隙 b_2 流到盘后的平衡室 C,压力由 p_B 降为 p_C。C 室由泄放管连通泵的吸入端,C 室压力 p_C 接近吸入压力。于是,平衡盘两侧的压力差 (p_B-p_C) 形成与叶轮所受轴向力反向的平衡力。

当泵扬程增加,向左的轴向力大于平衡盘的平衡力时,泵的转动组件被推左移,轴向间隙 b_2 减小,压力 p_B 增加(更接近 p_A),直至 (p_B-p_C) 增加到使向右的平衡力与轴向推力相等时,泵转子就在 b_2 较小的位置达到新的平衡;反之,当轴向力小于平衡力时,转动组件右移,轴向间隙 b_2 增加,p_B 下降(更接近 p_C),从而在 b_2 较大的位置达到平衡。转子的轴向位置会随工作扬程的变动而自动调整,故采用平衡盘的泵不使用能轴向定位的滚动轴承,而应采用滑动轴承。

四、离心泵的性能

1. 离心泵的扬程方程式

离心泵的理论扬程方程式可表述为:

$$H_{t\infty} = \frac{u_2^2}{g} - \frac{u_2 c_{2r}}{g}\cot\beta_2 \tag{2-5-1}$$

式中,u_2——叶轮出口液体的圆周速度;

c_{2r}——叶轮出口液体的绝对速度的径向分速度;

g——重力加速度;

β_2——叶轮的叶片出口角,如图 2-5-10(a)所示。

因为 $u_2 = \pi D n/60$(D 为叶轮直径,n 为叶轮转速),所以叶轮的尺寸和转速确定后,u_2、β_2 即可确定。而 $c_{2r} = Q_t/\pi D B \psi$(式中,$Q_t$ 为流过叶轮的理论流量;B 为叶轮宽度;ψ 为考虑叶片厚度影响的排挤系数,一般为 0.75~0.95),即 c_{2r} 与流量 Q_t 成正比。因此,根据式(2-5-1),理论扬程 $H_{t\infty}$ 与理论流量 Q_t 的函数关系如图 2-5-10(b)所示。

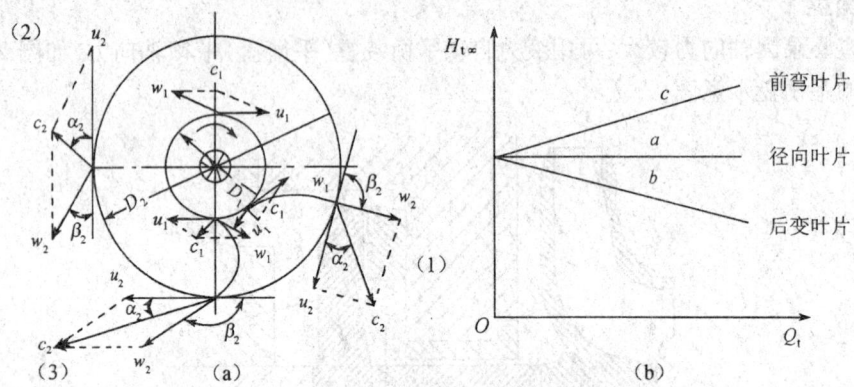

图 2-5-10 叶片出口角对理论扬程的影响

由扬程方程式可得出以下结论:

(1)离心泵所能产生的扬程主要取决于叶轮直径和转速。

(2)离心泵的扬程随流量而变,并与叶片出口角 β_2 有关。

径向叶片 $\beta_2 = 90°$ 时,$\cot\beta_2 = 0$,扬程与流量无关,如图 2-5-10(a)(1)所示;后弯叶片 $\beta_2 < 90°$ 时,$\cot\beta_2 > 0$,$H_{t\infty}$ 随流量增大而减小,如图 2-5-10(a)(2)所示;前弯叶片 $\beta_2 > 90°$ 时,$\cot\beta_2 < 0$,$H_{t\infty}$ 随流量增大而增大,如图 2-5-10(a)(3)所示。

在同样的叶轮直径和转速下,虽然前弯叶片离心泵能产生较后弯叶片离心泵较大的扬程,但因前弯叶片叶轮流道更弯曲、液体出口速度更大,液体在叶轮流道中的流动水力损失及动能转换为压力能时的水力损失都更大,水力效率较低,所以实际应用中效率较高的后弯叶片离心泵被普遍采用。

(3)离心泵的理论扬程与所排送流体的性质无关。

因扬程方程式中,没有密度 ρ,故同一台离心泵输送不同流体时只要 $Q_t(c_{2r})$ 相同,所产生的理论扬程 $H_{t\infty}$ 便相同。但实际扬程会因容积损失和水力损失不同而不同。

(4)离心泵没有自吸能力

离心泵排送密度 ρ 不同的流体,所能产生的吸排压差 $\Delta p = \rho g H$ 和功率 $P = \rho g Q H/\eta$ 不同。如起动时泵和吸入管内是空气,由于空气密度仅约为水的 1/800,泵能在吸、排口间造成的压差很小。例如扬程 100 m 的水泵,即使排送空气时能达到同样的扬程,也只能在吸、排口间产生 1.268 kPa 压差,在大气压下只能将水吸上约 12.9 cm。实际上由于输气比输水更容易漏,扬程比输水时更低,所以还吸不上这么高。可见离心泵不像容积式泵那样具有将吸入管和泵内空气排走,进而排送液体的能力。

2. 离心泵的定速特性曲线

在既定转速下,离心泵的扬程、功率、效率等性能参数与流量的函数关系曲线称为离心泵的定速特性曲线。

由于离心泵中的各项损失难以精确计算，所以离心泵的定速特性曲线都是通过实验测定的。即在恒定的转速下，通过改变排出阀开度，测量不同流量 Q 时的扬程 H、轴功率 P 和必需气蚀余量 Δh_r 等相关参数，并算出相应工况下的效率 η，然后以流量 Q 为横坐标，其他参数为纵坐标绘制出的函数曲线，即为离心泵的定速特性曲线，如图 2-5-11 所示。

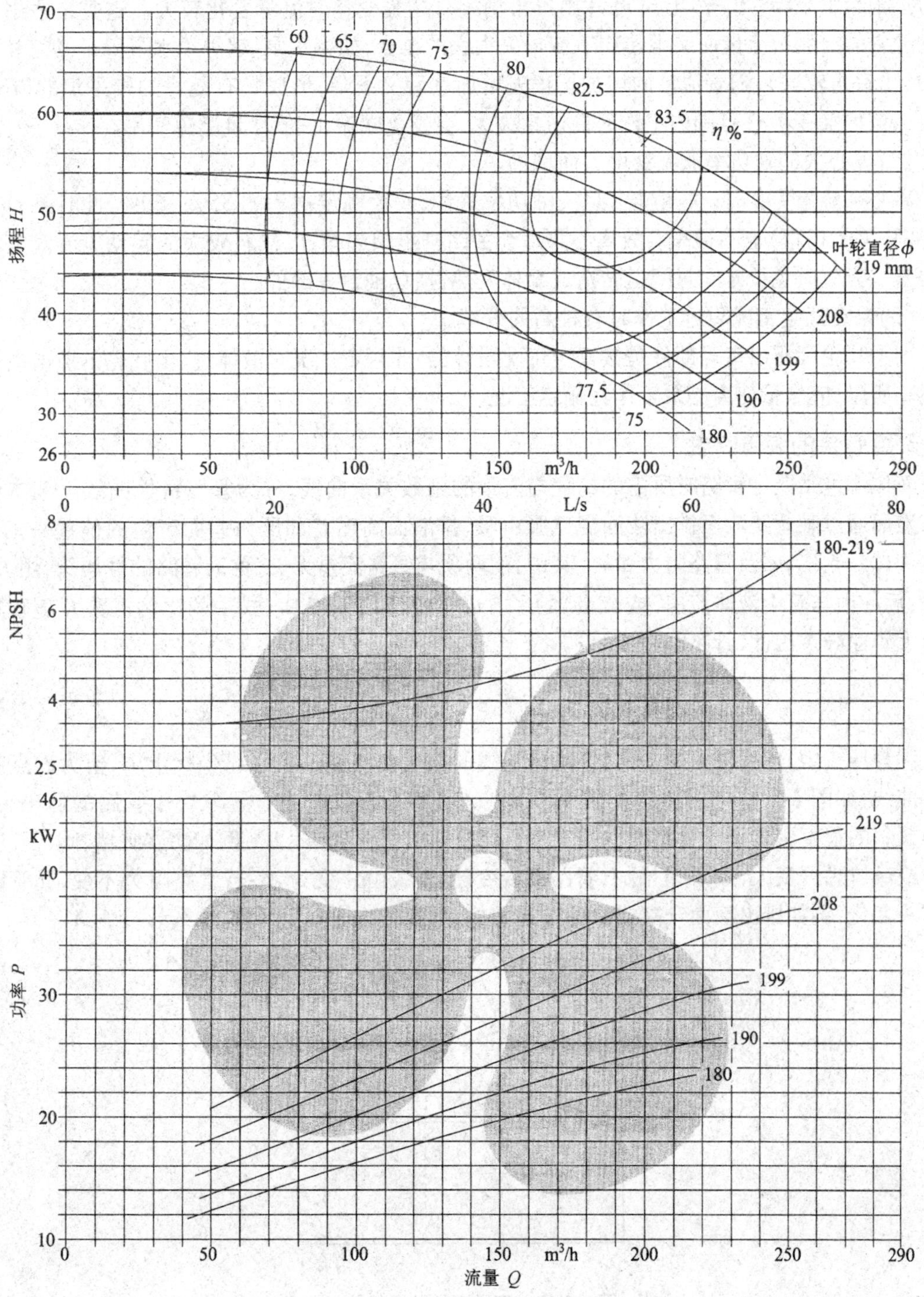

图 2-5-11　离心泵的定速特性曲线

由离心泵定速特性曲线可见：

(1) 采用后弯叶片的离心泵，工作扬程随着流量的增大而降低。

因叶片出口角不同，H-Q 曲线的形状大致可分为三类：①陡降形（叶片出口角较小），扬程变化时流量变化较小。这类泵适用于扬程经常变动又不希望流量变化较大的场合，如压载泵、压力水柜给水泵等。②平坦形（叶片出口角稍大），扬程变化时流量变化较大。这类泵适用于那些经常需要调节流量而又不希望节流损失太大的场合，如凝水泵、锅炉给水泵等。③驼峰形（叶片出口角较大），随着流量的增加扬程先增加然后又下降，形成具有驼峰的较平坦的 H-Q 曲线。该种泵在小 Q 范围内工作时撞击损失大，会发生喘振，一般尽量避免使用。

(2) 离心泵的轴功率随流量增大而增加。

离心泵流量为零时（关闭排出阀），轴功率最小，仅为额定功率的 35%~50%，此时泵的扬程（亦称关闭扬程）也不很高。故离心泵适合关闭排出阀起动，以减轻较大的起动电流对电网的冲击。但应避免长时间封闭运转造成泵体发热，损坏轴封等部件。

(3) 泵在额定工况附近工作时有较高的效率。

因为叶轮和压出室等部件是按额定工况设计的，非额定工况时液体进、出叶轮的撞击损失较大。所以，应尽量使离心泵工作在额定工况。

3. 离心泵的装置特性

液体流过某既定管路时所需的扬程与流量的函数关系曲线，称为管路特性曲线。液体从吸入液面通过某管路流至排出液面需克服由吸、排液面高度差和压力差而产生的位置头 z 和压力头 $(p_{dr}-p_{sr})/\rho g$ 及管路阻力 Σh。其中，前两项与管路流量无关，称为管路的静压头，用 H_{st} 表示；后一项与管中液体流速（或流量）的平方成正比，即 $\Sigma h=KQ^2$，式中的比例常数 K 随管路阻力大小而异。因此，管路扬程式为：

$$H = H_{st} + \Sigma h = z + \frac{p_{dr} - p_{sr}}{\rho g} + KQ^2 \tag{2-5-2}$$

因静压头 H_{st} 与流量无关，所以管路扬程式的函数曲线是一条以纵坐标上 H_{st} 值为起点的二次曲线，如图 2-5-12 中的曲线 A 所示。曲线 A 在纵坐标的起点位置取决于管路的静压头，向上倾斜的程度则取决于管路阻力的大小。当管路阻力发生变化时，例如滤器脏堵、阀门开度减小或液体黏度变大，则 K 值增加，管路曲线变陡，曲线由 A 变为 A'；若管路阻力不变，而管路静压头变化，例如排出液面升高或液面压力增加，则管路曲线向上平移，曲线 A 变为 A''。

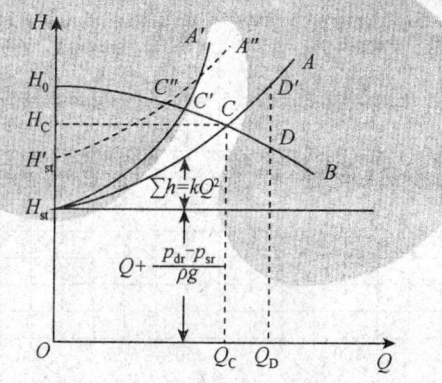

图 2-5-12 离心泵的装置特性

将离心泵的扬程特性曲线和它工作管路的特性曲线画在同一坐标图上,称为泵的装置特性,如图 2-5-12 所示。泵的扬程曲线与管路特性曲线的交点 C 称为泵的工况点。泵在工况点产生的扬程正好等于液体以此工况的流量流过该管路时所需的扬程。工况点的参数(Q、H、P、η、Δh_r 等)即是此离心泵在该管路工作的性能参数。

扬程曲线向下倾斜的离心泵工作时有稳定的工况点。如因某种外部临时干扰使工况点 C 向右移至 D,则泵产生的扬程 H_d 不能满足液体以较大流量 Q_d 流过该管路所需的扬程 H'_D,流体通过泵的流速和流量将减少,直至流量回到 Q_C,即工况点回到 C 为止;反之,如工况点左移,则泵产生的扬程大于管路所需的扬程,流速和流量就会增加,工况点又将回到 C。

当管路特性改变时,工况点也相应改变,如图 2-5-12 中的点 C' 和 C''。由此可见,离心泵和容积泵不同,同一台泵在管路特性变化时流量也将发生变化。同样,如泵的特性曲线发生变化,工况点也发生变化。离心泵使用时应尽可能在效率最高的额定工况点附近工作。

4. 额定扬程和流量的估算

因为离心泵所能产生的扬程与叶轮出口处的圆周速度 u_2 有很大关系,而 $u_2 = \pi Dn/60$。所以,铭牌失落的离心泵可根据叶轮外径 $D_2(\mathrm{m})$ 和转速 $n(\mathrm{r/min})$,按以下经验公式来估算其额定扬程(多级泵再乘以级数):

$$H = Kn^2 D_2^2 \quad \mathrm{m} \tag{2-5-3}$$

式中,系数 $K = (1 \sim 1.5) \times 10^{-4}$。

排送冷水的离心泵,设计的进口流速约为 3 m/s,其额定流量可按下面公式换算:

$$Q = 5D_0^2 \quad \mathrm{m^3/h} \tag{2-5-4}$$

式中,D_0 为泵吸口直径,用英寸(1 in ≈ 25 mm)计算。由于进口流速设计值不一样,此经验公式在 $D_0 < 4$ in 时可能稍偏小,在 $D_0 > 6$ in 时可能稍偏大,仅供粗略估计用。

5. 离心泵的特点

无论在陆上或船上,离心泵使用的数量和范围都远远超过了其他类型泵。这是因为它有以下优点:

(1) 流量连续均匀且便于调节,工作平稳,适用流量范围大,一般为 5~20 000 m³/h。

(2) 转速高,可与高速原动机直接相连。

(3) 结构简单紧凑,尺寸和重量比同流量的往复泵小,造价也低。

(4) 对杂质不敏感,易损件少,管理和维护较方便。

但离心泵也有以下缺点:

(1) 泵本身没有自吸能力。

(2) 流量随工作扬程而变。一般流量随工作扬程升高而减小,不适宜作液压泵。

(3) 所能产生的扬程由叶轮外径和转速决定,不适合小流量、高扬程。因为这要求叶轮流道窄长,以致制造困难,效率太低。

另外,离心泵所能产生的最大排压有限,故不必设安全阀。目前,船用水泵和液货船的货油泵大都使用离心泵,也有个别新船将离心泵用作主机滑油泵。要求自吸的如压载泵、舱底水泵、油船扫舱泵等,也可使用自吸式离心泵或加设抽气自吸装置。

五、离心泵的气蚀及自吸

1. 离心泵的气蚀

泵的吸入压力 p_s 小于被输送液体温度下的饱和蒸汽压力 p_v 时,液体将汽化,发生"气穴现象"。事实上,液体从离心泵吸口流到叶片进口开始提高能量前,液体压力会因液体进叶轮后通流面积减小流速增加及流阻损失等原因进一步下降。若压力降到饱和蒸汽压力 p_v 或更低,液体将汽化,加之液体中溶解气体的逸出,会产生许多气泡。这些气泡随液体流到高压区时,其中的蒸汽迅速凝结,气体也重新溶入液体,从而形成很多局部真空。于是,周围的液体质点以极大的速度冲向这些真空中心,互相撞击而产生高频(为 600~25 000 Hz)高压(高达几百 MPa)的液体冲击,使泵的流量、扬程和效率降低,并伴有较大的噪声和振动,严重时将导致吸入中断。气穴溃灭区的金属因受高频高压的液击而发生疲劳破坏;液体中逸出的氧气等借助汽泡凝结时的放热,还会对金属产生化学腐蚀作用。在这样的双重作用下,叶轮外缘的叶片及盖板、蜗壳或导轮等处会产生如图 2-5-13 所示的麻点和蜂窝状的破坏。这种因汽泡形成和破灭致使材料破坏的现象,称为"气蚀"。

为使离心泵正常工作,避免发生气蚀现象,离心泵应有一定的"气蚀余量"。气蚀余量是指泵吸口处液体所具有的能头与它的饱和蒸汽压力头 $p_v/\rho g$ 之差,用 Δh 表示,英文为 Net Positive Suction Head(NPSH),即"净正吸入能头"。气蚀余量分有效气蚀余量(或称装置气蚀余量) Δh_a 和必需气蚀余量 Δh_r。

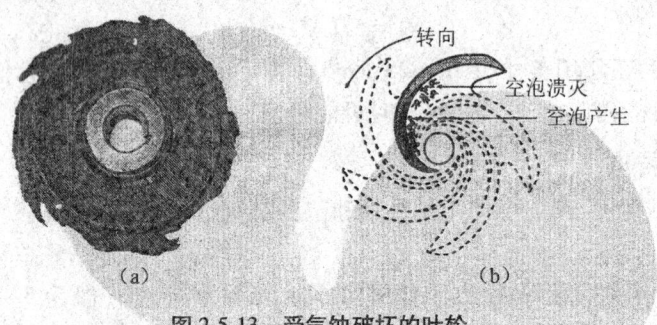

图 2-5-13 受气蚀破坏的叶轮

有效气蚀余量 Δh_a 是指泵工作时实际的气蚀余量,即液体在泵进口处能头超过汽化压力头的富余能量。它取决于泵的吸入条件和液体的饱和压力 p_v,而与泵无关。

$$\Delta h_a = \left(\frac{p_s}{\rho g} + \frac{v_s^2}{2g} + z\right) - \frac{p_v}{\rho g} \quad \text{m} \tag{2-5-5}$$

式中,z——泵吸口位置头,m。以通过叶轮叶片进口边外端所绘圆的中心的水平面为基准面(多级泵取第一级,立式双吸泵取上部叶片),吸口中心高于该基准面为正,低于该基准面为负。卧式泵 $z=0$,立式泵 z 一般也不大,近似计算时可忽略不计;

p_s——泵吸口的绝对压力,Pa;

v_s——泵吸口的流速,m/s。

必需气蚀余量 Δh_r 是指泵为避免气蚀所需的气蚀余量。它取决于液体进泵后压力进一步降低的程度,与泵进口部分的几何形状及泵的转速和流量有关,而与泵的吸入条件及所吸液体的 p_v 值无关。Δh_r 越小则泵的气蚀性能越好。因离心泵流量增大时液体进泵后的压降也将增大,故 Δh_r 随 Q 的增大而增大,如图 2-5-14 所示。

必需气蚀余量 Δh_r 和允许吸上真空高度 $[H_s]$ 都是由气蚀试验得出的,用以表示泵吸入性能好坏的性能参数,性质是一样的,只是表示方式不同而已。Δh_r 主要取决于泵的结构形式和流量,而 $[H_s]$ 还与吸入液面气压及液体的饱和蒸汽压力 p_v 有关。目前离心泵更多标注的是 Δh_r。

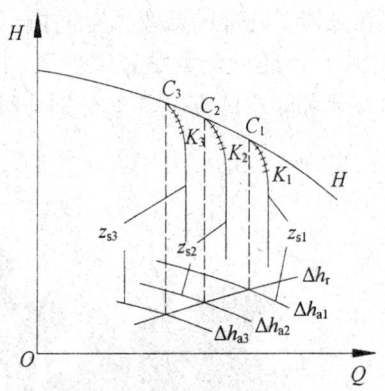

图 2-5-14 离心泵的气蚀特性曲线

图 2-5-14 上示出了离心泵未发生气蚀时的扬程特性曲线、必需气蚀余量 Δh_r 随流量增大而提高的曲线,以及随吸高 z_s 逐渐增高($z_{s3}>z_{s2}>z_{s1}$)有效气蚀余量 Δh_a 逐渐减小的曲线($\Delta h_{a3}<\Delta h_{a2}<\Delta h_{a1}$)。

随流量增大,Δh_a 减小到接近 Δh_r 时,气泡产生并发生气蚀,但对泵的性能尚未有明显的影响,这种情况称为"潜伏气蚀"。应避免使泵长期在潜伏气蚀工况工作;否则泵的部件也会受到破坏。随流量进一步增大,Δh_a 降到低于 Δh_r 时,较多的气泡产生并使叶道间的通流截面减小,气泡破灭产生的液击使泵的流量、扬程和效率都将明显降低,同时伴有较强的噪声和振动,称为"不稳定气蚀",图 2-5-14 中带斜线段的泵扬程特性曲线所示。泵在不稳定气蚀工况工作时,部件容易受到破坏。当 Δh_a 随流量增大而进一步降低时,液流在叶片进口处叶背一侧将出现脱流,形成汽水两相区。实验表明,因含汽量增加,气泡破灭时所引起的液压冲击会明显减轻,流量和扬程的脉动消失,这时降低管阻只能减小扬程,使两相区的长度增加,而泵的流量几乎不再增加,在扬程特性曲线上表现为近似一条下垂线,称为断裂工况。泵在这种工况工作时,振动和噪声并不强烈,部件的气蚀破坏也不明显,这种工况称为"稳定气蚀"。

同时,泵的吸高 z_s 越大,发生断裂工况时的流量越小,即不发生气蚀的流量范围越小。

在船用泵中,锅炉给水泵、热水循环泵(p_v 高)、货油泵(p_s 变化大)及造水机凝水泵(p_s 小)等因 Δh_a 较小,容易发生气蚀。为防止气蚀对泵的损坏,要求 $\Delta h_a>110\%\Delta h_r$(两者差值>0.5 m)。在使用中应尽可能减小吸入管路阻力(开足吸入阀,勤洗吸入滤器,防止流量超过额定值等),减小吸上高度或增大流注吸高,避免液体温度过高,以提高装置的有效气蚀余量 Δh_a。

另外,泵在设计时应设法减小必需气蚀余量 Δh_r,如通过加大叶轮进口直径和叶片进口边的宽度,增大叶轮前盖板转弯处的曲率半径,采用扭曲叶片或双吸叶轮,或在泵进口设诱导轮等措施以减小液体在泵内的流阻。采用强度和硬度高、韧性和化学稳定性好的抗气蚀材料制造叶轮,提高叶轮通流表面的光洁度,也是提高叶轮抗气蚀性能的有效措施。

2. 离心泵的自吸

离心泵没有自吸能力,为实现离心泵的自吸,船上常在需要自吸的离心泵上加装自吸装置。自吸装置可手动或自动控制。自动控制应用较多,不经常使用或使用时间较短的离心泵可手动控制。水环泵和空气喷射器是常用的两种离心泵自吸装置。

(1)离心泵的水环泵自吸装置

水环泵有单作用和双作用两种,主要用作真空泵来排送气体,可作为离心泵的自吸泵。图2-5-15 所示为单作用水环泵。在泵体 3 内部的圆盘形空间内,偏心地装有带若干前弯叶片的开式叶轮 1(小型泵采用径向叶片),叶轮两侧紧贴着侧盖 2。在与泵体连成一体的侧盖上靠近叶轮轮毂处开有较大的吸入口 4 和较小的排出口 5,分别与吸入管和排出管相通。

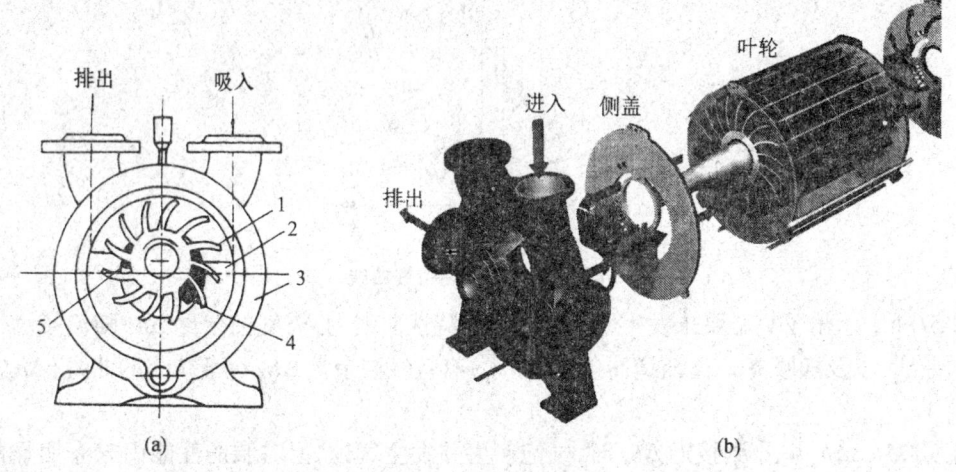

图 2-5-15 单作用水环泵
1—叶轮;2—侧盖;3—泵体;4—吸入口;5—排出口

工作前,泵内须充满工作水。当叶轮带水一起旋转时,形成紧贴泵体内壁的水环。于是,在水环内表面、叶轮轮毂表面及两面侧盖之间形成月牙形工作空间,该空间被叶轮的叶片分隔成若干互不相通且容积不等的腔室。腔室按图示箭头方向转过右半周时,容积不断增大,吸入管中的气体通过吸入口 4 不断吸入。而当腔室转过左半周时,容积又不断减小,使其中气体被压缩压力升高,气体最终从排出口 5 排出。

水环泵工作中,工作水会因汽化、漏泄和排气携水等原因而不断减少,为此,需连续向泵内补水,以保证水环泵的正常工作,同时也使部分工作水随气体不断排出而得以更换,限制泵的温升。

如图 2-5-16 所示为水环泵做离心泵自吸装置的工作原理。电动机在驱动离心泵 1 的同时,还通过摩擦离合器 5 驱动水环真空泵 3。装满水的气、液分离柜 4 通过下部补水管向水环泵预充工作水。工作前,打开截止止回阀 2。起动离心泵,水环泵也同时运转,将离心泵及其吸入管中的空气经水环泵吸气管抽走,排往气液分离柜。在分离柜中气、水分离,空气经逸气管逸出,而分出来的水则落入柜中,再经下部补水管向水环泵连续补水。一段时间后,离心泵吸入管中的气体全部被抽走,水即进入离心泵。当离心泵自吸成功并建立起相应的排出压力后,排压克服液压缸 7 中的弹簧力而推动活塞,使摩擦离合器脱开,水环泵即停止运转。此时,水环泵吸、排管内的压力恢复为大气压,止回阀 2 在重力作用下自动关闭,使水环泵与离心泵隔离。松开控制杆 6 与液压缸中活塞杆的连接插销,可手动操纵控制杆来控制离合器。

具有水环泵自吸引水装置的离心泵在完成自吸以前处于干转状态,因而此类离心泵不允许使用机械轴封和以水润滑的轴承。

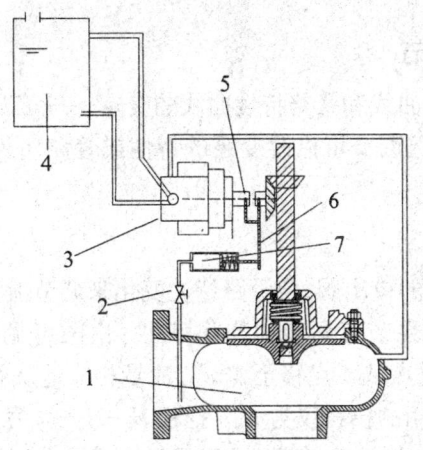

图 2-5-16　水环泵做离心泵自吸装置的工作原理
1—离心泵；2—截止止回阀；3—水环真空泵；4—气、液分离柜；5—摩擦离合器；6—控制杆；7—液压缸

(2)离心泵的空气喷射器自吸装置

如图 2-5-17 所示为空气喷射器做离心泵自吸装置的工作原理。将控制箱 5 上的选择开关置于 AUT(自动)位置,按起动按钮起动离心泵,因泵尚未建立排压,压力继电器 4 的常闭触头闭合,电磁阀 1 开启,0.5~0.7 MPa 的压缩空气通过该阀,一路去打开常闭式气动阀 3,一路作为工作流体进入空气喷射器,开始抽吸离心泵及其吸入管中的气体。在按下起动按钮的同时,控制电路中的时间继电器也开始计时。

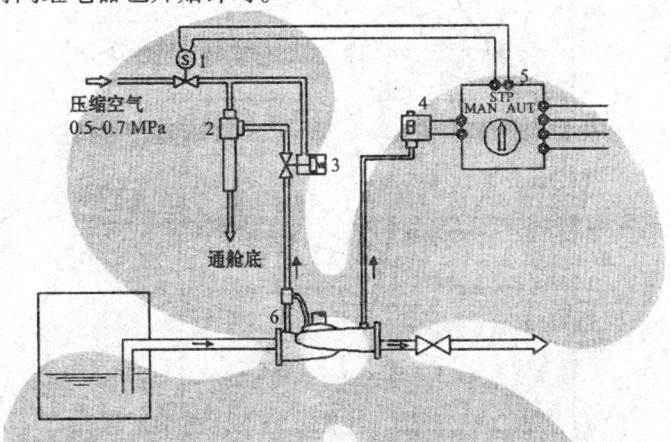

图 2-5-17　空气喷射器做离心泵自吸装置的工作原理
1—电磁阀；2—空气喷射器；3—气动阀；4—压力继电器；5—控制箱；6—离心泵

在时间继电器计时到达后,其常开触头闭合,控制电路使主电路接通,离心泵起动运转。这时如果自吸已成功,泵即会建立排出压力,使压力继电器 4 的常闭触头断开,电磁阀 1 关闭,空气喷射器停止工作,泵进入正常运转。运转中如因吸入过多气体排压降低而使压力继电器 4 常闭触头闭合,喷射器 2 又会投入工作抽吸离心泵中的气体。

这种自吸装置靠 0.5~0.7 MPa 的压缩空气为离心泵抽气引水,结构简单可靠,离心泵可延时起动。但延时时间需根据泵的实际状况在 0~180 s 内准确调节,正确的调节是使延时时间较短,但不能短于自吸所需时间,避免自吸成功前起动泵而造成干转。

另外,可通过将选择开关置于 MAN(手动起动)和 STP(关闭)位置,手动控制空气喷射器 2 的工作。

六、离心泵的工况调节

通过改变离心泵的特性曲线和管路特性曲线的交点——工况点来调节泵的流量和扬程的方法,称为"工况调节"。工况调节可借改变泵的特性或管路特性来实现,船用泵常用的工况调节方法有以下几种。

1.节流调节法

通过开大或关小离心泵的排出阀,使管路特性变化来调节流量的方法,称为节流调节。

如图 2-5-18 所示为离心泵节流调节的装置特性。由图可见,随着排出阀开度减小,管路曲线变陡,从 R 变为 R_1,工况点从 A 点移至 A_1 点,流量相应地从 Q_a 减少为 Q_1,扬程由 H_a 提高到 H_1。此时,克服原管路所用的扬程仅为 H'_1,扬程 $H_1-H'_1$ 为关小排出阀所增加的节流损失。虽然轴功率较节流前减小,但节流后工况偏离了设计工况,泵的效率也降低了。

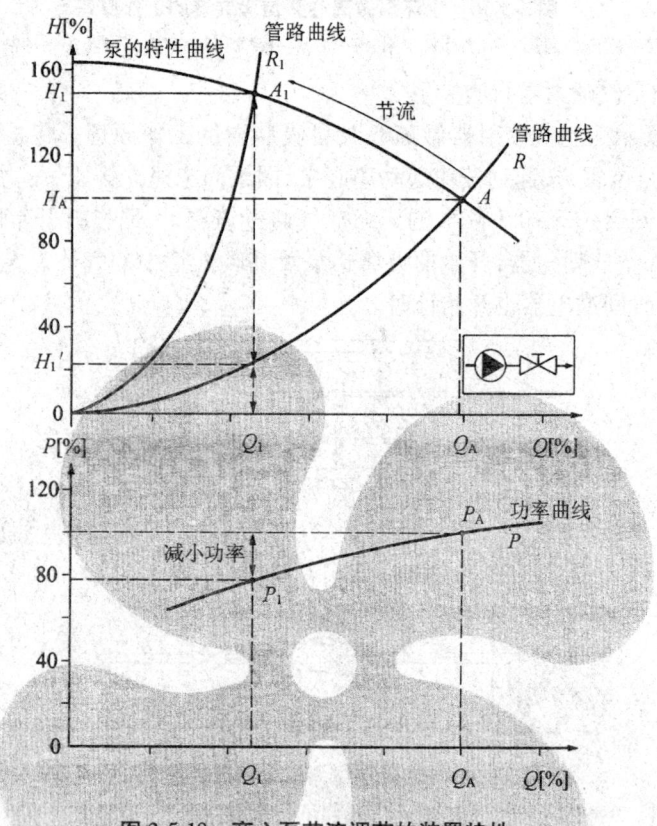

图 2-5-18 离心泵节流调节的装置特性

节流调节简便易行,被广泛采用,但经济性较差。若泵的特性曲线和管路特性曲线比较平,则节流调节损失较小。

关小吸入阀的开度虽能节流调节流量,但会使吸入压力降低,恶化泵的吸入性能,严重时会产生气穴现象,故不易采用。

2.回流调节法

通过开大或关小回流阀,实现调节主管路流量的方法,称为回流调节。

如图 2-5-19 所示为离心泵回流调节的装置特性。由图可见,泵的特性曲线为 $A_1A'A$,主管路 1 的特性曲线为 R_1,回流管路 2 的特性曲线为 R_2。当回流阀全关时,泵只向主管路供水,泵

的工况点为 A_1，流量和扬程分别为 Q_1 和 H_1。当回流阀开启后，泵以同样的扬程同时向主管路和回流管路供水，而主管路和回流管路组成的并联管路的总流量等于每条管路在该扬程下的流量之和。因此，曲线 R_1 和 R_2 按照在同样扬程下流量横向相加的办法即可得到总的并联管路特性曲线 R。曲线 R 和泵特性曲线的交点 A，就是回流阀开启后的工况点，即离心泵回流调节时的工况点。这时，泵的扬程由 H_1 降为 H_A，流量由 Q_1 增加为 Q_A，但主管路的流量却由 Q_1 减为 Q_3，其中，$Q_A-Q_3=Q_4$ 的流量则经回流管返回泵的吸入侧。

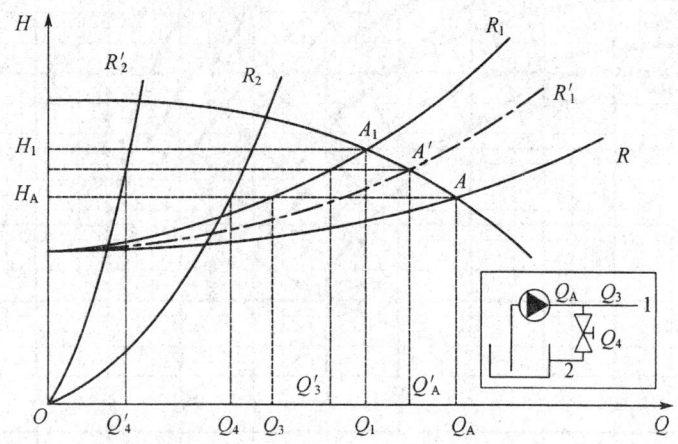

图 2-5-19 离心泵回流调节的装置特性

关小回流阀，回流管的特性曲线变陡为 R'_2，并联管路特性曲线变为 R'，工况点移至 A'，泵的流量由 Q_A 减为 Q'_A，回流量相应由 Q_4 减为 Q'_4，主管路流量则由 Q_3 增为 Q'_3。相反，若开大回流阀，主管路的流量则减小。

回流调节法经济性很差，因为在开大回流阀减少主管路流量时，泵的流量和轴功率反而增加，相当部分功率浪费于液体回流的阻力损失上了。而且随着泵流量增大，允许吸入真空度降低，而实际吸入真空度却增大，使泵的吸入性能恶化。因此在船上很少被采用。

3. 变速调节法

通过调节泵的转速来改变泵的特性而实现的工况调节，称为变速调节。

输送同一介质的离心泵当转速由 n 变为 n' 时，如转速变化不大，则效率的变化可忽略不计。同时，转速变化前后的 Q、H 和 P 符合以下比例定律：

$$\frac{Q}{Q'}=\frac{n}{n'}; \quad \frac{H}{H'}=\left(\frac{n}{n'}\right)^2; \quad \frac{P}{P'}=\left(\frac{n}{n'}\right)^3 \tag{2-5-6}$$

根据比例定律可做出泵在转速 n' 时的特性曲线。而转速变化较大时比例定律误差较大，变速后的特性曲线应按实验数据绘制。若将泵在不同转速下的特性曲线画在同一个坐标图上，并将各等效率点连成曲线，即可得到离心泵的通用特性曲线，如图 2-5-20 所示。

若将离心泵所在的管路特性曲线画在泵的通用特性曲线图上，即可得到泵在该管路中变速后的实际性能参数。并且管路的静压头越低，变速前后的效率变化越小。

变速调节能在较大转速范围内保持较高的效率，经济性比节流调节、回流调节都好，而且降速不会恶化泵的吸入性能。随着变频电动机的推广，变速调节在船上的应用局限性变小。但是，转速增加将使泵的功率和排出压力增大，气蚀性能降低，若超过额定转速使用，必须征得制造厂家的同意。

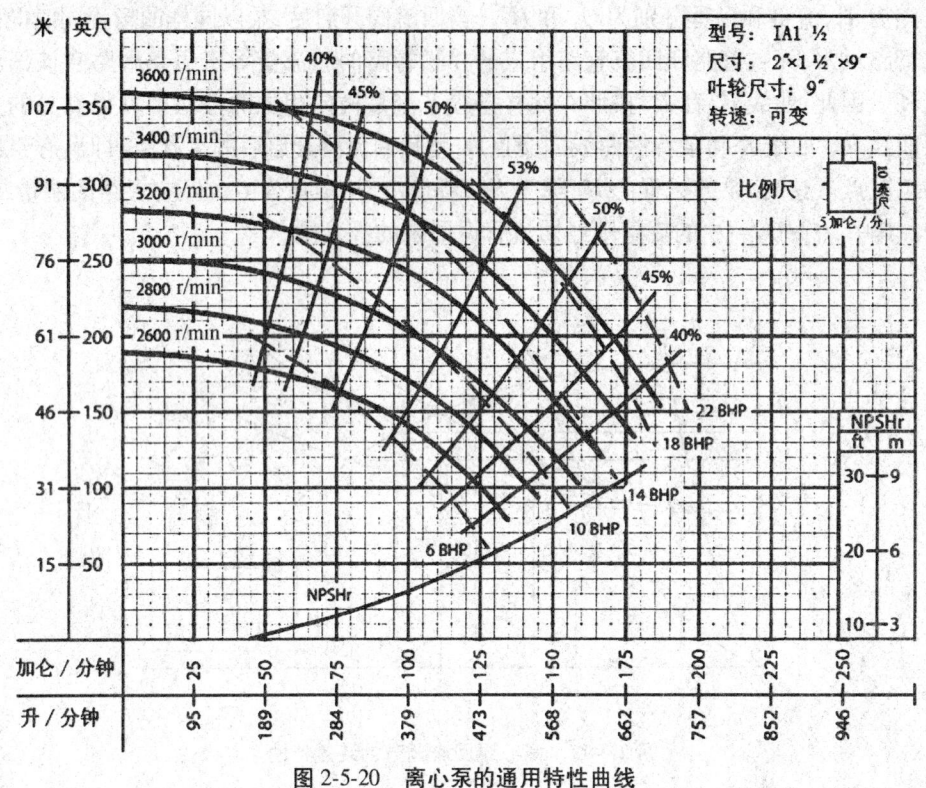

图 2-5-20 离心泵的通用特性曲线

七、离心泵的串、并联工作

1.离心泵的并联工作

一台离心泵单独工作流量不能满足系统要求时,可将两台或多台泵并联使用,以增加流量。如图 2-5-21 所示为离心泵并联工作的装置特性,H_1、H_2 分别为两台相同的离心泵的扬程特性曲线,将两者按照在各扬程时的流量横向相加的方法即可得到两台泵并联后的扬程特性曲线 H。点 A_1、A_2 及 A 则为管路特性曲线 R 与两台泵单独工作时及两台泵并联工作时的配合工况点。由图 2-5-21 可见,两台泵并联工作时的总流量 $Q_{并联} = Q_1 + Q_2$ 比两台泵单独工作时的流量 Q_A 大,但却小于两台泵单独工作时的流量之和,即 $Q_{并联} < 2Q_A$。这是因为并联时管路流量增大,流阻增加,扬程 H_A 比两台泵单独工作时的扬程 H_{A1}、H_{A2} 都高,并联后每台泵的流量 Q_1、Q_2 都比单独工作时的流量 Q_A 都小的原因。

应该指出,如果管路静压较高、阻力较大,特性曲线较高、较陡(如图 2-5-21 中曲线 R' 所示),其与两台泵单独配合工作时的扬程高于额定扬程较多,则两台泵并联后的流量增加不会太多,且效率偏低。同时,若该管路与其中一台泵配合工作时的扬程大于等于另一台泵的最高扬程,则两台泵并联后,扬程较低的泵会不排液或发生倒灌(排出管不设止回阀)。因此,泵并联运行时最好选用扬程相近或相等的泵,管路也以静压较低、阻力较小(特性曲线较平)为宜。

2.离心泵的串联工作

一台离心泵单独工作,扬程接近关闭扬程,使流量很小,或泵的最大扬程小于管路静压使泵无法供液,可将两台或几台泵串联工作。如图 2-5-22 所示为离心泵串联工作的装置特性,H_1、H_2 分别为两台离心泵的扬程特性曲线,将两者按照在各流量时的扬程纵向相加的方法即

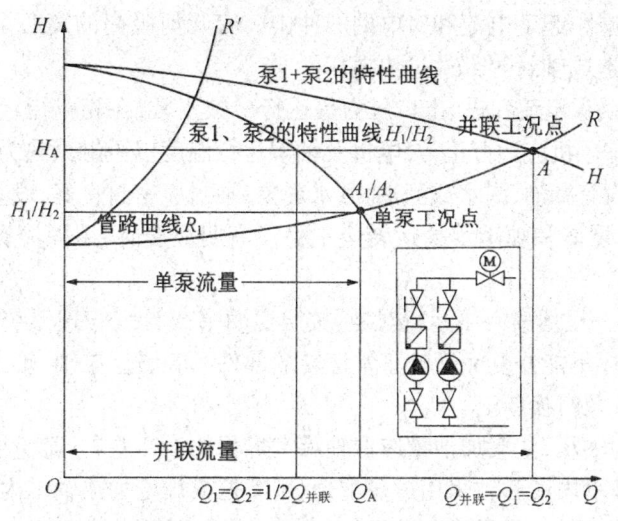

图 2-5-21　离心泵并联工作的装置特性

可得到两台泵串联后的扬程特性曲线 H。点 A_1、A_2 及 A 则为管路特性曲线 R 与两台泵单独工作时及两台泵串联工作时的配合工况点。由图 2-5-22 可见,两台泵串联后的总扬程 H_A 比两台泵单独工作时的扬程 H_{A1}、H_{A2} 大,但 $H_A < H_{A1} + H_{A2}$,这是因为串联后泵的流量比两台泵单独工作时的流量都增大,各串联泵的扬程 H'_{A1}、H'_{A2} 皆比单独工作时的扬程 H_{A1}、H_{A2} 都低的原因。

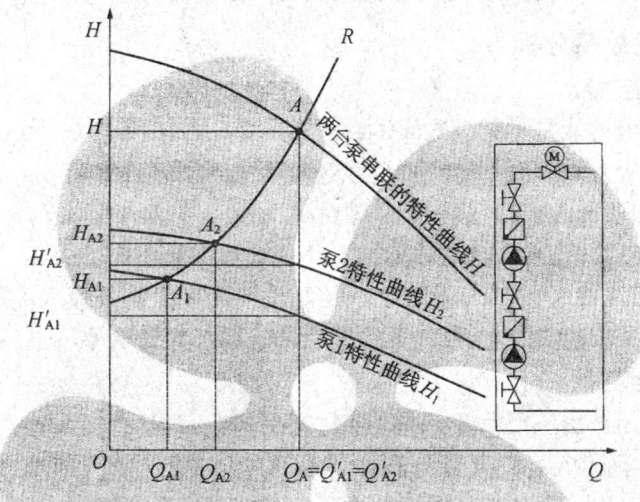

图 2-5-22　离心泵串联工作的装置特性

串联时,各泵的型号不一定要相同,但其额定流量应相近;否则就不能使串联各泵都在高效区工作。另外,串联在后面的泵其吸、排压力都比单独工作时高,需注意其密封和强度应达到要求。

八、离心泵的使用管理及维护

1.离心泵的使用维护要点

(1)运转前——检查电机接线确认正常;清除泵周围异物;对新装、长时间停用或检修后初次使用的泵,手动转动,消除卡阻、过紧、松紧不均或不正常声响等异常现象;并确认轴承润滑剂正常。

(2)起动——开启进、出口阀,小功率离心泵可直接起动,大功率离心泵最好采用关闭排出阀的封闭起动,以减小起动电流和对电网的冲击。有几何吸高的离心泵要保证起动过程中自吸成功,避免干转造成轴封等部件过快损坏。

(3)运转中——确保电流和进、出口压力等运行参数正常,在相应指示仪表上做好记号,以便比较分析;电机冷却风机应运行正常,电机及轴承运行温度以手触微热为宜;油或水润滑的轴承润滑通路应正常,没有漏油、漏水或溅油、溅水现象;轴封应密封良好,设有填料函的水封管水流应畅通;手摸电机、泵体和轴承等处运转应平稳没有明显震感,用探棒探听没有明显的异常声响。

(4)日常维护——根据离心泵运行时数,按照说明书或计划管理系统 PMS 的要求做好检修保养工作,发现损坏不能修复而影响正常运转的部件,如叶轮、泵轴、轴承、轴封、联轴节橡胶弹性垫及密封环等要及时换新。

用润滑脂润滑的轴承,注意加油量应占轴承室容积的 1/2 左右,避免加油过多引起轴承过热,油脂溶化丧失;轴承内圈和轴采用过盈配合,用喷枪或焊枪加热轴承内圈,或在油里加热轴承,可轻松完成安装或拆卸,尽量避免因机械打击而造成损坏;装有两只止推轴承的立式泵,其轴承要"背靠背"安装,以分别承受向下和向上的轴向力,并实现良好的轴向定位。

船舶在污染严重、水中杂物较多的河道等水域时,加强对冷却海水泵的巡视,勤洗海水总管及泵吸入滤器,避免泵轮淤塞。

根据船舶各离心泵的运行状况,对轴封、轴承等易损件储备必要的原厂备件。同时,换下来的旧件要分类存好,以备备件不足等紧急情况时拆分使用。

2.离心泵常见故障分析

(1)起动后不能供液

离心泵不能供液可能是不能吸入液体或不能排出液体,具体有以下几种情况:

①离心泵高于吸入液面而不能产生足够的真空度,无法吸上液体

原因可能是:自吸装置故障;吸入管或轴封漏气;吸入管露出液面。

②吸入真空度已大于"允许吸上真空度",仍无法吸入液体

原因可能有:吸高过大;从真空容器吸入的泵流注高度太小或吸入液面真空度过大;吸入滤器堵塞使吸入管流阻过大;吸入阀未开等原因造成的吸入管堵塞不通;吸入液体温度过高,使"允许吸上真空度"过小。

③泵产生的封闭排出压力太低,无法排液

泵已产生排压但不够高,小于管路静压,液体无法排出。原因可能有:叶轮松脱、淤塞或严重损坏;密封环间隙过大;转速太低或转向弄反。

④封闭排压正常,管路背压太高,无法排液

原因可能是:排出液面压力太大或排出阀未开(例如闸板阀与阀杆脱落),造成管路静压太大;另一台并联泵扬程过高。

(2)流量不足

由装置特性可知,泵的扬程特性曲线降低或管路特性曲线变陡或上移,都会使流量减小。原因可能有:排出高度或排出液面压力增大使管路静压升高;排出管阻力变大;泵转速不够;密封环磨损使内部漏泄加大;叶轮破损或淤塞;吸入管或轴封漏气;液体温度高使泵发生气蚀;转向弄反等。

(3)电机过载

电动离心泵过载时,过电流保护设备会因电流过大而自动断电停车。原因可能有:电动机轴

承或离心泵轴承损坏;泵轴弯曲使叶轮擦碰;叶轮中缠绕塑料袋等杂物;联轴节对中不良使轴承径向负荷加大;双吸叶轮装反,后弯叶片变成了前弯叶片,使泵负荷加大;电动机缺相运转等。

(4) 运转时振动过大和产生异常声响

离心泵振动和噪声异常的原因可分为机械方面和液体方面两类。

① 机械方面原因

叶轮局部腐蚀、磨损或淤塞使动平衡破坏;泵轴弯曲、电动机或泵轴承损坏、叶轮与密封环擦碰;地脚螺栓松动、底座刚度不足而与泵发生共振;联轴节对中不良;管路连接松动。

② 液体方面的原因

液体噪声通常是由于泵的吸入性能恶化发生气蚀现象引起的。可能原因有:吸入管较细与设计不符;吸入管因生长海生物太多变细;吸入滤器脏堵;吸入阀不能完全开启有节流;管路阻力变小使泵流量变大,偏离额定流量太多;被排液体温度较高等。

九、离心泵在货油系统中的应用

离心泵因结构简单、运转平稳、流量范围很大,被广泛用作油船、化学品船等液货船的液货泵。在运输单一油品的油船上,每舱货油由装在泵舱的液货泵卸出,每舱有吸入支管连到液货泵的吸入总管上,液货泵由蒸汽透平或电动机驱动。在运输多种液货的化学品船上,每舱底部常装有由油马达或长轴驱动的独立货泵,如图 2-5-23 所示为液压深井泵。

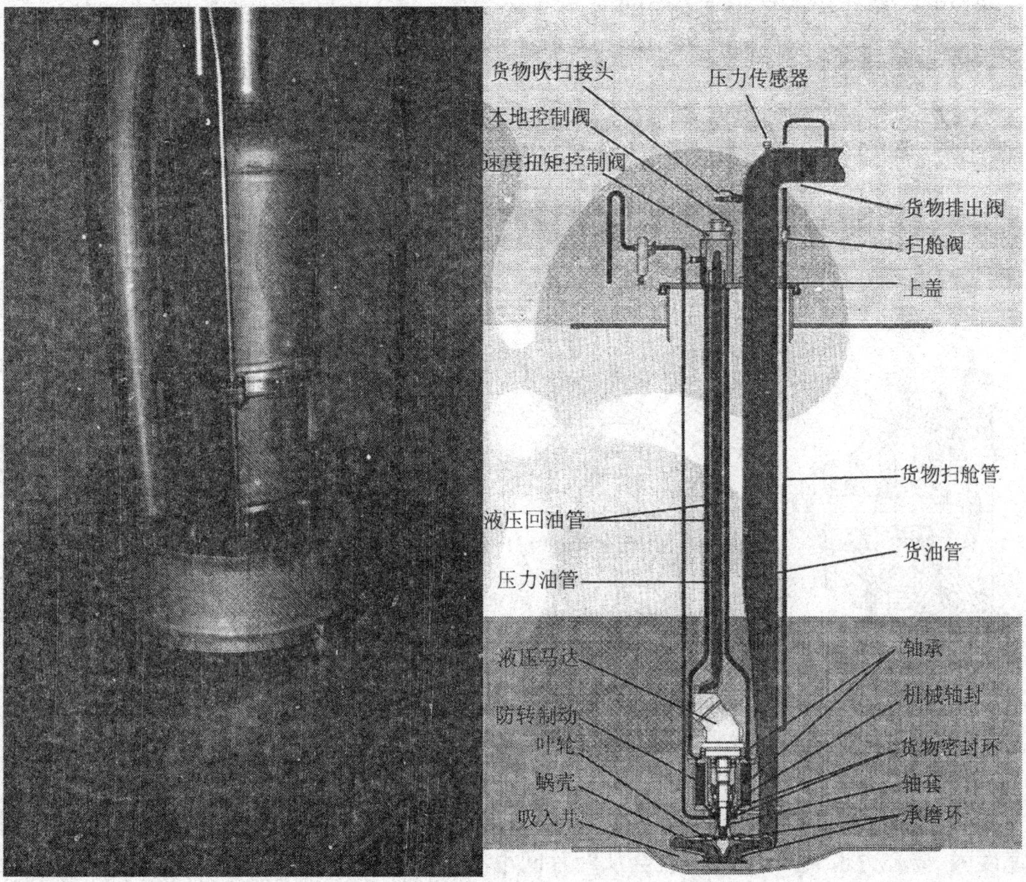

图 2-5-23 液压深井泵

在油马达驱动的液货泵中,油马达和货泵的连接轴之间设有一个干隔腔,可有效防止液压油漏泄污染液货或液货污染液压油。使用管理中每天(尤其是载货期间)要用压缩空气通过外接管吹扫干隔腔,通过另一个外接管是否有吹出物或什么吹出物来监控油马达及干隔腔的轴封状况,并视情检修。同时,液压系统的保压泵要每天 24 h 运转,保持液压系统要求的最低油压,确保液压系统不进空气及液压油不被液货污染。

对装在泵舱内的液货泵,使用管理中要加强货泵轴封的监控,如装有蒸汽清洗装置,泵起动前和停止后要按要求对轴封进行吹洗,避免起动时轴封被残留液货黏着而造成损坏。两台泵并联运行时,要保持两台泵同速运转,以免转速低的泵发生倒灌而诱发危险。

无论何种形式的液货泵,在现代液货船上通常都兼作扫舱泵使用。在扫舱阶段应严格按照说明书要求操作,确保抽真空装置的效用,尽量将液货舱清扫干净,减少货损及对海洋的污染,并杜绝燃烧爆炸等高危事故的发生。

第六节　旋涡泵

一、旋涡泵的结构和工作原理

旋涡泵亦属叶轮式泵,根据所用叶轮形式不同分为闭式旋涡泵和开式旋涡泵两类。

1.闭式旋涡泵

采用闭式叶轮的旋涡泵称为闭式旋涡泵,闭式旋涡泵典型结构如图 2-6-1 所示。具有许多径向短叶片,且叶片设有中间隔板(或端盖板)的圆盘形叶轮1,即所谓的闭式叶轮。泵体2和泵盖3以很小的间隙紧贴叶轮,而在它们与叶片相对应的部位则形成等截面的环形流道4,占据了大部分圆周,其两端顺径向外延形成吸、排口。圆周的剩余部分由泵体的隔舌6,将流道吸、排两端隔开。这种两端(或一端)直通吸、排口的流道称为开式流道。闭式旋涡泵必须配用开式流道。

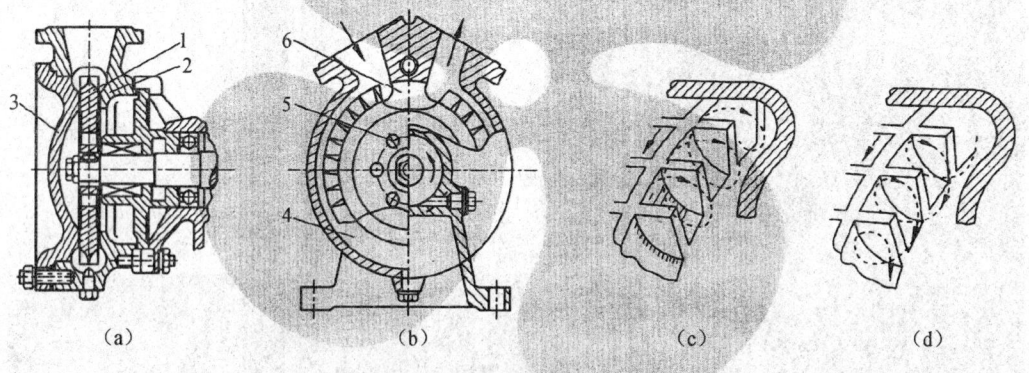

图 2-6-1　闭式旋涡泵典型结构
1—叶轮;2—泵体;3—泵盖;4—流道;5—平衡孔;6—隔舌

叶轮回转时带动泵内的液体一起回转,产生离心力。由于叶轮中液体比流道中液体的圆周速度大,离心力也大,因而液体就会从叶片间甩出,进入流道,并迫使流道中的液体产生向心流动,再次从叶片根部进入叶间,这种环形流动称为纵向漩涡。液体在叶片和环形流道中的运动轨迹就是纵向漩涡和绕泵轴的圆周运动的叠加,相对固定的泵壳来说,它是前进的螺旋线;

而相对于转动的叶轮来说,则是后退的螺旋线。这样,液体在沿流道前进直到排出为止,会多次进入叶间获取能量,宛如多级离心泵一样。

旋涡泵中液体的纵向漩涡运动越强,液体质点进入叶轮的次数就越多,泵所能产生的扬程就越高。纵向漩涡的强弱既取决于叶轮内液体和流道内液体的离心力之差,也与纵向漩涡的流动阻力有关,即与叶片和流道的形状及叶片的数目有关。

闭式旋涡泵液流在入口处是从叶轮外缘进入叶间,该处圆周速度较大,液流情况复杂,故闭式旋涡泵气蚀性能差,必需气蚀余量较大。此外,若泵吸入气体,则因气体密度小会聚在叶片根部,转到流道出口时不易排出,又会经过隔舌被带回吸入端,故闭式旋涡泵一般不能抽送气液混合物,也无自吸能力。要使闭式旋涡泵能够自吸,必须在排出端设底部有回液口的气液分离室,让分离室中的液体挤入排出端叶片的根部驱赶气体,然后被带回吸入端重新裹携气体。

闭式旋涡泵多为单级或二级。

2. 开式旋涡泵

采用开式叶轮的旋涡泵称为开式旋涡泵,开式旋涡泵结构如图 2-6-2 所示。所谓开式叶轮是指叶片不带中间隔板或端盖板的叶轮,其叶片较长。

如图 2-6-2(a)所示为带闭式流道的开式旋涡泵。闭式流道是指流道两端不直接通吸、排口,吸、排口是开在侧盖靠叶片根部处。这样,在液流进入叶轮处叶片的圆周速度较小,气蚀性能比闭式旋涡泵好。采用闭式流道的开式旋涡泵只要吸、排口朝上,并在初次起动前向泵内灌满液体,就具有自吸和抽送气液混合物的能力。这是因为在流道起始部分,液体在离心力作用下从叶间甩入流道后,叶间就会形成真空,从吸入管吸入气体。随着叶轮回转,越靠近排口液体压力越大,密度较小的气体被压缩在叶片根部,体积不断缩小;由于泵的排口是开在流道尽头靠近叶片根部处,故液体到流道尽头时会变为向心流动,将叶间气体从排口挤出。采用闭式流道虽然能排送气体,使泵具备自吸能力,但因液体在排出端急剧改变运动方向,要克服离心力做功,故能量损失较大,采用闭式流道的旋涡泵是旋涡泵中效率最低的一种。

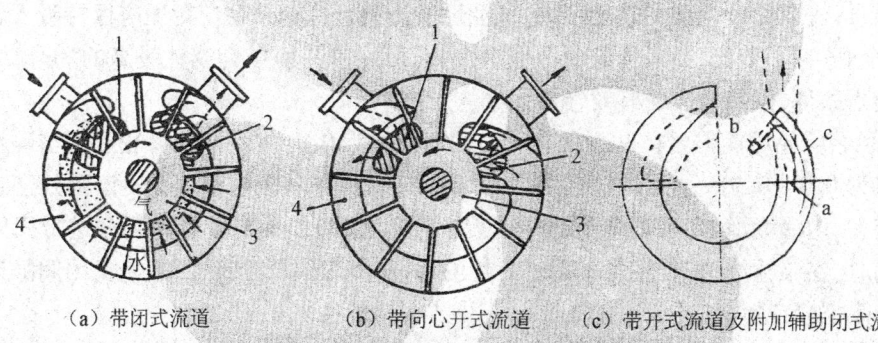

（a）带闭式流道　　　（b）带向心开式流道　　（c）带开式流道及附加辅助闭式流道

图 2-6-2　开式旋涡泵结构

1—吸口;2—排口;3—叶轮;4—流道

开式旋涡泵也可以采用吸入端为闭式、排出端为普通开式的流道,以保持较高的效率,但这会使它失去自吸能力。为了既保持自吸能力,又尽量减少排出端的水力损失,可采用向心开式流道,如图 2-6-2(b)所示,这样,泵的效率可比上述带闭式流道的稍有提高,但仍不及闭式旋涡泵。

另外一种办法是在排出端采用开式流道并附加辅助闭式流道,如图 2-6-2(c)所示,即在主流道的排出端让大部分液体从排口 a 排出,而使其余的一部分液体进入辅助闭式流道 c,以便让这部分液体能够在辅助流道的末端进入叶片间,把气体从泵体侧面与压出室相通的气体压出口 b 排出。

开式旋涡泵可做成单级,也可做成径向剖分的分段式多级,最多可至 6 级。

二、旋涡泵的管理及维护

旋涡泵和离心泵一样都属于叶轮式泵,它们有许多共同的特点。如转速高;流量连续、均匀,工作平稳;结构简单,重量轻,体积小,易损件少,制造和维修方便;流量随工作扬程而变;所能产生的扬程和叶轮直径与转速的平方成正比,一般不设安全阀。旋涡泵的日常使用维护管理可参照离心泵执行。

但旋涡泵的结构和工作原理与离心泵有较大差异,也具有一些不同于离心泵的特点,管理中,下述内容也需特别注意。

(1) 旋涡泵流道截面积小,液体能多次进入叶轮反复获得能量,在叶轮直径、转速和级数相同时,能得到几倍于离心泵的扬程。另外,旋涡泵工作中液体多次进、出叶轮,撞击损失很大,效率很低、小于 50%,输送黏度过大的液体时水力损失加重,使效率更低,故在选用时注意其仅适用于流量较小、扬程较高、功率较小,且输送液体黏度较低的场合。

(2) 旋涡泵具有陡降的扬程特性,工作扬程变化时流量变化较小,流量调节不宜采用节流调节,不能变速调节时,用回流调节较为经济。

(3) 旋涡泵流量增大时扬程下降很快,功率随流量增大而下降,封闭起动消耗功率最大,应打开排出阀起动。

(4) 开式旋涡泵和出口设气液分离室的闭式旋涡泵虽有自吸能力,但其自吸原理不同于容积式泵,起动前泵内必须灌满液体;否则自吸不但不能成功,干摩擦还会使轴封等易损件过快损坏。

(5) 液流进入旋涡泵叶片时冲角较大,液流紊乱,速度分布极不均匀,气蚀性能较差,特别是闭式旋涡泵,进口处叶轮圆周速度很大,气蚀性能更差。旋涡泵在使用中应保持吸入滤器清洁,吸入阀全开、减小节流,吸入管避免海生物生长,最好使其用在有流柱吸高的场合,为其创造良好的吸入条件,保持较大的有效气蚀余量。

(6) 旋涡泵叶轮端面与泵体和泵盖之间的轴向间隙为 0.1~0.15 mm,叶轮外圆与隔舌之间的径向间隙为 0.15~0.30 mm,都很小。旋涡泵如输送带固体颗粒的液体会使该两处密封间隙很快磨损变大,内漏泄增加,容积效率迅速降低。因此,使用中不要让旋涡泵输送带固体颗粒的液体。同时,在泵检修时,要注意泵盖密封垫的厚度,最好用原厂密封垫,避免因间隙过大或过小造成效率下降或擦碰。

(7) 旋涡泵在工作中产生的不平衡径向力一般全部由轴承承受。日常检修中需注意其效能,必要时应及时换新。

(8) 旋涡泵可以和离心泵组成离心旋涡泵。第一级采用离心叶轮,第二级采用旋涡叶轮。离心叶轮必需气蚀余量小的长处弥补了旋涡泵气蚀性能差的缺点,同时也发挥了旋涡叶轮扬程相对较高和便于自吸的优点。这种泵的特性曲线较陡,在扬程变化时流量波动较小,特别适用于向供水量不大的压力容器供水,在船上被广泛用作日用海、淡水泵。当船舶经常在江河航行或经常在浅水区作业或经常靠离码头等舷外水可能含有较多泥沙时,需加强对日用海水泵的监控,缩短检修周期。

第七节 喷射泵

喷射泵(亦称射流泵)不同于容积式泵和叶轮式泵,是靠高压的工作流体流经喷嘴后产生的高速射流来引射被吸流体,并与之进行动量交换,使被引射流体能量增加而被排送的泵。喷射泵常用的工作流体有水、蒸汽和空气,被引射流体可以是气体、液体及可以流动的固体或固液混合物。通常将工作流体或被引射流体至少有一种是气体的称为喷射器。

一、水喷射泵的结构和工作原理

船上较常见的以水为工作流体来引射水的水喷射泵,如图 2-7-1 所示,由喷嘴 1、吸入室 2、混合室 3 和扩压室 4 组成。

喷嘴将工作水的压力能转变为动能。水喷射泵的喷嘴由一段流线形或圆锥形的收缩流道和一小段圆柱形管道构成。工作水压力 p_p 通常为 $0.3 \sim 1.5$ MPa,经喷嘴射入吸入室时,由于喷嘴流道急剧收缩,流速迅速增加,出口流速 v_N 通常可达 $25 \sim 50$ m/s,而压力则相应下降到吸入压力 p_s,如图 2-7-1 中下面的压力曲线所示。

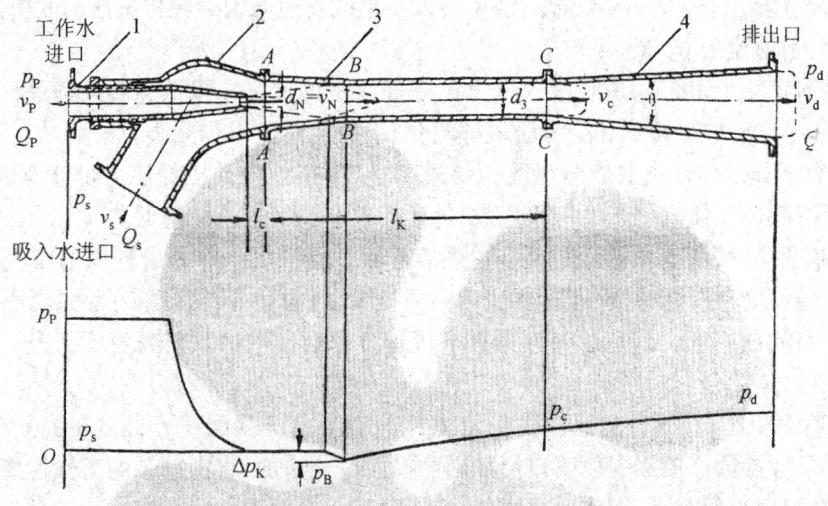

图 2-7-1　水喷射泵
1—喷嘴;2—吸入室;3—混合室;4—扩压室

工作射流在吸入室中由于流束质点的横向紊动和扩散,与周围介质进行动量交换并将其带走,使吸入室中形成低压,从而将被引射流体吸入。流束离开喷嘴后,流速为 v_N 的核心区逐渐缩小以至消失,而紊流边界层逐渐扩大,形成一个扩张的圆锥体,当其与混合室壁面相遇后,流束的引射作用便结束。

混合室入口处的流速很不均匀。混合室使流束中的流体充分进行动量交换,使出口流速尽可能趋于均匀。实验表明,进入扩压室的流体速度越均匀,在扩压室中的能量损失就越少。混合室通常做成圆柱形或者是圆锥形与圆柱形的组合形式。当混合室进口部分做成圆锥形时,其进口能量损失较小。混合室的长度 l_k 通常为其喉部直径 d_3 的 $6 \sim 10$ 倍,过短会使出口速度不均,扩压室中的流动损失就较大,过长则会使摩擦损失增加。

扩压室为一段扩张锥管,使液流在其中流速降低,将动能转换为压力能。实验证明,扩压室的扩张角为 8°~10° 时,扩压过程的能量损失最小。

如图 2-7-1 中压力曲线显示,在混合室圆柱段进口截面 $B\text{-}B$ 处压力最低,该截面后,随着速度渐趋均匀,压力也随之升高。在扩压管中压力进一步逐渐增大。

二、水喷射泵的管理及维护

从上述结构和工作原理可以看出,水喷射泵在工作中存在大量水力损失,如喷嘴损失、混合室进口损失、混合室摩擦损失和混合损失、扩压室损失等,故工作效率很低,理论上不超过 36.5%。但因其无运动件,结构简单,所以,工作可靠,噪声小,使用寿命长,一般很少需要维修。同时,在吸口可产生较大的真空,自吸能力很强;输送污浊液体或泵被水浸没时都能正常工作。

使用中,为使水喷射泵正常工作,保持其设计的引射流量或抽真空能力,还须注意以下内容:

(1)保持工作流体的压力 p_p 在适宜范围内。喷射泵的引射流量 Q_s 随扬程比 $h=(p_d-p_s)/(p_p-p_s)$ 的增大而减小,当 p_p 下降时引射流量会急剧减小。但也不要使 p_p 过分增大,因随扬程比下降,引射流量增加到一定值后将不再增加,而效率却急剧降低。工作流体一般由离心泵供给,使用中需保持离心泵的工作状况良好。

(2)要防止排出止回阀卡阻、排出截止阀未开足或其他原因导致排出压力 p_d 增大,而使扬程比 h 增大,引射流量 Q_s 减小。

(3)保持吸入通道畅通,避免吸入压力 p_s 不正常的降低。p_s 降低也会使扬程比 h 增大,引射流量 Q_s 减小。p_s 过分降低还会导致液体气化、引射流量进一步减小。

(4)注意工作液体或引射液体温度不要过高,以免在泵内低压处压力低于液温所对应的饱和压力而使液体大量汽化产生气穴现象,进而使效率和引射流量降低。

(5)喉嘴距 l_c(喷嘴出口截面距混合室进口截面 $A\text{-}A$ 的距离)的最佳值通常由试验确定,拆装时不宜随便变动。同时,检修时要注意保证喷嘴、混合室和扩压管三者的同心度,尤其是喷嘴和混合室的同心度。l_c 增大、减小或同心度偏离都会使喷射泵偏离设计工况,能量损失增加、效率降低。

(6)喉嘴面积比 m(混合室圆柱段截面积 f_3 与喷嘴出口截面积 f_1 之比)是影响喷射泵性能的最重要尺寸参数。使用中喷嘴口径如因磨损而过分增加,将影响泵的工作性能,使工作流体耗量增加,引射流量减小,工作效率降低,必要时应予换新。

三、其他船用喷射器

除水喷射泵外,船上常用的还有水射抽气器、蒸汽喷射器和空气喷射器等。

1.水射抽气器

水射抽气器常以 0.25~0.4 MPa 的压力水为工作流体,用来抽除空气或空气与水蒸气的混合物。水射抽气器用来产生真空时,亦称水射真空泵,与水喷射泵的原理和结构类似。水射抽气器的工作流体和被引射流体的密度相差悬殊,为提高被引射气体的质量流量,水射抽气器可设计成多喷嘴(喷嘴数可达 12~18 个)的型式,以增加工作水与吸入气体的接触面积,如图 2-7-2 所示为多喷嘴式水射抽气器。

水射抽气器的工作水与所吸空气接触时,将会蒸发出水蒸气,使实际的抽气量和所能达到的真空度降低。工作水温越高,水蒸气的饱和分压力就越大,泵的实际抽气量和所能达到的真空度也就越低。水射抽气器抽吸蒸汽和空气的混合物时,由于水流和蒸汽之间的换热强度较大,可使绝大部分蒸汽凝结成水,因而抽气量会明显增大。当水射抽气器抽吸纯蒸汽时,其流量比抽吸干空气时约大 10 倍。

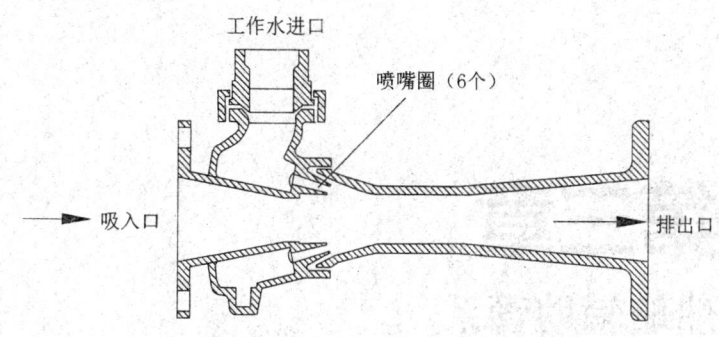

图 2-7-2　多喷嘴式水射抽气器

2. 蒸汽喷射器和空气喷射器

蒸汽喷射器一般用有 10~20 ℃ 过热度、压力为 0.4~1.0 MPa 的蒸汽作为工作蒸汽,因为工作蒸汽含水会使喷射器工作不稳定。在设有大型锅炉的船上,蒸汽的来源比较方便,故蒸汽喷射器被广泛作为船舶蒸汽动力装置冷凝器的抽气器。它可以使冷凝器中的绝对压力保持在 0.03~0.10 atm。

蒸汽喷射器也可以用来抽水。在使用蒸汽射水器时,工作蒸汽与被抽吸的水应具有足够的温差,以使从喷嘴流出的高速蒸汽能在进入喉管前就全部凝结在所吸入的水中,从而使吸水流量增大。蒸汽射水器用于既吸水又加热水的场合比较经济。

用压缩空气作为喷射器工作流体的空气喷射器在船上可作为离心泵的自吸装置。作为水泥船装卸货设备的空气喷射器需用大量的压缩空气,空压机和空气的管理非常重要,尤其是空气的净化除水。

气体喷射器与液体喷射泵不同的是喷嘴都做成缩放形的拉伐尔喷嘴,以便能在较大的压降下使喷嘴出口的工作气流速度达到超声速。

第三章 船舶辅助管系

第一节 管系的基本知识

船舶管系是船上用于循环、装载和排放液体、蒸汽和气体的管道,是配件、机构、仪器和其他设备的总称。船舶管系是残液、压载水、消防水、生活污水、热水和蒸汽、通风和压缩空气等运输的管道。一艘船总共包含大约80个单独的管系。系统中的泵、鼓风机和其他机构可以由船上的主动力系统或辅助动力系统或单个电动机提供动力。管道中的工作压力可能高达每平方米 15~20 MPa,管道直径范围为 3~5 mm 至 1 m 甚至更大。

一、船舶管系分类

船上的管路纵横交错,遍布全船,概括起来,可将船舶管系分为三种类型:第一类,动力管系,主要包括燃油系统、滑油系统、冷却系统、压缩空气系统、排气系统;第二类,船舶辅助管系,主要包括压载水系统、舱底水系统、消防系统、日用水系统、通风系统、蒸汽系统等;第三类,特种船舶专用系统,如液货装卸系统、洗舱系统、液货加热系统等。

船舶管系根据设计压力和设计温度分为3级,如表3-1-1所示为管系等级。

表 3-1-1 管系等级

管 系	I		II		III	
	设计压力 (MPa)	设计温度 (℃)	设计压力 (MPa)	设计温度 (℃)	设计压力 (MPa)	设计温度 (℃)
	大于		不大于		不大于	
蒸汽	1.6	300	1.6	300	0.7	170
热油	1.6	300	1.6	300	0.7	150
燃油、滑油、可燃液压油	1.6	150	1.6	150	0.7	60
其他介质	4.0	300	4.0	300	1.6	200

注:

①当管系的设计压力和设计温度其中一个参数达到表中Ⅰ级规定时,既定为Ⅰ级管系;当设计压力和设计温度其中一个达到表中Ⅱ级规定时,既定为Ⅱ级管系;两个参数均未达到表中Ⅲ级规定时,既定为Ⅲ级管系;

②其他介质是指空气、水和不可燃液压油等;

③不受压的开式管路如泄水管、溢流管、排气管、透气管和锅炉放气管等也为Ⅲ级管系。

二、管路材料

1.管子材料

（1）碳钢和低合金钢

船用管子材料的选择应根据船舶管系用途、介质种类和设计参数而定,船舶管路绝大多数采用钢质管。根据钢管的制造工艺,钢管可分为无缝钢管和有缝钢管,其中根据材质可粗略分为碳素钢管和不锈钢管。其中钢管根据用途可选用不同系列、通径、壁厚。用于Ⅰ级和Ⅱ级管系的管子,应为无缝钢管或船级社认可的焊接工艺而制造的焊接管。碳钢和碳锰钢钢管、阀件和附件一般不能用于流体温度超过400℃的管系。

（2）铜及铜合金

铜及铜合金管抗腐蚀性能好,特别适合作为海水管。其缺点是价格较贵,一般商船不会大量选用。Ⅰ级和Ⅱ级管系中所使用的铜和铜合金管应为无缝管,Ⅲ级管系所用的铜和铜合金材料,应根据接受的标准进行制造和试验。铜和铜合金管、阀件和附件使用温度一般应不超过下列规定:铜和铝黄铜为200℃;铜镍合金为300℃;适合高温用途的特殊青铜为260℃。

（3）灰铸铁

灰铸铁管、阀和附件一般不用于Ⅰ级和Ⅱ级管系,但设计压力和设计温度分别不超过1.3 MPa和220℃的Ⅱ级蒸汽管系的阀件和附件可采用灰铸铁材料。灰铸铁管、阀和附件可用于Ⅲ级管系及油船货油舱内的货油管路。但不可用于:

①油船露天甲板上压力大于1.6 MPa的货油管;

②承受压力冲击,过大应力和振动的管路;

③舷旁阀和海水箱上的阀;

④安装在防撞舱壁上的阀;

⑤燃油舱柜外壁受静压的阀;

⑥锅炉排污管路;

⑦蒸汽管、消防水管、舱底水管和压载水管。

（4）塑料

船用塑料管具有耐冲击、耐腐蚀、重量轻等优点,但其耐温和耐火性较差,船上所用塑料管应根据其化学成分、机械性能和耐温极限选取。塑料管一般不用于介质温度高于60℃或低于0℃的管系。使用场合如疏排水管、部分生活污水管等。船上所用塑料管的设计、制造、使用应符合规范规定。

2.密封材料

（1）对密封材料的要求

密封材料的功能是阻止漏泄。密封材料应满足密封功能的要求,由于被密封的介质不同,以及工作条件不同,要求密封材料具有不同的适应性。对密封材料的一般要求是:

①材料致密性好,不易泄漏介质;

②有适当的机械强度和硬度;
③压缩性和回弹性好,永久变形小;
④高温下不软化、不分解,低温下不硬化、不脆裂;
⑤抗腐蚀性好,在酸、碱、油等介质中能长期工作,其体积和硬度变化小,且不黏附在金属表面上;
⑥具有与密封面贴合的柔软性。

(2) 常用密封材料的种类

常用密封形式有垫密封、胶密封、填料密封、波纹管密封等。其中垫密封广泛用于液体和气体管路的连接部位。传统的石棉垫片由于对环境的污染和人体危害现已禁用,由矿棉、陶瓷棉等材料取代。另一类为橡胶垫片,根据化学成分的不同,有芳纶耐油橡胶垫(适用于燃油、滑油、海水、淡水、饮用水、空气、烟和惰性气体,温度不高于350 ℃的蒸汽及温度不高于150 ℃的热油)、丁腈橡胶(适用于矿物油、汽油、苯)、氯丁橡胶(适用于空气、水、氧)、聚氨酯橡胶(适用于水、油)等。除橡胶垫片外,还有纸垫片、皮垫片、塑料垫片、金属包覆垫片、金属平垫片等。

(3) 密封垫片的选用原则

管路密封垫片应根据工作压力、工作温度、密封介质的腐蚀性及结合密封面的形式来选用。

①在常温、低压下选用非金属软密封垫;
②中压高温时,选用金属与非金属组合密封垫或金属密封垫;
③在温度、压力有较大波动时,选用弹性好的或自紧式密封垫;
④在低温、腐蚀性介质或真空条件下,应考虑密封垫的特殊性能。

三、船舶管系识别

为了便于管理人员识别各种管路所输送的工质和流向,管路外表通常按系统作用不同涂有不同颜色的油漆予以标识,如表3-1-2 所示为管路识别。

表 3-1-2 管路识别

管路	颜色
燃油管路	棕色
滑油管路	黄色
海水管路	绿色
淡水管路	灰色
压缩空气管路	浅蓝色
消防管路	红色
舱底水管路	黑色
蒸汽管路	银白色

透气、测量和溢流管路则依其介质而定。但是不同的国家可能略有差异,故应以船上的标志说明为准。管路上还有用标志颜色表示介质流向的箭头符号。

四、常用阀门

在船舶管路中装有各式各样的阀门,以控制管路中介质的流量和流向,或者切断介质的流动。根据其结构特点的不同,可以分为以下几种:

1. 截止阀

截止阀是一种最普通的阀,用来将管路中的一段与另一段隔开。船用截止阀按连接形式分为法兰连接、外螺纹连接、内螺纹连接和胶管连接。截止阀可用于海水、淡水、燃油及温度小于 225 ℃ 的蒸汽管路。截止阀按结构可分为直通式和直角式。直通式截止阀结构如图 3-1-1 所示。截止阀由阀体、阀杆、阀盖和阀座等组成。逆时针方向转动阀杆,手轮上升,阀开启,介质自阀盘下方进入,经阀盘与密封座之间的通道向上流出。若顺时针方向转动阀杆,使阀盘与阀座紧密接触,阀关闭,从而截断介质流动。安装截止阀时应严格按阀上标明的流动方向的箭头安装,如果标志不清可按"低进高出"的原则判断。如果截止阀反向安装,工作介质依然可以流通,不过管路阻力较正向流动要大很多。

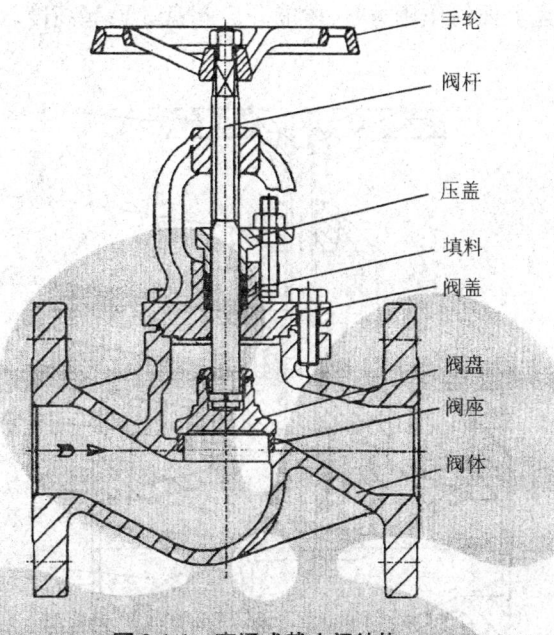

图 3-1-1 直通式截止阀结构

2. 止回阀

止回阀又简称单向阀,它使介质只能沿一个方向流动而不能倒流,分为升降式和旋转式两种,前者在船上应用较多,升降式止回阀结构如图 3-1-2 所示。止回阀由阀体、阀盖、阀盘、阀座和弹簧等组成。当介质自阀盘下面向上流动时,可以顶开阀盘,经阀盘与阀座之间的通道流出。若阀盘下面的介质停止向上流动,则阀盘将在自身重力和弹簧弹力的作用下落座,阀盘与阀座之间的通道关闭。阀盘上面的介质压紧阀盘和阀座,故不能倒流。

一般而言,尺寸较小的止回阀需要设置弹簧。而尺寸较大的止回阀,由于阀盘足够重,一般没有弹簧,仅靠阀盘自重关闭。由于阀盘靠重力落座,止回阀需要直立安装在管路上。

3. 截止止回阀

截止止回阀是截止阀和止回阀的组合阀门,具有截止和阻止介质逆向流动的双重作用。

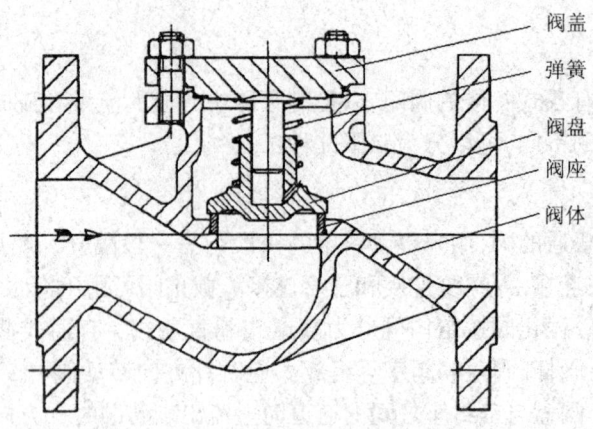

图 3-1-2 升降式止回阀结构

截止阀一般用于泵的出口管路，以避免介质逆向流动使压力作用于泵上。截止止回阀结构如图 3-1-3 所示。截止止回阀不能强制开启阀盘，阀杆上升阀盘不能随之提升。仅当阀盘下面介质的作用力大于阀盘上面的作用力时，才能开启阀盘。顶起高度取决于阀杆上升的高度和介质的流动情况。

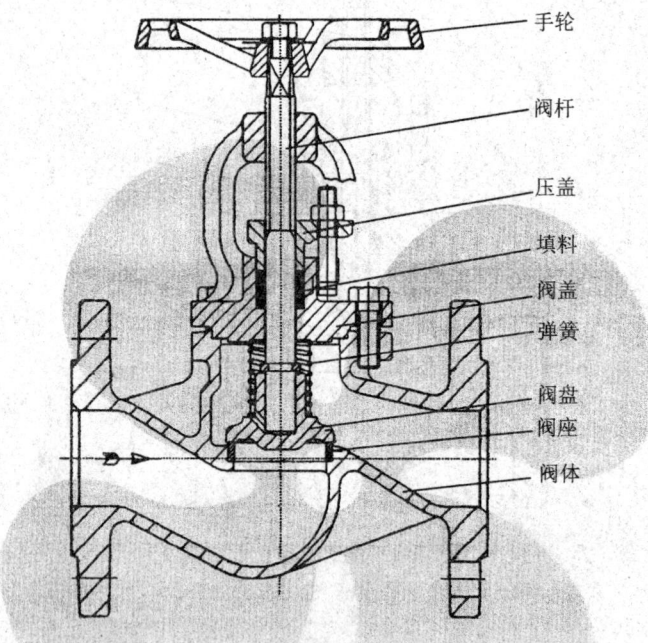

图 3-1-3 截止止回阀结构

反之，当阀盘上面的作用力(阀盘重量、弹簧弹力和介质压力)大于下面的力时，亦即当介质逆向流动时，阀盘下降而自动关闭，从而阻止介质逆向流动。转动阀杆可压紧阀盘，将阀强制关闭，从而截断介质的流动。和止回阀一样，尺寸较大的截止止回阀一般不设弹簧，也需要直立安装在管路上。

4. 闸阀

闸阀是一种截断式阀门，其阀盘为一个楔形板，开关过程中产生平移而改变开度。其作用与截止阀相同，但只能是直通式，且无节流作用。闸阀有明杆和暗杆两种形式。

明杆式是阀杆做升降运动，传动螺纹在体腔外部的闸阀；暗杆式是阀杆做旋转运动，传动螺纹在体腔内部的闸阀。明杆式工作可靠,但外形尺寸大,所以船用多为暗杆式闸阀。

如图 3-1-4 所示为暗杆式闸阀,不论开启与关闭,其高度均不改变,所以在转动手轮时无法知道内部闸板位置,需在阀的上部加设一套行程指示器。

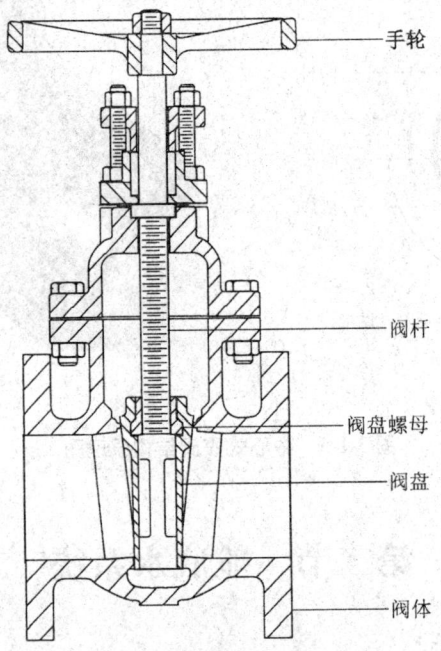

图 3-1-4　暗杆式闸阀

闸阀的作用基本与截止阀相同,由于外形尺寸大,流通截面积大,工质流动阻力小且不受流向限制,开关省力,故常用于低压大口径管路,如海水、淡水、燃油、滑油及污水管路等。

5. 蝶阀

蝶阀是启闭件(碟板)绕固定轴旋转的阀门。由于蝶阀转矩小、重量轻、尺寸小、密封性好,维修也较简便,目前蝶阀在船上已广泛应用。蝶阀的结构有偏心式和中心式。

如图 3-1-5 所示为中心式蝶阀结构原理图,其阀杆位于圆饼形阀盘的中轴线上,其阀体亦呈圆形,内有密封圈。当阀盘垂直于管路时,蝶阀为关闭状态;当阀盘平行于管路时,蝶阀为全开状态。手动蝶阀上一般都标注有 0°~90° 的角度,对应于不同的开度。在开关过程中,阀杆只是在 90° 的范围内转动,其高度保持不变。蝶阀的密封面积较大,对工作介质的洁净程度和温度有较高要求,并且不宜频繁开关;否则易导致泄漏。

在全开状态下,蝶阀对工质产生的阻力非常小;与截止阀和闸阀等相比,在通径相同时,蝶阀的重量要小很多。所以,在船上,蝶阀广泛用在低压、大流量的场合,如各种冷却系统、压载水系统、消防水系统等。

除上述常用阀件以外,管路中还有吸入阀箱、排出阀箱、旋塞、安全阀、减压阀等阀件以及滤器、泥箱(用于舱底水系统)、流量计、疏水器(用于蒸汽凝水管路)、通舱件、管子吊架等附件,在此不做详细论述。

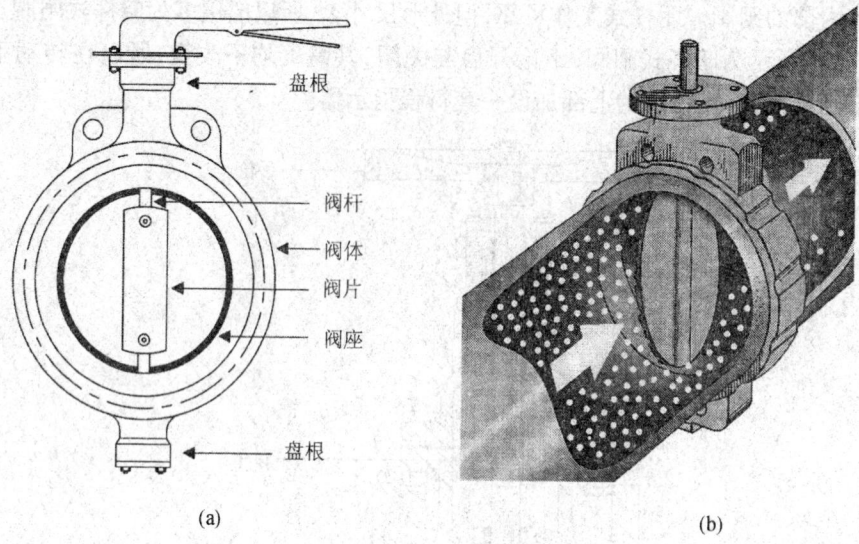

图 3-1-5　中心式蝶阀结构原理图

第二节　舱底水系统

舱底水是指机舱或货舱舱底积水,专门用于排出舱底积水的管路系统称为舱底水系统。

一、舱底积水的来源

舱底水主要来自以下几个方面:

(1)机舱内冷却水管路的海水、淡水的漏泄;蒸汽管路冷凝水的漏泄,水柜中水的漏泄和泄放;燃滑油管路、油柜及设备中油的漏泄等。

(2)艉轴填料函处的漏水。

(3)舱口流入的雨水。

(4)甲板冲洗用水。

(5)设备检修(如清洗中央冷却器)放水。

(6)货舱洗舱水。

(7)扑灭火灾用消防水。

(8)船体破损后进水。

舱底积水对船体有腐蚀作用;货舱积水会浸湿货物造成货损;机舱舱底积水会使机电设备受潮或浸水损坏,影响机器正常运转,并给管理工作带来困难。当舱底水积存过多时,将会严重地影响船舶稳性和危及航行安全。

二、舱底水系统的作用

舱底水系统的作用是及时将机舱和货舱的舱底积水排至舷外。一般而言,正常营运的船舶,机舱舱底积水量为 $1\sim10\ m^3/d$;对于 $20\sim30$ 万吨级的船舶,则可达到 $20\ m^3/d$ 左右。当船舶破损时,舱底水系统还可用于应急排出积水。货舱积水一般不含油,通常直接排放至舷外;

而机舱积水一般都含油,故需要经油水分离器进行处理,当含油量低于15ppm后方可入海。

三、对舱底水系统的要求

(1)所有船舶均应设有有效的舱底水排放装置,以便能抽除及排干任何水密舱室中的水。

(2)机器处所舱底水的排出应符合防止船舶造成水域污染的有关规定。

(3)系统中的管路应能防止舷外或自压载舱的水进入货舱或机舱,或从一舱进入另一舱的可能性。

(4)舱底水管路中的液流是单向的,只允许将舱室中积水向外排出。为防止各舱舱底水相互串通,管路中的分配阀箱、舱底水管和直通舱底水泵支管上的阀门均应为截止止回阀。

(5)舱底水泵、压载水泵、消防水泵等若互相连通时,管路应保证各泵同时工作而互不干扰。

(6)对于客船,在事故后所有实际可能的情况下,无论船舶正浮或倾斜,应能抽除并排干任一个水密分舱内的积水,但固定油舱和水舱除外。

(7)排水管系的布置应在船舶正浮或横倾不超过5°时任何舱室或水密区域内的积水至少通过一个吸口排出。为此,除在短而窄的舱室内设1个吸口即可进行有效排水外,其余舱室一般均应在两舷设置吸口。

四、舱底水系统的组成

舱底水系统一般由舱底水泵、舱底水管、舱底水吸口、阀件、吸入滤网及有关附件组成。下面以某客船为例介绍舱底水系统的组成。该系统由机舱舱底水系统和应急舱底水系统组成。

1.机舱舱底水系统

如图3-2-1所示为某船机舱舱底水系统。机舱中所产生的含油污水会自动向舱底的各污水井汇聚而形成舱底水。如污水井液位达到一定高度,可利用日用舱底泵将其中污水输送至

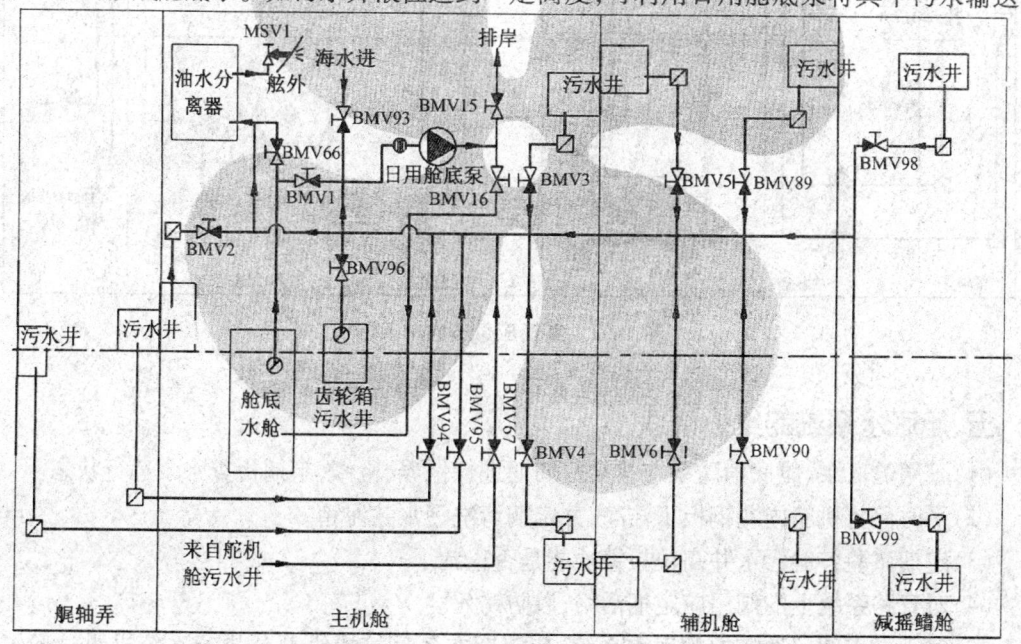

图3-2-1 某船机舱舱底水系统

容积较大的舱底水舱进行储存。在适宜的条件下，便可使用油水分离器对舱底水舱中的含油污水进行处理，然后在含油浓度不超过15ppm的情况下排放入海。

此外，油水分离器也可以直接从各污水井吸入舱底水。日用舱底泵也可以经阀BMV15将舱底水通过通岸接头排到港口接收设施，以满足某些海域不允许任何舱底水入海的要求。日用舱底泵采用的是自吸能力较强的往复泵，一般不需引水便可实现自吸。在必要的时候，也可经阀BMV93将海水引入泵腔，以提高吸入性能。

2. 应急舱底水系统

某船应急舱底水系统如图3-2-2所示。舱底泵和No.1/No.2舱底消防总用泵均可以将舱底水直接排送到舷外。舱底泵为自吸离心泵，采用的是空气喷射器自吸装置。No.1/No.2舱底消防总用泵还可以作为消防泵，向消防总管提供足够压力的海水。两台舱底消防总用泵结构完全相同，为两级自吸离心泵（采用了水环泵自吸装置）。其中，第一级用于泵送舱底水，出口通往舷外；第一、二级串联后泵送消防水，出口通往消防总管。系统中各阀大部分是电、液遥控蝶阀，可以在驾驶台或集控室控制站进行遥控操作。

机舱之外的健身房、测深仪舱等处的舱底水可以通过本系统排出舷外，但机舱舱底水不能随意通过本系统入海，只有在因船体或管路破损而导致机舱大量积水时，才允许通过本系统向舷外应急排水。

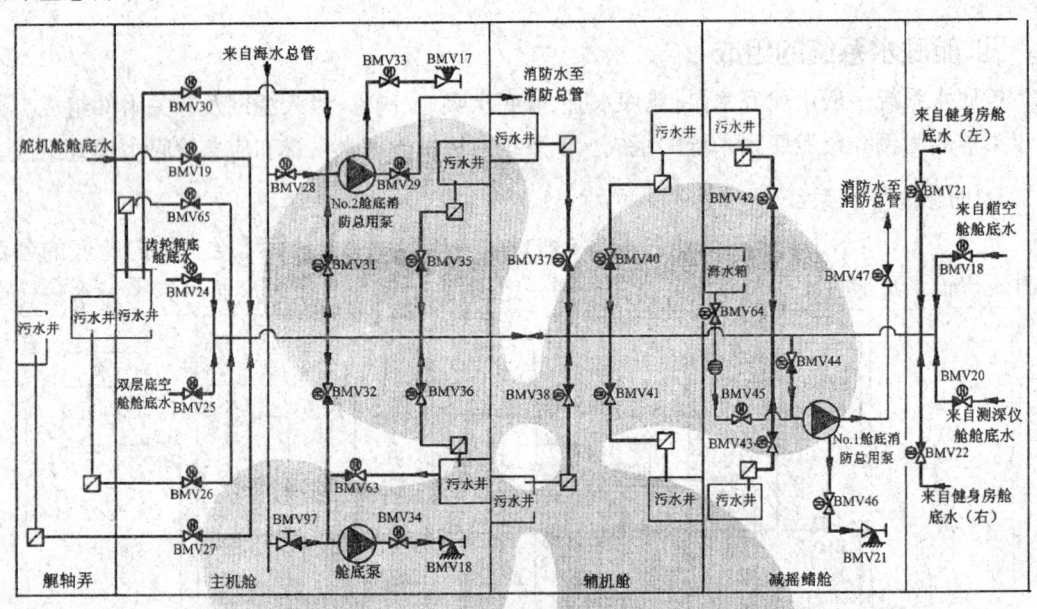

图3-2-2　某船应急舱底水系统

五、舱底水系统的维护管理

（1）日用舱底泵、舱底消防泵应按运行周期进行保养、检修，定期检查水泵运行状态。

（2）平时保持机舱内花钢板下洁净，并定期清洗污水井泥箱。

（3）定期试验各舱污水井高位报警功能是否正常。

（4）对管路系统上的阀门应定期活络，以防锈死。

（5）对于具有阀门遥控的舱底水系统，应定期在各遥控操纵部位进行系统操纵试验。确保系统功能正常。

第三节 压载水系统

一、压载水系统的作用

船舶在营运过程中,需要根据具体的情况调整吃水、稳性、横倾和纵倾,这一任务可借助压载系统,通过改变各压载水舱中的水量来完成。因此,压载水系统既可以将舷外水注入各压载舱,又可以将各压载水舱的水排出舷外,还可以实现各压载水舱间的相互调驳。

对船舶进行压载和排载可起到以下作用:
(1)使船舶在横向保持平衡,在纵向有合乎要求的吃水差。
(2)使船舶具有适当的排水量和重心高度,以获得高的螺旋桨效率和合适的稳性。
(3)减小船体变形,避免产生过大的弯曲力矩和剪应力。
(4)减轻船体和轴系的振动。

根据船舶用途、结构和吨位的不同,压载水舱的位置、大小和数量也不完全相同。在货船上,一般把艏尖舱、艉尖舱、双层底舱作为压载舱,还有的加设上、下边舱和深舱为压载水舱,少数船上还设有专门用来调节稳性的上稳性舱和下稳性舱,油船上设有专用压载舱。压载泵、阀门和压载管路共同构成压载系统。

二、对压载水系统的一般要求

一般来说,各种水系统无论其功用如何,水在管路中都是单向流动的。如舱底水系统只将舱底水排出舷外,日用海淡水系统只把海水或淡水排至各用水处所。而压载系统既要将水注入各压载水舱,又要通过同一条管道将水从水舱排出。这种"又进又出"的工作情况,形成了压载系统管路特点。根据压载系统的特点,压载系统在布置上应满足以下要求:

(1)压载管系的布置和压载舱吸口的数量,应使船舶在正常浮态下排出和注入各压载舱的压载水。

(2)在压载系统的管路上,不能设止回阀和止回阀箱,压载舱长度超过 35 m 时,一般应在前、后端均设置吸口。

(3)压载水管系的布置,应避免舷外水或压载舱内的水进入货舱、机器处所或其他舱室。

(4)为了防止压载水管漏泄时海水进入货舱,压载水管如需通过货舱,皆应铺设在双层底空间,其吸入口在各舱的布置,应有利于压载水的排出。

(5)艏、艉尖舱的压载管在穿过艏、艉防撞舱壁时,应设有在上甲板能开关的阀门,以便在艏、艉处船体撞破时,能将该压载管关闭。

(6)压载管系的布置,应避免舷外的水或压载舱内的水进入货舱、机器处所或其他舱室。

(7)压载水管不得通过饮水舱、炉水舱或滑油舱。如不可避免时,通过饮水舱、锅炉用水舱、润滑油舱内的压载水管应加大壁厚。管子接头应采用焊接方式连接。

(8)干货舱或油舱(包括深舱)可能用作压载舱时,压载水管应装设盲板或其他隔离装置。淡水舱作为压载舱时,为避免两个系统相互沟通,也应符合这一要求。含油压载水排放应符合有关防污染规定。

海船的压载水舱容量一般较大,一般杂货船可达船舶排水量的 15%左右,其中,艏、艉尖舱占总压载水量的12%~17%,其他大多存于双层底压载舱中。通常要求压载泵能在2~2.5 h内将最大的一个压载舱注满或排空,在6~8 h内将全船所有的压载水舱注满或排空。

三、压载水系统的布置形式

1.支管式布置

支管式系统压载舱室管系的布置如图3-3-1所示。多用于压载管径较小、舱数不多的普通货船的压载系统。这种情况下,各舱均单独有支管通往机舱阀门或阀箱,再经压载水总管与压载水泵相连。总管分别与压载水泵进、出口接通,泵进口接海水总管以便吸取舷外水,接通总管以便抽吸舱内的水。泵出口接通总管以便向舱内注水,还接一路排出舷外的排水总管,水流方向靠阀门控制。艏尖舱作为压载舱时,要在靠艏尖舱舱壁的一侧,安装一只截止阀,该阀材料要用铸钢或青铜。该阀的操纵要在干舷甲板以上进行。在泵的进、出口一般都安装带旋塞真空表和压力表。阀件上要有标明用途的铭牌,以便于压载水系统的管理。管子一般采用10号或20号输送流体的无缝钢管。对于内河简易船舶,也可采用低压流体输送用镀锌焊接钢管。

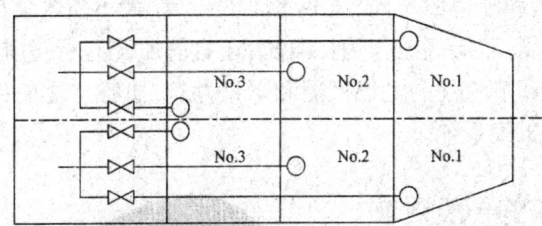

图3-3-1 支管式系统压载舱室管系布置

支管式布置的优点是可将压载水控制阀集中布置在机舱压载泵附近,便于集中操作和管理;缺点是从压载泵至压载舱,每舱均有单独管路,因而比较浪费管材,增加投资和维护成本。支管式适用于长度适中、压载舱数较少的船舶。

2.总管式布置

总管式系统压载舱室管系布置如图3-3-2所示。沿船舶纵向铺设总管,从总管向压载舱引出支管,在支管上安装阀和吸口。这种形式被广泛采用,其变形有单总管式、双总管式、四总管式、环形总管式、管隧式和半管隧式等几种,每舱的吸口可能有一个或两个。总管式的优点是节省管系材料,机舱内的布置则相对简单;缺点是压载舱控制阀门分散布置,不利于现场操作。因而,总管式压载系统比较适合采用阀门遥控系统。另外,采用总管式压载系统在打开多个舱控制阀时,可能会产生压载舱之间压载水串通。尤其是采用单总管系统,如左、右舱之间串通,可能会造成船舶倾斜,操作时应特别注意。

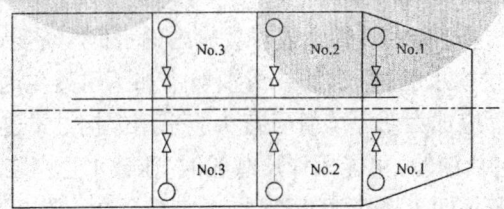

图3-3-2 总管式系统压载舱室管系布置

四、压载水系统的组成

压载水系统主要由压载水泵、压载水管路、压载舱及有关阀件或阀箱组成。一般船上可用艏尖舱、艉尖舱、双层底舱、边舱、深舱等作为压载水舱。

货船的压载水量一般占船舶载货量的50%~70%;油船的压载水量占货油量的40%~60%。如图3-3-3所示为某船舶压载水系统。

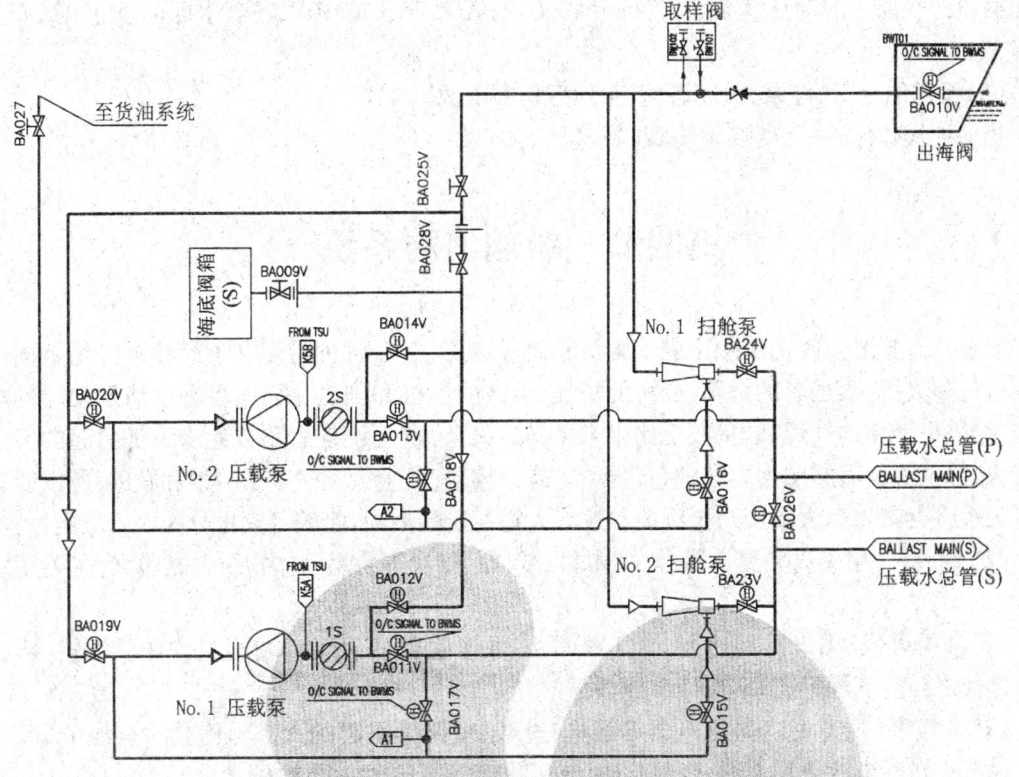

图 3-3-3 某船舶压载水系统

该船在设置有2台压载泵和2台扫舱泵。海水可以经左、右两个海底阀箱进入压载水系统,舱内压载水可经出海阀BA010V排出舷外。在排载结束前需使用扫舱泵扫舱,扫舱泵为两台水喷射泵。其工作水由主压载泵供给。为防止船舶携带的压载水在异地排放时为当地海域带来有害水生物,系统还设置有压载水处理装置,用于杀灭水中微生物。

该船压载水系统中各阀采用的是电、液遥控蝶阀,每个阀都具有独立动力源和液压驱动系统。在货控室和机舱集控室内均设置有压载水控制站,用于遥控操作压载水泵以及管路上的各阀。

五、压载水系统的操作

船舶压载水系统的日常操作是按甲板部的书面通知进行。自动化程度高的船舶大多是由甲板部直接进行压载水系统的日常操作,这种船舶设有专门的船舶压载-平衡水控制室,其内安装各舱液位检测装置、泵的控制装置和各种控制阀的遥控设备。压载水系统中的各种设备均由轮机部负责日常维护管理。

压载水的就地操作步骤如下:

(1)确认压载水控制方式为本地控制。

(2)检查压载泵电源的供应是否正常。

(3)人工转动压载泵轴,检查叶轮是否卡阻。

(4)压载操作。如打开阀 BA009V 和 BA014V,将海水引入 No.2 压载泵内。起动压载泵,打开阀 BA018V,压载水进入压载水总管(左)。打开相应压载舱的进、出口阀,压载水即可从舷外打入压载舱。

(5)排载操作。如打开需排载的压载舱进、出口阀门,打开阀 BA013V,联通 No.2 压载泵和压载舱的管路。起动压载泵,打开阀 BA020V、BA025V、BA010V,压载水即可通过出海阀排出舷外。

(6)操作结束后,停泵,关闭各阀门,然后切断电源。

当遥控操作时,只需要实施步骤(4)至(5)。

第四节 船舶消防系统

船舶在有限的空间内集中了船上人员和大量物资,存在各种易燃和可燃物质。船上同时存在着许多火源:吸烟者的烟蒂、厨房的炉灶、运转的主机和副机、锅炉;各种泵浦起动时的电火花、维修中使用的气焊和电焊、烟囱中未燃尽的火星、电气设备短路或绝缘不良引起的发热和着火、静电等。而船舶远离陆地,自身消防能力较差,发生火灾时难于疏散和救助,所以船舶一旦失火将会带来巨大损失乃至沉船。按着火物性质的不同,船舶着火可分为以下三类:

(1)普通火(甲类火):是由固体,如木材、纸、布、煤炭等易燃固体物质引燃着火,主要用水施救。

(2)油类火(乙类火):是油类、油气着火,有爆炸危险,采用泡沫施救。泡沫较油轻,形成覆盖层使之与空气隔绝,但不可用水施救。

(3)电气火(丙类火):是由电器等漏电、过载、短路等引起的火灾。施救时有触电危险。施救时应先切断电源再用干粉、四氯化碳、二氧化碳等不导电介质灭火。

船舶消防系统的作用是预防和制止火灾的发生和蔓延,并迅速灭火,将火灾的损失减至最低程度。船舶消防的基本原则是防火、探火和灭火。船舶防火是从船体材料、船体结构、布置和设施上来防止和限制火灾的发生和蔓延;船舶探火报警系统是使人们及早发现火情,及早采取灭火措施,减少损失;船舶灭火是根据火灾的情况、灭火介质等的不同,采取不同的灭火系统。

船舶消防系统实际上指的是船舶的灭火系统。根据中国船级社的《钢质海船入级规范》、国际公约和我国法规的规定,船舶应设置固定式消防系统,使用有效的灭火剂,如水、二氧化碳、蒸汽、泡沫和干粉等。固定式消防系统主要分为水消防系统、蒸汽消防系统、CO_2 消防系统、泡沫消防系统和干粉消防系统等。

一、水消防系统

水消防系统是所有船舶均必须设置的固定式消防系统,它由消防泵、管路、消火栓、消防水带和水枪等组成。灭火时,消防泵抽取舷外水送至船上各甲板和舱室处的消火栓,再经消防水带从水枪喷射到船舶任何处所进行灭火。

水是不燃液体,是船上最常用的灭火剂。利用强大的水流或水雾冲击火区,使燃烧物急剧降温,并利用水受热产生的大量水蒸气来稀释火区的氧浓度。扑灭可燃固体物质火灾可采用直流水枪,通过冲刷、冷却作用来灭火;扑灭可燃液体物质火灾可采用喷雾水枪,通过覆盖、冷却作用来灭火。

1. 对水消防系统的要求

(1) 所有消防水泵应为独立机械传动,通常采用离心泵。卫生水泵、压载水泵或总用水泵如符合消防水泵的有关要求,均可作消防水泵。100 总吨以下的货船,消防水泵可以由主机带动。

(2) 各消防水泵(应急消防水泵除外)的排量最好相同。如水泵排量不同,则最小一台水泵的排量不应小于所需消防水泵总排量的 80% 除以所需消防水泵数,且至少应满足两股射程不小于 12 m 水柱要求,其排量不足部分应由较大排量的水泵补偿。

(3) 对大于及等于 1 000 总吨的船舶,应至少备有 1 只国际通岸接头,并便于由船舶的任何一舷连接,以便在船舶失火时相互救援灭火。

(4) 消火栓的布置和数量,应至少能将两股不是由同一消火栓所射出的水柱射至船上任何部位。消火栓的位置应便于连接消防水带和进行有效灭火。

(5) 锚链冲洗水一般取自水消防系统,应设置隔离阀,以便灭火时切断锚链水供给。

(6) 应急消防泵应具有单独的海底门。

2. 水消防系统的布置

水消防系统的布置,应视船舶的大小、类型及对系统生命力的要求而定。

(1) 对于中小型船舶,消防水主管可成直线延至艏、艉部,再由主管上分出若干支管及分支管至各消火栓处。这种布置简单、管子用量少,但系统活力差。

(2) 在大型船舶上,消防干管一般做环形布置,在其中部,用横跨管将两舷干管连通起来,泵的排出管与此横跨管沟通,横跨管的两端各装一只隔离阀,使消防泵可以向任一舷或同时向两舷干管输水。如果在环形干管上再构成若干小的环形管段,则可进一步提高系统的生命力。当干管局部发生故障时,不致影响其余部分的运用。

(3) 消火栓的数目和位置,应至少将两股不是由同一只消火栓射出的水柱,射至船舶在航行中旅客或船员经常到达的任何位置,而且其中 1 股仅用 1 根消防水带。管子及消火栓的位置应易于接近,便于操作。

(4) 由于消防泵一般设在机舱内,为在机舱发生火灾而消防泵不能用时进行应急消防,则要在机舱外设置独立的应急消防泵。消防泵及其备用泵(总用泵、压载水泵和舱底泵等),在管路布置中要保证它们互相独立工作。

如图 3-4-1 所示为某船消防管路布置示意图,该船设有两台消防水泵 1,设在机舱内。消防水泵 1 经机舱消防水总管 5 和截止阀,可将水送至主甲板两舷,再由两舷侧送至各层甲板上的消火栓。

消防管在主甲板左、右两舷,分别向船尾和船首延伸。消防水亦可用来冲洗锚链。机舱之外设有应急消防水泵 3,它有独立的海底门 4,其排出管与机舱消防水总管 5 相连,以备应急使用。在左、右两舷还设有 2 只国际通岸接头 6。

除常规固定式水消防系统外,还有用于客船、货船的起居和服务处所的自动喷水系统,它可扑救初期火灾和自动报警;用于机舱和特种处所的水雾灭火系统,一般为手动和自动控制喷出水雾灭火。这两种系统均属于固定式水消防灭火系统。

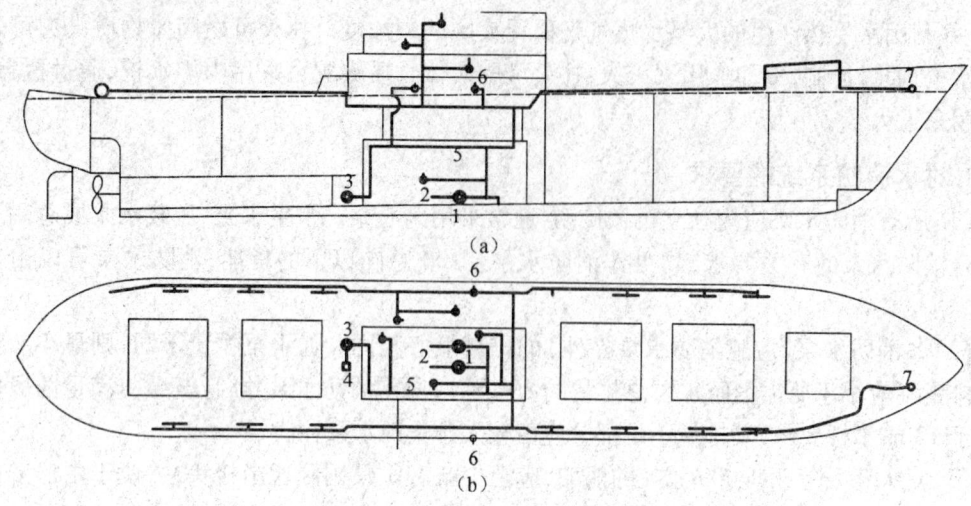

图 3-4-1　某船消防管路布置示意图

1—消防水泵；2—机舱海水总管；3—应急消防水泵；4—应急消防水泵海底门；
5—机舱消防水总管；6—国际通岸接头；7—锚链水喷嘴

3. 消防水泵的配置

中国船级社《钢质海船入级规范》规定了各类船舶消防水泵的配置，如表 3-4-1 所示。

表 3-4-1　各类船舶消防水泵的配置

船舶类型		台数	容量	压头
客船	<500 GT	至少 1 台	排量应不小于 25 m³/h	小于 1 000 GT 的船舶的每一台消防泵应能在船舶最高位置的消火栓上至少维持两股射程各不小于 12 m 的水柱
	≥1 000 GT <4 000 GT	2	总排量应不小于该船所需全部舱底泵计算排量的 2/3	当两台消防水泵同时工作并通过规定水枪由任何相邻消火栓输出要求水量时，在所有消火栓上应维持的压力不小于 0.3 MPa
	≥4 000 GT	3		同上，但不小于 0.4 MPa
货船	<1 000 GT	至少 1 台	排量应不小于 25 m³/h	船上每一台消防泵应能在船舶最高位置的消火栓上至少维持两股射程各不小于 12 m 的水柱
	≥1 000 GT <6 000 GT	2	总排量应不小于该船所需全部舱底泵计算排量的 2/3，但不必大于 180 m³/h	当两台消防水泵同时工作并通过规定水枪由任何相邻消火栓输出要求水量时，在所有消火栓上应维持的压力不小于 0.25 MPa
	≥6 000 GT	2		同上，但不小于 0.27 MPa

对于应急消防水泵，中国船级社《钢质海船入级规范》要求，其排量应不少于所需消防泵总排量的 40%，且任何情况下不得少于 25 m³/h，在任何消火栓处的压力应不低于表 3-4-1 所规定的最低压力。

如图 3-4-2 所示为某客船消防水系统原理图。本系统配有主消防泵一台，布置在主机舱中，可在本地、集控室主配电板和消防控制站起停（吸入截止阀、排出截止阀为手动阀），另外，在减摇鳍舱和主机舱还设有 No.1、No.2 舱底消防总用泵，其中，No.1 舱底消防总用泵接应急电源,用作应急消防泵,可在本地起动也可在驾驶台或消防控制站遥控起动,应急消防泵有单独的海底阀箱。

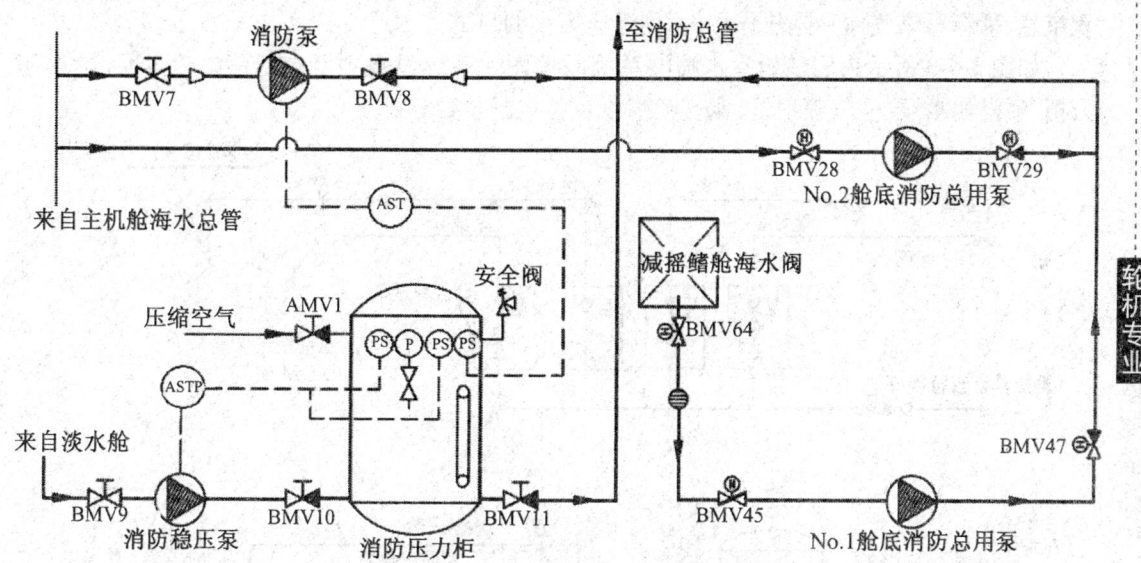

图 3-4-2 某客船消防水系统原理图

除用于灭火外,消防水还可用于冲洗锚链及锚机、系缆机液压单元冷却水。

根据规范要求,客船消防水管分为内消防水管(舱室内部)和外消防水管,其中内消防水管应始终保持压力,能够随时出水。本例消防水系统配有消防稳压泵和压力水柜,通过单向阀向内消防水管供水并保压,其他消防泵直接向外消防水管供水并通过单向阀向内消防水管供水,同时可防止内消防水管淡水进入外部管路。

消防压力柜经截止止回阀 BMV11 向消防总管提供一定压力(0.8~1.0 MPa)的消防淡水。当柜中压力低于 0.75 MPa 时,压力开关 PS(低压)会发出信号(ASTP)使消防稳压泵起动,从淡水舱吸入淡水,从而补入消防压力柜;当柜中压力升至 1.0 MPa 时,压力开关 PS(高压)发出信号(ASTP)使消防稳压泵停止,从而保持消防压力柜内的压力稳定。消防压力柜上设有补气阀 AMV1,在必要时可向柜中手动补充 1.0 MPa 的压缩空气,以保证柜中压力足够。

当消防水被大量使用时,由于消防稳压泵的流量有限,可能导致其连续运转仍不能保证消防总管有足够压力,此时消防压力柜中压力会逐渐下降。当压力降至 0.6 MPa 时,第三个压力开关 PS 将发出起动信号(AST),使消防泵起动。消防泵从海水总管吸入,可以向消防总管提供足够压力和流量的海水并通过单向阀进入内消防总管。

船舶消防水系统主要保养工作为:
(1)定期起动并作喷水试验,检查泵及系统工作是否正常。
(2)保持压力水柜液位正常,必要时通过充气或放气调整,并注意所用淡水舱应保持适当水量,避免抽空。
(3)冬季需防止外消防水管冻裂,使用后应注意放残。

二、居住舱室水喷淋灭火系统及机舱局部水雾灭火系统

随着国际上对船舶安全的日趋重视,客船或定员较多的船舶需要设置居住舱室水喷淋灭火系统。而在机舱设置水雾灭火系统也已经成为远洋海船的强制性要求。水雾灭火系统是利

用压力水流经专用喷头后形成的细小水雾进行灭火的系统,细水雾雾滴平均直径在 50～200 μm 之间,遇火焰高温后迅速汽化,使保护区的氧浓度大为降低,具有很强的汽化降温、隔氧窒息、稀释可燃气体和隔热作用,达到迅速灭火的目的。

如图 3-4-3 所示为居住舱室水喷淋系统原理图。系统设备主要包括消防喷淋泵、喷淋压力柜、喷淋淡水泵、空气喷射器、水雾喷嘴以及各控制装置等。

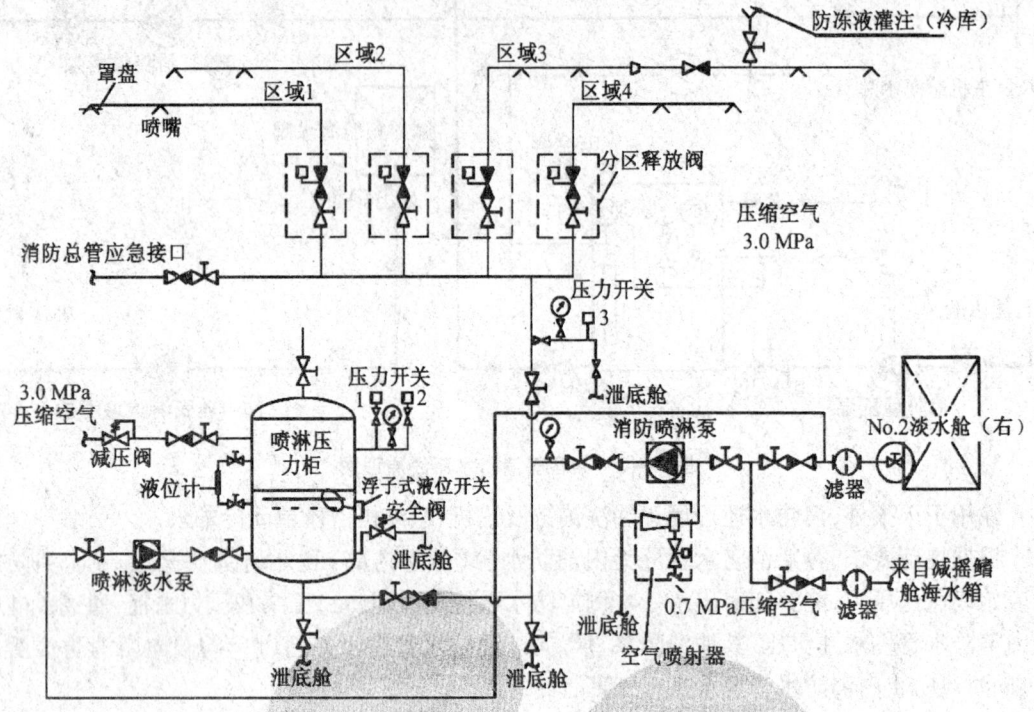

图 3-4-3 居住舱室水喷淋灭火系统原理图

喷淋压力柜设定压力为 1.6 MPa,该压力值可以由补气管路上的减压阀来设定。柜中设有浮子式液位开关,低于设定液位时会发出警报;压力开关 1 也会在柜中压力低于 1.55 MPa 时发出警报。若要向柜中补水时,需手动起动喷淋淡水泵。压力开关 2 会在柜中压力达到 1.6 MPa 时自动停止喷淋淡水泵。

当系统中的水被大量使用而导致压力低至 0.9 MPa 时,压力开关 3 会起动消防喷淋泵,从而向各喷嘴提供流量足够的淡水。消防喷淋泵从淡水舱吸入淡水,也可在必要的时候应急吸入海水。消防喷淋泵接应急电源,只能在控制箱上手动停止。

当整个喷淋系统意外失压时,由消防总管应急接口向各喷嘴提供消防水。

设置在各舱室顶部的水雾喷嘴由玻璃管密封,当房间温度达到 68 ℃ 以上时(厨房为 93 ℃),玻璃管受热破裂,1.6 MPa 的喷淋水便会以水雾的形式喷出进行灭火。

机舱局部压力水雾灭火系统原理图如图 3-4-4 所示,该系统设高压泵组 1 套。细水雾系统保护区域分为 9 个,1 台主机上方布置 7 只细水雾喷嘴,1、2 号发电机上方布置 6 只细水雾喷嘴、3 号发电机组上方布置 3 只细水雾喷嘴,主锅炉上方布置 1 只细水雾喷嘴,辅锅炉上方布置 1 只细水雾喷嘴,重油和滑油分油机上方布置 5 个细水雾喷嘴,焚烧炉上方布置 1 只细水雾喷嘴,液压泵站上方布置 4 个细水雾喷嘴,惰性气体发生装置上方布置 1 个细水雾喷嘴。

该系统与机舱保护区域火灾报警系统联合工作。每一保护区域上方有火焰探测器与烟雾探测器。当发生火灾时,火焰探测器与烟雾探测器同时作用,发出声、光报警。同时高压泵组自动起动从淡水舱吸水,并将压力提高至 3.5 MPa,并向相应保护区喷水雾。水泵出口接高压水管,上有 9 个电控选择阀组,报警区域的选择阀自动开启,将压力水送至着火设备的上部喷嘴,产生细水雾灭火。

细水雾喷嘴安装应注意以下几点:喷头间距不宜大于 2.5 m,喷嘴在被保护设备上方不小于 0.5 m;应确保喷嘴直对被保护对象,无障碍物遮挡,不受干涉地保护防护对象。

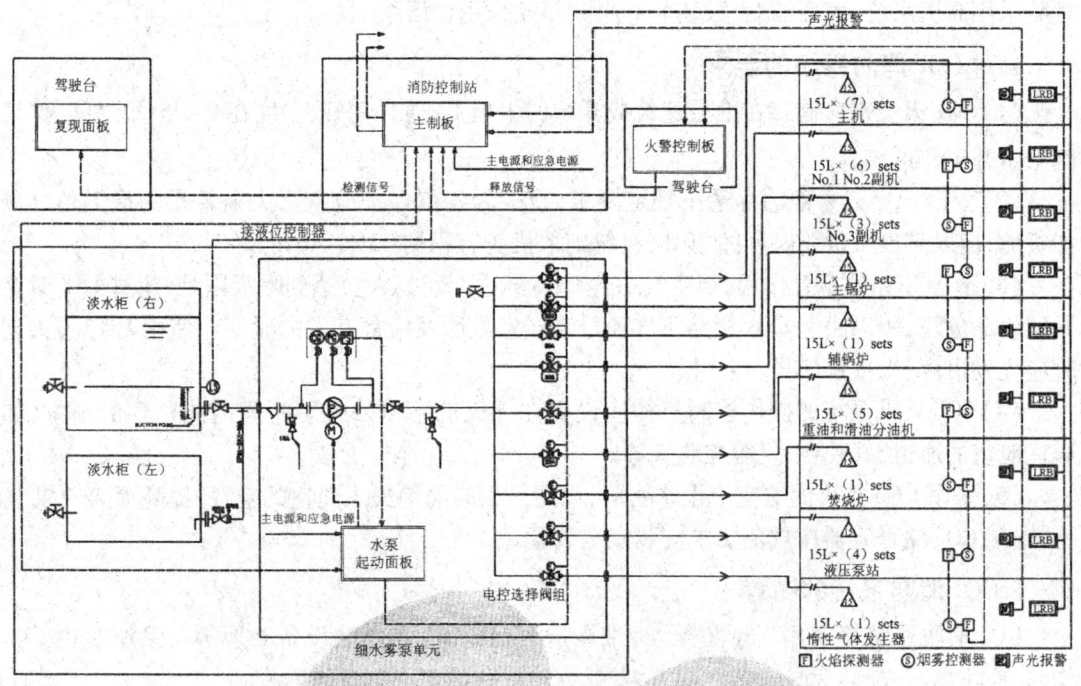

图 3-4-4　机舱局部压力水雾灭火系统原理图

为保障系统正常有效,船上人员需要对其进行定期测试。

(1) 每月在主站控制板上进行测试:通过起动每一区域的 SYSTEM RELEASE 按钮,相关区域火警警报响起,高压水泵起动,对应区域的电控阀打开。检查水泵和喷水正常后,通过主站控制板的 CLOSE ALL VALVE 关闭区域电动阀。通过 STOP PUMP 按钮关闭高压水泵。打开测试阀门释放压力后,关闭测试阀门。

(2) 每月在驾驶台火警控制板上进行测试:打开测试阀门,通过火警控制面板激活一个区域火警后,检查水泵起动,相应的电控阀打开,水将通过测试泄放阀排放出来。控制面板上显示出"喷水装置起动"。将火警控制面板上的报警进行复位,检查电控阀关闭,泵机停止运转。关闭测试阀门。按照此方法逐一对其他电控阀进行测试。

(3) 每 6 个月用火警系统测试系统自动起动试验:人为地触发保护区内的一个火警探头,在驾驶台的火警控制板应该给出预报警。再触发同一区域内的另外一个火警探头,对应的区域电控阀动作,水泵运转,发出机舱声、光报警。检查水泵和喷水正常后,通过主站控制板的 CLOSE ALL VALVE 关闭区域电动阀,通过 STOP PUMP 按钮关闭高压水泵,打开测试阀门释放压力后,关闭测试阀门。

三、CO_2 消防系统

CO_2 在常温下是一种无色无味的惰性气体,比重为 1.529。空气中 CO_2 含量达 15% 以上时能使人窒息死亡；达28.5%时可使空气中的含氧量降至15%，使一般可燃物的火焰逐渐熄灭；达43.6%时使空气中的含氧量降至11.8%，能抑制汽油或其他易燃气体爆炸。因CO_2不导电，无腐蚀作用，故适用于电气火灾和机舱火灾。CO_2在船上以液态储存于钢瓶中，释放时还可以起到冷却作用。固定式CO_2消防系统分为高、低压两种形式。高压系统的压力设定为15 MPa，低压系统的压力设定为2.1 MPa（储存于-18 ℃以下的专用冷库中）。一般船舶的机舱、货舱采用高压系统；大型油船、滚装船和集装箱船采用低压系统。

1.对CO_2消防系统的要求

（1）CO_2灭火剂应储存在上层建筑或开敞的甲板上，通风良好，温度在0~45 ℃之间，保证其安全与工作可靠。

（2）全船CO_2灭火剂储存量按规定要求，至少为各被保护舱室灭火需要量的最大值。例如货舱，应取其最大货舱舱容的30%；机舱则取机舱容积的35%~40%。

（3）由于CO_2的窒息作用，当空气中含CO_2量达5%时，人会感到呼吸困难，超过10%时会导致生命危险，所以船上CO_2管路不准通过起居室处所及经常有人的舱室。使用CO_2灭火剂时应先发出声、光报警信号。

（4）CO_2灭火系统的操作控制机构应设置在灭火舱室以外且短时间内能达到的地方，如居住舱室的通道、驾驶台、货舱控制室等。

（5）采用CO_2灭火的舱室应设水密门，以便灭火时隔绝失火舱室的空气，提高灭火效果。

（6）CO_2储存容器按规范要求安装安全装置。

2.CO_2消防系统的布置

CO_2消防系统普遍用于干货舱、货油泵舱、机器处所和燃油设备处所等。系统是由CO_2钢瓶、瓶头阀、分配阀、起动装置、压力表、管路和自动烟雾探测装置等组成。

如图3-4-5所示为某船CO_2消防系统图，其全部CO_2钢瓶于船尾甲板上的CO_2房间中。打开CO_2释放箱会触动微动开关引发CO_2释放警报。通过操纵拉杆1或2，利用高压CO_2压缩空气推动气缸打开主气瓶的CO_2瓶头阀，从而释放CO_2。货舱CO_2释放由驾驶台控制，瓶头阀打开后，CO_2进入总管，经截止阀进入分配管。再经快开阀至各被保护舱室。高压CO_2喷入失火舱室后，压力急剧下降并气化，体积膨胀使失火舱室内的含氧浓度迅速降低。

为及早发现火警，在CO_2消防系统中配置烟气自动探测报警装置。当舱室着火时，在舱室中设置的吸烟口可将烟气吸入并将信号送至驾驶台的自动烟气报警装置，使之报警。

烟气探测装置有感烟式、感温式和感光式。货舱多采用感烟式，居住舱室一般采用感温式，机舱采用感光式探测装置。

CO_2灭火系统的设计和布置主要从灭火的有效性、操纵方便及人员的安全等方面出发。一般是在站室内进行集中控制，并逐渐发展到驾驶台遥控。对于被保护的干货舱，CO_2灭火系统应保证使该舱所需的CO_2量在15 min内全部注入。对于被保护的燃油锅炉舱、机舱及货油泵舱，则应能使所需CO_2量的85%在2 min注入。

3.向机舱释放CO_2的程序

（1）集合并清点人数。

（2）船长将根据情况和公司政策做出决定。

（3）如需对机舱释放全部CO_2，船长需和轮机长进行商量。

（4）尽快通知最近的港口海事部门。

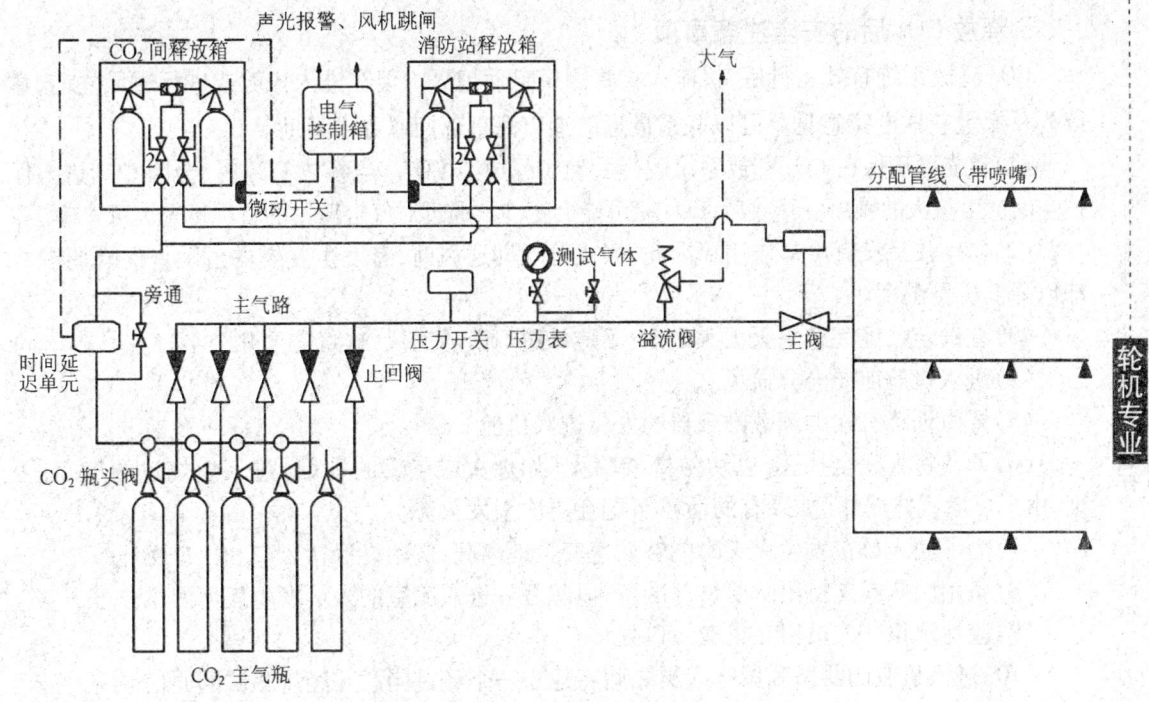

图 3-4-5　某船 CO_2 消防系统图

(5) 确保机舱有适当的密封。

(6) 确保应急发电机运转并承担负载。需要使用应急消防泵对机舱外围进行冷却。

(7) 所有门、通风格栅、风机格栅、天窗、舱口、防火风闸都必须关闭。

(8) 关闭速闭阀。

(9) 滑油泵、燃油泵应急停止。

(10) 机舱所有机器设备停机。

(11) 确保所有人员离开机舱。

(12) 由适任的工程师释放 CO_2。

(13) 打破玻璃窗,从钥匙箱中取出 CO_2 释放柜的钥匙。最好使用 CO_2 释放间的释放柜。

(14) 打开释放柜。会发出声、光警报,并触发通风鼓风机跳闸。

(15) 在 CO_2 释放柜中,先打开先导气瓶阀。首先打开阀 1 起动主阀。然后打开用于释放 CO_2 的阀 2。CO_2 将在 60~90 s 的时间延迟后释放。

(16) 现在可以从歧管上的压力表检查系统压力。

(17) 如果 CO_2 未释放,则按照紧急释放程序进行。手动打开主阀,并通过手动操作杆打开每个 CO_2 主气瓶。

4. CO_2 灌注系统的重要注意事项

CO_2 灌注是最后的灭火方案,仅在其他所有措施均告失败时使用。正确密封机舱对于有效灭火是必不可少的。由于机舱密封不当,导致释放 CO_2 后未发生有效窒息,进而导致灭火失败。

为了使机舱完全充满 CO_2,需在 2 min 内释放体积约 35% 的 CO_2。这可以将机舱内空气的氧气含量降低到 15% 以下,以扑灭大火。在这种 CO_2 浓度下,无法维持人类生命。

通常,释放 CO_2 后,需要 15~20 s 才能使机舱中的浓度达到危险水平。

5. 释放 CO_2 后的安全注意事项

CO_2 释放系统有效运行后，机舱火灾将因窒息而熄灭。但在进入机舱或进行通风之前，建议先从岸上获取专家意见。可以联系最近的港口海事部门以寻求帮助。

(1) 首先要确保在 CO_2 释放系统运行后确实释放了 CO_2。当释放 CO_2 时，会因 CO_2 进入保护空间产生很大的噪声。释放后，CO_2 瓶可能会变冷。通过对气缸压力的目视检查也可以确认。

(2) CO_2 几乎没有冷却作用。因此，当机舱立即通风时，有发生复燃的危险。保持周围冷却以降低机舱温度。

(3) 在确定已经完全熄灭大火之前，不应该进行机舱通风，这将需要几个小时。

(4) 进入机舱前要充分通风。

(5) 要由训练有素的佩戴呼吸器的人员进入机舱。

(6) 即使将火完全扑灭，也切勿携带明火（如烛火或点燃的香烟）进入燃烧过的房间；否则，由于可燃气体爆炸（如果有的话），可能会再次引发火势。

(7) 为了使人员在发生火灾时能够快速安全地离开，应始终保持入口和出口畅通。

(8) 备用团队或支持团队要做好准备，以防万一进入舱室的人员发生任何困难。

(9) 应指示留守人员留在机舱入口处。

(10) 进入机舱的团队和留守人员之间将建立一个经过同意并经过测试的通信系统。

(11) 万一进入机舱内的人员发生任何紧急情况，留守人员在帮助到达之前不应进入机舱。

(12) 万一通风系统出现故障，人员应立即离开。

四、扫气箱灭火系统

扫气箱着火是机舱着火的一个主要原因。着火必须满足可燃物、助燃物、热量三个条件。如图 3-4-6 所示为扫气箱着火示意图，对于扫气箱着火，可燃物是油料的沉积。这些油可以是气缸内泄漏下的气缸油；或者填料函故障时，被活塞杆带上来的曲轴箱油；有时由于喷油器故障，导致燃油颗粒撞击并黏附在缸套内壁并流进扫气箱。扫气空气为着火提供了充足的助燃物。点火所需的热量来自活塞串气。滞燃、后燃和过高的排气都会引起废气反吹到扫气口。

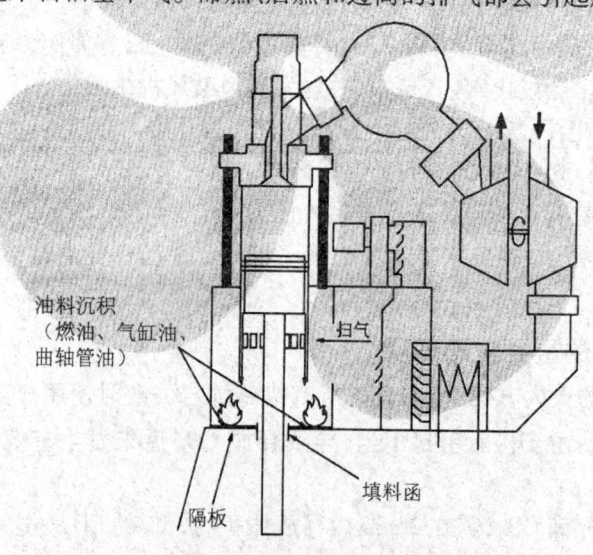

图 3-4-6 扫气箱着火示意图

1.扫气箱着火的原因

扫气箱着火的原因有很多,主要包括以下六点:
(1) 缸套磨损严重。
(2) 活塞环或环槽磨损严重。
(3) 活塞环断裂或卡死在环槽内。
(4) 扫气箱脏堵。
(5) 由于漏油或定时错误等导致的燃烧不良。
(6) 气缸油过多或过少。

2.扫气箱着火的征兆

扫气箱着火的征兆有如下六点。当发现下述征兆时,管理人员应注意防止扫气箱着火。
(1) 扫气温度上升。
(2) 增压器开始喘振。
(3) 废气排温升高。
(4) 柴油机功率损失,转速降低。这是由于扫气箱着火导致活塞运行的背压升高。
(5) 扫气箱泄放口冒烟。
(6) 扫气箱道门上形成漆泡,但这只会在大火和极端情况下发生。

3.扫气箱着火的应对措施

根据扫气箱着火的大小不同,有不同的应对措施。当扫气箱起火较大时可以明显看到扫气箱道门油漆鼓泡和爆皮,主机大幅降速,增压器喘振等现象。

(1) 扫气箱着火较小时的应对措施包括:
① 主机降速至 slow 或 dead slow。
② 增加着火单元的气缸油润滑。务必确保加强注油操作不会导致燃烧变剧烈,如果注油导致燃烧加剧则不能增加气缸油注油量。
③ 着火原因可能是燃油阀的泄漏,因此应切断对应单元的燃油供应。
④ 关闭扫气泄放口,防止火星溅入机舱。
⑤ 持续监测扫气和废气温度,等待燃烬。
⑥ 确认着火熄灭后,缓慢增加转速。
⑦ 持续监测扫气温度,防止复燃。

(2) 扫气箱着火较大时的应对措施包括:
① 立即停车并合上盘车机进行盘车。
② 使用固定式扫气箱灭火装置进行灭火。如图 3-4-7 所示为固定式扫气箱灭火系统,固定式扫气箱灭火可以使用 CO_2、蒸汽或水雾。
③ 对扫气箱进行必要的冷却。
④ 确认灭火并检查。扫气箱灭火后要等其自然冷却,切勿在主机彻底冷却前打开道门检查。

4.扫气箱着火的预防措施

为预防扫气箱着火,务必要对柴油机进行良好的保养和正确的调试。定期检查和清扫扫气箱,发现脏污需记录和消除。泄放口也需要定期清洁堆积的油渣。油渣的存在会导致泄放管路的堵塞。扫气泄放管路需定期吹通,发现管路中有油需进行记录。保持活塞环的正常工

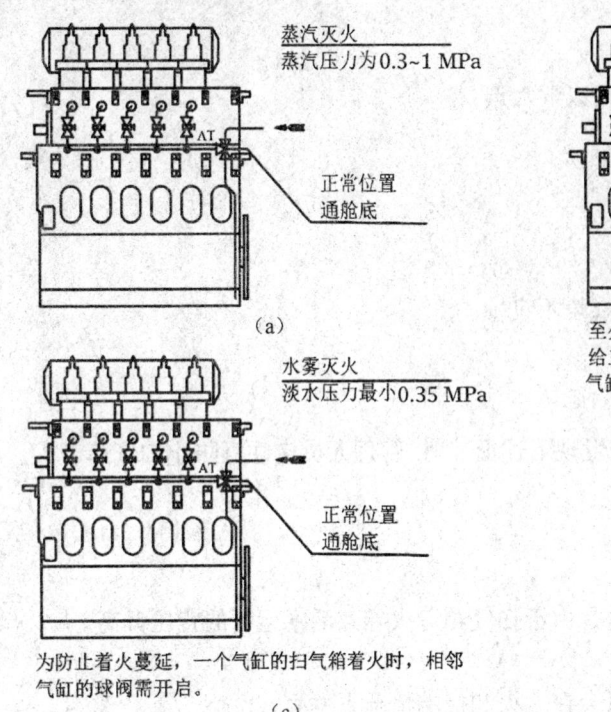
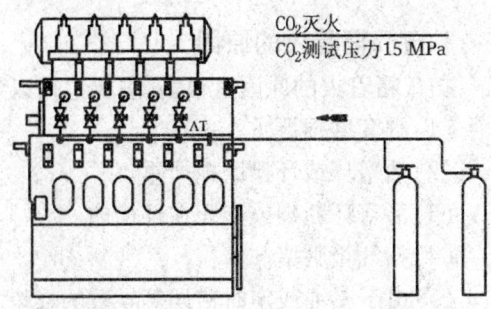

图 3-4-7 固定式扫气箱灭火系统

作状态,防止燃气串入扫气箱。同时,要防止过量注入气缸油,气缸油的注油定时也需定期调校。扫气口要保持清洁。活塞杆的密封环和刮油环应定期调整,防止曲轴箱油进入扫气箱。燃油喷射设备需保持良好状态,喷油定时准确,各缸的平均指示压力调节均匀,防止单缸过载。如缸套磨损达到极限,需及时换新。

第五节 机舱供水系统

机舱供水系统的作用是为船员和旅客提供日常生活用水,可分为饮用水系统、生活淡水系统和卫生海水系统。饮用水系统主要供应炊事用水、饮用水和医疗用水等;生活淡水系统主要供应浴室、洗衣室、洗物池和洗脸盆等处的冷、热水;卫生海水系统从舷外吸取海水,向厕所等处供冲洗水。供水系统的主要设备有水泵、水柜、热水器、供水管和阀件等。供水方式分为重力供水和压力供水两种形式。目前,大中型海船基本上采用压力供水方式。压力供水的特点是设置压力水柜,借助水柜中空气的压力将水送至各用水处。

一、饮用水系统

船舶饮用水系统的工作原理如图 3-5-1 所示。来自饮用水舱的淡水被饮水泵送入饮水压力柜(0.2~0.4 MPa)。两个压力开关 PS 的设定值分别为 0.2 MPa 和 0.4 MPa,分别决定饮水泵的起、停。当柜中水位较高而压力仍偏低时,需要手动向柜中补充 0.4 MPa 的压缩空气。离开饮水压力柜后,饮用水被压送至饮水矿化装置,并经饮水处理装置的过滤、紫外线消毒后,送往厨房、配餐间以及各饮水机等,供人员饮用。

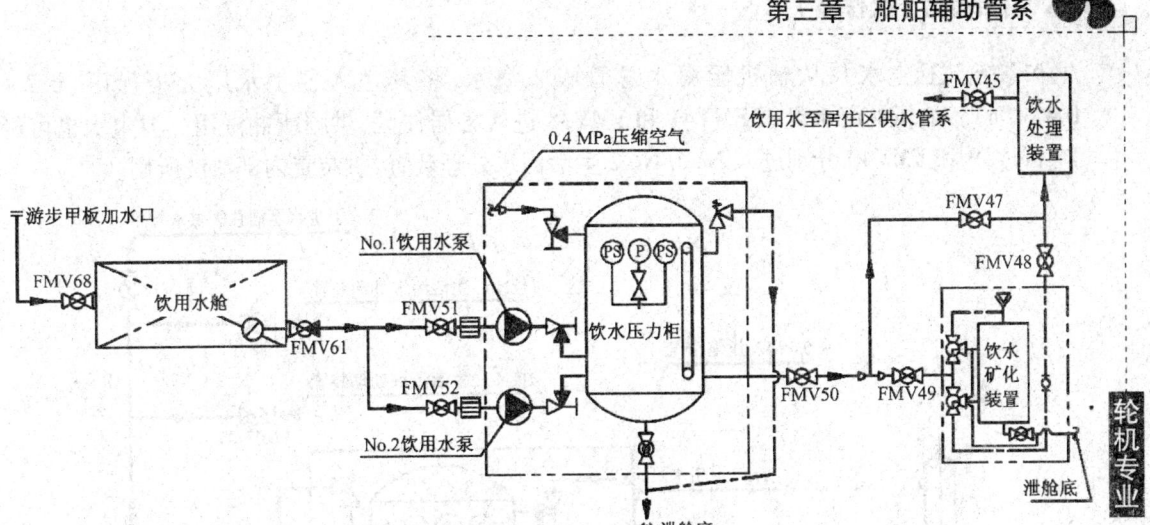

图 3-5-1 船舶饮用水系统的工作原理

如果饮用水舱中的水质足以满足要求，可以经阀 FMV47 将饮水矿化装置旁通。当水舱中的水将用完时，可以通过游步甲板上的加水口从岸上加水。

二、生活淡水系统

淡水包括冷水和热水。如图 3-5-2 所示为船舶生活淡水系统图。泵从淡水舱吸水，将淡水送至淡水压力柜加压（0.2~0.4 MPa）。之后淡水分别经阀 FMV32 和 FMV34 送至居住区供水系统和热水柜。热水柜中压力由淡水压力柜保持，热水由顶部的阀 FMV28 送至居住区供水系统。热水柜中设有蒸汽加热器，由温度开关 TS 控制蒸汽流量，从而将水加热至 60~65 ℃。为保证管路中一直有热水，还需要有热水循环泵将系统中的热水回水送入热水柜循环加热。No.1 日用淡水泵还可用于各淡水舱之间的互相调驳。

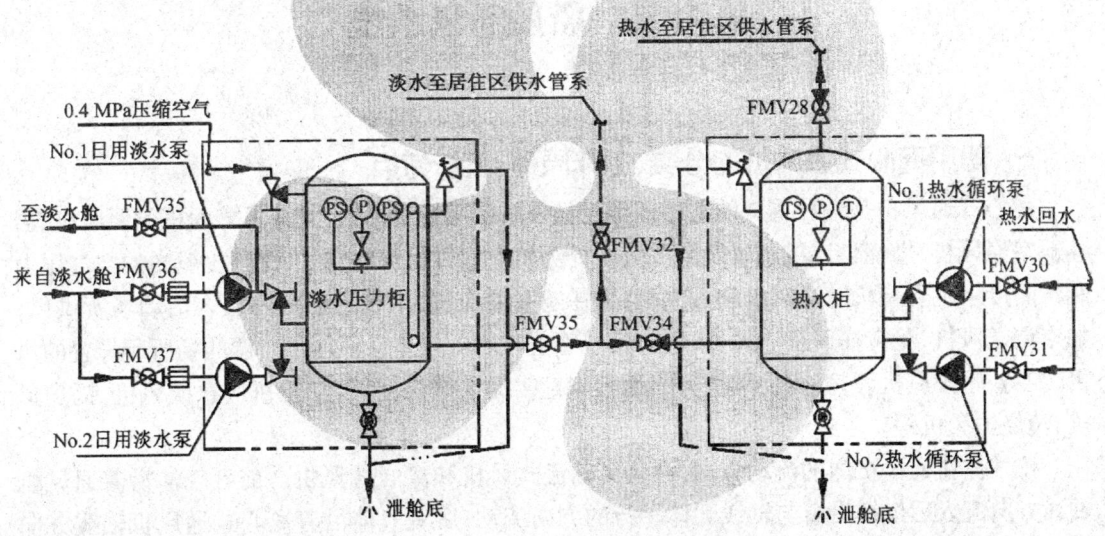

图 3-5-2 船舶生活淡水系统图

三、卫生海水系统

由于船舶取用海水方便，部分船舶仍然采用海水作为卫生水。如图 3-5-3 所示为船舶卫生水系统。卫生水泵从辅机舱海水总管吸入海水，将其送入卫生水压力柜加压（0.2～0.4 MPa）。加压的海水经阀 FMV41 和 FMV38 进入各居住区，供厕所冲洗用。卫生水也可经阀 FMV39 和 FMV40 分别进入 No.1/No.2 生活污水处理装置，供装置内部清洗所用。

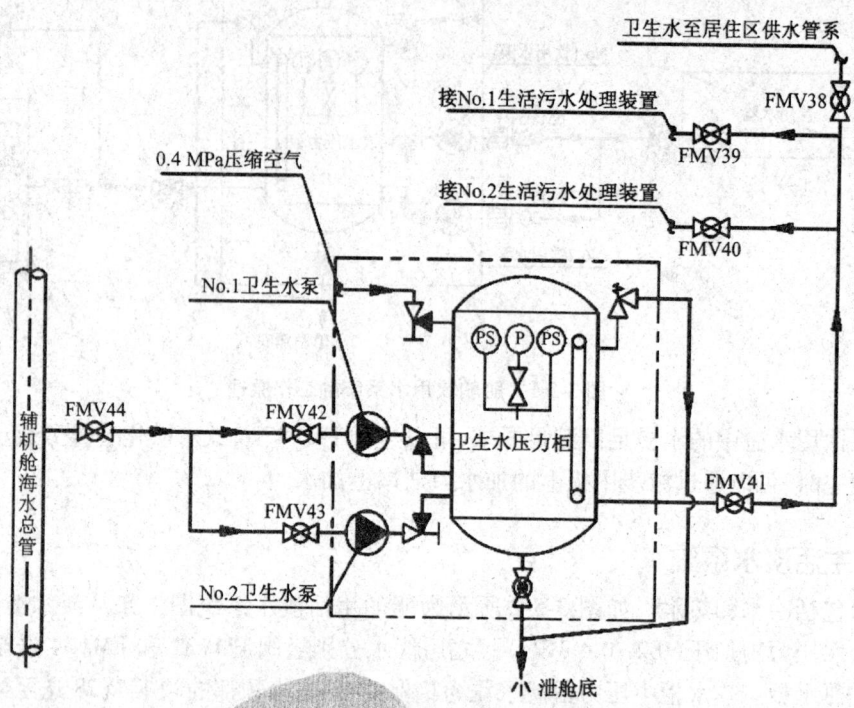

图 3-5-3　船舶卫生水系统

第六节　船舶通风系统

一、船用离心式通风机的分类、工作原理、工作特点

离心式通风机是一种重要的船舶辅助机械。按使用场所不同，大体可分为机舱通风机、居住舱室通风机、燃烧供风机。机舱通风机主要为机舱提供足够的空气，保持机舱内的空气压力和清新度。主要有机舱送风机和抽风机；居住舱室通风机，主要为船员和旅客活动场所供风，如空调送风机、舱室抽风机。另外，还包括一些空气质量较差且不适合空调的场所所设置的风机，如浴、厕排风机等；燃烧供风机为燃油燃烧直接提供燃烧空气，如主机应急鼓风机、锅炉风机、焚烧炉风机等。

按气体在通风机内的流动方向，可分为轴流式风机和离心式风机。前者气体沿着通风机轴线方向流入后继续沿着与轴线大体平行的方向流动；后者气体沿着离心式通风机轴线方向流入后沿着与轴线垂直的方向流出离心式通风机。

1. 船用离心风机的结构与原理

如图 3-6-1 所示为离心式通风机基本结构示意图，它由叶轮、蜗壳、集流器及传动组件组成。

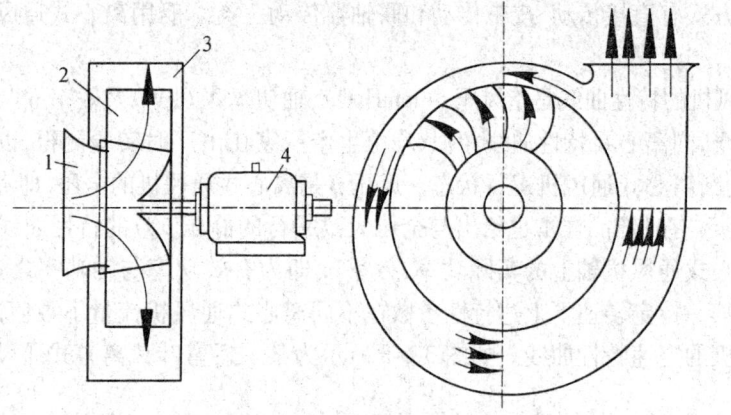

图 3-6-1　离心式通风机基本结构示意图
1—集流器(进口)；2—叶轮；3—蜗壳；4—电动机

叶轮为离心式通风机的主要工作部件,它由前盘、后盘、叶片和轮毂构成。叶轮通常采用铝合金材料铆接或焊接加工,并经静、动平衡校正。叶片是叶轮的主要部分,其出口安装角度、形状及叶片数目对风机性能有较大的影响。离心式通风机按叶片在叶轮轮缘处的几何出口角 β_{2g} 的大小,可分为前弯式($\beta_{2g}>90°$)、径向式($\beta_{2g}=90°$)和后弯式($\beta_{2g}<90°$)三种,如图 3-6-2 所示为离心式通风机叶轮结构形式,而叶片本身则有直线型和曲线形。离心风机在叶轮圆周速度一定时,其叶片出口角 β_{2g} 越大,所产生的压头越高。

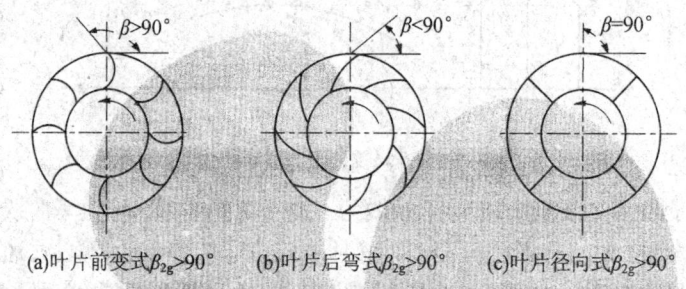

(a)叶片前弯式$\beta_{2g}>90°$　　(b)叶片后弯式$\beta_{2g}>90°$　　(c)叶片径向式$\beta_{2g}>90°$

图 3-6-2　离心式通风机叶轮结构形式

在离心式通风机的结构尺寸和转速相同时,前弯叶片式叶轮较后弯式有更大的压头,但后弯式叶轮较前弯式有较高的效率。因此,在风量较大、风压较高的场合一般选用前弯叶轮;在高效率下采用后弯叶轮。径向叶轮加工方便,其工作性能介于前弯与后弯叶轮之间。另外,后弯叶轮由于本身特性,工作中一般不会超负荷,运行较为安全,是船舶离心式通风机中采用较多的类型。离心式通风机机壳为支撑和包围叶轮的外壳,多为螺旋形,称为蜗壳,其断面沿叶轮转动方向逐渐扩大,起汇集气流作用。船用离心式通风机的机壳均采用钢质材料焊接而成,并制成气密式结构。截面多为方形或圆形,蜗壳后部的出口扩压器起能量转换作用,使气流的部分动能转换为压力能,以此克服外界阻力,把气流送出风机。离心式通风机按其全压 p 的大小可分为高压、中压和低压三类。一般 $p<100$ mmH$_2$O 为低压,$p=100\sim300$ mmH$_2$O 为中压,$p>300$ mmH$_2$O 为高压。离心式通风机集流器是离心式通风机的空气进口,其作用是让气流均匀地流入叶轮,减小流动损失。进气口有圆筒形、圆锥形、圆弧形、双曲线形,其中,圆弧形使用较多,而双曲线形流动阻力损失最小。离心式通风机的传动部分有传动轴、轴承及通风机至电动机间的传动连接件。离心式通风机叶轮用键或闷头螺钉固定在传动轴上。离心式通风机与电动机连接传动方式有直接传动、皮带传动和联轴器传动三类。船用离心式通风机多为直接传动和皮带传动。

离心式通风机的特性曲线是指风压 $p(\text{mmH}_2\text{O})$、轴功率 $N_e(\text{kW})$ 及效率 η 与流量 $Q(\text{m}^3/\text{h})$ 之间的关系曲线,同离心泵特性曲线相似,均由生产厂家在出厂时实验测得,以供以后管理时参考,并大致判断离心式通风机运行状态。风压 p 是离心式通风机的全压,即离心式通风机出口端的实际风压(有时产品样本也给出与全压大致平行的静压 p_{st})的特性曲线,功率 N_e 是指原动机传给离心式通风机轴上的实际功率,效率 η 即为有效功率与轴功率之比,通过测量与计算求得。将某一特定转速下上述特性参数在不同离心式通风机流量下数值连成曲线,即称为离心式通风机的定速特性曲线。如图 3-6-3 所示为某一后弯叶片离心式通风机的定速特性曲线。

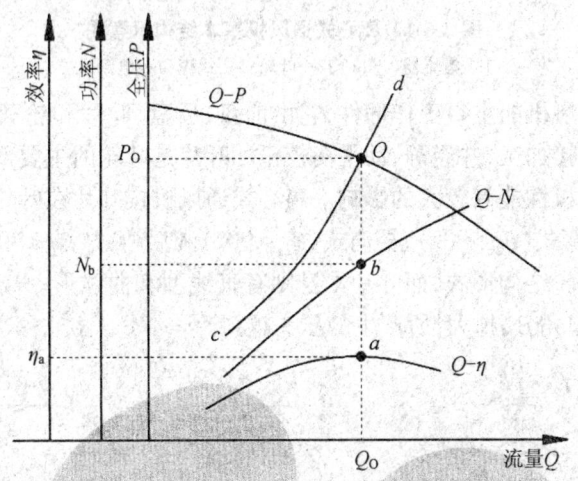

图 3-6-3 某一后弯叶片离心式通风机的定速特性曲线

由图 3-6-3 可见,离心式通风机风压曲线为一条下弯的曲线,而功率曲线为一条向上倾斜曲线。同离心泵相同,离心式通风机工作时的具体风压与流量是由离心式通风机特性曲线和风管特性曲线共同决定的。如图 3-6-3 所示,假设 c-d 为风管特性曲线,那么离心式通风机的工况点为 O。相应流量、全压、功率、效率分别为 Q_0、P_0、N_b、η_a。设计与选型较好的供风系统,离心式通风机工况点应在效率最高处。

2.离心式通风机的工况调节

离心式通风机的工况调节方法有节流调节、转速调节。如图 3-6-4 所示为离心风机节流调节与转速调节的特性曲线,其中节流调节如图 3-6-4(a)所示,一般在风管出口安装用于调节风量的风门挡板,在需要时可开大或关小风门。例如将风门关小,风管特性曲线由 I 变到 II,相应风量减少,风压升高,其轴功率下降。如果大型离心式通风机在起动之前能将挡风板关闭,则可起到减少起动功率,防止风机过载的作用。

同离心泵类似,离心式通风机的节流调节简便易行,但会伴随节流损失。变速调节效率较高,且没有额外功率损失,但电机成本相对较高,因此变频风机在普通商船上应用并不普遍。在较大型船舶中,对重要的机舱通风机经常采用双速、三速电机或变频电机。如图 3-6-4(b)所示离心式通风机转速由 n_1 提高到 n_2,则风机的工况点由 o_1 变到 o_2,离心式通风机的风量和风压均提高;反之,则风量和风压均降低。此种调节适用于机舱主、辅机在不同负荷状态时的风量调节。在需要时,离心式通风机也可以进行串联或并联使用。

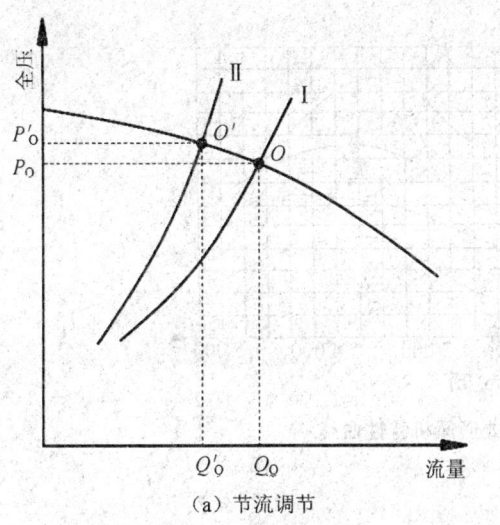 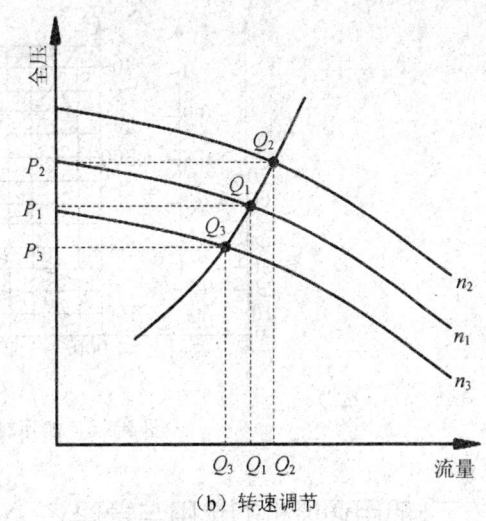

(a) 节流调节　　　　　　　　　　(b) 转速调节

图 3-6-4　离心风机节流调节与转速调节的特性曲线

3. 轴流式通风机的基本结构和工作原理

轴流式通风机可分为低压($p<500$ Pa)、高压(500 Pa$<p<5\,000$ Pa)两种。轴流式通风机基本结构如图 3-6-5 所示。它同样由叶轮、集流器、机壳等组成,叶轮安装在圆筒形机壳中。当叶轮由电动机带动高速旋转时,空气由集流器进入叶轮,并在叶片作用下,通过能量转换提高动能和压力能。

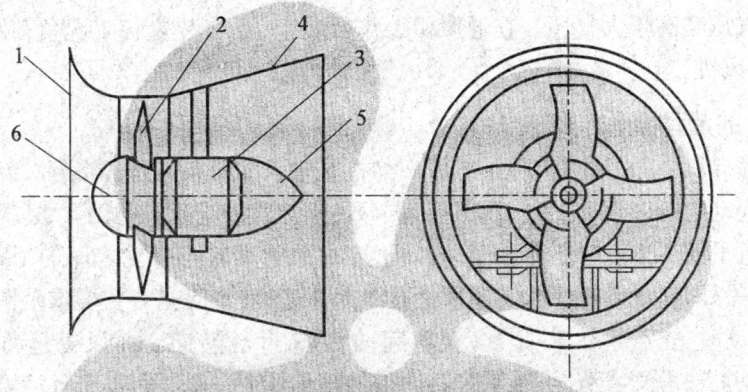

图 3-6-5　轴流式通风机基本结构
1—集流器;2—叶轮;3—电动机;4—扩压筒;5,6—前后整流罩

船用轴流式通风机的叶轮均直接装在电动机轴上。为减小阻力,又常在叶轮前面装一个流线型整流罩,其电机也以流线型罩罩起来,以减少空气离开叶轮后因乱流所造成的能量损失。船用轴流风机的机壳多采用普通钢、不锈钢制成,叶轮多采用铝合金制成。轴流式通风机可垂直、水平或倾斜安装。船舶通风系统中多直接装在通风管道中。

船用轴流式通风机特性曲线如图 3-6-6 所示,由图可见,轴流式通风机特性与离心风机有较大区别,其中在稳定工作区功率随流量增加而提高,因此,轴流式通风机不适合做节流调节,由于轴流式通风机运转特性所致,一般也不推荐串、并联使用。

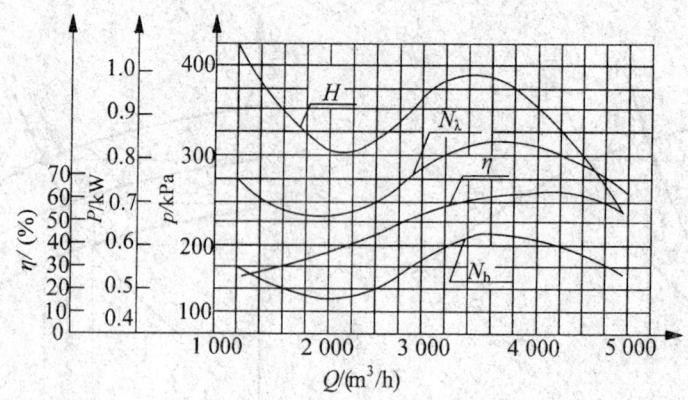

图 3-6-6　船用轴流式通风机特性曲线

二、船用通风机的选用与管理

1.船用通风机的选用

船用通风机分鼓风用通风机和换气用通风机。其中,鼓风用通风机选用小型、抗摇摆、抗振动、抗冲击且节能的风机,一般采用机翼型叶片。换气用通风机可输送空气、含有盐雾的海洋空气、含油雾空气、蓄电池自然蒸发产生的少量酸蒸汽等。通风机要求防腐蚀、气密性好、噪声低。为防止腐蚀,可进行镀锌处理。考虑到船舶的工作环境,船用通风机一般选择防爆型。

机舱通风机选用时,应满足压力和流量要求。在各种负荷下,满足机舱各设备的空气耗量,并使机舱气压略高于大气压。在通风机工作数量上,要与装置各工况负荷相匹配,必要时使用部分变速风机。

2.通风机的起动操作

起动前,通风机应做好检查、准备工作。如检查轴承润滑条件是否良好。新装或修理后复装的通风机,起动前还应手动试转,观察有无卡死、摩擦或影响运转的因素;还需检查所有紧固件,确定通风机平稳工作。对于带传动通风机,应注意驱动轮与带轮之间的平行与平齐,传动带松紧合适。另外,起动前还应检查通风机接线是否正确,绝缘是否在要求范围内。

通风机起动时,先点起动 1~2 次,观察起动状态、叶轮转向。通风机起动后观察风机振动、运行及通风机轴承润滑情况,轴承表面测得的轴承温度一般不得高于环境温度 40 ℃,振动速度有效值不得超过 6.3 mm/s。如有异常,应立即停机。通风机停机,只需关闭电源即可。但如果是停机检查或维修,应在其电源处悬挂"禁止合闸"警告牌。

3.通风机检修注意事项

通风机在运行中操作人员应注意其风量、风压及电动机电流的变化,必要时进行工况调节。通风机运行中必须经常观察通风机振动、润滑及整个通风系统的工作情况,并做好运行记录。做好通风机的日常维护、保养和检修工作。

通风机检修工作主要包括定期拆检和故障维修,拆开后检查气流表面(进风口、叶轮、叶片和机壳内之间的流道)的清洁度,清除表面积灰;检查在叶轮叶片、轮缘或轮盘处以及入口或机壳中是否有擦伤。如未发现有异常磨损和变形,可清洁后更换轴承等易损件重新装复。叶轮与主轴一般采用键连接,孔与轴一般采用过渡配合,在轴的纵向装好紧固装置并锁紧。将叶轮固定好后,测量前后盘外径处径向与轴向跳动量,应不超出规定标准,如表 3-6-1 所示为风机叶轮表面形状公差。

表 3-6-1　风机叶轮表面形状公差　　　　　　　　　　（mm）

叶轮直径	<400	400~800	800~1 200	1 200~2 200
前后盘外径处径向跳动量	1.0	1.6	2.0	2.5
前后盘外径处轴向跳动量	1.5	2.0	3.0	5.0

4.通风机常见故障及原因

（1）风机振动或噪声过大

主要原因包括：

①叶轮和进风口不同轴；

②进风口损坏；

③叶轮弯曲或损坏；

④轴与轴承松动；

⑤叶轮与轴之间松动；

⑥带轮固定不好；

⑦带过松或过紧；

⑧电动机或风机底座没有固定好。

（2）通风量减小

主要原因包括：

①风机转向不正确；

②叶轮与进口圈不同轴；

③风机转速过低；

④通风管阻力过大；

⑤风门开度不足；

⑥滤网过脏。

（3）风机功率过大

主要原因包括：

①后倾叶轮装反了；

②风机转速过高；

③管路阻力过小（离心式）；

④风管阻力过大；

⑤滤网漏装。

三、机舱通风系统的组成、管理要点

船舶通风是改善船员劳动条件及提供船员、旅客舒适及卫生的生活环境的一种措施,也是为了维护机械设备正常运行,尤其是为机舱燃烧设备提供充足氧气的有效手段。

1.通风系统的组成与分类

船用通风系统主要由风机、风筒、风闸、通风栅、调风门、通风管等组成。通风系统分类如下：

(1)按用途分

①居住、生活舱室通风,包括居住舱室、餐厅、会议室、厨房及浴室、厕所等处所。

②机舱等工作舱室通风,包括主机舱、副机舱、锅炉间与净油机间等处。

③货舱通风。

(2)按通风形式分

①自然通风:利用空气热压原理,自然地形成空气流动,加上自然风压促使空气流动的通风方式。

②机械通风:利用动力驱动通风机,造成空气的交换与循环的通风方式。

(3)按风管内风速或风压分

①通风管主管风速在 10 m/s 以下为低速通风;在 10~20 m/s 为中速通风;在 20 m/s 以上为高速通风。

②主通风管风压在 392 Pa 以下为低压通风;392~980 Pa 为中压通风;980 Pa 以上为高压通风。

2. 通风系统的要求:

(1)所有通风百叶窗及通风筒应设有不锈钢防鼠网。

(2)所有附件与管道均应采用镀锌处理;否则应进行防锈漆和面漆处理。

(3)风管每隔 2~3 m 设固定支架。

(4)在结构风管最低处开泄水孔,离心式通风机进、出口设耐火帆布接头。

(5)所有风管上应适当地开设用于检查和清洁的孔。

(6)有空气污染的舱室,如病室、化学实验室等,抽风量应大于进风量。在空调系统中,这些舱室不得设置回风口。

(7)根据规范要求,通风管应在适当位置设置手动或电动防火风闸。

3. 通风系统的管理

(1)定期检修、保养全船通风机。

(2)定期保养手动和电动防火风闸。

(3)定期活动风门调节挡板。

第四章 活塞式空气压缩机

第一节 基础理论

一、理论工作循环和实际工作循环

1. 理论工作循环

活塞式空气压缩机利用活塞在气缸内往复运动,周期性地改变气缸的工作容积,以完成对空气的吸入、压缩和排出。活塞式空气压缩机的理论工作循环假定:(1)气缸没有余隙容积,且密封良好,气阀启、闭及时;(2)吸、排气过程中没有压力损失;(3)工作过程中气体与缸壁等无热交换;(4)被压缩气体是理想气体。

如图 4-4-1 所示为单级往复式压缩机理论工作循环,其中过程 d-a 和 b-c 均为可逆绝热的流动过程,因而 d 点和 a 点的气体状态相同,b 点和 c 点的气体状态相同。过程 a-b 是可逆绝热的压缩过程,即等熵压缩过程;过程 c-d 是压力降过程,因为此时压缩机的余隙容积为零,故 c-d 是一条垂直线。循环过程线 $abcd$ 所包围面积,代表每一循环耗功的大小。

2. 实际工作循环

压缩机气缸内进行的实际过程是相当复杂的,通常用示功器记录不同活塞位置或曲轴转角时气缸内部气体压力的变化,所得的结果就是 $p-V$ 示功图。

活塞式压缩机的实际工作循环在 $p-V$ 示功图上,如图 4-1-2 所示为活塞式压缩机的实际工作循环。造成实际过程不同于理论过程的各种因素论述如下。

(1)余隙容积的影响

实际压缩机考虑到零件的热膨胀和液击现象,在活塞到达上止点时,活塞顶与气缸盖之间应保留一定的间隙。同时,在结构上还有与气缸相沟通的阀门通道等。这样,在排气过程中,缸内气体就不可能全部排出,这部分残留气体所占据的容积,称为余隙容积,以 V_c 表示。

由图 4-1-2 可见,当存在余隙容积 V_c 时,活塞在排气后从上止点向下止点返回时,残存在

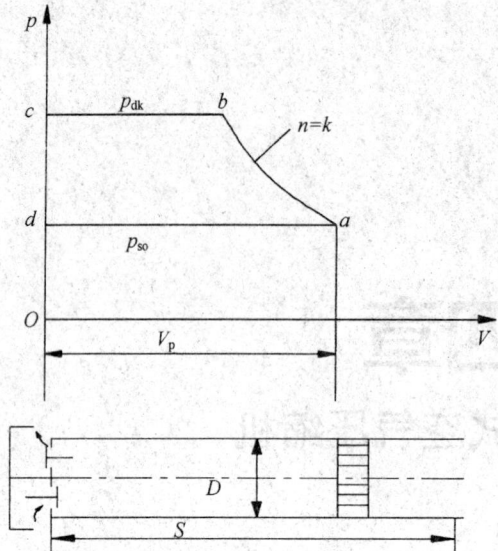

图 4-1-1　单级往复式压缩机理论工作循环

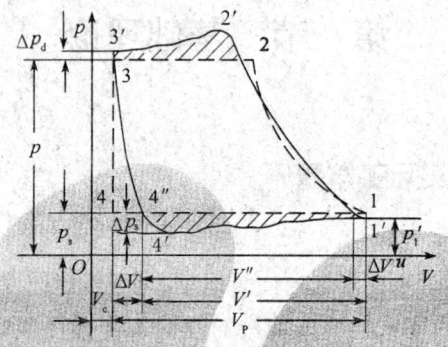

图 4-1-2　活塞式压缩机的实际工作循环

余隙容积内的气体发生如曲线 3′—4′所示的膨胀。只有当气缸内压力达到进气管压力时才有可能开始吸气,即在吸气过程中,由于余隙容积的存在,吸气量实际为 V'。余隙容积与气缸工作容积之比称为相对余隙容积。实际过程的吸气容积 V' 和理想过程时的吸气容积 V_p 之比称为压缩机的容积系数,用 λ_C 表示。

$$\lambda_C = V'/V_p = 1 - \Delta V'/V_p \tag{4-1-1}$$

在实际使用中可用压铅丝法检查余隙的大小,并进行适当调整。

(2) 吸、排气压力损失及其影响

由于吸气阀和吸气通道的流动阻力以及阀片上的弹簧力,在吸气过程中气缸内压力要比吸入管的压力低。活塞须经过一段预压缩后,才能使气缸内的气体压力上升到吸入管的压力,即由于进气阀的阻力损失,吸气量减少了 $\Delta V''$。其影响程度可用阻力系数 λ_p 表示:

$$\lambda_p = V''/V' = 1 - \Delta V''/V' \tag{4-1-2}$$

同样,在排气过程中由于排气阀的阻力损失,气缸内的压力要高于排气管压力 P_d。使排气终了时余隙中剩余气体量增加。实际工作循环由于吸、排气压力损失使压缩机耗功增加,其增大部分如图 4-1-2 中斜阴线部分所示面积。

(3) 气体和气缸的热交换及其影响

在实际工作中,气体在压缩和膨胀时,与气缸壁发生复杂的热交换,在排气结束时气缸、活塞的温度都升高。在吸气过程中气体和气缸等发生热交换,气体被加热,使得吸入终了时气体的温度高于吸气管中的温度,比容增大,实际吸气量减少。这部分损失叫预热损失,其影响程度可用温度系数 λ_T 表示。

$$\lambda_T \approx T_s/T'' \tag{4-1-3}$$

式中,T_s——吸气管中气体的绝对温度;

T''——吸气终了时气缸内气体的绝对温度。

一般 $\lambda_T = 0.9 \sim 0.95$。

(4)泄漏及其影响

由于吸、排气阀关闭不严,活塞密封环密封不严,压缩机在工作过程中存在泄漏,使压缩机的排气量减少。泄漏对排气量的影响用气密系数 λ_l 表示。通常 λ_l 在 0.90~0.98 之间。

二、容积流量、输气系数和影响输气系数的因素

1.排气量

对单作用活塞式空压机其理论输气量:

$$v_1 = \pi D^2 Snz/240 \tag{4-1-4}$$

式中,D——气缸直径,m;

S——活塞行程,m;

n——压缩机转速,r/min;

z——气缸数目。

2.输气系数

比较实际循环和理论循环可以看出,实际循环输气量小于理论循环输气量。实际输气量与理论输气量的比值称为输气系数(也称为容积效率),用 λ 表示,即

$$\lambda = V_{实际}/V_{理论} \tag{4-1-5}$$

输气系数 λ 一般在 0.60~0.80 范围内。在压缩机本身状况不变的情况下,压力比 P_d/P_s 增加,则 λ 减小。这是因为压力比升高则余隙容积损失和漏泄损失增加;而且机体温度也升高,引起预热损失加大。

在实际管理工作中,为维护输气系数不致降低,最重要的是减少气阀、活塞环等引起的泄漏损失;其次是及时清洗吸气滤器,减少吸气阻力损失;此外要保持气缸冷却良好。必要时可以用压铅丝的方法检查余隙高度是否合乎设计要求。

3.影响输气系数的因素

输气系数 λ 与容积系数 λ_C、阻力系数 λ_p、温度系数 λ_T 和气密系数 λ_l 有关。这四个系数的定义如下:

(1)容积系数 λ_C:它反映了压缩机中余隙容积的存在对压缩机输气量的影响。

(2)阻力系数 λ_p:它反映了吸气压力损失对压缩机输气量的影响。

(3)温度系数 λ_T:它反映了在吸气过程中,因气体的预热对输气量的影响。

(4)气密系数 λ_l:它反映了压缩机工作过程中由于泄漏而引起的对输气量的影响。

三、功率和效率

压缩机用于压送气体的功率称为指示功率,用 P_i 表示。在压缩机工作时测出指示功率,

即如图 4-1-2 所示的实际循环,它所包围的面积即相当于每一个循环所用的指示功,乘以转速即可求出指示功率。

按压缩机理论循环计算所需功率称为理论功率。理论功率小于指示功率,它与指示功率之比称为指示效率,用 η_i 表示。理论功率可以按等温理论循环或绝热理论循环计算,分别称为等温理论功率(用 P_T 表示)和绝热理论功率(用 P_s 表示)。相应求出的指示效率称为等温指示效率(用 η_{iT} 表示)和绝热指示效率(用 η_{is} 表示),即

$$\eta_{iT} = P_T/P_i \qquad \eta_{is} = P_s/P_i \tag{4-1-6}$$

指示效率反映了实际气体在工作过程中由于吸、排气阻力及气体的摩擦、旋涡等流动造成的能量损失的大小,其中,等温指示效率除了反映上述损失外,还反映冷却达不到等温压缩而附加的能量损失,故比绝热指示效率更低。

压缩机曲轴所得到的输入功率称为轴功率,用 P 表示。空压机铭牌上标注的或说明书给出的是轴功率。由于压缩机运动部件摩擦及附属设备(滑油泵、风机等)要消耗功率,轴功率大于指示功率,两者之比称为机械效率,用 η_m 表示,即

$$\eta_m = P_i/P \tag{4-1-7}$$

根据对现有压缩机所进行的统计,η_m 一般分别为 0.82~0.90(微型)、0.85~0.92(小型)、0.90~0.96(大、中型)。

压缩机总效率为理论功率与轴功率之比。由于等温理论功率 P_T 和绝热理论功率 P_s 不同,有等温效率(用 η_T 表示)和绝热效率(用 η_s 表示)之分。根据式(4-1-6)、(4-1-7)可得

$$\eta_T = P_T/P = \eta_{iT}\eta_m \tag{4-1-8}$$

$$\eta_s = P_s/P = \eta_{is}\eta_m \tag{4-1-9}$$

一般压缩机 η_T 为 0.60~0.75,η_s 分别为 0.65~0.70(小型)、0.70~0.80(中型)、0.80~0.85(大型)。一般水冷空压机常以 η_T 为评价指标,风冷空压机常以 η_s 为评价指标。

四、多级压缩的意义、级数和级间压力的选定

船用空压机的排出压力较高,一般为 2.5~3.0 MPa,采用单级压缩,普通压缩机根本无法达到 25~30 的压缩比,必须采用多级压缩才能完成。采用两级压缩后,每一级的压比将不大于 6。为提高空压机的经济性和输气量,通常都在级间采用中间冷却的措施。如图 4-1-3 所示为两级压缩式空压机的工作流程示意图。采用多级压缩中间冷却的优点是:(1)减小压缩比,减轻活塞上的作用力;(2)提高输气系数;(3)节省压缩功,级数越多,压缩过程线越接近等温过程线,耗功越少;(4)降低排气温度,保证有效的润滑。

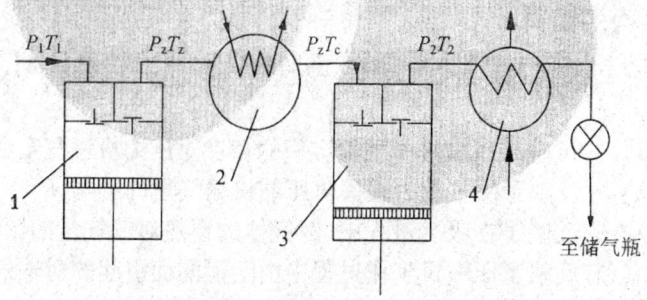

图 4-1-3 两级压缩式空压机的工作流程示意图
1—低压缸;2—级间冷却器;3—高压缸;4—后冷却器

船用两级压缩的中间压力的大小应按最省功原则来确定。根据理论分析,当各级压缩耗功相等时,压缩机的总耗功最小。因而两级压缩机的最佳压比选择的原则是 $\varepsilon = P_z/P_1 = P_2/P_z = \sqrt{P_2/P_1}$,即两级压缩机各级的压比应该相等,并等于总压比的平方根。而实际上,由于后级余隙对输气系数的影响比前一级大;而且从冷却效果上讲,后级冷却效果不如级间冷却;后一级的压缩过程排气压力、温度高,更偏离等温过程。因此后一级压比总是要比前一级稍小一些。船用空气压缩机一般压比为 6~8,而中间压力 P_z 选择的基本原则是: $P_z = \sqrt{P_2 P_1}$。

第二节 活塞式空气压缩机的结构和控制

一、典型结构和主要部件

活塞式空压机的结构类似于活塞式制冷压缩机和往复泵,但由于工作介质不同,在结构上区别较大。如图 4-2-1 所示为 CZ60/30 型船用空气压缩机结构图,该空压机属立式、水冷、两

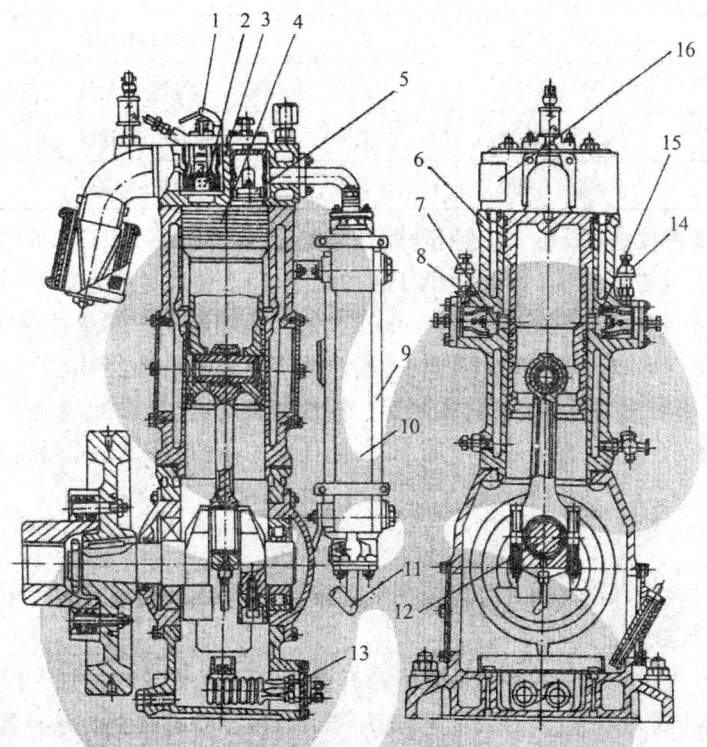

图 4-2-1 CZ60/30 型船用空气压缩机结构图

1—卸载阀;2—低压级吸气阀;3—低压级气缸盖;4—活塞与连杆;5—低压级排气阀;6—气缸与曲轴箱;7—高压级吸气阀;8—低压级安全阀;9—冷却器;10—气液分离器;11—管系;12—曲轴与飞轮;13—滑油冷却器;14—高压级安全阀;15—高压级排气阀;16—铭牌

级空气压缩机。空压机排气量为 60 m³/h,转速为 750 r/min。低压级额定排气压力为 0.64 MPa,高压级额定排气压力为 3 MPa。

电动机通过弹性联轴器带动曲轴旋转,再经连杆、活塞销带动活塞在气缸内上、下往复运动。空气经滤清器、低压级吸气阀,被吸入低压级气缸;经活塞压缩后从位于气缸头的低压级

排出的空气经中间冷却器冷却后,通过高压级吸气阀被吸入高压级气缸进行二级压缩,经压缩后从高压级排气阀排出,排出空气再经后冷却及气液分离后排向空气瓶。在整个压缩过程中,空气的压力逐级升高,温度也逐级上升。

1. 气缸与活塞

船用活塞式空压机常采用级差式气缸与活塞,以缩小机器尺寸。由图 4-2-1 可见,气缸及铝合金铸造的活塞都分成直径上大下小的两段,低压级工作空间是由活塞、气缸及气缸盖所构成;高压级工作空间是由活塞和气缸所构成的环形腔室。当活塞从上止点向下止点运动时,空压机的低压级处于吸气过程而高压级处于排气过程;反之当活塞从下止点向上止点运动时,空压机的低压级处于排气过程而高压级处于吸气过程。因此活塞的密封性能对压缩机的工作影响很大,一般活塞上段有 6 道活塞环,下段有 6 道活塞环和 1 道刮油环。船用空压机气密环开口间隙和侧隙的一般范围如表 4-2-1 所示。

表 4-2-1 船用空压机气密环开口间隙和侧隙的一般范围

气缸直径(mm)	开口间隙(mm)		侧隙(mm)	
	安装值	极限值	安装值	极限值
<60	0.200~0.300	0.50	0.020~0.050	0.100
60~120	0.300~0.500	1.00	0.020~0.060	0.100
120~180	0.500~0.800	1.50	0.030~0.090	0.120
>180	0.800~1.000	1.50	0.030~0.100	0.120

活塞销与活塞销孔是静配合,与连杆小端是动配合,有 0.025~0.077 mm 的配合间隙。

气缸与气缸盖间的垫片厚度会影响低压级的余隙容积,垫片越厚余隙容积越大,通常活塞在上止点时与缸盖间隙应保持在 0.5~1.0 mm。气缸与曲轴箱之间的垫片厚度对低压级和高压级的余隙容积都有影响。但应特别注意的是,调节气缸与曲轴箱之间的垫片厚度时,对低压级和高压级的余隙容积影响完全相反,如当垫片厚度增加时,低压级的余隙容积增大,而高压级的余隙容积却减小;反之,当垫片厚度减少时,低压级的余隙容积减小,而高压级的余隙容积却增大。

2. 气阀

低压级的吸气阀 2 和排气阀 5 垂直装在气缸盖 3 上;高压级的吸气阀 7 和排气阀 15 则垂直于气缸,安装在气缸中部的阀室内。

气阀阀片的升程对压缩机的经济性和寿命有重要的影响,合理地增加升程,可以降低阀隙气流速度,减小阀的阻力损失;但升程增大,阀片对升程限制器和阀座的撞击速度将随之增大,阀弹簧的变形量和变形速度也将增大,这会导致气阀寿命降低,而且会加重气阀关闭滞后,严重时甚至使压缩机不能正常工作。因此,气阀的升程在设计时根据经验和试验资料选定,由升程限制器来限定,说明书规定的升程不宜随便改变。气阀的升降多在 2~4 mm,转速高及工作压力大的则升程较小,由于压力不同,空气通过低压级的体积流量大于通过高压级的体积流量。

气阀是压缩机重要而易损坏的部件,其密封性能将直接影响到压缩机的排气量以及经济性和可靠性,气阀的工作寿命是决定压缩机检修周期的主要因素,因此,气阀泄漏后会造成:

(1)排气温度上升。

(2)排气量下降。
(3)缸套温度异常发热。

相对而言,排气阀泄漏要比吸气阀泄漏造成的影响大,而高压级气阀泄漏要比低压级气阀泄漏影响大。

检修气阀时应注意:
(1)吸、排气阀阀片和弹簧不能换错。
(2)检查阀片升程是否符合要求,阀片是否有卡阻现象。
(3)检修组装后的气阀要用煤油试漏,允许有滴状渗漏,每分钟滴漏量以少于 20 滴为合适。
(4)气阀安装前,紫铜垫圈要进行退火处理。

对气阀的要求:结构上要求加工工艺简单,检修方便;性能上要求关闭严密、阻力小、起闭及时等。要求阀片与阀座和升程限制器的撞击速度不要太大,以保证有较长的工作寿命(至少在 4 000 h 以上)。要求尽可能减小气阀通道形成的余隙容积。

气阀的种类有环状阀、网状阀、条状阀和舌簧阀等。船用空压机使用最普遍的是环状阀,环状阀结构简单,工艺性好,价格低廉,维修方便,且便于顶开吸气阀卸载,缺点是阀片运动的导向摩擦较大,而且为了保持足够的刚性导致阀片稍厚、质量较大,不适合太高转速(转速小于等于 1 500 r/min)。采用多环阀片可以加大通流面积,适应较大的体积流量,然而各圈阀片可能不同步,对工作造成不良影响。低转速、大排气量的空压机可采用网状阀,网状阀多用于转速不太高的小型空压机的高压级,转速较高的空压机可采用条状阀、舌簧阀。

3.安全阀

级差式空压机低压级和高压级均设有安全阀。低压级安全阀和高压级安全阀分别安装在高压级的吸、排气阀室处。一般低压级安全阀的开启压力比额定排压高 15%,高压级安全阀的开启压力比额定排压高 10%。安全阀是空压机的自动安全保护装置,当压力超过给定值时,安全阀自动开启放出气体,而当压力下降到一定值后,安全阀再自行关闭。安全阀应动作稳定,工作可靠,关闭气密性好,开启时的空气泄放量应等于或稍大于压缩机的排气量,如图 4-2-2 所示为安全阀结构图。

4.机构卸载

空气压缩机在起动时,为减小起动电流,避免机器部件受力过大引起机损,在起动期间必须卸载。常用的卸载方法有顶开吸气阀、排气旁通等。

5.气液分离器

各级气缸的排气都会夹带有细小的油滴,而且排气中水蒸气的分压力也较高,冷却后会析出凝水。第一级冷却后这些油和水可以部分分离出来,积于级间冷却器和高压缸进气口之间的空气管路里,通常有泄放阀可予以泄放。在冷却器后常设气液分离器,以提高充入气瓶的压缩空气的品质。本例的气液分离器就并排安装在冷却器旁。

气液分离器按工作原理分:惯性式、过滤式、吸附式三种。如图 4-2-3 所示为惯性式气液分离器。其工作原理是利用液滴和气体的比重不同,多次改变气流的流动方向,使液滴撞击并吸附在芯子 7 的壁面上,聚集而流到壳体 6 的下部空间。为避免停车时气流返回空压机,气液分离器中的钢球阀 4 起到空气止回作用;分离器下部的泄放阀 8 用来排放分离出的油和水。

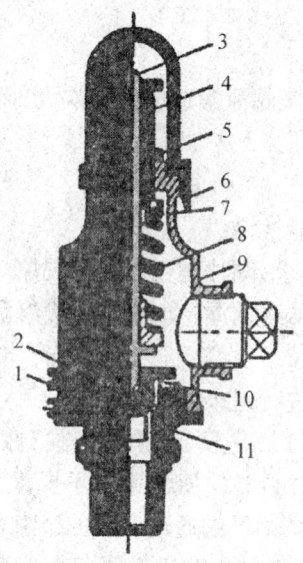

图 4-2-2　安全阀结构图

1—止动螺钉；2—阀盘；3—顶杆；4—调整螺钉；5—锁紧螺母；6—铅封；7—弹簧座；
8—弹簧；9—阀体；10—调整环；11—阀座

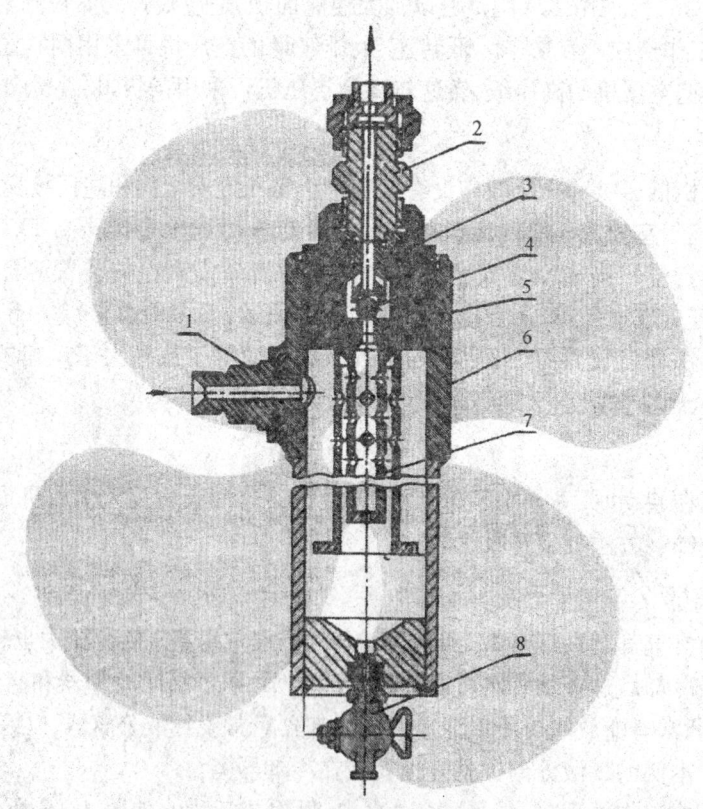

图 4-2-3　惯性式气液分离器

1—进口接头；2—出口接头；3—限制器；4—钢球阀；5—阀座；6—壳体；7—芯子；8—泄放阀

二、活塞式空气压缩机的润滑和冷却

1.润滑

空压机的润滑方式有飞溅式润滑和压力式润滑两种,船用小型空压机多采用飞溅式润滑,空压机运转时连杆大端轴承盖上的击油勺击溅曲轴箱中的润滑油,飞溅的油滴可润滑主轴承、连杆小端轴承和气缸下部工作面,同时一部分油沿油勺正面的小孔和连杆大端的导油孔去润滑连杆大端轴承。气缸上部靠低压级空气吸入管上的油杯每分钟滴入4~6滴油或通过连接管从曲轴箱中吸入部分油雾来润滑,曲轴箱门盖上装有测油位的油尺,并可由此加润滑油,曲轴箱中的油位应适中,油位过低会造成润滑不良,油位过高会使飞溅量过大,不仅使耗功增加,润滑油容易变质,而且过多的润滑油进入气缸会影响空气品质,使气阀结焦、活塞环失灵。

2.冷却

冷却对空压机是十分重要的。冷却方式有水冷和风冷两种。船用空压机多数采用水冷,大多不自带水泵,所需冷却水来自机舱海水系统,有中央冷却系统的船舶可采用淡水循环冷却。

空压机的冷却主要包括以下几个方面:

(1)空气冷却

空气在压缩过程中随着压力升高,空气的温度也会随之上升。为减少功耗和排气比容,提高气瓶储量、增加排气量,对低压级和高压级排气均需进行冷却,分别称为级间冷却和后冷却。

级间冷却是指对低压级排气的冷却。级间冷却对降低排气温度和减少功耗有显著效果,一般要求冷却水先通过级间冷却器。级间冷却器常采用壳管式,冷却水自下而上绕壳内若干挡板曲折地流过管外,压缩空气由上而下从管中流过。

后冷却是指对高压级排气的冷却。后冷却可减小排气比容,提高气瓶储量和减轻其气压降低程度,并使排气中的油和水的蒸气冷凝而便于分离,一般冷却至60 ℃左右即可。也有的船为减少设备,空压机不设后冷却,这时则更应及时泄放储气瓶的油和水。

(2)气缸冷却

空压机工作温度较高,气缸和缸盖都需要冷却,以利于减少压缩功、降低排气温度和避免滑油温度过高。然而过度冷却会使缸壁温度过低,使空气中的部分水分析出而在壁面上结露,有造成水击的可能。缸壁温度一般比冷却水温度高15~20 ℃,通常气缸冷却水温以不低于30 ℃为宜。

(3)滑油冷却

为了使滑油保持良好的润滑性能,又能对摩擦表面起到冷却作用,减缓油氧化变质的速度。需对曲轴箱中的滑油进行冷却,如图4-2-1所示在曲轴箱底有水冷螺旋管式滑油冷却器13。一般要求油温保持在50 ℃左右。

船用空压机常用海水直接进行冷却,为减轻腐蚀在冷却器中应装有防蚀锌棒。为防止水腔因排气泄漏而使冷却水腔压力过高,还设有安全膜。一般船用空压机的冷却水流程是:冷却水首先进入空气冷却器,先进行级间冷却再进行后冷却,从后冷却器出来的冷却水再分成两路,一路自下而上流过气缸和气缸盖的冷却水腔,如高、低压缸分开布置,通常是串联通过,先低后高;另一路进入设在曲轴箱内的滑油冷却器。冷却水的进水管上设有验水阀。气缸下部设有泄水旋塞用来在检修空压机之前放空冷却水腔,也可用来检验冷却水压力是否符合要求。

三、活塞式空气压缩机自动控制的特点

活塞式空气压缩机的自动控制主要包括以下内容：压缩机的自动起、停；自动卸载；自动泄放；冷却水、滑油的自动控制；自动安全保护。下面结合 CZ60/30 型船用空气压缩机，介绍活塞式空压机的自动控制，如图 4-2-4 所示为 CZ60/30 型船用空气压缩机的自动控制原理图。

1. 压缩机的自动起、停

如图 4-2-4 所示，以空气瓶实际压力为信号，通过压力继电器 8 来控制压缩机的起、停。压缩机的起动压力为 2.5 MPa，停车压力为 3.0 MPa。一般商船上至少有两台空气压缩机，当船舶在进、出港等用气量大的场合，有时一台空气压缩机工作无法满足用气量的要求，当空气瓶压力下降到 2.4 MPa 时，另一台空气压缩机将自动起动投入工作。当压力上升至 2.9 MPa 时，备用空气压缩机首先停车，而优先工作的空气压缩机则要等压力达到 3.0 MPa 时才停车。即两台空气压缩机中，优先工作的空气压缩机的起、停值为 2.5 MPa 和 3.0 MPa，备用空气压缩机的起、停值为 2.4 MPa 和 2.9 MPa。

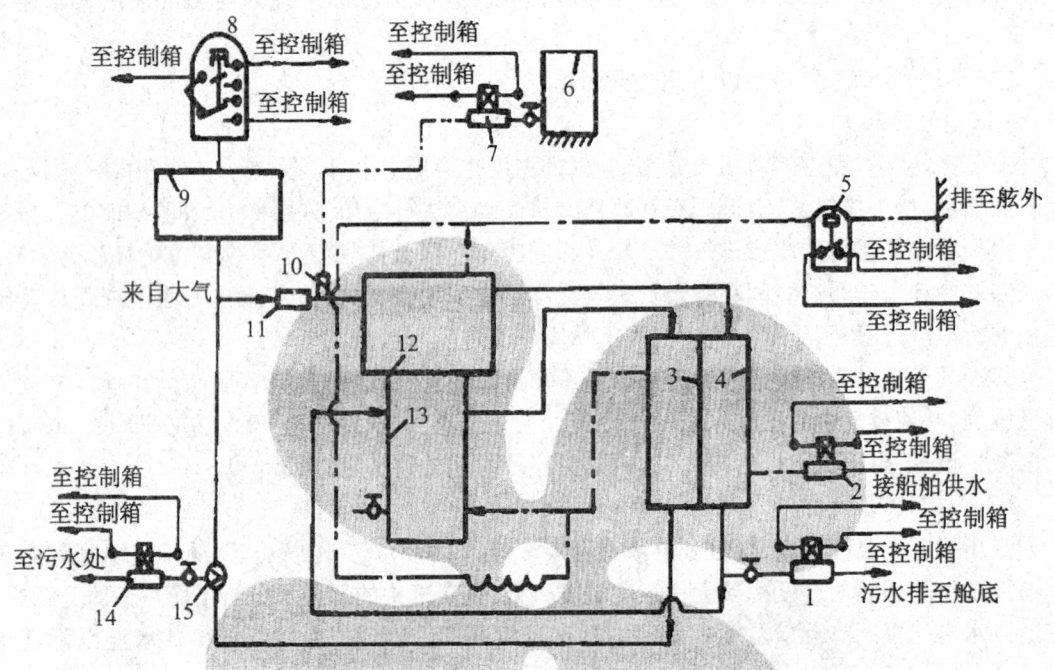

图 4-2-4　CZ60/30 型船用空气压缩机的自动控制原理图

1—3JF 电磁阀；2—2JF 电磁阀；3—中间冷却器；4—后冷却器；5—液流信号器；6—滑油储存箱；7—JF 电磁阀；8—YP 压力继电器；9—储气瓶；10—滴油杯；11—空气滤清器；12—压缩机低压级气缸；13—压缩机高压级气缸；14—JF 电磁阀；15—气液分离器

2. 自动卸载

空气压缩机起动时能自动卸载，使气缸均处于空载状态，达到压缩机的空载起动。停车时能先卸载后停车，以减少压缩机的震动和冲击。卸载的方法一般是通过定时器自动控制电磁阀的启闭来实现的。

3. 自动泄放

空气压缩机工作时，空气瓶及空气压缩机气液分离器的泄放电磁阀，通过定时器定时泄

放;停车时除空气瓶泄放电磁阀外,其他泄放阀应保持打开而定时器也停止工作。

4.冷却水自动控制
压缩机起动时供水电磁阀自动打开供水;停车时供水电磁阀关闭停止供水。

5.滑油的自动控制
如图4-2-4所示,空气压缩机低压缸的滴油杯的供油由电磁阀7控制,该阀与压缩机同步工作;而高压缸的润滑则采用飞溅式。

6.自动安全保护
一般空气压缩机自动控制装置中应包括温度、压力、油位等安全保护措施。其中包括排气温度、冷却水温继电器。当空气压缩机排气温度或冷却水温超高时,自动停车;冷却水压力继电器、曲轴箱油位继电器等,在压力或油位低于设定值时,这些保护继电器动作,空气压缩机自动停车。

第三节　活塞式空气压缩机的管理

一、活塞式空气压缩机的维护与运行管理

1.起动
(1)起动前的准备。对刚检修过或长时间未用的空气压缩机,应盘车1~2转,检查是否正常;检查曲轴箱油位是否保持在油尺的规定刻度内,采用飞溅润滑时,以曲轴下止点油勺浸入油中20~30 mm为宜,油勺应离底2~3 mm,对采用滴油润滑的低压级气缸,油杯的油位应不低于1/3,并保持滴油量每分钟4~6滴;打开冷却水进、出口阀,引入冷却水;打开从空气压缩机到空气瓶的所有各阀,检查手动卸载是否置于卸载位置;检查空气压缩机各泄放阀是否置于开启位置。

(2)起动。准备工作就绪后,先点动1~2次;若无异常则转入正常运行,起动过程中应注意观察电流变化情况,是否有异常声响;等电流正常后,对自动卸载空气压缩机应观察是否已自动加载,对手动卸载空气压缩机应手动停止卸载;并由低至高关闭各级泄放阀,检查是否有漏气、漏水等情况;检查排气温度、压力及缸头温度是否正常。

2.运行中的检查要点
(1)检查冷却情况。注意检查冷却水进、出口温度,一般进、出口温升在10~15 ℃,冷却水进、出口压力应保持在0.07~0.3 MPa,流速为1~2 m/s。发现空气压缩机在工作中已经断水,必须立即停车,待其自然冷却后再检查是否造成损坏,切忌在气缸很热时立刻通入冷却水而引起"炸缸"。

(2)检查润滑情况。吸气温度不超过45 ℃时,水冷式空气压缩机滑油温度应不超过70 ℃,风冷式不超过80 ℃,对压力式润滑,滑油压力应不低于0.1 MPa,同时还经常检查曲轴箱等油位。

(3)检查排气压力和温度。注意观察空气压缩机的各级排气压力变化情况,是否随空气瓶压力的升高而同步上升,进空气瓶的空气温度,水冷时应不超过进水温度加30 ℃;风冷时应

不超过环境温度加 40 ℃。

(4) 定时泄水。对工作中的空气压缩机每隔 2 h 泄水一次,泄水时应观察泄水中是否带有过多滑油。

3. 停车

对非自动控制空压机,应先手动卸载,再由高至低开启各级泄放阀,防止因缸内存气而在拆检时发生意外。

4. 对空气压缩机润滑油的要求

空气压缩机着火爆炸的原因是油在高温下分解形成的积炭沉淀物发生自燃。油渗入积炭、铁锈就会滞留在排气通道中。若排气温度高到一定程度,吸收了油的积炭沉淀物氧化加剧,而氧化是放热反应,促使油积炭沉淀物的局部温度进一步升高,就可能发生自燃。自燃并不一定要空气温度达到油的闪点,有时可能气温在 180~200 ℃ 或更低时发生。自燃加剧了油的蒸发,空气中油的浓度达一定程度就可能爆炸。防止着火与爆炸的措施是:

(1) 选用抗氧化性好,黏度和闪点适当的滑油。

(2) 防止排气温度过高,空气压缩机必须保证工作温度低于滑油闪点 20 ℃ 以上。

(3) 完全避免油的氧化和分解是不可能的,因此,应及时清除气道中的积油、积炭。积炭厚度不大于 3 mm 被认为是安全的。

(4) 消除其他触发自燃的因素。例如空气压缩机应接地,避免静电积聚引起电火花;不允许运动部件异常摩擦和咬死;不允许容器和管道零部件松动产生撞击;不应采用可燃性密封材料;不允许气阀严重漏气;不允许活塞环严重漏气导致曲轴箱高温,这时若箱内运动部件局部过热,可能引起曲轴箱爆炸。

(5) 防止空气中油分达到爆炸浓度。为此,空气压缩机空转的时间不可过长,因为这时油气集聚浓度增长较快。

二、活塞式空气压缩机的常见故障分析与处理

如表 4-3-1 所示为空气压缩机常见故障分析与排除。

表 4-3-1 空气压缩机常见故障分析与排除

故障现象	原因分析	排除方法
排气温度过高	(1) 排气压力过高 (2) 气阀泄漏 (3) 冷却不良 (4) 吸气温度过高	(1) 检查原因并排除 (2) 检修或更换气阀 (3) 改善冷却条件 (4) 检查原因并排除
排气量下降	(1) 转速下降 (2) 泄漏 (3) 余隙容积过大 (4) 冷却不良 (5) 吸气滤器脏堵	(1) 调节转速 (2) 检查原因并排除 (3) 调整余隙 (4) 加强冷却 (5) 清洗滤器

续表

故障现象	原因分析	排除方法
异常敲击声	(1) 轴承间隙过大 (2) 紧固件松动 (3) 气缸余隙过小 (4) 液击 (5) 曲柄与气缸对中不良 (6) 异物进入气缸	(1) 调整间隙 (2) 重新上紧 (3) 调整余隙 (4) 检查液击原因并排除 (5) 重新校正 (6) 检查并取出异物
级间压力过低	(1) 级间冷却器泄漏 (2) 前级排气量减少	(1) 查漏并修复 (2) 检查原因并排除
级间压力过高	(1) 级间冷却不良 (2) 后级排气量减少 (3) 活塞环密封不良	(1) 加强冷却 (2) 检查原因并排除 (3) 换活塞环

第五章 船舶制冷装置

第一节 理论知识

一、冷库冷藏条件

冷库通常建成固定建筑物的形式,按其容量大小可分为小型和大中型冷库。小型冷库冷藏量只有几吨到几十吨,储存量不大,储存时间也不长,冷藏温度一般为 0~10 ℃。小型冷库几乎全部采用氟利昂制冷装置,冷藏间内利用氟利昂直接蒸发冷却,冷却盘管沿墙布置,制冷设备安装在冷藏间的外面。对于不同类型的冷库,以及冷库中储存的食物品种不同,要求冷藏间内的温度、湿度条件也不同,一般可以根据各类食品冷藏工艺要求,按冷库设计规范推荐值确定。

1. 水果、蔬菜及蛋、奶类食品的冷藏条件

水果、蔬菜及蛋、奶类食品一般应采用冷却储藏。该类食品冷库的库温在 0 ℃左右,即稍高于食品冻结点的温度,冷库主要储藏水果、蔬菜、蛋和奶类食品,也适用于鱼、肉、禽等食品的短期储藏。水果、蔬菜的种类、品种不同,对低温的适应能力也各不相同。生长在南方或是夏季成熟的水果,适宜较高的温度储藏,例如香蕉储藏温度应高于 12 ℃,否则不能催熟;柑类储藏温度应在 6~8 ℃,橘类在 8~15 ℃,橙类在 5 ℃左右。北方生长的大多是秋、冬成熟的苹果、梨等一般都能忍受较低的温度,应在 0 ℃左右储藏。

水果、蔬菜在储藏过程中会逐渐因蒸发而脱水,一般来说如果重量损失达到 5%,新鲜度就会明显地下降。水果、蔬菜水分蒸发主要取决于储藏的湿度条件,湿度过小会使食品干缩,湿度过大会使食品容易发霉腐烂。菜库和乳品库适宜的相对湿度为 85%~90%。另外,冷库内要求温度场和湿度场分布均匀。

由于蔬菜和水果不断地散发水蒸气和二氧化碳等气体,为了保持冷库内合适的气体成分,应进行换气。果蔬类冷藏舱或冷藏集装箱的换气次数为每昼夜 2~4 次。

2.鱼、肉类食品的冷藏条件

通常,对鱼、肉类食品应冻结储藏,使其温度降低到大部分汁液冻结的程度,这样可更有效地抑制微生物的活动。冻结食品的储藏期比冷却食品要长得多。如果采用快速冻结方式,食品内部的水分结成细小的冰晶,对食品品质影响较小。对大多数鱼、肉类食品,若冻结温度为$-30 \sim -23$ ℃,冻结速度为$2 \sim 5$ cm/h,品质与新鲜度可几乎保持不变。

对长航线船舶,其鱼、肉类食品储藏温度以$-20 \sim -18$ ℃为宜,在此温度下微生物的繁殖几乎停止,肉类能保鲜半年以上。对于短航线船舶,鱼、肉类食品冷冻保存期为$2 \sim 3$个月,库温控制在$-12 \sim -10$ ℃较为经济。鱼、肉库的相对湿度一般保持在90%~95%为宜。

食品在冷藏期间的干缩现象也取决于库内空气流速,故对冷库内的空气流速也应加以控制。

3.CO_2和O_2浓度

水果、蔬菜的呼吸作用使库中O_2浓度减小,CO_2浓度增加。对新鲜水果和蔬菜采用"气调储藏",即将冷库内的O_2和CO_2含量控制在一定的范围内,抑制水果、蔬菜的呼吸作用而使其保鲜期延长。通常CO_2浓度控制在2%~8%,O_2浓度控制在2%~5%,气调库内存储的食品的储藏期可比在普通冷藏库内保存的食品的储藏期延长0.5~1倍。

4.臭氧的应用

应用臭氧发生器产生的臭氧可对冷库进行消毒,杀灭霉菌及其他各种微生物,减少微生物污染食品的机会。

臭氧除杀菌作用外,还可抑制水果、蔬菜的呼吸作用而使其保鲜期延长。水果、蔬菜和肉类舱臭氧连续供给浓度应控制在$0.3 \sim 0.4$ mg/m³,供臭氧时间为15 min;蛋、奶舱臭氧连续供给浓度应为$0.3 \sim 0.4$ mg/m³,供臭氧时间为10 min;鱼和其他有强烈气味的货物舱臭氧连续供给浓度应控制在$0.4 \sim 0.8$ mg/m³,供氧时间以20 min为宜,如表5-1-1所示为冷藏条件表。

表5-1-1 冷藏条件表

冷库类型	温度(℃)	相对湿度(%)	换气次数(24 h)	CO_2浓度(%)	O_2浓度(%)	臭氧浓度(mg/m³)
高温库(菜、果)	0~5	85~90	2~4	2~8	2~5	0.3~0.4(15 min)
高温库(蛋、奶)	0~5	85~90				0.3~0.4(10min)
低温库(鱼、肉)	−20~−18 −12~−10	90~95				0.4~0.8(20 min)

5.冷库建设及设计

(1)库门设计

小型冷库的库门,要根据现场能够使用的通道宽度来进行合理的设置,常见的库门设计有推拉门、电动门、卷闸门、平移门、弹簧门等;建造时需要根据顾客的需求来合理运用。如果货物运输的尺寸有所限制的话,那么,建议能够使用方便大设备、大件货物自由出入的平移门。

(2)热力膨胀阀

冷库设计建造中制冷装置的热力膨胀阀有内平衡式和外平衡式之分。具体的选型原则主要根据制冷量大小、制冷剂种类、节流前后的压力差、蒸发器管内制冷剂的流动阻力等因素来确定热力膨胀阀的形式和型号。一般情况需考虑20%~30%的余量。

(3)制冷压缩机的选择

当要求的蒸发温度较高,实际的冷凝温度较高时,需要采用双级压缩制冷。一般以压缩比等于 8 作为分界,当压缩比小于 8 时,采用单级压缩;压缩比大于或者等于 8 时,采用双级压缩。

(4)冷库冷却系统的选择

冷库冷却系统的选择主要是指冷库压缩机与蒸发器的选用。一般情况下,小型冷库选用全封闭压缩机为主;中型冷库一般选用半封闭压缩机为主;大型冷库选用半封闭压缩机或螺杆压缩机,但冷库安装及管理比较烦琐。

(5)冷库门槛设计

一般来说,仓库的门槛可以设置也可以不设置。如果不设置,冷库内部的地面就要和外部的地面一样高,在隔热层上面用同样的地面材料来制作,让冷库工作人员搬运货物的时候出入比较方便。

(6)冷库底板设计选型

小型冷库底板至关重要,优先采用发泡成型的外表保护材料彩钢瓦、镀锌钢板、花铝板等。对于一些要求比较高的特殊场合,应当合理运用 SUS 304 不锈钢板、SUS 316 不锈钢板。

(7)隔热层厚度的设计

冷库隔热材料要选择工艺成熟、一次性高压发泡的环保聚氨酯材料,也可以使用聚苯乙烯发泡材料。一般来说,冷藏库的库温常年在 -22 ℃ 以上的,库板最好是选择 100 mm 厚隔热层;库温在 -22 ℃ 以下的冷库最好使用 150 mm 厚的隔热层;而库温在 -30 ℃ 以下的冷库则最好采用 200 mm 厚的隔热层。

(8)平衡窗设计

小型冷库要求密封,在实际使用时由于库内和库外的温差较大,很容易出现热胀冷缩现象导致库门打不开,为了有效解决这类问题,小型冷库一定要具备平衡窗设计,当冷库内部的压力过低时,可以适当地向其中补充空气,让压力平衡。

二、蒸气压缩式制冷循环的基本原理和组成

1.蒸气压缩式制冷循环原理

蒸气压缩式制冷是选择沸点很低的液体制冷剂经膨胀阀节流进入冷库内的蒸发盘管中,制冷剂就会在较低的压力下吸热气化,从冷库中吸收热量,使库温降低,从而实现制冷。如图 5-1-1 所示为蒸气压缩式制冷循环 T-s 图,其中 1'-3 是制冷剂在压气机中定熵压缩,3-4 是制冷剂在冷凝器中定压、定温冷凝放热,4-8 是制冷剂在膨胀机中的定熵膨胀,8-1' 是通过蒸发器从冷库中定压、定温气化吸热。

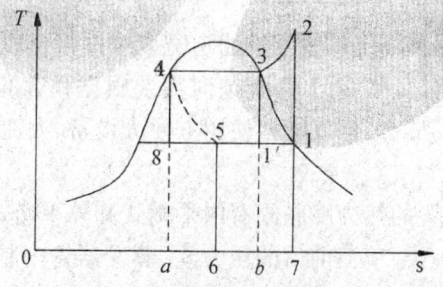

图 5-1-1　蒸气压缩式制冷循环 T-s 图

实际上采用的蒸气压缩式制冷循环是图 5-1-1 中 1—2—3—4—5—1。由蒸发器出来的干饱和蒸气被吸入压缩机,绝热压缩后成为过热蒸气(过程 1-2),因制冷剂在压缩前后都是气态而不是气液混合的状态,这使压气机设计制造比较方便,压缩效率也高。制冷剂蒸气进入冷凝器后,在定压下冷却(过程 2-3)并进一步在定压、定温下凝结成饱和液体(过程 3-4),饱和液体继而通过一个膨胀阀(又称节流阀或减压阀)经绝热节流降压、降温而变成低干度的湿蒸气,绝热节流是不可逆过程,节流前后焓值相同,图 5-1-1 中用虚线 4-5 表示。湿蒸气被引进冷库的蒸发器,在定压定温下吸热气化成为干饱和蒸气(过程 5-1),从而完成一个循环。这里用节流阀取代了膨胀机,从热力学的观点来看,将可逆绝热膨胀改换为不可逆的绝热节流,会损失一部分原可回收的膨胀功,但从实用观点来看,以节流阀代替结构复杂的膨胀机,既简化了设备,又易于调节温度。

2. 蒸气压缩式制冷循环组成

单级蒸气压缩式制冷系统,是由制冷压缩机、冷凝器、蒸发器和节流阀四个基本部件组成。它们之间用管道依次连接,形成一个密闭的系统,制冷剂在系统中不断地循环流动,发生状态变化,与外界进行热量交换。如图 5-1-2 所示为单级蒸气压缩式制冷循环图。

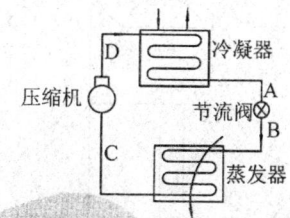

图 5-1-2 单级蒸气压缩式制冷循环图

(1)压缩机:它的作用是将蒸发器中的制冷剂蒸气吸入,并将其压缩到冷凝压力,然后排至冷凝器。常用的压缩机有往复活塞式、离心式、螺杆式、涡旋式、滚动转子式和滑片式等数种。

(2)冷凝器:它是一个换热器,它的作用是将来自压缩机的高压制冷剂蒸气冷却并冷凝成液体。在这一过程中,制冷剂蒸气放出热量,故需用其他物体或介质(例如:水、空气)来冷却。常用的冷凝器有列管式、套片式、套管式等。

(3)节流机构:制冷剂液体流过节流机构时,压力由冷凝压力降低到蒸发压力,一部分液体转化为蒸气。常用节流机构有膨胀阀、毛细管等。

(4)蒸发器:它也是一个换热器,它的作用是使经节流阀流入的制冷剂液体蒸发成蒸气,以吸收被冷却物体的热量。蒸发器是一个对外输出冷量的设备,输出的冷量可以冷却运载制冷剂的液体,也可直接冷却空气或其他物体。常用的蒸发器有满液式、干式、套片式等。

三、蒸气压缩式制冷的工况及影响工况的因素

1. 蒸气压缩式制冷的工况

同一台制冷压缩机的制冷量、功率随蒸发温度和冷凝温度的变化而变化。使用制冷剂不一样时,情况又有所不同。所以,抛开制冷压缩机的工作条件仅强调其制冷量是没有任何意义的。为了对制冷压缩机的性能加以比较,各国视自己的具体情况对制冷压缩机人为地规定了几种工况。根据我国的实际情况,规定了所谓的名义工况、最大压差工况、考核工况及最大轴功率工况等。

所谓制冷压缩机工况,是指制冷压缩机工作的状况,即制冷压缩机工作的条件。名义工况是指高温、中温、低温用制冷压缩机的名义制冷能力和轴功率,在此工况下,压缩机按规定条件进行试验,并作为性能比较的基准性能工况。压缩机出厂时,机器铭牌上标出的制冷量一般是名义工况下的制冷量。对全封闭压缩而言,铭牌上标出的制冷量是标准工况下的制冷量,如果是专门为空调配用的压缩机,则铭牌上的制冷量为空调工况下的制冷量。

2.影响工况的因素

(1)冷凝温度

如图 5-1-3 所示为冷凝温度对制冷系数的影响,图中 1—2—3—4—5—1 为原有蒸气压缩式制冷循环,当冷凝温度由 T_4 降低至 $T_{4'}$ 时,形成了新的循环 1—2'—3'—4'—5'—1,可以看出,新循环中不仅压缩机所消耗的功减少了 $(h_2 - h_{2'})$,同时制冷量增加了 $(h_5 - h_{5'})$,因而制冷系数得到了提高。需要指出的是,冷凝温度的高低完全取决于冷却介质(一般为水或空气)的温度,而冷却介质的温度不能任意降低,它受到环境温度的限制,这点在选择冷却介质时,应予以注意。

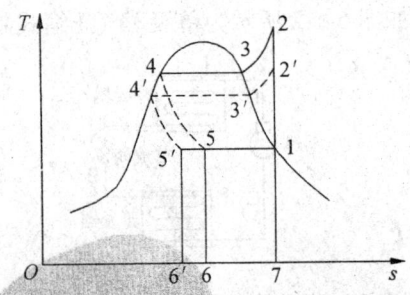

图 5-1-3 冷凝温度对制冷系数的影响

(2)蒸发温度

如图 5-1-4 所示为蒸发温度对制冷系数的影响。将制冷循环 1—2—3—4—5—1 的蒸发温度由 T_5 升高到 $T_{5'}$ 时,由于压缩功减少了 $(h_{1'} - h_1)$,制冷量增加了 $(h_{1'} - h_{5'}) - (h_1 - h_5)$,因而也提高了制冷系数。蒸发温度主要由制冷的要求确定,因此在能够满足需要的条件下,应尽可能采取较高的蒸发温度,而不应不必要地降低蒸发温度。

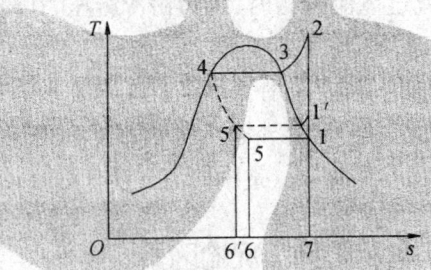

图 5-1-4 蒸发温度对制冷系数的影响

除上述的冷凝温度与蒸发温度是影响制冷系数的主要因素外,制冷剂的过冷温度对于制冷系数也有直接的影响。实际制冷循环中,不仅使制冷剂蒸气通过冷凝器变为饱和液体,而且将其进一步冷却,使制冷剂的温度降得更低,成为状态 4' 的过冷液体(如图 5-1-5 所示为过冷温度时制冷系数的影响),由图可见,压缩机消耗的功量 $(h_2 - h_1)$ 未变,但制冷量增大了 $(h_5 - h_{5'})$,因而也提高了制冷系数。显然,过冷温度越低,制冷系数也越高。但是过冷温度并不能任意降低,因为它同样取决于冷却介质的温度。液体的过冷过程(4-4′)一般是在冷凝器与膨胀阀之间装设的过冷器中进行的。

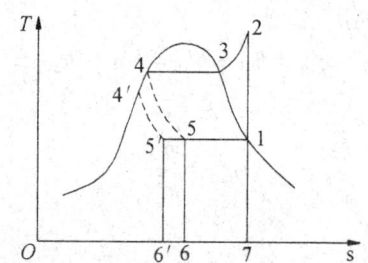

图 5-1-5　过冷温度对制冷系数的影响

四、回热循环及蒸发式过冷循环

上面所述的循环,是单级蒸气压缩式制冷机的基本循环,也是最简单的循环。在实际中,根据实际条件对循环往往要做一些改进,以便提高循环的热力完善度。在单级制冷机循环中,这一改进主要有液体过冷、吸气过热及由此而产生的回热循环。在本节中仍是按理论循环进行分析。

1. 回热循环

液体过冷对提高循环性能指标有好处,但要实现液体过冷需要有温度更低的冷却介质。利用换热使节流前的制冷剂液体与压缩机吸入前的制冷剂蒸气进行热交换,使液体过冷、蒸气过热,称之为回热。具有回热的制冷循环,称为回热循环。利用回热循环是实现较大回热要求的有效措施,这一措施在低温领域得到广泛的应用。

单级压缩蒸气制冷回热循环的流程图如图 5-1-6 所示,其工作过程由图可以看出。制冷剂液体在回热器中被低压蒸气冷却,然后经节流阀进入蒸发器。从蒸发器流出的低压蒸气进入回热器,在其中被加热后再进入压缩机压缩,压缩后的制冷剂气体进入冷凝器中冷凝。

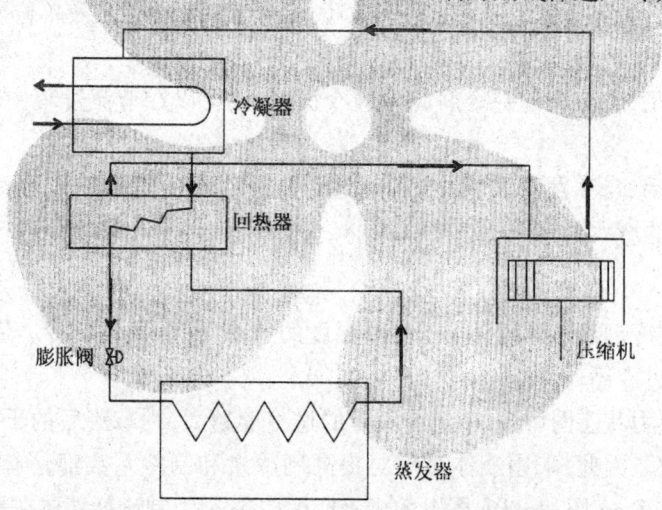

图 5-1-6　单级压缩蒸气制冷回热循环的流程图

如图 5-1-7 所示为回热循环在 $T-s$ 图和 $p-h$ 图上的表示。图中 1-1′是蒸气的过热过程,过热和过冷是在回热器内进行的。若不计回热器与外界环境之间的热交换,则液体过冷的热量等于使蒸气过热的热量。

回热循环性能指标包括单位制冷量、单位容积制冷量、单位功及制冷系数。即

单位制冷量：
$$q'_0 = h_1 - h'_4 = h'_1 - h_4 \tag{5-1-1}$$

单位容积制冷量：
$$q'_v = \frac{q'_0}{v'_1} \tag{5-1-2}$$

单位功：
$$w' = h'_2 - h'_1 \tag{5-1-3}$$

制冷系数：
$$\varepsilon' = \frac{q'_0}{w'} = \frac{h_1 - h'_4}{h'_2 - h'_1} \tag{5-1-4}$$

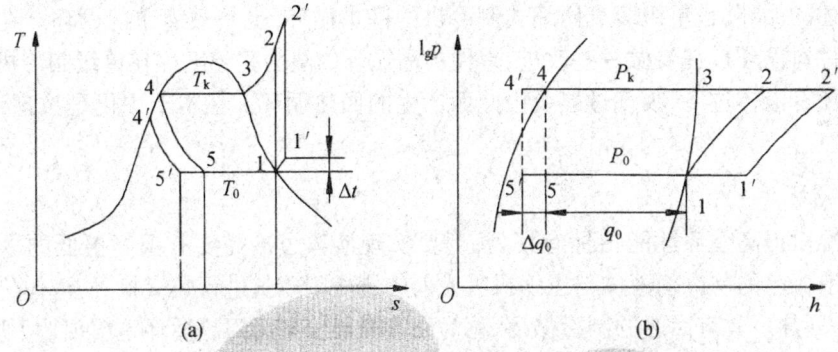

图 5-1-7　回热循环在 T-s 图和 p-h 图上的表示

从单位容积制冷量和制冷系数角度看，R502、R290、R600a、R134a 等制冷剂采用回热循环有利，而 R717 采用回热循环不利。此外，回热循环还具有过冷循环，由于制冷剂液体过冷所带来的优点。因此，在实际中是否采用回热循环，除了考虑制冷系数及单位容积制冷量是否提高以外，还应考虑下列一些因素：

(1) 采用回热后，使节流前制冷剂成为过冷状态，这可以在节流过程中减少气化，使节流设备工作稳定。

(2) 采用回热后，自蒸发器出来的气体流过回热器时压力有所降低，因而增大了压缩机的压比，引起压缩功的增大。

2.过冷循环

将节流前的制冷剂液体冷却到低于冷凝温度的状态，称为液体过冷。带有液体过冷过程的循环，叫作液体过冷循环。

由制冷剂的热力状态图可知，节流前液体的过冷度越大，则节流后的干度就越小，循环的单位制冷量就越大。因此，采用液体过冷对提高制冷量和制冷系数都是有利的。如图 5-1-8 所示为过冷循环在 T-s 图和 p-h 图上的表示。图中 4-4′ 为制冷剂液体在过冷器中的过冷过程。过冷器实际上就是一个换热器，来自冷凝器的饱和液体经过过冷器再放出热量给冷却介质，使自己成为过冷状态。4′-5′ 为节流过程，其余过程与基本循环相同。

在图 5-1-8(a) 中 Δq_0 以面积 5′5bc 表示，在图 5-1-8(b) 中，Δq_0 以线段 5′-5 表示。因为两

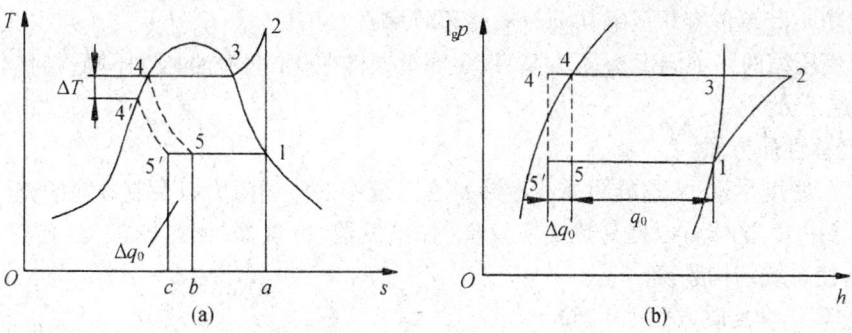

图 5-1-8 过冷循环在 $T-s$ 图和 $p-h$ 图上的表示

个循环的理论比功相同,过冷循环的制冷系数 ε' 比无过冷循环的制冷系数 ε_0 要大,即

$$\varepsilon' = \varepsilon_0 + \frac{c'\Delta t}{h_2 - h_1} \tag{5-1-5}$$

式中,c' 为液体的平均比热容,Δt 为过冷度。

采用过冷循环可以使循环的制冷系数提高。因此,过冷度越大,循环的制冷系数提高得越多。此外,一定的过冷度还可以防止进入节流装置前制冷剂处于两相状态,使节流设备工作稳定。

制冷剂液体的过冷过程一般在过冷器中实现:当冷凝器用空气冷却时,过冷器中需用冷却水冷却,而当冷凝器用冷却水冷却时,用于冷却过冷器的介质温度通常要比冷却冷凝器的介质温度要低。冷凝器如果采用蛇管式或逆流套管式,则冷凝器的尾部(即充满液体的部分)也可起过冷器的作用。当过冷器单独设置时,要增加冷却水设施,水泵还要消耗功,在这种情况下采用过冷循环在经济上是否有利,需经技术经济分析才能确定。

五、常用制冷剂、载冷剂的热力、理化性质

1.制冷剂概述

制冷剂是制冷机中的工作介质,它在制冷机系统中循环流动,通过自身热力状态的变化与外界发生能量交换,从而达到制冷的目的。

蒸气压缩式制冷机中的制冷剂从低温热源中吸取热量,在低温下汽化,再在高温下凝结,向高温热源排放热量。所以,只有在工作温度范围内能够汽化和凝结的物质才有可能作为制冷剂,多数制冷剂在大气压力和环境温度下呈气态。

作为制冷剂的物质应该符合如下要求:

(1)热力学性质

①在工作温度范围内有合适的压力和压力比,即希望蒸发压力不低于大气压力,避免制冷系统的低压部分出现负压,使外界空气渗入系统,影响制冷剂的性质或加剧对设备材料的腐蚀或引起其他一些不良后果(如燃烧、爆炸等);冷凝压力不要过高,以免设备过分笨重;冷凝压力与蒸发压力之比也不宜过大,以免压缩终了的温度过高或使往复活塞式压缩机的输气系数过低。

②通常希望单位制冷量 q_0 和单位容积制冷量 q_v 比较大。因为对于总制冷量一定的装置,q_0 大,可减少制冷剂的循环量;q_v 大,可减少压缩机的输气量,故可缩小压缩机的尺寸。这对大型制冷装置是有意义的。但对于离心式压缩机,尺寸过小会带来制造上的困难,因此必须采用 q_0 和 q_v 稍小的制冷剂。

③比功 w 和单位容积压缩功 w_v 小，循环效率高。

④等熵压缩的终了温度 t_2 不太高，以免润滑条件恶化（润滑油黏性下降、结焦）或制冷剂自身在高温下分解。

(2) 迁移性质方面

①黏度、密度尽量小，这样可减少制冷剂在系统中的流动阻力以及制冷剂的充注量。

②热导率大，这样可以提高热交换设备（如蒸发器、冷凝器、回热器等）的传热系数，减少传热面积，使系统结构紧凑。

(3) 物理化学性质方面

①无毒、不燃烧、不爆炸、使用安全。

②化学稳定性和热稳定性好，制冷剂要经得起蒸发和冷凝的循环变化，使用中不变质，不与润滑油反应，不腐蚀制冷机构件，在压缩终了的高温下不分解。

③对大气环境无破坏作用，即不破坏大气臭氧层，不会造成温室效应。

(4) 其他

制冷剂的原料来源充足，制造工艺简单，价格便宜。当然，完全满足上述要求的制冷剂是不存在的。各种制冷剂总是在某些方面有其长处，另一些方面又有不足。使用要求、机器容量和使用条件不同，对制冷剂性质要求的侧重面就不同，应按主要要求选择相应的制冷剂。一旦选定制冷剂后，由于它本身性质上的特点，又反过来要求制冷系统在流程、结构设计及运行操作等方面与之相适应。这些都必须在充分掌握制冷剂性质的基础上恰当地加以处理。

最早较全面地进行 CFCs 替代物研究的是美国国家标准与技术研究院（简称 NIST）的麦克林顿（McLinden）等人。他们从制冷剂的基本要求出发，对 860 种纯物质用计算机进行全面的筛选，结果发现较有前途的替代物仍然是氟利昂家族中的 HFCs，从而提出用 HFC134a（即 R134a）替代 R12，用 HCFC123 替代 R11。由于 HCFCs 最终也要被禁止使用，HCFC12 只能做过渡性的替代物。

由于 HFC134a 对温室效应的产生仍有较大影响，欧洲各国特别是德国、丹麦等国的一些科学家提出用自然物质作为替代物，例如 NH_3、CO_2、碳氢化合物等。这些物质既不破坏大气臭氧层，又没有温室效应，被称为自然制冷剂。

随着 HCFCs 禁止使用日期的临近，对 R22 替代物的研究正方兴未艾。到 1998 年为止，R22 替代物的研究主要集中在以 HFC32 为基础的 HFCs 混合物中，例如，R407C（HFC32/HFC125/HFC134a），R410A（HFC32/HFC125）等。

总而言之，到目前为止还没有找到一种可用于替代 R22 的理想制冷剂，各种研究仍然在努力地进行中。

2. 载冷剂的概述

载冷剂是间接制冷系统中传递热量的中间介质。客轮集中式中央空调系统和专业冷藏船往往采用载冷剂来传递热量。载冷剂在制冷系统的蒸发器中被制冷剂冷却后，用以冷却被冷却物质，然后再返回蒸发器，将热量传递给制冷剂。载冷剂起到了运载热量的作用，故又称为冷媒。采用间接制冷系统既可减少制冷的充灌量和泄漏的可能性，又易于解决制冷量的控制和分配问题。

(1) 作为载冷剂的物质应该符合的要求

在使用温度范围内呈液态，凝固点低，挥发性小。无毒，对人体无刺激性。黏度小，相对密度小，传热性能好。对金属腐蚀性小。不易燃烧，无爆炸危险。比热容较大。化学稳定性好。

价格低廉,易于获得。

(2)载冷剂的基本热力学性质

工作温度范围内始终保持液态,即凝固点尽可能低,而沸点尽可能高。载冷剂的比热容和热导率要大,换热效果要好。载冷剂的密度和黏度要小,使载冷剂循环泵耗功小。通常盐水中盐的质量分数越大,其密度越大,黏度也越大。载冷剂应有较好的化学稳定性,不腐蚀设备、管路。当载冷剂的蒸气与空气混合时,无燃烧、爆炸的危险,并对人体无毒、价廉易得。

(3)常用载冷剂

常用的载冷剂有水、盐水和有机物。水用作工作温度大于 0^0C 的载冷剂。水的比热容大,化学稳定性好和对流换热性能好,价格低廉,是一种理想的载冷剂。但水的凝固点高,使用上受到很大限制。盐水可用作工作温度低于 0^0C 的载冷剂。常用的盐水是由氯化钙($CaCl_2$)、氯化钠($NaCl$)和氯化镁($MgCl_2$)配制成的盐水溶液。

3.常用制冷剂

目前用得比较多的制冷剂,按其化学组成主要有三类:

①无机物 NH_3、CO_2 和 H_2O 等。

②卤代烃二氟二氯甲烷(R12)、四氟乙烷(R134a)、二氟一氯甲烷(R22)、一氟三氯甲烷(R11)、三氟二氯乙烷(R123)、五氟丙烷(R245a)等。

③碳氢化合物甲烷、乙烷、丙烷、异丁烷、乙烯、丙烯等。

此外,某些环烷烃的卤代物、链烯烃的卤代物也可以做制冷剂使用。上述三类制冷剂中,氟利昂属于人工合成制冷剂,其余为自然制冷剂。根据蒙特利尔议定书哥本哈根修正案,R22 自 2020 年 1 月 1 日以后不再被允许使用,将于 2030 年前全面淘汰。

船舶制冷装置中常用的制冷剂为卤代烷烃 R134a、非共沸混合制冷剂 R404A、R410A 和共沸制冷剂 R407C。

(1)R134a(CH_2FCF_3)

R134a 被广泛应用的中温制冷剂,沸点为 $-26.26\ ℃$,凝固点为 $-96.6\ ℃$,应用于中等蒸发温度和低蒸发温度的制冷系统中。

R134a 无色、毒性很小、不燃烧、不爆炸,是一种很安全的制冷剂。它的臭氧耗减潜能值(ODP)为 0,对大气臭氧层没有破坏作用,全球变暖潜能值(GWP)为 0.26。水在 R134a 中的溶解度很小,仅 0.11%,且随温度的降低而减小。但是,即使少量水分存在,在润滑油等的作用下,将会产生酸、CO 或 CO_2,将对金属产生腐蚀作用或"镀铜"现象。因此,R134a 对系统的干燥和清洁性要求更高,而且必须用与 R134a 相容的干燥剂,如 XH-7 或 XH-9 分子筛。

R134a 在 30 ℃时冷凝压力为 0.771 MPa。R134a 绝热系数为 1.11,在相同工作参数下压缩机排气终温与 R12 相近,所以压缩机气缸无须用水冷却。

由于 R134a 不含氯原子,不能用传统电子检漏仪器检漏,而应该用专门适合于 R134a 的检漏仪检漏,密封材料宜采用氢化丁腈橡胶、氯化橡胶。

R134a 本身无润滑性能,因此,对润滑油的润滑性有更高的要求,使用普通冷冻机润滑油会造成回油困难以及压缩机功耗增加。目前适用于 R134a 系统的润滑油为 PAG 和 POE 等脂类润滑油,但此类润滑油会吸湿,所以保管中应注意防潮。

(2)非共沸混合制冷剂

非共沸混合制冷剂是由两种或多种不同制冷剂按任意比例混合而成,性质与溶液相似,液相和气相中具有不同的成分,气相中低沸点组分较多,液相中高沸点组分较多。在一定压力下冷凝或蒸发时,冷凝温度和蒸发温度都要发生变化。温度的变化数值称泡露点温差,又称滑移温度。泡露点温差较小的非共沸混合制冷剂,又可称为近共沸混合制冷剂。

目前,如表 5-1-2 所示为非共沸混合制冷剂代号及其组成,组分相同,质量分数不同时,则在编号后面加 A、B…如 R407A、R407B、R407C 等。

表 5-1-2 非共沸混合制冷剂代号及其组成

代号	组分	组成	代号	组分	组成
R401A	R22/152a/124	53/13/34	R404A	R125/143a/134a	44/4/52
R401B	R22/152a/124	61/11/28	R407A	R32/125/134a	20/40/40
R402A	R22/290/125	38/2/60	R407B	R32/125/134a	10/70/20
R402B	R22/290/125	60/2/38	R407C	R32/125/134a	23/25/52
R403A	R22/218/290	74/20/6	R408A	R22/134a	45/55
R403B	R22/218/290	55/39/6	R410A	R32/125	50/50

其中 R410A 作为 R22 的替代物提出来。虽然在一定的温度下它的饱和蒸气压比 R22 和 R407C 均要高一些,但它的其他性能比 R407C 要优越。它具有与共沸混合制冷剂类似的优点,它的容积制冷量在低温工况时比 R22 还要高约 60%,制冷系数也比 R22 高约 5%;在空调工况时,容积制冷量和制冷系数均与 R22 差不多。与 R407C 相比较,尤其是在低温工况,使用 R410A 的制冷系统具有更小的体积(容积制冷量大),更高的能量利用率。但在 R22 的制冷系统里,R410A 不能直接用来替换 R22,在使用 R410A 时要用专门的制冷压缩机,而不能用 R22 的制冷压缩机。

一般情况下,少量的高沸点组分加入低沸点主要组分中,所形成的混合制冷剂和其主要成分相比,制冷系数提高,能耗下降,但制冷剂的制冷量有所降低;相反,将少量低沸点组分加入到高沸点主要组分中,其结果是降低制冷系数,功耗增加,但由于吸气比体积减小,可是制冷机的制冷量增大,并获得较低的蒸发温度。

系统中使用非共沸混合制冷剂后,一旦发生制冷剂泄漏时,在系统内剩余的混合物质量分数就会改变,从而影响制冷剂的性能,要想向系统中补充制冷剂,使其达到原来的数量和混合比是相当困难的,对于小型制冷机,可采用将剩余制冷剂全部排出,抽空系统,然后重新充灌的方法。

(3) 共沸混合制冷剂

共沸混合制冷剂是由两种或两种以上不同制冷剂、按一定比例相互溶解而成的一种溶合物,它和单一的物质一样,在一定的压力下蒸发时,能保持恒定的蒸发温度,而且气相和液相具有相同的成分。如表 5-1-3 所示为目前使用的共沸混合制冷剂的代号及其组成和沸点。

表 5-1-3 目前使用的共沸混合制冷剂的代号及其组成和沸点

代号	组分	组成	分子量	沸点(℃)
R502	R22/115	48.8/51.2	111.6	-45.4
R507	R125/R134a	50.0/50.0	98.9	-46.7
R508A	R23/116	39.0/61.0	100.1	-87.6
R508B	R-23/116	46.0/54.0	95.39	-87.6
R509A	R-22/218	44.0/56.0	123.96	-49.7

在一定的蒸发压力下蒸发时,共沸混合制冷剂具有几乎不变的蒸发温度,而且蒸发温度一般比组成它的单组分的蒸发温度低。这里所指的几乎不变是指在偏离共沸点时,泡点温度和露点温度虽有差别,但非常接近,而在共沸温度时泡点和露点温度完全相等,表现出与纯制冷剂相同的恒沸性质,即在蒸发过程中,蒸发压力不变,蒸发温度也不变。

①在一定的蒸发温度下,共沸混合制冷剂的单位容积制冷量比组成它的单一制冷剂的容积制冷量要大。这是因为在相同的蒸发温度和吸气温度下,共沸混合制冷剂比组成它的单一制冷剂的压力高、比体积小的缘故。

②共沸混合制冷剂的化学稳定性较组成它的单一制冷剂好。

③在全封闭和半封闭压缩机中,采用共沸混合制冷剂可使电动机得到更好的冷却。

由于上述特点,在一定情况下,采用共沸制冷剂可使能耗减少。例如,R502在低温范围内(蒸发温度在-60~30 ℃),能耗较R22低,而在高温范围内(蒸发温度为-10~10 ℃),能耗较R22高。因此,通常R502用在低温冷藏、冷冻中。

早期船舶制冷装置中常用的制冷剂为R12、R22,但是R12已经禁用,R22也将在2030年后被禁止使用,现在多用卤代烷烃R134a、非共沸混合制冷剂R404A、R410A和共沸混合制冷剂R407C代替R12、R22。

R410A和R407C被认为是R22的较好替代制冷剂。R404A是共沸混合制冷剂,在一定的温度范围内,其性能与单一组分的制冷剂相同,R404A在低温下具有良好的性能,是低温工况下的主要制冷剂。

R407C是非共沸混合物,易发生温度滑移,蒸发过程和冷凝过程的开始和终了温度存在着差异,大约有6 ℃的温度滑移。如表5-1-4所示为船舶常用制冷剂的物理特性比较。

表5-1-4 船舶常用制冷剂的物理特性比较

特性	成分	液体密度 (kg/m^3)	临界温度 (℃)	临界压力 (bar)	毒性 (ppm)	燃烧性	ODP R11=1	GWP $CO_2=1$
R12	R12	1 252	112	41.6	1 000	无	1	8 500
R22	R22	1 131	96.13	49.86	1 000	无	0.1	1 700
R407C	R32/125/134a	1 136	86.74	46.1	1 000	无	0	1 500
R410A	R32/125	1 061	71.47	49.2	1 000	无	0	1 700
R404A	R143a/125/134a	1 039	72.1	37.4	1 000	无	0	3 750

第二节 蒸气压缩式制冷装置的设备

一、制冷压缩机

1.常用制冷压缩机类型及其应用

制冷压缩机是蒸气压缩式制冷系统的关键部件之一,按提高气体压力的原理不同,制冷压缩机可以分为容积型制冷压缩机和速度型制冷压缩机。

(1)容积型制冷压缩机

在容积可变的封闭容积中直接压缩制冷剂蒸气,使其体积缩小,从而达到提高压力的目的。这种压缩机称为容积型制冷压缩机。属于容积型的制冷压缩机主要有往复式(又称活塞式)、螺杆式、涡旋式和滚动转子式等形式。

①往复式制冷压缩机

如图 5-2-1 所示为往复式制冷压缩机,该压缩机由气缸、活塞、气缸盖和气阀等组成封闭容积。曲轴在电动机驱动下旋转,活塞在内止点和外止点之间做往复运动,完成吸气、压缩、排气和余隙内气体膨胀等过程。因结构简单,制造技术成熟,对加工材料和加工工艺要求较低,造价比较低,适应性强,往复式制冷压缩机广泛应用于中小型制冷装置中,主要适用于家用冰箱、商用冰箱、空调系统,以及商用冷藏等场所。在制冷系统中,往复式制冷压缩机工作方式为依靠活塞的往复运动来压缩气缸内的气体,通常是通过曲柄连杆机构,把原动机的旋转运动变为活塞的往复运动。

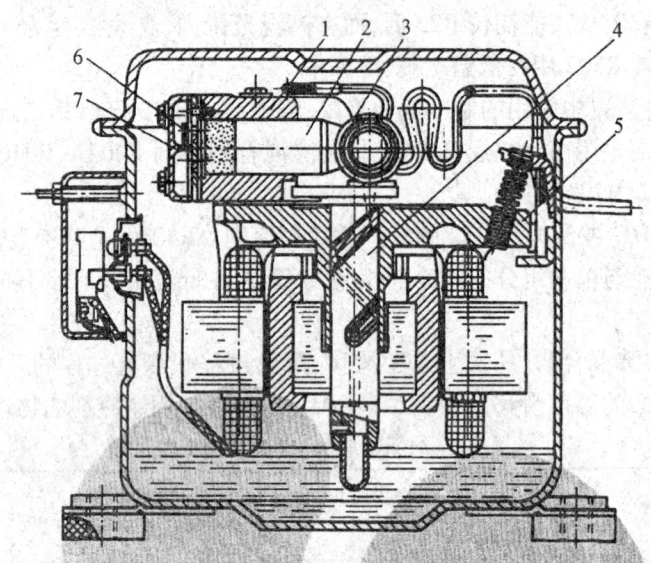

图 5-2-1　往复式制冷压缩机
1—气缸;2—活塞;3—滑管;4—曲轴;5—轴承座;6—气阀;7—缸盖

②螺杆式制冷压缩机。

螺杆式制冷压缩机是一种回转容积式压缩机,利用螺杆的齿槽容积和位置的变化来完成蒸气的吸入、压缩和排气过程。螺杆式压缩机分为双螺杆和单螺杆两大类,双螺杆压缩机习惯上称为螺杆式压缩机。如图 5-2-2 所示为双转子螺杆式制冷压缩机,如图 5-2-3 所示为双转子螺杆式制冷压缩机的封闭容积,为了清楚地显示此容积,图中未画出气缸。螺杆式制冷压缩机主要适用于食品及其他工业冷冻,其工作方式为依靠置于机壳体内带有螺旋齿槽的阴螺杆和阳螺杆的啮合旋转运动,造成螺旋齿槽间的容积不断变化。

双螺杆压缩机在化工、制冷及空气动力工程中,它所占的比重较大螺杆式与活塞式压缩机相比,具有结构简单、体积小、输气系数高、排气温度低、单级压力比大、对吸入湿蒸气不敏感、排气脉动小、易损件少、检修周期长、能量可无级调节等优点,一般应用于大冷量的场合。但其油路系统和辅助设备较复杂、耗油量大、噪声较大、转子加工精度要求高,价格高。

③涡旋式制冷压缩机

涡旋式制冷压缩机结构主要分为动静式和双公转式两种,目前动静式应用最为普遍,它的工作部件主要由动涡轮与静涡轮组成,如图 5-2-4 所示为涡旋式制冷压缩机的部分剖视图。

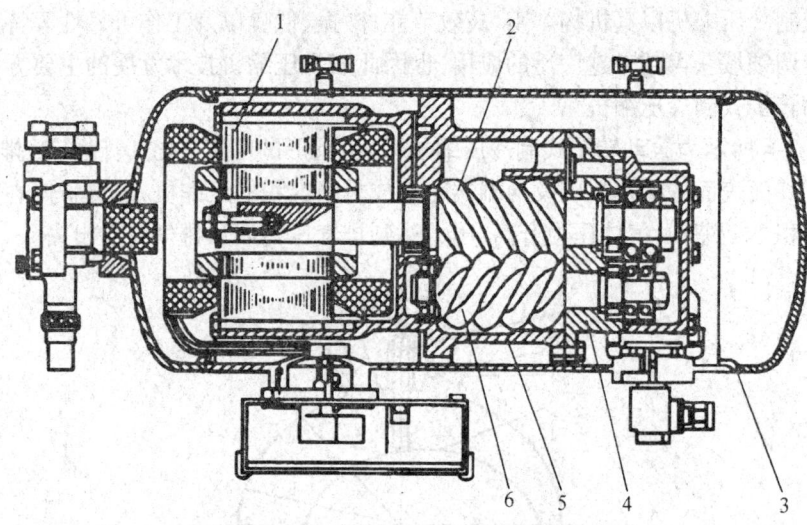

图 5-2-2 双转子螺杆式制冷压缩机
1—电动机；2—阳转子；3—机壳；4—排气端盖；5—机体；6—阴转子

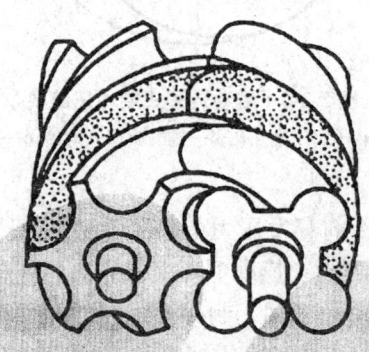

图 5-2-3 双转子螺杆式制冷压缩机和封闭容积

动、静涡轮的结构十分相似，都是由端板和由端板上伸出的渐开线型涡旋齿组成，两者偏心配置且相差180°，静涡轮静止不动，而动涡轮在专门的防转机构的约束下，由曲柄轴带动作偏心回转平动，无自转，只有公转，如图 5-2-5 所示为涡旋式制冷压缩机的封闭容器。

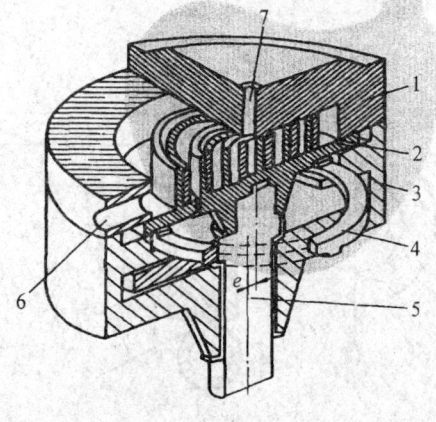

图 5-2-4 涡旋式制冷压缩机的部分剖视图
1—动盘；2—静盘；3—机体；4—防自转环；
5—偏心轴；6—进气口；7—排气口

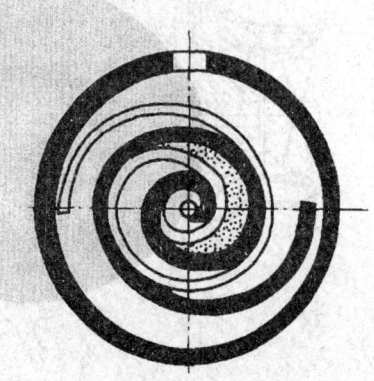

图 5-2-5 涡旋式制冷压缩机的封闭容器

涡旋式制冷压缩机以其机构紧凑、高效节能、微振、低噪以及工作可靠性等特点,开始在小型制冷及空调领域获得越来越广泛的应用,也因此成为压缩机技术发展的主要方向之一。

④滚动转子式制冷压缩机

如图 5-2-6 所示为滚动转子式制冷压缩机,是由圆形的固定气缸 1、转子 2、排气阀 4、始终紧贴在转子外面表面的滑片 5 以及两端端盖组成封闭容积的压缩机,因转子偏心安置,曲轴旋转时封闭容积不断缩小,气体压力升高,压力达到排气压力后从排气孔 3 出去。

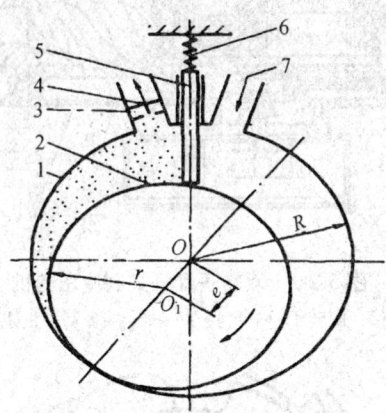

图 5-2-6　滚动转子式制冷压缩机

1—固定气缸;2—转子;3—排气孔;4—排气阀;5—滑片;6—弹簧;7—吸气孔

(2)速度型制冷压缩机

速度型制冷压缩机提高制冷剂蒸发压力的途径是先提高气体动能(同时压力也有些提高),再将动能转变为位能,提高压力。速度型压缩机有离心式和轴流式两种。

因轴流式压缩机的压力比小,不适用于制冷系统,故速度型制冷压缩机一般指离心式制冷压缩机,如图 5-2-7 所示为单级离心式制冷压缩机的结构示意图。如图 5-2-7 中,被吸入的制冷剂气体在叶轮 1 中流动,叶轮传递给气体的功增加气体速度,也适当地提高气体静压。从叶轮流出的高速气体通过扩压器 2 时,速度降低,压力进一步提高,如图 5-2-8 所示为离心式制冷压缩机中气体压力和速度的变化。ABC 为气体压力变化线,DEF 为气体速度变化线。

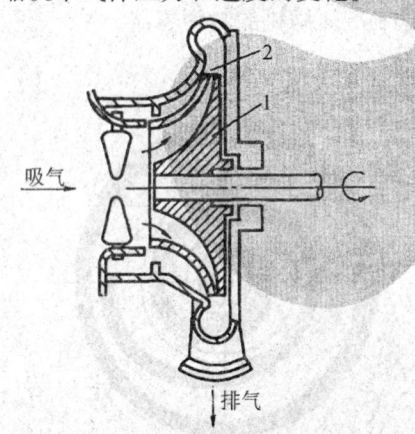

图 5-2-7　单级离心式制冷压缩机的结构示意图

1—叶轮;2—扩压器

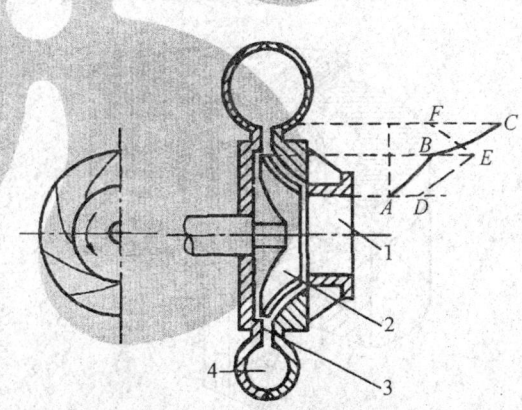

图 5-2-8　离心式制冷压缩机中气体压力和速度的变化

1—吸气口;2—叶轮;3—扩压器;4—蜗室

2. 往复式制冷压缩机的结构和工作原理

如图 5-2-9 所示为往复式制冷压缩机的结构。图 5-2-9 中画出了压缩机的主要零部件及其组成:压缩机的机体由气缸体 2 和曲轴箱 3 组成,气缸体中装有活塞 5,曲轴箱中装有曲轴 1,通过连杆 4 将曲轴和活塞连接起来,在气缸顶部装有吸气阀 9 和排气阀 8,通过吸气腔 10 和排气腔 7 分别与吸气管 11 和排气管 6 相连。当曲轴被原动机带动旋转时,通过连杆的传动,活塞在气缸内做上、下往复运动,并在吸、排气阀的配合下,完成对制冷剂的吸入、压缩和输送。

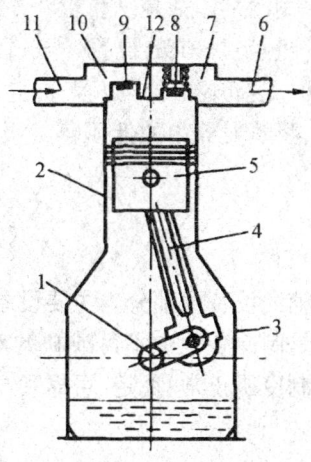

图 5-2-9 往复式制冷压缩机的机构

1—曲轴;2—气缸体;3—曲轴箱;4—连杆;5—活塞;6—排气管;7—排气腔;8—排气阀;9—吸气阀;10—吸气腔;11—吸气管

如图 5-2-10 所示为往复式制冷压缩机的工作过程,工作循环分为四个过程。

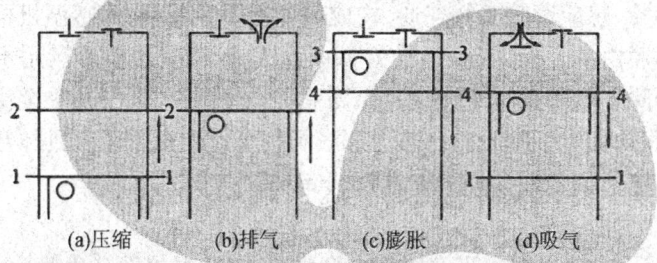

图 5-2-10 压缩机的工作过程

(1) 压缩过程

通过压缩过程将制冷剂的压力提高。当活塞处于最下端位置 1—1(称为内止点或下止点)时,气缸内充满了从蒸发器吸入的低压蒸气,吸气过程结束;活塞在曲轴-连杆机构的带动下开始向上移动,此时吸气阀关闭,气缸工作容积逐渐减小,处于缸内的制冷剂受压缩,温度和压力逐渐升高。活塞移动到 2—2 位置时,气缸内的蒸气压力升高到略高于排气腔中的制冷剂压力时,排气阀开启,开始排气。制冷剂在气缸内从吸气时的低压升高到排气压力的过程称为压缩过程。

(2) 排气过程

通过排气过程,制冷剂进入冷凝器。活塞继续向上运动,气缸体 2 内制冷剂的压力不再升高,制冷剂不断地通过排气管流出,直到活塞运动到最高位置 3—3(称为外止点或上止点)时排气过程结束。制冷剂从气缸向排气管输出的过程称为排气过程。

(3) 膨胀过程

通过膨胀过程将制冷剂的压力降低。活塞运动到上止点时,由于压缩机的结构及制造工艺等原因,气缸中仍有一些空间,该空间的容积称为余隙容积。排气过程结束时,在余隙容积中的气体为高压气体。活塞开始向下移动时,排气阀关闭。吸气腔内的低压气体不能立即进入气缸,此时余隙容积内的高压气体因容积增加而压力下降,直至气缸内气体的压力降至稍低于吸气腔内气体的压力,即将开始吸气过程时为止。此时活塞处于位置4—4,活塞从3—3移动到4—4的过程称为膨胀过程。

(4)吸气过程

通过吸气过程,从蒸发器吸入制冷剂。活塞从位置4—4向下运动时,吸气阀开启,低压气体被吸入气缸中,直到活塞到达下止点1—1的位置。该过程称为吸气过程。完成吸气过程后,活塞又从下止点向上止点运动,重新开始压缩过程,如此周而复始,循环不已。压缩机经过压缩、排气、膨胀和吸气四个过程,将蒸发器内的低压蒸气吸入,使其压力升高后排入冷凝器,完成制冷剂的吸入、压缩和输送。

二、制冷装置的辅助设备

制冷装置可分为主要设备和辅助设备两部分。主要设备包括冷凝器、膨胀阀、蒸发器和中间冷却器以及发生器、吸收器等,是制冷装置中不可或缺的部件。辅助设备则有各种分离器、储液器、回热器以及过冷器等,是制冷机正常、稳定、可靠和高效工作的重要保证。

1.膨胀阀

(1)热力膨胀阀的结构和工作原理

热力膨胀阀主要由阀体、阀针、调节杆座、调节杆、弹簧、滤器、传动杆、感温包、毛细管和感应薄膜等组成。

感温包、毛细管、感应薄膜互相连通,构成一个密闭容器,称为感温机构。感温包安装在蒸发器出口,感应薄膜由0.1~0.2 mm合金片冲压而成,断面呈波浪形。用于氟利昂系统的热力膨胀阀,阀体部分除了阀芯采用不锈钢及弹簧采用弹簧钢外,其余几乎全用黄铜制成。常用的膨胀阀有热力膨胀阀和电子膨胀阀。热力膨胀阀按压力平衡关系和具体结构可分为内平衡式和外平衡式两类;电子膨胀阀又分为电磁阀、电动阀。

①内平衡式热力膨胀阀

如图5-2-11所示为FR型内平衡式热力膨胀阀结构,温控部分由膜片1的上腔室、传压管15和感温包12组成。阀出口的蒸发压力通过顶杆2与阀体3之间的间隙作用于膜片下方。作用于膜片感温部分的信号压力与蒸发压力的压差经前后两顶杆作用于针阀6上。靠压差产生的作用力与调节弹簧力的平衡关系控制针阀的开度。左侧的进液管内装有过滤器13,以滤挡污物,防止堵塞阀的通道。转动调节杆10可以改变调节弹簧的预紧力,即调节关闭过热度。填料8靠填料压盖11压紧,以防止制冷剂沿调节杆10与调节杆座7之间的间隙泄漏。如图5-2-12所示为内平衡式热力膨胀阀的控制原理,阀是以节流后的制冷剂压力 p_2,再加上弹簧的当量压力 p_z,作为与感温包内压力 p_1 相对应的平衡力。由于这种平衡力来自阀体内部,故这种阀称为内平衡热力膨胀阀。膜片上下受力的平衡条件为:

$$p_1 > p_2 + p_z \tag{5-2-1}$$

当热负荷增加时,蒸发压力 p_2 和与过热度相应的感温包内压力 p_1 都会发生变化,但 p_1 的变化更为显著,即

$$p_1 > p_2 + p_z \tag{5-2-2}$$

推动阀杆向开大的方向移动,增加向蒸发器的供液量;反之,热负荷减少,阀口关小,减少

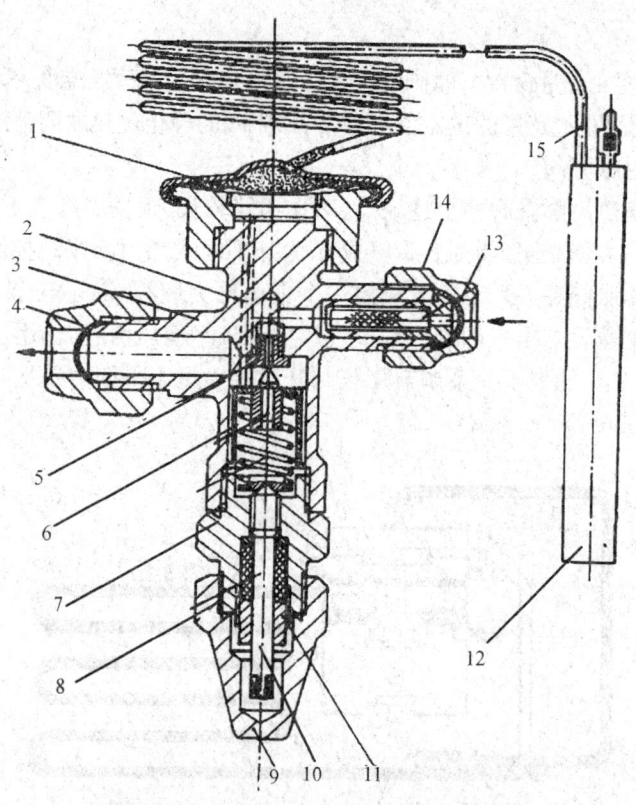

图 5-2-11　FR 型内平衡式热力膨胀阀结构
1—膜片；2—顶杆；3—阀体；4—螺母；5—阀座；6—针阀；7—调节杆座；8—填料；9—帽罩；10—调节杆；
11—填料压盖；12—感温包；13—过滤器；14—螺母；15—传压管

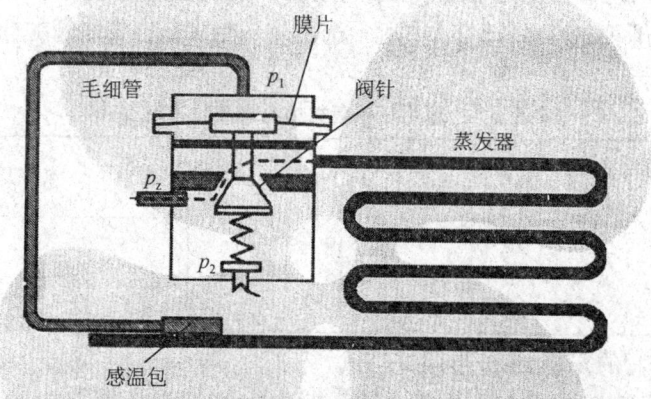

图 5-2-12　内平衡式热力膨胀阀的控制原理

向蒸发器的供液量。

然而制冷剂在从膨胀阀出口到蒸发器出口的流动阻力是无法避免的,必然存在压力降 Δp_z。膜片上、下受力的平衡条件就变为

$$p_1 = p_2 + p_z + \Delta p_z \tag{5-2-3}$$

亦即关阀力加了 Δp_z,此时,膨胀阀控制的过热度将大于由弹簧的当量压力 p_2 设定的过热度。过热度的提高造成蒸发器供液量不足,换热面积的利用率降低,制冷能力下降。由此引发蒸发温度降低,制冷压缩机的运行经济性变差。

由此可见,内平衡式热力膨胀阀只适用于蒸发温度不太低、容量不大和制冷剂流动阻力不大的盘管式蒸发器。

我国规定,过热度变化量为4℃时阀的开度为额定开度。当蒸发温度一定时,调整弹簧预紧力可改变热力膨胀阀静止过热度的设定值。通常,膨胀阀的静止过热度调整范围为2~8℃。

②外平衡式热力膨胀阀

为了克服内平衡热力膨胀阀的上述缺点,对于通路较长、蒸发温度上下波动较大的蒸发器一般采用外平衡式热力膨胀阀,如图5-2-13所示为外平衡式热力膨胀阀控制原理。

外平衡式热力膨胀阀在膜片下方分隔出一个平衡压力腔,隔断了与节流后的制冷剂的联系。用外平衡引管把蒸发器出口的制冷剂蒸气压力引入平衡压力腔,作用于膜片下方,保证膜片受力仍按 $p_1 = p_z + p_2$ 的平衡关系调节膨胀阀开启度。由于平衡力是从阀外引入的,所以称作外平衡式热力膨胀阀。

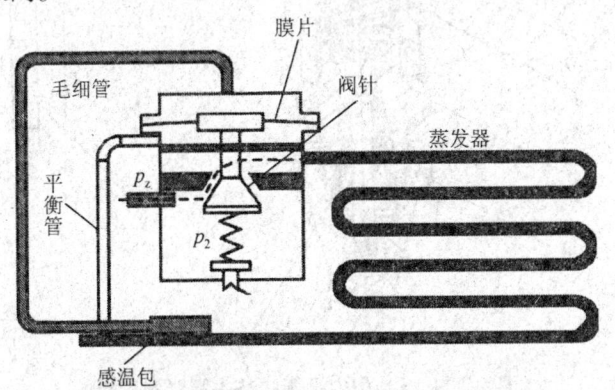

图5-2-13　外平衡式热力膨胀阀控制原理

外平衡式热力膨胀阀适用于制冷剂流动阻力大、蒸发温度低或者采用液体分配器多路供液的场合。当压力降 Δp 超过表5-2-1中所示选用外平衡式热力膨胀阀的标准 Δp 时,应采用外平衡式热力膨胀阀。

表5-2-1　选用外平衡式热力膨胀阀的标准 ΔP　　　　　　　　　　(kPa)

蒸发温度 制冷剂种类	10℃	0℃	-10℃	-20℃	-30℃	-40℃	-50℃	-60℃
R12	20	15	10	7	5	3		
R22	25	20	15	10	7	5	3	2
R502	30	25	20	15	10	7	5	4

(2) 热力膨胀阀的安装、维护与调试

膨胀阀尽量靠近蒸发器安装,两者之间不装阻力大的附件,如果两者距离较远,管路应加粗且冷库外管路包隔热材料,注意确认阀进出口,直立安装;温包安装在水平管路侧上方;保证温包正确反映蒸发器出口管内温度,清除放温包处的管壁外部油漆和铁锈并涂银粉漆;外平衡式热力膨胀阀平衡管连接点应设在温包之后,以免有少量液态制冷剂从膨胀阀顶杆填料处漏入平衡管,影响温包感受的过热度。

调试原则:蒸发器出口过热度适当,使蒸发器内有足够的制冷剂蒸发,有防止压缩机液击;蒸发器出口过热度太大,制冷量降低;太小产生液击,蒸发器进口段可能不结霜。调节膨胀阀使蒸发器出口工作过热度为3~6℃,装置有回热器时,最小稳定过热可稍微减小。

电子膨胀阀是按照预设程序调节蒸发器供液量,因属于电子式调节模式,故称为电子膨胀阀。它适应了制冷机电一体化的发展要求,具有热力膨胀阀无法比拟的优良特性,为制冷系统的智能化控制提供了条件,是一种很有发展前途的自控节能元件。电子膨胀阀与热力膨胀阀的基本用途相同,结构上多种多样,但在性能上,两者却存在较大的差异。

电子膨胀阀作为一种新型的控制元件,早已经突破了节流机构的概念,它是制冷系统智能化的重要环节,是制冷系统优化得以真正实现的重要手段和保证,也是制冷系统机电一体的象征,已经被应用在越来越多的领域中。电子膨胀阀的采用,突破了以前在空调机组设计过程中存在的某种系统屈从热力膨胀阀的观念,进入膨胀阀为系统优化服务的新境界,对于制冷行业的发展起着重要的作用。

目前,人们对电子膨胀阀的研究和开发主要针对的是电磁式膨胀阀和电动式膨胀阀。电磁式膨胀阀在电磁线圈通电前,针阀处于打开位置。由线圈上施加的电压控制针阀开度的大小,从而调节膨胀阀的流量。该阀动作响应快,但在制冷系统工作时一直需要供电。电磁式膨胀阀如图 5-2-14 所示。

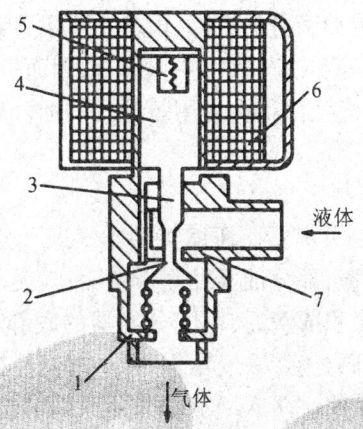

图 5-2-14　电磁式膨胀阀
1—弹簧;2—阀针;3—阀杆;4—柱塞;5—弹簧;6—线圈;7—阀座

电动式膨胀阀也即步进电机驱动电子膨胀阀,它通过给电机驱动施加一定逻辑关系的数字信号,使步进电机通过螺纹驱动阀针的运动,从而改变阀口的流通面积达到控制流量的目的。电动式膨胀阀又有直动型和减速型两种。直动型是步进电机直接带动阀针(直动型电动式膨胀阀如图 5-2-15 所示);减速型是步进电机通过减速齿轮组推动阀针动作。通过减速齿轮组可以产生较大的推力,是一种常用的驱动方式。

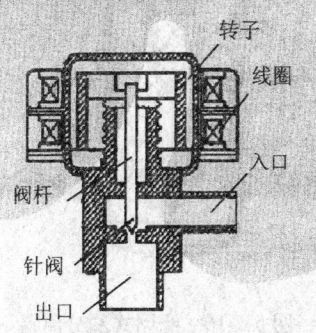

图 5-2-15　直动型电动式膨胀阀

电子膨胀阀的驱动方式是控制器通过对传感器采集得到的参数进行计算,向驱动板发出调节指令,由驱动板向电子膨胀阀输出电信号,驱动电子膨胀阀的动作。电子膨胀阀从全闭到全开状态其用时仅需几秒钟,反应和动作速度快,不存在静态过热度现象,且开闭特性和速度均可人为设定,尤其适合于工况波动剧烈的热泵机组的使用。

2. 油分离器

(1) 油分离器的作用

油分离器位于压缩机的出口处,其作用是将从压缩机排气带出的大部分油滴分离出来,防止润滑油进入热交换器影响传热效果,并使其返回曲轴箱,防止压缩机缺油。

它的基本工作原理,是利用油滴与制冷剂蒸气的密度不同,使混合气体流经直径较大的油分离器时,利用突然扩大的通道面积而使其流速降低,同时改变其流动方向,或利用其他分油措施,使润滑油沉降而分离。对于蒸气状态的润滑油,则可采用洗涤或冷却的方式降低温度,使之凝结为油滴而分离。在有些油分离器中则采用设置过滤层等方法来增强分离润滑油的效果。

利用降低气流速度的办法使油滴自然沉降,虽然也可以达到分离的目的,但只能分离出直径较大的油滴,由于排气中小油滴和油蒸气占主要部分,因而分离效果很差。老式的干式油分离器即属于这种形式,现在已被淘汰而很少使用。现代的油分离器除利用自然沉降作用之外,还利用过滤作用、洗涤作用等。

(2) 滤网式油分离器

如图 5-2-16 所示为滤网式油分离器。压缩机的排气进入分离器后,由于流速突然降低和流向改变,使气流易于与器壁相撞,部分油雾黏附于壁面;气流流经滤网时,与滤网接触的油雾也黏附其上。这些黏附的油雾聚积成滴后,落于分离器的底部。当积储在底部的润滑油的油位上升至一定高度时,浮球回油阀开启,在气压作用下,滑油经接管流回曲轴箱;当油位下降至一定高度时,浮球阀关闭,回油结束。两次回油的间隔时间与机型和油分离器容积大小有关,一般来说至少一小时以上才正常。回油时,回油管是热的;不回油时,回油管是冷的:回油管一直发热,且停机后压缩机的低压压力很快上升,则说明回油阀泄漏,应修理。若回油管始终是冷的,则说明回油阀不能自动开启,应及时开启手动回油阀回油。

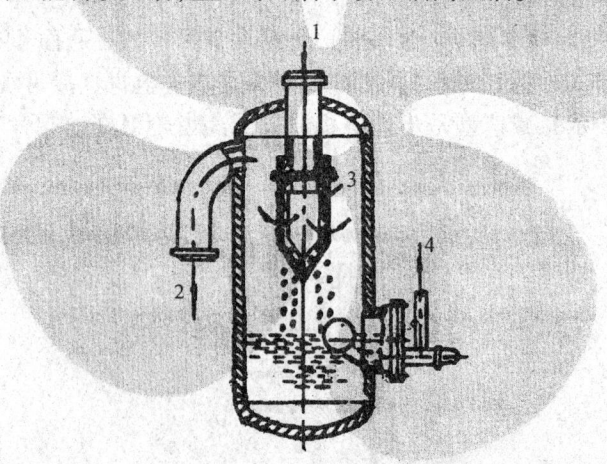

图 5-2-16　滤网式油分离器
1—进气;2—出气;3—金属丝网;4—回油

(3) 洗涤式油分离器

这种油分离器用于氨制冷系统,所以也称洗涤式氨油分离器,如图 5-2-17 所示为洗涤式氨油分离器结构。

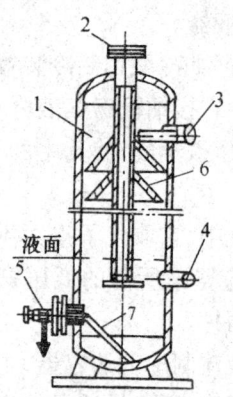

图 5-2-17　洗涤式氨油分离器
1—筒体；2—进气管；3—出气管；4—进氨液管；5—放油阀；6—分离罩；7—排油管

3.储液器

储液器又称为储液桶，按其用途和工作压力的不同，可分为高压储液器、低压储液器、循环储液桶和排液桶，有时把后两种归类为低压储液器一类。

高压储液器、低压储液器和循环储液桶都用来储存和供应制冷系统内的液体制冷剂，以便工况变动时能补偿和调节液体制冷剂的数量，它是保证压缩机和制冷系统正常运行的必要设备。排液桶则是当检修有关设备或冷库及低温室内的冷却排管和冷风机冲霜时，被用来储存从它们中排出的液体制冷剂。这四种储液容器的结构基本相同，都是用钢板焊制而成的圆柱形容器，开设有一些附件及管路接头，用来与有关设备相连接和操作。

高压储液器与冷凝器安装在一起，用以储存由冷凝器来的高压液体，使液体不会淹没冷凝器的传热面。它保证向系统低压部分供液时，在膨胀阀处没有高压气体通过，即起到液封作用。当系统的热负荷发生变化时，系统中制冷剂循环量的增减是靠高压储液器的调节作用。如果制冷系统采用的制冷剂为油不溶性物质，液体制冷剂在高压储液器中还起到分离油的作用。高压储液器的结构如图 5-2-18 所示。除了进和出液管、放气阀、放油管、液面计、压力表和安全阀连接管接头外，高压储液器与冷凝器之间还装有压力平衡管（均压管）。平衡管的作用主要是使储液器与冷凝器之间的压力保持平衡，以便冷凝器中的液体能在重力的作用下流入储液器，而且储液器中的蒸气也可以通过平衡管返回冷凝器。

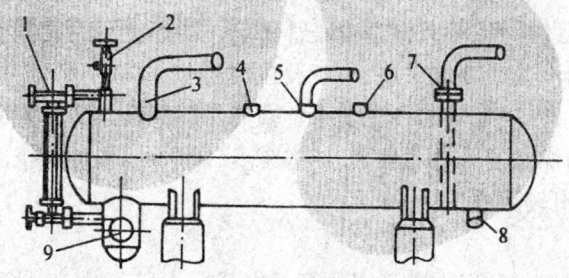

图 5-2-18　高压储液器的结构
1—液面计；2—放气阀；3—进液管；4—压力表接头；5—平衡管；6—安全阀接头；7—出液管；8—排污管；9—放油管

对于中大型氨制冷装置，在设计时高压储液器的容量是按制冷剂每小时流量的 1/3 ~ 1/2 选配的，而最大充满程度一般不超过筒体容积的 70% ~ 80%，对于只有一个蒸发器的小型制冷机组,尤其是氟利昂制冷机组,储液器的容量一般趋向选配得较小,或者仅在冷凝器下部储存少量制冷剂液体,而不再使用高压储液器。

低压储液器仅在大型氨制冷装置(如冷藏用制冷装置)中使用,是在氨制冷系统中机房没有分离器时设置的暂存液体的设备。它接纳机房气液分离器分离的液体制冷剂,当液体达到一定液位,存液量增多时即可通入高压氨蒸气,使其中的压力升高,将氨液压入系统的供液管中,经节流后供入蒸发器或调节站。

循环储液桶装设在氨泵供液系统中,它取代了重力供液系统中设在机房的氨液分离器和低压储液桶。其功用是保证充分供应氨泵所需的低压氨液,同时也起着氨液分离器的作用。循环储液桶一般可分为立式和卧式两种。

排液桶是接纳从蒸发器排出的液体制冷剂的容器,主要用于冷却排管或冷风机热氨冲霜时储存由冷风机或冷却排管排出的氨液,所以排液桶的容量应当能够满足储存最大一间库房的冷风机或冷却排管的充氨量。另外,其他设备需要检修和发生事故要将液体制冷剂排出时,也可排向排液桶暂存。不溶于油的液体制冷剂在排液桶中经沉淀可分离出润滑油,经放油口放掉。融霜结束后,可用热制冷剂气体加压将液体制冷剂反送到融霜的蒸发器或向另外的设备和蒸发器供液,排液桶内氨液的最大允许量为其容积的70%。

4.冷凝器和蒸发器

(1)冷凝器

①壳管式水冷冷凝器

如图5-2-19为卧式壳管式冷凝器基本结构图。壳管式冷凝器中,制冷剂在管外冷凝,冷却水在管内流动而将热量带走,壳体一般采用锅炉钢板卷制焊接而成。壳体两端板之间排列

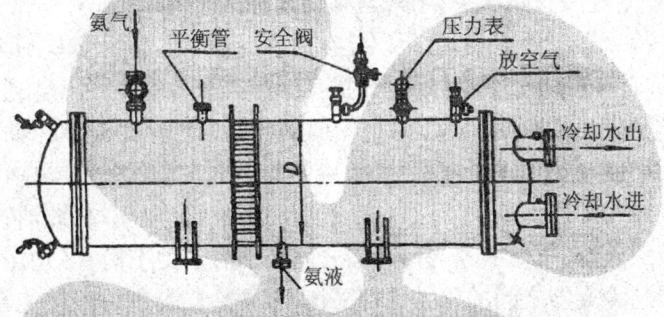

图 5-2-19 卧式壳管式冷凝器基本结构图

着许多无钢沓管或液压肋片管,并以电焊或胀管固定在端板上。两端封盖内侧铸有限水筋条,以增加冷却水的流程和流速。冷却水进、出口设在端盖上,并从下面流进,上面流出,以保证冷凝过程必要的传热温差,并使管子始终充满水。端盖是用螺栓与壳体紧固,其接触面有橡皮垫防漏。壳管式冷凝器的优点是传热系数大、结构紧凑、体积小,在船舶机舱易于布置,其缺点是冷却管易腐蚀、污垢排出较困难。

②套管式冷凝器

套管式冷凝器由两根或几根大小不同的管子组成。大管子内套小管子,小管子可以是一根,也可以有数根,套管可以绕成螺旋形或弯成蛇管型,如图5-2-20所示为套管式冷凝器基本结构图。制冷剂蒸气从上部进入,凝结液从下部流出。冷却水从下部进入内管,吸热后从上部流出。制冷剂与冷却水之间逆流换热。

在套管式冷凝器中,制冷剂同时受到冷水及管外空气的冷却,因而它的传热效果好,但金

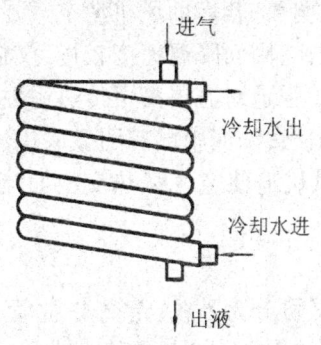

图 5-2-20 套管式冷凝器基本结构图

属的消耗量较大。套管式冷凝器用于氟利昂机组时,内管常用液压肋片管,这种结构常用于水冷却式空调柜。氨制冷机中套管式热交换器主要用作过冷器。它由一根或几根盘管装在一个壳体内构成。套管式冷凝器无法机械清洗,应当使用符合水质要求的水,并定期进行化学清洗。

③螺旋板式冷凝器

螺旋板式冷凝器是一种较新型的热交换设备,如图 5-2-21 所示为螺旋板式冷凝器结构图。它由本体和接管组成。本体部分由两张平行的钢板在专用卷板机上卷制而成,具有两个螺旋通道的螺旋体。中心部分用隔板将两个通道隔开。螺旋通道的上、下端分别加上顶盖,最外一圈通道端都焊上渐扩形冷却水进水管,冷却水出水管由中央引出,中央隔板隔开的另一侧焊有制冷剂蒸气进口管,冷凝的制冷剂液体由底端几根出液支管汇集于出液总管。

与壳管式冷凝器比较,螺旋板式冷凝器不但体积小、重量轻而且传热系数高。根据试验,当工作条件及冷却介质流速相同时,螺旋板式冷凝器传热系数比壳管式冷凝器高 50% 左右。使用几年后,其传热系数仍可稳定在 $950 \sim 990 \ W/(m^2 \cdot K)$。它的主要缺点是不适用于高压,而且它的内部不易清洗和检修,因此只能用软水或中等硬度的冷却水。

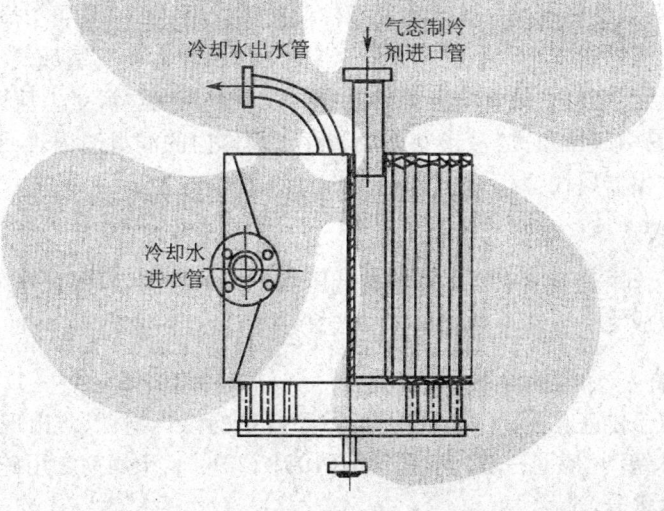

图 5-2-21 螺旋板式冷凝器结构图

(2)蒸发器

①直接冷却式蒸发器

直接式蒸发器的结构多为盘管式,制冷剂在管内蒸发,空气在管外放热,这类蒸发器若是靠空气自然对流换热,则称为蒸发盘管;若借助风机使空气强迫对流换热,则称为冷风机。由于前者空气的流速很低,传热系数小,因而降温速度较慢,仅在冷库和家用冰箱中采用。后者则采用风机强迫空气作定向流动。强迫对流提高了传热系数,因而降温速度较快。冷风机的结构紧凑,在现代船舶的冷藏舱和伙食冷库中已有明显取代蒸发盘管的趋势。由于强迫对流式蒸发器的蒸发盘管集中布置,风机迫使空气从热交换面流过,供出冷风,故又称为空气冷却器。

②间接冷却式蒸发器

间接冷却式蒸发器按结构形式可分为卧式、壳管式、立管式、螺旋板式、螺旋管式和蛇管式等。由筒形外壳和内部管群组成,结构与一般热交换器类同。按工作方式的不同又分为干式和满液式。如图 5-2-22 所示为干式壳管蒸发器,制冷剂在管群内吸收管外流过的冷媒的热量蒸发,流出蒸发器时已成为过热蒸气。被冷却的冷媒则被泵至冷库或空调器内的热交换器,升温后又回至蒸发器,如此不断地循环。通常,蒸发温度高于 0 ℃ 的,用水做冷媒;如蒸发温度低于 0 ℃,应用盐水做冷媒。

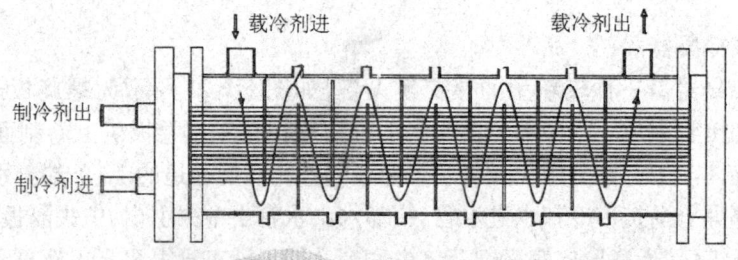

图 5-2-22　干式壳管蒸发器

干式蒸发器供入的制冷剂量由热力膨胀阀控制,一般不会引起压缩机的"液击"现象,而且制冷剂在管内蒸发,流速较快,有利于携出润滑油,使回油流畅,在大型空调用氟利昂制冷装置中得到广泛应用。

满液式蒸发器,其筒体内约一半容积是液体制冷剂。制冷剂在管群外蒸发,管群内流过的是冷媒。为了防止压缩机发生"液击",在蒸发器的上部都设有集气室或气液热交换器。满液式蒸发器虽然制造工艺方便,结构紧凑,传热性能好,但需控制过流量。液面过低会降低传热效果,液面过高则易引起压缩机"液击",而且积存于筒体内的润滑油很难回到压缩机,故近年来已逐渐被干式蒸发器所代替。

5. 气液分离器

气液分离器的作用是分离来自蒸发器的低压蒸气中的液滴,以保证压缩机吸入干饱和蒸气。另外其也可以成为一个储液器,暂时存放过多的制冷剂和油的混合物。

6. 过滤干燥器

过滤干燥器位于供液总管上,其功能是滤除系统中的污染物,以防出现脏堵;去除系统中的水分,以防止"冰塞"。滤网一般为细铜丝网(100~120 目),干燥剂常用硅胶与分子筛两种,利用吸附现象去除水分。

硅胶采用掺染色剂的方法,使吸足水分的硅胶变色以便观察,颜色由染色剂种类而定,硅胶可再生后重复使用,再生温度为 150° 左右,时间为 3~4 h,硅胶在温度大于 30 ℃ 时吸水性变差。

分子筛是一种人工合成的晶体,在 60 ℃ 以下有足够的吸水性,再生温度为 500 ℃。

为延长过滤干燥器的使用寿命与减少系统阻力损失,在系统中设有旁通阀,只有当系统充液时使用,充油后或拆检后出现"冰塞"现象时才投入使用。空调系统虽不会"冰塞",但为防止腐蚀,也要对系统做干燥处理。

过滤器和干燥器通常组合在一起,构成干燥-过滤器。干燥器的两端均设有滤网,为避免干燥剂颗粒在液体制冷剂的冲击下互相摩擦而产生粉末被带出,填充干燥剂时应墩压结实。有些干燥器还装有弹簧使干燥剂处于压实状态。

7.视液镜

视液镜用来指示制冷装置中液体管路内制冷剂情况。制冷剂的含水量也是由视液镜来指示的,此外,视液镜也用来指示从油分离器到压缩机回油管路中液体流动情况。

三、自动控制元件

1.电磁阀

电磁阀是电磁控制的工业设备,用在工业控制系统中调整介质的方向、流量、速度和其他的参数。

电磁阀启闭是由电磁力控制的,常由压力继电器、温度继电器和手动开关等控制。置于制冷系统输液管路上的过滤器与膨胀阀之间,自动接通或切断液体制冷剂的通路。压缩机停机时,由于电磁阀断电关闭,可靠地切断蒸发器的制冷剂供入,从而可防止压缩机下次起动时因吸入湿蒸气而发生液击。此外,电磁阀也装于冷凝器的冷却水管路上,在压缩机停、开时,自动切断或接通水源。

(1)继动式电磁阀

继动式电磁阀如图 5-2-23 所示,由两部分组成,即一个小阀和一个大阀组成。大阀主要部分由大阀阀体、活塞、大阀阀芯、弹簧、大阀口等组成。其工作原理是:当小阀线圈通电时,产生磁场,吸起小阀动铁芯,小阀开启。这时,活塞上腔压力经过导压孔(小阀口)泄至出口端,

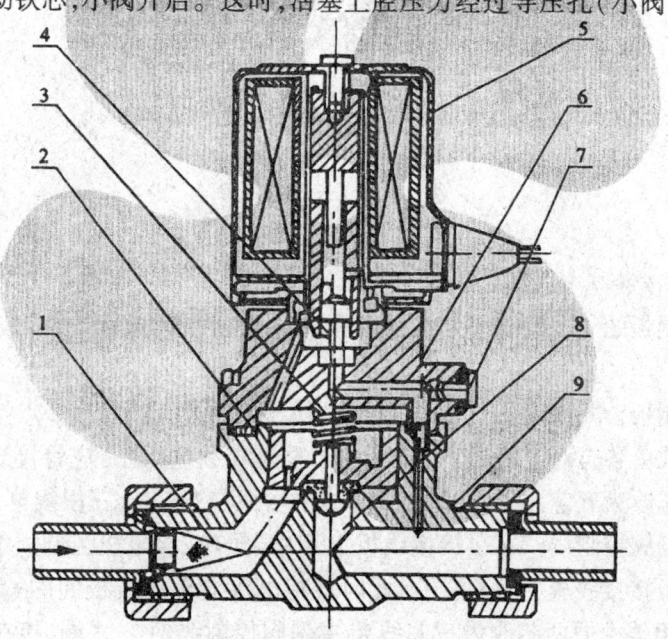

图 5-2-23 继动式电磁阀
1—滤网;2—平衡孔;3—弹簧;4—小阀芯;5—电磁导阀;6—导压孔;7—活塞;8—大阀口;9—大阀体

使活塞上腔压力下降,在上下压差作用下,活塞浮起,同时带动大阀芯上升,使大阀口开启。由于阀门在开启过程中,先开启小阀,然后开启大阀,故称二次开阀。当小阀线圈断电,小阀芯落下,小阀口关闭,把活塞上腔导压管堵死,切断了活塞上腔与大阀出口的通路。活塞上、下腔压力经 1 mm 平衡孔均压,活塞在自重和弹簧力作用下下落,大阀口关闭。

(2)三通电磁阀

三通电磁阀如图 5-2-24 所示。三通电磁阀有三个通道口,即 a、b、c 三个通道口,并且进口 a 和出口 b 不在同一水平面上,c 口在下边。电磁阀线圈通电,阀杆提起,这时 b、c 通道口连通,而 b、c 通道口与 a 通道口不通;电磁阀断电,阀杆下落;阀芯把 c 通道口堵死,a 通道口与 b 通道口连通。由于铁芯只能有两个位置,所以三个通道口不能同时连通。可以看出 a 通道口与 c 通道口在任何情况下都是不通的。

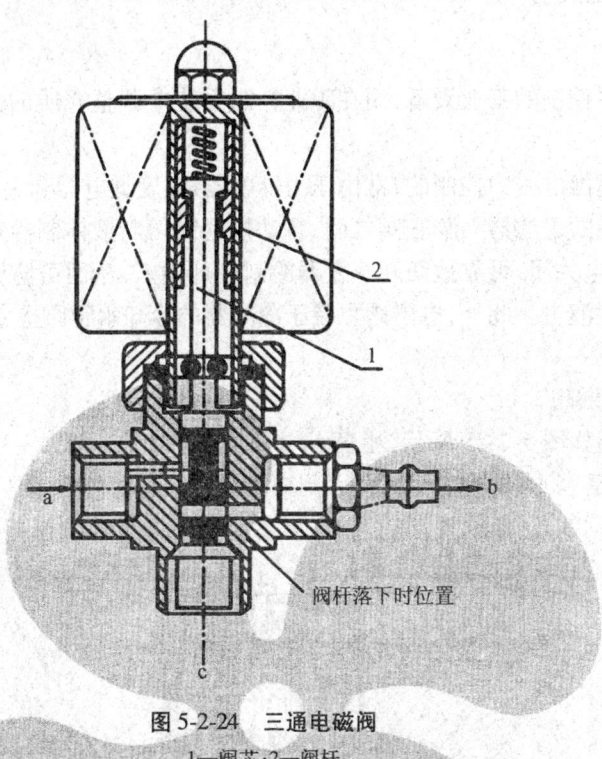

图 5-2-24 三通电磁阀
1—阀芯;2—阀杆

(3)电源盒的改装与电磁阀接线

①将固定控制板的三个螺钉改为六棱丝柱,将电磁阀控制板固定在六棱丝柱上,两板之间加垫绝缘纸。

②电磁阀控制板公共进线从下面电机控制板上进线端 B 点取出(B 点接线较少),主阀输出线与副阀输出线由各自对应的端子取出后进入防爆接线盒(此时应将接线盒与电源盒间的连线由原来的四芯改为五芯)。与防爆接线盒中的一根零线汇合,三根线再一同进入电磁阀。

③电磁阀的副阀控制线(EM2)接接线板上 TO 端子(或接电机控制板上的 MT 接线端)。主阀控制线(EM1)接接线板上 OA 端子(此时应将电源盒至接线板间的+5 V 组、+12 V 组、+MT 组的其中一组线由原两芯改为三芯线),主副阀控制线两"—"端,接在电机控制板+MT 组的"—"端。

④电磁阀的主、副阀判断(电磁阀引出三根线中,一般情况下双色线为副阀线,棕色线为

主阀线,蓝色线为零线)。

a.调线法:由于电磁阀为双线圈,引出线为三芯,如是四芯,则其中一根接阀外壳,为接地线。用万用表电阻挡可测出其内部接线。用万用表欧姆挡(×100)找出①端接零线,主、副阀线圈阻值相同;②、⑦则分别接电磁阀控制板主、副阀输出线。预置油量开机测试,如关机前有小流量则接线正确,如无小流量,调换②、③线即可。

b.通电法:安装电磁阀前首先用万用表欧姆挡(×100)找出①端接零线;另外②、③两根则为主、副阀线,因电磁阀为220 V交流供电,故将①②或①③两根线接入220 V电源。

(4)电磁阀的安装和使用注意事项

①选用的电磁阀的口径、进出口接头的通径和适用的电压应符合要求。

②应垂直安装,以保证铁芯起、落自如。

③制冷剂的流向应与阀上标注箭头一致,以免进、出口接反,阀关闭不严而失效。

④保护线圈的外壳,在线圈获电时起到减小磁场涡流损失的作用,故线圈通电时,不应拆下外壳,以免线圈温度升高而烧毁。

(5)电磁阀的常见故障

①因阀安装不垂直或铁芯带剩磁,铁芯落下困难而使阀关不严。铁芯的剩磁可用加热或摔打铁芯消除。

②线圈断路或铁芯被油污粘住,导致阀不能开启。应更换线圈或拆洗铁芯等。

③进、出口接反,造成阀关闭不严。应拆下,调整方向重新安装。

④套筒座与阀座间的密封圈损坏或装配时密封圈未放正,造成制冷剂泄漏。应更换密封圈,装配时应防止密封圈放置不正。

2.温度控制器

温度控制器用以控制库温、箱温或室温。其控制方式有两种:一是直接控制压缩机起动和停机,兼控制电磁阀启闭;二是只控制电磁阀,压缩机起停借助于压力继电器。根据工作环境的温度变化,在开关内部发生物理形变,从而产生某些特殊效应,产生导通或者断开动作的一系列自动控制元件,或者电子元件在不同温度下,根据工作状态的不同来给电路提供温度数据,以供电路采集温度数据。

流体媒介温度控制器是利用感温流体热胀冷缩及液体不可压缩的原理而实现自动调节。当控制温度升高时感温液体膨胀产生的推力将制冷剂供液阀关小,以降低温度;当控制温度降低时感温液体收缩,在复位装置的作用下将制冷剂供液阀开大,以提高温度,从而使被控制的温度达到和保持在所设定的温度范围内。

温度控制器用以控制库温、箱温或室温。其控制方式有两种:一是直接控制压缩机起动和停机,兼控制电磁阀启闭;二是控制电磁阀,压缩机起、停借助于压力继电器。如图5-2-25所示为RT型(DANFOSS)温度继电器,主要由感温包7、波纹管组件5、调节弹簧1、顶杆2、调节旋钮8、幅差调节螺母3和三个电触点等组成。

温度控制器通过感温包将温度信号转变为压力信号作用于波纹管,再将动作传给执行机构。RT型波纹管内的压力直接作用于主弹簧。它通过幅差螺母及固定盘拨动电触点,以接通或切断电路。假设触点2′、3′为控制回路,在温度低于给定温度最低值时,控制回路被切断。当温度回升之后,感温包7内压力增加,波纹管被压缩,并通过顶杆压缩调节弹簧1。此时,固定圆盘14和幅差调节螺母3产生向上位移,当此位移超过给定间隙(即给定最高温度)时,幅差螺母即拨动微动开关拨臂13,使触点3′、2′闭合,控制回路被接通。如果控制器是与供液电磁阀配合使用,则供液电磁阀开启,蒸发器得到正常供液。当所控制的温度下降到控制温度给定值下限时,则固定圆盘向下拨动开关,使触点2′、3′断开,供液电磁阀关闭。

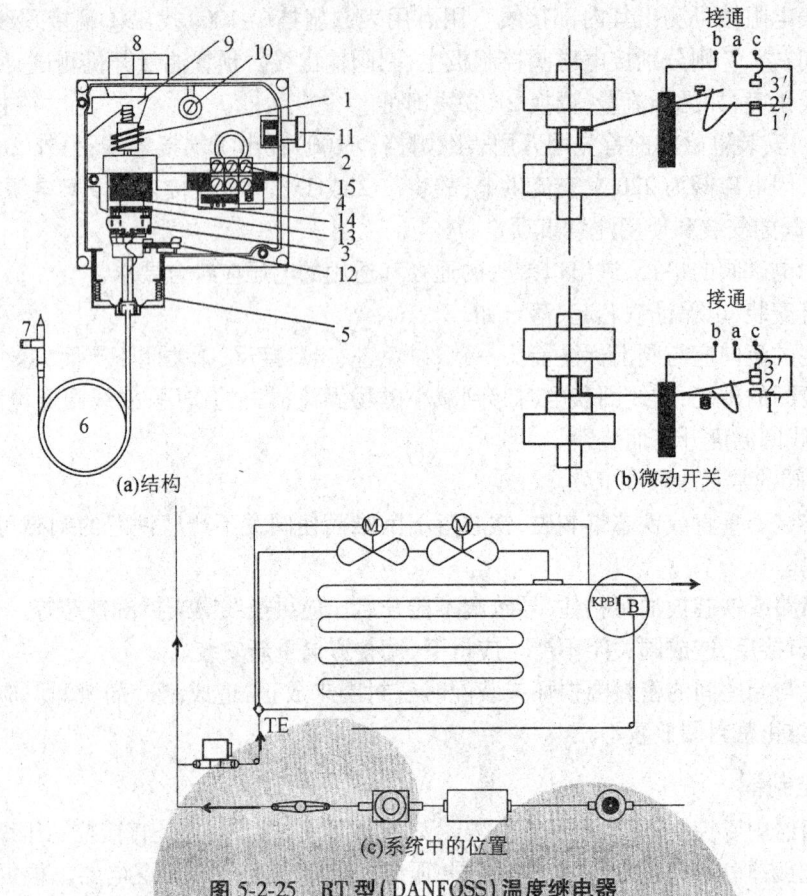

图 5-2-25　RT 型(DANFOSS)温度继电器

1—调节弹簧;2—顶杆;3—幅差调节螺母;4—微动开关;5—波纹管组件;6—毛细管;7—感温包;8—调节旋钮;9—主标尺;10、15—接线柱;11—控制线引入;12—地线接线柱;13—微动开关拔臂;14—固定圆盘

显然通过调节旋钮8改变调节弹簧1的弹力,便可改变温度控制器的断升值。主弹簧弹力越大,触点2′、3′断升温度值越高;反之,触点2′、3′断升温度值越低。幅差调节螺母3可以改变它与固定圆盘之间间隙的大小,间隙越大,相应电触点的闭合温度与断升温度的差值就越大,故幅差调节螺母能控制温度的最高值。

RT 型温度控制器在安装使用时必须根据控制温度、工作条件来正确选择接线方式。感温包应能准确感受和传递温度信号,毛细管不应通过比温度控制更低的库房,也不要与蒸发器进口管接触或一起穿过冷库门壁。当毛细管穿过库房时,应加装套管,并在两头用橡皮密封,毛细管弯曲时应保持一定的圆弧。

RT 型温度控制器规格较多,其中 RT2、RT3 型控制范围为 $-25 \sim -15$ ℃。RT4、RT14 型为 $-5 \sim -30$ ℃,RT11、RT13 型分别为 $-30 \sim 0$ ℃、$15 \sim 45$ ℃。各型 RT 可调幅差为 $1 \sim 8$ ℃。一般电触点容量为交流 380 V、15 A;直流 220 V、10 A。

温度控制器的调试:

温度控制器输入端是热电偶或热电阻接点,检测元件热电阻接在该点上,输出端是两个小型继电器,控制加热设备。然后设置温度的上限和下限。运行后,当温控器检测到温度达到上限时,继电器断开,停止加热设备加热。当温度回到下限时,继电器接通,控制加热设备继续加热,起到自动控制温度作用。

3.高、低压控制器

当被控压力超过或低于调定值时,高、低压控制器动作,进行安全保护或进行自动调节。压力控制器按其控制范围可分为低压控制器、高压控制器及两者组合的高、低压控制器等。

低压控制器一般安装在低压管道或容器上;高压控制器用于制冷压缩机的高压管道或容器上。高、低压控制器将低压和高压控制器的压力传感和传递部分组装成一个控制器,一般用于压缩机的高压超高或低压过低的保护。

如图5-2-26所示为高、低压控制器应用接管图及结构原理图。如图5-2-26(b)所示,当排气压力升至高压给定值或吸入压力降至低压给定值时,控制器触头断开,切断电路,压缩机停机。其动作原理是:低压波纹管7、角杆6、推杆2、低压调节弹簧3及低压差动装置等组成高、低压控制器的低压部分。当作用于低压波纹管7上的吸气压力升高到低压设定值上限时,波纹管被压缩并推动角杆6,克服低压调节弹簧3的拉力作顺时针转动,带动推杆2下移。在夹持器内走完自由行程后,把夹持器连同动触头板12一起下拉,使触头闭合。磁钢4对动触头板的吸引作用,加速了触头的闭合,防止产生电火花烧坏触头;反之,当吸气压力低于低压设定值下限时,动作过程相反,使触头断开,切断电源。

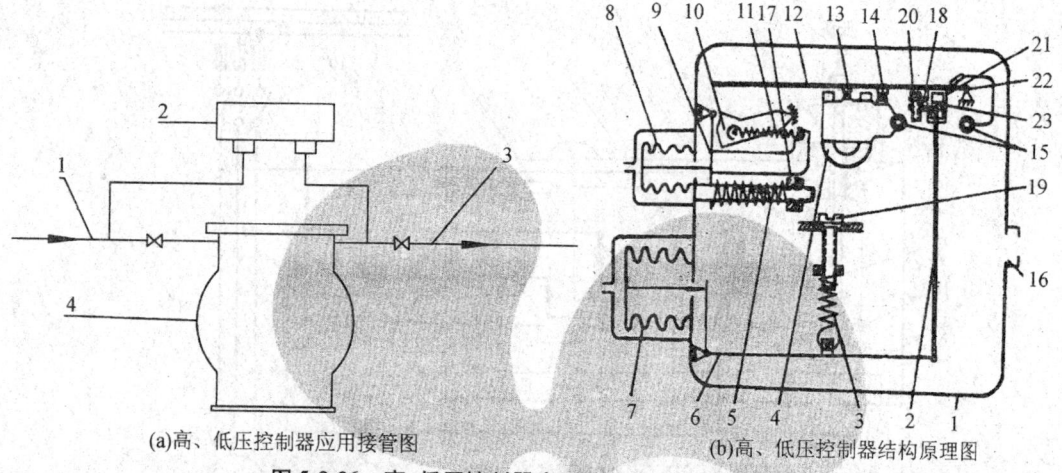

(a)高、低压控制器应用接管图　　　　(b)高、低压控制器结构原理图

图5-2-26　高、低压控制器应用接管图及结构原理图

(a):1—吸入管;2—高、低压力控制器;3—排气管;4—压缩机

(b):1—外壳;2—推杆;3—低压调节弹簧;4—磁钢;5—高、低压调节弹簧;6—角杆;7—低压波纹管;8—高压波纹管;9—杠杆;10—跳脚;11—跳簧;12—动触头板;13—辅助触头;14—主触头;15—接线柱;16—连线孔;17—高压调节螺母;18—板形螺母;19—低压调节螺钉;20—低压差动调节螺母;21—夹持器;22—轴(支点);23—直角拔臂

低压调节弹簧3的拉力决定低压断开压力值的大小。顺时针转动低压调节螺钉19,加大低压调节弹簧3的拉力,断开压力值相应升高;逆时针转动则减小弹簧拉力,断开压力值就降低。压力调节范围通常为0.07~0.37 MPa。

高压波纹管以高、低压调节弹簧5、高压调节螺母17、跳簧11、跳脚10、杠杆9组成高、低压控制器的高压部分。当作用在高压波纹管8上的排气压力升高至设定值上限时,顶针推动杠杆9,克服的弹力做逆时针方向转动,移动跳簧的位置,使跳脚起跳,撞击动触头板12使触头断开;当高压低于设定值下限时,触头就闭合。高压设定值的调整是通过高压调节螺母17进行,顺时针转动,弹簧压力增加,使断开压力也增大;反之则减小。高压部分有差动,则不能调节。高压端压力调节范围通常为0.59~1.37 MPa。

高、低压控制器的调试：

(1) 压力控制器的设定值为 500 atm；

(2) 调试好的压力系统在炉门打开时，检测值 PV 应该是 500；

(3) 如果有偏差可以通过调整 PB 值来设定。

4. 油压差继电器

油压差继电器是一种油箱压力继电保护装置。它是利用油箱内由于事故造成的动态压力增速来动作的，油压增长装置就会有动作。由于油压波在变压器油中的传播速度极快，所以速动油压差继电器反应灵敏，动作精确，迅速发出信号并切断电源。如果在变压器上安装油压差继电器，一旦内部发生恶性短路故障，可防止油箱爆炸。压缩机在运行中，其运动部件需要压力油润滑和冷却。为保证压缩机的安全运行，当油压降至某一定值时，应使压缩机停止运行。

供油压力是油泵出口压力与压缩机曲轴箱油压之差，因此油压保护应有油压差控制器来实现。如图 5-2-27 所示为 JC3.5 型压差控制器动作原理图。

JC3.5 型压差控制器的主要技术指标：压差调节范围为 0.049～0.34 MPa；最大工作压力为 1.57 MPa；额定工作电压为 A.C.220/380 V；D.C.220 V；延时时间为 60 s±20 s；主触头容量为 A.C.220/380 V，300 A；D.C.220 V，50 A。

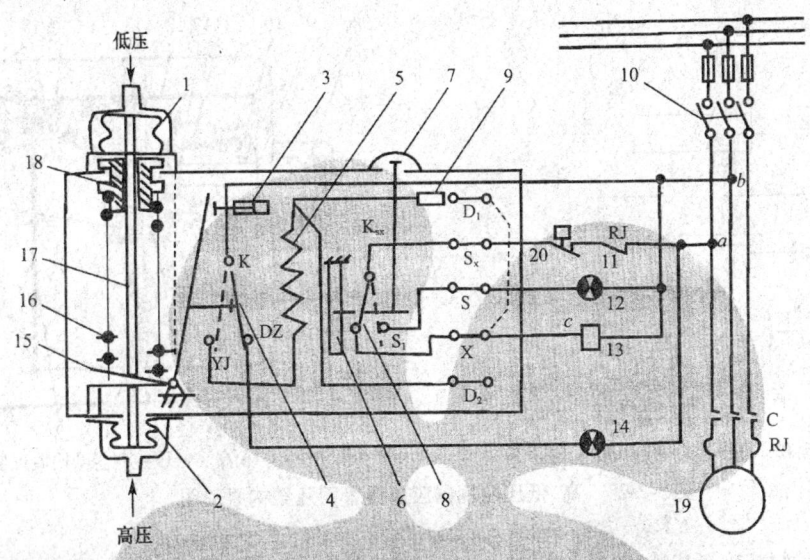

图 5-2-27 JC3.5 型压差控制器动作原理图

1—低压波纹管；2—高压波纹管；3—试验按钮；4—压力差开关；5—加热器；6—双金属片；7—手动复位按钮；8—延时开关；9—降压电阻（380 V 电源用）；10—压缩机电源开关；11—热继电器；12—事故信号灯；13—交流接触器线圈；14—正常工作信号灯；15—角形杠杆；16—主弹簧；17—顶杆；18—压差调节螺钉；19—压缩机电机；20—高、低压控制器

JC3.5 型压差控制器的动作原理：高压波纹管 2 接滑油泵出口，低压波纹管接曲轴箱，其差值所产生的力由主弹簧 16 平衡，当压差值大于给定值时，角形杠杆 15 处于实线位置，将开关 K 与 DZ 接通，一路电流由压缩机电路的 6 点经 K、DZ 正常信号灯 14 亮，再回到 a；另一路由 6 点经交流接触器线圈 13、X、K_{sx}、S_x 再回到 a 点。因为热继电器 11，高、低压控制器 20 均处于正常闭合状态，电机电源接通，压缩机正常运转。

当压差小于给定值时，角形杠杆 15 逆时针偏转至虚线位置，开关 K 与 RJ 接通，正常信号灯熄灭，电流由 6 点经 K、YJ、加热器 5、D_1、X、K_{sx}、S_x 再回到 a，此时压缩机仍能运转，但电加热器通电后发热，加热双金属片，经 60 s 后，双金属片向右侧弯曲程度逐渐增大，推动延时开

关 K_{sx} 与 S_1 接通,切断交流接触器线圈 13 与电加热器 5 的电源,接触器脱开,压缩机停止运转,而事故信号灯 12 亮,同时加热器停止加热。

对双金属片冷却后不能自动弹回复位,再次起动压缩机,待故障排除后,按动复位按钮 7,使 K_{sx} 回复到与 X 接通的位置,才能起动压缩机。在压差控制器正面装有试验按钮,供随时测试延时机构的可靠性。

油压差控制器的调试:

第一种方法:首先需要检查本身的电控系统,把压缩机对应的断路器关掉,打开控制回路的电源,然后手动起动压缩机,这个时候压缩机是不会运转的。所以,油压差控制器一定会运行,等 2~3 min,把没有报警的控制调一下,朝小的方向调节就好。然后等一会之后复位控制,观察其报警情况,都报警之后,然后起动压缩机,然后试机,观察报警情况。如果压缩机供油正常则不会报警,将其调节到报警状态,然后再略微增加一点,如果长时间运行不报警则调节完毕。

另一种方法:这种需要压缩机支持才能实现,而且必须有压力表。用压力表连接压缩机低压和油压管(就是油压差控制器连接的油压差位置)计算其压差值,然后直接在油压差控制器上调节对应的数字,然后再运行压缩机修正。

5.直动式蒸发压力调节阀

蒸发压力调节阀安装在蒸发器出口管道上,以防止蒸发器内蒸发压力低于设定值。既可用于单一的蒸发器,也可用于 2 个以上的蒸发器、保持各自不同的最低蒸发压力。蒸发压力调节阀功能如下:

(1)在以水或盐水为被冷却介质时,防止因负荷减少、过度冷却而被冻结。

(2)在不允许环境温度低于设定温度的场合,可确保设定的蒸发温度。

(3)可以防止冷库中的冷却盘管表面过度结霜,造成被冷却物品过大的干耗。

(4)在两台以上不同蒸发温度的蒸发器并联使用时,压缩机是以最低的蒸发温度作为运行基准的。为此,库温高的蒸发器存在温差过大,当负荷小的时候,库温有过度下降的倾向。如果在蒸发温度高的蒸发器回气管道上安装蒸发压力调节阀,就可以保证其蒸发压力不会降至设定压力以下。

蒸发压力调节阀按容量大小分为直动式和带导阀的先导式(恒压阀)两大类。前者用于小型制冷装置,后者用于大型制冷装置。

直动式蒸发压力调节阀的结构如图 5-2-28 所示。蒸发压力升高时,克服弹簧 2 和平衡波纹管 3 的弹力,推动阀板 4 上移,阀口开大,蒸发器泄压,在达到设定蒸发压力时,阀板重新落下关闭阀门。在蒸发压力上下波动过程中,阀的开度随之成比例变化,但存在静态偏差。

蒸发压力调节阀的调整原则是当库温达到要求的下限时,应恰好关闭。调整步骤如下:

(1)按库温的上、下限的平均值,加上 5~10 ℃ 传热温差,初步确定制冷剂的蒸发温度。

(2)按所采用的制冷剂的性质表查出该蒸发温度下的饱和压力(即蒸发压力)。

(3)装上压力表,打开压力表阀。

(4)转动调节杆或调节手轮,改变弹簧的张力,使压力表的表压值等于饱和压力。

(5)当库温达到下限时,观察压力表的指针是否稳定。若不稳定,说明阀尚未关闭,则应继续调节弹簧的张力,直至指针的指示稳定为止。此时表的指示值为蒸发压力的下限,亦即背压阀的调定值。关闭并拆除压力表。背压阀应垂直安装,调节杆应在上。制冷剂的流向应与阀体上所标的箭头一致。

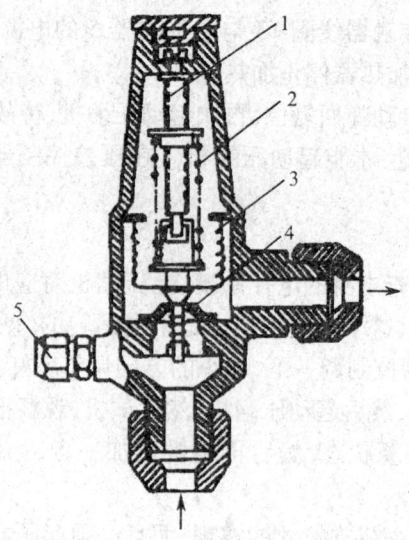

图 5-2-28 直动式蒸发压力调节阀的结构
1—调节杆；2—弹簧；3—平衡波纹管；4—阀板；5—压力表接头

6.直动式水量调节阀

制冷过程中冷凝压力过高，不仅增加压缩机的能耗，而且容易引起设备损坏事故；而冷凝压力过低，在膨胀阀前、后建立不了足够的压差，无法满足对蒸发器供液的需求，也会使制冷装置的工作失调。为了保证制冷装置安全高效的运行，必须控制冷凝压力，使其稳定在某一设定范围。对水冷式冷凝器的装置，除控制运行水泵台数调节外，一般可用水量调节阀控制冷凝压力。水量调节阀有压力控制式和温度控制式两种类型。

（1）压力控制式水量调节阀

压力控制式水量调节阀的结构如图 5-2-29 所示。阀顶设管接头，可连接管道与冷凝器气相连通，感受冷凝压力变化。当冷凝压力升高时，阀的波纹管被压缩，上顶杆 6 和下顶杆 9 下

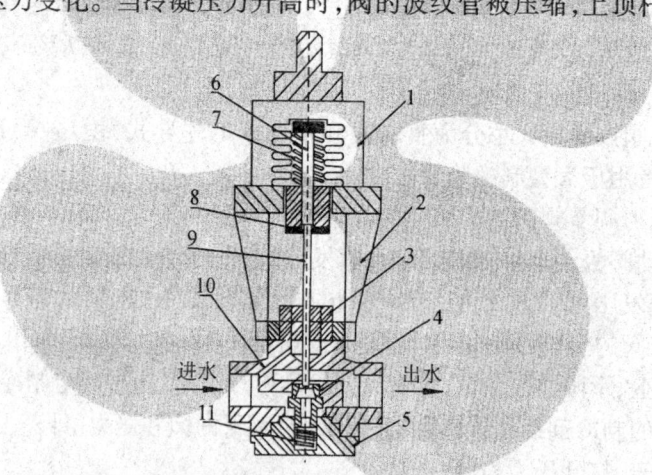

图 5-2-29 压力控制式水量调节阀的结构
1—高压气室；2—支架；3—填料螺母；4—阀座；5—底盖；6—上顶杆；7—弹簧；
8—调节螺钉；9—下顶杆；10—阀体；11—阀门座弹簧

移，阀门被开大，增加冷却水量，从而降低冷凝压力至设定值范围；如果冷凝压力下降到设定值以下，上、下顶杆上移阀门关小，减少冷却水量，使冷凝压力回升到设定值范围。由于在阀门腰

部设有调节螺钉 8 和弹簧 7,通过调节螺钉可以改变弹簧弹力的大小,以获得不同的设定值。减少弹簧力则冷凝压力的设定值被降低;反之,增加弹簧力则冷凝压力的设定值提高。

(2) 温度控制式水量调节阀

温度控制式水量调节阀是以被控容器的出水温度作为反馈信号,通过温包中的工质把温度变化转化为压力变化来调节阀门的启闭和开度,达到控制冷凝压力的目的。温度控制式水量调节阀的结构如图 5-2-30 所示。

温度控制式水量调节阀的调试:工作时,感温包感受的温度如果升高,感温包内的介质压力就相应增大,将阀门开大;反之则将阀门关小。通过转动调节旋钮,可以根据要求来调整控制温度。逆时针转动时,调定的温度值增高;反之则降低。

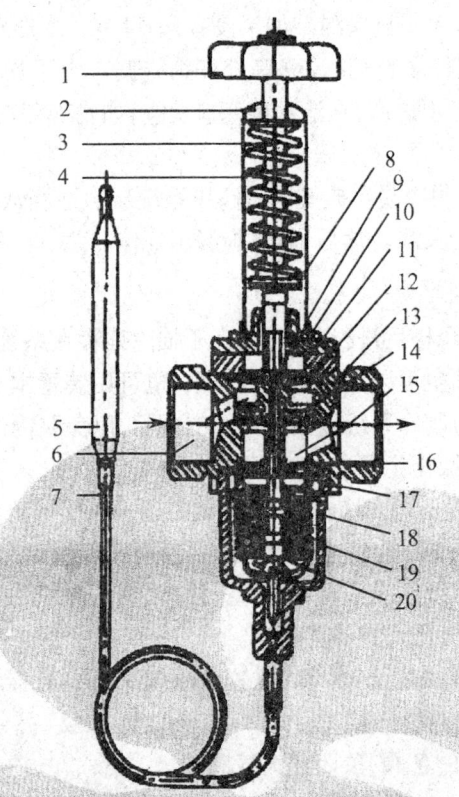

图 5-2-30　温度控制式水量调节阀的结构

1—手轮;2—杆箍;3—调节杆;4—弹簧;5—感温包;6—进口;7—毛细管;8—弹簧座;9—杆子;10—盖子;11—圆盘;12—膜片;13—阀体;14—阀座;15—出口;16—膜片;17—圆盘;18—罩壳;19—波纹管;20—弹簧

第三节　蒸气压缩式制冷装置的管理

一、制冷装置的气密试验、抽空及冷库隔热试验

1. 气密试验

初次安装或大修后的制冷装置需进行气密试验,中国船级社《钢质海船入级规范》规定气密试验压力为设计压力。气密试验压力分别为:低压系统中 R12 为 1.0 MPa,R22、R717 为

1.2 MPa；高压系统中 R12 为 1.6 MPa，R22、R717 为 1.8 MPa。

气密试验应用瓶装氮气进行。系统充气达到规定试验压力后，静待 8 h，若压降不超过 0.034 MPa，即为合格。如压力下降，可用肥皂水或起泡洗涤剂找漏，并放气后补焊，修复后重新检漏，严禁使用氧气或其他可燃气体进行试压或检漏。具体试验方法如下：

（1）拆除系统中不能承受试验压力的元件或将其隔热旁通。如蒸发压力调节阀低压继电器等。高压系统的安全阀应与通舷外的管路脱开，并将阀出口堵死，系统管路上安装压力表。

（2）关闭压缩机的吸、排截止阀和所有通大气的阀及滑油分离器的回油阀；开启热力膨胀阀的旁通阀和正常工作时应开启的其他各阀。

（3）将气体的钢瓶经减压阀接到系统管路上，然后开启钢瓶阀向系统充气，当压力达到 0.3~0.5 MPa 时，检查系统有无明显泄漏。如果没有，即可进一步加压至要求的试验压力。

（4）对系统各连接处，阀杆填料箱、焊缝等处仔细查漏。为了初步检查冷凝器是否漏泄，可以关闭冷却水，开启水室泄水旋塞，在泄水旋塞口检查，如发现漏气，应进一步拆下冷凝器端盖检查。

（5）当查明系统不漏后，用冷凝器放气阀将高压系统压力适当放低，接着取下安全阀出口处临时堵头，检查安全阀是否关严。然后，放尽检漏用气体。

2. 抽空试验

抽空试验是在气密试验合格后进行的，目的在于抽除残存在系统中的气体和水分，检查系统在真空状态下的密封性，抽空可以用专用的真空泵，也可用装置本身的压缩机。采用前者时应注意停真空泵前，先关泵与制冷系统连接管路上的阀门，以免泵内滑油被吸入制冷系统和产生回气。采用压缩机抽空的操作步骤和注意事项如下：

（1）关闭压缩机的排出截止阀，以隔断与冷凝器的通路和使排出多用孔道通大气。

（2）稍开压缩机吸入截止阀，把有能量调节的压缩机的能量调节机构置于最小能量调节位置，压缩机起动后逐渐开大吸入截止阀，使抽空过程中的压缩机在很小的排气量下运行，以免排出多用孔道窄小造成排气压力和排温过高。

（3）把控制箱上的转换开关置于"手动"位置或短接低压继电器和压差继电器，以免压缩机因吸入压力或油压过低而自动停机。

（4）开启高、低压管道上的各阀，关闭通大气阀。

（5）放尽冷凝器中的冷却水，以利于其内部残水的蒸发而被抽除。

（6）盘动压缩机数转，若无受阻情况和有气排出，则可起动压缩机开始抽空。

（7）盘动宜分几次间断进行，以免抽吸过快，管路中的压降太大，不易抽除干净。

（8）抽空过程中，应密切监视排压和排温。排温高限，R12 机为 125°，R22 机和氨气机为 145°，压力润滑者，还应监视滑油压力，油压应高于吸气压力 0.027 MPa 以上。

（9）按中国船级社《钢质海船入级规范》要求，氟利昂系统应抽空至绝对压力为 2.1 kPa，即真空度为 720 mm 汞柱，静待 8 h，绝对压力不超过 3.4 kPa 即真空的下降不超过 10 mm 汞柱。当真空度达到规定值时，可先用手指或塞头堵住排出多用孔道，后停机，然后迅速关闭排出多用孔道，以防外界空气倒流入系统。

抽空宜间断进行，所需时间为 18~72 h，以便最大限度抽除系统中的气体和水分。

3. 冷库隔热试验

冷库隔热试验是在冷库内为设计最低温度，保持冷库密封状态，使制冷剂停止工作的条件下进行的,经过 6 h 后检查冷库温度的回升情况,冷库隔热试验允许温升值如表 5-3-1 所示。

表 5-3-1　冷库隔热试验允许温升值

温差(℃)	60	55	50	45	40	35	30	25	20	15
温升(℃)	14.4	13.2	12	10.8	9.6	8.4	7.2	6	4.8	3.6

二、制冷装置基本操作

制冷装置在正常情况下,能够自动起动,但装置拆卸、修复、安装或长时间停机后,需要人工起动,制冷装置起动前应满足如下要求:

①压缩机曲柄箱内的润滑油油位应在视油镜中间位置或偏上。
②储液器内制冷剂液面应在液镜 1/3~1/2 处。
③开启压缩机排气阀及高、低压系统有关阀门。
④检查装置四周有无障碍物。新安装或检修装复后首次起动的压缩机,应手动试转。
⑤对具有卸载-能量调节装置的压缩机,应将能量调节手柄放在最低的容量位置。
⑥检查电源电压,接通电源。
⑦起动冷却水泵,直接吹风冷却系统应起动风机,间接冷却系统,则应起动盐水循环泵。
⑧调节压缩机高压、低压、油压控制器及各温度控制器给定值。
⑨检查制冷循环系统所有的管系,保证气密无泄漏。

1.起动

起动准备工作完毕,瞬时起动压缩机,并立即停车,观察压缩机、电动机的起动状态和转向,然后再反复起动 2~3 次,确认起动正常,即可正式起动。

起动后逐渐打开压缩机吸气阀及储液器出液阀。若制冷装置设有卸载-能量调节机构,应逐步调节到所要求的容量。在起动时间还应观察机器运转、振动情况,系统高、低压及油压是否正常,检查电磁阀、能量调节阀、膨胀阀及回油阀的工作等,直到确认装置工作稳定。

2.运转中的检查

(1)压缩机的转向是否正确。
(2)油压是否正常。油压应高于吸气压力 0.1~0.15 MPa。
(3)电磁阀是否打开,若用手摸电磁阀外壳有热感和微小振动,则表明阀已经打开。
(4)检验压力继电器工作压力。低压继电器的校验:逐渐关小吸气截止阀,缓慢降低吸气压力直到压缩机停机,逐渐开大吸气阀直至压缩机重新起动,核对停机和重新起动时的吸气压力是否符合低压继电器断开和闭合压力的要求,若不符合,则应调整。为准确起见,宜校验三次以上。高压继电器的校验:开足吸气截止阀,关小冷却水泵的排出截止阀,减小冷却水量使排气压力逐渐升高,直至压缩机停机,然后开大水泵的排出截止阀,减小冷却水量使排气压力逐渐升高,直至压缩机停机。然后开大水泵的排出截止阀直至压缩机重新起动。校验停机和重新起动时的排气压力是否符合高压继电器断开和闭合压力的要求。若不符合,则应调整。压力继电器检验:转动油压调节阀的调压螺钉,使油压逐渐下降,直至压缩机停机。核对停机时的油压与吸气压力差值是否在 0.06~0.15 MPa。若不符,则应调整。按动压差继电器的试验按钮,校验延时机构工作的可靠性。要求按动试验按钮后压缩机应停机。
(5)检查压缩机能量调节装置的工作,若为手动能量调节装置,可分别置于各能级,用手摸缸的发热情况来判断工作的缸数是否与能级相符。若为自动能量调节装置,压缩机应全负荷运行，全部缸均应发热。

(6)倾听膨胀阀是否有制冷剂流动声，以检查膨胀阀是否畅通。

3.制冷装置的停车

(1)正常停车

①关闭节流阀或供液总阀，降低蒸发器的压力，以便下一次起动。若是氟利昂系统应关闭储液器或冷凝器的出液阀。

②关吸入阀，当曲轴箱表压降到 0.03~0.05 MPa 时，切断电源，关闭排出阀。如停车不当，曲轴箱表压已降到负压，使曲轴箱表压上升到 0 MPa 以上。

③将油浸起动变阻器手轮，从运行位置移动起动位置。对于新系列产品应将能量调节位置移向"0"位。

④待 2~3 min 后，将冷却水系统和冷冻水系统关闭，记录停车时间及做好交班准备。

⑤若是长期停车，除全封闭式制冷机外，应将制冷剂收集到储液器中，即把储液器或冷凝器出液阀关闭，将蒸发器中制冷剂抽回。这时，除安全阀的截止阀、表阀、均压阀、液面指示器阀开启外，其他阀门均呈关闭状态，然后消除制冷剂泄漏处，做好机器设备的油封工作。并且，每隔半月盘车一次，对于制冷剂阀门除压紧杆填料之外，还应把阀帽旋紧。

⑥各种制冷装置，在长期停车中，应将系统中水放掉，以防因环境温度较低而冻坏设备。若在南方地区，因气温较高，可不必放水，因放水后空气进入，对管内壁腐蚀比有水的情况下要严重些。

(2)事故停车

事故停车是制冷装置在运行过程中，遇到意外设备故障或因外界影响将对制冷系统带来严重威胁时，所采取的应急措施。有的需要紧急停车，有的果断停车处理。总之要根据情节和危害程度来采取相应办法。在处理紧急停车时应沉着而迅速，切忌因惊恐失措而乱关控制阀门或电气开关，谨防事故的蔓延和扩大。

遇到下列情况，应做紧急停车处理：

①电源突然中断停车。应立即关闭调节站节流阀，停止向蒸发器供液，以免下次起动时，因蒸发器内液体过多而产生湿压缩，然后关制冷机吸、排气阀。对于氟利昂有电磁阀的条件下，可不作处理，拉下电源开关。检查停电原因，确认故障排除后，可重新起动。

②突然停水、停车。由于检修管路或其他原因，冷却水突然中断时，应立即切断电源，停止制冷机运转，避免冷凝压力过分升高。然后再关节流阀。制冷机吸、排气阀（对水冷式氟利昂制冷机同样要切断电源）。经查明原因并消除后，可再次起动。如因停水，系统或设备安全阀超压跳开，还应对安全阀试压一次。

③遇火警停车。当与冷冻站相邻的建筑物发生火灾危及到冷冻系统的安全罐时，应立即切断电源，迅速打开储液器、油水分离器、蒸发器各放油阀(一般设计时，这些放油阀与紧急泄氨器相连)，开启紧急泄氨器(如使用液氨作制冷剂)，使系统氨液集中于紧急泄氨口迅速排出，以防止因火灾蔓延而使制冷系统发生爆炸事故。

4.制冷剂充注

制冷剂在高压侧充注时借助充液铜管将氟利昂液罐和系统加液阀连接。拧紧接口螺母前，稍微松开液罐阀门以驱赶管内空气，拧紧后液罐倒置(一次性用罐则不必)，稍开阀门检查配管系统，确认无泄漏后关上冷凝器出液阀，打开液罐及充液阀，起动压缩机即向系统充注，由液罐磅秤确定系统是否已达到规定充量。反复操作完成充注后,切断加液阀,打开冷凝器出液阀,系统即可正常运转。另一种高压侧充注是在停机状态下借助压缩机高压排气阀多用通道口装上三通接头,一端接真空压力表,另一端连接充注管,经过干燥过滤器和钢瓶连接,向冷凝器充注。

制冷剂在低压侧充注时借助压缩机吸气三通阀充注铜管接到氟利昂钢瓶另一端上,充注管路上装有真空压力表以便操作,钢瓶直立,微开钢瓶阀门以驱赶管内空气,拧紧接口螺母后调节三通阀,使压缩机仅处于从气瓶吸气状态,起动压缩机,随时调整钢瓶阀,控制吸气压力不超过 200 kPa(表压)。由磅秤确定系统是否已达到规定充注量。为了加速充注速度,可用温水淋浇或浸泡钢瓶,但不能浸入热水中以免出现危险,充注完毕关闭钢瓶阀门,待充注管内压力降到 0 kPa(表压)时关闭压缩机,全开三通阀,关闭充注口,取下充注管后拧紧螺母,恢复三通阀至正常工作状态位置,充注即告完成。

按照充注的状态不同,分为液态充注法、气态充注法两种。

5. 制冷剂的取出

如果系统中充剂过多,液态制冷剂可能过多地浸没冷凝器冷却水管,会使冷凝压力升高,这就需要取出部分制冷剂。有时因装置需要大修或准备长期停用,可能需要取出全部制冷剂。取出部分制冷剂可在装置运行时进行,方法如下:

(1)将未盛满的制冷剂钢瓶放在磅秤上或挂在吊秤上,瓶口向上,用连接管连接系统充剂阀与钢瓶出口阀,上紧接管前先用瓶中或系统中的制冷剂吹除管中的空气。有条件则可将钢瓶放在冰水中,或用水连续冷却。

(2)开启钢瓶阀,打开充剂阀,关小冷凝器冷却水进口阀,保持较高的冷凝压力,液态制冷剂便会进入钢瓶。如果钢瓶没有水冷却,随着制冷剂的加入其压力会升高,当钢瓶的称重不再增加,则表明制冷剂不能再进入钢瓶。这时可暂时关闭储液器出液阀,让压缩机经系统抽吸钢瓶(瓶口向上)中气态制冷剂,以使钢瓶降压降温,然后再开启储液器的出液阀,继续向钢瓶转移制冷剂。

(3)被充注的钢瓶应随时称重,当系统已取出要求的制冷剂量,或钢瓶充注量接近其最大充注量时(一般装到最大充注量的 80%~90% 即可),即关闭充注阀停止充注;然后加热连接管,使其中制冷剂尽量进入钢瓶,最后关闭钢瓶阀,拆除接管。

钢瓶和其他压力容器装液态制冷剂时都不宜装得过满,以防温度升高时压力剧增而发生危险。压力容器最大充注量:

$$G = V/v$$

式中,V—容器的容积,L;

v—制冷剂在 60 ℃ 左右时的比容积(在 30 ℃ 时瓶内约能有 10% 剩余空间),R22 为 0.98 L/kg。

若要全部抽出系统中的残存制冷剂,当系统中存留的制冷剂不多、压力较低时,可改用以下方法:

(1)将压缩机排出截止阀的多用接头与钢瓶连接,或利用排气管路上的压力表接头,在其上装一个"T"形接头,使其一端与钢瓶连接,另一端与压力表接头连接。

(2)打开钢瓶阀及压缩机的吸、排截止阀和系统中的各截止阀,并手动打开蒸发压力调节阀或使之旁通。

(3)然后"手动"起动压缩机以最小容量抽气,并调低油压控制器断电值。

(4)缓缓关小压缩机的排出截止阀,并用冰水冷却钢瓶,使制冷剂充入钢瓶并液化,同时密切注视压力表,防止排出压力过高。

(5)当排出截止阀全部关闭,吸入压力下降至表压为零时停机,关钢瓶阀和排出截止阀的多用接头,然后拆除钢瓶。

抽除系统中的制冷剂时所用钢瓶必须是试压合格,并且是装同种制冷剂的。

6.制冷剂的检漏

制冷装置运行中,由于震动造成的连接部件松动、阀杆填料未压紧、管路腐蚀、压缩机轴封损坏或拆检某些设备后装复不符合要求等,会造成制冷剂的泄漏,所以检漏是经常性的维护工作。制冷剂的检漏一般可采用油迹检漏、卤素检漏灯和肥皂液检漏。

(1)油迹检漏:平时做好装置各部分的清洁工作,对于氟利昂制冷装置,出现油迹处即为制冷剂泄漏的地方,这是由于氟利昂与油能互相溶解,泄漏的制冷剂中溶有油。

(2)卤素检漏灯检漏:这是以乙醇或甲醇做燃料的喷灯。氟利昂气体与喷灯的火焰接触会分解为氟、氯气体,氯与铜接触便形成氯化铜气体,使火焰的颜色发生变化。因此,通过火焰的颜色是否改变就可判断有无泄漏。使用检漏灯时可旋下底部旋塞,筒内注满酒精或甲醇,然后旋紧旋塞,黄铜烧杯内注入酒精,点燃以加热酒精筒和喷嘴,使筒内酒精气化升温。待杯内酒精快烧完时,稍开调节阀,从喷嘴喷出的酒精气即被点燃。由于喷嘴的高速喷射,使喷射腔内压力低于大气压,于是吸气软管便能吸入气体。若阀杆填料和轴封等处泄漏,则火焰的颜色就会由浅蓝色变为淡绿、深绿、紫绿色。颜色越深,表明泄漏越严重。

检漏时应注意:

①检漏前舱室应很好的通风,以便尽可能地排出被污染的空气,检漏时不要抽烟。三氯乙烯和四氯化碳等清洁剂的气体也能使火焰变色,应防止由此引起的误会。

②泄漏严重时,不宜采用。因此时不易查出泄漏确切部位,并且氟利昂气体与明火接触会产生有毒的光气,检漏时应避免吸入,若发现火焰呈紫绿色和亮蓝色时,就不应再用灯检漏,可改用肥皂液查漏。

③检漏完毕,熄火关闭调节阀时,不要关得太紧,以免冷却后卡死或阀体开裂。

(3)肥皂液检漏:把调成一定浓度的肥皂液涂于可能渗漏部位,观察是否冒气泡来判断有无泄漏。检漏处内部压力需为 0.35~0.40 MPa;否则很难查出微小渗漏。此法不适用于零度以下环境。

7.更换干燥剂

干燥剂为硅胶,蓝色(或白色)颗粒,吸水后变为红色(或蓝色)。当干燥剂变色后,应更换干燥剂。

(1)首先准备好工具及干燥剂。

(2)关闭储液器的出液阀、旁通阀及干燥器的进口阀,打开干燥器出口阀,以回收干燥器及管路内的制冷剂。

(3)等制冷压缩机低压停车后,关闭干燥器的出口阀,拆下干燥器。

(4)拆下干燥器的端盖,取出卡簧、滤网,将用过的干燥剂倒掉。

(5)用挥发性清洁剂(丙酮、四氯化碳)清洁干燥器内壁及滤网。

(6)更换新的干燥剂,填满压实,装上滤网、卡簧,检查密封垫圈是否破损,上紧端盖。

(7)将干燥器连接在管路上,上紧进口阀接头螺母,微开出口阀接头螺母,打开干燥器进口阀、出口阀,用制冷剂将干燥器及管路内的空气排出。

(8)上紧干燥器出口接头螺母,打开出口阀,关闭旁通阀,使干燥器投入运行;运行一段小时后,将干燥器旁通,从运行系统中撤出。

8.参数调整

制冷装置运行的参数主要有:蒸发温度和蒸发压力;冷凝温度和冷凝压力;压缩机的吸、排气压力;节流前的制冷剂液体温度;两级压缩制冷系统的中间压力等。这些运行参数不是固定的,而是随外界条件(如冷却水温度,被冷却对象的冷负荷)的变化而变化的。所以,在制冷装置调试时,必须根据外界条件和装置的特点,调整各个运行参数,使其在合理、经济和安全的数值下运行。

(1)蒸发温度和蒸发压力

蒸发温度和蒸发压力是根据用户的要求确定的。装置运行的蒸发温度,应根据被冷却介质的温度要求及工作特点来确定。调整蒸发温度,实际上是调整蒸发温度与被冷却介质温度之间的温度差。从传热的观点考虑,温差选取的大,其传热效果好、降温快。但是加大传热温差,就使蒸发温度降低。对压缩机的制冷量来说,当冷凝温度一定时,蒸发温度越低,其制冷量越小,由于冷量不足,进而使被冷却介质温度降不下去。而温差变小,则传热效果差,压缩机制冷量虽然很大,但蒸发器热交换不充分。因此,根据制冷设备的不同,合理地选择温差。

根据我国 JB/T4329-1997 容积式冷水(热泵)机组标准规定,冷水机组的名义工况为冷水进口水温为 12 ℃,出口水温 7 ℃;冷却水进口水温 30 ℃,出口水温 35 ℃。所以冷水机组在出厂时,自动控制和保护元件的整定值将使冷水机组保持在名义工况下运行。由于提高冷水的出水温度对机组的经济性十分有利。运行中,在满足使用要求的情况下,应尽可能提高冷水出水温度。如果实际使用中机组长期运行的冷水出水温度不是 7 ℃,订货时应在合同上注明所需要的冷水出水温度要求。因此,在机组的实际操作中,应根据对象的具体要求,可将冷水的出水温度提高或适当降低。一般情况下,蒸发温度较冷水出水温度低 2~4 ℃,则控制蒸发温度在 3~5 ℃范围。对于冷却液体介质的蒸发器,它的蒸发温度应比被冷却液体介质温度低 4~6 ℃。

调整蒸发温度与被冷却介质温度的差值,实际上就是调节节流阀的阀孔开度。

目前常用的节流阀有手动节流阀、热力膨胀阀、恒压膨胀阀、浮球阀等。我们在调试运行制冷装置时,主要靠观察蒸发压力的变化来判断膨胀阀的开度是否适中。如果阀开度过小,供液量不足,则使蒸发压力和蒸发温度下降,压缩机吸气过热,排气温度亦升高;而供液量过多时,则蒸发压力和蒸发温度都升高,过量的液体,还会使压缩机产生"液击"事故。所以正确地控制节流阀的开度是运行中调节蒸发温度和蒸发压力的主要方法之一。此外,当冷却设备负荷和压缩机的容量不变,若蒸发器热交换面积设计过小或内、外表面有污垢,则使蒸发温度降低;如热交换面积过大,则蒸发温度升高。如果冷却设备负荷和蒸发器热交换面积都不变时,压缩机容量增大,则蒸发压力和温度降低;压缩机容量减少时,则蒸发温度和压力升高。

(2)冷凝温度和冷凝压力

制冷系统的冷凝压力为高压表所指示的压力,用绝对压力表示,查制冷剂热力性质表所示,在一般情况下,冷凝温度比冷却水进口温度高 5~7 ℃,比强制通风的冷却空气进口温度高 10~15 ℃。当蒸发温度不变时,冷凝温度升高,冷凝压力也升高,压缩机的压缩比增加,输气系数减少,压缩机制冷量降低,而耗电量却增加。此外,冷凝压力升高,压缩机排气温度升高。如果排气温度过高,则使压缩机润滑油变稀,影响润滑。当排气温度与润滑油闪点接近时,将会使部分润滑油炭化并积聚在排气阀门中,影响阀门的密封性。此外,对阀片、端盖弹簧等均有影响。

冷凝温度过高,从设计角度分析是因为冷凝面积过小。此时,不能在规定的压力下将压缩机排入冷凝器的过热蒸气全部冷凝为液体,而只有在较高的压力和温度下冷凝。在这种情况下,只有增加冷凝器面积或减少并联系统的压缩机运行台数。

运行过程中,冷凝器内表面有油膜、水垢或系统内有少量空气等不凝性气体,均可使传热热阻增加,使制冷剂蒸气不能及时冷凝。通常处理方法是定期放油、放空气并根据水质情况定期清除水垢。

降低冷凝温度对制冷装置的运行有利,可以采取的措施有两个方面:一是降低冷凝器冷却水的进水温度;二是加大冷却水流量。但冷却水温度取决于大气温度和相对湿度,受自然条件变化的影响和限制;而加大冷却水流量简单易行,但加大冷却水流量,引起冷却水泵功耗增加,过高的流速还会加剧水管磨损,故应全面考虑。

此外,冷却水是开式循环系统,灰尘、杂物和大气中的腐蚀气体与有害物质会溶解在冷却水中,在阳光作用下造成氧化加剧,及微生物在水中繁殖,对冷却水系统工作存在严重危害。因此,有关操作规程规定冷却水系统和冷凝器管道每年必须彻底清洗一次,以保证冷凝器的正常工作性能。

(3) 压缩机的吸气温度

压缩机的吸气温度,对容积式压缩机来说,是指压缩机吸气腔中制冷剂气体的温度。吸气温度高,排气温度亦高,制冷剂被吸入时的比容大,此时压缩机的单位容积制冷量变小;相反,压缩机吸气温度低时,其单位容积制冷量大。但是压缩机的吸气温度过低,可能造成制冷剂液体被压缩机吸入,使往复式压缩机产生"液击"现象。

此外,压缩机吸入管道的长短和包扎的保温材料性能的好坏,对过热度的大小,也有一定的影响。吸气温度一般控制在制冷装置的吸气过热度为 $5\sim10$ ℃,在设回热热交换器的氟利昂系统吸气过热度为 15 ℃比较合适。因此在机器运行操作中,必须注意压缩机吸气温度的控制,通常是用调节热力膨胀阀的调节螺杆来调节过热度的大小。

(4) 压缩机的排气温度

压缩机的排气温度是制冷剂经过压缩后的高压过热蒸气。由于压缩机所排出的制冷剂为过热蒸气,其压力和温度之间不存在对应关系。压缩机的排气温度可从排气管路上的温度计读出。

排出压力一般稍高于冷凝压力,而排出温度较冷凝温度高得多。排气温度除与制冷剂种类有关外,主要与吸气温度、压力及压力比有关,并随着它们的增大而提高。冷凝温度和排气温度过高对压缩机的运行都是不利的,应予防止。

三、冷冻机油的添加与更换

装置运转正常的情况下,压缩机滑油的耗量很小,不会产生缺油现象,氟利昂压缩机制冷剂带进系统的滑油可通过油水分离器或合理布置的回气管经回油孔返回压缩机的曲轴箱;新安装或大修后的装置,各部分会积存一定量的滑油,出现滑油不足的情况。所以若需添加过多的滑油或需经常添加滑油,则说明系统存在回油不畅、油温过高或严重泄漏等弊病,应及时检查纠正。

添加滑油必须注意:滑油应储存于封口的容器中,以免空气中的水分和污物进入;添加滑油的牌号应与原有滑油牌号相同,不同牌号的油不能混用,以免滑油变质;添加滑油应适量,加入过量滑油易使压缩机产生液击,导致热交换器传热系数和热膨胀阀的制冷剂量降低。

添加滑油的方法有三种:

1.从压缩机多用孔道吸入

此法适用小型压缩机,操作步骤如下:

(1)关闭压缩机吸入多用孔道,装上"T"形接头,接好加油接管和真空表,稍开多用孔道即关,用机内制冷剂驱除接管内的空气,立即用拇指封住接管的管口。

(2)关闭压缩机的吸入截止阀,隔断压缩机与回气管的通路。

(3)把转换开关置于手动位置或短接低压继电器,起动压缩机瞬时即停,重复2~3次,防止溶于滑油中的制冷剂把滑油带进气缸而产生液击,然后运行几分钟,直至达到稳定的真空后停机。

(4)把拇指封住的管口置于油中,松开拇指,油即经接管、多用孔道和回油孔被吸入曲柄箱。若油的吸入量不足,可用拇指封住管口,重复以上操作。

(5)开启吸气截止阀,关闭吸入多用孔道,拆去接管,把低压继电器复原。然后再稍开多用孔道,从而把低压信号引入压力表和低压继电器。

2.从压缩机曲柄箱的加油孔注入

(1)关闭压缩机的吸气截止阀,把机内的制冷剂收入储液器,直至压力表指针指"0"停机。

(2)关闭排气截止阀,旋出加油孔旋塞,从加油孔注入滑油,直至油面达油位线为止。

(3)开启吸气截止阀,用制冷剂驱使侵入曲轴箱内的空气,旋紧加油孔旋塞,开启排气截止阀。

3.利用曲轴箱上的加油阀加油

此法适用于装有加油阀的压缩机,可在压缩机运行过程中加油,操作步骤如下:

(1)在加油阀上装上加油接管,把加油阀转"放油"位置,利用曲轴箱内具有一定压力的油驱除接管内的空气,用手指封住接管另一端的管口,把管口浸入盆或油桶的油面下。把加油阀转至"运转"位置。

(2)关小出液阀或吸气截止阀,使装置在低压压力略高于零刻度下运转。

(3)把加油阀转至"加油"位置,油泵即经加油阀和接管从油盆或桶内吸油。当曲轴箱的液面上升至油位刻度线时,立即把加油阀转至运转位置。

(4)开大出液阀或吸气截止阀,拆除加油接管。若润滑油已变质或含污物过多,则应更换。

四、不凝性气体的危害及其检查与排除方法

1.系统中的不凝性气体危害

冷凝压力与冷凝温度下不凝结的气体,包括空气以及制冷剂和润滑油的分解物等。充注制冷剂和加滑油操作不当、系统负压运行或抽空不严格而导致不凝性的气体进入系统。系统混入不凝性气体会引起冷凝压力升高、压缩机排温升高、附面层热阻增加、使冷凝器传热系数降低、压缩机制冷量减少、耗电量增加,故一旦渗入则应及时排放。

2.排放不凝性气体方法

(1)开启混合气体进入阀使混合气体进入空气分离器。

(2)开启回气阀,稍开供液节流阀,使混合气体中制冷剂冷凝并沉于筒体底部。

(3)稍开空气阀,将空气通过橡胶管放入水槽,使微量制冷剂溶解水。待底部积有一定存液,则关闭供液节流阀和混合气体进气阀,开启旁通辅助节流阀,使积液气体气化回收。

五、蒸发器融霜

1.蒸发器结霜对工作的影响

制冷装置中,蒸发器管壁的温度均在0℃以下,空气中的水汽会在其上结成霜层,由于霜层的导热系数不到金属管壁的1%,故霜层极大地增大传热热阻,膨胀阀会因出口过热度减小而关小,蒸发压力和温度下降,导致制冷量减少,霜层越结越厚,影响尤甚,所以,蒸发器应定期融霜,常用的方法有自然融霜、电热融霜、喷水融霜和热气融霜,除热气融霜外,融霜前应把系统中的制冷剂收回至储液器中,停止装置运行。

2.电热融霜

电热融霜是利用电加热器对冷却盘管加热,使霜层融化。它较热气融霜简单,操作也更为方便,容易实现自动控制等优点,所以在伙食库制冷装置上被广泛采用。缺点是要增设电热设备,又要耗电。它多用于吹风冷却的冷库制冷系统。

如图5-3-1所示为设有电热融霜的冷库融霜系统原理图,融霜步骤:

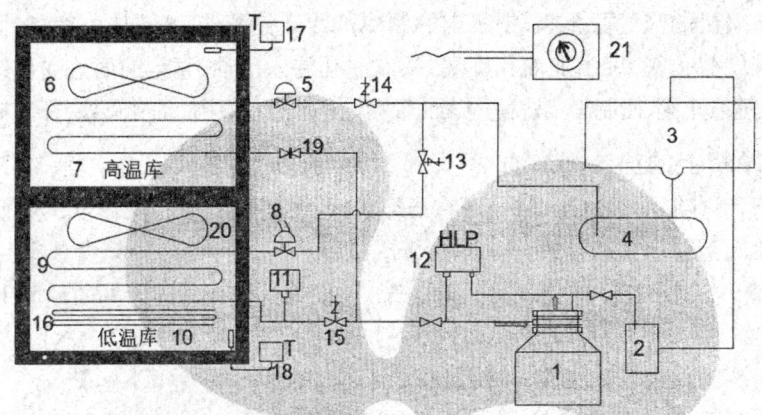

图5-3-1 设有电热融霜的冷库融霜系统原理图

1—压缩机;2—油水分离器;3—冷凝器;4—储液器;5,8—膨胀阀;6—冷却盘管;7—高温冷库;9—冷却盘管;10—低温冷库;11—回气压力控制器;12—高、低压继电器;13,14,15—电磁阀;16—融霜电热器;17,18—温度控制器;19—恒压阀;20—风机;21—融霜定时控制器

(1)先关闭供液电磁阀13和冷却盘管9的回气电磁阀15,停止向空气冷却器供液。

(2)将空气冷却器抽空后,停压缩机1,关闭回气管截止阀。

(3)停风机20,如果是冷藏舱,没有单独的空气冷却间,应关闭进、出风门。

(4)将融霜电热器16通电,聚积在空冷器下的融霜泄水由集水盘泄出。电热器装在空气冷却器前面,下部插在管间,集水盘等处也要装适量电热器以防泄水冻结。霜融完毕后停止电加热,稍后起动风机,开启供液电磁阀13和压缩机1。

伙食冷库每天都要开库,外界空气经常侵入,结霜严重,其空冷器需要经常融霜。采用电热融霜时,通常由融霜定时器调定融霜起停时刻,一般每天一次。也有的为了按需要融霜,采用手动按钮融霜后,用定时器自动停止融霜。自动融霜时,停压缩机1、风机20和开融霜电热器 16 的动作可以比关供液电磁阀的动作滞后,以便抽空蒸发器。

3. 顺流式和逆流式融霜

热气融霜的管路布置可分顺流式和逆流式两种,如图 5-3-2 所示为顺流式热气融霜系统原理图。

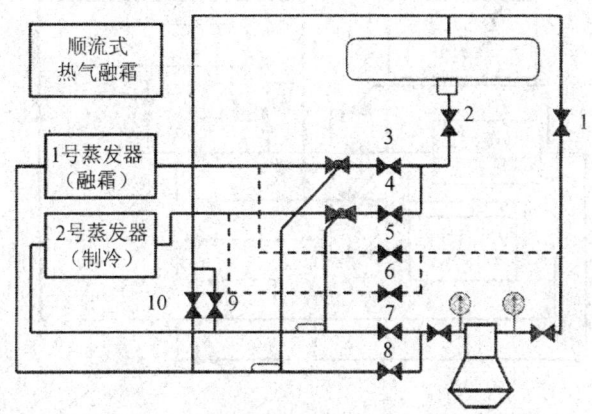

图 5-3-2 顺流式热气融霜系统原理图

若 1 号蒸发器需要融霜,可让 2 号蒸发器制冷,融霜步骤如下:

(1)停止融霜库制冷——先关供液阀 3,估计蒸发器中剩余制冷剂大部分抽空后,关回气阀 8;若蒸发器有风机应随后关闭。

(2)开始融霜——先开融霜热气阀 5,然后关冷凝器进口阀 1,让压缩机排气进入融霜蒸发器,在其中冷凝放热;开融霜回液阀 10,让在蒸发器中凝结的制冷剂回到冷凝器。

(3)停止融霜——当蒸发器霜层融化完毕时,开冷凝器进口阀 1,再关热气阀 5 和融霜回液阀 10。

(4)恢复制冷——若蒸发器有风机则先起动,慢慢地开启回气阀 8,如压缩机进口结霜,则立即将阀 8 暂时关小,以防蒸发器中有残留的制冷剂液体被吸入压缩机,造成"液击";回气阀开足后无异常情况再开供液阀 3。

顺流式热气融霜的特点:融霜热气管通到膨胀阀后,其流向与正常工作时制冷剂流向相同。膨胀阀一般都靠近蒸发器进口,故这种布置对蒸发器离冰机间较远的冷藏舱制冷装置来说,热气管太长,不宜采用;制冷剂融霜后凝结的液体不允许被吸回压缩机,因此必须设回液管。

当冷凝器位置较低时,融霜回液管可如图 5-3-2 所示接到冷凝器进口,这样融霜蒸发器与冷凝器串联,融霜后期霜层不多时也不必担心排气压力过高,操作比较安全;若冷凝器位置较高,为避免融霜时制冷剂凝液聚集在蒸发器内,回液管必须通至冷凝器出口管。这样,融霜蒸发器是与冷凝器并联,融霜后期霜层不多则排气压力可能过高,应注意适当开启冷凝器进口阀分流。

如图 5-3-3 所示为逆流式热气融霜系统原理图。这种系统的特点是:(1)融霜热气管接到蒸发器后吸气管上的吸气阀前,融霜热气在蒸发器中的流向与正常工作时制冷剂的流向相反。而吸气阀就在冰机间,因此膨胀阀离冰机间较远的冷藏舱制冷装置也适用。其融霜操作步骤和要领与顺流式相同,差别仅在于融霜期间要开启膨胀阀的旁通阀(有的冷藏舱为简化操作,采用单向阀)让制冷剂流过。(2)可以不设融霜回液管,让热气融霜的制冷剂凝液逆向流过该库供液阀,向工作库供液。但这样融霜蒸发器和冷凝器即成并联,融霜后期融霜蒸发器的结霜大部分已融化,压缩机的排气会因冷却不好而排压过高;这时必须适当开启冷凝器进、出口阀帮助冷凝。所以当冷凝器是低位时,有的逆流式热气融霜系统也加设回液管,通至冷凝器进口(见图5-3-3中虚线所示)与之串联,以求融霜后期操作简便安全。

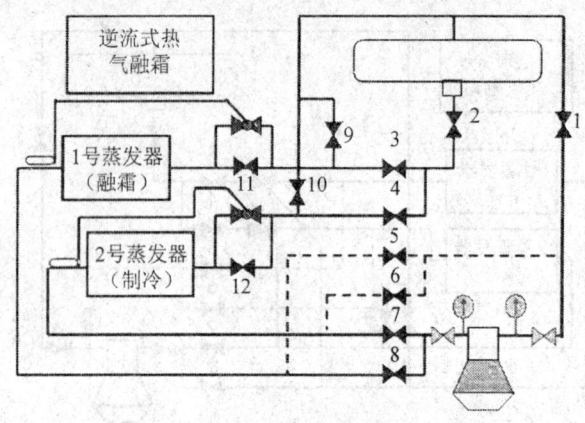

图5-3-3 逆流式热气融霜系统原理图

热气融霜的速度在很大程度上取决于工作库制冷剂蒸发量的大小。故融霜宜在其他工作库热负荷较大时进行。有的也采取启用空库、开启高温库库门等办法增加工作库热负荷。

六、装置常见故障分析和处理

制冷装置可能发生的故障有多种形式,某种故障可能由各种不同的原因导致,一定要全面掌握,仔细鉴别,不可草率处理,现介绍常见的几种主要故障的分析和排除方法。

1. 冰塞

制冷系统中氟利昂含水较多时,若节流降压后温度降到0 ℃以下,水的溶解度显著降低,即会析出而结冰,在流道狭窄处形成"冰塞"。膨胀阀是节流降压元件,阀孔通道狭窄,最容易发生冰塞。有时液管上滤器脏堵或膨胀阀前、后的阀开度不足等,也可能节流而导致冰塞。

当冰塞尚未完全堵死通道时,蒸发器的制冷剂流量减少,出口过热度增加,压缩机吸入压力下降,直至低压控制器使压缩机停车;停车后冰塞处的冰部分融化,压缩机吸入压力回升而重新起动;反复起停,冰塞会继续加重,停车时间会加长,再次起动的时间将更短,完全不能正常工作。

用下述方法可判断冰塞的部位:关膨胀阀前的截止阀;清除该阀后可能冰塞的管道和阀件外面的霜层;突然开启上述截止阀,冰塞处流道狭窄产生节流降压,其后面管道必然结霜。

冰塞以预防为主,应及时更换失效的干燥剂;拆修元件和日常操作时要防止湿气和水分进入系统;在充制冷剂和拆修有关元件后,要用干燥器吸收可能进入系统的水分。

消除冰塞的办法有:

(1) 拆下发生冰塞元件(膨胀阀、滤器等),用纯酒精清洗,再用压缩空气吹干后装复。

(2) 热水化冰。换新干燥剂后,在不便拆卸的冰塞处外敷毛巾,浇热水使冰融化,然后起动压缩机,让水分随着制冷剂流动并被干燥剂吸收。采用这种方法往往需要耐心地反复化冰。

(3) 用解冻剂除冰塞。用类似充制冷剂的方法向系统中充入一定数量解冻剂,使其随制冷剂在系统中循环,它能溶解冰,并和水一起被干燥剂吸收。解冻剂不允许含甲醇之类对金属有害的物质。

(4)用干燥气体吹除水分。系统大量进水时上述方法都不适用。这时只能将系统中的制冷剂收入钢瓶以备送岸处理。然后用表压为 0.6~0.8 MPa 的氮气或二氧化碳气吹扫系统,最后用抽空除水法使系统干燥。千万不能直接用压缩空气瓶中的空气直接吹扫温度较低的冷库管路,因为气瓶中的压缩空气含水较多,遇冷会凝露。

膨胀阀和液管上的滤器有时会发生脏堵,其症状与冰塞相似,也会引起制冷剂流量不足、吸入压力降低、吸气过热度增加和压缩机起、停频繁等现象。但如果脏堵的症状比较稳定,停机较长时间情况也无改善,用毛巾热敷也不解决问题,应拆下清洗。若采用的滑油凝点太高还可能发生油堵,其现象与冰塞类似,可用加热堵塞处的方法暂时解除,彻底解决的办法是使用凝点合适的冷冻机油。

2.制冷剂充注过多或过少

任何一个制冷系统都是为排出特定的热负荷而设计的。例如,根据冷却或冻结对象热负荷,围护结构渗入热、操作热等计算库房冷却设备热负荷和机器热负荷。因此,系统各部件是在能量匹配的状态下运行,才能确保整个制冷系统在规定的工况条件下动态平衡。然而,即使设计和安装正确的制冷系统,还必须有充注量合适的制冷剂。众所周知,制冷剂以其周而复始的状态变化,起着将热量从低温介质传递到高温介质的传媒作用。在规定的工况条件下,每千克制冷剂沸腾吸热量是一定的,因此对排除特定热负荷而需要的制冷剂循环量也是一定的。

充注量过少就意味着过热蒸气量大,相当于蒸发器面积未充分利用或蒸发器偏小,系统不匹配,降温困难,无法正常工作;反之,如果充注量过多,则有可能导致冷凝器一部分冷却管道积液,相当于减少冷凝面积,使冷凝压力升高、压缩比增大,压缩机制冷量下降。如果过多液体进入蒸发器,也会使吸入压力偏高,系统降温困难,无法正常工作。故系统中的制冷剂充注过多或过少均会给系统带来无法正常的不良影响。

在系统中的制冷剂严重不足时,经膨胀阀的制冷剂液体流量不足,会出现以下异常现象:蒸发温度低于 0 ℃ 的冷库,其蒸发器后部结霜融化,压缩机吸气过热度增加,吸气压力和排出压力都降低,制冷量减小,长时间运转库温仍降不下来,或者库温未到下限,压缩机吸气压力就很低而停车。制冷剂流量不足还会使进入蒸发器内的润滑油难以返回曲轴箱,造成油位偏低。

由于膨胀阀开度不足、堵塞或冷凝压力低等原因也会造成前述现象,应借助以下方法确定系统中制冷剂的数量是否合适:

(1)由储液器的液位镜观察液位,一般液位不足 1/3 应该补充制冷剂。
(2)如液管上装有液位指示镜,制冷剂不足时可见到液流中夹有大量气泡。
(3)膨胀阀流过的制冷剂夹带较多气体时,会发出较明显的"滋滋"声。
(4)稍开膨胀阀的旁通阀,如系膨胀阀开度不足或堵塞,则吸气压力明显增加,吸气过热度降低,如系制冷剂不足,则效果不明显。

3.制冷机不能起动或起动后很快停车

制冷机起动不起来,其原因不外乎两个方面,即电机故障和制冷机机械故障,先分述如下:

(1)首先检查主电路,电源是否有电,保险丝是否被熔断,开关触头接触是否良好,是否缺相运行。当三相电源被烧坏一相后,电机也能转动,但声音反常,转速也会减慢,发现这种情况应立即停车;否则容易烧坏电机。

(2)若电源电压太低,起动后电动机声音也会不正常。电压应不低于额定电压的 90%,否则电机的额定功率明显下降,无法拖动压缩机。当输入线路允许的电流较小,不能满足电机需要,电机同样拖不动压缩机。

(3)应检查压差继电器、高低压继电器,因压差继电器和高、低压继电器都是制冷机安全运行所采取的继电保护。当制冷机油压不正常时,均可以使制冷机停止运转。检查压力继电器的触头是否断开,并检查是否因高压调定值太小,或低压调定值过大而造成继电器断开。另外,系统中有阀门没有打开,也会引起压力继电器断开。检查压差继电器触头是否断开,若油压建立不起来,会使触头断开。起动时没按复位按钮,该触头处于自锁状态下,继电器工作一次后,需要隔 5 min 才能复位。若在 5 min 内,则因加热元件仍使触头处于断开状态,故无法起动。

(4)当温度继电器感温包内工质泄漏,或调节有误,这时触头是常开的,不能起动。如判断工质泄漏,可旋转继电器调节针到低温标度区,触头是否闭合,如不闭合,拆下温度继电器,把感温包浸入温水中,再看触头是否动作,若还不通,证明是包内工质泄漏,需要修理。

(5)在连杆大端轴瓦、曲柄前后轴承发生抱轴时,制冷机是不能起动的。另外,因排气温度过高,使润滑油焦化,当停车冷却后,焦化的冷冻油将气缸与活塞黏住,迫使制冷机不能运转。总之,起动前先盘车,如果证明无机械性阻碍后,制冷机仍不能起动,纯属电气问题。

4.压缩机在运行中突然停车或起、停频繁

(1)排气压力在运行时超高允许值,压力继电器自动切断电源,压缩机就实行保护性停车。引起高压升高的主要原因有:

①装置中有空气。
②冷却水量不足,水量调节阀失灵。
③冷凝器有水垢。
④制冷剂太多。
⑤排气管道不畅通或油分离器进口滤网堵塞。

(2)由于以下一些原因,造成蒸发压力过低,低压(即吸气压力)过低,低于允许值,压力继电器自动切断电源,保护性停车:

①节流阀或膨胀阀开启过小,制冷剂流量不足,蒸发器大部分空间用于制冷剂蒸气过热,由于制冷剂气体传热性能小于液体制冷剂,所以制冷量下降,蒸发压力也下降。

②蒸发面积过小,或制冷量不相适应。这种现象不论怎么调节,蒸发压力也不能升高,即使是暂时升高,也会很快自动下降。这里需要强调指出,若确因蒸发面积小,决不能用调节蒸发压力的办法去适应制冷能力的需要,而只能用增加面积或降低制冷能力的办法来解决;否则制冷剂必然产生液击。

③搅拌机转速不够或规格不符,使载冷剂流速得不到保证,从而造成蒸发器表面结冰,增加了热阻,影响了传热及蒸发速度,使蒸发压力逐渐降低,直接蒸发表面结霜与包冰不同,也会降低蒸发压力。

④在氟利昂制冷系统中,影响蒸发压力低的因素还有干燥过滤器堵塞、电磁阀不工作、膨胀阀"冰塞"等。

⑤油压太低,供油压力低于调定值导致油压继电器动作,切断电源停车。引起的油压(油泵出口压力与吸气的差值)过低,一般是曲轴箱润滑油量极少;或是吸油管不畅或过滤器堵塞;或是曲轴箱内的润滑油中溶解过多的氟利昂制冷剂,从而减少了油泵的供量,油压就降低。

⑥电动机超载,造成热继电器动作,或保险丝熔断,切断电源而停车。

5. 冷量不足——库温降不下来

制冷装置运行中,常常碰到库内温度所有下降,但下降的速度很慢,或者降不到所要求库温,造成这一故障的原因如下:

(1)冷库的密封性或隔热性能差——冷损耗大。

(2)霜层太厚。

(3)膨胀阀流量过大或过小。

(4)膨胀阀堵塞。

膨胀阀堵塞主要有以下三种情况:

①冰塞:一旦制冷剂中含有水分,当制冷剂流经膨胀阀时,因节流温度突然降下来,水被析出并结成冰粒,部分或全部堵塞阀孔。出现冰塞后,制冷剂流量减少,吸气压力下降,排气压力也下降,制冷量就下降。

②油堵:这种现象一般是由于选用了凝固点太高的润滑油引起的。当制冷剂流过膨胀阀,因节流降温,使部分油分离出来,并凝成糊状,粘在阀孔造成堵塞。这种故障多数发生在60 ℃以下的低温装置上。

③脏堵:系统中脏物在膨胀阀进口滤网上造成堵塞,该处被堵后,会使阀入口马上结霜,排除方法是拆下膨胀阀清洗。

除了膨胀阀堵塞外,在干燥器、过滤器,连接管道等处也会产生堵塞。一旦被堵塞,同样造成库温降不下来的后果,若用手摸被堵处前后,则会发现有明显温差,发现堵塞后,应及时排除。

6. 压缩机的效率差

所谓压缩机的效率差,就是指在工况不变的情况下,输气系数降低,其实际排量显著下降,使制冷机的制冷量相应减少,产生冷量不足的现象。

对于一台经过长期运行的压缩机,其排量下降的原因多数是运动部件已有相当程度的磨损,配合间隙增大,或者是气阀密封性能下降,引起漏气量增加。

7. 压缩机频繁地起动和停机

这种故障多为温度继电器或高、低压继电器触头时闭、时断所造成的。

(1)温度继电器的触头频繁地闭合和断开

这是由于温度继电器的闭合温度与断开温度的温差过小,停机后不久库内温度很快就回升至温度继电器闭合的温度使压缩机重新起动。于是库温开始下降并很快达到温度继电器断开的温度,压缩机又停机。如此反复,就出现了压缩机频繁地起、停的现象,只要转动温度继电器的幅差值,故障即可消除。

(2)低压压力继电器的触头频繁地闭合和断开

①低压压力继电器的触头闭合与断开的压差太小。在电动机的起、停由低压继电器控制和温度继电器只用于控制电磁阀启闭的装置中,库温达到下限而使压缩机停机后。由于管路阻力和温度的影响,低压压力很快地回升至低压继电器触头关闭的压力而使压缩机重新起动。但由于此时库温并未上升至上限值,温度继电器的触头仍然处于断开状态,电磁阀不会开启,低压压力很快急降至低压继电器触头的断开压力,又使压缩机停机。如此反复,就出现压缩机频繁地起、停,只要调大低压压力继电器的幅差值,故障即可消除。

②高、低压间有泄漏。若装置中的电动机的起、停由低压压力继电器控制,则同样会出现

类似低压压力继电器的幅差值太小的情况,只是压缩机起动时的压力较高而已。

③膨胀阀发生"冰塞"或"脏堵"、制冷剂或装置的热负荷太小,出现这些故障,必然使供入蒸发器的制冷剂量减少。若压缩机无自动能量调节装置,供入制冷剂量的下降幅度使压缩机很快把蒸发器内的制冷剂抽空,压缩机就会因低压压力过低,低压压力继电器的触头断开而停机。但此时库温并未降至下限,电磁阀仍处于开启状态。于是,低压压力很快又回升,低压继电器的触头重新闭合,压缩机又起动,如此反复,就出现压缩机频繁地起、停。

(3) 高压压力继电器的触头频繁地闭合和断开

①高压压力继电器触头断开的压力过低。若高压继电器触头的断开压力在压缩机的正常吸气压力范围内,则压缩机会在装置运行和冷库降温过程中而停机,停机后不久因高压压力下降,高压继电器的触头重新闭合,压缩机又起动。如此反复,压缩机就频繁地起、停,只要按规定调高高压继电器的断开压力,即可消除这类故障。

②压缩机的排气压力过高,系统中积存较多的空气。冷却水量不足或断冷却水、冷凝器换热面脏污或充入制冷剂量过多等,均会造成压缩机的排气压力过高而使高压继电器的触头断开,压缩机停机。停机后不久,高压压力下降,因高压继电器触头重新闭合,压缩机又起动,如此反复,就导致压缩机频繁地起、停,只要查明并消除排气压力过高的因素,故障即可消除。

8."液击"或"敲缸"

压缩机吸入湿蒸气就会引起"湿行程",如果未及时消除而任其发展就会造成液击。因为液击的不可压缩性,过多的液体在无法从排气阀片气隙排出的情况下,只能克服安全弹簧力顶开吸、排气阀组件,即安全假盖及时排泄。由于泄压、吸排气阀组件在安全弹簧张力作用下复位并敲击缸套上沿,使排泄受阻,再次顶开假盖排泄液体,紧接着又复位敲击,如此产生周期性金属撞击响声,就称作"液击"或"敲缸"。

"液击"可以是制冷剂液体被吸入引起,也可以是曲轴箱严重喷油引起,"液击"必然引起"敲缸",但"敲缸"并非均由"液击"引起。如发生压缩机因断油引起的运动机构"咬死",连杆螺栓断裂或缸套破碎等机械故障而电机未及时停转,均会造成活塞破裂、连杆拉断甚至曲轴断裂的严重恶性敲击或破裂事故。

平时应严格按操作规程加强岗位培训,提高人员素质,定时进行维修保养,及时更换易损件,补充更换润滑油。做到以防为主,防治结合,一旦发生事故,应针对故障原因,动用备件及时更换受损零件紧急抢修,排除故障。检修后要试车半小时,确认无疑,办理好交接手续后方可交付使用。

9.压缩机排气温度过高

(1)由于冷凝温度升高,相应的冷凝压力升高,引起排气温度升高,应控制和调整冷凝温度在规定的范围内。

(2)系统中有较多的空气,使冷凝器中压力升高,则排气压力升高,排气温度升高,应按放空气操作排除系统中的空气。

(3)由于蒸发湿度降低,相应的蒸发压力降低,使压缩比增大,引起排气温度升高,应调整蒸发湿度在规定范围内。

(4)吸气过热度太大。这是由于节流阀开度小,供液管道阻塞,吸气管路过小或隔热不好等引起,这时应调整节流阀开度或增强吸气管路的隔热。

(5)气缸冷却水套水量不足,水温太高或断水,应降低冷却水温和增大冷却水量。

(6)排气阀泄漏或损坏,活塞环密封性失效或气缸拉毛。这时排气温度升高,气缸上部发烫,电流表读数增大,电动机发出承担重负荷的异常声,但排气压力变化不大,应停机打开缸套,检查排气阀,如有坏损,及时修理或更换阀。

(7)气缸纸垫打穿或安全阀过早开启,使高、低压旁通,应更换纸垫或调节安全阀的开启压力。

10.冷凝压力过高的原因

(1)冷凝器内供水量不足,进、出水温差过大,应设法增大供水量。

(2)冷凝器各部分水的分布不均匀,应合理调节冷却水,使其分布均匀。

(3)循环水温过高,应采用较低温度的冷却水。

(4)冷凝器传热面有污垢,应及时放油和清洗水垢。

(5)系统内有空气,排除制冷系统及冷却水系统中的空气。水系统中的空气,应通过冷凝器上的放气阀排除。

(6)冷凝器中的积液过多,使有效冷却面积减少,应开足冷凝器上的出液阀门或采取其他措施,排除冷凝器中积存的制冷剂液体。对于小型氟利昂制冷装置,冷凝器兼作储液器时,如出液阀全开而液位仍然过高则说明系统充注的制冷剂量过多,应抽除多余的制冷剂。

11.蒸发压力过低的原因

(1)供液量不足。如节流阀开启过低或阀孔阻塞,供液管堵塞,浮球阀失灵,制冷剂循环不够,重力供液中气、液分离器高度不够,以及制冷系统中制冷剂量不足等,都会使供液量不足。适当调整系统供液量,检修有关机构或添加制冷剂。

(2)压缩机能量过大,或者蒸发器负荷过小。应合理调整,使其匹配良好。

(3)蒸发器内积液或表面积霜。应及时放油和除霜。

(4)在氟利昂制冷系统中,干燥过滤器堵塞,膨胀阀冰塞。应根据具体情况检修和调整。

12.吸气压力过低的原因

(1)系统供液管、膨胀阀或吸气过滤器有脏堵之处,或开启度过小,浮球失灵,制冷剂循环量减少,重力供液高度差不足或管径太小,都会造成吸气压力低。

(2)制冷剂充注量或供液量不足或节流阀调节不当使吸气压力低。

(3)蒸发器管路过长或多台并联吸入总管设计不当导致吸气压力低。

(4)易溶解油的氟利昂系统含油量过多会使吸气压力下降。

(5)蒸发器结霜较厚或内壁积油,使热阻增大,吸气压力下降。

13.吸气压力过高的原因

(1)气阀不密封、有渗漏,则使吸气量受阻,吸气压力上升。

(2)膨胀阀调节不当或感温包未贴紧,吸气管或节流阀开启过大,浮球阀失灵,或水泵系统循环量过大,使供液量过大,吸入压力过高。

(3)压缩机输气效率降低,输气量下降,余隙容积大,密封环磨损过大,使吸气压力升高,降温困难。在这种情况下,无论吸气压力过低和过高,都将影响压缩机制冷系统能力,使系统偏离正常工况,影响冻结或冷藏货物的品质。所以应该尽力避免吸气压力忽高忽低、有较大的波动。

(4)热负荷过大或负荷突然增加,则压缩机制冷量不够,使吸气压力过高。吸气压力的高低也反映了蒸发压力的高低,压力过高不仅达不到工艺降温要求,影响冻结质量,而且充液过多会使泵的功耗增加,压缩机湿行程可能性越大;反之,吸气压力过低,则机器制冷量降低,功耗增加,甚至空气渗入系统可能性增加。

14.排气压力过低的原因

(1)冷凝器进水阀或水量调节阀设定值过大,冷凝水量过大。

(2)受气候、地域或采水方式影响,水温或空气温度过低会影响水冷式或风冷式冷凝器的冷凝温度,导致排气压力过低。

(3)吸入气体中含液体,压缩机处于湿行程。

第六章 船舶空气调节装置

第一节 理论知识

一、对船舶空调装置的要求

船舶空调装置主要用来满足卫生和舒适的需要,为船员创造良好的工作和休息环境,对温、湿度等空气条件的要求并不十分严格,允许在稍大的范围内变动,属于舒适性空调。只有某些船舶,如科学考察船和先进军舰,因为有精密仪器、设备,要求精度较高的空调,即所谓的工艺性空调。

空调设计中所选择的舱外气候条件是确定空调装置负荷大小的重要依据,对整个装置尺寸和造价有较大的影响。从经济性出发,在设计船舶空调时,一般都不以最极端的气候条件为依据。如我国规定远洋船舶空调设计的舱外条件是:冬季为-18 ℃,相对湿度为80%;夏季为35 ℃,湿球温度为28 ℃(约相当于相对湿度为70%)。在此条件下,舱室内空气应符合以下要求:

1. 温度

人对气温的变化最为敏感,所以温度是保持舱室适宜气候的主要因素。就空调来说,使人舒适与否最重要的是能在一般衣着时自然地保持身体的热平衡。空调舱室设计标准是:冬季室温为19~22 ℃;夏季室温为24~28 ℃,室内外温差不超过6~10 ℃;室内各处温差不超过3~5 ℃。

2. 湿度

人的冷热感觉是相对的。在空气相对湿度不同的情况下,即使气温相同,人对冷热的感觉也会有差异,且这种差异随相对湿度变化幅度的提高而增大。一般情况下,相对湿度在30%~70%的范围内人都不会感到不适。但如果湿度太低,人会因呼吸时失水过多而感到口干舌燥;而湿度太高,则汗液难以蒸发,人也会不舒服。夏季空调采用冷却除湿法,室内湿度一般控制在40%~60%;冬季采用加热、加湿,为减少加湿量,并防止舱室内壁结露,室内湿度一般为

30%~40%。

3. 空气流速

在相同的温度和湿度下,如果有风,夏天就感到凉快一些,冬季则感到寒冷一些,故风速也应控制。在室内的活动区域,要求空气能有轻微的流动,以使室内温、湿度均匀和人不感到气闷。室内气流速度以 0.15~0.25 m/s 为宜,最大不超过 0.35 m/s;否则人会感到不舒适。

4. 清新程度

舱室空气的清新程度包含两方面的含义:一是含氧比例,即新鲜度;二是所含粉尘和有害气体的浓度,即洁净程度。单从满足人体对氧的需求来说,新鲜空气的供给量只要达到 2.4 立方米每人每小时即可,但要使空气中的二氧化碳和烟气等有害气体达到允许的浓度以下,则新鲜空气量需达到 30~50 立方米每人每小时。

5. 噪声

空调装置工作时产生的噪声会使人感到不适,要求距室内空调出风口 1 m 处测试的噪声应不大于 55~60 dB(A)。

如表 6-1-1 所示为我国和 ISO 规定的船舶空调装置设计参数。

表 6-1-1　我国和 ISO 规定的船舶空调装置设计参数

项目\工况	冬季取暖	夏季降温
室内温度	19~22 ℃	24~28 ℃
室内、外温差		6~10 ℃
室内高度温差	不超过 3~5 ℃	
相对湿度	30%~40%	40%~50%
风速	0.35 m/s 以下	
新鲜空气供入量	30~50 立方米每人每小时	
允许噪声	55~60 dB(A)	
舱外条件(远洋)	-18 ℃;80%	35 ℃;28 ℃(湿球)
ISO 室内	22 ℃	27 ℃;50%
ISO 室外	-20 ℃	30 ℃;70%

二、船舶空调装置的基本工作过程

将空气经过集中处理再分送到各个舱室的空调装置称为集中式或中央空调装置,船舶一般采用这种空调装置。

如图 6-1-1 所示为船舶集中式空调装置的示意图。通风机 7 由新风吸口 6 和回风吸口 4 吸入新风(外界空气)和一部分回风(回风口一般在走廊),两者混合后在中央空调器 1 中经过滤、加热加湿(或冷却除湿),然后通过各主风管 2、支风管分送至各舱室的布风器 3,向舱室送风。而舱室中的空气则通过房门下部的格栅流入走廊,部分作为回风,其余排入大气。在天气条件适宜时,可采用单纯通风而不对空气进行处理,此时应关闭回风吸口 4,新风经过过滤后直接送入各个舱室,以保持室内空气清新。

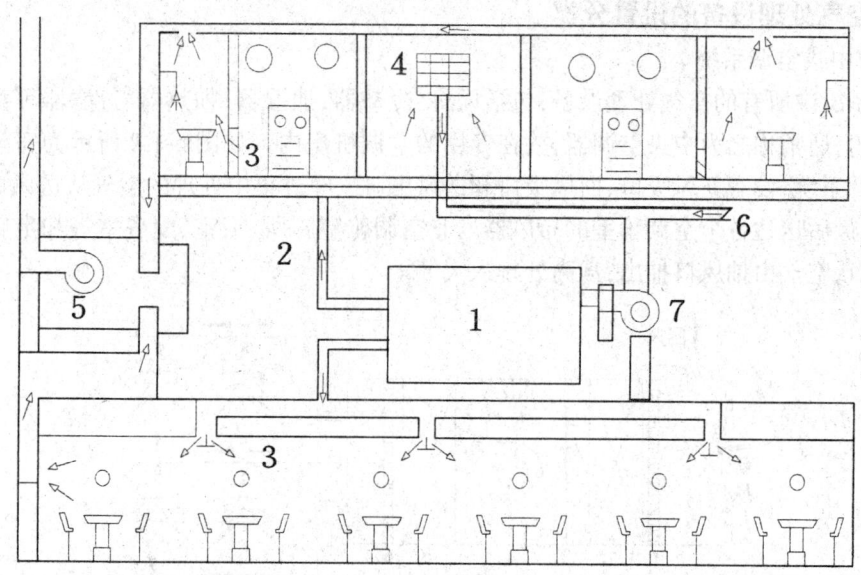

图 6-1-1 船舶集中式空调装置的示意图
1—中央空调器;2—主风管;3—布风器;4—回风吸口;5—排风口;6—新风吸口;7—通风机

在非空调舱室(厕所、浴室、配餐室等)、公共活动舱室和病房,以及某些较大客船的走廊都设有抽风口,由排风口5经排风系统从高处排入大气。这样,非空调舱室中形成一定的负压,空调舱室的空气就会自动流入,使之达到一定的空调效果,并避免这些舱室的不良气味散发到其他舱室。

三、船舶空调系统的类型

船舶空调系统的种类很多,现按以下方式对船舶空调系统进行分类介绍。

1. 按风管中的风速大小分类

(1) 低速系统

主风管内风速在 10~12 m/s 以下。由于风速低、风管阻力小,所以空调风机的风压不高,全风压小于 1.2 kPa。但为达到必要的送风量,要求风管截面积增大,这就使风管尺寸、重量也随之增大。

(2) 高速系统

主风管内风速在 20~30 m/s。由于风速高,可采用送风温差较大的诱导式送风,使送风量减小,故风管的尺寸和重量都可减小。多采用标准化圆风管,既便于安装,又可降低成本。但也存在一些缺点:一是运行成本高:因风管阻力大(可达 1.5~1.8 kPa),故风机风压较高(全风压达 3~5 kPa),风机功率大,且风机每产生 1 kPa 风压将使空气的温度约升高 1 ℃,会增加降温工况的热负荷。二是噪声大:高速系统不仅空调器和风管系统噪声大,而且室内采用诱导式布风器也是一个重要的噪声源。

(3) 中速系统

主风管内风速介于上述两者之间。目前船舶空调多采用主风管风速在 15 m/s 左右的中速系统。它既可采用标准化的圆风管,又不必设置诱导送风,可降低成本、能耗和噪声。

2. 按空气处理设备的设置分类

(1) 集中式空调系统

这种系统中所有的空气处理设备,包括风机、冷却器、加湿器、加热器、过滤器等都集中在一个箱体内,通常称之为中央空调器,放在专用的空调机房内。如图6-1-2所示为完全集中式单风管空调系统,设有新风吸口、回风吸口和送风出口。经过集中处理的空气从送风口排出到供风总管,最后送达各个空调舱室的布风器。非空调舱室厕所、浴室、配餐室等和走廊之间设有抽气风口,空气由抽风口抽出,从高处排入大气。

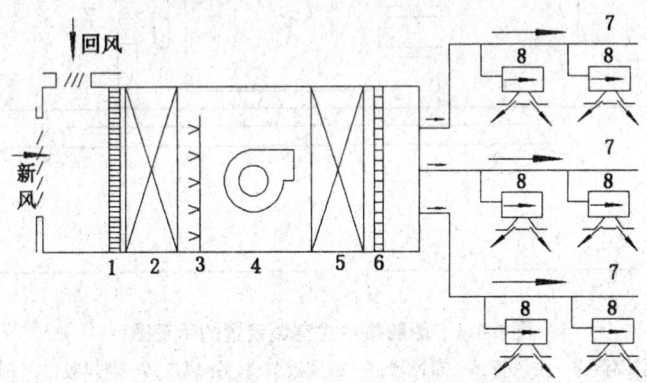

图6-1-2 完全集中式单风管空调系统
1—过滤器;2—加热器;3—加湿器;4—风机;5—冷却器;6—挡水器;7—主风管;8—布风器

这种系统的特点是:结构简单,初置费低,在货船上用得最普遍;因送风参数相同,要对舱室个别调节,只有通过改变布风器风门开度改变送风量来实现,调节幅度不宜过大;否则难以保证舱室的新风供给量和室内空气参数基本相等。此外,调节时还会影响其他舱室的送风量。

(2) 半集中式空调系统

除了有集中空调机房外,还包括分散在被调节的舱室内的处理设备,即冷、热交换装置等,主要是对进入被调房间的空气再进行二次处理。包括区域再热空调系统和末端再处理式空调系统。

(3) 分散式空调系统

这种机组冷源和热源、空气处理设备、输送设备(风机)全部集中在一个箱体内,它本身就是一个紧凑的空调系统,也称为独立式空调系统,不必设集中机房。它可以根据需要安置在被调舱室内或邻舱内,单独对其所服务的舱室进行空气调节,如机舱集控室、驾驶台、厨房等舱室。

3. 按对空气冷却方式的分类

(1) 直接蒸发式空调

这种空调就是制冷剂直接在空冷器内蒸发以冷却空气的空调系统。该类型适用于空调负荷不大,处理区域较为集中的客船和货船上。

(2) 间接冷却式空调系统

这种系统与主机的中央冷却方式相类似,即在空调器内,制冷剂直接蒸发将冷媒(即淡水)冷却降温,然后冷媒再到空气冷却器内去冷却空气。这种空调系统适用于热负荷较大,空调区域较为分散的大型客船上。

4. 按调节方式的分类

集中式和半集中式空调系统,可在空调舱室中对送风的温度进行调节,其方法有两种:一是改变送风量,即变量调节。通过改变舱室布风器风门开度来实现。二是改变送风温度,即变质调节。可在舱室布风器中进行再加热、再冷却或采用双风管系统来实现。

变量调节可能影响风管中的风压,干扰其他舱室的送风量,而且会影响室温分布的均匀性,调节性能不如变质调节好。当外界气温过高或过低,空调舱室的热负荷超过设计值,而送风量又已达到设计限度时,要保持舱室的温度适宜,就只能采取暂时减少新风量、增大回风量的方法来解决。

(1)单风管系统

①单风管集中式空调系统

如图6-1-2所示为完全集中式单风管空调系统,此种系统将空气在空调器中只经过一次处理(降温、减湿或加温、加湿),然后由各分支风管送到各舱室,送风过程中也未再进行任何处理。在舱室内只可进行变量调节。

②单风管区域再处理式空调系统

在中央空调器中统一处理后的空气,根据各空调分区热负荷的不同,由设在主风管内或空调器分配室各隔离室中的热交换器对送风进行再加热,即对送风做进一步调节,然后再用单风管送至各个舱室,如图6-1-3所示为单风管区域再热式系统。这种系统对热负荷较小的舱室可少进行或不进行再加热(即采用较小的送风温差),不致使送风量过小。虽然对舱室单独调节仍为变量调节,但所需的调节幅度明显减小。这种系统可解决几部分热湿比相差较大的舱室不得已列入同一空调区所带来的弊病。该系统适用于分区较多的客船,在舱室内也只可进行变量调节。

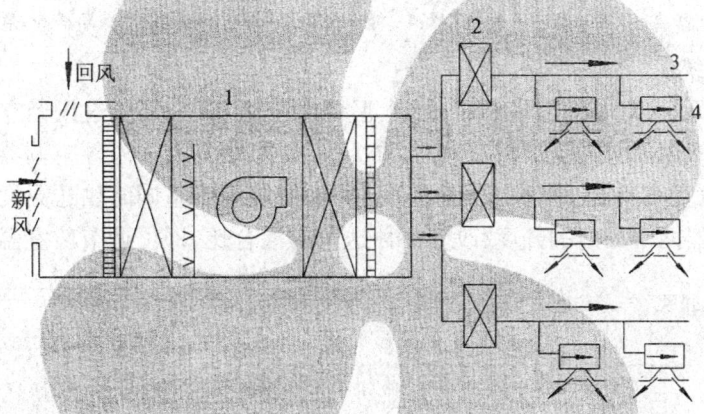

图6-1-3 单风管区域再热式系统
1—空调器;2—分区热交换器;3—主风管;4—布风器

③单风管末端再处理式空调系统

这种系统除在中央空调器中统一处理送风外,每个舱室的布风器内还设末端换热器,对送风进行末端再处理。末端再处理的方式通常有两种:

一种是末端电再热式。冬季,中央空调器只将送风加热到满足低热负荷舱室的需要,一般送风温度为20~30 ℃,热负荷较高的舱室布风器内设电加热器,冬季可进行变质调节;夏季,舱室的热负荷全部由空调器来承担,只能进行变量调节,送风温度为11~15 ℃。这种方法所花费用不多,管理也较简单,常在低温海域航行的货船多有使用。

另一种是末端水换热式。各舱室布风器内设水换热器,冬季通以热水,夏季则通以冷水,如图 6-1-4 所示为末端水换热式单风管空调系统。这种系统冬、夏季都可实现变质调节。取暖工况时送风温度为 15~25 ℃;降温工况时为 12~16 ℃。因布风器承担舱室的部分热负荷,故送风量比其他空调器减少 1/3~1/2,一般采用全新风系统。在夏季运行时,末端水换热器表面可能结露,因此在布风器下需设接水盘和泄水管。这种系统性能较好,但造价较高,管理也较麻烦,故实际应用较少。

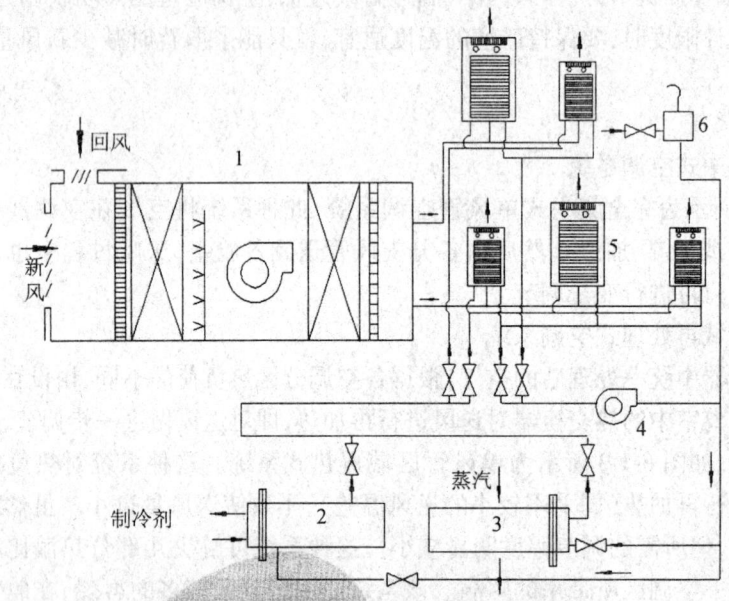

图 6-1-4 末端水换热式单风管空调系统

1—中央空调器;2—水冷却器;3—水加热器;4—循环水泵;5—有末端换热器的诱导器;6—膨胀水箱

(2)双风管系统

如图 6-1-5 所示为双风管空调系统,由前、后两部分组成,一部分送风经空调器前部预处理后,经中间分配室由风管送至舱室布风器,称为一级送风;其余送风经空调器后部再处理后经后分配室送至舱室布风器,称为二级送风。这种系统能向舱室同时供送温度不同的两种空气,通过调节布风器两个风门的开度,改变两种送风的混合比,即可调节舱室温度,冬、夏都可

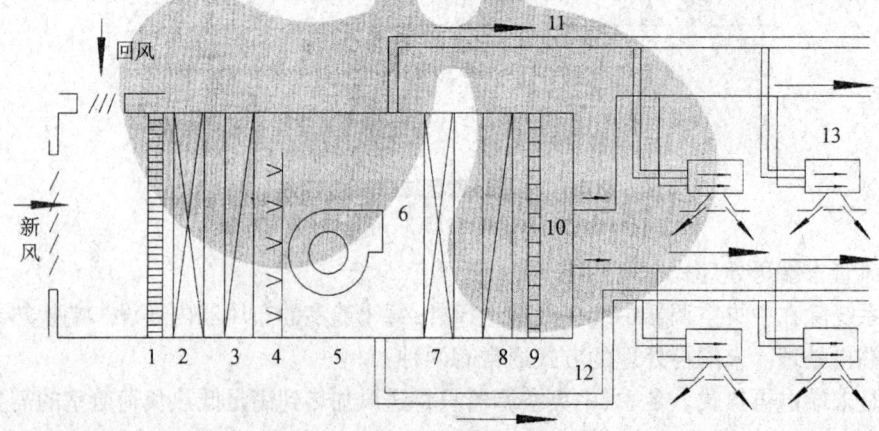

图 6-1-5 双风管空调系统

1—空气滤器;2—空气预冷器;3—空气预热器;4—加湿器;5—风机;6—中间分配器;7—再冷却器;8—再加热器;9—挡水板;10—后分配器;11—一级送风管;12—二级送风管;13—布风器

变质调节,调节灵敏。这种系统虽然空调器和风管系统的重量和尺寸较大,但因不需设末端换热器,可采用较便宜的直布式布风器,故噪声低,管理简单,当布风器数量较多时总造价比末端再处理式低,较适合于对空调性能要求高的客船。

在取暖工况时,这种空调系统的一级送风温度应控制在 15 ℃ 左右,二级送风温度可视外界气候条件而定,一般在 29~43 ℃ 的范围内;降温工况时,一级送风温度为进风温度加风机温升(当不装预冷器时),二级送风温度为 11~15 ℃。

四、空调舱室的负荷及其分区

舱室的负荷有显热负荷、湿负荷和全热负荷。

1.舱室的显热负荷

单位时间内渗入舱室并能引起室温变化的热量称为舱室的显热负荷(Q_x),单位 kJ/h。它主要包括:

(1)渗入热:因室内、外温差而由舱室壁面渗入的热量,夏季占舱室显热负荷的 26%~31%。

(2)太阳辐射热:因太阳照射舱室外壁而传入的热量,透过玻璃窗的太阳辐射热占 25%~27%。

(3)人体热:室内人员散发的热量;平均每人约为 210 kJ/h,人体散热占 16%~18%。

(4)设备热:室内照明和其他电气设备等所散发的热量,一般占 4%~5%。

夏季,热负荷都是从外界进入舱室,所以夏季舱室的显热负荷都为正值。冬季,因渗入热变为负值(实际上是渗出热),虽然太阳辐射热、人体热和设备热都为正值,但与渗入热相比,其值很小,故舱室显热负荷为负值。

2.舱室的湿负荷

舱室在单位时间内所增加的水蒸气量称为舱室的湿负荷(W),单位 g/h。舱室的湿负荷主要有:

(1)舱内人体散发的水蒸气,为 40~200 克/(小时·人)。

(2)食物和水的蒸发以及因外界空气进入而带入的湿量。

湿负荷一般都为正值。

3.舱室的全热负荷

舱室的湿负荷使舱室空气的含湿量增加,也会使空气的焓值增加,可用潜热负荷 Q_q(kJ/kg) 表示。舱室的显热负荷与潜热负荷之和称为全热负荷 Q。

4.舱室的热湿比和空调分区

舱室的全热负荷与湿负荷之比称为舱室的热湿比,用 ε 表示。

$$\varepsilon = \frac{Q}{0.001W} \quad (kJ/kg)$$

热湿比相同和相近的舱室,可以采用相同的送风参数,只要选用合适的送风量,便可达到相同或相近的室内参数;而热湿比相差大的舱室,如采用相同的送风参数,无论如何调节送风量,都不可能使彼此的室内参数相近,即不可能都在适宜参数区内。

集中式空调装置每个空调器送风量一般为 3 000~7 500 m³/h,最大不宜超过 9 000 m³/h。

每个空调器配上自己的送风系统形成独立的空调区,可自行决定送风参数。

船舶空调分区的原则主要是让热湿比相近的舱室置于同一空调区。货船一般按左、右舷分设两个空调区;因艇甲板以上舱室受日照和海风影响大,也有的船把它划分出来再设一个空调区。客船空调区可多达几十个,除考虑热湿比差异外,还要考虑等级、上、下层,不得跨越防火分区和水密分区;否则必须加设防火风闸或水密风闸。以便一旦发生火灾或船体破损进水时及时将其关闭,以防止火势扩散或海水漫溢。

五、船舶空调系统的组成

船舶空调系统一般由四个主要系统组成,即冷源和热源系统、空气处理系统、空气输送和分配系统以及自动控制系统。

1.冷源和热源系统

(1)冷源:空调系统的冷源系指用于空气降温减湿的制冷装置。它主要有活塞式、螺杆式、离心式和吸收式等制冷机。

(2)热源:船舶空调通常采用蒸汽、热水或电能对空气进行加热,以蒸汽对空气进行加湿。蒸汽、热水由锅炉或动力装置的冷却水供应。

2.空气处理系统

完成对空气的混合、净化、加热、加湿、冷却、减湿以及消声等任务。在空调器中设置进风口、出风口、调风门、空气过滤器、加热器、加湿器、冷却器、挡水板以及空气混合、分配、消声室等。

3.空气输送和分配系统

把经过空调器处理的空气输送和分配到各空调舱室,并将舱室内的污浊空气排出舱外,使空调舱室得到均匀送风和满意的气流组织。包括通风机、进风和排风管、空气分配器或空气诱导器。

4.自动控制系统

用于控制空调舱室的空气温度、湿度及其所需之冷源和热源的能量供给等。它是保证空调舱室得到良好空气参数、气流组织和冷、热能量合理供给所不可缺少的设备。

舱外新鲜空气和舱内回风进入空气混合室,经过滤器清除空气中的尘埃,再经风机送至空气加热器、加湿器、冷却器处理,使空气达到要求的送风温度和湿度。然后经挡水板至空气分配室,再沿各送风管经空气分配器或诱导器送入舱室,从而完成其空气调节过程。

第二节 船舶空调装置的主要设备

一、中央空调器

中央空调器是集中式和半集中式空调装置对空气进行集中处理的设备,简称空调器。主要由吸入混合室、消音过滤室、空气处理室及分配室组成。内设风机、过滤栅墙、吸音墙壁、空气冷却器、挡水板、空气加热器、加湿器等。在货船上,它通常置于上层甲板后部的专门舱室内;在客船上空调器数目较多,分布在全船各处。如图 6-2-1 所示为单风管系统的中央空调器结构简图。

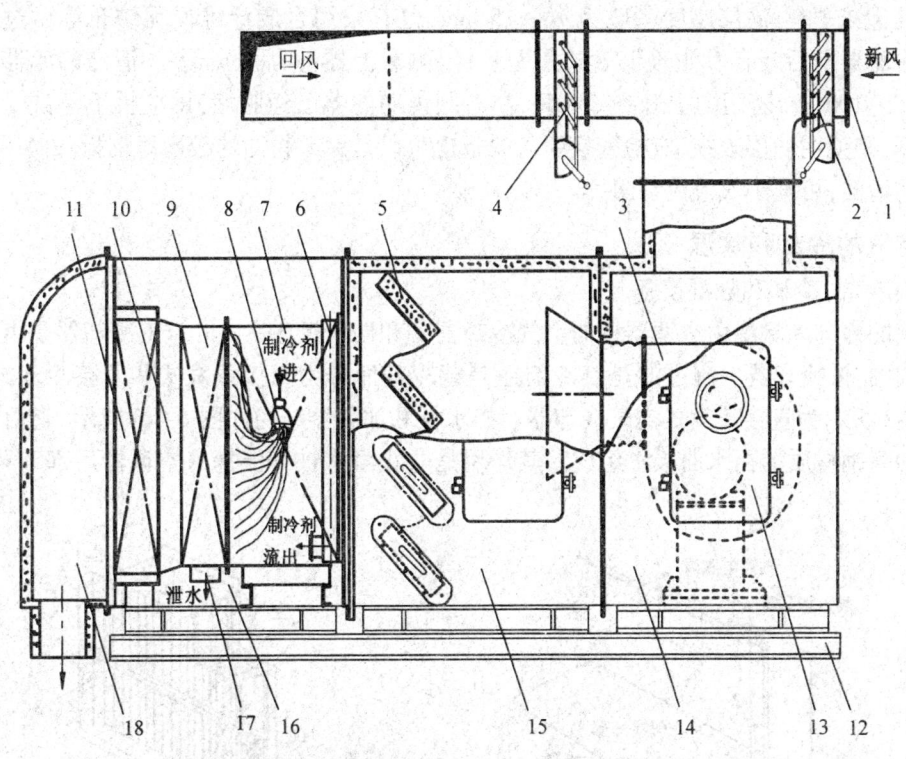

图 6-2-1 单风管系统的中央空调器结构简图
1—新风进口;2—新风调风门;3—风机;4—回风调风门;5—空气滤器;6—制冷剂回气集管;7—空气冷却器;8—制冷剂分液器;9—挡水板;10—加湿器;11—空气加热器;12—底架;13—检查门;14—进风混合室;15—消声室;16—空气处理室;17—承水盘;18—送风分配器

1.空气的吸入、混合和消声

外界新风和从空调舱室来的回风分别经各自风口被风机 3 吸入。在新风和回风进口处装有铁丝网或百叶窗,以防吸入较大的异物。新风和回风量可用手动调风门 2 和 4 进行调节。回风量和总风量之比称为回风比,设计时已经确定。调风门的开度在空调调试时已经调好并做有标记,一般情况不要变动。只有外界气候条件特别恶劣或春、秋季节单纯通风时才允许变动。

风机采用离心式通风机。空调器按风机的布置形式有压出式和吸入式两种。风压较高的高速系统常用压出式空调器:风机采用后弯型叶片(效率高),位于空调器进口,可避免降温工况送风温度过高,有利于提高蒸发温度,增加制冷量;风压较低的低速系统常用吸入式空调器:风机采用前弯型叶片(风量大),位于空调器出口,利于空气均匀流过换热器。有的风机设低速挡,供自然通风时使用。

为降低空调器工作时的噪声,在风机出口处设有消声室 15。气流进入消声室,因通流截面积突然增大,空气流速降低,消减低频噪声。而贴附于空调器内壁的多孔性吸声材料,如厚度为 25~50 mm 的泡沫塑料或玻璃棉毡等,吸收中高频噪声。

2.空气的除尘净化

滤器用于滤除空气中的灰尘,以净化舱室的送风,并保持空气换热器表面的清洁,从而避免降低换热的效果。空调器常采用斜置抽屉式过滤元件,以增大空气通流面积、降低阻力和增加集尘量。图 6-2-1 中空气滤器是由斜插在滤器架上的四块滤板构成的。过滤材料采用聚胺酯型粗孔泡沫塑料,滤层厚度一般为 10~15 mm,也有采用合成纤维或无纺布等做过滤材料的。通常滤器前后装有 U 形玻璃管式压差计,以测量滤器前、后的压差。清洁的滤器其空气阻力为 20~100 Pa,若阻力上升到 250 Pa 左右则说明滤器已经脏堵,即应拆下清洗。若滤器阻力过低,则说明滤层破损,应检查换新。滤板也可以是涂矿物油的皱褶薄钢板。使用中要注意滤板的清洁,可减小气流流动阻力。

3. 空气的冷却和除湿

(1) 空气的冷却和除湿设备

空气的冷却和除湿由空调器中的空气冷却器 7 和挡水板 9 完成。空气冷却器是由蛇形肋片管构成的,按冷却器中流过的是制冷剂还是载冷剂而分为直接蒸发式和间接冷却式两种。如图 6-2-2 所示为直接蒸发式空气冷却器。挡水板和加湿器结构如图 6-2-3 所示,它由许多并列放置的薄钢材质的挡水曲板 1 组成。其作用是防止凝水被气流携入空调器后部和风管中,引起锈蚀。

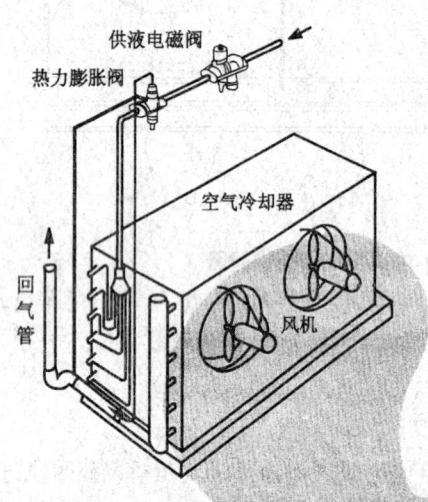

图 6-2-2 直接蒸发式空气冷却器

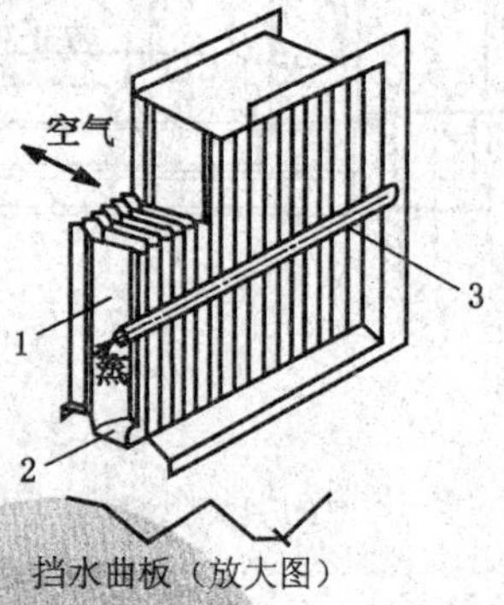

图 6-2-3 挡水板和加湿器
1—挡水曲板;2—承水盘;3—加湿器

一般,当外界气温高于 25 ℃时,就应使空调装置按降温工况运行。空气流经空冷器时被冷却。空气的冷却可分为两种情况:一是等湿冷却(干冷却),空冷器表面的平均温度高于空气露点温度时,空气被冷却但含湿量不变,不会在空冷器表面结露。二是减湿冷却,当空冷器表面平均温度低于空气露点温度,空气中的水蒸气一部分凝结在空冷器表面,使空气中含湿量减少。上述两种冷却后,空气的相对湿度都提高,这是因为温度越下降,越接近空气中水蒸气分压力对应的饱和温度。

空调运行时,空冷器的管壁温度一般都低于空气的露点温度,对空气进行冷却的同时又具有除湿作用。管壁温度越低,对空气的除湿作用就越大。但是,壁温过低会引起凝水结霜,使管间距离减小,妨碍空气流动,并影响传热效果。故冷却器管壁温度不应低于 0 ℃。肋片管式空冷器管壁温度通常比管内冷却介质的温度高 2~4 ℃。因此,当空调采用直接蒸发方式时,制冷剂的蒸发温度最低应不低于 -4~-2 ℃,一般为 0~7 ℃;而当采用间接冷却方式时,如载冷剂用淡水,则温度一般保持为 4~7 ℃,最低不低于 2~4 ℃,以防淡水结冰。

空冷器表面产生的结露沿肋片下流,汇集在底部的承水盘中,然后沿泄水管流出。泄水管出口设有 U 形水封,用以防止非降温工况时空气经泄水管漏泄。

空冷器设有挡水曲板,当空气流过曲板的曲折缝隙时,气流方向不断改变,所带水滴就会碰撞到曲板上,流到下面集水盘中泄出。通过挡水曲板的风速为 2.5 m/s 左右为宜,若风速超过 2.8 m/s,则可能会失去挡水作用。

(2)空气的冷却和除湿过程

具有一次回风的完全集中式单风管空调系统的降温除湿过程,即夏季降温工况在 h-d 图上的空气参数变化过程如图 6-2-4 所示。

在图 6-2-4 中,1 为新风状态点,2 为回风状态点,3 为新风与回风混合后的状态点,点 3 在 1、2 两点的连线上,(3—1 线段长)/(3—2 线段长)= 回风量/新风量。3—4 为空气经过风机时的等湿加热过程。空冷器进口状态点为 4,出口状态点 5 在 φ = 100% 的饱和空气线上温度相当于冷却管壁温的 0 点与 4 点的连线上。冷却越充分,点 5 越靠近点 0。4—5 为空气经空冷器时的冷却减湿过程。5—6 表示送风过程,送风管虽有隔热层,但难免会有热量渗入,故此过程为等湿加热过程,温升一般为 1~1.5 ℃。空气在舱室内的吸热、吸湿过程按舱室热湿比进行,用 6—7 表示。7—2 是回风在走廊里的等湿吸热过程。与机舱接触的走廊温升一般为 3~4 ℃,与常温舱室接触的走廊温升为 1~2 ℃。

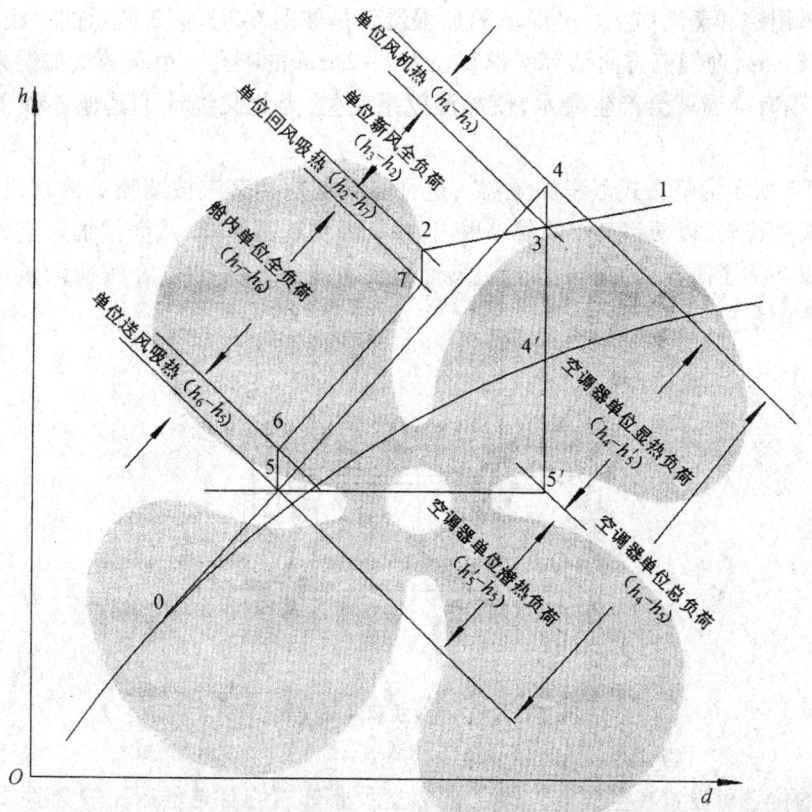

图 6-2-4 有回风的完全集中式单风管空调系统降温工况空气参数变化过程

1—新风进口状态点;2—回风进口状态点;3—新风、回风混合后的状态点;4—风机出口(空冷器进口)状态点;
5—空冷器出口状态点;6—舱室送风状态点;7—室内空气状态点

降温工况空调器的热负荷是舱室全热负荷、送风过程吸热负荷、回风过程吸热负荷、风机热负荷、新风全热负荷的总和。空调器的热负荷又可分为显热负荷和潜热负荷两部分。因此,不仅在舱外气温高、舱室显热负荷较大时,空气冷却器的显热负荷会增大,而且当舱室的湿负荷较大或舱外空气的含湿量较大时,同样会使空气冷却器因除湿负担加重而导致潜热负荷的增加。增加回风量,即可使进风的温度和含湿量降低,从而使空调器的热负荷降低。

4. 空气的加热和加湿

(1) 空气的加热和加湿设备

当外界气温低于15 ℃时,空调装置应按取暖工况运行。空气的加热和加湿由空调器中空气加热器和加湿器来完成。

空气加热器的型式很多,如电加热、蒸汽加热或热水加热等。船用集中式空调器大多使用蒸汽加热。加热器由带肋片的蛇形管组成。加热蒸汽常用表压为 0.2~0.5 MPa 的饱和蒸汽。在间接系统中,加热工质为热水,此时,空气冷却器与加热器可合用一个热交换器。

在低温时,外界空气的相对湿度虽然很高,但含湿量并不高。例如,温度为−18 ℃、相对湿度为95%的空气,其含湿量仅为 0.9 g/kg;而温度为 22 ℃、相对湿度为40%的空气的含湿量为 6.5 g/kg。显然,冬季如果将空气加热后直接送入舱内,不可能保持室内适宜湿度。因此,冬季在空调器中除对空气加热外,往往还需要加湿。加湿可采用蒸汽加湿或喷水加湿,在某些小型独立的空调装置中还采用电热加湿器。

船上多采用饱和蒸汽加湿。最简单的加湿器就是如图 6-2-3 中 3 所示的一根镀锌钢管,直径为 10~20 mm,迎气流方向钻有两排直径为 1~2 mm 的喷孔。由于蒸汽加湿采用的是低压饱和蒸汽,稍有降温就会产生凝水,使加湿效果变差,为此又设计了其他各种干式蒸汽加湿器。

如图 6-2-5 所示为喷头式蒸汽加湿器。这种加湿器是让蒸汽按圆喷头的切线方向供入,使蒸汽在喷头中旋转,以便将其中的凝水甩出,并从喷头底部泄掉,从而使加入空气中的饱和蒸汽含水减少。为了防止因加湿蒸汽量过多而导致水滴进入舱室内,在喷头的供汽管上装有限制最大蒸汽流量的节流孔板2。

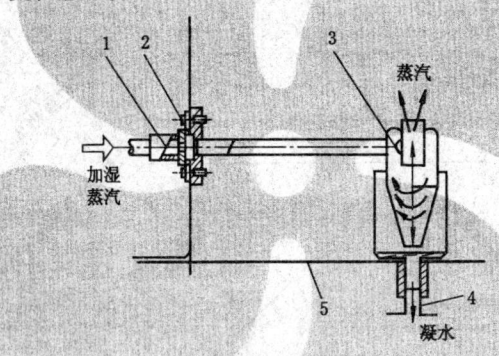

图 6-2-5 喷头式蒸汽加湿器

1—蒸汽进口;2—节流孔板;3—喷头;4—泄水管;5—空调器底板

加湿器的位置可设置在空气加热器之前或之后,但布置在加热器后比较合适,因为此处空气温度较高,相对湿度较小,喷入的蒸汽(或水)容易被空气吸收,同时还可防止加湿器在进风温度太低时冻结,但应防止加湿过多而造成舱内壁面的结露。取暖工况时,舱内空气的含湿量一般不超过 6.5 g/kg(相当于室温为 22 ℃、相对湿度为40%)。

(2) 空气的加热和加湿过程

具有一次回风的完全集中式单风管空调系统的加热、加湿过程,即冬季取暖工况在 $h-d$

图上的空气参数变化过程如图 6-2-6 所示。图中,新风状态点为 1,回风状态点为 2,点 3 为两者混合后的状态点。3—4 为流过风机时的等湿加热过程。4—5 为流过加热器的等湿加热过程。5—6 为流过加湿器的等温加湿过程(蒸汽加湿)。6—7 为送风管中的等湿降温过程。7—8 为送风在舱内按舱室热湿比线降温吸湿过程。8—2 为走廊回风的等湿降温过程。

取暖工况空调器的热负荷为舱室全热负荷、送风热损失、回风热损失、新风热负荷的总和。其中空气加热器承担的是显热负荷,加湿器承担潜热负荷;风机热可减轻加热器的负荷,增加回风量,可使空调器进风的温度和含湿量提高,可使加热器和加湿器的负荷都降低。

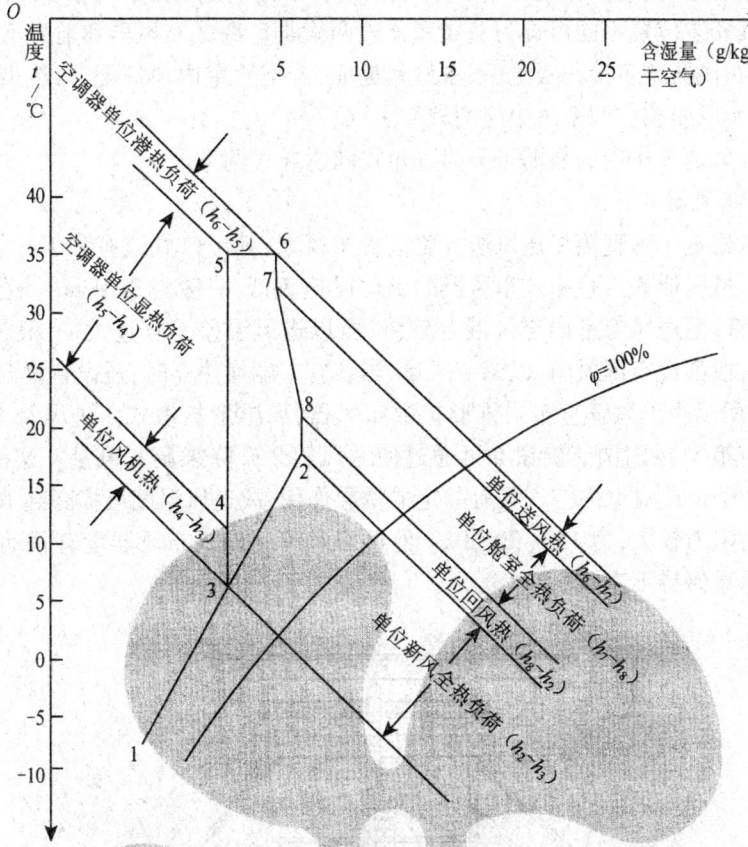

图 6-2-6 完全集中式单风管空调系统取暖工况空气参数变化过程
1—新风进口状态点;2—回风进口状态点;3—新风、回风混合后的状态点;4—风机出口状态点

二、供风设备

供风设备主要有供风管道和布风器。

1.供风管道

供风管以矩形和圆形截面为多,矩形管占据空间高度小,管路分支和交接较方便,常用于低速系统;高速空调系统常用圆形管,因通流截面积相同时其湿周最小,摩擦阻力小,此外制造、安装和维修均较方便。

低压低速空调系统的供风管采用 0.75~1.0 mm 白铁皮制造,高压高速空调系统的风管则一般采用轻合金材料或 0.5~2.0 mm 镀锌铁皮制成,敷设在甲板与天花板之间的夹层空间,表面有隔热层,以防散热和结露。常用的隔热材料有聚苯乙烯泡沫塑料和矿石棉。隔热层的厚度一般为 20~40 mm。噪声要求严格的空调系统,在布风器前的风管内常加设管式消声器。

空调舱室的回风口常设在走廊上部,供风通常通过舱室门的下部会聚于走廊,形成回风,一部分回风通过回风口被引回空调器再处理,多余部分排放到大气中。

2. 布风器

布风器设置在各个空调舱室之内,其功用是把处理后的空气按一定速度、方向送入空调舱室。布风器应满足以下要求:能使送风与室内空气很好地混合,从而使室温均匀性好;能保持人的活动区内风速适宜;能单独进行调节;阻力和噪声较小;结构紧凑,外形美观,价格较低。

布风器按其安装位置不同可分为壁式和顶式两大类。壁式布风器靠舱壁底部垂直安装,使用方便;顶式布风器装于天花板上,不占舱室地面,若与舱室内顶灯配合,造型优美,起到良好的装饰效果,所以船舶空调系统中应用较广。

布风器按送风诱导作用的强弱可分为直布式和诱导式两类。

(1) 直布式布风器

直布式布风器是一种直接将送风送入舱室的布风器,其出口做成有利于送风气流扩散的形状,如喇叭形、格栅形等。直布式布风器的出口风速较低,一般为 2~4 m/s,送风阻力小,噪声也小,价格便宜;但送风与室内空气混合较慢,所以送风温差不宜过大,一般在 10 ℃ 以下。直布式布风器一般都设有调风门,以调节风量,当装有末端换热器时,还设有调温旋钮。

如图 6-2-7 所示为单风管直布式锥形扩散布风器,属锥形扩散式。进风管 1 通入处设有容积较大的消声箱 5,风门调节旋钮 6 可通过使调风门 2 升降来调节风量。这种布风器的颈部风速可达 2~10 m/s,对室内空气具有一定的诱导作用,故送风温度可提高到 10 ℃ 左右。而直布式布风器的阻力较大,为 150~300 Pa。有些双风管直布式布风器设有联动调节旋钮,可使舱室的送风总量保持不变。

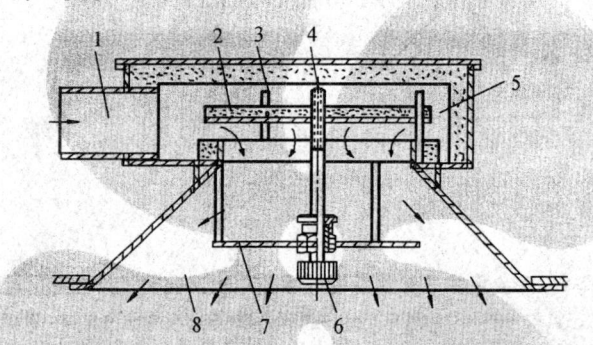

图 6-2-7　单风管直布式锥形扩散布风器

1—进风管;2—调风门;3—风门导杆;4—调节螺杆;5—消声箱;6—风门调节旋钮;7—挡风板;8—出风口

(2) 诱导式布风器

诱导式布风器简称诱导器。如图 6-2-8 所示为带电加热器的壁式诱导器。该诱导器的特点是静压箱 10 中的静压较高,送风(称为一次风)通过许多小喷嘴 9(26~46 个)喷出,喷嘴的出风速度较高(一般可达 20~40 m/s),产生局部低压,诱导一部分室内空气从进风栅 4 进来(称为二次风),与一次风混合后再从顶部出口格栅 6 吹出,送入室内。

通常将二次风量 G_2(kg/h) 与一次风量 G_1(kg/h) 之比 β 称为诱导比。由于气温变化不大,密度变化可以忽略,因此诱导比为

$$\beta = G_2/G_1 \approx V_2/V_1$$

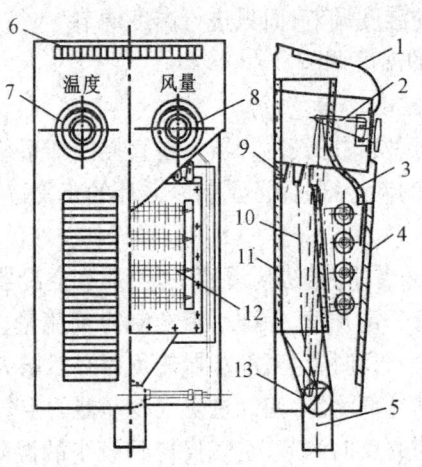

图 6-2-8 带电加热器的壁式诱导器

1—外罩；2—风门调节机构；3—导流罩；4—进风栅；5—送风管；6—出口格栅；8—调风旋钮；9—喷嘴；
10—静压箱；11—吸音层；12—电加热器；13—调风门

使用诱导器可以增大一次风的送风温差，而不影响室温的均匀性，β 越大，送风温差也越大，也就越有利于减小风机的送风量和风管尺寸。但提高诱导比主要是靠提高喷嘴的出口风速，这就会增加布风器的阻力，从而需要提高静压箱中的静压，因而更需增大风机的风压。所以，一般诱导比以 2~4 较为经济，这时，静压箱中的相应静压为 0.15~0.50 kPa。

诱导器设有调风旋钮，用以调节送风管的风门开度，改变一次风量。诱导器通常在二次风进口设有末端换热器，与二次风进行热交换，传热温差较大，比用直布式布风器传热效果好，带末端换热器的诱导器设有调温旋钮，用来改变换热器的供水量或加热电阻的阻值，以实现舱室的单独调节。由于二次风常带有灰尘，末端换热器很易脏污，故需定期清洁。

除阻力大外，诱导器的另一缺点是噪声较大，可达 50~55 dB。此外，诱导器的价格也较贵，目前在商船上用得不多。

第三节 船舶空调装置的自动控制

现代船舶上的空调系统都装有自动调节设备，使系统能随气象条件的变化而自动地进行工况调节，从而维持舱室的空气参数在合适的范围内。空调装置的自动调节主要包括：对取暖工况的空气温度、湿度进行自动调节；对降温工况的空气温度进行自动调节；对系统的静压进行自动调节。

一、船舶空调装置冬、夏季的温度自动控制

1.夏季降温工况的温度控制

夏季调节空气时使用的是降温工况，空气通过空气冷却器冷却除湿。空气冷却器对空气的冷却程度取决于制冷系统的冷量供给情况。直接冷却系统空调温度的控制是利用热力膨胀阀自调性能和回风温度，通过控制进入空冷器的制冷剂流量来实现对温度的调节；在间接冷却系统中，则通过控制流经空冷器的载冷剂流量来实现。在保持足够低的空冷器壁面温度的同时，空调装置就有了足够的除湿效果，使一般舱室的相对湿度都能保持在合适的范围之内，因

此,夏季空调装置不做专门的湿度调节,而只进行温度调节。

(1) 直接蒸发式空冷器的温度调节

①热力膨胀阀控制送风温度

绝大多数船舶采用直接蒸发式空气冷却器。在直接冷却系统中,通过膨胀阀的自动调节,向空气冷却器提供给定数量的制冷剂,保证了制冷循环的正常进行,而空气冷却器又保证了空气得到预定的冷却降温效果。

在空调器进风量一定的条件下,若进风湿度一定,那么空冷器的热负荷也一定。此时如果制冷工况稳定,膨胀阀将维持一定开度,保证一定的制冷剂流量,使空调器出来的送风温度一定。但是,当空调器回风温度升高时,空气冷却器热负荷必然增大,制冷剂回气过热度提高,进而使膨胀阀开度加大,提高制冷剂流量,使经过空气冷却器的空气降温较大;反之,空调器回风温度下降时,经过上述一系列的反向调节,空气仅得到较小的温降。所以在夏季空调中,借助于制冷系统热力膨胀阀本身自调特性,可维持空调器一定的送风温度。而当室外气温变化剧烈,空气冷却器热负荷变化过大,或者膨胀阀自调性能不良时,均会使其控制达不到预想效果。

②能量调节机构控制送风温度

能量调节机构根据空气冷却器热负荷变化,控制制冷系统的能量供给,可调节送风温度。采用能量调节装置控制运行制冷压缩机气缸数量,可自动调节空调系统的能量供给,使空调送风温度稳定在一定范围内。空调系统起动时,空气冷却器热负荷大,蒸发压力和温度较高,压缩机自动增缸,直到全负荷运转,以最大制冷量供给空气冷却器,空气得以快速冷却。随着空气冷却器热负荷不断下降,蒸发压力和温度降低,能量调节机构使压缩机减缸运转,减少制冷量,空气得到较小的降温。这种调节方法既保证了制冷系统对空气冷却器能量的合理供给,控制了送风湿度,又保证了压缩机运行的经济性。

通常,空调冷却器热负荷变化范围较大,一般设有大、小两个膨胀阀,压缩机采用分级卸载能量调节机构。负荷增加时,吸气压力增加,压力继电器控制自动切换大、小膨胀阀,同时压缩机自动增加工作缸数,使送风温度维持在合适的范围内。

③温度继电器控制室内温度

为避免舱室温度太低,大多数空调装置还采用控制回风温度的温度继电器和供液电磁阀对制冷装置进行双位调节。这是目前广泛采用的控制方法。温度继电器以感温包作为敏感元件。感温包直接感受空调室回风温度,并通过毛细管把信号传送给温度继电器。温度控制器按给定值操纵供液电磁阀,改变对空气冷却器的冷量供给,实现控制空调室内温度的目的,如图 6-3-1 所示为降温工况舱室温度的自动控制原理。

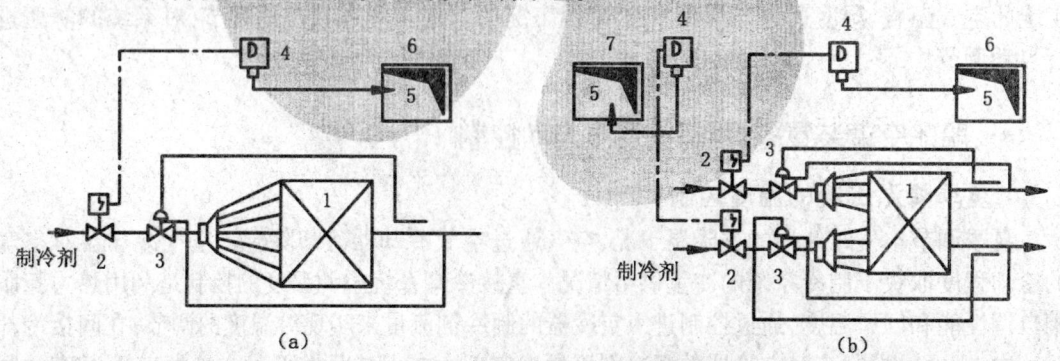

图 6-3-1 降温工况舱室温度的自动控制原理

1—空冷器;2—电磁阀;3—热力膨胀阀;4—温度继电器;5—温度继电器温包;6—回风管;7—新风管

当各空调室内回风温度超过温度继电器的给定值上限时,控制器动作,开启供液电磁阀,空气冷却器工作,回风与新风混合后得到冷却,保证空调送风要求;反之,当回风温度下降到低于温度继电器的给定值下限时,则关闭供液电磁阀,空气冷却器停止工作,空调室处于通风换气状态。当回风温度持续上升至温度继电器上限动作值时,再次开启供液电磁阀,空气冷却器又重新工作,将室温控制在所需范围内。由于回风直接反映了室内实际温度,较利用热力膨胀阀自调性能控制室温更接近温控要求。这种调节方案如图6-3-1(a)所示。

还有一些装置为了减少压缩机的起停次数,将蒸发器分为两组,并各自设有供液电磁阀和膨胀阀,如图6-3-1(b)所示。其中一组由感受新风温度的温度继电器控制,当外界气温较低时,该温度继电器断电,关闭其控制的供液电磁阀,蒸发器工作面积相应减小(压缩机自动卸载);当室温继续降低并达到调定的低限时,感受回风温度的温度继电器切断另一个供液电磁阀,压缩机因蒸发压力降低而停车。

(2)间接冷却式空冷器的温度调节

间接冷却式空冷器一般根据回风温度(代表舱室的平均温度)自动调节制冷剂流量,从而调节空冷器的换热量,控制空调舱室温度。它既可采用比例调节,也可采用双位调节。但这种调节滞后时间长,动态偏差较大。我们也可以将感温元件放置在空调器的分配室内,控制送风温度,但这种控制不适用于双位调节。

如图6-3-2所示为间接冷却式空冷器制冷剂流量调节方法。图6-3-2中(a)所示为比例调节;图6-3-2(b)所示为双位调节;图6-3-2(c)所示是将冷却器分为两组,只对其中的一组进行双位调节。

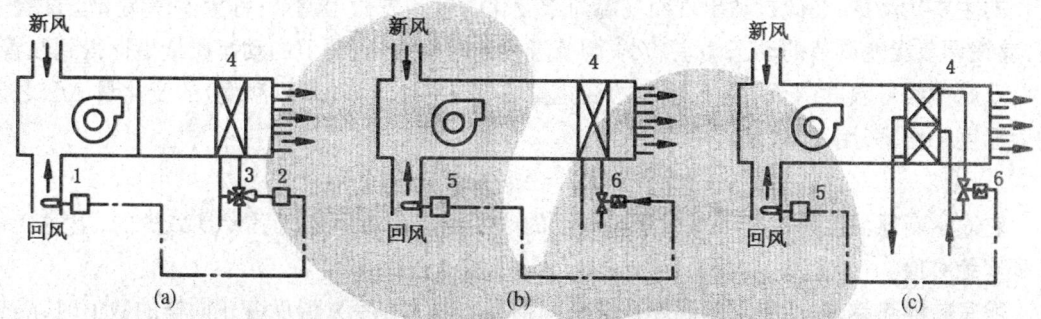

图6-3-2 间接冷却式空冷器制冷剂流量调节方法

1—温度传感器;2—比例式温度调节器;3—三通分流阀;4—间接式空冷器;5—温度继电器;6—电磁阀

2.取暖工况时的温度控制

冬季送风温度采用改变供入空气加热器的蒸汽或热水流量来调节。

(1)调节方案

如图6-3-3所示为取暖工况的送风温度调节系统,取暖工况温度的自动调节有以下几种方案:

①控制送风温度

控制送风温度是空调系统常用的调节方案。其特点是调节滞后时间短,测温点离调节阀较近,可采用比较简单的直接作用式温度调节器。此方案具体有单脉冲信号和双脉冲信号两种调节系统。

如图6-3-3(a)所示为单脉冲信号送风温度调节系统。感温元件放在空调器出口的分配室内,感受送风温度,将信号送到温度调节器2。当室外新风温度变化时,送风温度也随之变化,于是送风温度与调节器的调定值发生偏差,调节器发出信号,自动调节调节阀的开度,改变进入空气加热器的蒸汽或热水流量,从而使送风温度大致稳定。但是,外界气候变化还使舱室显热负荷变化,仅控制送风温度不变,室温会产生较大的波动,所以又出现了双脉冲温度调节系统。

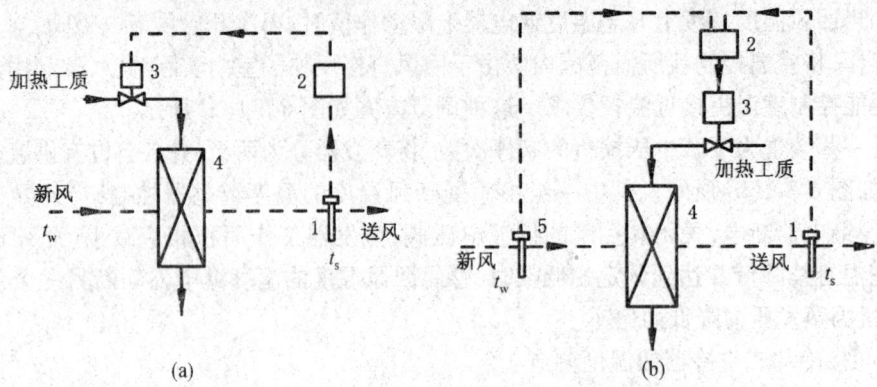

图 6-3-3 取暖工况的送风温度调节系统
1—送风温度传感器;2—温度调节器;3—流量调节器;4—空气加热器;5—新风温度传感器

如图 6-3-3(b)所示为双脉冲信号送风温度调节系统,它有两个感温元件 5 和 1,分别感受新风温度 t_w 和送风温度 t_s,温度调节器 2 同时接受两个信号,综合后再输出调节信号,操纵流量调节阀。这种系统能够补偿外界气候的变化,室外气温降低时相应提高送风温度,室外气温升高时相应降低送风温度,使室温变动减小,甚至保持不变。室外温度的变化是导致室内温度变化的主要扰动量,在此扰动出现而室温尚未变化时就预先做出调节,称为前馈调节。试验表明,前馈调节能使调节的动态偏差减小,调节过程的时间缩短,调节的动态质量指标得到改善。

双脉冲信号温度调节中送风温度的变化量 Δt_s 与室外气温(新风温度)的变化量 Δt_w 之比称为温度补偿率,用 K_T 表示。

$$K_T = \Delta t_s / \Delta t_w$$

它表示新风温度每改变 1 ℃时送风温度的改变量。前者增加时后者是减少的,上述变化量都取绝对值。

舱室的隔热越差,所要求的温度补偿率就越高。因为在室外温度变化同样的数值时,隔热较差的舱室的显热负荷变化较大,所要求的送风温度的变化也较大。单风管系统的温度补偿率 K_T 为 0.30~0.75,即室外温度每变化 10 ℃时,就需使送风温度变化 3~7.5 ℃;而双风管系统由于需要将两种温度不同的送风进行混合,二级送风管送风温度的补偿率也就较高,有的可高达 $K_T = 1.20$。

舒适性空调对温度控制的精度要求并不很高,一般采用比例调节即可满足要求。

②控制回风温度或典型舱室的温度

回风温度大致反映各舱室温度的平均温度,因此,可将感温元件放在回风总管中,当回风温度偏离调定值时,通过改变加热工质流量来改变送风温度,以使回风温度大致不变。这种方法的测温点也不远,仍可采用直接作用式温度调节器;在采用单脉冲调节时,比控制送风温度合理;但调节滞后时间较长,动态偏差也较大。因舒适性空调的要求不高,故使用较多。

感温元件也可直接放置在有代表性的典型空调舱室内,直接控制该舱室温度。但是选定典型舱室比较困难,而且这种方案测量点离调节阀较远,不能采用直接作用式调节器。

控制回风温度或典型舱室温度一般都采用比例调节;在舱室热容量较大时,也可采用双位调节。

（2）直接作用式温度调节器

直接作用式温度调节器以温包为感温元件,热惯性较大,但其结构简单,管理方便,故在舒适性空调的自动调节中获得广泛应用。

空调加热装置的温度调节器常采用充注甘油之类的液体温包。它是利用液体热胀冷缩的特性,将温度信号转变为压力信号。液体温包的容积都做得较大,这样,毛细管和调节器本体传压部分的液体量相对就少得多,从而可减少输出压力受温包以外温度的干扰。

如图 6-3-4 所示为具有温度补偿作用的双脉冲直接作用式温度调节器,它有两个液体温包 2 和 3,分别感受新风温度和送风温度。调节阀装在空气加热器的进汽管上,若外界气温不变而送风温度升高,送风温包中的液体就会膨胀,挤入液缸 11,顶动柱塞 9 将阀 1 关小;若送风温度下降,则温包中的液体收缩,于是弹簧 7 就会将顶杆 4 和柱塞 9 压回,使调节阀靠重力落下而开大,以保持送风温度的稳定。此时,因新风温包中的液体体积不变,调节器相当于单脉冲调节器。当室外温度升高时,新风温包中的液体受热膨胀挤入液缸,同样也将关小调节阀,使送风温度自动降低,起到补偿作用。双脉冲调节器的两个温包有多种规格,温度补偿率 K_T 的大小与两个温包的容积比有关,约为新风温包与送风温包的容积之比。若容积相同,则气温每下降 1 ℃,送风温度约升高 1 ℃;若送风温包比新风温包大一倍,则气温每下降 2 ℃ 时大约能使送风温度升高 1 ℃。

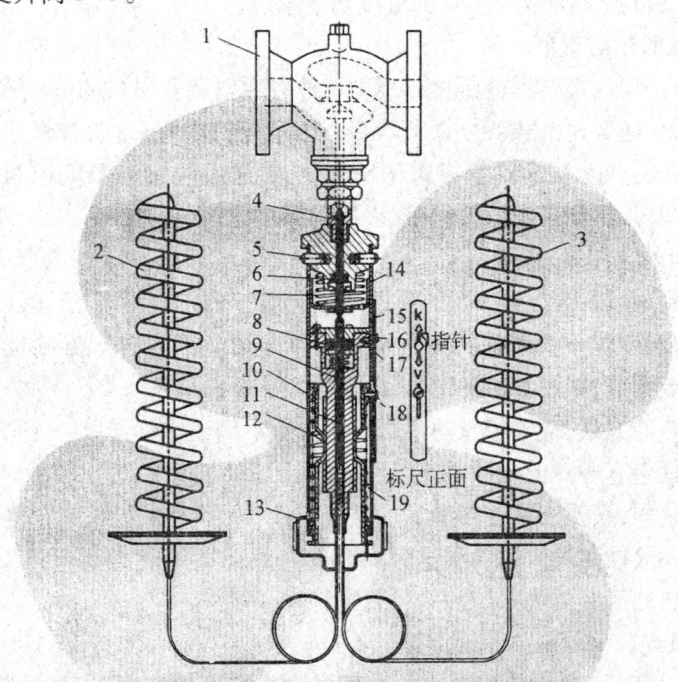

图 6-3-4　具有温度补偿作用的双脉冲直接作用式温度调节器

1—调节阀;2—新风温包;3—送风温包;4—顶杆;5—按钮;6—调节阀填料箱;7—弹簧;8—液缸填料;9—柱塞;10—螺纹管隔环;11—液缸;12—螺纹管;13—调节旋钮;14—筒体;15—标尺;16—标尺指针;17—液缸导向螺钉;18—标尺固定螺钉;19—超压保护弹簧

调节器的液缸外壁带有方牙螺纹,液缸拧在螺纹管 12 中。转动调节旋钮 13,带动螺纹管旋转,使液缸上移,于是柱塞上移,调节阀关小,加热蒸汽的流量减小,送风温度降低;反方向旋转,则送风温度升高。液缸移动的程度由液缸导向螺钉 17 固定在液缸 11 上的标尺指针 16 来指示。

在调节器的标尺 15 上刻有表示调节方向的箭头。在对空调装置进行调试时,认为送风温度合适后,即可松开标尺固定螺钉 18,将标尺移至指针位于圆孔处(见图中所示的标尺正视图,在箭头上、下两方刻有的 K、V,分别表示冷、热)。

液缸中的液体漏失会导致柱塞下移,使送风温度提高。可转动调节旋钮,将液缸上移,保持原来的调定值,再将标尺上移到使指针对准箭头的中间圆孔即可。经过几次调整后,若标尺因螺钉 18 的限位而不能再向上移动时,表明液体漏失过多,需向液缸补充液体。

调节器上还装有超压保护弹簧 19。当液缸内压力升高,阀已关闭时,液缸就会在液压作用下带动螺纹管 12 克服超压保护弹簧的张力而自动下移,给液体以膨胀余地,防止温包内温度过高而胀破。

有的船舶空调装置还采用了先进的气动或电动的调节系统。它们以金属感温管或热敏电阻作为感温元件,可使调节更加灵敏;而且温度补偿率和比例带都可以调节。这些系统比较复杂,初置费和维修管理的要求亦高,应用不普遍。

二、船舶空调装置冬季取暖工况的湿度控制

1. 取暖工况的湿度控制方案

取暖工况多采用喷蒸汽加湿或喷水加湿,只要控制喷入的蒸汽量或水量就可保持室内的湿度适宜,如图 6-3-5 所示为取暖工况的湿度调节系统。

(1) 控制送风的相对湿度

如图 6-3-5(a)所示,调节器的湿度传感器 1 放置在空调器出口的分配室内,感受送风的相对湿度,然后将信号送至比例式湿度调节器 2。当送风的相对湿度偏离整定值时,调节器会使加湿蒸汽调节阀 3 的开度与偏差值成比例地变化,将送风的相对湿度控制在一定的范围内。此种方法滞后时间短,不能采用双位调节,一般都采用比例调节。

(2) 控制送风的含湿量(露点)

如能直接控制送风的含湿量 d_s,只要送风量和舱室的湿负荷不变,就可控制室内空气的含湿量 d_r,并在室温变化不大时保持室内相对湿度合适。因为含湿量确定即露点确定,故这种调节亦称为露点调节,如图 6-3-5(b)所示。

采用两级加热的方法,空气经预热后再喷水加湿。因喷水加湿是一个等焓加湿过程,故加湿后的空气温度就会有所降低,而加湿后所能达到的相对湿度一般比较稳定,未被吸收的水由泄水管路泄出。这样,只要控制住加湿后的空气温度,即可控制送风的含湿量和露点,而无须担心加湿过量。一般控制送风的含湿量为 6.0~6.3 g/kg,即露点为 6~7 ℃。这种方法特别适用于采用两级加热的区域再热系统和双风管系统。

(3) 控制回风或典型舱室的相对湿度

如图 6-3-5(c)所示,湿度传感器 1 放在回风口或典型舱室内,当湿度降低到要求的下限时,双位式湿度调节器 10 使加湿电磁阀 11 开启加湿,舱内湿度随之增加;当湿度达到上限时,调节器使电磁阀关闭,停止加湿。这种调节滞后时间长,如果送风与室内空气混合不良,室内空气湿度的不均匀性会较大,如果改用比例调节,湿度的均匀性可得到改善。

2. 湿度调节器

船舶空调装置的相对湿度调节器有气动式、电动式、电子式三种;按其测量湿度的传感器种类又分为干-湿球式、毛发式和电阻式三种。

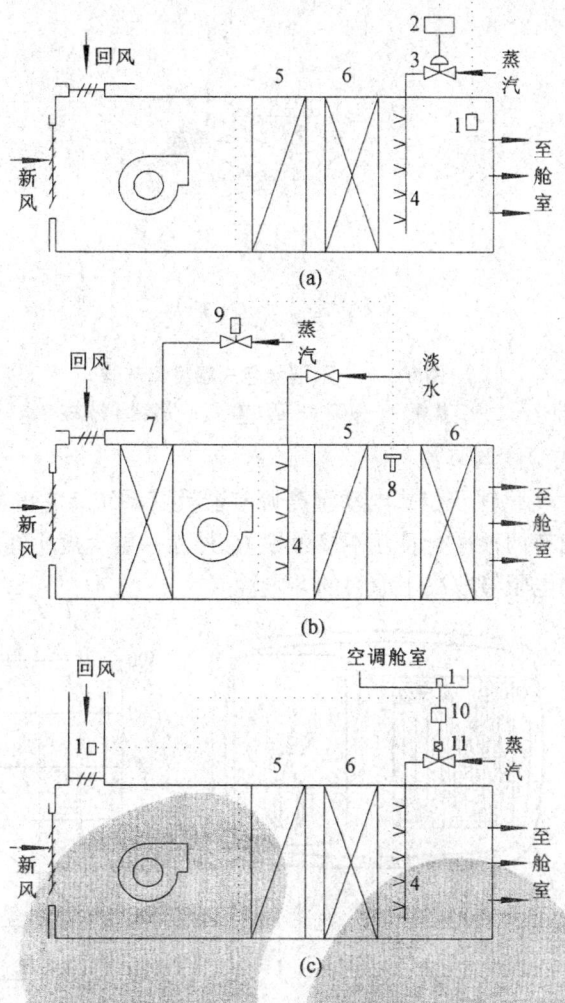

图 6-3-5　取暖工况的湿度调节系统

1—湿度传感器；2—比例式湿度调节器；3—加湿蒸气调节阀；4—加湿器；5—冷却器；6—加热器；7—预热器；8—温包；9—直接作用式温度调节器；10—双位式湿度调节器；11—电磁阀

(1) 干湿球式湿度调节器

如图 6-3-6 所示为干、湿温包式湿度调节器，它是一种双位式电动调节器。感温元件可采用温包或热电阻，使用时将两个感温元件（一干一湿）同时置于测量点，于是干、湿元件的温度差变为温包内充剂的压差，或变为两个热电阻的电阻差值后再转换成电桥的不平衡电压，然后用压差或不平衡电压的大小来反映相对湿度。同时控制电触头的通断，从而控制加湿蒸汽管路上的电磁阀的启、闭，实现加湿或停止加湿。

必须保证干、湿感温元件清洁和通风良好，湿感温元件的纱布套始终保持湿润。此外，气流速度对相对湿度的测量值影响较大。

(2) 毛发（或尼龙）式湿度调节器

利用脱脂毛发或尼龙在既定拉力下的伸长率与空气相对湿度有关的特点做成感湿元件，并经放大器、气动执行机构去控制蒸汽加湿阀开度，它属于比例调节器。其特点是价格便宜，但由于这种系统维护管理比较复杂，灵敏度低，且使用一段时间后感湿元件会老化或产生塑性变形，故目前使用不多。

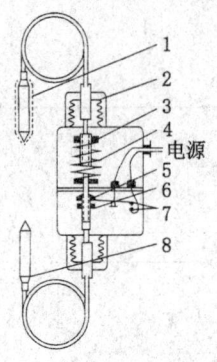

图 6-3-6 干、湿温包式温度调节器

1—湿温包；2—波纹管；3—主调节螺帽；4—弹簧；5—固定螺帽；6—幅差调节螺帽；7—电触头；8—干温包

（3）氯化锂电阻式湿度调节器

如图 6-3-7 所示为氯化锂双位式电动湿度调节器及其系统。它的感湿元件 1 是一个圆柱形绝缘体，在其表面缠有两根平行且互不接触银丝，外涂一层含氯化锂的涂料。靠涂料构成导电回路，故感湿元件的电阻值取决于涂料的导电性。

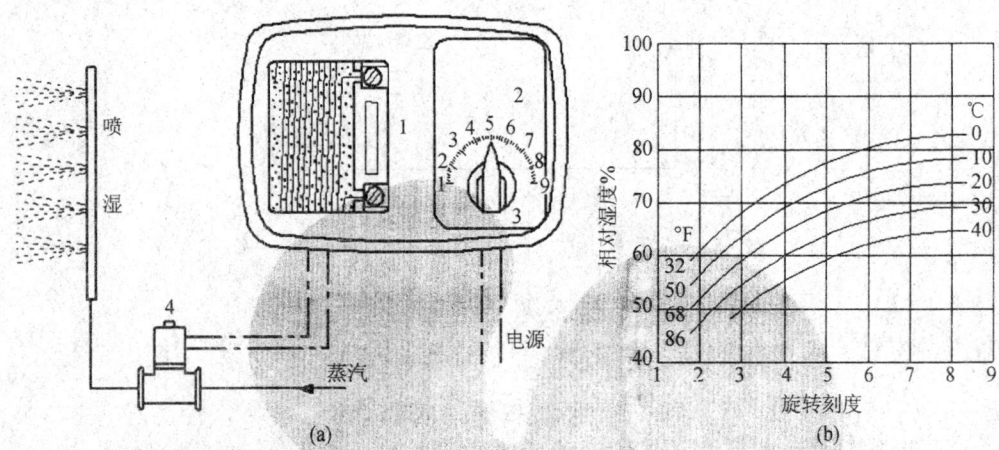

图 6-3-7 氯化锂双位式电动湿度调节器及其系统

1—感湿元件；2—晶体管放大器；3—调节旋钮；4—调湿电磁阀

当空气相对湿度变化时，氯化锂涂料的含水量随之改变，其导电性也成比例地改变，电流也成比例地发生变化。此电信号经晶体管放大器 2 放大后，通过信号继电器去控制调湿电磁阀 4 的启、闭。当空气相对湿度达到调定值时，信号继电器触头断开，调湿电磁阀断电关闭，停止向空调器喷湿；而当相对湿度低于调定值 1% 时，信号继电器触头闭合，调湿电磁阀开启，蒸汽加湿器工作。

氯化锂的电阻值除与含水量有关外，还与温度有关，所以在湿度调节器上还设有调节旋钮 3，以便按照环境温度和欲调定的相对湿度，依据厂家提供的关系曲线选取调节旋钮的位置来加以调整。

氯化锂感湿元件结构简单、体积小、灵敏度高、反应速度快，调节精度在 $\varphi = \pm 1.5\%$ 以内。使用时间较长后，氯化锂涂料会脏污或剥落，故需定期检查和清洁，感湿元件不可用水接触和擦拭，以免影响工作性能。

第四节 船舶空调装置的管理

为了维持空调舱室的适宜气候,空调装置需常年运行,夏季按降温工况向舱室输送冷风,冬季按取暖工况向舱室输送热风,气候适宜的春、秋两季按通风工况向舱室输送新鲜空气。

一、空调装置的管理要点

1.降温工况的管理

当气温高于 27 ℃时,空调装置应按降温工况运行。室温与外界气温的温差以不超过 6~10 ℃为宜,以免人进、出舱室感觉骤冷、骤热,以防感冒。管理要点如下:

(1)关闭空调舱室门窗和其他有关的门窗,以防热空气的侵入,降低空调装置的热负荷。

(2)空调装置运行前先检查压缩机曲轴箱油位、储液器液位,盘车,开、关系统有关阀门等准备工作。

(3)起动顺序:先开风机,后开制冷压缩机。因为刚起动时膨胀阀温包降温慢,膨胀阀开度较大,如果风机不工作,则进入空气冷却器的制冷剂吸热量太小而不能迅速蒸发,容易造成压缩机液击,或因吸气压力过低而停机。为了安全起见,空调制冷压缩机起动时应先稍开吸入截止阀,然后再逐渐开大该阀,万一听到液击声,立即关小吸入截止阀。另外,起动压缩机时还要防止"奔油"现象的发生。

(4)停用顺序:短期停用,先停制冷压缩机,后停风机,以免压缩机液击;长期停用,先回收制冷剂至储液器,再停制冷压缩机,最后停风机。

(5)为避免空冷器管壁结霜,直接蒸发式空调制冷剂的蒸发温度最低不低于-3~-2 ℃,一般为 5~10 ℃,R22 相应的蒸发压力为 0.48~0.57 MPa;而当采用间接冷却方式时,如载冷剂用淡水,则温度一般保持为 4~7 ℃,最低不低于 2~4 ℃,以防淡水结冰。正常情况下,膨胀阀不结霜,蒸发器及回气管结露,手触摸有凉感。

(6)膨胀阀一般不应结霜,只有当蒸发温度低至-3 ℃时,阀后制冷剂分配器这段不受空气吹扫的管路可能稍有薄霜,运行中应防止膨胀阀的开度调节得过大而使压缩机发生液击。若制冷剂的蒸发温度已很低,而送风湿度仍然降不下来,则往往是膨胀阀开度调得过小或发生阻塞或系统中的制冷剂不足所致。此时不要任意开启膨胀阀的旁通阀增大制冷剂的流量,以免负荷降低后,压缩机因旁通阀无自调能力而产生液击。膨胀阀的温包未紧贴回气管,安装位置不正确。未包隔热层等均可能造成阀的开度大,蒸发压力过高。

(7)用 R22 时压缩机的吸气压力为 0.48~0.57 MPa,最低不得小于 0.40 MPa,以免对应的蒸发温度过低;排气压力为 1.10~1.36 MPa,最高不宜超过 1.43 MPa;润滑油压应高于吸气压力 0.06~0.15 MPa,设有能量调节装置者应高出吸气压力 0.15~0.30 MPa。正常工作时,压缩机的吸气截止阀只结露水。

(8)送风温度维持在 11~15 ℃,过低的送风温度易使舱室结露或出现气雾现象。

(9)保持合适的回风比(回风量与总风量之比)。在满足新鲜空气需要的前提下,采用较高的回风比,可节省能耗。用新风和回风风门开度来调节回风比。一般在空调装置安装后初次调试时已经调定,并做有记号。下列情况下可以改变回风比:春、秋季单纯通风时可采用全新风;气候特别湿热或寒冷超过空调的设计条件时,适当增加回风比,以保持合适的温度、湿度；外界空气特别污浊时，暂时提高回风比，甚至短时间内采用全回风。

(10) 保持承水盘泄水通畅，以免除湿气产生的凝水在空调器内泛滥，被送风带入舱内。

(11) 空调装置长期停用时，应把制冷系统中的制冷剂收回储液器中，以减少制冷剂的泄漏风险。

(12) 用水做介质的间接式冷却器，应经常开启其顶部放气阀放空气，防止形成气囊，阻碍水的正常流动。

(13) 注意维护滤器。在滤器前、后通常设有 U 形玻璃管式风压计，以便测量滤器前、后空气压差。正常时流经滤器的压降为 $2\sim10~mmH_2O$。

(14) 风机的滚动轴承每运转三个月左右加一次润滑脂。风机如系皮带传动，应调节其松紧程度，防止打滑。

2. 取暖工况的管理

当外界气温低于 15 ℃时，空调装置应按取暖工况运行。管理方面除第一项提到的第(1)、(9)、(13)、(14)要点外，还应注意：

(1) 起动顺序：先使加热器投入工作，再起动风机，以免外界冷空气直接吹入舱室。应缓慢开启加热器的进汽阀，使冷管有一个暖管泄水过程，防止"水击"。

(2) 停用顺序：先关闭加湿阀，半分钟后再停风机，让风机将已经加湿的空气全部吹出风管。以免风管中出现凝水，下次起动风机时把水滴带入舱室。

(3) 严格控制加湿量。气温在 5 ℃以上时一般不加湿。当气温在 5 ℃以下时，空气加热的同时还应加湿。此时应选择一个典型舱室，测定室内空气的湿度，调整加湿量适宜后才可正式投入使用。加湿为人工控制时，一般调节舱室的相对湿度为30%左右；加湿为自控时，若感湿元件置于空调器的空气分配室中，由于该处温度高于舱室温度，相对湿度应调在 10%～15%，以免舱室的湿度太大。随着外界气温的降低，应适当增大加湿量。取暖工况时舱内空气的含湿量，一般不超过 6.5 g/kg（相应于室温 22 ℃、相对湿度为40%），空调器出口相对湿度不宜超过表 6-4-1 所示的数值（相当于含湿量为6g/kg）。若加湿器置于加热器之后，由于该处空气温度较高，吸收水分的能力很强，一定要防止加湿过量；否则送风供入舱室内后温度降低，容易使舱内湿度过高，甚至在舱壁结露。

表 6-4-1 单风管空调系统取暖工况送风湿度最大值

送风温度(℃)	25	30	35	40	45	50
相对湿度(%)	30	22	18	13	10	8

(4) 加热器以蒸汽做加热介质时，若出口阻汽器后的回水管很烫，表明阻汽器不起作用，应修理或更换，以免浪费蒸汽；用热水做加热介质，应经常开启其顶部放气阀放空气，防止形成气囊，阻碍热水的正常循环。

3. 通风工况的管理

通风工况应全部采用外界新风，空调器的回风门应完全关闭。加热、加湿和冷却系统均停用，风机宜在低速挡运行以减少电力消耗和噪声。

二、空调器的维护

1. 风机

(1) 定期清除吸入滤器和风机内部的灰尘污垢、水分等，以确保气道的通畅和防止生锈。

(2)轴承定期加注黄油或润滑油,以确保良好润滑条件。

(3)对备用的或停机时间长的风机,应定期将转子旋转120°~180°,以免主轴弯曲变形。

(4)风机运行中若出现剧烈振动、轴承过热等应停机检修。

2.空气过滤器

过滤器阻塞会使风机的送风量减小,故应定期清洁和检查,发现破损应换新。不同类型的过滤器其清洗方法亦不同。泡沫塑料滤器可将滤层抽出,刷去框架上的灰尘和油垢,拍去塑料滤层的灰尘后,再用0.29 MPa的压缩空气从塑料泡沫较干净的一侧吹向另一侧。对于需除油的铜丝网过滤器,应先用刷子刷去表面的油污,再用压缩空气吹,污垢较多时,可用热水冲洗或用三氯乙烯洗涤剂清洗,忌用碱水,洗涤剂清洗后需用热水反复冲洗干净,待干燥后再喷上无毒的滤网油(滤网厚度为35 mm者,用油量约为0.3 kg/m^2),安装时应将喷油一侧朝向空气进入的方向。

3.热交换器

按说明书要求定期检查和清洁,以免发生阻塞影响热交换和送风量。清洁方法如下:

(1)用毛刷刷去外表的灰尘污垢。

(2)用表压为0.29 MPa的压缩空气吹扫或吸尘器抽吸。

(3)用洗涤剂溶液冲洗管壁油垢。

三、船舶空调装置常见故障分析和排除

空调系统的故障,可归纳为如下几个方面:风机运行不正常;送风量过大或过小;送风温度和湿度不符合设计要求;空调舱室内空气状态不符合设计要求等。

1.送风量过大或过小

空调装置中,风机所提供的风压除了用以把空气输送至一定几何高度外,全部用来克服风管的阻力和保证空气以一定流速从布风器流出,所以风机的运行工况点就决定于风机的特性和风管管路特性。即风管管路特性的变化,必然会导致送风量的改变。

在有分支管的风管中,若两支管的阻力损失不同,则空气就会涌向阻力损失较小的支管而使该支管的送风量增大,另一支管的送风量减小,直至两支管的阻力损失相等,分支处的压力重新平衡为止。结果,这使各分支管的送风量均偏离设计要求。

(1)送风量过大的原因

①所配风机的风量偏大,可用关小总风门提高风机的工作压力或关小进风门的办法减小送风量。

②风机转速高于额定转速。

③分支后各分支风管的风门开度调节不当,造成风门偏大的支管送风量过大。应重新调节各分支管的风门,使送风量合理分配至各分支管。

④同一分支的一支管部分舱室负荷减小或部分布风器关闭,造成另一分支管的送风量过大,可用关小分支前风门开度的办法进行调节。

(2)送风量过小的原因

①选配风机的风量偏小,应更换风机。

②分支后各分支管的风门调节不当,风门偏小的支管送风量就偏小。应重新调节各分支管的风门,使送风量合理分配。

③送风系统不严密,漏风严重。应检查并消除漏风。

④因风机皮带打滑或因电压不足造成转速下降、风机反转、空气滤器堵塞或风门开度过小等原因,造成风机的送风量不足。应查明原因及时消除。

2. 降温工况送风温度过高

(1) 空调制冷设备的容量过小或热负荷过大。可增大回风量予以解决。

(2) 制冷系统工作不正常,制冷量下降。若压缩机运转正常,而蒸发器不冷、冷凝器不热,则往往是由于过滤器或膨胀阀堵塞,或制冷剂泄漏所致。

(3) 空气为间接冷却,冷媒水的循环量过小。应注意经常排空气,检查泵的密封间隙和防止吸、排管路阻塞。

(4) 空气冷却器的热交换面积灰或有污垢。应定期清洁,确保空气冷却器的热交换效果。

3. 采暖工况送风温度过低

(1) 空气加热器容量过小;加热蒸汽或热水的温度过低;供入流量过小。可提高加热介质的温度或流量。

(2) 空气加热器的热交换面积灰或有污垢。应定期清除,确保良好的热交换效果。

(3) 气温过低,负荷过大。可适当增大回风量。

4. 降温工况空调舱室空气湿度过大

(1) 空调器处理的新风量过多或舱室门窗不严。可适当减小新风量,增大回风量,关严门窗。

(2) 空气冷却器表面的温度偏高。可降低制冷剂的蒸发温度,使空气冷却器表面的温度低于空气露点。

(3) 挡水板的间距过大或折数不够或与边框的缝隙过大或空气的流速过高。应改进挡水板的加工和安装质量,降低空气的流速。

5. 空调器风机起动,压缩机不能起动

(1) 电源线的容量不够(太细)或零线误作地线,造成起动电压下降很多。应查明原因,更换电源线或纠正接线错误。

(2) 电源电压过低。应提高电源电压。

(3) 压缩机过载,保护器烧断。应更换保护器消除过载因素。

(4) 压缩机的电机断路。应拆检修理电机。

(5) 温控器或压力继电器的触头断开,在调高其接通温度后压缩机仍不能起动,可短接其触头,若压缩机可以起动,则说明温控器已损坏,应更换。应检查压力继电器,若触头断开,则应排除故障或更换压力继电器。

(6) 小型压缩机的起动电容器或运转电容器断路或起动电容器损坏。检查电路,在消除断路情况后压缩机仍不能起动,则应检查起动电容器是否损坏。对于不分正、负极的电容器,可用万用表Ω挡的×1k或×100进行检查,若两只表笔分别碰电容器的两极,表针向零位摆动后慢慢复原,两只表笔交换碰电容器两极,情况仍如此,则电容器是好的;若表针根本不动,则说明电容器已击穿断路;若表针向零位摆动后停止不动,则说明电容器已短路。

(7) 转换开关接触不良。应修理或更换转换开关。

6. 空调装置的压缩机间断跳闸

(1) 电源的电压过高或过低。应调整电源电压至正常值。

(2)过载保护器失灵。保护器触头断开电流过小,若测量工作电流正常,则应调大断开电流或更换保护器。

(3)电动机的起动继电器的触头断不开,造成工作电流过大,保护器切断电源。应修理或更换起动继电器。

(4)制冷系统冷凝器的冷却水量过小或断水或冷却风机不转或冷凝器积满灰尘污垢,冷凝效果差,造成压缩机的排气压力过高,工作电流过大,保护器切断电源。应检查冷却水系统或风机,确保冷却介质的流量,或清洁冷凝器。

7. 空调系统和空调舱室噪声过大

(1)空调器的风机震动过大。主要原因是风机技术性能不符合要求或安装工艺不符合要求。如风机转子静、动态平衡性能差,风机轴承装配不符合要求或损坏,地脚螺栓松动,风机与水泵的吸震结构差等。应加强风机的减震基础,更换失效的减振器,检查和校正风机叶轮的平衡情况,更换过度磨损或损坏的轴承等。

(2)风管内的风速过高。应调整风量,降低风速。

(3)送风口开度过小,送风速度过大。可开大布风器的风门,使送风口的风速低于 3 m/s。

(4)风管结构处理不良,某些过渡段局部阻力变化急剧,将引起噪声。

(5)中央空调器内与风管中的消声装置设计不良,吸声材料选用不正确等。

8. 船舶空调出现送风口滴水

船舶空调中,舱室送风口出现滴水或水雾,其主要原因是送风温度已经低于室内空气的露点,另一个原因是挡水板的过水量太大或挡水板损坏。对于直接蒸发式和水冷式空气冷却器,承水盘安装不良,泄水管堵塞,或因空气冷却器处于负压区而未采取 U 形水封等而造成流水不畅,以及质量流速大于 $3 \text{ kg/(m}^2 \cdot \text{s)}$,未装挡水板等原因,都会造成送风口出现滴水或水雾的现象。

排除方法:

(1)改变送风温度。

(2)堵塞挡水板漏水处。

(3)调整挡水板叶片布置。

9. 空调舱室气流速度大

空调舱室空气流速过大(超过 0.35 m/s),人会感到不舒服。产生这种现象的原因是:

(1)布风器内静压箱压力过大,喷口尺寸和布置不正确,出口气流速度大了。

(2)调风闸门或回风格栅调节门开度过大,配合不协调,送风量过大且气流组织不均匀等。

10. 自动控制元件失灵

自动控制元件失灵,不能及时正确地反映工况参数或不能及时地调节使工况稳定下来。这说明温度调节器、湿度调节器、静压压力调节器等有些仪器设备质量差,测量元件布置不正确。所以在空调装置投入运行后,要加强检查和管理,严格按操作程序操作,对发现的问题和提出的解决措施都得做好记录以供检查使用。

第七章 船舶液压设备

船舶甲板机械是船舶机电设备的重要组成部分,现代船舶中广泛地使用液压甲板机械,如液压舵机、液压起货机、液压锚机、液压绞缆机、液压舱盖机等;液压机械一个共同的特点是其中都有液压系统,都以液压能作为执行机构驱动能源。

液压传动是根据液体静压力等值传递原理(也称帕斯卡原理),以液体的压力能进行能量与信息传递的。现以液压千斤顶为例说明液压传动原理。如图7-0-1所示为液压千斤顶结构简图,随着手柄1不断上下摇动,重物13将缓慢上升。由图7-0-2所示的液压千斤顶传动原理示意图可见,在液压传动中,压力取决于负载大小;速度取决于流量大小。

液压传动系统主要组成如图7-0-1所示为例:

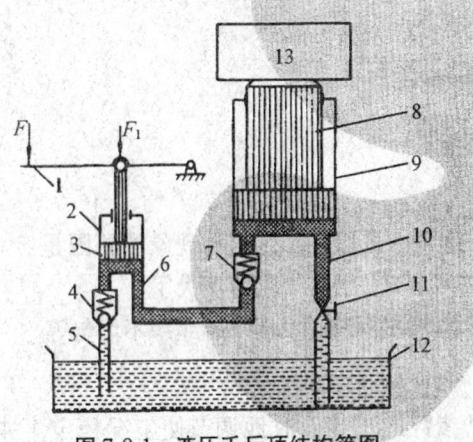

图7-0-1 液压千斤顶结构简图

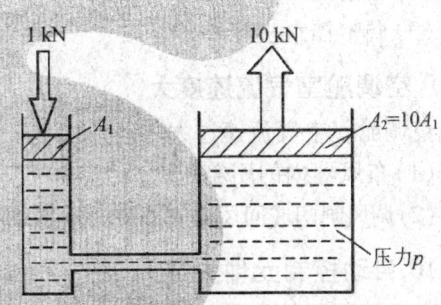

图7-0-2 液压千斤顶传动原理示意图

1—手柄;2—液压泵;3—小活塞;4,7—单向阀;5—吸油管;6—排油管;8—大活塞;
9—液压缸;10—回油管;11—截止阀;12—油箱;13—重物

(1)动力元件——液压泵(图7-0-1中2),其功用是将泵的机械能转换为液压油的压力能(液压能)。

(2)执行元件——液压缸或液压马达(图7-0-1中9),其功用是将液压能转换成机械能以带动工作部件运动。

(3)控制元件——如各种方向、流量和压力控制阀(图 7-0-1 中 4、7、11),其功用是控制液压系统中液压油的流动方向、流量大小和压力的高低,以满足工作部件对运动方向、速度和力(扭矩)的要求。

(4)辅助元件——如油箱、滤油器、蓄能器、压力表、热交换器、油管和管接头等。

根据着眼点的不同,液压系统分类有多种分法,其中以下列两种为主:

按油液循环方式的不同可分为开式系统和闭式系统。所谓开式系统就是指油泵系统从油箱中吸油,经换向阀输入执行机构(液压缸或液压马达),而执行机构的排油则经换向阀返回油箱;而所谓闭式系统,则是指执行机构的排油并不返回油箱,而是直接返回油泵的吸入口,故油液将在油泵与油马达之间形成封闭的循环。

按液压油流向变换方法的不同,液压系统还可分成阀控型和泵控型。所谓阀控型系统就是指进、出执行机构液压油的流向由换向阀控制;而所谓泵控型系统就是指进、出执行机构液压油的流向由油泵控制。

液压传动与电动甲板机械相比有以下特点:

(1)其共同的优点是:①动作灵敏、便于自动控制和远距离操纵;②采用标准化元件;③适合于大功率传动。

(2)液压传动独特的优点是:①可以微速和无级调速,频繁起停、换向对电网冲击很小,操作性能好;②起动转矩高,便于带负载起动;③易于实现过载保护(设安全阀),且液体介质本身有一定的抗冲击和吸震能力;④省略机械传动和减速机构,故液压装置结构紧凑,重量轻;⑤液压油能防锈蚀和有润滑性,装置使用寿命长。

(3)液压传动的缺点是:①对油液和系统的清洁要求很高;②元件的精度要求高,漏泄会造成污染;③管理维护的技术要求高。

液压机械中由数个不同零件组成的用以完成特定功能的组件称为液压元件。液压元件一般有两种表达方式:一种用结构示意图,表达较直观、形象,但图形繁杂,绘图麻烦;另一种是职能图形符号图,主要反映元件的功能特点,绘制较方便。我国制定的液压图形符号见附录(摘自 GB/T 786.1—2009)。

同样,液压系统图也有两种表达方式:一种是结构示意图(如图 7-0-1 所示),很少用;另一种为用职能符号表示的液压系统图,经常碰到。

第一节 液压元件

一、液压控制阀

1.液压控制阀作用与分类

液压控制阀按用途不同可分为:

(1)方向控制阀——用于控制系统中的油流方向,包括单向阀、换向阀等。

(2)压力控制阀——用于控制系统中的油压,包括溢流阀、减压阀、顺序阀等。

(3)流量控制阀——用于控制液压系统中的流量,包括节流阀、调速阀等。

2.方向控制阀

(1)单向阀

如图 7-1-1 所示为单向阀,采用直角式锥阀结构,单向阀的功用是使油液只能单向流过。为减小启阀阻力和流阻,弹簧一般都做得较软。普通单向阀开启压力为 0.035～0.050 MPa,全流量时的压力损失也不超过 0.1～0.3 MPa。单向阀有时装设在回油管路中作为背压阀用,以使回油保持一定的压力;还可与细滤器等附件并联,以便在滤器堵塞时能够自动地起到旁通作用。在这些场合中,单向阀也就变成了压力控制阀,因而需相应采用较硬的弹簧。背压阀开启压力一般为 0.2～0.6 MPa,而细滤器的最大压降一般不超过 0.35 MPa。

如需单向阀能在一定条件下允许油流反向通过,则应采用液控单向阀(如图 7-1-2 所示为液控单向阀)。液控单向阀当控制油口无压力油供入时,仅相当于一个普通单向阀;而当控制油口供入压力油时,则经控制活塞会将阀芯顶开,而使油流得以反向流过。

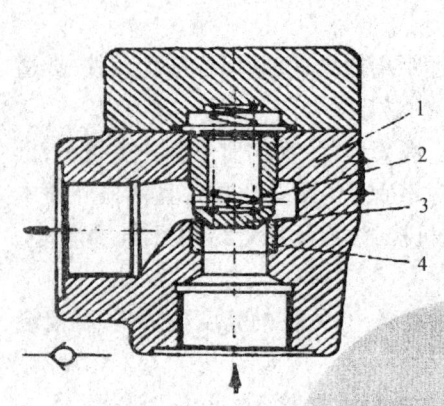

图 7-1-1 单向阀
1—阀体;2—弹簧;3—阀芯;4—阀座

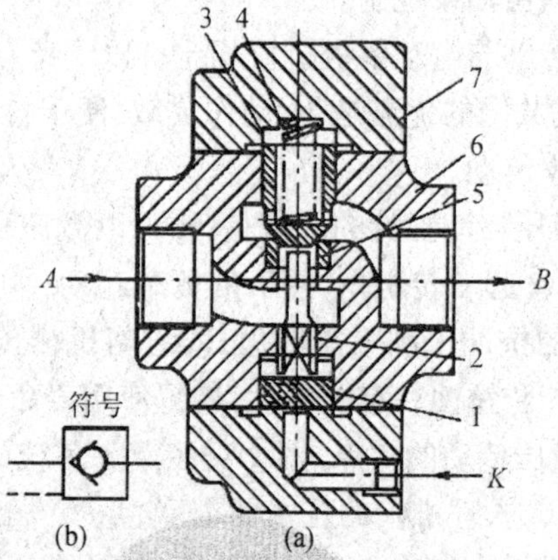

图 7-1-2 液控单向阀
1—控制活塞;2—顶杆;3—阀芯;4—弹簧;5—阀座;6—阀体;7—上盖

两只液控单向阀可以组成液压锁(如图 7-1-3 所示为液压锁与职能符号图),功用是锁闭执行元件进出油路。液压锁主阀芯 4 上加了一个卸荷阀芯 3,目的是在高压下使用时,控制活塞 2 先打开小的卸荷阀芯 3,这时主阀阀芯 4 上的关阀压力被卸荷,用较小的控制油压便能打开主阀芯。

(2)换向阀

换向阀的功用是利用阀芯对阀体的相对位移来改变阀中油路的沟通情况,以变换油液的流通方向。根据控制方式的不同,换向阀有手动式、机动式、电磁式、液动式和电液式之分;如按阀芯工作位置和控制油路的数目来分,则有二位、三位和二通、三通、四通等。

下面就以电磁换向阀和电液换向阀为例,说明换向阀的基本结构和工作性能。

①电磁换向阀

如图 7-1-4 所示为 O 型三位四通电磁换向阀的结构,其工作原理如下:

a.当左、右电磁线圈都断电时,阀芯 2 即在两侧弹簧 3 的作用下处于如图 7-1-4 所示的中间位置,此时如符号的中位机能所示:各油口 P、T、A、B 互不相通。

b.当右端电磁线圈通电而左端断电时,电磁铁的铁芯就会被吸上,压动推杆 5,克服左端弹簧张力将阀芯 2 推到左端位置,此时油路如符号右方框所示:P 与 B 通,A 与 T 通。

c.当左端电磁线圈通电而右端断电时,阀芯就会克服右侧弹簧的张力被推到右端位置,这时油路如符号左方框所示：P 与 A 通，B 与 T 通，于是通往执行机构的进、排油方向也就随之改变。

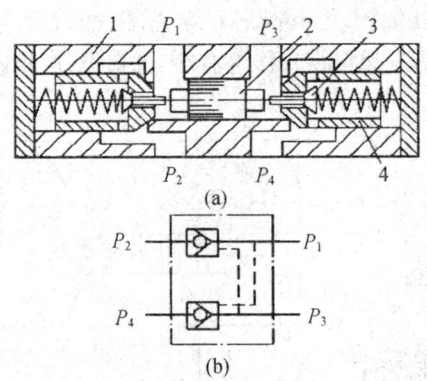

图 7-1-3　液压锁与职能符号图
1—阀体；2—控制活塞；3—卸荷阀芯；4—主阀阀芯的结构

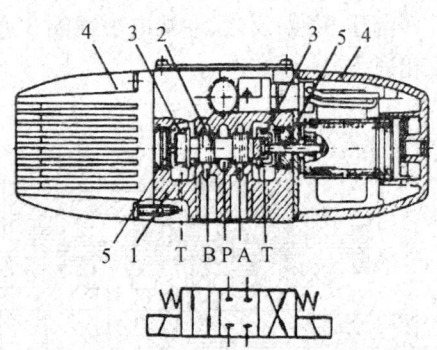

图 7-1-4　O 型三位四通电磁换向阀的结构
1—阀体；2—阀芯；3—弹簧；4—电磁铁；5—推杆
P—压力腔；T—回油腔；A,B—通执行机构的工作腔

根据阀芯处于中位时的油路沟通情况，换向阀除 O 型外还有其他多种类型，如图 7-1-5 所示为三位四通阀机能图。凡中位使 P、T 油口相通的（如 H、M、K 型）能使油泵卸荷；凡中位使油口 A、B 相通的（如 H、P、Y、V 型）能使油缸或油马达"浮动"，不通的则使执行机构"锁闭"。

电磁阀有交、直流两种。交流电磁阀所用电压一般为 220 V、380 V 或 36 V；直流电磁阀一般为 24 V，也有 110V 或 48V 的。电源电压波动范围一般不得超过额定电压的 85%～105%。交流电磁阀价格较低，其起动电流大，初吸力大，但吸合和释放的时间很短，换向冲击较大；操作频率不宜超过 30 次/分钟，寿命较短。直流电磁阀则不会因铁芯不能吸合而烧坏，工作频率可达 120 次/分钟以上，吸合动作时间约比前者要长 10 倍，故工作可靠，换向平稳，寿命较长，吸合可达数千万次以上，但需要用直流电源。

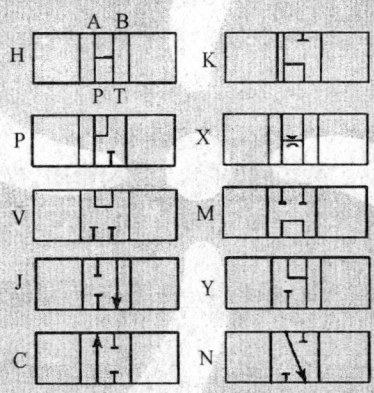

图 7-1-5　三位四通阀机能图

②电液换向阀

如图 7-1-6 所示为电液换向阀的结构实例及其图形符号和简化符号。液动换向阀是三位四通阀，控制主油路，称为主阀，通径较大。主阀两端控制油是进油或泄油由三位四通电磁换向阀控制，后者称为导阀，通径较小。在这种结构中，通主阀两端控制油腔的油路上装有单向节流阀 2、6 作阻尼器，以调节主阀阀芯 8 的移动速度，减少换向时的液压冲击。

当先导电磁阀的两端电磁线圈都断电时，Y 型的导阀使主阀阀芯 8 两端的控制油泄入油箱,主阀阀芯8即在对中弹簧作用下回到中位,油口P、B、A、T均封闭。当导阀一端,例如,右端电磁线圈5通电时,导阀4向左移,控制油顶开阻尼器单向阀7进入主阀芯8右端,而主阀在左端的控制油则经左端阻尼器的节流阀2泄往油箱,主阀阀芯移至左端,油口P与B相通,油口A与T相通;反之,左端电磁线圈3通电,则主阀阀芯8移至右端,油口P、A相通,油口B与T相通。

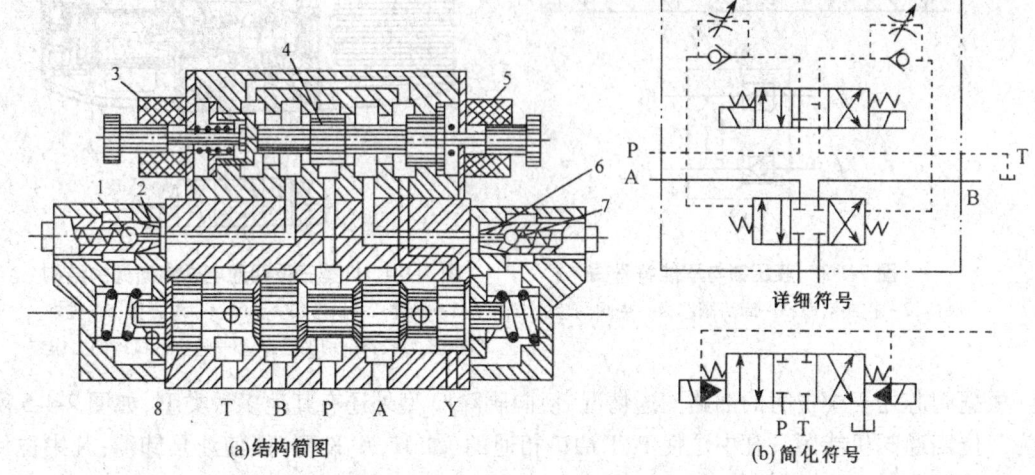

图 7-1-6 电液换向阀的结构实例及其图形符号和简化符号
1,7—单向阀;2,6—节流阀;3,5—电磁线圈;4—导阀阀芯;8—主阀阀芯

电液换向阀的控制油压必须高于最小控制油压(通常不超过1 MPa),但也不宜过高,以免换向冲击过大。电液换向阀有外部压力控制和内部压力控制两种方式。由辅泵或主油路的减压油路向导阀供油的为外控式;而由进口P的主油路压力油经阀内部的通道供油给导阀,则为内控式,这时外控口堵住不用。如果导阀排放的控制油由外控口泄往油箱,则为外泄式;如导阀泄油经阀内通道与主阀回油一起由T口回油箱则为内泄式,这时外控口可堵住。图7-1-6所示为外控外泄式,如为内控式或内泄式,图形符号中相应的虚线则不画。

3.压力控制阀

(1)溢流阀

溢流阀的基本功用有两个:一是在系统正常工作时常闭,仅在系统油压超过开启压力时开启,即作安全阀使用;二是在系统工作时保持常开,并借改变开度调节溢流量,以保持阀前系统油压的基本稳定,即作为定压阀使用。

根据原理不同,溢流阀可分为直动型和先导型两类。如图7-1-7所示为采用滑阀结构的直动型溢流阀及图形符号。直动型溢流阀压力油从进口经阀芯3中的阻尼小孔a作用在阀芯底部端面上,当进油压力升高,以致使底部端面的油压作用力超过弹簧的张力时,阀芯就被抬起,使进油口与回油口相通而溢油,从而阻止阀前系统中的油压进一步升高。阻尼孔a用以防止油压脉动时阀芯动作过快而产生振动,以使阀工作平稳。转动调整螺母1,改变弹簧2的弹力,即可改变溢流阀的整定压力。

溢流阀处于稳定的开启状态时,阀芯上下的作用力是互相平衡的。如果考虑到阀芯的重量和摩擦力不大而将其忽略不计,则系统中的油压 $p = F_S/A$。然而,弹簧的张力 F_S 将随阀芯升程的增大而增大,开启压力 p_0 也就恒小于达到额定溢流量 Q_H 时的油压 p_T,p_T 即为溢流阀的整定压力(或称全流压力)。整定压力 p_T 与开启压力 p_0 的差值称为稳态压力变化量(如

图 7-1-8 所示为溢流阀的稳态特性曲线）。稳态压力变化量越小越好，但当系统设计的工作油压较高时，阀的弹簧就必须选得硬一些，这样，不仅调整费力，而且弹簧越硬，压力变化量也就越大。故直动型溢流阀仅适用于低压场合，最大整定压力为 2.5 MPa。如果系统的工作油压较高，并希望压力变化量相对较小时，需采用先导型溢流阀。

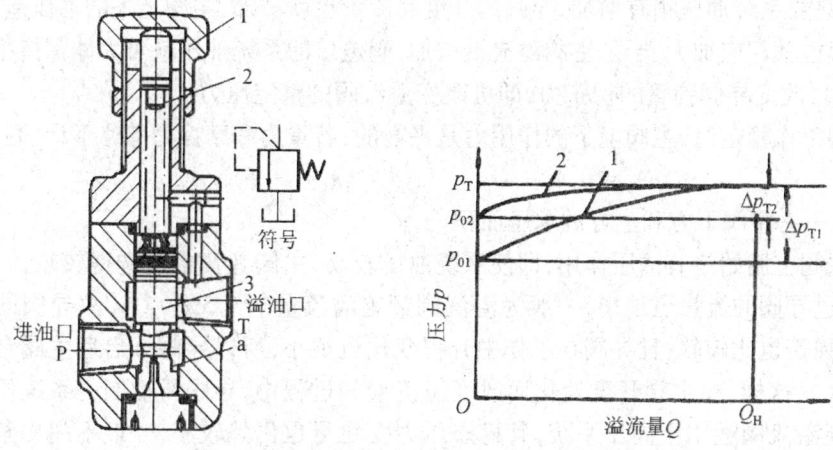

图 7-1-7 采用滑阀结构的直动型溢流阀及图形符号
1—螺母；2—弹簧；3—阀芯

图 7-1-8 溢流阀的稳态特性曲线
1—直动型溢流阀；2—先导型溢流阀

如图 7-1-9 所示为二节同心先导型溢流阀，阀由主阀 5 和导阀 1 两部分组成，主阀本身是一个底部钻有阻尼孔 7 的圆筒，与阀套 6 滑动配合，其下部呈锥阀，用以控制进油口与溢油口的隔断或接通。压力油从进口 P 进入到主阀下方的油腔，经阻尼孔 7 通至主阀的上方油腔，然后通到导阀 1 的右腔。导阀 1 实际就是一个很小的直动型锥形溢流阀，当系统油压未达到开启压力时，导阀 1 关闭，阀内油液呈静止状态，主阀上下油压相等，在主阀弹簧 8 张力 F_S 的作用下关闭，进、溢油口因而隔断。

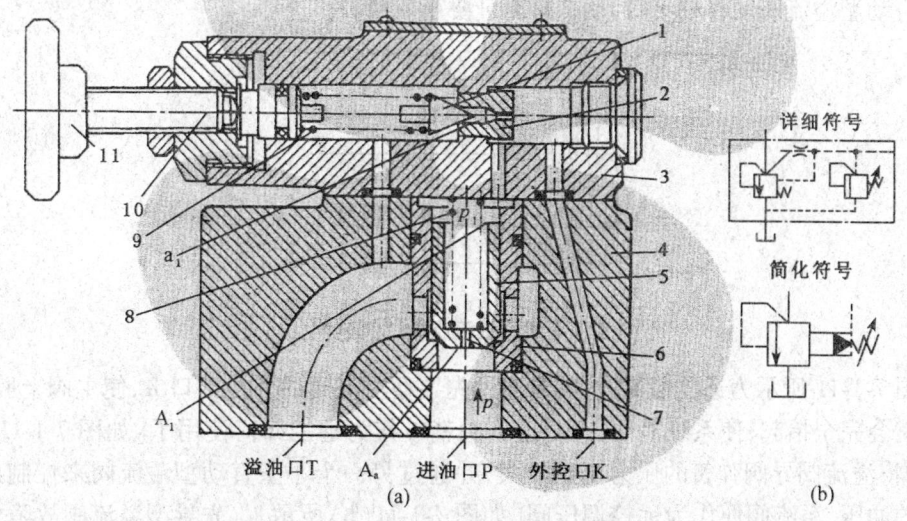

图 7-1-9 二节同心先导型溢流阀
1—导阀；2—导阀座；3—阀盖；4—主阀阀体；5—主阀；6—阀套；7—阻尼孔；8—主阀弹簧；
9—调节螺钉；10—调压手轮轴；11—调压手轮

当系统油压超过导阀的开启压力时，导阀即被顶开，使少量油液经导阀座 2 孔口 a_1 和主阀阀体 4 左侧的钻孔从溢油口溢出。这时由于阻尼孔 7 的节流作用,主阀下腔的油压 p 就会高于其上腔的油压 p_1。当系统油压 p 继续升高时,导阀开度增加,其溢流量也随之增加,由于导阀弹簧较软,其稳态压力变化量小,故压力增加很少,主阀上下的油压差也就增大。当压差大到足以克服主阀重力、摩擦力和主阀弹簧 8 的张力 F_s 时,主阀开始抬起,主阀口即开启溢油。这时,只要系统油压稍有增加,导阀的开度和流量也就增加,主阀上下的油压差就会增大,主阀的升程也就相应加大,于是主阀溢流量增加,阀进口的系统油压就可大体保持稳定。转动调压手轮 11,改变导阀弹簧的初张力,即可改变溢流阀的整定压力。

当主阀工作稳定时,主阀上下的作用力是平衡的,若重力和摩擦力忽略不计,则:

$$pA_a = p_1 A_1 + F_s \qquad p = (p_1 A_1 + F_s)/A_a$$

式中,A_a,A_1——主阀下方和上方的承压面积。

由于主阀上腔始终有油压作用,即使系统油压较高,主阀弹簧也可选得较软;又由于阻尼孔很小,通过导阀的流量也很小,一般为溢流阀额定溢流量的 0.5%~1%,故导阀的承压面积很小,导阀弹簧也比较软;且导阀在工作中升程变化也很小,所以导阀开启后主阀台肩上腔油压变化不大。这样,在主阀开度变化而改变溢流量的过程中,导阀所控制的系统压力变化不大。先导型溢流阀适用于高压系统,其稳态压力变化量也仍然较小,一般不超出整定压力的 5%~10%;而直动型则可达 20% 或更高。

当系统中的压力突然升高时(在液压系统中,当液体的流量和方向产生突然变化时,由于液流惯性的作用,液体压力在一瞬间突然升高,产生很高的压力峰值,这种现象叫"液压冲击"。液压冲击的压力峰值比正常工作压力高得多,且伴有噪声和振动,严重时会损坏液压元件、密封装置和管件),由于溢流阀动作的滞后,系统油压就会瞬时超过溢流阀的整定压力,并需在阀开启以后经历一段过渡过程,然后才能稳定在整定压力上。系统中瞬时最大压力超过溢流阀整定压力的数值称为溢流阀的动态超调量,如图 7-1-10 所示为溢流阀的过渡过程。先导型溢流阀的动态超调量通常不超过整定压力的 10%~15%,过渡过程的时间一般在 0.1~0.3 s。直动型溢流阀动作较灵敏,动态超调量要小一些。

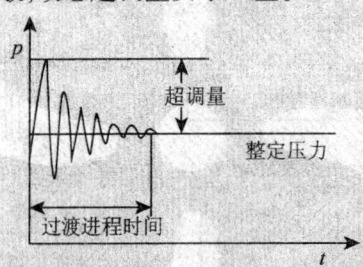

图 7-1-10　溢流阀的过渡过程

如图 7-1-11 所示为远控溢流阀,如果通过先导型溢流阀的外控油口 K,使主阀上腔泄油,则主阀就会完全抬起,使系统泄油,这时溢流阀就被作为远控卸荷使用了[如图 7-1-11(a) 所示]。如将溢流阀导阀弹簧的压力调至较大,并通过另一个小型直动型溢流阀来控制此阀外控油口的油压,溢流阀便作为远控调压阀[如图 7-1-11(b) 所示]。先导型溢流阀故障分析如表 7-1-1 所示。

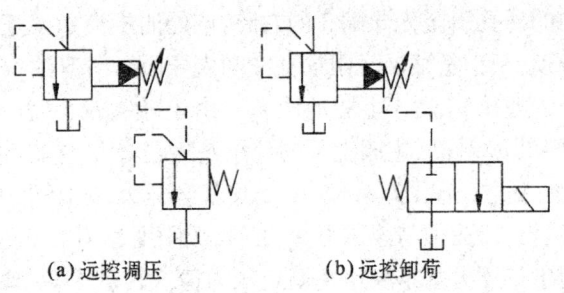

(a) 远控调压　　　　(b) 远控卸荷

图 7-1-11　远控溢流阀

表 7-1-1　先导型溢流阀故障分析

故障现象		判断	原因分析
1.无出口压力(有进口压力)	阀为常开型,但阀始终被压或卡住在溢流口全关位置	主阀上腔无油压或过低	(1)阻尼孔堵塞,使主阀上腔无油压; (2)导阀弹簧断裂或松脱,使主阀上腔油压过低; (3)导阀卡在全开位置,使主阀上腔油压过低
		无弹簧力	主弹簧断裂,使主阀处于全开位置而不能复位
		阻力过大	主阀处于全关位置
2.出口压力调不高	同上	主阀上腔油压较低	(1)导阀弹簧过弱; (2)导阀卡在不能关小位置
		弹簧力过弱	主弹簧过弱失效,不能克服阻力将减压口开大
		阻力过大	主阀卡在减压口关小位置
3.不起减压作用	与上述故障相反	主阀上腔油压过高,与下腔压力相同	(1)导阀打不开; (2)泄油阻力过大或不通; (3)泄油接错,直回油箱
		弹簧力过大	主弹簧弯曲、卡住,将主阀顶在全开位置
		阻力过大	主阀卡在全开位置
4.出口压力不稳定	主阀或导阀动作不灵敏;进口油液不稳定	主阀移动不灵敏	(1)阀芯或阀体几何精度差; (2)主阀弹簧弱或弯曲受卡,阻力不均匀
		导阀移动不灵敏	(1)导阀与阀座接触不良; (2)导阀弹簧太弱或弯曲受卡,阻力不均匀
		进口油液不稳定	(1)油中含气太多,有气穴现象; (2)进口油压波动过大

(2) 减压阀

减压阀的功用是使流经阀的油液节流降压,以便从系统中分出油压较低的支路。使用最普遍的是定值减压阀(简称减压阀),它能根据阀出口压力的变化改变阀的开度,以使阀后油流减压并保持压力稳定。定值减压阀也有直动型和先导型之分,后者最为常用。还有能使进、出口的压差或压比保持恒定的定差减压阀或定比减压阀,这些阀通常都采用直动型。

如图 7-1-12 所示为先导型定值减压阀。这种阀也由主阀和导阀两部分组成。从进口来的压力为 p_1 的高压油流,经主阀芯 7 的减压口节流后,压力降为 p_2,由出口流出。出口端已经降压的油液,经阀内通道被引到主阀下方的油腔,再通过主阀中心的阻尼孔 9,到达主阀上方的油腔,然后经上盖中的通孔引至先导阀3的右腔,该处油压为p_3。正常工作时,压力p_3超过导阀开启压力,导阀被顶开,少量油液经阻尼孔9和先导阀3向泄油口L泄油。由于阻尼孔9的节流作用,主阀下腔的油压p_2高于上腔油压p_3。由于导阀较小,其调压弹簧11较弱,故p_3的压力变化量很小。如果p_2升高,主阀上下的油压差随之增大,主阀就会克服弹簧10的张力而关小,以阻止p_2增加;反之,如果p_2降低,则主阀就会开大,以阻止p_2的降低。主阀弹簧仅需帮助主阀克服移动阻力,而无须与液压力p_2平衡,故刚度也不大。这样,依靠主阀自动调整节流口的开度,即可使出口压力基本稳定在调定压力值。转动手轮,改变导阀弹簧的张力,即可改变减压阀的整定压力。当然,如果阀后的压力p_2过低,以致使导阀关闭,则主阀上下腔油压相等,主阀也就会在本身弹簧的作用下处于最下端的全开位置,这时也就超出了阀的调节范围,因而也就无法维持阀出口压力的稳定。

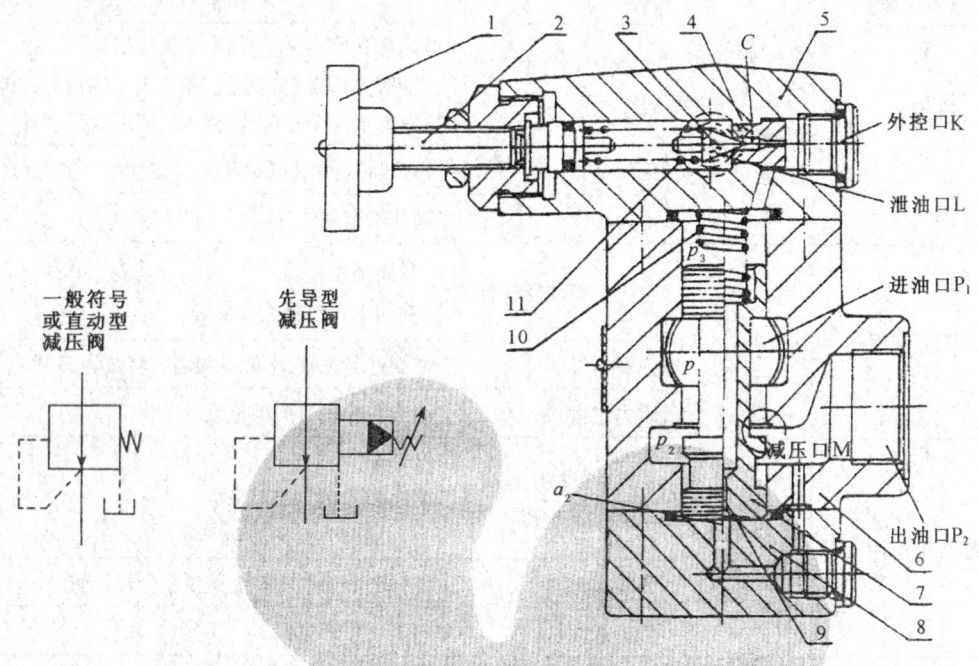

图 7-1-12　先导型定值减压阀

1—调压手轮;2—调节螺钉;3—先导阀;4—导阀座;5—阀盖;6—阀体;7—主阀芯;8—端盖;9—阻尼孔;
10—主阀弹簧;11—调压弹簧;K—外控口;L—泄油口;M—减压口;P_1—进油口;P_2—出油口

减压阀的泄油口须直通油箱(外泄),这与溢流阀(内泄)不同,减压阀工作时导阀的外泄流量一般小于1.5～2.0 L/min。先导型减压阀也有外控口K可实现远程控制。

(3)顺序阀

顺序阀是一种用油压信号控制油路接通或隔断的阀,故也可将其看成是一种液动的二位二通阀。由于这种阀常用来以油压信号自动控制液压缸或液压马达的动作顺序,故称为顺序阀。顺序阀也有直动型和先导型之分,如图7-1-13所示为顺序阀的典型结构和图形符号。以先导型为例,进口油压经控制油路a阻尼孔2引至主阀上方,再经上盖的通孔作用于先导阀,当其压力超过导阀弹簧的张力时,先导阀即被顶起,进口压力进一步增加,主阀全开,进出口油路即被接通。这种控制油压信号直接来自顺序阀,进油压力的内部压力控制方式也称为直控顺序阀。如果将下盖转90°安装,以便把a油路堵住,同时卸除控制油口K的螺塞,并从该处接其他油压信号,以控制阀的启、闭,则该阀就成为外部压力控制(外控顺序阀)。

第七章 船舶液压设备

顺序阀与溢流阀颇为相似,区别之处仅在于顺序阀的出口油路是通往执行机构,阀一旦动作就会全开,故进、出口压差一般小于0.5 Pa,这样泄油口就必须外接泄油管直通油箱;而溢流阀则总是使出口直通油箱,故可以采用内部泄油,所以正常溢流时进油压力和回油压力相差很大。

如使外控顺序阀的出口直通油箱,则该阀就成为可用外加油压信号而使系统卸荷的卸荷阀。这时泄油即可采用通过阀内通道以将其引至出口(内部泄油)。卸荷阀的图形符号如图7-1-14所示。

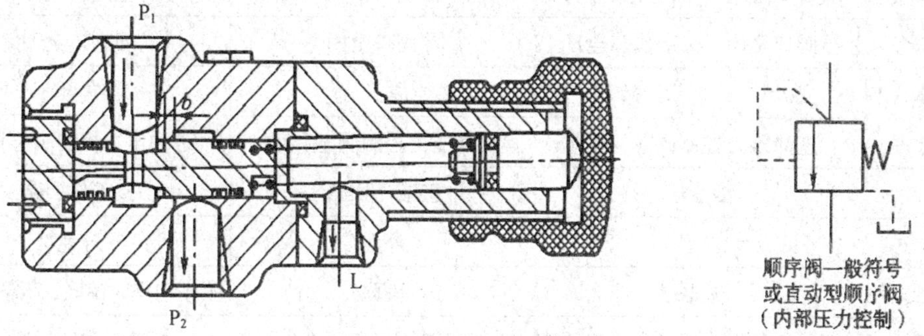

(a)直动型

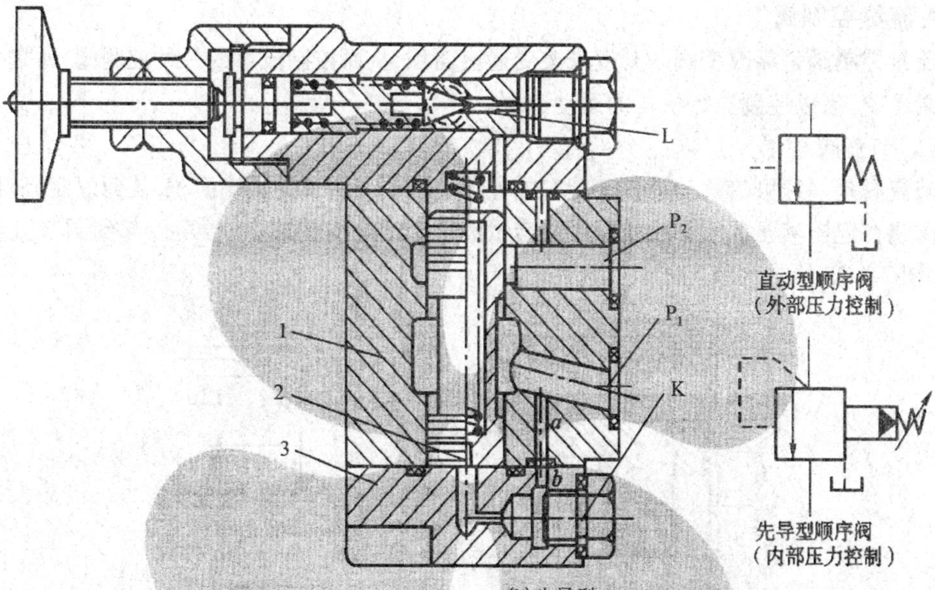

(b)先导型

图 7-1-13 顺序阀的典型结构和图形符号
1—阀体;2—阻尼孔;3—阀盖

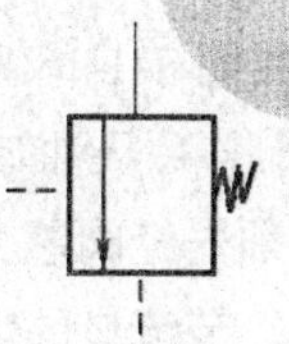

顺序阀一般符号
或直动型顺序阀
(内部压力控制)

直动型顺序阀
(外部压力控制)

先导型顺序阀
(内部压力控制)

卸荷阀

图 7-1-14 卸荷阀的图形符号

(4)压力控制阀综合比较

各种压力控制阀的比较如表 7-1-2 所示。

表 7-1-2 各种压力控制阀的比较

阀型		先导型溢流阀		先导型减压阀	先导型顺序阀
		安全阀	定压阀		
主阀	初态	溢流口全闭	溢流口全闭	减压口全开	主阀口全闭
	工作状态	溢流口常闭	溢流口全开	减压口微闭	主阀口全开
导阀	初态	导阀口全闭	导阀口全闭	导阀口全闭	导阀口全闭
	工作状态	常闭	常开	常开	常开
控制原理		进油压力控制阀芯移动	进油压力控制阀芯移动	出油压力控制阀芯移动	进油压力控制阀芯移动
出油口		接油箱	接油箱	接减压回路	接工作回路
泄油方式		内泄	内泄	外泄	外泄
连接方式		并联	并联	串联	顺序动作时串联;卸荷时并联
功用		限制阀进口压力	稳定阀进口压力	稳定阀出口压力	控制油路通断

4.流量控制阀

流量控制阀是靠改变阀的开度来改变通流面积,从而控制流量的一种控制阀,通常多用于定量泵系统,借以控制执行机构的运动速度。

(1)节流阀

节流阀是一种可借移动或转动阀芯的方法直接改变阀口的通流面积,从而改变流阻的阀。节流阀装在定压液压源后面的油路中或定量液压源的分支油路上,便可以起到调节流量的作用,如图 7-1-15 所示为节流阀及其应用。

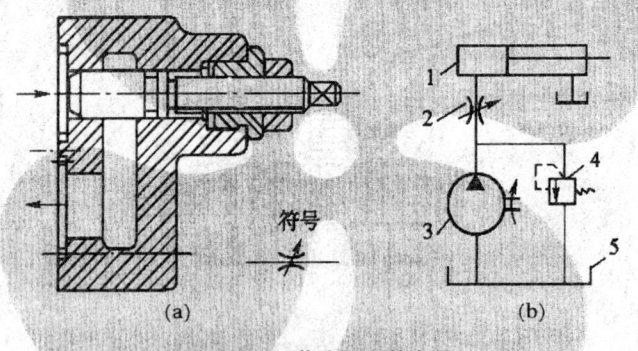

图 7-1-15 节流阀及其应用
1—油缸;2—节流阀;3—定量油泵;4—溢流阀;5—油箱

为能单方向控制流量,有时也采用如图 7-1-16 所示的单向节流阀。当压力油从油口 P_2 流入时,油压克服弹簧 6 的张力,顶开阀芯 4,从油口 P_1 流出,这时阀仅相当于一个单向阀。而当压力油自油口 P_1 流入时,则油液必须先经阀芯上的三角形沟槽进行节流,然后才能从油口 P_2 流出,这时则相当于一个节流阀了。节流口的大小,可通过转动调节帽盖 1 来加以调节。

节流阀虽可通过改变节流口大小的办法来调节流量,但当阀前后压差变化时,调定后的节流阀并不能保持流量稳定。对速度稳定性要求较高的执行机构,就不能以普通节流阀来作为调速使用了,如果把定差减压阀与节流阀串联,或把定差溢流阀与节流阀并联,以使节流阀前、后压差近似保持不变,则节流阀的流量即可基本稳定。这两类都属于压力补偿式调速阀。

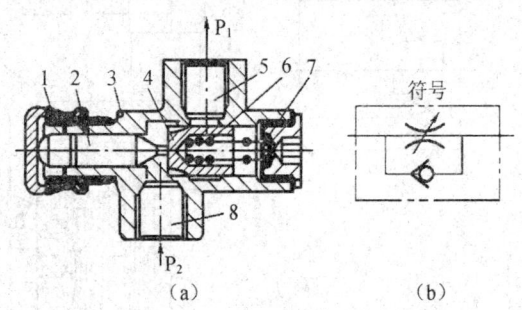

图 7-1-16 单向节流阀
1—调节帽盖;2—顶杆;3—阀体;4—阀芯;6—弹簧;7—调节螺塞;5,8—进、出口管接头

(2) 普通型调速阀

普通型调速阀是由定差减压阀与节流阀串联而成的,如图 7-1-17 所示为普通型调速阀工作原理图及机能符号。来自定压液压源,压力为 p_0 的油液,先经定差减压阀 1 节流降压至 p_1,然后再经节流阀 2 降至 p_2。这样,如使减压阀的阀芯开度依节流阀前后压差 (p_1-p_2) 的变动而自动地进行调节,以使 p_1 与 p_2 之差基本保持恒定,则节流阀的流量也就可基本保持稳定。

定差减压阀 1 的工作原理如下:阀芯上端的油腔 b 经孔 a 与节流阀 2 后面的油腔相通,压力为 p_2;而油腔 c 和 d 则分别经孔 f 和 e 与节流阀 2 前的油腔相通,压力为 p_1。当载荷 R 增大以致使 p_2 升高时,减压阀阀芯 1 即会因上端油腔 b 中的油压增加而下移,使减压阀阀口开大,于是 p_1 增加;反之,如载荷 R 减小以致使 p_2 降低,则阀芯 1 就会因上方油压减小,而在 c、d 油腔油压 p_1 的作用下上移,将阀口关小,p_1 也就随之减小。因此,当阀芯 1 稳定时,如忽略不大的阀芯重力和摩擦力,则可写出阀芯上作用力的平衡方程式:$p_1 A = p_2 A + F_s$,即:

$$p_1 - p_2 = F_s/A \tag{7-1-1}$$

式中,A——减压阀阀芯大端面积;

F_s——减压阀的弹簧张力。

由于阀芯 1 的移动阻力不大,弹簧可以做得较软,而阀芯的移动量也不大,故弹簧张力 F_s 变化不大,这样,节流阀前后的压差 (p_2-p_1) 基本保持不变。调节节流阀的开度即可以调节流量。普通型调速阀正常工作时一般最少应保持 0.40～0.50 MPa 压力差,其中节流阀压差为 0.10～0.30 MPa。

(3) 旁通型调速阀

这种阀由定差溢流阀和节流阀并联而成,亦称溢流节流阀。如图 7-1-18 所示为旁通型调速阀工作原理图及机能符号。来自定量油源压力为 p_1 的油液,从入口引入,一路绕过定差溢流阀 2 经节流阀控制供往执行机构;而另一路则经溢流阀 2 控制由泄油口 T 泄往油箱。其工作原理如下:溢流阀下方的油腔 a、b 和上方油腔 c 分别与节流阀的进口和出口相连通,油压分别为 p_1 和 p_2。当 p_2 因负载增加而升高时,溢流阀 2 的阀芯就会因上方的油压升高而下移,使阀口关小,溢流量减少,p_1 便升高;反之,当 p_2 减小时,溢流阀 2 的阀芯就会上移,使溢流量增加,p_1 也随之减小。溢流阀 2 上作用力的平衡方程式为:$p_1 - p_2 = F_s/A$。这里,弹簧力 F_s 和阀芯的移动量也都不大,故当阀芯处在不同位置时,$(p_1 - p_2)$ 的变化也就不大。因此阀不是与定压油源而是与定量油源配合使用,为防止负载过大时 p_2、p_1 升得过高,故节流阀的出口一般都装有安全阀 3。

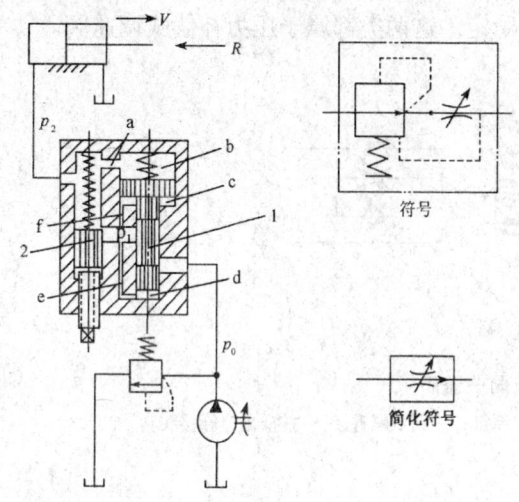

图 7-1-17　普通型调速阀工作原理及机能符号
1—定差减压阀；2—节流阀

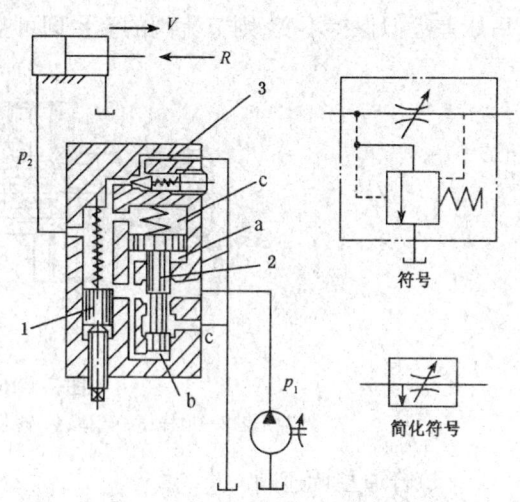

图 7-1-18　旁通型调速阀工作原理及机能符号
1—节流阀；2—定差溢流阀；3—安全阀

旁通型调速阀与普通型调速阀相比，溢流阀 2 的阀芯的移动阻力较大，故弹簧必须较硬。这是因为定差溢流阀阀芯所受稳态液动力（阀口液体流量变化对阀芯的反作用力）与弹簧力方向相反（定差减压阀是相同）。因此，这种节流阀压差（$p_1 - p_2$）较大（为 0.30～0.50 MPa），阀芯位置改变时压差的变动同样较大，故流量稳定性不如前者，但它能使油泵的排出压力 p_1 随负载而变，且比 p_2 高出不多，故功率损耗较少，油液的发热程度较轻。该阀更适合于对流量稳定性要求并不很高的场合。流量控制阀综合性能比较如表 7-1-3 所示。

表 7-1-3　流量控制阀综合性能比较

阀型	调速阀（普通型、串联式）	溢流节流阀（旁通型、并联式）
调速方法	改变节流阀开度	
定速原因	开度固定，节流前、后压差随着负载变化而基本不变	
适用系统	定压源系统	定量源系统
位置关系	与负载串联	与负载并联
结构特点	节流阀前串联定差减压阀	节流阀前并联定差溢流阀
	减压阀弹簧软	溢流阀的弹簧硬
	安全阀在油泵出口	安全阀在节流阀出口
工作原理	负载增大时减压口开大，反之亦然；稳态液动力与弹簧力方向相同；节流口压差小（为 0.10～0.30 MPa）	负载增大时溢流口关小，反之亦然；稳态液动力与弹簧力方向相反；节流口压差大（为 0.30～0.50 MPa）
性能特点	稳定性好	稳定性差
	油泵功耗大	油泵功耗小
	油液发热多	油液发热少

5. 比例控制阀

上面讲的几类液压控制阀只能对液压系统进行定值控制（调定压力、流量或阀的开度）或开关控制(油路的接通与隔断)。而比例控制阀是一种能使所输出油液的参数(压力、流量和方向)随输入电信号参数(电流、电压)的变化而成比例的液压控制阀,从而实现连续的比例控制。它是一种集开关式电液控制元件和伺服式电液控制元件的优点于一体的新型液压控制元件。这种阀既可以开环控制,也可以加入反馈环节构成闭环控制,有良好的静态性能和能满足一般工业控制要求的动态性能。

比例电磁铁是比例控制阀常用的简单价廉的电-机械转换元件。它一般输入电压为直流 24 V,最大电流为 800 mA。工作型输出的电磁力与输入电流成比例,最大为 65~80 N。如带有位置传感器构成反馈环节,也可以做成能使阀芯位移被准确控制的行程工作型。此外,也可以使用力矩马达、伺服电机或步进电机作电-机械转换元件。

同普通液压元件分类一样,按所控制参数种类的不同,比例控制阀分为比例压力阀(如比例溢流阀、比例减压阀等)、比例流量阀(如比例节流阀、比例调速阀等)和比例方向阀。前两类阀只需将用手轮控制的调定值改为比例电磁铁或其他电机械控制元件来控制即可。比例方向阀除能完成液流换向外,还可使输入的电信号与阀口的开度成正比(比例节流型)或与输出的流量成正比(比例流量型)。所以比例方向阀实际上是一种复合控制阀,现常用于船舶液压起货机的控制系统中。

由于比例控制阀能使所控制的参数成比例的变化,所以,比例控制阀可使液压系统大为简化,所控制参数的精度大为提高,特别是近期高性能电液比例阀的出现,使比例控制阀的应用获得越来越广阔的空间。比例控制阀由比例调节机构和液压阀两部分组成,前者结构较为特殊,性能也不同于所学过的电磁阀;后者与普通的液压阀十分相似。

比例阀种类很多,几乎所有种类、功能的普通液压阀都有相应种、功能的电液比例阀。

按照功能不同,电液比例阀可分为电液比例压力阀、电液比例方向阀、电液比例流量阀以及复合功能阀等。按反馈方式,电液比例阀又可分为不带位移电反馈型和带位移电反馈型,前者配用普通比例电磁铁,控制简单、价格低廉,但其功率参数、重复精度等性能较差,用于要求不高的控制系统;后者控制精度高、动态特性好,适用于各类要求较高的控制系统。由于篇幅所限,在此从各类阀中选择几种具有代表性的电液比例阀做一介绍,以期对电液阀有一概要了解。

如图 7-1-19 所示为两种先导式电流比例溢流阀,图 7-1-19(a)为直接检测型,图 7-1-19(b)为间接检测型。

(1)电液比例压力阀

与普通压力阀一样,电液比例压力阀也分为直动式和先导式。在此介绍先导式电液比例溢流阀。

如图 7-1-19(a)所示为直接检测型电液比例阀的结构原理图。由图可知,阀的进口压力直接作用在先导阀的阀芯上,并直接与作用在先导阀阀芯另一端的电磁力相平衡,从而控制先导阀的开度;同时,再由前置液阻 R_1 与先导阀的开口所组成的液压半桥来控制主阀阀芯阀口的开度;液阻 R_3 构成了先导阀与主阀阀芯之间的动压反馈。由于上述原理上的改进,直接检测式电液比例阀动态特性及压力稳定性得到较大的提高。

从如图 7-1-19(b)所示的结构中可以看到:间接检测型的电液比例溢流阀与传统溢流阀相比十分相似,只是将手动机构改成了位置调节比例电磁铁。这种阀的特点是结构简单,但是作用在先导阀芯上的压力不是进口压力,而是经过阻尼孔减压后的进口压力的分压,因此间接检测的信号只是所控制信号的局部反馈,主阀阀芯上的各种干扰并没有得到及时的控制,其压

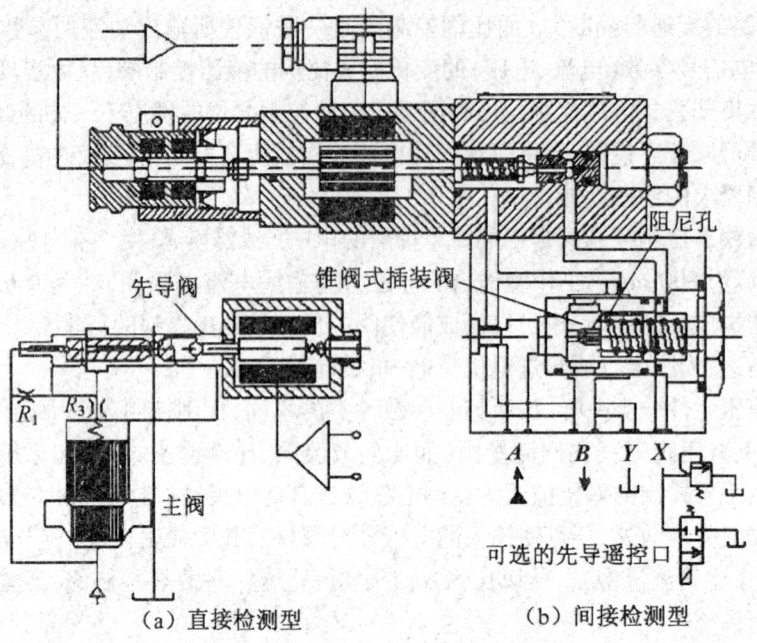

图 7-1-19 两种先导式电液比例溢流阀

力控制精度不高。

由以上分析可知,若将减压阀、顺序阀等压力控制阀的先导阀或调压部分换成比例电磁铁调节方式,就可以形成相应的比例压力阀。电磁比例阀可很方便地实现多级调压,因此在多级调压回路中,使用比例阀可大大简化回路,使系统简捷紧凑,效率提高。

(2) 电液比例流量阀

电液比例流量阀包括比例节流阀、比例调速阀、比例旁通型调速阀等,也有直动式和先导式之分。在此仅介绍一种新型的内含流量-力反馈的比例流量阀。

如图 7-1-20 所示为内含流量-力反馈的比例流量阀,其工作原理是:阀的进油口 A 与恒压油源相连接,出油口 B 与执行元件的负载腔连接。当比例电磁铁 1 中无电流通过时,先导阀 2 节流口 a 关闭,流量传感器 3 阀口在复位弹簧 6 作用下关闭,主调节器 4 节流口在复位弹簧 7 和左右面积压力差作用下关闭。当比例电磁铁 1 通电时,先导阀 a 开启,控制油从 A 口经液阻 R_1、R_2、先导阀口 a 到达流量传感器 3 的底面,克服弹簧 6 和 5 的作用力使流量传感器 3 的阀口 b 开启。当液阻 R_1 中有油液通过时,所产生的压降使主调节器 4 节流口 c 开启,油液经主调节器 4 的开口 c 和流量传感器 3 的阀节流口 b 流向出油口 B,进入执行元件的负载腔。由于流量传感器特殊设计的阀口的补偿作用,使通过主调节器 4 的流量与其流量传感器的位移之间呈线性关系。流量传感器的位移经复位弹簧 5 作用于先导阀 2 在比例电磁铁上形成反馈。这样就形成了流量-位移-力反馈的闭环控制。若忽略先导阀液动力、摩擦力和自重等因素的影响,并假定稳态时比例电磁铁的电磁力与复位弹簧 5 的弹簧力相平衡,这时所输入的控制电流就能与通过阀的流量成正比,这样就实现了流量的比例控制。

当该阀 A、B 口的压差发生变化时,由于主调节器和流量传感器的流量转换为流量传感器阀芯位移,经复位弹簧 5 对先导阀的力反馈的闭环作用,而改变先导阀口 6 的大小,在先导阀与 R_1、R_2 所组成的液阻网络对主调节器节流面积的自动调节作用,使通过阀的流量保持恒定。

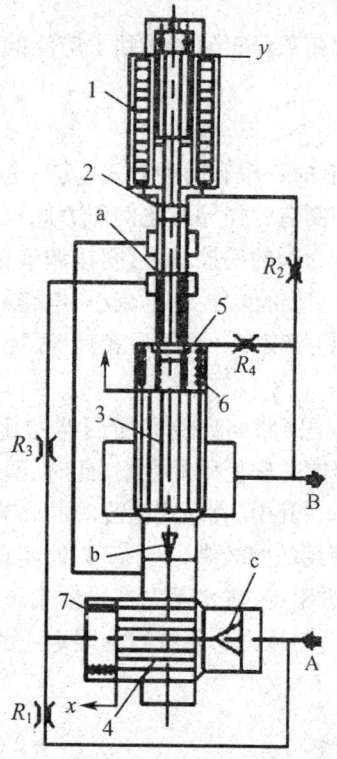

图 7-1-20 内含流量-力反馈的比例流量阀
1—比例电磁铁;2—先导阀;3—流量传感器;4—主调节器;5,6,7—复位弹簧

(3) 电液比例方向阀

电液比例方向阀能按其输入电信号的正、负及幅值大小同时实现液流的流动方向及流量的控制,因此又称为电液比例方向节流阀。电液比例方向阀按其对流量的控制方式可分为节流控制型和流量控制型两类;按换向方式可分为直接作用方式和先导作用方式。

如图 7-1-21 所示为一种新型的位移-电反馈直接控制式电液比例方向节流阀。此阀是由阀芯 4、阀体 3、比例电磁铁 2、5 和位移传感器 1 组成。阀芯 4 在阀体内的位置是由比例电磁铁 1 或 5 所输入的电信号的大小所决定的。位移传感器 1 可测量阀芯所处的准确位置,当液动力或摩擦力的干扰使阀芯的实际位置与期望达到的位置产生误差时,位移传感器将所测得的误差反馈至比较放大器 6,经比较放大后发出信号,补偿误差,使阀芯最终达到准确位置。这样形成闭环控制,使此比例方向节流阀的控制精度得到提高。当然,直接控制式电液比例方向节流阀只能用于较小流量的系统。

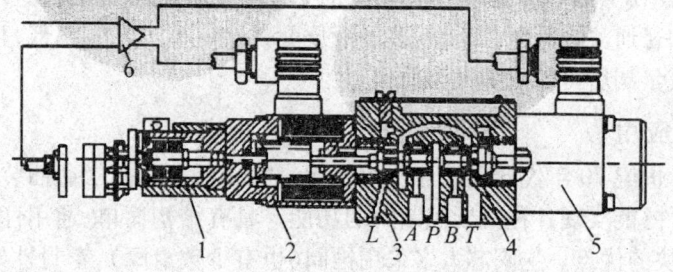

图 7-1-21 一种新型的位移-电反馈直接控制式电液比例方向节流阀
1—位移传感器;2,5—比例电磁铁;3—阀体;4—阀芯;6—比较放大器

(4) 比例阀的应用

与普通液压阀一样,比例阀在工程实际中得到了广泛的应用。在此仅就上述介绍过的几种阀的应用举几个例子。

①比例压力阀的应用

采用比例阀对回路进行控制时一般有两种方式,其一是使用比例压力阀对普通压力阀进行控制;其二是采用专门设计和制造的先导式比例压力阀直接进行压力控制。前者将比例压力阀作为先导级,连接在普通压力阀的遥控口上,间接调节普通压力阀的工作压力,采用这种方式的特点是,比例阀的规格小、造价低、控制电流小、电路简化,但由于受到普通主阀性能的影响,回路控制精度不高,回路管路较多。由于后者是专门设计的阀,性能得到保证,控制精度较高,但造价较高。

如图 7-1-22 所示为普通调压回路与比例调压回路的比较。图 7-1-22(a)为普通调压回路,它是以直动式溢流阀与安全阀并联使用的方案,此时,两个直动式溢流阀的调节压力分别为 p_2、p_3,安全阀的调节压力为 p_1,其中,直动式溢流阀的调节压力 p_2、p_3,不能大于安全阀的调节压力 p_1。由图可知,此方案使用的阀较多,且系统只能实现两级压力调节。图 7-1-22(b)为采用电液比例阀的方案。在此方案中,将普通先导式溢流阀的遥控口上连接一个电液比例溢流阀,此时,先导式溢流阀所调节的压力为系统安全限定压力 p_1,比例阀的调节压力可在不大于 p_1 的范围内无级调节。

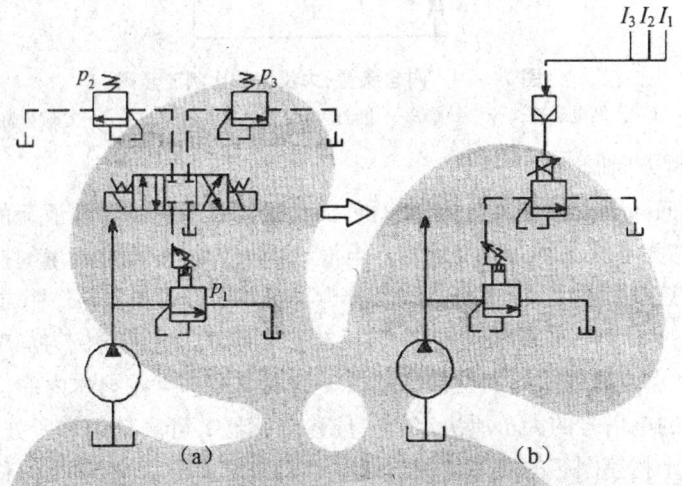

图 7-1-22 普通调压回路与比例调压回路的比较

②比例调速回路

如图 7-1-23 所示为普通流量阀与比例流量阀调速回路的比较。由图可知,要使执行元件实现多级调速,用普通流量阀时,需要较多的液压元件,系统复杂、效率低,且只能实现几级速度,而使用比例流量阀后可使系统大为简化。

6.插装阀的应用

插装阀是 20 世纪 70 年代开发的液压控制阀。它以标准化的二通插装件为主体,配以各种先导式控制元件,能实现各种液压控制阀的功能。具有结构简单、通用性好、便于实现无管连接和组成集成块的优点。主阀芯大多采用锥阀(也有少数滑阀),密封性好、流阻小、抗污能力强。其特别适用于大流量(公称通径为 25 mm 以上)、高压(可高达 63 MPa)液压系统。选择适当的插装元件,连接不同的控制盖板或不同的先导控制阀,可组成各种功能的大流量插装

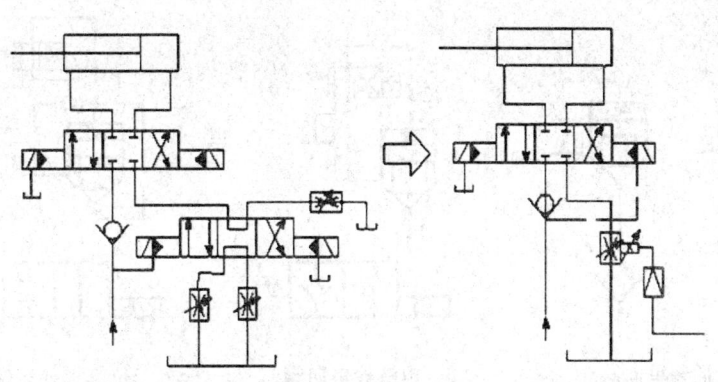

（a）采用普通流量阀的多级调速回路　（b）采用比例流量阀的多级调速回路

图 7-1-23　普通流量阀与比例流量阀调速回路的比较

阀。在此仅介绍几种对插装阀的常见组合应用。

(1) 插装方向控制阀

同普通液压阀类似，插装阀与换向阀组合，可形成各种形式的插装方向阀。如图 7-1-24 所示为几种插装方向阀示例。

①插装单向阀。如图 7-1-24(a)所示，将插装阀的控制油口 C 与 A 或 B 连接，形成插装单向阀。若 C 与 A 口连接，则阀口 B 到 A 导通，A 到 B 不通；若 C 与 B 口连接，则阀口 A 到 B 口导通，B 到 A 不通。

②电液控单向阀。如图 7-1-24(b)所示，当电磁阀不通电时，B 口与 C 口连通，此时只能从 A 到 B 导通，B 到 A 不通；当电磁阀通电时，C 口通过电磁阀接油箱，此时 A 口与 B 口可以两方向导通。

③二位二通插装换向阀。如图 7-1-24(c)所示，当电磁阀不通电时，油口 A 与 B 关闭；当电磁阀通电时，油口 A 与 B 导通。

④二位三通插装换向阀。如图 7-1-24(d)所示，当电磁阀不通电时，油口 A 与 T 导通，油口 P 关闭；当电磁阀通电时，油口 P 与 A 导通，油口 T 关闭。

⑤三位三通插装换向阀。如图 7-1-24(e)所示，当电磁阀不通电时，控制油使两个插装件关闭，油口 P、T、A 互不连通；当电磁阀左电磁铁通电时，油口 P 与 A 连通，油口 T 关闭；当电磁阀右电磁铁通电时，油口 A 与 T 连通，油口 P 关闭。

⑥二位四通插装换向阀。如图 7-1-24(f)所示，当电磁阀不通电时，油口 P 与 B 导通，油口 A 与 T 导通；当电磁阀通电时，油口 P 与 A 导通，油口 B 与 T 导通。

⑦三位四通插装换向阀。如图 7-1-24(g)所示，当电磁阀不通电时，控制油使四个插装件关闭，油口 P、T、A、B 互不连通；当电磁阀左电磁铁通电时，油口 P 与 A 连通，油口 B 与 T 连通；当电磁阀右电磁铁通电时，油口 P 与 B 连通，油口 A 与 T 连通。

根据需要还可以组成具有更多位置和不同机能的四通换向阀。例如，一个由二位四通电磁阀控制的三通阀和一个由三位四通电磁阀控制的三通阀组成的四通阀则具有 6 种工作机能。如果用两个三位四通电磁阀来控制，则可构成一个九位的四通换向阀。

当 4 个插装件各自用一个电磁阀进行分别控制时，就可以构成一个具有 12 种工作机能的四通换向阀了，如图 7-1-25 所示为十二位四通电液换向阀。这种组合形式机能最全，适用范围最广，通用性最好，电磁阀品种简单划一。但是应用的电磁阀数量最多，对电气控制的要求较高，成本也高。在实际使用中，一个四通换向阀通常不需要这么多的工作机能，所以，为了减

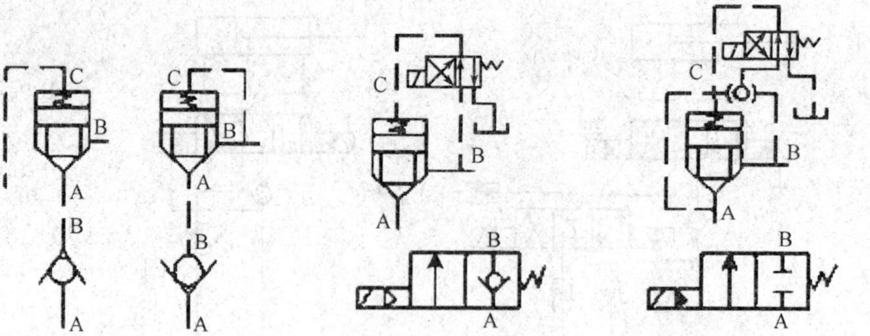

（a）插装单向阀　　（b）电液控单向阀　　（c）二位二通插装换向阀

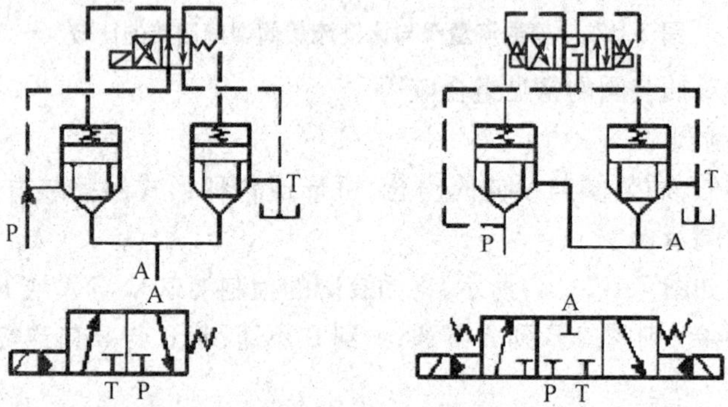

（d）二位三通插装换向阀　　（e）三位三通插装换向阀

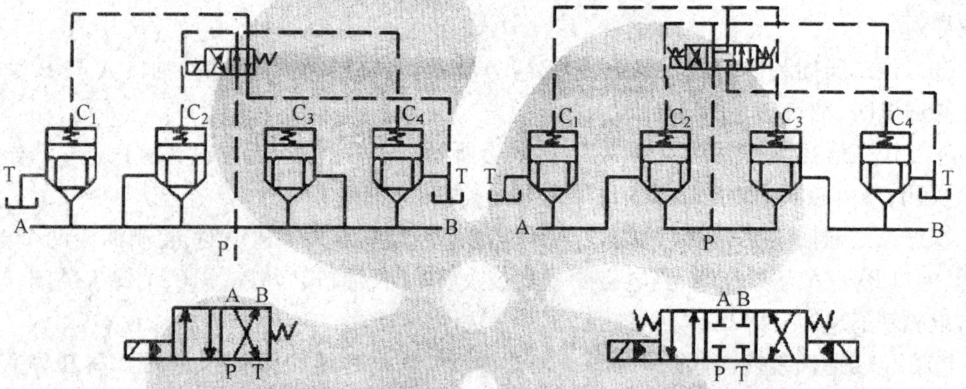

（f）二位四通插装换向阀　　（g）三位四通插装换向阀

图 7-1-24　几种插装方向控制阀示例

少电磁阀数量，减少故障，应该多采用只用一个或两个电磁阀集中控制的形式。

（2）压力控制插装阀

采用带阻尼孔的插装阀芯并在控制口 C 安装压力控制阀，就组成了如图 7-1-26 所示的各种插装式压力控制阀。

如图 7-1-26（a）所示为插装式溢流阀，用直动式溢流阀来控制油口 C 的压力，当油口 B 接油箱时，油口 A 处的压力达到溢流阀控制口的调定值后，油液从 B 口溢流，其工作原理与传统的先导式溢流阀完全一样。

如图 7-1-26（b）所示为插装式电磁溢流阀，溢流阀的先导回路上再加一个电磁阀来控制

第七章 船舶液压设备

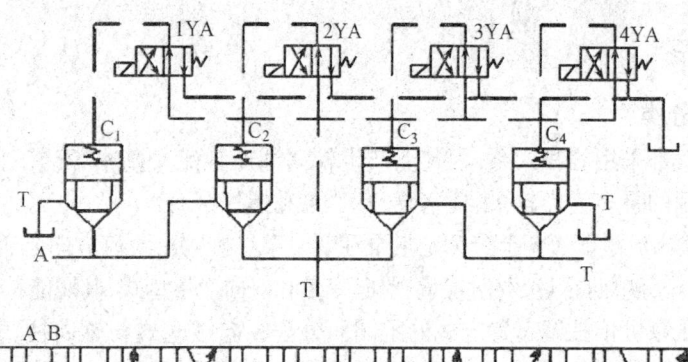

图 7-1-25 十二位四通电液换向阀

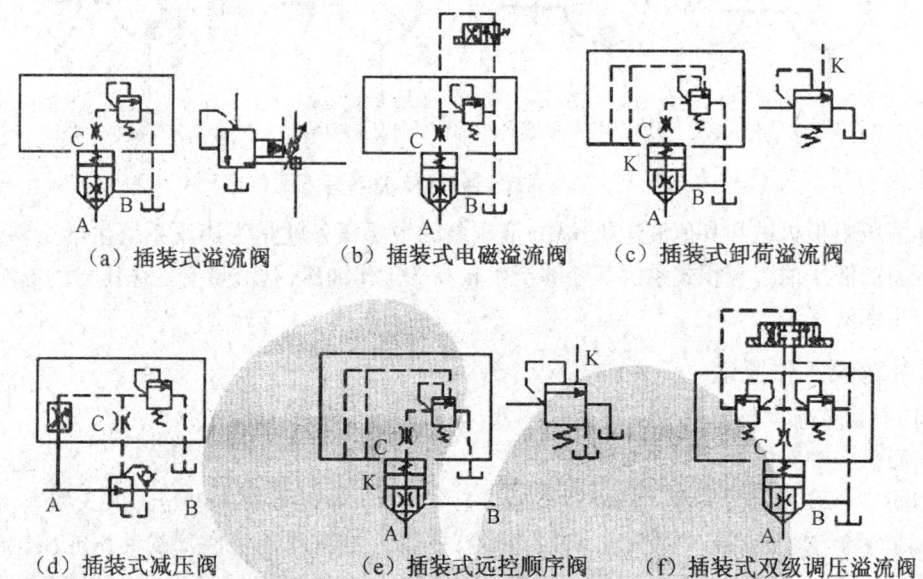

(a) 插装式溢流阀　　(b) 插装式电磁溢流阀　　(c) 插装式卸荷溢流阀

(d) 插装式减压阀　　(e) 插装式远控顺序阀　　(f) 插装式双级调压溢流阀

图 7-1-26 各种插装式压力控制阀

其卸荷,便构成一个电磁溢流阀,这种形式在二通插装阀系统中是很典型的,它的应用极其普遍。电磁阀不通电时,系统卸荷;通电时溢流阀工作,系统升压。

如图 7-1-26(c)所示为插装式卸荷溢流阀,用卸荷溢流阀来控制油口 C 的压力,当远控油路没有油压时,系统按溢流阀调定的压力工作;当远控油路有控制油压时,系统卸荷。

如图 7-1-26(d)所示为插装式减压阀,当 A 口的压力低于先导溢流阀调定的压力时,A 口与 B 口直通,不起减压作用。当 A 口压力达到先导溢流阀调定的压力时,先导溢流阀开启,减压阀芯动作,使 B 口的输出压力稳定在调定的压力。

如图 7-1-26(e)所示为插装式远控顺序阀,B 口不接油箱,与负载相接,先导溢流阀的出口单独接油箱,就成为一个先导式顺序阀。当远控油路没有油压时,就是内控式顺序阀;当远控油路有油压时,就是远控式顺序阀。

如图 7-1-26(f)所示为插装式双级调压溢流阀,用两个先导溢流阀控制一个压力插装件,用一个三位四通换向阀控制两个先导阀的导通,更换不同中位机能的换向阀,就有不同的控制方式。

二、液压泵

1.液压泵分类

液压泵一般都采用容积式泵,因其能产生较高油压且流量基本不受工作压力的影响。在液压系统中使用的泵多为齿轮泵、柱塞泵、叶片泵和螺杆泵。

液压泵按输出流量能否调节分为定量泵和变量泵。按输出液流方向是否可变分为定向(单向)泵和变向泵。有单向定量、双向定量、单向变量和双向变量型式,其职能符号详见附录。

柱塞式液压泵可依柱塞布置方式的不同而分为径向柱塞式与轴向柱塞式两类,后者又有斜盘泵和斜轴泵之分。如图7-1-27所示为液压泵职能符号。

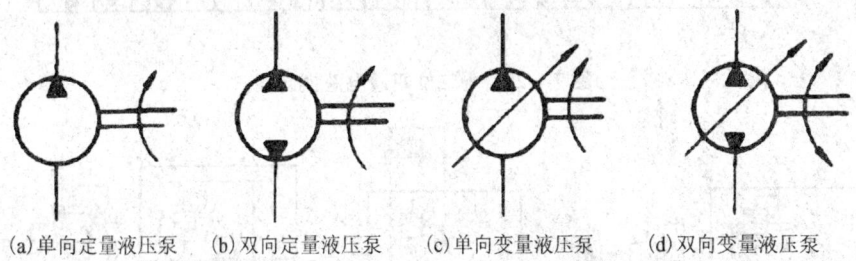

(a)单向定量液压泵　(b)双向定量液压泵　(c)单向变量液压泵　(d)双向变量液压泵

图 7-1-27　液压泵职能符号

在液压甲板机械和其他液压机械中,液压泵的主要任务就是为液压系统供给足够流量和足够压力的液压油。容积式泵因其能够产生较高的工作油压,且流量受工作压力的影响很小,故适合用作液压泵。

2.柱塞泵工作原理

(1)斜盘式轴向柱塞泵

①斜盘式轴向柱塞泵的工作原理

如图7-1-28所示为斜盘式轴向柱塞泵的工作原理。泵轴1通过键与缸体3相连,在缸体3上沿轴向均匀地加工出一圈油缸,各缸中设有柱塞4,靠其作用于底部的油压或用机械的方法,始终贴紧在斜盘5上,而斜盘5则可绕O点偏转,即其轴线相对于泵轴线的倾角β可以改变。缸体3的左端面抵紧在配油盘2上。配油盘2用定位销与泵体9固定,并在其上开有两个弧形的配油窗口6,分别与泵的油管接口7和8相通。

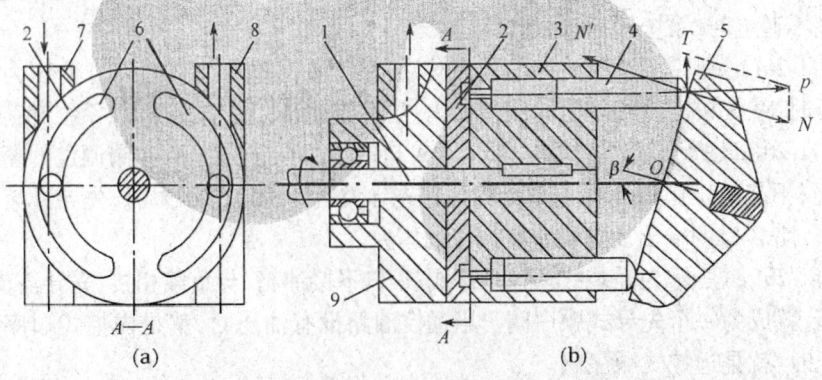

图 7-1-28　斜盘式轴向柱塞泵的工作原理

1—泵轴;2—配油盘;3—缸体;4—柱塞;5—斜盘;6—配油窗口;7,8—油管接口;9—泵体

当原动机经轴1带动缸体做顺时针方向（从斜盘端看）回转时，如使斜盘处在图示的倾斜方向，那么，在柱塞自下而上转过左半周的过程中，必将从油缸中逐渐退出，使油缸内的封闭容积逐渐增大，经左侧窗口由油管接口7吸油；而当柱塞自上而下转过右半周时，则又会压入油缸，使缸内容积不断减小，将已吸入的油液经右侧窗口从油管接口8排出。

② 斜盘式轴向柱塞泵的流量

$$Q = \pi/4 \cdot d^2 \cdot h \cdot z \cdot n \cdot \eta_v = \pi/4 \cdot d^2 \cdot D \cdot z \cdot n \cdot \tan\beta \cdot \eta v \quad \text{m}^3/\text{min}$$

式中，d——柱塞直径，m；

h——柱塞行程，m，$h = D\tan\beta$；

D——柱塞中心分布圆直径，m；

β——斜盘倾角；

z——柱塞个数；

n——油泵转速，r/min；

η_v——油泵的容积效率，当工作油压 $p < 20$ MPa 时，为 0.95~0.98；当 $p > 20$ MPa 时，为 0.92~0.95。

在泵的结构尺寸和转速一定时，改变斜盘倾角 β 的大小，即可改变泵的流量；而当斜盘的倾斜方向改变时，泵的吸排方向也就改变。当 $\beta = 0$ 时，则 $Q = 0$。

轴向柱塞泵的瞬时流量也是脉动的。轴向柱塞泵的柱塞个数一般多取为7个，流量大时也有取9个或11个的。

③ 结构实例

如图7-1-29所示为国产CY14-1型斜盘式轴向柱塞泵，它由主体部分和伺服变量机构两部分组成。该泵的结构和工作情况如下：

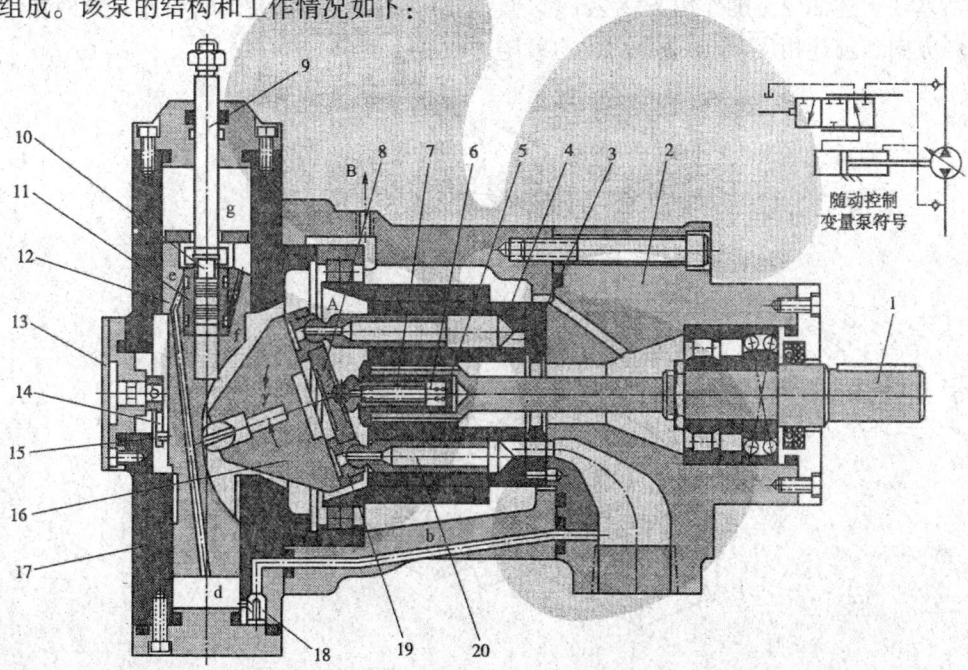

图 7-1-29　国产 CY14-1 型斜盘式轴向柱塞泵

1—传动轴；2—泵体；3—配油盘；4—缸体；5—柱塞；6—定心弹簧；7—内套；8—回程盘；9—拉杆；10—伺服滑阀；11—伺服滑阀套；12—差动活塞；13—刻度盘；14—拨叉；15—销；16—斜盘；17—变量机构壳体；18—单向阀；19—滑履；20—柱塞

a. 主体部分结构

传动轴 1 通过花键与缸体 4 连接，在缸体 4 上按轴线方向均匀分布 7 个油缸，各缸中均装有柱塞 20，柱塞的端部与滑履 19 铰接，滑履靠定心弹簧 6 通过内套 7、钢球 A 和回程盘 8 抵压在斜盘 16 上，定心弹簧的另一端则通过柱塞 5 将缸体紧压在配油盘上。斜盘 16 以其耳轴支承在变量机构的壳体 17 上。而配油盘 3 则用定位销固定在泵体 2 上。这样，如使斜盘处于倾斜位置，则当缸体带动柱塞、滑履和回程盘回转时，柱塞就会在油缸中做往复运动，通过泵体中的两条油路和配油盘上的两个配油口分别进行吸、排。如果泵的吸入压力较低，那么吸入行程中就要靠定心弹簧的张力，通过回程盘和滑履将柱塞从油缸中拉出。

泵的内部漏泄主要发生在配油盘与缸体之间、柱塞与缸体之间、滑履与斜盘之间以及滑履与柱塞的球头之间。漏出的油液则从泵体上部的泄油口 B 用泄油管引回油箱。

b. 伺服变量机构及其工作原理

这种泵采用液压伺服变量机构控制泵的流量和流向。其工作原理：泵的两个吸排腔通过各自的油路 b、c 及单向阀 18，与差动活塞 12 下方的油腔 d 相通，以使泵工作时既可由泵的排出腔向 d 腔供送压力油，也可由辅泵通过变量机构下端盖中的油孔向油腔 d 供油。这样，如经拉杆 9 拉动伺服滑阀 10，使其向上移动某一段距离，将油孔 f 开启，则差动活塞上方油腔 g 中的油液就会泄入泵体，于是，差动活塞便会在 d 腔油压的作用下向上移动，直到油孔 f 重新被滑阀关闭时为止。这样，利用差动活塞的上移，通过斜盘背面的销轴（如图 7-1-30 所示为 CY14-1 轴向柱塞泵变量机构）就会带动斜盘，使其绕自己的耳轴偏转，改变倾角 β（最大可达 $\pm 18° \sim \pm 20°$），从而实现流量和流向的改变；反之，如经拉杆使滑阀下移某一距离，则孔 e 开启，d 腔中的压力油便会进入 g 腔，使 d、g 两腔油压相等，但因差动活塞的上部端面大于下部端面，所以活塞在上述油压差的作用下就会下移，直到孔 e 重新被滑阀关闭时为止。这时由于斜盘的倾斜方向与前述相反，泵的吸排方向也就随之改变。

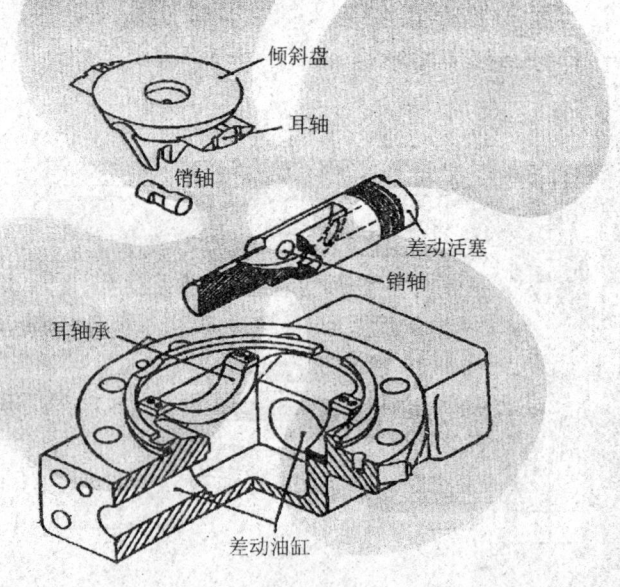

图 7-1-30　CY14-1 轴向柱塞泵变量机构

油泵流量的大小可由差动活塞带动拨叉 14 从刻度盘 13 上示出。刻度盘共分 10 格，每格相当于额定流量的 10%。

当变量机构是由轴向柱塞泵自身供给控制油时,则泵在中位运转时因无压力油可供,这时要使差动活塞离开中位,需靠拉杆9直接拉动。因此,经常需要换向的变量泵控制用油一般都由辅泵供油。

c.配油盘的结构

如图7-1-31所示为CY14-1型泵的配油盘的结构。配油盘上的两个弧形配油口分别与泵体上的两个吸、排油腔相通。盘上靠外面的环槽以外部分是辅助支承面,不起密封作用,但可增加缸体和配油盘的接触面积,以减小比压,减轻磨损。

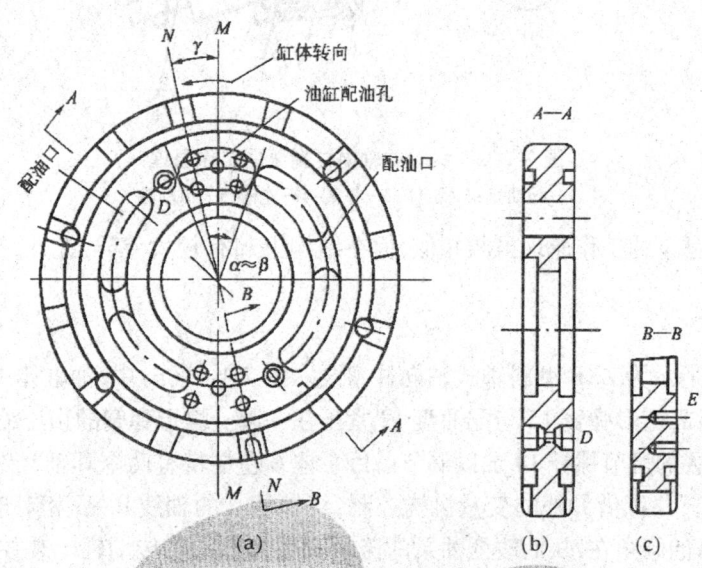

图7-1-31 CY14-1型泵的配油盘的结构

为了保证柱塞在转过吸排配油口之间的封油区时不致将两个配油口沟通,配油盘上封油区的封油角 α 必须大于油缸配油孔的包角 β。这样,在油缸配油孔越过封油区时,该油缸就会形成一个封闭空间。该空间的容积随缸体转动仍会变化,故会产生困油现象。在油缸配油孔离开封油区时,则又会因突然接通排油口或吸油口而造成油压突变,发生液压冲击,产生很大的噪声。为了消除上述弊端,CY14-1型泵的配油盘采用了非对称负重叠型结构。所谓非对称型配油盘,就是指配油盘的中线N—N相对于斜盘中线M—M朝缸体旋转方向偏转了一个 γ 角。此外,在配油盘上还钻有阻尼孔D(有的泵则采用三角形阻尼槽),该孔与配油盘相应的配油口相距很近,靠漏泄即相当于与该配油口节流相通。而所谓负重叠型,就是指封油角 α 与油缸配油孔的包角 β 之差为 $-1°\sim 0°$。由于采用了这种结构,当油缸的配油孔即将与吸(排)油口断开时,就已开始与间接沟通另一个配油口的阻尼孔D重叠,这样即可消除困油现象,又可使油缸中的油液经阻尼孔逐渐地与另一个配油口相通,压力变化比较平缓,从而避免了液压冲击,对容积效率影响也不大。由于这种泵采用了非对称型配油盘,故只能按规定方向单向运转。为了保证配油盘安装位置正确,与泵体之间设有定位销。此外,在配油盘的封油区还设有若干个盲孔E(如图7-1-31所示),它可起存油润滑作用,以减轻磨损。

(2)斜轴式轴向柱塞泵

①工作原理

如图7-1-32所示为斜轴式轴向柱塞泵的工作原理。电动机驱动传动轴5,带动与传动轴盘组成球铰的连杆4(连杆转动时作小角度摆动)。通过连杆4锥形表面与柱塞3内壁表面的接触,驱动缸体2转动,使柱塞的底腔容积发生变化,于是,通过配油盘1的相应配油窗口和泵体内的油路,即可完成吸、排过程。

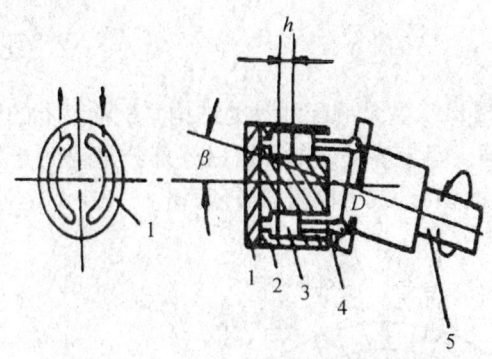

图7-1-32 斜轴式轴向柱塞泵的工作原理
1—配油盘;2—缸体;3—柱塞;4—连杆;5—传动轴

斜轴泵与斜盘泵的工作原理虽颇相似,但在结构上却有较大差异,此外,在受力情况方面两者也有所不同。

②结构实例

如图7-1-33所示为ZXB型斜轴式轴向柱塞泵。图7-1-33(a)中,油缸体11装在后泵体6内的滚动轴承上,靠蝶形弹簧15与配油盘12紧压在一起。蝶形弹簧的预压缩量,则可通过安装在缸体轴线位置的调节螺杆14加以调节。后泵体6左端带有两个耳轴,借两个滚动轴承5安装在泵壳13上,并可借另外的变量机构控制,绕轴承5的轴线a—a相对前泵体3左右摆动,以调整油缸体的倾角在,从而改变油泵的流量和吸排方向。传动轴1装在前泵体3内,右端带球窝圆盘。在缸体中沿轴向装有7个柱塞10,柱塞10通过连杆7与传动轴1连接。连杆左端球头借压板4和螺钉等与传动轴球窝圆盘铰接,而连杆右端的球头,则通过卡瓦8和销子9与柱塞内孔铰接。配油盘的两个配油口e、d分别经后泵体内的油道c、b连通油泵的两个进、出油口。而从各密封面和润滑部位漏泄到泵壳13中的油液,则经泄油管口油箱。与斜盘泵相比,斜轴泵具有以下特点:

a.斜轴泵用铰接柱塞球头的方法替代了斜盘泵中的滑履和斜盘,提高了结构强度和耐冲击性。

b.斜轴泵工作时,因连杆轴线与柱塞轴线之间的夹角不大,故柱塞与缸壁间的侧压力也就比斜盘泵要小得多,所以工作时不仅磨损较小,而且倾角β也可加大到25°~30°(斜盘泵β一般不大于20°),从而扩大了流量的变动范围。

c.斜轴泵驱动轴不穿过配油盘,可使缸体直径相应减小,漏泄和摩擦损失因而减小,泵的吸入性能也因油缸圆周速度的减小而有所改善。

d.斜轴泵滤油精度比斜盘泵要求低,一般为25 μm(斜盘泵为10~15 μm)。

斜轴泵在液压机械中应用日趋增多。但这种泵靠摆动缸体来变量,外形尺寸较大;结构和工艺比较复杂;造价也高。

(3)径向柱塞泵

①典型结构和工作原理

如图7-1-34所示为径向柱塞泵(海尔休泵)的示意图。图7-1-34(a)中传动轴16带动支承在缸体轴承19上的缸体15回转。缸体上径向排列着7个或9个油缸,每个油缸内各有一

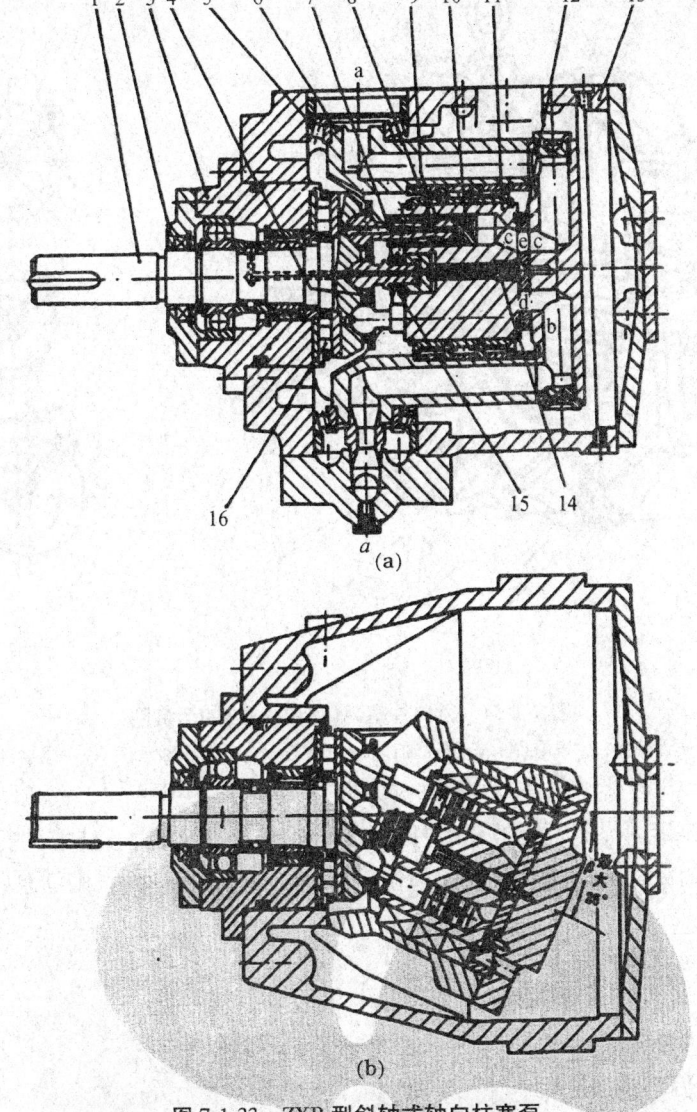

图 7-1-33　ZXB 型斜轴式轴向柱塞泵

1—传动轴;2—压盖;3—前泵体;4—压板;5—轴承;6—后泵体;7—连杆;8—卡瓦;9—销子;10—柱塞;11—油缸体;12—配油盘;13—泵壳;14—调节螺杆;15—蝶形弹簧;16—推力轴承

个柱塞 13,柱塞外端的耳轴 12 套在呈弧形块状的滑履上,滑履嵌置在浮动环 10 的环形滑轨中。浮动环是两个对合在一起的圆盘,由轴承 8 支承在导架上。通过泵壳之外的拉杆 18 拉动导架沿端盖 7 和 14 内的导路移动,使浮动环 10 与缸体 15 形成方向和大小可变的偏心。固定在端盖 7 上的配油轴 5 插在油缸体中央。配油轴中钻有孔道 3、4,其一端分别通吸、排管接头 2、6,另一端与配油轴上下方的弧形配油口相通。配油口正对着油缸底部的开孔。

原动机经传动轴带动缸体和柱塞回转,滑履靠摩擦力带动浮动环一起回转。当浮动环处于中央位置时与缸体同心,如图 7-1-34(b)所示,泵运转时柱塞不在油缸内产生任何往复运动。因此,不产生吸排作用,泵流量为零。

如果通过操纵机构拉动浮动环,使其偏离中央位置而移向右侧,如图 7-1-34(c)所示,则浮动环相对缸体向右偏心。这时,如缸体顺时针方向回转,则吊挂在浮动环滑轨上的柱塞在转过上半周时,将从油缸中退出,并经油道吸入油液;而当柱塞转过下半周时,则又压入油缸,将缸

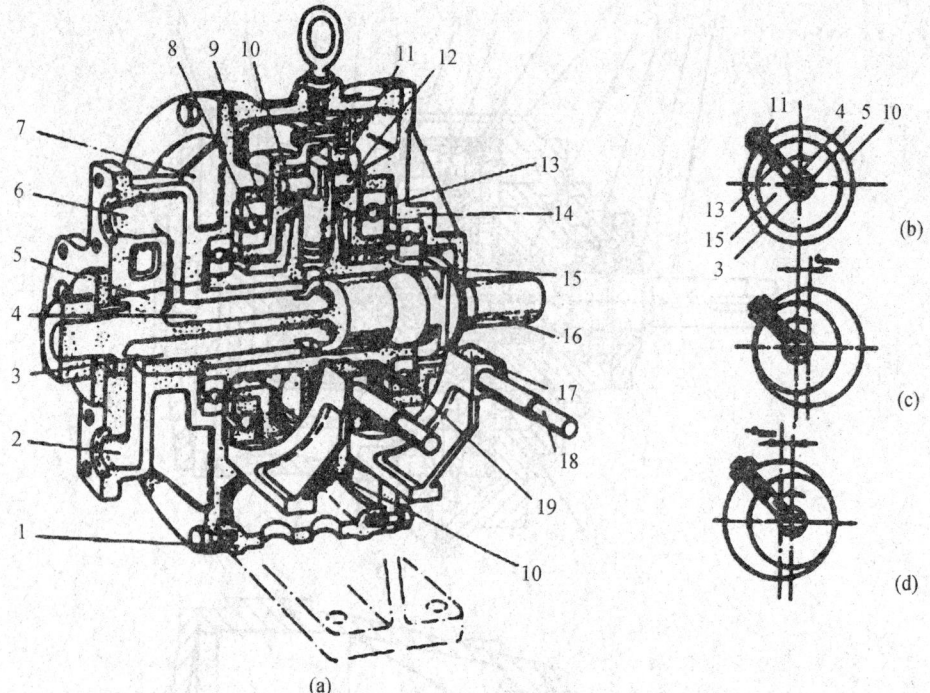

图 7-1-34 径向柱塞泵(海尔休泵)的示意图
1—泵壳;2,6—管接头;3,4—孔道;5—配油轴;7,14—端盖;8—浮动环轴承;9,17—导架;10—浮动环;
11—滑履;12—耳轴;13—柱塞;15—缸体;16—传动轴;18—拉杆;19—缸体轴承

内的油液从油道排出。显然,浮动环相对缸体中心的偏心距 e 越大,柱塞的行程就越长,泵的流量也就越大。当浮动环向相反方向偏离中位,如图 7-1-34(d)所示,则油泵吸排方向相反。

②流量

径向柱塞泵的流量可用下式表示:

$$Q = \pi/2 \cdot d^2 \cdot e \cdot z \cdot n \cdot \eta_v \quad m^3/min$$

式中,d——柱塞直径,m;

e——浮动环偏心距,m;

z——柱塞个数;

n——油泵转速,r/min;

η_v——泵的容积效率,一般在 0.85~0.95,其主要内泄发生在配油轴与缸体间的径向间隙,其次在柱塞与油缸之间。

对尺寸既定的径向泵,当转速恒定时,只要改变浮动环相对缸体中心的偏心距 e 的大小和方向,就能改变油泵的流量和吸排方向。

③径向柱塞泵缺点

a.配油轴因内部钻孔并处于悬臂状态,工作时又要承受很大的径向力,故为了保证配油轴的强度和刚度,轴的外径就需较粗,又因油缸呈径向布置,浮动环还要较大的活动空间,所以泵的径向尺寸和重量较大。

b.由于配油轴所受径向力不平衡,它与缸体的间隙不能太小,而且此间隙因磨损而增大后又无法补偿,再加上密封段又短,故容积效率不是很高;此外,缸体和浮动环都承受着不平衡的径向液压力,也会使轴承负荷增加。泵的工作油压越高,则容积效率越低,轴承负荷也越大,故配油轴式径向柱塞泵的最大工作压力一般多限制在 20 MPa 以内。

c.轴内钻孔,由于受到轴的结构和强度的限制,通流面积较小,这样,为了保证泵的正常吸入,防止产生"气穴"现象,吸入流速不能太高,这就限制了径向泵的流量和转速(一般不超过 1 500 r/min)。

(4)典型轴向柱塞泵的拆装

如图 7-1-35 所示为 CY14-1B 型泵的外形图和主体部分分解立体图。

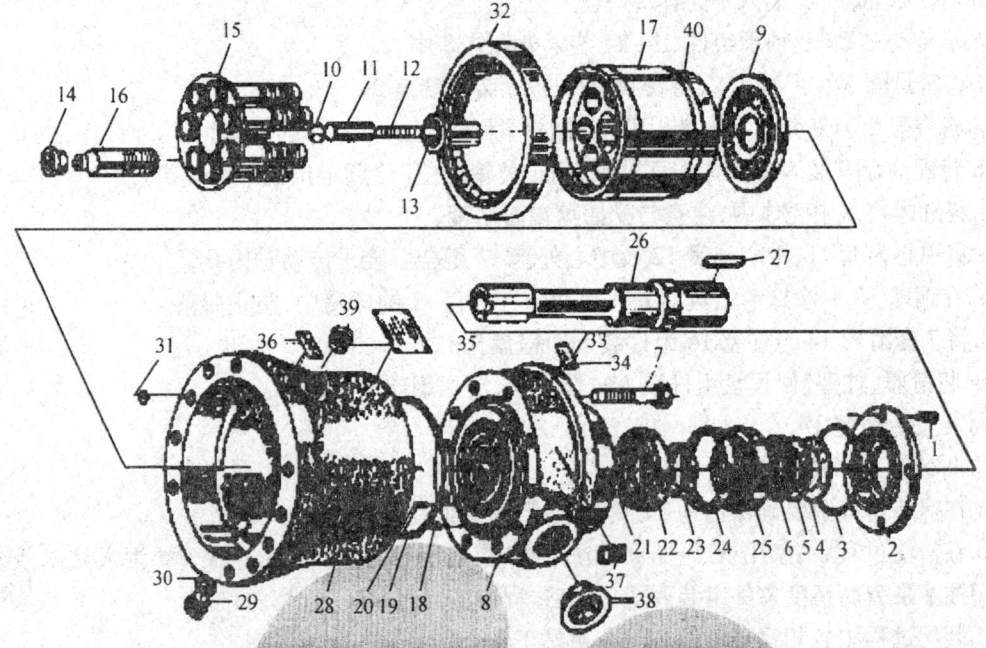

图 7-1-35　CY14-1B 型泵的外形图和主体部分分解立体图

1—端盖螺栓;2—端盖;3,19,30,31—密封圈;4,5,6 组合密封圈;7—连接螺栓;8—外壳体;9—配油盘;10—钢球;11—中心内套;12—中心弹簧;13—中心外套;14—滑履;15—回程盘;16—柱塞;17—缸体外镶钢套;18—小密封圈;20—配流盘定位销钉;21—轴用挡圈;22,25—轴承;23—内隔圈;24—外隔圈;26—传动轴;27—键;28—中壳体;29—放油塞;32—滚柱轴承;33—铅铆钉;34—旋向牌;35—铭牌;36,37—标牌;38—防护塞;39—回油旋塞;40—缸体

①拆卸

a.松开主体部分与变量部分的连接螺栓,卸下变量部分,注意变量头(斜盘)及止推板不要滑落。事先在泵下用木板或胶皮垫住预防。变量部分卸下后要妥善放置并防尘。

b.连同回程盘15,取下 7 套柱塞16 与滑履14 的组装件。如柱塞卡死在缸体40 中而研伤缸体,则一般难于修复,此泵报废,必须更换新泵。

c.从回程盘15 中取出 7 个柱塞与滑履组件。

d.从传动轴26 花键端内孔中取出钢球10、中心内套11、中心弹簧12 及中心外套13 组装件,并分解成单个零件。

e.取出缸体40 与钢套17 组合件,两者为过盈配合不进行分解。

f.取出配油盘9。

g.拆下传动键27。

h.卸掉端盖螺栓1 及端盖2 密封圈3~6。

i.卸下传动轴26 及轴承组件21~25。

j.卸下连接螺栓7,将外壳体8 与中壳体28 分解,注意外泵体上配油盘的定位销不要取下,准确记住装配位置。

　　k.卸下滚柱轴承 32。

　②装配

　　a.用煤油或汽油清洗全部零件。

　　b.将密封圈 19 装入外壳体 8 的槽中。

　　c.将外壳体 8 及中壳体 28 用连接螺栓 7 合装。

　　d.将滚柱轴承 32 装入中壳体 28 孔中。

　　e.将传动轴 26 及轴承组件 21~25 装入外壳体 8 中。

　　f.将密封圈 3 装入端盖 2,将密封组件 3~6 装入端盖 2。

　　g.将端盖 2 与外壳体 8 合装,用端盖螺栓紧固。

　　h.将配油盘 9 装入外壳体端面贴紧,用定位销定位(注意定位销不要装错)。

　　i.将缸体装入中壳体中,注意与配油盘端面贴紧。

　　j.将中心内套 11,中心弹簧 12 及中心外套 13 组合后装入传动轴内孔。

　　k.在钢球 10 上涂抹清洁黄油黏在弹簧中心内套 11 的球窝中,防止脱落。

　　l.将 7 套滑履 14 与柱塞 16 组件装入回程盘孔中。

　　m.将滑履、柱塞、回程盘组件装入缸体孔中,注意钢球不要脱落。

　　n.装上传动键 27。

　③拆装注意事项

　　a.在拆装过程中要确保场地、工具清洁,严禁污染物进入油泵。

　　b.在清洗过程中,禁用棉纱、脏布擦洗零件,应当用毛刷、绸布,防止棉丝头混入液压系统。

　　c.柱塞泵为高精度零件组装而成,拆装过程中应当轻拿轻放,切勿敲击。

　　d.装配过程中各相运动件都要涂与泵站工作介质相同的润滑油。

(5)轴向柱塞泵故障诊断与排除。

如表 7-1-4 所示为轴向柱塞泵故障诊断与排除。

表 7-1-4　轴向柱塞泵故障诊断与排除

故障现象	产生原因	排除方法
流量不足	1.油箱油位过低,油管及过滤器堵塞或阻力太大以及漏油等; 2.泵壳内预先没有充好油,留有空气; 3.液压泵中心弹簧折断,是柱塞回程不足或不能回程,造成缸体和配油盘之间失去密封性能; 4.配油盘及缸体或柱塞与缸体之间磨损; 5.对于变量泵有两种可能,如为低压,可能是油泵内部摩擦等原因,是变量机构不能达到极限位置造成偏角小所致;如为高压,可能是调整误差所致; 6.油温太高或太低	1.检查储油量,将油加至油标规定线;排除油管堵塞,清洗过滤器,紧固连接螺栓,排除漏气; 2.排除泵内空气; 3.更换中心弹簧; 4.磨平配油盘与缸体的接触面,单缸研配,并更换柱塞; 5.低压时,是变量活塞及变量头活动自如;高压时,纠正调整误差; 6.根据温升选择合适的油液

续表

故障现象	产生原因	排除方法
压力脉动	1.配油盘与缸体或柱塞与缸体之间的磨损,内泄或外漏过大; 2.对于变量泵可能由于变量机构的偏角太小,是流量过小,内漏相对增大,因此不能连续对外供油; 3.伺服活塞与变量活塞运动不协调,出现偶尔或经常性的脉动; 4.进油管堵塞,阻力变大或漏气	1.磨平配油盘与缸体的接触面,单缸研配,更换柱塞,紧固各连接处螺栓,排除漏损; 2.适当加大变量机构的偏角,排除内部漏损; 3.偶尔脉动,多因油脏,可更换新油,经常脉动,可能是配合件研伤或不顺,应拆下修研; 4.疏通进油管,并清洗进口过滤器,紧固进油管道的连接螺栓
噪声	1.泵体内混有空气; 2.油箱油位过低,吸油管堵塞及阻力过大,以及漏气等; 3.泵和电动机不同心,是泵和传动轴受径向力产生震动噪声	1.排除泵内的空气; 2.按规定加足油液,疏通进油管,清洗过滤器,紧固进油段连接螺栓; 3.重新调整,使电动机与泵同心
发热	1.内部漏损过大; 2.运动件磨损	1.修研各密封配合面; 2.修复或更换磨损件
漏损	1.轴承回转密封圈损坏; 2.各接合处O形密封圈损坏; 3.配油盘和缸体或柱塞与缸体之间磨损(会引起回油管外漏增加,也会引起高、低腔之间内漏); 4.变量活塞或伺服用活塞磨损	1.检查密封圈及各密封环节,排除内漏; 2.更换O形密封圈; 3.磨平接触面,配研缸体,单配柱塞; 4.严重时更换
变量机构失灵	1.控制油道上的单向阀弹簧折断; 2.变量头与变量壳体磨损; 3.伺服活塞,变量活塞以及弹簧心轴卡死; 4.个别通油道堵死	1.更换弹簧; 2.配研两者的圆弧配合面; 3.机械卡死时,用研磨的方法使各运动件灵活,更换新油; 4.疏通油路
泵不能转动(卡死)	1.柱塞与油缸卡死(可能是油脏或油温变化引起的); 2.滑履落脱(可能是柱塞卡死,或有负载引起的); 3.柱塞球头折断(原因同上)	1.油脏时,更换新油,油温太低时,更换黏度较小的润滑油; 2.更换或重新装配滑履; 3.更换零件

3.叶片泵

(1)叶片泵的分类

按作用数分:单作用叶片泵、双作用叶片泵。

按级数分:单级、双级叶片泵。

按可否变量:定量式叶片泵、变量式叶片泵。

(2)工作原理

①双作用叶片泵的工作原理和结构

如图7-1-36所示为双作用叶片泵的工作原理图。定子2内腔的型线是由两段长半径R圆弧和两段短半径r圆弧以及连接它们的过渡曲线组成。装在转轴上的圆柱形转子1与定子同心,其上开有若干叶槽,槽内装有叶片3。当转子旋转时,叶片受离心力及液压力(叶片底部空间一般由排出腔引入压力油)作用,始终向外顶紧定子内壁;随定于内壁与转子中心距离的改变,叶片在转动的同时在叶槽内往复滑动。定子和转子的两侧紧贴着配流盘,每个配流盘上有两对吸、排窗口。配流盘与定子的相对位置由定位销固定。这样,在定子、转子、叶片和配流盘之间就形成若干叶间腔室。当叶片由定子的短半径处转向长半径处时,叶间腔室的容积逐渐增大,其中压力降低,经配流盘吸入窗口从泵的吸入管吸油;当叶片由定子的长半径处向短半径处转动时,叶间腔室容积减小,经配流盘的排出窗口向泵的排出管排油。

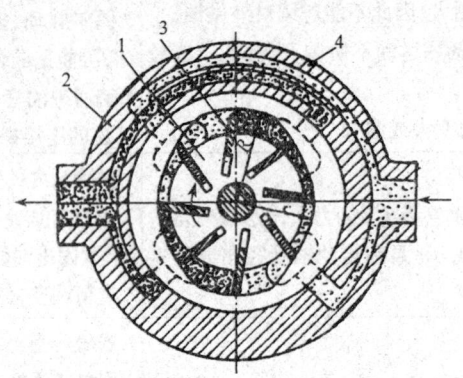

图 7-1-36　双作用叶片泵的工作原理图
1—转子;2—定子;3—叶片;4—泵体

当叶间腔室位于吸、排窗口之间的封油区时,与吸、排窗口都不通,这时叶片顶端与定子圆弧曲面接触,叶间腔室容积不变,不会产生困油问题。设计上应保证配流盘吸、排窗口间的密封区的圆心角 ε 与定子圆弧段的圆心角 β、两叶片间的圆心角 θ 的关系是:$\varepsilon \leqslant \beta$,以免产生困油现象;$\varepsilon \geqslant \theta$ 以免造成严重漏泄;否则会造成困油现象或使吸、排口沟通。

这种叶片泵每转中每个叶间腔室吸、排两次,因此是双作用泵。其每次理论排量若不计叶片厚度影响,相当于半径 R、r 间形成的圆环体积;考虑叶厚影响的理论流量由转速 n(r/min)和工作部件的尺寸(定子曲面大小圆弧半径 R、r,叶片宽度 B、厚度 δ、倾角 θ、叶数 z)确定,可按下式计算

$$Q_T = 2B_n(R-r)\left[\pi(R+r) - \frac{\delta z}{\cos\theta}\right] \times 10^6 \quad \text{L/min}$$

叶片泵的轴向间隙对容积效率影响最大。转子端面和配流盘的轴向间隙通常都取 0.015~0.03 mm(小型泵)或 0.02~0.045 mm(中型泵),而叶片比转子宽度小 0.005~0.01 mm。当转子与配流盘接触面有擦伤时可重新研磨,但叶片和定子端面也应同时研磨,以保证合适的轴向间隙。

其次,叶片与叶槽的间隙太大也会使漏泄增加,但太小则叶片不能自由伸缩。叶片与叶槽都是经过选配的,装配间隙为 0.015~0.03 mm。叶片的大小以在有油润滑时能靠叶片自重缓缓落入槽底为宜。工作一段时间后,各叶片与叶槽的磨损不同,拆修时不宜随便更换配合关系。

双作用叶片泵作用在定子及转子上的液压力完全平衡,属于卸荷式叶片泵。为保证转子所受的径向力平衡,双作用叶片泵的叶片数应取偶数。通常取叶片数 $z=12$,理论上可使流量完全均匀;但工作压力超过 10 MPa 时,为提高转子强度,则多取 $z=10$,这时流量均匀性比前者稍差。

如图 7-1-37 所示为普通双作用叶片泵的吸、排侧配流盘的结构图。吸入和排出侧的配流盘都有两个吸入口,使叶间腔室可在吸入区两侧同时吸入,以降低吸入流速和流阻,减少产生气穴现象的可能性。排油则仅通过排出侧配流盘的排油窗口 d。为使叶片两侧所受轴向液压

力得以平衡,在吸入侧配流盘上对应排油窗口的位置开有形状相同但不通的盲孔 d。

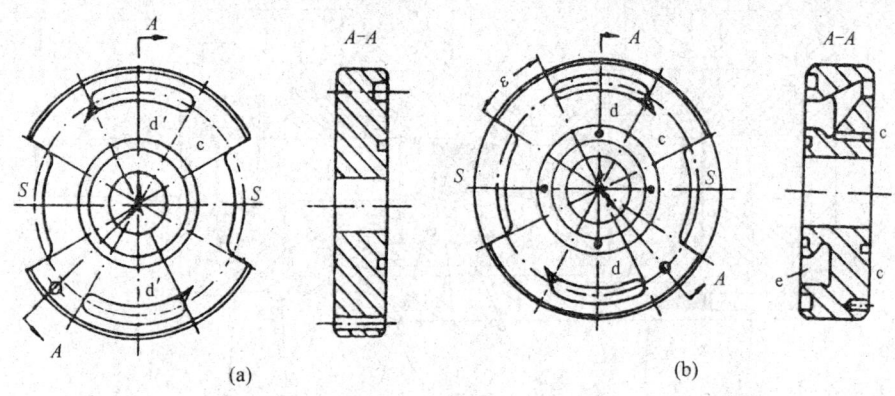

图 7-1-37 普通双作用叶片泵的吸、排侧配流盘的结构图

配流盘端面开有环槽 e,排出侧配流盘的 c 槽有小孔与排出腔相通,将压力油通过环槽 c 引入叶槽内叶片底部空间。这样,在吸入区叶片顶部作用的是吸入油压,所以底部的排出油压可帮助离心力克服惯性力和摩擦力,使叶片迅速伸出而贴紧定子。

如图 7-1-38 所示为双作用泵叶片的倾角与倒角,以往双作用叶片泵转子的叶槽常采用前

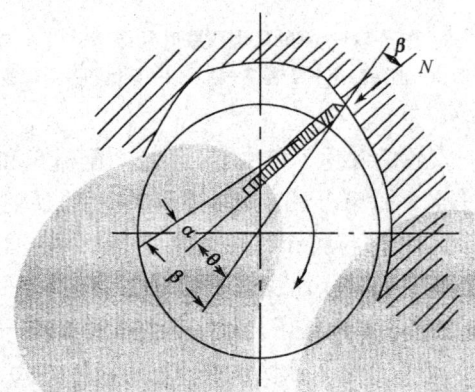

图 7-1-38 双作用泵叶片的倾角与倒角

倾角——即按转向向前倾斜 θ 角。这是为了减小排出区定子反力 N 与叶槽之间的压力角 α,从而减轻叶片所受弯曲应力和在叶槽中缩回时的摩擦阻力。这样的泵不允许反转。但实践证明,引入叶片底部的油压因配流孔道存在流阻而比叶片顶部油压低,形成的液压差在压油区可帮助叶片缩回,故目前有的叶片泵沿叶片径向安装,一样能正常工作。这样的叶片泵可以改换转向工作。

叶片顶端的一侧加工成倒角——即安装叶片时按转向看倒角朝后,这样可使叶片在从吸入区转到排出区前的密封区内时,顶端有相当一部分面积朝向吸入区,承受吸入压力,有助于叶片贴紧定子。

配流盘的排出窗口在叶片转入端处开有三角槽。它可以使叶间容积从密封区转入排出区时,能逐渐地与排出窗口相通,以免压力骤然增加,造成液压冲击和噪声,并因液体高压时稍微压缩而引起流量脉动。

如图 7-1-39 所示为 T6EC 型双联叶片泵,属于 IHI 液压克令吊所用的美国丹尼逊(DENISON)公司生产的叶片泵,其额定排压为 17.5 MPa。如图所示,吸入口 S 设在泵体 8 上,排出口 P_1、P_2 分别设在前端盖 5、后端盖 9 上。有两个圆筒形组件由吸入侧配流盘 10、定子 1、排出侧

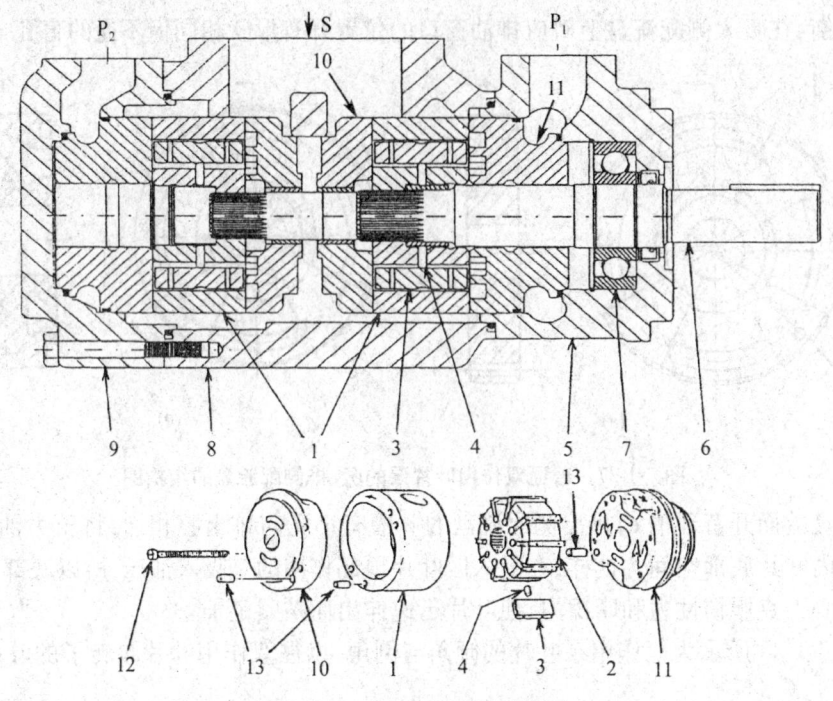

图 7-1-39　T6EC 型双联叶片泵

1—定子;2—转子;3—叶片;4—柱销;5—前端盖;6—泵轴;7—轴承;8—泵体;9—后端盖;10—吸入侧配流盘;
11—排出侧配流盘;12—螺栓;13—定位销

配流盘11、转子2及10个径向安置的叶片3和柱销4组成。配流盘和定子用四个螺栓组装在一起,彼此间有定位销精确定位。两个转子由支承在轴承7上的泵轴6驱动。叶片顶都加工成弧形槽,槽内有两个通孔使叶片顶部与底部相通,故叶片上、下端油压始终保持平衡。每个叶片底部被柱销顶住。柱销截面积约为叶片底面积的20%,可在转子的柱销孔内滑动,与孔的配合间隙约为0.005 mm。有油道将排出腔液压油引至柱销底部转子的环形油室中,迫使柱销将叶片顶紧在定子曲面上,又不致在吸入区使顶紧叶片的液压力太大,这是高压叶片泵防止吸入区定子曲面过度磨损的方法之一。

②单作用叶片泵的结构及工作原理

如图 7-1-40 所示为单作用叶片泵的工作原理。它与双作用叶片泵相似,也是由转子1、定

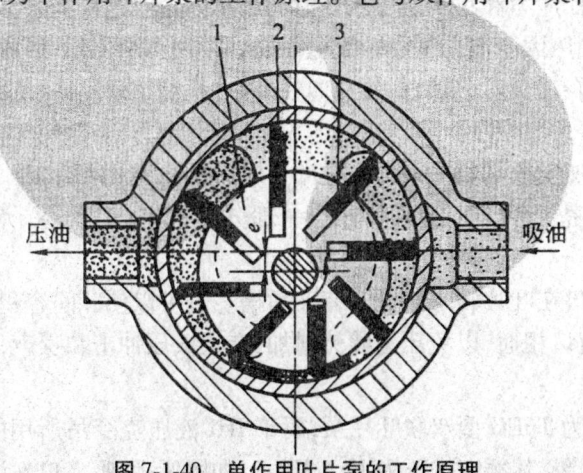

图 7-1-40　单作用叶片泵的工作原理

1—转子;2—定子;3—叶片

子2、叶片3以及侧面两个配油盘等零件组成。不同之处是,定子2的内表面是圆柱形的,且安装时与转子1有一个偏心距e。当转子转动时,转子径向槽中的叶片在离心力的作用下甩出,使叶片顶部紧靠在定子内表面上,在两侧配油盘内有吸油窗口和排油窗口,分别与吸油腔和排油腔连通。在吸油窗口和排油窗口之间的区域(其夹角应等于或稍大于两个叶片间的夹角)就是封油区。它把吸油腔和排油腔隔开。处在封油区的两个叶片与转子外圆、定子内表面以及侧面两个配油盘形成左、右两个密封工作腔。当转子按图7-1-40所示方向旋转时,右边密封工作腔的容积逐渐增大,通过配油盘上的吸油窗口将液压油吸入,而左边密封工作腔的容积逐渐减小,通过排油窗口将液压油压出。转子每转一转、每两个叶片间的密封工作腔实现一次吸油和排油,故称单作用叶片泵。

如图7-1-40所示,转子受到压油腔的单向液压作用力,使转子轴轴承承受很大的径向载荷,所以也称为非卸荷式叶片泵。通常这类泵的叶片底部通过配油盘上的通油槽与叶片所在的工作腔相连,因此叶片在压油区时,叶片底部通高压,叶片在吸油区时,叶片底部通低压,从而使叶片顶端和底端因径向运动而对流量产生的影响互相抵消,故叶片的厚度对泵的流量无影响。但由于封油区定子内表面和转子外表面不是同心圆弧,因而会产生流量脉动,而且倒灌现象也难以避免,故一般不宜用在高压系统中。

单作用叶片泵的优点是它的流量可以通过改变转子和定子之间的偏心距来调节。当加大e时,密封工作腔的容积变量增大,因而输出流量增大;随着e的减小,输出流量相应减小;当e减小到零时,转子和定子同心,密封容积不产生容积变化,因而输出流量为零。此外,还可以通过改变偏心的方向来调换单作用叶片泵的进、出油口,从而改变单作用叶片泵的输油方向。当两叶片处于最下端位置时,其密封容积最小;而当两叶片达到最上端位置时,其密封容积最大。

③限压式变量叶片泵

变量叶片泵的变量方式有手动调节和自动调节两种方式。自动调节式变量泵根据工作特性不同又可分为限压式、恒压式和恒流式三类。目前最常用的是限压式。限压式变量泵的流量是利用该类泵工作压力的反馈作用来实现自动调节的,按反馈方式又可分为外反馈式和内反馈式两种。

a.外反馈式限压式变量叶片泵

这种泵的流量可以根据其出口压力的大小(泵出口压力的大小取决于泵的负载)自动调节。如图7-1-41所示为外反馈限压式变量叶片泵的工作原理图,转子受到压油腔的单向液压作用力,使转子轴轴承承受很大的径向载荷,所以也称为非卸荷式叶片泵。

转子1的中心O_1是固定不动的,定子2的中心O_2可以左右移动,它在右边限压弹簧3的作用下被推向左端,与转子中心O_1有一个偏心距e_0。当转子以顺时针方向旋转时,转子上半部为压油腔,下半部为吸油腔。定子在压力油的作用下压在滑块上。定子左侧装有压力反馈的柱塞小液压缸。

液压缸与压油腔通过泵的外部油管连通。设反馈柱塞油缸的有效面积为A,该泵的出口压力为p,则通过反馈缸柱塞6作用在定子上的反馈力为$p \times A$。限压弹簧3的预紧力,由弹簧右端的调节螺钉4调整。当$p \times A$小于限压弹簧的预紧力F时,弹簧把定子推向最左端,此时偏心距为最大值e_0,该泵的流量最大。当$p \times A > F$时,反馈力将克服弹簧的预紧力把定子向右推移,偏心距e减小,流量也相应减小。压力越高e越小、输出流量也越小。当压力增大到使泵的偏心距减小到所产生的流量只够用来补偿泄漏时,该泵的输出流量为零。这时,不管负载再怎样增大,泵的出口压力不会再升高,即泵的最大输出压力是受到限制的,故称为限压式变量叶片泵。

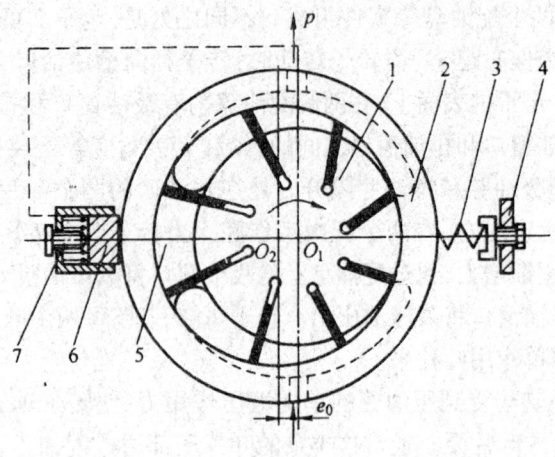

图 7-1-41 外反馈限压式变量叶片泵的工作原理图
1—转子;2—定子;3—限压弹簧;4,7—调节螺丝;5—配油盘;6—反馈缸柱塞

外反馈式限压式变量叶片泵的结构如图 7-1-42 所示。与双作用式叶片泵相比较,变量叶片泵的偏心距一般较小,当叶片沿定子内表面移动时,所受压力作用并不大,所产生的影响较小,所以叶片无须有向前的倾角。但考虑到处于吸油腔的叶片底部是通低压油的,为了保证叶片在吸油腔时能顺利伸出,往往将叶片槽按转子旋转方向向后倾斜一个角度($\alpha = 24°$)安放。在使用该类泵之前,一般应对其进行如下调整:先利用调节螺钉 10 调节泵的最大偏心量 e_{max},

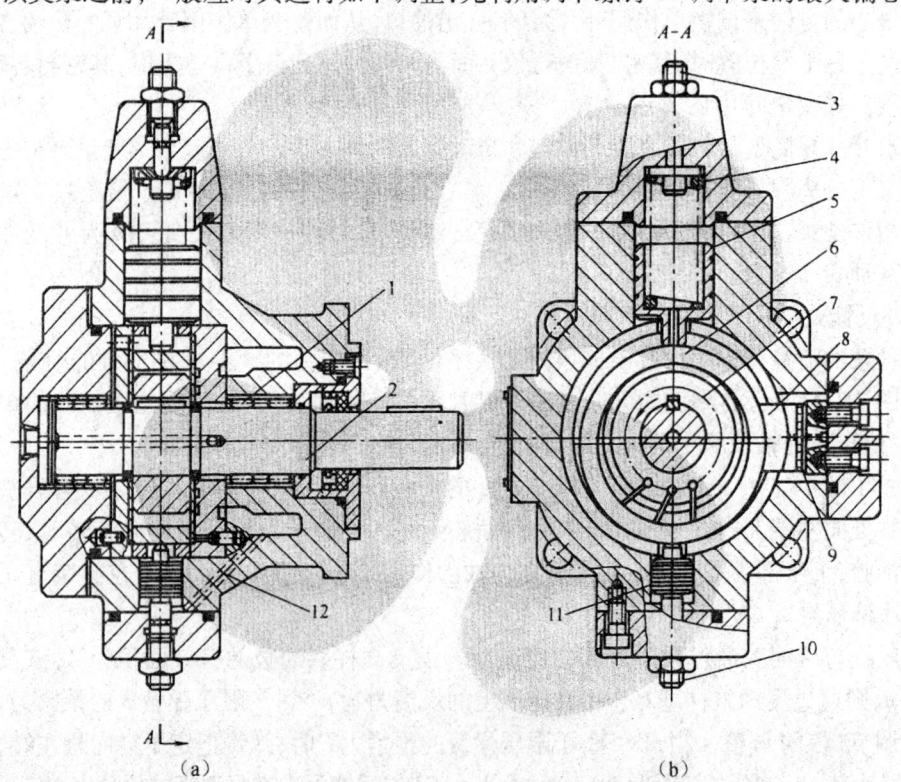

图 7-1-42 外反馈式限压式变量叶片泵的结构
1— 滚针轴承;2— 传动轴;3— 调压螺钉;4— 调压弹簧;5— 弹簧座;6— 定子;7— 转子;
8— 滑块;9— 滚针;10— 调节螺钉;11— 柱塞;12— 油孔

以满足系统快进所需要的最大流量 $q_{v\max}$；然后利用调压螺钉 3 调节调压弹簧 4 的预紧力 F，并达到由负载所决定的限定压力 p_b 的数值。

b.内反馈式限压式变量叶片泵的工作原理

如图 7-1-43 所示为内反馈式限压式变量叶片泵的工作原理，与外反馈式相似，不同的是它没有反馈缸，配油盘上的腰形槽偏转一个角度 θ，致使在图上方压油腔处，定子所受到的液压力 F 在水平方向的分力 F_x 与右侧弹簧预紧力方向相反。当这个力 F_x 超过限压弹簧 5 的限定压力 P_b 时，定子 3 即向右移动，使定子与转子的偏心距 e 减小，从而使泵的流量得以改变。泵的最大流量 $q_{v\max}$ 由调节螺钉 1 调节，泵的限定压力 P_b 由调节螺钉 4 调节。

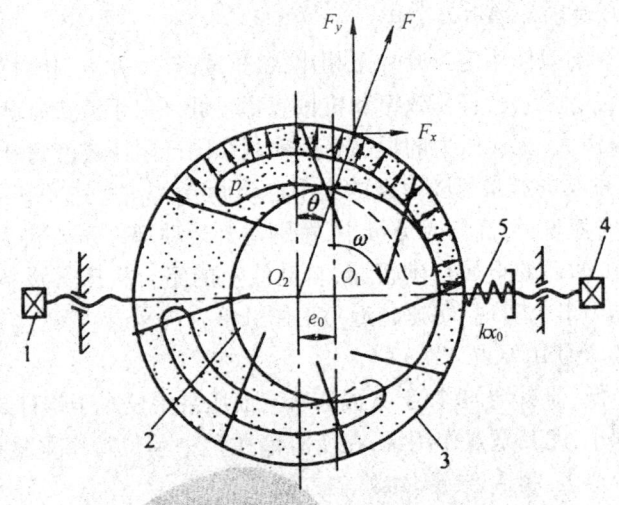

图 7-1-43　内反馈式限压式变量叶片泵的工作原理

1,4—调节螺钉；2—转子；3—定子；5—限压弹簧

c.限压式变量叶片泵的压力-流量特性曲线

外反馈式限压式变量叶片泵的静态特性主要是指其流量和压力之间的关系，称为压力-流量特性。限压式变量叶片泵的压力-流量特性曲线可用图 7-1-44 的特性曲线来表示。

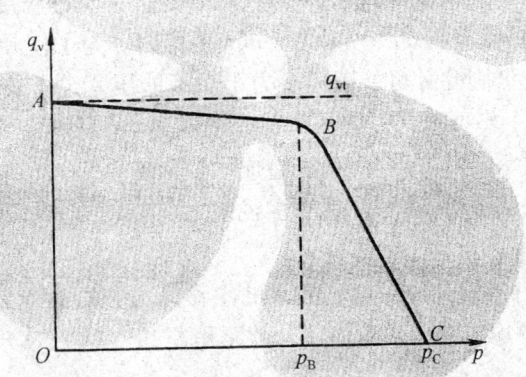

图 7-1-44　限压式变量叶片泵的压力-流量特性曲线

如图 7-1-44 中 AB 段是这种泵的工作压力 p 小于限定压力 p_B 时，偏心量 e 最大，流量也是最大的一段。该段为稍微向下倾斜的直线，由于此时这种泵的偏心量不变，随工作压力的升高，其泄漏量增加，而实际流量稍有减小，与定量泵的压力-流量特性相当。BC 段是这种泵的变量段。在这一区段内，这种泵的实际流量随工作压力的升高而减小。其中 B 点为拐点，其

对应的工作压力为限定压力 p_B，C 点对应的压力 p_C 为泵的极限压力 p_{max}，在该点泵的流量为零，即 $q_v=0$。

以外反馈式限压式变量叶片泵为例，调整调节螺钉 10（如图 7-1-42 所示）时，可改变最大偏心量 e_{max}，从而改变最大流量 q_{vmax}，此时特性曲线上的 AB 段斜线上、下平移，p_B 点的位置稍有变化。调整调节螺钉 4（如图 7-1-43 所示）可改变限定压力 p_B 和极限压力 p_C 的值，且特性曲线上的 BC 段左、右平移。如果更换弹簧的刚度，则可改变 BC 段的斜率。弹簧越软，BC 段越陡；反之，弹簧越硬，BC 段越平缓。在应用时，可根据不同的需要，通过可调环节来获得所要求的压力流量特性。

d. 限压式变量叶片泵的优缺点及应用

限压式变量叶片泵与双作用定量叶片泵相比，结构复杂、尺寸大，相对运动的机件多，轴上受单向径向液压力大，故泄漏大，容积效率和机械效率较低。由于流量有脉动和困油现象的存在，因而压力脉动和噪声大，工作压力的提高受到限制。国产限压式变量叶片泵的额定压力一般为 6.3 MPa，但是这种泵的流量可随负载的大小自动调节，故功率损失小，可节省能源，减少发热。由于它在低压时流量大，高压时流量小，特别适合运动部件需要实现"空载快进→慢速工进→空载快退"工作循环的金属切削机床、自动线上的组合机床等设备的液压系统中，例如，在组合机床驱动动力滑台实现"快速趋近→工作进给→快速退回"的半自动循环运动等。

（3）叶片泵的特点及使用要点

① 运转平稳、噪声低、流量均匀，以上方面在所有液压泵中仅次于螺杆泵。

② 结构紧凑、体积小，尤其是双作用泵，在所有液压泵中单位功率重量最轻。与柱塞泵相比结构较简单，零件少得多，制造、装配、维修较方便。

③ 叶片泵的叶片有安装倾角，故转子只允许单向旋转，不应双向使用；否则会使叶片折断。

④ 双作用叶片泵所受径向液压力平衡，轴承寿命长，内部密封性也较好，容积效率通常为 80%~90%。总效率一般可达 75%~95%，稍逊于柱塞泵。压力≤7 MPa 时，总效率常高于其他类型泵。目前特殊设计的中高压和高压叶片泵，采用各种方法限制吸入区叶片底部的油压力，以减轻定子曲面的磨损，压力最高可达 20~30 MPa。

⑤ 工作油的黏度和污染程度比齿轮泵和螺杆泵敏感，但滤油精度不如柱塞泵要求高。

⑥ 转速范围较窄，一般多在 600~2 000 r/min 范围内。为了使叶片泵可靠地吸油，其转速必须按照产品规定。太低则叶片可能因离心力小而不能压紧定子表面，太高则吸入时易造成泵的"吸空"现象，泵的工作不正常。液压油的黏度要适当，黏度太大，吸油阻力增大；液压油过稀，泄漏增大，容积效率降低，都会对系统造成不良影响。

⑦ 叶片泵不允许采用皮带、链轮等会产生径向力的传动方式。与电机直连时应保证同轴度小于 0.05 mm。

单作用叶片泵因径向液压力不平衡，故泵的工作压力和寿命受到限制，容积效率要低些，一般为 58%~92%；流量均匀性也较双作用叶片泵稍差，但它易于实现无级变量。

4. 变量泵的变量控制方式

变量泵的变量控制机构按控制力是否通过液压放大来区分，有直接变量（如海尔休泵）和伺服变量（如 CY14-1）之分。

按变量机构控制信号的形式区分，又有手控、机控、电控、液控等多种。

按变量泵的流量特性来看，普通变量泵的流量特性即容积式泵流量特性随着泵工作压力的升高，输出流量因漏泄增加而略有降低。除此之外，根据工作需要，还设计了各种自动变量泵,如限压式、恒功率式、恒压式、恒流量式等。下面作简单的介绍。

(1)恒压式变量泵

恒压式变量泵在工作压力低时全流量工作,当工作压力超过整定值时,压力稍一增加,流量即迅速降低,可使泵的工作压力基本保持不变。

(2)限压式变量泵

限压式变量泵与恒压式变量泵基本相同,只是工作压力会在一定范围内变化,并控制排出压力不超过限定值。

(3)恒功率式变量泵

泵的自动变量机构设计成使流量 Q 随排出油压产生变化,近似地符合功率 $P=pQ$ 为一常数的恒功率式,称之为恒功率式变量泵。

5.柱塞式液压泵的使用和管理

(1)泵轴与电动机应用弹性联轴节直接相连,轴线同心度误差不得超过 0.10 mm,泵轴上严禁安装皮带轮、齿轮泵等,以免承受径向负荷;否则必须另加支承。

(2)柱塞式液压泵内流道复杂,虽然多数有一定的自吸能力,但允许吸上真空度不大,有的型号则不允许自吸,故吸入管上不应加设滤器。如果吸入压力过低,不仅容易产生"气穴现象",使容积效率降低,而且有的(如斜盘式轴向泵的)柱塞如吸入压力低则须靠铰接端强行从缸中拉出,易造成损坏。因此,轴向柱塞泵吸入端推荐采用辅泵供油。

(3)为使泵内各轴承和润滑面得以充分润滑,对初次使用或刚经拆修的泵,起动前必须向泵壳内灌油;安装时,应使泵壳泄油管向上行,如需要减小泄油阻力及避免虹吸现象,泄油管出口可置于油箱液面之上;对用油经泵壳强制循环冷却的泵,必须注意泵壳内的油压,通常不得大于 0.20 MPa,以保证泵壳的密封和变量机构的正常工作。

(4)不许在关闭排出阀的情况下起动。

(5)不宜使泵在零位长时间运转。因为泵空转时不产生排出压力,各摩擦面也就得不到漏泄油液的润滑和冷却,容易使磨损增加,并使泵壳内的油液发热。

(6)必须选用适当品种的工作油,并不得随意改换和借用。工作时,油压和油温(黏度)应不超出规定。

(7)必须注意保持油液清洁。轴向柱塞泵因采用间隙自动补偿装置的端面配油方式,油膜很薄,滤油精度一般比径向柱塞泵要求高。如果油中含有固体杂质,不仅会使磨损加剧和容积效率降低,而且还可能阻塞泵内通道(例如,图 7-1-30 中柱塞、滑履中的细小通孔堵塞会失去静力平衡作用导致严重磨损),或造成卡阻以及变量机构失灵等故障。

(8)泵内零件多经淬火,硬度很高,且经研配,拆装时不应用力捶击和撬拨,并应防止换错偶件。装配前各零件应用挥发性洗涤剂清洗并吹干,而不宜用棉纱等擦洗。

三、液压马达

1.液压马达的分类

(1)按工作原理分类

就工作原理而言,任何容积泵(除结构上有吸、排单向阀者外),如对其输入压力油,都能被驱动回转而成为液压马达。因此,液压马达可分为齿轮式、叶片式和柱塞式、螺杆式等。但泵大多是不可逆转使用的,而液压马达却一般都是可正、反转的。

(2)按转速分类

液压马达按其额定转速分为高速和低速两大类,额定转速高于 500 r/min 的属于高速液压马达,额定转速低于 500 r/min 的属于低速液压马达。

高速液压马达的主要特点是转速较高、转动惯量小,便于起动和制动,调速和换向的灵敏度高。通常高速液压马达的输出转矩不大,所以又称为高速小转矩液压马达。高速液压马达的基本型式是径向柱塞式,例如单作用曲轴连杆式、液压平衡式和多作用内曲线式等。此外在轴向柱塞式、叶片式和齿轮式中也有低速的结构型式。低速液压马达的主要特点是排量大、体积大、转速低,因此可直接与工作机构连接,不需要减速装置,使传动机构大为简化。通常低速液压马达输出转矩较大,所以又称为低速大转矩液压马达。

此外,液压马达也可按排量是否可变,分为定量液压马达和变量液压马达。按转向是否可变,分为单向和双向液压马达。因此,液压马达常有单向定量、双向定量、单向变量和双向变量等型式,其职能符号详见附录。

2. 液压马达的工作性能参数

(1)转速

如供入液压马达的油流量为 Q_M,液压马达每转排量(简称排量)为 q_M,则液压马达理论转速为:

$$n_t = 60Q_M/q_M \quad \text{r/min}$$

液压马达工作时存在内部漏泄,扣除漏泄损失后为有效流量,故液压马达的实际转速为:

$$n = 60Q_M\eta_v/q_M \quad \text{r/min}$$

(2)扭矩

如液压马达的进、回油压力差为 Δp,则液压马达的输入功率 $P_1 = \Delta p Q_M$;当不考虑液压马达任何能量损失时,其理论角速度 $\omega_t = 2\pi n_t/60 = 2\pi Q_M/q_M$,设理论输出扭矩为 M_t,则其理论输出功率 $P_{2t} = \omega_t M_t = 2\pi Q_M M_t/q_M$,如设 $P_1 = P_{2t}$,即:$\Delta p Q_M = 2\pi Q_M M_t/q_M$。由此可得:

$$M_T = \Delta p q_M/2\pi \quad \text{N}\cdot\text{m}$$

液压马达各相对运动部件存在摩擦损失,油液在液压马达内流动还存在压力损失,液压马达实际输出的扭矩 M 与理论输出扭矩 M_t 之比称为机械效率,用了 η_M 表示,即 $\eta_M = M/M_t$,液压马达的实际扭矩为:

$$M = \Delta p q_M \eta_M/2\pi \quad \text{N}\cdot\text{m}$$

(3)输出功率

考虑液压马达的漏泄损失、摩擦损失、水力损失,其总效率 $\eta = \eta_v \eta_M$,液压马达的实际输出功率 P_2 等于实际扭矩 M 和实际角速度 ω 之积,即:

$$P_2 = M \cdot \omega = \Delta p Q_M \cdot \eta \quad \text{W}$$

液压马达工作性能:

① 液压马达的实际转速 n 主要取决于供入液压马达的流量 Q_M、液压马达的每转排量 q_M 和容积效率 η_v。要改变液压马达的转速,可采用的方法有容积调速——采用变量油泵,改变其流量,或采用变量油马达,改变其排量;也可以采用节流调速——通过流量控制阀来改变供入油马达的流量。

② 液压马达输出的实际扭矩取决于油马达的排量 q_M、工作油压差 Δp 和机械效率 η_m。液压马达回油压力变化很小,故液压马达负载越大,其进油压力就越高。

③ 在液压马达额定的扭矩、转速和功率既定的前提下，提高其最大工作压力，则可减小其 q_M、Q_M，使液压元件和管路尺寸相应减小，但对元件的精度、强度、密封性和管理工作都会提出更高要求。

④ 增大液压马达的容积，亦即提高液压马达的每转排量 q_M，则可在工作油压不变的情况下增大扭矩，转速则相应较低，从而构成低速大扭矩液压马达。

3. 低速大扭矩液压马达结构

船上常用的低速大扭矩液压马达，主要有径向柱塞式和叶片式等。高速液压马达(齿轮式、螺杆式、轴向柱塞式等)的基本结构与同类型的液压泵类似，而叶片式液压马达结构较简单，故不赘述。

(1) 连杆式液压马达

比较典型的连杆式液压马达是斯达发(Staffa)B200 型液压马达。如图 7-1-45 所表示为 B200 型连杆式液压马达的结构。这种液压马达 5 个液压缸(也有 7 个液压缸的)按径向均布在圆周上，构成为星形缸体 5。各液压缸都装有活塞 18。活塞与连杆的小端铰接，并由一对半环和卡环锁止在球承座 17 上，防止松脱；连杆大端则以自己的凹形圆柱面紧贴在与输出轴制成一体的偏心轮外缘上，并用一对抱环 6 压紧，以不使其与偏心轮脱离。输出轴的一端通过十字滑块 9 与配油轴 11 相连接，在配油轴内部钻有两组油路，可经配油轴外周的环道始终与配油壳的 A 和 B 口相通。此外，这两组油路在 1-1 截面处还分别与互相隔开的 A_2 腔和 B_2 腔相通。因此，随着配油轴的转动，两个油腔 A_2 和 B_2 即可通过壳体上的通道与各油缸轮流相通。

连杆式液压马达的工作原理可通过图 7-1-46 来说明。当液压马达的偏心轮处在图示位置时，如经 A 口输入压力油，并使 B 口(参看图 7-1-45)与油箱相连，则压力油就要经 A_1 腔、A_2 腔进入 1 号和 2 号液压缸。这样，作用在两个活塞上的油压力 F_1 和 F_2 通过连杆的轴线，传递到偏心轮上，并直指偏心轮的圆心 O_1。由于 O_1 与输出轴的中心 O 之间具有偏心距，所以，由 F_1、F_2 产生的合力 F 就对输出轴形成转矩，使其做逆时针方向回转，而 4 号和 5 号液压缸中的油液则经 B_2 腔、B_1 腔和 B 口排往油箱。当进油缸的活塞在油压的推动下到达下止点时，由于配油轴的随同转动，进油缸开始与进油的 A_2 腔错开，而将与 B_2 腔接通，以准备排油，就像图 7-1-46 中 3 号液压缸所处的位置那样。而当活塞到达上止点时，则该液压缸又会与排油腔错开，并将接通进油腔，如图 7-1-46 中 5 号液压缸将到达的位置那样。因此，一旦当配油轴在进油油压的推动下开始转动，就会造成各液压缸按顺序不断地进油和排油，从而将使液压马达得以持续运转。

显然，如果改变液压马达进、排油的方向，那么，液压马达在图示位置时，油液就要从 B 口经 B_2 腔进入 4 号液压缸和 5 号液压缸；而 1 号液压缸和 2 号液压缸中的油液，则经 A_2 腔从 A 口排回油箱，于是液压马达将反向回转。

液压马达在初次工作时，必须在壳体中注满油液，而工作过程中漏入壳体中的油液，则经泄油管接头引回油箱，以保证液压马达的润滑和冷却。

连杆式液压马达与 5 缸(或 7 缸)径向柱塞泵一样，其瞬时排量是随输出轴的转角位置而变的。由于排量不均匀，因而也就会使它在进、排油压差恒定时产生转矩脉动；或在转矩恒定时产生油压脉动；而当输入流量恒定时，则产生角速度脉动。5 缸连杆式液压马达，其转矩和转速的脉动率(最大和最小转矩或转速之差与其平均值之比)约为 7.5%。

连杆式液压马达结构虽然简单，但工艺性较差(球铰副的加工及缸体流道的铸造和清理都较困难)；同时，转矩和转速的脉动率大，润滑油膜极易遭到破坏，低速时还会产生"爬行现

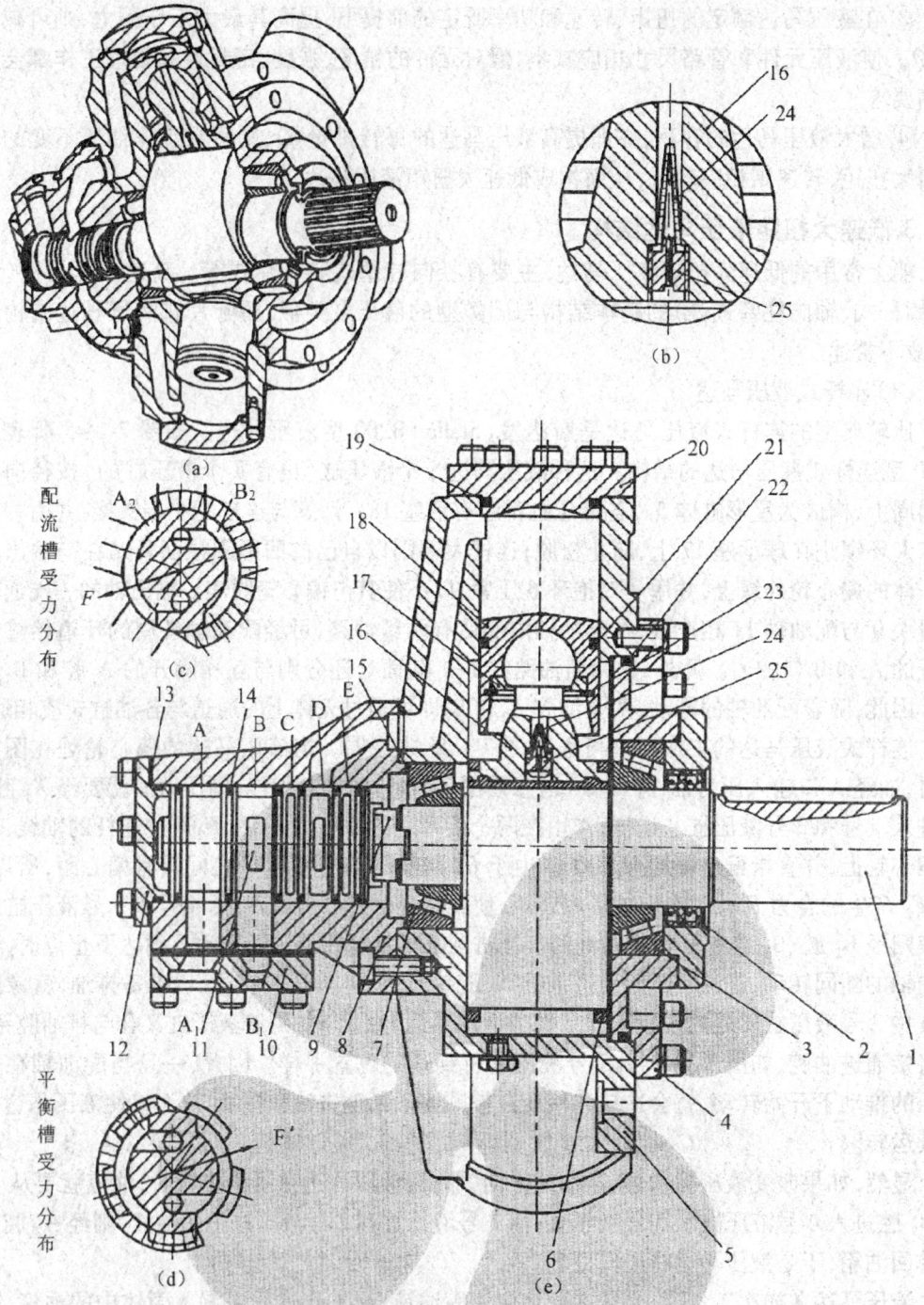

图 7-1-45　B200型连杆式液压马达的结构

1—曲轴；2—油封；3,7—轴承；4—壳体盖；5—壳体；6—抱环；8—配流壳体；9—十字滑块；10—法兰连接板；11—配油轴；12—端盖；13—调整垫片；14—密封环；15—调整环垫；16—连杆；17—球承座；18—活塞；19,22—密封圈；20—油缸盖；21—活塞杆；23—弹性挡圈；24—过滤帽；25—节流器

象"——即转速随角度忽快忽慢地周期性变动的现象，早期产品最低稳定转速一般是 5～10 r/min；此外，由于摩面较多，起动时间内润滑条件差，故起动转矩小，起动效率（起动扭矩/理论扭矩）仅为 80%～85%。B200型连杆式液压马达在活塞和连杆上钻有油孔，使之在工作

第七章 船舶液压设备

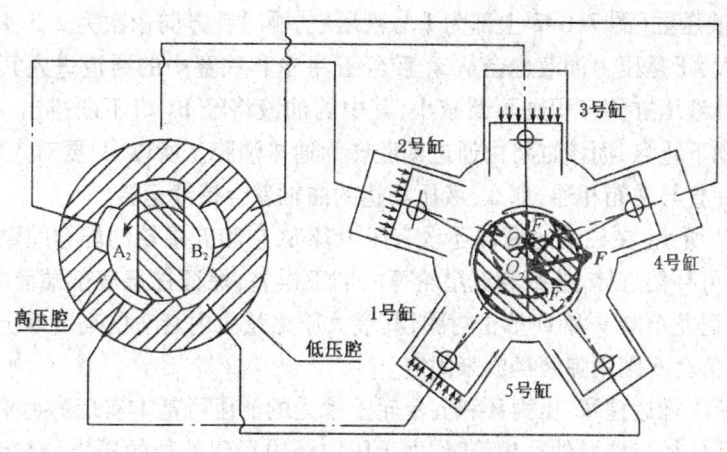

图 7-1-46 连杆式液压马达的工作原理图
1—液压缸;2—活塞;3—连杆;4—偏心轮

中实现静压平衡;同时在配油轴两侧圆柱面上设置与进、排油腔 A_2、B_2 相对应的平衡油腔,使配油轴也实现了静压平衡;此外,还采用单槽双活塞环(斜面接触)加强密封,提高了效率和承载能力,使最低稳定转速降到 3 r/min 以下。

(2) 五星轮式(静力平衡式)液压马达

如图 7-1-47 所示为五星轮式液压马达的结构。其中,连杆已由一个滑套在偏心轮 10 外面的五星轮 4 所代替;而配油轴和输出轴也已做成一体,成为曲轴 3;此外,从配油套 1 引入的油液,经曲轴的内部钻孔,还可穿过偏心轮 10 和五星轮 4,一直通入到空心柱塞 5 中,因而也就取消了壳体 2 中的流道。

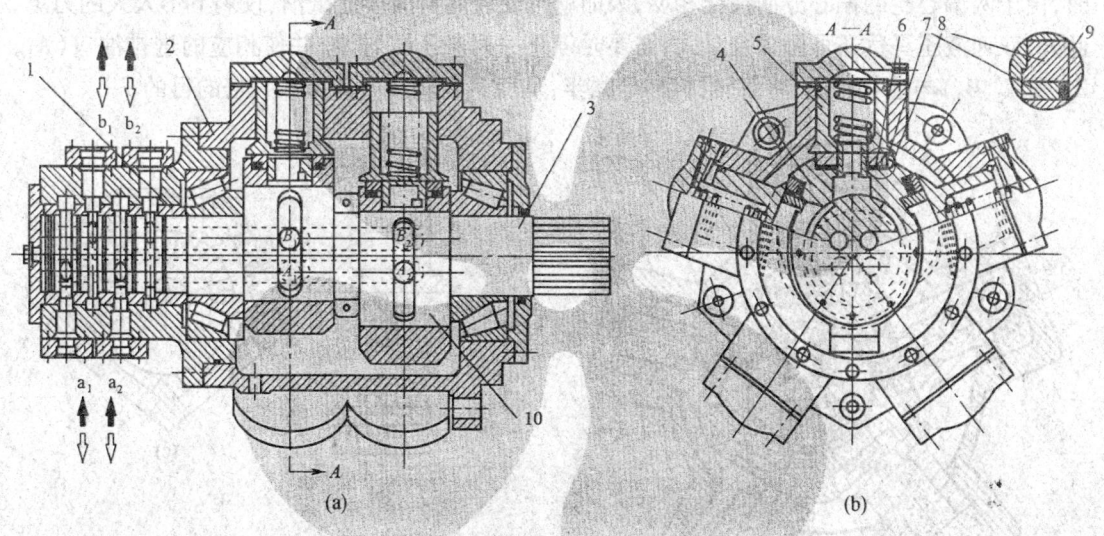

图 7-1-47 五星轮式液压马达的结构
1—配油套;2—壳体;3—曲轴;4—五星轮;5—柱塞;6—定位套;7—内套;8—压力环;9—尼龙挡圈;10—偏心轮

五星轮式液压马达的工作原理,可由图 7-1-48 来说明。当压力油从 A_1 口供入(参看图 7-1-47),经曲轴的内部钻孔进入到偏心轮和五星轮之间的 a_1 腔时,b_1 腔将经 B_1 口与油箱相通。由于作用在偏心轮上的油压,其合力通过偏心轮的中心 O,因此,也就会对曲轴的中心 O 形成一顺时针方向的转矩,使曲轴按顺时针方向回转。而滑套在偏心轮上的五星轮由于受柱塞底部端面的约束,则只能作平面运动而不能转动。随着输出轴的转动和五星轮的相应位移,1

号、2号和5号液压缸(图7-1-48上部为1号液压缸,顺时针方向依次为2、3、4、5号液压缸)的空间容积将增大,于是压力油液也会从 a_1 腔经五星轮和柱塞中的通道进入其间;与此同时,3号液压缸和4号液压缸的容积则不断减小,其中的油液将经 B_2 口不断排出。由图可见,5号缸柱塞即将达到下止点,而该缸将由通进油腔转为通排油腔。所以,只要对人口始终供送压力液,并使 B_1 口一直与油箱相通,那么,液压马达的曲轴就会持续运转。

如图7-1-47所示,在柱塞的底部还设有压力环8,它和五星轮的配合间隙较大,具有足够的浮动余地,故可补偿缸体、柱塞和五星轮等的加工误差,保证柱塞底部端面的密封。在压力环下面,还装有尼龙挡圈9和O形密封圈,其最大压缩量由内套7的高度确定,压力环由定位套6固定,而定位套6则用弹簧挡圈来固定。

五星轮式液压马达柱塞、压力环和五星轮上承受的油压可基本实现静力平衡,如图7-1-49所示。当压力环外径与柱塞外径相等时,由于压力环内径到外径的压力分布将因漏泄而按线性规律减小到零,所以,作用在柱塞顶面的压紧力,比底面撑开力略大,此不完全平衡的油压力及弹簧力使柱塞紧贴在压力环和密封圈上,从而既保证了密封良好,又不致在相对滑动时产生严重磨损。但柱塞上、下方的液压力在工作过程中并不能经常保持同心,故将形成一侧倾力矩,使柱塞与缸壁的磨损加剧,机械效率降低,甚至有使柱塞和压力环脱开的危险。压力环底部的液压力虽也略大于其顶部的油压作用力,但不存在侧倾力矩。至于五星轮只要宽度选得合适,就可使内圆弧面上进油窗口的油压作用力等于压力环孔内的油压作用力,以致完全处于静力平衡的悬浮状态。

由于油压作用在液压缸和曲轴上的力是作用力与反作用力的关系,是不能平衡的,因此,当采用单列液压缸时,曲轴的轴承就会承受径向负荷。而当采用图7-1-47所示的双列结构时,由于两偏心轮的偏心方向彼此相反,因而就可使径向负荷接近抵消,仅剩下不太大的力矩。此外,双列液压马达还可做成变量式,需要时停止一列液压缸进油,并使相应的进排油口(A_1、B_1 或 A_2、B_2)与油箱相通,将每转排量 q_M 减半,从而达到轻载转速提高一倍的目的。

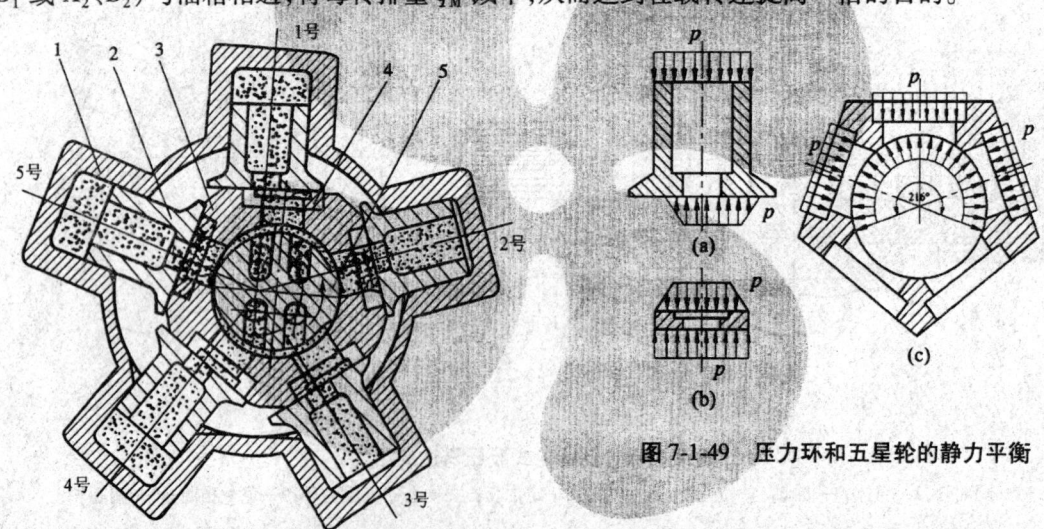

图7-1-48 五星轮式液压马达的工作原理图
1—壳体;2—柱塞;3—五星轮;4—压力环;5—偏心轮

图7-1-49 压力环和五星轮的静力平衡

五星轮式液压马达的主要优缺点如下:

①主要元件(柱塞、压力环、五星轮)实现了油压静力平衡,轴承负荷大为减轻。

②瞬时排量较均匀,转矩脉动率比连杆式小,最低稳定转速约为 2 r/min。

③取消了带球铰的连杆,壳体内无流道,工艺性改善,还可以做成双出轴式或壳转式。

④与连杆式相比,五星轮所需空间较大,在排量相同时外形尺寸和重量较大。

⑤柱塞侧向力较大,为同参数连杆式液压马达的7~14倍,使缸壁磨损加剧。日本研制的SH型液压马达将缸体和柱塞置于五星轮中,柱塞完全不受侧向力。

(3) 内曲线式液压马达

内曲线式液压马达是一种多作用的径向柱塞式液压马达,这种液压马达结构形式很多,但工作原理基本相同。如图7-1-50所示为内曲线式液压马达的结构。

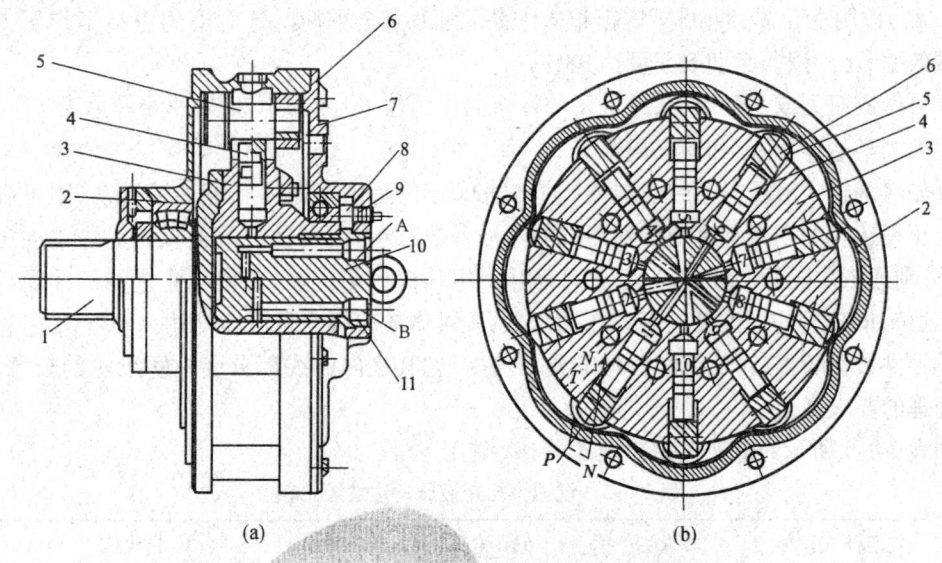

图 7-1-50 内曲线式液压马达的结构
1—输出轴;2—壳体;3—油缸体;4—柱塞;5—横梁;6—滚轮;7—端盖;8—偏心销;
9—锁紧螺母;10—配油轴;11—O形密封圈

输出轴1与油缸体3用螺栓相连,并由壳体2和端盖7上的滚动轴承支承。在油缸体中,沿径向均匀地分布着若干个液压缸。每个液压缸都配有一个柱塞4。柱塞的头部顶在横梁5上。横梁5可在油缸体槽内横向滑动,而其两端则安装着带有滚针轴承的滚轮6。滚轮6紧贴在壳体的内工作表面上,并可在其上滚动。壳体的内工作表面由几段均匀分布而且形状相同的特定曲面所组成,称为导轨。而导轨曲面的段数也就决定了液压马达每个油缸的作用次数。油缸体3套装在固定不动的配油轴10上。在配油轴的圆周上均匀分布着$2K$个配油窗口。配油窗口彼此相间地分为数目相等的两组,每一对相邻的窗口都分属两组而彼此不通,并总是相反地各自对应于导轨的升降段。工作时,每一配油窗口都可以与转子液压缸底部的油孔轮流相通,同时还可经轴内的通道分别与外接油孔A、B相连。

当马达处在图7-1-50所示位置时,如将压力油从油孔A通入,则油液就会从配油窗口进入1、2、6、7号液压缸。由于这些缸的滚轮此时正处在各段导轨的同一侧曲面上(这时该侧曲面即称为工作段),所以,通过上述各段液压缸中的柱塞、横梁和滚轮作用在导轨曲面上的油压力P,这些缸像1号液压缸所示那样,可分解为N、T两个分力,其中,导轨法向的分力N与导轨对滚轮的反作用力N_1平衡;而切向分力T则迫使转子作顺时针方向旋转,带动输出轴转动。与此同时,处在各段导轨曲面另一侧(这时该侧曲面即称为排油段)的3、4、8、9号液压缸,因正与排油窗口相通而排油。排油压力一般应保持为0.5~1.0 MPa,以使处在排油段上的滚轮不会与导轨相脱离。它虽将产生阻碍转动的转矩,但因其值很小,故不会阻碍液压马达转动。

可见,只要对A油口不断地供送压力油,同时使B油口通畅地排油,则液压马达就会按顺时针方向持续转动,并经输出轴输出扭矩。而当改换油液的进、排方向时,则导轨曲面的工作段和排油段互相转换,使工作段切向分力T的方向与上述相反,从而使液压马达反转。

内曲线式液压马达有以下特点:

①选用合适的导轨曲面,能使瞬时进油量保持不变,扭矩脉动率理论值为零,最低稳定转速可达 0.5 r/min 左右。

②只要柱塞数目和作用次数K的最大公约数$m \geq 2$,则全部柱塞就可分为受力状态完全相同的m组,作用在壳体、油缸体和配油轴上的径向力完全平衡。这对适用更高工作压力和提高机械效率十分有利,起动效率可达 98%。

③可做成双列或三列结构,而且每一柱塞的作用数$K=4 \sim 10$(前2种油马达$K=1$),故可实现较大的马达排量q_M和输出扭矩。

④如将轴转式液压马达的油缸体(输出轴)固定,而允许壳体和配油轴转动,则可做成壳转式液压马达。如用滑阀改变多列油缸的进油列数;或将一列油缸配油轴内的进油通道做成两根,分别通依次隔开的油窗口,必要时停止一组油窗口的进油(并使停止进油的油窗口与回油口相通),即改变一列油缸的有效作用次数,则可做成有级变量液压马达。

⑤零件数目较多,对工艺和材料的要求较高,尤其是内曲线部分受柱塞滚轮的较大压力,表面处理的要求高。

如表 7-1-5 所示为低速大扭矩液压马达性能比较。

表 7-1-5 低速大扭矩液压马达性能比较

性能	连杆式	五星轮式	内曲线式
主要组成	活塞、连杆、偏心轮、输出轴、配油轴、壳体等	空心柱塞、压力环、五星轮、偏心轮、输出轴、配油轴、壳体等	缸体、柱塞副、配油轴、输出轴、壳体等
连接关系	输出轴与偏心轮一体;配油轴与输出轴间有十字形联轴器	输出轴、配油轴与偏心轮共为一体	输出轴和缸体相连;配油轴与壳体固定
油的流道	配油轴+壳体	配油轴+偏心轮+五星轮	配油轴+缸体
力的传递	活塞、连杆、偏心轮	柱塞、偏心轮	柱塞、横梁、滚轮
动力状况	活塞:往复运动;连杆:往复运动+摆动;偏心轮:回转运动;配油轴:回转运动	空心柱塞:往复运动;五星轮:平动;偏心轮:回转运动;配油轴:回转运动	柱塞副:往复运动+回转运动;缸体:回转运动;配油轴:不动
主要泄漏	配油轴与配油壳体间	空心柱塞与油缸间	配油口间
径向力	不平衡	基本平衡	完全平衡
扭矩	中	中	大
扭矩脉动	大	小	无
最低转速	3 r/min	2 r/min	0.5 r/min
作用数	单作用	单作用	多作用
变量方式	改变偏心距	改变有效列数	改变有效列数或作用数
容积效率	高	中	中
机械效率	中	高	高
起动效率	低	中	高

四、液压辅助元件

1.滤油器

滤油器的作用是在工作中不断滤除液压油中的固体杂质,保持液压油的清洁度,降低液压元件的故障率,延长液压油和装置的使用寿命。

(1)滤油器的性能参数

①过滤精度

过滤比β_x是滤油器上游油液单位容积中大于某一给定尺寸x的颗粒数与下游油液单位容积中大于同一给定尺寸x的颗粒数之比,即$\beta_x = N_u/N_d$

式中,N_u——滤油器上游油液中大于某一给定尺寸x的颗粒浓度;

N_d——滤油器下游油液中大于和上游相同的某一给定尺寸x的颗粒浓度。

当对某一给定尺寸x的过滤比β_x值为20时,则x可认为是滤油器的公称过滤精度。若对其一尺寸x'的过滤比β_x'值为75时,则x'即为滤油器的绝对过滤精度。

②额定流量和额定压力

额定流量是指滤油器在压降不超过额定值时所允许通过的最大流量。额定压力是滤油器所允许的最大工作压力。

③压力降

滤油器通常标示以额定流量通过指定黏度、密度的油液时的初始压降。随着使用时间的增长和累积的污垢量增加,压降从初始压降逐渐增加,在达到饱和压降后,继续使用则压降将急剧增加。因此,达到饱和压降时应清洗或更换滤芯,有指示、发信装置的此时应发出堵塞信号。滤油器带安全旁通阀时,其开启值比饱和压降约大10%。一般来说过滤精度高则压降较大。

滤芯的强度应能承受饱和压降和可能的液压冲击,但只要不是完全堵塞,就无须承受系统最大工作压力,故强度较低的如纸质滤芯也可用于高压系统。

④纳垢量

纳垢量是指滤油器达到饱和压降时所滤除和容纳的污垢量。纳垢量越大,滤器的工作寿命越长。

(2)滤油器的主要类型

按工作原理分,液压系统所用滤油器主要有磁性滤油器、表面型滤油器和深度型滤油器。磁性滤油器利用永磁材料吸附油液中的铁磁性杂质(吸附式)。表面型滤油器靠介质表面的孔隙阻截液流中的杂质颗粒,常用的有金属网式和金属缝隙式(金属线绕在框架上)。其特点是过滤精度低、纳垢量小,但压降小,可清洗后重新使用。为便于清洗,油液都是从外向内流过过滤材料。深度型滤油器的过滤层有一定厚度,内有无数曲折迂回通道,杂质的滤除发生在过滤介质的纵深范围内。其特点是过滤精度高,纳垢量大,但压降较大,不易清洗。主要类型有(金属粉末)烧结式、不锈钢纤维型和化学纤维型等。纸质滤油器可认为是介于表面型和深度型之间的中间型,也有粗略地将其划为深度型的。深度型滤油器具体结构形式主要有折叠圆筒式滤油器如图7-1-51所示和圆柱筒式滤油器如图7-1-52所示。折叠圆筒式过滤材料可用浸树脂的木浆纤维纸或化学纤维织品,有的还夹以玻璃纤维或不锈钢纤维复合使用。圆柱筒式滤芯可采用金属粉末烧结、微孔塑料或纤维做成。

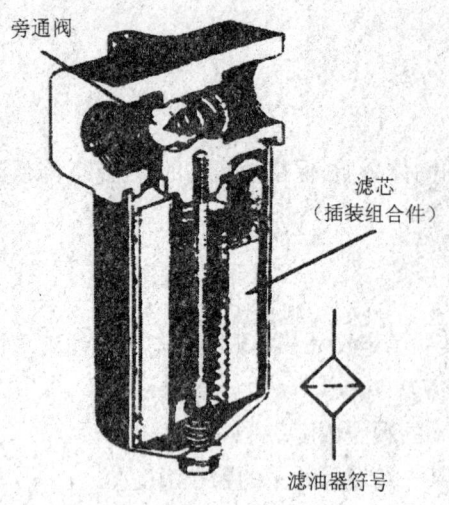

图 7-1-51 折叠圆筒式滤油器

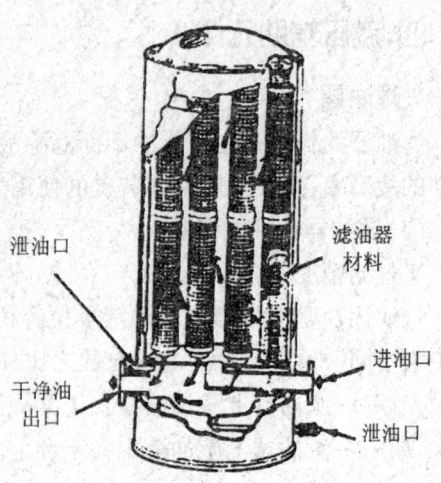

图 7-1-52 圆柱筒式滤油器

如表 7-1-6 所示为主要滤油器的类型和特点。

表 7-1-6 主要滤油器的类型和特点

类型		过滤精度(μm)	压降(MPa)	纳垢量	清洗性	使用情况
表面型	网式	80(200目) 100(200目) 180(200目)	<0.025	小	易	吸油滤器
	线隙式	30~100	0.03~0.06	小	不易	低压滤器
深度型	纸质	5~30	0.07~0.20	中	一次性	精滤(广泛使用)
	烧结式	10~100	0.09~0.20	中	不易	精滤(强度好,耐高温)
	化学纤维式	1~20	0.05~0.30	大	不易	精滤(大流量)
	不锈钢纤维式	1~20	0.006~0.055	大	易	精滤(大流量),价高,少用

按滤油器在液压系统中的位置分类,有吸油滤器、压油滤器、回油滤器、分支油路滤器和独立油路滤器等几种。吸油滤器(如图 7-1-53 所示中的 1)设在液压泵通油箱的吸入管上,保护液压泵。为防止泵吸入压力过低发生"气穴现象",吸油滤器使用中最大压差不大于 0.02 MPa,因此多使用过滤精度不太高(100~150 目)的网式滤油器,其额定流量约取泵流量的 2 倍。

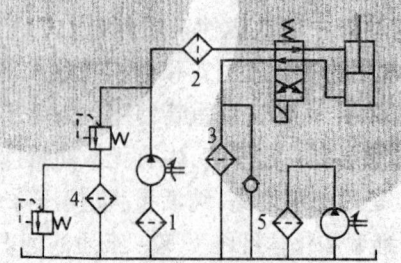

图 7-1-53 滤油器在液压系统中的位置
1—吸油滤器;2—压油滤器;3—回油滤器;4—设在分支油路的滤器;5—独立过滤系统

压油滤器(如图 7-1-53 所示中 2)设在液压泵排油管路上,保护除液压泵外的其他液压元件,过滤精度应能满足系统要求。最好使用带安全旁通阀的滤器,可防止滤芯堵塞时压降过大损坏滤芯,并防止液压泵排压过高,这时它可设在溢流阀上方同时保护溢流阀;不带旁通阀的滤油器应设在溢流阀下方。液压甲板机械只在为闭式主油路补油的辅泵排油管路上设压油滤器。

回油滤器(如图 7-1-53 所示中 3)设在执行机构的回油管路上比较好,这样其工作压力无须太高,也能控制回油箱或油泵中油的清洁度。回油滤器承受的压力等于回油背压,一般不超过 1 MPa,初始压降一般为 0.035~0.05 MPa,允许压降为 0.20~0.35 MPa,过滤精度较高,应满足系统要求。

压油滤器和回油滤器要求流量较大(稍大于液压泵流量),而且系统中流量和压力的波动会使其过滤性能降低。因此有的液压装置将滤油器设在分支油路上(如图 7-1-53 所示中 4),或专设在独立的过滤系统中(如图 7-1-53 所示中 5)。专设过滤油路中辅泵的每分钟排量取为油箱容积的 5%~20%,过滤压力一般为 0.20~0.35 MPa,过滤精度应满足系统要求。船用液压系统现常用便携式滤油车作为多装置共用的独立过滤系统,不失为一种经济实用的方法。

滤油器压降达到饱和压降时,要及时清洗或更换。

2.油箱

油箱在液压系统中的主要功能是:①储存系统所需的足够油液;②散发系统工作中产生的一部分热量;③分离油液中的气体和沉淀污物。如图 7-1-54 所示为常用带隔板的液压系统油箱。

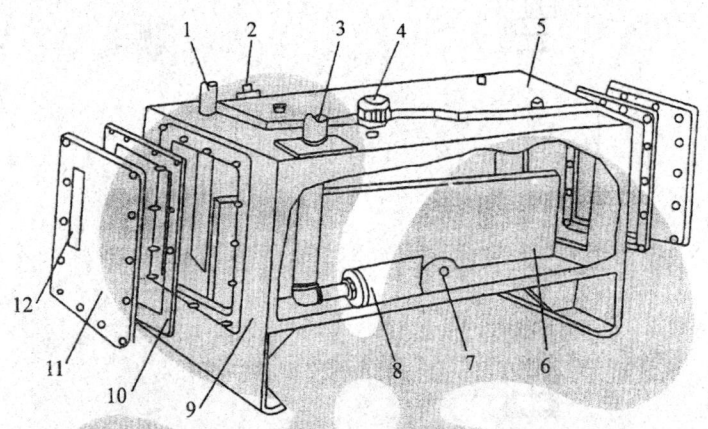

图 7-1-54　常用带隔板的液压系统油箱
1—回油管;2—泄油管;3—吸油管;4—空气滤清器;5—电机底座;6—隔板;
7—泄油口;8—滤油器;9—箱体;10—密封垫;11—侧盖板;12—液位计

为了确保液压系统的正常工作,油箱必须满足如下要求:

(1)油箱容积应能储存足够的油液以满足液压系统正常工作的需要,应便于箱内元件的拆装和检修。为利于油液冷却和分离污垢,总希望油箱大些,一般为泵每分钟吸油量的 2~5 倍。系统停止工作时,油箱中的油位高度不超过油箱高度的 80%。

(2)整个油箱内壁应涂有防锈保护层,因潮气会使油箱生锈。所采用的保护层应与所用油有相容性。

(3)在油箱内部要加隔板,其高度通常为油面高度的 2/3,以使油液能在其内部平稳地流动,从而有利于油液散热及油液中气体的分离和污垢的沉淀。

(4)油箱的通气孔应有空气滤网及孔罩,管接头的密封良好,应能防止外部污物的渗入,保证泵的正常工作。

(5)油箱底部宜制造成形,最低处设有放油塞。箱盖应易于拆卸,以便清洁油箱。油箱应设有玻璃油位计或油尺以供检查油位。

(6)泵的油管和回油管管口应在油位之下适当深度;否则油会混入空气和起泡沫。然而如有必要避免泄油通道增加阻力或产生虹吸现象,泄油管出油口可放在油位之上。吸油管与箱底距离应大于管径的2倍,与侧壁距离大于管径的3倍,管口装滤油器。回油管出口与箱底距离应大于管径的3倍,端头切成45°角,斜口方向通常使出油流向箱壁而背离泵进油管。

3.蓄能器

蓄能器的功用主要有:①减少液压冲击和压力脉动;②为系统保压以节省能耗和降低油的温升;③短时间大量供油,以节省投资和能耗。

如图7-1-55所示为气囊式蓄能器及其图形符号。这种蓄能器内有一个耐油橡胶制成的气囊3,内部常充以氮气。下部有一个弹簧控制的菌形阀4,通常工作状态常开,当油液排空时则关闭,防止气囊被挤出。蓄能器是一种能蓄存和释放液压油压力能的元件,它与液压管路相通,当管路中的压力大于蓄能器内的压力时,部分液压油从管路进入蓄能器;反之,则由蓄能器补入管路中。蓄能器有重锤式、弹簧式和充气式,充气式又有气囊式、活塞式等。

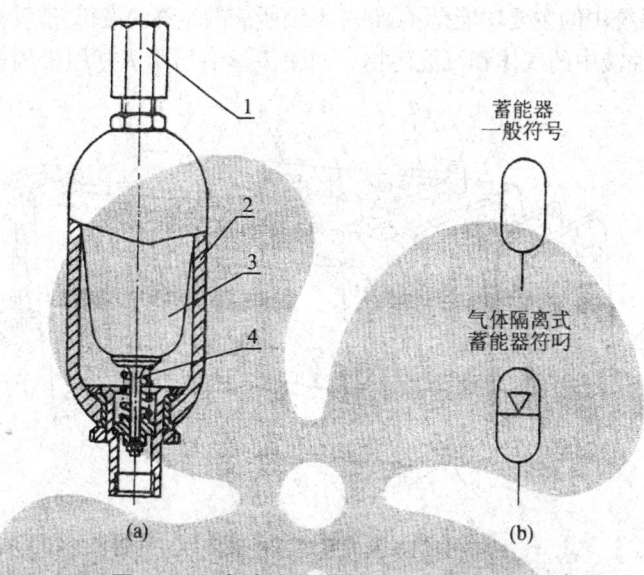

图7-1-55 气囊式蓄能器及其图形符号
1—充气阀;2—壳体;3—气囊;4—菌形阀

使用蓄能器要注意以下几点:
(1)原则上以垂直安装(油口向下)为宜。
(2)装在管路上的蓄能器需用支架固定。
(3)蓄能器与管路之间应装截止阀,以便系统长期停用以及充气或检修时将其切断。

第二节 液压舵机

舵是控制船舶航向的关键设备,是船舶液压机械中最重要的设备之一,液压舵机是舵系统正常工作的前提。舵是船舶操纵设备,其工作的可靠性直接关系到船舶的安全。工作过程中正确操作液压舵机,在发生故障时需要进行必要的调试,使之符合规范的要求。

为更好地掌握正确操作与调试液压舵机的能力,需要熟悉液压舵机的基本组成、工作原理和基本技术要求等相关知识。应进一步熟悉液压舵机维护管理,对常见故障进行分析判断和排除,正确调试舵机。

一、舵设备的组成和作用原理

舵作为保持或改变航向的设备,垂直安装在螺旋桨的后方。为了提高舵效和推进效率,大多采用由钢板焊接而成的空心舵,又称为复板舵。这种舵因为水平截面呈对称机翼形,故又称为流线型舵。

舵的类型很多,如图 7-2-1 所示为三种典型的海船用舵。舵机经舵柄 1 将扭矩传递到舵杆 3 上。舵杆 3 由舵承支承,它穿过船体上的舵杆套筒 4 带动舵叶 7 偏转。舵承固定在船体上,由滑动或滚动轴承及密封填料等组成。此外,舵叶 7 还可通过舵销 5 支承在舵柱 8 的舵托 9 或舵钮 6 上。

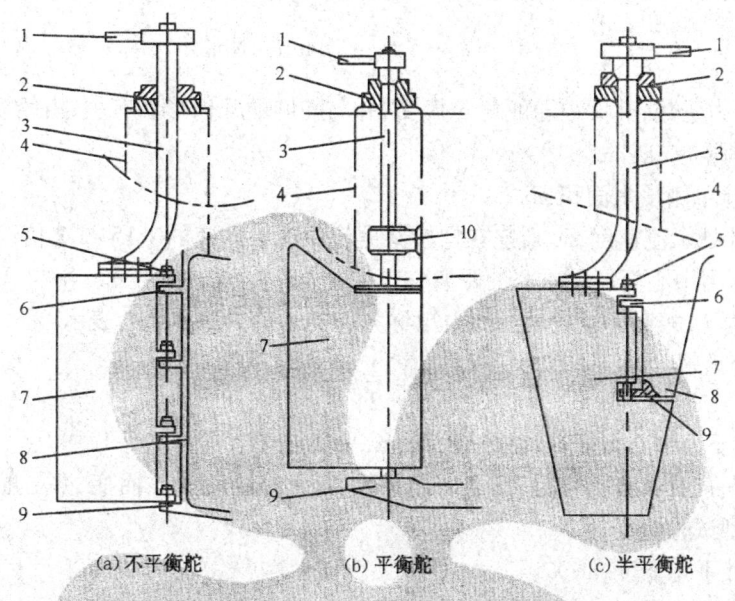

图 7-2-1　三种典型的海船用舵

1—舵柄;2—上舵承;3—舵杆;4—舵杆套筒;5—舵销;6—舵钮;7—舵叶;8—舵柱;9—舵托;10—舵承

舵杆轴线一般就是舵叶的转动轴线。舵杆轴线紧靠舵叶前缘的舵,称为不平衡舵[如图 7-2-1(a)所示];舵杆轴线位于舵叶前缘后面一定位置的舵称为平衡舵[如图 7-2-1(b)所示];而仅下半部做成平衡式的舵即称为半平衡舵[如图 7-2-1(c)所示]。后两种舵在舵杆轴线之前有一定的舵叶面积,转舵时水流作用在它上面产生的扭矩可以抵消轴线后一部分舵叶面积上的扭矩,从而减轻舵机的负荷。

如图 7-2-2 所示为舵上的水作用力及其对船的影响。船舶航行时,如舵叶处于正舵位置,即舵角(舵叶与船舶中线的夹角)$a=0°$时,则舵叶两侧所受的水作用力相等,对船的运动方向不产生影响。但如将舵叶向某舷偏转任一角度 a,则其两侧的水流就会如图 7-2-2(a)所示那样,不再保持对称,水流绕流线舵叶时的流程在背水面就要比迎水面长,背水面的流速也就较迎水面大,而其上的静压力也就较迎水面要小。这样,舵叶两侧所受水压力的合力(称为舵压力)F_N就将垂直于舵叶,作用于舵叶的压力中心 O,并指向舵叶的背水面。除 F_N 外,水流对舵叶还会产生与舵叶中线方向一致的摩擦力 F_T,它比 F_N 小得多。所以,当舵叶偏转舵角 α 后,在舵叶的压力中心 O 上,就会产生一个大小等于 F_N 与 F_T 合力的水作用力 F。舵上的水作用力 F 也可分解为与水流方向垂直的升力 F_L 和与水流方向平行的阻力 F_D,如图7-2-2(b)所示。

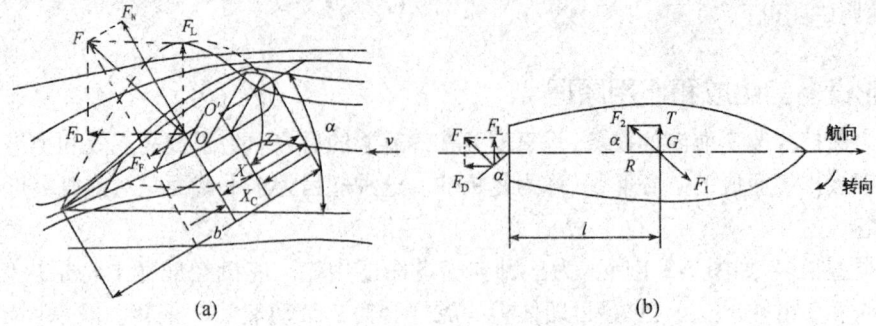

图 7-2-2 舵上的水作用力及其对船的影响

舵的水作用力 F 对船舶重心 G 形成的转矩称为转船力矩,用 M_s 表示。

$$M_s \approx F_L \cdot l = \frac{1}{2} C_L \rho A v^2 l \quad \text{Nm}$$

式中,C_L——升力系数,其大小随舵角 α 而变,并与舵叶的几何形状有关,由船模试验测定;

ρ——水的密度,kg/m^3;

A——舵叶单侧浸水面积,m^2;

v——舵叶处水流速度,m/s,舵在螺旋桨尾流中时取航速的 $1.15 \sim 1.2$ 倍;

l——舵压力中心至船舶重心的距离,m。

舵的水压力 F_N 相对于舵杆轴线的力矩称为舵的水动力矩,用 M_α 表示

$$M_a = F_N \cdot X_c = \frac{1}{2} C_N \rho A v^2 X_c \quad \text{Nm}$$

式中,X_c——舵压力中心至舵杆轴线的距离,m,平衡舵 $X_c = C_x b - Z$;

C_N, C_x——舵叶的压力系数、压力中心系数,其大小随舵角 α 而变,并与舵叶几何形状有关,由模型试验测定;

b——舵叶平均宽度,m;

Z——舵杆轴线至舵叶导边的距离,m。

操舵装置施加在舵杆上的扭矩称为转舵扭矩,用 M 表示。舵匀速转动时,转舵扭矩应等于水动力矩 M_α 和舵各支承处的总摩擦扭矩 M_f 的代数和,即 $M = M_\alpha + M_f$。M 方向以与舵转向相同为正,而 M_α, M_f 以方向与舵转向相反为正。显然,M_f 始终为正值,平衡舵一般 $M_f = (0.15 \sim 0.20) M_\alpha$。正车回舵或倒车偏舵时 M_α 为负,则会出现负转舵力矩。

舵机的公称转舵扭矩是指其在最大舵角输出的最大扭矩,必须依据船在最深航海吃水以最大营运航速前进时,将舵转至最大舵角所需的扭矩来决定,并能按规范要求满足倒车时转舵需要。

(1)舵的转船力矩 M_s 比水动力矩 M_α 大得多,它们都与舵叶面积 A 及舵叶处水速 v 的平方成正比。因此,舵叶浸水面积增加和航速提高,都能使转船力矩(舵效)增加,但这时转舵扭矩和舵机负荷也增加。在内河航行时,逆水靠离码头可增加舵效。

(2)正航偏舵时水动力矩 M_α 和转船力矩 M_s 随舵角 α 变化的规律如图 7-2-3 所示。转船

力矩随舵角增加而增加,当达到某一舵角时将出现最大值。海船吃水较深,转船力矩达到最大值时的舵角介于 30°~35°;海船舵机规定的最大舵角是 35°,河船最大舵角根据舵叶 λ 值不同可以更大些。

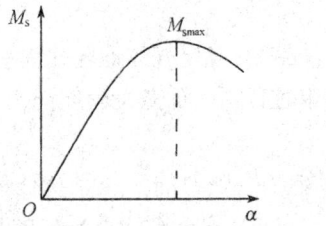 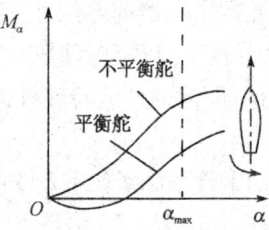

图 7-2-3　正航偏舵时水动力矩 M_α 和转船力矩 M_s 随舵角 α 变化的规律

(3) 现代船舶大多采用平衡舵。这种舵的水动力矩 M_α 因力臂 X_c 减小而减小,使舵机需要的功率减小,但转船力矩几乎不受影响。选用适当的平衡系数可以减小舵机的额定功率和常用舵角(小于 10°~20°)的功率消耗。

(4) 倒航时舵叶后缘变成导边,压力中心与舵杆中心线的距离变大,但倒航航速一般不超过正航最大营运航速的一半。流线型平衡舵倒航时的最大水动力矩一般为正航最大值的 60% 左右。

二、对舵机的基本技术要求

中国船级社《钢质海船入级规范》根据《国际海上人命安全公约》(SOLAS 公约)的规定,对舵机提出了明确的要求,其基本精神就是要求舵机必须具有足够的转舵扭矩和转舵速度,并且在某一部分万一发生故障时,应能迅速采取替代措施,以确保操舵能力。基本技术要求如下:

(1) 必须具有一套主操舵装置和一套辅操舵装置;或主操舵装置有两套以上的动力设备,当其中之一失效时,另一套应能迅速投入工作。

主操舵装置应具有足够的强度并能在船舶处于最深航海吃水并以最大营运航速前进时,将舵自任一舷 35°转至另一舷的 35°,并且于相同的条件下自一舷的 35°转至另一舷的 30°所需的时间不超过 28 s。此外,在船以最大速度后退时应不致损坏。

辅操舵装置应具有足够的强度,且能在船舶处于最深航海吃水并以最大营运航速的一半但不小于 7 kn 前进时,能在不超过 60 s 内将舵自任一舷的 15°转至另一舷的 15°。

在主操舵装置备有两台以上相同的动力设备并符合下列条件时,也可不设辅操舵装置[10 000 t(载重吨)以上油船、化学品船、液化气体船和 70 000 t(载重吨)以上其他船必须如此]:即当管系或一台动力设备发生单项故障时应能将缺陷隔离,以使操舵能力能够保持或迅速恢复;对于客船,当任一台动力设备不工作时,或对于货船,当所有动力设备都工作时,应能满足对主操舵装置的要求。

(2) 主操舵装置应在驾驶台和舵机室都设有控制器;当主操舵装置设置两台动力设备时,应设有两套独立的控制系统,且均能在驾驶台控制。但如果采用液压遥控系统,除 10 000 t(载重吨)以上的油船(包括化学品船、液化气船,下同)外,不必设置第二套独立的控制系统。

(3) 对舵柄处舵杆直径大于 230 mm(不包括航行冰区加强)的船应设有能在 45 s 内向操舵装置提供的替代动力源。这种动力源应为应急电源位于舵机室内的独立动力源,其容量至少应能向符合辅操舵装置要求的一台动力设备及其控制系统和舵角指示器提供足够的能源。

此独立动力源只准专用于上述目的。对 10 000 t(载重吨)以上的船舶,它应至少可供工作 30 min,对其他船舶为 10 min。

(4)操舵装置应设有有效的舵角限位器。以动力转舵的操舵装置,应装设限位开关或类似设备,使舵在到达舵角限位器前停住。

(5)对 10 000 t(载重吨)以上的油船、化学品船、液化气体运输船尚有如下一些附加要求:当发生单项故障(舵柄、舵扇损坏或转舵机构卡住除外)而丧失操舵能力时,应能在 45 s 内重新获得操舵能力。

(6)能被隔断的、由于动力源或外力作用能产生压力的液压系统任何部分均应设置安全阀。安全阀开启压力应不小于 1.25 倍最大工作压力;安全阀能够排出的量应不小于液压泵总流量的 110%,在此情况下,压力的升高不应超过开启压力的 10%,且不应超过设计压力值。

三、液压舵机的基本组成和工作原理

现代船舶几乎全部采用液压舵机,电动舵机仅用于一些小型船舶上。液压舵机是利用液体的不可压缩性及流量、流向的可控性来达到操舵目的的。根据液压油流向变换方法的不同,液压舵机可分为泵控型和阀控型两类。

1.泵控型液压舵机

如图 7-2-4 所示为泵控型液压舵机原理图。双向变量油泵 2 设于舵机室,由电动机 1 驱动作单向持续回转,而油泵的流量和吸排方向则通过与浮动杆 5 的点 C 相连接的变量泵控制杆 4 控制,即依靠油泵控制点 C 偏离中位的方向和距离来决定泵的吸排方向和流量。

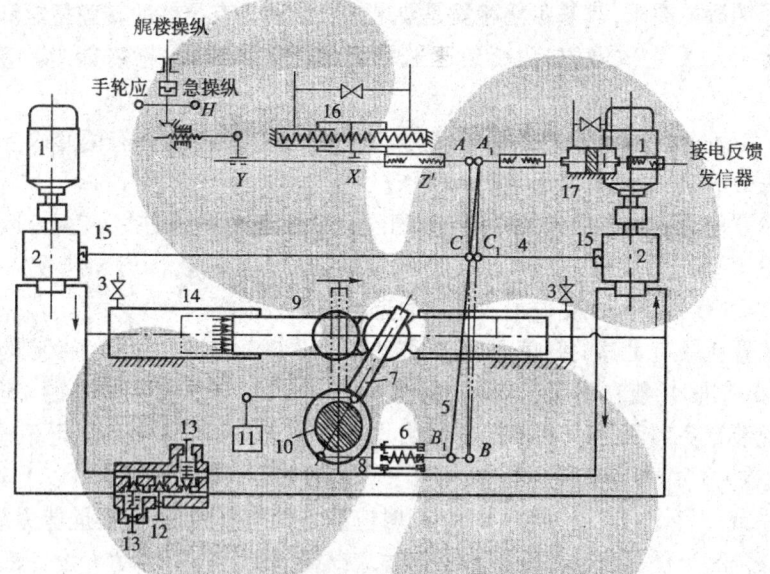

图 7-2-4 泵控型液压舵机原理图

1—电动机;2—双向变量油泵;3—放气阀;4—变量泵控制杆;5—浮动杆;6—储能弹簧;7—舵柄;8—反馈杆;9—撞杆;10—舵杆;11—舵角指示器的发送器;12—旁通阀;13—安全阀;14—转舵油缸;15—调节螺母;16—液压遥控受动器;17—电气遥控伺服油缸

如图 7-2-4 所示的舵机采用往复式转舵机构。它由固定在机座上的转舵油缸 14 和可在油缸中往复运动的撞杆 9 等所组成。当油泵按图 7-2-4 所示吸、排方向工作时,泵就会通过油管从右侧油缸吸油,排向左侧油缸。这样,撞杆 9 就会在油压的作用下向右运动。撞杆通过中

央的滑动接头与舵柄7连接,而舵柄7的一端又用键固定在舵杆10的上端。因此,撞杆9的往复运动就可转变为舵叶的偏转。显然,改变油泵的吸排方向,则撞杆和舵叶的运动方向也就随之而变。

对转舵机构尺寸既定的舵机来说,转舵速度主要取决于油泵的流量,而与舵杆上的扭矩负荷基本无关。因为舵机油泵都采用容积式泵,当转舵扭矩变化时,虽然工作油压也随之变化,但泵的流量基本不变(漏泄量随工作油压的变化一般不大),故对转舵速度变化的影响并不明显。所以,进出港和窄水道航行时,用双泵并联,转舵速度几乎可提高一倍。

泵控型液压舵机较多采用浮动杆式追随机构。浮动杆的控制点 A 系由驾驶台通过遥控系统来控制,但如把 X 孔的插销转插到 Y 孔之中,则也可在舵机室用手轮来控制。浮动杆上的控泵点 C 与变量泵的控制杆相连;反馈点 B 经反馈杆与舵柄相连。当舵叶和驾驶台上的舵轮都处于中位时,浮动杆即处在用点划线 ACB 所表示的位置,C 点恰使变量机构居于中位,故油泵空转,舵保持中位不动。如果驾驶台给出某一舵角指令,那么,通过遥控系统,就会使 A 点移至 A_1。由于 B 点在舵叶转动以前并不移动,所以 C 点将移到 C_1,于是,油泵按图7-2-4所示箭头方向吸、排,舵叶开始偏转,通过反馈杆带动 B 点向左移动。当舵叶转到与 A_1 点位置所给出的指令舵角相符时,B 也移到 B_1,使 C 点重又回到中位,于是油泵停止排油,舵就停止在所要求的舵角上。这时,浮动杆的位置如图中的实线 A_1CB_1 所示。实际上,浮动杆的动作并不是分步进行的,而是在 A 点带动 C 点偏离中位后,由于油泵排油,推动舵叶,B 点就要移动,只是 A、C 动作领先,舵叶和 B 点追随其后而已。

当驾驶台发出回舵指令时,A 点又会从 A_1 位置移回中位,于是 C 点也偏离中位向左移动,使油泵反向吸、排,因此,舵叶也就向中位偏转,使 B 点从 B_1 向右移动。直到舵叶转到由 A 点位置所确定的指令舵角时,C 点重新回中,油泵停止排油,舵叶也就停转。

储能弹簧的特点是:两边受拉力或压力作用时弹簧均受压缩。其作用是既有利于大舵角操舵,能一次完成,又能提高转舵速度。储能弹簧刚度必须适当,若弹簧太软,则可能使 B 点先于 C 点而移动,小舵角操舵也就无法进行;但如弹簧太硬,则大舵角操舵所需的操舵力又会太大,如无法达到,则反馈杆实际上相当于刚性杆,储能弹簧不起作用,大舵角操舵则难于一次完成。

有的浮动杆追随机构加设了副杠杆,它起机械放大作用,可缩小浮动杆及其操纵机构尺寸而保持小舵角操纵的灵敏度。

由于浮动杆式追随机构能使油泵在开始和停止排油时流量逐渐增大和减小,因而可减轻液压系统的冲击。但并非所有泵控型舵机都采用浮动杆追随机构,有的是靠电气遥控系统使主泵流量逐渐增大和减小的。

为了防止海浪或冰块等冲击舵叶时造成舵杆上的负荷过大、系统油压过高和使电机过载,在油路系统中装设了安全阀13(亦称防浪阀)。当舵叶受到冲击以致使任一侧管路的油压超过安全阀的整定压力时,则安全阀就会开启,使油泵的两侧管路旁通。当舵上的冲击负荷消失后,安全阀关闭,由于追随机构的存在,舵叶在油泵的作用下,又会返回原位。

2.阀控型液压舵机

如图7-2-5所示为阀控型液压舵机原理图,阀控型液压舵机使用单向定量油泵,其吸、排方向不变,油液进出转舵油缸的方向由驾驶台的换向阀来控制,以达到改变转舵方向的目的。当换向阀处于中位时,油泵的排油将经换向阀旁通而直接返回油泵的进口(闭式系统)或回油箱(开式系统);而转舵油缸的油路就会锁闭而稳舵。

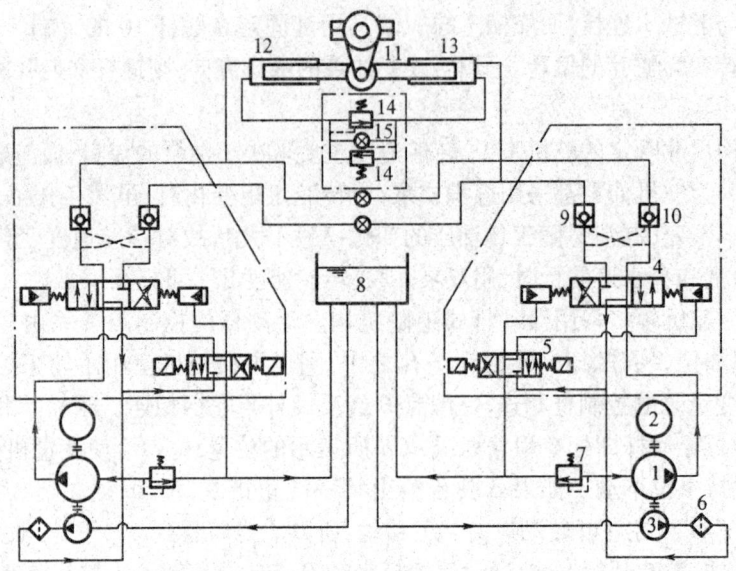

图 7-2-5 阀控型液压舵机原理图

1—主油泵；2—电动机；3—辅油泵；4,5—电磁换向阀；6—滤器；7—溢流阀；8—油箱；
9,10—液控单向阀；11—撞杆；12,13—油缸；14—防浪阀；15—手动旁通阀

　　阀控型液压舵机的油泵和系统比较简单，造价相对较低；缺点是用换向阀换向，从而导致液压冲击较大。此外，阀控型液压舵机在停止转舵时，换向阀必须及时回中，主泵仍以最大流量排油，故油液发热较多，经济性较差。所以，阀控型液压舵机适用的功率范围一般比泵控型小。但是，随着系统设计的改进，阀控型液压舵机的适用功率范围也在不断增大。

四、液压舵机的转舵机构

　　在液压舵机中，转舵机构用来将油泵供给的液压能变为转动舵杆的机械能，以推动舵叶偏转。根据动作方式的不同，转舵机构可分为往复式和回转式两大类。

1. 往复式转舵机构

　　往复式转舵机构较常见的有滑式、滚轮式、摆缸式等，现分述如下：

（1）滑式转舵机构

　　滑式转舵机构是应用最广的一种形式。它有十字头式和拨叉式之分。十字头式转舵机构主要由转舵油缸、插入油缸中的撞杆以及与舵柄相连接的十字形滑动接头等所组成。如图 7-2-6 所示为十字头式转舵机构，一般当转舵扭矩较大时，则大多采用四缸、双撞杆的结构，如图 7-2-6(a) 所示。当转舵扭矩较小时，常采用双向双缸单撞杆的形式。为了将撞杆的往复运动转变为舵的摆动，在撞杆与舵柄的连接处，设有十字形滑动接头，如图 7-2-6(b) 所示。两个撞杆 3 通过自己的叉形端部，用螺栓连在一起，形成上、下两个轴承。两个轴承环抱着十字头的两个耳轴 7；而舵柄 8 则与耳轴垂直，并横插在十字头的中央轴承中。因此，当撞杆 3 在油压推动下移离中央位置时，十字头就会一面随撞杆移动，一面带动舵柄偏转，继而带动舵杆转动。显然，随着舵角 α 的增加，十字头将在舵柄上向外端滑移，而舵柄的有效工作长度，即舵杆中心到十字头中心的距离 R 也随 α 的增大而增大。

　　撞杆的极限行程由行程限制器（挡块）11 加以限制，它能在舵角超过最大舵角 1.5° 时限制撞杆继续移动。这时油缸底部的空隙应不小于 10 mm。在导板的一侧还设有机械式舵角指示

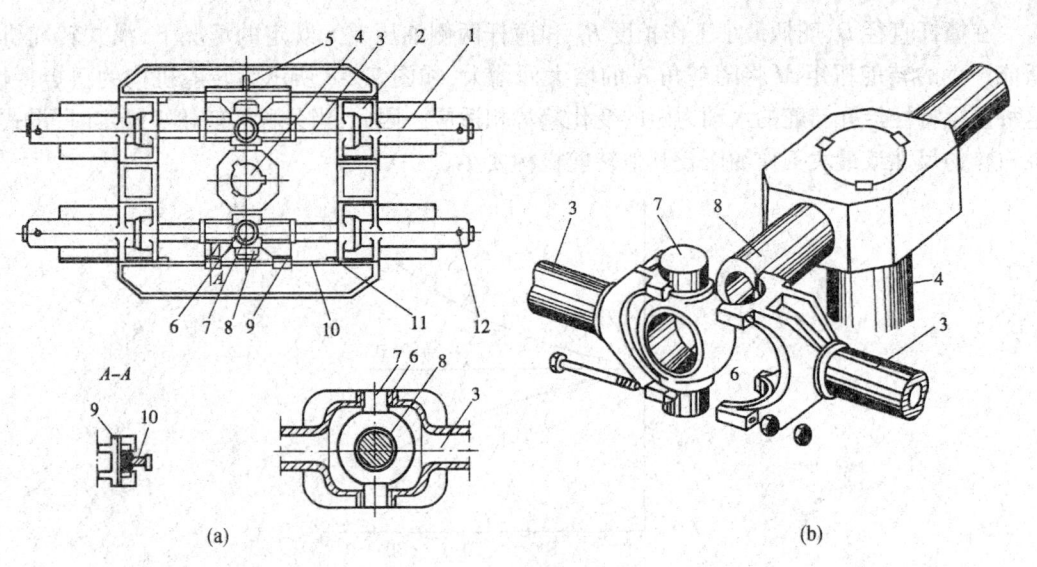

图 7-2-6 十字头式转舵机构

1—油缸;2—底座;3—撞杆;4—舵杆;5—机械式舵角指示器;6—十字头轴承;
7—十字头耳轴;8—舵柄;9—滑块;10—导板;11—撞杆行程限制器;12—放气阀

器 5,用以指示撞杆在不同位置时所对应的舵角。此外,在每个转舵油缸的上部还设有放气阀,以便驱放油缸中的空气。

滑式转舵机构的受力分析如图 7-2-7 所示。当舵转至任意舵角 α 时,为了克服水动力矩所造成的力 Q'(与舵柄方向垂直),在十字头上将受到撞杆两端油压差的作用力 P。由于力 P 与 Q' 的作用方向不在同一条直线上,导板必将产生反作用力 N,以使 P 和 N 的合力 Q 恰与力 Q' 方向相反,从而产生转舵扭矩以克服水动力矩和摩擦扭矩。这样,与舵柄方向始终垂直的力 Q 就应为:$Q = P/\cos\alpha = \pi D^2 P/4\cos\alpha$。因此,滑式机构产生的转舵力矩为:

$$M = \pi D^2 p Z R_0 \eta_v / 4\cos^2\alpha$$

式中,D——撞杆直径,m;

p——撞杆两端的油压差,Pa;

R_0——舵杆中心线到撞杆中心线的距离,m;

η_v——机械效率,滑式机构一般取 0.75~0.85;

Z——油缸对数。

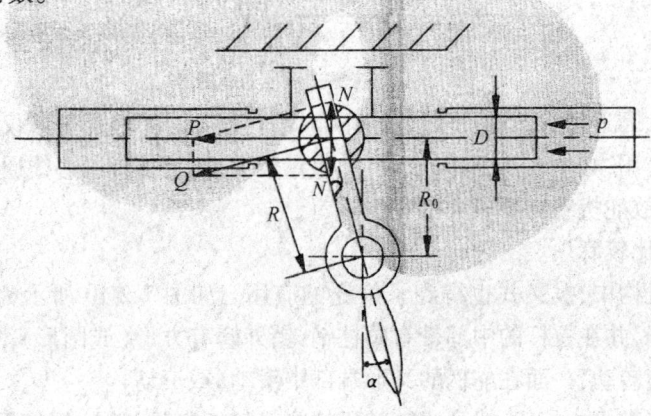

图 7-2-7 滑式转舵机构的受力分析

在撞杆直径 D、舵柄最小工作长度 R_0 和撞杆两侧油压差 p 既定的情况下,滑式转舵机构所能产生的转舵扭矩 M 将随舵角 α 的增大而增大,如图 7-2-8 所示为转舵机构的扭矩特性。这种扭矩特性恰好与舵的水动力矩的变化趋势相适应。因此,当公称转舵扭矩既定时,滑式转舵机构的尺寸或最大工作油压较其他转舵机构要小。

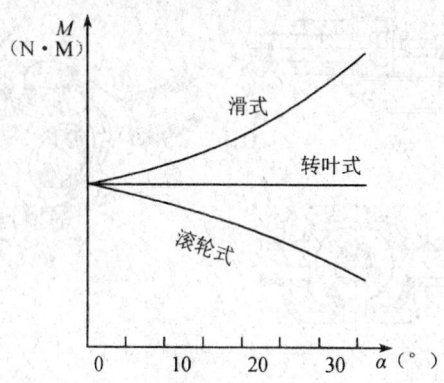

图 7-2-8 转舵机构的扭矩特性

十字头式转舵机构具有以下特点:

①扭矩特性良好,承载能力较大,能可靠地平衡撞杆所受的侧推力,可用于转舵扭矩很大的场合。

②拉杆和油缸间的密封大都采用 V 形密封圈,如图 7-2-9 所示为柱塞式液压缸的密封。这种密封圈由夹有织物的橡胶制成。安装时开口应面向压力油腔,以使工作油压越高,密封圈撑开越大,从而更加贴紧密封面,故密封可靠,磨损后还具有自动补偿能力。此外,密封泄漏时较易发现,更换也较方便。

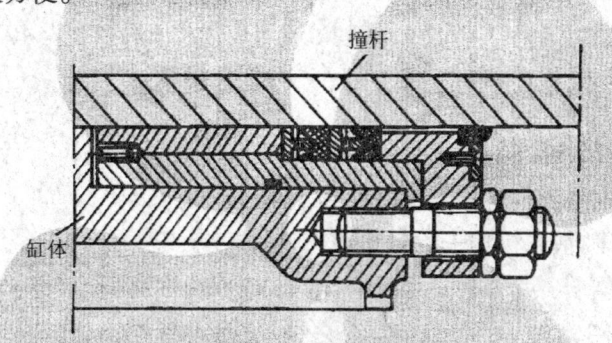

图 7-2-9 柱塞式液压缸的密封

③油缸内壁除靠近密封端的一小段外,不与撞杆接触,可不经加工或仅作粗略加工。

④油缸为单作用,必须成对工作,故尺寸、重量较大,而且拉杆中心线通常都按垂直于船舶首尾线方向布置,故舵机室需要较大的宽度。

⑤安装、检修比较麻烦。

在滑式转舵机构中,拨叉式也得到了广泛的应用。如图 7-2-10 所示为拨叉式转舵机构,它使用整根的撞杆,并在拉杆的中部带有圆柱销,销外套有方形(或圆形)滑块。撞杆移动时,滑块一面绕圆柱销转动,一面在舵柄的叉形端部中滑动(或滚动)。

与十字头式转舵机构相比,拨叉式转舵机构与其转矩特性相同,但使用拨叉式时,侧推力可直接由撞杆本身承受而无须导板,故结构简单,加工及拆装都较方便;此外,当公称扭矩较小

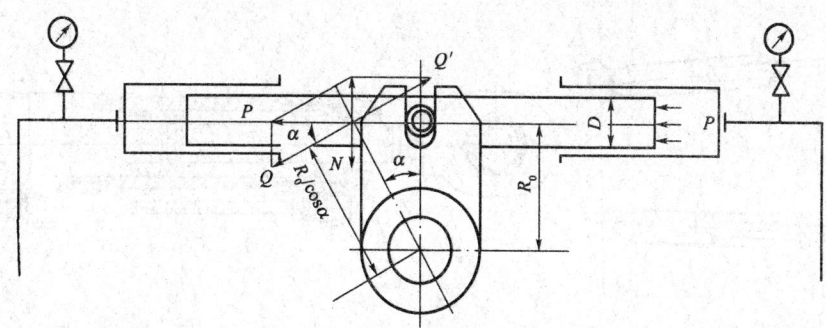

图 7-2-10 拨叉式转舵机构

时,由于以拨叉代替十字头,撞杆轴线至舵杆轴间的距离 R 就可缩减 26%,撞杆的最大行程也因而得以减小,所以,在公称转舵扭矩和最大工作油压相同的情况下,拨叉式的占地面积将可比十字头式减少 10%~15%,重量亦相应减轻 10% 左右。但是,当公称扭矩较大时,仍以采用十字头式为宜。

(2)滚轮式转舵机构

如图 7-2-11 所示为滚轮式转舵机构,该结构特点是用装在舵柄端部的滚轮代替滑式机构中的十字头或拨叉。工作时受油压推动的撞杆,以其顶部直接顶动滚轮,迫使舵柄转动。这种

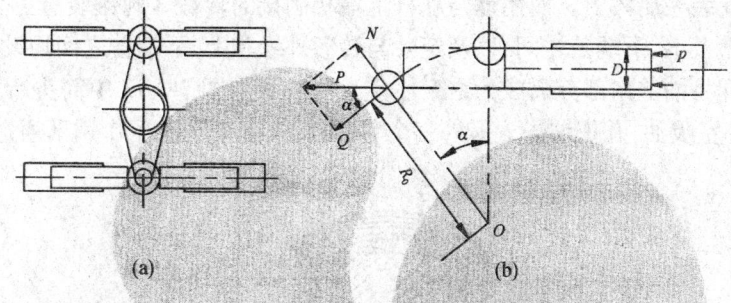

图 7-2-11 滚轮式转舵机构

转舵机构不论舵角 α 如何变化,通过撞杆端面与滚轮表面的接触线作用到舵柄上的推力 P,始终垂直于拉杆端面,而不会产生侧推力。由图可见,推力 P 在垂直于舵柄轴线方向的分力可写为:$Q = P\cos\alpha = \pi D^2 P\cos\alpha/4$。因此,滚轮式转舵机构所能产生的转舵扭矩为:

$$M = ZQR_0\eta_m = \pi D^2 ZP\cos\alpha R_0\eta_m/4 \quad \text{N·m}$$

上式表明,在主要尺寸(D、R_0)和最大工作油压差既定的情况下,滚轮式转舵机构所能产生的转舵扭矩将随 α 的增大而减小,即扭矩特性在坐标图上是一条向下弯的曲线(如图 7-2-8 所示)。在最大舵角时,舵的水动力矩较大,而滚轮式这时所能产生的转舵扭矩反而最小,只达到主要尺度(D、R)和最大工作油压差 P 相同的滑式机构的 55% 左右。因此,在实际工作中,随着舵角 α 的增大,这种机构的工作油压比滑式机构增加得快。

(3)摆缸式转舵机构

如图 7-2-12 所示为摆缸式转舵机构。它的主要结构特点在于采用了与支架相铰接的两个摆动式油缸 1 和双作用的活塞 2(也可用单作用)。转舵时,利用活塞在油压作用下所产生的往复运动,以及两个油缸的相应摆动,即可通过与活塞杆铰接的舵柄,推动舵叶偏转。由于转舵时缸体必须做相应的摆动,故油缸两端的油管必须采用有挠性的高压软管。

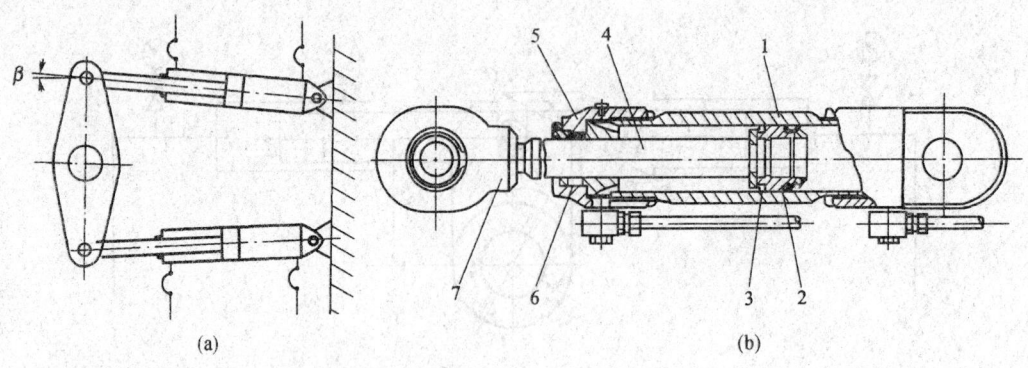

图 7-2-12 摆缸式转舵机构
1—油缸；2—活塞；3—活塞环；4—活塞杆；5—端盖；6—密封环；7—接头

由图 7-2-12 可见，摆缸式机构转舵时，油缸摆角 β（即任意舵角时油缸中心线与中舵时舵柄的垂直线间的夹角）将随油缸的安装角（即中舵时的油缸摆角）和舵转角 α 而变。一般常使中舵时 β 最大，而最大舵角时 β 为零或接近于零。但不论舵角 α 如何，β 角总是很小的，如果将其忽略不计，则摆缸式与滚轮式的扭矩特性基本相同。

2. 转叶式转舵机构

如图 7-2-13 所示为三转叶式转舵机构原理图。该机构内部装有三个定叶 5 的缸体 2，通过橡胶缓冲器安装在船体上。而用键与舵杆上端相固接的转毂 3 则镶装着三个转叶 4。由于转叶与缸体内壁及上、下端盖之间，以及定叶与转毂外缘和上、下端盖之间均设法保持密封，故借转叶和定叶即将油缸内部分隔成为六个小室。当油泵如图 7-2-13 中箭头所示那样，经油管 6 分别从三个小室吸油，并把油排入另外三个室，则转叶就会在液压作用下通过转毂带动舵杆和舵叶偏转。

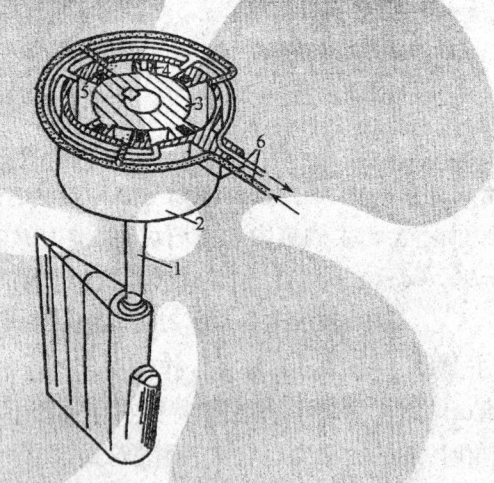

图 7-2-13 三转叶式转舵机构原理图
1—舵杆；2—缸体；3—转毂；4—转叶；5—定叶；6—油管

3. 转舵机构的主要类型与特点比较

如表 7-2-1 所示为转舵机构的主要类型与特点。

表 7-2-1 转舵机构的主要类型与特点

型式		转矩特性	密封性能	侧向力	油缸作用数	外形尺寸	加工维护	备注
往复式	滑式 十字头式	好 (输出转矩随舵角增大而增大,如图7-2-8所示)	V形密封,如图7-2-9所示。自动补偿磨损。更换时,拆装少,以油压压出即可	由导板平衡	单作用	重量大,横向尺寸大,占地多	安装检修麻烦	应用最广泛,转舵力矩很大
往复式	滑式 拨叉式			由撞杆承受,无须导板	单作用	比十字头式轻10%,占地面积少10%~15%	安装检修比十字头式容易	因撞杆承受侧推力,最大公称转矩比十字头式稍小
往复式	滚轮式	差 (输出转矩随舵角增大而减小)		无	单作用	占地比拨叉式少	结构简单,安装检修容易,布置灵活,方便	适用于中小功率,同尺寸下公称转矩比滑式小。杆与轮可能脱开撞击。但杆与轮间隙可自动补偿
往复式	摆缸式		差,活塞采用密封环,耐压不高,更换不易	无	双作用	占地少	加工精度高	适用于小功率,应用不普遍
回转式	转叶式	中 (输出转矩不随舵角变化)	差,高压时内漏难解决	无	多作用,一般为三叶六作用	占地少	无外部润滑,管理方便	适用于中大功率,应用较多
回转式	弧形撞杆式	中	好,与滑式相同	无	单作用	横向尺寸比滑式小,占地少	加工很困难	适用于大功率,应用不多

五、液压舵机遥控系统

现代船舶的舵机,一般都同时装有可由驾驶台遥控的随动操舵系统和自动操舵系统。所谓随动操舵系统,是指在操舵者发出舵角指令后,不仅可使舵按指定方向转动,而且在舵转到指令舵角后还能自动停止操舵的系统。而自动操舵系统,则是在船舶长时间沿指定航向航行时使用,它能在船因风、流及螺旋桨的不对称作用等造成偏航时,靠罗经测知并自动发出信号,使操舵装置改变舵角,以使船舶能够自动地保持既定的航向。此外,一般还同时设有非随动操舵系统,它只能控制舵机的起停和转舵方向,当舵转至所需要的舵角时,操舵者必须再次发出停止转舵的信号,才能使舵停转。非随动操舵系统通常既可在驾驶台操纵,也可在舵机室操纵,以备应急操舵或检修、调试舵机时使用。

根据从驾驶台到舵机室传递操舵信号方法的不同,舵机的操纵系统可分为液压式、电液式和电气式等。电气式又按控制对象分为伺服电机式、电磁阀式。

1. 液压式操纵系统

液压式操纵系统是利用液体不可压缩的基本原理,来传递操纵运动的一种机构。如图7-2-14 所示为液压式操纵系统基本原理,主要由位于驾驶台的舵令发讯器和位于舵机房的舵令受讯器以及两者之间的连接管路等组成。操舵时,舵轮的回转通过齿轮、齿条机构转变为发讯器活塞的往复运动,使受讯器中的活塞(或油缸)也相应动作,并将该动作传给比较环节的指令舵角信号输入端(如三点式浮动杠杆的 A 点),从而实现远距传递操舵信号的功能。

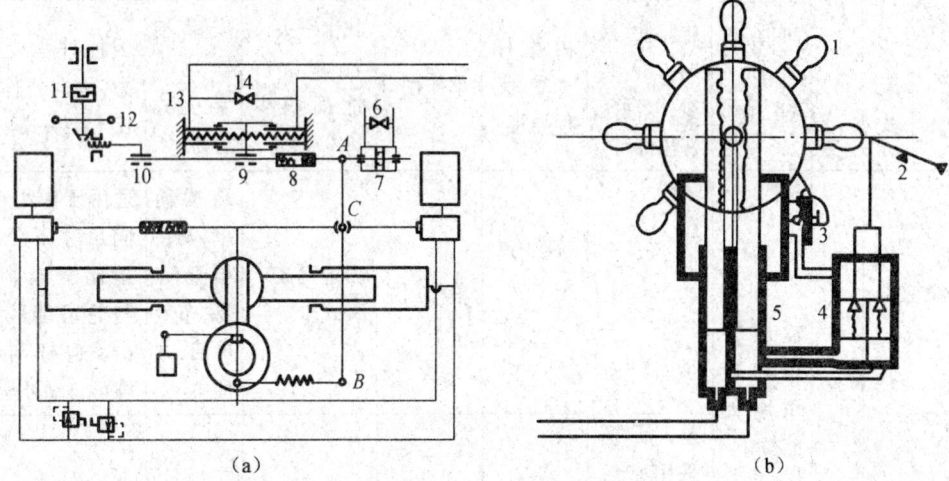

图 7-2-14　液压式操纵系统基本原理
1—舵轮;2—手柄;3—截止阀;4—油液平衡装置;5—发送器液压缸;6—旁通阀;7—电气遥控用液压缸;
8—双头调节螺母;9,10—插销孔;11—联轴器;12—应急操纵手轮;13—受动器液压缸;14—旁通阀

这种远操系统工作较为安全可靠,但操舵者劳动强度大,如果因密封不好产生漏泄,会造成操舵偏差,因而其应用受到限制,有些场合只作为备用远操系统。

2. 伺服油缸式操纵系统

这种操纵系统用于带浮动杆追随机构的泵控型舵机。如图7-2-15 所示为伺服油缸式操纵系统,本装置起动后,油泵(叶片泵)7 连续转动,定向定量地排出压力油,经单向阀6、旁通型调速阀4 供至电磁换向阀3。电磁换向阀3 的阀芯位置取决于由驾驶台经电气遥控系统控制的电磁线圈 S_1 和 S_2 的通电情况(必要时也可用手动应急控制),压力油经P、A 或 P、B 导入伺服油缸的相应空间,使伺服活塞向相应方向移动。伺服活塞杆的一端经浮动杆式追随机构操纵舵机变量油泵。活塞杆的另一端与电反馈装置(自整角机)相连,随时将活塞位置的信号反馈到驾驶台的操舵设备。此外,在活塞杆的相应部位还设有最大操舵角的机械限位器。当阀芯处于中位时,P、T相通,油泵卸载,A、B油路不通,油缸锁闭,伺服活塞不动。

当驾驶台发出的指令舵角与伺服活塞位置所代表的操舵角相比偏右舷时,需向右操舵(包括向右转舵和从左舵回舵)。这时,电磁线圈 S_1 通电,阀3 被推至极左位置,来自油泵的压力油经 P、B 供入油路锁闭阀2 右端,顶开右端锥阀,进入伺服油缸1 的右侧,同时还使油路锁闭阀的左端锥阀被顶开,使油缸左侧油液经锁闭阀2 和换向阀3 的 A、T 油路,回到油箱10。这样,伺服活塞11 在两侧油压差作用下左移,一方面操纵舵机油泵使舵向右偏转,另一方面则输出电反馈信号。当活塞行至相当于指令舵角的位置时,由于电反馈装置送回的信号正好与舵角指令信号相抵消,电磁线圈 S_1 断电,换向阀3 回中,阀2 的两锥阀关闭,形成液压锁,将伺

514

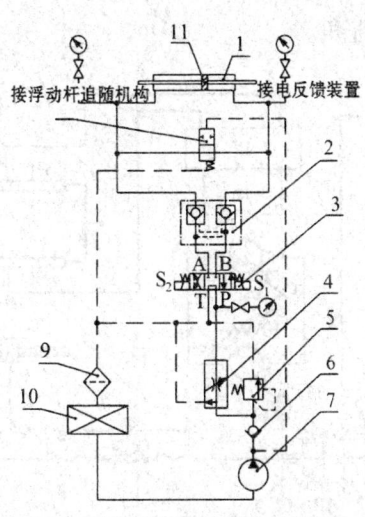

图 7-2-15 伺服油缸式操纵系统
1—伺服油缸；2—油路锁闭阀；3—电磁换向阀；4—旁通型调速阀；5—安全阀；
6—单向阀；7—油泵；8—液控旁通阀；9—滤器；10—油箱；11—伺服活塞

服活塞 11 锁住。于是，舵叶在浮动杆追随机构的作用下，将自动地把舵转到并稳定在指令舵角。如果要求向左转舵（包括转左舵和从右舵回中），则电磁线圈 S_2 通电，油路 P 与 A 及 B 与 T 相通，伺服活塞右移。

单向阀的启阀压力为 0.6~0.8 MPa，保证工作时即使换向阀在中位，单向阀前的油压仍能使液控旁通阀截断。

3. 伺服电机式操纵系统

以伺服电动机为执行元件的舵机操纵系统可以采用直流伺服电机，也可采用交流伺服电机。如图 7-2-16 所示为用平衡电桥控制的直流伺服电机式操纵系统的原理图。它也用于带浮动杆追随机构的泵控型舵机。

舵机室设有交流机组：交流电动机 14 驱动直流发电机 15，发出直流电，再去驱动直流伺服电动机 12。伺服电动机 12 经蜗杆 11、蜗轮 9 及行星齿轮 10 带动丝杆 6 转动。丝杆上所套滑块螺母 8 因受导杆 7 的限制不能转动，但可在丝杆上移动，从而拉动浮动杆的操纵点 A（如图 7-2-14 所示），控制变量泵，使其向相应方向排油转舵。与此同时，丝杆 6 的转动还经锥齿轮副 5 和齿轮、齿条机构 4 使反馈电位计 3 的触点移动，向操纵系统送出电反馈信号。

当操舵电位计 2 和反馈电位计 3 的触点处于相应的位置（例如中位 o 与 o'）时，直流发电机的励磁绕组 16 没有电流通过，输出电压为零，伺服电动机 12 不动。当舵轮 1 转动某一角度，给出相应的指令舵角时，操舵电位计上滑动触点从 o 移到 a 点，电桥失去平衡，a 与 o' 之间出现电位差，此偏差信号经放大器 17 放大，使发电机励磁绕组 16 流过一定方向的电流，直流发电机 15 产生一定方向的电压，于是伺服电动机 12 转动，并移动浮动杆操纵点 A。当 A 点移动到与指令舵角相应的位置时，反馈机构带动反馈电位计 3 的滑动触点从 o' 移到 a'。因为 a' 与 a 是等电位点，电桥重新平衡，偏差信号消除，电动机 12 因励磁消失而停止转动。另外，浮动杆式追随机构将使舵叶转到与 A 点位置相应的舵角上。

当舵轮带动操舵电位计触点反向移动时，绕组 16 的励磁电流方向相反，电动机 12 将接受发电机 15 产生的反向电压而反转，带动 A 点做与上述操舵方向相反的运动。操纵点 A 偏离中位的方向和大小，始终准确地与舵轮给出的指令舵角方向和大小相对应，再通过浮动杆追随机构将舵转到与指令舵角相应的舵角。

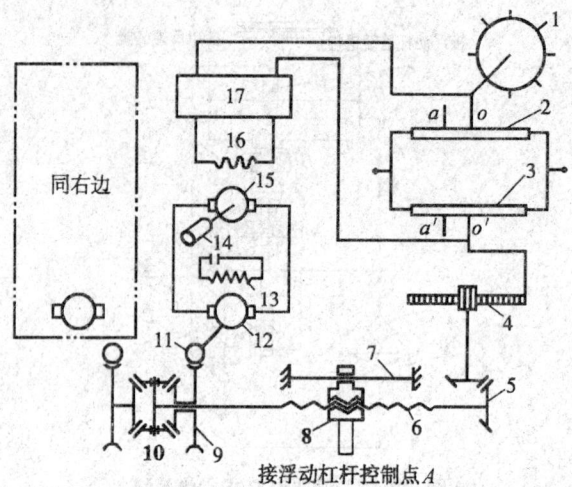

图 7-2-16　用平衡电桥控制的直流伺服电机式操纵系统的原理图

1—舵轮；2—操舵电位计；3—反馈电位计；4—齿轮、齿条机构；5—锥齿轮副；6—丝杆；7—导杆；
8—滑块螺母；9—蜗轮；10—行星齿轮；11—蜗杆；12—直流伺服电动机；13—直流电动机励磁绕组；
14—交流电动机；15—直流发电机；16—直流发电机励磁绕组；17—放大器

六、液压舵机的操作管理

正确操作舵机是液压舵机管理的主要内容，也是避免液压舵机发生故障的关键。其在工作过程中，经常出现转舵太慢或舵转不动、滞舵、冲舵等故障，那么，如何正确操作和排除这些故障呢？

正确操作和维护液压舵机需要熟悉舵机及液压系统的相关知识，特别是操纵系统情况；而排除舵机故障除了熟悉上述外，还需熟悉日常管理方面的知识。通过液压舵机的实例分析总结日常管理要点。

1. 泵控型舵机液压系统实例

如图 7-2-17 所示为典型的国产泵控型舵机液压系统原理图。这种舵机用斜盘式轴向柱塞变量泵作为主油泵，并采用直流伺服电机式电气遥控系统和浮动杆追随机构，液压系统是闭式系统。其工作情况和主要特点如下：

（1）工况的选择

本系统设有两台并联主泵，四个柱塞油缸，其中 1 号、4 号和 2 号、3 号缸各成一组，分别与主泵的两根主油管相连，可以根据需要选用不同的工况，为此设有工况选择阀。本例的工况选择阀采用两个集成阀块，共包括 12 个单向截止阀。$C_1 \sim C_4$ 称缸阀，平时常开；$O_1 \sim O_4$ 称旁通阀，平时常闭。如果某油缸因故不能工作（例如严重漏泄）可将它与另一只油缸（只要不是对角布置）一起停用，这时只要将停用的一对缸的缸阀关闭，同时开启其旁通阀即可。有的舵机工况选择阀采用双阀座阀，即在关闭缸阀的同时就已将旁通阀开启，以减少阀的数目。$P_1 \sim P_4$ 称泵阀，平时常开，以便随时能在驾驶台起用任一台泵。只有当主泵损坏需要修理时才将其一对泵阀关闭。

该系统能满足除 10 000 t 以上油船以外的其他船舶的操舵需要。它有以下工况可供使用：

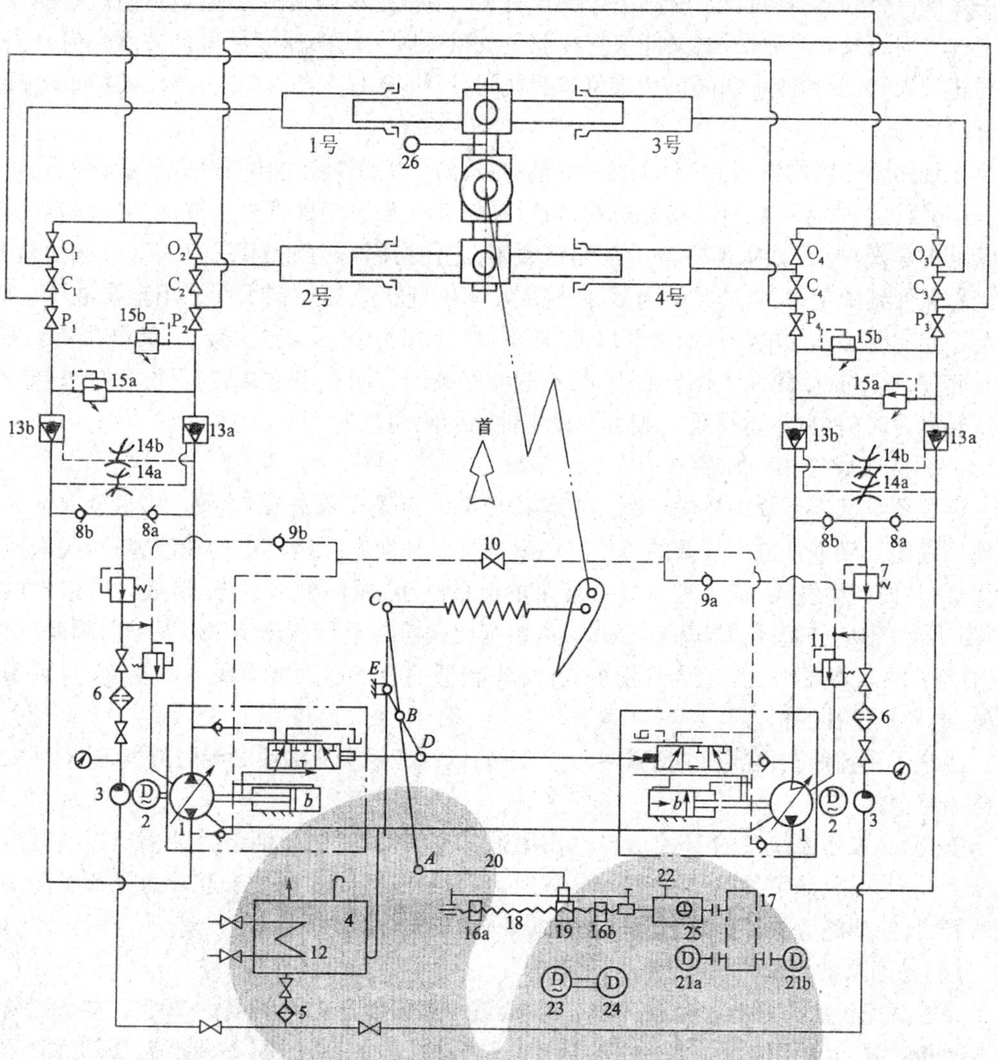

第七章　船舶液压设备

图 7-2-17　典型的国产泵控型舵机液压系统原理图

1—主油泵；2—电动机；3—输油泵；4—油箱；5—粗滤器；6—细滤器；7—减压阀；8,9—单向阀；10—旁通阀；11—溢流阀；12—冷却器；13—液控单向阀；14—可调节流阀；15—安全阀；16—限位螺帽；17—减速器；18—螺杆；19—导块；20—连杆；21—伺服电机；22—手轮；23—交流电动机；24—直流发电机；25—操舵角反馈装置；26—舵角指示发讯器

①单泵四缸工况——适用于开阔水面正常航行。其最大扭矩等于公称转舵扭矩，转舵时间能满足规范要求。

②双泵四缸工况——适用于进出港、窄水道航行或其他要求转舵速度较快的场合，转舵速度较单泵四缸工况约提高一倍，而转舵扭矩与上述工况相同。

③单泵双缸工况——在某缸有故障时采用，这时转舵速度较单泵四缸工作时约提高一倍，转舵扭矩则比四缸工作大约减小一半，故必须用限制舵角（或降低速度）的方法来限制水动力矩；否则工作油压就可能超过最大工作压力而使安全阀开启。

（2）主油路的锁闭

舵机主泵的主油路上装有成对的主油路锁闭阀。本例采用双联液控单向阀 13a、13b，任何一台主油泵离开中位向任何一方排油时，其主油路上的那对液控单向阀便能同时开启，保证油路畅通；而当主泵停用或处于中位时，这对阀自动关闭，以实现主油路的锁闭。这种锁闭阀属主泵油压启阀式,其可调节流阀14a、14b用来调节液控单向阀中控制油的流速,既能使主油路上的单向阀及时开启回油,又能使它在舵受负扭矩时关闭的速度尽可能减缓。但是当舵上负扭矩较大时,回油侧单向阀仍然难免骤然关闭,产生撞击。当油压上升时,液控单向阀又重新开启回油。

主油路锁闭阀的作用是:①锁闭备用泵油路,防止工作泵排油经备用泵倒流旁通,妨碍转舵,这是因为这种浮动杠杆式追随机构,备用泵与工作泵的变量机构是彼此连接同步动作的,两者同时偏离中位,如果不将备用泵油路锁闭,它便会因压力油倒灌而反转,造成油路旁通。②工作泵回到中位时,将油路锁闭,以防跑舵。有的舵机主油路锁闭阀采用辅泵油压启阀式,由与主泵同时工作的辅泵排油来开启,这样不仅可使主油路压力损失较小,又可在辅泵失压时停止转舵,这时锁闭阀在工作泵回中时,不起油路锁闭作用。当主泵装有机械防反转装置,如防反转棘轮时(例如海尔休泵),则可不设主油路锁闭阀。

(3)补油、放气和压力保护

闭式系统都需要解决补油问题。主泵排出侧油液难免有外漏(例如,从主泵内漏入泵壳而泄回油箱),转舵油缸中柱塞的位移容积就不足以补偿主泵所吸走的油液容积,吸入压力便会降低,从而产生气穴(或吸进空气),使泵的流量减小,噪声增加,甚至造成泵零部件的损坏(例如,导致轴向柱塞球铰拉坏)。为此,本系统设有辅泵3,经减压阀7以及单向阀低压侧8a、8b油路补油。若舵机主泵吸入性能好,允许有较低的吸入压力或有吸入真空度,也可不用辅泵补油,而只设补油柜。

系统还在各油缸顶部和油管高处设放气阀,以便在初次充油或必要时放气,这对闭式系统是必不可少的。

安全阀(如本系统中的15a、15b)的作用是:①在转舵时防止油泵排油侧压力超过最大工作压力过多,以免泵过载;②在停止转舵时,当海浪或其他外力冲击舵叶而导致管路油压过高时开启,使油路旁通,以保护管路、设备的安全。

(4)辅油泵的作用

泵控型舵机液压系统大多设有辅泵,其流量一般不低于主泵流量的20%。本系统所设辅泵3是齿轮泵,其功用如下:①为主油路补油。补油压力由减压阀7调定为0.80 MPa左右。②为主油泵伺服变量机构提供控制油。本例主泵伺服变量机构的工作原理已在前面轴向柱塞泵部分述及(图7-2-17中用液压图形符号表示)。这种控制油虽可经泵内的单向阀提供,但为了在主泵零位起步时提供控制油压和保证备用泵变量机构与工作泵同步动作,故还设有单向阀9a、9b和常开的旁通阀10,以使工作泵的辅泵能向两台主泵变量机构同时供油。至于所用的控制油压则由溢流阀11调定为1.50 MPa左右。③冷却主泵。以溢流阀11的溢油进入主泵壳体再流回油箱,以便对主泵起冷却和润滑作用。这对保证主泵在零位时的可靠运行颇有好处。有的舵机辅泵还为伺服油缸式操纵系统或电液换向阀,提供控制油、用油压开启主油路锁闭阀。

2.阀控型舵机液压系统实例

阀控型液压舵机采用定量油泵为主油泵,一般都使用电气遥控系统操纵电磁换向阀或电液换向阀,控制油液流向和转舵方向。油路可以采用闭式、半闭式或开式。

如图7-2-18所示为典型的哈特拉帕R4V阀控型舵机液压系统。系统的工作原理如下:

(1)工作原理

该舵机采用M型液动换向阀6控制转舵油液的流向,同时也兼作主油路锁闭阀,并用电

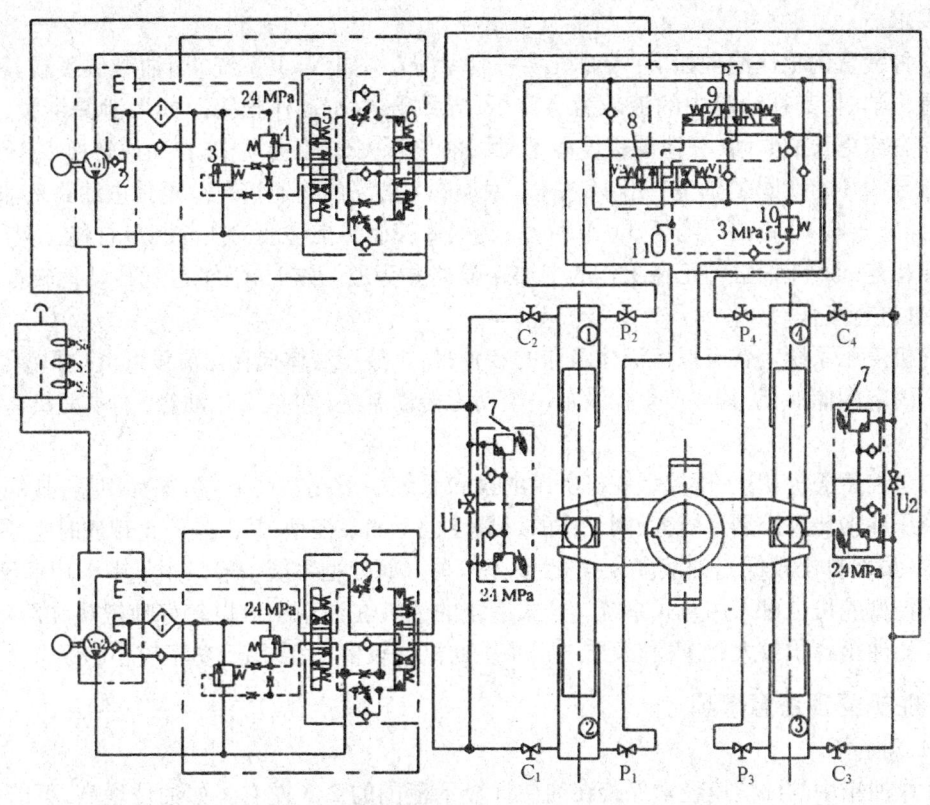

图 7-2-18　典型的哈特拉帕 R4V 阀控型舵机液压系统
1—单向阀；2—油箱；3—溢流阀主阀；4—溢流阀导阀；5—电磁换向阀（导阀）；6—液动换向阀（主阀）；7—双向溢流阀；8—电磁换向阀（导用）；9—液动换向阀（主用）；10—减压阀

气遥控的 H 型电磁换向阀 5 作为阀 6 的导阀。油泵的安全阀采用先导式溢流阀（主阀 3 和导阀 4），整定压力为 24 MPa。当换向阀 5 处于中位时，因溢流阀主阀 3 的外控油口直通油箱泄油，故主油泵卸荷。

当电磁换向阀 5 因某侧电磁线圈通电而离开中位时，溢流阀 3 就会因外控油口经阀 5 而直通油箱的油路已被隔断，故其开启压力即会改由导阀 4 的整定值来决定。于是，主泵排油压力升高，其排油经阀 5 去控制阀 6 的偏移，另一方面则直接经阀 6 所控制的油路去转舵，直到舵到达指令舵角时，舵柄上的电反馈信号发送器即将反馈信号传送到操舵仪，使阀 5 因电磁线圈断电而回中，于是，主泵重新卸荷。

高置油箱 2 比系统的最高点至少要高出 0.50 m，故可经单向阀 1 向系统补油。这种系统只有在转舵时工作油液才进行封闭循环，而在停止转舵时，泵的排油就会全部排入油箱，因而有利于油液散热。

(2) 工况选择

这种舵机设有手动工况选择阀：缸阀 $C_1 \sim C_4$；泵阀 $P_1 \sim P_4$；旁通阀 $U_1 \sim U_2$。正常工作时 U_1、U_2 常闭，其余阀常开。当用 No.2 泵带 1 号、2 号油缸工作时，应关闭 P_1、P_2、U_1，而其余阀全开；而当用 No.1 泵带 3 号、4 号油缸工作时，则应关闭 P_3、P_4、U_2，而使其余阀全开。

(3) 自动安全切换装置

此舵机在两组油缸之间装有自动安全切换装置。它能在必要时自动地使一对油缸与主油路隔断，并彼此旁通，而舵机仍能继续工作，以满足中国船级社《钢质海船入级规范》对海船舵机的要求。

这种装置的工作原理如下：当舵机某一套系统（例如 No.1 系统）因油管破裂或其他原因而严重失油时，其补油箱中的液位就会降低，导致开关 S_1 动作报警。如果泄漏继续，则经过 30 s 左右或更长的时间（视泄漏程度而定）后，液位开关 S_2 也会动作，自动地转换工作油泵，并使电磁导阀 8 的线圈 Y_1 通电，使阀 8 左移，变换阀 8 油路的沟通情况。于是主油路来油经单向阀、再经减压阀 10 将油压降至 3.0 MPa 后，经阀 8 控制并推动液动换向阀 9 右移，使与故障系统直接相连的 3、4 油缸与正在工作的主油路隔离并旁通。这时，舵机也就自动地转换为仅以 1、2 油缸进行工作。

舵机液压系统应备有保持液体清洁的装置；每个液压液体储存器应设低液位报警器；应设有一个固定的储油柜，其容量至少满足一个动力传动系统（包括工作油箱）。本舵机能满足上述要求。

与泵控型舵机相比，阀控型舵机所用的泵和系统一般比较简单，初置费用低，其缺点是换向时液压冲击比泵控型系统大，阀工作的可靠性也不如泵控型；其次是停止转舵时主泵流量并不减少（虽然排压较低），油液多，经济性要差一些。阀控型系统一般只用于中小功率场合。

阀控型舵机也可采用开式系统。开式系统的油液在油箱中可以较好地散热和沉淀杂质，但需要的油箱容积较大，空气和杂质进入系统的机会较多，大多用于功率较小的场合。

3. 舵机管理注意事项

（1）油位

工作油箱中的油位应经常保持在油位计显示范围的 2/3 左右。如油位增高，可能是油中进入过多空气或油冷却器漏水；如油位降低过快，则表明有漏油处，应查明修复，然后经滤器向油箱补油。

（2）油温

工作时最合适的油温是 30~50 ℃。油温高于 50 ℃时应使用油冷却器。油箱油温（泵进口处）通常应不高出室温 30 ℃以上，且一般应不超过 60 ℃。当油温超过 70 ℃时，油液的氧化变质速度将显著加快。此时一般应停止工作，查明原因，加以解决。

油温低于 10 ℃时不宜起动，室温太低时应启用舵机室加热器。如油温低于 10 ℃但尚不低于 −10 ℃，而又急需起动，可让油泵在油路旁通的情况下空载运转一段时间，或实行小舵角操舵，直至油温升到 10 ℃以上再正常使用。

（3）油压

主泵排出侧油压应不高于说明书标定的最大工作油压，而主泵吸入侧的油压，则应不低于由补油条件（闭式系统）或吸油条件（开式系统）所确定的正常数值。辅油路中各处油压应符合设计要求。油压表阀平时应保持关闭，只在检查时打开，以减少损坏机会。

（4）滤器

运行中应经常注意滤器前、后压差，及时清洗或更换滤芯。初次使用的舵机更应注意清洗滤器。若在清洗滤器时发现有金属屑，必须严密注意其属性及增长情况，如金属屑数量继续增加，则表明系统内有部件损坏。

（5）润滑

油缸柱塞等滑动表面应保持清洁，并浇涂适量工作油。舵机长期停用应涂布润滑脂。需加油的摩擦部位，工作中应适时适量加油，如果设有油杯，应及时补充润滑油（脂），油杯中有油芯的应定期用煤油或苏打溶液清洗。

(6)泄漏

舵杆的舵承填料不应渗水,油箱、油缸、阀件、油管及接头等处不应漏油。柱塞和活塞杆表面应敷有一层薄油,但不滴油;如有滴油,若调紧压盖无效,则应在合适的时候换新V形密封圈。更换时应拆开填料压盖2 mm左右,用手摇泵或主泵以小流量工作,借油压将V形密封圈慢慢挤出。安装时只许用竹、木质工具充填填料,以防损伤柱塞滑动表面、内套密封面和填料本身。

(7)噪声

如有异常声响,应即查明原因,设法处理。

(8)机械过热

泵和电动机等不应有过热现象。轴承部位的温度,一般比油温高 10~20 ℃ 为正常。

(9)联轴节

起动时可先盘动泵的联轴节,以确认泵无卡阻。工作泵联轴节下如发现橡胶碎末,则表明对中不良,导致橡胶圈破碎,必须停泵校正,并换新橡胶圈。

(10)阀和固定螺帽

应检查各放气阀、旁通阀和截止阀以及各固定、连接螺帽,防止因震动而松动。另外,在必要时必须测量转舵机构各磨损部位的间隙,校准、调试安全阀或其他液压控制阀。电气方面应定期测量绝缘,检查和清洁触头、换向器,检查防止各接头松动。

七、液压舵机的试验与调试

1. 转舵机构的安装程序

(1)舵机的基座应在船台上焊接装配完毕。基座的上平面要求水平,并保证焊接强度和控制焊接变形,支承刚度要高。

(2)船下水前,舵杆、舵柄和舵叶必须按图纸要求安装完毕,并分别于舵承、舵柄上做好舵叶零位的精确记号,作为舵机安装找正的基准。船下水时,应采用夹紧装置将舵叶固定于零位,防止下水时舵叶转动。

(3)吊装转舵油缸时,应以舵杆轴心和舵叶零位为基准,采用对角线相等方法定出转舵油缸轴线位置,并调整对置油缸的水平度,使舵柄位于上、下拨叉的中心位置。

(4)利用塞尺测量柱塞在油缸端盖孔中的间隙及滚轮在上、下拨叉口间的间隙,均应符合制造厂提供的平台安装数据。

(5)舵机找正后,按舵机底座与船体基座间的实际高度测量并加工垫片,逐个研配到位。

(6)按转舵机构底座的孔位置,将垫片与船体基座一起钻孔,并用铰刀完成铰制孔的加工,按各孔径尺寸精确配制铰制孔螺栓。最后,旋紧铰制孔螺栓及其他螺栓,并装好各螺栓的止退块等防松装置。

(7)连接系统的所有管路布置时应尽量减少弯道,高位管应设置放气阀。管法兰对接面应保持平行且密封。

(8)安装全过程应做到注意清洁,严防碰伤运动部件的表面,且各类阀件均不应被踩踏或重敲,以免发生损坏。

2. 舵机的充油和调试

(1)系统的清洗和充油

舵机安装完毕正式充油前,必须对油箱和系统进行彻底的清洗。清洗油黏度应足够低,对脏物有较强的冲洗能力。如清洗油不易从系统中放尽，则需在其中添加防锈剂和抗氧化剂，并注意它与液压油的相容性。系统清洗时应使用临时的油泵，用热的清洗油对系统循环冲洗，并使清洗油通过专门滤器，直至滤器不再滤出污染物为止。清洗油箱时不得使用容易破碎的泡沫塑料和容易残留纤维的织物来擦洗，油箱的内壁也不得涂敷可能脱落的油漆。

系统的充油，应根据不同舵机的具体情况，按说明书的要求来进行。一般步骤如下：

①开启系统中各放气阀（或松开压力表接头）、旁通阀及其他各截止阀。

②经滤器将工作油加入补油箱（闭式系统）或循环油箱（开式系统），使达最高油位。如油泵系初次使用，也必须事先向泵内灌注洁净的工作油。当系统设有手摇泵时，应用其向系统充油；也可同时拆开油缸顶部的适当接头，经滤器向系统灌油，以加快充油的速度；需要时也可起动主泵（如系变量泵应尽量采用小流量）进行充油，但应随时注意向油箱补油。

③关闭转舵油缸的旁通阀，在机旁操纵主泵，间断地轮流向左、右两侧转舵（变量泵应尽量采用小流量），并反复开启压力侧的放气阀，尽可能放尽系统中残留的空气，直至舵机转动平稳且不存在异常噪声为止。在系统空气排尽以前，不要让泵长时间地连续排油，以免将空气搅入油液，那样将很难再将空气放尽。

新装的舵机应在充油后以 1.25 倍的设计压力对转舵油缸和主油路系统进行液压密封性试验。

（2）舵机的试验和调整

舵机试验可分别在舵机室和驾驶台一起进行。试舵时，在驾驶台用遥控按钮起动一套油泵机组，用遥控系统先后向一舷及另一舷作 5°、15°、25°、35° 的操舵试验，判断舵机及其遥控系统、舵角指示器是否能可靠地工作，然后换用另一套油泵机组作同样的试验。如有备用遥控系统，也应试验。"液压舵机通用技术条件"（CB 3129—1982）对舵的控制及舵角指示、限位有以下要求：

①电气舵角指示器指示舵角与实际舵角之间的偏差应不大于±1°，且正舵时须无偏差。

②采用随动方式操舵时，操舵器的指示舵角与舵停住后的实际舵角之间的偏差应不大于±1°，而且正舵时须无偏差。

③不论舵处于任何位置，均不应有明显跑舵（稳舵时舵偏离所停舵角）现象。在台架试验中，当舵杆扭矩达到公称值时，往复式液压舵机的跑舵速度不得超过 0.5°/min；转叶式液压舵机应不超过 4°/min。

④采用液压或机械方式操纵的舵机，滞舵（舵的转动滞后于操舵动作）时间应不大于 1 s，操舵手轮的空转不得超过半圈，手轮上的最大操纵力应不超过 0.1 kN。

⑤电气和机械的舵角限位必须可靠。实际限位舵角与规定值之差不得大于±30′。如随动舵的实际舵角与指令舵角零位不符，舵角偏差超过±1°，需对操纵系统进行调整。

对于不设浮动杆式追随机构的电气式操纵系统，应检查和调节系统的各个环节。当舵轮处在零位时，操舵信号发送器的输出即应调整为零；当舵叶在零位时，反馈信号发送器的输出也应调整为零；而在操舵轮位于其他舵角时，只有当舵叶转至相应舵角时反馈信号才应与操舵信号发送器给出的电信号抵消，这时电路中各相敏整流电路及放大器的输出也应该为零。

对于设有浮动杆机构的控制系统，则应首先使操纵系统在舵机室的执行元件以及变量油泵和舵叶三者同时处于中位。具体调整步骤如下：

①停用驾驶台的遥控机构，采用机旁操舵，使操纵系统在舵机室的执行元件处于中位。

②起动左舵油泵，如舵停止时并不处于零位，则应松开左泵变量机构拉杆的锁紧螺帽，然

后转动调节螺套,使主泵变量机构动作,直至舵叶能够停在零位时为止。

③换用右舷油泵,如舵不能停在零位时,则用同样的方法调节变量机构的拉杆(注意保持左泵与拉杆的相对位置不变)直至舵能停在零位时为止。

④将锁紧螺帽锁紧,再次验证两台泵的工作,直至确认无误为止。

3.舵机常见故障分析

(1)舵机不能转动

①遥控系统失灵——此时机旁操纵正常。

②主泵不能供油——可换用备用泵加以验证。

③主油路旁通或严重泄漏——此时主泵吸、排油压相近。

④主油路不通或舵转动受阻——表现为主泵排出油压高,安全阀开启。

(2)只能单向转舵

①遥控系统只能单向动作——如果改用机旁手动操舵则正常。

②变量泵只能单向排油——如果换用备用泵则正常工作。

③主油路单方向不通或旁通。

(3)转舵太慢(时间达不到规定要求)

①主泵流量太小。

②遥控系统动作太慢——改用机旁操舵后转舵时间则符合要求。工作正常时,浮动杆的操纵点从一舷满舵移到另一舷满舵位置所需时间应为22~24 s。

③主油路有旁通或泄漏。

(4)滞舵——舵叶的转动滞后于操作动作

①主油路中混有较多气体。

②遥控系统动作迟滞。

③泵控型系统主油路泄漏或旁通严重。

(5)冲舵——舵转到指令舵角后冲转过头

①泵变量机构不能回中或不能及时回中。

②遥控伺服油缸的换向阀或阀控型系统主油路的换向阀不能回中。

③遥控伺服油路锁闭不严(油路泄漏或旁通)。

④控制系统的反馈部分有故障。

⑤主油路锁闭不严。

(6)跑舵——稳舵期间舵偏离所停舵角

多半是因主油路锁闭不严或遥控系统工作不稳定所致;此外,两台泵共用一套浮动杆控制的变量泵中位调节不一致或调好后松动,在双泵同时工作时也会产生舵停不稳的现象。

(7)舵机有异常噪声和振动

①流体噪声。可能是闭式系统放气不彻底或补油不足;也可能是开式系统油箱中的油位太低、吸油滤器堵塞或吸油管漏气;此外当油温太低、油黏度太大时,也可能产生流体噪声。

②油泵机组异常噪声。可能是泵和电动机对中不良,轴承或泵内其他运动部件损坏。

③管路或其他部件固定不牢。

④转舵油缸柱塞填料过紧。

⑤某些形式的主油路锁闭阀在舵受负扭矩作用而转动较快时,也易产生敲击。

⑥舵杆轴承磨损或润滑不良。

(8)舵不准

转舵停止时实际舵角与指令舵角误差超过±1°,调整方法参见本节"舵机的试验和调整"。

第三节 起货机、锚机和绞缆机、救生艇筏释放装置

船舶载运货物的装卸虽可用港口的起货设备来进行,但并非所有港口都具有足够的吊货机械,同时也需考虑船舶在开阔水面过驳及吊运物料、备件等的需要,因此,在一般干货船上仍需安装起货机。对大多数的杂货船、散货船等来说,船上起货机的可靠性和工作效率对缩短港泊时间、加快周转、降低运输成本都具有重要意义。目前,船舶上多配备液压起货机,因此,液压起货机的操作、分析就是个重要的课题。

液压起货机作为液压甲板机械的一种,其既有液压机械的共性,又有其独特的一面,船检规范又对其性能有要求。因此,首先需要熟悉液压起货机的相关知识。

一、液压起货机

1.船用起货机的主要类型

船用起货机按所用动力分,主要有蒸汽起货机、电动起货机和液压起货机;按起货重量分,主要有轻型起货机(10 t 以下)和重型起货机(10 t 及以上);按结构和作业方式分,主要有单吊杆起货机、双吊杆起货机和回转式起货机(即克令吊)。克令吊按其自身能否移动又可分为定置式和位移式。其中,定置式又分为单克令吊、孪克令吊(可分舱、同舱同时作业或重货合吊)和双关节克令吊(专吊集装箱)。

如图 7-3-1 所示为双吊杆起货机。作业时吊杆位置不动,一根吊杆 3 放在货舱口上方,另一根 4 则伸出舷外。两根吊货索 7、8 各由一部绞车 1、2 控制,均与吊货钩相连。由两人配合操作两部绞车,相应收、放两根吊货索,即可自船舱和码头起、卸货物。

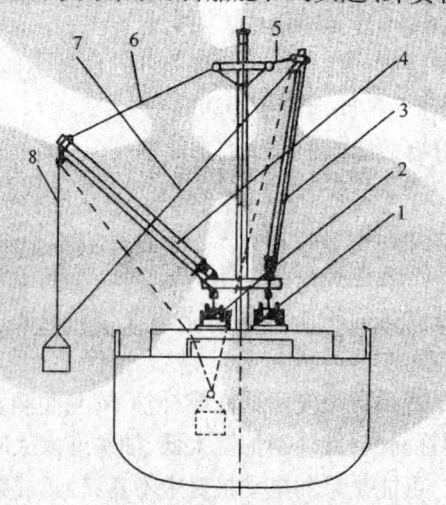

图 7-3-1 双吊杆起货机

1,2—绞车;3,4—吊杆;5,6—顶牵索;7,8—吊货索

如图 7-3-2 所示为单吊杆起货机,有三部绞车。回转绞车 2 装有绕绳方向相反的两个卷筒,分别卷绕着两根支索 4,绞车转动时两根支索分别卷起或放出,从而使吊杆 5 回转。吊杆

的俯仰(变幅)则由变幅绞车3控制顶牵索6的收、放来实现。吊钩则由另一台起吊绞车1控制。单吊杆起货机只需一人操作；作业前准备工作较简单，且可随时调整作业范围，能两舷轮流装卸；而且在吊杆受力相同的条件下，工作负载大约为前者的2倍。缺点是吊杆在作业中需要回转，每吊周期比双吊杆长；货物在空中易摆动，落点定位不容易准确。目前这种吊杆最大负荷可达40 t，回转角度约为65°。如果改变支索边滑轮在舷墙上的安装位置，则吊杆的回转角度还可进一步增加到90°左右。专门设计的重型吊杆最大起重能力已超过600 t，而双吊杆多用于负载小于5 t的场合。

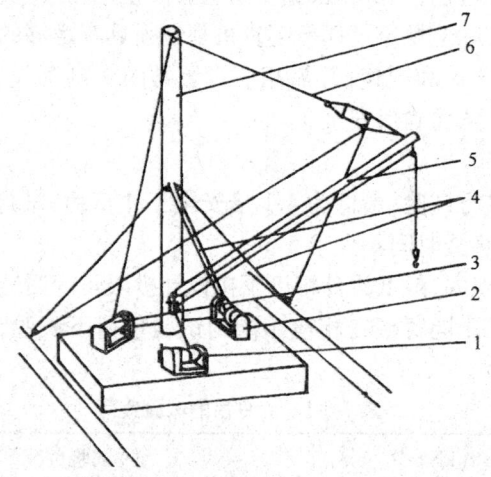

图 7-3-2　单吊杆起货机

1—起吊绞车；2—回转绞车；3—变幅绞车；4—支索；5—吊杆；6—变幅索；7—起货柱

如图 7-3-3 所示为单克令吊。其工作情况与单吊杆起货机类似，不过操纵室和起吊马达、变幅马达、回转马达，以及吊臂和索具等已被组装在共同的回转座台上。如图7-3-3中所示的起吊和变幅马达5分别卷动钢丝绳控制吊货钩2和吊臂3；另一台立式布置的回转马达则控制一个小齿轮在与立柱7相连的固定平台的大齿轮(内齿圈)上转动，从而带动整个回转座台360°回转。与吊杆式相比，克令吊具有占用甲板面积少，操作灵活，可360°旋转。能为前、后

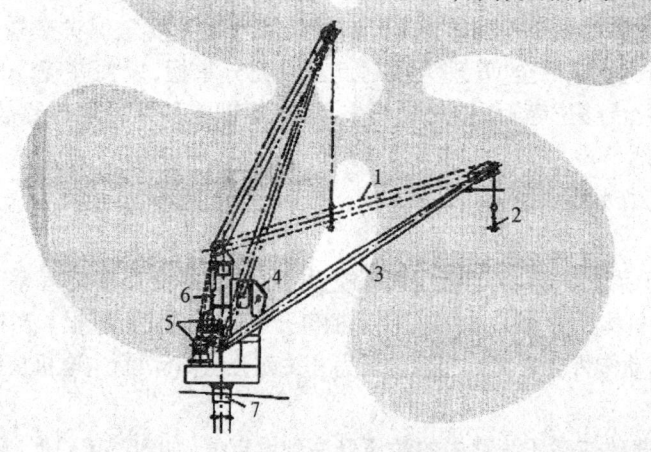

图 7-3-3　单克令吊

1—钢丝绳；2—吊货钩；3—吊臂；4—操纵室；5—起吊和变幅马达；6—回转柱；7—立柱

舱服务，装卸效率较高，能准确地把货物放到货舱的指定地点，并能迅速地投入工作等优点；但它结构复杂，管理要求高，价格比吊杆式起货机贵30%～40%。一般认为当船舶经常到港和起重量超过5 t时，采用克令吊是合适的。目前，船用克令吊工作负载多在25 t左右，最大的已

发展到60 t。

2. 船用起货机的基本要求

（1）技术要求

①能以额定的起货速度吊起额定负荷。

②能依操作者的要求，方便灵敏地起、落货物。

③能依据起吊货轻重、空钩或货物着地等不同情况，在较广的范围内调节运行速度。

④不论在起货或落货过程中，都能根据需要随时停止，并握持货重，即能可靠地制动。

上述各项基本要求实际上规定了任何起货机都必须具有足够的功率；必须具有正、反转换向工作的能力；必须能够调速和限速；并需相应设置常闭式制动设备和某种机械性的固锁装置，以便有效制动和锁紧，从而确保安全。

（2）试验要求

按规定的试验负荷进行试验，最低为1.1倍安全工作负荷；吊杆放在规定仰角位置，吊臂放在最大臂幅位置；重物悬挂时间不少于5 min。

满速起升：工作角度变幅；最低设计幅度下按设计极限角度回转；制动；慢速全程行走。

回转式起货机吊臂的不同臂幅在相应不同的试验负荷下试验，如表7-3-1所示为克令吊的试验负荷。

表7-3-1 克令吊的试验负荷

安全工作负荷 SWL/t(kN)	试验负荷 SWL/t(kN)
SWL≤20(196)	1.25×SWL
20(196)<SWL≤50(490)	SWL+5(49)
SWL>50(490)	1.1×SWL

双吊杆起货机要检查两根吊货索的净空高度、吊索夹角和保险稳索位置。

对超负荷保护装置、超力矩保护装置进行动作试验，校核负荷指示器。

3. 液压起货机安全保护装置

在液压系统和电路的设计上回转式液压起货机常考虑其安全保护措施，越是先进的起货机，各种安全保护措施也越周全，管理人员对此必须充分掌握，以便在克令吊因工作（例如某些安全保护装置卡死或移位等）而造成操纵失灵时，能迅速和及时地排除故障。起货机一般有以下安全保护装置。

（1）液压系统工作状况保护

①低油压保护

当补油压力低于系统设定时（当液压系统缺少液压油或系统局部脏堵等），压力继电器就会动作，使起升和回转机构无法动作，并在控制手柄离开中位时就发出警报。当控制油压低于设定值时（此时各类控制动作将会失灵），相应的压力开关就会动作，切断主电机控制电路，同时报警。

②高油压保护

当起升机构超载致使高压管路中的油压升高到设定值（如30 MPa）时，则相应的压力继电器就会动作，如压力升高持续3 s，则会使起升动作中断，同时发出警报。

③高油温保护

当液压油泵组的油温高于设定值（如80 ℃）时，则电路中的温度继电器就会断电，使主电机断电并报警。

④低油位保护

当主油箱油位低于设定值时,则油位继电器就会断路,并在持续3 s后,使主电机断电并报警。

(2) 设备连锁保护

①通风门连锁保护

起动起货机电机之前,必须打开中心机组的通风门;否则,连接通风门的限位开关不能闭合,无法起动主电机。

②油冷却器连锁保护

有的起货机在起动电机之前,还必须将油冷却器风机的电源打开,以便由电路中相应的温度继电器加以控制;否则无法起动主电机。

③电机的自动加热

在起货机的电机中设有电加热器,工作时只要将其手动开关闭合,就会使电动机在起动以前和暂停工作期间因常闭触头闭合而使电加热器投入工作,以保护电机不受潮气侵袭。

(3) 电气工作状况保护

①主电机过电流保护

当主电机电流高于额定值一段时间后,热敏电阻元件就会动作,使主电机断电并报警。

②主电机高温保护

当主电机温度上升到一定值(如155 ℃)时,电机绕组内的热敏元件就会动作,使主电机断电而停机。

③控制电流过高保护

当控制电流大于额定电流时,则主开关跳闸。

除上述各种安全保护外,在电气回路中还设有断路保护和过载保护,有的还设有电子元器件高温保护(如电子放大器)等。

(4) 机械限位保护

①吊钩高位保护

在起升吊钩或降落吊臂的过程中,当吊钩接近吊臂前端时,即会使电气限位开关动作,这时相应的控制电路断开,从而,阻止吊钩的继续起升或吊臂的降落。

②吊货索滚筒终端保护

当吊货索滚筒在吊钩起升过程中,钢丝缆绳卷满或吊钩下降过程中钢丝绳索只剩下三圈时,都会使各自的限位开关动作从而使起升过程或吊钩降落过程终止。

③吊臂限位保护

在采用油马达作变幅机构执行元件的起货机中,还设有吊臂的高位和低位限制,并只有在作业开始和结束时用钥匙闭合相应的手动开关,才能在最低限位角下操纵吊臂,并且当变幅绞车钢索松弛时吊臂俯下的操作亦不能进行。此外,上述的限位保护也有靠在液压系统中设置顶杆式机械控制滑阀来实现的,对于这样的起货机,使用时必须注意防止顶杆和滑阀的卡阻。

4. 阀控型开式起重机构液压系统

如图7-3-4所示为采用定量泵和定量油马达的阀控型开式起货机液压系统,其主要工作特点如下:

(1) 换向和调速

这种系统采用定量定向油泵3,如要求油马达改变转向,使重物起升或下降,就必须手动操纵换向阀5,改换油马达主油管的进油和回油的方向。换向操作切忌过猛;否则,因起货机惯性较大，在起、停、换向时就会产生较大的液压冲击。虽然系统中设有溢流阀4，但其开启后有一定滞后，仍可能造成管路、密封和仪表的损坏。

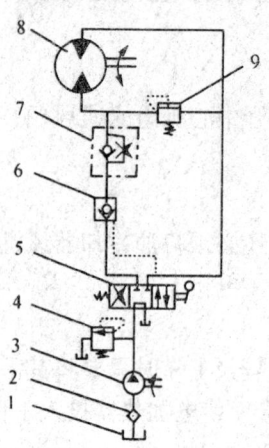

图 7-3-4　采用定量泵和定量油马达的阀控型开式起货机液压系统
1—油箱；2—滤器；3—定量定向油泵；4—溢流阀；5—换向阀；6—液控单向阀；
7—单向节流阀；8—油马达；9—制动溢流阀

当液压系统由定量泵和油缸（或定量油马达）组成时，要调节油缸活塞移动速度（或油马达的转速），必须改变管路中油液的流量（节流调速）。为了操纵方便，一般都用换向阀兼作流量控制阀。根据换向阀结构不同，利用换向阀进行节流调速可分为串联节流调速、并联节流调速、溢流节流调速。

由于采用节流调速法，油泵排出的多余油液必须重返油箱，并使供至执行机构的油液经过节流，故功率损失不可避免，并导致油液发热。因此，这种调速方法仅适用于功率不大及调速要求不高的系统。

（2）限速和制动

起货机在起升、下降或停止时始终存在由重力产生的单向静载荷，在下降过程中，重力实际成了油马达的驱动力矩。因此，下降时的限速和停止时的锁紧是这种液压系统必须考虑的特殊问题。下面介绍几种常见的限速方法。

①用单向节流阀限速

如图 7-3-5 所示用远控平衡阀限速的开式系统，在下降工况的回油管路上用单向节流阀代替远控平衡阀4。在起升工况时它能让压力油自由通过，而在下降工况时能对回油进行节流。这时，回油量因重力形成的油马达排出压力 p_b 有限而受到限制。要想加快下降速度，须增加换向阀向右的位移以增加油马达的进油压力 p_a，从而提高油马达回油压力 p_b 和流量。显然，这种限速方法在轻载下降或油温降低时，要想达到一定的下降速度就得加大 p_a，以致油泵的功率增加，经济性差。其仅适用于那些重力载荷变化不大以及功率较小或工作不频繁的阀控型开式系统。

②用平衡阀限速

平衡阀是一种内泄式单向顺序阀，有直控和远控之分，如图 7-3-6 所示为一种远控平衡阀。压力油来自 c 口（起升工况）时，可顶开单向阀1，通往 b 口；而当压力油来自 b 口（下降工况）时，单向阀不开。只有当远控油口 a 的控制油压作用在控制活塞6的底部，克服弹簧2、3的张力（此间为 3.5~5.5 MPa，不可调，有的做成可调式）将主阀4顶起，b 口的油才能经主阀通往 c 口。漏到主阀上方的油可经内泄油口 d 泄往 c 口。主阀中部的节流口可使主阀开启过

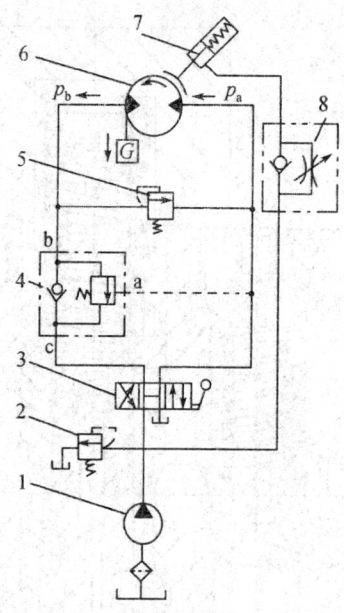

图 7-3-5 用远控平衡阀限速的开式系统
1—定量泵；2—安全阀；3—手动换向阀；4—远控平衡阀；5—制动阀；6—油马达；7—机械制动器；8—单向节流阀

程中通流面积逐渐增大，而主阀阀套 5 下部的锥形阀座可使主阀关闭严密。主阀设双弹簧可防止阀芯产生共振。控制活塞 6 上的阻尼孔 e 使该活塞移动时受到阻尼作用，也可减少主阀发生振动的可能性。

因此，重物下降时油马达的回油流量不可能大于由手动换向阀 3 控制的进油流量；否则 p_a 立即降低，平衡阀关闭。于是，重物下降速度由换向阀的开度来控制。

开式系统无论采用什么方案限制重物下降速度，都是在油马达（油缸）的回油管上进行节流。这会导致节流损失和增加油液发热，称为能耗限速。

起货机的开式液压系统，油马达（油缸）下降工况时的进油管路无论在起升、下降或制动、锁紧时都不会承受太高的油压力。而下降工况的回油管路在油马达（油缸）出口到限速阀件之间这段管路上，在任何工况都承受较高油压。因此，平衡阀和单向节流阀等限速阀件在下降工况回油管上必须尽量靠近油马达（油缸）安装，以免两者之间的油管破漏而使重物坠落。

开式液压系统的制动是通过换向阀回中来实现的。这时油马达的两根主油管被封闭，回油压力迅速升高，实现液压制动。若对油缸锁紧的要求较严，就必须在紧靠单向节流阀的管路上加装液控单向阀，下降时它靠进油压力 p_a 开启，换向阀回中后进油压力迅速降低，阀 4 即能严密关闭，将油路锁闭。

用油马达作执行机构的液压系统，油马达内部一般都有漏泄，无法实现液压锁紧，必须为油马达加设机械制动器。机构制动器又分即时抱闸和延时抱闸两种。延时抱闸制动器只是在换向阀回中而油马达靠液压制动停转后才起锁紧作用，在停转前的减速过程中基本上不参与制动工作，这样可避免制动器磨损太快。为此，在图 7-3-5 所示系统中，要求在机械制动器 7 的管路上，装设单向节流阀 8。当换向阀离开中位时，油泵所排压力油经阀 8 自由通入制动器油缸，克服弹簧力，使制动器立即松闸；而换向阀回中时，制动器油缸的泄油必须经过阀 8 节流，从而延迟抱闸。有时为缩短制动时间，减少重物下滑距离，即使系统能实现液压制动，也希望使用即时抱闸制动器，在油马达完全停住之前就抱闸，以帮助减速。为此，可将此单向节流阀 8 取消。

如起货机运动部分惯性较大，在下降工况中突然进行液压制动时（如换向阀回中太快），

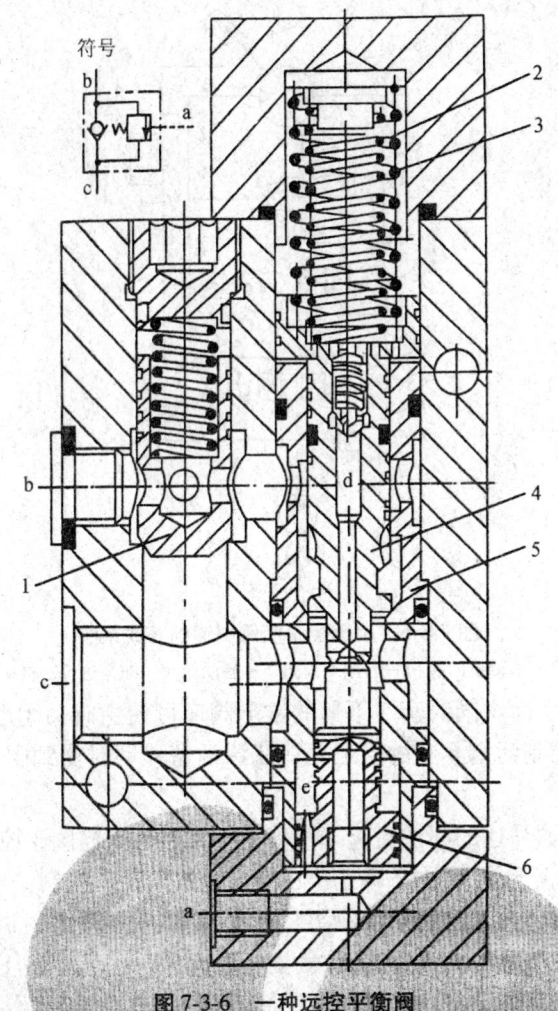

图7-3-6 一种远控平衡阀
1—单向阀；2,3—主阀弹簧；4—主阀；5—主阀套；6—控制活塞

油马达(油缸)回油管路压力急剧升高,有可能导致事故。为此,系统中设有作为制动阀用的溢流阀(图7-3-5中的5),制动时用它限制制动油压。为了缩短制动时间,制动阀的整定压力可以比安全阀2高5%~10%。

(3) 限压保护

除了制动阀在下降工况制动时起限压保护作用外,在油泵出口还装有作为安全阀的溢流阀(图7-3-5中的2),以防超负荷工作时油泵排出压力过高而使电动机过载或损坏装置。

5. 泵控型闭式起重机构液压系统

采用变向变量泵作主油泵的泵控型液压系统,一般都是闭式(或半闭式)系统。如图7-3-7所示为起货机所用的一种泵控型闭式(半闭式)液压系统。其工作情况如下:

(1) 换向和调速

系统采用变向变量泵作主油泵,它是通过改变油泵的吸排方向(即油马达进、回油方向)改变转向。由于变向变量泵在改变排油方向的过程中,流量总是先逐渐减小为零,然后再向反方向逐渐增大,故液压冲击小,工作平稳。

泵控型系统调速采用改变主油泵流量的办法(容积调速)。如不计容积损失,则可认为闭式系统油泵流量全部通过马达,改变油泵排量,油马达转速随之而变,并实现无级调速。容积调速不产生额外的节流损失,比节流调速经济性好,油液发热少。

（2）限速和制动

起货机采用泵控型闭式系统时,其限制重物下降速度的方法与开式系统有本质的不同。重物下降时,油马达由重力造成的转矩驱动,实际按油泵工况运行,其排油供入油泵(而不是回油箱),驱动泵回转,使油泵进油压力大于其排油压力,工况相当于油马达。这时油泵不仅不消耗电能,反而能从压力油的输入中得到液压能。如果同轴带有其他油泵,则可驱动其回转,不然油泵转速可能超过电动机转速,使电动机呈发电机工况而向电网反馈电能。

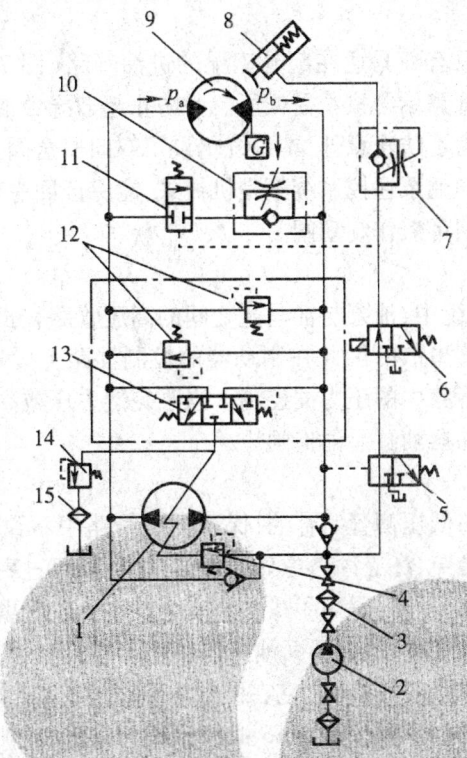

图 7-3-7　起货机所用的一种泵控型闭式（半闭式）液压系统

1—主液压泵；2—辅泵；3—细滤油器；4—溢流阀；5—失压保护阀；6—电磁阀；7—单向节流阀；8—制动器；9—油马达；10—单向节流阀；11—中位阀；12—双向安全阀；13—低压选择阀；14—背压阀；15—冷却器

调节变量泵的排量 q_p,能控制油马达转速。这种限速方法在重物下降时能回收重物的位能,称为再生限速,经济性优于能耗限速。

如果是阀控型闭式系统,虽然也可以实现再生限速,在重物下降时回收一部分能量,而不必像开式系统那样在回油管路上设平衡阀或单向节流阀,但因 q_p 不可调,如需要进一步控制下降速度,仍需要操纵换向阀进行节流,辅以能耗限速。

在闭式系统中,当变量油泵回到中位时,q_p 为零,油马达转速 n_M 也应为零,原则上可实现液压制动。然而,当油泵变量机构采用机械式操纵机构时,各传动杆件间难免有间隙,并出现传动误差,以致在操纵手柄回中时变量泵往往不能刚好回到中位,这样油马达就会停不住。为了解决油泵不能可靠回中的问题,在系统中装设一个中位阀11,并在制动器8的控制油路中设有正好与图7-3-7所示系统相反的单向节流阀7,使之成为即时抱闸制动器。每当油泵操纵手柄回到中位时,二位三通电磁阀6断电,中位阀控制油泄入油箱,在弹簧作用下中位阀使主油路旁通,主泵的卸荷便有了保证。而当操纵手柄离开中位时,电磁阀6通电,控制油通过阀6后,一路去推动中位阀,使主油路旁通管隔断,另一路经阀7的节流进入制动器油缸。这里的节流作用是为了减缓进油流量,让中位阀先隔断,待主油路建立起油压后再松闸,以免重物发生瞬间下坠。

电磁阀6还能在意外失电时动作,使主油路经中位阀旁通而制动器抱闸,以防货物坠落。

为防止万一中位阀失灵不能隔断油路,或手柄回中后制动器失灵不能抱闸,从而发生坠货事故,系统中设了单向节流阀10。如果发生上述情况,油马达回油必须通过阀节流10才能旁通,限制重物坠落速度,节流阀10在下降工况手柄回中时还能使油马达回油背压提高,产生一定程度的液压制动,以减轻制动器的磨损。

(3)限压保护

无论在起升或下降时,只有油马达在起升工况的进油管路(图7-3-7中右边主油管)才承受高压,而下降工况的进油管路始终只承受低压。为防止超载导致油压过高,原则上只要求在高压管路上设置安全阀,但为了防止意外,本系统仍设了双向安全阀12。

采用泵控型闭式系统,如油泵遥控系统不是机械式,能保证回中可靠,则可不设中位阀,并能实现液压制动,这时安全阀可兼作制动阀。

(4)失压保护

起货机的泵控型闭式系统中,油泵与油马达之间的高压管路较长,万一这段管路破损或泵突然失压,可能发生重物坠落事故。因此在制动器的控制油路上设有失压保护阀5。它是一个液动二位三通阀,由高压管路中的压力油控制。当泵突然失压或高压油管破裂时,失压保护阀5被弹簧推向左位,使制动器油缸泄油抱闸。

(5)补油和散热

为补偿油液外漏,必须向低压侧管路补油,保证低压管路中不致出现真空。此外,油液在闭式系统中循环,发热在所难免,还必须考虑如何散热,以免油温过高。

工作频繁和负载较大的起货机,采用闭式系统油液发热比较严重,故常在工作时使一部分油液连续泄放,经冷却器回到油箱,同时不断地向系统低压管路补油,这种系统称为半闭式系统。系统中装设了低压选择阀13,工作时,它在两根主管路油压差的作用下推向一端,低压侧管路中的部分油液能经背压阀14和冷却器15泄回油箱,而冷却油则由辅泵2经滤器3和单向阀不断补入低压侧。系统的补油压力由辅泵溢流阀4调定,一般为0.6~1.0 MPa,此值比背压阀14的调定值高0.1~0.2 MPa。辅泵流量一般为主泵流量的20%~30%。

6.液压起货机操作

(1)起动

①先将油泵变量机构调至零位,开启系统各阀。

②夏季起动液压起货机应先起动冷却系统,确保正常供水、供风。

③检查油箱油位是否正常。

④手动盘车,检查油泵有无卡阻现象,有无妨碍运转的外物。

⑤起动油泵,手动操纵起货机,轻载工作。

⑥逐渐加大起货机工作负荷。

(2)运行及停止

①检查油箱油位、油温、油压是否在正常范围内。

②检查油泵有无异常振动与噪声。

③检查系统各元件有无泄漏现象。

④检查执行机构运动速度与操纵手柄位置及油泵变量机构位置是否相符。

⑤停用时把起货机吊杆或吊臂放到停用位置。
⑥通过操纵手柄将起货机油泵排量调至零位。
⑦切断电源停止油泵运转,停止冷却水泵,关闭冷却水系统各阀(或关闭风门)。

(3)系统加油
①开启系统各放气阀、旁通阀及其他各阀。
②使用油泵经过滤器将工作油加入补油箱、循环油箱,使之达到最高油位。
③起动主油泵以小流量向系统充油,在此过程中应注意油箱油位,防止油泵吸空。
④使起货机以小负荷运转,并打开高压侧放气旋塞,有整股油流流出后关闭,改变起货机运转方向,开启放气旋塞,有整股油流流出后关闭。
⑤反复进行第4步操作,直至无气体放出为止。

二、液压锚机和绞缆机

为能克服船舶停泊时作用在船体上的水流力、风力和船舶纵倾与横倾时所产生的惯性力,以保持船位不变,就需设置锚设备;为停靠码头、系带浮筒、旁靠他船和进、出船坞等需设置系缆设备。其中,广泛应用的主要动力设备就是液压锚机和绞缆机。

液压锚机和绞缆机作为船舶液压机械的重要组成部分,有其独特的工作环境和条件,因此,我国船检规范对其有基本的要求,为掌握液压锚机和绞缆机操作能力,需要熟悉液压锚机和绞缆机的相关知识。

1.锚设备及基本要求

为保持船位不变,克服作用在船体上的水流力、风力和船舶运动中所产生的惯性力,需设置锚设备;锚设备还可以帮助安全离靠码头,或使船舶紧急制动。锚设备及其在船首的布置如图7-3-8所示。锚设备主要由锚1、锚链5、制链器3和锚机6等所组成,利用锚机收放锚和锚链,即可起锚或抛锚。

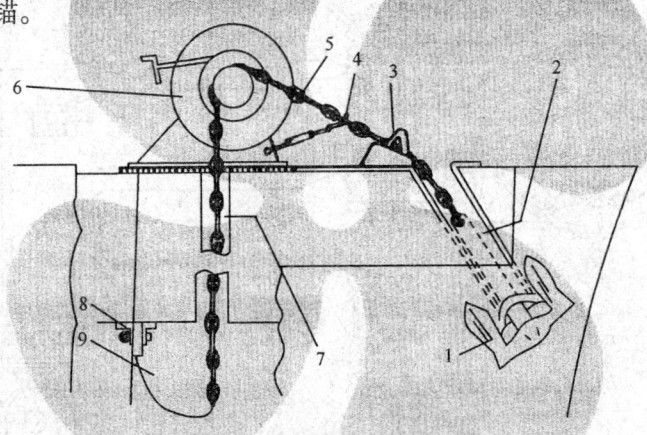

图7-3-8 锚设备在船首的布置
1—锚;2—锚链筒;3—制链器;4—掣链钩;5—锚链;6—锚机;7—锚链管;8—弃链器;9—锚链舱

根据锚机所用动力的不同,目前所用的锚机主要是电动锚机和液压锚机。按链轮轴轴线布置的不同可分为卧式锚机和立式锚机。

锚机应满足以下基本要求:
(1)必须由独立的原动机或电动机驱动。对于液压锚机,其液压管路如果与其他的甲板机械的管路连接时,应保证锚机的正常工作不受影响。
(2)在船上试验时,锚机应能以不小于9 m/min的平均速度将1只锚从水深82.5 m处(3

节锚链入水)拉起至 27.5 m 处(1 节锚链入水)。

(3)在满足以上规定的平均速度和工作负载时,应能连续工作 30 min;应能在过载拉力(不小于工作负载的 1.5 倍)作用下连续工作 2 min,此时不对速度提出要求。

(4)链轮与驱动轴之间应装有离合器,离合器应有可靠的锁紧装置;链轮或卷筒应装有可靠的制动器,制动器刹紧后应能承受锚链断裂负荷 45%的静拉力;锚链必须装设有效的制链器。制链器应能承受相当于锚链的试验负荷。

2.系缆设备及基本要求

系缆设备是船舶为停靠码头、系带浮筒、旁靠他船和进出船坞等所使用的机械设备,由系缆索、带缆桩、导缆孔(或导缆钳)、绞缆机,以及绳车、碰垫等所组成。利用绞缆机收绞缆索,即可使船舶系靠。在船首,系缆卷筒通常和锚机一起,由同一种动力驱动,并可以通过离合器啮合或脱开;有的起货机也同时带有系缆卷筒;在船尾则大多设置独立的绞缆机。

对绞缆机的基本要求是:应能保证船舶在受到 6 级风以下作用时(风向垂直于船体中心线)仍能系住船舶。其拉力大小应该根据船舶的尺寸,按中国船级社《钢质海船入级规范》所推荐的数字选取。绞缆速度一般为 15~30 m/min,最大可达 50 m/min,达到额定拉力时速度取下限值。绞缆机按所用动力的不同可分为电动绞缆机和液压绞缆机。

3.液压锚机的操作

液压锚机由动力和工作机构两部分组成,下面主要分析其动力部分。如图 7-3-9 所示为阀控型闭式液压锚机系统原理图。

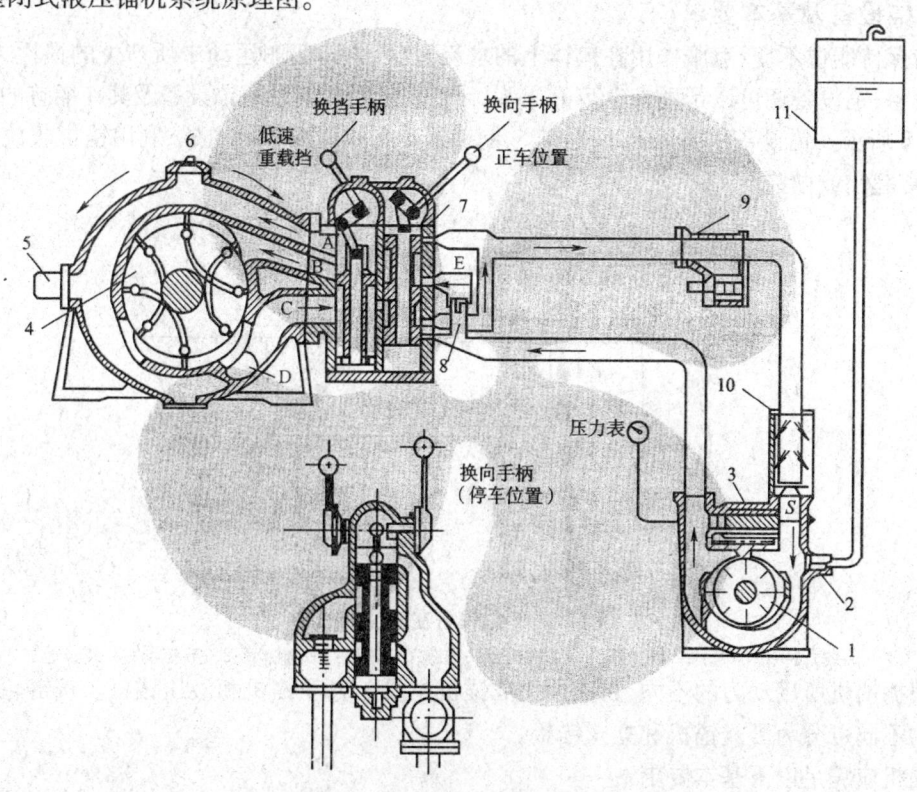

图 7-3-9 阀控型闭式液压锚机系统原理图

1—液压泵;2—补油阀;3—液压泵安全阀;4—液压马达;5—液压马达安全阀;
6—放气阀;7—换向阀;8—单向阀;9—磁性滤油器;10—回油滤油器;11—重力油箱

液压泵1采用双作用定量叶片泵,最大工作压力为6.86 MPa。设有液压泵安全阀3,泵吸入侧设有磁性滤油器9。

液压马达4采用双作用叶片式二级变量油马达,结构与双作用叶片泵类似,也是由定子、转子和叶片等所组成的。在转子上均匀分布的8个叶片槽中设置有叶片,为使叶片能紧贴在定子的内表面上,在转子端面的弧形片槽中,每两个叶片之间,设有矩形截面的弧形推杆。工作时,叶片在压力油的作用下,带动转子在定子中转动。由于转子是用键与轴相连,所以,当转子转动时,即可直接带动锚链轮回转,从而完成起锚或抛锚任务,如表7-3-2所示为阀控型闭式液压锚机操作要领。

表7-3-2 阀控型闭式液压锚机操作要领

工况		换挡手柄	换向手柄	油液流向	使用注意事项
低速挡	正车(起锚)	左位	右位	泵出口→单向阀8→换向阀7→换挡阀→油口A、B→油口C→换挡阀→换向阀7→磁性滤器→滤网→泵进口	拔锚破土或入水锚链长、负载大时用;锚将就位时用
	倒车(放锚)	左位	左位	泵出口→单向阀8→换向阀7→换挡阀→油口C→油口A、B→换挡阀→换向阀7→磁性滤器→滤网→泵进口	控制入水锚链长度时用;停车前用
	停车	中位	中位	泵出口→单向阀8→换向阀7油路被滤器封闭	液压制动和停车时用
高速挡	正车(起锚)	右位	右位	泵出口→单向阀8→换向阀7→换挡阀→马达油口A→马达油口B、C、D(马达油口B与C通过换挡阀连通,自我循环,使该作用失效;A口进油,D口回油,故马达仅按单作用工作,扭矩减少一半,转速提高一倍)→换挡阀→换向阀7→磁性滤器→滤网→泵进口	常在收系锚链时或系缆时用,不可在拔锚破土或重负载时用;否则会造成高压,导致安全阀起跳,甚至油管爆裂
	倒车(放锚)	右位	左位	泵出口→单向阀8→换向阀7→换挡阀→马达进出口B、C、D(由于油口B与C相通,自我循环,油仅从D口进入,故马达呈单作用,扭矩减少一半,转速提高一倍)→马达油口A→换挡阀→磁性滤器→滤网→泵进口	放缆初期和系缆时用
	停车	中位	中位	泵出口→单向阀8→换向阀7油路被滤器封闭	液压制动时用

4. 液压绞缆机操作

普通绞缆机在停泊期间需视潮汐的涨落和船舶吃水的变化相应调整缆绳的松紧,操作时很难保证各根绳受力均匀,倘使一根缆绳因过载而拉断,则其他几根受力更大;特别是巨型油船和散装船的缆绳很粗,更增加了操作上的困难。为了克服上述缺点,在许多船舶上采用了自动保持缆绳张力恒定(或在一定范围内)的绞缆机,简称自动绞缆机。液压自动绞缆机的形式很多,但其工作原理基本相同。因为油马达的输出扭矩是由马达的每转排量和工作油压决定的,故对定量油马达而言,只要能自动控制马达输入油液的工作压力,就能控制油马达的扭矩,即自动地调整系缆张力。具体可分为两大类:

(1) 阀控型自动绞缆机

如图 7-3-10 所示为带蓄能器的定量泵式自动绞缆机工作原理,采用定量主油泵 7,用溢流阀 3 来控制油马达 4 收缆进油侧的工作油压。由于系泊期间油泵的排油仅需补充马达和系统的漏泄,而多余的排油都要经溢流阀溢回油箱,为减轻功率的消耗和油液的发热,常在停泊时改用流量小的辅泵供油,或如图 7-3-10 所示借蓄能器 1 维持供油压力,而用压力继电器 9 根据蓄能器压力控制主油泵 7 间断工作。

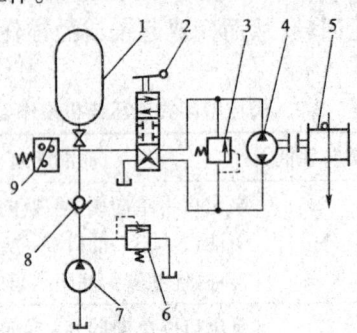

图 7-3-10 带蓄能器的定量泵式自动绞缆机工作原理
1—蓄能器；2—换向阀；3,6—溢流阀；4—油马达；5—卷筒；7—主油泵；8—单向阀；9—压力继电器

(2) 泵控型自动绞缆机

在这种系统中,主泵采用限压式变量泵。如图 7-3-11 所示为带压力继电器的变量泵式自动绞缆机原理,采用压力继电器 7 控制电磁二位二通换向阀 4 对普通变量油泵 6 进行二级变量控制,以使主泵在达到所要求的工作压力时就能改以小流量工作。这虽可省去辅泵,但存在主泵价格较高和系泊期间工作时间长,磨损较大的缺点。

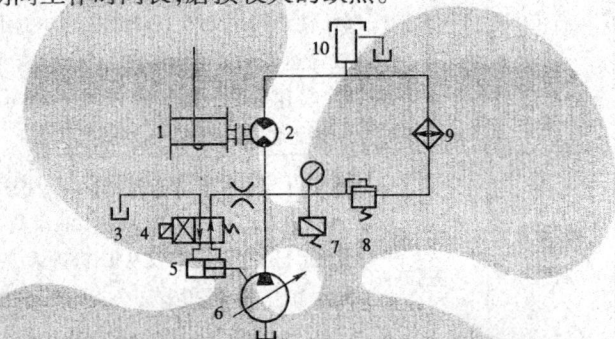

图 7-3-11 带压力继电器的变量泵式自动绞缆机原理
1—卷筒；2—油马达；3—油箱；4—电磁换向阀；5—变量机构油缸；6—普通变量油泵；
7—压力继电器；8—溢流阀；9—冷却器；10—膨胀油箱

5.锚机、绞缆机实例

(1) 电动锚机

如图 7-3-12 所示为电动锚机,主要由电动机 1、传动机构和锚链轮 4 等所组成。锚机通常还带有绞缆卷筒 5,当用于绞缆时可借离合器手柄 7 使锚链轮的牙嵌式离合器 6 处于脱开状态。浅水抛锚可脱开离合器靠锚链自重进行,用刹车手柄 2 调节刹车带松紧控制抛锚速度。深水抛锚为了控制抛锚速度,可将离合器合上,由于减速齿轮箱中的蜗轮蜗杆机构有自锁作用,抛锚速度可由原动机转速来控制。

(2) 液压恒张力系缆机

如图 7-3-13 所示为奈尔-三菱重工自动绞缆机液压系统,它在手动收缆工况采用的是泵

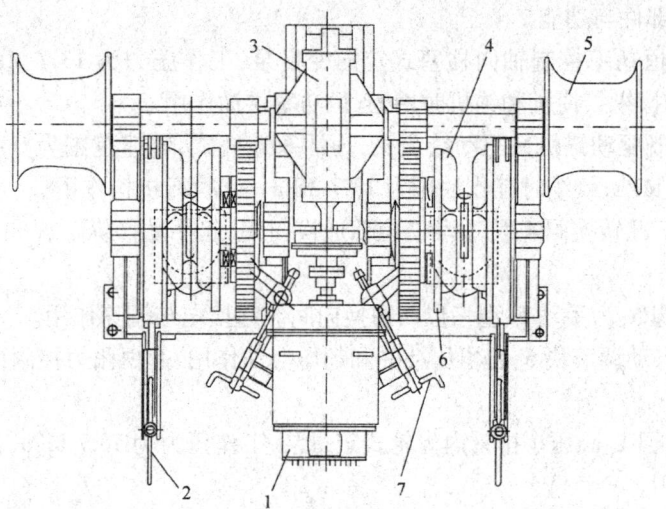

图 7-3-12 电动锚机
1—电动机；2—刹车手柄；3—减速器；4—锚链轮；5—绞缆卷筒；6—离合器；7—离合器手柄

控式张力自动控制方式，在自动张力调节工况采用的是阀控式张力自动调节方式，现将有关情况介绍如下：

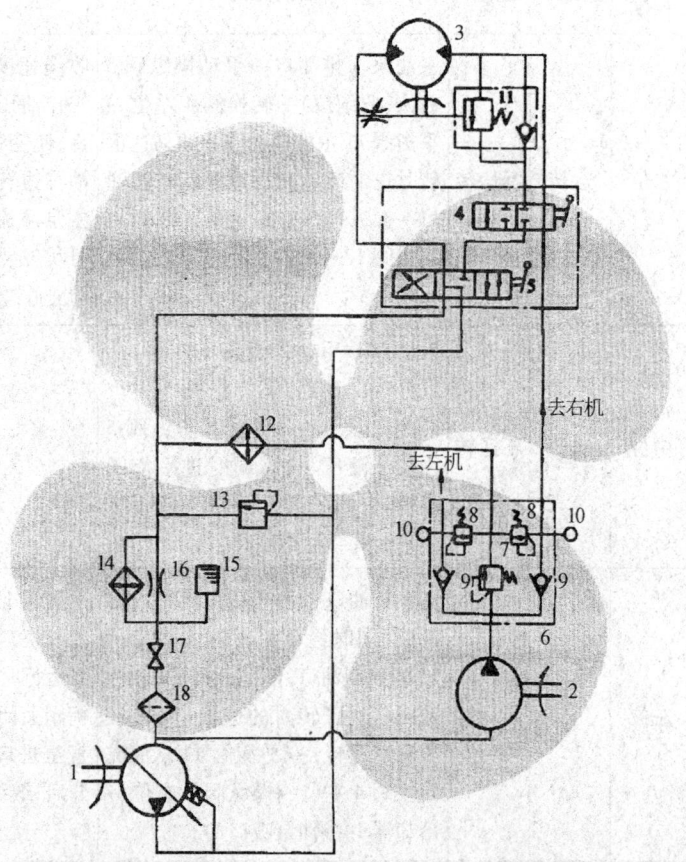

图 7-3-13 奈尔-三菱重工自动绞缆机液压系统
1—主油泵；2—自动绞缆油泵；3—油马达；4—自动绞缆工况转换阀；5—手动操纵阀；6—绞缆张力自动调节块；7—低压溢流阀；8—高压溢流阀；9—单向阀；10—压力表；11—平衡阀；12,14—冷却器；13—主泵溢流阀；15—高置油箱；16—节流阀；17—截止阀；18—滤器

①主要工作部件与功能

a.主油泵1:恒功率控制轴向柱塞式定向变量泵,工作压力为13.7 MPa,排量范围为0~389 L/min。手动操纵绞缆机和锚机时用,起恒功率供油作用。

b.油马达3:既驱动锚机又驱动绞缆机,为活塞连杆式,转速范围为0~111 r/min,起锚时工作油压为10.8 MPa,绞缆时工作油压为13.7 MPa。起执行机构作用。

c.自动系统工况转换阀4:为手动二位四通换向阀,起手动操纵工况和恒张力控制工况转换作用。

d.手动操纵阀5:为手动K型三位四通换向阀。起换向与调速作用。

e.绞缆张力自动调节块6:起恒压补油和超压泄油作用,起恒张力控制作用,调定最大收放缆张力。

f.自动绞缆油泵2:高压小排量内齿轮式定量泵,工作压力为13.7 MPa,排量为54.5 L/min。起恒张力控制作用。

②主要工况与操作要领

如表3-3所示为奈尔-三菱重工式恒张力绞缆机操作要领。

表7-10 奈尔-三菱重工式恒张力绞缆机操作要领

工况		工况转换阀	手动操作阀	主油泵	辅油泵	油液流向	说明
手动收放缆工况	正车收缆	左位	右位	运转	不运转	主油泵1排油口→手动操纵阀5右位(收缆位)→转换阀4左位→平衡阀11中的单向阀→油马达正转时进油口→油马达正转时回油口→操纵阀5右位→冷却器14→截止阀17→滤器18→油泵吸油口	收缆速度决定于缆索张力即工作油压,张力越大,油压越高,使变量油泵的排量越小,油马达转速越低,直至停转,主泵溢流阀13开启,从而也可实现泵控式张力自动限止,防止收缆时张力过大
	停车	左位	中位	运转	不运转	泵出口→手动操纵阀5中位,从此分①②两路:①操纵阀5中位→冷却器14→油箱;②操纵阀5中位→液压马达(同时进平衡阀外控口,油压很低,平衡阀不开)→平衡阀→油路被阀芯封闭	
	倒车放缆	左位	左位	运转	不运转	主泵排油口→油马达正转时的回油口(同时经节流阀进入平衡阀11的控制油口,使平衡阀开启)→液压马达正转时的进油口(使液压马达反转)→平衡阀11→工况转换阀4左位→操纵阀5左位→冷却器14→油泵吸口	平衡阀11限制油马达反转不能过快,当其反转过快变成油泵运行时,进口油压降低使平衡阀关闭,迫使油马达停止,直至进口油压恢复才能重新开启,继续反转

续表

工况		工况转换阀	手动操作阀	主油泵	辅油泵	油液流向	说明
自动调节张力工况	正车收缆	右位	中位	不运转	运转	辅泵出口→系缆张力自动调节块6→单向阀9→液压马达→冷却器14→辅泵进口	此工况仅发生在缆索张力对应的液压马达高压侧油压小于辅泵定压阀（低压溢流阀）7的调定压力10.8 MPa阶段；缆绳张力低于9.5 t；对应的油压低于10.8 MPa，收缆速度恒为25 m/min
	停转保持	右位	中位	不运转	运转	辅泵出口→低压溢流阀7→冷却器12→冷却器14→辅泵进口液压马达被单向阀9和高压溢流阀8锁闭	此工况发生在张力对应的油马达高压侧油压大于低压溢流阀7开启压力（10.8 MPa），小于高压溢流阀8开启压力13.8 MP阶段；相应的张力在9.5 t至18 t之间，辅泵排出压力保持10.8 MPa不变
	倒车放缆	中位	中位	不运转	运转	液压马达→高压溢流阀8→冷却器12→液压马达；辅泵出口→低压溢流阀7→冷却器12→冷却器14→辅泵进口	张力大于高压溢流阀8的调定压力13.8 MPa时，相应的缆索张力稍大于18 t

三、救生艇筏释放装置

救生艇筏的释放装置是用来存放、释放和回收救生艇筏的专用配套设备，又称降落设备，俗称吊艇架。当船舶遇险时能否快速地释放救生艇筏，其释放装置性能的好坏起着决定性的作用。

每艘救生艇均应配置一副独立的释放装置，每副释放装置装配一个吊艇机以保障释放和回收救生艇筏工作能迅速、安全地进行。救生艇筏的释放装置比较多，限于篇幅，本部分主要介绍常用的几种救生艇释放装置的种类、配备原则、主要结构及维护保养。

1.救生艇释放装置

救生艇平时存放在释放装置上。释放装置按形式的不同一般可分为旋转式、摇倒式、重力式和自由降落入水式等。

（1）旋转式释放装置

旋转式释放装置用于艇重不超过1 400 kg时，它是由两根顶端弯曲并能360°转动的吊柱，通过吊艇索来吊起救生艇的。释放时需用人力将艇首、尾端通过转动吊柱分别转出舷外再降落至水面。此类释放装置结构简单、无须动力，但操作过程费时、费力，仅适合较小的船舶使用。

旋转式释放装置如图7-3-14所示。

(2)摇倒式释放装置

①弧齿式释放装置

弧齿式释放装置是由前、后两根吊柱装置组成,每根吊柱下端成扇形弧齿状,弧齿的中心用螺栓固定在释放装置底座上,扇形弧齿的外齿与底座下部的齿槽相啮合。吊臂的形式有直杆形和S形等,直杆形吊臂设在艇的两端外,而且需要将吊艇钩设在艇首、尾顶端,S形吊臂则可将艇直接搁在释放装置下的木墩上,艇的首、尾吊艇钩设置在艇的首、尾部即可。弧齿式释放装置如图7-3-15所示。

②推杆式释放装置

推杆式释放装置主要由两根活动的吊柱组成,每根吊柱由一根螺杆与吊柱支架相连,螺杆的下端与螺纹套筒相啮合,螺纹套筒与底座相连。释放时,人力摇动套筒上的手柄,螺杆便随之伸出套筒使吊柱向舷外推出,吊柱上的救生艇也一同被推出舷外,再松出吊艇索即可将艇降至水面。推杆式释放装置如图7-3-16所示。

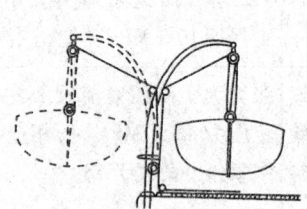
图7-3-14 旋转式释放装置

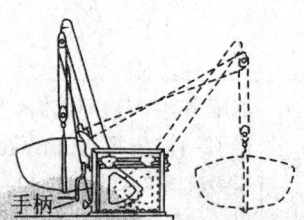
图7-3-15 弧齿式释放装置

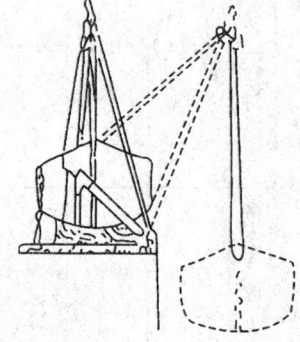
图7-3-16 推杆式释放装置

(3)重力式释放装置

当救生艇艇重超过2 300 kg时,则应采用重力式释放装置。

重力式释放装置的形式可分为滑轨式、叉形支撑式和直杆式三种。

重力式释放装置如图7-3-17所示。

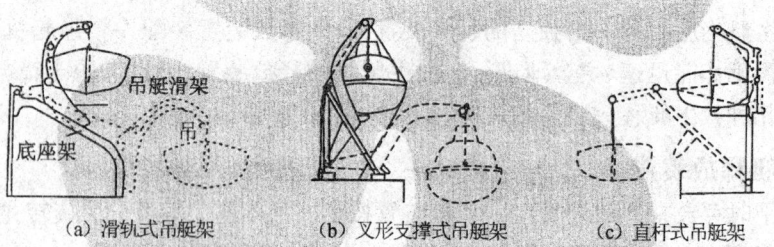

(a)滑轨式吊艇架　　(b)叉形支撑式吊艇架　　(c)直杆式吊艇架

图7-3-17 重力式释放装置

无论哪种形式的重力式释放装置的制造和试验应经过中国船级社认可,并满足国际救生设备规范的要求。

(4)自由降落入水式释放装置

自由降落入水式释放装置配套使用自由降落入水式全封闭救生艇。该形式的降落装置主要装配于干舷高度在12~20 m的高干舷船舶。艇内装配有特制的座位,并设有艇内减震装置。自由降落入水式释放装置装配在船舶尾部,以斜置的支架存放救生艇。

船舶只配备一艘自由降落入水式释放装置。

①自由降落入水式救生艇释放装置基本要求

自由降落入水式救生艇降放装置的各项性能参数和指标均符合《1974年国际海上人命安全公约》1983年、1999年修正案、IMO第66届海安会通过的国际救生设备规则和中国船级社（船检局）《海船法定检验技术规则》1999年中各项规定和要求。

在紧急状况下，当船舶处于横倾20°、纵倾10°的恶劣状况下，释放装置能将满载的救生艇降放到海平面；当艇处于横倾5°、纵倾2°的状况下，作为辅助的收放装置，可以依靠液压传动驱动力，利用油缸推动吊艇臂倒向艇外，将满载的救生艇带至舷外并利用液压绞车将救生艇放入海平面。同理，也可利用液压绞车将满员的救生艇从海平面上吊放到降放装置的滑道上。

另外，一旦船舶遇难沉没，满载的救生艇未能及时降放到海平面，而随船一起沉没海水下，当船舶下沉到3~4 m处时，降放装置上的固艇装置和静水释放装置，在静水压力作用下自动释放救生艇，救生艇依靠其浮力自动脱离遇难船舶而漂浮到海平面，再依靠自身的动力驶往安全地带。

②自由降落入水式释放装置技术参数

装置工作负荷：满足额定乘员安全起降的要求。

绞车起重负荷：满足额定乘员安全起降的要求。

装置下放负荷：最小30 kN，最大满足额定乘员安全起降的要求。

自由降落核准高度：15 m（船舶在最轻航行状态从静水表面至救生艇在降放状态时的救生艇最低一点的最大距离）。

降落滑道角度：35°（救生艇滑道与水平面形成的角度）。

装置安装高度：15 m。

起升速度：5.0 m/min。

设计工况：横倾20°、纵倾10°。

设计航速：大于或等于6 kn。

登艇方式：尾门登艇。

环境温度：-20~+45 ℃。

自由降落入水式释放装置如图7-3-18所示。

(5) 新型救生艇及释放装置介绍

①平台式释放装置

平台式释放装置与其他形式释放装置不同的是，它不设置吊放艇的吊架，而是由一个立式安装在登乘甲板舷外的吊艇平台取代。其吊艇机动力装置、刹车装置等大型设备均置于平台上面，减少了登乘甲板的拥挤，方便了人员的登乘活动。

此类释放装置主要装配于客船和科学考察船。平台式释放装置如图7-3-19所示。

②救生艇应急自动释放自浮设备

救生艇应急自动释放自浮设备由自动脱绑装置和自动脱钩装置两部分组成，能满足依靠吊艇架形式释放救生艇在紧急状态下自动脱开降落设备的要求。即当母船在海上发生事故突然下沉时，该设备能使救生艇在无人操作的情况下自动脱掉绑扎的钢索、自动脱钩并自浮，从而提高了船员获救的机会和可能性。

③全电脑信息管理救生艇

英国救生艇协会2007年12月4日在威尔士展示了一种新型救生艇，它的速度是普通救生艇的两倍，艇体进行了特别加固，可以更有效地保护艇上人员的安全。它的驾驶室配备了全新的电脑信息管理系统,很多指令可以通过遥控完成,这意味着船员在航行中不必在艇上来回奔忙,降低了事故风险,而且这个电脑系统还能在风浪中自动调整。

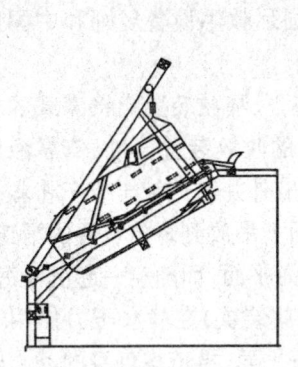

图 7-3-18 自由降落入水式释放装置

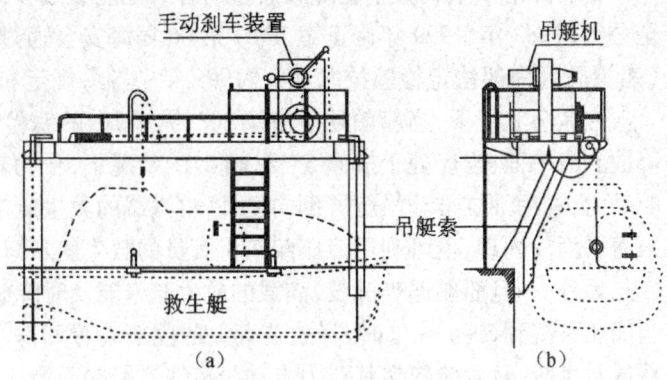

图 7-3-19 平台式释放装置

2.释放装置辅助设备

(1)吊艇机各部分名称及作用

吊艇机是回收救生艇的动力装置,由电动机(危险品船为压缩空气驱动)、滚筒、离合器、制动器、吊艇索及引导滑轮等组成。

①动力装置

吊艇机通常用电或压缩空气作为动力源,由船舶提供电源或压缩空气产生机械动力。

②齿轮箱

齿轮箱用于改变原动机的转速比,即改变人力操作与电动操作艇机回收救生艇时的机械转速比。

③离合器

离合器为人力或电动回收救生艇时的转换装置。

④制动器

每一台吊艇机有两套制动装置,一套为手动制动器,另一套为自动调节救生艇降落速度的制动器,以保障救生艇的降落速度控制在 $0.4\sim0.6$ m/s。正常情况下由人工控制救生艇释放速度。

⑤手摇装置

吊艇机工作除电(气)动装置外,同时设有手摇装置,以备在缺乏动力源时可用人力转动艇机收回救生艇。

使用手摇装置人力转动吊艇机回收救生艇时,应将离合器置于"手动"位置,艇完回收毕后应将手摇柄取下。

⑥吊艇索滚筒

吊艇索滚筒为两个对称设置在吊艇机下方两侧并同步运转的圆形滚筒,是分别盘绕吊艇索的装置。滚筒的直径至少为吊艇索直径的 16 倍。

如图 7-3-20 所示为直立式吊艇机及结构。

释放艇时,解除所有固船绳索和安全插销后,抬起吊艇机上的制动器,救生艇靠自身重力开始下降,并可通过调整制动器来控制释放艇的速度。

回收艇时,电动机带动两侧滚筒同步转动,两根吊艇索分别有序地盘绕在滚筒上,依靠它

第七章　船舶液压设备

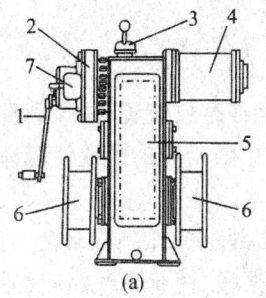

(a)　　　　　　　　　(b)

图 7-3-20　直立式吊艇机及结构

1—制动器；2—离合器；3—控制手柄；4—电动机；5—传动齿轮箱；6—滚筒；7—手摇装置

将救生艇收回于吊艇架上。当吊艇架恢复到原来位置时，吊艇架底座上的限位开关切断电源，以防止吊艇索过度受力而发生危险。吊艇机还附有手摇装置，当吊艇机失去动力源时可利用人工方式将救生艇绞起。

吊艇机均采用齿轮传动式，在艇机下端设有两个存放吊艇缆绳的滚筒，以便使两根吊艇索同时以等速收进或松出。设计时，引导滑轮与导缆滚筒之间距离至少为 2 m，以保障吊艇索能规范地缠绕。回收艇时，吊艇索于滚筒上应排列整齐且不多于两层。

(2) 吊艇索、吊艇滑车及吊艇钩

① 吊艇索

吊艇索应为柔软的并有足够韧性的镀锌钢丝索。吊艇索长度应能在船舶最小吃水并向任何一舷横倾达 20°时足以到达水面。

② 吊艇滑车

吊艇滑车是吊艇索与救生艇连接的专用设备。吊艇滑车滑轮的直径(自滑车槽口底部计量)为钢丝绳的 12 倍。吊艇滑车的下端装有供连接吊艇钩用的圆环，当吊架倒下后，滑车上的凹形槽即从吊架顶端的固定钩中脱出并随救生艇及吊艇索一起下降。

如图 7-3-21(a)所示为吊艇滑车。

③ 联动式吊艇钩

为保障在风浪中艇首、尾能同时迅速脱钩，目前大多数救生艇都装备有联动脱钩装置，当艇降落至水面瞬间，拉动联动脱钩拉杆或拉索即可使艇首、尾同时脱钩。当自动脱钩失败时，仍可使用手动方法脱钩。联动脱钩装置的拉环均漆成红色，并有铭牌标示"危险！脱钩拉环"。

如图 7-3-21(b)所示，联动式吊艇钩主要由吊艇钩、眼板、平衡锤、平衡锤眼环、吊艇链环、龙骨、传动索等组成。

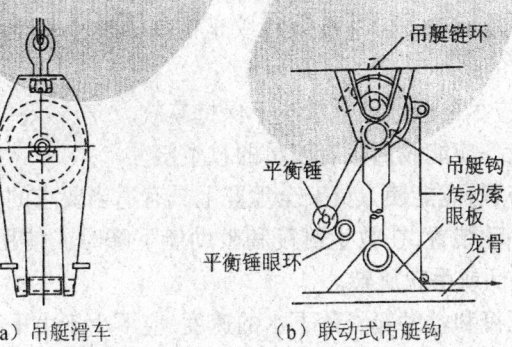

(a) 吊艇滑车　　　　(b) 联动式吊艇钩

图 7-3-21　吊艇滑车及吊艇钩装置

(3)救生艇定位索具

①稳索

艇架上设有两根用来固定救生艇的稳索。艇在存放位置时,该索在艇的首、尾适当部位横向缠绕艇体后系固于吊艇架上。平时应系牢,防止因船舶摇摆致使艇体晃动而撞损。

②止荡索

止荡索亦称定位索。其上端固定于吊架弯曲部位的弧顶眼环处,下端系在吊艇滑车内侧耳环处。艇在释放时,止荡索用于限制艇的横向摆幅,使艇不致因船的摇摆而偏离舷边和碰撞大船。止荡索长度应使救生艇在降放时,艇缘刚好平行船舶登艇甲板。

③收紧索

收紧索是艇与船之间的横向连接索。当救生艇降放到船舶登艇甲板位置时,由首、尾艇员分别递上带滑轮的两根收紧索,一端系在两吊艇架适当位置,另一端系于救生艇首、尾艇舷羊角上,由首、尾艇员分别控制收紧后,使艇缘与登艇甲板平行紧靠,便于人员登乘。

3. 救生艇筏释放装置的一般要求

(1)每具降落设备在船舶纵倾达10°并向任何一舷横倾到20°时,应能安全降落其装备齐全的和满载全部乘员的救生艇筏或救助艇。

(2)油船、化学品液货船和气体运输船,如按 MARPOL 73/78 公约和国际海事组织的建议计算的最后倾角超过20°时,其所配备的救生艇降落设备应能在该船舶处于最后横倾角的情况下在较低的船舷仍能进行操作。

(3)降落设备不应依靠除重力或不依赖船舶动力的储存机械动力以外的任何方式来降落其所配属的处于不同状态的救生艇筏或救助艇,这些状态包括满载、装备齐全和轻载状态。

(4)降落和回收装置应能使该设备的操作人员一人在甲板上操作。在救生艇降落及回收期间,操作人员在船上操作位置应能观察到艇筏的动态。

(5)每具降落设备的构造,应仅需要最少的日常维护量。一切需要船员进行定期维护的部件,应容易接近和容易维护。

(6)降落设备的绞车制动器应具有承受下列负荷的足够强度:

①试验负荷不少于1.5倍最大工作负荷的静力试验。

②以最大速度下降,做试验负荷不少于1.1倍最大工作负荷的动态试验。

(7)除绞车制动器外,降落设备及其附属设备的强度,应能承受不少于2.2倍最大工作负荷的静力试验。

(8)构件和一切滑车、吊艇索、眼板、链环、紧固件和其他一切用作连接降落设备的配件,应用不小于最小的安全系数来设计,这个安全系数根据规定的最大工作负荷和结构所选用材料的极限强度来决定。适用于一切吊艇架和绞车构件的最小安全系数应为4.5,适用于吊艇索、吊艇链、链环和滑车的最小安全系数应为6。

(9)每具降落设备应尽可能在结冰情况下保持有效。

(10)救生艇降落设备应能收回载有艇员的救生艇。

(11)降落设备的布置,应能使人员安全地登上具有适当要求的救生艇筏。

(12)回收艇筏的手动装置,在救生艇筏和救助艇下降时或使用动力吊起时,绞车的转动部分应不使手动装置手柄或手轮旋转。

(13)满载的救生艇筏和救助艇降落下水的速度,应不小于由下列公式得出的速度:

$$S=0.4+0.02H$$

式中，S——下降速度，m/s；
H——从吊艇架顶部到最轻载水线的距离，m。

快速救助艇满载乘员和属具后的降放速度和吊起速度应不低于 0.8 m/s；也不高于 1 m/s。

(14) 救生艇筏或救助艇的设计，应考虑紧急刹车过程中的惯性力和降落装置的强度。主管机关应在降落设备上制定最大下降速度，以确保不超过该速度。

(15) 每具降落设备应有制动器，使载足全部乘员及属具的救生艇筏和救助艇在降落中能刹住并可靠地系留住；如有必要，还应有防水和防油保护。

(16) 手控制动器的布置应始终处于制动状态，除非操作者将机械装置的制动控制器保持在"脱开"位置上。

(17) 吊艇索应有足够的长度，应于船舶最轻载航行并在不利纵倾 10°和向任何一舷横倾至 20°时，使救生艇能到达海面。

(18) 救助艇登乘和回收装置应允许安全而有效地搬运担架病人。如果重型动索滑车构成危险，为了安全应设有供恶劣天气下使用的回收环索。

4. 自由降落设备的其他要求

(1) 每艘自由降落救生艇应能在入水后立即朝正前方前进，当载足全部属具和下列负载状态下从核准高度自由降落，船舶纵倾 10°并向一舷横倾 20°时应不碰到船舶：
① 载足全部乘员；
② 载足乘员以使重心移至最前方位置；
③ 载足乘员以使重心移至最后方位置；
④ 只有操作船员。

(2) 每艘自由降落救生艇应装设一套脱开系统，它应：
① 具有两个独立的、只能从救生艇内操作脱开装置的激活系统，并标有明显的颜色；
② 无装载或被批准的乘员定额 200%正常负荷时能脱开艇；
③ 应使救生艇的乘员在降落过程中不致感到过度的冲击力。

(3) 具有足够斜度和长度的刚性释放架结构，以保证救生艇有效地离开船舶。

(4) 其结构应有防腐蚀保护和在救生艇降落过程中防止发生摩擦起火或碰击火花。

5. 救生艇释放装置的检查及维护保养

救生艇作为一项重要的船舶救生设备一直是港口国监督检查(PSC)的重点。近年来，随着世界港口国监督检查水平的日益提高，对救生艇的检查范围逐渐从仅限于救生艇的属具的检查深入到救生艇释放装置的检查。现在船舶救生艇方面的滞留缺陷很少是救生艇属具的不足或到期，而不少是释放装置方面的缺陷，并且，救生艇释放装置是保证救生艇安全迅速下水、确保紧急情况下成功救助的必要条件。因此，救生艇释放装置的检查和维护应引起广大船员的足够重视。

(1) 释放装置检查维护职责

救生设施的日常检查主要由三副负责，但船舶所有高级船员和普通船员都有维护保养设施、设备的责任和义务。救生艇筏释放装置的检查和维护必须满足 SOLAS 公约第三章第Ⅵ节第 48 条规定的要求，并将检查情况和维护效果详细记录备查。

(2) 释放装置检查主要内容及维护方法
① 外观性检查

ⅰ.检查内容

a.救生艇艇架结构、底座、吊钩连接处、板材是否有锈蚀情况；

b.艇架有无轴线错位或变形(年限较长的艇架)；

c.艇架架托与艇体是否有脱开现象；

d.吊艇索、导缆柄、安全销等是否锈蚀或锈死；

e.吊艇机和电源情况。

ⅱ.维护方法

a.锈蚀处应根据具体情况做防锈处理或修补和换新；

b.艇架若有轴线错位或变形,应告知船舶公司或船东,请求进厂家修理；

c.艇架架托与艇体有脱开现象时,应立即复位；

d.吊艇索应定时涂抹防护黄油；其他视情况除锈和涂抹防护油；

e.吊艇机防护罩应盖好,吊艇机电源应处于断开位置。

②操作性检查

a.降放艇检查(重力式吊艇设备)

降落设备是否依靠重力或船舶动力储存机械动力的任何方式来降落其所服务的救生艇筏或救助艇。检查中,检查人员可以关闭船舶主用电源,测试降落装置是否与应急配电板相连接,是否可用。

b.降落装置布置检查

降落机械装置的布置是否由一个人自船舶甲板上某一位置,和自救生艇或救助艇内部某一位置来开动；在甲板上操作降落机械装置的人员是否能看到救生艇。

除了自由降落下水救生艇外,一般救生艇的降落机械装置有两或三套：一套应可由一个人在船舶甲板舷侧某一个位置操作,一套应能在救生艇内部某一个位置来操纵,一套是利用绞车的重力块操纵。前两者属于公约强制性要求。特别是最前者,它意味着在甲板舷侧上操纵救生艇降落的人应能看到救生艇释放降落的全过程。

c.制动装置检查

降落设备的绞车制动器(刹车)是否有承受一定负荷的足够强度。1998年7月1日救生设备规则(LSA CODE)增加了对救生艇降落速度上限的要求。公约规定降落设备可以依靠救生艇的自身重力,或者独立于船舶动力之外的船舶储存机械动力。

为防止救生艇在应急情况下出现异常,保证船员在救生艇降落过程的安全平稳,绞车制动装置起着非常重要的作用。当救生艇以较快速度降落接近艇甲板平面时,可示意绞车进行刹车制动。若救生艇无法控制下落或滑落非常长的一段距离才能停住,则可说明绞车制动有问题。通常情况下,绞车制动装置应处于制动状态。

放艇试验时,船员开始抬起绞车制动器的重力块,只听到绞车转筒轴的空转声音,而救生艇却没有下降。经过几次反复操作后,救生艇才能正常下降。产生这种情况的原因通常是制动器中的刹车片或弹簧变形、错位。通过反复操作、设备振动,刹车片又恢复了正常。这是制动器中刹车片或弹簧老化失效的征兆,严重的将可能导致救生艇无法下降。应尽快打开绞车检查修理。

d.艇内快速降落装置的检查

除艇外舷侧甲板有一套救生艇降落操作装置外,还应有一套供船员在艇内操作的降落装置。仔细观察可供艇内操纵降落的绳索是否已经连接妥当,操纵装置上滑轮是否牢固可用。

e. 自动脱钩装置检查

一般的艇上有两套自动脱钩装置。一套位于救生艇内操纵台附近,由人工拉动操纵手柄进行操纵,可以检查快速降落装置操纵手柄上用来防止误操作的保险栓是否拴牢、有无损坏断裂。另一套在吊艇钩末端,当艇下水受到冲击时,重力块动作,吊艇钩自动脱开。所以,检查的重点应放在仔细查看自动脱钩装置的艇钩和保险扣上有无锈蚀。若有锈蚀,将会影响自动脱钩的效果。

f. 限位开关检查

动力收回吊艇架,大多使用油马达。为防止吊艇索或吊架受到过度应力导致艇架或艇的变形,艇架上装有限位开关,用于吊臂回到原位时自动切断回收动力。根据工作方式,限位开关有电动和气动两种,分别依靠电磁阀、空气开关工作,当吊臂接触到限位开关的触臂,限位开关立即发生动作。常见的缺陷包括:触臂卡死或开关内部损坏导致限位开关无法动作,触臂角度调节不当引起限位开关动作过早,吊臂复不到位。

(3) 释放装置缺陷的处理原则

救生艇降落设备方面的缺陷将严重地影响到救生艇的随时可用,属于重大船舶缺陷,船舶可能被滞留。对于上述检查中发现的缺陷,原则上应要求船舶和船舶所有者在开航之前解决;对于降落设备布置等涉及重大缺陷需修理项目的认定,船舶应及早、如实、准确地报告船舶所有者,由船级社和相关职能部门加以确认,并进行及时修理。另外,对于有些配件在本港无法购置或没有解决能力的缺陷,船级社和相关职能部门可能允许驶往下一港纠正,但他们同时会通知下一港跟踪检查。

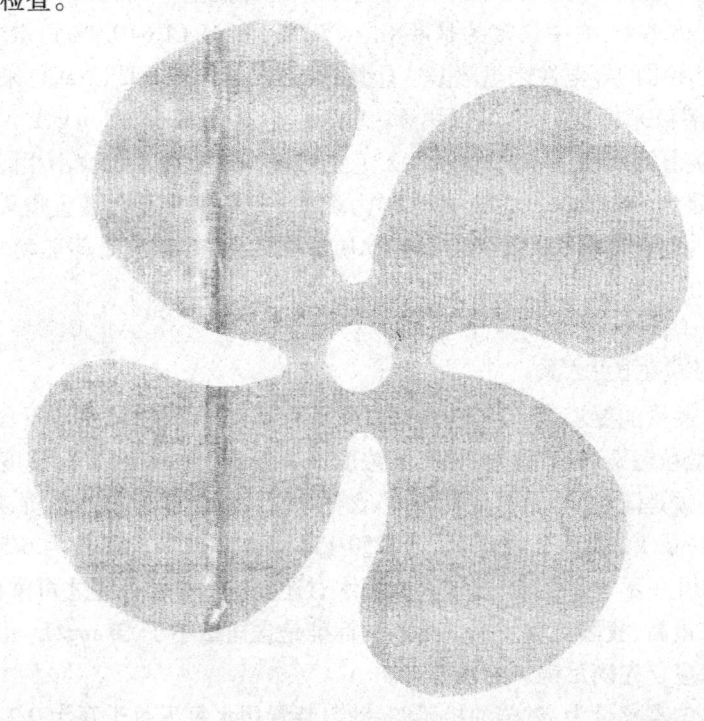

第八章 船舶海水淡化装置

第一节 概述

水的含盐量一般以 mg/L 为单位。大洋海水中总含盐量平均为 35 000 mg/L。海水所含各种盐的比例大体不变,其中最多的是 NaCl (77.7%) 和 $MgCl_2$ (10.9%),水中的含盐量越大,其导电性越好。用水的导电性来检测其含盐量很方便,常以 mg/L (NaCl)来表示含盐量多少(便于配制标准溶液来标定),也可以用 Cl^- 来表示含盐量多少(1 mg/L NaCl = 0.606 mg/L Cl^-)。在船上,随着淡水使用场合的不同,对它的数量和质量要求也就不相同。

通常,含盐量为 1 000 mg/L 以下的水称为淡水。船舶海水淡化装置是从海水中提取淡水的专门设备,它为船舶提供和补充符合一定水质标准的淡水,以满足船舶动力装置冷却、锅炉给水以及船员和旅客的饮用、洗涤等生活用水。

一、船舶对淡水的要求

船舶对淡水品质的要求为:柴油机冷却水只要是淡水即可;洗涤水应不含传染疾病的微生物,未被放射性微粒污染,没有恶臭,氯离子浓度不大于 300 mg/L(Cl^-),硬度不大于 7 毫克当量/升;饮用水必须是清澈的,无不良气味,不含任何对人体健康有害的杂质、病菌等,含盐量不大于 500~1 000 mg/L,氯离子浓度不大于 250~500 mg/L(Cl^-),pH 值为 6.5~8.5。海水淡化装置所产的淡水几乎不含矿物质,故作为饮用水时还需进行矿化处理才可供长期饮用;锅炉给水对水质的要求最高,我国对船用锅炉给水的标准是含盐量小于 10 mg/L。因此,船舶海水淡化装置所产淡水应首先满足锅炉给水要求。

船舶对淡水的需求量为:对柴油机船舶,动力装置用水每天每千瓦为 0.2~0.3 L;锅炉给水按锅炉蒸发量的 1%~5% 计算;生活用水每人每天为 150~250 L。

海水淡化装置的主要作用就是通过特殊的手段降低海水的含盐量,使之成为符合要求的淡水。目前开发的海水淡化技术有 20 多种,其中蒸馏法、反渗透法、冷冻法、电渗析法达到了工业规模的生产应用。而现在船用海水淡化装置采用的主要方法是蒸馏法和反渗透法。其中蒸馏法为传统的海水淡化方法,为大部分远洋船舶采用,而随着人类对半透膜研究的逐渐深入,反渗透海水淡化装置将有更加广泛的应用前景。

现代远洋船舶所装设的海水淡化装置的最高容量视主机功率而定,一般每 7 500 kW 左右装设一台造水量为 20~25 t/d 的淡化装置,就足以满足动力装置和 50 名左右船员的生活需要。至于大型客船,则视情况装设几台较大的装置也可以满足要求。

二、真空沸腾式海水淡化装置的工作原理

海水在蒸发时盐分会滞留在海水中或自行析出,水蒸气中是不带有盐分的。蒸馏法就是通过在蒸发器中加热海水,使海水蒸发产生水蒸气;再在冷凝器中使水蒸气凝结成淡水的一种海水淡化方法。

船用蒸馏式海水淡化装置通常都采用真空式,即海水的蒸发和水蒸气的冷凝都在较高的真空状态下进行。真空蒸馏的优点是:

(1)可充分利用船舶余热,提高装置的经济性。当装置真空度为 93%时,海水相应的沸腾温度为 38.7 ℃。可用温度为 60~80 ℃ 的柴油机缸套冷却水作为装置的热源。

(2)减少结垢,利于装置管理。降低沸腾温度不仅能减少蒸发器换热面上积垢,而且能防止硬垢的生成,有利于装置长期高效的工作。

(3)有利于蒸汽净化,提高淡水品质。装置真空度越高蒸汽密度越小,蒸汽与水滴的密度差越大,越有利于水滴的分离。

船用真空蒸馏式海水淡化装置,根据海水汽化方式的不同,可分为真空沸腾式和真空闪发式。

真空沸腾式海水淡化装置本体主要由蒸发器和冷凝器组成,海水的加热和沸腾汽化都在蒸发器内进行,而(二次)蒸汽的凝结则在冷凝器内完成。此外,还有抽真空系统、给水系统、加热系统、冷却系统、淡水(凝水)系统及排污系统等辅助系统。如图 8-1-1 所示为真空沸腾式海水淡化装置的工作原理图。加热介质(热水或低压蒸汽)流过加热器,通过加热管将蒸发器中的海水加热,并使其沸腾汽化(又称二次蒸汽,以区别于加热用蒸汽)。二次蒸汽经蒸发器上部的汽水分离器除去其所携带的水滴后,被引入冷凝器。由海水泵所供给的舷外海水在冷凝器中使水蒸气冷却、凝结,凝结成的淡水积聚在冷凝器下部并由蒸馏水泵驳至淡水柜。

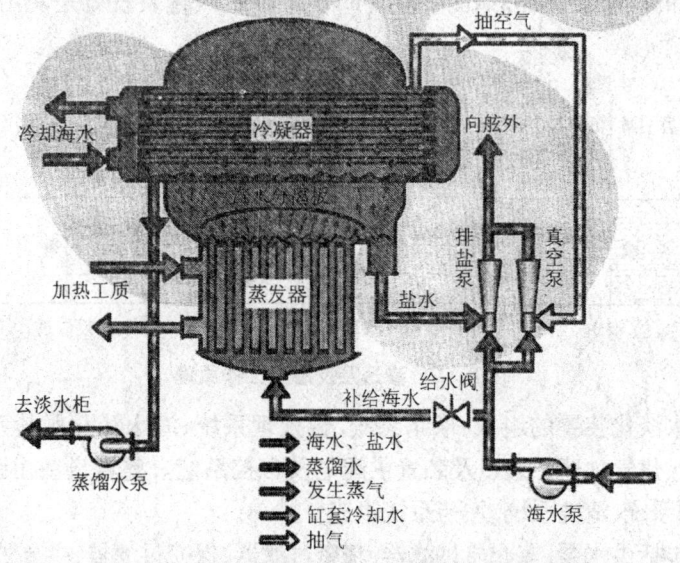

图 8-1-1 真空沸腾式海水淡化装置的工作原理图

蒸发器中海水的蒸发以及蒸汽在冷凝器中的凝结都是在高真空状态下进行的。其真空度由真空泵建立和保持。为了使结构更紧凑,通常沸腾式海水淡化装置都将冷凝器放置在蒸发器的上方,并组装成一个整体。

目前,船上采用的蒸馏式淡化装置,大多是既可用热水又可用蒸汽来作为加热工质。通常,在柴油机船上,一般都使用主机缸套水作为热源,只有那些淡水耗量很大的客船或渔业加工船等,因动力装置的废热不敷需要,才使用低压蒸汽。至于汽轮机船,则一般都采用主机或副机使用过的蒸汽来作为热源。

在以蒸汽作为热源的沸腾式淡化装置中,为了节省蒸汽,提高装置的产水比——淡水产量与加热蒸汽量之比,就需采用多效蒸发,即将两个以上的单效装置串联起来,并以前一效产生的二次蒸汽作为后一效的加热蒸汽。显然,要保证适当的传热温差,后一效蒸发器工作压力就必须比前一效低。经验表明,多效蒸发的产水比为$(0.8~0.85)N$,其中 N 为效数。增加效数虽然可以提高装置的经济性,但船用的很少超过 2~3 级,大多数都为单级,这是因为装置末级的真空度受冷却水温和真空泵性能的限制(一般不高于93%)的缘故,而为了防止蒸发表面的结垢,第一效的蒸发温度又不宜过高;此外在可用的总温降范围内,过分增加效数还会使传热温差减少,导致装置过于庞大和复杂。

三、反渗透式海水淡化装置的工作原理

反渗透法是将海水加压到水的渗透压以上,以使其通过半渗透膜,利用反渗透原理使海水中的溶剂(淡水)反渗透出来,从而使海水淡化的一种方法。

如图 8-1-2 所示为渗透和反渗透工作原理。后者是前者的逆过程。当淡水和海水(或其他两种不同浓度的溶液)被半透膜隔开时,低浓度溶液中的溶剂就会通过半透膜自发地向高浓度溶液一侧扩散,如图 8-1-1(a)所示,这种现象即称之为渗透。由于渗透的结果,高浓度溶液一侧的液面就会逐渐升高,直到因此所产生的静压差达到一个定值 $\pi = \rho g h$ 时,扩散即行停止,渗透也就达到了静态平衡,如图 8-1-2(b)所示,这个静压差值 π,就称作渗透压。渗透压的大小与溶液的绝对温度成正比,并与浓度近似的成正比。然而,如果在浓溶液的一侧加压,并使其超过渗透压力,就可迫使渗透逆转,亦即使高浓度溶液中的溶剂反而向低浓度溶液中渗透,从而实现所谓的反渗透过程,如图 8-1-2(c)。反渗透淡化装置就是利用这一原理设计而成的。

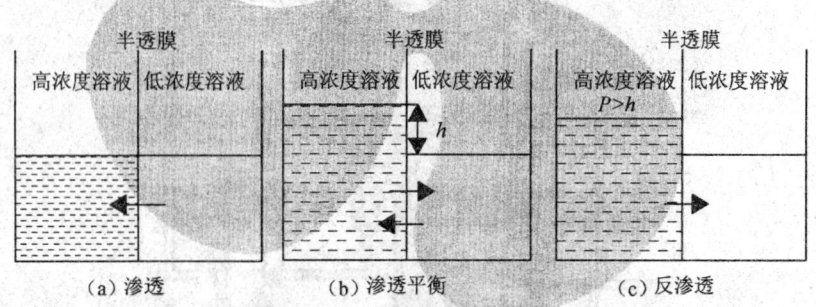

图 8-1-2　渗透及反渗透工作原理

反渗透式海水淡化装置的组成:取水系统、预处理系统、海水淡化脱盐系统、能量回收系统、化学清洗系统、化学加药系统以及装置供配电及自控系统。整套设备由预处理系统、反渗透系统、电气控制系统、清洗系统、加药系统组成。

预处理系统包括供水泵、多介质过滤器、精密过滤器、保安过滤器,主要处理原水中所含的

大颗粒杂质、余氯及细小微粒,保证反渗透系统的进水水质。

反渗透系统包括高压泵、RO 反渗透膜组件、调压阀、清洗箱,主要将预处理过的原水进一步处理成淡水。

如图 8-1-3 所示为反渗透式海水淡化装置的基本工艺流程图:海水由供水泵抽水进入预

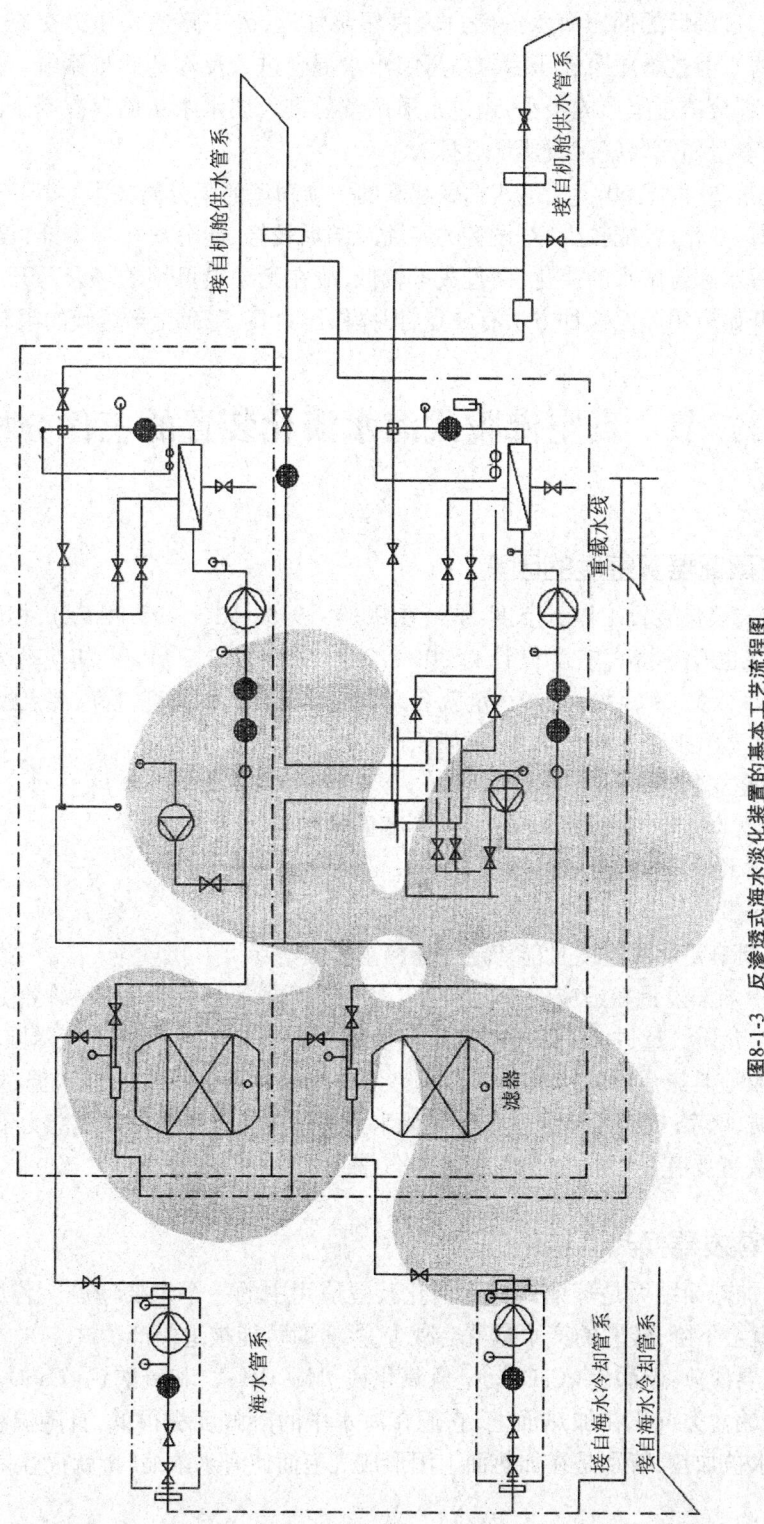

图8-1-3 反渗透式海水淡化装置的基本工艺流程图

处理系统,经过化学加药系统投加杀菌剂和絮凝剂后进入石英砂和活性炭过滤系统过滤。海水经预处理系统后进入高压泵,在高压泵作用下,流经高脱盐率卷式膜,通过控制调压阀增加压力,使海水中的部分纯水透过膜进入多孔收集管,经由软管流出设备,而盐分则被阻挡在膜表面随大部分海水排出设备。滤后水经过水质还原、pH调整以及阻垢剂添加后进入5 μm的保安过滤系统,过滤后的低压海水一路进入高压泵加压,另一路进入压力交换式能量回收装置,升压后的海水经过增压泵加压后与高压泵出水混合进入反渗透膜堆系统。高压海水在膜堆的处理下一部分透过膜形成淡水,经过水质调整后进入淡水水箱储存。其余的高压浓缩水进入压力交换能量回收装置回收能量后排放。

反渗透法是20世纪60年代迅速发展起来的一项新型的膜分离技术。其特点是液体在工作过程中无相态变化,耗能较少,对设备的腐蚀及结垢较轻,能分离机械杂质,设备简单,易于操作,适用于海水和苦咸水的淡化,而且成本较低,故在无废热可用的场合已开始与蒸馏法竞争,并在船上开始应用。但这种方法有缺点,即操作压力高,寿命受半透膜的限制。

第二节 真空沸腾式海水淡化装置的工作分析

一、影响蒸馏器真空度的因素

真空蒸馏式淡化装置工作真空度:维持在90%~94%(91.7~95.7 kPa),相应蒸发温度为45~35 ℃[现在也有的将真空度设计为80%~90%(81.4~91.7 kPa),相应蒸发温度为60~45 ℃]。真空度太低,沸点增高,产水量就会减少,甚至停产;真空度过高,沸点过低,导致沸腾过于剧烈,二次蒸汽携带水珠量增加,致使所产淡水的含盐量增加。

真空度的建立和维持:
(1)真空泵建立起工作所需的真空度,并不断地抽吸。
(2)冷凝器及时冷凝二次蒸汽。
(3)凝水泵及时将凝结的淡水不断地抽出。

保持装置具有足够真空度且能稳定工作的主要因素:
(1)有足以与蒸发量相适应的冷凝能力。如果冷凝器换热能力下降,则会使真空度降低。此外,若因加热介质流量过大或温度过高以致使蒸发量过大,也会使真空度降低。
(2)真空泵应具有足够的抽气能力。真空泵的工作水压过低或工作水温过高,排出背压过高,喷嘴磨损、堵塞、安装不当及吸入止回阀卡死等都能使真空泵的抽气能力下降。
(3)蒸馏装置要有良好的气密性,防止空气漏入。

二、影响蒸发器换热面结垢的因素

如何减轻加热面结垢是蒸馏式海水淡化装置应用中的一个重要问题。若加热面结垢增加,传热能力就会下降,装置的产水量就会减少,严重时可能被迫停产清洗。

水垢的主要成分:碳酸钙($CaCO_3$)、氢氧化镁[$Mg(OH)_2$]和硫酸钙($CaSO_4$)。海水中这些溶解度较低的盐类沉积在加热面上,它们在海水中的溶解度都很低,且随温度的升高而降低,所以在海水被加热,特别是在加热面上因形成气泡而使海水浓缩时,就很容易结晶析出,沉积形成水垢。

加热面水垢生成的速度和成分取决于以下几个方面:

1. 海水的沸点

真空度越低,海水的沸点越高,难溶盐的溶解度下降越多,水垢生成的速度就越快。海水加热温度的高低不仅影响水垢的数量,同时也决定着水垢的成分。如图 8-2-1 所示为水垢成分与加热温度和传热温差的关系,当水温不太高时,水垢的主要成分是 $CaCO_3$、$Mg(OH)_2$,主要呈泥渣沉淀。在温度超过 75 ℃时,$Mg(OH)_2$ 水垢的比例迅速增加;在温度超过 82~83 ℃时,$Mg(OH)_2$ 很快就会形成硬垢,并会取代 $CaCO_3$ 而成为水垢中的主要成分。因此,在真空式淡化装置中,如不添加防垢剂,则给水的加热温度一般就不应超过 75 ℃。

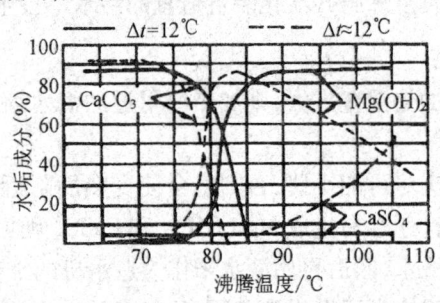

图 8-2-1　水垢成分与加热温度和传热温差的关系

2. 盐水的含盐量

在同样的工作压力和传热温差下,盐水的含盐量越大,难溶盐的含量就越大,生成的水垢也就越多。盐水浓度还与给水倍率、盐水流经加热器的时间长短有关。

$CaSO_4$ 在海水中的含量较少(约 1 200 mg/L,仅占总含盐量的 3.4% 左右)。在船用真空蒸馏装置中,传热温差一般不大,只有当盐水浓度达到海水的 1.5 倍时,$CaSO_4$ 才开始析出,而在达到 3 倍时,才大量析出。因此,蒸发器中的盐水浓度一般不允许超过海水的 1.5 倍。

盐水浓度是由调节给水倍率来控制的。按照蒸发器中的盐量平衡关系,如图 8-2-2 所示为蒸馏器的盐量平衡图,如略去蒸汽携出的微量盐分,则:

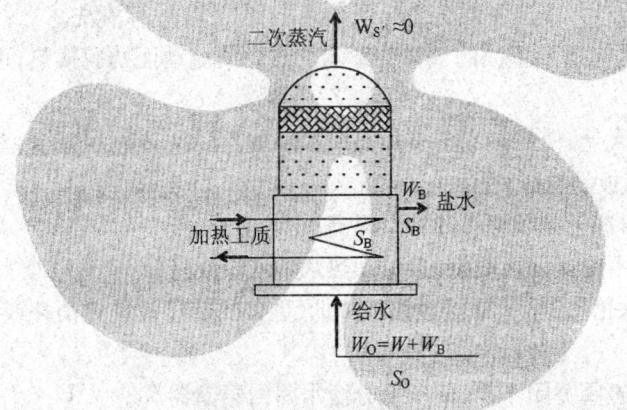

图 8-2-2　蒸馏器的盐量平衡图

$$W_O S_O = W_B S_B$$

式中,W_O——给水(海水)的流量,L/h;

S_O——给水的浓度,mg/L;

W_B——盐水的流量,L/h;

S_B——盐水的浓度,mg/L。

盐水浓度 S_B 与海水浓度 S_0 之比称为浓缩率 ξ,即

$$\xi = \frac{S_B}{S_0} = \frac{W_0}{W_B} = \frac{W_0}{W_0 - W} = \frac{\mu}{\mu - 1}$$

可见,给水倍率 μ 越大,海水的浓缩率 ξ 就越小,所以要使 $\xi < 1.5$,给水倍率 $\mu = W_0/W$,即应大于3。应该指出,增大给水倍率 μ 虽可减少盐水浓度,对防垢有利,但同时也会因排盐泵和海水泵流量的增加,使装置的热损失和耗电量增加;此外,当给水倍率增大到一定的程度后,由于流经加热器的总水量增加,尽管每单位质量给水的结垢量减少,但受热面上的总结垢量却可能反而增加。故一般认为,船用真空沸腾式淡化装置适宜的给水不会生成 $CaSO_4$ 水垢。

3.加热温差的影响

加热介质的温度过高,加热温差过大,则加热面附近的海水就会因汽化而浓缩严重,导致结垢量增加。

装置工作时,加热温差应尽可能小些;否则将会使受热面附近局部地区的盐水浓度过高。这不仅会使结垢量增加,而且还容易生成 $Mg(OH)_2$ 和 $CaSO_4$ 硬垢。鉴于此,当装置采用蒸汽加热时,就应先用蒸汽加热淡水,然后再用淡水来作为造水机的加热工质。

可见,船用真空式造水机中由于海水沸点不高,加热温差也不大,只要保持适宜的给水倍率,结垢是轻微的。为了能更有效地防止水垢生成及清除水垢,市场上有各种化学防垢剂和除垢剂出售。轮机管理人员可以按照说明书正确的使用各种药剂。

三、影响淡水产量的因素

蒸馏式海水淡化装置产水量的多少,实际就是蒸发量的多少,其主要取决于加热水向海水传热量的多少。

根据传热学原理,传热量与蒸发器的传热系数、换热面积、加热水的平均温度和海水的沸点及给水温度有关。

从管理角度看,造成淡水产量低的原因有:

(1)换热面脏污结垢,使蒸发器的传热系数减小,应及时进行清洗。

(2)加热侧发生"气塞",里面的气体会影响加热介质流动而妨碍换热,可通过放气旋塞把气放掉。

(3)蒸发器水位太低,使加热水与被加热海水间的实际换热面积减少,蒸发器内最适当的水位是正好到达上管板的位置。

(4)真空度不足,这会导致海水的沸点提高。

(5)加热水流量不足或温度太低,以致加热水平均温度降低,应适时增大加热水的流量。

(6)给水量(给水倍率)增大或给水温度降低,更多的热量被预热消耗或被盐水带走,使蒸发量降低。

(7)凝水回流电磁阀关闭不严,使一部分淡水漏回蒸馏器。

造水机能否造出淡水,以及产水量多少,对其影响最大的是能否建立和保持合适的真空度;而造水机工作日久后产水量逐渐减少,主要原因往往是加热面脏污和结垢。

四、影响产水含盐量的因素

盐水生成的蒸汽中含盐量是很低的,因此所造淡水按理应该是非常纯净的。然而实际上,船

用蒸馏装置所产的淡水却往往含有一定的盐分,有时甚至还会因含盐量过多而使水质不能符合要求。作为轮机管理人员,必须首先弄清楚各种影响淡化质量因素,然后才能正确地进行维护管理。

海水在剧烈沸腾时会产生许多细小水珠,被蒸汽携带进入汽空间。虽然因水的密度比蒸汽大,部分较大的水珠会重新落回到盐水中,但比较细小的水珠却会被带到冷凝器中,使凝结的淡水含有盐分。可见,装置所产淡水的含量 S 完全取决于气流携入冷凝器中的水珠量和水珠的含盐量,亦即取决于进入冷凝器的二次蒸汽的湿度 $W(\%)$ 和蒸发器内盐水的含盐量 $S_B(\mathrm{mg/L})$,即:

$$S = WS_B \quad \mathrm{mg/L}$$

从管理角度来讲,淡水含盐量过高的主要原因是:

(1)装置的负荷(蒸发量)过大,沸腾过于剧烈,导致二次蒸汽湿度过高。可能原因是加热介质流量过大或温度过高,真空度过高。应采取的措施是减小冷却水流量或稍开真空破坏阀。

(2)蒸发器水位太高。对竖管式蒸发器而言,蒸发器内水位以达到上管板为宜。如设有水位计,则水位指示应在半高处。水位过高应减小给水量。

(3)盐水含盐量太大。盐水的浓度是靠调节给水倍率 μ(给水量与产水量之比)来控制的,给水倍率 μ 大,盐水浓度就低。合适的给水倍率不仅有利于保证淡化质量,而且有助于防止生成硬垢。但是,过分增加给水倍率 μ,不仅会使装置的耗电量和耗热量增加,而且还可能使总的结垢量增加。因此,一般认为,船用真空沸腾式淡化装置最适宜的给水倍率为 3~4,最合适的盐水浓度为海水的 1.3~1.5 倍。所以应保证足够的排盐量,维持合适的给水倍率。

冷凝器漏泄,使冷却海水漏入凝水侧。在日常管理中,应注意做好冷凝器防漏、检漏和灭漏工作。

第三节 板式换热器真空沸腾式海水淡化装置实例

一、海水淡化装置本体的结构

真空沸腾式海水淡化装置本体由蒸发器、冷凝器、分离器、喷射泵、供给泵、淡水泵、盐度计组成。蒸发器由一个被封闭在分离装置中的板式热交换器组成,它的作用是为海水和缸套水提供换热空间,使海水沸腾汽化。与蒸发器部分相似,冷凝部分也是由一个被封闭在分离装置中的板式热交换器组成,作用是为海水和蒸汽提供换热空间,使其液化。分离器是用来把盐分从蒸汽中分离出来。喷射泵兼做真空泵和排盐泵,它有两个吸口,一个在冷凝器中部,其作用是把分离器中未冷凝的气体抽出使其保持足够高的真空度;另一个吸口在蒸发器的底部,其作用是把蒸发器中浓缩的海水排出舷外。供给泵为单级离心泵,既为冷凝器提供冷却海水,还为喷射泵提供引射海水,同时也为蒸发器供给海水。淡水泵为单级离心泵,它从冷凝器中抽出产生的淡水并将其泵入蒸馏水舱。盐度计连续监测产水的含盐量,当含盐量超过设定值(设定值可调)时,它将控制电磁阀打开,使产水泄放舱底,同时发出报警。

二、装置的系统组成

如图 8-3-1 所示为某船真空沸腾式海水淡化装置的系统流程图,该装置共分以下四个系统。

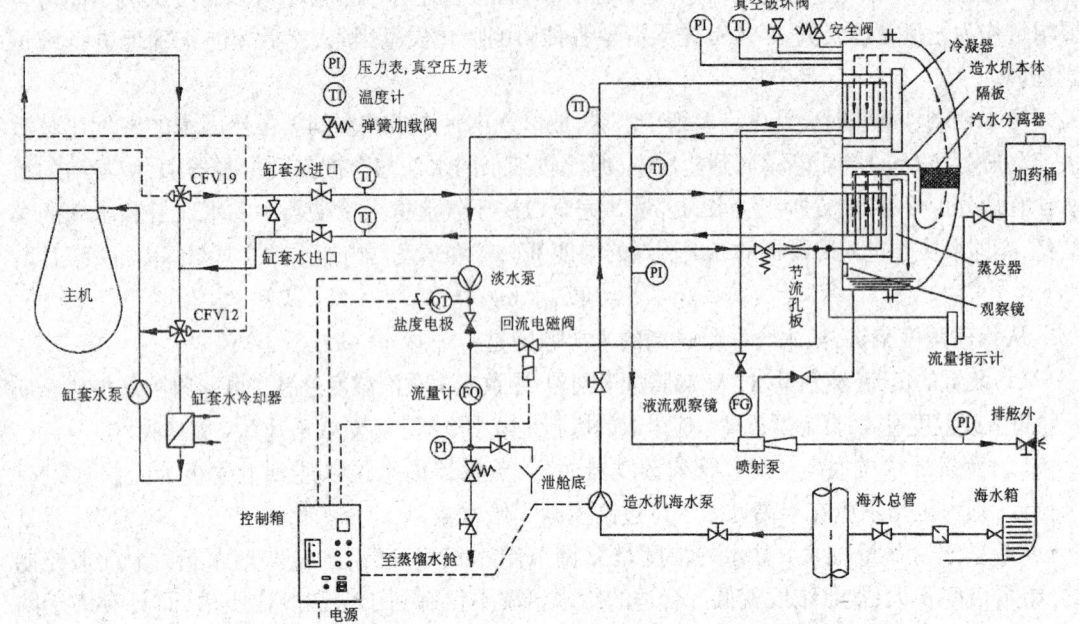

图 8-3-1 某船真空沸腾式海水淡化装置系统流程图

1. 海水系统

海水通过系统的供给泵首先向冷凝器供给冷却海水,供给海水从冷凝器上部进入,从下部流出。海水出冷凝器分成两路,一路经调压阀和节流孔板进入蒸发器,作为蒸发海水;另一路则通过单向阀为喷射泵提供引射水,喷射泵兼做真空泵和盐水泵,所以设两个吸入口。排盐水吸入口将造水机壳体底部的盐水及时排走,防止盐水水位过高。抽真空吸入口从冷凝器中部将造水机壳体内的不凝性气体抽出。在抽真空管路上设液流观察镜,造水机正常工作期间观察镜内应无液体流动。此外,喷射泵两个吸入口管路上均设止回阀,以防止喷射泵故障无法产生真空时海水倒灌进入造水机壳体。

造水机起动期间,真空度是靠喷射泵抽除壳体内的空气建立的。在工作期间,真空度是靠冷凝器和喷射泵共同维持,冷凝器起主要作用,负责及时地将蒸汽冷凝为淡水,保持内部绝对压力不升高,即真空度稳定;喷射泵负责将海水中溢出的空气以及经壳体等处漏入的空气抽除。海水蒸发后剩下的浓缩物经过单向阀由喷射泵排出舷外。

2. 高温淡水系统

三通温控阀 CFV19(设定温度 78 ℃)自动调节主机缸套水进入蒸发器的流量,对海水放热降温后到达三通温控阀 CFV12(设定温度 80 ℃)。阀 CFV12 控制主机缸套水出口温度稳定在 80 ℃。

3. 产水系统

被冷凝器冷凝下来的淡水聚集在冷凝器的底部由淡水泵经盐度电极后,将信号送至盐度计。如果淡水含盐量超标,盐度计就会报警,同时输出信号控制回流电磁阀开启,淡水泄放舱底;如果含盐量符合要求(本造水机含盐量可小于 10 ppm),则回流电磁阀关闭,淡水流经流量计后顶开弹簧调压阀,此时打开截止阀即可将淡水送至蒸馏水舱。流量计用于计量累积淡水体积,此外流量计之后的管路上还设置有压力表和取样阀。

虽然汽水分离器将蒸汽中的大部分小水滴分离,但仍然会有一定量的含有盐分的水滴进入冷凝器,所以造水机所产淡水中仍含有盐分,盐分过高则不能使用。淡水含盐量的要求一般以锅炉补给水标准为依据,我国规定为 NaCl 小于 10 mg/L。

4. 海水投药系统

为了减轻蒸发器加热表面结垢,延长造水机解体清洗周期,设置海水投药系统。化学药品有两个作用:

(1)使海水中的难溶物质不形成水垢,而形成易于被喷射泵排走的细小松散晶体。

(2)消泡剂能消散小气泡,防止海水沸腾过于剧烈,减少淡水含盐量。加药桶内储存着 AMEROYAL 溶液,通过流量指示计上的调节阀控制溶液流量。

如图 8-3-2 所示为某船真空沸腾式海水淡化装置工作原理图,如图 8-3-3 所示为某船真空沸腾式海水淡化装置实物图。

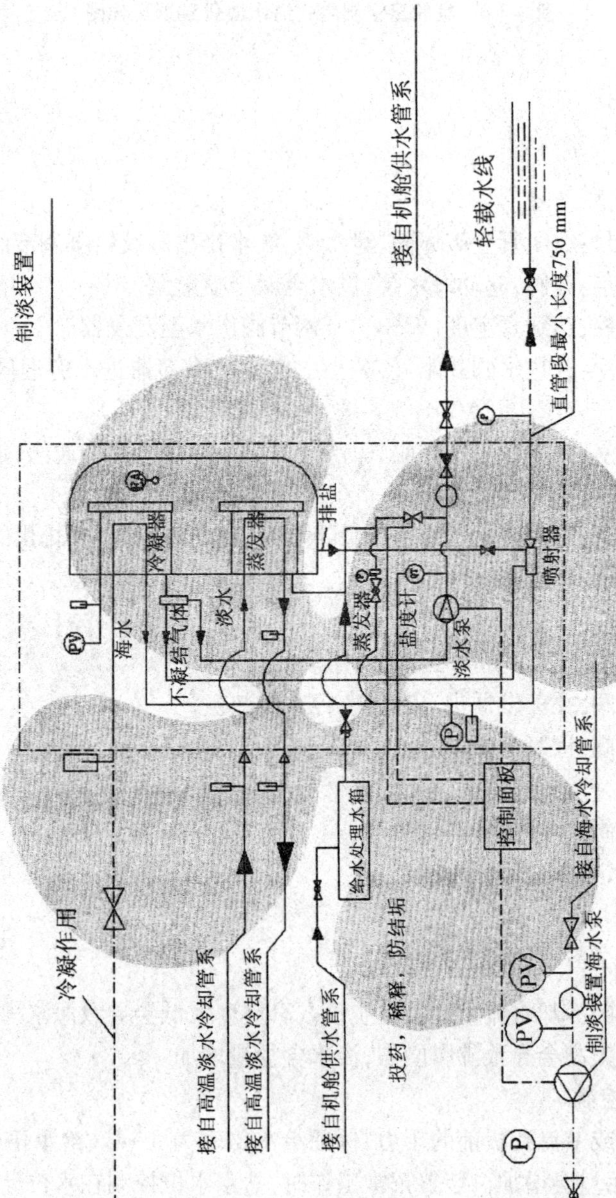

图 8-3-2 某船真空沸腾式海水淡化装置工作原理图

图 8-3-3 某船真空沸腾式海水淡化装置实物图

三、装置的使用

1. 启用与停用

(1) 装置的启用

①隔离壳体查密封：关闭真空破坏阀、泄水阀、淡水排出阀及给水调节阀。

②操作泵阀抽真空：开阀，起动海水泵，供水至两个喷射泵。

③给水倍率适当控：达到真空度(93%)，开调节阀供水至蒸发器。

④驱气供热防波动：开热水阀并驱气，关小主机淡水冷却器进水旁通阀向蒸发器供热，注意水温波动。

⑤驱气供冷维真空：开冷却水阀并驱气，产气后关小冷却海水旁通阀，加大冷凝水量，保持真空度。

⑥产水至半需泵送：所产淡水达到水位计半高时，起动凝水泵，开排出阀，接通盐度计。

⑦盐水监控打自动：接通盐度计。

(2) 装置的停用

造水机一般离岸小于 20 n mile 后，需停用。

①开蒸发器旁通阀，关蒸发器进、出口阀，停止加热。

②关凝水泵排出阀，停凝水泵。

③关给水截止阀，停海水泵。

④开冷凝器旁通阀，关冷凝器进、出口阀。

⑤开真空破坏阀，开蒸发器泄水阀。

2. 运行管理

(1) 真空度的控制

通过调节冷凝器的冷却水流量控制真空度。真空度太低会导致海水沸点升高，结垢加剧，产水量降低。真空度太高会导致沸腾剧烈，淡水含盐量增加。

(2) 盐水水位的控制

调节给水流量计或节流孔板前的压力，保证给水倍率为 3~4。给水倍率太大产水量会减小，给水倍率太低结垢量会增加。装置正常工作时，盐水水位控制在水位计的 1/2 处。盐水水位太低会使得产水量减小，而盐水水位太高会使产水含盐量增加。

(3)冷凝水位的控制

凝水水位应维持在水位计的1/3~1/2高度,通过调节凝水泵出口阀的开度改变流量来控制。凝水水位太高会减少换热能力,凝水水位太低凝水泵可能会"气蚀"甚至"失吸"。凝水泵不允许在无水的情况下运转;否则轴封会烧坏。

(4)产水量的控制

通过调节加热水的流量控制产水量。海水温度高要加大冷却水流量以保持足够的真空度。海水温度低则要减小冷却水流量或稍开真空破坏阀。真空沸腾式海水淡化装置只要真空度稳定,产水量、给水量、蒸发器水位和凝水水位不必经常调节。

(5)防垢投药

水处理剂的作用:使海水中的难容物质析出时不形成水垢,减轻加热器内侧结垢;含有消泡剂,消散盐水泡沫,防止海水飞溅,减少蒸汽携水。

药剂对皮肤、眼睛有刺激性,必须密闭储存。操作时,戴手套和护目镜,万一接触皮肤或溅入眼睛及时用清水清洗。

3.某船真空沸腾式海水淡化装置的具体操作步骤与注意事项

(1)某船真空沸腾式海水淡化装置的操作步骤与注意事项(例1)

①准备

a.关闭真空破坏阀、底部泄水阀和凝水泵出口阀。

b.开启冷凝器海水进、出口阀及冷凝器放气旋塞,将海水引入冷凝器,直至冷凝器放气旋塞处流出整股水流后关闭放气旋塞。

c.开启蒸发器加热水进、出口阀及蒸发器放气旋塞,将主机缸套冷却水引入蒸发器,直至蒸发器放气旋塞处流出整股水流后关闭放气旋塞。

d.打开海水泵进口阀和出口阀。

e.打开海水出海阀。

②起动

a.检查并起动海水泵。

b.检查分离器当真空度达到约93%时,装置准备加热。

c.然后慢慢地打开缸套水进造水机进、出口阀;慢慢地关旁通阀来调节蒸发温度到正常值(或通过真空破坏阀来调节蒸发温度到正常值)。

d.过数分钟后起动冷凝水泵。

③停机

a.停冷凝水泵。

b.打开造水机的缸套水旁通阀,关缸套水进、出造水机阀。

c.打开真空破坏阀。

d.当造水机冷却到与机舱温度接近时,停海水泵,关其进、出口阀。

e.关出海阀。

④注意事项

a.造水机蒸发温度不能超过60℃。

b.无淡水时间超过30 min以上,禁止起动冷凝水泵。

c.设备运行过程中,不能关闭盐度计。

d.离陆岸线20 n mile内不得启用造水机。

e. 按厂家说明投放化学药剂。

(2)某船真空沸腾式海水淡化装置的操作步骤与注意事项(例2)

①起动

操作真空沸腾式海水淡化装置前一般满足两个基本条件：船舶定速航行；船舶离岸 20 n mile 以上并不在受污染水域，以保证海水的清洁。

a. 将集控室控制台"制淡系统温控器"的设定温度调为 78 ℃。

b. 打开造水机海水泵的吸入、排出阀。

c. 打开喷射泵的通舷外阀。

d. 关闭造水机上的真空破坏阀。

e. 起动海水供给泵，抽真空到至少 90%(最多需要 10 min)。

f. 打开主机缸套水至造水机的进、出口阀。

g. 通过旁通阀调节进蒸发器的热水量。

h. 打开进蒸馏水舱的截止阀。

i. 打开盐度计。

j. 起动淡水泵。打开投药桶出口阀并通过流量指示计调节流量。

②停止

蒸馏水舱已满或备车航行前，应停止造水工作。

a. 将集控室控制台"制淡系统温控器"的设定温度调为 82 ℃。

b. 停止进蒸发器的主机缸套水，关闭进、出口阀。

c. 停止淡水泵。

d. 关闭盐度计。

e. 停止造水机供给泵，关闭进、出口阀。

f. 打开真空破坏阀。

g. 关闭喷射泵通舷外阀。

h. 关闭进蒸馏水舱截止阀。

③注意事项

a. 排盐泵进口最低压力为 300 Pa，出口背压最大为 60 Pa。

b. 打开主机缸套水至造水机的进、出口阀后蒸发器中的沸腾温度会升高，当造水机的真空度降至 85% 左右时表明蒸发器已经起动。

c. 不在开始就给盐度计供电的原因是：在系统刚起动时产水含盐量较高给盐度计供电将产生报警。

四、装置的保养

1. 漏气及其防止

为检测装置的密封性，将蒸馏器通外界的各阀关闭，用喷射泵抽至工作真空度，如 1 h 内真空度下降不超过 10%，表明密封性合格，如不合格应进行检漏。检漏方法为烛火法、线香法。

固定部件结合处的漏泄，可采用涂油漆、密封胶方法堵漏；对于漏缝或漏孔，可先塞上填充物，再涂油漆、沥青等。

2.漏水及其防止

为检测装置是否漏水,可停用造水机,关闭冷凝水泵出口阀,继续供给冷凝器冷却水。如凝水水位逐渐升高,表明冷却海水漏到凝水侧。可启用盐度计证实。

为确定漏泄部位,可关闭冷却水进、出口阀,将冷却海水放空后用线香或烛火法查漏,也可向冷凝器压水查漏,泄漏大多发生在管与管板接头处。

3.蒸发器的清洗和除垢

每 1 至 2 年应对蒸发器进行清洗和除垢。管内侧水垢可用钢丝刷清除或除垢剂(带缓蚀剂的酸性物质,如干酸粉、柠檬酸等)清除。干酸粉以氨基磺酸为主要成分,并伴有缓蚀剂和指示剂。清洗时,在每升水中溶入 0.1 kg 的干酸粉后注入蒸发器。当水垢已被溶解而药剂已耗去 85%以上时,干酸粉溶液由红色变为橙色。管外侧的脏污,常用碳酸钠溶液(1%)煮洗,碱煮时间持续 8 h。

4.盐度计的维护

盐度计传感器使用一个月左右应拆开清洁一次。电极上结盐,宜放在热淡水中浸泡,以防止电极铂、铑表面涂层损坏。

第九章 船用辅助锅炉

第一节 锅炉的性能参数和结构

锅炉是通过燃料燃烧将其化学能转化为热能,加热锅炉内的水使其变成水蒸气或热水或加热锅炉内的热油使之温度提高的设备。在柴油机动力装置的船舶上,辅助锅炉产生的蒸汽主要用来加热燃油、滑油、暖缸水及供船员生活使用,有些也用来驱动蒸汽辅助机械。一般柴油机货船安装一台压力为 $0.5 \sim 1.0$ MPa、蒸发量为 $0.4 \sim 2.5$ t/h 的辅助锅炉和一台废气锅炉。

船用辅助锅炉是相对于船用主锅炉而言。主锅炉应用在蒸汽动力装置的船舶上,其产生的蒸汽主要用于驱动主机,同时也用于驱动各种辅机,供燃油预热、油舱加热及生活需要等。辅助锅炉是指产生蒸汽专供船舶辅机、蒸汽设备及船员生活使用的锅炉。对油船来说,需要大量的蒸汽来加热货油及油舱清洗用水,也用来驱动货油泵和甲板机械,因此也必须有一台或几台大容量的辅助锅炉。

废气锅炉是装在柴油机动力装置的船舶排气管上的设备,在船舶航行时,它利用柴油机高温排气的热量来产生蒸汽,既可以节省燃料,又能起排气消声作用。

一、船用锅炉的种类

锅炉的种类很多,分类的标准不一样,下面简单介绍一下辅助锅炉的种类。

1. 按锅炉的结构分类

烟气在管内流动的称为烟管锅炉或火管锅炉;烟气在管外流动的称为水管锅炉;烟管与水管组合的型式称为混合式锅炉;废气锅炉是利用柴油机高温排气的热量来产生蒸汽的锅炉。

2. 按炉水循环方式分类

按循环水流动形式分,有自然水循环锅炉和强制水循环锅炉。自然水循环锅炉是指锅炉中炉水和水汽混合物,因比重差而形成有规则的、有一定方向的流动,称为自然水循环锅炉,水管式锅炉皆属此类型。强制水循环锅炉是指锅炉内炉水和水汽混合物的流动,是借助炉水循环泵的压力造成的,这种锅炉结构更为紧凑,产汽迅速,蒸发量可调节,且压力范围也可以根据需要进行设计。

3. 按锅炉的压力大小来分类

按锅炉的工作压力大小可分为高压锅炉、中高压锅炉、中压锅炉和低压锅炉。高压锅炉的蒸汽压力大于 6 MPa;中高压锅炉的蒸汽压力为 4~6 MPa;中压锅炉的蒸汽压力为 2~4 MPa;低压锅炉的蒸汽压力小于 2 MPa。

二、锅炉性能参数

锅炉主要性能参数包括蒸发量、蒸汽参数、锅炉效率、受热面积、蒸发率和炉膛容积热负荷等。燃油锅炉主要参数为蒸发量、蒸汽参数和锅炉效率。废气锅炉主要参数为受热面积、蒸汽工作压力。

1. 锅炉的蒸发量

锅炉在单位时间里产生的蒸汽量称为蒸发量,又称为锅炉的容量,用 D 表示,单位是 kg/h 或 t/h。通常标注的是在设计工况的额定蒸发量。为了便于不同参数之间锅炉的比较,可以采用换算蒸发量或折算蒸发量,它是把锅炉的实际蒸发量换算到标准气压下的饱和蒸汽产量。

2. 蒸汽参数

锅炉供应饱和蒸汽时,蒸汽参数用蒸汽压力(MPa)来表示;锅炉供应过热蒸汽时,必须用蒸汽压力和蒸汽温度来表示蒸汽参数。

锅炉一般标注名义工作压力,使用的工作压力可以超过一些,但不能超过锅炉的最大许用工作压力(设计压力)。

3. 锅炉效率

进入锅炉炉膛的燃料,除大部分燃烧发出热量外,还有一小部分没有烧完就随烟气排出,燃料的有效热量未能全部利用。燃烧发出的实际热量与燃料包含的全部热量之比为燃烧效率,即

$$燃烧效率 = \frac{单位时间内燃料燃烧放出的实际热量}{单位时间内供给燃料包含的全部热量}$$

一般燃油锅炉的燃烧效率可达 95%~98%。

锅炉里燃料燃烧放出的实际热量,其中大部分被锅炉受热面吸收,传给水和蒸汽,其余的随着烟气排出或通过散热跑掉,未能利用。锅炉受热面吸收的热量与燃烧放出的实际热量之比,称为传热效率,即

$$传热效率 = \frac{受热面吸收的热量}{燃烧放出的实际热量}$$

由于锅炉的结构形式不同,传热效率也相差甚大。无尾部受热面的锅炉只有 60%~70%,有蒸汽过热器与经济器的锅炉为 70%~85%,既有蒸汽过热器、经济器,又有空气预热器的锅炉为 85%~94%。

单位时间内产生蒸汽的有效热量与单位时间内供给燃料的全部热量之比,称为锅炉效率,用 η 表示。锅炉效率表示锅炉里燃料热量的有效利用情况,可用下式计算:

$$\eta = \frac{\sum D(h_q - h_g)}{BQ_D}$$

式中，$\sum D$——锅炉供应的各种参数蒸汽的蒸发量，kg/h；

h_q——所供蒸汽的比焓，kJ/kg；

h_g——给水的焓，kJ/kg；

B——单位时间内的燃料消耗量，kg/h；

Q_D——燃料的低发热值，kJ/kg。

在锅炉稳定工作过程中，燃料燃烧放出的热量，除了将水变为蒸汽的有效热量以外，其他的热量都以种种损失消耗掉。因此，锅炉效率又可表示为

$$\eta = \frac{BQ_D - B(Q_1 + Q_2 + Q_3 + Q_4)}{BQ_D}$$

式中，Q_1——排烟热损失，kJ/kg；

Q_2——化学不完全燃烧损失，kJ/kg；

Q_3——机械不完全燃烧损失，kJ/kg；

Q_4——锅炉散热损失，kJ/kg。

排烟热损失 Q_1 是由于锅炉排烟温度一般在 150～300 ℃，温度还比较高，它带走的热量比燃料和空气带入炉膛的物理热多。因此，烟气带走了燃料燃烧时放出热量的一部分，就成了排烟热损失。这是锅炉中各项热损失中最大的一项，额定工况下排烟相对热损失为 $q_1 = Q_1/Q_D = 10\% \sim 20\%$。

化学不完全燃烧损失 Q_2 指在燃烧过程中产生的一氧化碳、甲烷和氢等可燃物质，未能得到充分的完全燃烧，而使一部分热量没有机会在炉膛里产生出来，这部分热量称为化学不完全燃烧损失。其产生的原因主要是过量空气系数太小、空气和燃料的混合不良、炉膛温度太低等。对于燃油锅炉燃烧正常时，化学不完全燃烧相对热损失为 $q_2 = Q_2/Q_D = 0.3\% \sim 0.5\%$。

机械不完全燃烧损失 Q_3 是由于一部分燃料没有参加燃烧而造成。例如，燃油雾化不良时，较大的油滴未能燃尽就随烟气一起排出。燃烧正常时可认为机械不完全燃烧相对热损失 $q_3 = Q_3/Q_D = 0$，燃烧不良时可达 $0.5\% \sim 1\%$。

散热损失 Q_4 是由于锅炉外壳、汽水筒等锅炉部件的外表温度比机舱环境高得多，造成一部分热量散失到周围的空气中，成了散热损失。相对散热损失 $q_4 = Q_4/Q_D$ 随锅炉的蒸发量增加而减小。一般锅炉 $q_4 = 2\% \sim 5\%$。

对于燃煤锅炉，红热状态的灰渣从炉中清出，带走了一定的热量，还会造成了灰渣物理热损失。对于燃油锅炉，此项损失不存在。

另外，锅炉效率也可用燃烧效率与传热效率的乘积来表示，即

$$锅炉效率 = 燃烧效率 \times 传热效率$$

4. 受热面积

锅炉的受热面积就是蒸发受热面积和附加受热面积之和，单位是 m^2。锅炉的附加受热面积是指过热器、经济器和空气预热器等的换热面积，辅锅炉一般不设过热器、经济器和空气预热器，其受热面积即为蒸发受热面积。

5. 蒸发率（产汽率）

锅炉的蒸发率就是单位蒸发受热面积每小时产生的蒸汽量，单位是 $kg/m^2 \cdot h$。蒸发率用于评价锅炉蒸发受热面的平均传热强度，蒸发率越高，锅炉结构越紧凑。

6.炉膛容积热负荷

炉膛容积热负荷是指单位炉膛容积在单位时间内燃料燃烧放出的热量,用 q_v 表示,单位是 kW/m^3。

$$q_v = \frac{BQ_D}{3\,600V_1} \quad kW/m^3$$

式中,V_1——炉膛容积,m^3。

燃油锅炉在燃油耗量和热值一定的条件下,q_v 值越大,意味炉膛相对容积越小,因而燃油在炉膛内燃烧停留时间越短,炉膛内的烟气平均温度也越高。q_v 是影响燃烧质量、锅炉效率、工作可靠性以及锅炉尺寸和重量的一个重要参数。

三、锅炉的结构

1.燃油锅炉的主要结构

(1)立式横烟管锅炉

烟气在横置的烟管中流动的锅炉称为立式横烟管锅炉。如图 9-1-1 所示为一种曾普遍使用的立式横烟管锅炉。根据型号的不同蒸发量一般为 1.0~4.5 t/h,最大工作汽压为 1.0~1.7 MPa。

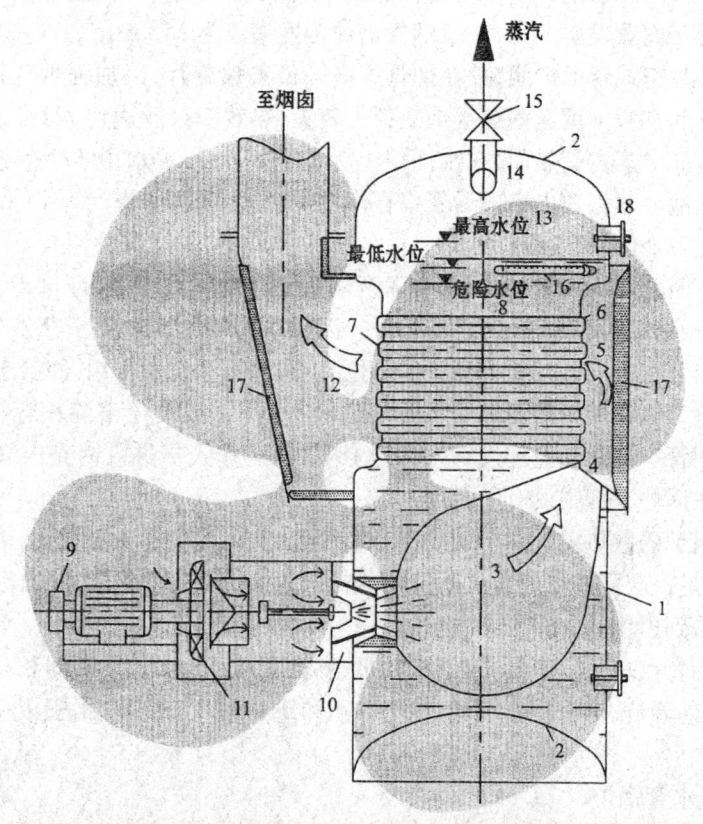

图 9-1-1 一种曾普遍使用的立式横烟管锅炉

1—锅壳;2—封头;3—炉胆;4—出烟口;5—燃烧烟道;6—后管板;7—前管板;8—烟管;9—电动油泵;10—燃烧器;11—鼓风机;12—烟箱;13—汽空间;14—集汽管;15—停汽阀;16—内给水管;17—检查门;18—人孔门

此锅炉有一个直立的圆筒形锅壳1,其直径为 1 500~2 600 mm,由锅炉钢板(20号或15号钢)卷制焊接而成。为能较好地承受内部蒸汽压力,其顶部和底部均为椭圆形封头2。整个锅炉的高度为 3.7~6.3 m。

在锅壳中的下部设有由钢板压成的球形炉胆 3。炉胆顶部靠后有圆形出烟口 4，与上面的燃烧烟道 5 相通。燃烧烟道与烟箱 12 之间设有管板 6 和 7，两个管板之间装有数百根水平烟管 8。烟管由直径为 38、45 或 51 mm 的无缝钢管制成。管与管板可以通过扩接或焊接相连。锅壳内部分成两个互相隔绝的空间，炉胆和烟管里面是烟气，外面是水。

设在炉前的电动油泵 9 通过燃烧器 10 的喷油嘴向炉胆内喷油，同时由鼓风机 11 经风门将空气送入炉内助燃。油被点燃后，在炉胆内燃烧，高温火焰与烟气中的热量主要通过辐射方式经炉胆壁传给炉水。未燃烧完的油和烟气经出烟口向上流至燃烧室继续燃烧。然后顺烟管流至烟箱，最后从烟囱排入大气。烟气在烟管中的流速越高和扰动越强烈，对管壁的对流放热能力就越强，因此在烟管中常设有加强烟气扰动的长条螺旋片。由上述可见，烟管锅炉中的炉胆、燃烧烟道和烟管都是蒸发受热面。虽然炉胆和燃烧烟道仅占整个锅炉受热面的 10% 左右，但由此传给水的热量却占一半以上。这是因为这部分受热面受中心处温度为 1 300~1 400 ℃ 的火焰直接照射，属于辐射受热面，传热十分强烈，蒸发率甚大。而烟管的传热方式以对流为主，属于对流受热面。烟气在烟管中流动时，其温度在进口处为 600~700 ℃，流入烟箱时已降为 300 ℃ 左右，以致烟气与炉水之间的温差不是很大，又由于烟气在烟管内纵向流动，流速小，故对流换热效果不佳。虽然烟管面积占整个锅炉受热面积约为 90%，但传热量却不到一半，致使整个锅炉的受热面蒸发率不高，一般烟管锅炉蒸发率仅为 25 kg/m² · h 左右。如图 9-1-2 所示锅炉虽使用了悬空式球形炉胆，并在烟管中嵌入长条螺旋片，以加强烟气扰动，但蒸发率也不过 40 kg/m² · h 左右。烟管锅炉排烟热损失较大，热效率只能达到 72%。

锅壳中水位高出蒸发受热面，在水面以上为汽空间 13。炉水由于吸热沸腾而汽化，在水中产生大量蒸汽泡。蒸汽逸出水面后聚集在汽空间中，经顶部的集汽管 14 和停汽阀 15 输出，由蒸汽管道送至各处使用。

炉内的水不断蒸发成蒸汽，致使水位降至最低工作水位，这时水位自动调节器动作，起动给水泵，给水就经给水阀和内给水管 16 补入。因给水泵的给水量大于蒸发量，故给水泵起动后水位就开始上升。当水位升到最高工作水位时，调节器又发生作用，停给水泵。

在燃烧烟道背后和烟箱前面都有可开启的检查门 17，以便于清除积存在烟管中的烟垢，或维修损坏的烟管。在锅壳上部设有人孔门 18，以便工作人员进入锅壳内部进行维修和清扫积存的污垢。在锅炉下部则设有手孔门。

为了减少锅炉的散热损失和降低周围环境温度，并防止工作人员烫伤，锅壳外面包有隔热材料层，最外面是一层薄铁皮外罩。不包隔热材料的锅炉是不允许工作的，因为冷空气吹到锅壳上会使锅炉受到损伤。

烟管锅炉的特点是蒸发率低，热效率较低；蓄热量大，点火升汽时间长（数小时），汽压和水位变化慢，容易调节，对水质要求低；相对体积和重量较大，适用工作压力较低，蒸发量较小的场合。

(2) 立式直水管锅炉

立式直水管锅炉体积小、产气快、蒸发率高、循环水强有力、循环效率高、管内炉水积垢微少，除了定期检验以外，平时无须特别保养与维护。

如图 9-1-2 所示为一种立式直水管锅炉，锅炉外形是立式圆筒形锅炉，锅炉本体由三部分组成。锅筒有上、下两个，用锅炉钢板卷制而成，上锅筒顶部是椭圆形封头，下面是炉膛，在炉膛顶部和上锅筒的侧面开有两个人孔，便于人员进入锅筒进行检修。上、下锅筒之间用直立管子连接。管子与管板之间用焊接或扩接,管子内充满水,烟气在管外横向冲刷水管。

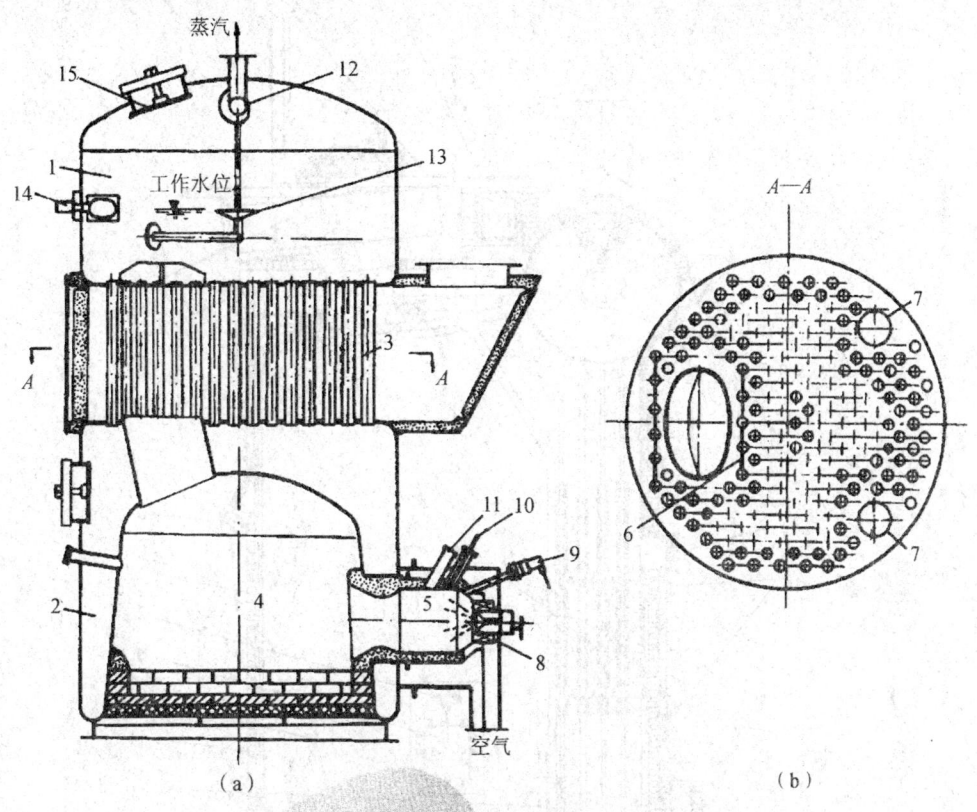

图 9-1-2 一种立式直水管锅炉

1—上锅筒;2—下锅筒;3—直立水管束;4—炉膛;5—预燃室;6—挡烟墙;7—下降水管;8—喷油调风装置;9—电火花点火器;10—点火喷油嘴;11—火焰感受器;12—汽水分离器;13—浮渣盘;14—自动水位调节器;15—人孔门

燃油和空气混合在预燃室混合燃烧,再进入炉膛,使得炉膛燃烧过程更为完善、热负荷趋于均匀,炉膛中产生的高温烟气对炉膛四周辐射放热,烟气温度降低以后从炉膛出口,进入管群,在进口边缘处的几根管子上焊有隔板,使烟气充分冲刷蒸发管群,提高了烟气流速和冲刷系数,从而提高了锅炉效率。由于烟气横向冲刷管束,又采用了较细的管子,受热面蒸发率比立式火管锅炉高。由于预燃室的存在,燃烧重油和低负荷时也能获得良好的燃烧。

此类锅炉都有大直径的下降管。当炉水受热产生蒸汽上升以后,由大直径下降管向下锅筒补充炉水,形成了良好的水循环,提高了锅炉的工作可靠性。它管理和维修方便,万一有个别管子烧坏时可采取应急措施,用一定锥度的钢塞涂上白铅油后堵塞在破管的两端,然后用手锤敲紧。堵塞以后可以继续运行。

(3)D 型水管锅炉

D 型水管锅炉以其本体形状类似英文字母"D"而得名。如图 9-1-3 所示为油船上用得较多的一种 D 型水管锅炉的结构简图。它的锅炉本体由汽包、水筒、联箱、沸水管束、水冷壁及炉墙组成。

①水和蒸汽空间

汽包和水筒前、后横置,前端均有圆形人孔。垂直布置在炉膛四周,以焊接方法连接汽包、上联箱和水筒、下联箱的密集管排称为水冷壁,是锅炉的辐射受热面,吸热约占全部受热面传递热量的 1/3,同时还保护炉墙不致过热烧坏。为了防止水冷壁管子中发生汽水分层现象,水冷壁管子水平倾角应大于30°,最小不得小于15°。

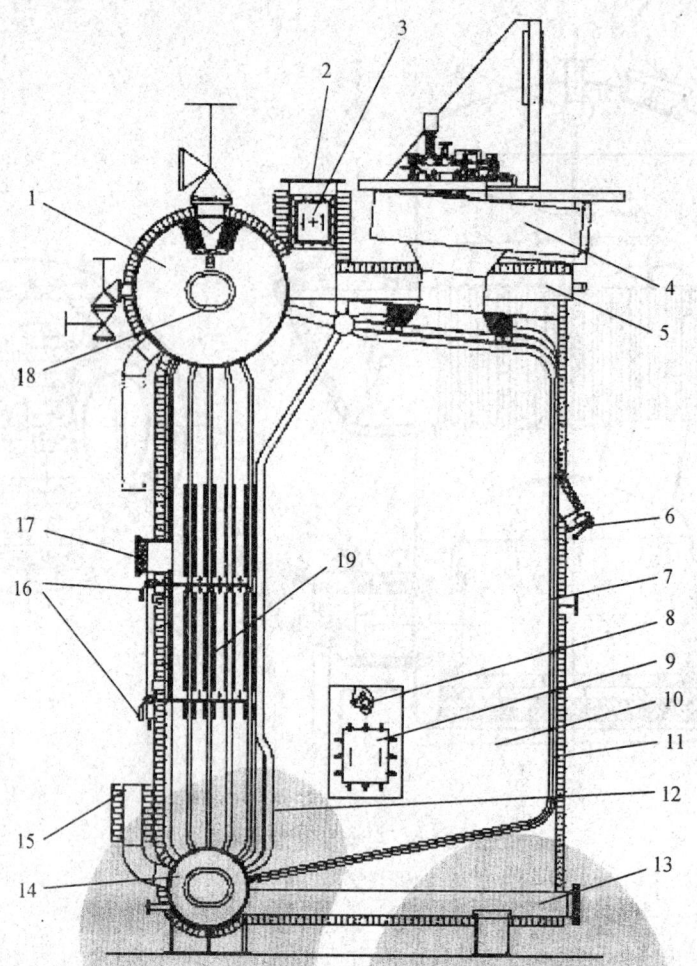

图 9-1-3　油船上用得较多的一种 D 型水管锅炉的结构简图

1—汽包;2—烟气出口;3,9,17—导门;4—燃烧器;5—上联箱;6,8—检查孔;7,12—水冷壁;10—炉膛;11—炉墙;13—下联箱;14—水筒;15—下降管;16—吹灰器;18—人孔门;19—蒸发管束

沸水管也称蒸发管,布置在水冷壁12后面的炉膛出口侧,管子两端与汽包和水筒用胀管法固定。沸水管与烟气的换热方式上要求对流。烟气横向冲刷管束,设计上应避免出现烟气冲刷不到的滞流区。前三排的管距应不小于 250 mm,以防结渣堵塞烟道。沸水管束受热面积所占比例虽然较大,但平均蒸发率较低,为 15~20 kg/m² · h。

汽包、上联箱和水筒、下联箱之间还连有设在炉墙外不受热的供水管,其内部水的密度比水冷壁和沸水管中的汽水混合物的密度要大,成为水自然循环的下降管。

②燃烧和烟气空间

炉膛是燃油燃烧的场所,顶部装有燃烧器,锅炉底部和烟气出口侧设置 2 个泄放孔,用于水洗时泄水。锅炉前部安装 2 套专门给蒸发管束吹灰的手动操作蒸汽吹灰器。

烟气在炉膛内的理论燃烧温度可达到 1 700 ℃左右。水冷壁12 的下部分前后排成较疏的管束,烟气从下部离开炉膛后,从隔板分隔的流道扫过蒸发管束。炉膛出口烟气温度不宜太高,以免高于烟气中灰分的熔点温度,使灰分熔解,黏附在蒸发管束的管壁上形成积渣,同时温度也不能太低,以免燃烧过程进行得不充分。D 型锅炉炉膛出口烟气温度为 1 100 ℃左右。

烟气自炉膛出来后，主要以对流放热的方式，把热量依次传递给沸水管束、省煤器和空气预热器等受热面，然后经烟囱排入大气，该锅炉的排烟温度为380℃左右。

炉墙是炉膛和高温烟道处的锅炉外壳，要求其能耐高温和抵抗灰渣侵蚀，并有很好的隔热性能；为了防止外界空气漏入炉膛或烟气漏至炉舱应能保持气密。炉墙由耐火层、隔热层和气密层叠加而成，如图9-1-4所示为锅炉炉墙结构图。

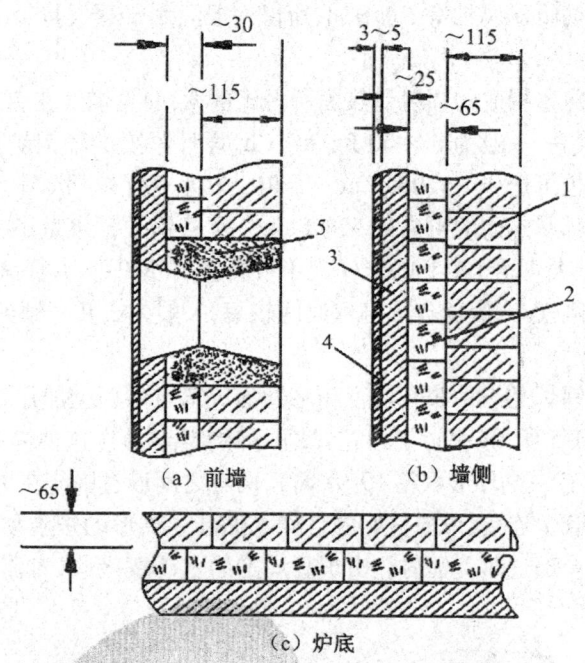

图 9-1-4　锅炉炉墙结构图
1—耐火砖；2—硅藻土砖；3—耐热板；4—密封钢板；5—耐火塑料

与火焰接触的耐火层通常采用耐火砖。隔热层可用硅藻土砖或石棉板做成。在新式锅炉中，只设一层兼有耐火和隔热性能的矿物玻璃纤维成型板，其主要成分为氧化铝和氧化硅，这样不但重量减轻，且施工简单。最外面的密封层是薄钢板或镀锌铁板。风口等不规则造型部位可用耐火塑料或异形耐火砖砌成，前者抗灰渣侵蚀能力不及耐火砖。炉底的耐火层受灰渣侵蚀严重，一般均由耐火砖砌成，厚度可以减半。

低温烟道处的锅炉外壳称为炉衣，仅由隔热层和密封层组成。密封层由3 mm厚的薄钢板制成，内设耐热纤维板或矿渣棉的隔热材料。

中国船级社《钢质海船入级规范》规定，炉墙和炉衣外表面温度不应大于60℃，以免烫伤工作人员，同时也可避免散热损失过大。

新式的水管锅炉在耐火隔热层外面采用了双层罩壳的炉墙结构，它的两层壳板中间通以去燃烧器助燃的空气。由于风机送来的助燃空气比炉膛烟气压力高，从而消除了烟气漏至炉外的可能，而且在提高助燃空气温度的同时，也可减少锅炉散热损失，故隔热层可以减薄。

③尾部受热面

在D型水管锅炉烟道的后部，有的在蒸发受热面之后安装有经济器和空气预热器。

经济器作用是用烟气加热给水，降低排烟温度，提高锅炉效率。一般来说，经济器处的传热温差比沸水管束要大，再有经济器中水的流动是由给水泵提供的压头来完成的强制流动，因而占据的空间较小，布置的位置也不受限制。另外，给水经加热再送入汽包，也可减少汽包内产生的热应力。

空气预热器利用排烟将送入炉膛参加燃烧的空气预先加热,以进一步降低排烟温度,提高锅炉效率。同时由于空气温度的提高,强化了炉膛内的燃烧过程。

由于它们能回收锅炉排烟的余热,减少排烟所带走的热量,因而使锅炉效率得以提高。研究表明锅炉效率会随着排烟温度的降低而提高。由于尾部受热面使锅炉装置的尺寸、造价增加,管理工作量(吹灰防低温腐蚀等)也增加,所以一般只用于蒸发量较大、蒸汽参数较高的大中型锅炉。

水管锅炉由于水冷壁构成的辐射受热面所占比例大,而且烟气在沸水管束中是横向流动,流速较大,故蒸发率较高,一般为 $30\sim50\ kg/m^2\cdot h$,设计紧凑的辅锅炉可超过 $70\ kg/m^2\cdot h$,而强制循环的水管锅炉可达 $90\sim120\ kg/m^2\cdot h$ 以上。水管锅炉的效率较高,一般辅锅炉可达 $80\%\sim85\%$,有些带尾部受热面的可高达 92% 以上。水管锅炉蓄水量小,单位蒸发量的相对体积重量较小,蒸发量最大可达 $100\ t/h$,工作汽压可高达 $10\ MPa$。水管锅炉炉水有一定的循环路线,蓄水量少,结构刚性小,因此点火升汽时间较短,一般为十几分钟到几十分钟。

(4)针形管锅炉

针形管船用燃油锅炉是一种兼有烟管和水管锅炉特点的新型船用锅炉,针形管船用燃油锅炉基本结构如图9-1-5所示(去掉了外壳,只显示内部结构)。这种锅炉炉膛4呈圆筒形,炉膛上面是汽包2,下面有一个环形联箱10(水筒),两者之间通过围绕在炉膛周围的水冷壁6和若干根不受热的下降管7连接,形成良好的自然水循环。拱形的炉膛顶可防止水中的杂质存积在汽包底部而引起局部过热。辐射热由炉膛周围的水冷壁吸收,对流换热通过汽包内一圈特殊的针形管3实现。

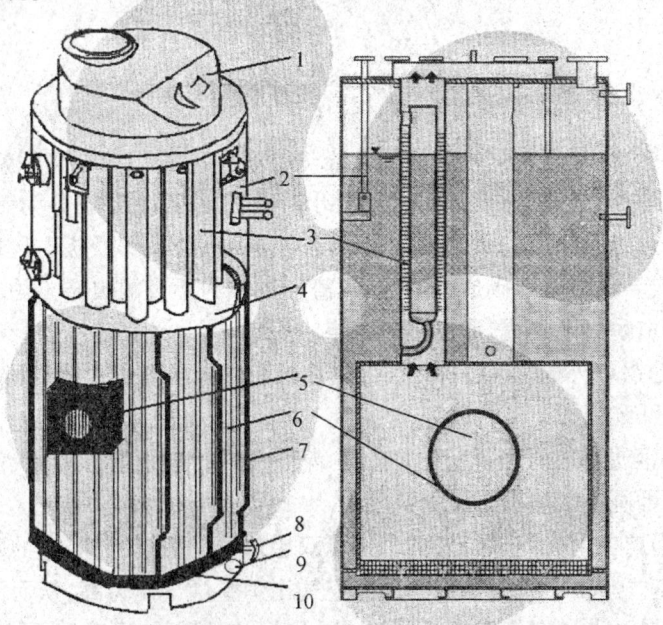

图9-1-5 针形管船用燃油锅炉基本结构

1—烟箱;2—汽包;3—针形管;4—炉膛;5—燃烧器;6—水冷壁;7—下降管;8—泄放阀;9—下排污管;10—环形联箱

针形管是一种高蒸发率的元件,外管相当于立式烟管,套装在其中的内管(针形管)下端和汽包的水空间相通,上端和汽包的汽空间相通。内管外壁上焊接大量钢棒,在烟气温度较高的下部钢棒较短,上部的钢棒较长。工作时来自锅炉的燃气经内、外管的夹层向上流入烟箱1。

烟气既直接加热汽包中的水,又冲刷钢棒将热量传给内管的水。内管中的炉水吸热产生蒸汽,并经上侧管进入汽包,形成良好的自然汽、水循环回路。因此,这种锅炉的效率较高,有资料表明:一个蒸发量为 1 500 kg/h、工作压力为 0.7 MPa 的针形管燃油锅炉,在 100% 负荷时效率可达 82.1%。

这种锅炉上部虽然有一些立式烟管,但其主要的蒸发受热面(水冷壁和针形管)具备水管锅炉的特征。

2. 废气锅炉的主要结构

在柴油机动力装置的船舶中,大型低速二冲程柴油机的排气温度一般为 250~380 ℃,四冲程中速柴油主机排气温度可达 400 ℃。而水蒸气压力为 0.5 MPa 时的饱和蒸汽温度为 150 ℃,压力为 1.3 MPa 时对应的饱和蒸汽温度仅为 190 ℃。所以装设一台用柴油机排气的余热来产生水蒸气的废气锅炉,不仅能节省燃油,还可以起柴油机排气消声器的作用。一艘船舶用废气锅炉工作压力为 0.7 MPa,它的饱和蒸汽温度为 163 ℃,炉水与排气之间还有 50 ℃ 以上的平均温差,传热效果较好,废气锅炉的受热面也不会太大。一艘万吨级油船,利用废气锅炉产生的水蒸气来加热货油舱,平均每月可节省燃油 50 t 左右。废气锅炉产生的蒸汽不仅能满足加热和日常生活之用,而且往往还有剩余。因此有的船舶还将多余蒸汽用于驱动一台辅汽轮发电机。

(1) 立式烟管废气锅炉

立式烟管废气锅炉是船用废气锅炉中最常用且结构最简单的一种,如图 9-1-6 所示为立式烟管废气锅炉。它的外形呈圆筒形,上、下两块管板之间有几百根烟管连接,上、下两块管板由锅筒两端的封头兼用。为了使封头不变形并减少一般烟管所承受的拉力,管群中有少量厚壁管子与封头强固连接,这些厚壁管子称为牵条管,其壁厚比普通烟管增加 1 mm。锅炉上、下两端还装有出口和进口联箱。柴油机排气从下烟箱流经烟管,然后从上烟箱排出,将一部分热量传给炉水并产生蒸汽。当采用双主机时,可在进口联箱中加一隔板,形成两个进气口,双气路进气。

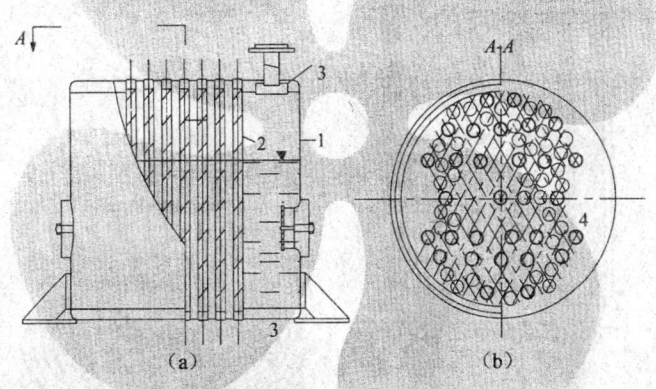

图 9-1-6 立式烟管废气锅炉
1—锅壳;2—烟管;3—封头;4—牵条管

废气锅炉的蒸发量与水位高度有直接关系,采用自动控制的废气锅炉,水位有冬季水位和夏季水位之分。夏季水位低,使实际受热面减少,蒸发量也相应减少;冬季水位较高,使实际受热面增加,蒸发量也相应增加。在同一个季节里,可用控制烟气流量来调节蒸发量,如图 9-1-7 所示为废气锅炉烟气旁通调节蒸发量。当蒸汽压力升高时,可自动关闭或关小烟气流量,使主机的排气经旁通门直接进入烟囱;反之,当蒸汽压力下降时,可增加进入废气锅炉的烟气流量,从而增加烟气带进废气锅炉的总热量,使蒸汽产量提高。一般废气锅炉的水位在锅炉总高度的 2/3 外,上面 1/3 是蒸汽空间,以确保一定的蒸汽干度。

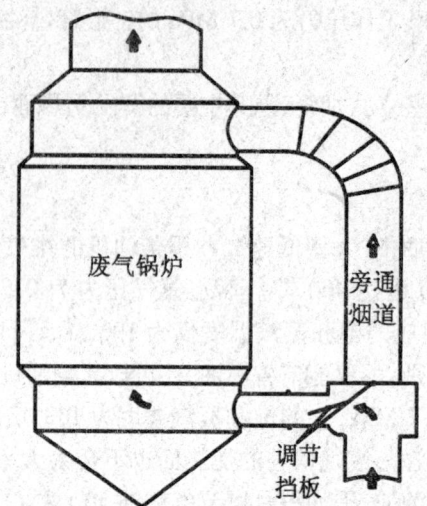

图 9-1-7　废气锅炉烟气旁通调节蒸发量

这种锅炉与辅助锅炉一样也装有压力表、水位表、安全阀、停气阀及给水阀等附件。其优点是结构简单,制造方便;缺点是蒸发率低,体积和重量比较大,水垢也不容易清除。

(2) 强制循环废气锅炉

强制循环水管废气锅炉有盘香管式废气锅炉与翅片管式废气锅炉。盘香管式废气锅炉的结构如图 9-1-8 所示。整台锅炉由许多水平放置的盘香管组成,每一根盘香管的进、出口分别与两个直立的分配联箱相连。柴油机排气在管子外侧流过;炉水由专门的循环水泵从汽水分

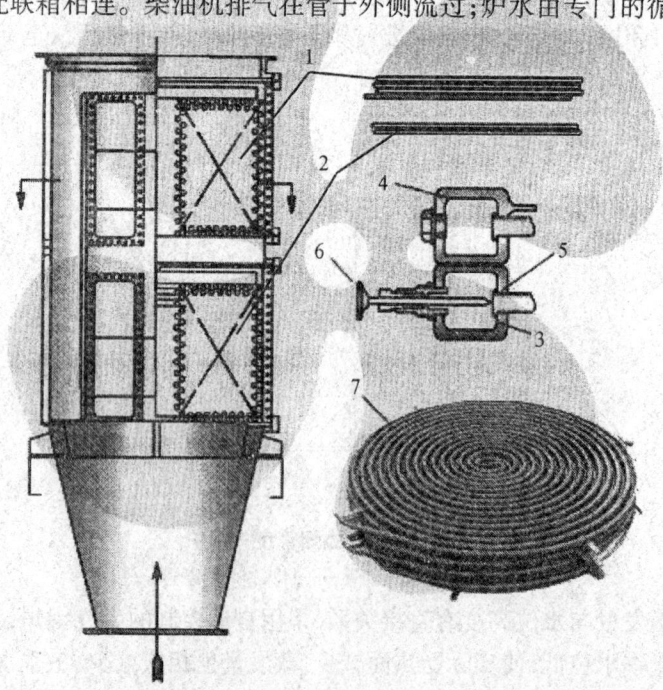

图 9-1-8　盘香管式废气锅炉的结构

1—双层盘香管;2—单层盘香管;3—进口分配联箱;4—出口分配联箱;5—节流孔板;6—调节阀;7—盘香管

离筒吸入，压送到进口分配联箱3，再进入各盘香管被加热，然后由出口分配联箱4汇集后流回汽水分离筒进行汽水分离。烟气流过盘香管时温度逐渐降低，故上、下各层盘香管的吸热量相差甚大，炉水的汽化程度不同，致使流阻相差很大，会产生偏流（下层吸热多的进水少），甚至进水量发生脉动。因此，各盘香管进口设有口径分几挡的节流孔板5及节流阀6，使靠上层的盘管进口节流程度大，进水量少，调节各层进水量使出口湿蒸汽干度均为0.1左右为宜。这种锅炉盘香管中的水是强迫流动，蒸发率大，体积紧凑，但是其受热面管内的水垢清除比较困难。

如图9-1-9所示为翅片管式废气锅炉的结构图。在废气锅炉本体1内，布置有多组垂直并列的翅片管2，各组翅片管的进、出口分别与水平布置的进口联箱3和出口联箱4相连。两个分配联箱分别与进、出口管相连。

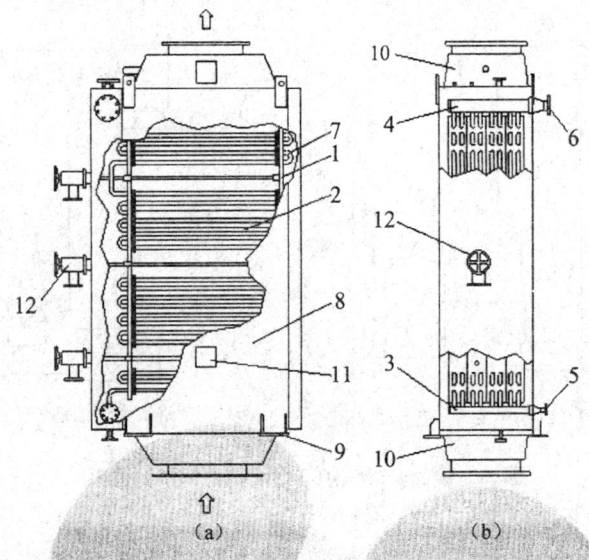

图9-1-9 翅片管式废气锅炉的结构的结构图

1—本体；2—翅片管；3—进口联箱；4—出口联箱；5—进口接头；6—出口接头；
7—弯管；8—铁皮外罩；9—钢架；10—废气烟箱；11—检修导门；12—蒸汽吹灰器

在有联箱的一侧，各水管都被焊接到废气锅炉本体上，而水管的另外一端是浮动的，以便各管有热胀冷缩的余地。各组翅片管紧贴在一起，构成了废气锅炉的主体。相邻的上、下两层水管之间由弯管相连。废气锅炉本体上覆盖有隔热层，并包有铁皮外罩8。整个废气锅炉坐落在钢架上，而上、下两个废气烟箱10则分别焊接于本体上、下两端的法兰上。本体的侧面分布有上、中、下三个检修导门11，而正面则分布有三个蒸汽吹灰器12，各检修导门与吹灰器位于同一高度，以方便检修和清洁。

在工作过程中，柴油机排气在翅片管的外侧流过，而水则由专门的循环水泵从燃油锅炉水腔吸入，压送到废气锅炉进口联箱，再进入各翅片管内部被加热，然后以汽水混合物的形式由出口分配联箱汇集，并送回燃油锅炉进行汽水分离。

翅片管式废气锅炉与盘管式废气锅炉相比，由于翅片的作用较大幅度地增加了单位工质的换热面积，因而具有更高的效率，应用较多。

3. 废气锅炉与燃油辅助锅炉的联系

燃油辅助锅炉与废气锅炉在船舶上的安装位置不一定相同，但两者的蒸汽和给水管路却存在一定的联系。如图9-1-10所示为废气锅炉与燃油辅助锅炉的联系，它们之间的联系方式有下面三种：

(1) 两者独立

如图 9-1-10(a) 所示，燃油辅助锅炉 1 和废气锅炉 2 均有各自的给水管路，给水泵 3 分别与热水井连接。所产生的蒸汽由各自的蒸汽管路输出，至总分配联箱才汇集在一起。这种方案运行管理比较方便，所以应用较多。缺点是当废气锅炉水位调节失灵时，因其位置较高，照料比较麻烦。

(2) 废气锅炉为辅助锅炉的一个附加受热面

如图 9-1-10(b) 所示，这时给水仅送给燃油辅助锅炉，由强制循环泵 5 将燃油辅助锅炉的

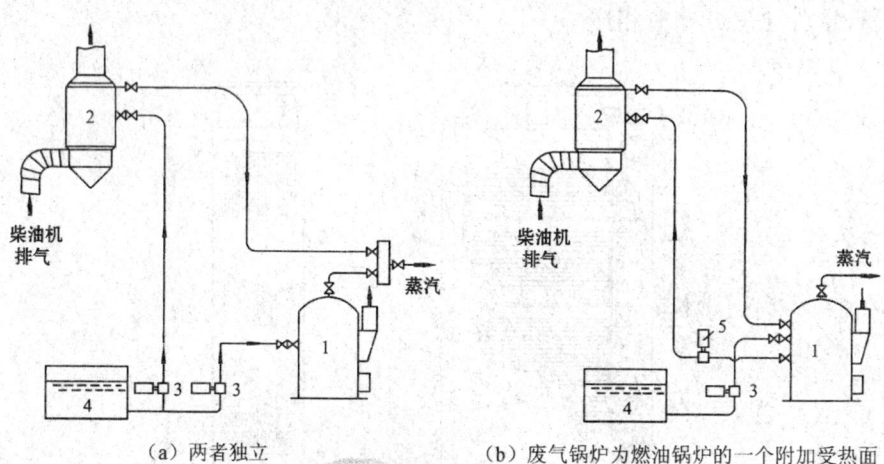

图 9-1-10　废气锅炉与燃油辅助锅炉的联系

1—燃油辅助锅炉；2—废气锅炉；3—给水泵；4—热水井；5—强制循环泵

炉水送至废气锅炉，使之加热蒸发，并将汽水混合物压回辅助锅炉，经汽水分离后，蒸汽由辅助锅炉的主蒸汽管输出。这种方案多为那些废气锅炉满足不了航行时用汽的要求，而与辅助锅炉合作供汽的油船所采用。这种方案的废气锅炉水位不用调节，但需多设至少两台循环水泵。

(3) 组合式锅炉

如图 9-1-11 所示为组合式锅炉，组合式锅炉就是辅助锅炉与废气锅炉组合为一体的锅炉，其安放位置只能放在机舱顶部，因此要求有可靠的远距离水位指示和完善的自动调节设备。这种方式目前船舶上应用最多。废气锅炉侧采用光烟管，燃油锅炉侧是采用光管或针形管作为对流换热面。航行时所需蒸汽由废气锅炉产生，若废气锅炉的产气量不能满足需要，则燃油锅炉自动点火升气进行补充。

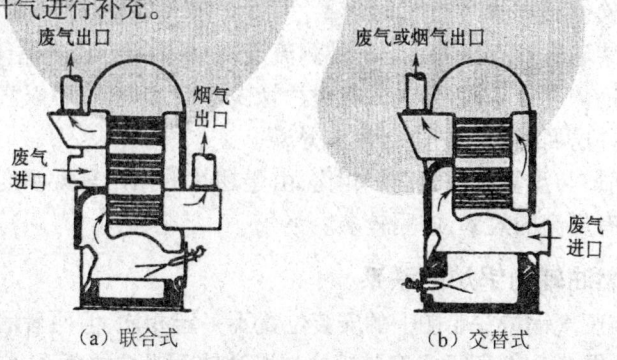

图 9-1-11　组合式锅炉

四、锅炉附件

为了使锅炉操作管理方便、运行安全可靠,在其本体上装有各种阀件、压力表、水位表和安全阀等,它们亦是锅炉装置不可缺少的组成部分,统称之为锅炉附件。锅炉一般装有以下附件:水位计、安全阀、压力表和压力表阀、给水阀、停汽阀、上和下排污阀、水洗泄放阀、炉水取样阀、空气阀等。在这主要介绍水位计和安全阀。

1. 水位计

锅炉在工作时,随时知道锅炉中的水位非常重要。每台锅炉都规定有最高工作水位、最低工作水位和最低危险水位。锅炉正常运行时,允许水位在最高工作水位与最低工作水位之间波动。锅炉隔热层外表面在与水位计相邻处应设置最高受热面标志。若水位降至最低危险水位时,则警报器会发出报警并自动使锅炉熄火,防止锅炉发生干烧事故。

锅炉水位低于最低工作水位时,称为失水,是一种严重事故,因为失水会使锅炉受热面失去炉水的冷却,可能被烧坏。当水位高于最高工作水位时,称为满水,也应注意防止,因为满水会使蒸汽中携带有大量含有盐分的炉水。

根据中国船级社《钢质海船入级规范》,锅炉最低工作水位一般应符合如下规定:水管锅炉最低水位应高出最高受热面不少于 100 mm;横烟管锅炉应高出燃烧室或烟管顶部不少于 75 mm,多回程的可适当减少;混合式锅炉应高出热水管不小于 50 mm;竖烟管锅炉应不低于 1/2 烟管高度。当船舶横倾 4°,锅炉最低水位仍应符合上述要求。

锅炉上装有玻璃水位计,用来指示锅炉中的水位,水位计的布置应易于接近并对水位能清晰可见,其水位最低显示位置应与锅炉的最低工作水位高度相一致,对水管锅炉应位于最低工作水位以下 50 mm 处。水管锅炉的汽、水筒,如长度超过 4 m 且按横向布置时,则应在或靠近鼓筒两端适合的位置各安装 1 只玻璃水位计。

一般在锅炉上装有两只水位计,分布在锅炉的左、右两侧,一方面互为备用,另一方面在船舶摇摆时可判断炉内水位情况。最高和最低工作水位都在指示范围之内,正常工作水位在水位表的中间。若两只水位计均已损坏,应立即停炉。

水位计有玻璃管式和玻璃板式两种,在辅助锅炉上都有采用。玻璃管式水位计如图 9-1-12 所示。它结构简单,价格便宜,但水位显示不够清晰,且玻璃管承压能力低,多用于设计压力为 0.78 MPa 及以下的锅炉。玻璃管式水位计的两根水平接管分别与锅炉的汽、水空间相连,称为汽连通管和水连通管,钢化耐热玻璃管垂直装于两根接管之间,玻璃管中水位就是炉水水位。为防止玻璃管破裂时炉水大量冲出,在水连通管和玻璃管连接处装有止回阀 3。安装玻璃管水位计时,应注意不要将插入玻璃管处的填料压盖拧得过紧;否则玻璃管容易被压碎。

对于压力较高的锅炉,一般采用玻璃板式水位计,如图 9-1-13 所示。它是把一块平板玻璃装在一个金属匣里,在玻璃板与汽水接触的一面刻有纵向的锯齿形槽,在水位计的背面一般设有电灯,在灯光的照射下,水位显示更加明显。在安装玻璃板式水位计时,玻璃板与金属框架之间的接触面应研磨得很平,以保证密封。框架螺钉要交叉均匀拧紧;否则会压碎或受热后容易碎裂。靠水一侧加衬云母片来保护玻璃板不受炉水腐蚀。

锅炉正常工作时,水位计中的水位应不停地波动,水位表应经常冲洗和检查。若发现水位计的水位长久静止不动则表明上、下两个接管同时堵塞;若发现水位计的水位缓慢上升则表明水连通管堵塞;若水位计快速充满水则可能是汽连通管堵塞。

图 9-1-12　玻璃管式水位计

1—玻璃管；2—通汽阀；3—止回阀；4—通水阀；5—冲洗阀

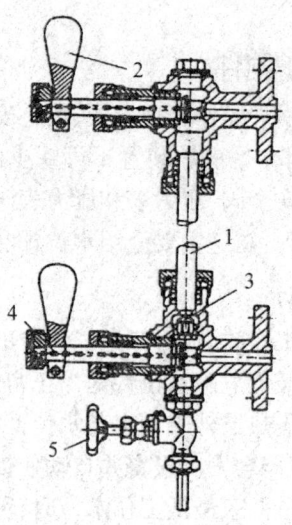

图 9-1-13　玻璃板式水位计

1—通汽阀；2—通水阀；3—冲洗阀

锅炉正常工作状态冲洗水位计和判断水位的方法如表 9-1-1 所示。

表 9-1-1　锅炉正常工作状态冲洗水位计和判断水位的方法

顺序	结果	处理
（1）关通汽阀，开冲洗阀，冲洗后关闭通水阀	听见水流声甚大，表明水流畅通	如不畅通，可连续开、关通汽阀或通水阀几次，利用冲击力把污物冲走。如冲洗无效，可以打开通汽管或通水管顶端水塞，用铜丝来疏通
（2）开通汽阀，冲洗后关闭	听见气流声甚大，表明汽路畅通	
（3）关冲洗阀，慢慢开启通水进行"叫水"	因此时通汽阀关闭，所以如水位高于通水管，则炉水一直升至水位计顶部	表明情况正常，可继续进行第（4）步操作
	如无水出现，则炉水已位于通水管以下，锅炉已处于失水状态	如明确知道，在前几分钟水位仍处于正常位置，则可加大给水量，迅速恢复正常水位，如失水时间不清楚，则应立即停炉，停止供汽
（4）开通汽阀	水位下降至水位计中段，表明情况正常	投入工作
	如水位下降至水位计玻璃以下，表明炉中水少，但水位仍在通水管以上	加大给水量，迅速恢复正常水位
	如水位仍在顶部，降不下来，表明锅炉已处于满水状态	首先暂停供汽，并开启上排污阀放水，使水位恢复正常

冲洗水位计时应该注意，通汽阀与通水阀同时关闭的时间要尽量短，以防止外界空气对玻璃管冷却，在随后通汽或通水时，玻璃管骤然变热而爆裂。换新玻璃管（板）以后，也应先稍开通汽阀，让玻璃管预热一下，再开大通汽和通水阀。

2. 安全阀

当外界对蒸汽的需要量突然减少,或炉内燃烧过于强烈时,锅炉内汽压都会上升,甚至超过额定工作压力较多,这就需要有安全阀来限制锅炉压力。当压力超过一定限度时,将安全阀自动顶开,放走大量蒸汽,汽压就下降。当压力下降到一定程度时,安全阀又自动关闭,从而保证了锅炉的安全。

根据中国船级社《钢质海船入级规范》,对锅炉安全阀的要求主要有:

(1)锅炉上应至少装有2只安全阀,可安装在同一阀体内。蒸发量小于1 t/h的辅助锅炉上可仅装有1只安全阀。装有蒸汽过热器的锅炉,在过热器上亦应至少装有1只安全阀。

(2)锅炉安全阀的开启压力可为大于实际许用工作压力的5%,但应不超过锅炉设计压力。过热器安全阀的开启压力,应低于锅炉安全阀的开启压力。

(3)安全阀要求动作要准确,并且平时要保持严密不漏汽。

(4)安全阀开启时应能通畅地排出蒸汽,以保证在蒸汽阀全关和炉内充分燃烧的情况下,水管锅炉在7 min或火管锅炉在15 min内汽压的升高值不得超过锅炉设计压力的10%。因此安全阀要有足够的直径,在开启后应该稳定并具有较大的提升量。对于升程在直径1/4以上的安全阀排气管的流通面积应不小于安全阀总面积的2倍,对其他安全阀应不小于1.1倍。

(5)任何安全阀的直径应不大于100 mm,但亦应不小于25 mm。

安全阀都是经过船级社调定后铅封的,船员不能随意重调,除非经过船级社特许。

船舶锅炉一般采用直接作用式安全阀,如图9-1-14所示。阀盘2被弹簧1紧压在阀座上,当蒸汽压力大于安全阀的开启压力时,阀盘被顶开,排出蒸汽。转动弹簧上座4上部的调节螺

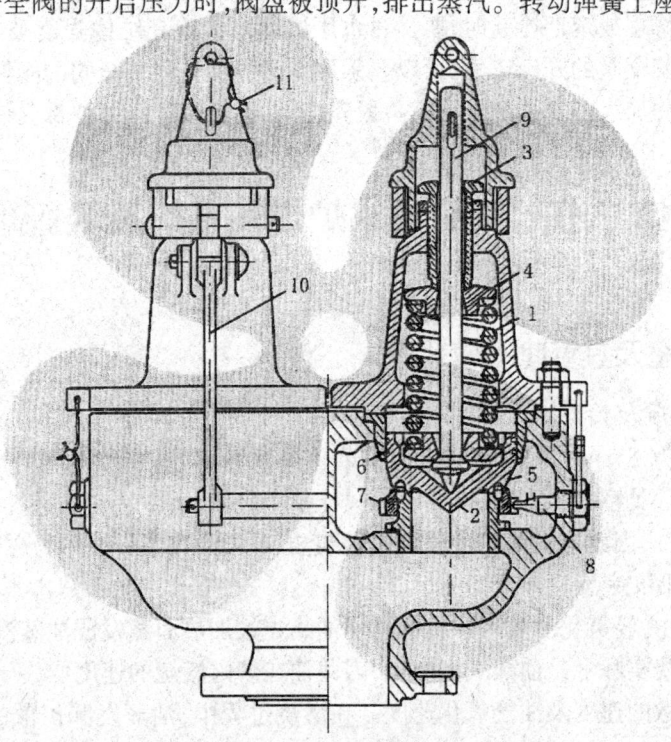

图9-1-14 直接作用式安全阀

1—弹簧;2—阀盘;3—调节螺丝;4—弹簧上座;5—唇边;6—套筒;7—调节圈;8—调节圈固定螺钉;9—阀杆;10—手动强开杠杆;11—铅封

丝3,改变弹簧的预紧力,就可以调整安全阀的开启压力。安全阀的开启压力比额定工作压力稍高。

当阀开启时,由于弹簧受到进一步的压缩,弹力增强。如此时蒸汽的上顶力不能超过弹簧的弹力,则阀盘稍一抬起,就立即被压下关闭,但刚一关闭,弹簧又恢复原状,于是阀盘又要被蒸汽顶开。因此,阀盘就将上、下不停地跳动,不但蒸汽不能畅通流出,而且使阀盘气密性受到破坏。为了改变这种情况,在阀盘周围伸出一圈唇边5,使阀盘在开启后受蒸汽的作用面积加大,从而获得足够大的上顶力,以保证安全阀开启后能迅速达到较大的升程而且工作稳定。在阀盘上部还设有套筒6,当阀开启后,除了给阀盘导向外,还使阀上方不会受到蒸汽压力作用。

上述方法虽解决了安全阀开启后的稳定问题,但因开启后,阀盘受蒸汽作用的面积已大于开启前的面积,所以当锅炉汽压恢复正常时,阀盘还不会关闭。只有当汽压进一步下降时,阀盘才能自动关闭,即安全闭的关闭汽压不可避免地要低于开启压力,这一差值称启闭压差,也称为关阀压力降低量。

由此可知,如果安全阀的阀盘提升量越大,关阀压力降低量也越大。为此,在阀座上装有调节圈7,用以将阀的稳定性和降低量调节到最恰当的程度。当调节圈升高时,蒸汽流出的通路缩小,作用在阀盘上的顶力就增大,因而使阀的提升量加大,压力降低量也大。当调节圈下移时,蒸汽流通面积增加,使升程减小,压力降低量也小。所以通过调节圈的位置调整,获得既开启稳定、降低量又小的特性。

安全阀顶部设有手动强开机构,并用钢丝绳通至机舱底层及上甲板,必要时用人力强行开启安全阀放汽。平均每月手拉强开安全阀一次,防止安全阀长期不起跳而咬死。

锅炉本体经修理或定期检验时,要通过水压试验来检验其结构强度及水密性。水压试验压力大大超过了安全阀的开启压力,所以要采用专门的夹具将安全阀的阀杆顶紧,以免被水压顶开。绝对不许用加大弹簧力的方法来关紧安全阀,因为过度压缩弹簧会使它受到损坏。

第二节　船舶辅锅炉燃油系统及其管理

一、燃烧设备及其管理

1.锅炉的燃烧及传热

对于蒸发量为2 t/h 以下的辅助锅炉不单独设立燃油舱、一般与主机或辅机使用相同的燃料。由于主机的类型较多,如高速柴油机只能使用轻柴油,中速和低速机则可燃用质量较差的重柴油或燃料油,因此辅助锅炉也分别用轻柴油、重柴油和燃料油作为燃料。

(1)燃烧机理和特点

在燃油锅炉中,经雾化后喷入炉膛的燃油油滴先被加热而蒸发成油蒸汽,再和空气混合直到被点燃。油燃烧实际上是油蒸气的燃烧,因此油在炉内燃烧的速度取决于油滴蒸发速度、油气和空气相互扩散的速度及油气氧化速度。在燃烧过程中,油蒸发和扩散的速度远小于燃烧的速度,若能增加蒸发和扩散速度,就可以提高燃烧速度。试验证明,油滴完全燃烧所需要的时间与其直径的平方成正比。例如,最大油滴的直径为平均油滴直径的5倍,它的燃尽时间是平均直径油滴的25倍。可见雾化质量对燃烧有重要影响。燃料在炉膛内停留的时间一般为1~2 s,因此油滴过大是不适宜的。目前一般倾向于尽量改善雾化质量,将平均油滴直径减小为100 μm以下。锅炉内实际油雾的燃烧情况具有如下特点：

①炉膛内气流速度比较高，油滴的质量比较大，不能完全随气体分子一起脉动，和气体间产生了相对运动，使火焰向油滴的传热加强，油滴的蒸发加快，从而加快了燃烧。气流速度越高，油滴燃烧速度也越快。实践证明，在雾化质量相同的条件下，如果燃烧器出口风速过低，在火焰尾部可以发现大量火星，这是有未烧完的大油滴在继续燃烧；但是，如果风速较高，这种火星就可能不出现。从而表明风速高可以使燃烧加快。

②炉膛内的温度和氧气浓度是不均匀的。炉膛温度高则油蒸发得快，可使燃烧加快；炉膛温度太低则不能保证稳定燃烧，甚至可能熄火。所以要求锅炉在低负荷时，炉膛出口的烟气温度不低于1 000 ℃。

烧重油与烧轻质油不同的是，重油蒸发速度慢，火焰内部的油滴在缺氧条件下，会热分解产生油焦；焦壳阻碍了内部重油的蒸发，使它的温度升高，更促进了焦壳的生成。焦壳内部产生的气体最终会使焦壳破裂，喷出的气体和油液很快烧完，剩余的固态焦壳和煤粉相似，燃烧速度慢，为使它能完全燃烧，应当保证火焰尾部有足够高的温度，并供给足够的氧气。

(2) 完全燃烧的条件

燃油的成分相当复杂，但是它的可燃元素只有碳、氢、硫三种，完全燃烧时生成二氧化碳、水和二氧化硫。如果空气供给量不足，就会出现不完全燃烧，燃料中的碳元素就生成一氧化碳。完全燃烧的必要条件：

①燃烧室必须保持足够高的温度，至少高于燃油的着火温度。

②燃油雾化的颗粒度要小，并要求供给足够的空气和达到两者有良好的混合。

③要有一定的燃烧室容积，保证油滴有足够的燃烧时间。

(3) 燃烧的过程

燃油在炉膛中的燃烧是以火炬的方式进行的，燃烧过程分为两个阶段。

①准备阶段：雾化的油滴被迅速加热、气化、与空气相混合，同时进行热分解。

②燃烧阶段：油气与空气的混合气体的浓度达到一定数值，并被加热到一定温度，遇明火着火燃烧。

油气和空气混合形成的可燃气被点燃后形成的燃烧带称为着火前沿。它一方面要向喷油器方向扩展，另一方面又随吹入的气流向炉膛内流动，当两者速度相等时，着火前沿便稳定在一定位置。可见，喷油器前的火炬可分为两个区域：即准备区和燃烧区。在准备区内进行油雾与空气混合物的加热、汽化和分解；在燃烧区燃烧。

(4) 过量空气系数

1 kg燃料完全燃烧所需最低限度的空气量叫作理论空气量，用$V_0(m^3/kg)$表示，在标准状况下大约为11 m^3。因为供入的空气不是全部都有机会与油雾混合参加燃烧，从而造成化学不完全燃烧。为了使燃料完全燃烧，应采用比理论空气量多的过量空气。燃烧时实际空气量与理论空气量之比称为过量空气系数，适合于燃油燃烧的过量空气系数α为1.05~1.20。

过量空气α是保持锅炉经济运行的重要指标。α越太大则风机的耗能增加，锅炉的排烟损失也越大；但α太小则锅炉的不完全燃烧损失又可能太大。

(5) 保证燃烧质量的主要因素

要使燃油在炉内燃烧良好，主要取决于以下因素：

①良好的雾化质量。油滴雾化得越细，分布均匀性越好，则油滴的蒸发速度越快，与空气混合也越好。

②适量的一次风和二次风。一次风量占总风量的10%~30%、风速在10~40 m/s为宜。太少则油雾在着火前就会在高温缺氧条件下裂解,产生大量炭黑,烟囱冒黑烟;太多又会因火炬根部风速过高而着火困难,甚至将火炬吹灭。二次风量大小关系到过剩空气系数合适与否,直接影响不完全燃烧损失和排烟损失。

③油雾和空气混合均匀,形成适宜的回流区,着火前沿的位置和长度应合适。着火前沿如离燃烧器太近,则可能使喷火口和燃烧器过热烧坏;太远又会因气流速度衰减,与油气混合的强烈程度减弱,以至火炬拖长,燃烧不良。

④炉膛容积热负荷要适合。太高会使油在炉膛停留时间太短来不及完全燃烧,太低又不能保证足够高的炉膛烟气温度,也不利于完全燃烧。

(6)传热方式

燃料在炉膛里燃烧放出的热量,经过一个复杂的传热过程后再传给锅炉里的水。在这个过程中,导热、对流和辐射三种方式同时发生。

锅炉炉膛里的传热方式包括导热、对流和辐射三种。第一步是炉膛里的高温烟气通过辐射和对流把热量传给管壁;第二步是管壁的导热,把热量从烟气侧传到炉水侧;第三步是管壁与炉水之间的对流换热,把热量传给炉水。

锅炉对流受热面的传热状况是:由于烟气温度较低,忽略了烟气的辐射以后,传热方式主要是对流和导热。烟气通过对流把热量传给受热面管壁,经过管壁的导热把热量从高温侧传到低温侧,然后再通过对流,管壁把热量传给炉水。

在锅炉的实际运行过程中,水管锅炉中受热面的管子表面并不是清洁的,它的外表面有一层烟灰,内表面有一层水垢。虽然烟灰和水垢的厚度很小,但因它们的导热系数很小,严重地影响着传热效果。

目前,船舶辅锅炉大都采用液体燃料,这样才易于使其装置实现全自动化。本节所介绍的辅锅炉燃烧设备,是专指燃烧液体燃料的燃烧设备,它包括:炉膛、燃烧机构(燃烧器、调风装置与点火器)。燃油系统是指液体燃料供应系统。

2. 燃烧器

锅炉燃烧器由喷油器、配风器和点火装置等组成,一般装在锅炉前墙或顶部。喷油器将油雾化成细小油滴,并使油雾以一定的旋转速度从喷油嘴的喷孔中喷入炉内,形成有一定锥角的空心圆锥。油雾在前进中不断与空气掺混,离喷嘴越远,油雾层厚度越大,而浓度越小。

空气经配风器进入炉膛,它被挡风罩或挡风板分为两部分:一部分紧贴着喷油器吹出,称为一次风(根部风),它的作用是保证油雾一离开喷油器就有一定量的空气与之混合,从而减少产生炭黑的可能性。另一部分风沿炉墙喷火口外围进入炉膛,称为二次风,其作用主要是供给燃烧所需的大部分空气。

空气可经配风器的斜向叶片形成与油雾反向旋转的气流,以利于油的蒸发和油气混合。旋转气流在离心力作用下向外扩张,形成一定的扩张角。气流旋转越强烈,扩张角越大。这样气流中心便形成低压,吸引炉膛内高温烟气回流,形成回流区。也有的燃烧器采用圆环形挡风板分隔一、二次风,气流并不旋转,只靠挡风板后形成的低压区来造成回流。回流区内高温烟气加速了油雾的升温蒸发、分解和与空气混合,进而着火燃烧。

3. 喷油器

喷油器(油枪)是一种向炉膛喷射旋转油流而实现雾化的装置。工作中的作用有两个:一

是控制吸入炉内燃油的数量,二是将燃油雾化,保证在炉膛内的燃烧质量。喷油器的形式很多,对其主要要求有:

①有较大的调节幅度(即最大喷油量与最小喷油量之比),以适应不同蒸发量的需要。

②在要求的喷油量范围内,获得尽可能细的油滴。从有利于燃烧出发,希望直径为 50 μm 的油滴能占 85% 以上,并且不要出现 200 μm 以上的大油滴。

③油雾的分布要有一个适当的雾化角。油雾离开喷油器后,燃油旋转着向前喷射,有轴向速度的同时还有切向速度。这样,油雾离开喷油器后立即扩张,形成空心的圆锥形,其圆锥的顶角叫作雾化角。雾化角应稍大于经配风器出口空气流的扩张角,使供入的油雾能与空气均匀混合;同时雾化角也应与喷火口相匹配,雾化角过大油雾会喷在喷火口上产生结炭,过小则从油雾锥体外漏入的空气不能与油雾很好地混合。

④油雾流的流量密度分布也要合适。流量密度沿着圆周方向的分布应当均匀,并避免在油雾流的中心部分有较大的流量密度,因为中心部分是回流区,过多的油喷入回流区对燃烧不利。

⑤结构简单,运行可靠,操作和调节方便,检修和清洗容易,并易于实现自动控制。

(1)压力式喷油器

如图 9-2-1 所示为压力式喷燃器的结构,主要由喷嘴体、雾化片和喷嘴帽组成。压力式喷油器前端的喷嘴对喷油量的大小和雾化质量起着决定性的作用。

燃油在 0.7~2.0 MPa 的油压作用下,经喷嘴体上 6~8 个通孔到达前端面的环形槽,然后沿雾化片的切向槽进入锥形的旋涡室,产生强烈的旋转。随着旋转半径不断缩小,在中心处从前端喷孔喷出,呈空心圆锥形。旋转越强烈,则雾化角越大。

压力式喷油器前端的喷嘴(包括)对喷油量的大小和雾化质量起着决定性的作用。在一定的供油压力下,喷燃器的喷油量与雾化片的喷孔面积成正比,因此可以根据实际的耗油量来选定雾化片的型号。一台锅炉常配备有不同规格的雾化片,喷孔直径从 0.5~1.2 mm 分为几挡,可根据燃油品种和锅炉所采用的蒸发量选用。雾化片基本特性用标在其上的型号来表示。例如,25-60 号雾化片表示其喷油量为 25 kg/h,雾化角为 60°。

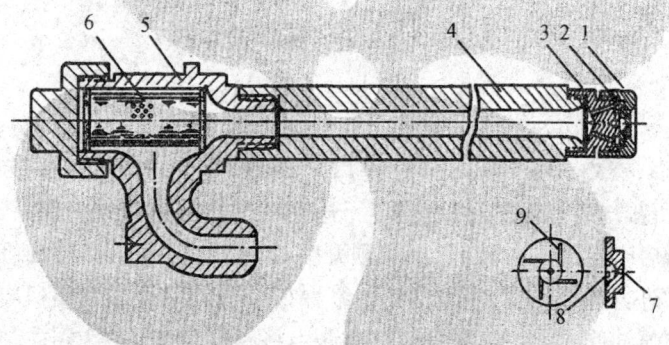

图 9-2-1 压力式喷燃器的结构

1—喷嘴帽;2—雾化片;3—喷嘴体;4—筒身;5—管接头;6—滤器;7—喷孔;8—旋涡室;9—切向槽

在喷孔尺寸一定的情况下,改变供油压力,可以变更喷油量,因此在实际运行过程中用改变油压的方法来适应不同的工况。当雾化片喷孔尺寸一定时,喷油量与油压的平方根成正比。一般供油压力的上限受到油泵特性的限制,约为 2 MPa,供油压力的下限受雾化品质的限制,下限值一般在 0.7 MPa 左右。压力式喷油器喷油量调节范围比较小,约为 1:2。

压力式喷油器调节喷油量的方法主要有三种:一是改变喷油压力;二是更换使用喷孔直径

不同的喷嘴(或喷油器);三是改变投入工作的喷嘴(或喷油器)数目,属于有级调节。

燃油从喷油器喷出后,由于油流本身的紊流脉动以及与空气的相互撞击,雾化成细小的油滴。影响压力式喷油器雾化质量的主要因素有:

①油压

喷油器前的油压越高,则油喷出速度越快,紊流脉动越强烈,雾化质量就越好。但油压超过 1.5 MPa 以后,雾化质量的改善并不明显,耗能却增加,因此一般船用燃油锅炉燃油系统的最高压力多不超过 2 MPa。要保证良好雾化的最低油压是 0.7 MPa。

②喷孔直径

喷孔直径越小,形成的油膜越薄,则雾化质量越好,因而每个喷嘴的喷油量不宜过大。

③油流旋转的强烈程度。

燃油在旋涡室旋转越强烈,喷出后油雾形成的圆锥直径就越大,油膜也就越薄,同时油流中的紊流脉动也越强烈,因而有利于雾化。

④油的黏度。

油的黏度越小,阻力越小,雾化质量越好。雾化前燃油最佳黏度为雷氏黏度 R.W.No.1 (38 ℃)60 s 左右(约相当于 13 mm^2/s)。因此,R.W.No.1 为 100 s 的柴油加热至 55~60 ℃;R.W.No.1 为 1 500 s 的中间燃料油应加热至 105~110 ℃;R.W.No.1 为 3 500 s 的重油需加热至 115~120 ℃。

为了防止在油压不足时喷油雾化不良、漏油和滴油,新式压力式喷油器如图 9-2-2 所示,则带有喷油阀,当供油压力低于某个数值时,喷油阀自动关闭,这种喷油器可带 1~3 个喷油嘴。

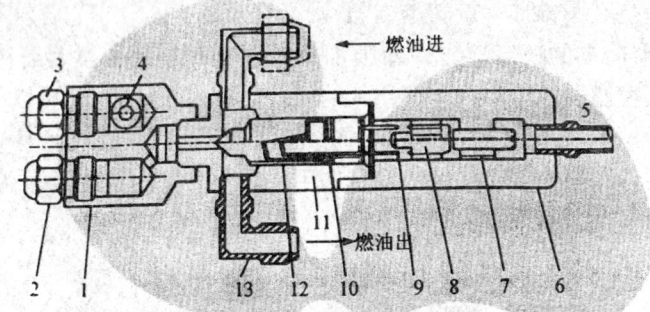

图 9-2-2 新式压力式喷油器

1—喷嘴接头;2—1 号喷嘴;3—2 号喷嘴;4—2 号喷嘴供油管接口;5—泄油管;6—喷油器盖;7—调节螺丝;8—弹簧座;9—弹簧;10—O 形密封圈;11—喷油器体;12—喷油阀;13—循环油管接头

锅炉燃油泵所排出的燃油经过加热器后,送到喷油器的进口管。在喷油器的出口管上装有电磁阀,该阀开启时燃油压力较低,不能顶开喷油阀 12,燃油从循环油管接头 13 流回至燃油泵进口或油柜,进行空载循环,使喷油器始终保持合适的温度。当出口电磁阀关闭时,油压迅速升高,作用在喷油阀 12 上,克服弹簧 9 的张力将阀顶开,油即经喷嘴 2 喷出。喷嘴内部装有旋流器(雾化片),进口端有的还装有过滤元件。O 形密封圈 10 后的漏油可通过喷油器尾部的漏油管引回油泵进口。

(2)回流式喷油器

如图 9-2-3 所示为回流式喷油器结构,由压力式喷油器改进而成。它主要由雾化片 2、旋流片 3、分油嘴 4、喷嘴座 5、外周的进油管 6 和中间的回油管 7 组成。工作时供油压力在任何负荷下基本保持不变,使进入喷油器的油量也始终一样。但是燃油由旋流片的切向槽至旋涡室后从分油嘴中部的回油通道引回一部分,这样,实际喷入炉膛内的燃油仅为剩余的部分。只要调节回油阀的开度,改变回油量,就能调节喷入炉内的油量。其调节范围可达 3~5。

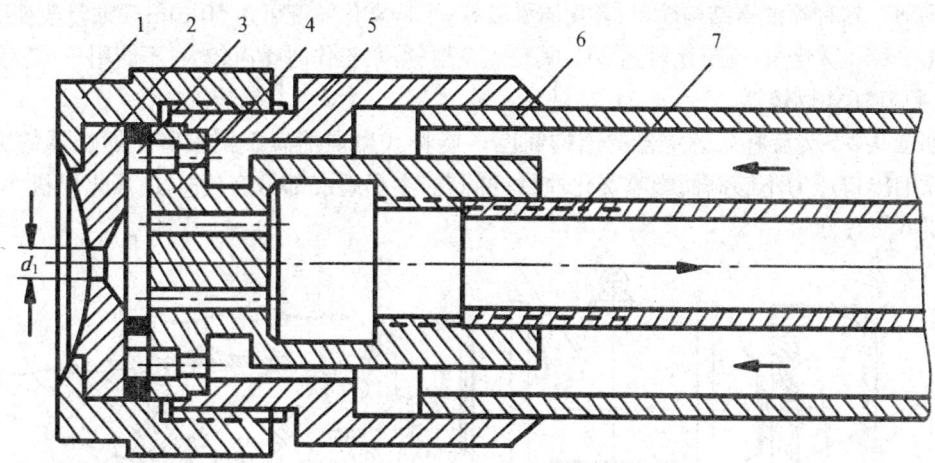

图 9-2-3　回油式喷油器结构
1—喷嘴帽;2—雾化片;3—旋流片;4—分油嘴;5—喷嘴座;6—进油管;7—回油管

回流式喷燃器的工作原理与压力式喷油器相同。随着回油阀开度加大,回油背压变低,回油量增加,喷油量减少;由于供油压力始终保持基本不变,油在切向槽内的速度也不变,所以喷油量虽然变了,但不影响油的雾化质量。通常,自动化锅炉的回油阀与燃烧器风门有联动机构(风油比例调节器)控制,以保持合适的风油比例。

回流式喷燃器与压力式喷油器的主要不同点有:结构上,它将压力式的雾化片分开制造成雾化片和旋流片,回流式的雾化片上设有旋涡室,旋流片上设有切向槽;增设了分油嘴,分油嘴上开有回油孔,回油孔开在中心的称为集中回油孔式,开在偏离中心的圆周上且设多个孔的称为分散回油孔式。通过调节回油量而不是进油量来调节喷油量。性能上,在不影响喷油压力的情况下将喷油量调节的更大。

(3) 蒸汽式喷油器

蒸汽式喷油器采用一定压力的蒸汽或压缩空气来雾化燃油。如图 9-2-4 所示为蒸汽式喷油器的 Y 形喷油嘴,工作时 0.6~1.0 MPa 的蒸汽(或空气)从气孔 8 中高速喷出,被加压至 0.5~2.0 MPa 的燃油从油孔 7 中流出时被"吹"碎。单个喷油器最大喷油量可高达 10 t/h,船用锅

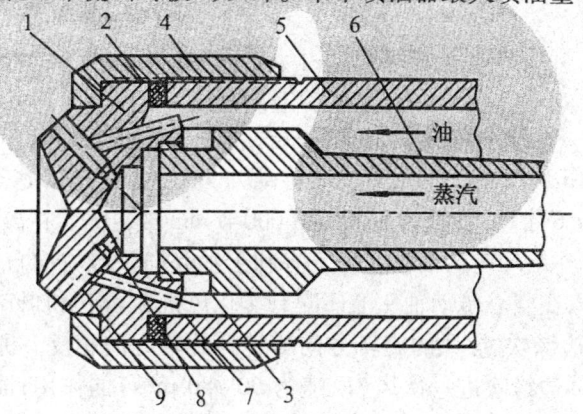

图 9-2-4　蒸汽式喷油器的 Y 形喷油嘴
1—喷嘴体;2,3—垫圈;4—喷嘴帽;5—外管;6—内管;7—油孔;8—气孔;9—混合孔

炉通常所用的为 1.0~1.5 t/h,油压一般为 0.5~2.0 MPa,一般每千克燃油耗汽量为 0.01~0.03 kg。冷炉点火时可用压缩空气代替蒸汽帮助雾化。在清洗时要特别注意保持每个油孔和气孔畅通。这种喷油器结构简单,雾化质量较好,平均雾化粒度可达 50 μm;喷油量改变时,不影响雾化质量和雾化角,调节比可达 20。其缺点是要耗汽,工作时噪声较大,不能用于小容量锅炉。

(4) 旋杯式燃烧器

如图 9-2-5 为旋杯式燃烧器的结构简图。旋杯式燃烧器属于机械雾化燃烧器的类型,解决了喷油出口压力不够高而影响雾化质量的问题,主要组成部分有旋杯 1、雾化风机 5 和高速电动机 6。

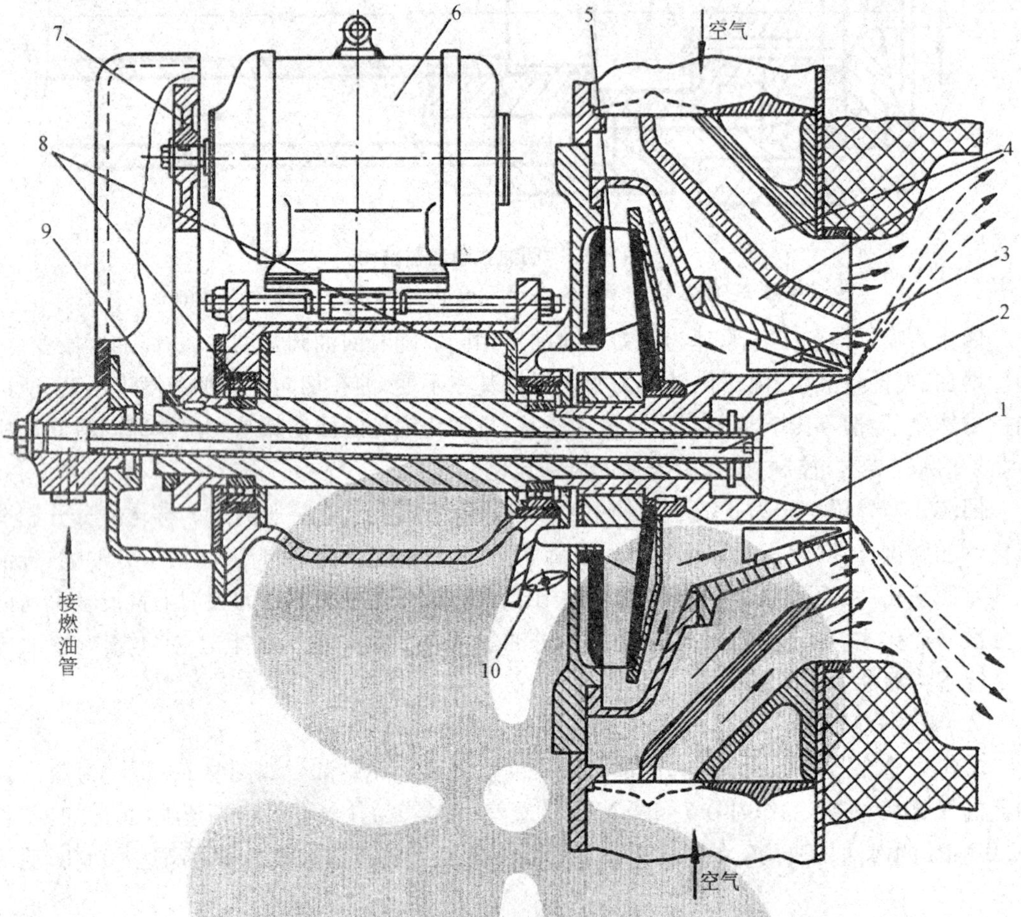

图 9-2-5 旋杯式燃烧器的结构简图
1—旋杯;2—供油管;3——次风风道;4—二次风风道;5—雾化风机;6—高速电动机;
7—皮带传动轮;8—前后滚动轴承;9—空心传动轴;10—风门

压力为 0.07~0.15 MPa 的燃油沿着空心传动轴 9 中的供油管 2 送至一个高速旋转的油杯 1 中,旋杯 1 由电动机 6 带动,转速为 3 000~8 000 r/min 或更高。在离心力的作用下,进入的燃油在杯的内壁形成一层均匀的油膜。为了有利于油膜向炉膛方向自动前进,将油杯内壁做成一定的锥度。同时,在空心传动轴 9 上还配有雾化风机 5,靠风机叶片的高速旋转引进低压风(一次风),从转杯边缘吹过,风的旋转方向与转杯旋转方向相反。油流向转杯边缘时靠离心力甩出,并受到从杯边缘吹进一次风(风速为 60~80 m/s)的作用,油膜被粉碎成雾状。由于燃油形成的油膜与空气流相互冲击,加速了油膜的粉碎,使雾化质量得到了改善,而且燃料与空气的混合也趋向均匀,故使燃料能燃烧完全。保证燃烧的二次风另有风机供给,从转杯周围的二次风风道4送入。用以雾化燃油的一次风量,占燃烧所需空气量的15%~20%,可由风门10调节。

这种燃烧器的优点是:供油压力低(也可以使用高位油箱);调节比较大,可达10以上;调节方便,只需改变进油量即可,并且不会影响雾化质量,低负荷时雾化更好;油不通过喷孔之类狭窄流道,对杂质不敏感,对劣质燃油的适应性明显优于其他形式的喷油器;对雾化温度和压力要求不高。但整个燃烧器结构复杂、价格高是它的不足。这种喷油器在远洋船舶的辅锅炉中很常见。

4.配风器

锅炉的供风方式一般分为自然通风和人工通风两种。自然通风是利用烟气受热后体积增加、比重减小的原理,产生自然对流。人工通风,有压入通风、诱导通风和平衡通风三种方式。船舶锅炉通常采用人工通风并在炉前安装各种配风器。

配风器的作用是分配一次风和二次风,创造条件使空气与油雾充分混合,使油雾迅速汽化和受热分解,以利于稳定和充分地燃烧。好的调风机构除了能分配和调节一次风和二次风的风量外,还应具备下述能力:

①在燃烧器前方产生一个适当的回流区,以保证及时着火和火焰稳定。回流区与喷油器出口距离应适当。太近容易烧坏喷火口和燃烧器,而且喷出的油雾来不及与一次风充分混合,燃烧预备期太短,燃烧恶化;太远又会使着火前沿后移,同样会燃烧不良。合适的回流区要靠配风器设计合理和风速适当才能保证。

②油雾在燃烧器出口与空气的早期混合必须良好。离喷燃器出口约1 m以内是燃烧燃油最多的地方,容易发生不完全燃烧。为了使早期混合良好,要使气流扩张角小于燃油雾化角,这样空气才能以较高速度进入油雾中;空气的旋转方向应与油雾相反,或者空气也可以不旋转,如图图9-2-6所示为喷油器位置对油气混合的影响。喷油器在喷火口的位置要保证油雾的外缘与喷火口相切,如图9-2-6(b)所示,这样油雾在喷火口内就与气流相交而混合,由于此时气流速度高,混合较充分。如果喷嘴位置太靠前,如图9-2-6(a)所示,油雾在离喷火口较远时才能与空气混合,使火焰拉长。如果喷嘴位置太靠后,如图9-2-6(c)所示,油雾会喷在火口上,引起喷火口结炭。

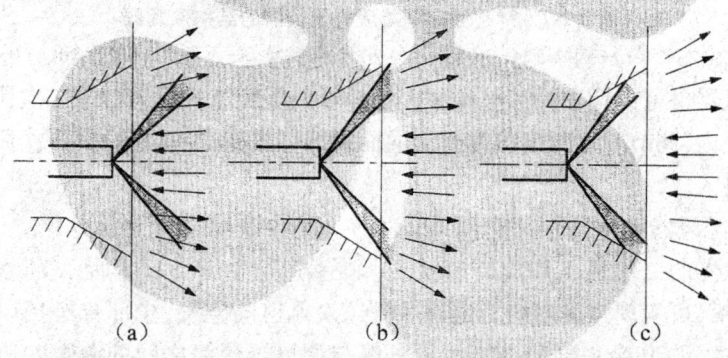

图9-2-6 喷油器位置对油气混合的影响

③有足够大的风速,在燃烧后期也有良好的混合作用。喷油器喷出的油雾分布是不均匀的,油滴集中在环形截面上,密集的油滴进入高温的炉膛后很快就蒸发,产生大量油气,起着排挤空气的作用,因此在喷油嘴出口区域,油雾与空气的混合不可能很均匀,在油雾密集或大油滴集中的地方就容易在缺氧的条件下产生热分解。这就要求后期混合作用也要强烈;否则,火

焰尾部地区会使未完全燃烧的气体和炭黑不能继续燃烧。

使气流旋转可以加强燃烧早期的混合,但由于气流旋转造成的扰动很快就会衰减,因此,要使燃烧后期的混合作用能得到加强,需要提高气流的轴向速度,为此可采用二次风不旋转的平流式配风机构,其二次风的阻力小,在同样风压下轴向风速比旋流式要大。大中型锅炉炉膛尺寸较大,二次风轴向风速需要提高到 35~60 m/s,大多采用平流式配风机构。

配风器按二次风旋转与否分为旋转式和平流式(直流式)两类。

(1)旋流式配风器

旋流式配风器的叶片可使空气产生旋转,进入炉膛时形成空心锥体,并与油雾的旋转方向相反,形成良好的混合,以利于完全燃烧。

如图 9-2-7 为叶片固定型旋流式配风器的结构原理图。它安装在炉膛前面,与耐火砖砌成的喉口(风口)同心,喷油器装在配风器的中心轴线上。配风器外面与风箱相连,风机送入风箱的空气,经过配风器叶片后从喷油器周围进入炉膛。空气进入时不但有一定的前进速度,而且还有一定的旋转速度,能与油雾形成良好的混合。在喷燃器中心管架的前端,有一个挡风罩 3,罩上开有槽孔,能让少量一次风通过此罩进入炉内。其余的二次风经固定的斜向叶片 1 旋转供入。由于在斜向叶片的作用下,在调风器内形成旋转的空气流,进入炉膛后形成辐射状的环形气流,因而在气流中心区域形成低压,使炉膛内的高温烟气流回到火焰根部,形成回流区。用拉杆 7 移动挡风罩的轴向位置,可调节一次风的风量。在配风器内装有电点火器 4、火焰监视器 5 和人工点火孔 6。

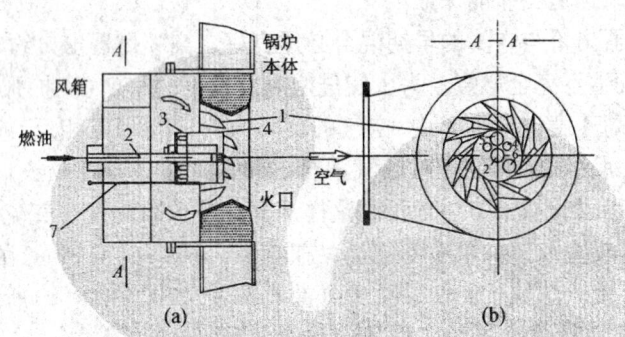

图 9-2-7 叶片固定型旋流式配风器的结构原理图

1—斜向叶片;2—喷油嘴管架;3—挡风罩;4—电点火器;5—火焰监视器;6—人工点火孔(看火孔);7—调节风罩的拉杆

旋流式配风器也可设计成叶片可调型。叶片可调型旋流式配风器的二次风经过可调叶片切向旋转进入炉内,调节叶片角度可改变流通面积即可改变二次风量;其一次风则是经过固定叶片轴向旋转供入。

(2)平流式配风器

平流式配风器的二次风不加旋转直接送入燃烧室。如图 9-2-8 所示为小型平流式配风器,有两个喷油嘴,可实现二级燃烧。由通风机送入风道的空气,少部分经挡风板 7 的中央圆孔吹出,形成一次风;其余大部分从挡风板外缘与调风器罩筒之间的缝隙吹出,形成二次风。挡风板后的低压区形成回流,使着火前沿位置合适。有的挡风板上也适当地开有小孔和径向的缝隙,允许少量空气漏入。

有些平流式配风器在火焰根部即喷嘴出口处装有稳焰器,它是一个轴向叶轮,通过一定量的旋流风作为根部风,可改善风、油的早期混合,同时产生一个大小和位置合适的回流区,以保持着火前沿稳定。

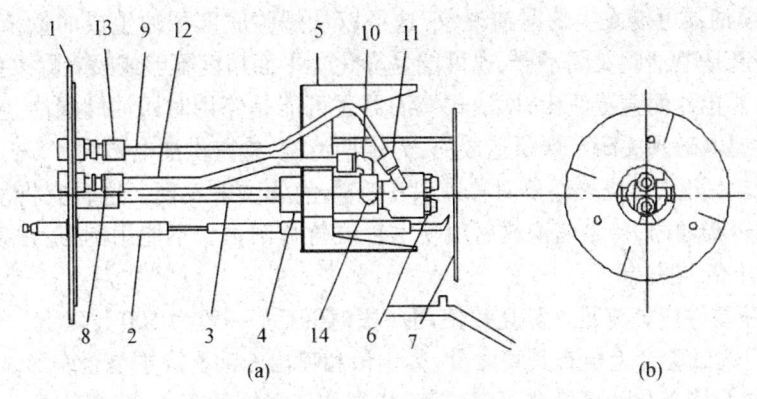

图 9-2-8 小型平流式配风器

1—燃烧器端板；2—点火电极；3—漏油管；4—喷油器；5—整流格栅；6—喷油嘴；7—挡风板；8、13—直通接头；9—高压供油管；10、11—L形接头；12—循环油管；14—弯头

5.电点火器及火焰感受器

船用锅炉的自动点火装置，大部分采用点火变压器，将交流电升压至 5 000 V 至 10 000 V，利用高压电尖端放电产生火花点火。产生电火花的部件称为点火电极，它是两根直径为 2 mm 的镍铬合金丝，镍铬合金丝用耐高压电的瓷套管绝缘，固定在燃烧器上。两个电极端部间距为 3.5~4.0 mm。电压越高或铬镁丝直径越细，则两个电极的间距越大。点火器顶端发火部分应伸至喷油嘴前方偏离中心 2~4 mm，要注意防止油雾喷至点火电极，同时防止电火花跳到喷油嘴和挡风罩上。

火焰感受器是用于监视锅炉火焰的自动化元件。在锅炉点火过程或正常燃烧过程中，一旦出现点火失败或中途熄火，火焰感受器立即停止向锅炉喷油并发出声光报警。光敏电阻是锅炉上最常使用的火焰感受元件，它是由涂在透明底板上的光敏层，经金属电极引出线构成的，如图 9-2-9 所示为光敏电阻。光敏层是由铊、镉、铅等硫化物或硒化物制成的，光敏电阻在接受光照时阻值减小，在光敏电阻两端所加电压不变的情况下，流过光敏电阻的电流加大。光敏电阻不能承受高温；否则会影响使用寿命。因此光敏电阻火焰感受器装有散热片并用空气进行冷却。为观察炉膛火焰情况，燃烧器通常还设有看火孔。

现代船用辅锅炉的燃烧器很多采用整装式燃烧器，它将油泵、风机、电加热器（有的不设）、点火装置等组装成一体，十分紧凑。

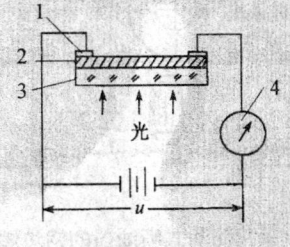

图 9-2-9 光敏电阻

1—金属电极；2—光敏层；3—透明底板；4—电流表

6.喷燃器的管理要点

（1）安装燃烧器时应使喷油器中心线与喷火口轴线保持一致。在安装完毕后应检查与喷火口的内周径向距离是否相等，以免火焰偏斜喷射在喷火口或炉墙上。

（2）注意喷油器可能发生的漏油现象，这可以从炉膛底部积油生成的量来判断。压力式喷油器漏油可能是喷油阀关闭不严，也可能是雾化片平面精度不够或喷嘴帽未拧紧，工作时部分燃油未经过雾化片而直接流出；回油式喷油器还可能是停用时回油阀漏油。旋杯式燃烧器漏油是因为供油电磁阀关闭不严所造成的，需定期清洗、检查供油电磁阀。

（3）喷孔结焦可从燃烧火炬不对称或其中有黑色条纹来发现。这时应将喷油器取下，拆出雾化片浸在轻柴油内，待结焦泡软后用硬木片或竹片刮去。不能用刮刀、锯条、钢丝刷等工具清除雾化片上的结焦。

（4）雾化片备件应该充足。雾化片使用一段时间后（一般为500 h以上）会磨损，应拆下喷油器，在专门的试验台上检查其喷油量、雾化角和喷出的油雾圆锥是否变形。喷油量超过额定值约10%时，应将雾化片更换或研磨减薄，减少其切向槽的深度，使喷油量减少。若各槽磨损不均匀（会使喷出的油雾圆锥形状歪斜）或雾化片磨损严重时，应予更换。

（5）在装备多个燃烧器时，为了使不工作的配风器导向叶片不致被炉内火焰烤坏变形，风门关闭时应留有一定的间隙（为0.5~2 mm），以便漏入少量空气起冷却作用。

二、船舶辅锅炉燃油系统组成及工作原理

锅炉燃油系统包括从日用油柜至锅炉燃烧器的管系及相关设备，其作用是供应燃油和控制燃烧的质与量。使用不同形式的燃烧器，燃用种类不同的燃油，系统会略有不同；不同品牌的产品也会略有不同。现在船用辅锅炉日常工作时多使用与主柴油机相同的重油（燃料油），只有冷炉起动或准备停炉前才使用柴油。

1. 采用回油式喷油器的燃油系统

如图9-2-10所示为采用回油式喷油器的锅炉燃油系统图，它可以连续调节喷油量，一般无须停炉。

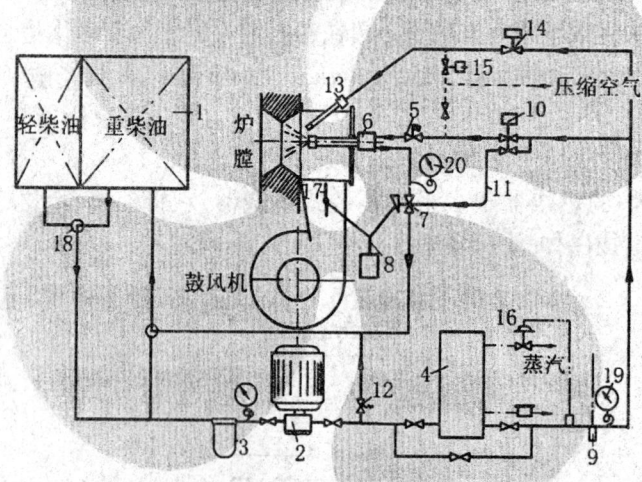

图9-2-10 采用回油式喷油器的锅炉燃油系统图

1—日用油柜；2—燃油泵；3—油滤器；4—燃油加热器；5—手动速闭阀；6—主喷油器；7—回油调节阀；8—比例操作器；9—燃油温度继电器的感温管；10—主电磁阀；11—旁通管道；12—安全阀；13—点火喷油器；14—辅电磁阀；15—压缩空气电磁阀；16—燃油温度调节器；17—风道挡板；18—换油旋塞；19—燃油压力表；20—回油压力表

日用油柜1中的蒸汽加热管可使燃油预热。油柜底部还有泄放口和承接漏斗，以便及时检查沉淀出来的水和杂质，将其泄放至污油柜。燃油泵2（常用齿轮泵）将燃油从日用油柜1

经油滤器3吸出后送至燃油加热器4加热,加热温度由直接作用式燃油温度调节器16控制蒸汽流量来调节(用柴油时可不加热)。当主电磁三通阀断电时,加热后的燃油经旁通管道11返回油泵进口(或日用油柜)。当燃油温度加热至符合要求时,主电磁阀即可通电,使燃油经过手动速闭阀5送往回油式喷油器6点火燃烧。在紧急情况下可用速闭阀迅速切断供油,该阀也可通过钢丝绳在甲板位置远距离切断燃油。

在冷炉点火时应转换三通阀18(换油旋塞)使锅炉燃油泵与柴油柜接通,燃烧器起动经预扫风后,辅电磁阀14开启,压力式点火喷油器13由电点火器点燃。只有当汽压产生并将重油预热至要求温度时才将阀18转换至重油柜,并用点火喷油器的火焰将主喷油器6点燃。此外,在长时间停炉之前也需改烧柴油,以防停炉后重油在燃油管道内凝结,造成下次起动困难。

点火喷油器13每小时喷油量与最低蒸汽用量相适用。当蒸汽用量少,汽压达到上限时,辅电磁阀14开启,点火喷油器开始喷油,由炉内火焰点燃,然后主电磁阀断电,这样炉内可维持不断火。当用汽量增加,汽压降到下限时,主电磁阀通电,主喷油器就由点火喷油器的火焰点燃,然后辅电磁阀14关闭,点火喷油器停止工作。只有在完全停炉后重新点火时,才由电火花使点火喷油器用柴油点火。

回油式喷油器的喷油量可通过回油调节阀7的开度调节。该阀由比例操作器8根据蒸汽压力自动控制。当蒸汽压力超过额定工作压力时,自动使回油调节阀7开大,回油压力(由回油压力表20显示)降低,喷油量即可减少;同时联动操作使风道挡板17关小,以保证过剩空气系数合适。当汽压达到上限或水位过低、油压过低、风压过低(有的锅炉包括油温过低)以及运行时突然熄火或点火时失败,都可以通过安全保护系统使主电磁阀断电,使燃油不能继续喷入炉内。当燃油系统由于某种原因造成油压过高时,燃油即能顶开安全阀12溢流至油柜。

此燃油系统中尚设有吹扫喷油嘴的压缩空气管,用来在停止喷油时自动吹扫,防止喷油嘴因有残油而结焦堵塞。

2.采用旋杯式喷油器的燃油系统

如图9-2-11所示为采用旋杯式喷油器的锅炉燃油系统图。该系统由冷炉点火系统和正

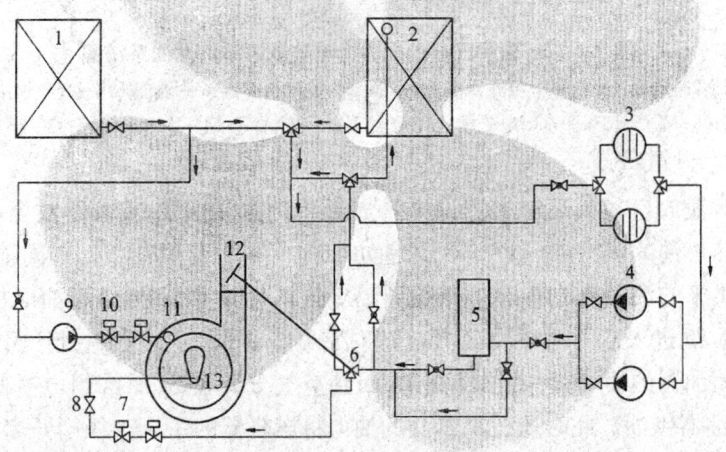

图9-2-11 采用旋杯式喷油器的锅炉燃油系统图
1—柴油日用柜;2—重油日用柜;3—油滤器;4—燃油泵;5—燃油加热器;6—燃油调节阀;7—主电磁阀;8—速闭阀;9—点火油泵;10—辅电磁阀;11—点火喷油器;12—风道挡板;13—主喷油器

常燃烧系统组成。前者主要包括柴油柜、滤器、点火油泵、点火供油电磁阀、点火燃烧器等;后者主要包括重油柜、流量计、滤器、供油泵、燃油加热器、燃油压力调节阀、油/气流量比例调节

器、空气分离器、供油电磁阀、主燃烧器以及各关键点上的油温、油压传感器或调节器等。

正常燃烧时，燃油从重油日用柜2经滤器3，被燃油泵送至燃油加热器5加热。当双主电磁阀7断电关闭时，加热后的燃油经燃油压力调节阀6返回油泵进口或油柜。当燃油温度加热至符合要求时进行点火操作，主电磁阀7通电，燃油送到旋杯式喷油器燃烧。在紧急情况下可用速闭阀迅速切断供油。

喷油器的喷油量可通过燃油流量调节阀6调节，同时，油/气流量比例调节器联动操纵风道挡板，使油气比例适当，以保证过剩空气系数合适。当汽压达到上限，或水位低至危险水位、油压过低、风压过低（有的锅炉包括油温过低）以及运行时突然熄火或点火时未能将油点燃，都可通过安全保护系统使主电磁阀断电，燃油立即停止喷入炉内。

在冷炉点火时如燃油由蒸汽加热，则重油因无蒸汽而无法预热，这时只能燃用柴油。此时，锅炉燃油泵应与柴油日用柜接通，只有当重油预热至要求温度时才能进行转换。此外，燃用重油较长时间在停炉之前几分钟，也需改烧柴油，以防停炉后整个燃油管系充满重油，在管道内凝结造成下次起动困难。

3. 采用双喷嘴压力式喷油器的燃油系统

如图9-2-12所示为采用双喷嘴压力式喷油器的锅炉燃油系统图。

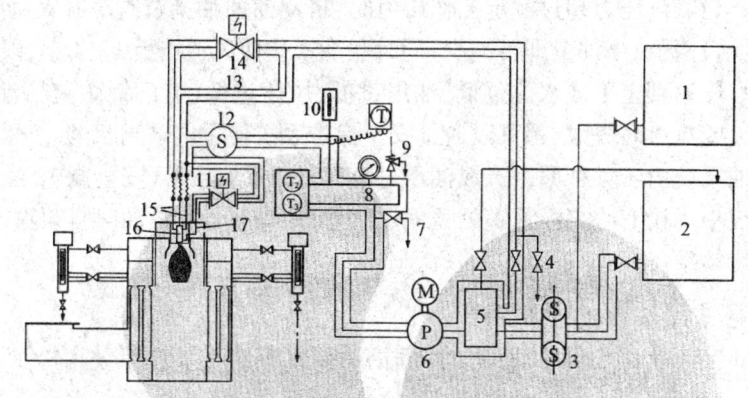

图9-2-12 采用双喷嘴压力式喷油器的锅炉燃油系统图

1—柴油日用柜；2—重油日用柜；3—粗滤器；4—放气阀；5—空气分离器；6—燃油泵；7—泄放阀；8—燃油电加热器；9—安全阀；10—温度计；11—常闭电磁阀；12—细滤器；13—泄油管；14—常开电磁阀；15—循环油管；16—双喷嘴喷油器；17—油管

油柜底部有泄放口和承接漏斗，以便检查油柜中的水和杂质，将其泄放至污油柜。重油日用油柜2有预热燃油的蒸汽加热管。冷炉起动时，电动机带动燃油泵6和同轴的通风机运转。柴油日用油柜1来的油经粗滤器3、空气分离器5进入燃油泵6，再经燃油电加热器8和细滤器12、循环油管15进入双喷嘴喷油器16。这时常开电磁阀14未通电处于开启状态，油压不足以顶开1号喷油器的喷油阀，燃油经阀14回到空气分离器5；而常闭电磁阀11关闭，油管17不向2号喷油器供油。此时风机靠本身的抽力将燃烧器的手调小风门开启，进行预扫风。

预扫风结束后，电点火器通电点火；然后常开电磁阀14通电关闭，1号喷油嘴前油压升高，顶开喷油阀后喷入炉内被点着；继而风伺服器将大风门打开，常闭电磁阀11通电开启2号喷油器也投入工作。当升汽后将重油日用柜中的重油预热到要求温度时，可改烧重油。在停炉前应改烧一段时间柴油，让整个系统包括空气分离器内都充满柴油时再停炉。

锅炉工作时自动调节系统随气压变化（如为0.5~0.7 MPa），通过开关常闭电磁阀11使2

号喷油器投入或停止喷油来调节锅炉的喷油量。如停用2号喷油器后喷油量仍然太多,汽压上升到上限(如为0.75 MPa)时常开电磁阀断电,1号喷油器也停止喷油,整个燃烧器停止工作,此时两扇风门皆自动关闭,防止冷空气进入炉内。待汽压下降到下限(如为0.5 MPa)后,喷油器再重新点火工作。

T_1为电加热器的温度继电器。T_2、T_3分别为高油温继电器和低油温继电器。在油温过高或过低时会发出警报并使燃油电磁阀断电停止喷油,经后扫风后整个燃烧器停止工作。

三、燃烧方面的常见故障

1. 运行中突然熄火

运行中汽压未到上限突然熄火,其可能原因有:

(1)日用油柜燃油用完。

(2)油路被切断,例如,燃油电磁阀因线圈损坏而关闭,油质太差,引起油路堵塞。

(3)燃油中有水。

(4)自动保护起作用(如危险水位、低油压、低风压或火焰感受器失灵等)。

2. 点不着火

点不着火除上述原因外,还可能有:

(1)风量过大。

(2)喷油器堵塞。

(3)电点火器发生故障(点火电极与点火变压器接触不良、点火电极表面被结炭所玷污、点火电极间距离不当、点火电极与燃烧器端部位置不当、点火变压器损坏)。

3. 燃烧不稳定

燃烧不稳定的可能原因有:燃油雾化不良、油温低、油压低、风门调节不当、风压波动、油中有气或水、燃烧控制系统工作不良、配风器位置不当等。这时可采取调整风压、风门开度或者燃烧器位置,减小燃油压力后再慢慢增加等措施,使燃烧恢复正常。

4. 炉膛内燃气爆炸

炉膛内燃气爆炸是燃油锅炉的一种危险事故,一般在点火或热炉熄火后发生,也称"冷爆"。主要是因操作管理不当,使大量燃油积存于炉膛底部,蒸发以后在炉膛内形成可燃气体,一旦被点燃,突然产生大量烟气,来不及从烟道排出,烟气压力剧增而爆炸。这可能使火焰从燃烧器向外喷出,严重时能使烟气挡板飞出或把锅炉外壳炸开,危及人身安全及引起火灾。

炉内燃气爆炸的原因主要有:

(1)点火前预扫风和熄火后扫风不充分,或点火失败后重新点火前没再进行充分的预扫风。

(2)停炉后燃油系统的阀件有漏泄,使燃油漏入炉膛又被余热点着,或积存在底部,下次重新点火时预扫风不足,就会发生爆炸。

为了防止锅炉发生燃气爆炸事故,对锅炉燃烧器及燃油系统要注意下列操作:

(1)预扫风要充分,点火失败后要重新预扫风再点火。

(2)紧急停用先关速闭阀,后扫风,再停风机。

(3)万一需要人工用火把点火,操作要按以下顺序进行:燃油系统准备好后,先稍开风门供小量风,然后将火把(可用铁棍缠油棉纱)点着,侧身从燃烧器点火孔伸至喷油器前,开速闭阀,点着火后再将风门开大到适合的位置。

（4）加强对燃油系统及燃烧自动控制装置的检查,发现漏油或其他问题及时修理,以确保停炉期间没有燃油漏入炉膛。

5.锅炉喘振(炉吼)

锅炉喘振主要是因为燃烧不稳定,导致炉膛内压力波动。主要原因有:供油压力波动,或燃油雾化不良,大油滴滞燃;风量不足造成风压波动。

第三节　锅炉汽、水系统及其管理

锅炉的汽、水系统包括给水系统、蒸汽系统、凝水系统和排污系统等。在水管锅炉中,水和汽水混合物连续不断地通过蒸发受热面循环流动。水管锅炉的水循环方式有:一种是利用水与汽水混合物的密度差使汽水混合物经蒸发受热面循环流动,叫自然循环;另一种是利用泵使汽水混合物经受热面的强制循环。自然循环的优点是设备简单,无须专门的循环泵,目前大多数船用锅炉采用自然循环。

一、炉水的自然循环

1.基本原理

锅炉的水冷壁管与对流管束受到高温烟气的辐射和包围,大量的热量经过管壁传给炉水,使它加热、汽化。管壁温度介于烟气与炉水温度之间,不过只比炉水温度稍高一些,这是因为炉水对金属管壁有良好的冷却作用。管壁把热量传给炉水后,在管壁上要形成小的气泡,如图 9-3-1 所示为受热面管壁上形成的蒸汽泡。这种气泡必须及时离开,并让汽水混合物把热量带走,才能保证炉水对管壁的有效冷却。如果形成的气泡不走,停留在管壁上,由于水蒸气与管壁之间的热交换远比水差,管壁就不能得到良好的冷却,会造成过热而烧坏。为了使汽水混合物及时的离开受热面,必须建立可靠的水循环。

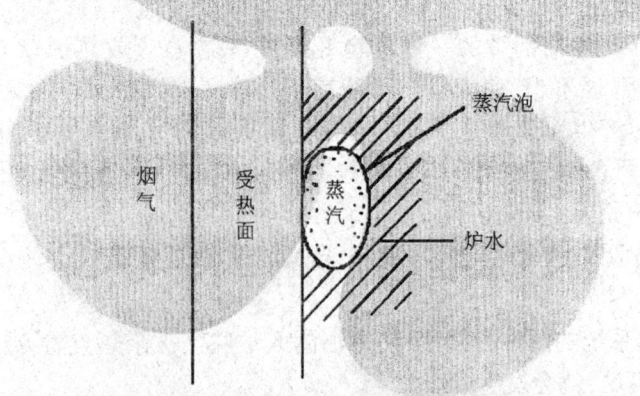

图 9-3-1　受热面管壁上形成的蒸汽泡

如图 9-3-2 所示为炉水自然循环的简单回路。由上、下两个锅筒和两组管束组成。左边的管束受到高温烟气的加热,管中产生蒸汽,称上升管。右边管束被低温烟气加热或不加热,里面不产生蒸汽,称下降管。由于左边管子里形成了汽水混合物,比重较小。右边管子里是饱和水或接近于饱和状态的水,比重较大。由于两边管子里流体的比重不同,左边管内的汽水混

合物就自然上升,右边管子里的水就自然下降,回路中的水和汽水混合物就产生了自然循环

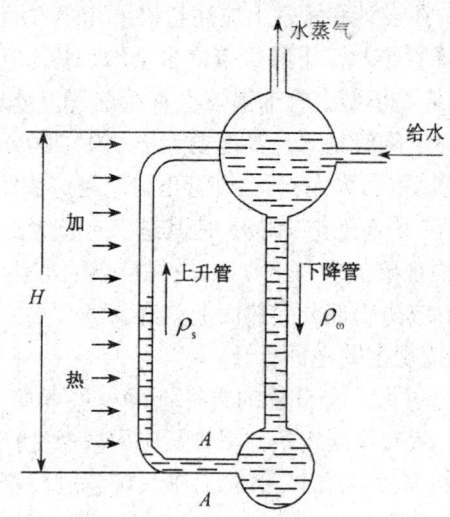

图 9-3-2 炉水自然循环的简单回路

产生自然水循环的动力是下降管与上升管的水和汽水混合物的压力差,以符号 Δp 表示:

$$\Delta p = H(\rho_w - \rho_s) g \quad \text{Pa} \tag{9-3-1}$$

式中,H——从上升管出口中心到水包中心的高度,m;

ρ_w——下降管内水的密度,kg/m^3;

ρ_s——上升管内汽、水混合物的平均密度,kg/m^3;

g——重力加速度,m/s^2。

水循环对锅炉的经济性与可靠有直接的影响,良好的水循环给锅炉带来下列优点:蒸发受热面可有效地吸收烟气的热量,提高锅炉效率;可以防止受热面的过热,提高锅炉的工作可靠性;有利于各部分温差的减少,降低热应力;可以缩短锅炉的升汽时间。

2.保证自然水循环良好的措施

为了防止蒸发受热面因过热被烧坏,除了防止受热面热负荷过大和严重结垢外,主要是保证水循环良好,即保证所有的上升管有足够的循环流速 w_0(以上升管入口处计)和进水流量 G,这要求上升管有足够的循环倍率 K。

$$K = G/D \tag{9-3-2}$$

式中,G——上升管进口处进水流量,kg/h;

D——上升管出口处蒸汽流量,kg/h。

循环倍率 K 大,出口蒸汽干度 $x = D/G = 1/K$ 越小。当 $x < 0.25$ 时,管壁有完整的水膜,管内壁的放热系数大,管壁温升较小。当 $x \geq 0.5$ 时,管壁的水膜很薄,随时可能被中心气流撕破,形成细微水滴被带走,呈雾状流动,这时放热系数下降,管内壁温度升高,船用辅锅炉蒸发受热面大多采用低碳钢,允许工作温度大约为 450 ℃,为防止这种情况出现,K 至少应大于 $4(x<0.25)$。

不同位置的上升管热负荷是不同的。热负荷大的上升管(如水冷壁、前排沸水管)含汽量多,由式(9-3-1)可知,循环动力也大,故进水流量和循环流速也大,这种现象称为自然循环的自补偿能力。热负荷小的上升管循环流速也小,换热特别弱的(例如,管外积灰或管内结垢严重)可能出现循环停滞(一般认为 $K = 1$ 即属循环停滞)甚至循环倒流的情况,这样的管子会因

冷却不良而烧坏。

为了保证良好的水循环,在设计和管理上应注意以下几个方面:

(1)尽量减少或避免下降管带汽。下降管带汽多会增加流动阻力,减小循环动力。因此,最好采用不受热的下降管。某些小型水管辅锅炉也有在烟气温度较低处用管径较粗(水受热相对较少)的管作下降管的。下降管处水位高度要大于150~200 mm(大于4倍管子内径);入口水速应小于3 m/s,避免进口阻力太大;与上升管出口间距应大于250 mm,或两者之间设隔板,防止串汽;给水管应布置在下降管进口附近,使其进水有较大的过冷度。

(2)避免上升管受热不均现象加重。工作中,应保持燃油雾化良好,防止残油进入蒸发管束后继续燃烧造成局部过热;应防止部分受热面上结存灰渣严重,及时除灰;设多个燃烧器的炉膛,使用时增、减燃烧器应按规定顺序进行。

(3)避免上升管流动阻力过大。上升管的管径选得小虽可加大换热面积,但为避免流阻过大亦不宜选得太小;在上升管高度既定条件下管长应尽量短;使用中应避免结垢严重。

(4)尽量避免用汽量突然增大或减小,引起工作汽压急剧降低或升高。前者会使下降管中炉水闪发成汽,后者会使上升管中蒸汽凝结,这都会使循环动力突然降低。

(5)运行中不宜在下锅筒进行下排污,这会破坏水循环。

二、影响蒸汽带水的因素和汽、水分离设备

由汽包引出的饱和蒸汽带水过多,就会使蒸汽品质下降。蒸汽携水所带有的盐分可能加快汽、水管路和设备的腐蚀;若饱和蒸汽用于驱动蒸汽辅机,带水过多会引起这些机械的水击;对于装有过热器的锅炉,如蒸汽带水进入加热器,则水在过热器中被加热蒸发,溶解在水中的盐分就沉积在过热器的内壁上,使过热器管子烧坏。

1.影响蒸汽带水的因素

如图9-3-3所示为锅炉汽包的结构简图。汽包下部充满炉水,从上升管束中流出的汽要穿透这一水层进入汽包的蒸汽空间。水汽分界面到集汽设备之间的距离叫分离高度,用 H 表示。

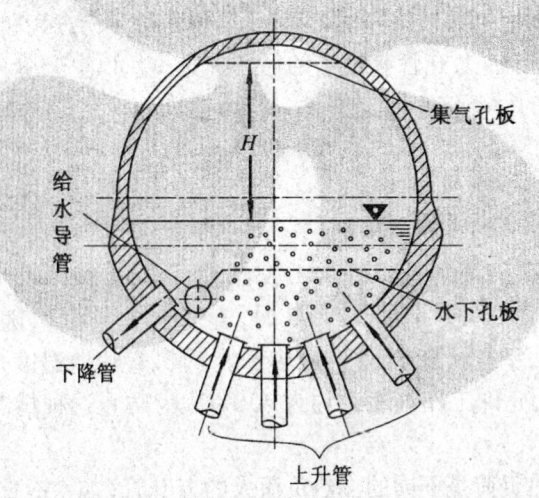

图9-3-3 锅炉汽包的结构简图

影响蒸汽带水量的主要因素有:

(1) 分离高度

分离高度越大,重力分离作用越强。当分离高度超过 0.5~0.6 m 后,对蒸汽干度的影响很小,这是因为足够细小的水滴受气流推动产生的上升力和浮力之和已超过其重力,高度再大也无法分离。

当达到满水状态时,所供蒸汽大量携水,导致水击、腐蚀管路设备等危害。发现满水应立即停止送汽,进行上排污,直到水位恢复正常;同时开启蒸汽管路和设备上的泄水阀进行泄水;然后查明水位自动控制系统的故障并予以排除。

(2) 锅炉负荷

锅炉负荷指的是蒸汽用量。应该注意的是锅炉运行时汽包中的实际水位常比水位计指示的高,这是因为沸水中存在大量气泡使之膨胀。锅炉负荷增加时,需要加强燃烧,汽包中水的含汽量增加,汽包中实际水位升高,分离高度降低;同时上升管出来的汽水混合物冲击水面使炉水飞溅数量增加;再加上蒸汽流速也增大,故蒸汽带水量增加。因此,高负荷时应保持水位计中的水位较低,每台锅炉都有其临界负荷,超过时,直径较大的水珠也会被蒸汽带出,使蒸汽携水量大增。同时还要注意,锅炉的供汽量不宜增加过快,以防汽包内压力骤降,产生"自蒸发"现象导致气泡急剧增多,水位上升,分离高度减小。

(3) 炉水含盐量

当炉水含盐量达到某一极限值时,炉水表面形成很厚的泡沫层,形成汽、水共腾现象。这一极限值称为临界含盐量。产生汽水共腾时,会使蒸汽空间的分离高度急剧减小,而且气泡破裂时产生大量飞溅水珠,使蒸汽品质急剧恶化。临界含盐量随锅炉工作压力升高而降低,这是因为压力升高时泡沫的体积变小,泡沫变厚,强度提高,泡沫寿命得以延长,更容易产生汽、水共腾。炉水的临界含盐量如表 9-3-1 所示。

表 9-3-1　炉水的临界含盐量

锅炉工作压力(MPa)	≤1	1~2.5	2~4.9	4.9~6
临界含盐(NaCl)量(mg/L)	1 000	700	400	350

2. 汽、水分离设备

由于在汽包内借助分离高度对蒸汽携水进行重力分离有一定的局限性,所以需要在汽包内装设汽、水分离设备以提高分离效果。锅炉汽包中设有汽、水分离设备,有水下孔板、集汽管或集汽孔板。

(1) 水下孔板

当汽水混合物由水空间引入汽包时,可利用水下孔板来均衡蒸发平面负荷。水下孔板使蒸汽在上升过程中受到一定的阻力,在孔板下形成汽垫;因而蒸汽能比较均匀地从孔板的各个小孔中穿出,并降低了汽、水混合物的动能。孔板放置在汽包水空间,一般在最低水位以下 100~150 mm,如图 9-3-3 所示。

(2) 集汽管

聚集在汽包顶部的蒸汽一般通过集汽管引出,带波形挡板的集汽管结构如图 9-3-4 所示。集汽管沿汽包纵向布置,顶部开有许多进汽缺口,两端封死。饱和蒸汽出口可在集汽管中部或一端。为了沿汽包长度方向均匀地收集蒸汽,进汽缺口离出汽口较远处较密,较近处较稀。有的集汽管两侧装有波形百叶窗式挡板,以增加汽、水分离作用。

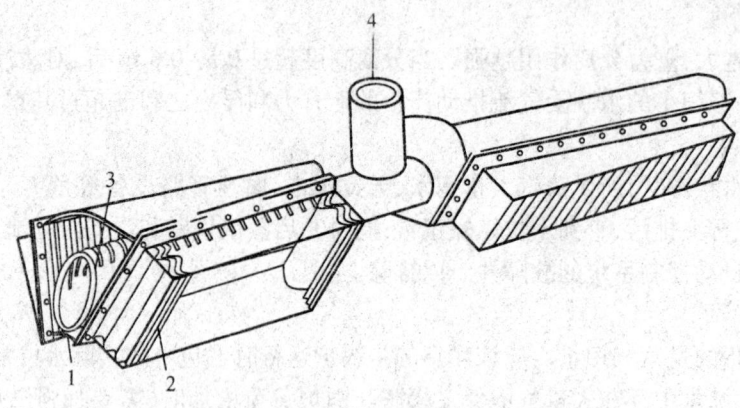

图 9-3-4 带波形挡板的集汽管结构
1—集汽管;2—波形百叶窗式挡汽板;3—进汽缺口;4—蒸汽出口

(3) 集汽孔板

如图 9-3-3 所示,集汽孔板安装在汽包的上部,其结构简单,加工方便,流动阻力较小。用它代替集汽管可以距离水面更高,但其分离的效果不如集汽管。

为了防止锅炉运行时供汽湿度过大,管理上应注意:防止水位过高,尤其不宜在高负荷下高水位运行;防止锅炉超负荷,同时还要避免负荷突变;防止炉水含盐量过高。

三、锅炉的蒸汽、凝水、给水和排污系统

辅助锅炉和废气锅炉所产生的蒸汽,通过管道输送到各用汽处所,供燃油加热、舱室取暖、热水、蒸饭或推动船舶辅机。其中一部分蒸汽在使用过程中被直接消耗,如冲洗物件、空调器加湿等,而大部分在工作以后变为冷凝水,由凝水系统流回热水井,然后由给水系统再送回锅炉,循环使用。由于蒸汽的直接消耗和管道的漏泄,损失了一部分凝水,因此要经常向热水井补水,以保持锅炉水量的平衡。如图 9-3-5 为船舶辅助锅炉与废气锅炉的汽、水系统图。

1. 蒸汽系统

蒸汽系统的作用是将锅炉产生的蒸汽按照不同的压力需求,分别送至各个用汽设备。辅助锅炉和废气锅炉所产生的蒸汽通过锅炉顶部的停汽阀 8,沿辅助锅炉主蒸汽管 1 和废气锅炉总蒸汽管 5 汇集于总蒸汽分配联箱 2。由此,一部分蒸汽送至油舱(柜)的加热蒸汽分配箱,然后分别送至各油舱(柜)供加热之用;另一部分蒸汽经减压阀 3 将压力减低,再送至低压蒸汽分配联箱 4,然后分各路供空调及生活杂用。另有一路蒸汽经温控阀进入热水井,用于在冬季对热水井加温,保持 60 ~ 90 ℃ 的给水温度。

在废气锅炉与总蒸汽分配联箱之间的废气锅炉总蒸汽管 5 上,设有多余蒸汽释放阀(压力式),可用于在废气锅炉供大于求时释放多余蒸汽至大气冷凝器。

在总蒸汽分配联箱 2 上还接有岸接供汽管 7,分别通至上甲板的左、右舷。当船上锅炉停用时,可由岸上或其他船舶供汽。在联箱的底部装有泄水管,用以放去凝结水,以免在通汽时产生"水击"。

2. 凝水系统

凝水系统的任务在于回收各处的蒸汽凝水,并防止混入水中的油污进入锅炉。

供各处加热油、水、空气的蒸汽在加热管中放出热量以后变为凝水,并经各加热设备回水

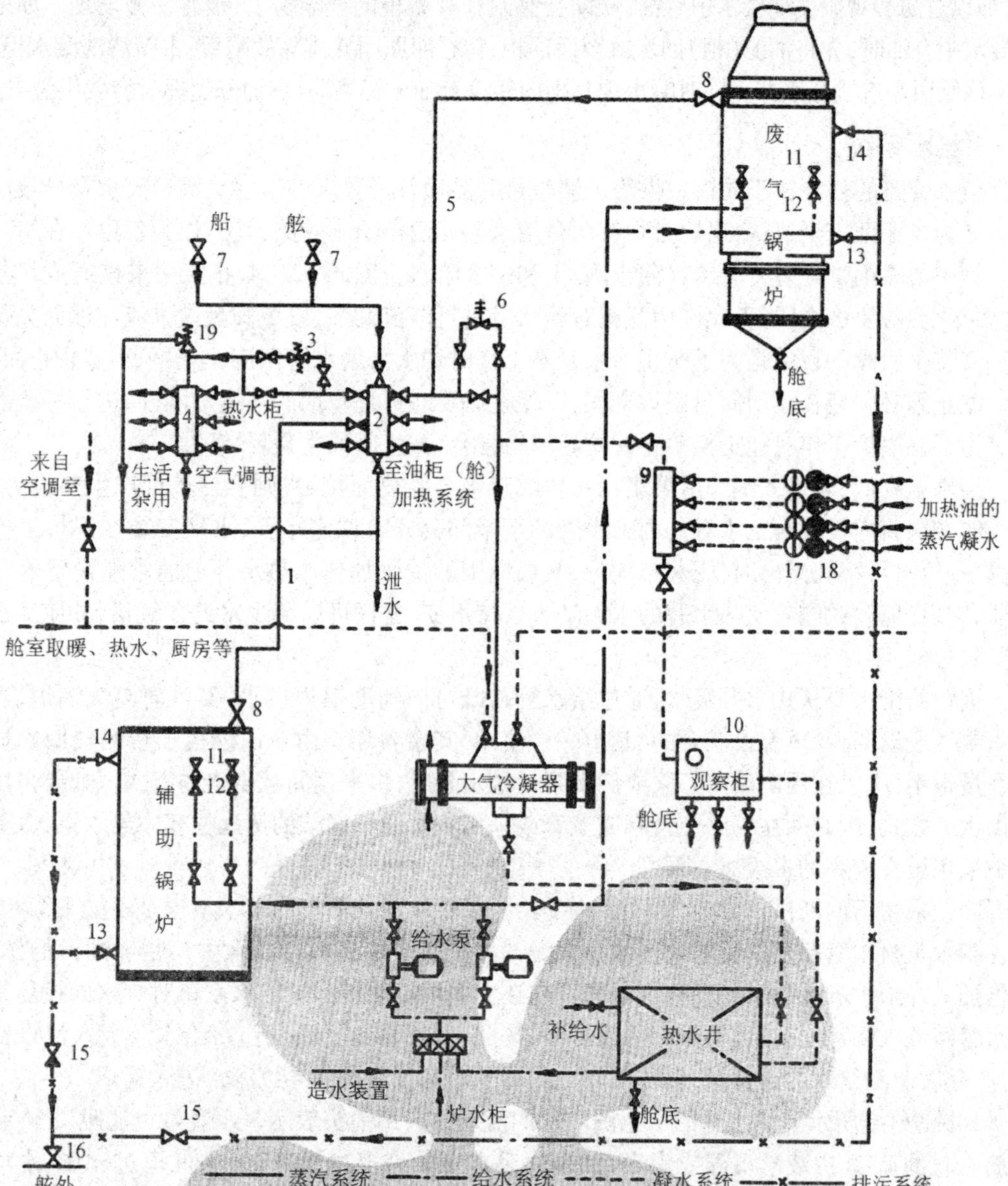

第九章　船用辅助锅炉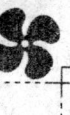

图 9-3-5　船舶辅助锅炉与废气锅炉的汽、水系统图

1—辅助锅炉主蒸汽管；2—总蒸汽分配联箱；3—减压阀；4—低压蒸汽分配联箱；5—废气锅炉总蒸汽管；6—蒸汽调节阀；7—岸接供汽管；8—停汽阀；9—凝水回流联箱；10—凝水观察柜；11—给水截止阀；12—给水止回阀；13—底部排污阀；14—表面排污阀；15—止回阀；16—舷旁排污阀；17—阻汽器；18—滤器；19—安全阀

管上的阻汽器 17 流回热水井。但阻汽器并非不能完全做到只能让水通过，而总会有一些蒸汽漏过。此外，凝水在流出阻汽器时，因压力降低而产生二次蒸汽，所以某些温度较高的凝水在进入热水井以前，先经大气冷凝器冷却，使其中的蒸汽凝结，然后才流回热水井。大气冷凝器为管壳式换热器，采用海水冷却。

加热油的凝水中可能因加热管不严密而漏进燃油，从而有可能把油带入锅炉中。炉水中有油对锅炉来说是非常危险的，它会使受热面传热急剧恶化，导致管子破裂或炉胆烧塌。因此，为了尽量使油少进入锅炉，让加热油舱、油柜等可能带油的蒸汽凝水先进入凝水观察柜

10,加以过滤和观察。如凝水中有油,立即会黏附在观察柜的玻璃窗上,很容易被发现。如果发现凝水中有油时,先将油舱(柜)回水放至污油柜,待查明原因并排除故障后,重新清洗凝水柜,才允许该路回水进入热水井。同时凝水观察柜内还设有油分探测器,在油分超标时会发出警报。

3.给水系统

给水管路的任务在于向锅炉供给足够数量和品质符合要求的给水。锅炉失水会导致严重事故。为了保证安全,每台锅炉必须有两台给水泵和两条给水管路,其一作为备用。在第一条给水管中紧靠锅炉处有一个给水截止阀 11 和一个给水止回阀 12。截止阀用来连通或切断管路,要么全开,要么全闭,不允许用此阀对给水量进行节流调节,以免阀盘遭水流冲蚀而关闭不严。安装止回阀的目的是为了防止给水泵不工作时炉水沿给水管倒流,一般采用截止止回阀。截止阀必须装在止回阀与锅炉之间,以便在必要时可把止回阀与锅炉隔开,进行必要的修理。为了在锅炉工作时能更换截止阀阀杆填料,给水截止阀通常是反装的。

给水温度低,若进入锅炉后聚集在一角或直接与受热面接触,则会使该处产生热应力,所以一般在锅筒内设有内给水管。内给水管的下半部分开有许多小孔,水平安装在锅炉工作水面以下,给水从小孔流出时,既分布均匀,又被周围的炉水加热。热水井上通常还设置水温控制器,它通过蒸汽加热,使热水井的水温基本保持不变,这样可以减少水的含氧量,并使给水温度不致过低。

锅炉的给水泵从热水井吸水,通过给水管路既可向辅助锅炉供水,又可向废气锅炉供水。给水泵一般设两台,也有设三台的,其中一台使用,其余备用。由于内燃机干货船辅助锅炉的蒸发量很小,所以在用电动离心泵或旋涡泵做给水泵时,多采用间歇供水的方式。如要采用连续供水的方式,则必须在管路上设有回流管或采用流量便于调节的蒸汽往复式给水泵,也有的锅炉采用压头较高的多级离心泵。

即使采用不间断供水方式,供入炉内的给水量和从各处汇集的凝水量也是不能平衡的,因此在凝水与给水管路之间要有个热水井作缓冲器。热水井还有过滤水中污物和油污的作用,也供加入补给水和投放水处理药剂之用。现在大多数船舶辅锅炉给水系统对炉水的投药是在给水管路进入锅炉之前,设置专门的投药泵,按照一定流量连续进行,在给水泵吸入口设置盐度计,随时监测给水的含盐量,以防大气冷凝器的海水管路漏泄导致海水进入锅炉。

如图 9-3-6 所示为热水井的示意图。水的流动方向用箭头表示。水经过过滤匣 1(内装丝瓜筋)、过滤篮 2(内装丝瓜筋或焦炭)和裹以毛巾布的许多过滤筒 3。在三道过滤中,水均从前一道的底部流入下一道,使漂在水面的油污则尽量少带入下一道。一部分浮在水中的油滴和污物则黏附在丝瓜筋和毛巾布上,从而达到过滤的目的。丝瓜筋和毛巾布的吸附能力有限,当吸附一定数量油污以后便失去过滤作用,故需要定期清洗和更换。

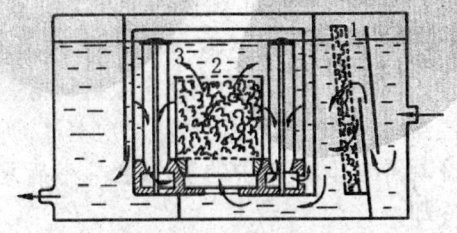

图 9-3-6　热水井的示意图
1—过滤匣;2—过滤篮;3—过滤筒

现代造船,通常将热水井、凝水柜、大气冷凝器、锅炉给水泵以及连接这些设备的管路、阀件等附件组合在一个底座上,做成一个模块,出厂前对模块进行密封性和运转检查,合格后装船只要将外部接口与蒸汽凝水系统相应部分接通,便可工作。

4. 排污系统

锅炉工作一定时间后,炉水中的含盐量增加,底部泥沙积聚,因此在锅炉底部需装底部排污阀 13(如图 9-3-5 所示),以便在锅炉停止工作时能排去泥渣。下排污可定期在投放除垢药物后过一段时间进行,通常要求在熄火半小时后或锅炉负荷较低、压力降至 $0.4 \sim 0.5$ MPa 时进行,因为此时炉水比较平静,有更多的泥渣沉积在底部。水管锅炉为防止从底部放走大量炉水破坏正常的水循环,所以不允许在锅炉正常工作时进行下排污。每次排污时间不能过长,一般阀全开时间不超过 30 s,每次排污量为 $1/3 \sim 1/2$ 水位计高度。

若发现炉水含盐量或碱度过高,发生汽、水共腾,或者大修后初次使用,漂浮在水面上的泡沫和悬浮物太多,或者炉水进油等,则通过锅炉的上部排污阀 14,用定期放掉大量炉水的方法来排除。上排污漏斗设在高于锅炉最低水位 25 mm 处,水经其沿内部接管和上排污阀泄出。漏斗的数目和安装位置应便于将全部液面上的污物排除。

在进行表面排污时,首先将炉水提高到最高水位附近,以免排污时给水泵供不应求而造成失水。当水位下降至排污漏斗位置(一般在炉外做有记号)时,则应停止排污。如认为一次排污水量不够时,可以再重复一次。在排污时,应严格监视水位表上的水位变化。表面排污可在锅炉工作时进行,每天排污的水量和次数视水质化验结果而定。

废气锅炉也同样要排污。但是对于强制循环锅炉来说,由于炉水在不断循环,不需要排污,其底部的放水阀,主要供停炉后放水之用。

排污阀的直径一般为 $20 \sim 40$ mm,不能用来调节排污水量。要调节排污水量应在管道上另装一只调节阀。排污时应先开舷旁通海阀以免发生水击,再开排污阀,要全部打开,最后开调节阀;停止排污时,先关调节阀,再关排污阀,以防止排污阀遭水流冲蚀而失去水密,最后关舷旁通海阀。各处的排污管均汇集到排污总管,经舷旁通海阀通至舷外。在排污总管上装有止回阀 15(如图 9-3-5 所示),以防止锅炉无压力时海水倒灌入锅炉中。

四、船舶辅锅炉汽、水系统常见故障

除了已讲述的自然水循环故障、蒸汽携水过多以外,锅炉汽、水系统常见的故障还有:

1. 失水

锅炉水位低于最低工作水位时称为失水。失水是锅炉的一种严重事故,可能使上部受热面失去炉水冷却而烧坏。发现失水时要冷静处理,如关闭水位计上通汽阀仍能"叫水"进入水位计,则表明水位仍在水位计通水接管之上,可迅速加大给水;如"叫水"不来,千万不能向炉内补水,以防赤热的受热面突遇冷水而爆裂,甚至导致锅炉爆炸。这时应立即停炉,待冷却后进一步检查受热面损坏程度,并查明和排除给水不足的原因。

2. 满水

水位高过最高工作水位称为"满水"。满水会使所供蒸汽大量携水,导致水击、腐蚀管路设备等危害。发现满水应立即停止送汽,进行上排污,直到水位恢复正常;同时开启蒸汽管路和设备上的泄水阀进行泄水;然后查明水位自动控制系统故障,予以排除。

3. 受热面管子破裂

因结垢严重、水循环不良等导致管壁过热或腐蚀严重，都可能引起受热面管子破裂。管子破裂会使水位、汽压迅速降低，烟囱冒"白烟"（水雾），有时能听到异常声音（往往被舱内噪声掩盖），有的锅炉可从烟箱的泄放阀中放出水来。

如裂缝不太严重，仅为微小渗水，可暂时监视使用，谨防裂缝扩大。如水位下降较快，应立即停炉。除已严重失水的情况以外，在受热面温度降低前应继续给水，保持锅炉的正常水位，以防受热面大量失水而被烧坏。停炉待锅炉冷却后，即可将其中的水放尽，进入炉内堵管。

锅炉运行中，如发现烟管或牵条烟管与管板的结合处有轻微的漏水，在停炉后可重新扩管或焊接使之水密；若在航行中无法采取上述措施，可用两端带螺纹和盖板的堵棒将破裂管堵死，如图9-3-7所示为烟管锅炉的闷管。堵管时，在堵棒的盖板和管板之间垫上密封垫，收紧螺帽即可。堵管的数不宜过多，以免影响加热的均匀性。堵管后应进行水压试验，证实不漏后才能再点火升汽。

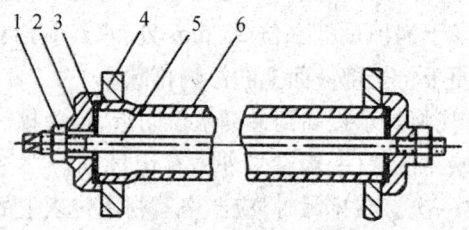

图 9-3-7　烟管锅炉的闷管

1—螺母；2—闷盖；3—石棉填料；4—锅炉管板；5—拉紧螺杆；6—烟管

水管锅炉管子破裂多发生在靠近炉膛热负荷高的水管，比较容易发现。如破裂管在中间，则寻找比较困难，可以在锅炉尚有汽压时先观察漏水破管的大约部位，待停炉放水后，再用木塞堵住管子下端，从上端灌水寻找。

受热面管破裂如暂时不能换管，可临时堵管使用。堵塞水管锅炉水管的钢塞应具有一定锥度，涂上白铅油后，塞在破管的两端，如图9-3-8所示为水管锅炉的堵管。然后用手锤敲紧，再借助于工作蒸汽的压力，即可保证一定的严密性。炉膛膜式水冷壁管封堵时，一定要灌满耐火水泥；否则较短的时间内就会发生烧穿现象。

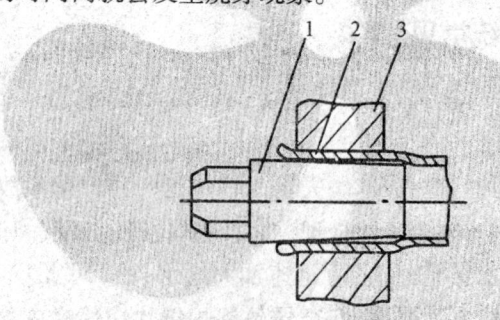

图 9-3-8　水管锅炉的堵管

1—实心闷头；2—水管；3—水筒或汽筒管板

如果发现针形管泄漏，采取临时性修理时要先停炉，使锅炉自然冷却并降至常压，放空炉水；然后进入锅炉烟箱在相关的针形管外管侧面切割一个透气孔，用钢丝刷清洁针形管外管内侧，选用和烟管等厚度的钢板，切割一块直径和针形管外管同样的圆形钢板，并把上边缘倒角30°，按图示位置焊接上密封板；最后进入炉膛，用上述同样的方法钻孔，焊接下密封板，如图9-

3-9 所示为针形管的临时维修。这种临时性修理方法只允许密封泄漏针形管的数量在10%以下;否则必须要进船厂进行永久性修理。

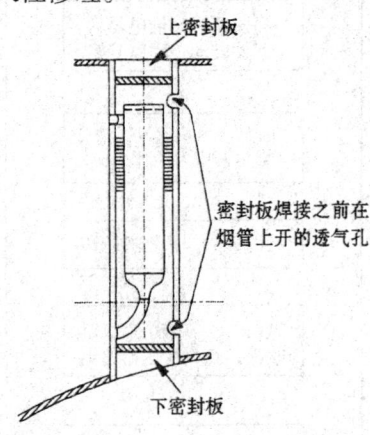

图 9-3-9　针形管的临时维修

第四节　船用辅助锅炉的运行和维护管理

一、辅锅炉自动控制的内容

目前,在以柴油机为动力装置的干货船上,由于辅锅炉的蒸发量少,对其蒸汽品质的要求也不高,所以大多数都采用有差调节。这种锅炉的自动控制包括:自动点火、燃烧过程控制、给水控制、自动停炉及有关安全运行的各种保护,如熄火保护、极限低水位保护、低风压保护等。

1. 自动调节

能自动控制给水和燃烧,使锅炉水位和蒸汽压力保持在给定值或给定范围内。一般船用辅锅炉对蒸汽压力的要求不是十分严格,水位和燃烧大多采用双位控制系统,而油船上的辅锅炉水位及燃烧有采用比例控制系统的。

燃烧过程的自动调节是由控制系统根据蒸汽压力的波动方向和幅度自动调节燃烧的强度来实现的。通常对送入炉膛的燃油和空气进行双位调节或比例调节,使蒸汽压力保持在一定的范围内。

2. 程序控制

锅炉的程序控制可以按照预定操作程序自动完成锅炉点火起动过程和自动熄火停炉过程,如图9-4-1所示为辅锅炉的程序控制。中国船级社《钢质海船入级规范》对船舶自动锅炉的程序控制提出如下要求:

(1) 喷油器开始点火前应进行预扫风,扫风时调节风门应全开,扫风时间应足以保证炉膛达到4次换气。

(2) 点火应在预扫风后方可进行。喷油器进油阀应在点火火花出现之后方可打开。如果点不着火,点火装置和喷油器进油阀应自动关闭。进油阀从开启到关闭的时间不得大于15 s。

(3) 应设有火焰监视器,当故障熄火时能自动关闭喷油器的进油阀,关闭时间应不迟于熄火后6 s。

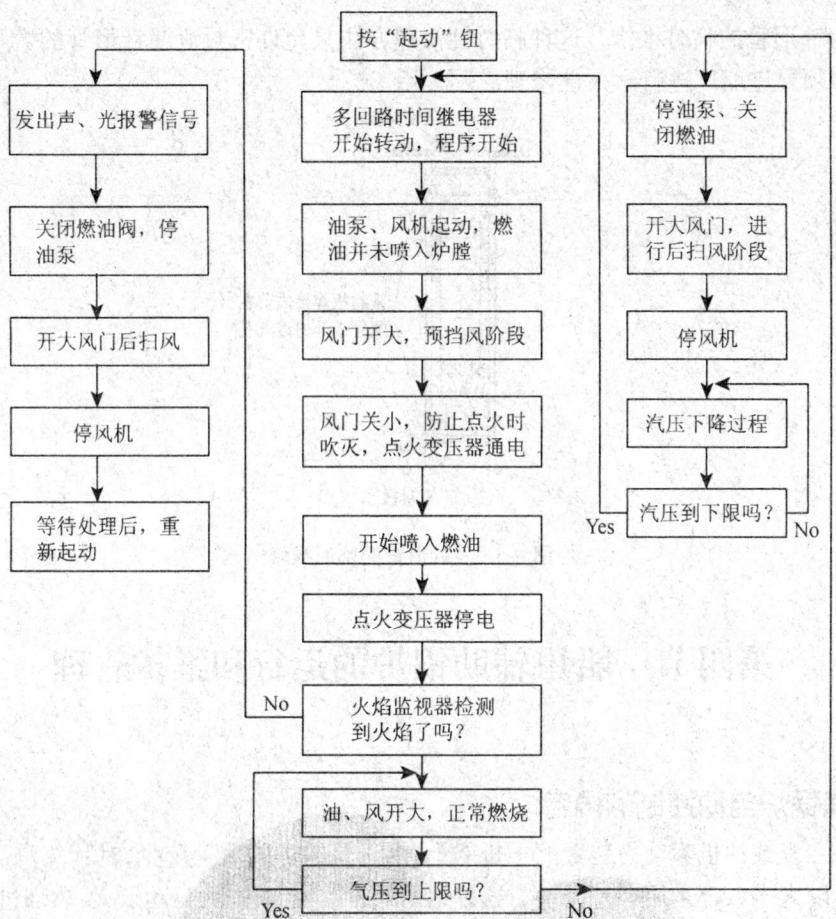

图 9-4-1 辅锅炉的程序控制

3. 安全保护和自动连锁

锅炉异常状态并影响安全运行时,例如,水位低至危险水位、油压过低、风压过低(有的锅炉包括油温过低)以及运行时突然熄火或点火时未能将油点燃,能完成自动熄火停炉过程,同时发出相应的声、光报警。

自动连锁装置是当设备发生误操作或故障时,自动阻止有关操作继续进行,避免事故发生,例如,锅炉风机停止工作时,燃烧器就会立即停止喷油。

锅炉安全自动控制项目如表 9-4-1 所示。

表 9-4-1 锅炉安全自动控制项目

项目	指示或报警	安全系统动作类别
1. 燃油辅锅炉		
应急熄火开关	Y	
燃烧器运行指示	O	
控制电源	O	
锅炉水位	O	
锅炉气压指示	O	

续表

项目	指示或报警	安全系统动作类别
给水盐度指示	O	
1号给水泵运行指示	O	
1号给水泵运行过载	Y	
2号给水泵运行指示	O	
2号给水泵运行过载	Y	
1号燃油泵运行指示	O	
1号燃油泵运行过载	Y	
2号燃油泵运行指示	O	
2号燃油泵运行过载	Y	
燃烧风机运行指示	O	
燃烧风机运行过载	Y	
锅炉蒸汽压力指示、压力低、压力高	O、Y、Y	
燃油锅炉排气温度高	Y	
燃油锅炉水位指示、低位报警、低低位熄火	O、Y、Y	a
燃烧器火焰故障	Y	a
一次风压低	Y	a
燃烧器铰链未合	Y	a
旋杯雾化器运行、过载	O、Y	
点火油泵运行指示、过载	O、Y	
烟道着火	Y	
燃油压力低使备用泵切换	Y	c
给水泵出口压力低使备用泵切换	Y	c
燃油温度指示、油温低、油温过低	O、Y、Y	a
2.废气锅炉		
给水泵出口压力或流量低	Y	c
1号炉水循环泵运行、过载	O、Y	
2号炉水循环泵运行、过载	O、Y	
炉水循环泵流量低使备用泵切换	Y	c
废气锅炉进口主机排烟温度指示	O	
废气锅炉出口主机排烟温度指示	O	
废气管道内起火	Y	
蒸汽压力高	Y	

续表

项目	指示或报警	安全系统动作类别
3.热水井模块		
热水井水位低	Y	
热水井油分高	Y	

注：a——a类保护动作，如紧急停车熄火、切断电源等；c——c类保护动作，如备用泵等备用设备起动并投入运行；Y——一般故障的组合报警；0——本地或远程指示。

二、船用辅锅炉的冷态点火

锅炉的点火包括热态点火和冷态点火。热态点火是指锅炉在正常的压力和温度条件下的点火；冷态点火是指经过较长时间的停炉或者锅炉大修以后，锅炉处于完全冷却的条件下的点火。下面介绍锅炉的冷态点火。

1.船用辅锅炉点火前的准备工作

（1）船用锅炉的内部和外部检查

①锅炉周围保持清洁，锅炉间的通风良好，通风孔或者通风机开启。

②所有的阀门均处于正确的开关状态。空气阀、给水阀、压力表和水位表阀应开；关闭排污阀；蒸汽阀关闭后再开启1/4圈，防止受热后咬死。确认没有异物遗留在锅炉内，所有的附件、检查孔阀件均已装复，螺栓已经上紧。锅炉燃烧器安装合理，风机和电动机的转向正确，风门和传动装置动作灵活。

（2）船用锅炉附属设备的检查

①热水井及其滤网清洁，供水系统的阀门开关正确。对于可以自动切换的供水系统，两条供水管线的阀门均应处于开启状态。供水泵转向正确，试运行正常。

②供油系统的阀门开关正确，供油泵试运转正常，燃油加热器运行正常。检查轻、重油柜的液位、油温并放残。燃油管路的阀门开关正确，确保滤器清洁，如果管路中存在空气，应设法放掉空气。锅炉在冷态点火时应尽量使用轻油，检查燃烧器各部件的安装是否正确，火焰感受器玻璃是否清洁。

（3）船用锅炉的上水

在上水时，检查热水井水位、水温、水质是否正常，热水井与炉内水空间壁面温度应相近，如果两者温差超过50 ℃，补水应缓慢进行，避免向炉内补入大量冷水，以免产生过大的热应力，补水应清洁无油迹并按规定加入水处理剂。烟管锅炉应上水至水位计的最高水位，以便能够在升压后，通过底部排污，分数次将位于锅炉底部温度较低的炉水放掉，促使整个锅炉中的水温均匀。水管锅炉应上水至水位计的最低水位，因为在产生蒸汽后，水管锅炉的炉水中含有较多气泡，从而使水位上涨至正常水位。对于有过热器的船用锅炉，切忌上水过高；否则会造成蒸汽大量带水，引起过热器腐蚀和损坏。

上水结束观察半小时，水位不变才能确认承压部件没有发生漏水。如果水位降低或上升，应查明原因，及时消除故障。在船舶无倾斜的状态下两只水位计的水位应在同一高度。

（4）控制系统

检查线路，正常后合闸送电，开启各指示电源及报警系统。

2. 点火升汽

确保锅炉一切正常并完成以上准备工作，方可进行点火操作。为了便于控制，锅炉冷态点火最好采用手动点火。冷态点火加热速度不能太快；否则锅炉材料会因快速升温引起受热不均匀而产生过大的热应力。新炉起动或耐火层修理后起动锅炉，由于耐火层较湿，加热太快可能会因水分迅速蒸发和膨胀而使耐火层产生裂纹。因此冷态点火应手动控制，小火燃烧，将汽压升至比工作压力低 0.05 MPa 时再改用自动操作。

燃油锅炉点火前，一定要先开启风机进行预扫风，将锅炉内积存的油气彻底吹除；否则积存的油气遇明火有爆炸的危险。正常运行时的预扫风时间一般在 35 s 以上，冷态点火时可将预扫风的时间适当延长，一般不少于 5 min，以便尽可能驱除炉膛内的油气。冷态点火时由于炉膛内的温度较低，有可能产生点火失败。如果发生点火失败，再次点火时仍需进行预扫风 5 min。当出现多次点火失败时，应查明原因并排除故障后再点火。万一点火时发生爆炸回火，立即关闭燃油速闭阀和油泵，以免酿成火灾。

点火成功后应检查火焰的颜色、形状、稳定性。正常的火焰呈现橙黄色，轮廓清晰，火焰稳定无闪烁，排烟呈浅灰色。刚点完火开始工作时，由于炉膛内温度低影响燃油蒸发，可能造成燃烧不良，烟囱冒黑烟；但随着炉膛内的温度升高，燃烧会趋于正常。

点火后开始阶段水循环差，燃烧强度不能过大。炉水沸腾产生气泡后水循环会加强，锅炉各部分温度也渐趋均匀，才可以提高燃烧强度。因此升汽前的阶段应烧得慢些，蓄水量越大的锅炉此阶段应越长，汽压开始上升后燃烧可以加强。为了限制锅炉在点火升汽阶段炉水温度及汽压的上升速度，锅炉操作说明书一般都制订了点火升汽的时间表，应遵照执行。

若无时间表，点火可以参照如下程序进行：首次点火后第 1 h 内每烧 1~2 min 熄火 8~10 min 后再点火，以后每次可以适当延长燃烧时间和减少熄火时间，直至锅炉压力达到 0.1 MPa 方可连续小火燃烧。锅炉起压后，顶部的空气阀会有气体冒出，等到有大量的蒸汽冒出时关闭空气阀。大蒸发量 D 型水管锅炉从冷炉点火到满压所需时间正常操作一般需 2~3 h；蒸发量小的烟管锅炉约需 2 h，水管锅炉因水循环良好只需用 15 min 左右。其中从点火到产生汽压的时间约占整个点火升汽时间的 2/3。如不控制燃烧，从冷炉点火至产生汽压的时间一般烟管锅炉仅需半小时，有的水管锅炉仅需 6 min，这种快速升汽对锅炉保养十分不利，容易产生裂纹。

升汽过程中，汽压升至 0.05~0.1 MPa 时，应检查人孔、手孔、水位计、排污阀、法兰、阀门等接头是否渗漏。当温度升高后，上述接头会伸长变松，需要重新拧紧。如有渗漏，不能处理则应停止运行。对人孔和手孔，无论是否渗漏，均需再适当拧紧螺母，并冲水位计一次，防止出现假水位并给水位计预热，此后根据情况可以多次冲洗水位计。冲洗水位计时，必须缓慢进行，人不要正对水位计的玻璃板，以免玻璃板由于忽冷忽热而破裂伤人。操作时要戴防护手套，以免烫伤。

当汽压升至 0.1~0.2 MPa 时，对各连接处再次检查有无渗漏现象。再拧紧一次人孔、手孔螺母。操作时应侧身，用力不宜过猛，禁止使用长度超过螺栓直径 15~20 倍以上的扳手操作，以免将螺栓拧断。在汽压继续升高后，禁止再次拧紧螺栓。

当汽压升至 0.3 MPa 时，试验给水设备及排污装置。对锅炉进行上排污可以清除锅筒表面的杂质和油脂。上排污应在锅炉高水位时进行。排污前应向锅内上水，排污时要注意观察水位，不得低于水位计的最低安全水位线。排污完毕，应严密关闭每一排污处的排污阀，并检查有无漏水现象。对通风及燃烧情况进行调节，当汽压达到锅炉额定工作压力时，应校验安全阀是否灵敏可靠，同时再次冲洗水位计。

完成上述操作后即可开始供汽，并将锅炉由手动改为自动操作。

3. 供汽

供汽前应对蒸汽管路进行暖管和疏水工作。其方法是将蒸汽阀稍开，供汽加热蒸汽管路。同时开启蒸汽系统中各泄水阀进行泄水。暖管的时间不宜过短，不得少于 15~20 min；否则管壁和管路上法兰及螺栓会产生较大的热应力。另外管路中存在凝水，当开大蒸汽阀正式供汽时管路中会出现"水击"现象，可能损坏阀门、管路和设备。有些锅炉规定在升汽的同时就进行主蒸汽管的暖管工作，锅炉压力升至工作压力时，暖管工作已经结束，可立即投入使用。

如果要求两台锅炉并联工作，应先使两者汽压相同后再并汽。如果升汽后的锅炉要与工作中的锅炉并汽，后投入工作的锅炉的汽压应比主蒸汽管路中的汽压高出 0.05 MPa 再并汽。

锅炉的安全阀应每个月进行一次手动强开试验。脱落的蒸汽管路绝热包扎应及时修补，盘根泄漏的阀门应及时更换盘根，关闭不严密的阀门及时进行研磨或者换新。漏汽的蒸汽管路应拆下焊补，如果暂时无法进行焊补，可以用铅皮进行临时包扎。

三、船用辅锅炉运行中的管理

辅助锅炉在正常运行期间，必须监视汽压水位、水温、油位、油温、油压、炉膛内火焰的情况及排烟的颜色，并经常检查各部件和系统是否工作正常。日常的维护管理主要包括：锅炉水位控制、汽压和汽温的监视和调节、燃烧质量控制、炉水处理、锅炉附件的维护、锅炉的排污和防止受热面积灰和低温腐蚀等。

1. 锅炉的水位控制

锅炉水位的控制极为重要，锅炉水位的变化会使汽压和汽温产生波动，甚至发生满水和失水事故。对于燃油锅炉绝对不允许干烧，废气锅炉在正常条件下一般也不允许干烧。锅炉给水泵应保持良好的工作状态，给水管路的阀门特别是止回阀应定期研磨，使其能够关闭紧密无漏泄。给水管路止回阀漏泄可以通过触摸给水管路的方法进行判断，如果给水管路的温度很高，并且越接近锅炉温度越高，则说明止回阀漏泄。水位计应经常冲洗，一般每 4 h 冲洗一次。在运行中的锅炉水位必须经常保持在水位计的中间位置，最高水位不可超过水位计的 3/4，最低水位不得低于水位计的 1/4。对于周期性无人值班船舶至少每天冲洗水位计一次。通过冲洗水位计判断锅炉是"轻微缺水"还是"严重缺水"，如果锅炉属于"严重缺水"，应立即停止锅炉，严禁向锅炉补水。如果强行补水，由于温差过大会产生巨大的热应力。如果锅筒或炉胆被烧红，大量的水会突然蒸发变成蒸汽，体积剧增，压力突然升高，会造成水冷壁爆管或汽包破裂，引起锅炉的爆炸事故。注意控制热水井的温度，避免由于水温过低引起过大的热应力。

如果锅炉高水位，则应降低锅炉负荷，若水位还不下降，需上排污放掉部分炉水。在表面排污时，应注意锅炉水位，以防失水。

注意保持控制水泵的浮子或电极棒清洁，必要时应对浮子或电极棒进行清洗。两套供水设备应轮换使用，轮换的时间不宜过长，以免备用的设备因长时间不用而损坏。

2. 蒸汽压力的监控

锅炉工作时，必须经常监视压力表的指示值，保持汽压稳定在正常范围内，不得超过最高允许工作压力。汽压超过上限，锅炉应该自动停止燃烧，如果锅炉不能停止燃烧，应关闭主油路速闭阀熄火，并查明原因予以纠正。如果气压超过安全阀的开启压力而安全阀未开，必须用手动强开机构开启;如果安全阀虽然自动开启,但汽压却降不下来,则应立即停炉;以上情况应重新检查、调试安全阀。安全阀应每月进行一次手动强开试验。检查蒸汽分配箱上减压阀后的蒸汽压力,防止减压阀失效而损坏低压蒸汽设备。

锅炉在燃烧时,如果蒸汽压力始终低于工作压力下限,很长时间达不到上限,可根据锅炉补水情况大致判断是否是锅炉蒸发量过大。如果是,则应找出导致蒸发量过大的原因(是用汽量过大还是系统漏泄)。如锅炉蒸发量基本正常,则可能是燃烧调节不当或系统供油量不足,需重新调整或检查供油管路。

保持蒸汽压力还与合理选择雾化片的喷孔直径和恰当比例的助燃空气有密切的关系。对于采用比例调节的自动锅炉,必须调整好风油配比。

3.燃烧质量控制

锅炉在运行中,必须注意火焰的颜色、火炬的形状、排烟的颜色等。燃烧良好时,火焰中心在炉膛中部,火焰均匀地充满炉膛但不触及四壁;火焰高低合适,不冲刷炉底,也不延伸到炉膛出口处;着火点距燃烧器出口处适中,以免烧化喷油嘴和炉膛出口。一般火焰中心呈橙黄色,火焰尾部无黑烟,整个火焰轮廓清晰,外圈无雪片状火星,火焰以外烟气透明。如果炉内火焰发白,炉膛内极透明,烟色淡得几乎看不见,则表明空气量太多。如发现火焰呈暗红色,火焰伸长跳动并带有火星,炉内模糊不清,烟色加深以至浓黑,则表明空气量太少或燃油雾化不良,与空气混合不好。如果发现锅炉冒白烟,很可能是锅炉换热面漏泄所致。经常检查锅炉的排烟颜色,因其与燃烧的好坏密切相关。在港口时尤其应引起轮机人员的重视,如果锅炉冒黑烟,可能会受到有关部门的处罚。

4.燃油系统的管理

对燃烧设备和系统实施定期维护;注意保持燃油柜的油位和油温正常,定时开启油柜泄放阀泄放沉淀的水和污渣;保持燃油系统的油压和油温在规定范围内,加热器应及时清洁;检查燃油滤器的压差,必要时及时清洗;及时清洁和维护喷油器,使之雾化良好,检查喷油器的位置和雾化角是否合适,以免在喷火口稳焰器和喷油器顶端结炭;风机及风道应及时清洁,风门调节机构定期注油保持活络。此外,为了提高燃烧效率,尽可能降低过量空气系数,并保证空气与雾化油雾充分混合,以利于节约燃料。

燃油特别是轻柴油在使用中有一定的危险性。所以,应该很好地了解燃油的性能,慎重使用。燃油在燃烧时,先蒸发成气态,随后与空气混合,点火燃烧。如果对燃油预热,其加热温度不能超过闪点;否则容易引起自然。

燃油使用时的注意事项:

(1)因燃油是液体,容易从管子、泵、油柜等微小的缝隙中漏泄出来。对于漏泄处,可以用漆、石墨和甘油的调和物涂塞,达到止漏目的。

漏出的燃油会蒸发成气态,并与空气混合,当浓度达到1.2%~6.0%时,由于火花等原因,点火会引起爆炸。

(2)在开式油柜或其他开式容器里,燃油的加热温度不得高于闪点;否则会发生危险。因此,燃油的加热温度值应严格控制比闪点低4℃。

(3)溢出的油滴等必须及时擦掉;否则油滴会蒸发成气态,有引起爆炸的危险。

(4)含油的破布、棉纱等物不得乱放,应放在密闭的箱内保存;否则也会引起事故。

辅助锅炉燃油的油柜必须定期测量记录其消耗量,适时的驳运。

5. 锅炉低温腐蚀的防止措施

锅炉的低温腐蚀是指在烟气温度较低区域（约500℃以下）的受热面烟气侧的一种腐蚀。低温腐蚀是因为受热面的壁温低于烟气中硫酸汽的露点，管壁上结有酸露而引起的，常发生在空气预热器的空气进口端和给水温度低的经济器中，也会发生在蒸发受热面的末端。

燃油中含有硫燃烧后形成的 SO_2，其中一部分进一步氧化成 SO_3，SO_3 和烟气中的水蒸气结合成为硫酸蒸气。烟气中硫酸蒸气的露点称为酸露点，它远高于烟气中水蒸气的露点。烟气中硫酸蒸气含量高，酸露点就高。这样，当受热面壁温低于酸露点时，就会在管壁上凝结形成酸露，使管壁腐蚀。有数据表明，当壁温比酸露点低20~40℃时，酸凝结得最快，腐蚀最强；以后随壁温下降，腐蚀速度放慢；到壁温达到烟气中水蒸气的露点时（大约60℃），由于大量水蒸气的凝结，硫酸浓度达到腐蚀性最强的40%~50%范围，烟气中大量 SO_2 直接溶解在水膜中形成亚硫酸溶液，腐蚀速度再次急剧加快。

根据产生低温腐蚀的原因，可以采取如下的预防措施：

（1）对装有空气预热器的锅炉，可以采用装设空气再循环管道的方法来提高空气入口温度，即让一部分热空气与冷空气混合后，再送入空气预热器，以提高管壁温度使之不低于水蒸气露点温度。也可以采用旁通烟道或旁通空气道的方法，当锅炉点火升汽或处于低负荷运行时，将烟气或空气旁通，不经过空气预热器。

（2）改善燃烧。采用低过量空气系数的燃烧方式，它能减少 SO_2 的进一步氧化，从而减少硫酸的生成，有效地降低酸露点。当 $\alpha=1.15~1.2$ 时，烟气中 SO_2 的浓度为15~25 ppm，酸露点为150~180℃；当 $\alpha=1.1$ 时，酸露点约为130℃；当 $\alpha=1.01~1.02$ 时，烟气中 SO_2 的浓度为4~8 ppm，酸露点为60℃。良好的燃烧还能使生成的 SO_3 在离开炉膛前尽量分解。

（3）要及时进行吹灰，经常保持受热面的清洁，尽量减少其对生成硫酸的催化作用。在停炉检修时，要清除受热面上的铁锈和积灰。

（4）选用低硫油。国际海事组织发布的公约要求，到2020年，燃油含硫量不高于0.5%，而排放控制区域规定2015年硫含量不高于0.1%，随着低硫燃油的使用，必将减少低温腐蚀。

6. 其他方面

在锅炉运行中，还要注意以下方面：维持自动控制及保护装置处于正常状态，电气元件尽量不受潮，以免烧坏；各种保护装置必须经常检查；火焰感受元件、水位感受元件及点火电极棒须经常清洁，以免产生故障；定期对炉水进行化验，并进行投药处理；经常进行上、下排污；查看凝水观察柜是否有油；防止锅炉受热面积灰。

四、船用辅锅炉停炉操作及保养

1. 船用辅锅炉停炉操作

（1）停炉之前，将自动操作改为手动操作，换用柴油（如燃油系统能保持热油循环，则无须换油）。设有压缩空气吹扫系统的应将喷油嘴吹扫干净。

（2）关闭炉顶停汽阀，手动熄火，进行后扫风。

（3）上水至水位计最高位，在水位升高后开启锅炉上排污阀进行表面排污。

（4）停火后半小时，待水中悬浮杂质和泥渣沉淀后，进行下排污。排污后化验炉水，视需要加入水处理药剂。

（5）停火留汽期间应间断点火，保持汽压（最高升至工作汽压下限），防止空气漏入。

当锅炉要进行内部检查或需检修而停炉时,切断电源,关闭停汽阀、给水阀,让锅炉自然冷却。待锅炉内无压力显示时,打开空气阀,以免炉内产生真空。如要放空炉水,要等到炉水温度下降至50℃时,才允许放空。对于水管锅炉或强制循环锅炉,在紧急需要时,当蒸汽压力降至0.5 MPa时,允许通过底部排污阀将炉水放空。

2.船用辅锅炉停用后的保养

锅炉运行时靠热力除氧和化学除氧,水中含氧很少,若保持炉水碱度合适,则钢铁的锈蚀甚微。然而,放完水的锅炉经过一昼夜就会生锈。钢铁在空气中的锈蚀是因为相对湿度较高,表面出现液膜(受表面粗糙和脏污程度影响很大),空气中的氧和其他腐蚀性气体、氯离子等溶入液体而产生。相对湿度小于30%通常不会产生锈蚀,湿度大于70%,钢铁表面会出现薄的液膜,容易腐蚀。

(1)减压保养法

减压保养法适用于停炉期限不超过一周的船用锅炉。采用减压保养法的锅炉,在停炉后需保持锅炉的余压在0.01~0.1.0 MPa,炉水温度稍高于100℃,炉水中不含有氧气。由于锅炉内的压力高于周围大气压,可以阻止外界空气进入。为了保持炉水的温度,可以定期在炉膛内生微火、间断点火或利用相邻锅炉的蒸汽加热炉水。

减压保养前加水至最高工作水位,以免因锅炉内水冷却收缩而看不到水位。压力降低后,炉水中悬浮杂质和泥渣会沉淀,应进行下排污。排污后化验炉水,视需要加入水处理药剂。减压保养期间通过间断点火来保持炉的内低汽压,如果点火次数过于频繁,可以将汽压适当提高,但升压最多至工作汽压下限即熄火。若升压过高,熄火后可能因炉膛散热而使汽压继续升高,顶开安全阀。

(2)满水保养法

如停炉时间较长,但不超过3个月,锅炉应采用满水保养法。满水保养法就是将锅炉汽、水空间全部充满不含氧的碱性水,以防止腐蚀。其操作要点是彻底排出锅炉中的残存空气和保持炉水带有合适的碱度,pH值为9.5~10.5。

满水保养之前应将炉水全部放空,并清除锅炉内的水垢和其他污物,再打开空气阀,缓慢地向锅炉泵送加了碱性药物的蒸馏水或凝结水。为了使药剂均匀地混合和排出水中的氧,在水加满之前时可点燃一个燃烧器,将炉水加热至沸腾,使水中的药剂混合均匀,并且尽量减少溶解的氧气,同时利用产生的蒸汽将锅炉中的空气从空气阀驱除。待空气阀连续冒出蒸汽时熄火,用给水泵将水加满,直至水从空气阀流出后才关闭空气阀。后用给水泵在锅炉中建立0.30~0.50 MPa的压力,炉水冷却后,压力可降低至0.18~0.35 MPa,能保证空气不漏入锅筒内。冰冻季节时,炉舱温度要保持在8~10℃以上,必要时要烤炉,以防止炉水冻结而损坏锅炉。

碱性药物可采用氢氧化钠和碳酸钠,保持碱度为300 mg/L(NaOH),相当于7.5 mmol/L。水垢已经清除时也可用磷酸钠;否则它将与水垢反应使磷酸根的含量下降,并使炉水中充满悬浮的泥渣,炉水中磷酸根的含量应保持100~200 mg/L。

如果满水保养已超过3个月,但仍需继续保养,必须放掉部分水再加热除氧,然后化验碱度和磷酸根的含量,决定补水时是否需要加药。

(3)干燥保养法

如果锅炉停用时间较长,超过3个月或需要进行内部检修,或环境温度可能降至冰点以下,则应采用干燥保养法。干燥保养法的要点是保持锅炉的内部干燥,防止潮气造成锅炉腐蚀。经验表明，干燥保养法对停用一年以内的锅炉防蚀是有效的。

采用干燥保养法应在锅炉汽压降至 0.3~0.5 MPa（温度 140~160 ℃）时放空炉水；保持炉膛严密，防止冷空气进入使炉膛散热太快；然后打开锅筒上的人孔盖和联箱上的手孔盖，用余热（废气锅炉可用柴油机的排气）使锅炉内水分蒸干到相对湿度小于 30%，在关闭人孔盖和手孔盖之前，可以在锅筒内放置一盘燃烧的木炭，以耗尽封闭在锅炉内部的氧气。停用时间长，应在锅炉内放置干燥剂（如无水氯化钙，保持为 1 kg/m³）。有的干燥剂吸湿后对钢板有腐蚀作用，则干燥剂应盛在开口容器内，不得与锅炉钢板直接接触。也有使锅炉内部充满氮气或专用腐蚀抑制剂来保养停用的锅炉。具体操作方法可以根据相关的说明书进行。

五、船用辅锅炉炉水处理

锅炉的补水来自船舶装载的淡水或是船上造水机制造的淡水。这些淡水大都含有各种盐类、气体和多种杂质，若不经过一定的处理就进入锅炉，会使锅炉和加热设备及其管道附件结垢、腐蚀和发生汽水共腾现象，危害很大。

1. 锅炉水质控制的主要项目

低压锅炉水质控制的主要项目包括硬度、碱度和含盐量。

（1）硬度

炉水硬度即水中含有 Ca^{2+} 和 Mg^{2+} 的浓度，单位是毫克/升（mg/L）。Ca^{2+} 和 Mg^{2+} 形成的碳酸盐、硫酸盐、硅酸盐在水中溶解度较小，水温升高溶解度还会降低。补给水进入锅炉后受热蒸发，可以浓缩 30~300 倍，钙、镁的难溶化合物极易在受热面上浓缩而析出，形成水垢。

一般水垢的导热系数很小，为钢板的 1/50~1/30，因而在锅炉的受热面上稍有附着，就会使管壁温度急剧增加，严重时会将受热面管子烧坏，影响锅炉工作的可靠性。同时形成水垢后，由于受热面的传热系数降低，锅炉的排烟温度升高，效率降低，燃料消耗增加。一般锅炉受热面内壁产生 1 mm 厚的水垢，热效率可降低 5% 以上，会使燃料耗量增加 2%~3%。此外，水垢生成后，会减小受热面管子内水的流通面积，使流阻增加，严重时会堵塞，从而破坏了锅炉正常的水循环，导致管子烧坏，甚至破裂。另外，结垢后往往促使电化学腐蚀作用加强，引起所谓的"垢下腐蚀"，加速受热面管子的损坏。

为了减少水垢的生成，低压锅炉一般要求给水硬度不大于 1 mg/L，常用的方法是炉水中加入磷酸钠（$Na_3PO_4 \cdot 12H_2O$，也称磷酸三钠）或磷酸二钠（$Na_2PO_4 \cdot 12H_2O$），它们在水中离解后生成的 PO_4^{3-} 与 Ca^{2+}、Mg^{2+} 结合生成分散的胶状沉淀，当炉水 pH 值为 10~12，过剩 PO_4^{3-} 在要求范围内时，能生成松软而无附着性的泥渣，可通过下排污而除去。因此现有的炉水处理方法只测量和控制水中过剩 PO_4^{3-} 的浓度，而不再直接控制硬度。

（2）碱度

炉水的碱度就是使水带碱性的氢氧根（OH^-）、碳酸根（CO_3^{2-}）、碳酸氢根（HCO_3^-）和磷酸根（PO_4^{3-}）等离子在水中的当量浓度之和。

如果炉水的碱性不足，并且溶有较多 O_2、CO_2、盐和 Cl^-，将会促进锅炉受热面发生电化学腐蚀。但是当炉水的碱性太强，在高度浓缩的碱性溶液和高度应力的作用下，加上炉水中缺少硝酸盐、磷酸盐这些保护性盐类时，这会使锅炉金属结晶之间产生细微裂纹，称为"苛性脆化"。由于细微裂纹很难发现，苛性脆化可能引起锅炉爆炸事故。苛性脆化通常发生在铆钉接缝处，所以当锅炉由焊接代替铆接后，苛性脆化已很少见，偶尔发生在管口扩接处。

锅炉水处理常用磷酸钠降低炉水硬度,同时提高炉水碱度。有时为了迅速提高碱度,也使用 Na_2CO_3。提高碱度的效果 1 kg Na_2CO_3 大约可抵 4 kg 磷酸钠。万一投药不当使碱度太大,可通过上排污并补充淡水来使碱度下降。

(3) 含盐量

含盐量太大会引起汽水共腾,恶化蒸汽品质,加剧管路设备腐蚀。海船炉水的含盐量以氯盐居多,故通常化验氯离子浓度来反映含盐量的多少,单位用 mg/L(NaCl) 或 mg/L(Cl^-)。1 mg/L(NaCl) = 0.606 mg/L(Cl^-)。如果加入某些水处理药,如磷酸钠、硝酸钠(用于除 O_2)太多,氯离子浓度虽不增加,但含盐量会增大。当含盐量太大时应该用上排污和加强补水的办法来降低。当炉水含盐量太高通过上排污难以降到符合要求时,必须停炉换水。因此,限制补给水的含盐量也是非常重要的。

蒸发量较大、工作压力较高的锅炉应每天化验一次炉水,以便控制上述各项指标在要求的范围内。蒸发量小、工作压力较低的辅助锅炉可 2~3 天化验一次。因为水中只要有足够的过剩 PO_4^{3-} 浓度就可以保证炉水的硬度和碱度合适,故现在有的炉水处理方法以测量和控制水中过剩 PO_4^{3-} 浓度来代替硬度和碱度的测量和控制。必要时也要化验港口或水舱的补给水。炉水取样前应先将取样阀开放 2~3 min,排出管路中的残水后,再正式取样。进行一次性投药的船舶,应在投药后 4 h 取样。取炉水水样应通过冷却器。没有安装冷却器的船舶,取样时应使用干净的、可以减少炉水蒸发的器皿,以免影响水样的浓度。取样前,用炉水洗涤取样器皿 2~3 遍。取出水样后,应迅速装入玻璃瓶中,盖上瓶塞,冷却至 30~40 ℃ 可化验。

2010 年实施的《船用辅锅炉水质要求》(CB/T 24947—2010)中规定的给水和炉水水质标准,可供在船舶水质控制中参考,准确指标应参照锅炉生产厂家及船舶公司的要求与规定,如表 9-4-2 所示为蒸汽锅炉水质标准。

表 9-4-2 蒸汽锅炉水质标准

项目	给水			锅水		
额定压力/MPa	≤1.0	>1.0-1.6	>1.6-2.5	≤1.0	>1.0-1.6	>1.6~2.5
总硬度(以 Ca^{2+}、Mg^{2+} 计)/mg/L	<1	<1	<1	—	—	—
总碱度(以 OH^-、CO_3^{2-} 计)/mg/L	—	—	—	≤450	≤350	≤350
盐度(Cl^-)/mg/L	≤10	≤10	≤10	≤600	≤500	≤400
pH(25 ℃)	7~9	7~9	7~9	10~12	10~12	10~12
悬浮物(mg/L)	≤5	≤5	≤5	—	—	—
溶解氧(mg/L)	≤0.1	≤0.1	≤0.05	—	—	—
溶解固形物(mg/L)	—	—	—	<4000	<3000	<2500
含油量(mg/L)	≤2	≤2	≤2	≤20	≤15	≤15
含铁量(mg/L)	≤0.3	≤0.3	≤0.3	—	—	—
亚硫酸盐(SO_3^{2-})/mg/L	—	—	—	10~30	10~30	10~30
磷酸盐(PO_4^{3-})/mg/L	—	—	—	10~30	10~30	10~30

2. 锅炉水质的测定方法

目前,大多数船舶都是采用化学药剂公司提供的简易方法进行炉水化验。即每天取水样,待样品冷却后立即按照药剂公司提供的检测箱内化验说明书的方法进行,并将结果记录在药剂公司提供的记录表上,然后按照结果进行相应的投药作业。这种药剂一般都能够控制锅炉水的碱度、硬度和泥渣等综合性能。因此,具体操作时十分简便。

在实际操作中,仔细阅读药剂公司提供的说明书,并按照其方法进行即可。

3. 锅炉水处理药剂

目前,世界各船公司采用的控制标准化验方法和处理药剂不尽相同,但大同小异。国外各化学品公司提供的船用低压锅炉水处理方法大多采用单一的混合药剂,主要成分亦多为磷酸钠,根据酚酞碱度决定投放量,可同时提高碱度、降低硬度、增加泥渣流动性而防止其生成二次水垢等作用。我国各船公司采用磷酸三钠或磷酸二钠(后者在碱度已够时使用)为主要药剂,掺配栲胶使用。

栲胶外观呈黄棕色,是粉状或块状的弱酸性天然有机物,可溶,毒性很低,其主要成分是丹宁(占65%~70%)。丹宁可吸附和凝聚炉水中的钙、镁离子,阻止炉水中钙、镁离子以水垢的形式沉析出来,使它们变成流动性很好的泥渣而随排污排出炉外。同时丹宁在碱性介质中能吸附水中的氧,以及与过剩的PO_4^{3-}一起形成一层中性保护膜,防止金属表面的腐蚀。栲胶用量按下列标准投放:初次投放量为每吨水80 g;日常补给水投放量为每吨水100 g。

磷酸三钠的用量计算:

凡新装炉水按锅炉水容量吨数,每吨投药0.5 kg,投药后运行4 h以后,取水样化验碱度,并按下列公式进行调整

$$G = V(A - B) \cdot K$$

式中,G——磷酸三钠用量,g;

V——锅炉工作水位的水容量,t;

A——总碱度控制值(10 毫克当量/升);

B——总碱度的实测值,毫克当量/升;

K——磷酸三钠的当量系数,为127。

4. 船用锅炉汽、水共腾及处理

锅炉运行时,锅筒上部蒸发面会产生泡沫,泡沫层会因积累而不断加厚,当泡沫层达到某一高度时,锅炉内呈现出汽、水界面不分,水中带汽、汽中带水的状态,这种蒸汽携带大量水滴而使蒸汽品质显著恶化的现象称为"汽、水共腾"。汽、水共腾发生时一般会产生以下现象:水位计内的水面剧烈波动;上锅筒输出的饱和蒸汽的湿度与蒸汽含盐量均明显升高;可能引发蒸汽管道的水击事故,发出很大的敲击声。

(1) 汽、水共腾的原因

汽、水共腾的原因:一是水质不良,即炉水中碱性物质、油污、盐分过高导致炉水起沫;二是供气量突增使气压下降过快,引起水位瞬间上升;三是水位过高;四是燃烧过强。

在沸腾状态下,纯净水的水面不会形成泡沫。水中起泡物质的浓度较高时,水面上会形成泡沫层。容易引起水面起泡的物质为有机物、微小粒径的渣和悬浮物、溶解固形物与碱性物质等。一般情况下,炉水水面的起泡大多是由于溶解固形物或碱性物质的浓度过高所致,而其他起泡物质的浓度不容易达到起泡的浓度。溶解固形物浓度升高,炉水的黏度就升高,炉水的表面张力增大,气泡不容易破裂,导致气泡层变厚。气泡破裂时飞溅出的水滴总量增多,且水滴群中能随蒸汽一起流动的最大直径的水滴的份额也增多,最终导致蒸汽携带水滴的总质量增

多,引发汽、水共腾。

当锅炉超负荷运行时,锅筒内蒸汽湿度会呈高次方曲线的规律急剧增加,从而导致锅筒输出的饱和蒸汽湿度及饱和蒸汽含盐量的急剧增加。

当汽、水共腾发生时,水位计中显示的水位高度实际是锅内水面与气泡层折合成液体水高度的总高度。由于气泡的产生与消亡是动态的,所以水位计中显示的水位高度就剧烈变化,造成水位计内的水位面剧烈波动。当汽、水共腾事故发生时,由于水面上泡沫层增厚,致使锅筒内的蒸汽空间高度降低,也导致锅筒内饱和蒸汽湿度急剧增高。

(2)汽、水共腾事故的处理

当发生了汽、水共腾,但未引发蒸汽管道水击事故时,应按以下的操作进行处理。

①减弱燃烧,降低锅炉的蒸发量。当锅炉蒸发量降低时,上升管内产生的气泡数量减少,则上锅筒内的气泡量减少。锅炉蒸发量降低后,减少了由于气泡破裂而飞溅出的水滴的量,可以降低锅炉内饱和蒸汽的湿度。锅炉蒸发量降低后,锅炉内蒸汽上升速度降低,则水滴的飞升直径变大,即蒸汽携带的水滴的量减少。由此也可以降低饱和蒸汽的湿度。

②停止向炉内加药。锅炉化学药剂多含有 Na、K 或有机物,这些物质会使炉水表面泡沫的产生量增多。故当汽、水共腾事故发生时,应暂停向锅内加药,以减少水面泡沫的生成量。但对于消泡剂类的药剂,因其有助于减少炉水表面泡沫的生成,仍需继续加入锅炉内。

③全开蒸汽管道上的手动疏水阀。此项操作的目的是将汇集于蒸汽管道内的水及时排出,防止由于管道内积水过多而引发蒸汽管道水击事故。

④全开表面排污阀。此项操作是为了将上锅筒水面下能引起发泡的高浓度的物质,如溶解固形物、碱性物质等,以最快速度排出,使炉水水质迅速好转,以减少由于炉水的水质差而导致的泡沫产生量,消除发生汽、水共腾事故的根源。

⑤缩短炉水水质监测的间隔时间。在锅炉正常运行时,炉水水质一般较稳定,炉水水质监测的时间间隔通常为 1~2 天。当锅炉发生汽、水共腾时,由于完全开启了表面排污阀,炉水水质处于不稳定状态,此时需要及时判断炉水的水质是否达到合格标准。

⑥冲洗水位计并校对锅筒上的两只水位计的水位是否相同。由于在汽、水共腾时,水面泡沫层内黏附了大量的水渣、铁锈等固体杂质,这些固体杂质随泡沫流入水位计,沉积于水位计的连通管内,容易造成水位计的假水位。

六、锅炉水垢的清洗

锅炉运行中即使注意保持水质良好。长时间运行后仍有可能结水垢,故须定期检查结垢情况。通常垢层厚度不大于 0.5 mm 不清洗,大于 0.5 mm(有过热器)或大于 1 mm(无过热器),且所占面积比例较大时应设法清除水垢,水垢厚度一般不应大于 4 mm。清除锅炉水垢习惯称为"洗炉"。早先以人工用机械除垢,劳动强度大,现已很少采用,目前多用化学清洗法除垢。此外,新装和大修后的锅炉都需要清洗(碱煮)以除去金属水侧表面的油脂、焊渣和其他杂质。

1.碱洗法

碱洗又称"碱煮"或"煮炉",是用碱性溶液在高温下与垢层发生化学反应,使之成为松散或易溶的物质脱落;新装或大修后的锅炉须碱煮将金属表面的油脂皂化、灰尘(硅化合物等)清除,并生成磷酸铁和氧化铁钝化膜防蚀。碱煮无须让溶液强迫循环流动,不需要专用设备,安全并且较容易操作。碱溶液应根据水垢的成分按炉水容积来配制。碱液对铜件产生腐蚀,碱洗前将接触液体的铜件换下。使用 Na_2CO_3、$NaOH$、Na_3PO_4 混合投入煮洗,水垢较薄时可使用磷酸钠煮洗,排污后补水时补入磷酸钠。碱煮过程中保持最高水位,周期性地使汽压在 0~0.3 MPa 变动,使水垢松动。定期下排污(每降至 0.1 MPa 时)。当碱度不再下降时,即可结束煮洗。

操作步骤如下:

(1)为提高煮炉效果,减少药品消耗,煮炉前用压力水冲洗除去泥渣、腐蚀产物和松软的水垢。

(2)将配制的碱溶液充入锅炉至最高水位和中间水位之间。

(3)点炉升压,对额定汽压低于 0.78 MPa 的锅炉维持 0.3~0.4 MPa 压力,压力更高的锅炉维持 50% 额定汽压。

(4)煮炉 10 h(垢层大于 3 mm 可延至 16 h),期间每隔 2 h 各用下排污阀排污 1 min,排除脱落的垢渣。当水位低至接近最低水位时,熄火泄压,补充药液恢复水位。降压与再点火升压的温度变化,可加快垢层脱落。煮炉期间应每 2 h 采水样化验溶液碱度和磷酸根浓度,控制碱度不小于 50 mmol/L,磷酸根不小于 200 mg/L。

(5)煮炉结束时熄火降压,大量下排污,当压力消失后放尽碱液。

2. 酸洗法

清除水垢最彻底的办法是酸洗。酸能与各种钙、镁盐(或氢氧化物)形成的水垢发生化学反应,使之变为可溶物质。酸能渗入水垢内层起溶解反应,因此除垢很快。此外,酸洗还能使铁、铜的腐蚀产物(氧化物)经化学反应变成可溶物质,有除锈作用。

低压锅炉以碳酸盐垢为主,一般用盐酸清洗;但有时除碳酸盐垢外也可能含有高盐酸难溶硅酸盐、硫酸盐垢,则应先碱煮使之转换为盐酸可溶的物质,并在盐酸中添加氢氟酸或氟化氢铵等助溶剂清洗。

盐酸能使金属表面的保护膜完全溶解,对金属有腐蚀作用,故酸洗溶液中必须添加缓蚀剂。锅炉在酸洗时的腐蚀速率会超过正常运行时的上千甚至上万倍,故防垢优于除垢,碱洗能满足要求则不进行酸洗。

《锅炉化学清洗规则》规定酸洗的间隔不得少于两年,并只在符合下列条件之时锅炉才考虑酸洗:(1)受热面被水垢覆盖 80% 以上,日平均水垢厚度大于等于 1 mm(无过热器)或大于等于 0.5 mm(有过热器);(2)锅炉受热面有严重锈蚀。钢铁锈蚀的产物是高价氧化铁,在锅炉运转中成为提供氧的来源,每 1 kg 氧化铁可提供 300 g 氧气,可使 1.05 kg 钢铁腐蚀。

严重腐蚀的锅炉不能用盐酸清洗。这类锅炉往往有孔蚀甚至晶间腐蚀,氯离子进入腐蚀孔和晶间很难洗出,会进一步造成严重的腐蚀。这种情况可用醋酸、羟基醋酸加甲酸等弱酸清洗。酸洗技术较复杂,须由有相关资质的专业人员进行。

酸洗工艺分静态浸泡清洗、氮气鼓泡清洗和循环清洗。静态浸泡加氮气鼓泡有较好的冲击搅动作用,使除垢速度和除垢率较单纯静态浸泡明显提高,可代替循环清洗以降低费用。若水垢以铁的氧化物为主(40% 以上),则用氮气鼓泡清洗也难收到预期效果,须采用循环清洗。

酸洗前应在汽包内堵塞蒸汽引出管、仪表管等,以免酸雾侵入,并需要拆除锅筒内有妨碍的设备;必要时可将人孔门、排污阀等临时更换以防腐蚀;酸洗时还应装入与被洗金属材质相同的腐蚀指示片。酸洗开始前先用水冲净内部积垢,然后主要的工序包括:

(1)点火升温至 90 ℃ 以上碱煮 8 h 以上,除油,并使不溶入一般酸的硅酸盐和硫酸钙转型,以碳酸盐为主的低压小容量锅炉此项可免。

（2）酸洗4~6 h,水垢较厚的接触酸液时间一般至多12 h。此阶段严禁点火加热酸液,以防过热和爆炸。

（3）用碱液（药量与新炉碱煮相同,水温为90~95 ℃）钝化处理8 h以上。酸洗后未被钝化的钢铁表面1 h内出现锈迹。

上述每道工序后均需用水清洗。水管切不可被脱落的水垢堵塞；否则适得其反,造成烧坏水管等恶果,故必须仔细检查。酸洗必须切实掌握操作方法,配制恰当酸洗液和控制酸洗时间。钝化效果应达到在80%以上相对湿度的常温下至少15天无锈蚀。但如果较长时间不投入运行,尤其是暴露在高温、高湿有盐雾的空气中,钝化膜将被破坏,锅炉难免腐蚀,应该用干燥保养法或满水保养法防锈。

七、船用锅炉的检验

1.检验间隔期

主水管锅炉（包括再热锅炉）、重要用途的所有其他锅炉和工作压力超过0.35 MPa或受热面积超过4.5 m^2 的非重要用途锅炉（生活锅炉）,其内部检验每5年内不少于2次,5年内2次最大间隔期应不超过3年。主烟管锅炉,在10年内锅炉内部检验每5年内不少于2次,最大间隔期应不超过3年。其后锅炉内部检验每年1次,可给予不超过6个月的锅炉内部检验展期。船舶的每次年度检验应对锅炉进行外部总体检查。检验由专职的验船师进行,但这项工作与使用管理有密切关系,所以轮机人员要熟悉。

2.锅炉检验项目

锅炉检验的内容不但包括锅炉本体及其主要部件,而且还有主要的附件和指示仪表,例如,水位计、安全阀、压力表也包括在检验的范围内。检验的目的不仅是要找出腐蚀、变形和损坏的存在,而且还要研究其产生的原因和以后如何妥善的维护管理,同时还要确定是否需要修理和修理的范围。

锅炉的内部检验应包括锅炉、过热器、经济器和空气加热器及其相关的下列项目：

（1）鼓、板、管、牵条管,必要时可要求对其厚度进行测量以确定其安全工作压力。

（2）必要时,可要求压力元件进行液压试验。

（3）锅炉、过热器和经济器的附件应拆开进行检验。

（4）安全阀在蒸汽压力下进行整定,其整定压力应不大于设计压力,但废气锅炉安全阀可由轮机长在海上进行整定,并将结果报告船舶所属的船级社。

（1）为强制循环锅炉或经济器服务的泵应拆开进行检验。

（2）燃油燃烧系统在工作情况下进行总体检验,燃油柜的阀和管及甲板控制机构和燃油泵到燃烧器间的油管,应进行总体检验。

（3）对于那些因结构原因不能直接对锅炉壳板、汽水鼓和联箱进行内部目视检验,验船师在安全工作压力下凭借遥控、目视仪器超声波等检验或用1.25倍工作压力的液压试验替代。

（4）仪表和自动化设备应进行检验和试验。

锅炉的外部检验应包括下列项目：

（1）锅炉底座、绝缘、附件、防撞防摇装置,管系、燃烧装置、安全保护装置,包括应急切断装置等,确认其处于良好工作状态。

（2）安全阀在工作压力下进行校核。

3. 船用锅炉的内部检验

（1）内部检验前的准备

进入锅炉检查前，如果有其他并联的锅炉在使用，应隔断待检锅炉联通其他锅炉的蒸汽管路和给水管路，用铁丝等将所关的截止阀绑住，并挂上告示牌，谨防万一误开造成严重人身事故。锅筒内有人工作时，锅筒外应有人照应。进入锅筒之前，一定要对内部进行充分的通风，以保证有足够的空气。锅筒内不允许用明火照明，照明用工作灯的电压不准超过 24 V。禁止在锅筒内吸烟。带入的工具和物件要清点登记，并用小盒存放，出锅筒时要逐一核对。无关用品和易燃物不准带入锅筒内；进行锅筒内部检查时，汽水分离设备、给水管、排污管等内部附件如果妨碍检查，可以暂时拆卸。

（2）锅炉内部检验的主要内容

①水垢和水处理状况

受热面的水侧水垢的厚度是水处理好坏的标志，是炉水品质好坏的象征。如果炉水处理恰当，金属表面仅附着一层薄而疏松的水垢，它们用钢丝刷一刷就会脱落下来。

如果水垢大于 2 mm，且具有结晶结构，并牢牢附在金属面上，这说明炉水中碱度不够，炉水硬度太高，过剩磷酸根不足，钙、镁离子没有完全转变为泥液。这时要注意受热面状态，看是否产生变形、鼓凸和裂纹，特别应对高温区的受热面作详细检查。

如水垢较厚但并不紧密，且略带半透明的大晶粒，放在淡水中 2~3 h 极易破碎，是易溶解的盐形成水垢。这表示炉水中盐度过大，应注意表面排污，同时注意给水、凝水系统有无海水漏入。

如果水垢坚硬光滑呈薄瓷片状，则说明炉水中含有硅盐，这种水垢的导热性很低，最危险。

若在工作水面附近的锅筒壁上发现了油污带，或在底部的泥渣中发现含有泥球时，这说明炉水中油污过多。平时炉水含油越多，泥球直径越大，应注意油舱加热回水的滤油工作。

如果锅筒水位线附近壁上黏附有油污，则从油污区的宽度和油污层的厚度可以判断进入锅炉的油污量。如果油污量较多，应予清洗，查明原因并解决。如果在锅筒水位线以上壁面黏附有泥渣，则说明炉水可能发生了汽、水共腾，应加强上排污，降低炉水的含盐量。若底部堆积泥渣很多，可能是下排污不足或下排污管布置不合理。

②腐蚀与裂纹以及管子变形

检查锅炉内部的腐蚀和裂纹应在水垢未清除之前进行，因为有些腐蚀裂纹能够通过水垢的表面特征显示，除垢后反而不易觉察。如有细微的裂纹存在，水垢的颜色在该处会呈深红色或深褐色的条纹，而其余地方则为均匀的淡黄色。如果是局部腐蚀，那么腐蚀区域上的水垢由于含有氧化铁成分，也会变为局部的深色。如果腐蚀是处于活化阶段，则水垢呈褐色，轻轻一敲即掉下来，在水垢的下层有黑色氧化铁；如果水垢牢固地贴附在麻点上，颜色也较淡，则是已停止腐蚀的老麻点。

检查先从锅筒的蒸汽空间开始。蒸汽空间筒壁的腐蚀比较少见，容易腐蚀的是水位波动处的壁面。人孔和安装附件的孔口边缘的内侧最容易出现裂纹。补焊的地方也容易出现腐蚀和裂纹，须用手锤敲击检查。人孔盖及其横梁上的孔的变形一般是由于过度上紧螺栓时所致。注意检查锅筒封头弯角处以及给水管与锅筒连接处是否有裂纹。应特别注意腐蚀的深度和范围的大小，如发现深度较大，应测量其深度。对于管端可用电灯照射和放大镜观察来确定有无腐蚀和裂纹。发现有裂纹的管子应更换。所有检查的结果应做记号并记录。

受热面管子要检查是否有鼓包变形和腐蚀麻点。管子的鼓包和变形可以从管外检查。腐蚀麻点可能发生在管子的内部和外部，所以除了从表面观察外，还应从锅筒管口处的腐蚀情况间接地判断管子内部的腐蚀。如果腐蚀麻点的深度达到管壁厚度的一半就要考虑是否需要将这些管子切割一部分进行检查，以确定是否需要换管。受热面管子最容易损坏的是靠近炉膛的几排管子和水冷壁管子，这些管子的外部损坏可以在炉膛中观察到，管子变形的允许值为管子下垂量不超过管径的两倍，管距变化不超过 25%~35%。还应检查管端扩接处有无漏泄，这可从烟气侧有无盐渍来判断。如发现有漏泄，可以再次扩管。如果漏泄严重或再扩管仍无效，则需换管。

测量局部腐蚀麻点深度的方法常用的有两种：
①压饼法。将软铅合金压入麻点内，用手锤敲平，然后取出测量其厚度。
②金属浇铸法。将低熔点的金属（焊锡）熔化后注入麻点中，凝固后取出，测量其厚度。

大面积的均匀腐蚀可用测厚仪测定受热面现存的壁厚。锅筒、联箱等厚度普遍减薄超过原厚度 10% 以上时，应重新验算强度，必要时降压使用。

如因腐蚀减薄量不超过原厚度 30%（弯边处不超过 20%），采用堆焊修补，但面积不允许超过 $2\ 500\ cm^2$。

个别腐蚀凹坑最大值不超过 3 倍厚度，相邻凹坑距离不少于 120 mm。减薄量超过上述规定也可焊补，所有焊补应采取相应的工艺，预热工件或焊后保温，以防骤冷硬化，增加应力。

裂纹有表面裂纹和穿透裂纹两种，除了可从水垢的颜色间接地显示裂纹的位置以外，还可用下列两种方法判断是否有裂纹。
①煤油白粉法。先用 14% 的硫酸溶液浸湿需要检查处，然后用煤油浸湿，待 25 min 后擦干再涂上白粉，如有裂纹，则煤油会透过白粉显示出裂纹的轮廓。
②超声波探伤法。超声波探伤仅用来发现平行于锅筒表面的内在裂纹。

因为裂纹对应力特别敏感，因此原则上不允许有裂纹存在。如发现仅是少数几处有裂纹且未穿透筒壁，征得验船师同意后可用补焊方法修理，焊补面应将原裂缝处铲除。若多处出现裂纹而且其深度又大，或裂纹发生在管板管孔间，则应考虑予以更换。

4. 船用锅炉工作蒸汽压力下的检验

工作蒸汽压力下检验的目的是确定蒸汽、水是否漏泄以及安全装置是否可靠运行。
(1) 锅炉本体的焊缝、附件、人孔盖、手孔盖等与锅炉连接处不得有漏汽现象。
(2) 锅炉给水阀、主蒸汽阀等所有阀件或旋塞的启闭应灵活可靠。
(3) 燃油、调风装置工作正常，燃油总管的速闭阀能可靠地快速关闭。
(4) 水位计、排污装置工作正常。
(5) 炉衣绝热完好，炉衣外表温度不应超过 60 ℃。
(6) 压力表工作正常，压力表应按规定定期校验，验船师应确认其有效性。
(7) 锅炉安全装置的效用试验：极限低水位、点火故障、风压低等能自动停炉并发出声光报警。
(8) 报警装置的效用试验：高水位（若有）、低水位、燃油低温、燃油压力低、高温（若有）、低压（若有）、高压等报警。

5. 船用锅炉的临时检验

船用锅炉在下列情况下应中请临时检验：
(1) 船用锅炉停用一年以上，需恢复使用时。

(2)船用锅炉在使用中发生重大事故,如缺水、过热、变形、裂纹等。
(3)锅炉舱失火、船用锅炉移装、移位、重装或船舶失事后船用锅炉浸水等。
(4)船用锅炉增加或减少重要设备或改变船用锅炉性能。
(5)船用锅炉改变燃烧方法。
(6)船用锅炉原缺陷有明显发展时。

6.船用锅炉的水压试验

(1)一般规定

当船用锅炉新装船而原设计不能进行内部检验、重大修理后仅进行了部分内部检验、锅炉长期停用后重新启用时或验船师认为必要的情况下需要进行锅炉的水压试验。水压试验的目的是检查锅炉本体的结合缝是否完好、焊缝有无缺陷、管子和管板的扩接是否完好等。水压试验前,验船师根据内部检验和修理情况决定是否全部或部分拆除炉衣、炉墙。水压试验尽可能在周围高于5℃时进行,低于5℃时注意防冻。水压试验的水应保持高于周围露点的温度,以防锅炉表面结露难于检查,水温一般以30~70℃为宜。船用锅炉整体水压试验至少应装有两个经校验合格的压力表,确认连接管路畅通及阀门处于开启位置,避免压力指示不准而造成超压。

水压试验压力为1.25倍锅炉设计压力,如锅炉损坏经过重大修理后进行水压试验,试验压力为1.5倍锅炉设计压力。

(2)水压试验的程序

①关闭主蒸汽阀、排污阀和泄放阀,安全阀要用专用夹具(不能靠压紧安全阀弹簧)锁紧,取下所有不能承受试验压力的零件和仪表。将相关的出口阀锁紧和闷堵,确认没有工具和物料遗留在炉内。

②打开空气阀,向锅筒内充水,确认排污阀和泄放阀无泄漏。空气阀溢水后关闭。

③开启压水泵缓慢升压,压力升高速度不超过0.25 MPa/min,达到工作压力后,进行各项检查,必须有专人监视压力表读数,防止超压。

④确认在工作压力下各项目正常、无渗漏后,继续升压至1.25(1.5)倍的工作压力,维持至少20 min,然后降压并保持在工作压力下进行全面检查,试验完毕后缓慢降压。

⑤试验中发现炉内有异常响声时,立即停止试验,查明原因并消除故障后再试验。

⑥在试验中没有发现裂纹、永久变形或者泄漏,则认为水压试验合格。

八、炉膛墙面耐火砖的维修

炉墙表面与火焰接触的耐火层通常采用耐火砖。耐火砖之间有一定的接缝,在锅炉正常工作时可以受热膨胀,这个接缝决不能堵死。但是在工作过程中,由于多种因素也会导致耐火砖出现额外的裂缝。

这些裂缝是否需要修理,需要根据具体情况:如果锅炉工作时裂缝能够完全闭合,就不需要修理;不能完全闭合,就需要修理。

对于小面积的临时维修可以用耐火水泥进行填充修理。修理后的耐久性与位置有关,越靠近高温,时间就越短。对于垂直位置的临时修理,在允许的情况下可以开设燕尾槽后填充耐火水泥进行修理,如图9-4-2所示为垂直位置耐火砖的维修,这样可以使耐火水泥与原来的耐火砖贴合更牢固。

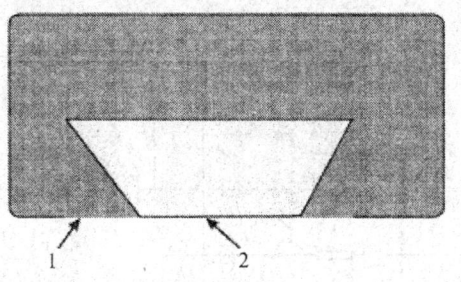

图 9-4-2 垂直位置耐火砖的维修
1—耐火砖；2—燕尾槽

第五节 船舶热油锅炉

一、热油锅炉供热系统的特点

热油锅炉也称有机载体锅炉，是一种新型的热能转换设备。它将燃料燃烧产生的热能传递给有机热载体，有机热载体被加热到一定温度后泵入用油设备，释放热量后的热载体再返回锅炉重新被加热，循环往复向外供热。这种锅炉的热载体一般用无化学刺激、热容量高、黏度较低的矿物油。

热油锅炉的性能参数包括供热量或热功率、供油温度、回油温度、工作压力、循环流量、适用热载体、适用燃料、燃料消耗量、热效率、排烟温度、烟尘排放温度及烟气黑度。

热油锅炉供热系统具有以下特点：

(1) 在常压下热油的初馏点比水的蒸发温度要高得多，在 320 ℃下仍不气化并保持常压，而此温度的饱和水蒸气的压力已高达 11.29 MPa。因此热油锅炉的工作压力一般不高于 1 MPa，能以低压的供热系统取代高压的供热系统，可以降低设备和管道的投资，容易保证运行的安全性和可靠性。

(2) 热油传热均匀，热导率较高。在 100 ℃时，饱和水蒸气的热导率为 0.0237 W/(m·K)，热油的热导率为 0.09 W/(m·K)，是水蒸气的 3.8 倍。

(3) 热油的热稳定性好，对普通碳钢设备和管道基本上无腐蚀作用，不需要采取类似蒸汽系统的给水软化脱盐、除氧等复杂的处理过程。因此容易管理。

(4) 液相循环供热，无须汽、水分离和冷凝设备，无冷凝热损失，供热系统热效率较高。

(5) 容易实现精确的温度控制。

随着科学技术的进步，热油锅炉得到了不断的发展和应用，现在船用的热油锅炉也可以用柴油机的废气来加热。

二、船用热油锅炉供热系统

1. 系统的组成及工作过程

如图 9-5-1 所示为某船热油锅炉供热系统原理图。

该系统的主要性能参数如下：

热油辅锅炉：供热量为 1 000 kW，最大允许工作压力为 1.0 MPa，试验压力为 1.5 MPa，最

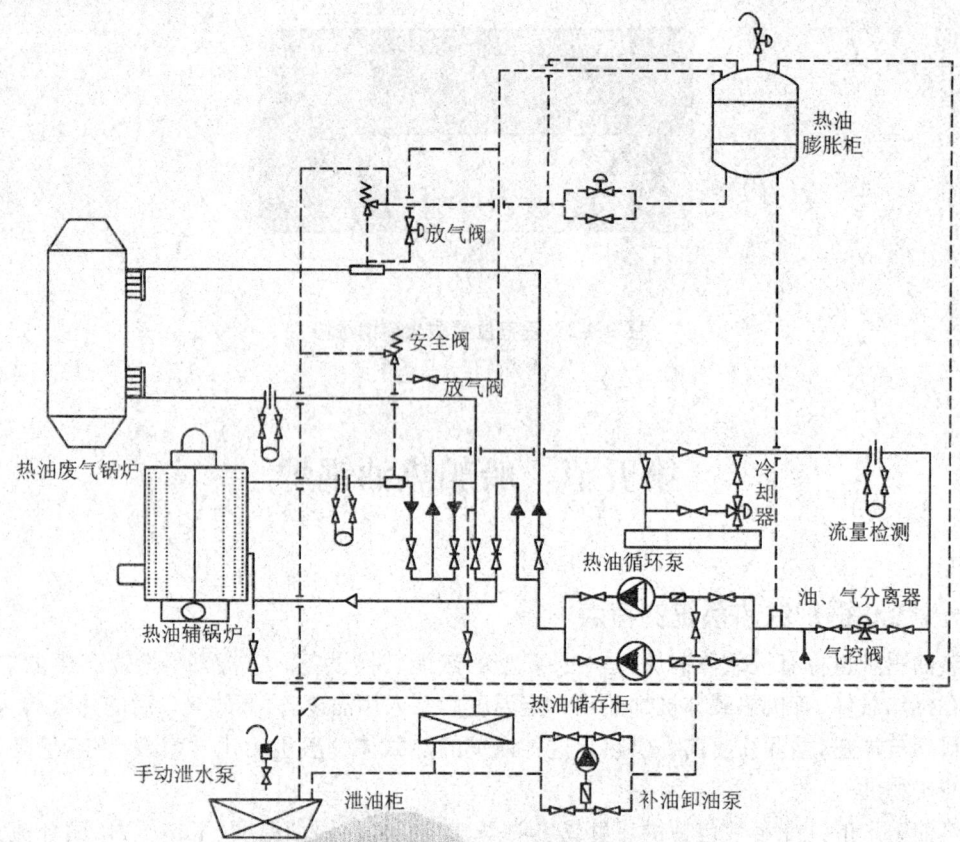

图 9-5-1 某船热油锅炉供热系统原理图

大允许工作温度为 250 ℃,热油容量为 650 L,热油循环量为 53 m³/h。

热油废气锅炉:供热量为 870 kW,最大允许工作压力为 1.0 MPa,试验压力为 1.5 MPa,热油最大允许工作温度为 250 ℃,热油容量为 1 500 L,热油循环量为 53 m³/h。

热油循环泵:驱动功率为 18 kW,循环流量为 53 m³/h。

余热冷却器:热容量为 1 000 kW,热油最大允许工作压力为 1.0 MPa,试验压力为 1.5 MPa,工作温度为 220 ℃,最大允许工作温度为 250 ℃,热油循环量为 53 m³/h。

热油循环泵排出的油液经过单向阀后首先进入热油废气锅炉的上部,从其下部流出后进入热油辅锅炉的下部,再由其上部流出,然后进入用热设备,热油在用热设备处释放热量后返回到热油循环泵。在辅锅炉和废气锅炉中,热油和烟气的流动方向为逆流,这样有利于传热。热油首先吸收主机废气的热量,如果废热不能满足要求时,热油辅锅炉将自动点燃。如果废气锅炉或者是辅助锅炉出现故障,可以通过开关图 9-5-1 中相应的阀门将出现故障的设备从系统中隔离。

由于热油锅炉进油口紧邻着循环油泵出油口,所以锅炉本体是整个循环系统压力最高的区段,而用热设备的工作压力较低。系统中的回油是经过循环泵吸入、加压后才被送进锅炉中加热升温,所以循环泵的工作温度较低。油气分离器布置在循环回路中压力最低区域,并通过膨胀管与高位膨胀柜连通。过滤器紧接在循环油泵入口处,以便滤去热油在高温下形成的聚合物和残渣。

2. 系统的辅助装置

热油锅炉循环系统中的辅助装置主要有膨胀柜、热油储存柜、泄油柜、循环柜、安全阀、油气分离器、过滤器、流量检测装置、温度控制装置等。

(1) 膨胀柜

膨胀柜的热容量为1 500 L,实验压力为0.3 MPa,最大允许工作温度为200 ℃。膨胀柜是一个长圆形的钢制容器,置于系统的高处,是热油锅炉及系统中的重要安全装置,其主要作用有:

① 容纳热载体受热后引起的膨胀量,防止系统超压。

② 补充系统中的热载体。

③ 在新油装入系统后,在升温过程中排除锅炉和系统中气体。

④ 向锅炉及系统中注油。

⑤ 在突然停电时,膨胀柜中的冷介质可以置换锅炉中的热介质,防止锅炉过热。

⑥ 置于高位,可以保证循环泵的吸入压头。

膨胀柜有开式和闭式的两种,均应装一只液位计。开式膨胀柜可不装安全阀;但与系统可以隔断时,应在系统上设安全阀。闭式膨胀柜应安装安全阀,如与系统可以隔断,则在系统和膨胀柜上均应安装安全阀。闭式膨胀柜还应安装压力表。

膨胀柜必须具有足够的容积才能容纳热载体的膨胀量。一般要求膨胀柜的调节容积应不小于锅炉和系统中热载体在工作温度下因受热膨胀所增加的容积的1.3倍。

为避免膨胀柜中的热载体溢出引起火灾,减轻膨胀柜内的热载体的受热程度,膨胀柜一般不得安装在热油锅炉的正上方,膨胀柜的底部与热油锅炉顶部的垂直距离应不小于1.5 m。

膨胀柜应设有遥控的速开阀,发生应急情况时可以通过速开阀将柜内的热油释放到泄油柜。

为防止热油高温氧化,膨胀柜内的热油的温度不得超过70 ℃。

系统与膨胀柜连接的膨胀管应尽量不用弯头,必需转弯时弯曲角度不宜小于120 ℃。膨胀管上不得安装阀门且不得有颈缩部分。

(2) 储存柜和泄油柜

热油储存柜和泄油柜应尽可能放在系统最低位置,最好位于船舶的双层底内,以便放净锅炉中的热油。泄放柜的容积应该至少足够容纳系统中可以隔断部分的最大容积,储存柜容积应该至少为系统中热油容积的40%。

储存柜和泄油柜应装有必要的测量和控制设备,例如排气管和液位计等。储存柜和泄油柜均应设置手动的泄水泵,便于泄放油柜底部的水分。

一个电动的补油泄油泵一般应设置在储存柜和泄油柜的附近。

(3) 循环泵

循环泵在整个循环系统中起着非常重要的作用。循环泵持续运行在较高的温度下,应选用密封性好的专用泵,漏泄率应小于1 mL/h。循环系统至少安装两台电动循环泵,一台泵工作时,另一台备用。工作的循环泵发生排出压力低或者驱动电动机过载故障时,备用泵自动起动,投入运行。循环泵配备过滤器、截止阀、截止止回阀、泄油阀和压力表等。循环泵的流量和扬程的选取应保证热油在热油锅炉中必要的流速。流量不足会导致系统释放热量不足,还会导致热油在管内油膜加厚,导致热油过热结焦和早期老化,甚至发生爆管事故。油泵起动阶段的升温速度以50 ℃/h为宜。

(4) 过滤器

热油循环泵入口处应装设过滤器,以便滤去热油在高温运行下形成的聚合物和残渣。过滤器既可保护循环泵,又可防止这些聚合物和残渣流入受热面,影响传热。过滤器的过滤效果在很大程度上取决于过滤器元件材料的性能。目前,国、内外常用的过滤元件多由金属丝网和金属烧结多孔材料制成。金属烧结多孔材料过滤性能好,但阻力大,价格较高;而金属丝网价格便宜,也有较好的过滤效果。

（5）油、气分离器

油、气分离器安装在用热设备的回油管路上,膨胀管路连接在油、气分离器的底部并通向膨胀柜。系统升温过程中热油的膨胀量可以通过膨胀管进入膨胀柜。系统运行中的油、气也可以通过该管路进入膨胀柜。

3. 系统的控制和安全设备

热油锅炉供热系统在运行中需要对热油的压力、温度和流量进行控制,因此,系统设置安全阀、温度控制器、冷却器和流量控制器等控制和安全设备。

（1）安全阀

热油废气锅炉和辅锅炉均装有安全阀,热油废气锅炉的安全阀位于废气锅炉的进口管路,热油辅锅炉的安全阀位于辅锅炉的出口管路。安全阀的出口通过管路和泄油柜相通,开启压力设定为 1.0 MPa。

（2）温度控制器

热油辅锅炉设置温度控制器,温度控制器通过控制辅锅炉的燃烧负荷实现热油温度的调节。温度控制器的温度检测器安装在辅锅炉的热油进口和出口,出口温度作为温度控制器的控制输入脉冲。通过热油进口温度检测器也可实现显示进口热油温度。系统还设置一个超温控制器,其设定温度为热油最大允许工作温度,即为 250 ℃,超过该温度时,超温控制器使辅锅炉燃烧器停止运行并发出报警。

（3）流量控制器

流量低会导致热油在用油设备处释放热量不足,导致热油温度升高,严重时还会引起锅炉局部过热。流量低还会导致管内油膜加厚,致使热油过热结焦和早期老化,甚至发生爆管事故。因此,热油锅炉需要设置流量控制器。流量控制器的检测装置分别安装在热油废气锅炉和辅锅炉的热油出口管路。检测装置检测通过一个节流口的压差,在 100% 的流量下,压差为 0.035 MPa,如果压差下降到 0.025 MPa,热油辅锅炉将停止燃烧并发出报警。因此,热油辅锅炉投入运行前必须首先起动循环泵,冷态投入运行时还必须按下取消流量控制的按钮,这样辅锅炉才可能进行点火。热油缓慢升温至 150 ℃ 左右时,检测节流口压差可超过 0.025 MPa,这时应将流量控制器重新投入监控。

（4）溢流控制装置

为保证流过供热系统的热油的流量稳定,热油锅炉设有溢流控制装置,该装置由流量监测器、气控三通阀和截止阀组成。流量监测器位于热油废气锅炉和辅锅炉共同的热油出口管路,其输出的压差信号送到溢流控制器,溢流控制器的输出信号指挥气控三通阀动作。

（5）油位浮子开关

为了防止系统热油量不足,膨胀柜上装有油位浮子开关,当膨胀柜内的油位下降到最低控制位置时,油位浮子将发出报警信号,热油辅锅炉和循环泵停止运行。只有当膨胀柜的油位恢复正常后,油位浮子开关才能复位。油位浮子开关设有试验按钮。

三、热油锅炉的运行管理

1. 初次运行

（1）供油系统的检查和热油充注

再注入热油及进行装置包扎之前对热油管路系统、燃油系统、用热系统、灭火系统等进行检查，确保一切正常。必须尽可能地清除系统内的焊渣和锈垢，由于对阀座和阀杆造成损害，清除时不得使用酸洗或钝化方法。用空气或氮气对系统进行 0.05～0.10 MPa 的密封试验，试验不能用水进行，密封试验时用合适的皂液对接头进行检查。

向装置充入规定的热油，充注应从系统最低处进行以利于气体的排除。当液位达到膨胀柜的最低液位时停止充注。充注结束后，开启系统各部分放气旋塞进行放气，必要时补充热油。起动热油循环泵，清洗热油滤器。反复进行以上放气和滤器清洗操作，直到系统内气体完全被放出并且滤器十分清洁。

（2）压力试验

充注完成后应对受压部件进行压力试验（热油锅炉重大修理后也要进行压力试验），试验压力取热油锅炉工作压力的 1.5 倍。热油锅炉内的介质属于易燃品，压力试验比一般的锅炉更重要。制造单位可进行水压试验，使用单位不宜进行水压试验，因为水压试验后不易将水排出干净。使用单位最好用所使用的热油进行液压试验。

压力试验主要用于检查非焊接连接部位，如各种空的密封处，各种法兰、阀门的连接处等严密情况。对焊接连接处，因为焊接方法、检验要求都有规定，焊接质量可以得到保证。由于结构上的问题，有些焊接部位也无法检查。

（3）排气

热油锅炉在起动过程中，随着热油的加热，含在其中的其他气体逐渐分离出来。如热油含有水分，也会随着加热而发生汽化，应随时将这些气体排出，以利于热油锅炉的安全运行。热油锅炉在点火起动时要反复打开排气阀以排净热油锅炉中的空气、水与热油的混合蒸汽。

在下列情况下需要进行排气操作：

①初次起动后；

②更换热油之后；

③装置维修以后；

④装置长时间停止运行后（1 个月以上）。

排气操作应按以下顺序进行：

①起动热油循环泵；

②将温度控制器设定在 100 ℃，起动燃烧器开始加热；

③调整燃烧负荷，使温度缓慢上升；

④打开通向膨胀柜的放气阀；

⑤在 100 ℃ 左右运行大约 1 h；

⑥使温度上升至工作温度，该过程必须尽可能缓慢进行，最好分段进行。升温过程中应使流量控制设备投入进行；

⑦整个过程中注意检查各种部件的紧固程度和管路的膨胀情况；

⑧关闭放气阀，停止燃烧。温度下降后对所有的滤器进行清洗。

2. 正常运行

供热系统日常的起动应按照下列顺序进行：
(1) 合上主电源开关；
(2) 起动热油循环泵；
(3) 对流量控制装置进行复位；
(4) 起动燃烧器；
(5) 将温度控制器设定在期望的工作温度；
(6) 装置在低负荷下逐渐运行至工作温度，开始阶段应进行监视。

3. 停止运行

(1) 停止燃烧器；
(2) 出口温度下降到50 ℃后停止各循环泵；
(3) 关闭主电源开关。

4. 热油定期化验

热油经过长时间使用或热油温度过热，都会造成热油性能指标的下降，主要表现在热油的残碳、酸值、黏度、闪点的变化。所以，我国规范规定，使用中的热油每年应对其残碳、酸值、黏度、闪点进行进一步分析，当有两项不合格或热油分解成分含量超过10%时，应更换热油或对热油进行再生。

5. 不同热油的混用问题

经试验证明，不同热油混合后各项性能指标有不太大的改变。我国规范没有硬性规定不同的热油不准混合使用，但如需要混合使用时，热油生产单位要提供混合使用的条件和要求。两种不同热载体混用时，其混合热载体出口温度不得超过两种热载体中任何一种的最高允许使用温度。

6. 停电保护

突然停电将导致热油在系统中停止流动。停留在热炉内的热油温度将急剧上升，使之裂解和结焦，甚至引起炉管受热变形损坏。为防止热油在高温下氧化与裂解甚至自燃，在突然停电时，应将热油冷却至150 ℃以下，再送入储存器。

四、热油的选用

热油的选用首先要考虑工作温度要求及热油的最高使用温度，热油严禁超温使用，并且所选择的热油允许最高使用温度应比供热温度高10～15 ℃。

另外，选择热油时，还应考虑热油的性能特性指标，如：密度、黏度、闪点、酸值、残碳、比热容、热导率、馏分、水分和最高温度下的蒸汽压。

对热油的要求包括：
(1) 无毒，无臭，无污染，无任何毒性，无致癌物质，无难闻气味。
(2) 挥发性小，安全可靠，闪点在200 ℃左右，自燃点在500 ℃以上。
(3) 酸度低，pH值接近中性，对设备无腐蚀性。
(4) 热稳定性好，抗氧化性强，在不高于最高使用温度下使用，其热分解速度极慢。年添加量仅为5%左右。

如表 9-5-1 所示为不同温度下的热油性能参数。

表 9-5-1 不同温度下的热油性能参数

性能指标	热油牌号	温度(℃)									
		-50	0	50	100	150	200	250	300	350	400
密度(kg/m³)	HT280		875	850	810	780	750	710			
	HT350		875	850	810	780	750	710	680		
	HT370		1050	1010	975	940	900	870	830	800	
	HT400			1040	1000	950	910	860	820	770	720
	LHT10/370	1040	1000	970	930	890	850	810	770	740	
动力黏度(mm²/s)	HT280		22	5.0	1.8	1.0	0.65	0.5			
	HT350		300	30	5	2	1.3	0.9	0.7		
	HT370		180	10	3	1.5	0.9	0.6	0.4	0.3	
	HT400			2	1.0	0.6	0.4	0.3	0.25	0.21	0.20
	LHT10/370	190	7.5	2.2	1.1	0.7	0.5	0.4	0.35	0.31	
比热(kJ/kg·K)	HT280		1.8	2	2.2	2.4	2.5	2.7			
	HT350		1.8	2	2.2	2.4	2.5	2.7	2.9		
	HT370		1.5	1.7	1.8	2.0	2.2	2.4	2.5	2.7	
	HT400			1.7	1.9	2.0	2.1	2.2	2.3	2.4	
	LHT10/370	1.4	1.6	1.7	1.9	2.0	2.2	2.4	2.6	2.7	
导热系数(W/m·K)	HT280		0.135	0.13	0.128	0.125	0.12	0.117			
	HT350		0.135	0.13	0.128	0.125	0.12	0.117	0.113		
	HT370		0.135	0.13	0.120	0.120	0.11	0.107	0.10	0.10	
	HT400		0.135	0.13	0.126	0.12	0.11	0.105	0.10	0.09	0.08
	LHT10/370	0.14	0.135	0.13	0.12	0.115	0.11	0.10	0.09	0.09	
饱和压力(10⁻¹ MPa)	HT280				0.004	0.02	0.1	0.3	1.1		
	HT350					0.005	0.05	0.1	0.7		
	HT370					0.04	0.02	0.1	0.4		
	HT400				0.06	0.26	0.93	2.5	5.7	1.1	
	LHT10/370					0.13	0.5	1.4	3.2		

第六节 船舶废气锅炉的管理

一、典型废气锅炉系统

废气锅炉是船舶使用较早且成功利用主机排烟废热进行能量回收的设备。废气锅炉蒸汽系统可设计成许多不同的形式,有单供气压力或双供汽压力;有带给水预热器或不带给水预热器;有单一的废气锅炉或与燃油锅炉组成混合式锅炉等。由于二冲程超长行程柴油机热效率高达55%,使排烟温度下降。目前大型低速机在额定负荷下透平后的排气温度为240~270 ℃,降低负荷运转时将会更低些,因此可利用的排气余热减少,在废气锅炉产生的饱和蒸汽不能满足船舶加热系统的需要时,燃油辅助锅炉可作为补充。

MAN B&W 公司推出两种典型的废气锅炉系统。其一为标准的废气锅炉系统,如图9-6-1所示为典型废气锅炉系统。该系统用于产生饱和蒸汽,供加热使用。废气锅炉由单一的蒸发器组成,是简单的单压蒸汽系统。给水直接泵送到燃油锅炉,废气锅炉与燃油辅助锅炉之间有循环水泵并共用一个汽鼓。也可各自采用单独汽鼓,则一个锅炉故障时另外一个锅炉仍可运转。

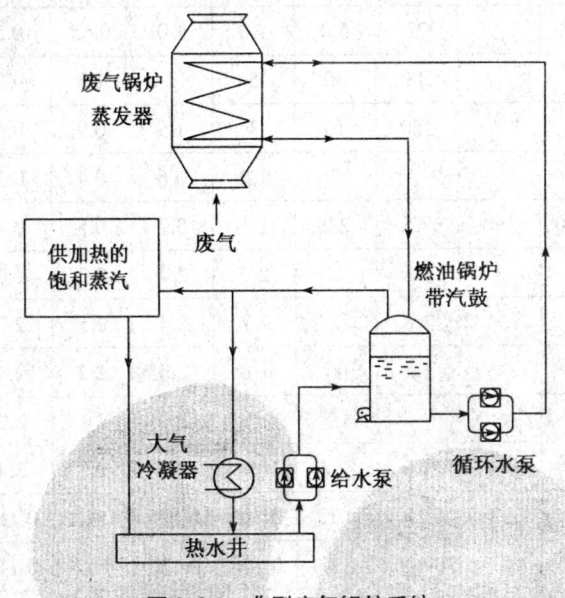

图 9-6-1　典型废气锅炉系统

该系统组成简单,投资成本低,能够完全满足船舶加热所需蒸汽量的要求,因而得到广泛应用。

其二为带透平发电机的废气锅炉系统,如图9-6-2所示。该废气锅炉系统更先进些,它是带有给水预热器、蒸发器和过热器的单压蒸汽系统。其蒸汽除用于加热之外还可以用于驱动透平发电机,系统中燃油辅助锅炉的汽鼓一般也作为共用汽鼓。废气锅炉可独立工作,也可与燃油锅炉同时工作。燃油锅炉不管是否投入工作,其汽水空间始终供废气锅炉使用。给水经热交换器供入燃油锅炉,再由经济器循环泵供入废气锅炉经济器,与废气逆流换热后回到燃油锅炉水空间,再由经济器循环泵供入废气锅炉蒸发器,与废气顺流换热后回到燃油锅炉汽空间进行汽、水分离后产生饱和蒸汽。此饱和蒸汽一部分供用气设备使用后回到热水井;另一部分供入过热器,与废气逆流换热后产生压力更高的过热蒸汽,用来驱动透平发电机,然后经冷凝器冷凝后回到热水井。该系统能产生两种不同压力的蒸汽,故也称为双压力系统。可以看出这种系统的废热利用率更高,符合低碳绿色环保的潮流。

二、废气锅炉烟灰积垢与着火的分析及预防

燃油不完全燃烧生成炭粒极易附着在受热面上,燃烧不良时可能占积灰的80%~90%。

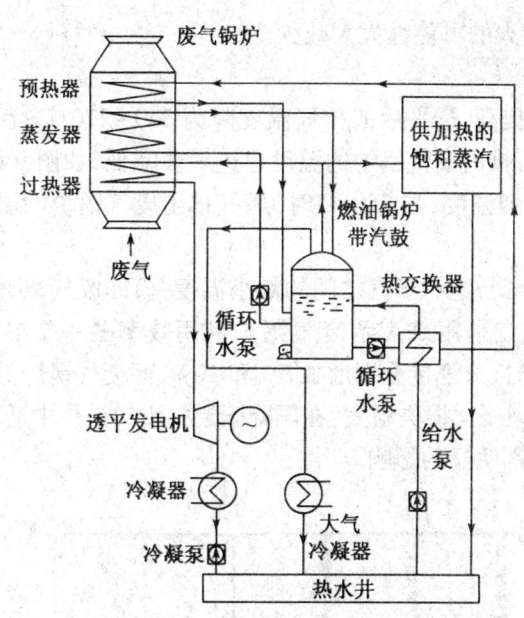

图 9-6-2 带透平发电机的废气锅炉系统

此外,燃油含有 0.3% 左右的灰分,其中含有硫、钒、钠,它们的化合物熔点很低,会在高温受热面的烟气侧形成积灰;当燃油灰分含钙时,燃烧后生成的氧化钙与 SO_2 作用成为硫酸钙,形成的灰渣很牢固。受热面有酸露时,管壁湿润更易沾灰。

船舶对节能和降低营运成本的要求,导致船舶主机燃用更加劣质的燃油,并用废气锅炉作为最简单常用的废热回收装置。柴油机追求更低的油耗和更高的热效率,因此,柴油机的排烟温度进一步降低,而加热蒸汽需求量的加大必须设法提高废气锅炉的换热量,即进一步加大换热面积降低烟气流速;另一方面随着石油的进一步精炼,渣油中的沥青、残碳、硫分等杂质进一步增多,所有这些都使废气锅炉的积灰有增加的趋势。如管理不善,将会导致废气锅炉发生着火事故。

废气锅炉着火原因要从燃烧三要素进行分析,即可燃物、氧气和火源。废气锅炉分为烟管锅炉与水管锅炉,烟管锅炉一般采用直立烟管,管内径为 30~100 mm,通常这类锅炉烟气流速较高,使其具有较大的换热量和自清洁能力。尽管烟管也有可能被积灰堵塞,也需要定期消洗,但烟管外被水包围,这类废气锅炉只要保证正常水位一般不会着火。然而水管废气锅炉积灰着火的可能性就较大。

1. 积灰形成与废气锅炉着火

(1) 积灰的形成

烟气积灰的形成主要与以下三个方面因素有关:烟气流速、烟气温度、烟气成分。

① 烟气流速的影响

柴油机排烟带走的废热占燃料燃烧热值的 1/5~1/4,现代大型柴油机效率不断提高,对排气背压有较严格的要求,一般不大于 350 mm 水柱,在设计阶段都不大于 300 mm 水柱,而排烟在废气锅炉中的压降只能是全部压降中的一部分。为防止排气背压过高,一般取烟气流速不大于 35 m/s,为增加换热量,近些年水管式废气锅炉均采用肋片管、针形管增加换热面积,但同时也增加了积灰的可能。由于锅炉排气速度低时,自清洁能力差,积灰比较容易沉积在换热面上。实践证明,所有排烟速度小于 10 m/s 的废气锅炉均有积灰着火的危险,而流速大于

20 m/s废气锅炉积灰着火的可能性大大减少。

②烟气温度的影响

随着柴油机效率的提高,透平后的排气温度降为240~270 ℃,而在提高废气锅炉换热量的同时,烟气加热炉水后排出废气锅炉的温度也进一步减低,如图9-6-3所示为某一废气锅炉的$T-Q$图,即在某一排烟温度,如250 ℃时,烟气排出废气锅炉的温度与换热量之间的关系曲线。

废气锅炉窄点是废气与饱和蒸汽之间的最小温度差,即废气离开蒸发器时的温度和饱和蒸汽之间的温度差。窄点是用来表示废气锅炉利用效率的一个参数。当废气锅炉窄点由15 ℃变为10 ℃和5 ℃时,蒸汽量分别增加5%和10%,而废气锅炉受热面积分别增加41%和130%,因此造成废气流动压力损失增大,在压降限制的废气锅炉中适当降低烟气流速,而低废气流速对形成烟垢有特别明显的影响。

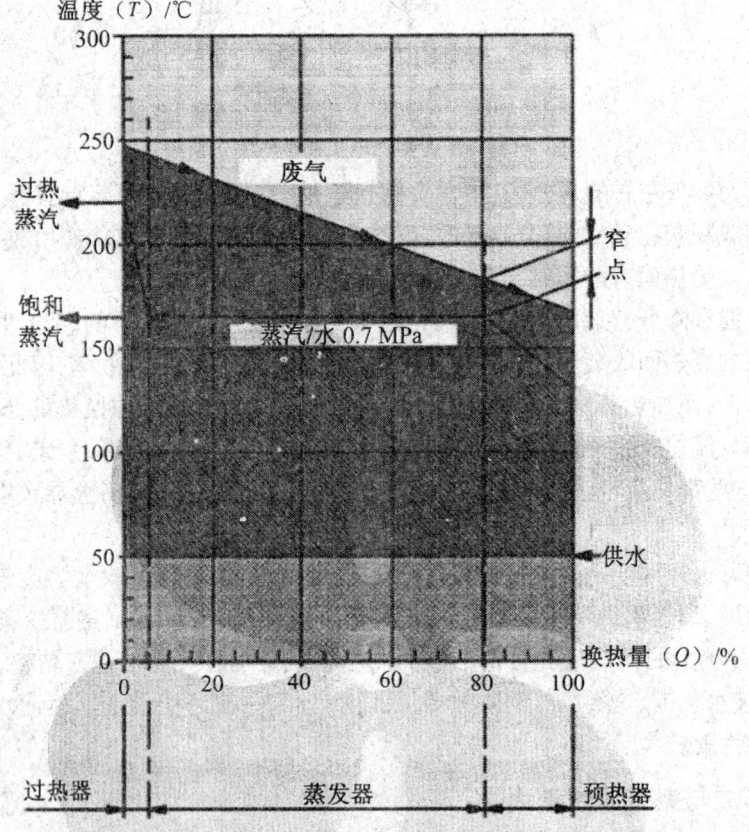

图9-6-3 某一废气锅炉的$T-Q$图

烟气离开废气锅炉时的温度一方面取决于柴油机的排气温度,也与废气锅炉设计与工作时的窄点有很大关系。烟气中的灰分能否沉积到换热面上,除与其速度有关外,还与其黏性有关,如排气温度较低,特别是达到酸露点时,烟灰比较黏,容易沉积;相反,当温度较高时,烟灰处于较干的状态,不太容易黏结在一起。所以相同排烟速度时比较容易被吹出炉体。

③烟气成分

烟气成分与积灰形成有很大关系,如果柴油机燃烧优质柴油,且燃烧充分,则烟气中能够产生沉积的灰分就很少;反之,现代船舶柴油机燃用劣质燃油,使烟气中含有相对较多的硫、钒、钠等灰分。加之机动航行时由于燃烧不充分,部分未完全燃烧的燃油、气缸油随排烟排走。而就在燃烧不充分时的低负荷情况下,排气速度也较低、排气温度低,因而更加加剧积灰的形成。有试验表明,肋片管式废气锅炉的积灰中 70% 为可燃成分。烟气中未燃烧的碳氢化合物,大型柴油机可达 300 ppm,且与燃油喷射系统的维护管理、燃油种类、气缸油的供给量有很大关系。

(2) 烟气中的氧含量

提高柴油机效率的方法中最直接有效的方法就是改善燃油燃烧,而为能使燃油充分燃烧,一方面是提高雾化质量,另一方面是提高过量空气系数。因而,柴油机排烟中是含有相当比例的氧气的,而这些氧气足够为积灰着火助燃所用。典型柴油机排放气体中氧气含量高达 14%。

(3) 着火温度的形成

锅炉积灰着火可能分为 2~3 个阶段,锅炉积灰的着火通常为有限的着火,在极端情况下可能发展为高温火焰。

①积灰的点燃。积灰的点燃产生于有足够的氧气,可燃积灰暴露在足够高的温度下并产生可燃蒸汽,可能被火花或火焰点燃。积灰点燃温度可能在 300~400 ℃,当积灰中存在未完全燃烧的燃油时,点燃温度可能降低到 150 ℃,在极端情况下可能达到 120 ℃,甚至在主机停车以后,因为废气锅炉中有燃烧的颗粒,都有可能发生着火。

②积灰的轻微着火。积灰的轻微着火基本发生在低负荷下的机动航行阶段,着火产生的热量可被循环的炉水或蒸汽带走,一般不会发生重大损害,但应密切注意。

③高温着火。在某些条件下,轻微着火可能发展成为大火。一旦积灰烧起来后,废气锅炉不能将燃烧热量及时排除,当温度达到 650 ℃,大量可燃成分燃烧。当温度达到 1 000 ℃ 时,漏入的蒸汽可能分解为氢和氧,并产生"氢燃",在此情况下,局部温度会进一步升高到 1 100 ℃,而使换热面中的铁发生燃烧,称为"金属燃",直至全部受热面烧毁。

2. 避免废气锅炉积灰着火的对策

废气锅炉积灰着火有设计原因和管理原因,因此应从设计和管理两方面避免积灰着火。

(1) 设计上的对策

①烟气流速的设计。可知,保持烟气速度在 20 m/s 左右对减少积灰形成是至关重要的,因而在设计时要保证排烟在废气锅炉段有足够的压降,尽量减少排烟在废气锅炉以外管段的压降。例如,300 mm 水柱的主机排烟压降,废气锅炉至少应占有 150 mm 水柱以上的压降,只有这样,才能保证排烟在废气锅炉中的流速。不可为提高换热量过分增加换热面积而降低烟气流速。很多船舶废气锅炉会依据冬季可能会遇到的低温进行设计,而对于全球航行的船舶,要充分考虑极限气温的概率,如果时间很短,则宁可选用换热面积小一点的废气锅炉。

另外,在废气锅炉烟气进口段应设计成烟气能够较均匀进入废气锅炉,防止出现局部烟气流速较低和积灰增加。

②烟气排出废气锅炉温度的设计。烟气温度直接影响积灰的干度和黏性,正常情况下,烟气排出废气锅炉的温度,应高于蒸汽饱和温度 15 ℃ 以上,最好能达到 20 ℃,烟气在废气锅炉出口温度应不低于 165 ℃;否则可能出现硫酸凝结增加。因此,在尽量提高废热利用率的同时,要充分考虑换热面积灰问题,即烟气排出废气锅炉温度不可过低。

③关于烟气旁通的设计使用。早期的废气锅炉,有很多采用烟气旁通法作为调节废气锅炉蒸发量的方法之一,在船舶蒸汽耗量较少时,为防止锅炉工作压力过高,采用将部分主机排

烟旁通的方法。这种方法的危害是导致废气锅炉内烟气流速和温度降低,增加烟灰的沉积,因而现代船舶几乎不采用这种方法调节锅炉蒸发量。然而,如果船舶处于特殊航区,机动航行时间相对较长,则应该设计安装烟气旁通装置,在主机负荷低于40% SMCR 时,将主机排气经旁通管路排走,以防止废气锅炉烟灰沉积。当主机负荷高于40% SMCR 时,再将主机排烟经过废气锅炉,以保证足够的烟气流速和烟气温度。

(2)管理上的措施

①尽量提高主机燃烧质量。主机燃烧质量的好坏直接关系到排烟的成分,尤其是在换气质量差、燃烧室密封不好、燃油雾化质量不佳时,直接导致烟气中不完全燃烧产物增多。管理上应注意柴油机扫气压力、温度在合适范围,定期测试各气缸的压缩压力与爆发压力。维护增压器、空气冷却器处于最佳工作状态,保证气口、气阀清洁,保证燃油雾化质量,确保组织良好的燃烧。尽量减少烟气中的炭粒及未完全燃烧的燃油与气缸油。对于燃油辅锅炉同样应注意燃油雾化质量和风油配比,以保持较好的燃烧质量。

②按要求进行锅炉吹灰。燃油锅炉和废气锅炉在设计时保证蒸发管束间有较高的烟气流速,因而有自清洗能力。但长期工作,尤其是燃用劣质燃油或燃烧不良,积灰是难免的。废气锅炉定期吹灰能够减少可燃积灰的堆积,从根本上防止积灰着火。同时废气锅炉吹灰还能减少柴油机排气背压,改善燃烧。在设计时可尽量采用压缩空气吹灰,因为压缩空气压力较蒸汽压力高,吹洗效果较好。

锅炉受热面积灰可用吹灰器吹除。吹灰器是若干根以压缩空气或锅炉蒸汽为工作介质的带喷嘴的吹灰管,用来吹除受热管烟气侧表面的积灰。吹灰器有控制进气的阀门和泄放凝水的泄放阀,在锅炉外有手轮可使吹灰管在既定范围内转动或移动,也有的吹灰器是电动的。

关于吹灰频度,主管轮机员应该定期检查受热面的积灰情况和吹灰效果,同时观察被吹扫的加热管的表面状况,相应调整吹灰气压和频率。吹灰过于频繁、气压和流速过高、气体中有水都可能引起管子表面刷蚀或腐蚀。对于燃油锅炉一般是在排烟温度比烟灰已清除时高10~20 ℃时,或风压损失明显增大时,小型锅炉增加10 ~ 20 mm 水柱,应该除灰;对于废气锅炉应观察主机定速航行时锅炉烟气进、出口压差,一般来说每天都要进行吹灰。

实施吹灰时应注意以下几点:

①吹灰器耗气量较大,吹灰期间应保持足够高的吹灰介质压力,如蒸汽吹灰前加强锅炉燃烧,提高蒸汽压力;压缩空气吹灰前起动两台主空压机。在换用下一个吹灰器前,应让压力恢复到最初水平。废气锅炉吹灰时尽量在主机处于较高负荷下进行,因为此时主机排烟速度较高,可将吹下的烟灰及时排除。对于某些船舶如因航次需要,主机使用较低负荷运行时,应定期(每天或每两天一次)短时间(如1 h)高负荷运转,并配合吹灰工作。

②蒸汽吹灰要先开进汽阀暖管并泄水,空气吹灰供气后也要开管系泄放阀泄去可能有的凝水,用带水的气体吹灰可能损伤受热面。另外,要坚持废气锅炉烟气侧投药,增加烟灰的干度,降低烟气黏度,减少积灰沉积。

③按烟气流动方向逐个地开启吹灰器蒸汽阀,每个吹灰器吹扫数秒钟,可循环重复3~4次。力求吹扫全面,避免局部区域未被吹扫造成各受热管束传热不均,引起水循环不良。

④吹灰完成后关进汽阀,开吹灰管泄放阀。吹灰器蒸汽阀要关严,避免蒸汽漏入烟道。

⑤吹灰应尽量选择甲板上的风向和风速适宜时进行,避免吹出的烟灰落在甲板上。

⑥每次开航后,经过低速的机动航行到定速航行,应及时吹灰,为确保吹灰效果,应尽量提高吹灰介质压力。

定期进行锅炉水洗。尽管锅炉平时通过吹灰会减少积灰形成,但由于时间久了,换热面上还是会有部分积灰形成,而且会越积越多,以致部分换热面过热,增加积灰着火的危险性。

同时,废气锅炉蒸发量会大幅下降,柴油机排气背压明显上升,燃烧效果变差,排烟温度上升,直至产生恶性事故。锅炉水洗可较为彻底地清除换热面上的积灰,水洗时应注意清洁吹灰时不易吹到的部位,水洗时尽量彻底,防止湿积灰没有清除干燥后更加坚硬,下次更不容易清除。水洗后及时干燥,以防产生腐蚀。

(3)水洗应注意以下六点:

①在燃油锅炉熄火、废气炉停、柴油机温度降至低于110 ℃再进行。

②水洗时要开启炉膛底部的泄水阀,及时将污水泄放。从进水冲灰到污水泄出有滞后,注意别进水太快,以防泄放口堵塞。水洗时热的金属表面会产生蒸汽,应留心不要被烫伤。

③冲洗可用淡水或海水,用海水冲过后必须再用淡水彻底清洗,以免金属表面沉积盐分。可用压力水柜的压力水冲洗或用增压泵适当提高水压效果会更好。使用温度为65~70 ℃、压力为1.3 MPa的温水最为有效。

④污水对钢材有腐蚀作用,故水洗不宜持续时间太长,也不要中途停止;否则湿润的灰渣干后会变得更硬,以后更难清除。

⑤应防止弄湿附近的电气设备,炉膛的耐火砖应罩以帆布,以防吸水过多。

⑥洗完后炉膛底部须用碱水清洁,所有污水和脱落的积灰必须从炉内清除,然后可每隔15 min交替点火和熄火,缓慢烘干耐火砖墙;否则残留的烟灰和水会产生强腐蚀性的硫酸。

(4)手工除灰。手工除灰包括用小锤、凿子、刮刀等工具来除灰,也可以用压缩空气喷枪吹除吹灰器吹扫不到的区域的浮灰。坚硬的灰渣不宜用工具用力敲击。手工清除的积灰不应随意丢弃,应收集起来以备有关部门检查。老锅炉的钢材有脆化倾向,不宜手工除灰。

(5)除灰剂除灰。除灰剂分为硝酸盐和铵盐两大类。硝酸盐除灰的机理是:①在高温下它会分解析出氧气,并能降低可燃性烟灰的着火点,促使大量烟灰氧化烧掉;②硝酸盐和灰分中的金属盐类生成低熔点共晶体,使硬质灰垢变得疏松干燥,易于脱落,使其能随废气通过烟道或由烟灰吹出过程将其消除;③硝酸盐在高温下分解出来的亚硝酸盐对钢材有一定的钝化作用,可减缓锅炉的腐蚀。铵盐除灰的机理是,它在高温时会放出NH_3,使烟气中的有害物质氧化成N_2和H_2O。除灰剂中的碱金属盐类在高温下产生的碱金属阳离子,附在灰粒表面上使灰粒不凝聚,扩大烟灰氧化表面,使其完全燃烧。

锅炉除灰剂操作简便。对炉膛呈负压的锅炉,可将棒状除灰剂从点火孔或前检查孔直接投入正在燃烧的炉膛内;对炉膛呈正压的锅炉或因结构因素不便投放时,可采用喷枪,利用压缩空气使粉状药剂呈雾状喷入正在燃烧的火焰中。投药时炉膛温度要高于1 000 ℃,投药后应保证燃烧20~30 min;否则达不到应有的效果。除灰剂用量为每天燃油耗量的1/1 000,初次投药可为常用量的2~3倍。废气锅炉吹灰剂的投放应在每天吹灰前0.5 h进行。

附录
常用液压元件图形符号

（根据 GB/T 786.1—2009 整理）

表1 基本符号、管路及连接

名 称	符 号	名 称	符 号
工作管路	——	管端连接于油箱底部	
控制管路	- - - - - -	密闭式油箱	
连接管路		直接排气	
交叉管路		带连接排气	
柔性管路		带单向阀快换接头	
组合元件线		不带单向阀快换接头	
管口在液面以上油箱		单通路旋转接头	
管口在液面以下油箱		三通路旋转接头	

表2 控制机构和控制方法

名　称	符　号	名　称	符　号
按钮式人力控制		踏板式人力控制	
手柄式人力控制		顶杆式机械控制	
弹簧控制		液压先导控制	
单向滚轮式机械控制		液压二级先导控制	
单作用电磁控制		气-液先导控制	
双作用电磁控制		内部压力控制	
电动机旋转控制		电-液先导控制	
加压或泄压控制		电气	
滚轮式机械控制		液压先导泄压控制	
外部压力控制		电反馈控制	

表3 泵、马达和缸

名　称	符　号	名　称	符　号
单向定量液压泵		液压整体式传动装置	
双向定量液压泵		摆动马达	
单向变量液压泵		单作用弹簧复位缸	
双向变量液压泵		单作用伸缩缸	
单向定量马达		单向变量马达	
双向定量马达		双向变量马达	
定量液压泵—马达		单向缓冲缸	
变量液压泵—马达		双向缓冲缸	
双作用单活塞杆缸		双作用伸缩缸	
双作用双活塞杆缸		增压缸	

表4 控制元件

名　称	符　号	名　称	符　号
直动型溢流阀		溢流减压阀	
先导型溢流阀		先导型比例电磁溢流减压阀	
先导型比例电磁溢流阀		定比减压阀	
卸荷溢流阀		定差减压阀	
双向溢流阀		直动型顺序阀	
直动型减压阀		先导型顺序阀	
先导型减压阀		单向顺序阀（平衡阀）	
直动型卸荷阀		集流阀	
制动阀		分流集流阀	
不可调节流阀		单向阀	

续表

名　称	符　号	名　称	符　号
可调节流阀		液控单向阀	
可调单向节流阀		液压锁	
调速阀		或门型梭阀	
带消声器的节流阀		与门型梭阀	
调速阀		快速排气阀	
温度补偿调速阀		二位二通换向阀	
旁通型调速阀		二位三通换向阀	
单向调速阀		二位四通换向阀	
分流阀		二位五通换向阀	
		四通电磁伺服阀	
三位四通换向阀		三位五通换向阀	

表5 辅助元件

名　称	符　号	名　称	符　号
过滤器		气罐	
磁芯过滤器	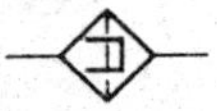	压力计	
污染指示过滤器	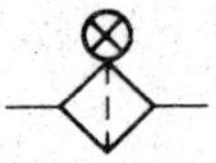	液面计	
分水排水器	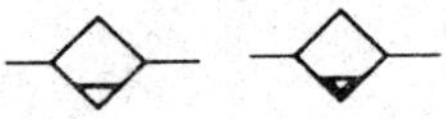	温度计	
空气过滤器	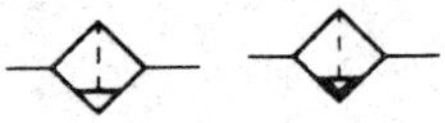	流量计	
除油器	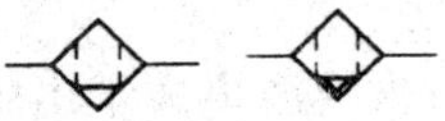	压力继电器	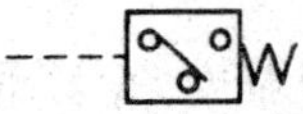
空气干燥器	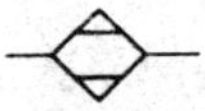	消声器	
油雾器		液压源	
气源调节装置		气压源	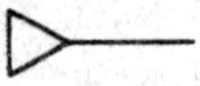
冷却器		电动机	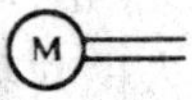
加热器		原动机	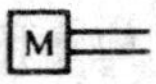
蓄能器		气-液转换器	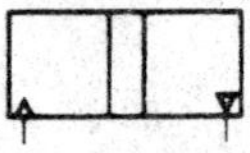

轮机专业

参考文献

[1] 任福安,王名涌. 轮机工程基础(上册). 大连:大连海事大学出版社;北京:人民交通出版社,2008.

[2] 任福安,王名涌. 轮机工程基础(下册). 大连:大连海事大学出版社;北京:人民交通出版社,2008.

[3] 任福安,张宏国,王宏志,等. 轮机工程基础. 北京:人民交通出版社,2002.

[4] 潘新祥. 船舶辅机. 大连:大连海事大学出版社;北京:人民交通出版社,2012.

[5] 陈立军,王涛. 船舶辅机. 大连:大连海事大学出版社,2015.

[6] 刘晓晨,张守俊. 船舶辅机. 大连:大连海事大学出版社,2013.

[7] 陆望龙. 液压系统使用与维修手册. 2版. 北京:化学工业出版社,2017.

[8] 中华人民共和国海事局. 中华人民共和国海船船员适任培训大纲. 2016.

[9] 陈海泉. 船舶辅机. 大连:大连海事大学出版社,2010.

[10] 中国海事服务中心. 船舶辅机. 大连海事大学出版社,2013.